JUS PUBLICUM

Beiträge zum Öffentlichen Recht

Band 328

Katharina Reiling

Seeverwaltungsrecht als internationales Verwaltungsrecht

Mohr Siebeck

Katharina Reiling, geboren 1984; Studium der Rechtswissenschaft an der Universität Konstanz; 2015 Promotion und Zweite Juristische Staatsprüfung; 2022 Habilitation (Konstanz); Professorin für Öffentliches Recht an der Universität Bremen.

ISBN 978-3-16-162094-2 / eISBN 978-3-16-162095-9
DOI 10.1628/978-3-16-162095-9

ISSN 0941-0503 / eISSN 2568-8480 (Jus Publicum)

Die Deutsche Nationalbibliothek verzeichnet diese Publikation in der Deutschen Nationalbibliographie; detaillierte bibliographische Daten sind über *https://dnb.dnb.de* abrufbar.

Das Buch wurde von Martin Fischer aus der Stempel Garamond gesetzt, von Gulde Druck in Tübingen auf alterungsbeständiges Werkdruckpapier gedruckt und von der Buchbinderei Spinner in Ottersweier gebunden.

Printed in Germany.

Vorwort

Die Sektion Politik – Recht – Wirtschaft der Universität Konstanz hat diese Arbeit im Sommersemester 2022 als Habilitationsschrift angenommen.

Mein Interesse am maritimen Recht als Forschungsgegenstand hat Herr Prof. Dr. Hans Christian Röhl geweckt; er hat mein wissenschaftliches Fortkommen durch seinen Zuspruch und wichtige Denkanstöße begleitet. Dafür bin ich ihm sehr dankbar.

Herrn Prof. Dr. Daniel Thym danke ich herzlich für die Anfertigung des Zweitgutachtens und seine Hinweise für die Publikation der Arbeit. Mein Dank gilt weiter Herrn Prof. Dr. Christian Walter für seinen völkerrechtlichen Input sowie Prof. Dr. Doris König, die mir Kontakte zur maritimen Rechtspraxis eröffnet hat.

Beim Verfassen der Arbeit wurde ich durch verschiedene Institutionen unterstützt, bei denen ich mich ebenfalls bedanken will. Finanziell gefördert wurde mein Habilitationsunterfangen durch den ehemaligen Konstanzer Exzellenzcluster „Grundlagen der kulturellen Integration" und durch das Margarete-von-Wrangell-Habilitationsprogramm des Ministeriums für Wissenschaft, Forschung und Kunst Baden-Württemberg. Schließlich hat mir die maritime Rechtspraxis im In- und Ausland in zahlreichen Interviews geholfen, die Rechtsprobleme der Seeverwaltung zu begreifen und begreifbar zu machen; hervorzuheben ist dabei die Unterstützung durch Herrn Dr. med. Martin Dirksen-Fischer vom Hamburg Port Health Center. Für die Aufnahme in das Verlagsprogramm und die Hilfe beim Veröffentlichungsprozess bedanke ich mich bei Frau Daniela Taudt und Frau Ilse König.

Dank gebührt schließlich meinem Partner, meiner Familie, meinen Freunden, Kollegen und Hilfskräften; sie verstehen wofür.

Konstanz, im Januar 2024 Katharina Reiling

Inhaltsübersicht

Inhaltsverzeichnis

4. Kapitel: Handlungsinstrumente der Seeverwaltung 209

Abkürzungsverzeichnis

AEMR	Allgemeine Erklärung der Menschenrechte
BG Verkehr	Berufsgenossenschaft Verkehrswirtschaft Post-Logistik Telekommunikation
BIMCO	The Baltic and International Maritime Council
Black Sea MoU	Black Sea MOU on Port State Control
BSH	Bundesamt für Seeschifffahrt
BSU	Bundesstelle für Seeunfalluntersuchung
CBA	Collective Bargaining Agreement
CDI	Chemical Distribution Institute
CIC	Casualty Investigation Code
COLREG	Convention on the International Regulations for Preventing Collisions at Sea
COP	Conference of the Parties
COSS-VO	Verordnung zur Einsetzung eines Ausschusses für die Sicherheit im Seeverkehr und die Vermeidung von Umweltverschmutzungen durch Schiffe (COSS) sowie zur Änderung der Verordnungen über die Sicherheit im Seeverkehr und die Vermeidung von Umweltverschmutzungen durch Schiffe
DOALOS	UN Division for Ocean Affairs and the Law of the Sea
ECOSCO	nited Nations Economic and Social Council
EMSA	European Maritime Safety Agency
Equasis	European Quality Shipping Information System
FAO	Food and Agriculture Organization of the United Nations
FlRG	Flaggenrechtsgesetz
GAD	Gesetz über den Auswärtigen Dienst
GATT	General Agreement on Tariffs and Trade
GBS	Goal-based Standards
GEF	Global Environment Facility
GESAMP	Joint Group of Experts on the Scientific Aspects of Marine Environmental Protection
GPSR	General Provisions on Ships' Roueting
HELCOM	Helsinki Commission
HGC	Hong Kong International Convention for the Safe and Environmentally Sound Recycling of Ships
HPA	Hamburg Port Authority
IACS	International Association of Classification Societies
IALA	International Association of Marine Aids to Navigation and Lighthouse Authorities
IBF	International Bargaining Forum
ICS	International Convention on Salvage

IG P & I	International Group of P & I Clubs
IGH	Internationaler Gerichtshof
IGV 2005	Internationale Gesundheitsvorschriften 2005
IGV-DG	Gesetz zur Durchführung der Internationalen Gesundheitsvorschriften (2005)
ILO	International Labour Organization
IMCO	Inter-governmental Maritime Consultative Organization (Vorgängerin der IMO)
IMDG Code	der International Maritime Dangerous Goods Code
IMO	International Maritime Organization
IMO-Konvention	Convention on the IMO
IMSAS	IMO Member State Audit Scheme
INTERTANKO	International Association of Independent Tankers Owners
IPU	Inter-Parliamentary Union
IPWP	International Port Welfare Partnership
ISA	International Seabed Authority
ISGH	Internationaler Seegerichtshof
ISM Code	International Safety Management Code
ISO	International Organization for Standardization
IStGH	Internationaler Strafgerichtshof
ISWAN	International Seafarers' Welfare and Assistance Network
ITCP	Integrated Technical Cooperation Programme
ITF	International Transport Workers' Federation
JEE	Joint External Evaluation
JMC	Joint Maritime Commission
LC	London Convention on the Prevention of Marine Pollution by Dumping of Wates and Other Matters
LL	International Convention on Load Lines
LOF	Lloyd's Open Forms
LP	Protocol to the Convention on the Prevention of Marine Pollution by Dumping of Wastes and Other Matter
MACN	Maritime Anti-Corruption Network
MAIIF	Marine Accident Investigators' International Forum
MARPOL	International Convention for the Prevention of Marine Pollution from Ships
MARPOL-Gesetz	Gesetz zu dem Internationalen Übereinkommen von 1973 zur Verhütung der Meeresverschmutzung durch Schiffe und zu dem Protokoll von 1978 zu diesem Übereinkommen
MEPC	IMO Marine Environmental Protection Committee
MLC 2006	Maritime Labour Convention 2006
MSC	IMO Maritime Safety Committee
NEAFC	North East Atlantic Fisheries Commission
OCIMF	Oil Companies International Marine Forum
OECD	Organisation for Economic Co-operation and Development
OPRC	International Convention on Oil Pollution Preparedness, Response and Co-operation
OSCE	Office for Democratic Institutions and Human Rights
OSPAR	Convention for the Protection of the Marine Environment of the North-East Atlantic

P & I Club	Protection and Indemnity Club
PACE	Parliamentary Assembly of the Council of Europe
PAGNet	Ports, Airports and Ground Crossings Network
PAME	Working Group Protection of the Artic Marine Environment of the Arctic Council
Paris MoU	Paris Memorandum of Understanding on Port State Control
Polar Code	International Code for Ships Operating in Polar Waters
PSC	Port State Control
PSC MoUs	Memoranda of Understandings on Port State Control
PSSA	Particularly Sensitive Sea Area
QSCS	Quality System Certification Scheme der IACS
RO	Recognized Organization
RSO	Regional Seas Organization
RSP	UNEP Regional Seas Programme
SchSG	Schiffssicherheitsgesetz
SchSV	Schiffssicherheitsverordnung
SeeArbG	Seearbeitsgesetz
SeeAufgG	Seeaufgabengesetz
See-BV	Seeleute-Befähigungsverordnung
SeeLG	Seelotsgesetz
SeeSchStrO	Seeschifffahrtsstraßen-Ordnung
SIRE	OCIMF Ship Inspection Report Program
SOLAS	International Convention for the Safety of Life at Sea
SRÜ	Seerechtsübereinkommen der Vereinten Nationen
STCW	International Convention on Standards of Training, Certification and Watchkeeping for Seafarers
StIGH	Ständiger Internationaler Gerichtshof
STIT	Ship Recycling Transparency Initiative
SUG	Seesicherheits-Untersuchungsgesetz
TMN	Transnational Municipal Network
TMSA	Tanker Management Self Assessment
TNC	Transnational Corporation
TOKYO MoU	Memorandum of Understanding on Port State Control in the Asia-Pacific Region
UNCTAD	United Nations Conference on Trade and Development
UNEP	United Nations Environmental Programme
WHO	World Health Organization
WSP	Wasserschutzpolizei
WSV	Wasserstraßen- und Schifffahrtsverwaltung des Bundes
WTO	World Trade Organization
WVK	Wiener Übereinkommen über das Recht der Verträge

Glossar maritimer Akteure und Rechtsinstrumente

BG Verkehr Die Berufsgenossenschaft Verkehrswirtschaft Post-Logistik Telekommunikation ist – über ihre Dienststelle Schiffssicherheit mit Sitz in Hamburg – in Deutschland für die Ausübung der Hafenstaatkontrolle (siehe PSC) zuständig. Die Dienststelle Schiffssicherheit ist aus der früheren Schiffssicherheitsabteilung der See-Berufsgenossenschaft hervorgegangen.

BIMCO Der 1905 gegründete ostseeische und internationale Schifffahrtsrat (The Baltic and International Maritime Council) ist eine Vereinigung von Eignern, Charterern, Schifffahrtsagenturen und weiteren Schifffahrtsbeteiligten, die die Verbesserung von Standards sowie eine Angleichung von Regeln und Gesetzen in der Seeschifffahrt zum Ziel hat.

Black Sea MoU Das Black Sea Memorandum of Understanding on Port State Control ist ein transnationales Behördennetzwerk zum Zweck der Hafenstaatkontrolle (siehe PSC) im Gebiet des Schwarzen Meers.

BSH Das Bundesamt für Seeschifffahrt und Hydrographie ist eine Bundesoberbehörde mit Sitzen in Hamburg und Rostock mit vielfältigen Kompetenzen im maritimen Bereich. Das BSH ist u. a. für die Verfolgung von Umweltverstößen auf See zuständig.

BSU Die Bundesstelle für Seeunfalluntersuchung ist eine Bundesoberbehörde mit Sitz in Hamburg. Sie hat die Aufgabe, Störungen, Vorkommnisse und v. a. Unfälle auf See mit Wasserfahrzeugen zu untersuchen.

CBA Ein Collective Bargaining Agreement ist ein Kollektivvertrag, der von einer Gewerkschaft im Namen der ITF (siehe dort) mit einem maritimen Unternehmen abgeschlossen wird. Es enthält Mindeststandards über die Heuer, die Arbeitszeit und sonstigen Beschäftigungsbedingungen von Seeleuten und lässt sich daher mit einem Tarifvertrag vergleichen.

CDI Das Chemical Distribution Institute ist ein Zusammenschluss von Chemieunternehmen, der sich auch um die Verbesserung der Sicherheit und Umweltverträglichkeit von Schiffen bemüht, die Chemikalien transportieren.

CIC Im Casualty Investigation Code legt die IMO (siehe dort) die Anforderungen an die staatliche Seeunfalluntersuchung fest. Der CIC ist seit 2010 kraft Verweis in Kapitel XI-1 SOLAS (siehe dort) in den Teilen I und II völkerrechtlich verbindlich.

COLREG Die Internationalen Regeln zur Verhütung von Zusammenstößen auf See (Convention on the International Regulations for Preventing Collisions at Sea) ist ein 1972 im Rahmen der IMO (siehe dort) abgeschlossener völkerrechtlicher Vertrag, der 1977 in Kraft trat. Die COLREG regeln die Führung und die Steuerung von Schiffen in Beziehung zu anderen Schiffen auf Hoher See und auf den mit dieser zusammenhängenden, von Seeschiffen befahrbaren Gewässern. Sie können daher als Straßenverkehrsordnung der Seeschifffahrt bezeichnet werden.

DOALOS Die UN Division for Ocean Affairs and the Law of the Sea ist eine Abteilung im Bereich Rechtsangelegenheiten des UN-Sekretariats, die Informationen, Rat und Unterstützung zum SRÜ (siehe dort) bereithält, um u. a. für die konsistente Anwendung dieser Konvention zu sorgen.

EMSA Die Europäischen Agentur für die Sicherheit des Seeverkehrs (European Maritime Safety Agency) ist eine Europäische Agentur mit Sitz in Lissabon. Sie unterstützt seit 2002 die Europäische Kommission v.a. bei der fortlaufenden Erarbeitung und Aktualisierung von maritimen Rechtsakten, bei der Überwachung ihrer Umsetzung und bei ihrer Evaluierung. Auch bei der europäischen Hafenstaatkontrolle (siehe PSC) und der Beaufsichtigung von ROs (siehe dort) ist sie aktiv.

GESAMP Die Joint Group of Experts on the Scientific Aspects of Marine Environmental Protection wurde in den 1960er Jahren von mehreren UN-Organisationen mit Interessen und Zuständigkeiten in Meeresumweltfragen geschaffen und soll deren wissenschaftliche Expertise in Fragen des Meeresumweltschutzes bündeln, wobei die IMO (siehe dort) als Gründungsmitglied die Sekretariatsfunktion übernimmt. GESAMP ist somit der meereswissenschaftliche Arm dieser Trägerorganisationen. Sie lässt sich organisationsrechtlich dem Typ der internationalen Agentur zuordnen.

GPSR Die Anforderungen an die Schiffswegeführung (Ship's Routeing) sind von der IMO (siehe dort) in ihren General Provisions on Ships' Roueting niedergelegt. Neben formellen Designkriterien benennen die GPSR die materiellen Voraussetzungen, die an die Planung eines Schiffswegeführungssystems zu stellen sind.

HELCOM Die Baltic Marine Environment Protection Commission ist eine 1974 gegründete zwischenstaatliche Organisation, die für den Schutz der Meeresumwelt im Ostseeraum zuständig ist. Ihre Mitglieder sind die neun Ostsee-Anrainerstaaten und die EU.

HGC Die Hong Kong International Convention for the Safe and Environmentally Sound Recycling of Ships ist ein völkerrechtlicher Vertrag zur weltweiten Verbesserung von umweltfreundlichem Recycling von Schiffen und von Arbeitsbedingungen in den Abbruchwerften. Sie wurde 2009 verabschiedet, ist aber noch nicht in Kraft getreten.

HPA Die Hamburg Port Authority ist eine 2005 gegründete Anstalt des öffentlichen Rechts, die das Hafenmanagement der Freien und Hansestadt Hamburg betreibt.

IACS Die Internationale Vereinigung der Klassifizierungsgesellschaften (International Association of Classification Societies) ist der bedeutendste internationale Zusammenschluss von Klassifikationsgesellschaften (siehe dort). Sie wurde 1968 gegründet.

IALA Die International Association of Marine Aids to Navigation and Lighthouse Authorities ist ein Zusammenschluss, der von nationalen Seezeichenverwaltungen 1957 als International Association of Lighthouse Authorities gegründet wurde, um Seezeichen international zu standardisieren. Die Mitgliedschaft steht inzwischen aber auch Wissenschaftlern und Häfen sowie Unternehmen offen.

IBF Im Rahmen des 2003 gegründeten International Bargaining Forum handeln die ITF (siehe dort) und die maritimen Unternehmen alle zwei Jahre Kollektivverträge aus (IBF Framework Agreements), die in der Art eines Tarifvertrags Mindeststandards über die Heuer, die Arbeitszeit und sonstige Beschäftigungsbedingungen der Seeleute normieren.

ICS Das Internationale Bergungsübereinkommen (International Convention on Salvage) ist ein völkerrechtlicher Vertrag, der 1989 geschlossen wurde und 1996 in Kraft trat. Durch das ICS wurde ein finanzielles Anreizsystem für Bergungsunternehmen eingeführt („Special Compensation"), um Umweltschäden zu begrenzen.

IG P & I Die International Group of P & I Clubs ist der internationale Zusammenschluss der P & I Clubs (siehe dort).

IGV 2005 Die Internationalen Gesundheitsvorschriften (International Health Regulations, IHR) sind 2005 novellierte, völkerrechtlich bindende Vorschriften der WHO (siehe dort), um die grenzüberschreitende Ausbreitung von Krankheiten zu verhüten und zu bekämpfen. Sie enthalten auch Bestimmungen zur Eindämmung und Prävention von Infektionskrankheiten, die von Schiffen übertragen werden.

ILO Die International Labour Organization ist eine UN-Sonderorganisation mit Sitz in Genf und damit beauftragt, soziale Gerechtigkeit sowie Menschen- und Arbeitsrechte zu fördern. Seit ihrer Gründung 1919 widmet sie sich den Arbeits- und Lebensbedingungen von Seeleuten.

IMDG Code Der International Maritime Dangerous Goods Code der IMO (siehe dort) reguliert den Transport gefährlicher Güter zur See und ist inzwischen durch Kapitel VII Regel 3 SOLAS (siehe dort) völkerrechtlich verbindlich.

IMO Die International Maritime Organization ist eine UN-Sonderorganisation mit Sitz in London und v.a. für die internationale Rechtssetzung im Bereich Schiffssicherheit und Meeresumweltschutz zuständig. Sie wurde 1948 in Genf als Inter-Governmental Maritime Consultative Organization (IMCO) gegründet. Durch ein 1982 in Kraft getretenes Änderungsprotokoll wurde IMCO ihr heutiger Name verliehen und ihre bisherige Aufgabe einer Seeschifffahrt auf hohem Sicherheitsniveau auch offiziell um die Bekämpfung der Meeresverschmutzung durch Schiffe erweitert.

IMSAS Die IMO (siehe dort) hat mit dem IMO Member State Audit Scheme eine obligatorische internationale Peer Review ihrer Mitgliedstaaten etabliert.

INTERTANKO Die International Association of Independent Tankers Owners ist ein 1970 gegründeter internationaler Verband der Eigner und Betreiber von Öl- und Chemikalientankern.

IPWP Die International Port Welfare Partnership ist ein institutionalisiertes Gemeinschaftsprojekt, das Vertreter von Staaten, Reedereien, Gewerkschaften, Häfen und freiwilligen Organisationen umfasst. Ziel ist es, die Regel 4.4 MLC 2006 (siehe dort) zu implementieren, die den Zugang von Seeleuten zu Sozialeinrichtungen an Land sicherstellen will.

ISA Die internationale Meeresbodenbehörde (International Seabed Authority) ist eine internationale Organisation mit Sitz in Kingston. Sie übt die Kontrolle über den Tiefseebergbau aus und verfügt über echte Rechtssetzungsbefugnisse, denn das tiefseevölkerrechtliche Sekundärrecht ist unmittelbar rechtsverbindlich für die Normadressaten.

ISGH Der 1996 gegründete Internationale Seegerichtshof (International Tribunal for the Law of the Sea, ITLOS) ist ein internationales Gericht mit Sitz in Hamburg, das für Streitigkeiten über die Auslegung und Anwendung des SRÜ (siehe dort) zuständig ist.

ISM Code Der International Safety Management Code der IMO (siehe dort), der als Teil von Kapitel IX SOLAS (siehe dort) völkerrechtlich verbindlich ist, legt Anforderungen an die private Organisation einer sicheren und umweltfreundlichen Schifffahrt fest.

ISWAN Das International Seafarers' Welfare and Assistance Network ist ein internationaler Zusammenschluss unterschiedlicher maritimer Akteure, von Schifffahrtsunternehmen bis zu Gewerkschaften, von Versicherungskonzernen bis zu Wohlfahrtsverbänden, der sich für die Belange der Seefahrer einsetzt. ISWAN hat sich u.a. zum Ziel gesetzt, die MLC 2006 (siehe dort) umzusetzen.

ITCP Das Integrated Technical Cooperation Programme der IMO (siee dort) ist ein Rahmenprogramm für die Entwicklung, Gestaltung und Implementierung der technischen Zusammenarbeit der IMO-Mitgliedstaaten. Es adressiert mithin die Ressourcenprobleme vieler Mitgliedstaaten.

ITF Die Internationale Transportarbeiter-Föderation (International Transport Workers' Federation) ist ein internationaler Gewerkschaftsbund, der sich über seine Sektion ITF Seafarers für sichere Schiffe und menschenwürdige Beschäftigungsbedingungen für Seeleute einsetzt.

JEE Die Joint External Evaluation ist eine internationale Peer Review im Rahmen der WHO (siehe dort), die fakultativ ist. Das Anliegen ist es, die Kapazitäten eines Staats jede vier bis fünf Jahre zu bewerten, die dieser nach den IGV 2005 (siehe dort) vorhalten muss, um Gesundheitsrisiken rechtzeitig zu erkennen und schnell auf diese zu reagieren.

JMC Der 1920 geschaffene Paritätische Schifffahrtsausschuss (Joint Maritime Commission) der ILO (siehe dort) hat die Aufgabe, in den Perioden zwischen den maritimen Tagungen der Internationalen Arbeitskonferenz diese vorzubereiten, den Verwaltungsrat zu beraten, auch zu Fragen der Rechtssetzung, sowie über einen eigenen Unterausschuss Mindestlöhne für bestimmte Seeleutegruppen zu empfehlen. Die Besonderheit des JMC besteht darin, dass er bipartistisch zusammengesetzt ist.

Klassifizierungsgesellschaft Klassifikations- oder Klassifizierungsgesellschaften (Classification Societies), kurz Klassen (Classes), sind technische Sachverständigenorganisationen. Sie haben ein System der privatrechtlich organisierten Schiffssicherheit aufgebaut, weswegen sie auch als die inoffiziellen Polizisten der maritimen Welt bezeichnet werden. Ihre Dienstleistungen bieten sie privaten und öffentlichen Akteuren an.

LC 1972 wurde das Übereinkommen zur Verhütung der Meeresverschmutzung durch das Versenken von Abfällen und anderen Stoffen (London Convention on the Prevention of Marine Pollution by Dumping of Wastes and Other Matters) ausgearbeitet und trat 1975 in Kraft. Es umfasst die Einbringung von Abfällen und anderer Materie von Schiffen, Flugzeugen und Offshoreplattformen in die offene See, sofern diese nicht im normalen Betrieb entstanden sind. Für die jeweiligen Vertragsparteien wurde es durch das Londoner Protokoll (siehe LP) ersetzt.

LL Das 1966 im Rahmen der IMO (siehe dort) beschlossene und 1968 in Kraft getretene Internationale Freibord-Übereinkommen (International Convention on Load Lines) soll gegen eine Überladung von Handelsschiffen und dadurch bedingte Unfälle schützen. Dies geschieht durch die Vorgabe von Höchstgrenzen für die Zuladung.

LOF Die Lloyd's Open Forms sind ein Standardvertragswerk im Bereich des Bergungsrechts, das vom Salvage Arbitration Branch bei Lloyd's in London verwaltet wird.

LP Das Protokoll von 1996 zum Übereinkommen über die Verhütung der Meersverschmutzung durch das Einbringen von Abfällen und anderen Stoffen (Protocol to the Convention on the Prevention of Marine Pollution by Dumping of Wastes and Other Matters) ist ein völkerrechtlicher Vertrag, der die LC (siehe dort) novelliert. Aus der allgemeinen Erlaubnis zur Müllentsorgung auf See mit Verbotsmöglichkeit wird durch die neuen Bestimmungen ein allgemeines Verbot mit begrenzten Ausnahmen.

MACN Das Maritime Anti-Corruption Network ist ein Zusammenschluss maritimer Unternehmen, der seit 2011 Korruption insbesondere in Seehäfen weltweit bewältigen will.

MAIIF Das Marine Accident Investigators'International Forum ist ein transnationales Behördennetzwerk zum Zweck des grenzüberschreitenden Erfahrungsaustauschs im Bereich der Seeunfalluntersuchung. Seine Mitglieder sind nationale Seeunfallbehörden.

MARPOL Das Internationale Übereinkommen zur Verhütung der Meeresverschmutzung durch Schiffe (International Convention for the Prevention of Marine Pollution from Ships) ist ein völkerrechtlicher Vertrag im Bereich des Umweltrechts, der im Rahmen der IMO (siehe dort) 1973 beschlossen wurde. Nachdem es 1978 durch ein Protokoll geändert wurde, konnte das Übereinkommen 1983 in Kraft treten. Es wird daher auch mit MARPOL 73/78 abgekürzt.

MEPC Der Meeresumweltschutzausschuss der IMO (siehe dort) (IMO Marine Environmental Protection Committee).

MLC 2006 Das Seearbeitsübereinkommen (Maritime Labour Convention 2006) ist ein völkerrechtlicher Vertrag, der 2006 auf der zehnten Seeschifffahrtstagung (= 94. Allgemeinen Konferenz) der ILO (siehe dort) angenommen wurde. Es regelt das Arbeits- und Sozialrecht der Seefahrer.

MSC Der Schiffssicherheitsausschuss der IMO (siehe dort) (IMO Maritime Safety Committee).

NEAFC Die Fischereikommission für den Nordostatlantik (North East Atlantic Fisheries Commission) ist eine regionale Fischereiorganisation, die seit 1980 die Kontrolle über die Fischerei und fischereibezogene Handlungen im Nordostatlantik aufrechterhält.

OCIMF Das Oil Companies International Marine Forum ist eine 1970 gegründete Vereinigung von Ölunternehmen, die u. a. durch Schiffsüberprüfungsverfahren (sog. Vetting) auf eine sichere und umweltverträgliche Seeschifffahrt hinwirkt.

OPRC Das Übereinkommen über die Bereitschaft, Reaktion und Zusammenarbeit auf dem Gebiet der Ölverschmutzung (International Convention on Oil Pollution Preparedness, Response and Co-operation) ist ein 1990 beschlossener und 1995 in Kraft getretener völkerrechtlicher Vertrag im Bereich des Umweltschutzes. OPRC statuiert v. a. eine Pflicht zum Aufbau nationaler Vorsorge- und Bekämpfungsstrukturen und zur Schaffung von bordeigenen Notfallplänen durch Schiffe als vorbeugende Maßnahmen.

OSPAR Das Übereinkommen zum Schutz der Meeresumwelt des Nordostatlantiks (Convention for the Protection of the Marine Environment of the North-East Atlantic) von 1992, das 1998 in Kraft trat, ist ein völkerrechtlicher Vertrag im Bereich des regionalen Umweltschutzes, der die Erhaltung der Meeresökosysteme des Nordost-Atlantiks und ihren Schutz vor nachteiligen Auswirkungen menschlicher Tätigkeiten zum Ziel hat. Seine Implementation obliegt seit 1992 der OSPAR Commission.

P & I Club Diese aus England stammende Form von Seeversicherung (Protection and Indemnity Club) bestreitet die Risikoabsicherung gemeinschaftlich aus den Umlagen der in den Clubs zusammengeschlossenen Reeder. P & I Clubs lassen sich daher mit den deutschen Versicherungen auf Gegenseitigkeit vergleichen.

PAGNet Das Ports, Airports and Ground Crossings Network stellt ein transnationales Behördennetzwerk zum Erfahrungsaustausch über gesundheitsbehördliche Aktivitäten in Bezug auf Häfen, aber auch Flughäfen und Grenzübergängen zu Lande dar. Mittlerweile hat es eine eigene Arbeitsgruppe (PAGNet Advisory Group) mit Harmonisierungs- und Überwachungsaufgaben sowie einen bei der WHO (siehe dort) angesiedelten Moderator, der als Sekretariat von PAGNet fungiert, ausgebildet.

Paris MoU Das Paris Memorandum of Understanding on Port State Control ist ein transnationales Behördennetzwerk zum Zweck der Hafenstaatkontrolle (siehe PSC), das Behörden in Nord- und Mitteleuropa sowie Kanada und der Russischen Föderation umfasst.

Polar Code Der International Code for Ships Operating in Polar Waters ist ein im Rahmen der IMO (siehe dort) erarbeitetes Regelwerk für die Seeschifffahrt in Arktis und Antarktis, das in Kapitel XIV Regel 3 I SOLAS (siehe dort) und Annex I, II, IV, V MARPOL (siehe dort) völkerrechtlich verbindlich eingeführt wurde.

PSC Bei der Hafenstaatkontrolle (Port State Control) handelt es sich um Schiffsbesichtigungen, bei denen Kontrolleure in Seehäfen untersuchen, ob Schiffe v. a. die internationalen Vorschriften zur Schiffssicherheit, zum Meeresumweltschutz und zu den Arbeits- und Lebensbedingungen von Seeleuten einhalten.

PSC MoU Ein Memorandum of Understanding on Port State Control ist eine Vereinbarung zwischen staatlichen Behörden einer Region, in denen sie sich verpflichten, die PSC (siehe dort) nach einheitlichen Kriterien durchzuführen. Inzwischen verfügt ein PSC MoU auch über eigene Institutionen und bildet damit ein transnationales Behördennetzwerk. Weltweit gibt es neun PSC MoUs.

PSSA Das besonders empfindliche Meeresgebiet (Particularly Sensitive Sea Area) ist ein von der IMO (siehe dort) entwickeltes Schutzkonzept, das seine Grundlage in ihrer PSSA-Richtlinie findet. Diese definiert ein PSSA als ein Gebiet, das wegen seiner Bedeutung aus anerkannten ökologischen, sozialökonomischen oder wissenschaftlichen Gründen eines speziellen Schutzes durch eine Maßnahme der IMO bedarf und das in besonderem Maße Schäden durch die Schifffahrt ausgesetzt ist.

QSCS Mit dem Quality System Certification Scheme hat die IACS (siehe dort) für ihre Mitglieder und Anwärter eine Qualitätskontrolle von Klassifizierungsgesellschaften (siehe dort) initiiert, von deren Ergebnis die weitere Mitgliedschaft abhängt.

RO Eine Recognized Organization bezeichnet eine Klassifizierungsgesellschaft (siehe dort), wenn sie in öffentlicher Funktion, sprich im Auftrag eines Flaggenstaates, Seeschiffe kontrolliert.

RSO Regional Seas Organizations sind Organisationen, in denen sich Staaten einer Meeresregion zusammenschließen, um den Umweltschutz bestimmter Meeresgebiete zu fördern.

RSP UNEP Das 1974 als Folge der UN-Umweltkonferenz in Stockholm eingerichtete UNEP Regional Seas Programme fördert v.a. in der südlichen Hemisphäre den Schutz von Meeresgebieten, indem die jeweiligen Anrainerstaaten dabei unterstützt werden, für ihre Regionalmeere Aktionspläne zu entwerfen, und darauf aufbauend Rahmenübereinkommen zum Meeresumweltschutz sowie entsprechende Protokolle zu spezifischen ökologischen Themen zu erarbeiten.

SIRE Das Ship Inspection Report Program ist ein 1993 von OCIMF (siehe dort) initiiertes Tankerrisikobewertungsinstrument in Form einer Datenbank, das dem Problem unternormiger Schiffe begegnen soll.

SOLAS Die zentrale maritime Sicherheitskonvention ist das Internationale Übereinkommen zum Schutz des menschlichen Lebens auf See (International Convention for the Safety of Life at Sea) von 1960, das im Rahmen der IMO (siehe dort) beschlossen wurde. SOLAS wurde 1974 umfassend überarbeitet und ist seit 1980 in Kraft. Die sicherheitsrechtlichen Mindeststandards finden sich in einem Anhang mit 14 Kapiteln.

SRÜ Das Seerechtsübereinkommen der Vereinten Nationen (United Nations Convention on the Law of the Sea, UNCLOS) ist ein Rahmenabkommen, das alle Nutzungsarten der Meere regeln soll. Es wurde 1982 geschlossen und trat 1994 in Kraft. Das SRÜ ist mit insgesamt 320 Artikeln der umfangreichste und bedeutsamste multilaterale Vertrag, der im UN-Rahmen entwickelt wurde.

STCW Das Internationale Übereinkommen über Normen für die Ausbildung, die Erteilung von Befähigungszeugnissen und den Wachdienst von Seeleuten (International Convention on Standards of Training, Certification and Watchkeeping for Seafarers) ist ein völkerrechtlicher Vertrag, der den Faktor Mensch im Bereich der Schiffssicherheit adressiert. Es wurde 1978 im Rahmen der IMO (siehe dort) beschlossen und 1995 umfassend überarbeitet.

STIT Die 2018 vom Multi-Stakeholder-Format Sustainable Shipping Initiative in Gang gesetzte Ship Recycling Transparency Initiative stellt Frachteignern und Investoren kostenlos Informationen über Schiffsrecyclingpraktiken bereit, die von Schiffseignern nach im Voraus festgelegten Kriterien geliefert werden, um auf diese Weise das Fehlen eines zwischenstaatlichen Regimes im Bereich des Schiffsrecyclings zu kompensieren.

TMSA Das von der Ölindustrie entworfene TMSA-Programm (Tanker Management Self Assessment) ist eine Hilfestellung für die Schiffseigner und -betreiber, damit diese ihre internen Schiffssicherheitssysteme gegen zwölf Best Practice-Elemente beurteilen können, und wird durch die Ölmultis kontrolliert. TMSA kann als privates Pendant zum ISM Code (siehe dort) betrachtet werden, da es wie dieser Code Anforderungen an ein sicheres Management von Schiffen formuliert.

TOKYO MoU Das Memorandum of Understanding on Port State Control in the Asia-Pacific Region ist ein transnationales Behördennetzwerk zum Zweck der Hafenstaatkontrolle (siehe PSC) in der asiatisch-pazifischen Region.

WHO Die World Health Organization ist eine UN-Sonderorganisation mit Sitz in Genf im öffentlichen Gesundheitswesen. Über ihre IGV 2005 (siehe dort) widmet sie sich auch den von der Seeschifffahrt ausgehenden Infektionsrisiken.

1. Kapitel

Grundlagen

I. Einführung

1. Seeverwaltungsrecht als internationales Verwaltungsrecht par excellence

Der internationale Charakter der Seeschifffahrt ist ein Gemeinplatz[1]. Der maritime Wirtschaftszweig offenbart deswegen auch mustergültig, wie herausfordernd es sein kann, eine globalisierte Industrie zu verwalten. Die Herausforderung soll der Ships of Shame-Bericht[2] – treffend mit SOS abgekürzt – aus dem Jahr 1992 illustrieren. Anders als der Titel vermuten lässt, handelt es sich bei ihm weder um einen reißerischen Roman noch um ein Drehbuch für einen Piratenfilm in Fluch der Karibik-Manier. Die Veröffentlichung wurde nach mehreren Schiffsunglücken vor der westaustralischen Küste durch das australische Parlament initiiert und fand nicht nur weltweit Aufmerksamkeit, sondern stimulierte – ebenso wie sein englisches Pendant, der Donaldson-Bericht[3] – nachhaltig Regulierungsanstrengungen. In nüchterner Prosa informiert das Komitee über völlig seeuntüchtige Schiffe, Fälschungen offizieller Dokumente, Hungerlöhne, Schläge und Misshandlungen der Besatzung durch Offiziere oder die totale Unfähigkeit der Crew, sich untereinander oder mit Lotsen zu verständigen (S. IX, 27 ff.). Der SOS-Bericht benennt ökonomische Ursachen, die dazu führten, dass das maritime System in einem Teufelskreis gefangen sei, der auch die Ebene der Regulierung erfasse. Die Reeder betrieben solche Schiffe der Schande aus wirtschaftlichen Erwägungen und aufgrund des Wettbewerbsdrucks beachteten auch Flaggenstaaten die Seeschifffahrtsnormen nicht hinreichend, so dass ein stetiges Absinken des weltweiten Standards zu befürchten sei (S. 27).

Bildet der maritime Bereich einen Critical Case in der internationalen Verwaltung ab, können aus dem hier als „Seeverwaltungsrecht" bezeichneten Verwaltungsrecht der Seeschifffahrt[4] generelle Lehren für die Regulierung von Globalisierungsphä-

[1] Statt vieler *Wu/Sampson*, Ocean Yearbook 19 (2005), S. 357.

[2] Commonwealth, House of Representatives Standing Committee on Transport, Communications and Infrastructure, Ships of Shame, Parliamentary Paper No. 494 (1992) 3 („Ships of Shame"); zum Hintergrund *Lazenby*, Deakin Law Review 4 (1997/98), S. 73 ff.

[3] UK Government, Safer Ships, Cleaner Seas („The Donaldson Report"), CMD 1569. Zur Bedeutung dieses Berichts für die maritime Regulierung siehe den Kommentar von *Plant*, Marine Policy 19 (1995), S. 453 ff.

[4] Siehe zur Konkretisierung des Untersuchungsgegenstands unten 1. Kapitel, IX. 1.

nomenen gezogen werden[5]. Die Beispielhaftigkeit des Seeverwaltungsrechts speist sich aus drei Quellen: zunächst aus dem bereits erwähnten hohen Grad an Globalisierung der Seeschifffahrt[6], weiter aus dem großen Erfahrungsschatz, den die Seeverwaltung gerade auch gegenüber anderen Sektoren des internationalen Transportwesens wie der zivilen Luftfahrt aufweist[7] und drittens aus der Heterogenität der von der Seeschifffahrt betroffenen Gemeinwohlbelange, die letztlich eine Folge der umfassenden Globalisierung sind. In dieser Heterogenität liegt v. a. der Unterschied zum Finanzmarktrecht[8], das zwar wegen des hohen Mobilitätsgrads von (Geld-)Kapital ebenfalls eine inhärent globale Materie bildet, aber in der Regulierungsagenda eng auf die Wahrung der Stabilität der Finanzmärkte ausgerichtet ist, während die Seeverwaltung viele typische Fragen des Verwaltungsrechts, wie Sicherheit, Umweltschutz, Seuchenbekämpfung sowie Arbeit und Soziales[9], behandelt.

Vor diesem Hintergrund nimmt die Untersuchung die maritimen Erfahrungen und Beobachtungen zum Ausgangspunkt, um ein Konzept für ein internationales Verwaltungsrecht zu entwerfen. Die tragende Idee lautet, dass sich die internationale Verwaltung strukturell als Konglomeratsverwaltung darstellt und dass deswegen auch ihr Instrumentarium und die juristischen Kautelen zur Einhegung internationaler Verwaltungstätigkeit auf dieses Konglomeratsdenken ausgerichtet sein müssen. Der Begriff konglomeratisch, so viel sei hier vorweggenommen, soll anzeigen, dass für die maritime Verwaltungstätigkeit im Besonderen und die internationale Verwaltung im Allgemeinen statt monolithischer Struktur und einheitlicher Entscheidungsbefugnisse das Zusammenspiel und die Verbindung diverser Akteure, Rechtsschichten und Kulturen prägend sind[10].

Ein kurzer Einblick in die Organisationsstruktur der Seeverwaltung soll das Konglomeratsparadigma verdeutlichen: Während Seeschiffe nach herkömmlichem Verständnis primär durch die jeweilige Flaggenstaatverwaltung in Hinblick auf

---

[5] *Merk*, in: OECD, International Regulatory Co-operation and International Organisations, S. 87; *Bloor/Sampson/Baker/Dahlgreen/Wadsworth/James*, Social & Legal Studies 22 (2013), S. 171, 172 ff.; *Carballo Pineiro*, International Maritime Labour Law, S. 1; *McConnell*, in: Chircop/McDorman/Rolston, The Future of Ocean Regime-Building, S. 349, 354.

[6] Eingehend unten 1. Kapitel, IX. 2.

[7] Das Schiff ist nicht nur der technisch ältere Verkehrsträger; verglichen mit dem Seeverkehr hat sich im Luftverkehr ein echtes internationales Regime im Zuge des Open Skies-Ansatzes verzögert entwickelt, da der Luftverkehr traditionell nachhaltig vom Erhalt eines Staatssymbols und dem offenen Protektionismus aller Beteiligten geprägt ist, siehe *Knorr/Schauf*, See- und Luftverkehrsmärkte im Umbruch, S. 3; *Arndt*, in: ebenda, S. 39, 41 ff.; *Wood/Barone/Murphy/Wardlow*, International Logistics, S. 25 ff.; *Sturm/Dautermann/Müller/Voláková*, Regulierung und Deregulierung im wirtschaftlichen Transformationsprozess, S. 78 ff.; *Frizsche*, Das europäische Luftverkehrsrecht, S. 21. Deswegen lassen sich im Luftverkehr teils Probleme der Gemeinwohlsicherung, die im Seeverkehr schon lange bekannt sind, erst mit Verzögerung erkennen, etwa bei den Arbeits- und Lebensbedingungen des Bordpersonals, dazu *Wilke/Schmid/Gröning*, Branchenanalyse Luftverkehr, insb. S. 144 f.

[8] *Tang/Zhang*, Human Resource Management in Shipping, S. 1 f.

[9] Siehe zur Auswahl der maritimen Referenzgebiete unten 1. Kapitel, VIII. 2.

[10] Siehe eingehend unten 1. Kapitel, V.

sichere, ökologische und soziale Anforderungen kontrolliert werden, hat sich im Zuge des Aufstiegs der Billigflaggen die Kontrollstruktur ausdifferenziert. Schiffe werden zusätzlich in Häfen überprüft: zum einen durch Hafenstaatkontrollbehörden, die sich regional in transnationalen Behördennetzwerken koordinieren, zum anderen werden Schiffinspektionen durch diverse private Akteure wie Gewerkschaften, Unternehmen der Öl- und Chemieindustrie, Klassifizierungsgesellschaften sowie Versicherungen initiiert. Diese sind wiederum durch internationale Verbandsstrukturen weltweit vernetzt, arbeiten daneben teilweise aber auch bei der Rechtsdurchsetzung mit staatlichen Behörden zusammen. Seit den 1990er Jahren treten verstärkt die Häfen, präziser Hafenbehörden, als weitere regulierende Stellen hinzu. Den Maßstab für die Überprüfungstätigkeit bildet zunächst das im Rahmen internationaler Organisationen wie der Internationalen Seeschiffahrts-Organisation (IMO) oder der Internationalen Arbeitsorganisation (ILO) erarbeitete Recht, das staatliche Spezifika aber nicht völlig verdrängt. Dabei sind regionale und private Akteure nicht nur in diese internationale Rechtssetzung eingebunden, sondern stellen auch eigene Anforderungen an das Schiff, seinen Betrieb, seine Besatzung und die Organisation von Schifffahrtsunternehmen, die sie auch konkurrierend mit dem internationalen und nationalen Recht zur Anwendung bringen.

2. Gang der Untersuchung

Die Untersuchung ist in acht Kapitel unterteilt. Im ersten Kapitel wird gezeigt, dass die internationale Verwaltung, die strukturell als Konglomeratsverwaltung (V.) erscheint, sowie ihr Recht eine Reaktion auf die Verwaltungsaufgabe der internationalen Zusammenarbeit darstellen (II., IV.). Eine grenzüberschreitende Kooperation der Staaten ist erforderlich, wenn der Verwaltungsgegenstand grenzüberschreitend angelegt ist, wie dies für die Seeschifffahrt charakteristisch ist. Demgegenüber gehören internationale Kontakte nach der herkömmlichen Wahrnehmung nicht zu den administrativen Aufgaben, denn das nationale Verwaltungsrecht bezieht sich der Idee nach als „terrestrisches" Recht auf einen stabilen, da örtlich radizierten Verwaltungsgegenstand, weswegen sich Außenkontakte weitestgehend erübrigen. Strukturell stellen sich die nationale Verwaltung und ihr Recht in der Folge als eine Einheit dar. Diese Kontrastierung mit der nationalen Verwaltung (III.) soll keinen Gegensatz aufmachen, sondern dient allein dazu, die Notwendigkeit und die Merkmale der internationalen Verwaltung zu verdeutlichen (VI.). Nach einer Einordnung in die Forschung zum internationalen Verwaltungsrecht (VII.) sowie eine Darstellung der theoretischen und methodischen Grundlagen (VIII.) veranschaulicht der erste Teil zudem den Gegenstand der Seeverwaltung (IX.): die Seeschifffahrt als globalisierte Industrie.

Dass die internationale Zusammenarbeit wegen des grenzüberschreitenden Bezugs der Seeschifffahrt eine Aufgabe der Seeverwaltung bildet und sich infolgedessen eine Konglomeratsverwaltung herausgebildet hat, wird im zweiten Kapitel anhand von drei maritimen Referenzgebieten veranschaulicht.

Im Anschluss werden im dritten und vierten Kapitel die Verwaltungsorganisation sowie die Handlungsinstrumente der Seeverwaltung vorgestellt. Nach dieser deskriptiv-analytischen Grundlegung wendet sich die Untersuchung zwei rechtlichen Kernfragen des Verwaltungsrechts zu – der Verwaltungslegitimation (fünftes Kapitel) und dem Rechtsschutz (sechstes Kapitel) – und rekonzeptualisiert sie für die internationale Verwaltung.

Folgeprobleme einer konglomeratischen Organisationsstruktur bilden Widersprüche und Doppelungen in den Regulierungsanstrengungen, Umsetzungsdefizite sowie Korruptionsanfälligkeit. Wie jenseits von terrestrischen Einheitsvorstellungen Kontrolle, Integrität und Kohärenz der Verwaltung realisierbar sind, bildet den Gegenstand des siebten Kapitels.

Wie lässt sich die Tätigkeit der Seeverwaltung rechtlich einhegen? Mangels einer Weltverfassung ist das internationale Verwaltungsrecht kaum als konkretisiertes Verfassungsrecht begreifbar. Stattdessen wird im letzten Kapitel ausgelotet, ob und inwiefern Rechtsgrundsätze des internationalen Verwaltungsrechts eine Alternative zum Verfassungsdenken liefern können.

Bevor die Grundlagen des Seeverwaltungsrechts entfaltet werden, gilt es aber, die Untersuchung im wissenschaftlichen Diskurs über ein internationales Verwaltungsrecht zu positionieren und die Forschungslücke zu konkretisieren, die geschlossen werden soll.

3. *Internationales Verwaltungsrecht: Stand der wissenschaftlichen Diskussion*

a) Auf der Suche nach einem Konzept

Die Auswirkungen der Globalisierung auf die Verwaltung und ihr Recht sind Gegenstand mehrerer Forschungsansätze. An Standortbestimmungen und entsprechenden Publikationen mangelt es daher nicht, was eine Unübersichtlichkeit der wissenschaftlichen Diskussion zum internationalen Verwaltungsrecht bedingt, die sich an einer Fülle von Begriffsbestimmungen bemerkbar macht[11]. Was indes nach wie vor fehlt, ist ein in sich geschlossenes Konzept für das internationale Verwaltungsrecht.

Wissenschaftliche Beiträge aus den Vereinigten Staaten und Italien haben durch die Bezeichnung ihres Gegenstandes als „Global Administrative Law", kurz GAL genannt, eine Akzentuierung vorgenommen. Ihre prominentesten Protagonisten sind *Benedict Kingsbury*, *Nico Krisch*, *Richard Stewart* sowie *Sabino Cassese*. Die Fragestellung der GAL-Schule wurde in dem einflussreichen Beitrag „The Emergence of Global Administrative Law" beschrieben als:

> „The mechanisms, principles, practices, and supporting social understandings that promote or otherwise affect the accountability of global administrative bodies in particular by ensuring they meet adequate standards of transparency, participation, reasoned decision, and legality, and by providing effective review of the rules and decisions they make."[12]

---

[11] Siehe dazu unten 1. Kapitel, VII. 2.

[12] *Kingsbury/Krisch/Stewart*, Law and Contemporary Problems 68 (2005), S. 15, 17.

Dieses Projekt hat Pionierarbeit geleistet, bleibt aber stark auf die empirische Analyse von internationaler Verwaltung ausgerichtet[13]. Über die normative Funktion von GAL bestehen unterschiedliche Vorstellungen[14]: Es könne Mittel und Fortsetzung zwischenstaatlicher Beziehungen, Freiheit schützendes, bewahrendes oder sogar erweiterndes Recht oder Mittel der Demokratisierung sein. Auch das Versprechen, Prinzipien für das internationale Verwaltungsrecht zu entwickeln, konnte nicht überzeugend eingelöst werden[15]. Insgesamt betrachtet liegt der Akzent dieses Ansatzes bei der ordnenden und teils auch bewertenden Bestandsaufnahme der Verwaltung insbesondere von internationalen Organisationen auf der Basis von Case Studies.

Die deutschsprachige Literatur zum internationalen Verwaltungsrecht wählt hingegen einen rechtswissenschaftlichen Zugriff, der methodisch auf Referenzgebietsanalysen aufbaut[16]. Ein Interessenschwerpunkt liegt bei den internationalen und transnationalen Einflüssen auf das Handeln der nationalen Verwaltung[17], die *Christian Tietje*, *Christoph Ohler* und *Martin Kment* in ihren Habilitationsschriften[18] untersucht haben. Als die zentralen Forschungsfragen des internationalen Verwaltungsrechts wurden die Grenzen der Steuerung durch Recht, Legitimations- und Rechtsschutzprobleme sowie der Umgang mit Mehrebenenstrukturen und Rechtsschichten identifiziert[19]. Lösungen allgemeiner Art konnten bislang in erster Linie für Legitimationsfragen der internationalen Verwaltung aufgezeigt werden[20], die unter anderem auf eine stärkere Rückbindung des internationalen Verwaltungshandelns an die nationale Rechts- und Verfassungsordnung zielen[21]. Unter dem Begriff Internationales Öffentliches Recht wird weitergehend das Ziel verfolgt, individuelle und kollektive Selbstbestimmung im Rahmen der internationalen Ver-

---

[13] *C. Möllers*, in: C. Möllers/Voßkuhle/Walter, Internationales Verwaltungsrecht, S. 1, 3; stärker normativ ausgerichtet aber *Cassese/d'Altcrio*, in: Cassese, Research Handbook on Global Administrative Law, S. 1 ff.

[14] *Kingsbury/Krisch/Stewart*, Law and Contemporary Problems 68 (2005), S. 15, 43 ff.

[15] Siehe insb. die Kritik am Prinzipienansatz von *Harlow*, European Journal of International Law 17 (2006), S. 187 ff.; *Alvarez*, in: Kahana/Scolnicov, Boundaries of Rights, Boundaries of State, S. 3, 13 ff., 50 ff.; ferner *Goldmann*, in: GVwR I, § 6 Rn. 46 und *v. Bogdandy*, in: Trute/Groß/Röhl/C. Möllers, Allgemeines Verwaltungsrecht, S. 683, 697; siehe eingehend zum Prinzipienansatz unten 8. Kap.

[16] Siehe v. a. die Beiträge im Band von *Möllers/Voßkuhle/Walter*, Internationales Verwaltungsrecht.

[17] *Schmidt-Aßmann*, DS 45 (2006), S. 315, 335 f.

[18] *Tietje*, Internationalisiertes Verwaltungshandeln; *Ohler*, Die Kollisionsordnung des Allgemeinen Verwaltungsrechts; *Kment*, Grenzüberschreitendes Verwaltungshandeln; Fragen des internationalen Verwaltungsrechts und des internationalen Verfassungsrechts behandelnd *Menzel*, Internationales Öffentliches Recht.

[19] *Ruffert*, in: Möllers/Voßkuhle/Walter, Internationales Verwaltungsrecht, S. 395, 406 ff.; *Proelß*, in: Kahl/Ludwigs, Handbuch des Verwaltungsrechts II, § 57 Rn. 26 ff.

[20] *Kahl*, in: Trute/Groß/Röhl/Möllers, Allgemeines Verwaltungsrecht, S. 71 ff.; *Eifert*, in: ebenda, S. 307 ff.; *Röhl*, in: Möllers/Voßkuhle/Walter, Internationales Verwaltungsrecht, S. 319 ff.; *Lepsius*, in: ebenda, S. 345 ff.; *Tietje*, Internationalisiertes Verwaltungshandeln, S. 599 ff., 644 ff.

[21] *Kahl*, in: Trute/Groß/Röhl/Möllers, Allgemeines Verwaltungsrecht, S. 71, 105.

waltung zu wahren, indem die Anwendung von konstitutionellen Ansprüchen von der Ausübung (internationaler) öffentlicher Gewalt im konkreten Fall abhängig gemacht wird[22]. Im Übrigen verbleibt die Diskussion in den jeweiligen Referenzgebieten[23] und auf Einzelphänomene wie insbesondere Behördenkooperationen[24] oder Handlungsformen internationaler Institutionen[25] fixiert[26]. Unter dem Begriff transnationales Verwaltungsrecht wird spezifisch die Rolle Privater für das Verwalten jenseits des Staates beleuchtet[27]. Ein Ordnungsrahmen, der die Erarbeitung dogmatischer Strukturen für das internationale Verwaltungsrecht erlaubt, fehlt somit[28]. Der Vorschlag von *Eberhard Schmidt-Aßmann,* ein „Internationales Verwaltungsrecht" nach ähnlichen Überlegungen zu bestimmen wie zum Europäischen Verwaltungsrecht[29], stößt auf das Problem, dass supranationale Elemente die Ausnahme bilden. Auch wenn der Europäische Verwaltungsverbund als Inspirationsquelle auch für die internationale Verwaltung dienen kann[30], erübrigt das nicht die Suche nach einem eigenen Bezugspunkt für das internationale Verwaltungsrecht.

Die Untersuchung bietet mit dem Konglomeratsdenken einen solchen Rahmen für ein internationales Verwaltungsrecht an, von dem aus normative und instrumentelle Fragen einer internationalen Verwaltung konzipiert werden können. Der Vorzug liegt darin, dass analytisch sowohl Verwaltungshandeln internationaler Organisationen als auch die Internationalisierung nationaler Verwaltung und die Rolle Privater beim grenzüberschreitenden Verwalten erfasst werden können, was Einseitigkeiten entgegenwirkt. Auch wenn das Anschauungsmaterial aus dem Bereich der Seeschifffahrt stammt, tragen das paradigmatische Beispiel der Seeverwaltung für eine internationale Verwaltung sowie die Heranziehung verschiedener Referenzgebiete dazu bei, anschlussfähige Lösungen anbieten zu können.

b) Das unklare Verhältnis zum Völkerrecht

Forschungsbedarf besteht auch in Hinblick auf die Stellung des Völkerrechts im internationalen Verwaltungsrecht. Die Unsicherheiten resultieren daraus, dass Ver-

---

[22] *V. Bogdandy/Goldmann/Venzke*, European Journal of International Law 28 (2017), S. 115, 126 ff.; mit einem anderen Ansatz *Menzel*, Internationales Öffentliches Recht.

[23] Etwa *Dann*, Entwicklungsverwaltungsrecht sowie die Beiträge im Band von *Möllers/Voßkuhle/Walter*, Internationales Verwaltungsrecht.

[24] *Glaser*, Internationale Verwaltungsbeziehungen; *Möllers*, ZaöRV 65 (2005), S. 380 ff.

[25] *Goldmann*, Internationale öffentliche Gewalt: Handlungsformen internationaler Institutionen im Zeitalter der Globalisierung.

[26] Zu verschiedenen Einzelfragen auch *Classen*, VVDStRL 67 (2008), S. 365 ff.

[27] *Fischer-Lescano*, JZ 2008, S. 373 ff.; anders indes das Verständnis bei *Mayer*, in: Möllers/Voßkuhle/Walter, Internationales Verwaltungsrecht, S. 49, 55, der damit die „horizontalen Blickrichtung" auf Internationalisierungsphänomene beschreibt; zum uneindeutigen Verständnis auch *Kment*, Grenzüberschreitendes Verwaltungshandeln, S. 5 mit Fn. 17.

[28] *Biaggini*, VVDStRL 67 (2008), S. 413, 421 ff.; *Möllers*, in: Möllers/Voßkuhle/Walter, Internationales Verwaltungsrecht, S. 1, 4 f.; *Ruffert*, in: ebenda, S. 395, 410.

[29] *Schmidt-Aßmann*, DS 45 (2006), S. 314, 336; *ders.*, in: FS Siedentopf, S. 101, 102.

[30] Siehe unten 1. Kapitel, VIII. 3. b.

waltungsrecht nationales Recht ist, während zwischenstaatliche Beziehungen eine Domäne des Völkerrechts bilden. Die Debatte über ein internationales Verwaltungsrecht durchbricht diese Separierung und daraus resultieren Unsicherheiten hinsichtlich der Interaktion dieser Rechtsschichten, aber auch der zwei rechtswissenschaftlichen Subdisziplinen[31]. Wie lassen sich die beiden Perspektiven in einem internationalen Verwaltungsrecht zusammenführen?

- *Völkerrechtsthese*: Die GAL-Schule verortet das internationale Verwaltungsrecht auf der Ebene des Völkerrechts[32]. Das mag daran liegen, dass ihr Untersuchungsschwerpunkt internationale Organisationen sind und diese Forschungsrichtung stark von der Völkerrechtlerin und Politikwissenschaftlerin *Anne-Marie Slaughter* inspiriert wurde. Diese Vorstellung einer Ablösung der internationalen Verwaltung vom Nationalstaat und ihre Ansiedlung in einem „globalen Raum"[33] überzeugen aber nicht, da sich das internationale Verwaltungsrecht auch dadurch auszeichnet, dass das Handeln der innerstaatlichen Verwaltung internationalisiert wird[34].
- *Annäherungsthese*: Nach *Eberhard Schmidt-Aßmann* lässt sich das internationale Verwaltungsrecht als „das im Völkerrecht begründete Verwaltungsrecht" definieren[35]. Das Verhältnis von Verwaltungsrecht und Völkerrecht umschreibt er als das ihrer „Annäherung"[36]. Diese Annäherungsthese bleibt zum einen vage – Annäherung inwiefern und mit welchen Mitteln –, zum anderen ist auch sie raumbezogen, im Unterschied zur Völkerrechtsthese der GAL-Schule aber mit einer anderen Akzentsetzung: Sie erweckt den Eindruck, dass das internationale Verwaltungsrecht das nationale Verwaltungsrecht darstellt, das Einwirkungen aus dem Völkerrecht ausgesetzt ist, so dass die internationale Ebene als eine verwaltungsfreie Zone erscheint. Die Annäherungsthese macht es folglich schwer, Verwaltungstätigkeit in und durch internationale Organisationen zu erfassen.

Die Konzeptbildung dieser Untersuchung umfasst daher auch, ausgehend von den Beobachtungen zur Seeverwaltung, das Zusammenspiel von Verwaltungsrecht und Völkerrecht von einem solchen raumbezogenen Denken zu lösen und auf der Grundlage des Konglomeratsparadigmas zu präzisieren.

---

[31] *Ruffert*, in: Möllers/Voßkuhle/Walter, Internationales Verwaltungsrecht, S. 395, 415.

[32] Dazu *Schmidt-Aßmann*, in: FS Siedentopf, S. 101, 106.

[33] *Kingsbury/Krisch/Stewart*, Law and Contemporary Problems 68 (2005), S. 15, 26: „global administrative space"; kritisch zu diesem schwer fassbaren Begriff *Ruffert*, Globalisierung, S. 24 ff.

[34] *Tietje*, Internationalisiertes Verwaltungshandeln.

[35] *Schmidt-Aßmann*, DS 45 (2006), S. 315, 336.

[36] *Schmidt-Aßmann*, DS 45 (2006), S. 315, 316; von „Verbund von Verwaltungsrecht, Staatsrecht und Völkerrecht" sprechend *Schmidt-Aßmann*, in: FS Schmidt, 149, 164; an die Annäherungsthese anschließend *Möllers*, in: Möllers/Voßkuhle/Walter, Internationales Verwaltungsrecht, S. 1, 2; skeptisch hingegen *Biaggini*, VVDStRL 67 (2008), S. 413, 418.

II. Aufgabenbezug des Verwaltungsrechts als Ausgangspunkt

Die Untersuchung führt die internationale Verwaltung, die strukturell als Konglomeratsverwaltung erscheint, sowie ihr Recht auf eine spezifische Aufgabenstellung zurück: die internationale Zusammenarbeit. Die zentrale Bedeutung des Aufgabenbezugs, nicht nur des Verwaltens, sondern auch des Verwaltungsrechts, hat die Diskussion um die Reform des deutschen Verwaltungsrechts offenbart[37], wurde aber bereits früher ausführlich und durchaus kontrovers erörtert[38]. Danach führen Problemdruck und Herausforderungen in der Sache regelmäßig zu neuen Verwaltungsaufgaben und stellen auch neue Anforderungen an das Verwaltungsrecht.

Theoretisch wird das mit dem Input-Output-Modell unterfüttert. Das Gesamtergebnis der Verwaltung als Output ist danach nicht nur vom Recht bestimmt; es hängt ebenso von weiteren Faktoren, den Entscheidungsprämissen, als Input ab. Um zur Bildung aufgabenadäquater Entscheidungsprämissen beitragen zu können, muss sich auch das Verwaltungsrecht selbst an der Sachstruktur der Aufgabe ausrichten[39].

Der Aufgabenbezug des Verwaltungsrechts kann nicht nur Spezifika in den verschiedenen Gebieten des besonderen Verwaltungsrechts erklären, sondern betrifft auch das allgemeine Verwaltungsrecht. Denn das allgemeine Verwaltungsrecht ist weniger auf einer abstrakten Ebene angesiedelt als vielmehr Ausfluss von Erfahrungen einiger Gebiete des besonderen Verwaltungsrechts[40]. Es wird hervorgehoben und zugleich bemängelt, dass diese Erfahrungen maßgeblich aus territorial geprägten Verwaltungsmaterien wie dem Bau- und Kommunalrecht stammten und sich daher in einer „von raumbezogenen Vorgängen bestimmten Denkweise des deutschen Verwaltungsrechts“[41] äußerten.

Die Reformdiskussion fordert zunächst zu einer größeren Differenzierung im nationalen Verwaltungsrecht auf. Ihre Erkenntnisse können aber auch für das internationale Verwaltungsrecht nutzbar gemacht werden[42]. Macht sie darauf aufmerksam, dass die Besonderheiten einer Aufgabenstellung, die sich auf nicht stabile Verwaltungsgegenstände bezieht, im deutschen Verwaltungsrecht nicht hinreichend abgebildet werden, ist davor zu warnen, das internationale Verwaltungsrecht am nationalen auszurichten. Für dieses bildet dann der grenzüberschreitende Bezug der Aufgabenstellung den maßgeblichen Bezugspunkt.

---

[37] *Wahl*, in: Hoffmann-Riem/Schmidt-Aßmann/Schuppert, Reform des Allgemeinen Verwaltungsrechts, S. 177 ff.

[38] Zur Orientierung an „Verwaltungszwecken“ *Badura*, Verwaltungsrecht im liberalen und sozialen Rechtsstaat, S. 20 ff.; zudem die Referate von *Otto Bachof* und *Winfried Brohm* auf der Staatsrechtslehrertagung in Regensburg 1971, VVDStRL 30 (1972), S. 193 ff. und 245 ff.

[39] *Wahl*, in: Hoffmann-Riem/Schmidt-Aßmann/Schuppert, Reform des Allgemeinen Verwaltungsrechts, S. 177, 184–187, 208 ff.

[40] *Wahl*, in: Hoffmann-Riem/Schmidt-Aßmann/Schuppert, Reform des Allgemeinen Verwaltungsrecht, S. 177, 211, der zudem auf die Determinierung des allgemeinen Verwaltungsrechts durch das Verfassungsrecht hinweist, ebenda, S. 212.

[41] *Schmidt-Aßmann*, Das allgemeine Verwaltungsrecht als Ordnungsidee, 1. Kap. Rn. 14.

[42] Ebenso *Ruffert*, in: Möllers/Voßkuhle/Walter, Internationales Verwaltungsrecht, S. 395, 402.

III. Inlandszentriertheit des nationalen Verwaltungsrechts

1. Verwaltung als introvertierter Akteur

a) Verwaltungsrechtlicher Befund

Dass die Verwaltung gewöhnlich nicht grenzüberschreitend agiert und damit keine Außenkontakte pflegt, zeigt sich bereits auf der begrifflichen Ebene, wenn diese im Anschluss an die Negativbeschreibung von Verwaltung kategorisch ausgeschieden werden. Eine solche Sichtweise prägt *Otto Mayers* Verwaltungsverständnis, der bemerkte:

> „nicht alles, was weder Gesetzgebung ist noch Justiz, ist Verwaltung. [...] ausgeschlossen sind von der Verwaltung alle Tätigkeiten des Staates zur Verwirklichung seiner Zwecke, mit welchen er aus dem Bereich dieser (seiner) Rechtsordnung heraustritt [...]. Das erste Beispiel gilt dem völkerrechtlichen Verkehr“[43].

Im Zuge dessen und im Kontrast zu früheren Forschungsanstrengungen[44] fand das internationale Verwaltungshandeln in der Verwaltungsrechtswissenschaft lange Zeit wenig Raum. Im Sinne des von *Heinrich Triepel* begründeten dualistischen Verhältnisses von staatlichem Recht und Völkerrecht beschränkte sich der Begriff des internationalen Verwaltungsrechts auf das national verstandene öffentliche Kollisionsrecht[45]. Die Binnenorientierung der deutschen Verwaltungsrechtswissenschaft setzte sich nach dem Ende des Zweiten Weltkrieges in Form einer „Grundgesetzintrovertiertheit“[46] fort. In Folge der Europäisierung kam es zwar zu einer Perspektivenerweiterung, die jedoch zunächst[47] nicht auf die Verwaltungstätigkeit jenseits des Vollzugs von Europarecht hinausging. Dementsprechend klingt *Otto Mayers* Engführung noch gegenwärtig in Lehrbüchern zum allgemeinen Verwaltungsrecht an, indem der grenzüberschreitende Bezug administrativen Handelns mit seinen unionsrechtlichen Bezügen gleichgesetzt wird[48].

---

[43] *Mayer*, Deutsches Verwaltungsrecht, 1. Band, 3. Aufl., S. 9.

[44] Insb. *v. Stein*, Die Verwaltungslehre, S. 95 ff.; zur frühen Beschäftigung mit dem internationalen Verwaltungsrecht *Tietje*, Internationalisiertes Verwaltungshandeln, S. 56 ff.; zu *v. Steins* internationalem Verwaltungsrecht *Richter*, Völkerrecht, Außenpolitik und internationale Verwaltung bei Lorenz von Stein, S. 102 ff.

[45] *Neumeyer*, Internationales Verwaltungsrecht, 4 Bände; zur Frage, ob das öffentliche Recht ein internationales Kollisionsrecht entwickeln kann, siehe *Ohler*, Die Kollisionsordnung des Allgemeinen Verwaltungsrechts.

[46] Unter Bezugnahme auf *H. P. Ipsen Sydow*, Verwaltungskooperation, S. 11.

[47] Die Eigenständigkeit der Verwaltung im internationalen Kontext hat insbesondere *Chistian Tietje* in seiner 2001 erschienen MonographieMonografie „Internationalisiertes Verwaltungshandeln“ herausgearbeitet.

[48] Etwa *Ipsen*, Allgemeines Verwaltungsrecht, S. 34 ff.; *Peine/Siegel*, Allgemeines Verwaltungsrecht, S. 17 ff.; *Erbguth/Guckelberger*, Allgemeines Verwaltungsrecht, S. 53 ff., das internationale Verwaltungsrecht jeweils in einer Randnummer erwähnend *Bull/Mehde*, Allgemeines Verwaltungsrecht mit Verwaltungslehre, Rn. 1224a; *Maurer/Waldhoff*, Allgemeines Verwaltungsrecht, § 2 Rn. 19; anders aber *Ehlers*, in: Ehlers/Pünder, Allgemeines Verwaltungsrecht, § 4.

Dieser rechtswissenschaftliche Befund prägt auch die einfachgesetzliche Ebene. Nach seinem § 1 gilt das Verwaltungsverfahrensgesetz „für die öffentlich-rechtliche Verwaltungstätigkeit der Behörden". Dazu zählt nicht das auswärtige Handeln[49]. Dass das Gesetz im Kern auf Inlandssachverhalte Anwendung findet, unterstreicht § 2 III Nr. 3 VwVfG, wonach „Vertretungen des Bundes im Ausland" insgesamt vom Anwendungsbereich ausgenommen sind. Die Herausnahme der Tätigkeit der deutschen Auslandsvertretungen trägt der Selbstverständlichkeit[50] Rechnung, dass diese Behörden, wenn sie verwaltend tätig sind, indem sie etwa Einreiseerlaubnisse erteilen oder Reisepässe verlängern, auf fremdem Hoheitsgebiet handeln[51]. Das VwVfG findet zwar durchaus auch auf Sachverhalte mit Auslandsberührung Anwendung[52]. So wird der Fall, dass sich der Adressat der Verwaltung nicht nur vorübergehend im Ausland aufhält, als Problem erkannt; allerdings zielen die entsprechenden Regelungen des VwVfG insofern nicht auf eine internationale Zusammenarbeit, sondern das Gesetz trifft Vorkehrungen, um die Erreichbarkeit des Adressaten für die Verwaltung im Inland sicherzustellen: Der Adressat wird verpflichtet, einen Empfangsbevollmächtigten zu bestellen (§ 15 S. 1), um der Behörde die Auslandszustellung zu ersparen[53]. Zudem sichern Bekanntgabefiktionen die Wirksamkeit von Verwaltungsentscheidungen ab[54]. Die Behörde wird demnach gerade nicht selbst im Ausland aktiv, sondern es werden an den Umstand, dass ein Verwaltungsakt im Ausland zugeht, im Inland Rechtsfolgen geknüpft[55]. Desgleichen reicht auch die Verwaltungskooperation in Form der Amtshilfe (§§ 4 ff. VwVfG) nicht über das Inland hinaus. Sicher ist ein Amtshilfegrund auch dann gegeben, wenn die ersuchende Behörde „aus rechtlichen Gründen die Amtshandlung nicht selbst vornehmen kann" (§ 5 I Nr. 1), worunter auch die örtliche Unzuständigkeit fällt[56], so dass dem Wortlaut nach ein Tätigwerden im Ausland durchaus erfasst ist. Die Amtshilfe begründet aber keine allein auf die Amtshilfe gestützte Zuständigkeit einer Behörde; das gesetzmäßige Kompetenzgefüge bleibt somit „amtshilfefest"[57].

---

[49] *Schönenbroicher*, in: Mann/Sennekamp/Uechtritz, VwVfG, § 1 Rn. 38; *Schmitz*, in: Stelkens/Bonk/Sachs, VwVfG, § 1 Rn. 169.

[50] *Biehler*, Auswärtige Gewalt, S. 213.

[51] BT-Drs. 7/910, S. 36; kritisch OVG NRW, Beschluss v. 22.5.2000, 8 A 5431/96, Rn. 40 ff.

[52] *Ohler/Kruis*, DÖV 2009, S. 93.

[53] *Dombert*, in: Mann/Sennekamp/Uechtritz, VwVfG, § 15 Rn. 6.

[54] Für die Bestellung des Empfangsbevollmächtigten § 15 S. 2, für die elektronische Übermittlung ins Ausland § 41 II 2 sowie für die postalische Übermittlung bei Verwaltungsverfahren über die einheitliche Stelle § 71b V 1.

[55] *Stelkens*, in: Stelkens/Bonk/Sachs, VwVfG, § 41 Rn. 218; *Kment*, Grenzüberschreitendes Verwaltungshandeln, S. 296 f.; von einer Betroffenheit des völkerrechtlichen Territorialitätsgrundsatzes ausgehend aber *Ohler/Kruis*, DÖV 2009, S. 93, 94 f. Anders bei der Zustellung von Schriftsachen im Ausland, die als Hoheitsakt auf das Gebiet des jeweiligen Staats beschränkt ist und daher nach § 9 VwZG grundsätzlich an die völkerrechtliche Zulässigkeit geknüpft ist, dazu *Ohler/Kruis*, DÖV 2009, S. 93, 96 ff.,; *Kment*, Grenzüberschreitendes Verwaltungshandeln, S. 297 f.

[56] *Shirvani*, in: Mann/Sennekamp/Uechtritz, VwVfG, § 5 Rn. 16.

[57] Für die Informationssammlung durch den Verfassungsschutz im Ausland *Warg*, NVwZ 2019, S. 127, 128; mit § 1 VwVfG begründend *Shirvani*, in: Mann/Sennekamp/Uechtritz, VwVfG, § 4 Rn. 28; ferner *Schmitz*, in: Stelkens/Bonk/Sachs, VwVfG, § 4 Rn. 23 f.

Diese Auslegung untermauert der zur Umsetzung der Dienstleistungsrichtlinie eingeführte eigene Abschnitt über die „Europäische Verwaltungszusammenarbeit" (§§ 8a–8e VwVfG).

Demnach wird im allgemeinen Verwaltungsrecht durchaus die Notwendigkeit erkannt, dass die Verwaltung über die staatlichen Grenzen hinweg interagiert. Dieser Außenbezug ist aber insofern ein begrenzter, als er die durch das Unionsrecht vorgegebene Öffnung gegenüber den mitgliedstaatlichen Verwaltungen und der europäischen Eigenverwaltung nachvollzieht, jedoch nicht über diesen supranational vorbestimmten Rahmen und zugleich geographisch beschränkten Raum hinausgeht.

b) Abschirmung von Verwaltungsrecht und Völkerrecht durch das Staatsrecht

Auch die staatsrechtliche Analyse zeigt, dass die Verwaltung vom grenzüberschreitenden Handeln des Staats gewöhnlich ausgeklammert ist: So überträgt Art. 59 I 1 GG dem Bundespräsidenten die Zuständigkeit, den „Bund völkerrechtlich zu vertreten"; in der Praxis erfolgt die materielle Außenvertretung aber durch die Bundesregierung, deren außenpolitische Dominanz sowohl die politische Richtlinienkompetenz des Bundeskanzlers nach Art. 65 S. 1 GG als auch die Gegenzeichnungspflicht nach Art. 58 GG verdeutlichen[58]. Außenkontakte sind demnach auch im Verhältnis zur hierarchisch untergeordneten Verwaltung prinzipiell der Regierungsebene vorbehalten[59]. In Bezug auf auswärtige Angelegenheiten findet die Verwaltung in der Verfassung nur in Gestalt des Auswärtigen Dienstes Erwähnung, wie Art. 87 I 1 GG zeigt. Diese Norm begründet aber keine umfassende Kompetenz des Bundes für die Unterhaltung einer „auswärtigen Verwaltung"[60], sondern ist im Zusammenhang mit Art. 32 I GG und Art. 73 Nr. 1 GG zu sehen, die sich auf staatsleitende, nicht administrative Fragen beziehen[61]. Der Auswärtige Dienst ist daher im Kern ein Instrument der Außenpolitik[62] und wirkt über das Auswärtige Amt (vgl. § 2 GAD) auf eine Koordinierung der auswärtigen Beziehungen innerhalb der Bundesregierung hin (vgl. § 11 GOBReg)[63].

[58] Zur Diskussion um das außenpolitische Monopol der Bundesregierung etwa *Nettesheim*, in: Dürig/Herzog/Scholz, GG, 100. EL Januar 2023, Art. 59 Rn. 49 ff.

[59] *Möllers*, ZäöRV 65 (2005), S. 351, 352.

[60] Zu diesem Verständnis *Dittmann*, Bundesverwaltung, S. 114 f.

[61] *Tietje*, Internationalisiertes Verwaltungshandeln, S. 649 f.; für Art. 73 Nr. 1 GG BVerfGE 33, 52, 60, für Art. 32 I GG BVerfGE 2, 347, 374. Streitig ist, ob der verfassungsrechtliche Begriff an die Organisationseinheit des Auswärtigen Dienstes anknüpft und daher nur den traditionellen diplomatischen und konsularischen Bereich abdeckt oder ob die Norm weitergehend den Aufgabenkreis der auswärtigen Angelegenheiten charakterisieren soll, zum Ganzen *Ibler*, in: Dürig/Herzog/Scholz, GG, 100. EL Januar 2023, Art. 87 Rn. 66–69, der selbst ein enges Verständnis bevorzugt.

[62] Siehe aber zur Änderung des Aufgabenspektrums im Zuge der Globalisierung *Bettzuege*, in: Schmidt/Link/Wolf, Handbuch zur deutschen Außenpolitik, S. 225, 233 ff.

[63] Zur Koordinierungsfunktion auf ministerieller Ebene *Dittmann*, Bundesverwaltung, S. 119 f.

Völkerrechtlich spiegelt sich die staatsrechtliche Zuständigkeitsverteilung in Art. 7 II a) Wiener Vertragsrechtskonvention (WVK)[64] wider. Danach werden kraft Amtes Staatsoberhäupter, Regierungschefs und Außenminister als bevollmächtigte Vertreter ihres Staats angesehen.

An diese Differenzierung knüpft ferner die in der Verfassung nicht benutzte Sammelbezeichnung[65] der auswärtigen Gewalt an[66], die die staatlichen Zuständigkeiten anvisiert, die sich auf die Gestaltung des Verhältnisses zu anderen Völkerrechtsubjekten auf Basis des Völkerrechts beziehen[67]. Unter diesem Topos werden nicht administrative Themen diskutiert; klassisch[68] sind Fragen der horizontalen Kompetenzverteilung zwischen Regierung und Parlament[69]. Seine föderale Komponente wird im Grundgesetz zudem in Art. 32 I in Form einer Grundkompetenz des Bundes angesprochen[70].

2. *Bodenbezug als Hintergrundannahme*

Dieser Binnenorientierung des Verwaltungsrechts liegt die Annahme zugrunde, dass sein Gegenstand ein weitgehend statischer ist, denn die typische Verwaltungsmaterie befindet sich vor Ort und damit in Reichweite der Behörde[71]. Wenn der Kontext administrativen Handelns aber örtlich radiziert ist, dann erübrigen sich auch Außenkontakte der Verwaltung. Paradebeispiel für diesen Bodenbezug ist das öffentliche Baurecht. Ferner kann das Kommunalrecht den Bodenbezug verdeutlichen, obgleich es sich nicht um eine bestimmte Verwaltungsaufgabe, sondern auf die administrative Organisation und Infrastruktur bezieht:

Die Territorialität der Verwaltung zeigt sich besonders deutlich in Form der Territorialverwaltung. Territorialität bedeutet insofern, dass eine Untereinheit als umfassende Bündelung von Aufgaben für ein bestimmtes Gebiet zuständig ist[72]. Das Organisationssystem der territorialen Dezentralisation liegt gerade dem Kommunalrecht zugrunde[73], auch wenn Dezentralisation nicht mit der Selbstverwaltung gleichgesetzt werden darf[74]. Es dient nicht nur der Entlastung und vertikalen Ge-

---

[64] Vienna Convention on the Law of Treaties vom 23.5.1969, BGBl. 1985 II S. 926, 1155 UNTS 331, in Kraft seit dem 27.1.1980.

[65] *Hailbronner*, in: VVDStRL 56 (1997), S. 6, 9.

[66] Eingeführt in einer Kapitelüberschrift durch *Haenel*, Deutsches Staatsrecht, Band I, S. 531; daran anschließend erstmals in der Deutschlandsvertragsentscheidung BVerfGE 1, 396, 414.

[67] *Calliess*, in: HStR IV, § 83 Rn. 1.

[68] Eine inhaltliche Neubestimmung wagend *Biehler*, Auswärtige Gewalt.

[69] Zur traditionellen exekutivfreundlichen Position *Grewe*, AöR 78 (1952/53), S. 243; ferner *Röben*, Außenverfassungsrecht, S. 1 ff. m. w. N.

[70] *Calliess*, in: HStR IV, § 83 Rn. 52 ff.

[71] Zu dieser Ratio territorialer Organisation von Herrschaft *Benz*, in: Schimanke, Verwaltung und Raum, S. 39, 40.

[72] *Schuppan*, in: Hatzelhoffer/Lobeck/Müller/Wiegandt, E-Government und Stadtentwicklung, S. 25, 27.

[73] *Jestaedt*, in: GVwR I, § 16 Rn. 41.

[74] *Aust*, Das Recht der globalen Stadt, S. 94 f.; auch BVerfGE 107, 1, 14: „Die Gemeinden sind keine beliebigen dezentralen Verwaltungsuntergliederungen [...]".

waltenteilung[75]. Mit seinem partizipativen Element der „Bürgernähe" eng verknüpft und der nächstliegende Grund ist die „Sach- und Ortsnähe"[76]. So soll der Einzelne für die Behörde und die Behörde für den Einzelnen ohne Weiteres erreichbar gemacht werden, um der Verwaltung zu ermöglichen, die lokalen Besonderheiten und Bedürfnisse bei der Entscheidungsfindung zu berücksichtigen[77]. Dieser Gedanke taucht auch in der Rechtsprechung zu kommunalen Gebietsreformen auf. Das Landesverfassungsgericht Mecklenburg-Vorpommern hat etwa mit der Argumentationsfigur der „Überschaubarkeit des Gebiets", das es als Wesensmerkmal des Landkreises betrachtet, den Zuschnitt der Kreise durch die Funktional- und Kreisstrukturreform des Landes Mecklenburg-Vorpommern 2006 in Frage gestellt[78]. Überschaubarkeit bedeute, dass „Kreistagsmitglieder sich auch über die Verhältnisse in entfernteren Bereichen des jeweiligen Kreises zumutbar eigene Kenntnis verschaffen können. Denn viele Entscheidungen, die im Kreistag getroffen und in seinen Ausschüssen vorbereitet werden, sind durch Raumbezug gekennzeichnet. Der Kreistag hat z. B. darüber zu befinden, wo er eine Straße ausbauen, wo er eine Schule errichten lässt, wo er Jugendhilfe fördert, welches Museum er einrichtet oder weiter betreibt [...]"[79].

Vor diesem Hintergrund wird das territoriale Dezentralisationsprinzip für Verwaltungsaufgaben gewählt, bei denen es auf den unmittelbaren Kontakt zwischen Verwaltung und Bevölkerung ankommt. Um die Lösung solcher raumbezogenen Probleme geht es in vielen klassischen Referenzgebieten des Verwaltungsrechts[80]. Die gängigen Aufgaben der Daseinsvorsorge beispielsweise sind strikt ortsgebunden und fallen dementsprechend in die Zuständigkeit der Kommunen[81]. Offenkundig ist der Bodenbezug beim Baurecht: Ausdruck seiner Zweispurigkeit[82] ist die Unterscheidung zwischen dem anlagenbezogenen Bauordnungsrecht und dem bodenbezogenen Bauplanungsrecht. Das gefahrenabwehrrechtliche Bauordnungsrecht gilt für bauliche Anlagen, etwa § 1 I 1 LBO BW, die als „unmittelbar mit dem Erdboden verbundene, aus Bauprodukten hergestellte Anlagen" legaldefiniert sind (so § 2 I 1 LBO BW). Aufgabe der Bauleitplanung ist es hingegen, die bauliche und sonstige Nutzung der Grundstücke in der Gemeinde vorzubereiten und zu leiten (§ 1 I BauGB). Dem örtlichen Bezug der Materie entspricht es, dass vorrangig die Verwaltung vor Ort, die Gemeinde, für die Umsetzung des öffentlichen Baurechts

[75] *Burgi*, Kommunalrecht, Rn. 6.

[76] StGH BW, NJW 1975, S. 1205, 1207. Zu den Unterschieden und Überschneidungen von Bürger- und Ortsnähe *Schöfer*, Zentralisation und Dezentralisation, S. 185 f., 216.

[77] *Merkel*, Allgemeines Verwaltungsrecht, S. 321 f.; *Brohm*, DVBl. 1984, S. 293, 294; *Schliesky*, in: Schimanke, Verwaltung und Raum, S. 49; *Mehde*, NdsVBl. 2014, S. 66, 68.

[78] In Anlehnung an *Schmidt-Aßmann*, DVBl. 1996, S. 533, 534 Verfassungsgerichtshof MV, NordÖR 2007, S. 353, 361 (Rn. 122, 186).

[79] LVerfG M-V, NordÖR 2007, S. 353, 361 (Rn. 187).

[80] *Schliesky*, in: Schimanke, Verwaltung und Raum, S. 49, 50; zu den traditionellen Referenzgebieten *Schmidt-Aßmann*, Ordnungsidee, 1. Kap. Rn. 14.

[81] Vgl. § 10 GO BW.

[82] Siehe das Baugutachten BVerfGE 3, 407, 430 ff.

zuständig ist. Nach § 2 I 1 BauGB und als Ausdruck ihrer Planungshoheit sind die Bauleitpläne von der Gemeinde in eigener Verantwortung aufzustellen. Für den Vollzug des Bauordnungsrechts ist selbst für kleinere Gemeinden, die nach den allgemeinen Kriterien selbst nicht untere Baurechtsbehörde sind, die Option einer entsprechenden Aufgabenübertragung vorgesehen (§ 46 II 1 Nr. 1 LBO BW).

Aufgrund der Ortsbezogenheit muss die Bauverwaltung nicht international agieren. Belange mit Auslandsbezug werden zwar auch im Baurecht berücksichtigt. Ein Beispiel für den gelegentlichen Auslandsbezug bildet die Ansiedlung diplomatischer Vertretungen mit konsularischem Publikumsverkehr in Wohngebieten. Das internationale Element besteht allerdings in diesem Fall nicht in einer grenzüberschreitenden Zusammenarbeit der Behörden, sondern in einer Begrenzung des nationalen Verwaltungsrechts dergestalt, dass die durch das Baurecht geschützten individuellen Belange der Nachbarn, die in Konflikt mit dem Bauvorhaben geraten, eingeschränkt werden[83]. Denn die konsularischen Beziehungen werden in der Rechtsprechung als relevante Belange im Rahmen der baurechtlichen Entscheidung über eine Ausnahme bzw. Befreiung nach § 31 I bzw. II BauGB bewertet[84]. Insofern scheint die Feststellung treffend, „der Begriff des Internationalen Baurechts [rufe] spontanen Argwohn“[85] hervor.

Aber auch im allgemeinen Verwaltungsrecht lässt sich der Bodenbezug erkennen. Die Zuordnung von Zuständigkeiten folgt den Grundsätzen der Real-, der Territorial- und der Funktionalteilung[86]. Die örtliche Zuständigkeit betrifft den räumlichen Teilbereich der Behörden, die dem gleichen oder verschiedenen Rechtsträgern zugehören und die gleiche sachliche Zuständigkeit haben[87]. § 3 I VwVfG regelt die örtliche Zuständigkeit nach den fünf Anknüpfungspunkten der Belegenheit der Sache, dem Betrieb des Unternehmens, der Betriebsstätte oder Ausübung des Berufes, dem gewöhnlichen Aufenthalt oder Sitz und dem Anlass für ein Verwaltungshandeln. Dabei verdrängt die konkretere die weniger konkrete Zuständigkeit. Die Anknüpfungskriterien liegen nicht allein im Interesse des Bürgers[88]; ebenso dienen sie der optimalen Aufgabenerledigung der Verwaltung, da die Behörde mit den örtlichen Besonderheiten vertraut sein soll[89]. Das zeigt gerade das in § 3 I Nr. 1 VwVfG als Grundfall festgelegte Prinzip der sachnahen Entscheidung. Neben Grundstücken und anderem unbeweglichen ortsbezogenen Vermögen fallen unter Nummer 1 die sog. radizierten Realrechte wie die Befugnis, ein stehendes Gewerbe zu betreiben oder ein Grundstück zu bebauen.

---

[83] Zum Ganzen *Biehler*, Auswärtige Gewalt, S. 204 ff.

[84] M. w. N. *Schröer*, NZBau 2011, S. 25 ff.

[85] *Menzel*, Internationales Öffentliches Recht, S. 709; auch *Biehler*, Auswärtige Gewalt, S. 204.

[86] *Jestaedt*, in: GVwR I, § 14 Rn. 46.

[87] *Schmitz*, in: Stelkens/Bonk/Sachs, VwVfG, § 3 Rn. 7.

[88] Zum Transparenzgedanken *Schliesky*, in: Schimanke, Verwaltung und Raum, S. 49, 51.

[89] Ebenda.

3. Das Territorialitätsprinzip als zentrales Dogma

Konzeptionell zeigt sich die Inlandszentriertheit des Verwaltungsrechts in der zentralen Rolle des Territorialitätsprinzips im Verwaltungsrecht. Seine Kernaussage lautet, dass einerseits die Personen, die sich auf dem Gebiet eines Staats befinden, der Hoheitsgewalt dieses Staats unterworfen sind, sich dessen Hoheitsgewalt andererseits auf dieses Staatsgebiet beschränkt[90]. Sein Geltungsgrund, der tendenziell pauschale Umgang mit ihm sowie ein Blick auf seine Bedeutung in den anderen Teilrechtsgebieten unterstreichen die örtliche Radizierung des Verwaltungsrechts:

- Das Territorialitätsprinzip bildet häufig eine ungeschriebene Grundannahme des Verwaltungsrechts[91]. Bemüht man sich um eine rechtliche Begründung, kann man mannigfaltige Facetten entdecken, die v.a. im Völker- und Staatsrecht wurzeln[92]. Das BVerfG hat für das internationale Enteignungsrecht versucht, es mit Erwägungen zur internationalen Ordnung zu begründen[93].
- Im Verwaltungsrecht wird ihm gerne eine absolute Wirkung beigemessen. *Otto Mayer* betrachtete es als eine Vermutungsregel, „denn das Wirken einer fremden Staatsgewalt […] auf unserem Gebiet […] [sei] eine besonders zu begründende Ausnahme“[94]. Für das Umweltrecht wurde aus ihm lange Zeit gefolgert, dass auch die Ausstrahlungswirkung deutscher Schutznormen an der deutschen Grenze ende, so dass subjektiv-öffentliche Rechte von Ausländern nur im Falle einer rechtlich erheblichen Beziehung zur deutschen Staatsgewalt bestünden. In seiner Entscheidung zum Kernkraftwerk Emsland ist das BVerwG dem zwar nicht gefolgt, aber das Gericht bemühte dafür einen Rekurs auf die Spezifika des Atomgesetzes;[95] erst in jüngerer Zeit wählt das Gericht mit dem nachbarlichen Schädigungsverbot[96] eine Begründung, die eine Erstreckung auf das gesamte Umweltrecht stützt[97].
- Im Zivilrecht und selbst im Strafrecht als dem Prototyp eingreifenden Staatshandelns wird das Territorialitätsprinzip herangezogen, um die rechtliche Anknüpfung an Personen, Sachen und Sachverhalte auf dem Staatsgebiet zu bezeichnen. Das Territorium stellt dort mithin einen Bezugspunkt neben anderen dar. Während das Territorialitätsprinzip für das Öffentliche Recht die Vorstellung einer

---

[90] *Meng*, Extraterritoriale Jurisdiktion, S. 34.

[91] Dazu *Vogel*, Der räumliche Anwendungsbereich, S. 11–142, v.a. 21ff.; *Durner*, in: Möllers/Voßkuhle/Walter, Internationales Verwaltungsrecht, S. 121, 151.

[92] *Tietje*, Internationalisiertes Verwaltungshandeln, S. 174ff.

[93] BVerfGE 84, 90, 123f.

[94] *Mayer*, Deutsches Verwaltungsrecht, 2. Band, 1. Aufl., S. 453.

[95] § 1 Nr. 4 AtG: „internationale Verpflichtungen“; BVerwGE 75, 285, 286ff.; siehe zur Entscheidung sogleich unten 1. Kapitel, III. 4.

[96] Für die Festlegung von Flugrouten BVerwGE 132, 151, 158f.

[97] *Durner*, in: Landmann/Rohmer, Umweltrecht, 100. EL Januar 2023, Umweltverfassungsrecht, Rn. 52.

untrennbaren Einheit von Territorium, Herrschaft und Rechtsgeltung abbildet[98], ist es in den anderen Teilrechtsgebieten demnach von vorneherein zugunsten anderer Prinzipien relativiert.

Diese absolute Geltung des Territorialitätsprinzips im Verwaltungsrecht wird kritisiert, da es als apriorisches Prinzip gleichsam einen „Schleier [darstellt], der über der Wirklichkeit liegt"[99]. Dabei hat es durchaus seine Berechtigung[100]. Zum einen setzt die völkerrechtliche Verankerung des Territorialitätsprinzips in der Ausprägung von territorialer Souveränität und Gebietshoheit Grenzen, wenn auch nicht absolute. Zum anderen sind es oftmals Sachgründe, die hinter dem Territorialitätsprinzip stehen[101]. Es wäre beispielsweise keine sachgerechte Auslegung des Geltungsbereichs des Gaststättengesetzes, wenn man es auf Restaurants und Bars in Palma de Mallorca anwendete. Es ist demnach differenziert zu behandeln. Dabei geht es aber weniger darum, es analog zum zivil- und strafrechtlichen Kollisionsrecht durch konkurrierende Prinzipien einzuschränken, sondern vielmehr sollte es bereichsspezifisch verstanden werden. Das Territorialitätsprinzip ist dann kein Prinzip im Sinne eines obersten Rechtsgrundsatzes, sondern im Sinne einer flexiblen Rechtskategorie.

4. Punktuelle Öffnung nach außen im Umwelt- und Planungsrecht

Um das Konfliktpotenzial grenznaher Vorhaben und Planungen[102] abzumildern, haben sich viele Staaten dazu entschieden, ausländische Behörden und sogar im Ausland ansässige Personen in nationale Verfahren einzubeziehen[103]. In Deutschland gilt die Emsland-Entscheidung des BVerwG von 1986 als Markstein[104]. Darin stellte das Gericht klar, dass eine gemäß § 7 AtG erteilte atomrechtliche Genehmigung vor deutschen Verwaltungsgerichten auch von im Ausland wohnenden Betroffenen angefochten werden könne, da sich der Schutzzweck des AtG nicht auf Inlandsgüter beschränke[105]. Auch wenn zunächst auf das Atomrecht und den Verwaltungsprozess bezogen, sensibilisierte die Entscheidung für das Problem grenzüberschreitender Wirkungen umweltrechtlicher Verwaltungsentscheidungen und

---

[98] *Kegel/Seidl-Hohenveldern*, in: FS Ferid, S. 233, 234; zur Kritik *Kment*, Grenzüberschreitendes Verwaltungshandeln, S. 112.

[99] *Kegel/Seidl-Hohenveldern*, in: FS Ferid, S. 233, 234.

[100] So *Linke*, Europäisches Internationales Verwaltungsrecht, S. 267; *Nassr-Esfahani*, Grenzüberschreitender Bestandsschutz, S. 61 f.

[101] *Menzel*, Internationales Öffentliches Recht, S. 790 f., 793.

[102] Von diesen zeugt bereits das sog. Schädigungsverbot, das in der Frühphase des Umweltvölkerrechts durch Schiedsgerichte entwickelt wurde, zum Trailer Smelt Fall siehe Schiedsspruch vom 16.4.1938/11.3.1941 – Vereinigte Staaten von Amerika gegen Kanada, RIAA III, 1905.

[103] *Gantzer*, VBlBW 2005, S. 464.

[104] Von „Paradigmawechsel" sprechend *Durner*, in: Möllers/Voßkuhle/Walter, Internationales Verwaltungsrecht, S. 121, 153–156.

[105] BVerwGE 75, 285, 286 ff.

wurde in Deutschland als Argument für grenzüberschreitende Beteiligungsverfahren herangezogen[106].

In jüngerer Zeit wird ein Mindeststandard an grenzüberschreitenden Beteiligungsrechten durch völkerrechtliche Verträge abgesichert[107]. Im Teil fünf des UVPG, der die Vorgaben im Espoo-Abkommen[108], im SEA-Protokoll[109] und im Unionsrecht[110] umsetzt, findet sich die umfangreichste gesetzliche Regelung zur Beteiligung von Behörden und Öffentlichkeit bei grenzüberschreitenden Umweltauswirkungen. Den Ausgangspunkt bilden grundsätzlich „grenzüberschreitende Umweltauswirkungen" (§ 54 I, V UVPG) und damit „Umweltauswirkungen eines Vorhabens in einem anderen Staat" (§ 2 III UVPG). Die Beteiligungsvorgaben zielen darauf, dass auswärtige Behörden und die auswärtige Öffentlichkeit den innerstaatlichen Pendants weitestgehend gleichgestellt werden[111], wie auch der Verweis in § 56 I UVPG unterstreicht.

Aber auch das typisch bodenbezogene Baurecht ist betroffen. § 4a IV BauGB erweitert die innerstaatliche Abstimmung (§§ 2 II, 4 BauGB) und Öffentlichkeitsbeteiligung (§ 3 BauGB) auf eine grenzüberschreitende Beteiligung. Im Regelverfahren (Satz 1) bedarf es allein einer Unterrichtung der Gemeinden und Behörden des Nachbarstaats nach den Grundsätzen der Gegenseitigkeit und Gleichwertigkeit. Bei erheblichen Umweltauswirkungen auf andere Staaten erfolgt hingegen eine umfassendere grenzüberschreitende Beteiligung (Satz 2), die auch die Anstoßwirkung des Beteiligungsverfahrens auf das Ausland erstreckt (Satz 3).

Hinzu kommen materiell-rechtliche Konsequenzen, denn die Verwaltung darf in Fällen grenznaher Vorhaben und Planungen ihren „Blick nicht gleichsam an der Grenze des deutschen Hoheitsgebiets enden lassen"[112], sondern die Auswirkungen im Ausland sollen auch in das Entscheidungsprogramm einfließen können[113]. Das BVerwG hat für die Festlegung von Flugrouten bei einem Auslandsbezug allerdings nur bei gravierenden Folgen im Ausland einen „gesteigerten grenzüberschreitenden Abstimmungsbedarf" bejaht, bei dem die in Rede stehenden auswärtigen Belange in die Abwägung einzustellen seien[114]. Ein umfassender grenzüberschreitender Interessenausgleich ist demnach nicht geboten.

Diese umwelt- und planungsrechtlichen Abstimmungsregeln, die auf einen formellen und auch materiellen Einbezug ausländischer Sachverhalte in das Verwal-

[106] Dazu *Brandt*, DVBl. 1995, S. 779, 785.

[107] Ausführlich *Kment*, Grenzüberschreitendes Verwaltungshandeln, S. 300 ff.

[108] UNECE Convention on Environmental Impact Assessment in a Transboundary Context vom 25.2.1991, BGBl. 2002 II S. 1407, 30 ILM 800, in Kraft seit 10.9.1997.

[109] Protocol on Strategic Environmental Assessment to the Convention on Environmental Impact Assessment in a Transboundary Context vom 21.5.2003, BGBl. 2006 II S. 498, 2685 UNTS 140, in Kraft seit 11.7.2010.

[110] UVP-Richtlinie (RL 2011/92/EU, ABl. 2012 L 26 S. 1) und SUP-Richtlinie (RL 2001/42/EG, ABl. L 197 S. 30).

[111] *Kment*, Grenzüberschreitendes Verwaltungshandeln, S. 323.

[112] BVerwGE 123, 322, 331.

[113] *Kment*, Grenzüberschreitendes Verwaltungshandeln, S. 354.

[114] BVerwGE 123, 322, 332.

tungsrecht zielen, sind darauf zurückzuführen, dass der Verwaltungsgegenstand, die emittierende Anlage oder das Planvorhaben, in Hinblick auf seine Auswirkungen grenzüberschreitend wird. Da der Verwaltungsgegenstand selbst vor Ort bleibt, ist die internationale Zusammenarbeit aber nur eine beschränkte[115]. Geographisch bewegt sie sich im kleinteiligen Grenzbereich und ihren Schwerpunkt bildet das Verfahren. Zudem lässt sich in der juristischen Behandlung beobachten, dass die mit dem Außenbezug verbundenen spezifischen Rechtsdurchsetzungsprobleme nur am Rande mitgeführt werden[116]. Daher behält für diesen Bereich der Begriff des „Umweltkollisionsrechts“[117] noch am meisten seine Berechtigung, denn es geht im Kern um ein Grenz- und Rechtsanwendungsrecht[118], das beschreibt, wie sich die Verwaltungsrechtsordnungen unterschiedlicher Staaten zueinander verhalten und weniger, wie sie miteinander interagieren.

5. Einheitsparadigma

„Unbeschadet ihrer Aufgliederung in eine Vielzahl von Behörden und Tätigkeiten [...] stellt die Verwaltung und mit ihr das Verwaltungsrecht gleichwohl ein einheitliches Gefüge dar“[119]. Dieser aus *Ernst Forsthoffs* Lehrbuch des Verwaltungsrechts zitierte Grundsatz der Einheit der Verwaltung wird zu den prägenden Leitbildern des nationalen Verwaltungsrechts gezählt[120]. Während die Verwaltungswissenschaft die Einheit in einem spezifischen Sinne verwendet und auf die horizontale Konzentration von Verwaltungsaufgaben bei einer Behörde bezieht, die der Verselbstständigung von Sonderbehörden Einhalt gebieten soll[121], legt die Verwaltungsrechtswissenschaft regelmäßig ein weites Verständnis zugrunde[122]. Im Ausgangspunkt steht die Einheit der Verwaltung als ein Kürzel für eine Ausgestaltung der Verwaltungsorganisation, die auf eine Geschlossenheit der inneren Struktur der zweiten Staatsgewalt zielt[123]. Auch verfahrensrechtliche Konsequenzen werden aus ihr gezogen[124]. Ferner wird sie insofern mit dem selbst unklaren Topos der Einheit der

[115] Skeptisch gegenüber der Rede von einer Erosion des Territorialitätsprinzips im Umweltverwaltungsrechts auch *Rossi*, in: Möllers/Voßkuhle/Walter, Internationales Verwaltungsrecht, S. 165, 168f.

[116] *Durner*, in: Möllers/Voßkuhle/Walter, Internationales Verwaltungsrecht, S. 121, 158; siehe aber zu möglichen Lösung für die mit grenzüberschreitenden Beteiligungsverfahren verbundenen Durchsetzungsschwierigkeiten *Kment*, Grenzüberschreitendes Verwaltungshandeln, S. 355ff.

[117] *Durner*, in: Möllers/Voßkuhle/Walter, Internationales Verwaltungsrecht, S. 121, 148ff.

[118] Zum Begriff *Kment*, Grenzüberschreitendes Verwaltungshandeln, S. 204.

[119] *Forsthoff*, Lehrbuch des Verwaltungsrechts, S. 54.

[120] *Faber*, Verwaltungsrecht, § 5 I; *Haverkate*, VVDStRL 46 (1988), S. 217, 254 (These 1).

[121] *Püttner*, Verwaltungslehre, § 7 Rn. 48ff.; dazu *Sachs*, NJW 1987, S. 2338f.

[122] Zum Verhältnis *Sachs*, NJW 1987, S. 2338, 2239; auch *Oebbecke*, DVBl. 1987, S. 866, 868; sehr kritisch zur Definition der Verwaltungslehre *Bryde*, VVDStRL 46 (1988), S. 181, 196f. und These 12.

[123] *Sachs*, NJW 1987, S. 2338; *Oebbecke*, DVBl. 1987, S. 866, 868; *Möllers*, Staat als Argument, S. 248.

[124] *Steinberg*, DÖV 1982, S. 619, 624; *Felix*, Einheit der Rechtsordnung, S. 261ff.

Rechtsordnung[125] in Verbindung gebracht, als sie fordert, dass die Verwaltung nach einem einheitlichen Entscheidungsprogramm handelt und somit „mit einer Zunge spricht"[126]. Frühere Vorstellungen, die Einheit mit der Impermeabilität der Staatsperson in Verbindung setzten, gelten hingegen als überholt[127]. Die Verwaltungsrechtslehre weist ihr darüber hinaus eine grundsätzlichere Dimension zu[128]. Denn die Einheit der Verwaltung wird regelmäßig in einen Zusammenhang mit Attributen von Staatlichkeit gestellt, indem sie mit der Einheit der Staatsgewalt verknüpft wird[129]. Das Prinzip verweist in dieser Lesart auf das Vorhandensein eines durchsetzungsstarken staatlichen Exekutivapparats. Der Staat kann seine Aufgaben nur erfüllen, wenn seine Verwaltung nicht der Logik des freien Wettbewerbs folgt und somit staatliche Akte nicht aus einer freien Konkurrenz der Behörden untereinander oder mit weiteren Instanzen hervorgehen[130]. Stattdessen kennzeichnen Hierarchie sowie die Trennung von Verwaltungsapparat und gesellschaftlichen Kräften die Verwaltung als innere Einheit[131].

Auch wenn die Leistungsfähigkeit dieses Leitbilds in Frage gestellt wird, da es abweichende Phänomene der Verwaltungswirklichkeit nicht hinreichend zu erfassen vermag[132] und die zunehmende Komplexität der Lebensverhältnisse, der Verlust an gesellschaftlicher Homogenität und die Ausweitung staatlicher Aufgaben notwendig einen Einheitsverlust bedingen[133], haben sich Gegenkonzepte wie das der Pluralität der Verwaltung nicht durchzusetzen vermocht[134]. Abweichungen werden vielmehr als rechtfertigungsbedürftige Ausnahmen oder als Gefährdungen behandelt, denen es zu begegnen gilt[135], bzw. der Grundsatz der Einheit der Verwaltung wird als Direktive betrachtet[136]. Von dieser Selbstverständlichkeit geht auch die Verfassung des Freistaates Bayern aus: „Für die Organisation der Behörden und die Regelung ihres Verfahrens hat als Richtschnur zu dienen, daß unter Wahrung der notwendigen Einheitlichkeit der Verwaltung alle entbehrliche Zentralisation vermieden, die Entschlußkraft und die Selbstverantwortung der Organe gehoben

---

[125] Zu den dahinterstehenden Phänomenen *Röhl/Röhl*, Allgemeine Rechtslehre, S. 451 f.; monographisch Baldus, Die Einheit der Rechtsordnung; *Felix*, Einheit der Rechtsordnung.

[126] *Schuppert*, DÖV 1987, S. 757, 761.

[127] *Mögele*, BayVBl. 1987, S. 545, 547.

[128] *Sachs*, NJW 1987, S. 2338, 2339; zum Prinzip erhebend *Faber*, Verwaltungsrecht, § 5 I.

[129] *Forsthoff*, Lehrbuch des Verwaltungsrechts, S. 54; *Krüger*, Allgemeine Staatslehre, S. 853; *Scholz/Pitschas*, Informationelle Selbstbestimmung und staatliche Informationsverantwortung, S. 114 mit Fn. 390; kritisch zum Mehrwert staatstheoretische Einheitsvorstellungen *Schlink*, Die Amtshilfe, S. 62 ff.; *Möllers*, Staat als Argument, S. 148 mit Fn. 78, 228.

[130] *Faber*, Verwaltungsrecht, § 5 I.

[131] *Brohm*, VVDStRL 30 (1972), S. 245, 293 ff.

[132] *Groß*, in: GVwR I, § 13 Rn. 95; *Brohm*, VVDStRL 30 (1972), S. 245, 293; zudem zu verfassungsrechtlichen Grenzen für eine Konzentration behördlicher Zuständigkeiten *Oebbecke*, BayVBl. 1987, S. 866, 869.

[133] *Mögele*, BayVBl. 1987, S. 545, 546.

[134] Zu diesem *Haverkate*, VVDStRL 46 (1988), S. 217, 219 ff. m. w. N.

[135] Zum Regel-Ausnahme-Prinzip *Schuppert*, DÖV 1987, S. 757.

[136] *Mögele*, BayVBl. 1987, S. 545, 549.

wird und die Rechte der Einzelperson genügend gewahrt werden" (Art. 77 II). Tendenzen zur Ausdifferenzierung der Verwaltung und Einbeziehung partikularer Interessen sind danach dann annehmbar, wenn die einheitssichernde Einwirkung gewährleistet ist, was sich im Nationalstaat dem Grund nach auch realisieren lässt[137].

Das Einheitsparadigma verkörpert an sich keinen normativen Stellenwert[138], weist aber normative Bezüge insofern auf, als es auf Werte verweist und ihre Verwirklichung absichert. Es wird daher teilweise direkt verfassungsrechtlichen Anliegen zugeordnet und sogar mit einer rechtsstaatlichen und demokratisch legitimierten Verwaltung gleichgesetzt[139]. *Martin Oldiges* hat die heterogenen Ableitungszusammenhänge des Prinzips herausgestellt[140]: Wenn sich die Vielzahl administrativer Verwaltungsagenden und Handlungsträger letztlich als ein einheitliches Gefüge darstellt („Wirkungszusammenhang"), verspricht dies zunächst einen schonenden Umgang mit den Rechten des Bürgers und unter dem Gesichtspunkt der Rechtssicherheit ein verlässliches Handeln der Verwaltung. Weiter besteht ein enger Zusammenhang mit dem Demokratieprinzip, denn Einheit ist die Basis für die Existenz eines einheitlichen Willenszentrums („Verantwortungszusammenhang"), auf das Staatsgewalt zurückgeführt werden kann. Präsentiert sich die Verwaltung in ihren Außenbeziehungen zum Bürger als personale Einheit („Zurechnungszusammenhang"), erleichtert das schließlich den Rechtsschutz. Das Einheitsgebot steht in diesem Sinne für den Inbegriff eines verfassungsrechtlich fundierten Verwaltungsrechts.

Einheitsdenken bildet mithin die primäre Konstante der nationalstaatlichen Verwaltung. Als Prinzip der Einheit der Verwaltung weist es einen doppelten Bezug auf, da es zunächst für eine bestimmte strukturelle Vorstellung von Verwaltung und damit verbunden ein bestimmtes Auftreten von Verwaltung steht und diese als Norm vorgibt, gleichzeitig aber auch bestimmte normative Anforderungen an die Verwaltung transportiert und gewährleistet. Bei aller Kritik am Einheitsdenken sollte sein Potenzial der Rückbindung und Zügelung von Verwaltung nicht vergessen werden.

Ändert sich die administrative Aufgabenstellung und in der Folge auch die Verwaltungsstruktur grundlegend, wie es im internationalen Verwaltungsrecht der Fall ist, dann geht diese Transport- und Gewährleistungsfunktion des Einheitsparadig-

---

[137] Auch zu den eingesetzten Instrumenten *Schuppert*, DÖV 1987, S. 757, 761 ff. und 764 f.

[138] *Schlink*, Die Amtshilfe, S. 75; im Unterschied zur Verfassung des Freistaats Bayern, die in Art. 77 II den Grundsatz der Einheit der Verwaltung benennt und damit normativ anerkennt (dazu *Lindner/Möstl/Wolff*, Verfassung des Freistaats Bayern, Art. 77 Rn. 31), hat er keinen expliziten Eingang in das GG gefunden; zum mangelnden Verfassungswert siehe *Baur*, VVDStRL 54 (1995), S. 245, 256; a.A. *Mußgnug*, VVDStRL 46 (1988), S. 259, 270 f., der Art. 20 III GG und die Rechtssystematik (Art. 95 GG) als Beleg für den verfassungsrechtlichen Stellenwert versteht.

[139] *V. Unruh*, DVBl. 1979, S. 761: „Treffpunkt von Verwaltungs- und Verfassungsrecht"; *Mögele*, BayVBl. 1987, S. 545, 547 f.; ablehnend *Oebbecke*, DVBl. 1987, S. 866, 869 ff.; *Schuppert*, DÖV 1987, S. 757, 760; nach früheren Deutungen war „Einheit der Verwaltung hingegen ein Versuch, das Verwaltungsrecht gegen den Wechsel der Verfassungen zu immunisieren, dazu *Haverkate*, VVDStRL 46 (988), S. 217, 219 mit Fn. 3.

[140] *Oldiges*, NVwZ 1987, S. 737, 738 ff.

mas ins Leere. Die Untersuchung beschränkt sich aber nicht darauf, den Verlust an Einheit und damit Staatlichkeit zu beklagen[141], sondern sucht nach Alternativen, die auch an eine chaotische Konglomeratsverwaltung solche Werte herantragen[142].

IV. Internationale Zusammenarbeit als Verwaltungsaufgabe

1. Globalisierung als Ausdruck für einen grenzüberschreitenden Verwaltungsgegenstand

a) Realbereich als Bezugspunkt

Das internationale Verwaltungsrecht stellt eine Reaktion auf einen Verwaltungsgegenstand dar, der sich durch seinen grenzüberschreitenden Bezug auszeichnet und der, damit zusammenhängend, die Beziehung zwischen Verwaltungsadressaten und Verwaltung in dem Sinne dynamisiert, dass der Kontakt sporadischer und punktueller ist, als es das terrestrische Verständnis von Verwaltung voraussetzt. Für diesen Unterschied im Realbereich steht allgemein der Begriff der Globalisierung. Während in den Medien und in der Öffentlichkeit der Globalisierungsbegriff oftmals benutzt wird, um unpopuläre Reformvorschläge als unausweichlich zu rechtfertigen oder Kritik am Sozial- und Wohlfahrtstaat zu üben, hat sich diese Sichtweise in der heutigen Globalisierungsliteratur nicht durchsetzen können. Globalisierung ist danach zwar auch ein politisches Schlagwort, das aber mit neuartigen Handlungsoptionen verknüpft ist. Es umschreibt zunächst ein tatsächliches Phänomen[143], das indes mit Systemveränderungen einhergeht[144]. Im Rahmen dieser faktischen-räumlichen Globalisierungsdiskussion[145] steht der Begriff im Kern für eine internationale Verflechtung (Intertwinement)[146], wobei zum Teil zusätzlich eine diesbezügliche Erfahrbarkeit verlangt wird[147]. Dabei führt Globalisierung ungeachtet aller Verdichtung und Entgrenzung keineswegs zu einer grenzenlosen Welt, sondern staatliche Grenzen lassen sich lediglich leichter überwinden[148]. Im Unterschied zur sog. Internationalisierung als Bezeichnung für kooperative völkerrechtliche Vorgänge[149] knüpft Globalisierung nicht primär an staatliche Akteure an; stattdessen geht es um sich aus dem nationalstaatlichen Rahmen lösende zwischenmenschliche Beziehungen.

---

[141] Zu solchen Verfallsdarstellungen *Leisner*, Die undefinierbare Verwaltung, S. 191 ff.

[142] Siehe unten Kapitel 5–8.

[143] *Brock*, Globalisierung, S. 9 f.

[144] *Beck*, in: ders., Politik der Globalisierung, S. 7, 9.

[145] Eine konsentierte Begriffsbestimmung gibt es nicht, *Ruffert*, Globalisierung, S. 11; eine Systematisierung der unterschiedlichen Globalisierungsansätze findet sich bei *Kumar*, Indiana Journal of Global Legal Studies 10 (2003), S. 87 ff.

[146] *Engel/Midell*, in: Midell/Engel, Theorien der Globalisierung, S. 17, 23; *v. Bogdandy* erklärt das mit dem Begriff der Käseglocke, ZaöRV 63 (2003), S. 83, 84.

[147] *Beck*, Was ist Globalisierung?, S. 44.

[148] *Möllers*, Archiv für Rechts- und Sozialphilosophie Beiheft 79 (2001), S. 41, 46 ff.

[149] *Delbrück*, Indiana Journal of Global Legal Studies 1 (1993), S. 9, 10 f.

b) Mehr als Denationalisierung und Entstaatlichung

Globalisierung wird teilweise mit Denationalisierung präzisiert und damit gleichgesetzt. In der Politikwissenschaft[150] wurde für einen solchen Rückgriff auf den Begriff der Denationalisierung das Argument ins Feld geführt, dass nicht alle Weltregionen in gleichem Maße von Globalisierungsprozessen betroffen seien, wie das der Terminus global impliziere; darüber hinaus sei das charakteristische Merkmal der Entwicklung der letzten Jahre, das mit dem Globalisierungsbegriff erfasst werden soll, dass nationalstaatliche Grenzen durchlässiger geworden seien. Diese Definition wurde im Öffentlichen Recht rezipiert[151] und um das Merkmal der Entterritorialisierung[152], Entstaatlichung[153] oder auch Entgrenzung[154] angereichert.

Solche Begriffsbestimmungen sind jedenfalls für den verwaltungsrechtswissenschaftlichen Zusammenhang nicht weiterführend. Zum einen handelt es sich um Verkürzungen, die allein auf die Tendenz zur Auflösung von Territorialität und damit räumlich gebundener Staatlichkeit verweisen, und in der Folge das Gesamtphänomen der Globalisierung nicht adäquat erfassen[155], da sie insbesondere von den kulturellen und historischen Dimensionen des Phänomens ablenken[156]. Eine solche Verkürzung der Realanalyse widerspricht aber dem Anliegen der Arbeit, ein Konzept für das internationale Verwaltungsrecht zu entwerfen. Zum anderen implizieren in diesem Zusammenhang Präfixe wie „ent-" oder „de-" einen Verlust oder Abschied vom Nationalstaat. Eine solche Frontstellung scheint fragwürdig, da die weltweite Vernetzung oftmals – so auch im Seeverwaltungsrecht[157] – von Staaten induziert ist; v.a. ist unstreitig, dass der Staat auch in einer globalisierten Welt weiterhin ein zentraler Akteur ist.

c) Die Zeit-Raum-Kompression als theoretisches Konzept

Den Kern von Globalisierung macht positiv eine Entwicklung und Ausweitung von Beziehungen im weltweiten Maßstab aus. Für diesen Verdichtungsprozess werden oftmals die Ideen der Shrinking World[158] und des Global Village[159] herangezogen. Diese Metaphern sind allerdings insofern missverständlich, als nicht die Welt an sich schrumpft, vielmehr nimmt die Bedeutung von Interaktionshemmnissen ab[160]. Zur theoretischen Beschreibung und Erklärung dieser Interaktionszunahme, die

[150] *Zürn*, Regieren jenseits des Nationalstaates, S. 65 ff.

[151] Dazu *Tietje*, Internationalisiertes Verwaltungshandeln, S. 165.

[152] *Goldmann*, in: GVwR I, § 6 Rn. 3.

[153] *Di Fabio*, Das Recht offener Staaten, S. 97 ff.

[154] *Delbrück*, Indiana Journal of Global Legal Studies 1 (1993), S. 9, 10 f.

[155] *Brock*, Globalisierung, S. 11.

[156] Auch die Rede von der „gesellschaftlichen Denationalisierung", so *Zürn*, Regieren jenseits des Nationalstaates, S. 67 ff., schafft insofern keine Abhilfe, da er auf eine weitere Präzisierung verweist.

[157] Siehe dazu unten 1. Kapitel, IX. 2. b)(bb).

[158] *Rosenau*, Comparative Politics 24 (1992), S. 253 ff.

[159] *McLuhan*, The Gutenberg Galaxy.

[160] *Kessler*, in: Kessler/Steiner, Facetten der Globalisierung, S. 28, 39.

Globalisierung ausmacht, steht der Begriff der „zeitlich-räumlichen Kompression“ (Time-Space-Compression), den der amerikanische Geograph *David Harvey* geprägt hat[161]. Er übernahm damit ältere Modelle, insbesondere die von der Time-Space-Convergence[162] und der Cost-Space-Convergence[163]. Nach ihm stellt Globalisierung eine grundlegende Veränderung der Kategorien von Raum und Zeit dar[164]. Diese weltweite Verdichtung meint zweierlei: Erstens eine Überwindung von räumlichen Schranken, d. h. die Erosion des Verhältnisses von Nähe und Ferne. Zweitens geht es um eine Beschleunigung des Lebens. Denn Globalisierung bedeutet gleichzeitig eine schnellere Überwindung von Räumen und damit einem Verlust von Langfristigkeit und Kontinuität.

Dieser räumlich-zeitliche Schrumpfungsprozess wird nach ihm maßgeblich durch technologische Quantensprünge hervorgerufen. Damit sind sowohl Innovationen im Bereich des Transports gemeint, wie die Erfindung der Dampflokomotive oder des Dampffrachters oder der Bau des Suez-Kanals, als auch solche im Bereich der Kommunikation, wie die Entwicklung des Telegraphen, des Telefons oder des Radios[165].

Das Konzept der Zeit-Raum-Kompression, das eine theoretische Grundlage für die Globalisierungsdebatte bildet, ist nicht kritiklos geblieben. Ein Schwachpunkt ist seine Einseitigkeit als Erklärungsmodell. Dass die Wirksamkeit der weltweiten Kommunikations- und Transportsysteme für die Intensivierung globaler Beziehungen verantwortlich ist, ist zwar anerkannt[166]. Denn Innovationen – genauer ihre breite Verfügbarkeit[167] – verringern den zeitlichen und / oder finanziellen Aufwand für eine Interaktion über räumliche Entfernungen. Die Einflussfaktoren sind aber vielfältiger[168]. Eine weitere, wichtige Determinante bildet insbesondere der politische Wille vieler Staaten, eine weltweite Verzahnung zuzulassen. In diesem Zusammenhang sind insbesondere der Abbau außenhandelspolitischer Handelshemmnisse nach dem Ende des Zweiten Weltkrieges, ab 1947 unter dem Dach von GATT, seit 1994 im Rahmen der WTO, sowie die Öffnung bevölkerungsreicher Entwicklungs- und Schwellenländer wie Indien und China gegenüber dem Weltmarkt genannt. Diese liberalen Prinzipien der offenen Märkte und des Capital Movement bilden die Grundlage für das Phänomen des Offshoring, das es Unternehmen erlaubt, ihre Funktionen ins Ausland zu verlagern[169].

---

[161] *Harvey*, The Condition of Postmodernity, S. 240 ff.

[162] *Janelle*, Annals of the Society of American Geographers 59 (1969), S. 348 ff.

[163] *Abler*, in: Abler/Janelle/Philbrick/Sommer, Human Geography in a Shrinking World, S. 35 ff.

[164] *Harvey*, The Condition of Postmodernity, S. 201 ff.

[165] *Harvey*, The Condition of Postmodernity, S. 264.

[166] Zu den Faktoren *Böckenförde*, Staat, Nation, Europa, S. 103 ff.; bereits *Hudson*, Progress in International Organization, S. 5 f., der die technische Entwicklung während der zweiten Hälfte des 19. Jahrhunderts als den zentralen Grund für die Entstehung internationaler Organisationen nennt.

[167] *Kessler*, in: Kessler/Steiner, Facetten der Globalisierung, S. 41.

[168] *Kessler*, Theorie und Empirie der Globalisierung, S. 90 ff.

[169] Dazu näher unten 1. Kapitel, IX. 2. b)(bb).

d) Kernelemente im Einzelnen

Das Aufzeigen einzelner Aspekte kann die Charakteristika von Globalisierung verdeutlichen und der Erkenntnis Rechnung tragen, dass – wie in den Sozialwissenschaften herausgearbeitet wurde – Globalisierung ein vielschichtiger und multikausaler Prozess ist, der sich nicht über Kurzbeschreibungen erfassen lässt. Man spricht auch von unterschiedlichen Dimensionen der Globalisierung[170]. Eine weltweite Vernetzung findet danach in erster Linie im wirtschaftlichen Bereich statt (ökonomische Globalisierung). Vernetzungssituationen betreffen aber auch andere Bereiche; dafür stehen Begriffe wie soziale und kulturelle Globalisierung. Die Untersuchung baut auf diesen Dimensionen auf; als Parameter werden aber nicht nur die unterschiedlichen Funktionssysteme, die von Vernetzungssituationen betroffen sind, herangezogen, da eine trennscharfe Unterscheidung schwierig ist. Stattdessen geht es darum, Aspekte struktureller Art herauszuarbeiten, die quer zu den Funktionssystemen liegen. Solche strukturellen Aspekte sind die räumliche Mobilität (aa), die Herausbildung von globalen Unternehmensnetzwerken (bb) sowie Interkulturalität (cc).

aa) Mobilität

Ein Aspekt, der gehäuft zur Charakterisierung von Globalisierung herangezogen wird, ist die Mobilität im engeren Sinne, sprich die räumliche bzw. geographische Mobilität, und damit der wachsende und sich beschleunigende grenzüberschreitende Fluss von Gütern, Dienstleistungen, Wissen, Kapital, Menschen und Umweltproblemen. Die Bedeutung dieses Aspekts lässt sich damit erklären, dass Bewegungsvorgänge im Raum die Voraussetzung für ein Zusammenrücken der Welt bilden.

bb) Transnationale Unternehmen

Wenn Globalisierung ein Prozess ist, der maßgeblich vom Wirtschaftssystem vorangetrieben wird, dann liegt es nahe, dass sich Globalisierung auch in den Unternehmensstrukturen niederschlägt. Der Begriff des transnationalen Unternehmens verweist darauf, dass der moderne Typ von Unternehmen einen besonders ausgeprägten Auslandsbezug aufweist[171]. Dies wird in der Wirtschaftsliteratur über terminologische Unterscheidungen und das Aufzeigen historischer Entwicklungsstadien plausibilisiert[172], während in der Rechtswissenschaft ihre Machtposition thematisiert wird[173].

---

170 Dazu *Ruffert*, Globalisierung, S. 12 ff.; *Auernheimer*, Dimensionen der Globalisierung.

171 *Baetge*, Globalisierung des Wettbewerbsrechts, S. 45.

172 Als einer der ersten beschreibt diesen *Lilienthal,* The Harvest Years, S. 313; zum Ganzen *Breuer/Gürtler*, Internationales Management, S. 13.

173 *Baetge*, Globalisierung des Wettbewerbsrechts, S. 44 ff., 46; *Schmalenbach,* AVR 39 (2001), S. 57, 59 ff.; *Nowrot*, Normative Ordnungsstruktur; *Weilert*, ZaöRV 69 (2009), S. 883, 886.

Der Auslandsbezug beim sog. internationalen Unternehmen ist ein einfacher, indem es seine Produkte ins Ausland verkauft oder im Ausland einkauft, und auch das sog. klassische multinationale Unternehmen kann zwar internationale Erfolge für sich verbuchen, aber hat nach wie vor eine starke nationale Identität. Demgegenüber ist das moderne multinationale Unternehmen ein genuin grenzüberschreitendes, eben transnationales Unternehmen (Transnational Corporation, TNC)[174]. Im Idealfall nimmt das transnationale Unternehmen die Form einer Netzwerkorganisation an, welche geographisch nicht mehr konkret verortet werden kann. Die OECD umschreibt solche Unternehmen als „Unternehmen oder andere in mehreren Ländern niedergelassene Unternehmensteile, die so miteinander verbunden sind, dass sie ihre Geschäftstätigkeit auf unterschiedliche Art und Weise koordinieren können"[175]. Dadurch werden Unternehmen zu Weltunternehmen, deren Leistungen immer weniger einem Land oder mehreren bestimmten („multi") Ländern zuzuordnen sind. Die Kunden identifizieren seine Produkte nicht mit einem Standort, sondern mit dem Unternehmen selbst[176].

cc) Interkulturalität

Globalisierung hat immer auch einen kulturellen Aspekt, da grenzüberschreitende Sozialkontakte sprachliche und gesellschaftliche Grenzen überwinden und demnach einen Einfluss auf Kultur im weiteren Sinne, d.h. über ästhetische Aspekte hinaus, haben, indem sie einen Austausch von kulturellen Ideen, Interpretationen und Leistungen bewirken können. Diese Entwicklung wurde zunächst ausschließlich als eine Homogenisierung von Kultur verstanden und als Verdrängung vorhandener Bräuche kritisiert. Für diese Vorherrschaft westlicher, v.a. US-amerikanischer Kultur steht der Begriff der McDonaldisierung[177]. Eine andere Perspektive machte aber schon bald auf gegenläufige Tendenzen einer kulturellen Heterogenität aufmerksam. Kulturelle Globalisierung lässt sich demnach als eine Verstärkung eines kulturellen Pluralismus im Sinne einer stärkeren Auswahlmöglichkeit und Zusammenlebensmöglichkeit kultureller Lebensweisen auf globaler Ebene begreifen (Interkulturalität)[178]. Während Multikulturalität die Existenz verschiedener Kulturen und deren Anwesenheit auf einem Territorium beschreibt, bezeichnet Interkulturalität den Prozess des Austauschs einzelner Angehöriger einer Kultur mit den Angehörigen einer anderen[179].

---

[174] *Köhler*, Strukturen und Strategien, S. 15ff.

[175] OECD, Leitsätze für multinationale Unternehmen, Teil 1 (Leitsätze), I. Begriffe und Grundsätze, Rn. 4.

[176] *Wittmütz*, Internationale Arbeitsregulierung, S. 10.

[177] *Ritzer*, Journal of American Culture 6 (1983), S. 100ff.

[178] *Miliopoulos*, in: Mayer/Meyer/Miliopoulos/Ohly/Weede Globalisierung im Fokus, S. 201, 207ff.

[179] *Birsl/Bitzan/Solé/Parella Rubio/Alarcón/Schmidt/Frenech*, Migration und Interkulturalität, S. 110.

Diese kulturelle Vielfalt manifestiert sich zum einen im Neben- und Miteinander von unterschiedlichen Lebenspraktiken und Bedeutungssystemen an einem Ort. Solche Orte mit interkulturellen Berührungspunkten werden in den Sozialwissenschaften auch als Kontaktzonen (Contact Zones) bezeichnet. Der Begriff stammt ursprünglich von der Literaturwissenschaftlerin *Mary Louise Pratt.* Sie beschreibt damit Räume, in denen Leute, die geographisch und historisch getrennt sind, miteinander in Kontakt kommen und Beziehungen miteinander eingehen[180]. Zum anderen beruht die kulturelle Vielfalt auf Prozessen der Hybridisierung[181] bzw. Kreolisierung[182]. Damit ist gemeint, dass sich Kulturelemente vermischen können und dadurch neue Formen aus der Interaktion von verschiedenen Kulturen erwachsen können; im Unterschied zur Homogenisierung finden solche Adaptionsprozesse aber nicht mittels einer zentralen Instanz statt[183].

2. Änderung der Art internationaler Beziehungen als Konsequenz

a) Innerstaatliche Perspektive

aa) Transzendierung des Staats

Die Auswirkungen der Globalisierung auf das Verwaltungsrecht werden analytisch regelmäßig als Änderung von Staatlichkeit verarbeitet: Der Staat öffnet sich[184], nach *Anne-Marie Slaughter* disaggregiert er und wird damit in seinen internationalen Beziehungsgefügen nicht mehr als Einheit wahrgenommen[185]. Im Verfassungstext kommt dies in Öffnungsklauseln zum Ausdruck, die den Weg zu Strukturen der internationalen Zusammenarbeit weisen[186], wie Art. 24 GG als Basisnorm für die Übertragung von Hoheitsrechten, oder die spezifisch die innerstaatliche Rechtsordnung für überstaatliches Recht durchlässig machen, wie Art. 25 GG, der die unmittelbare Geltung der allgemeinen Regeln des Völkerrechts anordnet.

Bei diesem Prozess handelt sich aber nicht um eine Zerfallsgeschichte, die einen Abschied vom Staat einleitet[187], sondern es ist die Art zwischenstaatlicher Inter-

---

[180] *Pratt*, Imperial Eyes. Travel Writing and Transculturation.

[181] *Bhabha*, The Location of Culture.

[182] *Hannerz*, Africa 57 (1987), S. 546 ff., basierend auf Beobachtungen von Kulturen in Nigeria.

[183] *Gronholz*, Kulturelle Globalisierung und internationale Kooperation, S. 143.

[184] Zur „Offenen Staatlichkeit" als Kontrastfolie zu *Johann Gottlieb Fichtes* „Geschlossenem Handelsstaat" *Vogel*, Die Verfassungsentscheidung des Grundgesetzes für eine internationale Zusammenarbeit, S. 14 ff.; ferner *Hobe*, Der offene Verfassungsstaat, S. 28; Wessels, Die Öffnung des Staates, S. 69 ff.; *Tomuschat*, VVDStRL 36 (1978), S. 7 ff.; zu den unterschiedlichen Verständnissen und Begrifflichkeiten wie der „kooperative Verfassungsstaat" (*Häberle*, Verfassung als öffentlicher Prozeß, S. 407 ff.), der „offene Verfassungsstaat" (*Hobe*, Der offene Verfassungsstaat) oder der „offene Verbundstaat" (*Di Fabio*, Das Recht offener Staaten, S. 104); siehe zusammenfassend *Schorkopf*, Grundgesetz und Überstaatlichkeit, S. 221 ff.

[185] Zum Disaggregated State *Slaughter*, A New World Order, S. 12 ff.

[186] *Wahl*, JuS 2003, S. 1145, 1147 ff.

[187] Zu dieser Lesart *Denninger*, JZ 2000, S. 1121, 1122.

aktionen, die sich wandelt[188]. Ein wesentliches Kennzeichen stellt die Auflösung der klassischen Einheit der staatlichen Außenvertretung und damit einhergehend die Aufwertung der Rolle der Verwaltung in den internationalen Beziehungen dar[189]. Aus einem innerstaatlichen Blickwinkel kann man diese Akzentverschiebung auch als eine neue Arbeitsteilung zwischen dem Staats- und dem Verwaltungsrecht deuten[190].

Der internationale Bezug des nationalen Verwaltungsrechts, seine Öffnung nach außen, ist umfassend. Die „Öffnung" bezieht sich nicht nur – in Form einer grenzüberschreitenden Beteiligung – auf das Verwaltungsverfahren[191], sondern betrifft auch die Organisation der Verwaltung, ihre Handlungsformen und die materiellrechtliche Programmierung administrativen Handelns. Die Öffnung nach „außen" erfolgt zudem sowohl von der vertikalen (überstaatliche Instanzen) als auch von der horizontalen Richtung (andere Staaten)[192]. Im Fall der vertikalen Internationalisierung spricht man auch vom „internationalisierten Verwaltungshandeln"[193]. Eine Annäherung soll hier typologisch über die Herausarbeitung von Strukturmerkmalen des internationalen Verwaltungsrechts erfolgen (bb)[194].

bb) Strukturmerkmale des internationalen Verwaltungsrechts

Grenzüberschreitende Verwaltungskooperationen bilden ein Kernmerkmal des internationalen Verwaltungsrechts in organisatorischer Hinsicht, deren kategoriale Erfassung mannigfaltig ist[195]. Vertikal äußern sie sich in Kontakten zwischen Arbeitseinheiten nationaler Verwaltungen und internationaler Organisationen, die vom Informationsaustausch bis hin zu verdichteten Kooperationen wie der Teilnahme nationaler Behördenvertreter an internationalen Beratungs- und Entscheidungsgremien reichen kann. In horizontaler Richtung bilden einen offensichtlichen Fall grenzüberschreitende Aktivitäten von Behörden, seien es Tätigkeiten ausländischer Behörden im Inland oder umgekehrt inländischer Behörden im Ausland. Anschauungsmaterial liefert die polizeiliche Zusammenarbeit, die typischerweise auf der Grundlage von Polizeiverträgen im grenznachbarlichen Gebiet stattfindet (daran anknüpfend § 123 III 2 PolG BW, §§ 64 IV, 65 II BPolG). Aber auch bei der horizontalen Öffnung kommt es zu einem grenzüberschreitenden Informationsaustausch (etwa § 50e GWB) und zu institutionellen Formen dieser Zusammenarbeit, die oftmals zudem einen weiteren Aktionsradius haben. Klassisches Beispiel für ein

---

188 *Slaughter*, A New World Order, S. 12; *Calliess*, in: HStR IV, § 83 Rn. 4; *Ruffert*, Globalisierung, S. 18 ff., 55 ff.; auch *Glaser*, Internationale Verwaltungsbeziehungen, S. 6.

189 *Möllers*, ZaöRV 65 (2005), S. 351 ff.

190 *Möllers*, in: Möllers/Voßkuhle/Walter, Internationales Verwaltungsrecht, S. 1.

191 Siehe oben 1. Kapitel, III. 4.

192 *Slaughter*, A New World Order, S. 135 ff., 144 ff.

193 *Tietje*, Internationalisiertes Verwaltungshandeln.

194 Zu weiteren Typologien siehe *Schmidt-Aßmann*, in: GVwR I, 2. Aufl. § 5 Rn. 42 ff, *Kahl*, in: Trute/Groß/Röhl/Möllers, Allgemeines Verwaltungsrecht, S. 71, 99 ff.

195 *Ruffert*, in: GVwR I, § 7 Rn. 153.

solches transnationales Behördennetzwerk[196] ist der Basler Ausschuss im Finanzmarktrecht[197]. Kennzeichnend für grenzüberschreitende Verwaltungskooperationen ist, dass sie nicht staatenvermittelt sind, da sie unterhalb der Regierungsebene erfolgen und die Verwaltung selbst eine internationale Akteursrolle einnimmt.

Auf der Ebene des materiellen Rechts vollzieht sich die Öffnung über verschiedene Regelungstechniken[198], die gemeinsam haben, dass sie darauf zielen, fremden Sachverhalten und fremdem Recht innerstaatlich unmittelbar rechtliche Relevanz zukommen zu lassen. Die bedeutendste Technik ist die Verweisung in nationalen Rechtsvorschriften auf internationale Regelungsinstrumente. Diese Verweisungen sind oftmals durch eine dynamische Struktur gekennzeichnet, d. h. der Gesetzgeber verweist auf internationale Regelungsinstrumente, deren Inhalt im Zeitpunkt des Erlasses der Verweisnorm noch nicht erkennbar ist[199]. Alternativ werden auch Verordnungsermächtigungen geschaffen, um völkerrechtlichen Vorgaben innerstaatliche Regelungswirkungen zukommen zu lassen (etwa § 37 BImSchG, § 9 II TKG).

In horizontaler Richtung äußert sich die Öffnung im materiellen Bereich darin, dass an ausländische Sachverhalte, ausländische Verwaltungsentscheidungen oder seltener auch an ausländisches Recht[200] angeknüpft wird[201]. Ersteres zeigt sich im Fall extraterritorialer Anwendungsbereiche[202]. Im Unterschied zum typischerweise mit dem Staatsgebiet deckungsgleichen räumlichen Geltungsbereich bezieht sich der Anwendungsbereich, auch Regelungs- oder Wirkbereich genannt, auf den sachlichen Regelungsanspruch einer Norm[203]. Ausdrücklich angeordnet ist ein extraterritorialer Anwendungsbereich etwa für das Kartellrecht in § 185 II GWB. Im Übrigen kann sich ein solcher auch durch Auslegung ergeben[204], wie es das BVerwG in seiner Emsland-Entscheidung[205] für § 7 II AtG bejaht hat. Eine Anknüpfung an ausländische Verwaltungsentscheidungen erfolgt typischerweise im internationalen Steuerrecht, wenn die „festgesetzte und gezahlte und um einen entstandenen Ermäßigungsanspruch gekürzte ausländische Steuer auf die deutsche Einkommensteuer anzurechnen" ist, § 34c I EStG[206].

---

[196] Siehe zu diesem unten 3. Kapitel, IV.

[197] *Möllers*, ZaöRV 65 (2005), S. 351, 357.

[198] Für das Umweltrecht *Durner*, in: Möllers/Voßkuhle/Walter, Internationales Verwaltungsrecht, S. 121, 142 ff.

[199] *Tietje*, Internationalisiertes Verwaltungshandeln, S. 601; *Engel*, Völkerrecht als Tatbestandsmerkmal deutscher Normen, S. 39 ff.

[200] Für das internationale Steuerrecht *Reimer*, in: Möllers/Voßkuhle/Walter, Internationales Verwaltungsrecht, S. 181, 201.

[201] *Classen*, VVDStRL 67 (2008), S. 365, 392 ff.

[202] *Ohler*, Kollisionsordnung, S. 81 ff.

[203] Zur Unterscheidung *Verdross*, Territoriale Soveränität und Gebietshoheit, S. 90; *Breining-Kaufmann*, ZSR 125 (2006), S. 5, 13 f.; von intransitivem und transitivem Anwendungsbereich sprechend *Vogel*, Der räumliche Anwendungsbereich, S. 2 f., 60 ff.

[204] *Ohler*, Kollisionsordnung, S. 83 f.; *Meng*, Extraterritoriale Jurisdiktion, S. 660 f.

[205] BVerwGE 75, 285, 288 f.

[206] *Reimer*, in: Möllers/Voßkuhle/Walter, Internationales Verwaltungsrecht, S. 181, 201 ff.

Damit einher geht ein Zuwachs an Informalität[207], der zugleich bedingt, dass die Internationalisierung der Verwaltung als solche schwer zu erkennen ist und daher verdeckt zu erfolgen scheint. So erfolgt die grenzüberschreitende Verwaltungskooperation oftmals auf der Grundlage von Memoranda of Understanding[208].

b) Völkerrechtliche Perspektive

Spiegelbildlich zur Öffnung des innerstaatlichen Rechts und v. a. des nationalen Verwaltungsrechts nach außen ist eine Aufladung des Völkerrechts mit verwaltungsrechtlichen Themen zu beobachten. Anstatt von einer größeren Regelungsdichte des Völkerrechts zu sprechen[209], lässt sich diese Änderung präziser qualitativ fassen, nämlich als eine Einmischung des Völkerrechts in die inneren Angelegenheiten der Staaten und damit auch in das Verwaltungsrecht[210]. Dafür steht das Schlagwort der Entwicklung oder sogar des Paradigmenwandels[211] von einem „Koordinations- zu einem Kooperationsvölkerrecht" (aa)[212], das sich rechtstechnisch u. a. in Rahmenkonventionen (bb) bemerkbar macht.

aa) Kooperationsvölkerrecht als neues Paradigma

Bis in das 20. Jahrhundert hinein soll die Koordination der Interessen souveräner Staaten im Sinne einer Abgrenzung ihrer Sphären[213] im Mittelpunkt gestanden haben. Man spricht auch vom „Westfälischen System"[214], da dieses staatenzentrierte System im Westfälischen Frieden 1648 rechtlich verankert worden sein soll[215]. Die erste schriftliche Fixierung dieses Herrschaftsverständnisses entstand allerdings früher und wurde durch *Hugo Grotius* in seinem Hauptwerk „Drei Bücher vom Recht des Krieges und Friedens" veröffentlicht[216].

Charakteristisch für das Koordinationsvölkerrecht ist das Konsensprinzip, nach dem der gemeinsame Wille der Staaten für die Rechtsentstehung und -geltung maßgeblich ist. Klassisch klingt das Konsensprinzip als ein Ausdruck der souveränen Selbstbindung der Staaten in der Lotus-Doktrin des StIGH aus dem Jahr 1927 an. Die Entscheidung, der ein maritimer Fall zugrunde lag, nämlich eine Kollision des französischen Postschiffs Lotus mit dem türkischen Kohlefrachter Boz-Kourt auf Hoher See und ein daran anschließendes Strafverfahren von Seiten der Türkei gegen

---

[207] *Kingsbury/Krisch/Stewart*, Law & Contemporary Problems 68 (2005), S. 1, 5 f.

[208] *Schmidt-Aßmann*, DS 45 (2006), S. 315, 318.

[209] *Möllers*, in: Möllers/Voßkuhle/Walter, Internationales Verwaltungsrecht, S. 1, 2.

[210] *Breining-Kaufmann*, ZSR 125 (2006), S. 5, 13 f.

[211] *Dolzer*, in: Liber amicorum Jaenicke, S. 37, 60 f.; v. Arnauld, Völkerrecht, § 1 Rn. 29.

[212] Grdl. *Friedmann*, The Changing Structure of International Law.

[213] *Nettesheim*, JZ 2002, S. 569, 570.

[214] Grdl. *Gross*, American Journal of International Law 42 (1948), S. 20 ff.; siehe auch *Lyons/Mastanduno*, Beyond Westphalia?

[215] Diese aus den IR stammende These kritisch hinterfragend und die Brauchbarkeit für die Völkerrechtswissenschaft bezweifelnd *Grote*, in: v. Arnauld, Völkerrechtsgeschichte(n), S. 21 ff.

[216] *Grotius*, Des Hugo Grotius Drei Bücher über das Recht des Krieges und Friedens.

den wachhabenden Offizier der Lotus, beschreibt die Grundlagen des klassischen Völkerrechts in drei Sätzen: „Das Völkerrecht bestimmt die Beziehungen zwischen unabhängigen Staaten. Die Rechtsregeln, die die Staaten binden, beruhen demnach auf ihrem Willen, der zum Ausdruck kommt in Vereinbarungen oder in Gebräuchen, die als Bestätigung von Rechtsgrundsätzen allgemein anerkannt sind und die geschaffen worden sind, um die Koexistenz dieser unabhängigen Gemeinschaften zu regeln oder um gemeinsame Ziele zu verfolgen. Beschränkungen der staatlichen Unabhängigkeit sind daher nicht zu vermuten“[217]. Zugrunde liegt diesem, auch als klassisch bezeichneten Völkerrecht die Vorstellung von einer Welt mit wenigen Völkerrechtssubjekten, die sich v. a. aus europäischen Staaten zusammensetzen.

Dieses positivistisch-voluntaristische Völkerrechtsverständnis soll zwischenzeitlich durch ein Völkerrecht abgelöst worden sein, das das Erfordernis der Zusammenarbeit der Staaten betont. Als ein wichtiger Schritt gilt die Gründung der Vereinten Nationen im Oktober 1945. Dieses Kooperationsvölkerrecht prägt neben der Zunahme von Völkerrechtssubjekten und institutionalisierten Kooperationsformen wie internationalen Organisationen eine kulturelle Heterogenität der Staaten als Folge der Dekolonisierung; auch gewinnen materielle, in völkerrechtlichen Verträgen verankerte Werte an Bedeutung, die tief in die innerstaatliche Rechts- und Gesellschaftsordnung hineinwirken[218].

Die derart umrissenen Gehalte von Koordinations- und Kooperationsvölkerrecht sind Konzepte, die zu gewissen Zeiten entstanden sind[219]; aus diesem Grund mag man bezweifeln, ob solche Momentaufnahmen als Anknüpfungspunkt taugen oder nicht zu unterkomplex sind[220]. Sie schließen sich – anders als das historisierende Narrativ mit seinen präzise anmutenden Marksteinen nahelegt – zudem nicht gegenseitig aus[221]. Wohl aber deuten sie als Perspektiven auf eine Akzentverschiebung hin: Die Betonung des Kooperationserfordernisses zeigt, dass ein Nebeneinander staatlicher Sphären nicht genügt, wenn es darum geht, grenzüberschreitende Herausforderungen in den Griff zu bekommen.

Gleichzeitig ist das kooperative Modell dem koordinativen in seiner Staatszentriertheit immer noch verhaftet und diese fortbestehende Abhängigkeit des Völkerrechts vom Willen der Staaten erweist sich als Hemmnis in der Lösung von Anliegen mit grenzüberschreitendem Bezug. Einen Schritt weiter gehen Konzepte wie das „kommunitäre Völkerrecht“[222], das „gemeinschaftliche Völkerrecht“[223], das „in-

[217] StGH, Frankreich v. Türkei, Urteil v. 07.09.1927, PCIJ Series A10, S. 3, 18; deutsche Übersetzung nach *Kunig/Uerpmann*, Jura 1994, S. 186, 188.

[218] Zu den Merkmalen *Schöbener/Knauff*, Allgemeine Staatslehre, § 7 Rn. 30.

[219] *Ruffert/Walter*, Institutionelles Völkerrecht, § 3 Rn. 63; für die Konstitutionalisierung („Constitutionalism as Mindset“) *Koskenniemi*, Theoretical Inquiries in Law 8 (2007), S. 9 ff.; von „Idealtypen“ sprechend *Goldmann*, Internationale öffentliche Gewalt, S. 20.

[220] Kritisch *Grote*, in: v. Arnauld, Völkerrechtsgeschichte(n), S. 21 ff.

[221] *Kempen/Hillgruber*, Völkerrecht, § 7 Rn. 55.

[222] *Nettesheim*, JZ 2002, S. 569, 571 ff.

[223] *Paulus*, Die internationale Gemeinschaft im Völkerrecht, S. 423.

ternationale Gemeinschaftsrecht“[224] oder das „Integrationsvölkerrecht“[225], die das vorherrschende zweistufige Modell um eine dritte Entwicklungsstufe ergänzen wollen[226]. Im Ergebnis erkennen all diese Positionen zwar keine Überwindung von Staatlichkeit, aber seine stärkere Bindung an Gemeinschaftsinteressen[227]. Da Supranationalität auf lange Sicht indes die Ausnahme bildet, können solche Konzepte außerhalb des europäischen Raums als neues Paradigma nicht vollends überzeugen.

bb) Die Rechtstechnik der Rahmenkonvention

Geht man von der konzeptionellen über zur rechtstechnischen Ebene, dann fällt auf, dass das Kooperationsvölkerrecht im Unterschied zum Koordinationsvölkerrecht nicht von zwischenstaatlichen Verträgen mit Austauschcharakter geprägt ist. Stattdessen bedient es sich verstärkt Regelungsmuster, die grenzüberschreitende Gemeinwohlinteressen – wie den Umwelt- und Klimaschutz, die Verwirklichung der Menschenrechte oder die Regulierung der Wirtschaft – aufnehmen und zu regulieren suchen[228]. Damit einher geht eine Änderung des völkerrechtlichen Vertrages als Gestaltungsinstrument. Dieser tritt oftmals in der Form der sog. Rahmenkonvention (Framework Convention, Umbrella Convention) auf[229].

Wie die Bezeichnung als Rahmen indiziert, sollen solche Verträge Kooperationsgrundlagen schaffen. Dementsprechend schreiben sie kein abschließendes Normprogramm fest. Ihre Regelungsstrategie folgt stattdessen der Salamitaktik, da der Schutz des jeweiligen Gemeinwohlbelangs Schritt für Schritt erreicht werden soll[230]. Andererseits gehen sie über politische Absichtserklärungen hinaus, indem rudimentäre Pflichten festgelegt werden, denn die Rahmenkonventionen beinhalten materielle Grundaussagen und legen ein institutionelles Gerüst mit prozeduralen Vorgaben fest. Da der Regelungsgehalt demnach im Kern prozedural und nicht inhaltlich ist, werden sie auch „procedural conventions“ im Kontrast zur „substantive conventions“ genannt[231]. Die Rechtskonkretisierung erfolgt dann im Anschluss an den Abschluss der Rahmenkonvention. Rahmenkonventionen dienen insofern als „Platzhalter“, indem sie Streitfragen über konkrete Rechtsfragen offenlassen und stattdessen einen auf Dauer angelegten Verhandlungsprozess initiieren[232]. Gemein-

---

[224] *Payandeh*, Internationales Gemeinschaftsrecht, S. 489 ff.

[225] *Knauff*, Der Regelungsverbund, S. 177 ff.; *Calliess*, Verfassungswandel im europäischen Staaten- und Verfassungsverbund, S. 195; auch *Breitenmoser*, VVDStRL 76 (2017), S. 9, 31.

[226] Zusammenfassend *Rauber*, Strukturwandel als Prinzipienwandel, S. 113 ff.

[227] *Bindig*, Humanitäres Völkerrecht als symbolische Form, S. 94.

[228] *Wolfrum*, VVDStRL 56 (1997), S. 38, 41; *Calliess*, Rechtstheorie Beiheft 20 (2002), S. 371, 376 ff.; *Ruffert*, Globalisierung, S. 21.

[229] *Ott*, Umweltregime im Völkerrecht, S. 268; *Tietje*, German Yearbook of International Law 43 (2000), S. 26, 38.

[230] *Palmer*, American Journal of International Law 86 (1992), S. 259, 274.

[231] *Bodansky*, Yale Journal of International Law 18 (1993), S. 451, 493.

[232] *Boysen*, AVR 50 (2012), S. 377, 390.

sam ist all diesen Phänomenen, dass sich der internationale Regelungsprozess im jeweiligen Sachbereich von der politischen auf die administrative Ebene verlagert[233].

Rahmenkonventionen prägen das Umweltvölkerrecht[234]. Paradigmatisch sind die Klimaschutzrahmenkonvention[235] und das Genfer Übereinkommen über weiträumige grenzüberschreitende Luftverunreinigung[236]. Die kooperative Rechtskonkretisierung erfolgt bei diesen in der Form von Durchführungsprotokollen, die durch die Vertragsstaatenkonferenz (Conference of the Parties, COP) verabschiedet werden[237] So ist das 1997 auf der Dritten Vertragsstaatenkonferenz verabschiedete Kyoto-Protokoll ein Durchführungsprotokoll zur Klimarahmenkonvention, das für die Industriestaaten konkrete Emissionsreduktionsverpflichtungen für den Zeitraum von 2008 bis 2012 festlegt. Häufig treten als dritte Schicht noch Anhänge (Annexes, Appendices) mit weiteren Details hinzu[238], bei der Klimarahmenkonvention und dem Kyoto-Protokoll etwa Anhänge über die Vertragsstaaten, auf die die Verpflichtungen jeweils anwendbar sind.

Diese Regelungsstrategie ist aber weder sachlich auf den Umweltbereich beschränkt[239] noch reduziert sich die Rechtstechnik auf die eben skizzierte. Eine Fortentwicklung der Rahmenkonvention erfolgt in zweierlei Weise:

- *Kombinationslösung:* Zum einen können Rahmenregelungen mit üblichen Vertragsregelungen in einem völkerrechtlichen Vertrag kombiniert werden[240]. Es liegt dann eine partielle Rahmenkonvention vor. Da solche Verträge oftmals nicht als Rahmenkonventionen tituliert sind, ist diese Regelungsstrategie nicht ohne Weiteres zu erkennen. Im Seeverwaltungsrecht enthalten, wie unten gezeigt wird[241], das Seerechtsübereinkommen (SRÜ)[242] und die im Rahmen der Weltgesundheitsorganisation (WHO) verabschiedeten Regelwerke solche Kombinationslösungen.

---

233 *Tietje*, Internationalisierets Verwaltungshandeln, S. 249 f.

234 *Sands/Peel*, Principles of International Environmental Law, S. 98.

235 United Nations Framework Convention on Climate Change vom 9.5.1992, BGBl. 1993 II S. 1784, 1771 UNTS 107, in Kraft seit dem 21.3.1994.

236 Convention on Long-range Transboundary Air Pollution vom 13.11.1979, BGBl. 1982 II S. 374, 1302 UNTS 217, in Kraft seit dem 16.3.1983.

237 *Brunnée*, in: Wolfrum, Developments of International Law in Treaty Making, S. 101, 102.

238 *Sands/Peel*, Principles of International Environmental Law, S. 98; den „convention and annexes approach" als eigenständige Regelungsstrategie aufführend *Beyerlin/Marauhn*, International Environmental Law, S. 272.

239 *Matz-Lück*, Framework Agreements, in: MPEPIL, Februar 2011, Rn. 1; *Tietje*, German Yearbook of International Law 42 (2000), S. 26, 36.

240 Von „hybriden" Formen sprechend *Matz-Lück*, Framework Agreements, in: MPEPIL, Februar 2011, Rn. 3; mit dem internationalen Wirtschaftsrecht als Beispiel *Tietje*, German Yearbook of International Law 42 (2000), S. 26, 37; zur Klimarahmenkonvention auch *Bodansky*, Yale Journal of International Law 18 (1993), S. 451, 496, der darauf hinweist, dass im Entstehungsprozess deswegen der Titel als Rahmenkonvention in Zweifel gezogen wurde.

241 Siehe unten 2. Kapitel, A. II. 4. und C. II. 2. a.

242 United Nations Convention on the Law of the Sea vom 10.12.1982, BGBl. 1994 II S. 1799, 1833 UNTS 3, in Kraft seit dem 16.11.1994.

– *Vielfalt der Konkretisierungsformen*: Zum anderen bedient man sich alternativer Mechanismen zur kooperativen Rechtskonkretisierung in der Form des Dreiklangs COP, Protokolle und Anhänge[243]. Das SRÜ wird, wie unten auszuführen ist[244], durch Konventionen konkretisiert, die wiederum eigene Konkretisierungsoptionen kennen. Auch Einzelfallentscheidungen internationaler Organisationen oder internationales Soft Law bilden eine Technik der kooperativen Rechtskonkretisierung, wie die Gesundheitsmaßnahmen der WHO zur Konkretisierung der IGV 2005 verdeutlichen[245].

Vor diesem Hintergrund scheint als Oberbegriff die Bezeichnung der Rahmenbestimmung (Framework / Umbrella Provision) treffender. Ob solche Rahmenbestimmungen vorliegen, ist durch Auslegung des jeweiligen völkerrechtlichen Vertrages zu bestimmen[246]. Entscheidend ist, ob eine kooperative Rechtskonkretisierung im Anschluss an den Vertragsschluss angestrebt wird, was durch Bestimmungen zu Durchführungsprotokollen, Anhängen und Vertragsstaatenkonferenzen nur indiziert, aber nicht abschließend definiert wird.

c) Theoretischer Zugriff

Carl Schmitt behandelt die Entwicklung hin zur neuen Form der internationalen Beziehungen als den Dualismus von Land und Meer (aa)[247]. Antithetische Gegenüberstellungen stellen in seinem Werk den wesentlichen roten Faden dar: Während im „Begriff des Politischen" das Politische als die Gruppierung einer Gesamtheit von Menschen nach dem Gegensatz von Freund und Feind erscheint, benutzt er in den drei, in den letzten Kriegs- und ersten Nachkriegsjahren geschriebenen Arbeiten[248] den Antagonismus der zwei Elemente. *Schmitt* entfaltet diesen in einer historischen Meta-Erzählung über den Wandel der globalen Ordnung. Eine Auseinandersetzung mit seiner dualistischen Deutung der Raum- und Völkerrechtsordnung ist nicht allein der maritimen Thematik der Untersuchung geschuldet. Ungeachtet der tendenziösen Dimension machen seine Diagnose einer Auflösung des Staats und seine Prognose neuer Konfliktlagen sein Werk für die Herausbildung eines internationalen Verwaltungsrechts interessant (bb)[249], so dass ein näherer Blick auf die Freund-Feind-Beziehung von Land und Meer lohnt.

---

[243] Für ein weites Verständnis auch *Birnie/Boyle/Redgwell*, International & the Environment, S. 85.

[244] Siehe unten 2. Kapitel, A. II. 5.

[245] Siehe unten 2. Kapitel, C. II. 2. b.

[246] *Matz-Lück*, Framework Agreements, in: MPEPIL, Februar 2011, Rn. 3.

[247] *Wilde*, Die letzte globale Linie, S. 151, 206 ff.

[248] Die Erzählung „Land und Meer", das Referat „Staatliche Souveränität und freies Meer" und die Monografie „Der Nomos der Erde".

[249] Allgemein zur Bedeutung seiner Raumvorstellungen aus der rechtswissenschaftlichen Literatur etwa *Dreier*, VVDStRL 60 (2011), S. 9, 64 f.; *C. Schönberger*, in: Mehring, Carl Schmitt, S. 21 ff., insb., 43 f. sowie *Vesting*, AöR 117 (1992), S. 4 ff.

aa) Carl Schmitts Gegensatz von Land und Meer

„Der Mensch ist ein Landwesen, ein Landtreter. Er steht und geht und bewegt sich auf der festgegründeten Erde. Das ist sein Standpunkt und sein Boden; dadurch erhält er seinen Blickpunkt; das bestimmt seine Eindrücke und seine Art, die Welt zu sehen" (S. 7). Mit dieser deutlichen und zugleich esoterischen Aussage[250] beginnt *Carl Schmitt* seine Erzählung „Land und Meer". Der Mensch hat nach ihm von Natur aus ein terranes Raumbewusstsein. Er ist „kein Fisch" (S. 8). In seiner Schrift „Nomos der Erde" bezieht er diese elementare Unterscheidung auf das Recht: „Das Recht ist erdhaft und auf Erde bezogen." Das Meer hingegen „kennt keine solche sinnfällige Einheit von Raum und Recht, von Ordnung und Ortung". Es hat „keinen Charakter" (S. 13). Land und Meer stehen danach nicht nur für zwei „naturwissenschaftliche Größen", sondern bilden zugleich inkompatible Sichtweisen (S. 13): Anders als das Land, wo der Nomos durch „Landnahme" zur vollen Geltung kommt und eine Rechtsordnung entsteht, stellt für ihn das Meer das Riskante, das Unwägbare[251], das Anarchische dar[252], in dem sich eine Rechtsordnung nicht verorten lässt.

Im Anschluss an diese Grundlegung inszeniert er die Freund-Feind-Beziehung zwischen Land und Meer als eine „Geschichte des Kampfes von Seemächten gegen Landmächte und von Landmächten gegen Seemächte" (S. 16). Er erzählt den Niedergang des staatszentrierten Völkerrechts, dem „ius publicum europaeum"[253], im Zusammenhang mit dem Aufstieg der „Insel England" und der „westlichen Hemisphäre" und betrachtet die Durchsetzung des von ihm missbilligten neuen universalistischen, die Gegensätze auflösenden Völkerrechts als einen Triumph des angelsächsischen, am Seerecht ausgebildeten Konzepts[254]:

Die völkerrechtliche Raumstruktur sei ursprünglich staatsbezogen gewesen, das habe sich durch die Verschiebung im politischen Verhältnis von Land und Meer, den Land- und den Seemächten, geändert. Als Beispiel für eine Seemacht nennt er England. Die Grundlinie der Raumordnung habe sich aus dem Nebeneinander der souveränen europäischen Landstaaten und dem zunächst freien Meer, das durch britische „Seenahme" der völkerrechtliche Gegenpol zu den kontinentaleuropäischen Staaten wurde, ergeben. Im Gegensatz zu den Landstaaten sei England aber maßgeblich an der Ausdehnung seiner maritimen Existenz durch Handel interessiert gewesen. Nachdem es zunächst die Rolle eines „Bindeglieds zwischen den beiden verschiedenen Ordnungen des Landes und des Meeres" eingenommen hatte (S. 114 f.), habe es später – zusammen mit Amerika – eine Art maritime Existenz mit

[250] Zum Schmittschen Stil *Schlink*, Journal of History of Law 10 (1991), S. 160, 167 f.

[251] *Korf/Schetter*, Peripherie 32 (2012), S. 147, 151.

[252] *Balke*, Der Staat nach seinem Ende. Die Versuchung Carl Schmitts, S. 341.

[253] Ob der Bezug auf Europa berechtigt ist, ist fraglich, dazu *Guggenheim*, JöR 3 (1954), S. 1, 2; eine begriffsgeschichtliche Analyse findet sich bei *v. Bogdandy/Hinghofer-Szalkay*, ZaöRV 73 (2013), S. 209 ff.

[254] *Mehring*, Carl Schmitt, S. 432.

grenzenloser Industrieentwicklung und unbedingtem Fortschrittsglauben vertreten (S. 96 ff.), was schließlich zu einem universellen Weltrecht geführt habe[255]. An die Stelle der untergegangenen staatenzentrierten Raumstruktur sei so ein „strukturloses Chaos" getreten (S. 207 f., 209 f.).

bb) Bewertung: Risiken einer grenzenverwischenden Entwicklung

Die Rezeption von *Carl Schmitts* Gedanken setzt voraus, seine Theorien von ihren ideologischen Verhüllungen zu befreien[256]. Das gilt gerade für seine völkerrechtlichen Ausführungen, in denen eine Apologie der deutschen Politik im Ersten und Zweiten Weltkrieg erkennbar ist[257].

Das alte staatszentrierte völkerrechtliche Gleichgewichtssystem war nach ihm in der Lage, Kriege in Europa zu kanalisieren[258]. Das neue Völkerrecht, das er als „raum-und systemloses Durch- und Nebeneinander faktischer Beziehungen, ein ungeordnetes räumlich und geistig zusammenhangloses Durch- und Nebeneinander von über fünfzig, angeblich gleichberechtigten, gleich souveränen Staaten und ihren verstreuten Besitzungen" (S. 207) beschreibt, entbehrt diese Ordnungsleistung hingegen. Seine Kritik am neuen Völkerrecht, das keine Grenzen anerkennt und sich in das Leben jedes Volkes einmischt, gilt damit dem Verlust von Stabilität durch Entgrenzungen[259]. Es befürchtet eine rechtlose Sphäre, in der die Kriegsgefahr wächst und die Willkür einer Großmacht Souveränität auszuhöhlen droht.

Carl Schmitt zeigt mit seiner Kritik am neuen Völkerrecht somit die Gefahren grenzüberschreitender Strukturen auf. Auf der Lösungsebene verharrt er aber – von seinem Standpunkt aus durchaus konsequent – beim Wunsch nach Einheit und Ordnung. Denn um die Risiken der dynamischen, grenzenverwischenden Entwicklung abzuwehren, muss nach ihm wieder ein statischer, die klare Abgrenzung politischer Einheiten sichernder Zustand hergestellt werden. Für wahrscheinlich hält er einen neuen Gleichgewichtszustand, den etwa regionale Blöcke garantieren. Ist aber die – bleibt man bei seinen Metaphern – „landbasierte" Stabilität nicht zur Gänze wiederherstellbar[260], gilt es mit dem „maritimen" Chaos zu leben und neue Formen zu finden, um dessen strukturelle Risiken einzuhegen.

---

[255] *Neumann*, Carl Schmitt als Jurist, S. 481.

[256] *Staff*, in: FS Zuleeg, S. 35, 45.

[257] *v. Bogdandy/Hinghofer-Szalkay*, ZaöRV 73 (2013), S. 209, 242; *Neumann*, Carl Schmitt als Jurist, S. 484, 513.

[258] Zur These der formalen „Hegung des Krieges" *Campagna*, Carl Schmitt, S. 244 ff.; *Kostenniemi*, The Gentle Civilizer of Nations, S. 496.

[259] Vgl. *Koskenniemi*, The Gentle Civilizer of Nations, S. 501 ff.

[260] So auch *Schmitt*, dazu *Neumann*, Carl Schmitt als Jurist, S. 473.

V. Internationale Verwaltung als Konglomeratsverwaltung

1. *Idee und Abgrenzung zu anderen Verwaltungskonzepten*

Als Folge der Aufgabenstellung der internationalen Zusammenarbeit löst sich mithin das Einheitsparadigma[261] endgültig auf[262] und an seine Stelle tritt eine Verwaltung, die hier als konglomeratisch bezeichnet wird. Der Begriff Konglomeratsverwaltung soll anzeigen, dass für die internationale Verwaltungstätigkeit im Allgemeinen und die maritime im Besonderen statt monolithischer Struktur und einheitlicher Entscheidungsbefugnisse das Zusammenspiel und die Verbindung diverser Akteure, Rechtsschichten und Kulturen prägend sind. Seinen Fixpunkt bildet die Organisation, aber ebenso wie die nationale Einheitsvorstellung beinhaltet das Konglomeratsparadigma zugleich ein Konzept, das Konsequenzen für weitere Elemente des Verwaltungsrechts hat, wie namentlich für das Verfahren und den Rechtsmaßstab der Verwaltung. Dieses Konzept kann außerdem die Grundlage für einen neuen normativen Rahmen darstellen, der die Werte, die gewöhnlich das Einheitsdenken transportiert, einbindet und damit ein Mindestmaß an Ordnung in das rechtliche Wirrwarr bringt, dass der Verlust staatlich begrenzter Strukturen hinterlässt.

Alternative Konzepte, die für das internationale Verwaltungsrecht vorgeschlagen werden[263], wie das der Mehrebenenverwaltung[264] oder der Verbundverwaltung[265], fangen das für die internationale Verwaltung prägende Durcheinander nicht adäquat ein:

- *Mehrebenenverwaltung*: Der aus den Politikwissenschaften stammende[266] Begriff der Ebene[267] bzw. des Mehrebenensystems[268], der in der Rechtswissenschaft inzwischen fest etabliert ist[269], beschreibt das Ineinandergreifen von Völker-, Europa- und nationalem Recht, zum Teil ergänzt um weitere innerstaatliche Ebenen, wobei die Hauptebene weiterhin die nationale bilden soll[270]. Mit dieser Betonung des Zusammenwirkens von internationalem, regionalem, nationalem und subnationalem Bereich wird zwar der mehrschichtige Bezug von internationalem Verwaltungshandeln eingefangen[271]; gleichwohl kann mit dem Konzept

---

[261] Siehe oben 1. Kapitel, III. 5.

[262] Siehe oben 1. Kapitel, IV. 2.

[263] Eingehend *Dimitropoulos*, Zertifizierung und Akkreditierung, S. 23 ff.

[264] So noch *Tietje*, Internationalisiertes Verwaltungshandeln, S. 26.

[265] *Dimitropoulos*, Zertifizierung und Akkreditierung.

[266] Dazu *Schefold*, JöR 60 (2012), S. 49 ff.

[267] *Scharpf*, PVS 26 (1985), S. 323 ff.

[268] *Aden*, in: Becker/Zimmerling, Politik und Recht, S. 357 ff.; zur juristischen Relevanz des Mehrebenenbegriffs *Möllers*, Gewaltengliederung, S. 210 ff.; *Pache*, VVDStRL 66 (2007), S. 106, 107 ff.

[269] *Odendahl*, VVDStRL 76 (2017), S. 49, 51.

[270] Odendahl, VVDStRL 76 (2017), S. 49, 51 f.

[271] Zu diesem *Kingsbury/Krisch/Stewart*, Law and Contemporary Problems 68 (2005), S. 15, 17, 42 f.

der Mehrebenenverwaltung die wissenschaftliche Beschreibung der internationalen Verwaltung nicht vollständig gelingen. Auf dieses Problem verweist zunächst die Kritik, dass die im Ebenenbegriff implizit enthaltene Hierarchisierung[272] der mehrschichtigen Verwaltung nicht der administrativen Wirklichkeit im grenzüberschreitenden Bereich entspricht[273]. Zwar ist ein solches hierarchisches Verständnis keinesfalls zwingend[274], aber der Ebenenbegriff – und noch deutlicher die Rede vom Mehrebenensystem – ist dennoch auf die Grenzziehung und den Ordnungszusammenhang ausgerichtet. Der spezifische Wert des Ebenenbegriffs in der Rechtswissenschaft ist vielmehr darin zu sehen, dass er den Rechtsvergleich zwischen nationalen und übernationalen Rechtsordnungen ermöglicht, indem er die begrifflichen Diskussionen um Bundestaatlichkeit, Staatenbund und Staatenverbund gegenüber einer einheitlichen Vergleichsperspektive zurückstellt[275].

- *Verbundidee*: Das Konzept des Verwaltungsverbundes[276] bringt die Zusammenarbeit der Mitgliedstaaten und der Union bei der europäischen Verwaltung zum Ausdruck. Denn dieser vollzieht sich in einem „Informations-, Entscheidungs- und Kontrollverbund zwischen mitgliedstaatlichen und unionseigenen Exekutiven"[277]. In dieser Betonung der Interaktion zwischen den Akteuren liegt auch der Mehrwert gegenüber dem Mehrebenenkonzept. Zu den drei Organisationsprinzipien des Europäischen Verwaltungsverbunds zählen Trennung, Verwaltungskooperation und supranationale Hierarchie[278], während die Internationalisierung sich als tendenziell spontaner und in besonderem Maße faktischer Prozess erweist, dem kein geordnetes System zugrunde liegt, sondern der sich aus einer Reihe sehr differenzierter Erscheinungen zusammensetzt, die auf verschiedenste Art nebeneinander und mit nachgeordneten Ordnungen existieren[279]. Eine pauschale[280] Übertragung auf die internationale Verwaltungstätigkeit[281] wird der gegenüber der europäischen Verwaltung weniger zentralen Struktur der internatio-

---

[272] Kritisch zum Denken in Hierarchien in Mehrebenensystemen, siehe *Häberle*, Wortmeldung, VVDStRL 66 (2007), S. 84; *v. Bogdandy/Dann*, German Law Journal 11 (2008), S. 2013, 2017 f.

[273] *V. Bogdandy/Dann*, German Law Journal 11 (2008), S. 2013, 2017 f.

[274] Auf den Vorrang abstellend *Möllers*, Gewaltengliederung, S. 228 ff.

[275] *Möllers*, Gewaltengliederung, S. 210 ff.; ebenso in Hinblick auf die Union *Kadelbach*, VVDStRL 66 (2007), S. 7, 11; skeptisch zum Mehrwert hingegen *Cassese*, in: v. Bogdandy/v. Bernstorff/Dann/Goldmann, The Exercise of Public Authority by International Institutions, S. 761, 767 f.

[276] So die deutsche Literatur, grdl. *Schmidt-Aßmann*, in: FS Steinberger, S. 1375 ff.; *ders./Schöndorf-Haubold*, Der Europäische Verwaltungsverbund.

[277] *Schmidt-Aßmann/Schöndorf-Baubold*, in: GVwR I § 5 Rn. 22.

[278] *Hofmann*, in: Schmidt-Aßmann/Schöndorf-Haubold, Der Europäische Verwaltungsverbund, S. 353, 355; ferner *Schmidt-Aßmann*, in: ders./Schöndorf-Haubold, Der Europäische Verwaltungsverbund, S. 1, 7.

[279] *De Pretis*, in: Fraenkel-Haeberle/Galetta/Sommermann, Europäisierung und Internationalisierung der nationalen Verwaltungen im Vergleich, S. 1, 16.

[280] Die „internationale Verbundverwaltung" nur als einen Typus internationaler Verwaltungsbeziehungen nennend *Glaser*, Internationale Verwaltungsbeziehungen, S. 28 ff.

[281] Sowohl *Schmidt-Aßmann*, DS 45 (2006), S. 315, 324, 326, 333 („internationaler Verwaltungsverbund"); zustimmend *Dimitropoulos*, Zertifizierung und Akkreditierung, S. 34.

nalen Verwaltung sowie der weniger verfestigten Verbindung ihrer Akteure nicht gerecht[282]. Dasselbe gilt für das mit dem deutschen Verbundkonzept verwandte Konzept der Mischverwaltung (Composite Administration)[283], das ebenfalls für die Erfassung der internationalen Verwaltungstätigkeit in Erwägung gezogen wird[284]. Im Unterschied zur Konglomeratsverwaltung agiert die Composite Administration auf einer festeren und verbundeneren Grundlage[285].

Die Idee der Konglomeratsverwaltung sollen eine terminologische Grundlegung (2.) sowie ein Blick auf alternative Begrifflichkeiten in der Forschung (3.) verdeutlichen. Schließlich wird dem Verhältnis der Konglomeratsverwaltung zu Formen der sog. territorialen Internationalisierung nachgegangen, die scheinbar einen Gegenentwurf zum konglomeratischen Konzept bildet (4.).

2. Terminologische Grundlegung

Unter einem Konglomerat – der Begriff lässt sich etymologisch aus dem lateinischen Verb conglomerare, d. h. zu einem Knäuel zusammenballen, ableiten – wird im allgemeinen Sprachgebrauch ein Gemisch verschiedenartiger Materialien oder Dinge verstanden[286]. Der Begriff stammt ursprünglich aus der Geologie, wo er ein aus verkitteten Geröllen bestehendes Sedimentgestein bezeichnet[287]. Der Terminus konglomeratisch ist mittlerweile über den engeren geologischen Bereich hinaus auf weitere Anwendungsgebiete[288], insbesondere in der Wirtschaft, ausgedehnt worden. Als Bezeichnung für wirtschaftliche Erscheinungen wurde er in den USA geprägt und fand 1967 mit dem Rechtsfall Procter & Gamble / Clorox[289] Eingang in die Antitrust-Rechtsprechung. Ein konglomeratischer Zusammenschluss bezeichnet im Kartellrecht eine Verbindung von Unternehmen aus verschiedenen Märkten, d. h. von Unternehmen, die weder auf einem Markt konkurrieren (horizontaler Zusammenschluss) noch in einer Kunden-Lieferanten-Beziehung stehen (vertikaler Zusammenschluss)[290]. Ergebnis eines konglomeratischen Zusammenschlusses ist somit ein Mischkonzern, da die beteiligten Unternehmen in verschiedenen Branchen tätig sind.

---

[282] Ablehnend auch *v. Arnauld*, JöR 59 (2011), S. 497, 505, 507 ff.; *Biaggini*, VVDStRL 67 (2008), S. 413, 423 (Fn. 47).

[283] Für Italien *Chiti*, Diritto Amministratvo Europeo, S. 31 ff.

[284] So („international composite administration") *v. Bogdandy/Dann*, German Law Journal 11 (2008), S. 2013 ff.; auch *Mager*, in: v. Bogdandy/Wolfrum/v. Bernstorff/Dann/Goldmann, The Exercise of Public Authority by International Institutions, S. 913 ff.

[285] Zum Unterschied europäischer und internationaler behördlicher Zusammenschlüsse *Terhechte*, Internationales Kartell- und Fusionskontrollverfahrensrecht, Rn. 90.15.

[286] Duden.

[287] Brockhaus.

[288] Aus der Kunstgeschichte *Klein*, in: Schenkluhn/Waschbüsch, Der Magdeburger Dom im europäischen Kontext, S. 181 ff.; aus der Literaturwissenschaft *Zubiller*, Lyrisches Konglomerat; aus der Soziologie *Nassehi*, Soziologie, S. 29 ff.

[289] FCT v. Procter & Gamble Co. 386 U. S. 568 (1967).

[290] Dazu und zu den verschiedenen Formen *Frankus*, Fusionskontrolle bei Konglomeraten, S. 14.

Ein Konglomerat steht damit terminologisch für Phänomene, bei denen verschiedenartige Bereiche miteinander verflochten werden und die daher auch als gemischt, diagonal oder auch anorganisch wahrgenommen werden[291]. Die wirtschaftsrechtliche Behandlung von Konglomeraten zeigt auch das damit einhergehende rechtliche Konfliktpotential auf, das die Untersuchung am Beispiel des maritimen Bereichs adressieren will: Aus den divergierenden ökonomischen Effekten von konglomeratischen Zusammenschlüssen resultieren etwa spezifische Schwierigkeiten in der kartellrechtlichen Beurteilung[292]. Je nach Sachbereich treten bei solchen unternehmerischen Konglomeraten wegen ihrer sektorüberscheitenden Bezüge weitere rechtliche Fragen auf; bei Finanzmarktkonglomeraten etwa haben die aufsichtsrechtlichen Schwierigkeiten[293] in Deutschland zur Gründung der Bundesfinanzaufsicht als Allfinanzaufsicht geführt, d. h. zur Zusammenlegung der zuvor existierenden drei Aufsichtsbehörden.

3. Als Charakteristikum der internationalen Verwaltung

Das Chaos, für das die Konglomeratsverwaltung steht, spiegelt sich auch in verwandten Begrifflichkeiten wider, die die Forschung zur Beschreibung grenzüberschreitender Aktivität von Verwaltungen heranzieht:

- *Sabino Cassese* spricht von einem Marmorkuchen[294] oder einem neuen Mittelalter[295], während *Richard Stewart* den Vergleich mit einem Jackson Pollock-Gemälde bemüht[296]. Nach *Nico Krisch* weist das Global Administrative Law eine unstrukturierte sowie pluralistische Natur auf[297].
- Die US-amerikanische Politikwissenschaftlerin *Anne Marie Slaughter* beschreibt die globale Regulierung als netzwerkartige Interaktionen[298].
- Im maritimen Bereich sind die wiederkehrenden Begriffe „multijurisdictional", „multilayered" und „multicentric" bzw. „polycentric"[299].

Der Verlust von Einheit bildet somit den gemeinsamen Nenner. Gegenüber diesen Terminologien ist der Ausdruck des Konglomerats jedoch vorzugswürdig. Denn Metaphern bieten v. a. rhetorische Vorteile, da sie Komplexes mit leicht vorstell-

---

291 *Frankus*, Fusionskontrolle bei Konglomeraten, S. 12.

292 *Nothelfer*, EuZW 2007, S. 332 ff.

293 *Schieber*, Die Aufsicht über Finanzkonglomerate.

294 Teils auch der „marbled structure of GAL" *Cassese* in: ders., Research Handbook on Global Administrative Law, S. 1, 19, 506 f.

295 *Cassese*, The Global Polity, S. 16: „neo-medieval system".

296 *Stewart*, NYU Journal of International Law & Politics 37 (2005), S. 695, 703: „Global regulatory space as a Jackson Pollock painting, á web of interactions and influences, horizontal, vertical, and diagonal, among a diverse multiplicity of different regimes and actors."

297 *Krisch*, European Journal of International Law 17 (2006), S. 247.

298 *Slaughter*, A New World Order, v. a. S. 14.

299 *Lister*, Global Policy 6 (2015), S. 118 ff.; *Roe*, Maritime Policy & Management 36 (2009), S. 39; auch *Perrow*, Normale Katastrophen, S. 236.

baren Bildern verknüpfen und so die Aufmerksamkeit des Publikums generieren, während die Untersuchung nach einem konzeptionellen Begriff sucht. Mit dem Konglomerat hat man dabei einen Terminus statt diverser. Der Netzwerkbegriff wird im Verwaltungsrecht oftmals mit Behördennetzwerken gleichgesetzt[300], teils auch unter Einbeziehung Privater[301], diese bilden aber, wie zu zeigen ist[302], nur ein Element der Konglomeratsverwaltung.

4. *Territoriale Internationalisierung als Alternative?*

a) Territoriale und funktionale Internationalisierung

Für die Verwaltung grenzüberschreitender Probleme, die nicht durch einen einzelnen Staat gelöst werden können, wird in der Völkerrechtswissenschaft teils der Begriff der Internationalisierung verwendet. Dieser Ansatz ist weniger einer bestimmten Idee entsprungen, als vielmehr, wie für das Völkerrecht typisch, Ausdruck praktisch-politischer Bedürfnisse. Im ursprünglichen Begriffsverständnis bedeutet Internationalisierung die Ausübung von Kontrolle über ein der Gebietshoheit eines Staats unterfallendes Gebiet durch eine institutionalisierte internationale Verwaltung[303]. In jüngerer Zeit ist das Konzept seiner territorialen Ursprünge enthoben worden. Es umfasst auch Gebiete, die jenseits der Reichweite staatlicher Souveränität liegen, wie etwa den Tiefseeboden und seinen Untergrund, den Weltraum mit seinen Himmelskörpern oder die Antarktis. Internationalisierung wird demnach als die „Inpflichtnahme der Staaten zum Wohle der Staatengemeinschaft unter gleichzeitiger international ausgerichteter institutioneller Absicherung" charakterisiert[304]. Nach der institutionellen Ausgestaltung unterscheidet man die territoriale von der funktionalen Internationalisierung[305]. Während bei ersterer die zwischenstaatliche Kooperation in der Regel ausschließlich durch eine internationale Organisation verwirklicht wird[306], wird die staatliche Souveränität bei letzterer nur eingeschränkt und es kommt typischerweise zu einem Nebeneinander von internationalen Organisation und einzelnen Staaten[307].

Internationalisierung ist demnach ein völkerrechtliches Beschreibungsangebot für eine internationale Verwaltung. Während seine territoriale Variante wegen ihres

[300] Insbesondere im europäischen Kontext etwa *Schmidt-Aßmann/Schöndorf-Haubold*, in: GVwR I, § 5 Rn. 33; für das internationale Verwaltungsrecht *Möllers*, ZäöRV 65 (2005), S. 351 ff.

[301] *Schuppert*, in: GVwR I, § 17 Rn. 134 ff.

[302] Siehe unten 3. Kapitel, IV.

[303] *Beck*, Internationalisierung von Territorien, S. 95. Sie bildete insbesondere in den unmittelbaren Nachkriegsepochen ein Mittel, territoriale Auseinandersetzungen dadurch zu lösen, dass das betroffene Gebiet nicht den Anwärtern, sondern einer internationalen Organisation anvertraut wurde, ebenda, S. 103 ff.

[304] *Wolfrum*, Internationalisierung staatsfreier Räume, insb. S. 25.

[305] Zu Untertypen und Beispielen *Wolfrum/Pichon*, Internationalization, in: MPEPIL, Oktober 2010, Rn. 4 ff., 16 ff.

[306] *Wolfrum*, Internationalisierung staatsfreier Räume, S. 681.

[307] *König*, Durchsetzung, S. 82 f.

Ausschließlichkeitsanspruchs Parallelen zur nationalstaatlichen Verwaltung aufweist, ist die funktionale Internationalisierung aufgrund der Aufspaltung der Kompetenzen auf verschiedene Akteure komplexer und ähnelt darin dem Konglomeratskonzept. Bezogen auf den maritimen Bereich wird die Verwaltung der Seeschifffahrt der funktionalen Internationalisierung zugeordnet, während das zugleich skizzierte Tiefseeregime überwiegend als territorial bezeichnet wird[308].

b) Das Beispiel der internationalen Meeresbodenbehörde

Die Hohe See und der Meeresboden unterliegen nach dem Seerechtsübereinkommen (SRÜ) unterschiedlichen Regimen. Während für den zuerst genannten Bereich die Freiheit der Meere als ein auf dem Wettbewerbsgedanken beruhendes Verteilungsprinzip im Ausgangspunkt die staatliche Souveränität in Gestalt der Flaggenhoheit adressiert[309], soll für den Tiefseeboden staatengemeinschaftliche Solidarität gelten[310]. Sowohl der Grund und Untergrund des Meers jenseits der Grenzen des Bereichs nationaler Hoheitsbefugnisse (im SRÜ das Gebiet, the Area, genannt) als auch die marinen nicht-lebenden (mineralischen) Ressourcen (Art. 133) werden zum „gemeinsamen Erbe der Menschheit" (Common Heritage of Mankind, Art. 136) erklärt[311]. Der Vorschlag von *Elisabeth Mann Borgese* und *Arvid Pardo,* dass die Meere insgesamt Menschheitserbe sind, konnte sich somit nicht durchsetzen[312]. Zur Konkretisierung und Verwirklichung des Prinzips des Menschheitserbes wurde die internationale Meeresbodenbehörde (International Seabed Authority bzw. the Authority, ISA) geschaffen (Art. 156 ff.).

Der rechtliche Sonderstatus des Tiefseebodens war zu einem großen Teil durch die erwartete wirtschaftliche Nutzung von Manganknollen motiviert. Dadurch wollte man einem ausschließlichen Abbau von Ressourcen durch Industriestaaten zuvorkommen, der den wirtschaftlichen Abstand zu den Entwicklungsländern vergrößert hätte[313]. Art. 138, der alle Staaten an den Teil XI des Seerechtsübereinkommens über das Tiefseebodenregime bindet, beansprucht Wirkung Erga Omnes[314]. Das für das Tiefseebodenregime geltende Common Heritage-Prinzip ist dadurch charakterisiert, dass es im Sinne einer „Tiefseeboden-Solidargemeinschaft"[315] die wirtschaftliche Nutzung der am Meeresboden lagernden Erztypen in den Dienst aller Mitglieder der Gemeinschaft stellt. Aus dem Gemeinnützigkeitsgebot werden

[308] *König*, Durchsetzung, S. 82 f. m. w. M.

[309] Siehe unten 2. Kapitel, A. II. 2.

[310] *Riemer*, Staatengemeinschaftliche Solidarität in der Völkerrechtsordnung, S. 124 ff.

[311] Das Prinzip geht auf den Vorschlag des damaligen UN-Botschafters Maltas *Arvid Pardo* aus dem Jahr 1967 zurück, zum Hintergrund *Graf Vitzthum*, ZaöRV 38 (1978), S. 745, 746.

[312] Dazu WBGU, Hauptgutachten: Welt im Wandel. Menschheitserbe Meer, S. 3, 76; zur Idee *Mann Borgese*, Mit den Meeren leben.

[313] *Franckx*, German Yearbook of International Law 48 (2005), S. 117, 126 m. w. N.

[314] *Dahm/Delbrück/Wolfrum*, Völkerrecht Band 1/2, S. 413 f.; *Wolfrum*, in: Hdb. Seerecht, 4. Kap. Rn. 150, 178.

[315] *Wolfrum*, in: Hdb. Seerecht, 4. Kap. Rn. 155.

die folgenden Forderungen abgeleitet[316]: Zum einen sollen alle Staaten an den Gewinnen aus dem Tiefseebergbau teilhaben (Postulat der Gewinnverteilung), zum anderen sollen sie effektiv gleiche Bedingungen bezüglich des Tiefseebergbaus haben (Ausgleichsfunktion zur Herstellung materieller Gleichheit); dabei werden nach Art. 140 I „die Interessen und Bedürfnisse der Entwicklungsländer und die Völker, die noch nicht ihre volle Unabhängigkeit errungen haben […], besonders berücksichtigt" (Privilegierung).

Ein Behördenmonopol soll diese Postulate absichern: Die ISA, die „im Namen der gesamten Menschheit" (Art. 153 I) agiert, ist zwar nicht die alleinige Betreiberin[317], aber die beherrschende Kontrolleurin von nationalen Gewinnungsunternehmen an den Rohstoffen des Tiefseebodens[318]. Zu diesem Zwecke wird die Behörde mit umfangreichen Kompetenzen ausgestattet. Sie verfügt über echte Rechtssetzungsbefugnisse, denn das tiefseevölkerrechtliche Sekundärrecht[319] ist unmittelbar rechtsverbindlich für die Normadressaten[320]. Zudem übt sie die Kontrolle über die Tätigkeiten im Gebiet aus (Art. 153 IV) und ist berechtigt, „jederzeit alle nach Teil XI SRÜ vorgesehenen Maßnahmen zu ergreifen" (Art. 153 V 1).

c) Ausnahmecharakter territorialer Internationalisierung

Die territoriale Internationalisierung wird bislang in erster Linie als Übergangslösung eingesetzt, nämlich als Mechanismus, um lokal begrenzte Probleme für eine bestimmte Zeitspanne zu regeln[321]. Für dauerhafte Lösungen setzt man hingegen grundsätzlich auf die Erscheinungsformen der funktionalen Internationalisierung[322].

Fragt man nach den Gründen für diese Dominanz der funktionalen Internationalisierung, dann liegt das zunächst naheliegend an der Zurückhaltung der Staaten, umfassend Hoheitsbefugnisse abzugeben. Das rechtliche Sonderregime für den Meeresboden lässt sich verhandlungspolitisch mit dem begrenzten sachlichen Anwendungsbereich und damit erklären, dass man für das Gebiet gewissermaßen

---

316 *Wolfrum*, in: Hdb. Seerecht, 4. Kap. Rn. 146 ff.

317 Der Tiefseebergbau unterliegt einem Paralellsystem, d. h. er wird zum einen durch von der Behörde lizensierte Private oder Staatsunternehmen und zum anderen vom sog. Enterprise, einem Organ der ISA, durchgeführt, *Proelß*, in: Graf Vitzthum/ders., Völkerrecht, 5. Abschnitt Rn. 69.

318 Die Regelungsdichte der verschiedenen Nutzungsformen ist unterschiedlich. Von der zielgerichteten gründlichen Erforschung eines Felds zur Vorbereitung des kommerziellen Abbaus (Exploration) und der Ausbeutung selbst wird die generelle Untersuchung möglicherweise Gebiete (Prospektion) unterschieden, *Wolfrum*, in: Hdb. Seerecht, 4. Kap. Rn. 164 ff.

319 Derzeit der Mining Code, abrufbar unter: https://www.isa.org.jm/the-mining-code/official-documents/ (zuletzt abgerufen: 21.03.2023).

320 *Frenzel*, Sekundärrechtssetzung, S. 94 ff.

321 Zur völkerrechtlichen Entwicklung der internationalen Verwaltung von Krisengebieten *Kiderlen*, Von Triest nach Osttimor. Der völkerrechtliche Rahmen für die Verwaltung von Krisengebieten durch die Vereinten Nationen.

322 *Wolfrum/Pichon*, Internationalization, in: MPEPIL, Oktober 2010, Rn. 26 f.; zuversichtlicher *Proelß*, in: Graf Vitzthum/ders., Völkerrecht, 5. Abschnitt Rn. 73: „Präzedenzwirkung für andere Staatengemeinschaftsräume".

Neuland betrat, da zur Zeit der Vertragsverhandlungen, anders als für die Wassersäule und den Luftraum, darüber noch keine nennenswerte Nutzungspraxis und daher weder bevorrechtigte Staaten noch eine implementierte Nutzungsordnung bestanden[323].

Wie das Beispiel des Tiefseebergbaus ebenfalls zeigt, ist die Vorstellung einer monopolartigen territorialen Internationalisierung aber auch der Sache nach unterkomplex. Zunächst hat das Durchführungsübereinkommen zum SRÜ von 1994[324] drastische Abstriche bei den Befugnissen der ISA gemacht, um überhaupt die notwendige Akzeptanz der Industriestaaten herbeizuführen[325]. Zudem wird deutlich, dass die ISA nicht isoliert agiert, sondern auf die Zusammenarbeit mit den Staaten angewiesen ist[326]:

- *Sponsoring State:* Nach Art. 153 i. V. m. Art. 4 Anlage III SRÜ sind nur staatliche oder private Unternehmen antragsberechtigt, die von ihrem Heimatstaat befürwortet werden. Dieser Sponsoring State sorgt für die Einhaltung der Eignungsanforderungen sowie der finanziellen und technischen Leistungsfähigkeit des Unternehmens (Art. 139, 153 IV). Der Internationale Seegerichtshof (ISGH) hat in seinem ersten Gutachten[327] eine aktive Überwachungspflicht der Sponsoring States angenommen (insb. Ziffer 110, 117–120); diese agierten innerhalb ihres Rechtssystems, dürften dabei aber die internationalen Vorgaben des Seerechts und insbesondere der ISA nicht unterschreiten (Ziffer 227 ff., 240 f.)[328]. Dadurch wollte der ISGH einer Entwicklung zu Gefälligkeits-Staaten entgegenwirken, wie man sie aus der Seeschifffahrt kennt (Ziffer 159)[329].
- *Konkurrenz*: Beim Meeresbergbau bestehen konkurrierende Zuständigkeiten einzelner Staaten und der ISA. Das liegt an der zonalen Ordnung der Meere nach dem SRÜ. Die Beschränkung des Zuständigkeitsbereichs der ISA auf den internationalen Teil der Meere, d. h. seewärts der 200 Seemeilen breiten Ausschließlichen Wirtschaftszone und außerhalb eventueller äußerer Festlandsockel (bis 350 Seemeilen), bedeutet, dass Küstenstaaten Meeresbergbau in eigener Zuständigkeit in ihren hoheitlichen Meereszonen betreiben können. Wegen der damit einhergehenden Gefahr eines dortigen Bergbaus unter „Billigflagge" wird

---

[323] Zum zweiten Aspekt *Proelß*, in: Graf Vitzthum/ders., Völkerrecht, 5. Abschnitt, Rn. 70; zum Verhandlungsprozess *Graf Vitzthum*, ZaöRV 38 (1978), S. 745 ff.

[324] Agreement relating to the Implementation of Part XI of the UN Convention on the Law of the Sea vom 28.7.1994, BGBl. 1994 II S. 2566, 1836 UNTS 3, (endgültig) in Kraft seit 28.7.1996.

[325] Das Common Heritage-Prinzip ist geblieben, aber nahezu alle dirigistischen Bestimmungen, wie der Technologietransfer oder die Leistung von Ausgleichszahlungen an Landproduzenten, sind weggefallen; siehe *Egede*, Africa and the Deep Seabed Regime, S. 75 ff.

[326] Bei Tätigkeiten im Gebiet setzen nach Art. 209 SRÜ die Staaten das Sekundärrecht der ISA durch, dazu *Wolf*, Unterseeische Rohrleitungen und Meeresumweltschutz, S. 153 ff.

[327] ISGH (Meeresbodenkammer), Responsibilities and Obligations of States Sponsoring Persons and Entities with Respect to Activities in the Area, Gutachten v. 1.2.2011, Case No. 17.

[328] Dazu *Jessen*, ZUR 2012, S. 71, 80.

[329] Siehe dazu auch IX. 2. b) bb).

gefordert, dass die ISA für einheitliche Sicherheits- und Umweltstandards in- und außerhalb der Grenzen nationaler Jurisdiktion sorgt[330].

Festzuhalten bleibt, dass selbst bei der territorialen Internationalisierung Ansätze einer Konglomeratsverwaltung zu beobachten sind.

VI. Kein Exklusivitätsverhältnis von nationalem und internationalem Verwaltungsrecht

Diese Kontrastierung bedeutet nicht, dass nationales und internationales Verwaltungsrecht Gegensätze sind; die Gegenüberstellung soll allein ihre strukturellen Unterschiede verdeutlichen. Dass das internationale Verwaltungsrecht keinen Gegensatz zum nationalen Verwaltungsrecht bildet, wird dadurch unterstrichen, dass seine oben skizzierten Strukturmerkmale wie eine Pluralisierung der Verwaltung oder Verweisungen[331] auch innerstaatlich zu finden sind, etwa im Sozialrecht[332], obgleich sie dort eine andere Zielrichtung aufweisen. Den Hintergrund bilden innerstaatlich oftmals begrenzte staatliche Steuerungsmöglichkeiten, die zu einer Verlagerung der administrativen Aufgabenerfüllung in den gesellschaftlichen Bereich führen und sich damit als eine Öffnung nach innen begreifen lassen. Während solche Erscheinungen im innerstaatlichen Bezugsrahmen aber als rechtfertigungsbedürftige Ausnahme wahrgenommen werden[333], bilden sie im internationalen Kontext den Regelfall. Dieses umgekehrte Verhältnis illustrieren zwei Beispiele:

– *Verweisung*: Das Parlamentsgesetz bildet den Mittelpunkt der Rechtsquellenlehre. Namentlich in technischen Materien erweist sich die Verweisung auf nicht-staatliche Normen wie des DIN aber als notwendig oder jedenfalls als praktikabel, um sich privates Wissen zu Nutze zu machen[334]. Da dynamische Verweisungen auf privat gesetztes Recht einen demokratisch nicht legitimierten Normgeber zur Rechtssetzung ermächtigen, gelten sie im deutschen Recht v.a. aus demokratischen Gründen aber als prinzipiell unzulässig[335]. Daher geht man oftmals einen indirekten Weg, um technische Normen zu inkorporieren. Die

[330] *Jenisch*, NuR 2013, S. 841 ff.

[331] Siehe oben 1. Kapitel, IV. 2. a. bb.

[332] *Kingreen*, DV 42 (2009), S. 339, 344: „zu keinem Zeitpunkt einen zentral steuernden Sozialstaat und Sozialgesetze gegeben hat, die den Anspruch linearer Detailsteuerung erhoben hätten"; zum sozialrechtlichen „Verweisungswirrwarr" auf untergesetzliche Normen siehe *Axer*, Normsetzung der Exekutive in der Sozialversicherung, S. 15 f., 379 ff.; ferner *Nebe*, in: G.-P. Calliess, Transnationales Recht, S. 497, 499.

[333] Zur Sonderstellung des Sozialrechts siehe *Kingreen/Rixen*, DÖV 2008, S. 741, 745.

[334] *Lamb*, Kooperative Gesetzeskonkretisierung, S. 64 f.

[335] Insb. BVerfGE 47, 285, 312; offener noch BVerfGE 5, 25, 31; E 8, 274, 302 f.; E 22, 330, 346 f.; zu den rechtsstaatlichen Bedenken *Di Fabio*, Produktharmonisierung durch Normung und Selbstüberwachung, S. 20 f.; zu den Ausnahmen *Debus*, Verweisungen in deutschen Rechtsnormen, S. 212 ff.; zur Diskussion etwa *Breuer*, AöR 101 (1976), S. 46 ff. und *Jarass*, NJW 1987, S. 1225 ff.

„normkonkretisierende gleitende“ Verweisung[336] füllt einen im Gesetz selbst festgelegten Standard wie „Stand der Technik“ (z.B. § 5 BImSchG) aus und begründet zugunsten der Normunterworfenen die widerlegliche Vermutung gesetzeskonformen Handelns[337].

- *Pluralisierung der Verwaltung*: Die monokratische Struktur gilt als Normalfall der Verwaltungsorganisation. Diese Sichtweise wird als verkürzt kritisiert, da sie die vielfältigen Erscheinungsformen der kollegialen Organisation übergehe[338]. Charakteristisch für Kollegialgremien ist die horizontale Form der Entscheidungsfindung auf der Grundlage gemeinsamer Beratung. Unter den Begriff der „Kondominialverwaltung“ werden weisungsfreie Gremien gefasst, bei denen eine Inkorporation Privater erfolgt, was die Frage nach der staatlichen Legitimationsverantwortung aufwirft[339]. Die dezentrale Aufgabenerfüllung in der Form von inneradministrativen Netzwerken lässt sich demnach auch innerstaatlich beobachten, soll aber wegen des möglichen Zugriffs partikularer Interessen auf staatliche Entscheidungsprozesse einer besonderen Rechtfertigung bedürfen[340].

Wenn sich im internationalen Verwaltungsrecht demnach gehäuft Phänomene beobachten lassen, die von einer innerstaatlichen Warte aus als pathologisch oder – vorsichtiger ausgedrückt – als Abweichung argwöhnisch beäugt werden, verspricht die Untersuchung auch innerstaatliche Lerneffekte zu generieren. Sie kann für die Begrenztheit der Vorstellung eines Normaltypus der Verwaltung sensibilisieren; ihre Lösungsangebote gilt es dann auf ihre Übertragbarkeit auf den innerstaatlichen Bereich hin zu überprüfen.

VII. Internationales Verwaltungsrecht als Forschungsperspektive

1. Staatszentriertheit des Verwaltungsrechts als Herausforderung für eine Begriffsbildung

Was ist das internationale Verwaltungsrecht, das die Untersuchung konzeptualisieren will? Da das Verwaltungsrecht in seinem Ursprung nationales Recht bildet[341], bereitet es Schwierigkeiten, es losgelöst vom Staat zu begreifen. Seine Staatszentriertheit unterstreichen die Versuche im deutschen Verwaltungsrecht, den Verwaltungsbegriff zu definieren. Materiell wird Verwaltung nach einer noch heute

[336] *Marburger*, Die Regeln der Technik im Recht, S. 395 ff.; auch *Denninger*, Verfassungsrechtliche Anforderungen an die Normsetzung im Umwelt- und Technikrecht, S. 144 ff.

[337] *Ruffert*, in: GVwR I, § 7 Rn. 99; *Di Fabio*, Produktharmonisierung durch Normung und Selbstüberwachung, S. 21 f.

[338] *Groß*, Kollegialprinzip, S. 151 ff.; *Hoffmann-Riem/Pilniok*, in: GVwR I, § 12 Rn. 27; auch *Schuppert*, Verselbstständigte Verwaltungseinheiten; *Dreier*, Hierarchische Verwaltung, S. 270 ff.

[339] *Jestaedt*, Demokratieprinzip und Kondominialverwaltung.

[340] *Schmidt-Aßmann*, Ordnungsidee, 5. Kap. Rn. 45.

[341] *Cassese*, La Construction du Droit administratif, S. 12.

verbreiteten Lehre[342] negativ definiert als die Staatstätigkeit, die nicht Gesetzgebung und nicht Rechtsprechung ist[343]. Auch positive Begriffsbestimmungen nehmen ausdrücklich oder implizit das staatliche Gemeinwesen als Bezugspunkt und Wirkungskreis administrativer Tätigkeit, indem sie Verwaltung als „Verwirklichung der Staatszwecke für den Einzelfall"[344] oder „die mannigfaltige, konditional oder nur zweckbestimmte, also insofern fremdbestimmte, nur teilplanende, selbstbeteiligt entscheidend ausführende und gestaltende Wahrnehmung der Angelegenheiten von Gemeinwesen und ihrer Mitglieder als solcher durch die dafür bestellten Sachverwalter des Gemeinwesens"[345] umschreiben.

Bei einer grenzüberschreitenden Aufgabenstellung, die auf das arbeitsteilige Zusammenwirken verschiedener Akteure angewiesen ist, versagen materielle Begriffsbestimmungen. Dies wurde bereits für das europäische Verwaltungsrecht im Sinne der Verwaltungsbeziehungen im Rahmen der EU[346] gezeigt[347]. Eine negative Abgrenzung in Anlehnung an die Gewaltengliederung, wie es die Global Administrative Law-Forschung vorgeschlagen hat[348], mag allenfalls für das europäische Verwaltungsrecht denkbar sein[349]; abseits davon überzeugt sie aber nicht[350].

Obgleich oftmals betont wird, dass die öffentliche Verwaltung ein mehrdeutiger Begriff bleibe[351], besteht im innerstaatlichen Kontext eine gemeinsame Vorstellung davon, was Verwaltung und ihr Recht ausmacht. Dieser Grundkonsens fehlt hingegen in Bezug auf das internationale Verwaltungsrecht; das macht sich u.a. daran bemerkbar, dass sich in Untersuchungen zum internationalen Verwaltungsrecht eine Vielzahl an Begriffsbildungen und Neudefinitionen findet.

---

[342] *Wolff/Bachof/Stober/Kluth*, Verwaltungsrecht, Band I, § 3 Rn. 4.

[343] *Mayer*, Deutsches Verwaltungsrecht, Band 1, 3. Aufl., S. 7.

[344] *Peters*, Lehrbuch der Verwaltung, S. 5.

[345] *Wolff/Bachof*, Verwaltungsrecht, Band 1, § 2 III.

[346] Der Begriff des europäischen oder Europäischen Verwaltungsrechts wird hier ausschließlich auf das im Zusammenhang mit der EU stehende Verwaltungsrecht beschränkt, zu möglichen Begriffsverständnissen *Terhechte*, in: ders., Verwaltungsrecht der EU, § 1 Rn. 5 ff.

[347] *Hatje*, Die gemeinschaftsrechtliche Steuerung der Wirtschaftsverwaltung, S. 367.

[348] *Kingsbury/Krisch/Stewart*, Law & Contemporary Problems 68 (2005), S. 1, 17: „Conceptually, we believe, administrative action can be distinguished from legislation in the form of treaties, and from adjudication in the form of episodic dispute settlement between states or other disputing parties […]. As a matter of provisional delineation, global administrative action is rulemaking, adjudications, and other decisions that are neither treaty-making nor simple dispute settlements between parties." Diese negative Definition bezieht sich danach auf die Ausgliederung typisch zwischenstaatlicher Phänomene.

[349] So *Terhechte*, in: ders., Verwaltungsrecht der EU, § 1 Rn. 6.

[350] *Goldmann*, Internationale Öffentliche Gewalt, S. 330 f.; zu schwierigen Abgrenzung der Verwaltungstätigkeit von der Regierungstätigkeit *ders.*, in: GVwR I, § 6 Rn. 4–7, der insofern den „Zusammenhang mit einer bürokratischen Organisation" für entscheidend hält, ebenda, Rn. 6.

[351] *Maurer/Waldhoff*, Allgemeines Verwaltungsrecht, § 1 Rn. 2.

2. Definitionsschwierigkeiten

Solche Definitionsschwierigkeiten reduzieren sich scheinbar, wenn man das internationale Verwaltungsrecht als Bestandteil des nationalen Verwaltungsrechts begreift, entweder weit als die Summe der nationalen Verwaltungsrechtsordnungen oder eng als Annex zum nationalen Verwaltungsrecht. Den zweiten Weg gehen kollisionsrechtliche Ansätze, die traditionell die deutsche Lehre prägen[352]. Internationales Verwaltungsrecht ist danach Verwaltungskollisionsrecht[353] oder „Grenzrecht" und behandelt damit wie das Internationale Privatrecht dem materiellen Verwaltungsrecht vorgelagerte Fragen. Kollisionsrechtliche Themen sind aber nur ein Teilbereich der Rechtsfragen, die die internationale Verwaltung aufwirft[354].

Eindeutigkeit lässt sich auch dadurch erzielen, dass man das internationale Verwaltungsrecht von der nationalen Ebene ablöst und auf der internationalen Ebene verortet. Diese Lesart liegt einem älteren Verständnis zugrunde, das International Administrative Law mit dem Dienstrecht internationaler Organisationen gleichsetzt[355], sowie jüngeren Untersuchungen zur territorialen Verwaltung der UN[356]. Einen solchen Tunnelblick auf internationale Organisationen hat die Forschung zu Global Administrative Law zwar nicht, aber auch sie legt bei der Bestimmung dessen, was Global Administrative Law bedeutet, im Ausgangspunkt eine globale Perspektive zugrunde[357], da sie die Frage nach der „accountability of global administrative bodies" stellt[358]. Die Kehrseite dieses Versuchs, verwaltungsrechtliche Perspektiven für die Erschließung des „globalen Verwaltungsraums"[359] zu nutzen, ist aber, dass die Bedeutung und die Interaktion der internationalen mit der regionalen und lokalen Ebene bei der Begriffsbestimmung leicht vernachlässigt wird[360].

---

[352] Klassisch („Internationales Verwaltungsrecht") *Neumeyer*, Internationales Verwaltungsrecht, Bände I–IV, 1910–1936, der daher auf die Notwendigkeit von Grenznormen abstellt sowie („Zwischenverwaltungsrecht") *Isay*, in: FG Zitelmann, S. 289 ff.

[353] Zur Frage, ob das öffentliche Recht ein internationales Kollisionsrecht entwickeln kann, *Ohler*, Die Kollisionsordnung des Allgemeinen Verwaltungsrechts.

[354] Kritisch auch *Möllers*, in: Möllers/Voßkuhle/Walter, Internationales Verwaltungsrecht, S. 1, 10: „zu eng"; die Unterschiede zwischen Internationalem Privat- und Verwaltungsrecht herausarbeitend *Vogel*, Der räumliche Anwendungsbereich, S. 298 ff. Das wissenschaftliche Interesse dieser kollisionsrechtlichen Ansätze gilt insbesondere der Frage nach dem räumlichen Anwendungsbereich öffentlich-rechtlicher Hoheitsakte, etwa *Schlochauer*, Die extraterritoriale Wirkung von Hoheitsakten.

[355] *Amerasinghe*, Principles of the Institutional Law of International Organizations; *Seidl-Hohenveldern/Loibl*, Das Recht der Internationalen Organisationen, S. 218 ff.

[356] *Chesterman*, You, The People: The United Nations, Transitional Administration, and State-Building, S. 48 ff.

[357] So auch *Möllers*, in: Möllers/Voßkuhle/Walter, Internationales Verwaltungsrecht, S. 1, 7.

[358] *Kingsbury/Krisch/Stewart*, Law & Contemporary Problems 68 (2005), S. 1, 17.

[359] *Kingsbury/Krisch/Stewart*, Law & Contemporary Problems 68 (2005), S. 1 18: „global administrative space".

[360] *Ruffert*, in: Möllers/Voßkuhle/Walter, Internationales Verwaltungsrecht, S. 395 404 f.; auch *Schmidt-Aßmann*, DS 45 (2006), S. 315, 320 f.

Dasselbe gilt für den Ansatz, in Parallele zur Europäisierung des Verwaltungsrechts die Internationalisierung des nationalen Verwaltungsrechts zum Kernmerkmal des internationalen Verwaltungsrechts zu erklären oder nach dem „internationalisierten Verwaltungshandeln" zu fragen[361]. Das internationale Verwaltungsrecht ist danach das im Völkerrecht gegründete Verwaltungsrecht[362] bzw. umfasst international beeinflusste Verwaltungsaktivitäten[363]. Genauso wenig wie die Europäisierung des mitgliedstaatlichen Verwaltungsrechts das europäische Verwaltungsrecht korrekt beschreibt, da dieses das Verwaltungsrecht der EU-Mitgliedstaaten, das Eigenverwaltungsrecht der Union und das Kooperationsverwaltungsrecht der EU umfasst[364], kann allein die Frage nach internationalen Einwirkungen alle Facetten des internationalen Verwaltungsrechts abbilden[365]. Daher wird auch von dieser Sichtweise erweiternd herausgestellt, dass das internationale Verwaltungsrecht nicht nur ein „Determinationsrecht" für die nationalen Verwaltungsrechtsordnungen ist, sondern auch ein „Aktionsrecht" internationaler Verwaltungsinstanzen und ein „Kooperationsrecht spezifischer Verbundprobleme"[366].

3. *Problemorientierter Ansatz*

Diese terminologischen Schwierigkeiten müssen aber nicht in einer Absage an den Ansatz des internationalen Verwaltungsrechts münden[367]. Statt formale Kriterien wie die Rechtsschicht oder den Akteur zu bemühen, deren Preis eine Einseitigkeit in der rechtlichen Analyse ist, bieten sich vielmehr problembezogene Herangehensweisen an[368]. Damit ist hier nicht eine Anlehnung an die positive Bestimmung der nationalen Verwaltung gemeint, etwa indem untersucht wird, ob sich Verwaltungstätigkeit im materiellen Sinne wie Vollzugstätigkeit oder exekutive Normsetzung auch dann nachweisen lassen, wenn Verwaltungseinheiten verschiedener Staaten miteinander in Beziehung treten[369]. Vielmehr setzt die Arbeit einen Schritt davor an und stellt die konkrete administrative Herausforderung in den Vordergrund. Denn sie stellt die Frage nach den Folgen der Globalisierung und damit nach den Folgen einer grenzüberschreitenden Erfüllung typischer Verwaltungsaufgaben für gängige verwaltungsrechtliche Kategorien wie administrative Instrumente, Struk-

---

[361] *Tietje*, Internationalisiertes Verwaltungshandeln.

[362] *Schmidt-Aßmann*, DS 45 (2006), S. 315, 316.

[363] *Tietje*, Internationalisiertes Verwaltungshandeln, S. 25.

[364] *V. Danwitz*, Europäisches Verwaltungsrecht, S. 5.

[365] *Biaggini*, VVDStRL 67 (2007), S. 413, 418.

[366] *Schmidt-Aßmann*, DS 45 (2006), S. 315, 336 ff.

[367] So aber die Forschung zur „Internationalen Öffentlichen Gewalt" *v. Bogdandy/Dann/Goldmann*, in: v. Bogdandy/Wolfrum/v. Bernsdorff/Dann/Goldmann, The Exercise of International Public Authority, S. 3, 16.

[368] *Biaggini*, VVDStRL 67 (2007), S. 413, 418 ff.

[369] Zu dieser Perspektive *Glaser*, Internationale Verwaltungsbeziehungen, S. 11 f.

turen und Metaregeln[370]. Damit geraten unweigerlich Rechtsschichten und Akteure unterschiedlicher Provenienz in den Blick[371].

Das internationale Verwaltungsrecht bildet demzufolge keine fest definierte Rechtsmaterie oder eine Zusammenfassung von Teilrechtsgebieten des positiven Rechts. Sie ist weniger ein Begriff als eine Forschungsperspektive, die an Grundfragen und allgemeinen Lehren interessiert ist[372]. Die Frage der Bezeichnung als internationales, globales oder gar transnationales[373] Verwaltungsrecht ist dann zweitrangig[374]. Es lässt sich sogar bezweifeln, ob die Rede von einem internationalen Verwaltungsrecht passend ist, wenn dieses als Forschungsperspektive betrachtet wird. Die Kehrseite der Komplexität eines so verstandenen internationalen Verwaltungsrechts[375] wird durch den Vorteil aufgewogen, viele Aspekte der Globalisierung typischer Verwaltungsaufgaben verarbeiten zu können.

VIII. Theoretische und methodische Ausrichtung

1. Global Governance

Wenn es das Anliegen der Arbeit ist, ein Konzept für das internationale Verwaltungsrecht zu entwickeln, dann setzt das ein theoretisches Modell voraus, das die Ordnungsbildung anleitet und strukturiert. Im Unterschied zum nationalen und europäischen Verwaltungsrecht bleibt die theoretische Perspektive für das internationale Verwaltungsrecht bislang aber weitaus vager[376]. Die Steuerungstheorie, die konstitutiv für die Neue Verwaltungsrechtswissenschaft sein soll[377], stößt auf Schwierigkeiten, da der konglomeratische Charakter der internationalen Verwaltung bedeutet, dass die Unterscheidung zwischen Steuerungssubjekt und Steuerungsobjekt, die elementar für das Steuerungsdenken ist, verschwimmt[378]. Die Netzwerkanalyse[379] wendet sich zwar vom Hierarchiedenken ab, was sie für die Konglomeratsverwaltung attraktiv macht[380]. Als allgemeine Perspektive auf die

---

[370] Im Anschluss an *Ruffert*, in: Möllers/Voßkuhle/Walter, Internationales Verwaltungsrecht, S. 395, 402; generell für die Reform des Verwaltungsrechts *Wahl*, in: Hoffmann-Riem/Schmidt-Aßmann/Schuppert, Reform des Allgemeinen Verwaltungsrechts, S. 177.

[371] *Ruffert*, in: Möllers/Voßkuhle/Walter, Internationales Verwaltungsrecht, S. 395, 410.

[372] *Biaggini*, VVDStRL 67 (2007), S. 413, 438 f.

[373] *Fischer-Lescano*, JZ 2008, S. 373.

[374] Zumal alle Adjektive ihre Schwächen haben, zu den Schwierigkeiten all dieser Begriffe *Biaggini*, VVDStRL 67 (2007), S. 413, 419 f.

[375] *Ruffert*, in: Möllers/Voßkuhle/Walter, Internationales Verwaltungsrecht, S. 395, 410.

[376] *Ruffert*, in: Möllers/Voßkuhle/Walter, Internationales Verwaltungsrecht, S. 395, 397.

[377] *Voßkuhle*, in: GVwR I, § 1 Rn. 16 ff.

[378] Zu diesen Grenzen des Steuerungsparadigmas *Voßkuhle*, in: GVwR I, § 1 Rn. 21.

[379] *Glaser*, Internationale Verwaltungsbeziehungen, S. 263 ff.

[380] Zum Potential *Dimitropoulos*, Zertifizierung und Akkreditierung, S. 28 f.

grenzüberschreitende Verwaltungstätigkeit ist die Netzwerkanalyse angesichts der Vielzahl von Ansätzen aber nicht geeignet[381].

Hingegen stellt der aus den Sozialwissenschaften stammende, in der Rechtswissenschaft wegen seiner tendenziell anarchischen Züge noch vorsichtig beäugte Global Governance-Ansatz eine geeignete Perspektive für die Weiterentwicklung des internationalen Verwaltungsrechts dar, da er das für den internationalen Kontext typische unstrukturierte Zusammenwirken einer Pluralität von Akteuren betont. Der Begriff Global Governance überträgt das sozialwissenschaftliche Governance-Konzept auf den Bereich jenseits des Staats: Die aus den Sozialwissenschaften stammende Analyseperspektive Governance bezieht sich auf die Regelung komplexer Situationen – auch als Regelungsstrukturen bezeichnet –, die über das auf den Staat fixierte Steuerungsmodell allein nicht angemessen eingefangen werden können. Bezogen auf grenzüberschreitende Sachverhalte geht es bei Global Governance[382] im Kern darum, die klassischen Formen völkerrechtlicher Koordinierung durch Verträge und internationale Organisationen um die Aktivitäten weiterer, substaatlicher und nichtstaatlicher Handlungssubjekte zu erweitern[383] sowie die Regelung grenzüberschreitender Vorgänge über Selbstorganisationsprozesse einzubeziehen. In den Begriff Global Governance ist somit eingeschrieben, dass es nicht notwendigerweise einer Weltregierung (Global Government) bedarf, damit Globalisierungsphänomene geregelt werden können, vielmehr kann dies auch über das aggregierte Vorgehen vieler verschiedener Akteure geschehen[384].

Während der analytische Mehrwert von Global Governance wegen seiner treffenden Behandlung der Realität grenzüberschreitender Aktivitäten auch in der Rechtswissenschaft anerkannt wird[385], bemängeln Kritiker, dass Global Governance keine Antwort für die Behandlung illegitimer Praktiken in solchen oftmals für Außenstehende undurchsichtigen Regelungsstrukturen liefere[386]. Global Governance und Recht werden teils sogar als unvereinbar betrachtet[387]. Diese rechtlichen Leerstellen

---

381 Siehe die Übersicht bei *Schwind*, Netzwerke im Europäischen Verwaltungsrecht, S. 17–149.

382 Die Ursprünge werden auf *Rosenau*, in: ders./Czempiel, Governance without Government, S. 1 ff. zurückgeführt; in der Wissenschaft rezipiert wurde Global Governance im Anschluss an den Abschlussbericht „On Global Neighborhood" der UN-Commission on Global Governance im Jahr 1995.

383 *Ruffert*, in: GVwR I, § 7 Rn. 170; zur Rezeption im Völkerrecht *Weiler*, ZaöRV 64 (2004), S. 547, 559 ff.

384 *Zangl/Zürn*, in: dies., Verrechtlichung, S. 12, 14; Enquete-Kommission Globalisierung der Weltwirtschaft, BT-Drs. 14/9200, S. 410.

385 Insb. die Forschung zu Global Administrative Law greift auf Ideen von Global Governance zurück, *Kingsbury/Krisch/Stewart/Wiener*, Law and Contemporary Problems 68 (2005), S. 1 ff.; *Kingsbury/Krisch/Stewart*, Law and Contemporary Problems 68 (2005), S. 15, 1–19; *Cassese/D'Alterio*, in: Cassese, Research Handbook on Globale Administrative Law, S. 1, 19, 506 f.; ferner *Tietje*, Internationalisiertes Verwaltungshandeln, S. 164 ff.

386 *V. Bogdandy/Goldmann*, in: v. Bogdandy/Wolfrum/v. Bernstorff/Dann/Goldmann, The Exercise of Public Authority by International Institutions, S. 3, 7 ff., v. a. 9 f.

387 Kritisch *Koskenniemi*, KJ 37 (2004), S. 241, 251 ff.; *Paulus*, Die internationale Gemeinschaft im Völkerrecht, S. 114.

bedeuten vielmehr, dass es als einen zweiten Schritt der Formulierung einer rechtlichen Rahmenordnung für die Regelungsstrukturen bedarf, deren Beschreibung und Analyse Global Governance auf einer vorgelagerten Ebene ermöglicht[388].

2. Drei maritime Referenzgebiete

Methodisch wird das Unterfangen, ein Konzept für das internationale Verwaltungsrecht zu entwickeln, zunächst über den sektoralen Ansatz der Referenzgebietsanalyse[389] verwirklicht. Die Leitidee lautet, dass die Gebiete des besonderen Verwaltungsrechts in ihren Vorschriften und Praktiken Regelungsbedürfnisse widerspiegeln und zugleich Lösungen anbieten; aus einem Vergleich und einer Verallgemeinerung gebietsspezifischer Regelungsmuster lassen sich dann allgemeine Lehren ableiten[390]. Diese Methodik wird dabei nicht ausschließlich empirisch im Sinne eines Beschreibens bestehender Gegebenheiten verstanden[391], sondern mit der theoretisch durch den Global Governance-Ansatz untermauerten These vom konglomeratischen Charakter internationaler Verwaltung verbunden[392]. Der Mehrwert des Referenzgebietsansatzes auch für das internationale Verwaltungsrecht liegt darin, dass auf der Grundlage einer Analyse konkreter rechtlicher Instrumente verschiedene Ebenen rechtsvergleichend einbezogen werden können[393].

Mit dem Seesicherheits- und Seeumweltrecht wird ein typisch ordnungsrechtliches Referenzgebiet gewählt, das mit dem Seearbeits- und Seesozialrecht um eine auch leistungsverwaltungsrechtliche Aspekte ansprechende Materie ergänzt und mit dem Seegesundheitsrecht um einen Anwendungsfall des Risikoverwaltungsrechts bereichert wird. Eine rechtssystematische Einordnung sowie ein Blick auf den strukturellen und normativen Rahmen der internationalen Zusammenarbeit sollen einen ersten Eindruck von den drei maritimen Referenzgebieten vermitteln:

Kernreferenzgebiet bildet das Seesicherheits- und Seeumweltrecht, das in weiten Teilen zum Wasserverkehrsrecht gehört. Diese in Deutschland auch als Schifffahrtspolizeirecht bekannte Rechtsmaterie widmet sich verkehrsspezifischen Gefahren[394], sprich „Gefahren für die Sicherheit und Leichtigkeit des Verkehrs sowie die Verhütung von der Seeschifffahrt ausgehender Gefahren und schädlicher Umweltein-

388 Ebenso *Ruffert/Steinecke*, The Global Administrative Law of Science, S. 24; zu einem solchen öffentlich-rechtlichen Rahmen auch *v. Bogdandy/Goldmann*, in: v. Bogdandy/Wolfrum/v. Bernstorff/Dann/Goldmann, The Exercise of Public Authority by International Institutions, S. 3, 10ff.; *dies.*, German Law Journal 11 (2008), S. 1375ff.

389 Zunächst bei *Schmidt-Aßmann*, in: FS Gelzer, S. 117, 129.

390 *Schmidt-Aßmann*, Ordnungsidee, 1. Kap. Rn. 12f.

391 Wegen diesem Problem eine deduktive Herangehensweise vorziehend I. Augsberg, Informationsverwaltungsrecht, S. 4f.

392 Zur zugleich induktiven und deduktiven verwaltungsrechtlichen Systembildung *Schmidt-Aßmann*, Ordnungsidee, 1. Kap. Rn. 12.

393 *Möllers*, in: Möllers/Voßkuhle/Walter, Internationales Verwaltungsrecht, S. 1, 4.

394 *Wahlen*, Maritime Sicherheit, S. 48.

wirkungen" (§ 1 Nr. 2 Seeaufgabengesetz, SeeAufgG)[395], und zwar – in Abgrenzung zur sog. Strompolizei (§ 24 WaStrG) als Teil des Wasserwegerechts – durch Maßnahmen, die unmittelbar an die Verkehrsteilnehmer adressiert sind. Über die so definierte eigentliche Schifffahrtspolizei geht die Abwehr äußerer Gefahren für die Seeschifffahrt (siehe nun auch § 1 Nr. 13, 14 SeeAufgG), v.a. durch Terrorismus und Piraterie, hinaus, die in der Untersuchung daher außen vor bleiben soll. Der auch aus dem terrestrischen Bereich bekannte[396] inhaltliche Konnex von Sicherheit und Umweltschutz[397], der im Oberbegriff der Schifffahrtspolizei normativ zum Ausdruck kommt, lässt sich im maritimen Zusammenhang damit erklären, dass Ölverschmutzungen in Folge von Havarien, als die typische mit der Seeschifffahrt in Verbindung gebrachte Umweltbelastung, regelmäßig Folge von Sicherheitsmängeln sind. Während das SRÜ als die maßgebliche Rahmenkonvention Fragen der Seesicherheit (Art. 94) und des Meerumweltschutzes (Teil XII) trennt, zeigt sich die enge Verzahnung der beiden Elemente organisatorisch darin, dass sie auf privater, staatlicher und überstaatlicher Ebene heute oftmals unter dem Dach eines Verwaltungsträgers vereint sind. Denn die IMO, die Europäische Agentur für die Sicherheit des Seeverkehrs (EMSA), die Klassifizierungsgesellschaften als „Schiffs-TÜV" und die deutsche Berufsgenossenschaft Verkehrswesen, Post-Logistik und Telekommunikation (BG Verkehr) sind – und auch wenn ihr Name teils Gegenteiliges vermuten lässt – längst nicht mehr allein mit Fragen der technischen Sicherheit im Seeverkehr befasst.

Das Seearbeits- und Seesozialrecht hat die Lebens- und Arbeitsbedingungen von Seeleuten zum Gegenstand. Die verwaltungsrechtliche Dimension v.a. des Arbeitsrechts ist herkömmlich unterbeleuchtet. Seine Zuordnung in Deutschland zum Privatrecht[398] betrifft zunächst das Individualarbeitsrecht, weil es die Rechtsbeziehungen zwischen den rechtlich gleichgeordneten, wenn auch wirtschaftlich ungleich mächtigen Parteien des Arbeitsvertrags regelt; das kollektive Arbeitsrecht, sprich das Tarifvertrags-, Arbeitskampf- und Betriebsverfassungsrecht, wird ebenfalls als privatrechtliche Materie verstanden[399] oder es wird vorsichtiger von einer dritten, eigenen Kategorie des Arbeitsrechts gesprochen, da es andere Wesensmerkmale als das Privatrecht aufweise, aber mangels Einsatzes hoheitlicher Gewalt auch nicht dem Öffentlichen Recht zugerechnet werden könne[400]. Nur einzelne Bereiche wie das Arbeitsschutzrecht werden eindeutig zum Öffentlichen Recht ge-

---

[395] Zu diesem weiten Verständnis der Schifffahrtspolizei *Beckert/Breuer*, Öffentliches Seerecht, Rn. 811f.; zur Überschneidung mit der Schiffssicherheit (§ 1 Nr. 4 SeeAufgG) *Ehlers*, SeeAufgG, § 1 Rn. 16; von einem weiten Schifffahrtspolizeibegriff gehen auch die Verwaltungsvereinbarungen über die Ausübung der schiffahrtpolizeilichen Vollzugsaufgaben auf den Binnengewässern des Bundes und auf See bis zur Hoheitsgrenze aus, siehe etwa § 1 Schiffahrtspolizeiliche-Vollzugsaufgaben-Vereinbarung.

[396] *Jarass*, BImSchG, Einleitung, Rn. 7, 9.

[397] *Lindemann*, Untersuchung, Festhalten und sofortige Freigabe, S. 116f.

[398] *Richardi*, ZfA 1988, S. 221, 239, 254.

[399] *Bull/Mehde*, Allgemeines Verwaltungsrecht, § 2/1 Rn. 40.

[400] *Leipold*, BGB I, § 1 Rn. 20.

rechnet[401]. Diese zivilrechtliche Inanspruchnahme ist nicht nur historisch und im Rechtsvergleich eine zu hinterfragende Engführung, sondern erstaunt auch wegen der „funktionalen Parallelen" mit dem Öffentlichen Recht, die sich etwa dadurch bemerkbar machen, dass der Gesetzgeber oftmals arbeitsrechtliche Normen und öffentlich-rechtliche Regelungsinstrumente kombiniert, um Umverteilungseffekte zu erzielen[402]. Die Zuordnung des Arbeitsrechts ist schwierig, da es nicht nur auf einen fairen Interessenausgleich im Verhältnis der Arbeitsvertragsparteien gerichtet ist, sondern mit dem Ziel der wirtschaftlichen und sozialen Existenzsicherung des Arbeitnehmers auch eine sozialpolitische Dimension aufweist[403]. Das Arbeits- und Sozialrecht ist indes kein Sonderfall; es zeigt, dass die moderne Rechtsentwicklung zu einem Ineinandergreifen von Öffentlichem Recht und Privatrecht führt, ohne dass eine eigene dritte Kategorie entsteht[404]. Da gerade das Seearbeits- und Seesozialrecht durch ein Geflecht öffentlich-rechtlich wie privatrechtlicher Bezüge geprägt ist, lassen sich an diesem die verwaltungsrechtlichen Bezüge des Arbeitsrechts mustergültig veranschaulichen. Organisatorisch findet die internationale Kooperation unter dem Dach der ILO statt; daneben haben aber auch die Gewerkschaften ein transnationales Netzwerk zur Verbesserung der Arbeits- und Lebensbedingungen geschaffen.

Dem öffentlichen Gesundheitswesen werden mehrere Hauptfunktionen zugeschrieben, die den vorbeugenden Gesundheitsschutz (Prävention), die Wiederherstellung der Gesundheit im Krankheitsfall (Kuration), den Ausgleich von Dauerschäden (Rehabilitation)[405], aber auch die Sterbebegleitung umfassen[406]. Das Seegesundheitsrecht, das die maritimen Bezüge der grenzüberschreitenden Seuchenabwehr behandelt, ist der sozialbezogenen Gesundheitsprävention zuzuordnen, die unmittelbar an den Quellen von Gesundheitsgefahren ansetzt und den Einzelnen damit vor Gefahren- und Risikolagen schützt, die dieser nicht selbst zu beherrschen vermag. Es unterscheidet sich von den beiden anderen maritimen Referenzgebieten dadurch, dass es kein geschlossenes, sich spezifisch mit der Seeschifffahrt auseinandersetzendes Rechtsgebiet ist, sondern maritime Gesundheitsrisiken mitbehandelt, da Seeschiffe typischerweise Erreger weltweit transportieren und damit Pandemien begünstigen. Die internationale Zusammenarbeit im Bereich des Seegesundheitsrechts findet im Rahmen der WHO statt, die mit den Internationalen Gesundheitsvorschriften einen rechtlichen Rahmen entwickelt hat.

---

401 *Waltermann*, Arbeitsrecht, 3. Teil Rn. 441 ff.

402 *Fornasier*, in: Möslein, Regelsetzung im Privatrecht, S. 439, 444.

403 *Fornasier*, in: Möslein, Regelsetzung im Privatrecht, S. 439, 441; zum gesetzlichen Mindestlohn, der unabhängig vom Wert der Arbeit zu zahlen ist, *Picker*, RdA 2014, S. 25, 28.

404 *Kaskel*, Arbeitsrecht, S. 4; auch *W. Leisner*, Privatisierung des Öffentlichen Rechts, S. 15.

405 *Jung*, Das Recht auf Gesundheit, S. 4 f., der zur Ausgleichsfunktion auch die Stellung von Behinderten zählt.

406 *Schmidt am Busch*, Gesundheitssicherung im Mehrebenensystem, S. 9 f.; ein Überblick zu den einzelnen Sachgebieten findet sich bei *Ehlers/Fehling/Pünder*, Besonderes Verwaltungsrecht, Band 2, §§ 53–58.

3. Typische methodische Bedürfnisse im internationalen Verwaltungsrecht

a) Verwaltungspraxis: Interviews und Beobachtungen als Erkenntnismittel

Der Austausch mit der Verwaltungspraxis dient in der Untersuchung zunächst dazu, die tatsächlichen und rechtlichen Bedingungen der Seeverwaltung zu erfassen und zu erläutern. Darüber hinaus wird die Praxis beim Angebot von Lösungen für Defizite im Verwaltungsrecht herangezogen und hat damit auch einen Stellenwert auf der Ebene der Bewertung von Rechtsbeziehungen.

Dieser Zugriff ist nicht nur dem für Küstenferne nicht vertrauten maritimen Kontext geschuldet. Die Ursache geht tiefer als der fehlende eigene Erfahrungsschatz. In der Forschung zum internationalen Verwaltungsrecht ist die Auseinandersetzung mit der Verwaltungspraxis einmal dann besonders relevant, wenn es um Verwaltungstätigkeit im Ausland geht[407]. Erkenntnisprobleme rühren neben dem fremdländischen Zusammenhang ferner daher, dass ein Eindruck von den Sachproblemen und der Funktionslogik von Verwaltung gewöhnlich über die Analyse von Rechtsprechung und Gesetz vermittelt wird, während, wie gerade das Seeverwaltungsrecht zeigt, diese Option prekär sein kann, wenn staatliche Gerichte kaum angerufen werden und die Seeverwaltung über Verwaltungspraktiken v. a. überstaatlicher und privater Akteure ihr Recht selbst schafft. Um an die für eine rechtliche Analyse erforderlichen Hintergrundinformationen zu gelangen, ist es daher für Forschungsprojekte im internationalen Verwaltungsrecht besonders wichtig, den Kontakt mit der Verwaltungspraxis zu suchen.

Neben der Analyse dokumentierter Verwaltungspraktiken wurden deswegen zum einen Hintergrundgespräche mit maritimen Fachleuten geführt. Diese wurden zu einem großen Teil vor Ort, d. h. auf der Dienststelle bzw. am Sitz des Gesprächspartners geführt. Die Gespräche wurden als leitfadenbasierte Experteninterviews, aber auch als problemzentrierte Interviews gestaltet[408], sofern es um die Ermittlung von praktischen Erfahrungen und Meinungen ging. Im Rahmen des Möglichen wurde bei der Auswahl der Interviewpartner darauf geachtet, mit unterschiedlichen Interessenvertretern zu sprechen. Zu Beginn standen Interviews mit der deutschen Seeverwaltung, d. h. mit der BG Verkehr, dem Bundesamt für Seeschifffahrt und Hydrographie, der Bundesstelle für Seeunfalluntersuchung, dem Hamburg Port Health Center und dem Arbeitskreis der Küstenländer und der Wasserschutzpolizei Hamburg. Dazu wurden mehrere Forschungsreisen nach Hamburg unternommen. Die Interviews vermittelten der Verfasserin zunächst einen Eindruck von den eigenen Praktiken der Behörden; darüber hinaus konnten auch Informationen über die Arbeit von transnationalen Behördennetzwerken sowie internationaler Organisationen abgefragt werden, da die deutschen Interviewpartner regelmäßig

---

[407] *Meyer*, Grenzen und Entwicklungsmöglichkeiten des Souveränitätsprinzips, S. 15; *Reich*, Internationale Verwaltung im Kosovo, S. 35.

[408] Zu diesen Formen *Misoch*, Qualitative Interviews, S. 65–70 und 71–77; *Blatter/Langer/Wagemann*, Qualitative Methoden in der Politikwissenschaft, S. 46, 54 f., 59 f.

in überstaatlichen Foren aktiv sind. Ein Interview mit dem Sekretariat des Behördennetzwerks Paris MoU, das an seinem Sitz in Den Haag geführt wurde, erlaubte schließlich, gezieltere Fragen insbesondere über den Rechtsschutz zu stellen. Interviews mit dem Jade-Weser Port sowie der Hamburg Port Authority wurden genutzt, um anreizbasierte Instrumente von Seehäfen zu erfassen. Als schwieriger erwies es sich, Kontakte mit der maritimen Industrie zu knüpfen. Schließlich konnten die Themen Rechtsschutz, Kohärenz und Korruption über Interviews mit dem Verband Deutscher Reeder sowie dem Vetting Committee von INTERTANKO, dem Internationalen Verband unabhängiger Tankereigner, besprochen werden. Aus der privaten Seeverwaltung dienten die Internationale Transportarbeiter-Föderation sowie die Deutsche Seemannsmission Duckdalben als Gesprächspartner.

Interviews wurden zum anderen mit offenen nicht-teilnehmenden Feldbeobachtungen[409] verbunden: Die Verfasserin war bei Schiffsinspektionen zweier Bulkcarrier und eines Tankers im Hamburger Hafen zugegen, die durch die Wasserschutzpolizei, die BG Verkehr sowie den Hafenärztlichen Dienst durchgeführt wurden, um den Ablauf von Schiffsinspektionen korrekt zu erfassen. Ein Besuch in der Deutschen Seemannsmission Duckdalben erlaubte, einen Eindruck von den Arbeits- und Lebensbedingungen sowie den Aufgaben von Seemannsmissionen und Gewerkschaften zu erhalten.

b) Intradisziplinäres Lernen: Zur Rolle des europäischen Verwaltungsrechts

In die internationale Verwaltung sind Akteure verschiedenster Rechtsschichten involviert. Zu Erfassung ihrer normativen Grundlagen müssen daher in besonderem Maße die Erkenntnisse der einzelnen Teilrechtsdisziplinen eingebunden werden. Dies gilt dies gerade für das Verhältnis zum Völkerrecht. Wenn es um die konzeptionelle Ausrichtung der Arbeit geht, weist aber speziell das europäische Verwaltungsrecht ein methodisches Potential für das internationale Verwaltungsrecht auf[410]:

Das Verhältnis zwischen Europäisierung und Internationalisierung wird gewöhnlich als eines der Abgrenzung[411] oder gar Immunisierung[412] der unionalen Rechtsordnung vom Völkerrecht dargestellt. Dieser Trennungsansatz spiegelt sich in wissenschaftlichen Darstellungen wider, die beide Phänomene regelmäßig separat behandeln[413]. Das europäische Verwaltungsrecht gilt es – wie bereits betont wurde[414] – zwar von seinem internationalen Pendant zu unterscheiden[415], gleich-

---

[409] Dazu *Blatter/Langer/Wagemann*, Qualitative Methoden in der Politikwissenschaft, S. 103–107.

[410] Für einen solchen „Methodenmix" auch *Terhechte* in: Kahl/Ludwigs, Handbuch des Verwaltungsrechts Band II, 2021, § 53 Rn. 66.

[411] Siehe nur *Stelkens*, in: Stelkens/Bonk/Sachs, VwVfG, Europäisches Verwaltungsrecht Rn. 243.

[412] *Möllers/Terhechte*, in: Terhechte, Verwaltungsrecht der EU, § 40 Rn. 11.

[413] Etwa *Ruffert*, in: GVwR I, § 7 Rn. 8 ff.; *Hoffmann-Riem*, JZ 2007, S. 645, 652; *Kment*, Grenzüberschreitendes Verwaltungshandeln, S. 16 f.

[414] Siehe oben 1. Kapitel, V. 1.

[415] Eingehend der Sammelband von *Chiti/Mattarella*, Global Administrative Law and EU Ad-

zeitig bildet es kein Aliud; die Europäisierung der Verwaltung lässt sich vielmehr als eine „besondere Form der Internationalisierung" begreifen[416]. Angesichts ähnlicher Problemlagen kann der Europäische Verwaltungsverbund dem internationalen Verwaltungsrecht einerseits – mehr als das nationale Verwaltungsrecht[417] – als Inspirationsquelle bei der wissenschaftlichen Darstellung und Analyse dienen[418]. Bei beiden Kategorien handelt es sich um Formen der Öffnung des Staats nach außen[419] bzw. „Wege der Denationalisierung der öffentlichen Verwaltung" dergestalt, dass diese durch das Zusammenleben und -wirken mit neuen Ebenen der öffentlichen Verwaltung und durch den Wettbewerb mit anderen Verwaltungssystemen in einen neuen Kontext eingebettet ist[420]. Eigendynamik überstaatlicher Prozesse und ein Rückgang nationaler Souveränität bilden daher Kernthemen. Andererseits besteht eine Interdependenz[421] in dem Sinne, dass das internationale Verwaltungsrecht über die EU, die zugleich in die internationale Verwaltungsorganisation integriert ist[422], mit dem Europäischen Verwaltungsverbund verknüpft ist. Das internationale Verwaltungsrecht kann demnach doppelt vom europäischen profitieren:

– *Dogmatische Inspiration*: Der Europäische Verwaltungsverbund wurde wissenschaftlich eingehender behandelt als das internationale Verwaltungsrecht. Bei dogmatischen Leerstellen, die sich wegen der Rückständigkeit des internationalen Verwaltungsrechts zu Genüge finden, bietet es sich deswegen an, die für das Unionsrecht entwickelten Angebote in den Blick zu nehmen und diese auf potentielle Lerneffekte hin zu untersuchen[423]. Diese der Forschung zum internationalen Verwaltungsrecht Impulse gebende Wirkung ist auch unter den Begriffen des

ministrative Law; der Unterschied ist dabei ein struktureller (*de Pretis*, in: Fraenkel-Haeberle/Galetta/Sommermann, Europäisierung und Internationalisierung der nationalen Verwaltungen im Vergleich, S. 1, 16), kein rein geographischer (darauf abstellend aber *Kment*, Grenzüberschreitendes Verwaltungshandeln, S. 17) oder quantitativer (so aber noch *Zuleeg*, in: VVDStRL 53 (1994), S. 154, 157f.: internationales Verwaltungsrecht als reines Randphänomen).

[416] *Schmidt-Aßmann*, DS 45 (2006), S. 315, 317.

[417] Differenzierend *Kingsbury/Krisch/Stewart*, Law and Contemporary Problems 68 (2005), S. 1, 15ff., die das innerstaatliche Verwaltungsrecht einerseits als normatives Reservoir auch für Global Administartive Law verstehen (S. 17), andererseits vor direkten Analogien warnen (S. 28).

[418] Zu den wiederkehrenden Mustern trotz vorhandener tiefgehender und struktureller Unterschiede monographisch *Craig*, UK, EU and Global Administrative Law.

[419] *Tietje*, DVBl. 2003, S. 1081, 1084f.; *Wahl*, in: FS Hollerbach, S. 193, 221.

[420] *De Pretis*, in: Fraenkel-Haeberle/Galetta/Sommermann, Europäisierung und Internationalisierung der nationalen Verwaltungen im Vergleich, S. 15, 17.

[421] Für das Beispiel des Asylrechts *Gerontas*, Europäisierung und Internationalisierung des Verwaltungshandelns; ferner die Beiträge in *Chiti/Mattarella*, Global Administrative Law and EU Administrative Law; hingegen nach den Rechtsprinzipien Fragen, die das Verhältnis der zwei Rechtsordnungen anleiten, *Vesperini*, in: Cassese, Research Handbook on Global Administrative Law, S. 371, 381ff.

[422] Siehe unten 3. Kapitel, II. 2. c.

[423] Siehe etwa zum transnationalen Verwaltungsakt 4. Kapitel, I.; zur Akkreditierung und Zertifizierung 3. Kapitel, VII. 4. c.; zum Erfordernis einer Kohärenzsicherung 7. Kapitel, C. III. 1.; auch zur internationalen Planung 4. Kapitel, VI. 3. c.

„wissenschaftlichen Katalysatoreffekts“[424] sowie der „Ausstrahlungswirkung“[425] bekannt. Dabei ist allerdings vor einem unbedachten Ideentransfer nachdrücklich zu warnen, da es regelmäßig einer Adaption an den internationalen Kontext bedarf. Sich das europäische Verwaltungsrecht unter diesem Vorbehalt als Inspirationsquelle zu Nutze zu machen, widerspricht dann auch nicht der globalen Ausrichtung des internationalen Verwaltungsrechts[426].
- *Instrumentelle Indienstnahme*: Zweitens wirkt sich das Unionsrecht auch positiv auf die Effektivität und die rechtliche Bindung der internationalen Verwaltung aus. Die EU und ihr Recht können dazu beitragen, Lücken und Defizite im internationalen Verwaltungsrecht vielleicht nicht zu schließen bzw. zu beheben, aber wenigstens zu reduzieren[427]. Auch als Instrument ist das Unionsrecht daher immer im Blick zu behalten.

In der Arbeit macht sich die skizzierte Herangehensweise in einem ambivalenten Verhältnis zum Europäischen Verwaltungsverbund bemerkbar, da einerseits Differenzierungen gemacht werden, andererseits Anleihen an das europäische Verwaltungsrecht genommen und Erwartungen an die EU gesetzt werden[428].

IX. Seeschifffahrt als globalisierte Industrie

1. Präzisierung des Untersuchungsgegenstands

Angesichts des Erkenntnisinteresses der Untersuchung, am Beispiel einer besonders globalisierten Materie ein Konzept für das internationale Verwaltungsrecht zu entwickeln, bezieht sich der Begriff des Seeverwaltungsrechts thematisch nicht auf alle Nutzungsformen von Gewässern. Gegenstand der Seeverwaltung bildet ausschließlich die Seeschifffahrt als die gewerbliche Beförderung von Gütern und Personen auf den Meeren mittels Schiffe. Diesen Fokus auf den kommerziellen Seeverkehr soll eine Abgrenzung von weiteren schiffsbezogenen Materien nach Einsatzort und Einsatzzweck verdeutlichen:

---

[424] Zum Begriff *Ruffert*, in: Möllers/Voßkuhle/Walter, Internationales Verwaltungsrecht, S. 395, 412; ähnlich (Bauformen des Europäischen Verwaltungsverbundes als „Folie“ für internationale Verwaltungsbeziehungen) *Glaser*, Internationale Verwaltungsbeziehungen, S. 19.

[425] *Terhechte*, in: ders., Internationale Dimensionen des europäischen Verwaltungsrechts, EuR Beiheft 1/2016, S. 7, 22.

[426] Zudem – im Sinne eines „Wettbewerbs der Ideen“ – dadurch eine Kompensation einer Dominanz US-amerikanischer Rechtswissenschaft in der Global Administrativ Law-Forschung annehmend *Terhechte*, in: ders., Internationale Dimensionen des europäischen Verwaltungsrechts, EuR Beiheft 1/2016, S. 7, 22.

[427] Siehe zur Katalysatorfunktion der EU 3. Kapitel, II. 3. c., zur EU als Rechtsschutzverstärker 6. Kapitel, A. IV. 3. e.; zur Eingangskontrolle in Hinblick auf internationales Recht 5. Kapitel , V. 2.

[428] Ähnlich der allgemeine Eindruck von *Chiti/Mattarella*, in: dies., Global Administrative Law and EU Administrative Law, S. 1, 9: „fragmentiertes Bild“; auch *Goldmann*, in: GVwR I, § 6 Rn. 10, der einerseits die enge Verwobenheit von Europäisierung und Internationalisierung der Verwaltung betont, andererseits auf die großen Unterschiede zwischen ihnen hinweist.

Zunächst ist die Binnenschifffahrt ausgenommen. Zur Unterscheidung zwischen einem Seeschiff (§ 1 I 2. Var. Flaggenrechtsgesetz, FlRG) und einem Binnenschiff (§ 1 III FlRG) wird gewöhnlich nicht auf die Bauart, die Bezeichnung durch den Reeder oder die Eintragung im See- oder Binnenschiffsregister, sondern auf seine tatsächliche Verwendung abgestellt[429], sprich, ob es in Seegewässern oder ausschließlich in Binnengewässern fährt[430]. Zwar hält auch das Recht der internationalen Flussschifffahrt mit den Flusskommissionen[431] frühe und prominente Beispiele einer internationalen Verwaltung parat, ihr Radius bleibt aber notwendig regional begrenzt.

Die Seeschifffahrt ist weiter nicht deckungsgleich mit dem überkommenen, aus dem Seehandelsrecht stammenden Begriff der Kauffahrteischifffahrt (Art. 27 GG, § 1 I FlRG). Zu Kauffahrteischiffen gehören Handelsschiffe im weitesten Sinne, sprich alle dem maritimen Erwerb dienenden Schiffe[432], während die Seeschifffahrt nur die Handelsschiffe im engeren Sinne behandelt. Ein gängiges Unterscheidungskriterium ist das zwischen dem unmittelbaren Erwerb durch die Seeschifffahrt (Transport im Vordergrund), dem Handelsschiffe im engeren Sinne dienen, und dem nur mittelbaren Erwerb durch die Seeschifffahrt (Fahren im Vordergrund)[433]. Damit ist insbesondere die Seefischerei kein Gegenstand der Untersuchung. Bei dieser steht statt der Mobilität des Schiffs die des Fischs im Vordergrund. Kreuzfahrtschiffe werden indes in den Untersuchungsgegenstand einbezogen, auch wenn sich bei ihnen Transport-, Vergnügungs-, Erholungs- und Erlebniszwecke verbinden[434].

Dass die so definierte Seeschifffahrt ein typisches Globalisierungsphänomen ist, lässt sich daran erkennen, dass die Kernelemente von Globalisierung[435] in besonderem Maße auf den maritimen Bereich zutreffen (3.). Zunächst sollen aber die allgemeinen Triebkräfte von Globalisierungsprozessen – technologische Quantensprünge sowie staatliches Verhalten[436] – für den maritimen Bereich präzisiert wer-

---

[429] *Herber*, Seehandelsrecht, § 10 III. 1, S. 85.

[430] Zu den räumlichen Grenzen der Seeschifffahrt siehe § 1 Flaggenrechtsverordnung, anders hingegen § 1 II SeeArbG: „Schiff, das die Zonen 1 und 2 Binnenschiffsuntersuchungsanordnung (BinSchUO) wie Flussmündungen, Förden, Haffe und Bodden nicht verlässt", wird der Binnenschifffahrt zugeordnet.

[431] Ein Pionierbeispiel bildet die Zentralkommission für die Rheinschifffahrt, die sich auf der Grundlage der als Mannheimer Akte bekannten Revidierten Rheinschifffahrtsakte vom 1868 zum einen für die Förderung der Umweltfreundlichkeit der Rheinschifffahrt einsetzt und zum anderen Sicherheitsstandards für die Schifffahrt fortlaufend überarbeitet, Ausbildungssysteme vereinheitlicht, Mindestbesatzungen für Verkehrsteilnehmer festlegt und Zertifizierungsverfahren der Sicherheitsvorschriften integriert, dazu *Collinson*, Columbia Law Review 72 (1972), S. 485 ff.; *Koch*, Verselbstständigungsprozesse in internationalen Organisationen, S. 178 ff.; zu weiteren Flusskommissionen und ihren Aktivitäten siehe *Wehle*, American Journal of International Law 40 (1946), S. 100 ff.; *Wolfrum*, International Administrative Unions, in: MPEPIL, September 2006, Rn. 7 ff.

[432] *Herdegen*, in: Dürig/Herzog/Scholz, GG, 100. EL Januar 2023, Art. 27 Rn. 18; *Schubert*, in: Sachs, GG, Art. 27 Rn. 5.

[433] BFHE 167, 232, 236; *Vatanhbah*, in: Bubenzer, Praxishandbuch Seearbeitsrecht, 2. Kap. Rn. 23.

[434] *Schulz/Auer*, Kreuzfahrten und Schiffsverkehr, S. 7.

[435] Siehe oben 1. Kapitel, IV. 1. d.

[436] Siehe oben 1. Kapitel, IV. 1. c.

den (2.). Für die beiden Wurzeln der Globalisierung der Seeschifffahrt stehen auf der innovativen Seite neue Technologien wie im Frachtverkehr beispielsweise der Container und im Tourismus die Kreuzschifffahrt und auf der staatlich induzierten Seite das Phänomen der Billigflaggen[437]. Diese Faktoren haben dazu geführt, dass die gesamte Verwirklichung des Schifffahrtsgeschäfts grenzüberschreitend wurde[438].

2. *Triebkräfte*

a) Maritime Innovationen

aa) Die Containerisierung

Der Container steht für immer schnellere und wirtschaftlichere Transporte in weltumspannenden Logistiksystemen. Er hat das Wachstum des Welthandels und eine internationale Arbeitsteilung, wie wir sie heute kennen, erst ermöglicht. Wegen der weitreichenden Folgen, die die Einführung des Containers mit sich gebracht hat[439], möchten manche von einer Container-Revolution sprechen oder ein Container-Prinzip erkennen[440], nach dem die „Box" Ausdruck einer allgemeinen Veränderung der Grundordnung des Denkens ist[441]. Solche Begriffe sind mit Vorsicht zu genießen. Der Container löste Industrialisierungsprozesse in der Transportwirtschaft aus, die sich in unserem Alltag nur indirekt bemerkbar machen. Die Wortzusammensetzung Container-Revolution ist insofern missverständlich, als sich die Neuerung weniger abrupt als über mehrere Jahrzehnte hinweg vollzogen hat. Zudem darf der Container nicht isoliert betrachtet werden; er steht im Zusammenhang mit weiteren Veränderungen in der Logistikkette, die sowohl technologischer als auch organisatorischer Art sind:

Der Container ist ein quaderförmiger, genormter Großbehälter, der aufgrund seiner einheitlichen Eckbeschläge mit speziellen Hebe- und Fördergeräten leicht gestapelt und schnell auf weitere Verkehrsträger umgesetzt werden kann. Die Umschlagszeiten verkürzten sich dadurch auf einen Bruchteil der Zeit, die man auf Stückgutschiffen benötigt[442]. Wechselbehälter für Fracht wurden zwar bereits im

---

[437] Zu den tatsächlichen Hintergründen und v.a. zur Logik der maritimen Industrie siehe v.a. *Stopford*, Maritime Economics sowie die UNCTAD-Reviews on Maritime Transport (https://unctad.org/topic/transport-and-trade-logistics/review-of-maritime-transport, zuletzt abgerufen: 23.03.2023).

[438] *Spruyt*, Ship Management, S. 30; für die technologische Seite Athanassopoulou, Schiffsunternehmen und Schiffsüberlassungsverträge, S. 1.

[439] *Levinson*, The Box. How the Shipping Container Made The World Smaller and The World Economy Bigger.

[440] *Mansell*, The Container Revolution; Witthöft, Container: eine Kiste macht Revolution.

[441] So der Kulturwissenschaftler *Klose*, Das Container-Prinzip. Wie eine Box unser Denken verändert.

[442] *Song*, Container Logistics and Maritime Transport, S. 66. Während ein konventioneller Stückgutfrachter über die Hälfte seiner Lebenszeit unproduktiv im Hafen liegt (60 : 40), ändert sich beim Containerschiff das Verhältnis zwischen Liegezeiten und Transport erheblich (20 : 80), *Tapaninen*, Maritime Transport, S. 7.

19. Jahrhundert in Europa und in den USA von einzelnen Speditionen und Eisenbahngesellschaften eingesetzt, konnten sich damals aber nicht durchsetzen[443]. Stattdessen erfolgte der Seetransport von Stückgütern regelmäßig mit Säcken oder Holzkisten unterschiedlicher Größen, die per Hand auf Schiffe be- und entladen wurden. Erfolgreich eingeführt wurde der Frachtcontainer erst im 20. Jahrhundert, zunächst ab 1956 in der Küstenschifffahrt der USA durch den Trucker *Malcom McLean*, der bewusst auf einen Patentschutz verzichtete[444], und dann zehn Jahre später im Überseeverkehr durch die Aufnahme des Containertransports von New Jersey nach Rotterdam durch seine Reederei Sea-Land[445]. Die Ausbreitung des Containers wurde entscheidend dadurch gefördert, dass eine Einigung auf verbindliche Containermaße in der Internationalen Organisation für Normung ISO (ISO-Norm R-668) erzielt wurde[446]. Als Basismaß und Einheit für die Statistik dient der 20 Fuß-Standardcontainer TEU (Twenty Foot Equivalent Unit), heute ist aber die 40 Fuß-Variante FEU (Forty Foot Equivalent Unit), die bis zu 26.630 kg an Fracht transportieren kann, verbreiteter[447]. Ab den 1970er Jahren erfolgte zudem eine Ausdifferenzierung der Behälter entsprechend den Anforderungen von Gütergruppen[448].

Durch den Container als durchgehende Ladeeinheit werden See- und Ladetransport in Transportketten integriert. Die maritime Logistikkette setzt sich aus den Segmenten Schifffahrt, Hafenumschlag und Hinterlandtransport bzw. dem Hauptlauf über See sowie dem Vorlauf (Transport vom Versender des Transportguts zum Verladehafen) und Nachlauf (Transport vom Löschhafen zum Empfänger des Transportguts) im Binnenland zusammen[449]. Sofern dabei neben dem Seeschiff weitere Verkehrsträger innerhalb der als Einheit betrachteten Transportkette verwendet werden, spricht man von einem multimodalen Transport[450]. Die Ausweitung der Containerschiffe zu Massentransportmitteln im Hauptlauf hatte darüber hinaus Auswirkungen auf die übrigen Elemente dieser Transportkette[451]:

---

[443] *Nuhn*, GS 179 (2009), S. 4, 5; zur Geschichte des Containers *Stopford*, Maritime Economics, S. 35 ff., 508 ff.; *Tomlinson*, History and Impact of the Intermodal Shipping Container.

[444] UNCTAD, 50 Years of Review of Maritime Transport, S. 55; *Levinson*, The Box. How the Shipping Container Made The World Smaller and The World Economy Bigger, S. 47 ff.

[445] *Martin*, Shipping Container, S. 34 f.

[446] *Notteboom*, in: Talley, The Blackwell Companion to Maritime Economics, S. 230, 231.

[447] *Song*, Container Logistics and Maritime Transport, S. 58 f.

[448] *Scholz-Reiter/Dittmer*, in: Härtel/Knellessen, Das Motiv der Kästchenwahl, S. 101, 103. Leicht verderbliche Ware wird etwa in speziellen Kühlcontainern transportiert, die die Steuerung der Temperatur und Luftfeuchtigkeit erlauben, *Song*, Container Logistics and Maritime Transport, S. 59.

[449] *Schönknecht*, Maritime Containerlogistik, S. 3, 13.

[450] Entscheidend ist das Vorliegen eines einzigen Vertrages, siehe die Legaldefinition in Art. 1 I Nr. 3 der Konvention über die internationale multimodale Güterbeförderung, United Nations Convention on International Multimodal Transport of Goods. Diese im Rahmen von UNCTAD ausgehandelte Konvention ist aber bislang nicht in Kraft getreten, da die erforderlichen 30 Ratifikationen nicht erreicht wurden. Zum Konzept des multimodalen Transports *Hoeks*, Mutimodal Transport Law, S. 6 f.

[451] *Hautau*, Seeverkehrsmärkte im wettbewerbspolitischen Umbruch, S. 44 ff.; *Nuhn*, Zeitschrift für Wirtschaftsgeographie 54 (2010), S. 150, 153 ff.

- *Containerschiff*: Zunächst wuchsen die Stellplatzkapazitäten der Schiffe und die Schiffsgeschwindigkeiten. Denn die Umstellung auf Container machte die Entwicklung eines neuen Schiffstyps erforderlich, der zunächst in den USA, dann in Europa und Japan und heute insbesondere in asiatischen Großwerften hergestellt wird: das Vollcontainerschiff mit Containerschienen unter Deck sowie mit Sicherung für die Stapelung an Deck. Das Größenwachstum[452] vollzog sich zunächst langsam und bewegte sich wegen der Maße für die Durchfahrt des Panama-Kanals bei ca. 4.500 Containern (TEU) pro Schiff (Panamax- oder Panmax-Schiffe). Erst nach dem Verzicht auf die Nutzung des Kanals wurden größere Schiffe in Auftrag gegeben (Post-Panamax-Schiffe)[453]. Heutzutage sind Mega-Carrier wie die 2021 im Suez-Kanal auf Grund gelaufene Ever Given, ein 20.000-TEU-Schiff, das trotz seiner Ausmaße eine Geschwindigkeit von 21 Knoten, ca. 39 km/h, erreichen kann, keine Seltenheit. Hintergrund für das Größenwachstum bildet die Nutzung von Skaleneffekten: Die Aufwendungen und sonstigen Kosten sind für Post-Panamax-Schiffe ähnlich hoch wie für Containerschiffe mit 4.000 TEU.
- *Container-Terminal*: Zudem mussten sich die Häfen mit ihrer Infrastruktur auf die großen Containerschiffe einstellen, die zudem meist über kein eigenes Ladegeschirr verfügen. Neben der Beschaffung spezieller Hebewerke wie Containerbrücke und Containerstapler als Flurgeräte sowie dem Vorhalten von guten Verkehrsanbindungen erforderte die Containerisierung die Entwicklung besonderer Häfen (Container-Terminals) und Investitionen in Fahrwasservertiefungen. Die intermodalen Transportabläufe werden durch die Nutzung von Telematiksystemen in Container-Terminals beschleunigt, die die am Umschlag beteiligten Akteure vernetzen und die Prozesse reibungslos abstimmen[454]. Auch die Zahl vollautomatisierter, auf KI beruhender Container-Terminals wächst[455]. Weiter ist es wegen des hohen Finanzbedarfs zu einer Internationalisierung der Terminals gekommen. Neben Reedereien[456] treten verstärkt internationale Terminalbetreiber auf[457].
- *Hub and Spoke-Konzept*: Weiter erfolgte eine Neuorganisation der Linienverkehre, indem der Transport zunehmend über das Logistiknetzwerk eines Hub and Spoke-Systems abgewickelt wird. In diesem ursprünglich im Luftfrachtver-

[452] Bei Vollcontainerschiffen wird die Größenentwicklung der Schiffseinheiten mit dem Begriff der Schiffsgenerationen verdeutlicht. Die Schiffe der ersten Generation (bis 1970) waren mit einer Stellkapazität von bis zu 1.000 TEU ausgerüstet; seit den 1990er Jahren sind Schiffe der vierten Generation mit mehr als 4.000 TEU unterwegs, *Pawlik*, Seeverkehrswirtschaft, S. 34.

[453] Zu dieser Einteilung siehe nur UNCTAD, Review of Maritime Transport 2020, S. X.

[454] Zur Bremer Hafentelematik https://www.dbh.de/hafenwirtschaft/bremer-hafentelematik/ (zuletzt abgerufen: 23.03.2023).

[455] Siehe UNCTAD, Review of Maritime Transport 2018, S. 78–80.

[456] Großreedereien errichten und betreiben entweder durch Kapitalbeteiligung eigene Umschlagsterminals oder sie lassen sich von Hafenunternehmen sog. Dedicated Terminals reservieren.

[457] UNCTAD, Review of Maritime Transport 2018, S. 74.

kehr angewandten Transportkonzept[458] werden die Güter bzw. Personen nicht direkt von der Quelle zum Ziel befördert (Direktverkehrsnetz), sondern sie werden durch einen Hub geleitet, der als Sammelstelle bzw. Umschlagspunkt für Fracht bzw. Passagiere dient[459]. Im Seeverkehr bedeutet das, dass ein Mega-Carrier nur zwischen den Haupthäfen hin- und herfahren muss, wo die Container auf kleinere Zubringerschiffe verteilt werden – Feeder-Containerschiffe vom Englischen to feed = füttern –, die Sekundärhäfen im regionalen Bereich mit geringerem Güteraufkommen anlaufen (Transhipment)[460]. Im europäischen Fahrtgebiet fungieren etwa Antwerpen, Hamburg und Rotterdam als Hubs für den Ostseeraum[461]. Das Hub and Spoke-Konzept bietet Bündelungsvorteile, da größere Transportmittel zum Einsatz kommen bzw. diese besser ausgelastet werden können[462].

Festzuhalten bleibt, dass die Einführung des Containers die gesamte Transportwirtschaft industrialisiert und globalisiert hat. Mit der Containerisierung konnten viele Arbeitsschritte rationalisiert werden, so dass die Transportkosten der Güter zurück gingen, dadurch das Preisniveau des internationalen Handels sank und die Güter weltweit günstiger wurden.

bb) Kreuzfahrtschiff als Massentourismus auf See

Was für den Gütertransport der Container bedeutet, ist für die Passagierschifffahrt das Kreuzfahrtschiff, das für die maritime Form des Massentourismus steht[463]. Die meisten Kreuzfahrtschiffe am Markt zeichnen sich durch ihre großen Kapazitäten (2.000–6.000 Passagiere), Hauptrestaurants, Theater, Amüsier- und Shoppingmeilen über mehrere Decks und besondere Sporteinrichtungen aus. Frühe Formen des Seetourismus entstanden bereits im 19. Jahrhundert, zunächst allerdings als Privilegien des Adels und des aufkommenden Bürgertums sowie regional begrenzt, etwa in Form von Erholungsfahrten von Großbritannien zu den Shetland-Inseln oder in Form von Karibikfahrten für die amerikanische Mittelklasse[464]. Das internationale Kreuzfahrtgeschäft entstand erst, nachdem in Folge der Einführung großer Düsenverkehrsflugzeuge Linienschiffe für den Personentransport auf interkontinentalen Strecken nicht mehr konkurrenzfähig waren und Reedereien daher begannen, ihre Linienschiffe zu Kreuzfahrtschiffen umzuwandeln[465]. Die Verbreitung der Kreuz-

---

[458] *Gleißner/Femerling*, Kompakt Edition: Transport, S. 27 f.

[459] *Wagner*, Hub & Spoke-Netzwerke in der Logistik, S. 7.

[460] UNCTAD, Review of Maritime Transport 2017, S. 102, 108 f.

[461] *Stiller*/Wedemeier, Zukunft Ostseeraum: Potenziale und Herausforderungen, S. 22 f.

[462] *Bryan/O'Kelly*, Journal of Regional Science 39 (1999), S. 275, 276; zu weiteren Vorteilen *Muchna/Brandenburg/Fottner/Gutermuth*, Grundlagen der Logistik, S. 128.

[463] *Schmid*, Zeitschrift für Wirtschaftsgeographie 54 (2010), S. 194 ff.; *Dowling/Weeden*, The World of Cruising, in: dies., Cruise Ship Tourism, S. 1 ff.

[464] Zur Entwicklung eingehend *Schulz/Auer*, Kreuzfahrten und Schiffsverkehr, S. 28 ff. sowie *Schüßler*, Passagier-Schifffahrt, S. 33 ff.

[465] *Mundt*, Tourismus, S. 324.

schifffahrt wurde maßgeblich durch den US-amerikanischen Reisemarkt angeschoben, auf dem bereits in den 1970er Jahren innovative Konzepte entwickelt wurden, die die jüngere Kundschaft ansprachen und preislich für viele zugänglich waren. Nach dem Vorbild dieser Karibikturnusreisen hat die damalige DSR-Reederei seit Mitte der 1990er Jahren mit dem Konzept der Clubschifffahrt auf den AIDA-Schiffen den deutschen Markt revolutioniert[466].

Der Markt ist hinsichtlich Leistungsangebot und Fahrtgebiet inzwischen stark differenziert und adressiert heterogene Zielgruppen; nach Angebotsklassen unterscheidet man Budget-, Contemporary-, Premium- und Luxuskreuzfahrten. Zielregionen der Hochseekreuzschifffahrt sind in erster Linie klimatisch angenehme Regionen wie das Caribbean Carousel sowie solche mit besonderen natürlichen oder kulturellen Ausstattungsmerkmalen, die eine abwechslungsreiche Rundfahrt versprechen wie Grönland-Kreuzfahrten. Neben den traditionellen Fahrtgebietsreisen werden aber auch Schmetterlingsreisen (zweimal sieben Tage von einem Basishafen aus) und Weltreisen angeboten[467]. Der Kreuzschifffahrtsektor zeichnet sich im Unterschied zur Frachtschifffahrt, deren Entwicklungsdynamik den Wachstumsmustern der Weltwirtschaft folgt, durch ein stetiges Wachstum aus[468]. Im Jahr 2019 waren rund 30 Millionen Passagiere auf Kreuzschifffahrt[469]. Erst die Corona-Pandemie wirkte bremsend.

b) Maritimes Offshoring

aa) Offshoring als Wandel von Staatlichkeit

Neben den maritimen Innovationen hat der Aufstieg sog. Billig- oder Gefälligkeitsflaggen bzw. – so die Bezeichnung in der internationalen Praxis – Flags of Convenience (FoC) seit den 1970er Jahren die globale Vernetzung in der Seeschifffahrt vorangetrieben. Dabei handelt es sich um eine frühe Form des Offshoring, die sich auf die Registrierung von Schiffen in Staaten ohne maritime Tradition bezieht[470].

Offshoring wird meist als die geographische Verlagerung unternehmerischer Funktionen oder Prozesse definiert, d. h. als ein Outsourcing ins Ausland[471]. Diese Begriffsbestimmung ist insofern unglücklich, als nicht vorrangig die geographische Lage der wirtschaftlichen Aktivitäten von Interesse ist; vielmehr geht es um den rechtlichen Status der verlagerten Bereiche. *Ronen Palan*[472] hat anhand von unterschiedlichen Gebieten wie Online-Glücksspielen, Exporthandelszonen, Seeschiff-

---

[466] *Biebig/Althof/Wagener*, Seeverkehrswirtschaft, S. 241.

[467] *Biebig/Althof/Wagener*, Seeverkehrswirtschaft, S. 242.

[468] *Eisele*, in: Klein/Pröbstle/Schmidt-Ott, Kulturtourismus für alle?, S. 121 ff.

[469] CLIA, The Economic Contribution of the International Cruise Industry Globally in 2019, S. 5.

[470] *Lillie*, A Global Union for Global Workers, S. 24.

[471] *Auernheimer*, Dimensionen der Globalisierung, S. 62 ff.; S. 8; *Albrecht*, Outsourcing und Offshoring. Offshoring muss aber nicht wie Outsourcing über eine Fremdvergabe an externe Dienstleister erfolgen, siehe *Hartmann*, Offshoring in deutschen Unternehmen, S. 4.

[472] *Palan*, The Offshore World.

fahrt und Finanzindustrie die strukturellen und institutionellen Bedingungen für Offshoring näher untersucht. Er zeigt, dass Offshoring nicht ausschließlich mit der Zunahme staatlicher Regulierung und Steuern seit den 1960er und 1970er Jahren, wie das die allgemeine Debatte prägt, erklärt werden kann; er bezieht seinen Ursprung stattdessen auf die Geburt des Nationalstaats im 19. Jahrhundert. Gleichzeitig verweist das Phänomen des Offshoring nach *Ronen Palan* nicht auf einen Verlust, sondern auf einen Wandel von Staatlichkeit, der darin besteht, dass die Staaten ihre Souveränität kommerzialisieren, indem sie ihre Staatsan- bzw. Staatszugehörigkeit auf dem Markt anbieten. Seine Schlussfolgerung ist daher, dass sich Offshoring nicht abschaffen lässt, solange man am Prinzip staatlicher Souveränität festhält.

bb) Der Aufstieg der Billigflaggen

Jedes Schiff führt nur eine Flagge, und zwar die Flagge des Staats, in dessen Register es eingetragen ist. Die Flagge bestimmt somit die Zugehörigkeit des Schiffs zu einer nationalen Rechtsordnung. Es gilt als der Normalfall, dass Schiffe die Flagge des Staats führen, dessen Staatsangehöriger der Schiffseigentümer ist. Anders verhält es sich bei den Billigflaggen. Diese sind maßgeblich auf die Einrichtung Internationaler Offener Register (Open Registries) – so die Bezeichnung von UNCTAD[473] – in Ländern zurückführen, die über keine maritime Tradition verfügen. Sie zeichnen sich dadurch aus, dass sie ihre Nationalflagge gegen eine geringe Gebühr und ohne Zugangsbeschränkungen an internationales Kapital oder multinationale Unternehmen aus den Industrienationen vergeben[474]. Die Verbindung des Schiffs zum Flaggenstaat ist in der Folge nicht mehr national vermittelt – durch die entsprechende Staatsangehörigkeit des Reeders –, sondern reduziert sich auf den formalen Akt der Schiffsregistrierung. Die Attraktivität der Billigflaggen für Reeder resultiert nicht ausschließlich aus steuerlichen Gründen; Motive sind erstens, dass im Vergleich zu den maritimen Industrienationen die gesetzlichen Vorgaben zu Sicherheit, Qualifikation und Mannschaft auf den Schiffen reduziert sind, zweitens, dass staatliche Kontroll- und Durchsetzungsinstrumente dürftig sind, und drittens, dass gesetzliche Einschränkungen für die Seeleuterekrutierung fehlen, d. h. die Crew kann auf dem internationalen Arbeitsmarkt und damit günstig rekrutiert werden[475]. Billigflaggen werden auch als „maritime freie Produktionszonen“[476] betitelt, da

[473] UNCTAD = Konferenz der Vereinten Nationen für Handel und Entwicklung, Review of Maritime Transport 1972–73, S. 13.

[474] Zu den Charakteristika *Skourtos*, Die Billig-Flaggen-Praxis, S. 7–9; eine anerkannte Definition für FoCs gibt es nicht, *König*, Flags of Convenience, in: MPEPIL, November 2008, Rn. 1.

[475] Zu den Motiven *Drobnig*, in: BDGVR 31 (1990), S. 31, 32 f.; *Boczek*, Flags of Convenience, S. 26 f.; v. a. auf die Personalkosten abstellend *Gerstenberger*, in: dies./Welke, Seefahrt, S. 10, 26.

[476] Zum Phänomen der Sonderwirtschaftszonen mit steuerlichen oder rechtlichen Sonderstatus in Entwicklungs- und Schwellenländern, die eingerichtet werden, um ausländische Direktinvestitionen anzuziehen ILO, Employment and Social Policy in Respect of Export Processing Zones, GB.286/ESP/3, S. 1; *Greven/Scherrer*, Globalisierung gestalten, S. 12.

ihre Funktion darin besteht, Reedern internationale komparative Kostenvorteile anzubieten[477]. Man geht von jährlichen Einsparungen in sechsstelliger Höhe (US-Dollar) je Schiff aus[478].

Das Ausflaggen, d. h. die Abmeldung eines Schiffs aus einem nationalen Schiffsregister und die Eintragung in ein anderes, gibt es zwar seit der Antike[479]. Bezeichnend für das moderne Ausflaggen ist allerdings, dass es – wie der polemische Begriff Billigflaggen impliziert – unmittelbar wirtschaftlich motiviert ist und dass es nicht den Ausnahmefall bildet, sondern eine etablierte Praxis in der Seeschifffahrt geworden ist[480]. Ein Blick auf die Entstehungsgeschichte soll die Bedeutung der Billigflaggen verdeutlichen: Die ersten internationalen Register wurden auf Initiative US-amerikanischer Konzerne Anfang der 1920er Jahre in kleinen südamerikanischen Ländern, nämlich in Honduras, Panama und Costa Rica, eingerichtet[481]. Im großen Umfang wurde davon erstmals durch die US-amerikanische Reederei United American Line Gebrauch gemacht, um der Prohibition auszuweichen und reichen Amerikanern die Möglichkeit unbehelligten Alkoholkonsums zu bieten[482]. Nach dem Zweiten Weltkrieg erfolgte ein umfassendes Ausflaggen, was auch vor dem Hintergrund der stärker werdenden Macht der Gewerkschaften in der westlichen Welt zu sehen ist, während die dortigen nationalen Gesetze eine Beschäftigung ausländischer Crews untersagten[483]. In den 1950er Jahre waren die Register von Panama, Liberia und Honduras die wesentlichen Billigflaggen und daher das Schlagwort PanLibHon das Synonym für diese[484]. Der entscheidende Wandel kam mit der weltweiten Wirtschaftskrise in den 1970er Jahren, denn während sich das Phänomen der Billigflaggen zunächst auf Schiffe von Eignern aus den USA und aus Griechenland konzentrierte, dehnte es sich seit dieser Zeit in großem Stil auf Schiffe von Reedern aus dem übrigen Europa, aus Japan und aus den neuen Schwellenländern aus[485]. Zudem kamen seit den 1970er Jahren neue Staaten als Billigflaggenanbieter hinzu[486], darunter traditionelle Steueroasen und sogar Binnenländer wie

---

477 *Stopford*, Maritime Economics, S. 36, 43–46, 241.

478 *Dirks*, in: Senghaas-Knobloch, Internationale Arbeitsregulierung, S. 127, 138.

479 So wurde kriegsbedingt ausgeflaggt, da Handelsschiffe unter der Flagge einer kriegsführenden Partei vom jeweiligen Kriegsgegner als Prise aufgebracht werden dürfen, so dass ein Anreiz bestand, unter der Flagge eines neutralen Staates zu segeln. Ein weiterer traditioneller Ausflaggungsgrund war die Piraterie: Reeder flaggten um in Staaten, die mit Piraten Nichtangriffspakte geschlossen hatten oder die wegen ihrer Macht nicht von Piraten angegriffen wurden. Ein dritter Grund war das Bestreben, Schiffe dem diplomatischen Schutz und der Protektion einer Großmacht zu unterstellen. Schließlich ist der Flaggenprotektionismus als Grund zu nennen, siehe *Núñez-Müller*, Die Staatszugehörigkeit, S. 33–37, sowie *Metaxas*, Flags of Convenience, S. 8–10.

480 *Petersson*, Merkur 2013, S. 329, 339; *Drobnig*, in: BDGVR 31 (1990), S. 31, 32.

481 Osieke, American Journal of International Law 73 (1979), S. 604.

482 *Dirks*, in: Senghaas-Knobloch, Internationale Arbeitsregulierung, S. 127, 132.

483 *Lillie*, A Global Union for Global Workers, S. 26; *Donn*, Industrial and Labor Relations Review 42 (1989), S. 18 ff.

484 *Naess*, The Great PanLibHon Controversy.

485 *Bohn*, Geschichte der Seefahrt, S. 114 f.

486 *Skourtos*, Die Billig-Flaggen-Praxis, S. 11.

Bolivien. Diese Staaten führen ihre Register wie ein internationales Unternehmen; so verfügen größere Flaggen weltweit über Büros, um ihre Dienstleistungen anzubieten. Schätzungsweise 70 % der Welthandelsflotte fährt unter billiger Flagge[487]. Nach Tonnage und Wert ist Panama die größte Billigflagge, gefolgt von Liberia und den Marshall Islands[488].

Festzuhalten bleibt, dass die Flagge heutzutage keinen Ausdruck einer nationalstaatlichen Verbindung zwischen Reeder, Flaggenstaat, Schiff und Mannschaft mehr bildet; vielmehr stellt die Auswahl der Flagge eine nach kommerziellen Gesichtspunkten getroffene unternehmerische Entscheidung dar.

c) Kein Weg zurück

Sind solche Globalisierungsprozesse irreversibel, dann lässt sich auch das internationale Verwaltungsrecht nicht als Interimslösung begreifen. Das verdeutlichen die erfolglosen Versuche, dem Ausflaggen mit seevölkerrechtlichen (aa) und nationalen Maßnahmen (bb) zu begegnen[489].

aa) Seevölkerrechtliche Versuche

Überkommene seevölkerrechtliche Instrumente, um das Verbringen von Seeschiffen unter Billigflaggen zu unterbinden, sind das Genuine Link-Kriterium und daran anknüpfend Registerabkommen. Sie stellen Vorstöße sog. traditioneller Schifffahrtsnationen dar, FoCs zu schließen oder wenigstens Tonnage wiederzugewinnen[490]:

Im Genfer Übereinkommen über die Hohe See[491] war erstmals vorgesehen, dass zwischen dem Flaggenstaat und dem Schiff eine „echte Verbindung" („genuine link") bestehen muss (Art. 5 I 3). Das Konzept[492] wurde von der Völkerrechtskommission im Rahmen der Vorarbeiten zur Kodifizierung des Seerechts im Anschluss an eine Formulierung des IGH aus dessen Nottebohm-Entscheidung zur Staatsangehörigkeit von Privatpersonen entwickelt[493]; für den Fall des Fehlens der echten Verbindung sollten andere Staaten berechtigt sein, die Nationalität des Schiffes nicht anzuerkennen. Eine materielle Präzisierung konnte aber ebenso wenig erreicht werden wie eine Einigung über eine Nichtanerkennungsklausel. Auch nach dem IMCO-Gutachten des IGH führt das Fehlen einer echten Verbindung nicht zur

---

[487] UNCTAD, Review of Maritime Transport 2017, S. 32. Siehe ferner die FoC-Listen der ITF https://www.itfglobal.org/en/sector/seafarers/flags-of-convenience (zuletzt abgerufen: 24.03.2023). Nur ca. 15 % der deutschen Handelsflotte fährt unter deutscher Flagge, siehe https://www.reederverband.de/daten-und-fakten/infopool.html (zuletzt abgerufen: 24.03.2023).

[488] UNCTAD, Review of Maritime Transport 2019, S. 40.

[489] Überblick zu den Abhilfeversuchen *Jenisch*, in: 10. Kieler Seminar, S. 49, 56 f.

[490] *Kelley/Paul*, Flags of Convenience, S. 12 ff.; *Kostka*, Zweitregister, S. 67.

[491] UN Convention on the High Seas vom 29.4.1958, BGBl. 1972 II S. 1089, 450 UNTS 11, in Kraft seit dem 30.9.1963. Das SRÜ hat für seine Vertragsstaaten Vorrang vor dem Genfer Übereinkommen (Art. 311 I).

[492] *Meyers*, Nationality, S. 197 ff.

[493] *König*, Flags of Convenience, in: MPEPIL, November 2008, Rn. 8.

Staatenlosigkeit eines Schiffes[494]. Mangels einer Sanktion kann das Erfordernis demnach nicht dazu beitragen, die Verwendung von Billigflaggen einzuschränken[495]. Die Genuine Link-Klausel ist im Seerechtsübereinkommen (SRÜ) zwar formal aufgenommen (Art. 91 I 3), wird aber als bedeutungslos eingestuft[496]. Der ISGH hat mit Verweis auf diese rechtshistorische Entwicklung im Saiga-Fall klargestellt, dass Art. 91 I 3 keine Einschränkung des staatlichen Spielraums bei der Festlegung der Verleihungsvoraussetzungen bezwecke, sondern die wirksame Wahrnehmung der Aufsichtsrechte durch den Flaggenstaat garantieren solle[497].

Die Bedingungen für den Erhalt der Staatszugehörigkeit eines Schiffs legt nach dem SRÜ jeder Staat selbst fest (Art. 91 I 1). Registerabkommen sollen die offene Registrierung erschweren, indem sie auf internationaler Ebene Bedingungen für die Eintragung von Schiffen in ein Schifffahrtsregister vorschreiben[498]. Das Manko dieser Option ist, dass sie einen Konsens mit den Billigflaggenstaaten voraussetzt, während diese aus wirtschaftlichen Gründen auf Einnahmen aus diesen Registern angewiesen sind[499]. Die im Rahmen von UNCTAD angenommene Registerkonvention[500] kann mangels ausreichender Ratifikationen als gescheitert betrachtet werden[501].

bb) Nationalstaatliche Versuche

Nationale Maßnahmen bestehen v. a.[502] darin, die eigene Flagge durch Anreizsetzung weiter attraktiv zu halten. Anreizmaßnahmen sind alternative Register und finanzielle Vergünstigungen:

Der Wettbewerbsvorteil von Billigflaggenschiffen liegt wie gesehen darin, dass sie weniger strengen oder fast gar keinen rechtlichen Anforderungen unterliegen, was zu erheblich niedrigeren Kapital- und Personalkosten für die Reeder führt. Darauf reagieren zum einen sog. Zweitregister[503]. Diese Zweitregister sind teilweise off-

---

[494] Der IGH hatte den Begriff „the largest shipowning nations“ in der IMCO-Satzung auszulegen, IGH, Constitution of the Maritime Safety Committee on South West Africa, Rechtsgutachten v. 08.06.1960, ICJ Rep. 1960, S. 150, 165 ff., insb. 171.

[495] *Dörr*, Die deutsche Handelsflotte, S. 58 ff.

[496] *Lemke*, Erfüllungsdefizite, S. 47.

[497] Zum M/V Saiga Fall ISGH, St. Vincent und die Grenadinen v. Guinea, Urteil v. 01.07. 1999, Rn. 83: „The conclusion of the Tribunal is that the purpose of the provisions of the convention on the need for a genuine link between a ship and its flag State is to secure mole effective implementation of the duties of the flag State, and not to establish criteria by reference to which the validity of theregistration of ships in a flag State may be challenged by other States.“

[498] Der weitestgehende Vorschlag stammte von *Elisabeth Mann Borgese*, die ein globales Register für alle Schiffe anregte; zur Diskussion *Núñez-Müller*, Die Staatszugehörigkeit, S. 320 ff. m. w. N.

[499] *Dirks*, in: Senghaas-Knobloch/ders./Liese, Internationale Arbeitsregulierung, S. 127, 135.

[500] UN Convention on Conditions for Registration of Ships vom 7.2.1986, 26 ILM 1229.

[501] Siehe zu Vorschlägen für New Interdiction Measures, UN General Assembly Report Oceans and the Law of the Sea, A/58/65/Add. 1 vom 29.8.2003, S. 16 f. Zudem auf die Spielräume bei der Implementation verweisend *König*, Flags of Convenience, in: MPEPIL, November 2008, Rn. 12.

[502] Eine Sanktionierung des Ausflaggens ist nur begrenzt gangbar.

[503] Die Diskussion wurde auch von der Europäischen Kommission aufgegriffen, die ein europäisches Zusatzregister (EUROS) vorschlug, KOM(91) 54 fin.

shore, teilweise im Mutterland selbst angesiedelt[504]. Halbautonome Zweitregister sind die britischen Register etwa auf der Isle of Man oder Gibraltar; zur zweiten Kategorie gehört das 1989 in Deutschland eingerichtete Internationale Seeschifffahrtsregister (ISR) (§ 12 FlRG), das ein Anhang zum Flaggenregister bildet. Das Konzept des Zweitregisters stammt aus Großbritannien, beruhte dort allerdings auf der rechtlichen Sonderstellung bestimmter Gebiete, die zwar der Krone unterstanden, aber dennoch nicht in jeder Hinsicht als britisch galten[505]. Traditionelle europäische Schifffahrtsnationen sehen darin eine Möglichkeit, der eigenen Handelsflotte geringere Lohnkosten zu bieten. Durch eine Eintragung in das ISR können ausländische Seeleute an Bord von Schiffen unter der Bundesflagge nach deren Heimatheuern bezahlt werden (vgl. § 21 IV FlRG). Die Strategie der Zweitregister war nur zum Teil von Erfolg gekrönt[506]. Während v. a. Staaten mit halbautonomen Zweitregistern, die tendenziell geringere Auflagen machten[507], die Zahl national registrierter Schiffe erhöhen konnten, schrumpften andere Flotten wie die deutsche weiterhin[508]. Zudem: Je mehr die Zweitregister die Auflagen lockern, um starke Anreize zu setzen, desto mehr verschwimmt die Unterscheidung zu den Flags of Convenience[509].

Zum anderen sind Subventionen und steuerliche Entlastungen zu nennen[510]. In der EU erlauben die Leitlinien der Gemeinschaft für staatliche Beihilfen im Seeverkehr solche finanziellen Vergünstigungen[511]. In Deutschland werden Schiffen unter deutscher Flagge Finanzbeiträge als Ausgleich für erhöhte Betriebskosten gewährt[512]. International hat sich die Tonnagesteuer als Fördermittel für Reedereistandorte etabliert[513]. Die Tonnagesteuer bietet bei Seeschiffen, die im internationalen Verkehr eingesetzt werden, Gesellschaften mit Geschäftsleitung im Inland[514] die Möglichkeit einer pauschalierten Gewinnermittlung (§ 5a EStG). Denn der Gewinn

---

[504] *Kostka*, Zweitregister, S. 51, 70 ff.

[505] Zur historischen Entwicklung *Kostka*, Zweitregister, S. 46 ff.

[506] M. w. N. *Dirks*, in: Senghaas-Knobloch/ders./Liese, Internationale Arbeitsregulierung, S. 127, 147.

[507] Siehe die Bewertung nach dem sog. FLASCI-Index, der an der Universität Cardiff entwickelt wurde, um die Effektivität der Regulierung von Flaggenstaaten zu messen, dazu *Alderton/Winchester*, Marine Policy 26 (2002), S. 35, 40 ff.; zum Index auch *Mansell*, Flag State Responsibility, S. 171 f.

[508] *Dirks*, in: Senghaas-Knobloch/ders./Liese, Internationale Arbeitsregulierung, S. 127, 147.

[509] Daher von einer Mischform von nationalem Register und Open Registry ausgehend Koch-Baumgarten, PROKLA 107 (2007), S. 263, 269.

[510] *Dörr*, Die deutsche Handelsflotte, S. 210.

[511] Die jüngsten Mitteilung C(2004) 43, ABl. C 13, S. 3. Die ersten Guidelines wurden in den 1980er Jahren eingeführt, die zweite Generation wurde 1997 veröffentlicht, zum Ganzen *Guinier*, in: Bilal/Nicolaides, Understanding State Aid Policy, S. 129 ff.

[512] Grundlagen sind Richtlinien des BMVI, siehe Richtlinie zur Senkung der Lohnnebenkosten in der deutschen Seeschifffahrt vom 28.10.2016, Bundesanzeiger vom 16.11.2016, sowie Richtlinie des BMVI zur Ausbildungsplatzförderung in der Seeschifffahrt, 6.10.2015, Bundesanzeiger 13.10.2015.

[513] *Martinen*, Die Tonnagesteuer, S. 71. Als Vorreiter gilt Griechenland, ebenda.

[514] Die Tonnagesteuer ist nicht an die deutsche Flagge gebunden. Voraussetzung ist aber eine Bereederung im Inland (§ 5a I 1 EStG). Das verlangt, dass wesentliche Tätigkeiten wie Ausrüstung, Einstellung von Kapitänen und Offizieren, Befrachtung und Erhaltung des Schiffs, Abschluss von Versicherungsverträgen tatsächlich in Deutschland durchgeführt werden, BMF, Tonnageerlass, IV A 6 – S 2133a – 11/02, S. 1 f.

wird nach einem technischen und nicht nach einem ökonomischen Bezugspunkt bemessen, nämlich nach dem Frachtraum, der Tonnage, der im Betrieb geführten Schiffe anstatt nach der tatsächlich transportierten Ladung. Der so ermittelte Gewinn ist in der Regel deutlich geringer als der tatsächliche Gewinn. Damit ist die Tonnagesteuer weniger eine Steuer als vielmehr eine Methode der Gewinnermittlung[515]. Diese 1999 in Deutschland eingeführte Flat Tax[516] zählt zwar zu den größten Einkommensvergünstigungen in Deutschland, hat jedoch nicht dazu geführt, dass mehr Schiffe unter deutscher Flagge fahren[517]. Auch bezogen auf die EU war die Rückflaggungsrate trotz der finanziellen Hilfsprogramme geringfügig[518].

Eine Abschaffung der Billigflaggen durch nationale Maßnahmen erweist sich demnach als unmöglich[519]. Der Punkt ist, dass sich die Seeschiffahrt an globalen Märkten mit uneingeschränktem Zugang orientiert. Versuche westlicher Staaten, über Zweitregister und finanzielle Vergünstigungen ihre Schiffsregister für Unternehmen attraktiver zu machen, konnten das Ausflaggen daher nur verlangsamen, aber nicht aufhalten. Gerade die halbautonomen Zweitregister zeigen zudem, dass auch herkömmliche Seefahrernationen in das Billigflaggengeschäft einsteigen und es nicht stoppen.

3. Kernelemente in der Seeschifffahrt

a) Maritime Mobilität

Während Mobilität, die als Kernelement von Globalisierung identifiziert wurde[520], die potentielle Ortsveränderung adressiert, bildet der Verkehr das technisch-infrastrukturelle Instrument, das für die Realisierung von Ortsveränderungen im Raum benötigt wird. Der Seeverkehr bildet einen integralen, wenn auch für die Allgemeinheit weniger sichtbaren Teil des Transportsystems, indem Seeschiffe das Transportsystem insbesondere im interkontinentalen Bereich komplementieren und auf diese Weise die globale Wertschöpfungskette verbinden und unterstützen (aa). Ein Blick auf Wanderbewegungen soll die weitere gesellschaftliche Dimension von Mobilität verdeutlichen (bb), die das klassische verkehrswirtschaftliche Konzept weitestgehend ausblendet[521].

---

[515] Siehe https://www.deutsche-flagge.de/de/finanzen/tonnagesteuer/tonnagesteuer (zuletzt abgerufen: 24.03.2023).

[516] Weitere Maßnahmen sind der 40-prozentige Lohnsteuereinbehalt für Arbeitgeber (§ 41a IV EStG) und das zwischen Bundesregierung und deutschen Reedern vereinbarte Maritime Bündnis.

[517] *Steffens/Dreßler*, Praxishandbuch Schiffsfonds, S. 9 f.; ausführlich *Martinen*, Die Tonnagesteuer, S. 180–193; zu diesem Ziel der deutschen Tonnagesteuer BT-Drs. 13/8023, S. 13; BT-Drs. 14/3558, S. 1.

[518] Europäische Kommission, Leitlinien der Gemeinschaft für staatliche Beihilfen im Seeverkehr, Mitteilung C(2004) 43 (ABl. C 13, S. 3), S. 1.

[519] *Gerstenberger*, in: dies./Welke, Seefahrt im Zeichen der Globalisierung, S. 10, 34.

[520] Siehe oben 1. Kapitel, IV. 1. d. aa.

[521] Zu diesem weiten Verständnis von maritimer Mobilität auch *Monios/Wilsmeier*, Maritime Mobilities.

aa) Weltseehandel

Sein Einsatz als Transportmittel über Wasser ist das Kriterium, das das Schiff von sonstigen schwimmfähigen Konstruktionen unterscheidet[522]. Die Beförderung von Personen über See – die sog. Passage – erfolgt heute wegen der Einführung des Langstrecken-Luftverkehrs indes überwiegend nur noch im Rahmen des Kurzstrecken-Linienverkehrs (Fährverkehr) und der Kreuzschifffahrt[523]. Anders ist das Verhältnis im Gütertransport, da der See- gegenüber dem Flugverkehr der günstigere ist. Schätzungsweise 80 bis 90 % der weltweit gehandelten Güter werden auf dem Seeweg transportiert[524]. Die Nachfrage nach Waren bestimmt die Nachfrage nach maritimen Dienstleistungen. Angetrieben wird der Weltseeverkehr demnach durch das Wachstum des Welthandels[525].

Spätestens seit der Nachkriegszeit unterscheidet man innerhalb des Seefrachtmarkts[526] zwischen den zwei großen Teilmärkten Linienfahrt und Trampfahrt. In der Linienfahrt hat man es mit Schiffen zu tun, die auf festen Routen nach einem festen Fahrplan verkehren, wie man es aus dem Linienbusverkehr kennt[527]. Hier sorgt man insbesondere für den Transport von verarbeiteten Gütern in Containern. Während die verschiedenen Fahrtgebiete bis in die 1980er Jahre hinein als weitgehend separate Märkte betrachtet wurden, hat sich dies infolge neuer Fahrtplanstrategien wie namentlich den Round the World-Diensten geändert, die die klassischen Point to Point-Dienste ergänzen, indem sie die Kontinente nur noch über wenige Hafenplätze verbinden[528]. In der Folge wird der Seeverkehr auf wenige Hauptrouten[529] des Welthandels und Knoten konzentriert, es gibt keinen Anfang und kein Ende[527].

---

[522] Eingehend zum Schiffsbegriff *Jessen*, VersR 2014, S. 670 ff.

[523] *Biebig/Althof/Wagener*, Seeverkehrswirtschaft, S. 239. Mit dem Rückgang der Linienschifffahrt hat sich zudem das Marktsegment der Passage auf Handelsschiffen herausgebildet; dort wird dieses Zusatzangebot v. a. von Individualtouristen und für preiswerte Überfahrten genutzt, siehe zur Frachtfahrttouristik *Groß*, Tourismus und Verkehr, S. 115.

[524] UNCTAD, 50 Years of Review of Maritime Transport, S. 4.

[525] UNCTAD, Review of Maritime Transport, 2017, S. 3.

[526] Der Seefrachtmarkt bildet neben dem Schiffstonnagemarkt, dem Schiffsneubaumarkt und dem Schiffsabbruchmarkt einen der vier großen Schifffahrtsmärkte, *Stopford*, Maritime Economics, S. 175 ff.

[527] Zur Analogie bei der Abgrenzung von Linien- und Trampschifffahrt *Pawlik*, Seeverkehrswirtschaft, S. 4.

[528] Auch zu weiteren Strategien Pawlik, Seeverkehrswirtschaft, S. 137 ff. Die klassische Fahrplanstrategie der Linienführung in Form von Pendelverkehren („End to End“) führte zum „Leercontainerproblem“, ebenda, S. 137 f.

[529] Die Hauptverkehrsrouten sind: Transatlantische Verkehrsrouten (nordatlantischer Seeweg, mittelatlantischer Seeweg, südatlantischer Seeweg), transpazifische Verkehrsrouten (US-Westküstenlinie, Panamalinie, Zentralpazifik-Route), Suez-Indik-Route mit Fortsetzung Südasien-Route, Kap Route und Westpazifische Süd-Nord-Route, dazu *Schieck*, Internationale Logistik, S. 192. Die ersten drei Routen bilden den sog. Containergürtel, der die 20 größten Containerhäfen in 14 Staaten verbindet, *Göpfert/Braun*, Internationale Logistik, S. 8.

Die Trampfahrt kann man hingegen in Weiterführung des Busbeispiels mit dem Reisebusverkehr vergleichen: Sie orientiert sich an konkreter Nachfrage und individuellen Aufträgen[531]. Schiffe in der Trampfahrt verkehren daher auf unterschiedlichen Routen und bedienen unterschiedliche Lade- und Löschhäfen. Seit den 1970er spricht man häufiger von Bulk Shipping, weil nicht mehr der Schiffstyp, sondern die Fracht diesen Markt charakterisiert: In der Trampfahrt wird hauptsächlich lose Fracht (Bulk) transportiert[532], wobei man die Hauptkategorien Wet Bulk (Rohöl, Ölprodukte, flüssige Chemikalien) und Dry Bulk unterscheidet; zu der zuletzt genannten gehören v.a. Major Bulk (wie Eisenerz, Getreide, Kohle, Phosphate und Bauxite) sowie Minor Bulk (wie Stahlprodukte und Zement), aber auch Fertigwaren wie Autos werden zum Teil als Specialized Bulk transportiert. In diesem Teilmarkt verbringen die Schiffe somit in erster Linie rohe oder halbrohe Waren von ihren Anbau- bzw. Abbaugebieten in andere Länder, in denen die nächsten Verarbeitungsstufen vorgenommen werden. Vereinfachend kann man sagen, dass die Trampfahrt auf den Transport von Massengütern ausgerichtet ist, während die Linienfahrt Stückgut transportiert[533].

Die modernen Seeschiffe sind schnell und hoch spezialisiert. Die Schiffe der Welthandelsflotte können im Durchschnitt mit einer Geschwindigkeit von rund 15 Knoten, sprich 28 km/h, fahren[534]. Die Welthandelsflotte setzt sich zum größten Teil aus fünf Schiffstypen zusammen[535]: Entsprechend dem Transportgut unterscheidet man zwischen Stückgutschiffen (General Cargo Ships) wie etwa Schwerlast- und Mehrzweckschiffen, Tankern für Rohöl, Ölprodukte, Chemikalien, Flüssiggas oder auch Fruchtsaftkonzentrat, Massengutfrachtern (Bulk Carriers), die über Ladeluken beladen werden, Fahrgastschiffen sowie Containerschiffen. Fährschiffe mit LKW-Beförderung sowie Roll on / Roll off-Schiffe (Ro-Ro Ships), bei denen die Ladung mit Sattelschleppern an und von Bord gerollt wird, übernehmen die Aufgaben der Stückgutschiffe auf kürzeren Strecken.

bb) Wanderbewegungen: Seeleute und Kreuzfahrttourismus

Eine Ausprägung des Kernelements der Mobilität sind weiter Wanderbewegungen. Diese lassen sich mit sozialwissenschaftlichen Beschreibungsangeboten näher erfassen. In der Soziologie stehen für mobile Personen der Grundtypus des Fremden –

---

530 *Wexler*, Die Ursprungsregeln im internationalen Wirtschaftsrecht, S. 125f.; *Haberkorn*, Gewinner der Globalisierung?, S. 56.

531 „Tramp" stammt aus dem Englischen und bedeutet soviel wie Vagabund; die Trampfahrt wird demnach auch als wilde oder freie Fahrt bezeichnet, *Bott*, Das deutsche Kaufmannsbuch, S. 1023.

532 *Ohling*, Handbuch Export, Import, Spedition, S. 229; *Biebig/Althof/Wagener*, Seeverkehrswirtschaft, S. 38, 55, 136ff.

533 *Schieck*, Internationale Logistik, S. 208; Stückgutverkehr schließt den Containerverkehr ein.

534 Siehe https://worldoceanreview.com/de/wor-1/transport/der-weltseeverkehr/ (zuletzt abgerufen: 24.03.2023).

535 UNCTAD, Review of Maritime Tansport, 2018, S. ix, 9ff.; *Bohn*, Geschichte der Seefahrt, S. 116ff.

einen „Wandernde[n], der heute kommt und morgen bleibt"[536] – sowie der Migrant, der Kosmopolit und der Pilger[537], die im maritimen Bereich durch Seeleute und Kreuzfahrttouristen repräsentiert werden:

Eine Form der Arbeitsmigration – möchte man trotz der in der Regel vermischten Motive zur Migration an der Unterscheidung von Flucht- und Arbeitsmigration festhalten – bilden die modernen Seeleute[538]. Das staatenbezogene Migrationskonzept passt hier zwar nicht ganz, denn im Unterschied zum gewöhnlichen Migranten, der in einem fremden Land arbeitet, „the seafarer is migrating to the world market, not to other States"[539]. Entscheidend ist aber, dass moderne Seeleute in der Regel aus Ländern rekrutiert werden, die von der Nationalität des Reeders und der Staatszugehörigkeit des Schiffs verschieden sind[540], so dass der Auslandsbezug, für den Migration steht, als eine passende Beschreibungsformel erscheint. Zudem trifft die Figur des Arbeitsmigranten aus dem Grund zu, dass dieser sich nicht definitiv von seiner Heimat lossagt, denn er folgt nur der Logik wirtschaftlicher Vorteile; dieses wirtschaftliche Kalkül zeichnet aber auch die modernen Seeleute aus, die weniger aus Berufung, Abenteuerlust oder Tradition zur See fahren[541], sondern um in ihrer Herkunftsgesellschaft, die ihnen wenig Erwerbschancen bietet, „jemand sein" zu können. Eine Zuordnung zur Figur des Kosmopoliten[542] überzeugt demgegenüber weniger. Der Weltbürger zeichnet sich nicht nur durch ein hohes Maß an Mobilität aus[543]; hinzu tritt seine Offenheit gegenüber dem Anderen und seine interkulturelle Kompetenz[544]. In der modernen Seeschifffahrt, die sich durch kurze Anlegezeiten im Hafen und eine hohe Arbeitsbelastung an Bord auszeichnet, ist der interkulturelle Austausch hingegen reduziert[545]. Hinzu kommt: Für die moderne Migration ist der unstete Aufenthalt prägend. Solche „Transmigranten" leben zwischen zwei Welten, mit Familie und Leben im Heimatland und Arbeitsstelle im Ausland, zu der regelmäßig gependelt wird[546]. Moderne Seeleute haben in der Regel befristete Arbeitsverträge[547] und wechseln permanent zwischen dem Leben an Bord und in ihrer Heimat.

---

536 *Simmel*, in: Merz-Benz/Wagner, Der Fremde als sozialer Typus, S. 47.

537 *Merz-Benz/Wagner*, in: dies., Der Fremde als sozialer Typus, S. 9 ff.; *Brock*, Globalisierung, S. 157 ff.

538 *Blanpain/Dimitrova*, Seafarers' Rights in the Globalized Maritime Industry, S. 32.

539 *Blanpain/Dimitrova*, Seafarers' Rights in the Globalized Maritime Industry, S. 32 (nach *Progoulaki*, Dealing with the Culture of the Maritime Manpower in a Socially Responsible Manner).

540 Siehe dazu unten 2. Kapitel, B. I. 2. b.

541 So aber noch die sog. Flensburger Studie, die im Auftrag der Bundesregierung nach der Schifffahrtskrise 1972 in Auftrag gegeben wurde, Forschungsstelle für Schiffsbetriebstechnik an der Fachhochschule Flensburg, 1974, S. 6.60 (nach *Heimerdinger*, Der Seemann, S. 73).

542 So aber wohl *Borovnik*, Geographer 60 (2004), S. 36, 42: „almost cosmopolitan attitude amongst all nationalities of seafarers".

543 Zu diesem Aspekt *Merton*, Social Theory and Social Structure, S. 449, 459.

544 *Hannerz*, in: Merz-Benz/Wagner, Der Fremde als sozialer Typ, S. 139, 140 ff.

545 Siehe unten 4. Kapitel, IV.

546 *Hensel*, Transmigration als soziales Phänomen.

547 Siehe dazu unten 2. Kapitel, B. I. 3. a.

Ein analytischer Fixpunkt für den Wanderer ohne wirtschaftliche Motive bildet gewöhnlich der Pilger, der Orte aufsucht, die nicht sein eigentliches Ziel darstellen[548]. Heutzutage gehen solche nicht-ökonomisch motivierten Wanderbewegungen in erster Linie vom Tourismus aus. In der Person des Touristen berühren sich die Extreme: Obwohl er hochmobil sein kann, bleibt er doch insofern sesshaft, als die Umkreise, in die er reist, gleichsam die Verlängerung seines Zuhauses darstellen[549]. Im maritimen Bereich steht dafür das Segment der Kreuzschifffahrt als Form des Massentourismus[550].

b) Transnationale maritime Unternehmensnetzwerke

Nach konventioneller Lesart ist die maritime unternehmerische Organisation auf die Person des Reeders – bzw. auf die Gesellschaftsform der Reederei – ausgerichtet[551]. Dem Reeder gehört das Schiff bzw. die Schiffsflotte und er nimmt die grundlegenden Aufgaben im Schiffsbetrieb sowie im Management selbst wahr bzw. nutzt dazu – in Bezug auf den Schiffsbetrieb – seinen Repräsentanten an Bord, den Kapitän. Diese zentralistische Perspektive der maritimen Unternehmung findet ihren Ausdruck nach wie vor im HGB[552], das gleich zu Beginn seines fünften Buches über den Seehandel den Reeder als Eigentümer eines von ihm zum Erwerb durch Seeschifffahrt betriebenen Schiffes definiert (§ 476)[553] und dem Kapitän die gesetzliche Befugnis verleiht, für den Reeder alle Geschäfte und Rechtshandlungen vorzunehmen, die der Betrieb des Schiffes gewöhnlich mit sich bringt (§ 479 I). Durch die Figur des Ausrüsters[554] wird der Reederbegriff nur erweitert, denn das Zusammenfallen von Unternehmer- und Eigentümerstellung erscheint weiterhin als Normalfall[555]. Das maritime Unternehmen ist nach dieser konventionellen Lesart ein einfaches internationales Unternehmen[556], da es sich über die Person des Reeders einer Nation zuordnen lässt und der internationale Bezug sich allein über den überörtlichen Austausch der Seetransportleistungen vollzieht. Der Wandel der Rahmenbedingungen in der Seeschifffahrt seit den 1970er Jahren hat nicht nur dem

---

548 *Baumann*, in: Merz-Benz/Wagner, Der Fremde als sozialer Typus, S. 163.

549 *Merz-Benz/Wagner*, in: dies., Der Fremde als sozialer Typus, S. 9, 21; *Baumann*, in: Merz-Benz/Wagner, Der Fremde als sozialer Typus, S. 163, 183.

550 Siehe unten 1. Kapitel, IX. 2. a) bb).

551 *Biebig/Althof/Wagener*, Seeverkehrswirtschaft, S. 248.

552 *Athanassopoulou*, Schiffsunternehmen und Schiffsüberlassungsverträge, S. 59 ff.

553 Zu dieser Abweichung von den tatsächlichen Verhältnissen in der Seefahrt *Pötschke*, in: MünchKomm-HGB, § 476 Rn. 2.

554 § 477 I, II HGB: Ausrüster ist, wer ein ihm nicht gehörendes Schiff zum Erwerb durch Seefahrt betreibt. Der Ausrüster wird im Verhältnis zu Dritten als Reeder angesehen.

555 Zu § 510 HGB a. F. *Athanassopoulou*, Schiffsunternehmen und Schiffsüberlassungsverträge, S. 75 ff.

556 Grenzüberschreitende Unternehmensformen sind in der Seeschifffahrt nicht neu. Die griechische Seeschifffahrt etwa hat sich traditionell weniger entlang national-geographischer, sondern entlang national-ethischer Grenzen herausgebildet, d. h. persönliche Beziehungen und Verwandtschaft hielten maritime Netzwerke mit weltweiten Zentren zusammen, dazu *Harlaftis*, A History of Greek-Owned Shipping.

Schiff als Hardware eine globale Ausrichtung verliehen, sondern auch zu einer Re-Organisation im Sinne der Entwicklung von transnationalen Unternehmen (TNCs) geführt[557].

Dieser Wandel lässt sich besonders in der Linienfahrt beobachten[558]: Liner Shipping-Unternehmen gelten als Archetyp globalisierter transnationaler Schiffsunternehmen; die Containerisierung und der weltweite Wettbewerb veranlassten sie, globale Netzwerke zu gründen, um die Bedürfnisse ihrer Kunden zu befriedigen[559]. Linienreedereien sind sowohl vertikal expandiert, im Supply Chain Management und allgemein im Logistikbereich[560] aktiv mit Beteiligungen an Häfen, Terminals usw. als auch horizontal expandiert[561]. Die Linienfahrt ist heute sehr konzentriert[562]; seine Protagonisten sind u.a. Maersk, die Mediterranean Shipping Company, die CMA-CGM Group, die China Ocean Shipping (Group) Company und Hapag-Lloyd[563]. Die Seeschifffahrt bildet in solchen Unternehmen nur ein Element von vielen[564]. Insgesamt ist die Schiffsindustrie aber sehr fragmentiert. Fast zwei Drittel der Schifffahrtsunternehmen haben weniger als 50 Schiffe[565].

Zu den Komponenten und Ausprägungen dieses transnationalen maritimen Unternehmensnetzwerks zählen Ship Management Companies, One Ship Companies, Charterer und diverse Unternehmenskooperationen:

Erstmals in den 1970er und 1980er Jahren tauchten Ship Management Companies auf, als Unternehmen Schiffe von Reedern erwarben, die infolge der Schifffahrtskrisen insolvent gegangen waren[566]. Ihr Einsatz wurde grundlegend von *Gunnar Sletmo* beschrieben, der sie nach der Entwicklung des Wassertransports, der Ge-

[557] Grdl. *Sletmo*, in: World Conference on Transport Research, Research for Tomorrow's Transport Requirements, S. 734, 736 ff.; ferner *Wilkins*, in: Kozul-Wright/Rowthorn, Transnational Corporations and the Global Economy, S. 95 ff.

[558] *Harlaftis/Theotokas*, in: Grammenos, The Handbook of Maritime Economics and Business, S. 11.

[559] *Lillie*, A Global Union for Global Workers, S. 29.

[560] Hintergrund ist, dass der Seetransport zunehmend Bestandteil übergeordneter Logistiksysteme wird, die der Versorgung von Produktionsstätten oder Absatzmärkten dienen. SCM und Logistik werden oftmals synonym verwendet, da beide auf die Gestaltung von Güter-, Informations- und Wertflüssen entlang der Lieferkette mit dem Ziel der Steigerung des Kundennutzens und der Effizienz zielen. SCM soll sich aber auch auf die Strukturierung und die Koordinierung unabhängiger Unternehmen zu einem Wertschöpfungssystem beziehen, *Biebig/Althof/Wagener*, Seeverkehrswirtschaft, S. 49.

[561] UNCTAD, Review of Maritime Transport, 2020, S. 58; eingehend *van de Voorde/Vanelslander*, Market Power and Vertical and Horizontal Integration in the Maritime Shipping and Port Industry.

[562] *Notteboom*, Maritime Policy and Management 29 (2002), S. 257 ff.

[563] Zu den größten Liner Shipping-Unternehmen UNCTAD, Review of Maritime Transport, 2018, S. 32.

[564] Diese Entwicklung zu TNCs wurde jüngst am Beispiel von Maersk als dem größten Linienschifffahrtsunternehmen nachgezeichnet, das sich erst mit dem Übergang zur Containerschifffahrt im Jahr 1973 für eine transnationale Ausrichtung entschied, siehe *Sornn-Friese*, in: Petersson/Tenold/White, Shipping and Globalization in the Post-War Era, S. 103 ff.

[565] Ein Drittel davon hat sogar weniger als 10 Schiffe, *Stopford*, Maritime Economics, S. 84.

[566] *Mitroussi*, Maritime Policy and Management 30 (2003), S. 77 ff.

burt der internationalen Seeschifffahrt und dem Ausflaggen als die „vierte Welle“ im maritimen Bereich bezeichnet[567]. Sie stehen für die Delegation von maritimen Verantwortlichkeiten vom Reeder auf spezialisierte Dienstleister, die ihren Sitz weltweit haben[568]. Die Gründe für die Heranziehung solcher Dienstleister sind neben finanziellen kognitive. Expertise ist v. a. für „Gelegenheitsreeder“ wie Bankiers oder Industrielle sowie „Finanzierungsreeder“, die Schiffe als Investition erwerben, bedeutsam[569]. Ihr Einsatz führte zu einer weltweiten Zersplitterung der unternehmerischen Tätigkeiten hinsichtlich der handelnden Personen: Eine Gesellschaft übernimmt die technische Leitung (Management Company), eine andere den kommerziellen Einsatz (Chartering Company), eine weitere die Bemannung der Schiffe (Ship Manning Company bzw. Crewing Agency) usw.[570].

Insbesondere im Bulk Shipping-Sektor gibt es Unternehmen, die vornehmlich an der Spekulation mit Schiffen interessiert sind. Oftmals handelt es sich bei ihnen strukturell um Ein-Schiff-Unternehmen (One Ship Companies), etwa in Form von Briefkasten-Firmen in Drittländern, um Steuern zu sparen und der Regulierung und der Haftung zu entgehen[571]. Oft ist diese Gesellschaft nur eine Schiffseigentümer-Gesellschaft, die den Betrieb einer anderen Gesellschaft überlassen hat[572].

Der Reeder tritt oftmals nicht mehr selbst als Frachtführer gegenüber der Ladungsseite auf (Reeder-Verfrachter), er verchartert stattdessen seine Schiffskapazitäten an Dritte[573]. Auf diese Weise bleibt ihm die Organisation des Frachtwerbedienstes erspart und er wird von den Schwankungen des Frachtmarktes befreit. Der Charterer – ein Kaufmann, der zum Transport seiner Güter ein Schiff braucht oder ein Reeder, der vorübergehend seinen Schiffspark vergrößern will – ist der eigentliche Benutzer des Schiffs und bestimmt seinen kommerziellen Einsatz. Rechtliche Grundlage ist der Chartervertrag (Charter Party) als ein Vertrag über ein bestimmtes Schiff, bei dem der Reeder – stark vereinfacht – entweder dem Charterer das Schiff als „Objekt“ zur vollen Nutzung überlässt (Demise-, Bareboatcharter) oder ihm die Ausnutzung der Transportkapazität zur Güterbeförderung für eine oder mehrere Reisen oder für einen bestimmten Zeitraum ermöglicht (Reise- bzw. Zeitcharter)[574].

---

[567] *Sletmo*, Maritime Policy and Management 16 (1989), S. 293, 296 ff.

[568] Zu den Aufgaben im Einzelnen siehe etwa das BIMCO Standard Ship Management Agreememt (BIMCO SHIPMAN), die aktuelle Ausgabe ist SHIPMAN 2009, siehe https://www.bimco.org/contracts-and-clauses/bimco-contracts/shipman-2009# (zuletzt abgerufen: 17.04.2023).

[569] *Athanassopoulou*, Schiffsunternehmen und Schiffsüberlassungsverträge, S. 210.

[570] Zu den verschiedenen Aspekten der Shipping Companies *Branch/Robarts*, Branch's Elements of Shipping, S. 449 ff.

[571] *Puttfarken*, Seehandelsrecht, Rn. 542 f.; *Stopford*, Maritime Economics, S. 273; COM(2000) 142 fin., S. 17; *König*, in: Ehlers/Mann-Borgese/Wolfrum, Marine Issues, S. 37, 46.

[572] Zu den typischen Konstruktionen in der internationalen Schifffahrtspraxis *Athanassopoulou*, Schiffsunternehmen und Schiffsüberlassungsverträge, S. 208 f.

[573] *Breitzke*, Die Rechtsnatur der Zeitcharter, S. 2.

[574] Im reformierten HGB wurden diese Vertragstypen in die §§ 553 ff. bzw. §§ 557 ff. aufgenommen.

Eine für die Branche der Linienfahrt typische Form der Unternehmenskooperation sind traditionell die Schifffahrtskonferenzen, sprich ständige Gremien von Reedern für ein abgegrenztes Fahrtgebiet, die dieses Fahrtgebiet gemeinsam bedienen und Frachtraten festlegen, um dadurch ruinöse Konkurrenz zu vermeiden[575]. Gegenstand der Konferenzvereinbarungen sind sowohl Preis- als auch Kapazitätsabsprachen, so dass es sich hierbei um Preis-Quoten-Kartelle handelt[576]. Das Konferenzensystem ist allerdings unter den Druck nationaler Kartellbehörden geraten[577], weswegen andere Unternehmenskooperationen beliebter werden[578]. Zu den heute gängigen Unternehmensverbindungen[579] im Containerverkehr gehören Joint Ventures wie etwa die Gründung der Hapag-Lloyd Containerlinien, Non-Joint Ventures wie Ladungs- und Frachtenpools[580] und die Reedereikonsortien (Shipping Consortium), die mit Hilfe technischer, betrieblicher oder kommerzieller Vereinbarungen versuchen, die Beförderungsleistungen zu rationalisieren, etwa über Vessel Sharing Agreements[581]. Seit den 1990er Jahren wird der Kooperationsgedanke durch die Gründung globaler strategischer Allianzen in eine neue Dimension überführt, da sich bei diesen die Kooperation auf mehrere Fahrtgebiete erstreckt und auch die Zusammenarbeit bei den Containervor- und Containernachläufen miteinbezieht[582].

Die moderne maritime Industrie zeichnet sich damit nicht nur in Bezug auf ihre Schiffe, sondern auch in Bezug auf ihre unternehmerischen Strukturen durch eine internationale Arbeitsteilung aus. Der Begriff des Reeders fungiert insofern nur noch als ein Überbegriff zur Umschreibung dieses internationales Netzwerks, das die Welthandelsflotte kontrolliert[583]. In der Untersuchung werden – sofern nicht spezifische Rollen adressiert werden – daher die Termini Schiffseigner und -betreiber oder Schifffahrtsunternehmen gewählt.

c) Maritime Kontaktzonen

Kontaktzonen, die Ausdruck des Kernelements der Interkulturalität sind[584], prägen auch den maritimen Bereich. Das trifft zwar nicht auf die Ozeane zu[585], da sie nur

---

575 *Pawlik*, Seeverkehrswirtschaft, S. 54.

576 *Hartau*, Seeverkehrsmärkte im wettbewerbspolitischen Wandel, S. 103.

577 In den USA ist der Ocean Shipping Reform Act von 1998 zu nennen; in der EU wurde die generelle Gruppenfreistellung durch die VO 1419/06 (ABl. 2006 L 269, S. 1) mit Wirkung zum 2008 aufgehoben.

578 Dazu *Meersman/Sys/van de Voorde/Vanelslander*, Competition Issues in Liner Shipping, S. 9 f.

579 Allgemein zu den Grundtypen von Allianzen *Faulkner*, International Strategic Alliances.

580 *Biebig/Althofer/Wagener*, Seeverkehrswirtschaft, S. 177 f.

581 OECD, Working Paper No. 2 on Competition and Regulation, DAF/COMP/WP2/M(2019)2/ANN2/FINAL, 17.11.2020, S. 3; *Schieck*, Internationale Logistik, S. 209 f.

582 *Pawlik*, Seeverkehrswirtschaft, S. 59. Globale strategische Allianzen manifestieren sich etwa im Betrieb gemeinsamer Terminals und Schiffe, ausführlich *Hautau*, Seeverkehrsmärkte im wettbewerbspolitischen Wandel, S. 105 ff.

583 Von einer Auflösung des Reederbegriffs sprechend *Puttfarken*, Seehandelsrecht, S. 146.

584 Siehe oben 1. Kapitel, IV. 1. d. cc.

585 So aber *Klein/Mackenthun*, Das Meer als kulturelle Kontaktzone.

Verkehrsräume und keine Räume der zwischenmenschlichen Begegnung sind; diese können aber eine Vermittlungsebene für kulturelle Kontaktzonen bilden:

- *Schiff*: Ein Schiff ist nicht nur ein Betriebsmittel, sondern auch ein Betrieb mit Arbeitnehmern, der Besatzung, und bei Passagierschiffen ein Aufenthaltsort für Reisende. Gerade bei der Schiffscrew zeigt sich, dass die Seeschifffahrt Personen aus unterschiedlichen Kulturkreisen zusammenbringt. Heutzutage haben ca. 80 % aller Handelsschiffe eine multinationale Besatzung[586]. Allerdings entwickelt sich auf den modernen Schiffen mit internationaler Besatzung keine interkulturelle, hybride Arbeitskultur[587]. Stattdessen werden Schranken an Bord eher verteidigt als abgebaut; eine hybride Arbeitskultur hat keine Chance, wenn der Arbeitsmarkt durch radikale Konkurrenz geprägt ist[588].
- *Seehafen*: Seehäfen verfügen sowohl über Verbindungen zu inländischen Regionen als auch über den internationalen Handel und Transport zur restlichen Welt. In dieser Gateway-Funktion[589] bilden sie eine Plattform für Händler, Durchreisende und Zuwanderer. Hafenstädte werden daher als frühe Mikrokosmen der Globalisierung interpretiert, in denen sich auch transkulturelle Manifestationen in hoher Dichte zeigen[590]. Dies verdeutlichen die Stadtarchitektonik, etwa die für Hafenstädte typischen China Towns mit großen Eingangstoren, aber auch die Semantik von Hafenstädten, zu der Weltoffenheit, Toleranz und Kosmopolitismus zählen[591]. Moderne Häfen werden indes als industrietechnische Großanlagen betrieben, die für die Öffentlichkeit kaum zugänglich sind. Mit dieser Trennung von Hafen und Stadt ist es zweifelhaft, ob man überhaupt noch von der kulturellen Kontaktzone Seehafen sprechen kann[592]. Fragen interkultureller Begegnung im Seehafen werden in der Untersuchung daher ausgeklammert.

In starkem Kontrast dazu steht die Reedereiseite, die von wenigen Staaten dominiert ist. Nach dem Review of Maritime Transport (RMT) schauen die Eigentumsverhältnisse der Welthandelsflotte zwar so aus, dass 35 Nationen 95, 03 % DWT (Dead Weight Tonnage) gehören, davon teilen sich aber fünf Staaten – Griechenland,

586 Siehe ausführlich unten 2. Kapitel, B. I. 2. b.

587 *Gerstenberger*, in: dies./Welke, Seefahrt im Zeichen der Globalisierung, S. 93, 106 f.

588 Siehe zu den interkulturellen Spannungen unten 4. Kapitel III. 1.

589 Zum Konzept-Begriff der Gateway-City siehe *Burghardt*, Annals of the Association of American Geographers 61 (1971), S. 269, der damit in Abgrenzung zum „zentralen Ort" Grenzstädte beschreibt, die durch Transport, Logistik und Großhandel bestimmt sind; in Bezug auf die Hafenstadt *Held*, Territorium und Großstadt, S. 337 f.

590 *Vögele/Fehleman/Lee*, in: Borsò/Görling, Kulturelle Topographien, S. 213 f.

591 Siehe nur die Eingangsformel der Verfassung der Freien und Hansestadt Hamburg: „Die Freie und Hansestadt Hamburg hat als Welthafenstadt eine ihr durch Geschichte und Lage zugewiesene, besondere Aufgabe gegenüber dem deutschen Volke zu erfüllen. Sie will im Geiste des Friedens eine Mittlerin zwischen allen Erdteilen und Völkern der Welt sein"; allgemein *Amenda/Fuhrmann*, Hafenstädte: Mobilität, Migration, Globalisierung.

592 Phasenmodelle zur wechselvollen Beziehung von Hafen und Stadt wollen zu bejahen, *Schubert*, in: Kokot/Gandelsman-Trier/Wildner/Wonneberger, Port Cities as Areas of Transition, S. 25 f., 43, da sie eine Reintegration beschreiben, *Hoyle*, in: Hoyle/Pinder, European Port Cities in Transition, S. 1 ff.

Japan, China, Deutschland und Singapur – gut die Hälfte bzw. – bezogen auf den Wert der Flotte – sind die USA, Japan, Griechenland und Norwegen führend und in der Containerschifffahrt Deutschland, China, Griechenland, Dänemark und Hongkong[593].

X. Fazit: Paradebeispiel Seeverwaltung

Das erste Kapitel hat gezeigt, dass die Seeverwaltung ein Paradebeispiel für eine internationale Verwaltung bildet. Strukturell stellt sie sich als eine sogenannte Konglomeratsverwaltung dar, die statt durch monolithisches Denken durch ein Zusammenspiel und die Verbindung diverser Akteure, Rechtsschichten und Kulturen gekennzeichnet ist. Dieses strukturelle Gepräge wurde darauf zurückgeführt, dass die internationale Zusammenarbeit zu einer Verwaltungsaufgabe geworden ist, was zur Folge hat, dass sich die Verwaltung nach außen öffnen muss.

Ist das Seeverwaltungsrecht ein internationales Verwaltungsrecht par excellence, dann ist zu erwarten, dass die der Untersuchung zugrunde liegende Konglomeratsthese sowie ihre Forschungserträge auch in nicht-maritimen Bereichen fruchtbar gemacht werden können. Das Seeverwaltungsrecht kann in der Folge dazu beitragen, der beklagten Konzeptlosigkeit des internationalen Verwaltungsrechts[594] zu begegnen. Dass die Konglomeratsverwaltung demnach keinesfalls auf scheinbar exotische Phänomene wie die Seeschifffahrt beschränkt ist, sollen vier Beispiele internationaler Verwaltung untermauern:

- *Internationales Wettbewerbsrecht*: Die Handelsliberalisierung hat auch den Bedarfsmärkten einen grenzüberschreitenden Charakter verliehen. Obwohl es für das Wettbewerbsrecht bisher keine international gültigen und verbindlichen Rechtsrahmen gibt, haben sich internationale Kooperationsstrukturen wie das International Competition Network herausgebildet, die zu einer „kognitiven Konvergenz“ bzw. „Soft Convergence“[595] der Rechtsordnungen weltweit beitragen[596]. Dieser Abschied vom Einheitsdenken mag nicht die optimale Lösung darstellen[597], bildet aber zumindest in absehbarer Zeit die einzig realisierbare[598].
- *Transnationales Steuerrecht*: Herkömmlich ist das sog. Internationale Steuerrecht territorial geprägt[599], geht es doch um die Wahrung nationaler Steuerhoheit und

[593] UNCTAD, Review of the Maritime Transport, 2017, S. 28f.

[594] Siehe oben 1. Kapitel, I. 3. a.

[595] Damit ist ein Prozess gemeint, in dessen Verlauf die Beteiligten durch regelmäßige Kontakte zu einer Angleichung der Ansichten kommen, *Baetge*, Globalisierung des Wettbewerbsrecht, S. 251, 315f.

[596] Zu den zwei Pfeilern „Kooperation“ und „Konvergenz“ *Terhechte*, ZaöRV 68 (2008), S. 689ff.; *Capobianco/Davis/Ennis*, Implications of Globalisation for Competition Policy, S. 1.

[597] Zur Etablierung eines „Weltkartellrechts“ *Basedow*, Weltkartellrecht.

[598] *Wagner v. Papp*, in: Tietje, Internationales Wirtschaftsrecht, Rn. 134ff.

[599] *Tietje*, in: Möllers/Voßkuhle/Walter, Internationales Verwaltungsrecht, S. 209, 210f.

damit in Zusammenhang stehend die Suche nach Anknüpfungspunkten für eine Besteuerung[600]. In diesem Sinne wird es kollisionsrechtlich als die „Gesamtheit der Rechtsvorschriften eines Staats, die die Besteuerung grenzüberschreitender Sachverhalte regeln"[601], beschrieben. In jüngerer Zeit werden infolge einer Zunahme „internationaler Steuerfälle"[602] indes Ansätze eines „transnationalen Steuerrechts" – oder auch „echten internationalen Steuerrechts"[603] – ausgemacht, das durch eine „Verflechtungen des Steuerrechts im Mehrebenensystem" gekennzeichnet ist und daher als Referenzordnung für ein internationales Verwaltungsrecht aufgeführt wird[604]. Mit der Einigung auf eine globale Steuerordnung für Unternehmensgewinne[605] wird der Abschied vom kollisionsrechtlichen Denken umso deutlicher.

- *Global Migration Governance*: Obgleich das Migrationsrecht mit grenzüberschreitenden Wanderungsströmen einen inhärent internationalen Realbereich zum Gegenstand hat, ist seine Eignung als Referenzordnung für das internationale Verwaltungsrecht bestritten. Diese These der „De-Internationalisierung"[606] des Migrationsrechts stützt sich auf die Argumente einer schwach ausgeprägten internationalen Zusammenarbeit in der Migrationspolitik[607] bei einer gleichzeitigen Ausdehnung des EU-Migrationsrechts[608]. Insbesondere die sog. Flüchtlingskrise, die der Zusammenarbeit auf internationaler Ebene einen Entwicklungsschub gegeben hat[609] sowie zur Herausbildung grenzüberschreitender Behördenkooperationen geführt hat[610], legt demgegenüber nahe, dass das Migrationsrecht die Entwicklung vom auf Grenzziehungen zielenden Ausländerpolizeirecht zu einer Global Migration Governance[611] durchlaufen hat.
- *Entwicklungsverwaltung als extraterritoriale Leistungsverwaltung*: Nach *Philipp Dann* hat sich im Entwicklungsverwaltungsrecht ein „extraterritoriales Leis-

[600] *Haase*, Europäisches und Internationales Steuerrecht, § 1 Rn. 18 ff.

[601] *Frotscher*, Internationales Steuerrecht, § 1 Rn. 17; zum Meinungsstand *Schaumburg*, Internationales Steuerrecht, 1. Kap. Rn. 11–15.

[602] *Brähler*, Internationales Steuerrecht, S. 1 f.

[603] *Frotscher*, Internationales Steuerrecht, § 1 Rn. 31.

[604] *Tietje*, in: Möllers/Voßkuhle/Walter, Internationales Verwaltungsrecht, S. 209, 212 ff.; differenzierend *Reimer*, in: Möllers/Voßkuhle/Walter, Internationales Verwaltungsrecht, S. 181, 206 f.; auch *Valta*, Das Internationale Steuerrecht zwischen Effizienz, Gerechtigkeit und Entwicklungshilfe, S. 319 ff.

[605] Der sog. „Zwei-Säulenansatz" sieht eine stärkere Gewinnbesteuerung in den Marktstaaten vor und legt einen internationalen Mindeststeuersatz fest, https://www.oecd.org/newsroom/130-countries-and-jurisdictions-join-bold-new-framework-for-international-tax-reform.htm (zuletzt abgerufen: 29.03.2023).

[606] *Bast*, in: Möllers/Voßkuhle/Walter, Internationales Verwaltungsrecht, S. 279, 307 ff.

[607] *Breitenmoser*, in: VVDStRL 76 (2017), S. 9, 23 ff.; *Odendahl*, in: ebenda, S. 59 f.

[608] *Bast*, in: Möllers/Voßkuhle/Walter, Internationales Verwaltungsrecht, S. 279, 307 f.

[609] Dazu *Angenendt/Koch*, Global Migration im Zeitalter gemischter Wanderungen, S. 20 ff.

[610] *Gerontas*, Europäisierung und Internationalisierung des Verwaltungshandelns, S. 187 ff.

[611] Im Verständnis aber unterschiedlich: *Kunz/Lavenex/Panizzon*, Multilayered Migration Governance; *Bets*, Global Migration Governance; *Thym*, in: van Vooren/Blockmans/Wouters, The Legal Dimension of Global Governance: What Role for the EU?, S. 289 ff.

tungsverwaltungsrecht“ herausgebildet, das auf die systematische Vergabe öffentlicher Gelder zur Förderung des Gemeinwohls zielt[612]. Darüber hinaus finden sich dort grenzüberschreitende Informationsbeziehungen, so dass es sich zugleich als ein internationales Informationsverwaltungsrecht erweist[613]. Ein spezifisches Merkmal des Entwicklungsverwaltungsrecht liegt darin, dass Entwickungshilfe durch nationalstaatliche, supranationale sowie internationale Organisationen vergeben wird, weswegen es ein Referenzgebiet des internationalen Verwaltungsrechts bildet[614].

Die Untersuchung unterstreicht diese Beispielhaftigkeit des konglomeratischen Seeverwaltungsrechts weiter dadurch, dass in den Kapiteln zu den Instrumenten und rechtlichen Kautelen mitunter Querbezüge zu Erkenntnissen aus nicht-maritimen Sachgebieten des internationalen Verwaltungsrechts gemacht werden. Zunächst gilt es aber im nächsten Kapitel, anhand von drei maritimen Referenzgebieten und damit plastischem Anschauungsmaterial die im Grundlagenkapitel entwickelte These zu unterstreichen, dass die Konglomeratsverwaltung die Konsequenz einer grenzüberschreitenden Aufgabenstellung der Verwaltung ist.

[612] *Dann*, Entwicklungsverwaltungsrecht, S. 2ff.
[613] *Riegner*, Informationsverwaltungsrecht internationaler Institutionen.
[614] *Dann*, in: Möllers/Voßkuhle/Walter, Internationales Verwaltungsrecht, S. 8.

2. Kapitel

Referenzgebiete

A. Seesicherheits- und Seeumweltrecht

Ein Kontrast zum terrestrischen Anlagenrecht verdeutlicht, dass das Seesicherheits- und Seeumweltrecht grenzüberschreitende Herausforderungen behandelt (I.). Eine seevölkerrechtliche Analyse (II.) sowie ein Blick in die deutschen Rechtsgrundlagen (III.) weisen im Anschluss daran nach, dass diese Aufgaben solche einer internationalen Verwaltung geworden sind. Auf den konglomeratischen Charakter dieser Verwaltung deutet auch die Beschreibung als „dezentralisiertes Mehrebenensystem“ hin, die sich in der seevölkerrechtlichen Literatur findet (IV.).

I. Herausforderungen eines mobilen Anlagenrechts

Das nationale Sicherheits- und Umweltrecht ist um die technische Anlage zentriert, so dass dem Anlagenrecht insbesondere dem des Bundesimmissionsschutzgesetzes eine grundlegende, ja modellhafte Bedeutung für den Umgang mit Gefahren und Risiken für Gesundheit und Umwelt beigemessen wird[1]. Während die Anlage typischerweise, wenn auch nicht ausschließlich (§ 3 V Nr. 2 BImSchG), ein ortsfester Betrieb ist (§ 3 V Nr. 1 BImSchG), stellt das Seeschiff gleichsam eine schwimmende Anlage dar, weswegen das Seesicherheits- und Seeumweltrecht hier als mobiles Anlagenrecht bezeichnet wird. Ihm geht es längst nicht mehr allein um die Verhinderung und Bekämpfung von Havarien (1.), mit denen man Anliegen der Sicherheit und des Umweltschutzes im Seetransport gemeinhin in Verbindung bringt, vielmehr rückt die Verminderung diverser der Seeschifffahrt inhärenter globaler Umweltprobleme in den Vordergrund (2.).

1. Verhinderung und Bekämpfung von Havarien als Fixpunkt

Aufgabe des Seesicherheitsrechts ist es, Mängeln und Verhaltensweisen entgegenzuwirken, die in Havarien münden und deren direkte Folgen der Untergang des Schiffs, sein Auflaufen auf Grund sowie Brände oder Explosionen sind, während Maschinenversagen oder Defekte des Schiffskörpers seltener sind[2]. Da sich Schiffs-

[1] *Stoll*, Sicherheit als Aufgabe von Staat und Gesellschaft, S. 65.
[2] Nautische Vereine, Schifffahrt und Schiffssicherheit auf der Ostsee, S. 17.

unfälle nicht vermeiden lassen, tritt als flankierendes Anliegen die Reduzierung und die Bekämpfung bereits eingetretener Unfallfolgen hinzu[3]. Indem Ölverschmutzungen in Folge von Havarien entgegengewirkt wird, leistet das Seesicherheitsrecht zugleich einen Beitrag zum maritimen Umweltschutz.

Die Herausforderungen, die der grenzüberschreitende Verwaltungsgegenstand birgt, machen sich zunächst dadurch bemerkbar, dass sich die Seeschifffahrt durch ihren Mobilitätsaspekt mehr als die Anlage zu Lande durch komplexe Wechselwirkungen der am System Schiff und seiner Umwelt beteiligten Faktoren auszeichnet (a). Während folglich ein besonderes Gefährdungspotential besteht, sind gleichzeitig infolge der Globalisierung der Seeschifffahrt die strukturellen Rahmenbedingungen für die maritime Sicherheit äußerst ungünstig. Die Häufung von „Megakatastrophen" – Schiffsnamen wie die der Torrey Canyon, Amoco Cadiz, Exxon Valdez, Herald of Free Enterprise, Estonia, Haven, Argean Sea, Tanio, Braer, Sea Empress, Erika und Prestige sind nur einige in einer langen Reihe[4] – gilt als Symptom dieses Strukturdefizits[5]. Allein aus diesem durch die Medienberichterstattung induzierten Aufmerksamkeitswert[6] lassen sich zwar noch keine Schlussfolgerungen ziehen, doch bescheinigt auch die Sicherheitsforschung der Seeschifffahrt ein ernstzunehmendes Sicherheitsrisiko[7], das eine Ursachenanalyse illustrieren soll (b). Mit der Einordnung als sog. fehlerinduziertes System liefert schließlich die Soziologie eine Erklärung für diese Eigenheiten gegenüber dem terrestrischen Sicherheitsrecht (c).

a) Schiffssicherheit und Verkehrssicherheit

Im Mittelpunkt des technischen Sicherheitsrechts steht bei Industrieanlagen zu Lande die sichere Auslegung und der sichere Betrieb der Anlagen. Da Seeschiffe auch Transportmittel sind, geht das Seesicherheitsrecht über diese Betrachtungsweise hinaus, wie seine doppelte Ausrichtung zeigt:

Die Sicherheit der Seeschifffahrt umfasst zunächst die Schiffssicherheit im engeren Sinne als die Sicherheit des Schiffs selbst. Nach dem überkommenen Verständnis sind ihr Gegenstand ausschließlich die Gefahren und Risiken, die vom Schiff als Sache und seiner falschen Bedienung ausgehen[8], externe Gefahren wie Piraterie und Terrorismus hingegen nicht. Der verwandte Begriff der Seetüchtigkeit ist traditionell im Seehandelsrecht verankert und mit dem öffentlich-rechtlichen Verständnis der Schiffssicherheit nicht deckungsgleich[9].

---

[3] WSV, Maritimes Sicherheitskonzept, S. 6.

[4] Für die EU-Gewässer siehe die Liste in der Mitteilung der Europäischen Kommission über die Sicherheit des Erdöltransports zur See, COM(2000)142 fin., S. 43 ff.

[5] *Schult*, Das völkerrechtliche Schiffssicherheitsregime, S. 23.

[6] Kritisch *Böhme/Sichelschmidt*, Sicherheit auf See, S. 1, 10.

[7] *Schröder*, Datenerfassung bei Unfallursachen und begünstigende Faktoren für Unfälle in der Seeschifffahrt, S. 14 ff., 134.

[8] *Lindemann*, Untersuchung, Festhalten und vorläufige Freigabe, S. 114 f.

[9] Das öffentlich-rechtliche Schiffssicherheitsrecht konkretisiert den handelsrechtlichen Seetüchtigkeitsbegriff und nicht umgekehrt, *Wüstendörfer*, Seehandelsrecht, S. 238. Die seehandelsrecht-

Hinzu tritt die Verkehrssicherheit als die Sicherheit der Verkehrsabläufe auf See[10]. Im Unterschied zur Schiffssicherheit im engeren Sinne, die bestimmte Anforderungen an das Schiff und seine Bedienung formuliert, damit dieses seine Reise antreten darf, ist die Verkehrssicherheit dieser insofern nachgelagert, als sie allein das falsche Verhalten während der Schiffsreise betrifft. Die danach von der Verwaltung zu ergreifenden verkehrsordnenden Maßnahmen werden auch als Schifffahrtspolizei im engeren Sinne bezeichnet (siehe auch § 55 Seeschifffahrtsstraßen-Ordnung)[11].

b) Sicherheitsrisiko unternormiges Schiff

Als direkt unfallbestimmend werden analytisch technische, nautische und (sonstige) menschliche Ursachen unterschieden[12]:

- Technische Fehler betreffen die bauliche Sicherheit und die sicherheitstechnische Ausrüstung an Bord[13]. Sie machen sich etwa bemerkbar durch das Ausfallen von Maschinen oder durch funktionsuntüchtige Ruderanlagen, wie im Fall der Havarie der Amoco Cadiz.
- Navigationsfehler können dazu führen, dass Schiffe zusammenstoßen oder stranden. Dies war die Ursache für die Havarie der Torrey Canyon 1967 sowie der Exxon Valdez 1989. Mit der Zunahme des Schiffsverkehrs und der wachsenden Schiffsgröße, die die Manövrierbarkeit des Schiffs einschränkt, steigt die Kollisionsgefahr. Besonders gefährdet sind daher stark befahrene Schiffsreviere wie die Deutsche Bucht, die als das am meisten frequentierte Revier der Welt gilt[14].
- Hinzu tritt der Human Factor. Die meisten Unfälle betreffen nicht die technische „Hardware“, sondern lassen sich mit menschlichem Versagen auf „Software“-Elemente zurückführen, und zwar sowohl an Bord als auch an Land.

Die eigentliche Wurzel von Seeunfällen liegt indes regelmäßig im zunehmenden Kostendruck auf die Schiffseigner und -betreiber[15]. In technischer Hinsicht macht

liche Seetüchtigkeit liegt vor, wenn der Schiffskörper geeignet ist, die Gefahren der Seereise mit der konkreten Ladung auf der vorgesehenen Route zu bestehen, und das Schiff genügend eingerichtet, ausgerüstet und bemannt ist, *Paschke*, in: Oetker, HGB, § 485 Rn. 1. Im Seehandelsrecht muss Seetüchtigkeit (§ 485 HGB) dabei nur relativ in Bezug auf die anstehende Reise vorliegen, was eine konkrete Betrachtungsweise und nicht den Umgang mit abstrakten Gefahren impliziert, *Lindemann*, Untersuchung, Festhalten und vorläufige Freigabe, S. 113 f.

[10] *Beckert/Breuer*, Öffentliches Seerecht, Rn. 481.

[11] *Beckert/Breuer*, Öffentliches Seerecht, Rn. 813.

[12] *Schult*, Das völkerrechtliche Schiffssicherheitsregime, S. 46; differenzierter COM(2000)142 fin., S. 42.

[13] Unabhängige Expertenkommission „Havarie Pallas“, Bericht, S. 44.

[14] *Herma*, Die rechtliche Ausgestaltung maritimer Sicherheit in Deutschland, S. 24.

[15] OECD, Competitive Advantages, OECD/GD(96)4, S. 26; *Witt*, Obligations and Control of Flag States, S. 220.

sich dies am zunehmenden Alter der Welthandelsflotte[16] sowie an fundamentalen Defiziten wie defekten Feuerlöschpumpen[17] bemerkbar. Beim menschlichen Faktor ist zu sehen, dass aus Kostengründen oftmals Besatzungen aus Entwicklungs- und Schwellenländern angeworben werden, deren Ausbildung defizitär ist und innerhalb derer Sprachbarrieren bestehen, was die Kommunikation erschwert, während die Besatzungsstärke sinkt. Die OECD hat daher eine Zunahme von sog. unternormigen Schiffen (Substandard Ships) beobachtet, wobei sie ein unternormiges Schiff als ein Schiff definiert, das aufgrund seines physischen Zustands, seines Betriebs oder der Aktivitäten seiner Besatzung die grundlegenden Normen für die Seetüchtigkeit nicht erfüllt und dadurch eine Gefahr für Leben und / oder die Umwelt darstellt[18]. Diese weisen signifikante Kostenvorteile auf[19]: Bei Massengutfrachtern beträgt die Marge für den Substandard-Betrieb etwa 500 US-Dollar pro Tag oder 182.500 US-Dollar pro Jahr. Dies entspricht einer Kostenersparnis von 13 % der jährlichen Betriebskosten des Schiffes. Für Öltankschiffe beträgt die Marge für den unternormigen Betrieb etwa 650 US-Dollar pro Tag oder 237.250 US-Dollar pro Jahr. Dies entspricht einer Einsparung von 15 % der jährlichen Betriebskosten des Schiffes.

c) *Seeschifffahrt als fehlerinduziertes System*

Der grenzüberschreitende Bezug der Seeschifffahrt führt aus den genannten Gründen dazu, dass die Fehlerquellen für Unfälle diverser sind als bei terrestrischen Anlagen, bei denen insbesondere innerbetriebliche Defizite zu Unfallereignissen führen. Einen soziologischen Erklärungsansatz für diesen Unterschied liefert *Charles Perrows* Theorie der normalen Katstrophen[20]: Bei terrestrischen Anlagen führt nach ihm deren Systemgestaltung („komplexe Interaktionen“, „enge Koppelungen“) dazu, dass Systemunfälle zwangsläufig bedingt sind[21]. Demgegenüber sei die Situation bei mobilen Industrien wie im Luft- und Schiffsverkehr komplizierter, weil dort neben der Eigendynamik sozio-technischer Systeme auch die Umwelt, etwa Stürme, Nebel und Eis, sowie weitere Systeme, etwa andere Flugzeuge in der Luft oder andere Schiffe auf dem Wasser, eine Rolle für Unfälle spielten[22]. Die (Fracht-)Schifffahrt stellt nach ihm ein noch komplexeres System („fehlerinduziertes System“) dar[23], da dort die eigentümliche Verbindung einer hoch globalisierten Industrie mit einer autoritären Befehlsstruktur an Bord das Unfallrisiko erhöhe.

---

[16] Auch wenn sich Kausalität nicht nachweisen lässt, so bestehen doch ein allgemeiner statistischer Zusammenhang zwischen dem Alter des Schiffs und seinem Unfallrisiko, zum Problem Mitteilung der Europäischen Kommission über die Sicherheit des Erdöltransports zur See, COM(2000) 142 fin., S. 12.

[17] OECD, Competitive Advantages, OECD/GD(96)4, S. 7.

[18] OECD, The Cost of Users of Substandard Shipping, S. 7.

[19] OECD, Ship and Environment, DSTI/DOT/MTC(2003)18, S. 3.

[20] *Perrow*, Normale Katstrophen.

[21] Ebenda, S. 57–140.

[22] Ebenda, S. 186, 275.

[23] Ebenda, S. 217 f., 275.

Relevante Fehlerquellen sind daher namentlich schlechte Arbeitsbedingungen an Bord, der hohe ökonomische Zeitdruck, die schlechte Wartung der komplizierten Ausrüstung und Sprachprobleme[24].

2. *Seeschifffahrt als globales Umweltproblem*

a) Abgrenzung von nationalen und grenzüberschreitenden Umweltproblemen

Als globale oder auch internationale Umweltprobleme werden höchst unterschiedliche Sachverhalte beschrieben[25]. Zur Systematisierung des komplexen Phänomens und zugleich zur Veranschaulichung der Herausforderung bietet es sich an, an die umweltrechtliche Unterscheidung zwischen Gefährdungsquelle und Schutzgut[26] anzuknüpfen[27]: Der globale Bezug eines Umweltproblems kann sich danach aus der internationalen Mobilität der Belastungsquelle ergeben, beispielsweise die Umweltrisiken transnationaler Abfallströme[28]. Zudem kann das Schutzgut selbst eine internationale Dimension aufweisen, entweder tatsächlich wie bei der Bedrohung gemeinsamer Güter oder Ressourcen, d.h. die sich weder ausschließlich der Souveränität eines Staats zuordnen lassen noch hoheitsfrei sind, beispielsweise grenzüberschreitende Ökosysteme, oder weil der Verlust eines ökologischen Guts droht, das völkerrechtlich jedenfalls[29] als Common Concern of Mankind anerkannt ist, wie dies etwa bei der Biodiversität der Fall ist[30].

Der Begriff des globalen Umweltproblems lässt sich vor diesem Hintergrund am besten funktional definieren. Er bezeichnet danach umweltbezogene Situationen, denen gemeinsam ist, dass sie einen spezifisch übernationalen Bezug dergestalt aufweisen, dass sie erfolgreich nur im Wege internationaler Kooperation angegangen werden können[31]. Negativ abzuschichten ist der Begriff demnach zum einen vom ausschließlich lokal begrenzten Umweltproblem, da dieses in der Regel rein innerstaatlich bewältigt werden kann. Zum anderen ist eine Abgrenzung von Schadstoff-

---

[24] Ebenda, S. 221 ff.

[25] Zu anerkannten Beispielen *Kloepfer*, Umweltrecht, § 10 Rn. 1.

[26] *Breuer*, DS 20 (1981), S. 393, 395 ff.

[27] In Anlehnung an *Eifert*, in: Schoch, Besonderes Verwaltungsrecht, Kap. 5 Rn. 5; sowie *Kloepfer*, Umweltrecht, § 10 Rn. 1.

[28] Allgemein *Durner*, in: Proelß, Internationales Umweltrecht, 15. Abschnitt, Rn. 1–5.

[29] Im Völkerrecht kennt man daneben noch die Gemeinschaftssache (Res Communis), wie die Hohe See (Art. 87 SRÜ), die hoheitsfrei ist und unter dem besonderen Schutz aller Staaten steht (Art. 192 SRÜ), und das gemeinsame Erbe der Menschheit (Common Heritage of Mankind), wie den Tiefseeboden jenseits der äußeren Grenzen des Festlandsockels (Art. 136 SRÜ), der nicht nur hoheitsfrei ist, sondern v.a. auch vorrangig durch eine internationale Organisation verwaltet und bewirtschaftet werden soll (Art. 137 SRÜ).

[30] Siehe die Präambel der Convention on Biological Diversity vom 5.6.1992, BGBl. 1992 II S. 1742, 1760 UNTS 79, in Kraft seit dem 29.12.1993. Teilweise wird dem Konzept des Common Concern jede rechtliche Relevanz abgesprochen; andere sehen darin ein Rechtsinstitut, da es die Verpflichtungen zum Schutz des entsprechenden Umweltguts in ein Erga Omnes-Verhältnis erhebt, zum Meinungsstand *Durner*, Common Goods, S. 253 ff. m.w.N.

[31] *Koch/Mielke*, ZUR 2009, S. 403; *Kloepfer*, DVBl. 1984, S. 245.

emissionen im grenznahen Bereich nötig, die keine tiefgreifenden Fernwirkungen haben, sprich die durch Luft und Wasser über die Grenzen von Nachbarstaaten transportiert werden, und daher bilateralen Lösungen zugeführt werden können[32]. Dementsprechend unterscheidet die umweltvölkerrechtliche Literatur zwischen dem grenzüberschreitenden Umweltschutz im engeren Sinne und dem globalen Umweltschutz[33]. Der globale Umweltschutz bildet den Kern des modernen Umweltvölkerrechts, während der grenzüberschreitende Umweltschutz im engeren Sinne als seine historische Wurzel gilt[34].

Maritime Umweltbeeinträchtigungen erweisen sich als Folge der mit der Globalisierung der Wirtschaft einhergehenden drastischen Steigerung der Verkehrsströme zu Wasser[35], so dass die Seeschifffahrt der zuerst genannten Kategorie globaler Umweltprobleme, der mobilen Belastungsquelle, zuzuordnen ist.

b) Heterogenität maritimer Umweltbelastungen

Rechtssystematisch werden Regelungen zum Schutz vor durch die Seeschifffahrt hervorgerufenen Umweltbeeinträchtigungen oftmals dem Gewässerschutzrecht zugeordnet[36]. Auch der überkommene Fokus auf Ölkatastrophen infolge von Havarien begünstigt eine solche wasserrechtliche Perspektive. Diese Einordnung darf aber nicht darüber hinwegtäuschen, dass das Seeumweltrecht quer zu den anlagen-, umweltmedien- und stoffbezogenen Schutzmaterien des Umweltrechts liegt[37]. Das ist darauf zurückzuführen, dass es sich bei Seeschiffen um Transportmittel handelt. Gerade der Verkehr stellt aber eine Zivilisationserscheinung dar, die ganz unterschiedliche Umweltbelastungen verursacht und mehrere Umweltmedien betrifft[38]. In Bezug auf den Seeverkehr scheidet im Unterschied zum Straßenverkehr der Flächenverbrauch als Herausforderung naturgemäß aus, stattdessen treten, wie im Folgenden gezeigt wird, viele weitere Umweltbeeinträchtigungen[39] hinzu.

---

[32] Historisch abgrenzend *Zürn*, Regieren jenseits des Nationalstaates, S. 85 f.; *Kloepfer*, Umweltrecht, § 10 Rn. 2 f.

[33] *Beyerlin*, Umweltvölkerrecht, § 1 Rn. 5.

[34] Ebenda; anders die Einteilung bei *Dederer*, in: HStR XI, § 248 Rn. 3–5, der grenzüberschreitende Umweltprobleme als Oberbegriff für globale, regionale und lokale Umweltprobleme wählt.

[35] Zu weiteren Ursachen *Koch/Mielke*, ZUR 2009, S. 403 f.

[36] *Kloepfer*, Umweltrecht, § 14 Rn. 5; zur wasserrechtlichen Grundlage auch *Drost/Ell/Schütte*, Das neue Wasserrecht, S. 27 ff., 215 ff.; *Tietje*, Internationalisisertes Verwaltungshandeln, S. 368 ff.; dem Meeresumweltschutz zuordnend *Lindemann*, Untersuchung, Festhalten und sofortige Freigabe, S. 116 f. und die umweltvölkerrechtliche Literatur *Beyerlin/Marauhn*, International Environmental Law, S. 115 ff.; *Birnie/Boyle/Redgewell*, International Law & the Environment, S. 379 ff.

[37] Siehe den Überblick bei *Jacobshagen*, Umweltschutz und Gefahrguttransport für Binnen- und Seeschifffahrt.

[38] *Kloepfer*, Umweltrecht, § 1 Rn. 35 ff.; mit historischen Beispielen *v. Weizäcker*, Erdpolitik, S. 83 ff.; sowie bereits SRU, Umweltgutachten 1987, Rn. 129 ff.

[39] Zu diesen SRU, Meeresumweltschutz in der Nord- und Ostsee, Rn. 7, 485 ff.

aa) Gewässerschutz: Eintrag von Schiffsschadstoffen

Der Schutz des Umweltmediums Wasser vor Überbeanspruchung und Verschmutzung bildet das Anliegen des Gewässerschutzrechts[40]. Der bekannteste Schiffsschadstoff ist der Eintrag von Öl und ölhaltigen Rückständen (Sludge). Eine Ursache für Öleinträge sind v.a. Unfälle mit Tankschiffen, die zu lokal begrenzten, aber oft besonders schwerwiegenden Schädigungen der Meeresumwelt und darüber hinaus zu ökonomischen Einbußen der betroffenen Küstenregionen führen. Ein Containerschiff mittlerer Größe (4.600 TEU) kann bis zu 6.800 Tonnen Schweröl, 250 Tonnen Dieselöl, 400 Tonnen Schmieröl und 150 Tonnen Slop bunkern[41]. Nicht zu vernachlässigen ist daneben die routinemäßige Ölverschmutzung im Normalbetrieb[42]. Ölkontaminationen auf der Wasseroberfläche erfolgen oftmals durch illegale Einleitungen aus Schiffen[43], die auf dem Meer ihre Brennstoff-Rückstände ablassen, um Entsorgungsgebühren in den Häfen zu sparen, aber auch aus Unwissenheit.

bb) Naturschutz: Eintrag gebietsfremder Arten

Zu den zentralen Säulen des Naturschutzrechts[44] gehört die Pflege und Bewahrung einzelner Arten und der biologischen Vielfalt bzw. der Biodiversität insgesamt[45]. Der internationale Handel fördert nicht nur die direkte Verfolgung gefährdeter Arten[46], sondern bedroht die Artenvielfalt auch indirekt, namentlich durch das Einschleppen gebietsfremder, mitunter invasiver Arten. Der Seeverkehr gilt dabei als der wichtigste Vektor für die Einschleppung von Organismen in aquatische Ökosysteme[47]. Dies geschieht zum einen durch das unerwünschte sog. Biofouling, bei dem sich Organismen am Rumpf des Schiffes ansiedeln, zum anderen wenn das Schiff zu Beginn seiner Reise die separaten[48] Ballastwassertanks zur Stabilisierung und aus Gründen der Manövrierfähigkeit befüllt, damit Organismen aufnimmt und dann das Wasser auf dem Weg oder im Ankunftshafen ablässt, so dass die darin enthaltenen Organismen in die Meeresumwelt fremder Küstenregionen und Häfen ge-

---

[40] *Kloepfer*, Umweltrecht, § 14 Rn. 1.

[41] *Herma*, Die rechtliche Ausgestaltung maritimer Sicherheit in Deutschland, S. 20.

[42] *Oberthür*, in: Gehring/Oberthür, Internationale Umweltregime, S. 81.

[43] Für die Ostsee HELCOM, Maritime Activities in the Baltic Sea, Baltic Sea Environmental Proceedings No. 152, S. 162 ff.

[44] Zu diesen *Kloepfer*, Umweltrecht, § 12 Rn. 4.

[45] Siehe die Definition in Art. 2 II CBD, die drei Ebenen des Viefaltsschutzes umfasst; im Übrigen variieren die Begriffsverständnisse je nach der wissenschaftlichen Disziplin und dem Erkenntnisinteresse, *Markus*, in: Proelß, Internationales Umweltrecht, 10. Abschnitt Rn. 3; *Gutmann/Janich*, in: Janich/Gutman/Prieß, Biodiversität, S. 3 ff.

[46] Dazu Convention on International Trade in Endangered Species of Wild Fauna and Flora vom 3.3.1972, BGBl. 1975 II S. 773, 993 UNTS 243, in Kraft seit dem 1.7.1975.

[47] Zum tatsächlichen Hintergrund *Zink*, Das Ballastwasser-Übereinkommen der internationalen Seeschifffahrts-Organisation von 2004, S. 25, 35 ff.

[48] Regel 1.18 Anlage I MARPOL; die frühere Praxis, Ballastwasser in den leeren Laderäumen mitzuführen, ist danach unzulässig.

langen. Schätzungsweise 3.000 Arten werden jedes Jahr in den Ballastwassertanks transportiert[49]. Diese führen zur Homogenisierung der biologischen Vielfalt[50]. Eine nachträgliche Entfernung nicht-heimischer Arten ist nicht möglich.

cc) Immissions- und Klimaschutz: Schiffsemissionen und Schiffslärm

Das Immissionsschutzrecht befasst sich mit der Luftreinhaltung und der Lärmbekämpfung. Erst mit dem Klimaschutz als dem Schutz vor der Verstärkung des Treibhauseffekts (Klimaschutz i. e. S.) ergänzt um den Schutz der Ozonschicht (Klimaschutz i. w. S.)[51] ist eine globale Dimension hinzugetreten. Am Beispiel der Seeschifffahrt wird indes deutlich, dass alle Ebenen des Immissions- und Klimaschutzes einen spezifisch überstaatlichen Charakter haben können:

Ursache für Schadstoffbelastungen durch Schiffsemissionen ist der im Seeverkehr am häufigsten und in enormen Mengen verwendete Treibstoff, das Schweröl (Heavy Grade Oil oder Heavy Fuel Oil) bzw. Bunkeröl. Die Seeschifffahrt verbrennt jährlich ca. 20 Millionen Tonnen Schweröl[52]. Da dieser Reststoff an Land als Sondermüll entsorgt werden müsste, sprechen Umweltverbände auch von Schiffen als den „fahrenden Müllverbrennungsanlagen". Im Verbrennungsraum reagiert der Schwefel mit Sauerstoff zu Schwefeloxiden (SO_x). Zudem entstehen bei der Verbrennung Stickoxide (NO_x), Feinstaub (PM) und Ruß. In Gebieten mit einem besonders hohen Schiffsaufkommen wie den stark besiedelten Küstenzonen und in Seehäfen ist die Belastung durch schiffsbedingte Luftemissionen deutlich höher[53].

Nachdem der Seetransport lange Zeit als besonders klimafreundlich galt, sind spätestens seit der Klimaschutzkonferenz von Bali auch seine CO_2-Emissionen und sonstigen Treibhausgase in den Fokus geraten[54]. Denn neuere Untersuchungen deuten darauf hin, dass der CO_2-Ausstoß im Seeverkehr deutlich höher ist, als bisher angenommen wurde, und zudem damit zu rechnen ist, dass die Emissionen des Schiffsverkehrs weiter steigen werden[55].

Von Schiffen geht ein permanenter Unterwasserschall aus, der v. a. durch Propeller und Motoren erzeugt wird. Der typische Breitbandpegel liegt bei Handelsschiffen im Bereich bis zu über 190 dB re 1 µPa[56], so dass ihre Schallemissionen zwar nicht die lautesten sind, aber, da in den vergangenen Jahrzehnten der Schiffs-

---

[49] *Lenz/Andres/Gollasch/Dammer*, Einschleppung fremder Arten in Nord- und Ostsee, S. 4.

[50] Dazu *Zink*, Das Ballastwasser-Übereinkommen der internationalen Seeschifffahrts-Organisation von 2004, S. 113 ff.

[51] *Beyerlin*, Umweltvölkerrecht, § 14 Rn. 383.

[52] *Jenisch*, NuR 2008, S. 227, 232.

[53] Schiffsabgase sind an der Nordseeküste für rund ein Viertel der Schwefeldioxid- und Stickoxidkonzentration in der Luft verantwortlich, https://wissenschaft.hamburg.de/schiffsemissionen/.

[54] *König/Morgenstern*, NordÖR 2009, S. 181.

[55] IMO, Fourth Greenhouse Gas Study, S. 1.

[56] Je nach Geschwindigkeit und Art des Schiffs variiert der Lärmpegel, siehe das Informationsportal von Sustainable Shipping and Environment of the Baltic Sea Region (SHEBA), https://www.arcgis.com/apps/Cascade/index.html?appid=41e23ff1b2aa4ceb957a050f63ec4f94 (zuletzt abgerufen: 01.04.2023).

verkehr zugenommen, der Schiffslärm insgesamt zugenommen hat[57]. Während zu Lande der Schutz der Anwohner vor Geräuschen im Vordergrund steht, bildet der Schiffslärm in erster Linie einen Störfaktor für die Tierwelt[58]. Gerade Meeressäuger wie Wale und Delphine, die zum Überleben auf ihr Gehör angewiesen sind, können in der Folge in ihrer Orientierung beeinträchtigt, chronisch gestresst und aus stark lärmbelasteten Gebieten verdrängt werden[59].

dd) Abfallbewirtschaftung: Verklappung, Schiffsrecycling, Wrackbeseitigung

Umweltrisiken bergen Abfälle sowohl wegen ihrer stofflichen Zusammensetzung als auch wegen ihrer Menge[60]. Das Abfallrecht zielt deswegen darauf, einer ungeregelten Entledigung großer Mengen von Abfällen durch ihre Besitzer Einhalt zu gebieten[61]. Seeschiffe bergen ein dreifaches Abfallproblem:

Als (wilde) Verklappung (Ocean Dumping) wird die (vorsätzliche) Entsorgung von Schadstoffen, Säuren und sonstigen Materialien auf dem Meer bezeichnet[62]. Diese können zum einen allein zum Zwecke der Entsorgung auf See transportiert werden. Insofern stellt Dumping eine kostengünstige Alternative zur landseitigen Abfallbeseitigung dar und scheint auch politisch opportun zu sein, da der Bürger die negativen Auswirkungen nicht unmittelbar wahrnimmt. Zum anderen bietet sich eine Verklappung an, wenn es um Schiffsabfälle geht[63].

Das maritime Abfallproblem setzt sich nach der Betriebszeit des Schiffs fort, denn auch das Verschrotten ausgedienter Seeschiffe erfolgt oftmals nicht umweltverträglich[64]. In Folge der strenger werdenden Umweltgesetzgebung in den Industriestaaten und damit wachsenden Kosten landen heutzutage etwa 70 % der ausgedienten Schiffe in südostasiatischen Staaten, wo sie zerlegt werden. Die dabei freigesetzten Stoffe wie Asbest oder Schwermetalle gefährden die Umwelt[65], aber auch die Gesundheit der Arbeiter[66]. Wie schwerwiegend das Umweltproblem ist, illustriert die gängige Methode des sog. Beaching, bei der die Schiffe mit hoher Fahrt auf den Strand gefahren werden und dort von den Arbeitskräften per Hand zerlegt werden[67].

---

[57] *Matz-Lück*, in: Proelß, Internationales Umweltrecht, 12. Abschnitt Rn. 101.

[58] *Matz-Lück*, in: Franckx/Gautier, The Exercise of Jurisdiction of Vessels, S. 97, 99.

[59] UNEP, Background Document of the Expert Workshop on Underwater Noise and its Impacts on Marine and Coastal Biodiversity, UNEP/CBD/MCB/EM/2014/1/INF/1, 19.2.2014, S. 6 ff.; auch zu den Wissenslücken *Scott*, International and Comparative Law Quarterly 53 (2004), S. 287, 290 ff.; zu den Auswirkungen auf Fische *McCauley/Fewtrell/Pooper*, Journal of the Acoustical Society of America 113 (2003), S. 638 ff.

[60] *Kloepfer*, Umweltrecht, § 21 Rn. 2.

[61] *Dieckmann/Reese*, in: Koch, Umweltrecht, § 6 Rn. 4.

[62] *Kunig*, JZ 1981, S. 295; *König*, in: Gehring/Oberthür, Internationale Umweltregime, S. 117.

[63] *Matz-Lück*, in: Proelß, Internationales Umweltrecht, 12. Abschnitt Rn. 79 ff.

[64] *Engels*, European Ship Recycling, S. 18 ff.

[65] Europäische Kommission, Safer Ship Recycling für a Greener World, S. 1.

[66] ILO, Ship-breaking: a Hazardous Work, 23.3.2015 (https://www.ilo.org/safework/areasofwork/hazardous-work/WCMS_356543/lang--en/index.htm, zuletzt abgerufen: 29.03.2023).

[67] Fallbeispiele finden sich auf der Webseite des NGO Shipbreaking Platform (https://shipbreakingplatform.org/our-work/the-problem, zuletzt abgerufen 29.03.2023).

Auf dem Meeresgrund liegende Schiffswracks stellen eine Gefahr für die Schifffahrt und die Meeresumwelt dar, werden von ihren Eigentümern aber aufgegeben, um Kostenbelastungen zu entgehen[68].

ee) Gefahrstoffe: Gefahrgutbeförderung auf See und Schiffsanstriche

Zum Stoffrecht gehört sowohl der Umgang mit Chemikalien, Stoffen und Gemischen, deren Toxizität bekannt ist, als auch mit solchen, deren Auswirkungen auf Menschen und Umwelt noch nicht gänzlich abschätzbar sind[69]. Die Seefahrt weist Bezüge zu beiden Teilbereichen auf:

Schätzungsweise 50 % der durch Seeschiffe transportierten Güter gelten als gefährlich[70]. Ein besonderes Risiko stellen dabei Gefahrgüter in verpackter Form da, da deren gefährlicher Charakter nicht ohne Weiteres erkennbar ist[71].

Schiffsanstriche mit Antifouling-Mitteln dienen dazu, die Schiffsrümpfe vor einem Bewuchs durch Muscheln, Seepocken oder Algen zu schützen, da dieser die Geschwindigkeit reduziert und den Treibstoffverbrauch erhöht. Als Wirkstoffe in Antifouling-Mitteln wurden seit den 1970er Jahren zinnorganische Breitbandbiozide verwendet. Die bekannteste Verbindung aus dieser Gruppe ist das hochtoxische Tributylzinn, das lange in der Umwelt verbleibt, hormonell auf wirbellose Wasserlebewesen wirkt und sich in der Nahrungskette anreichert[72]. Die Schädlichkeit alternativer, biozidbasierter Anti-Fouling-Anstriche ist hingegen weniger gut dokumentiert[73], weswegen es wichtig ist, Wissen zu den Risiken solcher Anstricke zu generieren.

Dass die Regulierung all dieser sicherheits- und umweltrechtlichen Herausforderungen eine Aufgabe der internationalen Verwaltung geworden ist, wird im Folgenden gezeigt.

II. Das Neue Seerecht als Kooperationsvölkerrecht

1. Historische Irritationen

Das Seevölkerrecht – ein raum- und nutzungsbezogenes Teilgebiet des internationalen Rechts – dem Kooperationsvölkerrecht zuzuordnen, irritiert zunächst, da es bei einem historischen Rückblick ein Anwendungsfall des Koordinationsvölkerrechts zu bilden scheint:

---

[68] *Scholz*, in: Ramming, Das Wrackbeseitigungsabkommen, S. 7.

[69] *Pache*, in: Koch, Umweltrecht, § 12 Rn. 1.

[70] *Güner-Özbek*, The Carriage of Dangerous Goods by Sea, S. 1.

[71] Ebenda, S. 85 f.

[72] Umweltbundesamt, Antifoulingmittel (https://www.umweltbundesamt.de/themen/chemikalien/biozide/biozidprodukte/antifouling-mittel, zuletzt abgerufen: 29.03.2023).

[73] Europäische Kommission, Assessment of Different Options to Address Risks from the Use Phase of Biocides, S. 35–64.

- Die für das klassische Völkerrecht prägende[74] Lotus-Regel (Lotus Principle bzw. Presumption) besagt, dass von der Handlungsfreiheit der Staaten auszugehen ist, solange nicht eine völkerrechtliche Norm nachweisbar ist, die diese beschränkt und der sich der jeweilige Staat unterworfen hat. Diese Regel bildet die Grundaussage eines Urteils des StIGH, das anlässlich eines seerechtlichen Falls, der Festnahme eines Kapitäns im Anschluss an eine Kollision zweier Schiffe auf der Hohen See, erging[75].
- Das zentrale seerechtliche Prinzip[76] ist die Freiheit der Meere bzw. präziser der Hohen See[77]. *Hugo Grotius*, der nicht selten als „Vater des Völkerrechts" bezeichnet wird[78], begründete in seinem ersten juristischen Hauptwerk „Mare Liberum sive de jure quod Batavis competit ad Indicana commerica" aus dem Jahr 1609 dieses Prinzip als erster wissenschaftlich. Dieser Klassiker des Seerechts verstand die Freiheit der Meere primär als ein Abwehrrecht gegen Souveränitätsansprüche auf Hoher See; zugleich beinhaltet die Freiheit der Meere den positiven Gesichtspunkt der Staatengleichheit, da die Hohe See von allen Staaten gleichermaßen genutzt werden darf[79].

Das sog. Neue Seerecht[80] ist diesem Verständnis jedenfalls in Teilen entwachsen[81]. Denn im Zuge der Globalisierung der Seeschifffahrt[82] wurde das Seevölkerrecht mit dem Seerechtsübereinkommen (SRÜ) nicht nur in einem einzigen Abkommen niedergelegt, sondern in Bezug auf Fragen der Sicherheit und des Umweltschutzes in der Seeschifffahrt auf eine kooperationsrechtliche Grundlage gestellt. Die seevölkerrechtliche Lehre spricht vom indirekten Ansatz des SRÜ (3.). Auch wenn man in allgemeinen Kategorien denkt, zeigt sich, dass das SRÜ mit seinen Rahmenregelungen ein Strukturmerkmal des Kooperationsvölkerrechts enthält (4.), dessen Verbindung zum internationalen Verwaltungsrecht, insbesondere in den sie konkretisierenden maritimen Konventionen, zum Ausdruck kommt (5.). Um diesen Wandel auf völkerrechtlicher Ebene nachvollziehen zu können, bietet sich eine historisierende Darstellung an, die vom Grundverständnis ausgeht, das die Regulierung der Seeschifffahrt primär den jeweiligen Flaggenstaaten zuordnet (1.).

---

[74] Siehe bereits oben 1. Kapitel, IV. 2. b. aa.

[75] StIGH, Urteil v. 07.09.1927, P. C. I. J. Series A (1927), Nr. 10.

[76] Dem teilweise sogar Ius Cogens-Charakter zugeschrieben wird, etwa *Hasselmann*, Freiheit der Handelsschifffahrt, S. 73 f.; skeptisch *Wolfrum*, Internationalisierung staatsfreier Räume, S. 135.

[77] *Ehlers*, VerwArch 104 (2013), S. 406.

[78] Etwa *Ziegler*, in: Handwörterbuch zur deutschen Rechtsgeschichte, *Grotius*, Sp. 1816; wobei dunkel bleibt, ob Grotius der Vater des „klassischen" oder des „nach-klassischen" Völkerrechts sein soll, *Grewe*, DS 23 (1984), S. 161, 162 ff.

[79] *Wolfrum*, in: Graf Vitzthum, Hdb. Seerecht, 4. Kap. Rn. 13.

[80] *Delbrück*, Das neue Seerecht; *Graf Vitzthum*, in: ders., Hdb. Seerecht, 1. Kap. Rn. 95 ff.

[81] Unpräzise gänzlich dem Kooperationsvölkerrecht zuordnend *Schweisfurth*, Völkerrecht, S. 526, 555 ff.

[82] Siehe oben 1. Kapitel, IX.

2. Das Flaggenstaatsprinzip

a) Primat des Flaggenstaats als Ausgangspunkt

Die Flaggenhoheit bewirkt, dass das Schiff der Hoheitsgewalt seines Flaggenstaats untersteht[83]. Die Flagge – präzise die Staatszugehörigkeit eines Schiffes[84] – bestimmt, welches Recht an Bord eines Schiffes gilt und welcher Staat hinsichtlich des Schiffs Zwangsmaßnahmen auf Hoher See ergreifen darf. Allerdings wird das Flaggenstaatsprinzip durch Rechte Dritter notwendigerweise ergänzt. Für den Bereich der Hohen See kann man einseitige Einmischungsrechte gegenüber fremden Schiffen von bloßen Koordinationsmechanismen der Flaggenstaaten untereinander unterscheiden. Bei den Einmischungsrechten, auch Polizeirechte genannt[85], gibt es – je nach dem Anlass für ein Einschreiten – solche, die an Verstöße gegen völkerrechtliche Normen anknüpfen, und solche, die Verstöße gegen nationale Normen zum Ausgangspunkt haben[86]:

- Zur ersten Kategorie (Interesse der Staatengemeinschaft) gehören traditionell die Interventionsmöglichkeiten in den Fällen von Piraterie oder zum Schutz unterseeischer Kabel auf Hoher See. Sie sollen international geächtete Delikte bzw. besonders schwerwiegende Gefahrensituationen bekämpfen und beschränken sich auf die Duldung der Ausübung fremder Hoheitsgewalt[87].
- Zur zweiten Kategorie (nationale Belange) gehört das gewohnheitsrechtlich anerkannte Institut der Nacheile (Hot Pursuit). Verletzt ein fremdes Schiff die nationalen Normen eines Küstenstaats, so ist der Küstenstaat berechtigt, das Schiff auch außerhalb des Gebiets unter seiner Jurisdiktion zu verfolgen und den Verstoß zu ahnden[88].

Das Flaggenstaatsprinzip lässt sich wegen dieser Eingrenzungen nicht absolut verstehen, so dass es akkurater ist, vom Primat der Flaggenstaaten zu sprechen[89]. Da dritten Staaten nur rudimentäre Einmischungsrechte zustehen, hat das Flaggenstaatsprinzip gleichwohl im Ausgangspunkt Züge eines Ausschlussrechts[90] und ist kein auf internationale Zusammenarbeit ausgerichtetes Prinzip[91]. Die Diskussion

---

[83] *Hasselmann*, Freiheit der Handelsschiffahrt, S. 9; daneben unterliegen die Besatzungsmitglieder der Personalhoheit ihres Heimatstaats, ebenda.

[84] Die sog. Staatszugehörigkeit von Schiffen wird durch das materielle Flaggenführungsrecht erworben (Art. 91 I SRÜ, §§ 1, 2, 10, 11 FlRG) und durch Schiffspapiere nachgewiesen (Art. 91 II SRÜ, § 3 FlRG). Das tatsächliche Führen der Flagge ist bei Handelsschiffen hingegen nur ein Indiz für seine Staatszugehörigkeit, vgl. § 8 FlRG, man spricht von einem Prima Facie-Nachweis, *Rayfuse*, Non-Flage State Enforcement, S. 22; *Wolfrum*, in: BDGVR 31 (1990), S. 121, 125, auch wenn Staatszugehörigkeit und Flagge regelmäßig synonym verwendet werden.

[85] *V. Arnauld*, Völkerrecht, Rn. 812.

[86] *Wolfrum*, in: Graf Vitzthum, Hdb. Seerecht, 4. Kap. Rn. 46 ff.

[87] *Lemke*, Erfüllungsdefizite, S. 28 ff.

[88] *Wolfrum*, in: Graf Vitzthum, Hdb. Seerecht, 4. Kap. Rn. 72 ff.

[89] *Rayfuse*, Non-Flag State Enforcement, S. 22.

[90] *Hasselmann*, Freiheit der Handelsschiffahrt, S. 10.

[91] *Wolfrum*, in: Graf Vitzthum, Hdb. Seerecht, 4. Kap Rn. 37.

über die rechtsdogmatische Einordnung der Flaggenhoheit (b) sowie die praktische Handhabung der Hoheitsrechte über Schiffe im Hafen (c) unterstreichen diese überkommene Vorstellung vom Primat des Flaggenstaats.

b) Rechtsdogmatische Diskussion: das Schiff als schwimmendes Territorium

Ursprünglich versuchte man, die Flaggenhoheit in die gängigen Kategorien der Gebiets- und der Personalhoheit einzufügen: Die Einstufung als Unterfall der Personalhoheit durch die Persönlichkeitstheorie greift entweder die Tendenz auf, Schiffe zu personifizieren[92], oder es wird als Argument auf die hinter dem Schiff stehenden Personen verwiesen[93]; diese sollen ihre Staatsangehörigkeit gleichsam an das Schiff vermitteln[94]. Die früher herrschende Gebietstheorie[95] betrachtete das Handelsschiff hingegen als losgelösten Teil des Staatsgebiets des Flaggenstaats und somit als ein schwimmendes Gebietsteil[96]. Diese Metapher stützt sich u. a. auf die Überlegung, dass Schiffe völkerrechtlich nur rudimentär der Hoheitsgewalt dritter Staaten unterliegen, so dass jedenfalls eine mit dem Grundsatz der Gebietsausschließlichkeit vergleichbare Lage vorliegen soll[97]. Diese Lehre von der Territorialität eines Schiffs wird auch im Lotus-Fall aufgegriffen, wenn der StIGH feststellt: „A corollary of the principle of the freedom of the seas is that a ship on the high seas is assimilated to the territory of the state the flag of which it flies, for, just as in its own territory, that State exercises its authority upon it, and no other state may do so. All that can be said is that by virtue of the principle of the freedom of the seas, a ship is placed in the same position as national territory“[98].

Solche Ansätze, die versuchen, Seeschiffe unter die als Einheit gedachte Staatsgewalt zu fassen, werden heute zu Gunsten einer Lösung verworfen, die die Flaggenhoheit als eine dritte Form der Anknüpfung staatlicher Hoheitsgewalt betrachtet[99], wobei die dahinterstehende Idee variiert[100]. Ein entscheidender Schwach-

---

92 Zu dieser Sichtweise im Ergebnis ablehnend *Heyck*, Die Staatszugehörigkeit der Schiffe und Luftfahrzeuge, S. 12 f. m. w. N.

93 *Mössner*, Völkerrecht, S. 192.

94 *Watts*, British Yearbook of International Law 3 (1957), S. 52 ff.

95 Die Theorie soll aus dem Prisenrecht stammen, *Verzijl*, International Law in Historical Perspective, Vol. IV, S. 42. Sie war im 19. Jahrhundert und frühen 20. Jahrhundert dominierend, insb. *Hautefeuille*, Des Droits et des Devoirs des Nations Neutres en Temps de Guerre Maritime, S. 257; *Harburger*, Der strafrechtliche Begriff Inland, S. 107; *v. Bar*, Theorie und Praxis des Internationalen Privatrechts, Band II, S. 613; aus der deutschen Rechtsprechung grdl. RGZ 19, 7, 10; RGSt 23, 266, 267; BAGE 26, 242, 253.

96 Zur Entstehungsgeschichte der Vorstellung eines „territoire flottand“ *Gidel*, Le Droit International de la Mer, Band 1, S. 239 ff.

97 RGZ 19, 7, 10; RGSt 23, 266, 267; BAGE 26, 242, 253.

98 Urteil v. 07.09.1927, P. C. I. J. Series A (1927), Nr. 10, S. 25; dort aber schon die abweichende Meinung des Richters *Lord Finlay*, S. 50, 53.

99 *Ehlers*, Recht des Seeverkehrs, Einleitung zum FlRG, Rn. 4; *Hoog*, Deutsches Flaggenrecht, S. 233; *Schiedermair/Dörr*, Der Schutz der deutschen Handelsflotte, S. 13.

100 Genannt werden die Freiheit der Meere, die Bordgemeinschaft oder praktische Erwägungen, dazu *Núñez-Müller*, Staatszugehörigkeit, S. 86 m. w. N.

punkt[101] der überkommenen Erklärungsansätze besteht darin, dass ihre Argumente angesichts der Veränderungen in der Seeschifffahrt und im Seevölkerrecht überholt sind. Globalisierung macht sich im maritimen Bereich daran bemerkbar, dass die Staatsangehörigkeit des Schiffseigentümers regelmäßig nicht Voraussetzung für die Staatszugehörigkeit eines Schiffs ist[102], so dass eine abgeleitete Personalhoheit ausscheidet[103]. Die Metapher des schwimmenden Gebietsteils ist schief, da, wie im Folgenden gezeigt wird, das SRÜ die Ingerenzbefugnisse dritter Staaten gegenüber fremden Schiffen ausgeweitet hat, weswegen eine Analogie zum Staatsgebiet heute noch weniger überzeugt als damals[104]. Vorzugswürdig ist es daher, sich von nationalstaatlichen Vorstellungen zu lösen und das Augenmerk auf die verworrenen Strukturen im grenzüberschreitenden Bereich zu richten; dem wird ein pragmatischer Erklärungsansatz gerecht, der angesichts der Vielzahl der heute mit einem Seeschiff verbundenen Akteure und Interessen in der Flaggenhoheit eine einfache Möglichkeit der Zuordnung von Hoheitsgewalt sieht, um zu verhindern, dass auf dem Meer Anarchie herrscht[105].

c) Staatenpraxis: Selbstbeschränkung der Hafenstaaten

Als Korrelat der Meeresfreiheit gilt die monopolartige Flaggenhoheit in erster Linie auf Hoher See[106]. Davon zu unterscheiden ist die Rechtsstellung des Schiffs in Küstengewässern und inneren Gewässern, insbesondere in Häfen fremder Staaten. Wegen der Gebietshoheit des Hafenstaats gilt das Schiff dort nicht als ausländische Enklave[107]. In der Staatenpraxis hat man allerdings lange Zeit den Weg der Selbstbeschränkung gewählt, um Konflikte zu vermeiden[108]: Die Mehrheit der Staaten hat nationale Vorschriften generell nicht auf die „inneren Angelegenheiten" fremdflaggiger Schiffe im Hafen angewendet, und sich das Recht des Eingreifens für den

[101] Eingehend die Kritik bei *Colombos*, Internationales Seerecht, §§ 303 ff.; *Dörr*, Die deutsche Handelsflotte, S. 50 ff.

[102] Zur Billigflaggenproblematik siehe oben 1. Kapitel, IX. 2. b.

[103] *Hoog*, Deutsche Flaggenhoheit, S. 12 f.

[104] Schon *Schmitt*, Land und Meer, S. 55: „Ein Schiff ist kein schwimmendes Stück Land, sowenig wie ein Fisch ein schwimmender Hund ist." Die abgeschwächte Gebietstheorie betont denn auch, dass es sich um eine Fiktion handeln soll, *Heyck*, Die Staatszugehörigkeit der Schiffe und Luftfahrzeuge, S. 15.

[105] *Dupuy/Vignes*, A Handbook of the Law of the Sea, Vol. 1, S. 407; *Rayfuse*, Non-Flag State Enforcement, S. 21; *Henze*, Die Anknüpfung von mobilen Arbeitsverhältnissen, S. 227 f.

[106] *Verzijl*, International Law, Band 4, S. 49; *Gidel*, Le Droit International de la Mer, Band 1, S. 73.

[107] *Heyck*, Die Staatszugehörigkeit der Schiffe und Luftfahrzeuge, S. 13; *Colombos*, Internationales Seerecht, §§ 338 ff.; *Hasselmann*, Freiheit der Handelsschiffahrt, S. 11; für Kriegsschiffe *Dahm/Delbrück/Wolfrum*, Völkerrecht, Band I/2, § 74 S. 475.

[108] Zur zwischen französischer und angelsächsischer Lehre streitigen Frage der rechtsdogmatischen Konstruktion dieser Einschränkung (Völkergewohnheitsrecht oder Courtoisie) *Dörr*, Die deutsche Handelsflotte, S. 139 f. m. w. N. Nicht zu verwechseln ist diese Selbstbeschränkung mit der Immunität von Kriegs- und Staatsschiffen, nach der ein fremder Staat über solche Schiffe grundsätzlich keine Hoheitsgewalt ausüben kann.

Fall vorbehalten, dass „Frieden und Ordnung des Hafens“ verletzt werden[109]. Zur Abgrenzung der eigenen und der fremden Angelegenheiten stellte man darauf ab, ob ein eigenes Interesse des fremden Staats anzuerkennen war[110]. So zählte man zu den inneren Angelegenheiten Bereiche der allgemeinen Schiffshygiene und der Arbeitsbedingungen, während die Seuchenbekämpfung, die Sicherung der nach Zoll- und Hafengesetzen schuldigen Leistungen oder Eingriffe in die Rechtssphäre der Angehörigen und Schutzbefohlenen des Hafenstaats den nicht-internen Angelegenheiten zugeordnet waren[111].

Die alte seerechtliche Ordnung ist demnach formal eine duale, die eine uneingeschränkte Flaggenhoheit auf Hoher See kennt, die in den Küstengewässern von der Gebietshoheit überlagert wird[112]. Das Primat der Flaggenstaaten wurde aber auch hafenseitig unterstrichen, indem Staaten dort de facto grundsätzlich von der Ausübung ihrer Gebietshoheit gegenüber fremden Schiffen absahen und sie nur reaktivierten, wenn es galt, nationale Interessen durchzusetzen.

3. Der sogenannte indirekte Regelungsansatz des Seerechtsübereinkommens

a) Räumliche und materielle Grenzen

Das SRÜ erteilt dem Flaggenstaatsprinzip keine Absage, sondern kodifiziert das grundsätzliche Einwirkungsverbot auf Schiffe fremder Staatszugehörigkeit in seinem Teil VII über die Hohe See. Danach wird zunächst die Schifffahrtsfreiheit als Kernelement der Freiheit der Meere weiterhin verbürgt (Art. 87 I und Art. 90) und das Schiff in einem zweiten Schritt unter die Jurisdiktion des Flaggenstaats gestellt: „Schiffe fahren unter der Flagge eines einzigen Staats und unterstehen auf Hoher See seiner ausschließlichen Hoheitsgewalt, mit Ausnahme der besonderen Fälle, die ausdrücklich in internationalen Verträgen oder in diesem Übereinkommen vorgesehen sind“ (Art. 92 I 1).

Um trotz Globalisierungsprozessen eine adäquate Regulierung der Seeschifffahrt zu erreichen, betont das SRÜ indes – mehr noch als die Genfer Seerechtsübereinkommen[113] – die Grenzen der Freiheit der Meere und schränkt das Primat des Flaggenstaats ein. Die räumliche Eingrenzung der Freiheit der Meere ist unter dem Schlagwort der „Terran(e)isierung“ bekannt[114]. Damit ist die geografische Ausdeh-

---

[109] *Lindemann*, Das ILO-Übereinkommen Nr. 147, S. 152; *Colombos*, Internationales Seerecht, § 343.

[110] *Perels*, Das internationale öffentliche Seerecht der Gegenwart, S. 64.

[111] Ausführlich *Lindemann*, Das ILO-Übereinkommen Nr. 147, S. 157 ff.; zum Gesundheitsrecht auch *Neumeyer*, Internationales Verwaltungsrecht, Band 1, S. 71 ff.

[112] *Hasselmann*, Freiheit der Handelsschiffahrt, S. 12.

[113] Zu den Ansätzen im Genfer Übereinkommen über die Hohe See *König*, Durchsetzung, S. 58 ff. 1958 wurden insgesamt vier Genfer Seerechtsübereinkommen und Protokolle beschlossen, die gewohnheitsrechtliche Regeln kodifizierten, aber auch neue Regeln schufen. Da viele Staaten aber nicht Partei der Übereinkommen wurden, begann 1960 die Zweite und 1973 die Dritte Seerechtskonferenz, um ein einziges und universelles Abkommen – das SRÜ – zu erreichen.

[114] *Graf Vitzthum*, Europa-Archiv 31 (1976), S. 129, 136; auch *Wolf*, ZaöRV 66 (2006), S. 73, 111.

nung der Hoheitsbefugnisse der Küstenstaaten durch die Erweiterung der Küstenmeere und die Erstreckung von Hoheitsbefugnissen auch auf seewärts angrenzende Meereszonen gemeint[115]. Entscheidender sind hier die materiellen Beschränkungen, denn diese gehen über das Bestreben, küstenstaatliche Rechte zu achten, hinaus. Der kooperationsvölkerrechtliche Charakter der materiellen Beschränkungen wird auch als indirekter Ansatz bezeichnet. Mit diesem wurde auf der Dritten Seerechtskonferenz Abstand von der Idee genommen, über die völkerrechtliche Vorgabe von Registrierungsvoraussetzungen die Billigflaggenpraxis als solche abzuschaffen (Direct Approach), auch Nationalitätsansatz genannt[116], da man eine Unterzeichnung auch solcher Staaten erreichen wollte. Der indirekte Ansatz (Indirect Approach) meint, dass die Gemeinwohlgefährdung durch die einzelnen Schiffe zum Regelungsanliegen des Seevölkerrechts wird. Das SRÜ betont dazu die Grenzen der Schifffahrtsfreiheit auf zweierlei Weise: durch eine Ausweitung der Pflichtenstellung des Flaggenstaats im Interesse von Gemeinwohlbelangen und flankierend durch eine Ausdehnung von Eingriffsrechten Dritter aus Gemeinwohlgründen[117]. Eine Analyse von Art. 94 SRÜ kann zeigen, wie diese Regelungstechnik im Bereich der maritimen Sicherheit umgesetzt wurde.

b) Analyse des Art. 94 SRÜ über die Pflichten des Flaggenstaats

Nach Art. 94 SRÜ obliegt die Herstellung der Seesicherheit den Flaggenstaaten. Obwohl die Bestimmung rechtssystematisch im Teil über die Hohe See angesiedelt ist, bedeutet dies nicht, dass der Flaggenstaat nur dann zuständig ist, wenn sich das Schiff auf Hoher See befindet, sondern die Pflicht bezieht sich auf alle Meereszonen[118]. Das zeigt Art. 94 III, wonach der Flaggenstaat für Schiffe unter seiner Flagge „auf See" und damit unabhängig von ihrem Aufenthaltsort die erforderlichen Maßnahmen ergreifen soll. Die Bestimmung ist kaskadenartig aufgebaut:

In einem ersten Schritt verpflichtet Art. 94 den Flaggenstaat allgemein zu einer „wirksamen" Ausübung von Hoheitsgewalt und Kontrolle über seine Schiffe (Absatz 1) und zur innerstaatlichen Bereitstellung eines entsprechenden rechtlichen Rahmens (Absatz 2), bevor in einem zweiten Schritt die Pflichten des Flaggenstaats konkretisiert werden. Art. 94 III benennt drei Kernanforderungen, die sich auf den technischen Zustand des Schiffs, auf das Personal an Bord und auf die Navigation beziehen. Somit wird die Sorge sowohl für die Schiffssicherheit als auch die Verkehrssicherheit zum Gegenstand völkerrechtlicher Pflichten. Aber auch das Unfallgeschehen selbst gerät in das Blickfeld der Norm, wenn Absatz 7 vom Flaggenstaat zusätzlich die Untersuchung von Seeunfällen (Satz 1) verlangt. Aus Absatz 4 wird zudem ersichtlich, dass das SRÜ nicht nur das Aufstellen entsprechender innerstaat-

---

[115] Hinter der Terraneisierung stehen nationalistische Interessen der Küstenstaaten an der Ausbeutung von Meeresressourcen, kritisch *Graf Vitzthum*, Europa-Archiv 31 (1976), S. 129, 136.

[116] Siehe oben 1. Kapitel, IX. 2. c. i.

[117] *Hasselmann*, Freiheit der Handelsschiffahrt, S. 78.

[118] *Witt*, Obligations and Control of Flag States, S. 64.

licher Normen verlangt, sondern auch konkrete Anforderungen an die flaggenstaatliche Kontrolle stellt; so müssen die Schiffe „vor der Eintragung in das Schiffsregister und danach in angemessenen Abständen von einem befähigten Schiffsbesichtiger besichtigt" werden[119].

Im Anschluss an diese inhaltliche Einrahmung der Ausübung der Flaggenhoheit wird die Wahrnehmung der Pflichtenstellung durch den Flaggenstaat international abgesichert. In Bezug auf die Ebene der Rechtssetzung erfolgt dies, indem Absatz 5 den Flaggenstaat verpflichtet, in Übereinstimmung mit den „allgemein anerkannten internationalen Vorschriften, Verfahren und Gebräuchen" – wegen der englischen Begrifflichkeit („generally accepted international rules and standards") GAIRAS genannt – zu handeln. Ungeachtet des strittigen Bedeutungsgehalts der GAIRAS[120] besteht Einigkeit, dass die Flaggenstaaten durch das SRÜ an international vereinbarte Normen gebunden werden[121]. In Bezug auf die Durchsetzungsebene normiert Absatz 6 Eingriffsrechte von Drittstaaten und ihre Voraussetzungen, indem er einem „Staat, der eindeutige Gründe zu der Annahme hat, daß keine ordnungsgemäße Hoheitsgewalt und Kontrolle über ein Schiff ausgeübt worden sind", die Befugnis einräumt, die Tatsachen an den Flaggenstaat zu melden (Satz 1). Dieses Einmischungsrecht geht über die klassischen hinaus, da es unabhängig davon besteht, dass eine Gefährdung und Verletzung eigener nationaler Interessen vorliegt[122]. Auch in Bezug auf die Seeunfalluntersuchung ordnet Absatz 7 Satz 2 eine zwischenstaatliche Kooperation an. Die Pflichtenstellung nach Art. 94 betrifft dabei inhaltlich verwaltungsrechtliche Materien. Explizit kommt das in Art. 94 II b) zum Ausdruck, wenn es heißt, die Hoheitsgewalt sei „in bezug auf die das Schiff betreffenden verwaltungsmäßigen [...] Angelegenheiten auszuüben".

Während demnach Absatz 1 das Primat des Flaggenstaats bestätigt, wird in den nachfolgenden Absätzen das regulatorische Korsett immer enger gezogen. Im Unterschied zum direkten Ansatz geht Art. 94 selbst bei einer offensichtlich mangelhaften Ausübung der Flaggenhoheit trotzdem nicht so weit, einem Staat diese abzusprechen. Festgestellte Mängel lösen nur eine Untersuchungs- und Abhilfepflicht des Flaggenstaats aus (Absatz 6 Satz 2).

c) *Fazit: Abschied vom Topos des Laissez Faire*

Nach dem Neuen Seerecht folgt die Freiheit der Meere demnach nicht mehr dem Prinzip des Laissez Faire[123]. Der Vorbehalt in Art. 87 I 2 SRÜ, wonach die Freiheit der Meere „gemäß den Bedingungen dieses Übereinkommens und den sonstigen

---

[119] Dass der Absatz im Unterschied zu Absatz 3 den Flaggenstaaten keinen Spielraum bzgl. der Erforderlichkeit der Maßnahmen einräumt, so *Núñez-Müller*, Staatszugehörigkeit, S. 279, ist fraglich, denn Absatz 3 spricht zwar von „erforderlich", Absatz 4 kennt aber einen vergleichbaren Vorbehalt („die notwendig sind").

[120] Siehe dazu unten 5. Kapitel, I. 2. a. bb.

[121] *Guilfoyle*, in: Proelß, UNCLOS, Art. 94 Rn. 11.

[122] *Skourtos*, Billig-Flaggen-Praxis, S. 239.

[123] Zu dieser früheren Sichtweise *König*, Durchsetzung, S. 57.

Regeln des Völkerrechts ausgeübt" wird, erhält durch den indirekten Ansatz des SRÜ vielmehr eine neue Dimension. Da die Schranken, wie Art. 94 SRÜ zeigt, längst nicht mehr nur rudimentär vorhanden und abstrakt formuliert sind, ist die Freiheit der Meere und damit auch die Schifffahrtsfreiheit[124] unter dem SRÜ umso mehr eine völkerrechtlich gebundene[125] oder relative Freiheit[126], die mit einer Verpflichtung zur intensiven internationalen Zusammenarbeit verknüpft ist[127]. Diese Verschiebung verdeutlicht, dass die Meeresfreiheit ein Prinzip ist, das ständigen Veränderungen unterliegt[128].

4. SRÜ als Rahmenkonvention

a) SRÜ als Verfassung der Meere

Das SRÜ wird gemeinhin als Rahmenübereinkommen betrachtet[129] und weist damit ein Strukturmerkmal des Kooperationsvölkerrechts auf[130]. Auf diese Eigenschaft soll namentlich seine, durch den Präsidenten der Dritten Seerechtskonferenz *Tommy Koh* eingeführte Bezeichnung als Verfassung der Meere (Constitution of the Oceans)[131] hinweisen, wonach das SRÜ „wie eine nationale Verfassung den über-

---

[124] Die Schifffahrtsfreiheit begründet nach dem überkommenen Verständnis kein Recht zu Gunsten Privater, sondern ist Bestandteil des völkerrechtlichen Verkehrsrechts, das es den Staaten gestattet, das Meer als Verkehrsweg für den Seehandel zu benutzen (*Rudolf*, in: Bernhardt/Rudolf, Die Schiffahrtsfreiheit im gegenwärtigen Völkerrecht, S. 11, 13 f.) Das untermauert der Wortlaut des SRÜ, da Art. 87, der die Freiheit der Schifffahrt als von der Freiheit der Meere umfasst sieht, in Absatz 2 explizit normiert, dass „diese Freiheiten […] von jedem Staat […] ausgeübt" werden. Für das Neue Seerecht wird dieses Verständnis teils in Frage gestellt und die Schifffahrtsfreiheit einer wirtschaftlichen Grundfreiheit angenähert. Für die Zulässigkeit einer solchen progressiven Interpretation wird angeführt, der Wortlaut des SRÜ sei nicht eindeutig, denn die Konvention spreche in Bezug auf das Recht der friedlichen Durchfahrt (Art. 17) von einem Recht der Schiffe (Right of the Ships) und es erschiene merkwürdig, wenn die Schifffahrt im Küstenmeer rechtlich besser gestellt wäre als auf der Hohen See (*Wendel*, State Responsibility, S. 85). Namentlich *Rüdiger Wolfrum* konzipiert in seinem Sondervotum zur Entscheidung des ISGH im zweiten M/V SAIGA-Fall die Schifffahrtsfreiheit als ein gemeinsames Recht von Flaggenstaat und Privaten (The M/V Saiga (No. 2). Separate Opinion Laing, ITLOS Reports 1999, S. 92, 109 ff., paras. 50 ff.). Die Idee einer gemeinsamen Inhaberschaft von Flaggenstaat und Privaten überzeugt indes nicht. Zwar erkennt das Seevölkerrecht die Rechtsstellung Privater zu einem begrenzten Umfang an (*Geiß*, Non-State Actors: Their Role and Impact on the Fragmentation of International Law, S. 303, 325 ff.). Gleichzeitig und wie für das Völkerrecht typisch, übernimmt der Flaggenstaat in Bezug auf die Schifffahrtsfreiheit aber weiterhin eine Mittlerfunktion (siehe dazu unten zum Schiffsfreigabeverfahren 6. Kap., I. 1. b).

[125] *Wolfrum*, in: Graf Vitzthum, Hdb. Seerecht, Kap. 4 Rn. 14.

[126] *O'Connell*, The International Law of the Sea, Band II, S. 796.

[127] *Ehlers*, VerwArch 104 (2013), S. 406, 407 f.

[128] Zu dieser Dynamik *Dupuy/Vignes*, A Handbook on the New Law of the Sea, S. 383 ff.

[129] UN Oceans, The Source of Life, UNCLOS 20th Anniversary (1982–2002), S. 12; *Barnes/Freestone/Ong*, in: Freestone/Barnes/Ong, The Law of the Sea, S. 1, 5.

[130] Siehe oben 1. Kap., IV. 2. b. bb.

[131] A Constitution for the Oceans, Remarks by Tommy T. B. Koh (https://www.un.org/Depts/los/convention_agreements/texts/koh_english.pdf, zuletzt abgerufen: 29.03.2023).

geordneten Rahmen vorgibt"[132]. Im seevölkerrechtlichen Kontext bedeutet die im internationalen Recht schwierige[133] Verfassungsmetapher zweierlei:

- Sie spielt zunächst auf den umfassenden räumlichen und sachlichen Anwendungsbereich des SRÜ an[134]. Das SRÜ regelt nicht nur den Rechtsstatus der verschiedenen Meereszonen, sondern ist mit seinen 17 Teilen, 320 Artikeln sowie weiteren integralen Bestandteilen als Rahmen verschiedener seerechtlicher Teilregime entwickelt worden[135].
- Verfassungsähnlich meint weiter, dass das SRÜ nur als Basis der seerechtlichen Teilregime seine inhaltliche Ausgestaltung koordiniert und vorstrukturiert, aber nicht vollständig determiniert[136].

Die folgende rechtstechnische Analyse des Teils über den Meeresumweltschutz veranschaulicht die Rahmennatur.

b) Analyse des Teils XII SRÜ über den Schutz und die Bewahrung der Meeresumwelt

Teil XII SRÜ über den Schutz und die Bewahrung der Meeresumwelt liegt eine dreigliedrige Regelungsarchitektur zugrunde[137]: Auf der ersten Ebene statuieren die Abschnitte 1–4 allgemeine Vorgaben für die staatliche Kooperation, die dann präzisiert werden durch Bestimmungen zur Rechtssetzung (Abschnitt 5), und zuletzt greift der Abschnitt 6, der von Abschnitt 7 flankiert wird, die Durchsetzungsfrage auf. Die zweite und die dritte Normebene differenzieren dabei nach sechs verschiedenen Quellen der Meeresumweltverschmutzung: Schiffe, Land, Luft, Tätigkeiten auf dem Meeresboden und „im Gebiet" (Art. 1 I Nr. 1) sowie das „Einbringen", sprich das Ocean Dumping (Art. 1 I Nr. 5 a)). In Hinblick auf die schiffsbezogenen Umweltbelastungen enthalten Art. 211 und Art. 217–221 spezielle Vorgaben, die in Bezug auf das „Einbringen" seitens der Seeschifffahrt zudem durch Art. 210 und Art. 216 ergänzt werden.

Gemeinsam ist den drei Normebenen, dass sie ein dynamisches Schutzkonzept verfolgen. Dieses konzentriert sich darauf, Zuständigkeiten und Verfahren für den Erlass und die Durchsetzung von Umweltschutznormen festzulegen, um auf diese Weise Meeresumweltschutz in einem fortdauernden internationalen Kooperationsprozess zu realisieren. Das Resultat ist ein differenziertes Jurisdiktionsschema,

---

[132] *Matz-Lück*, in: Proelß, Internationales Umweltrecht, 12. Abschnitt Rn. 37; ebenso *Bartenstein*, in: Proelß, UNCLOS, Art. 211 Rn. 4.

[133] Siehe unten 8. Kapitel, I.

[134] *Graf Vitzthum*, in: ders., Hdb. Seerecht, Kap. 1 Rn. 106.

[135] Zum Meeresumweltschutz UN-GA, Report of the Secretary-General, Law of the Sea, Protection and Preservation of the Marine Environment, UN Doc. A/44/461, 18.9.1989, para. 7; allgemein *Blanco-Bazán*, in: Attard/Balkin/Greig, The IMLI Treatise on Global Ocean Governance, S. 27, 35.

[136] *Matz-Lück*, in: Proelß, Internationales Umweltrecht, 12. Abschnitt Rn. 37.

[137] *Haffner*, in: Graf Vitzthum, Hdb. Seerecht, 5. Kap. Rn. 40.

das hinsichtlich schiffsbedingter Umweltbelastungen dadurch verkompliziert wird, dass das SRÜ nicht nur zwischen der Jurisdiction to Prescribe und der Jurisdiction to Enforce unterscheidet[138], sondern zudem die Staaten in drei Rollen (Flaggenstaat, Küstenstaat, Hafenstaat)[139] adressiert[140]. Wie dieser normative Ansatz funktioniert, sollen die Bestimmungen zur Verschmutzungsquelle Schiff illustrieren:

- Art. 194 begründet ein, an die Staaten gerichtetes, Verbot der Meeresverschmutzung und macht damit die Anwendbarkeit der dreigliedrigen Regelungsarchitektur vom Vorliegen einer Verschmutzung (Art. 1 I Nr. 4) abhängig[141]. Als „umbrella norm“[142] regelt Art. 194 dabei nicht abschließend, welche Schutzmaßnahmen die Staaten ergreifen sollen[143]. Da der Verschmutzungsbegriff weit definiert ist und die Vertragsstaaten einen umfassenden Schutz der Meeresumwelt beabsichtigten, soll eine dynamische Auslegung, die 1982 nicht bekannte Themen oder nicht als relevant betrachtete Themen erfasst, aber grundsätzlich zulässig sein[144].
- Nach Art. 211 I 1 „stellen die Staaten [...] im Rahmen der zuständigen internationalen Organisation oder einer allgemeinen diplomatischen Konferenz internationale Regeln und Normen zur Verhütung, Verringerung und Überwachung der Verschmutzung der Meeresumwelt durch Schiffe auf“. Demnach soll die Detailregelung primär auf internationaler Ebene erfolgen und zwar nicht nur im Sinne eines Bemühens, wie bei anderen Verschmutzungsquellen (etwa Art. 212 III), sondern ergebnisorientiert[145].
- Abschnitt 6 setzt auf ein dezentrales Durchsetzungsmodell, das potentiell alle Staaten in ihren unterschiedlichen Rollen einbindet. Danach hält das SRÜ zwar an der traditionsreichen Durchsetzung seitens der Flaggenstaaten fest (Art. 217). Gleichzeitig werden aber auch die Hafen- (Art. 218 und 219) und Küstenstaaten

---

[138] *Treves*, in: Franckx/Gautier, The Exercise of Jurisdiction over Vessels, S. 1.

[139] Diese Einteilung geht mit der Zuordnung von Meereszonen einher. Dabei handelt es sich um verschiedene Rollen, so dass ein Staat zugleich Flaggen-, Küsten- und Hafenstaat sein kann. Flaggenstaat ist ein Staat, in dem ein Schiff registriert ist und dessen Flagge das Schiff zu tragen berechtigt ist; Küstenstaat ist ein Staat, der an das Meer grenzt und in dessen Küste, Küstenmeer oder Ausschließlicher Wirtschaftszone Schiffe eigener Nationalität und Schifffe unter fremder Flagge verkehren, *Walker*, Definitions for the Law of the Sea; wenn sich ein Schiff im Hafen oder in den inneren Gewässern des Küstenstaats befindet, dann nennt man den Küstenstaat Hafenstaat, *Nordquist/Nandan/Rosenne*, UNCLOS, S. 260.

[140] *König*, Marine Environment, MPEPIL, Februar 2013, Rn. 11, 13.

[141] Vom verschmutzungsorientierten Schutzkonzept *Warner*, Protecting the Oceans beyond National Jurisdiction, S. 67, 74; *Fritz*, Integrierter Umweltschutz im Völkerrecht, S. 214.

[142] *Beyerlin*/Marauhn, International Environmental Law, S. 120.

[143] So sind die „notwendigen“ Maßnahmen zu treffen (Abs. 1), die „alle Ursachen“ von Meeresumweltverschmutzungen behandeln sollen (Abs. 3 S. 1), von denen nur einige wie die Seeschifffahrt (S. 2 Nr. 3) beispielhaft benannt werden („unter anderem“).

[144] *Boyle*, in: Freestone/Barnes/Ong, The Law of the Sea, S. 40, 61; *König*, Marine Environment, in: MPEPIL, Februar 2013, Rn. 7; *Wacht*, Mariner Umweltschutz, S. 24 ff. Voraussetzung ist, dass die in Art. 31 ff. WVK niedergelegten Grundsätze beachtet werden. Die Grenze der dynamischen Auslegung ist v. a. dort erreicht, wo der breite Konsens der Staaten bei der Verabschiedung des SRÜ (Package Deal-Argument) untergraben wird, *Tanaka*, International Law of the Sea, S. 28.

[145] *Proelß*, Meeresschutz, S. 86.

(Art. 220) in Bezug auf ihre (Funktions-)Hoheitsräume durch die Begründung von Durchsetzungskompetenzen gegenüber fremden Schiffen eingebunden. Dies illustriert v. a. Art. 218 I, der es dem Hafenstaat gestattet, wegen unerlaubter Einleitungen[146] durch Schiffe „außerhalb der inneren Gewässer, des Küstenmeers oder der ausschließlichen Wirtschaftszone dieses Staates" Untersuchungen durchzuführen und ggf. ein Verfahren zu eröffnen (Absatz 1). Diese Bestimmung macht den Hafenstaat zu einem „Sachwalter" des Umweltschutzes[147], da sie nicht dem Schutz staatlicher Interessen dient – der Hafenstaat ist räumlich nicht tangiert –; stattdessen stellt sie das Interesse der Staatengemeinschaft an einer intakten Meeresumwelt in den Vordergrund.

Teil XII SRÜ legt demnach die Kompetenzen für eine kooperative Rechtssetzung und -durchsetzung fest. Bemerkenswert ist, dass das Seevölkerrecht, obgleich in erster Linie die Staaten als solche angesprochen werden, bei der Zuständigkeitsverteilung zugleich die innerstaatliche Exekutive adressiert: Die Umsetzung internationaler Normen hat nicht nur durch „Gesetze", sondern auch durch „sonstige Vorschriften" zu erfolgen (etwa Art. 211 II), und unabhängig von ihrer innerstaatlichen Umsetzung begründet ein Verstoß gegen diese Normen eine Vollzugsverpflichtung bzw. -befugnis (etwa Art. 217 II, V und Art. 218 I). Auch an dieser Rechtstechnik wird deutlich, dass das Seevölkerrecht kein Koexistenzrecht ist, sondern darauf zielt, auf die inneren Angelegenheiten der Staaten einzuwirken.

c) Fazit: Unterschiede zu umweltvölkerrechtlichen Rahmenübereinkommen

Den Rahmencharakter des Teils VII SRÜ[148], den die Verfassungsmetapher zum Ausdruck bringen soll[149], unterstreicht die Kollisionsregel des Art. 237[150], die als Lex Specialis zu Art. 311 II Meeresumweltschutzvereinbarungen der Staaten außerhalb des SRÜ thematisiert (Absatz 1) und diese zugleich in den Rahmen des SRÜ integriert (Absatz 2)[151].

---

[146] Der Begriff ist im SRÜ nicht definiert, aber in Art. 2 III a) MARPOL: Einleiten bedeutet in Bezug auf Schadstoffe oder Abwässer, die solche Stoffe enthalten, jede Freisetzung aus einem Schiff, gleichgültig, wie sie verursacht wird, und schließt jegliches Entweichen, Entsorgen, Verschütten, Auslaufen, Pumpen, Emittieren oder Entleeren. Ocean Dumping ist von diesem weiten Verständnis aber ausgenommen (III. b. aa.).

[147] *König*, Durchsetzung, S. 182, 227 ff.

[148] UN-GA, Report of the Secretary-General, Law of the Sea, Protection and Preservation of the Marine Environment, UN Doc. A/44/461, para. 7; UN-GA, Report of the Secretary-General, Oceans and the Law of the Sea, A/57/57, para. 279; *Ong*, in: Fitzmaurice/Ong/Merkouris, Research Handbook on International Environmental Law, S. 567, 571; *Nordquist/Nandan/Rosenne*, UNCLOS, Art. 192 Rn. XII. 26.

[149] Explizit mit der Verfassungsmetapher arbeitend *Timagenis*, International Control of Marine Pollution, S. 599 f. Rn. 651: „constitution on marine pollution" sowie *Lexmond*, in: Chircop/McDorman/Rolston, The Future of Ocean Regime Building, S. 487, 488: „constitution of environmental protection".

[150] *Nordquist/Nandan/Rosenne*, UNCLOS, Art. 237 Rn. 237.

[151] *Czybulka*, in: Proelß, UNCLOS, Art. 237 Rn. 1.

Vergleicht man das SRÜ mit den herkömmlichen Rahmenkonventionen des internationalen Umweltrechts[152], fallen zwei Unterschiede ins Auge. Zunächst kennt das SRÜ namentlich mit seinem Meereszonenansatz, d. h. der Aufteilung der Ozeane in Bereiche mit unterschiedlichen Befugnissen der Küstenanrainerstaaten und Rechten Dritter, auch Bestimmungen im Sinne des Koordinationsvölkerrechts. Hinzu kommt, dass förmliche Bestimmungen für die Annahme von Durchführungsprotokollen oder Annexen, erleichterte Verfahren zur Vertragsänderung[153] sowie zur Etablierung einer Vertragsstaatenkonferenz fehlen[154]. Deswegen muss man den Charakter des SRÜ als Rahmenkonvention aber nicht grundsätzlich in Frage stellen[155], vielmehr handelt es sich um ihre Fortentwicklung im oben genannten Sinne[156].

5. *Kooperative Rechtskonkretisierung durch IMO-Regelwerke*

Die bedeutendste Form kooperativer Rechtskonkretisierung der Rahmenbestimmungen des SRÜ sind für das Seesicherheits- und Seeumweltrecht multilaterale Verträge, die seit der zweiten Hälfte des 20. Jahrhunderts[157] regelmäßig unter dem Dach der IMO ausgearbeitet werden. Die Entwicklung der ersten dieser Übereinkommen und des SRÜ verlief dabei weitestgehend parallel, denn schon vor der Dritten Seerechtskonferenz wurden maritime Konventionen verabschiedet[158], eine Entwicklung, die durch Havarien beflügelt wurde[159]. Ein Überblick über die zentralen Übereinkommen und ihre Inhalte (b, c) soll zeigen, dass das internationale Recht Themen von verwaltungsrechtlichem Zuschnitt behandelt, was zudem die eigene Rechtskategorie der seeverwaltungsrechtlichen Abkommen unterstreicht (a).

---

[152] Siehe oben 1. Kapitel, IV. 2. b. aa.

[153] Das vereinfachte Verfahren nach Art. 313 SRÜ gilt nicht als echte Verfahrenserleichterung *Harrison*, Making the Law of the Sea, S. 67 ff.

[154] *Harrison*, Making the Law of the Sea, S. 70; *Kojima/Vereshchetin*, Implementation Agreements, in: MPEPIL, März 2013, Rn. 9.

[155] Zweifelnd aber *Boyle*, The International and Comparative Law Quaterly 54 (2005), S. 563, 564.

[156] Siehe oben 1. Kapitel, IV. 2. b. bb.

[157] Die ersten multilateralen maritimen Übereinkommen wurden zwar bereits vor und nach dem Ersten Weltkrieg geschlossen, diese behandelten aber in erster Linie zivilrechtliche Angelegenheiten; eine Ausnahme bildete nur die erste Version von SOLAS aus dem Jahr 1914, die im unmittelbaren Anschluss an den Untergang der Titanic ausgearbeitet wurde, aber zunächst keine hohe Akzeptanz genoss (*Blanco-Bazán*, Journal of the History of International Law 6 (2004), S. 259, 260; *Pamboridis*, International Shipping Law, S. 80), während Versuche in den 1920er und 1930er Jahren, Konventionen zur Verhinderungen von Umweltverschmutzungen seitens der Seeschifffahrt zu beschließen, kläglich scheiterten (*M'Gonigle/Zacher*, Pollution, Politics, and International Law, S. 4; *Pamboridis*, International Shipping Law, S. 79 f.).

[158] Zum dynamischen Verhältnis zwischen SRÜ und im Rahmen der IMO zustande gekommenen Konventionen *Blanco-Bazán*, Journal of the History of International Law 6 (2004), S. 259, 273 f., 274, 277, 279.

[159] *Blanco-Bazán*, Journal of the History of International Law 6 (2004), S. 259, 272 ff.

a) Das seeverwaltungsrechtliche Abkommen als Rechtskategorie

Konventionen der IMO werden in der maritimen Literatur in drei Kategorien eingeteilt[160]: Zu den seevölkerrechtlichen Verträgen im engeren Sinne (Law of the Sea Treaties) gehört etwa das Interventionsübereinkommen von 1969[161], das Küstenstaaten gestattet, Maßnahmen auf Hoher See zu treffen, um Ölverschmutzungsschäden zu begegnen. Ihr Anliegen ist demnach weniger Kooperation als vielmehr die staatliche Selbstverteidigung[162]. Zivilrechtliche Verträge (Private Law Making Treaties)[163] behandeln demgegenüber in Konkretisierung von Art. 235 SRÜ insbesondere Fragen der Haftung und Entschädigung Privater bei Meeresumweltverschmutzungen[164]. Im Unterschied zum Nuklearbereich sehen die maritimen Haftungsübereinkommen keine staatliche Ausfallhaftung[165] oder gar eine Erfolgshaftung der Staaten[166] vor, so dass die Staaten nach den Grundsätzen der Staatenverantwortlichkeit nur haften, wenn sie zurechenbar gegen eine völkerrechtliche Regel verstoßen (Art. 235 I SRÜ).

Die dritte Kategorie der seeverwaltungsrechtlichen Verträge (Maritime Administrative Law Treaties) legt die Rechte und Pflichten von Schifffahrtsunternehmen und ihre Beziehung zur staatlichen Verwaltung fest. Dazu werden Einleitungs- und Emissionsvorschriften (Discharge and Emission Standards), Konstruktions-, De-

---

[160] *Blanco-Bazán*, in: Kirchner, International Marine Environmental Law, S. 31, 34 f.

[161] Internationales Übereinkommen über Maßnahmen auf Hoher See bei Ölverschmutzungsunfällen vom 29.11.1969 (International Convention Relating to Intervention on the High Seas in Cases of Oil Pollution Casualties), BGBl. 1975 II S. 137, 970 UNTS 211, in Kraft seit 16.5.1975.

[162] *Blanco-Bazán*, in: Kirchner, International Marine Environmental Law, S. 31, 37; zu solchen Haftungsgabkommen auch *Boysen*, Die postkoloniale Konstellation, S. 232 f.: Instrumente des internationalen Privatrechts.

[163] Die IMO widmet sich der Harmonisierung zivilrechtlicher Fragen erst seit der Torrey Canyon-Havarie; zuvor entwarf das Comité Maritime International (CMI), eine private Dachorganisation verschiedener nationaler Seerechtsvereinigungen entsprechende internationale Konventionen, *Maurer*, Lex Maritima, S. 74 ff.; nunmehr ist CMI im zuständigen IMO-Ausschuss (LEG) beratend aktiv.

[164] Zu ihnen gehören in Bezug auf Ölverschmutzungen das Haftungsübereinkommen vom 29.11.1969 (International Convention on Civil Liability for Oil Pollution Damage), BGBl. 1975 II S. 305, 973 UNTS 3, in Kraft seit 19.6.1975, und das Fondsübereinkommen vom 18.12.1971 (International Convention on the Establishment of an International Fund for Compensation for Oil Pollution Damage), BGBl. 1975 II 301, 320, 1110 UNTS 57, in Kraft seit 16.10.1976, die beide 1992 revidiert wurden, weiter das Bunkerölabkommen vom 23.3.2001 (International Convention on Civil Liability for Bunker Oil Pollution Damage), BGBl. 2006 II 578, 40 ILM 1493, in Kraft seit 21.11.2008, sowie – für Chemikalien – das HNS-Übereinkommen vom 3.5.1996 (International Convention on Liability and Compensation for Damage in Connection with the Carriage of Hazardous and Noxious Substance at Sea), 35 ILM 1414, das nicht in Kraft ist; eingehend zum maritimen Haftungsregime *Jacobssen*, Internationales Schadensersatzrecht für Ölverschmutzungen beim Seetransport.

[165] Art. VII Nr. 1 S. 2 Wiener Übereinkommen vom 21.5.1963 (Vienna Convention on Civil Liability for Nuclear Damage), BGBl. 2001 II S. 202, 207, 1063 UNTS 265, in Kraft seit 12.11.1977.

[166] Art. II, IV Nr. 1 a) Übereinkommen über die völkerrechtliche Haftung für Schäden durch Weltraumgegenstände vom 29.3.1972 (Convention on the International Liability for Damage Caused by Space Objects), BGBl. 1975 II S. 1209, 961 UNTS 187, in Kraft seit 1.9.1972.

sign-, Ausrüstungs- und Bemannungsvorschriften (CDEM-Regeln, Construction, Design, Equipment and Manning) sowie Navigationsvorschriften (Navigational Standards) niedergelegt[167]. Neben Ge- und Verbotsnormen finden sich aber auch Vorgaben zur sog. schifffahrtsbezogenen Daseinsvorsorge, die teilweise Gegenstand eigener Abkommen sind[168].

b) Seesicherheitskonventionen

Sicherheitsverträge zielen darauf, Unfälle zu verhindern, um das menschliche Leben und Güter zu schützen; sie kennen zugleich Vorschriften, um Umweltverschmutzungen zu begegnen, die Resultat von Havarien sind. Die zentrale Sicherheitskonvention ist das Internationale Übereinkommen zum Schutz des menschlichen Lebens auf See (SOLAS)[169]. Die Mindeststandards finden sich in seinem Anhang mit 14 Kapiteln. Zusammen mit den allgemeinen Stabilitätsvorschriften in Kapitel II-1 SOLAS soll das Internationale Freibord-Übereinkommen (LL)[170] gegen eine Überladung und dadurch bedingte Unfälle schützen. Dies geschieht durch die Vorgabe von Höchstgrenzen für die Zuladung. Nach Art. 3 LL darf das Schiff nur dann auf Auslandsfahrt gehen, wenn am Schiffskörper außen eine Freibordmarke angebracht ist, die die Eintauchtiefe des Schiffs anzeigt.

Während SOLAS und LL im Kern technische Bestimmungen enthalten, widmet sich das Internationale Übereinkommen über Normen für die Ausbildung, die Erteilung von Befähigungszeugnissen und den Wachdienst von Seeleuten (STCW)[171] dem Faktor Mensch im Bereich der Schiffssicherheit.

Die Verkehrssicherheit wurde in Teilen aus SOLAS in das Übereinkommen über die Internationalen Regeln zur Verhütung von Zusammenstößen auf See (COLREG)[172] ausgelagert. Es regelt die Führung und die Steuerung von Schiffen in Beziehung zu anderen Schiffen auf Hoher See und auf den mit dieser zusammenhängenden, von Seeschiffen befahrbaren Gewässern (Regel 1 a)). Zu seinen Grundregeln gehört etwa das Gebot, Ausguck zu halten (Regel 5), oder dass aufeinander

---

[167] *Molenaar*, Coastal State Jurisdiction over Vessel-Source Pollution, S. 21.

[168] Etwa das Internationale Übereinkommen vom 27.4.1979 zur Seenotrettung (International Convention on Maritime Search and Rescue), BGBl. 1982 II S. 486, 1405 UNTS 97, in Kraft seit 22.6.1985, das sich in erster Linie an die Küstenstaaten mit der Aufforderung richtet, Regelungen zur Zusammenarbeit zwischen den Seenotrettungsdiensten zu erlassen und Einsatzmittel für den Such- und Rettungsdienst bereitzustellen.

[169] International Convention for the Safety of Life at Sea vom 1960, das am 1.1.1974 umfassend überarbeitet wurde, 1184 UNTS 278, Neufassung BGBl. 1998 II S. 2597, in Kraft seit 25.5.1980, und die dazu gehörenden Protokolle von 1978 (BGBl. 1980 II S. 526, 1126 UNTS 237) und 1988 (IMO HSSC/CONF/11 (1974)).

[170] International Convention on Load Lines vom 15.4.1966, BGBl. 1969 II S. 250, 640 UNTS 133, in Kraft seit 21.7.1968.

[171] International Convention on Standards of Training, Certification and Watchkeeping for Seafarers vom 7.7.1978, BGBl. 1982 II S. 297, 1361 UNTS 2, in Kraft seit 28.4.1984, die 1995 (2052 UNTS 94) und 2010 (STCW/CONF.2/33) umfassend überarbeitet wurde.

[172] Convention on the International Regulations for Preventing Collisions at Sea vom 20.10. 1972, BGBl. 1976 II S. 1023,1050 UNTS 16, in Kraft seit 15.7.1977.

zufahrende Schiffe stets nach Steuerbord ausweichen müssen (Regel 14 a)). Die Regeln sind für den Verkehr verbindlich[173], sie gelten aber nicht starr, sondern die seemännische Praxis und die besonderen Umstände des Einzelfalls können ein Abweichen rechtfertigen (Regel 2 a)).

c) Seeumweltkonventionen

Als Umweltkonventionen gelten solche Regelwerke, die sich exklusiv Umweltbeeinträchtigungen, die im Zusammenhang mit der Seeschifffahrt stehen, zuwenden[174], die wiederum anknüpfend an den zeitlichen Verlauf von Umweltschäden in solche der Prävention, der Notfallmaßnahmen und der Kompensation eingeteilt werden können[175]. Die meisten seeverwaltungsrechtlichen Konventionen sind auf der ersten Stufe anzusiedeln; eine klare Zuordnung von Kompensationsfragen zu den zivilrechtlichen Konventionen und von Notfallmaßnahmen zu den seevölkerrechtlichen Konventionen ist aber nicht möglich, wie das Wrackbeseitigungsübereinkommen[176] und das Übereinkommen über die Bereitschaft, Reaktion und Zusammenarbeit auf dem Gebiet der Ölverschmutzung (OPRC)[177] zeigen.

Das Internationale Übereinkommen zur Verhütung der Meeresverschmutzung (MARPOL)[178] dient der Ausfüllung von Art. 211 SRÜ. Während das Vorgängerübereinkommen OILPOL sich noch ausschließlich auf die Verschmutzung durch Öl konzentrierte, bezieht sich MARPOL auf ein weites Spektrum von Verschmutzungsarten und -wegen, die in seinen Anhängen geregelt sind, die für die Vertragsparteien teils obligatorisch sind (I, II), teils einer gesonderten Ratifikation bedürfen (III–VI). Drei der Anlagen enthalten gewässerschutzbezogene Bestimmungen[179].

---

[173] *Beckert/Breuer*, Öffentliches Seerecht, Rn. 614.

[174] *Blanco-Bazán*, in: Kirchner, International Marine Environmental Law, S. 31, 33.

[175] *De La Fayette*, in: Kirchner, International Marine Environmental Law, S. 231.

[176] International Convention on the Removal of Wrecks vom 18.5.2007, BGBl. 2013 II S. 531, 46 ILM 694, in Kraft seit 14.6.2015. Es normiert eine Pflicht zur Beseitigung eines die Meeresumwelt oder die Schifffahrt gefährdenden Wracks in der Ausschließlichen Wirtschaftszone durch den eingetragenen Eigentümer eines Schiffes (Art. 9 II), ein Tätigwerden des betroffenen Küstenstaats anstelle des eingetragenen Eigentümers (Art. 9 VII) und regelt Kostenforderungen gegen den eingetragenen Eigentümer (Art. 10), zu den Kerninhalten Ramming, Das Wrackbeseitigungsübereinkommen. Es als Kompensationsübereinkommen zu betrachten, überzeugt daher nicht, ebenso *de La Fayette*, in: Kirchner, International Marine Environmental Law, S. 231, 244 f.

[177] International Convention on Oil Pollution Preparedness, Response and Co-operation vom 30.11.1990, BGBl. 1994 II S. 3799, 1891 UNTS 51, in Kraft seit 13.5.1995. Es statuiert u. a. eine Pflicht zum Aufbau nationaler Vorsorge- und Bekämpfungsstrukturen (Art. 6) und zur Schaffung von bordeigenen Notfallplänen durch Schiffe (Art. 3) als vorbeugende Maßnahmen; zu den Inhalten *Geisler*, Das Internationale Übereinkommen von 1990.

[178] International Convention for the Prevention of Marine Pollution from Ships vom 2.11.1973, BGBl. 1982 II S. 399, BGBl. 1996 II S. 399, 1340 UNTS 184; das erst am 2.10.1983 (Annexe I und II) in Kraft treten konnte, nachdem es durch ein 1978 ausgehandeltes Protokoll (1340 UNTS 61) abgeändert wurde. Da Übereinkommen und Protokoll eine Einheit bilden, spricht man von MARPOL 73/78.

[179] Verschmutzungen durch Öl einschließlich von Brennstoffrückstände sind Gegenstand von Anlage I, während Anlage II schädliche flüssige Stoffen betrifft, die als Massengut befördert wer-

Die Anlage III umfasst gefahrstoffbezogene Vorgaben. Dem Abfallrecht ist Anlage V zuzuordnen, die allerdings mit dem betriebsbedingten Schiffsmüll, etwa Papier, Plastik, Essensreste, Ladungsrückstände von Seeschiffen mit loser Fracht (Unterschied zu Anlage II), nur einen Teilbereich regelt. Nach einer 2013 in Kraft getretenen Revision darf danach auch dieser Schiffsmüll grundsätzlich nicht mehr ins Meer gelangen. Dem Luft- und Klimaschutz widmet sich Anlage VI, die v.a. Grenzwerte für die Emission bestimmter Luftschadstoffe festgelegt, die stufenweise reduziert werden sollen.

Zur Konkretisierung von Art. 210 SRÜ wurde bereits 1972 das Übereinkommen zur Verhütung der Meeresverschmutzung durch das Versenken von Abfällen und anderen Stoffen (London Convention, LC) ausgearbeitet, das für die jeweiligen Vertragsparteien durch das Londoner Protokoll (LP) ersetzt wird[180]. Gegenstand ist das „Einbringen" (Art. III LC), sprich das Dumping, das in Anlehnung an Art. 1 I Nr. 5 a) SRÜ definiert wird.

Seit den 2000er Jahren wurden weitere Übereinkommen außerhalb von MARPOL verabschiedet. Diese „neue Generation" von Übereinkommen[181] bleibt aber an die Struktur von MARPOL angelehnt, d.h. wie MARPOL enthalten sie den Vertragstext, allgemeine Rechte und Pflichten, formale Vorschriften und Anlagen mit konkreten Vorschriften:

Die Antifouling-Konvention (AFS)[182] widmet sich dem stoffrechtlichen Problem der Schiffsanstriche. Sie verbietet Unterwasseranstriche bei Schiffen, die Tributylzinn beinhalten. Im Übrigen ist AFS entwicklungsoffen gestaltet. Welche weiteren Arten von Bewuchsschutzsystemen verboten sind, kann nach und nach festgelegt werden und erlaubt so eine Anpassung an den wachsenden Wissensstand[183]. AFS lässt sich als aus Ausfüllung des Art. 211 SRÜ betrachten, da der Verschmutzungsbegriff des SRÜ auch Risiken erfasst[184]. Schwieriger[185] ist dies bei den zwei weiteren

---

den. Anlage IV betrifft die Verhütung bzw. Einschränkung von Verschmutzungen des Meeres durch Schiffsabwässer, deren Einleiten ebenfalls grundsätzlich verboten wird.

[180] Convention on the Prevention of Marine Pollution by Dumping of Wastes and Other Matter vom 29.12.1972, BGBl. 1977 II S. 165, 1046 UNTS 120, in Kraft seit 30.8.1975; Protocol to the Convention on the Prevention of Marine Pollution by Dumping of Wastes and Other Matter, 1972, vom 7.11.1996, BGBl. 1998 II S. 1345, 36 ILM 1, das am 11.3.2008 in Kraft trat.

[181] *Sands/Peel*, Principles of International Environmental Law, S. 385.

[182] International Convention on the Control of Harmful Antifouling Systems on Ships vom 5.10. 2001, BGBl. 2008 II S. 522, ATS 15/AFS/CONF/26, in Kraft seit 17.9.2008.

[183] *Ramming*, Seehandelsrecht, Einleitung Rn. 61.

[184] Zu diesem risikoorientierten Verständnis *Tanaka*, in: Proelß, UNCLOS, Art. 1 Rn. 13; *Birnie/Boyle/Redgewell*, International Law & the Environment, S. 388 f.

[185] Das BWM lässt sich kaum als Ausfüllung von Art. 211 SRÜ verstehen, da der Eintrag nichtheimischer Arten keine Verschmutzung im eigentlichen Sinne ist, *Zink*, Das Ballstawasser-Übereinkommen, S. 129 f, aber Art. 192, 196 i.V.m. Art. 197 SRÜ lassen erkennen, dass sich die internationale Standardsetzung auch auf die „Zuführung fremder oder neuer Arten" beziehen kann, *Czybulka*, in: Proelß, UNCLOS, Art. 196 Rn. 17. Das gilt auch für das HKC: Beim Schiffsrecycling entstehen die Beeinträchtigungen im Rahmen des Verschrottungsprozesses an Land, was aber Auswirkungen auf die Meeresumwelt hat und mit dem Schiff bleibt ferner der Ausgangspunkt ein maritimer. Das Übereinkommen liegt daher quer zu den die Belastungsquellen Land und Schiff

Konventionen der neuen Generation: Das Ballastwasserübereinkommen (BWM)[186] ist dem Artenschutz gewidmet. Eine abfallrechtliche Dimension weist das Hongkong-Übereinkommen (HKC)[187] auf. Um ein sachgerechtes Schiffsrecycling sicherzustellen, wird nach dem Cradle to Grave-Ansatz der gesamte Lebenszyklus von Schiffen vom Bau bis zum eigentlichen Recycling reglementiert. Dem dienen etwa die Erfassung der Gefahrstoffe des jeweiligen Schiffes mittels eines Katasters und eine Zertifizierung von Abwrackwerften.

Das Einschleppen nicht-einheimischer Arten durch Biofouling[188] und der Unterwasserlärm[189] sind hingegen nicht in Abkommensform geregelt.

d) Fazit: Maritime Konventionen als Ausdruck einer internationalen Verwaltung

Die genannten Konventionen behandeln demnach Themenstellungen, wie man sie auch aus dem terrestrischen Verwaltungsrecht kennt. Die COLREG beispielsweise lassen sich als „Straßenverkehrsordnung der Seeschifffahrt"[190] verstehen. § 6 I Nr. 1 BImSchG verlangt, dass eine terrestrische Anlage nur dann genehmigungsfähig ist, wenn die Pflichten des Betreibers nach § 5 BImSchG und den einschlägigen Rechtsverordnungen erfüllt sind; Entsprechendes ordnen die Regeln 6 I, 5 I a) von Annex VI MARPOL an, wenn es heißt, dass ein International Air Pollution Prevention Certificate nur erteilt werden darf, wenn eine vorherige Untersuchung des Schiffs ergeben hat, dass die Ausrüstung, die Systeme, die Armaturen, die Einrichtungen und das Material vollständig den geltenden Vorschriften dieses Annexes entsprechen.

III. SchSG und SchSV als Paradebeispiele eines internationalen Verwaltungsrechts

Korrelierend mit der Ausrichtung des Seevölkerrechts auf eine internationale Zusammenarbeit in den Bereichen der Seesicherheit und des Seeumweltschutzes öffnet sich das deutsche Recht nach außen. Am Beispiel des Schiffssicherheitsgesetzes (SchSG) und der Schiffssicherheitsverordnung (SchSV), die einen weiten Sicherheitsbegriff zugrunde legen, wenn sie bestimmen, dass sie auch den Umweltschutz auf See gewährleisten wollen (§ 1 I SchSG; § 1 I SchSV), lässt sich vorführen, dass

thematisierenden Bestimmungen Art. 207 I SRÜ und Art. 211 SRÜ, *Engels*, European Ship Recycling Regulation, S. 112 ff., 121.

[186] International Convention for the Control and Management of Ships' Ballast Water and Sediments vom 13.2.2004, BGBl. 2013 II S. 42, 44, BWM/CONF/36, in Kraft seit 8.9.2017.

[187] Hong Kong International Convention for the Safe and Environmentally Sound Recycling of Ships vom 1.11.2009, SR/CONF/45, noch nicht in Kraft.

[188] IMO, Resolution MEPC.207(62), 15.7.2011.

[189] IMO, MEPC.1/Circ.833, 7.4.2014. Der Schutz der menschlichen Gesundheit vor Lärm ist hingegen in SOLAS geregelt, siehe IMO, Resolution, MSC 91/22/Add. 1, 30.11.2012.

[190] *Wilkens*, Rechtsregeln zur Vermeidung von Tankerunfällen, S. 52.

sich die deutsche Rechtsordnung an diese Veränderungen auf internationaler Ebene umfassend angepasst hat:

- Die Gesetze erstrecken sich auch auf Schiffe unter ausländischer Flagge, soweit dies im Einklang mit dem Völkerrecht steht (§ 2 I Nr. 4, II SchSG; § 1 II SchSV), und enthalten eigene Bestimmungen zu ihrer Überprüfung in deutschen Seehäfen am Maßstab internationaler Vorgaben (§ 14 SchSG; § 12 SchSV). Sofern es um diese sog. Hafenkontrolle geht, handelt es sich zwar nicht um extraterritoriale Anwendungsbereiche im eigentlichen Sinne, denn die Überprüfung findet statt, wenn sich die Schiffe im eigenen Staatsgebiet aufhalten, so dass an deutsche Sachverhalte angeknüpft wird, aber diese Bestimmungen lassen gleichwohl das Bestreben erkennen, – in Abkehr von der ehemaligen Staatenpraxis, ausländische Schiffe nur bei nationalen Interessen hafenseitig zu überprüfen[191] – die Seeschifffahrt als solche im Interesse der Staatengemeinschaft einer Kontrolle zu unterwerfen.
- Die Öffnung auf der Ebene des materiellen Rechts verdeutlicht die Zielsetzung des SchSG, zu bestimmen, „welche Maßnahmen bei der Durchführung der jeweils geltenden internationalen Regelungen zur Schiffssicherheit und zum Umweltschutz auf See (Regelungen) vorzunehmen sind" (§ 1 I). Dazu wurde eine Regelungstechnik gewählt, die die anwendbaren internationalen Vorgaben in einer Anlage kodifiziert, die durch Rechtsverordnungen und amtliche Bekanntmachungen den Entwicklungen auf internationaler Ebene laufend angeglichen wird[192], um nationale Alleingänge zu vermeiden[193].
- Die Hafenstaatkontrolle soll in Form einer grenzüberschreitenden Verwaltungskooperation erfolgen (§ 12 IV SchSV).
- Schließlich wird ein Zuwachs an Informalität erkennbar, wenn mit den „internationalen Schiffssicherheitsnormen" (§ 1 II 2 SchSG) auch internationales Soft Law[194] als globaler Maßstab anerkannt wird, für die deutsche Verwaltung bei der Ermessensausübung eine Berücksichtigung von Empfehlungen internationaler Organisationen angeordnet (§ 12 SchSG) oder explizit auf transnationale Behördennetzwerke Bezug genommen wird (§ 12 IV SchSV).

SchSG und SchSV stellen damit Gesetze dar, die Strukturmerkmale des internationalen Verwaltungsrechts aufweisen[195], denn sie haben – in einem weiteren Sinne – extraterritoriale Anwendungsbereiche, rezipieren internationale Vorgaben, erkennen grenzüberschreitende Verwaltungskooperationen an und heben die Bedeutung internationalen Soft Laws hervor.

---

[191] Siehe oben 2. Kapitel, A. II. 2. c.
[192] Siehe unten 5. Kapitel, VII. 2. a.
[193] BT-Drs. 13/9722, S. 12; zum Hintergrund *Ehlers*, Recht des Seeverkehrs, SchSG, Einleitung Rn. 6.
[194] *Ehlers*, Recht des Seeverkehrs, Anlage zum SchSG Rn. 39.
[195] Siehe oben 1. Kapitel, IV. 2. a. bb.

IV. Fazit: Seesicherheits- und Seeumweltschutz in einem dezentralisierten Mehrebenensystem

Das Zusammenspiel und die Verbindung diverser Akteure, Rechtsschichten und Kulturen, die für die Konglomeratsverwaltung prägend sind, lassen sich inzwischen im Seesicherheits- und Seeumweltrecht beobachten. Dieses war zwar zunächst insofern monolithisch strukturiert, als dem Flaggenstaat und seiner Verwaltung das Zugriffsrecht für einwandfreie Zustände auf seinen Schiffen zugebilligt wurde. Das im Seerechtsübereinkommen (SRÜ) normierte Neue Seerecht hat demgegenüber dazu geführt, dass das flaggenstaatliche Primat, auch wenn formell durch das Seevölkerrecht anerkannt, durch Kompetenzverschiebungen in vertikaler und horizontaler Richtung ausgedünnt wurde. Denn das SRÜ billigt der Internationalen Seeschifffahrts-Organisation Kompetenzen für die Rechtssetzung zu, die sie zur Ausarbeitung seeverwaltungsrechtlicher Abkommen nutzt, und bindet verstärkt Küsten- und Hafenstaaten in die Durchsetzung internationaler Normen gegenüber fremdflaggigen Schiffe ein. Als Konsequenz nähern sich die als getrennt gedachten Sphären von nationalem und internationalem Recht an, was sich daran bemerkbar macht, dass innerstaatlich diese Veränderungen auf seevölkerrechtlicher Ebene aufgegriffen und auf diese verwiesen wird. Der Abschnitt hat weiter gezeigt, dass der Charakter der Seeschifffahrt als fehlerinduziertes System, das multiple Umweltbeeinträchtigungen globalen Zuschnitts in sich birgt, die Herausbildung dieser Konglomeratsverwaltung angestoßen hat.

Auf diese Strukturverschiebung verweist auch die seevölkerrechtliche Diskussion: Das SRÜ setze auf die Entwicklung und den Vollzug seiner Bestimmungen zur Seesicherheit und zum Seeumweltschutz in einem „dezentralisierten Mehrebenensystem"[196]. Auch wenn die Mehrebenenmetapher wegen ihres Bezugs auf einen Ordnungszusammenhang nicht gänzlich treffend ist[197], deutet diese Beschreibung doch auf die für Konglomeratsverwaltung typische Fragmentierung des Einheitsdenkens hin. Nach diesem Vorbild hat auch das Seearbeits- und Seesozialrecht vom Einheitsdenken Abschied genommen, wie der folgende Abschnitt zeigen wird.

B. Seearbeits- und Seesozialrecht

Das Seearbeits- und Seesozialrecht zeigt, dass die Aufgabe, bei einem globalen Arbeitsmarkt für angemessene Arbeits- und Lebensbedingungen zu sorgen (I.), keiner monolithischen Logik folgen kann. Es bildet mit seiner konglomeratischen Ausrichtung ein Anwendungsbeispiel eines Transnational Labour Law (III.). Das zweite maritime Referenzgebiet ist den Weg hin zu einer kooperativen Aufgabenerledi-

---

[196] Für den Meeresumweltschutz *Matz-Lück*, in: Proelß, Internationales Umweltrecht, 12. Abschnitt Rn. 8; allgemein *Proelß*, in: Graf Vitzthum/Proelß, Völkerrecht, 5. Abschnitt Rn. 138f.

[197] Siehe oben 1. Kapitel, V. 1.

gung – im direkten Vergleich zum Seesicherheits- und Seeumweltrecht – indes mit Verzögerungen gegangen (II.). Auch wenn die „sweatshops at sea“[198] nicht beseitigt werden konnten[199], so bildet es doch ein durchaus hoffnungsvolles Muster und einen Vorboten dafür, dass Globalisierung nicht zwingend eine Absage an Arbeits- und Sozialstandards bedeuten muss, wenn es gelingt, verschiedene Akteure einzubinden.

I. Auswüchse eines globalen Arbeitsmarkts

1. Seeschifffahrt als gefahrgeneigtes Tätigkeitsfeld

Die Lebens- und Arbeitsbedingungen der Seefahrer sind durch das Öffentliche Recht engmaschig geregelt[200]. Die Sonderstellung des Seearbeits- und Seesozialrechts kommt auch dadurch zum Ausdruck, dass es gewöhnlich in einem Sondergesetz – in Deutschland im Seearbeitsgesetz (SeeArbG) – niedergelegt ist, das in besonderem Maße zivil- und verwaltungsrechtliche Regelungen integriert[201]. Diese Eigenheiten lassen sich längst nicht mehr allein einem Obrigkeitsstaats- und Militärdenken in der zivilen Seeschifffahrt zuschreiben[202], sondern beruhen letztlich auf den unterschiedlichen Umständen an Land und auf See[203]: Während das Leben auf dem Festland durch ein enges Zusammenwirken wirtschaftlicher, sozialer und familiärer Bindungen sowie durch die Nähe zu Einrichtungen geprägt ist, die dem Einzelnen Schutz und Sicherheit gewährleisten, ist die Tätigkeit auf dem Schiff dadurch charakterisiert, dass die Schiffsgemeinschaft losgelöst von dieser Ordnung über lange Zeiträume weitgehend isoliert existieren muss und einer Vielzahl realer Bedrohungen ausgesetzt ist. Die Besatzung verbringt an Bord sowohl Arbeitsalltag als auch Freizeit und muss den Betrieb ununterbrochen aufrechterhalten. Diese faktischen Verhältnisse führen einerseits zu einer Einschränkung der Rechtsstellung des Seefahrers, die sich etwa in der Schiffsgewalt bemerkbar machen, sprich der öffentlich-rechtlichen Ordnungsgewalt des Kapitäns gegenüber allen Besatzungs-

---

[198] Siehe die historische Aufarbeitung bei *Fink*, Sweatshops at Sea.

[199] Zu den Problemen *Gerstenberger*, in: Becke/Bleses/Ritter/Schmidt, Decent Work, S. 53, 64 ff.

[200] Siehe nur aus der deutschen arbeitsrechtlichen und seehandelsrechtlichen Literatur *Neuhäuser*, Der Arbeitsvertrag des Schiffsmanns in der deutschen Seeschiffahrt, S. 2; *Monnerjahn*, Das Arbeitsverhältnis, S. 1; Wosnik, Das Heuerverhältnis im seerechtlichen Arbeitsrecht, S. 1; *Leffler*, Das Heuerverhältnis auf ausgeflaggten deutschen Schiffen, S. 178; *Müller*, Das Heuerverhältnis nach dem Seearbeitsgesetz, S. 39 f.; *Abraham*, Das Seerecht, S. 130.

[201] Dies ist auch für andere Rechtsordnungen typisch, *Monnerjahn*, Das Arbeitsverhältnis, S. 7. Ein weiterer Grund wird darin gesehen, dem Seefahrer seine Rechte und Pflichten in möglichst übersichtlicher Form zu vermitteln, *Lindemann*, SeeArbG, Abschnitt 3 Vorbemerkungen, Rn. 2; zur subsidiären Anwendung der allgemeinen arbeitsrechtlichen Vorschriften ebenda, Rn. 33.

[202] Dies machte sich insbesondere in der Rechtsstellung des Kapitäns bemerkbar, siehe *Hanses*, Die rechtliche Stellung des Kapitäns, S. 100; zu seinem Einfluss auch *Monnerjahn*, Das Arbeitsverhältnis, S. 51.

[203] *V. der Decken*, Das Seearbeitsrecht, S. 15; *Christodoulou-Varotsi/Pentsov*, Maritime Work Law, S. 9 f.

mitgliedern sowie allen an Bord befindlichen Personen (§ 121 I 2 SeeArbG)[204], die durch eine öffentlich-rechtliche Pflicht der Besatzungsmitglieder flankiert wird, Anordnungen der Vorgesetzten zu befolgen, die auch strafrechtlich sanktioniert ist (§§ 124, 146 III Nr. 1, 3 SeeArbG). Andererseits begründen die Risiken der Seeschifffahrt, verbunden mit den genannten rechtlichen Restriktionen für Seeleute[205], ihre besondere Schutzbedürftigkeit, die öffentlich-rechtliche Fürsorgepflichten hervorruft[206].

Das harte und entbehrungsreiche Leben auf See – klassisch geschildert im autobiographischen Erlebnisbericht des späteren Rechtsanwalts *Richard Dana* „Zwei Jahre vor'm Mast"[207] – konnte sich im Lauf des 20. Jahrhunderts nicht substanziell verbessern. Nachdem es zunächst zu Angleichungen an die sozialen Vorstellungen und Anforderungen zu Lande kam[208], wurden diese durch die Veränderung der ökonomischen und technologischen Rahmenbedingungen seit den 1970er Jahren in der Seeschifffahrt und der damit erfolgten Herausbildung eines globalen Arbeitsmarkts konterkariert. Es wird daher sogar konstatiert, die Schutzbedürftigkeit habe sich historisch betrachtet tendenziell erhöht[209]. Ein einleitendes Beispiel aus der Rechtsprechung soll die prekäre Situation des globalen Seefahrers verdeutlichen[210]: In dem 1995 vom BAG entschiedenen Fall verklagte ein auf einem im deutschen Internationalen Schiffsregister eingetragenen Schiff arbeitender indischer Seemann eine deutsche Reederei auf Zahlung eines höheren als des vereinbarten Lohns (Heuer), Urlaubsentgelt und Verpflegungsgeld für die Dauer des Urlaubs, Abstoppheuer, Kosten seiner Unterbringung im Seemannsheim sowie Schmerzensgeld. Im in englischer Sprache verfassten Heuervertrag war festgelegt, an 30 Tagen im Monat einschließlich Sonnabenden, Sonntagen und Feiertagen täglich acht Stunden zu arbeiten, mithin an 56 Stunden in der Woche, und zwar zu einer monatlichen Heuer von 250 US-Dollar und damit unterhalb der damals von der ILO empfohlenen Mindestheuer für ausländische Seeleute; für jede Überstunde war 1 US-Dollar zu zahlen. Zu den vereinbarten Arbeitsbedingungen gehörte, dass der Seemann sich verpflichtete, jegliche Nahrung zu sich zu nehmen, die an Bord serviert wird, das Schiff nicht zu verlassen und sich nicht an gewerkschaftlichen Aktivitäten zu beteiligen[211]. Das

---

[204] *Nehab*, DÖV 2013, S. 558.

[205] Die öffentlich-rechtliche Fürsorgepflicht als „Gegenmacht" zu den Zwangsbefugnissen des „Schiffers" (= Kapitäns) deutend *Neuhäuser*, Der Arbeitsvertrag des Schiffsmanns in der deutschen Seeschifffahrt, S. 4.

[206] *Christodoulou-Varotsi/Pentsov*, Maritime Work Law, S. 10 f.; *Wosnik*, Das Heuerverhältnis im seerechtlichen Arbeitsrecht, S. 2.

[207] *Dana*, Two Years before the Mast.

[208] Erste nennenswerte Verbesserungen brachte in Deutschland die Seemannsordnung von 1902, zum Prozess *Monnerjahn*, Das Arbeitsverhältnis, S. 16 ff.; *Goecke*, Das Heuerverhältnis, S. 72 ff.

[209] *Dirks*, in: Senghaas-Knobloch/Dirks/Liese, Internationale Arbeitsregulierung, S. 127, 128; ferner Gerstenberger, in: dies./*Welke*, Seefahrt im Zeichen der Globalisierung, S. 10, 27 ff.; *Whitlow*, in: Moore/Nordquist, Current Maritime Issues and the International Maritime Organization, S. 177, 183 ff.

[210] BAG, NZA 1995, S. 1191 ff.

[211] Wiedergegeben nach *Däubler*, Der Kampf um einen weltweiten Tarifvertrag, S. 13 f.

BAG hielt im Fall das indische Arbeitsrecht für einschlägig, doch sei zu prüfen, ob dessen Anwendung zu einem Ergebnis führe, das mit deutschen Gerechtigkeitsvorstellungen in unerträglichem Widerspruch stehe[212].

Nachdem die Rolle des modernen Seefahrers als globale Arbeitskraft vorgestellt wird (2.), lassen sich abstrahierend vom skizzierten BAG-Fall drei typische Risikobereiche ausmachen[213], die sowohl sozialer als auch technischer Natur sind (3.).

2. *Der moderne Seefahrer*

a) Eine begriffliche Einordnung

Allein in der Handelsschifffahrt arbeiten über 1, 6 Millionen Seefahrer[214]. Die Schiffsbesatzung wird nach der Funktion einer Person an Bord eingeteilt in den Kapitän, der heute als Besatzungsmitglied gilt (§ 5 I SeeArbG)[215], die Schiffsoffiziere mit besonderen fachlichen Fähigkeiten und Verantwortungsbereichen und die sonstige Schiffsmannschaft. Diese Selbstverständlichkeit gilt im Ausgangspunkt auch für die moderne Seeschifffahrt, bei ihr muss aber, wie sowohl die differenzierende Begriffsbestimmung des Seehandelsrechts (§ 478 2. Hs. HGB) als auch die weite Legaldefinition in § 3 I SeeArbG unterstreichen, der Diversifizierung der verschiedenen Arbeitsleistungen an Bord Rechnung getragen werden. Schiffsoffiziere werden eingeteilt in solche des (nautischen) Deck- und des (technischen) Maschinendienstes, weiter gehören etwa Schiffsfunker und Schiffsärzte dazu (§ 6 SeeArbG). Dienstgrade auf Offiziersebene sind der Nautische Wachoffizier, der Erste Offizier als rechte Hand des Kapitäns und der Kapitän selbst sowie – beim technischen Schiffsdienst, sprich bei der Leitung und Überwachung der Maschinenanlagen eines Schiffs – der Technische Wachoffizier, der Zweite technische Schiffsoffizier und der Leiter der Maschinenanlage (§§ 28, 38 Seeleute-Befähigungsverordnung, See-BV). Die dreiköpfige Schiffsleitung obliegt dem Kapitän, dem Ersten Offizier und dem Ersten Ingenieur[216]. Die einfache Schiffsmannschaft umfasst Personen, die auf der Grundlage eines Arbeitsverhältnisses (Heuerverhältnis) im Kernbereich des Schiffsbetriebs arbeiten[217], was Tätigkeitsbereiche wie die Decksleute, das Maschinenpersonal oder das Kombüsenpersonal und Ränge wie den des Vollmatrosen umfasst.

b) Ein globaler Arbeitsmarkt für Seefahrer

Der Arbeitsmarkt hat die Funktion, Arbeitsangebot und Arbeitsnachfrage möglichst reibungslos zusammenzuführen (Matching)[218]. Auf nationaler Ebene be-

---

[212] BAG, NZA 1995, S. 1191, 1193.

[213] Eingehend *Dirks*, in: Senghaas-Knobloch/Dirks/Liese, Internationale Arbeitsregulierung in Zeiten der Globalisierung, S. 127, 157 ff.

[214] BIMCO/ICS, Seafarer Workforce Report, S. 10–12.

[215] Zum Wandel *Monnerjahn*, Das Arbeitsverhältnis, S. 5, 116 ff.

[216] *Hanses*, Die rechtliche Stellung des Kapitäns, S. 138 f.

[217] *Ramming*, Seehandelsrecht, § 478 Rn. 19.

[218] *Franz*, Arbeitsmarktökonomik, S. 197.

schreibt der Arbeitsmarkt gewöhnlich den ökonomisch integrierten Bereich, in dem die Einwohner einen Arbeitsplatz in einer zumutbaren Distanz vom Wohnsitz finden können oder ihre Arbeitsstelle ohne Änderung ihres Wohnsitzes wechseln können[219]. Globale oder auch transnationale Arbeitsmärkte zeichnen sich demgegenüber dadurch aus, dass Arbeitskraft und Arbeitsstelle über Grenzen hinweg zusammenkommen, und dass diese zugleich nicht nur in nationale, sondern auch in überstaatliche Kontexte eingebettet sind[220]. Der Matching-Prozess ist insofern transnationalisiert. Zwar kann man nicht von einem in sich homogenen globalen Arbeitsmarkt ausgehen, immerhin lassen sich aber innerhalb der Teilarbeitsmärkte[221] globale Arbeitsmärkte beobachten, die oftmals als Folge einer grenzüberschreitenden Mobilität von Arbeitskräften entstehen, welche wiederum den jeweiligen Typ der transnationalen Arbeitskraft prägt[222]. Dass der moderne Seefahrer zu dieser Kategorie gehört, ist anerkannt[223], auch wenn er sich nur schwer in ein Schema der Arbeitnehmer in einem liberalisierten Welthandel einordnen lässt[224]. Die Charakteristika des globalen Arbeitsmarkts für Seeleute und sein Entstehungsprozess werden im Folgenden skizziert:

- Da die Besatzungskosten einer der wenigen nennenswerten Kostenfaktoren sind, die die Schiffseigner und -betreiber beeinflussen können[225], werden die Besatzungsmitglieder v. a. in Niedriglohnländern rekrutiert, die regelmäßig keine maritime Tradition aufweisen. Zu den Top fünf gehören aktuell asiatische und osteuropäische Entsendestaaten[226]. Dies führt zu multinationalen Besatzungen, die weltweit rekrutiert werden[227].
- Der globale Arbeitsmarkt für Seeleute lässt sich auf zwei Entwicklungsstränge zurückführen[228]: Erstens beruht er auf der Herausbildung eines weltweiten Netzwerks von Agenturen, die sich dem Crew Management widmen. Diese Besatzungsagenturen bzw. Crewmanagement Agencies schufen die organisatori-

219 EureConsult/t33 Spatial Foresight, Cross-border and Transnational Labour Market Integration, S. 4.

220 *Mense-Peterrmann*, Global Networks 20 (2020), S. 410, 411; aus rechtlicher Perspektive bestreitend *Birk*, in: Schwarze, Globalisierung und Entstaatlichung des Rechts, S. 3, 9.

221 Der Begriff Teilarbeitsmarkt bezeichnet ein durch bestimmte Merkmale von Arbeitskräften und spezifisch strukturierten Arbeitsplätzen abgegrenztes Teilsystem des gesamten Arbeitsmarktes, zum Konzept *Köhler/Schröder/Weingärtner*, in: Maurer, Handbuch der Wirtschaftssoziologie, S. 275, 278 f. m. w. N.

222 EureConsult/t33 Spatial Foresight, Cross-border and Transnational Labour Market Integration, S. 4, Annex I.

223 EureConsult/t33 Spatial Foresight, Cross-border and Transnational Labour Market Integration, S. 4, Annex I, dort auch zu weiteren Typen.

224 Zu diesem *Zeh*, Der Arbeitnehmer im liberalisierten Welthandel, S. 38 ff.

225 *Silos/Piniella/Monedero/Walliser*, Marine Policy 36 (2012), S. 845, 846 f.

226 BIMCO/ICS, Seafarer Workforce Report, S. 11.

227 Als entscheidendes Abgrenzungsmerkmal (Global Seafarer oder National Seafarer) betrachtend *Wu/Sampson*, Ocean Yearbook 19 (2005), S. 357, 358.

228 *Alderton/Bloor/Kahveci/Lane/Sampson/Thomas/Winchester/Wu/Zhao,* The Global Seafarer, S. 57 ff.

schen Rahmenbedingungen, damit Schiffseigner und -betreiber ohne Weiteres Zugang zu Seeleuten aus verschiedenen Regionen der Welt haben. Zweitens wurde er durch die Billigflaggen und später auch die Zweitregister ermöglicht, da sie Schiffseignern und -betreibern die rechtliche Freiheit einräumen, Kombinationen verschiedener Nationalitäten auszuwählen[229]. Historisch betrachtet entstand der globale Arbeitsmarkt daher in den letzten zwei Dekaden des 20. Jahrhunderts mit dem Siegeszug der Billigflaggen.

Damit soll nicht behauptet werden, dass kulturell, religiös, ethnisch und national gemischte Mannschaften zuvor unbekannt waren. Das Gegenteil ist der Fall. Insbesondere in der zweiten Hälfte des 19. Jahrhunderts wurden die Mannschaften zunehmend aus Kostengründen nicht mehr in einem engen geographischen Umfeld angemustert[230]. Im Vereinigten Königreich etwa stammte damals ein Drittel der Seefahrer aus Kolonien, die unter der Bezeichnung Laskare bekannt waren[231]. Laskare wurden auch in der deutschen Seeschifffahrt in der Ostasienfahrt eingesetzt, was offiziell mit dem tropischen Klima auf dieser Strecke, dem der weiße Seemann nicht gewachsen sei, gerechtfertigt wurde[232]. Vor den 1970er Jahren wurde die Crew aber in erster Linie über den nationalen Arbeitsmarkt angemustert. Die nationale Zusammensetzung war nicht nur eine rechtliche Vorgabe, sondern entsprach auch den praktischen Bedürfnissen, da die internationale Bewegung von Seeleuten kostspielig und langwierig war[233]. Der entscheidende Unterschied der modernen gemischten Crews ist somit das Ausmaß, mit dem sie bewusst unabhängig von nationalstaatlichen Gründen zusammengesetzt werden[234].

3. Risikobereiche

a) Ausbeuterische Praktiken

Auch der moderne Seefahrer[235] ist besonders anfällig gegenüber ausbeuterischen Praktiken[236], da er typischerweise ein unqualifizierter Zeitarbeiter ist. Der Vertrag gilt meist für eine Reise oder Tour, da Schiffseigner und -betreiber laufend nach neuen und billigeren Arbeitskräften suchen und sich daher nicht lange binden wollen. Die Dauer des Vertrags beträgt im Durchschnitt zwischen sechs und zwölf Monaten, die Länge ist aber im Einzelnen abhängig von Nationalität, Flagge,

229 *Lillie*, in: Papadakis, Cross-Border Social Dialogue and Agreements, S. 191, 201.

230 *Gerstenberger*, in: dies./Welke, Seefahrt im Zeichen der Globalisierung, S. 10, 16 ff.

231 *Ahuja*, in: Tambe/Fischer-Tiné, The Limits of British Colonial Control, S. 13 ff.

232 Damit wurde die Nichtgeltung tarifvertraglicher Bestimmungen für Laskaren gerechtfertigt, *Neuhäuser*, Der Arbeitsvertrag des Schiffsmannes in der deutschen Seeschifffahrt, S. 52.

233 *Alderton/Bloor/Kahveci/Lane/Sampson/Thomas/Winchester/Wu/Zhao,* The Global Seafarer, S. 58.

234 Ebenda, S. 7 f., 72.

235 Zu einer historischen Bilanz *Payoyo*, in: Chircop/McDorman/Rolston, The Future of Ocean Regime-Building, S. 385, 395.

236 *Chapman*, Trouble on Board; ICS, Ships, Slaves and Competition.

Rang, Besatzungsagentur und Schiffstyp. Teilweise werden die Seeleute im Unklaren über die Vertragsdauer gelassen, indem Formulierungen gewählt werden wie „+/– 1 month(s) / owner's option"[237]. Zudem erschweren die kurzen Liegezeiten im Hafen die gerichtliche Durchsetzung ihrer Rechte[238]. Deswegen können Beginn, Durchführung und Beendigung des Heuerverhältnisses einseitig zu Gunsten des Arbeitgebers realisiert werden[239]:

Bei Vertragsschluss liegt die Unterlegenheit auch darin begründet, dass die Heuerverträge regelmäßig in Englisch verfasst sind und juristische Fachausdrücke enthalten, so dass die Seeleute den Vertragsinhalt nicht verstehen; manchmal fehlen überhaupt klar fixierte schriftliche Vertragsinhalte, da die Seeleute sich darauf beschränken, ihren Namen und ihre Adresse in das Register an Bord einzutragen, einen Blankovertrag oder zwei Verträge zu unterschiedlichen Bedingungen unterzeichnen oder an Bord aufgefordert werden, einen neuen Vertrag zu schlechteren Bedingungen abzuschließen. Auch die Person des Arbeitgebers bleibt den Seeleuten teils ungewiss, da die Besatzungsagenturen oft für ein anderes Unternehmen agieren, um dessen Identität geheim zu halten.

Seefahrer arbeiten in einer extremen Umwelt unter enormem Stress, weswegen Ruhezeiten wichtig sind. Diese werden aus Kostengründen oftmals nicht eingehalten, so dass Arbeitszeiten von 18 Stunden am Tag keine Seltenheit sind. Auf Kreuzfahrtschiffen kommen drei bis vier Passagiere auf ein Crewmitglied. Unbezahlte Löhne gehören zu den häufigsten Beschwerden. Seeleute werden zudem durch Praktiken wie das Unterzeichnen von Loyalitätsbriefen oder Blacklisting davon abgehalten, ihre Rechte durchzusetzen, da sie damit rechnen müssen, an Bord von Schiffen keine Anstellung mehr zu finden.

Nach Vertragsende werden die Besatzungsmitglieder oftmals davon abgehalten, das Schiff zu verlassen und zur Vertragsverlängerung gedrängt. Selbst bei Tragödien zu Hause erhalten sie keine Erlaubnis, von Bord zu gehen, oder sie werden gedrängt, an Bord zu bleiben, da ihnen die Heuer verweigert wird. Auch die Heimschaffung wird oft nicht realisiert oder die Seefahrer werden – etwa wenn das Unternehmen insolvent ist – in einem fremden Land ausgesetzt.

Rechtsverletzungen gehen dabei auch von den Besatzungsagenturen aus, die etwa Lohn für die Vermittlungsdienste einbehalten oder den Lohn ganz zurückhalten.

b) Gefährdung an Bord

Schiffe stellen auch heute noch einen besonders gefährlichen Arbeitsplatz dar. Arbeitsunfälle haben ein breites Spektrum, von Verletzungen im Routinebetrieb des

---

[237] *Bubenzer*, Schiff & Hafen 2014, S. 74, 75.

[238] *Däubler*, Der Kampf um einen weltweiten Tarifvertrag, S. 15.

[239] Die folgende Darstellung beruht auf Interviews mit der ITF und der Deutschen Seemannsmission sowie den Berichten von ILO, The Impact on Seafarers' Living and Working Conditions, JMC/29/2001/3, 14.11.2000, 14.11.2000, S. 56–88 sowie *Alderton/Bloor/Kahveci/Lane/Sampson/Thomas/Winchester/Wu/Zhao*, The Global Seafarer, S. 95–120.

Schiffs bis hin zu Personenschäden durch Havarien. Umfassende Statistiken über Arbeitsunfälle gibt es zwar kaum, aber das hohe Unfallrisiko gilt als unstrittig[240]; nach einer dänischen Untersuchung soll es 11, 5 Mal höher als das dänische Durchschnittsunfallrisiko sein[241]. Das Unfallrisiko steigt, wenn Seeleuten für Tätigkeiten eingesetzt werden, für die ihnen die entsprechenden Kenntnisse und Fähigkeiten fehlen, etwa für Lade- und Löscharbeiten[242].

Physische Ermüdungserscheinungen sind eine Folge der Zunahme der Arbeitsbelastung, der reduzierten Crews bei Frachtschiffen, der Monotonie am Arbeitsplatz, aber auch, weil es unter den Seeleuten als professionell gilt, trotz Ermüdung weiterzuarbeiten. Bei den Offizieren sind auch psychisch bedingte Ermüdungserscheinungen eine typische gesundheitliche Belastung[243], die durch kürzere, ungewohnte und schlechtere Schlafperioden an Bord begünstigt wird.

In der Kreuzschifffahrt, in der bei der Besatzung ein hoher Frauenanteil besteht, sind sexuelle Belästigungen ein Problem[244].

c) *Vernachlässigung sozialer Fürsorge und Sicherung*

Der Aufenthalt auf den Schiffen bedeutet eine äußere Begrenzung der individuellen Lebensgestaltung und die lange Abwesenheit von zu Hause erschwert es, soziale Kontakte aufzubauen und zu erhalten. Diese Isolierung wird durch die immer kürzer werdenden Abfertigungszeiten und die Spannungen innerhalb multinationaler Crews, die die Gemeinschaftsbildung an Bord erschweren, gefördert. Die Vorstellung, das Schiff sei eine totale Institution, trifft daher mit Abstrichen zu[245]: Eine totale Institution, wie sie vom Soziologen *Erving Goffman* eingeführt wurde[246], stellt das Schiff zwar nicht dar, da es nicht der Disziplinierung der Menschen, sondern Transportzwecken bzw. in der Kreuzschifffahrt auch Erholungszwecken dient[247]. Gleichwohl wird das Schiffsleben von vielen Seeleuten heutzutage als Gefängnisaufenthalt empfunden[248]. Als Kompensation bedarf es Möglichkeiten zur Förderung des Wohlergehens der Seeleute. Dazu gehören nicht nur hygienische Unterbringungsmöglichkeiten und eine adäquate Verpflegung, sondern auch Kommunikationsmöglichkeiten und Freizeiteinrichtungen[249], die aber kostenträchtig sind.

---

[240] *Dirks*, in: Senghaas-Knobloch/Dirks/Liese, Internationale Arbeitsregulierung, S. 127, 157, 163 ff.; *Alderton/Bloor/Kahveci/Lane/Sampson/Thomas/Winchester/Wu/Zhao*, The Global Seafarer, S. 131 f.

[241] ILO, The Impact on Seafarers' Living and Working Conditions, JMC/29/2001/3, 14.11. 2000, S. 81.

[242] ITF, Interview.

[243] IMO, The Role of the Human Element in Maritime Casualties, S. 5; ITF, Interview.

[244] ILO, Bericht des Generaldirektors über Entwicklungen im Seeschiffahrtssektor, S. 39; IMHA/ISWAN/ITF/SHS, Women Seafarers' Health and Welfare Survey, S. 7, 15.

[245] *Lisch*, Totale Institution Schiff, insb. S. 97.

[246] *Goffman*, Asylums.

[247] Ablehnend daher *Heimerdinger*, Der Seemann, S. 79 ff.

[248] *Kahveci*, in: SIRC Symposium Proceedings 2007, S. 10, 14.

[249] *Kahveci*, in: SIRC Symposium Proceedings 2007, S. 10, 14.

Hinzu kommt, dass die sozialen Sicherungssysteme vieler Entwicklungsländer, aus denen viele Seeleute kommen, unzureichend sind. Unabhängig davon können bei der Sozialversicherung Schwierigkeiten entstehen, da Seeleute typischerweise unter verschiedenen fremden Flaggen fahren und auf der Basis von Zeitarbeitsverträgen tätig sind[250]. Oftmals bestehen zwischen den jeweiligen Staaten keine Vereinbarungen über die gegenseitige Anerkennung der gezahlten Beiträge oder die Seeleute sind aufgrund nationaler Rechtslage nicht anspruchsberechtigt.

4. Fazit: Soziale Dimension der Globalisierung als Achillesferse

Die Stilisierung[251] von Geselligkeit und Kameradschaft an Bord, von Abenteuer, Freiheit und Exotik ist für den heutigen Beruf des Seefahrers nicht stimmig. Im Gegenteil, für den maritimen Bereich treffen die bekannten Kritikpunkte zu, die an der Globalisierung geübt werden, nämlich dass diese menschenunwürdige Bedingungen und soziale Ungleichheit fördere, da transnationale Unternehmen das Entwicklungsgefälle zu ihrem Vorteil ausnützten[252]. Die Forderung von NGOs nach „sklavenfreien Meeren"[253] ist indes zu pauschal und das Sklavenbild geht an der Sache vorbei. Der eingangs genannte BAG-Fall[254] macht vielmehr klar, dass die Frage nach der sozialen Dimension der Globalisierung differenziert beantwortet werden muss, eröffnet sie doch gleichzeitig Entwicklungschancen[255]. Die vereinbarte Heuer von 250 US-Dollar lag damals zwar weit unter der deutschen Durchschnittsheuer, aber betrug immer noch mehr als das Doppelte der indischen. Dies darf aber nicht darüber hinwegtäuschen, dass eine solche relative finanzielle Besserstellung[256] durch eine weitgehende Rechtlosigkeit erkauft wurde, wie die im Sachverhalt genannten Arbeitsbedingungen indizieren, und deren Tragweite den Seefahrern typischerweise erst an Bord bewusst wird. Einem rechtlichen Vakuum entgegenzuwirken und auf eine langsame Anhebung des Schutzniveaus im globalen

---

[250] Zum Ganzen ILO, An Analysis of the Essential Aspects of Decent Work in the Maritime Context, STWGMLS/2002/5, S. 6 f.; auch *McConnell/Devlin/Doumbia-Henry*, The Maritime Labour Convention 2006, S. 443.

[251] Siehe die „kleine Typologie populärer Seemannsbilder" des Kulturanthropologen *Heimerdinger*, Der Seemann, S. 196 ff.

[252] Etwa World Commission on the Social Dimension of Globalization, A Fair Globalization, insb. S. 50; *Fischer-Lescano/Möller*, Der Kampf um soziale Rechte, S. 9 ff.; zur Diskussion *Scherer/Blickle/Ditzfelbinger/Hütter*, in: dies., Globalisierung und Sozialstandards, S. 9 ff.; *Blackett/Trebilcock*, in: dies., Research Handbook on Transnational Labour Law, S. 3, 13; zur Debatte zum Verhältnis Arbeit und Globalisierung siehe monographisch *Freeman/Elliott,* Can Labour Standards improve under Globalization?; *Hepple*, Labour Laws and Global Trade; *Craig/Lynk*, Globalization and the Future of Labour Law; *Blanpain/Bisom-Rapp/Corbett/Josephs/Zimmer*, The Global Workspace; *Bercusson/Estlund*, Regulating Labour in the Wake of Globalisation.

[253] Etwa Human Rights at Sea (https://www.humanrightsatsea.org/slavery-at-sea/, zuletzt abgerufen: 02.05.2023).

[254] Siehe oben 2. Kapitel, B. I. 1.

[255] Allgemein *Mückenberger*, in: G.-P. Calliess, Transnationales Recht, S. 457, 458.

[256] Zur relativen Betrachtung der Heuerfrage *Dirks*, in: Senghaas-Knobloch/Dirks/Liese, Internationale Arbeitsregulierung, S. 127, 162.

Maßstab hinzuwirken, kann aber nur durch eine internationale Zusammenarbeit erreicht werden. Ein Modell für eine insofern „faire Globalisierung“[257] hat sich im Seearbeits- und Seesozialrecht insbesondere mit der MLC 2006 herausgebildet[258], wie im Folgenden gezeigt wird.

II. Die Entwicklung von Rechtsstrukturen der internationalen Verwaltung im Seearbeits- und Seesozialrecht

1. Internationale Kooperation als dritte Revolution im Arbeits- und Sozialrecht

Der Handlungsbedarf gegen die Auswüchse eines globalen Arbeitsmarkts, der sich mit dem Aufkommen der Billigflaggen abzeichnete, wurde früh erkannt, allerdings erwies sich die internationale Zusammenarbeit sowohl auf Gewerkschaftsseite als auch zwischenstaatlich als ein mühseliges Unterfangen, da man zunächst an der überkommenen Idee einer bloßen Abstimmung nationaler Einheiten festhielt: Die 1919 gegründete Internationale Arbeitsorganisation (ILO) wurde als Forum der überkommenen Seefahrernationen betrachtet, die durch Normsetzung auf internationaler Ebene für die Schiffe unter ihrer Flagge für einen fairen Wettbewerb sorgten[259], und die 1898 aus der Internationalen Föderation der Seeleute, Hafenarbeiter und Binnenschiffer hervorgegangene Internationale Transportarbeiter-Föderation (ITF) als Branchendachverband nationaler Gewerkschaften (Global Union Federation[260]). Mit dem Aufkommen der Billigflaggen geriet dieses nationale System unter Beschuss. Eine wirksame Ausübung von Hoheitsgewalt fehlt bei Billigflaggen gerade und das hohe soziale Schutzniveau westlicher Staaten greift bei einem Ausflaggen nicht mehr. Die überkommene gewerkschaftliche Interessenwahrnehmung erweist sich ebenfalls als schwierig[261]. Dies liegt namentlich an der leichten Austauschbarkeit der Arbeitskräfte. Teilweise erschweren die Rechtsordnungen von Billigflaggen auch Streiks. In den Heimatstaaten existieren darüber hinaus nicht immer unabhängige Gewerkschaften[262]. Bis zum Beginn des 21. Jahrhunderts gelang es indes auf beiden Seiten, Strukturen zu etablieren, die die Sorge für angemessene Arbeits- und Lebensbedingungen als eine Aufgabe der internationalen Kooperation ansehen (2.–4.), die konglomeratisch ausgeübt wird (5.).

---

[257] Zum Begriff World Commission on the Social Dimension of Globalization, A Fair Globalization, S. XI.

[258] So die Worte des ehemaligen ILO-Generaldirektors Somavia, A new „Bill of Rights“ for the Maritime Sector: A Model for a Fair Globalization, (http://ilo.org/wcmsp5/groups/public/---ed_norm/---normes/documents/publication/wcms_088127.pdf, zuletzt abgerufen: 02.05.2023).

[259] *Payoyo*, in: Chircop/McDorman/Rolston, The Future of Ocean Regime-Building, S. 385, 389.

[260] Zu dieser Form einer globalen Gewerkschaft *Zimmer*, Soziale Mindeststandards, S. 165, auch *Schiederig*, Mythos Diversity, S. 114 ff.

[261] *Däubler*, Der Kampf um einen weltweiten Tarifvertrag, S. 14 ff.

[262] Skeptisch zu ihrer Tariffähigkeit in der Zweitregisterentscheidung auch BVerfGE 92, 26, 40.

Beschreibt man diese normative Entwicklung historisierend als eine zeitliche Abfolge von „Revolutionen“[263], dann ergibt sich das folgende Bild: Die erste nationale Revolution ist die Einführung staatlicher Arbeits- und Sozialgesetze im 19. Jahrhundert, die internationale Revolution fand im frühen 20. Jahrhundert statt, indem die Staaten begannen, ihre nationalen Regelwerke zu koordinieren, um dem Druck des Wettbewerbs zu begegnen, und die dritte Revolution bildet die kooperative Bewältigung der sozialen Dimension der Globalisierung ab der zweiten Hälfte des 20. Jahrhunderts.

2. *Global Governance unter dem Dach der ITF: die Billigflaggenkampagne*

Die ITF reagierte auf das Entstehen eines globalen Arbeitsmarkts für Seefahrer mit einer Gegenwehr in Form der Billigflaggen- oder FoC-Kampagne, die durch ihr Fair Practices Committee geleitet wurde[264]. Bereits 1948, als es im Wesentlichen noch um die soziale Lage auf Schiffen aus Panama und Honduras ging, wurde auf ihrem Weltkongress in Oslo ein erster internationaler Boykott gegen Billigflaggen vorbereitet[265], da man der Ansicht war, dass die Bedrohung nur durch drastische Maßnahmen aus der Welt geschafft werden könne. Nach anfänglichen Rückschlägen, auch wegen interner Zerwürfnisse, überarbeitete die ITF ab den 1970er Jahren schrittweise ihre Instrumente, bis auf dem Weltkongress in Delhi 1998 mit dem Dokument „From Oslo to Delhi“ ihre Ziele, Taktiken und Verfahren neu definiert wurden[266]. Darin wurde bekräftigt, dass die Arbeitnehmerseite ihren Fokus ändern muss, indem nicht mehr im Vordergrund stehen kann, die Macht der jeweiligen nationalen Gewerkschaften abzusichern und entsprechende Ausflaggungen zu verhindern; stattdessen gilt es, gemeinsam die Bedingungen der Seeleute zu verbessern[267]. Diese Neuausrichtung der Billigflaggenkampagne macht sich auch an einer Öffnung des Billigflaggenbegriffs bemerkbar, denn nach den überarbeiteten Kriterien werden ebenfalls die Zweitregister der überkommenen Seefahrernationen einbezogen, wenn diese unterhalb des ITF-Maßstabs sind[268].

Um das Sozialniveau für Seefahrer weltweit anzuheben, nutzt die ITF Handlungsinstrumente auf den Stufen der Normsetzung, der Durchsetzung und der Leistung:

---

[263] So *Charnowitz*, in: Blackett/Trebilcok, Research Handbook on Transnational Labour Law, S. 411.

[264] Zu diesem https://www.itfglobal.org/de/sector/seafarers/fair-practices-ausschuss-fpc- (zuletzt abgerufen: 02.05.2023).

[265] Aus Reedersicht *Næss*, The Great PanLibHon Controversy, S. 10f.

[266] Siehe ausführlich zum historischen Hintergrund *Koch-Baumgarten*, PROKLA 17 (1997), S. 263, 272ff.; *Egloff*, in: Ehmke/Fichter/Simon/Zeuner, Internationale Arbeitsstandards in einer globalisierten Welt, S. 92ff.

[267] Zum Prozess *Lillie*, A Global Union, S. 65ff.

[268] Zu dieser Erweiterung *Egloff*, in: Ehmke/Fichter/Simon/Zeuner, Internationale Arbeitsstandards in einer globalisierten Welt, S. 92, 98.

- *ITF-Kollektivverträge*: Es besteht ein abgestuftes System von Kollektivverträgen (ITF Agreements), das mehrere Komponenten enthält[269]. Ein Collective Bargaining Agreement (CBA)[270], das Mindeststandards über die Heuer, die Arbeitszeit und sonstige Beschäftigungsbedingungen festlegt; neben diesen traditionellen Inhalten werden auch andere, etwa sozialversicherungsrechtliche Fragen geregelt wie eine Entschädigung bei Unfällen. Zweitens wird mit dem jeweiligen Schifffahrtsunternehmen ein Sondervertrag (Special Agreement) abgeschlossen[271], der weitere Bedingungen regelt und vorschreibt, dass die Vorgaben des CBA zum Inhalt des einzelnen Heuervertrags gemacht werden. Schließlich gibt es die einzelnen Heuerverträge, die die Bestimmungen des relevanten CBA in das individuelle Arbeitsverhältnis einbeziehen. Zuständig für den Abschluss von ITF Agreements ist grundsätzlich die Gewerkschaft aus dem Land des nutznießenden Unternehmens (Beneficial Shipping Company), die im Namen der ITF agiert; jedoch nehmen oft auch Gewerkschaften aus den Ländern der Heimatstaaten der Besatzungsmitglieder an den Verhandlungen teil[272]. Ergänzend[273] treten direkt von der ITF mit der Unternehmensseite abgeschlossene Vereinbarungen hinzu. Diese werden IBF Framework Agreements genannt, da sie alle zwei Jahre im Rahmen des 2003 gegründeten International Bargaining Forum (IBF) ausgehandelt werden[274]. Im Anschluss und auf der Basis der IBF Framework Agreements werden dann von den Mitgliedschaftsgewerkschaften der ITF für die nationale Ebene, teilweise auch nur mit einzelnen Schifffahrtsunternehmen, Verhandlungen geführt, die dann zu weiteren lokalen IBF Agreements führen. Das ITF-Regelwerk versteht sich als ein flexibler Rahmen, der lokale Abweichungen zulässt[275]. Deutlich zeigt sich das beim Total Crew Cost-Konzept[276]. Auf ca. einem Drittel von FoC-Schiffen gelten ITF Agreements[277].
- *ITF-Inspektorat*: Die Einhaltung dieses Regelwerks kann von Seiten der Gewerkschaften eingefordert werden. Zum einen betreuen über 130 Gewerkschaftssekretäre weltweit als ITF-Inspekteure die Seeleute in den Häfen und

---

[269] *Däubler*, Der Kampf um einen weltweiten Tarifvertrag, S. 16 ff.; *Zachert*, NZA 2000, S. 121 sowie Interview mit der ITF.

[270] Für im deutschen Internationale Register eingetragene Schiffe das GIS Fleet Agreement, siehe http://billigflaggenkampagne.de/mustervertraege.php (zuletzt abgerufen: 24.05.2023).

[271] Für im deutschen Internationale Register eingetragene Schiffe das Special Agreement to the GIS Fleet Agreement, siehe http://billigflaggenkampagne.de/mustervertraege.php (zuletzt abgerufen: 24.05.2023).

[272] Siehe https://www.itfseafarers.org/itf_agreements.cfm (zuletzt abgerufen: 24.05.2023).

[273] *Zimmer*, Jenseits von Arbeit und Kapital?, S. 206.

[274] *Stevenson*, in: Attard/Fitzmaurice/Martinez/Arroyo/Belja, The IMLI Manual on International Maritime Law, Vol. II, S. 218.

[275] *Lillie*, A Global Union, S. 43, 191, 202.

[276] *Stevenson*, in: Attard/Fitzmaurice/Martinez/Arroyo/Belja, The IMLI Manual on International Maritime Law, Vol. II, S. 218 (8.4.1.3). Das TCC-Konzept wird als der entscheidende Schritt betrachtet, die internen Konflikte zwischen den nationalen Gewerkschaften beizulegen, *Tang/Zhang*, Human Resource Management in Shipping, S. 24.

[277] *Tang/Zhang*, Human Resource Management in Shipping, S. 24.

wirken auf die Durchsetzung der ITF-Verträge hin. Dazu begründen die Special Agreements Betretungs- und Kontrollrechte für die Schiffe[278]. Diese Gewerkschaftsmitarbeiter[279] werden vom ITF-Sekretariat überwacht, mit dem sie auch in Kontakt stehen, und sind somit sowohl in die lokalen als auch in die globalen Zusammenhänge eingebunden[280]. Zum anderen stellen Hafenarbeiterboykotte ein Durchsetzungsinstrument dar: Wird der Abschluss eines Special Agreements verweigert oder dagegen verstoßen, hat sich eine Kooperation mit den Hafenarbeitern als effektiv erwiesen, die die Abfertigung solcher Schiffe verweigern[281].

- *ITF-Sozialfonds*: Die ITF kennt eine auf zwei Säulen beruhende Finanzierungsform[282]. Ihre Finanzausstattung stammt nicht nur von den Beiträgen der Mitgliedschaftsverbände. Mit dem Abschluss eines ITF Agreements verpflichtet sich auch die Unternehmensseite, jährlich pro Seefahrer pro Schiff eine bestimmte Summe zu entrichten. Diese dienen als Ausgleichszahlungen für die durch den Wechsel zu FoCs eingesparten Sozialleistungen. Die Finanzmittel aus den auf dieser Grundlage gebildeten ITF-Sozialfonds[283] werden verwendet, um soziale Projekte für Seeleute zu finanzieren. Dazu gehören u. a.[284], Seemannsclubs in den Hafenstädten aufzubauen bzw. zu renovieren oder Kleinbusse für den Transport von Seeleuten in die Hafenstädte zur Verfügung zu stellen. Zudem wurde die ITF-Wohltätigkeitstiftung (ITF Seafarers' Trust) ins Leben gerufen, die sich aus dem ITF-Wohlfahrtsfonds finanziert und Projekte unterstützt, die dem seelischen, moralischen und physischen Wohlergehen einzelner Seeleute direkt zugutekommen sollen[285].

Die ITF ist im maritimen Bereich demnach nicht mehr ein klassischer Dachverband nationaler Mitgliedschaftsorganisationen, der deren Tätigkeit abstimmt, sondern hat sich zu einer überstaatlichen Instanz entwickelt, die die nationale Gewerkschaftssouveränität einschränkt und selbst über Steuerungskompetenzen verfügt, um eine soziale Kooperation zu stärken[286] und so eine „gewerkschaftliche Global Governance“[287] zu etablieren. Der Abschied von der Koordinationslogik macht sich struk-

---

[278] Siehe https://www.itfseafarers.org/en/resources/glossary-of-terms (zuletzt abgerufen: 24.05.2023).

[279] Siehe https://www.itfglobal.org/de/sector/seafarers/billigflaggen (zuletzt abgerufen: 24.05.2023).

[280] *Lillie*, A Global Union for Global Workers, S. 74 f.

[281] Hafenarbeiterboykotts wurden in einigen westlichen Staaten von den Gerichten auch als rechtmäßig anerkannt, in Deutschland zur grundsätzlichen Zulässigkeit BAG, NJW 1977, S. 318 f.; eingehend, auch zur Frage der Abgrenzung zum Sympathiestreik *Däubler*, Der Kampf um einen weltweiten Tarifvertrag, S. 39 ff. und Seiter, Arbeitskampfparität und Übermaßverbot, S. 27 ff.; dies gilt aber nicht für alle Länder, siehe zur heterogenen Rechtsprechung *Carballo Pineiro*, International Maritime Labour Law, S. 239 ff.

[282] *Platzer/Müller*, Die globalen und europäischen Gewerkschaftsverbände, S. 210.

[283] ITF Welfare Fund; IBF Seafarers' Support (Welfare) Fund.

[284] Siehe http://www.billigflaggenkampagne.de/ueberitf.php (zuletzt abgerufen: 24.05.2023).

[285] Siehe https://www.seafarerstrust.org/ (zuletzt abgerufen: 24.05.2023).

[286] *Koch-Baumgarten*, PROKLA 17 (1997), S. 263, 265.

[287] *Koch-Baumgarten*, IPG 2011, S. 51, 59 ff.

turell auch daran bemerkbar, dass die ITF neben mittelbaren Mitgliedschaften über die Mitgliedschaftsorganisationen auch unmittelbare Mitgliedschaften von Seeleuten aus Ländern ohne Mitgliedschaftsgewerkschaft erlaubt. Dabei ist für FoC-Crews das Prinzip der freiwilligen Mitgliedschaft durch das der obligatorischen ersetzt, die automatisch mit Abschluss eines ITF Agreements wirksam wird[288].

3. MLC 2006 als vierte Säule des internationalen Seerechts

Die ILO reagierte auf das Aufkommen der Billigflaggen demgegenüber zunächst zögerlich; sie sammelte Informationen zu den Auswirkungen des Flaggenwechsels auf die Situation der Seeleute und erarbeitete in den 1950er Jahre zwei Empfehlungen an die Staaten, die in ihrem Gebiet ansässigen Seeleute davon abzuhalten, auf solchen Schiffen anzuheuern[289]. Daneben wurden in ihrem Rahmen bereits ab den 1920er Jahren diverse maritime Empfehlungen sowie Übereinkommen beschlossen[290], die aber von den Staaten mit Billigflaggen unzureichend ratifiziert und umgesetzt wurden und daher weitestgehend wirkungslos blieben[291]. Nach dieser defensiv-passiven Phase passte die ILO in den 1970er Jahren und damit mit dem zunehmenden Siegeszug der Billigflaggen ihre Strategie den neuen strukturellen Rahmenbedingungen an. Das ILO-Übereinkommen Nr. 147[292] aus dem Jahr 1976 gilt als erster Meilenstein[293]. Dieses Übereinkommen nahm in seiner Präambel explizit auf die Billigflaggen Bezug und stellte damit einen, wenn auch vorsichtigen („particularly") Zusammenhang zwischen diesen und schlechten Arbeits- und Sozialstandards („substandard vessels") her. Der entscheidende Politikwandel kam erst nach der Jahrtausendwende mit dem Seearbeitsübereinkommen (MLC 2006)[294], das auf der zehnten Seeschifffahrtstagung (= 94. Allgemeinen Konferenz der ILO) ohne Gegenstimmen und mit nur zwei Enthaltungen angenommen wurde. Die MLC 2006 folgt einem neuen Regulierungsansatz, um die Herausforderungen des globalen Arbeitsmarkts für Seefahrer effektiv zu adressieren[295], wobei sie auch für die soziale Dimension der Seeschifffahrt die Entwicklungen nachzeichnet, die für das internationale Regime unter dem Dach der IMO prägend sind[296].

---

[288] *Koch-Baumgarten*, PROKLA 17 (1997), S. 263, 276; zur rechtlichen Zulässigkeit solcher maritimen Closed Shop-Klauseln *Zwanziger*, Die ITF-Kampagne gegen Billigflaggenschiffe, S. 105 ff.

[289] Zur Empfehlung Nr. 107 *Lindemann*, Das ILO-Übereinkommen Nr. 147, S. 12 ff., va. 17.

[290] Ebenda, S. 10 f.

[291] ILO, Adoption of an Instrument to Consolidate Maritime Labour Standards, Annexe B, S. 81 f.; *Charbonneau/Chaumette*, European Labour Law Journal 1 (2010), S. 332, 333.

[292] Merchant Shipping (Minimum Standards) Convention No. 147 vom 29.10.1976, BGBl. 1980 II S. 606, 1259 UNTS 335, in Kraft getreten am 28.11.1981.

[293] Eingehend *Lindemann*, Das Übereinkommen Nr. 147.

[294] Maritime Labour Convention vom 23.2.2006, BGBl. 2013 II S. 673, 45 ILM 792, in Kraft seit dem 20.8.2013.

[295] *McConnell*, in: Chircop/McDorman/Rolston, The Future of Ocean Regime-Building, S. 349, 367 f.

[296] *McConnell*, in: Chircop/McDorman/Rolston, The Future of Ocean Regime-Building, S. 349, 366–369.

Die MLC 2006 regelt in einer Konvention das Arbeits- und Sozialrecht einer ganzen Branche. Sie versteht sich als eine Ausfüllung der Rahmenvorschrift des Art. 94 SRÜ[297], die auch auf die „Arbeitsbedingungen" und die „Bemannung" Bezug nimmt und die Flaggenstaaten verpflichtet, insofern die „anwendbaren internationalen Übereinkünfte zu berücksichtigen" (Absatz 3 b))[298]. Dementsprechend gilt die MLC 2006 neben den drei zentralen IMO-Übereinkommen SOLAS, MARPOL, STCW als die „vierte Säule" des internationalen Seerechts. Ihre Zugehörigkeit zum Kooperationsvölkerrecht macht sich u. a. an den folgenden Elementen bemerkbar:

- *Zielsetzung*: Die Doppelfunktionalität des ILO-Rechts[299] gilt auch für die MLC 2006[300]. Als primäre Funktion greift die Präambel freilich explizit das Schutzanliegen auf, wenn es heißt, dass „Seeleute in Anbetracht der globalen Natur der Schifffahrtsindustrie eines besonderen Schutzes bedürfen". Dieses wird auch adressiert, wenn sie als „charter of rights" oder „seafarers' bill of rights" bezeichnet wird[301]. Diese Parallelisierung mit Grundrechten darf aber nicht darüber hinwegtäuschen, dass die Seefahrerrechte nach Art. 4 MLC 2006 im Unterschied zu diesen keine individuellen Rechte bilden[302]. Sie müssen durch „jedes Mitglied [...] in vollem Umfang verwirklicht werden" (Absatz 5 S. 1). Den Seeleuten werden indes Beschwerderechte gegenüber staatlichen Stellen eingeräumt (Regel 5.1.5 i. V. m. Norm A5.1.5 II 2 und Regel 5.2.2).
- *Kooperationspflicht*: Artikel I bis XVI enthalten grundlegende Rechte und Pflichten der Mitgliedsstaaten. Den Kern bildet ihre Kooperationspflicht, Art. 1 II.
- *Internationale Sozialstandards*: Die zunächst allgemein gehaltenen Seefahrerrechte (Art. 4 MLC 2006)[303] werden von immer detaillierter werdenden Regeln

[297] Siehe dazu oben 2. Kapitel, A. II. 3. b.

[298] Siehe Präambel MLC 2006; zur Konkretisierungsfunktion von ILO-Normen *Hasselmann*, Freiheit der Handelsschiffahrt, S. 88.

[299] *Maupin*, in: Blackett/Trebilcock, Research Handbook on Transnational Labour Law, S. 301 f.: „magisterial function" und „regulatory function"; *McConnell*, in: Chircop/McDorman/Rolston, The Future of Ocean Regime-Building, S. 349, 353; *Fornasier*, in: Möslein, Regelsetzung im Privatrecht, S. 439, 446 f.; im Unionsrecht tritt die Förderung des Regulierungswettbewerbs als drittes Ziel hinzu, ebenda, S. 448 f.

[300] ILO, FAQ MLC, A2; der Wettbewerbsaspekt der MLC 2006 wird in dieser nicht explizit gemacht, bildet aber eine Prämisse, siehe *Christodoulou-BVarotsi*, Journal of Maritime Law & Commerce 43 (2012), S. 467, 470 sowie *Payoyo*, in: Chircop/McDorman/Rolston, The Future of Ocean Regime-Building, S. 385, 392.

[301] So die Worte des ehemaligen ILO-Generaldirektors *Somavia*, A New „bill of rights" for the Maritime Sector: A Model for a Fair Globalization, April 2006 (http://ilo.org/wcmsp5/groups/public/---ed_norm/---normes/documents/publication/wcms_088127.pdf, zuletzt abgerufen: 24.05.2023).

[302] *Payoyo*, in: Chircop/McDorman/Rolston, The Future of Ocean Regime-Building, S. 389, 406 f.; allgemein kritisch zu menschen- und grundrechtlichen Unterfütterungen internationaler Arbeitsrechte wegen der unterschiedlichen Adressatenfrage *Peters*, Jenseits der Menschenrechte, S. 414 f.

[303] Die grundlegenden Rechte und Pflichten nach Art. 3 MLC 2006 beziehen sich auf die Grundprinzipien der ILO. Die Staaten müssen sich nur vergewissern („satisfy itself"), dass ihre Gesetzgebung diese achtet.

und Codes konkretisiert, die in fünf Themengebiete („Titel“) untergliedert sind. In den ersten vier Titeln werden Mindestanforderungen an eine menschenwürdige Arbeit von Seeleuten und damit sog. internationale Sozialstandards[304] formuliert. Titel 1 beinhaltet „Mindestanforderungen für die Seeleute auf Schiffen“, wie ein grundsätzliches Mindestalter von 16 (Regel 1.1) sowie – um den Machenschaften von unseriösen Besatzungsagenturen entgegenzuwirken – das Recht auf Zugang zu einem wirksamen und gut geregelten Anwerbungs- und Arbeitsvermittlungssystem (Regel 1.4). Titel 2 hat „Beschäftigungsbedingungen“ zum Gegenstand, etwa dass die Heuern vollständig und regelmäßig gezahlt werden (Regel 2.2), während Titel 3 die Lebensbedingungen auf dem Schiff regelt. Dazu werden etwa die Mindestgröße der Schlafräume sowie Anforderungen an sanitäre Einrichtungen festgelegt (Norm A3.1 VII und XI) und „Verpflegung und Trinkwasser von geeigneter Qualität und mit geeignetem Nährwert, die den Bedarf des Schiffes ausreichend decken und unterschiedlichen religiösen und kulturellen Gebräuchen Rechnung tragen“ verlangt (Regel 3.2). „Gesundheitsschutz, medizinische Betreuung, soziale Betreuung und Gewährleistung der sozialen Sicherheit“ (Titel 4) umfasst u.a. die Fortzahlung der Heuer im Krankheitsfall durch den Reeder (Norm A4.2 IV, V) sowie Arbeitsschutz an Bord (Regel 4.3).
- *Multiplizierung der Durchsetzungsinstanzen*: Die MLC 2006 begründet ein neues Durchsetzungssystem[305]. Während frühere ILO-Konventionen Kontrollanforderungen in Anerkennung seines Primats[306] im Kern[307] auf den Flaggenstaat bezogen, sind nach Titel 5 Flaggen- (Regel 5.1), Hafen- (Regel 5.2) und Entsendestaaten (Regel 5.3) verpflichtet, die Anforderungen der MLC 2006 zu erfüllen sowie ihre Einhaltung zu kontrollieren[308]. Auch die Seeleute selbst werden erstmals über externe Beschwerderechte zu einem Teil des Durchsetzungssystems (Regeln 5.1.5 und 5.2.2)[309].

Mit der MLC 2006 besteht demnach ein Regelwerk, das nicht nur fundamentale Rechte von Seeleuten weltweit anerkannt hat, sondern auch ihre weltweite Durchsetzung absichert, indem sie auf eine internationale Zusammenarbeit setzt. Das in der Vergangenheit erlebte Auseinanderdriften zwischen niedergelegten und tatsächlich gelebten Anforderungen soll dadurch verhindert werden.

[304] Der genaue Bedeutungsgehalt bleibt indes unklar: nur auf Hard Law abstellend *Nußberger*, Sozialstandards im Völkerrecht, S. 32ff.; auch Soft Law einbeziehend *Hofmann*, Internationale Sozialstandards, S. 36ff.; die engste Sichtweise bezieht den Begriff allein auf die Kernarbeitsnormen der ILO, *Zimmer*, Soziale Mindeststandards, S. 43f.

[305] *McConnell*, in: Chircop/McDorman/Rolston, The Future of Ocean Regime-Building, S. 349, 351.

[306] Siehe oben 1. Kapitel, A. II. 2. a.

[307] Siehe aber Art. 4 ILO-Übereinkommen Nr. 147.

[308] Zur Neuausrichtung *Charbonneau/Chaumette*, European Labour Law Journal 1 (2010), S. 332, 341.

[309] ILO, 94th (Maritime) Session, 2006, Report I (1 A): Adoption of an Instrument to Consolidate Maritime Standards, Part I, para. 17.

4. Seearbeitsgesetz als deutsches Pendant

Die Kritik, eine nachhaltige Öffnung des deutschen Rechts gegenüber ILO-Sozialstandards sei nicht zu verzeichnen[310], trifft auf das Seearbeits- und Seesozialrecht nicht zu:

Die Anforderungen der MLC 2006 wurden zunächst v.a. durch die auf eine Sozialpartnervereinbarung zwischen dem Europäischen Reederverband und der Europäischen Transportarbeiter-Föderation zurückgehende (siehe Art. 155 II 1 2. Var. AEUV) Richtlinie 2009/13/EG übernommen. Auf diese Weise entstand ein weitgehender Gleichlauf zwischen internationalem und europäischem Seearbeits- und Seesozialrecht[311].

Im Mittelpunkt der deutschen Umsetzungsarbeiten stand das Seemannsgesetz von 1957, das durch das SeeArbG ersetzt wurde und die überstaatlichen Vorgaben im Wesentlichen übernimmt[312]. Das zeigt sich regelungstechnisch schon an der Gliederung, die an der MLC 2006 orientiert ist. Ferner nimmt das Gesetz explizit Bezug auf ihre Normen (etwa §§ 2, 4). Im Unterschied zu seinem Vorgängerwerk, das von einer national geschlossenen Seeschifffahrt ausging[313], bezieht sich sein Anwendungsbereich auch auf Seeleute auf Schiffen unter ausländischer Flagge (§ 1 III). Im Ergebnis stellt das SeeArbG damit das deutsche Pendant zu den Entwicklungen auf überstaatlicher Ebene dar.

5. Seearbeits- und Seesozialverwaltung als Konglomeratsverwaltung

Sowohl die Flaggenstaatverwaltung als auch die innerstaatlichen Gewerkschaften sind demnach in ein konglomeratisches Gefüge eingebunden, das in der maritimen Literatur als „multi-level public-private regime" oder „globally integrated network" beschrieben wird[314]:

Das Regulierungsparadigma der MLC 2006 ist das einer „fragmentierten, netzwerkartigen Hoheitsgewalt"[315]. Das betrifft nicht nur die Ausarbeitung von Mindeststandards im Rahmen der ILO[316], gleichermaßen kommt es in dem durch Titel 5 geschaffenen „System der fortgesetzten Kontrolle auf jeder Ebene"[317] zum Ausdruck, in dem sich staatliche und private Durchsetzungskompetenzen

---

[310] *Nebe*, in: G.-P. Calliess, Transnationales Recht, S. 497, 502.

[311] *Maul-Sartori*, NZA 2013, S. 821, 822. Ausgenommen wurden nur die Regeln 1.4, 2.2, 4.5 und 5.3.

[312] *Lindemann*, SeeArbG, Einleitung, Rn. 5; eingehend *Peetz*, Die Übereinstimmung des deutschen Rechts mit der Maritime Labour Convention 2006, dort auch zu den Umsetzungsdefiziten, tabellarisch auf den S. 461 ff.

[313] § 1 Seemannsgesetz 1957; *Lindemann*, SeeArbG, Einleitung, Rn. 4.

[314] *Lillie*, A Global Union, S. 105; *ders.*, in: Papadakis, Cross-Border Social Dialogue and Agreements, S. 191, 196.

[315] *Lillie*, in: Papadakis, Cross-Border Social Dialogue and Agreements, S. 191, 195 f.

[316] Siehe dazu oben 5. Kapitel, I. 2. b.

[317] ILO, 94th (Maritime) Session, 2006, Report I(1A): Adoption of an Instrument to Consolidate Maritime Standards, Part I, para. 17.

ergänzen und überlappen[318]. Besonders deutlich wird diese Absage an eine klare Arbeitsteilung[319] bei der Hafenstaatkontrolle, die bereits im Übereinkommen Nr. 147 enthalten war. Diese wurde damals so ausgeübt, dass Flaggenstaaten abschließend für Verstöße wie unrechtmäßige Kündigungen oder Löhne zuständig waren, während im Hafen nur Arbeitsschutz und Hygiene behandelt wurden[320]. Ein weiteres Beispiel findet sich bei der sozialen Sicherung. Nach Regel 4.5 hat grundsätzlich jeder Mitgliedstaat sicherzustellen, dass „alle Seeleute […] Zugang zu den Systemen der Sozialen Sicherung" haben. Dies soll durch eine Kooperation der Staaten erfolgen[321], die ein Zusammenspiel der nationalen Sozialversicherungssysteme durch bi- und multilaterale Vereinbarungen erreichen sollen (Standard A4.5 VIII, Leitfaden B4.5 III). Die langfristige soziale Absicherung erfolgt dabei im Grundsatz durch die Entsendestaaten (Standard A4.5 III)[322]; bei Fehlen einer angemessenen nationalen Sozialversicherung haben die übrigen Mitgliedstaaten für einen entsprechenden Schutz zu sorgen (Standard A4.5 VI, Leitfaden B4.5 V). Die Flaggenstaaten sollen überprüfen, ob die Reeder die Beiträge abführen (Leitfaden B4.5 VII). Ergänzend (Standard A4.5 II, V) tritt die kurzfristige soziale Absicherung hinzu; danach haben die Flaggenstaaten für eine kostenfreie unverzügliche und angemessene medizinische Betreuung der Seeleute zu sorgen (Regel 4.1 I, II) bzw. dafür zu sorgen, dass die Reeder die Seeleute gegen die finanziellen Folgen von berufsbedingten Verletzungen, Krankheit oder Tod schützen (Regel 4.2). Korrespondierend zur Pflicht der Flaggenstaaten, dafür zu sorgen, dass Seeleute aus gesundheitlichen Gründen in den Anlaufhäfen das Schiff verlassen dürfen (Regel 4.1 Ic), haben die Hafenstaaten den Seeleuten Zugang zu diesen zu gewähren (Regel 4.1 III). Entsendestaaten sollen für die Angehörigen einen entsprechenden Zugang vorsehen (Leitfaden B4.1.5).

Die ITF bildet keine einfache Übersetzung einer nationalen Gewerkschaft oder ihres Dachverbandes auf die internationale Ebene, sondern bildet ein globales Netzwerk[323]. Obwohl sie wegen ihrer Steuerungskompetenzen „supranationale Tendenzen" aufweist[324], bleibt die ITF lokal verortet und bei ihren Handlungen auf die Unterstützung ihrer Mitglieder angewiesen. Organisatorisch weist sie, wie gesehen,

---

[318] *Asante/Chigara*, in: Blackett/Trebilcock, Research Handbook on Transnational Labour Law, S. 343, 347; *Lillie*, in: Papadakis, Cross-border Social Dialogue and Agreements, S. 191, 195 f.; auch *Dirks*, in: Senghaas-Knobloch/Dirks/Liese, Internationale Arbeitsregulierung, S. 127, 195; *Goecke*, Das Heuerverhältnis, S. 110.

[319] Siehe auch Regel 5.3 MLC 2006: „Unbeschadet des Grundsatzes der Verantwortung eines Mitglieds für die Arbeits- und Lebensbedingungen der Seeleute auf Schiffen unter seiner Flagge".

[320] *Payoyo*, Marine Policy 18 (1994), S. 379, 388; *Asante/Chigara*, in: Blackett/Trebilcock, Research Handbook on Transnational Labour Law, S. 343, 348 mit Fn. 32.

[321] Eingehend *McConnell/Devlin/Doumbia-Henry*, The Maritime Labour Convention 2006, S. 441 ff.

[322] *McConnell/Devlin/Doumbia-Henry*, The Maritime Labour Convention 2006, S. 447.

[323] *Dimitrova/Blanpain*, Seafarers' Rights in the Globalized Maritime Industry, S. 44.

[324] *Platzer/Müller*, Die globalen und europäischen Gewerkschaftsverbände, S. 223 f.; zu einem Stufenmodell von transnationalen Gewerkschaften ebenda, S. 44 ff.; *Müller/Platzer/Rüb*, IPG 2010, S. 111, 112.

eine eigentümliche Zwitterstellung auf, indem sie nationale Gewerkschaften und Seefahrer gleichermaßen in ihre Strukturen einbindet.

III. Fazit: Seearbeits- und Seesozialrecht als Ausdruck eines Transnational Labour Law

Grenzüberschreitende Bezüge des Arbeits- und Sozialrechts werden entweder als „Internationales Arbeits- oder Sozialrecht" diskutiert, das in der deutschen Literatur oftmals als „Arbeitsverweisungsrecht"[325] verstanden wird[326], oder unter dem Begriff des Arbeitsvölkerrechts, das nach der Internationalität der Rechtsquelle fragt[327]. Das Seearbeits- und Seesozialrecht behandelt hingegen, wie gezeigt, weder rein kollisionsrechtliche Fragen[328] noch ist es allein zwischenstaatlich[329] zu verstehen. Stattdessen wurde in Reaktion auf den globalen Arbeitsmarkt für Seefahrer die Maritime Labour Convention 2006 geschaffen, die durch die Internationale Arbeitsorganisation, Flaggen-, Hafen- und Entsendestaaten konkretisiert und durchgesetzt wird und zudem die Seefahrer in die Regulierung einbindet. Parallel zu dieser völkerrechtlichen Entwicklung hat die Internationale Transportarbeiter-Föderation ein weltweites gewerkschaftliches Netzwerk etabliert, das den Kampf gegen die Billigflaggen mit Hilfe von Kollektivverträgen, Schiffsinspektionen in Häfen und durch die Schifffahrtsunternehmen finanzierte Sozialfonds bewerkstelligt. Nach dem Seesicherheits- und Seeumweltrecht folgt somit auch das Seearbeits- und Seesicherheitsrecht der Idee, Globalisierungsphänomene über konglomeratische Strukturen anzugehen, die durch ein Geflecht heterogener Akteure und Rechtsschichten gekennzeichnet sind.

Abstrahiert man von den maritimen Eindrücken, dann lassen sich diese Veränderungen mit dem Begriff des Transnational bzw. Global Labour Law[330] beschreiben[331]. Dieses adressiert eine Kooperation nationaler, internationaler und nicht-staatlicher Regulierungsmuster[332]. Wegen dieser Verflechtung unterschiedlicher Schichten wird

[325] *Gamillscheg*, Internationales Arbeitsrecht, S. 1.

[326] *Thüsing*, Europäisches Arbeitsrecht, § 11; Eichenhofer, Sozialrecht, § 4 Rn. 82; differenzierend aber *Deinert*, Internationales Arbeitsrecht, 1. Kap. Rn. 11 und *Waltermann*, Sozialrecht, § 60 Rn. 70.

[327] *Schubert*, Arbeitsvölkerrecht, S. 35; *Valticos*, International Labour Law, 1. Kap., § 1.

[328] Zu diesen etwa *Gräf*, ZfA 2012, S. 557 ff. und *Carballo Pineiro*, International Maritime Labour Law, S. 151 ff.; *Drobnig/Puttfarken*, Arbeitskampf auf Schiffen unter fremder Flagge.

[329] Von einem weiten Verständnis des Arbeitsvölkerrechts ausgehend aber *Heuerschmidt/Schlachter/Ulber*, in: dies., Arbeitsvölkerrecht, § 1 Rn. 1.

[330] *Rogowski*, Reflexive Labour Law in the World Society, S. 227 ff.; *Blackett/Trebilcock*, Research Handbook on Transnational Labour Law.

[331] Eine Verbindung zu Global Administrative Law herstellend *Blackett/Trebilcock*, in: dies., Research Handbook on Transnational Labour Law, S. 3, 30 f.

[332] *Blackett/Trebilcock*, in: dies., Research Handbook on Transnational Labour Law, S. 3, 4: „TLL is a form of multi-level governance, including the international, the regional the national, and the shop floor".

auch von einem „globalen Hybridarbeitsrecht“ gesprochen[333]. Das Seearbeits- und Seesozialrecht ist dann gerade kein Unikum, wie teilweise behauptet[334], sondern ein typisches Anwendungsbeispiel für ein Transnational Labour Law mit Implikationen für andere Bereiche[335]. Die These seiner Einzigartigkeit behält ihre Berechtigung allerdings insofern, als die Erfolgschancen einer globalen Regulierung durch die besondere Mobilität des Arbeitsplatzes Seeschiff erheblich begünstigt werden, eröffnet diese doch Zugriffsrechte, die in anderen Wirtschaftssektoren in diesem Maße fehlen, und erlaubt so Druck auszuüben, um die gemeinsame Bewältigung der sozialen Dimension der Globalisierung anzuregen. Das Gebäudesicherheitsabkommen von Bangladesch als ein anderes Beispiel von Transnational Labour Law[336] verdeutlicht die unterschiedlichen Ausgangsbedingungen: Das Abkommen ist kein völkerrechtlicher Vertrag[337], sondern wurde unter dem Öffentlichkeitsdruck eines Fabrikeinsturzes, bei dem mehr als 1.000 Arbeiter starben, zwischen transnationalen Unternehmen, globalen Gewerkschaftsverbänden sowie nationalen Gewerkschaften abgeschlossen, um die Arbeitssicherheit der in der Textilindustrie von Bangladesch Beschäftigten zu verbessern. Obgleich nicht Parteien, sind auch die Regierung von Bangladesch und die ILO involviert. Das Abkommen zeichnet sich durch einen besonders starken Durchsetzungsmechanismus aus[338]. Seine Zukunft ist indes ungewiss, nachdem die Regierung von Bangladesch nicht mehr gewillt ist, es zu unterstützen[339]. Im maritimen Bereich kann die Kooperationsbereitschaft von Flaggenstaaten und Schiffseignern und -betreibern hingegen durch hafenseitige Aktionen gefördert werden.

C. Seegesundheitsrecht

Die Seeschifffahrt stellt einen tradierten Treiber für grenzüberschreitende Seuchen dar (I.) und hat daher schon früh die gemeinsame Bewältigung von Pandemierisiken stimuliert. Das Seegesundheitsrecht, sprich die hygienische Untersuchung von See-

[333] *Mückenberger*, in: G.-P. Calliess, Transnationales Recht, S. 457.

[334] Zur MLC 2005 ILO, MLC, 2006: What it is and what it does (https://www.ilo.org/global/standards/maritime-labour-convention/what-it-does/lang--en/index.htm, zuletzt abgerufen: 24.05.2023); für die ITF *Koch-Baumgarten*, IPG 2011, S. 51, 61.

[335] Ebenso *Asanate/Chigara*, in: Blackett/Trebilcock, Research Handbook on Transnational Labour Law, S. 343 ff.; zur Vorbotenrolle auch *Fink*, Sweatshops at Sea, S. 200 f.

[336] *Diller*, in: Blackett/Trebilcock, Research Handbook on Transnational Labour Law, S. 329, 331, 336 ff.

[337] Rechtlich handelt es sich um ein International Framework Agreement (IFA), *Zimmer*, Unternehmensverantwortung im „Bangladesh-Accord“, S. 1. Die ITF Agreements (s. o. II. 2.) lassen sich als Weiterentwicklung von IFAs verstehen, zu den Unterschieden *Schiederig*, Mythos Diversity, S. 117 f.

[338] Zum Ganzen *Zimmer*, Unternehmensverantwortung im „Bangladesh-Accord“, S. 5 f.; zur rechtlichen Durchsetzbarkeit auch *Evans*, North Carolina Journal of International Law 2 (2015), S. 597, 607.

[339] Siehe https://fashionunited.uk/news/fashion/the-bangladesh-safety-accord-expires-in-may-what-next/2021051255442 (zuletzt abgerufen: 24.05.2023).

schiffen, bildet im Ergebnis einen Teilbereich des globalen Gesundheitsrechts als Form eines internationalen Verwaltungsrechts (II.). Den konglomeratischen Charakter dieses globalen Gesundheitsrechts sollen neue Konzepte in Praxis und Literatur unterstreichen (III.).

I. Seeschifffahrt als ein Pandemierisiko-Treiber

Als globale Gesundheitsprobleme werden unterschiedliche Phänomene bezeichnet[340]. Mit der ungleichen Verteilung von Medikamenten, nicht-übertragbaren Krankheiten und Infektionskrankheiten lassen sich aber drei Kernherausforderungen ausmachen[341], deren Gemeinsamkeit darin besteht, dass sie indirekt oder direkt im Zusammenhang mit dem internationalen Handels- und Transportsystem als Motor der Globalisierung stehen[342]:

- *Zugang zu Medikamenten*: Auf der Ebene der Gesundheitsversorgung sind Fragen eines gleichen und gerechten Zugangs zur Gesundheit aufgeworfen[343], der zunehmend als integraler Bestandteil eines Menschenrechts auf Gesundheit verstanden wird[344]. Damit ist zum einen die prekäre Versorgung mit Medikamenten und medizinischer Technologie in armen Ländern angesprochen[345] für Krankheiten, die nur dort vorkommen[346], sowie zum anderen die Erschwinglichkeit medizinischer Versorgung in diesen Ländern[347]. Das skizzierte Phänomen wird simplifizierend im Anschluss an den Bericht der Commission on Health Research for Development[348] als „10/90-Lücke“ bezeichnet[349]; dieser Begriff soll darauf

[340] Siehe nur *Grad*, The Public Health Law Manual; *Gostin*, Global Health Law, S. 32 ff.; *Taylor*, in: Heggenhougen/Quah, International Encyclopedia of Public Health, International Law, and Public Health Policy, insb. S. 667, 668, Tabelle; *Fidler*, The Challenges of Global Health, S. 11 f.

[341] *Burci*, in: Burci/Toebes, Research Handbook on Global Health Law, S. 486, 496 ff.

[342] *Gostin*, Global Health Law, S. 370 f.; weiter (grenzüberschreitende Bewegungen) *Moon*, in: Burci/Toebes, Research Handbook on Global Health Law, S. 29 ff.

[343] WHO, Commission on the Social Determinants of Health, Closing the Gap in a Generation; auch *Sander*, Internationaler und europäischer Gesundheitsschutz, S. 79 f.

[344] Zu den AAAQs (Availability, Accessibility, Acceptability, Quality) als sein normatives Element *Weilert*, in: Vierck/Villarreal/Weilert, The Governance of Disease Outbreaks, S. 145, 154 f.

[345] Die WHO bezieht diese soziale Dimension von Gesundheit aber nicht nur auf ein Nord-Süd-Gefälle, sondern betrachtet gesundheitsbezogene Ungleichheiten allgemein als Folge einer ungleichen Verteilung von Macht, Einkommen, Gütern, Dienstleistungen und Lebensumständen WHO, Commission on the Social Determinants of Health, Closing the Gap in a Generation, insb. S. 29 ff.

[346] Siehe die 13 von der WHO identifizierten Neglected Tropical Diseases (NTDs) https://www.who.int/news-room/questions-and-answers/item/neglected-tropical-diseases (zuletzt abgerufen: 24.05.2023).

[347] *Van Rompaey*, in: Parker/Gracia, Routledge Handbook on the Politics of Global Health, S. 312, 313; *Balasegaram/Childs/Arkinstall*, in: Brown/Yamey/Wamala, The Handbook of Global Health Policy, S. 245, 249 ff.

[348] Commission on Health Research for Development, Health Research: Essential Link to Equity in Development.

[349] Global Forum for Health Research, 10/90 Report on Health Research 2003–2004.

hinweisen, dass weniger als 10 % der weltweiten gesundheitsbezogenen Forschungs- und Entwicklungsausgaben für Krankheiten ausgegeben werden, die 90 % der Weltbevölkerung betreffen.

- *Nicht übertragbare Krankheiten*: Auf der Ebene der Gesundheitsprävention geht es hingegen um die beschleunigte weltweite Verbreitung von Gesundheitsproblemen wie Rauchen, Bewegungsarmut oder westlicher Ernährungsmuster, die sich als eine Folge der Öffnung der Märkte und der kulturellen Assimilation im Bereich der Lebensgewohnheiten darstellt. Damit werden chronisch-degenerative Krankheiten bzw. nicht übertragbare Krankheiten (Non-Communicable Diseases, NCDs)[350] wie Diabetes, Krebs oder kardiovaskuläre Krankheiten in ärmere Länder „importiert" und verdoppeln deren Krankheitslast[351].
- *Infektionskrankheiten (Communicable Diseases, CDs)*: Gesundheitsprobleme werden schließlich unmittelbar durch eine beschleunigte und erweiterte Mobilität zu grenzüberschreitenden[352]. Zunächst führte der internationale Reise- und Güterverkehr über die Seeschifffahrt[353], später dann auch über den Flugverkehr dazu, dass die Meere keine natürlichen Grenzen für Krankheiten mehr bilden; deswegen können sich Infektionserreger weltweit innerhalb von wenigen Tagen oder sogar Stunden verbreiten. Angesprochen sind damit Infektionskrankheiten, die durch mikrobielle Erreger wie Viren, Bakterien und Parasiten verursacht werden; nach den Infektionswegen werden sie eingeteilt in ansteckende Krankheiten, die ohne Zwischenschritte übertragen werden, etwa durch körperlichen Kontakt, zu nennen wäre etwa COVID-19 oder HIV/AIDS (Contagious Diseases), und indirekte Krankheiten, die über Vektoren wie blutsaugende Insekten von Mensch zu Mensch oder von Tier zu Mensch vermittelt werden, etwa Gelbfieber (Vector-Borne Diseases) oder die über leblose Objekte übertragen werden, etwa über Wasser wie Cholera (Vehicle-Borne Diseases). Faktoren wie die wachsende Bevölkerung, Urbanisierung, Zerstörung von Naturreservaten und ein enger Kontakt zwischen Tier und Mensch führen dazu, dass Krankheiten von Tieren auf den Menschen übertragen werden. Solche Zoonosen bilden die Mehrheit der neuen oder entstehenden Infektionskrankheiten[354].

Das zuletzt genannte durch die Seeschifffahrt mitinduzierte globale Seuchenrisiko wird als Pandemierisiko bezeichnet. In der Epidemiologie werden unter den Gesichtspunkten Raum und Zeit gemeinhin drei Arten von Seuchen unterschieden[355]: Die Epidemie ist räumlich und zeitlich begrenzt, die Endemie nur räumlich begrenzt und die Pandemie bezieht sich auf eine weltweite Ausbreitung einer Infek-

[350] WHO, Non-Communicable Diseases, https://www.who.int/news-room/fact-sheets/detail/noncommunicable-diseases (zuletzt abgerufen: 24.05.2023).

[351] *Gostin*, Global Health Law, S. 43 f.; *Schwartz*, Das Public Health Buch, S. 8.

[352] *Hein*, Kompass 2020, Global Health, S. 3.

[353] Dazu *Müller*, in: Schwara, Kaufleute, Seefahrer und Piraten im Mittelmeerraum der Neuzeit, S. 261 ff.

[354] *Gostin/Ó Cathaoir*, Emory Law Journal 67 (2018), S. 337, 346.

[355] *Reuter*, Lexikon Medizin.

tionskrankheit. Eine allgemein akzeptierte Definition einer Pandemie gibt es aber nicht[356]; so ist sich die Forschung uneins, ob eine Pandemie auch zeitlich begrenzt sein muss, jedenfalls ist die schnelle überörtliche Ausbreitung ein Wesensmerkmal der Pandemie.

II. Seegesundheitsrecht als globales Gesundheitsrecht

In dem Maße, in dem Gesundheitsprobleme grenzüberschreitend werden, wird auch ihre Bewältigung zu einem grenzüberschreitenden Anliegen, das neuer Formen der Regulierung bedarf[357]. Ein übergreifendes kooperationsvölkerrechtliches Rahmenwerk, vergleichbar mit dem SRÜ, gibt es für den Gesundheitsbereich zwar nicht[358] – ein solches bewegt sich aktuell noch im Bereich einer akademischen Idee für eine Framework Convention on Global Health[359] –, jedoch hat sich für den Bereich der Seuchenabwehr mit den Internationalen Gesundheitsvorschriften (IGV 2005)[360] ein internationales Regime herausgebildet, an dem sich eine konglomeratische Aufgabenbewältigung beobachten lässt, wie eine historisierende (1.) sowie normative Analyse (2.) zeigen.

1. Keine Seuchenabwehr über hafenseitige Grenzziehungen

Der nachfolgende Rückblick auf den rechtlichen Umgang mit durch die Seeschifffahrt vermittelten Seuchenrisiken verdeutlicht zweierlei. Er zeigt einerseits, dass dieser Transportsektor die internationale Zusammenarbeit im Bereich des Seuchenschutzes beflügelte[361], andererseits blieb diese bis Ende des 20. Jahrhunderts eine punktuelle, die sich auf den Informationsaustausch, die Koordinierung und Harmonisierung von Gesundheitsmaßnahmen an Grenzübergangsstellen wie dem Seehafen beschränkte und so weitergehende internationale Einflüsse in das Staatsinnere abblockte. Der Rückzug auf eine Seuchenabwehr über hafenseitige Grenzziehungen wurde erst im Zuge der Globalisierung, die die weltweite Mobilität

[356] *Morens/Folkers/Fauci*, The Journal of Infectious Diseases 200 (2009), S. 1018 ff.

[357] Siehe bereits *Goodman*, International Health Organizations and their Work, S. 3.

[358] *Vierck*, in: Vierck/Villarreal/Weilert, The Governance of Disease Outbreaks, S. 113, 133; zur Realisierbarkeit *Hoffmann/Røttingen*, Health and Human Rights Journal 15 (2013), S. 117 ff.

[359] Die Idee wird auf *Gostin* zurückgeführt, ders., Journal of International Economic Law 10 (2007), S. 989, 1000 ff.; die Vorstellungen vom konkreten Inhalt einer FCGH gehen weit auseinander, *Ooms/Jahns*, in: Parker/García, Routledge Handbook on the Politics of Global Health, S. 181, 185 f.; ferner die Beiträge in der Sonderausgabe des Health and Human Rights Journal 15 (2013), Nummer 1; bekannt ist insbesondere der Vorschlag der Joint Action and Learning Initiative on National and Global Responsibilities for Health (JALI), https://fcghalliance.org/wp-content/uploads/2019/02/FCGH-briefing-paper-March-2018.pdf (zuletzt abgerufen: 24.04.2023).

[360] International Health Regulations vom 23.5.2005, BGBl. 2007 II S. 930, 2509 UNTS 79, in Kraft seit dem 15.6.2007.

[361] *Fidler*, International Law and Infectious Diseases, S. 19.

beschleunigte und erweiterte, aufgegeben (3.). Damit wird im Ergebnis die These der Arbeit vom Zusammenhang zwischen einer grenzüberschreitenden Aufgabenerfüllung und einer Konglomeratsverwaltung unterstrichen.

In der frühen Neuzeit begann man mit der Intensivierung des Ost-West-Handels, in den Häfen der Seemetropolen des Mittelmeers Behörden einzurichten, die die Schiffe hygienisch inspizierten. Ihr maßgebliches Instrument war das der Quarantäne, durch die Personen und Güter aus Gebieten, in denen eine Infektionskrankheit ausgebrochen war, von der einheimischen Bevölkerung für eine bestimmte Zeitspanne isoliert wurden, um diese zu schützen. Als Vorreiter gilt die Stadt Ragusa, das heutige Dubrovnik; die dort festgelegte Frist von 30 Tagen wurde in den italienischen Städten auf 40 Tage (italienisch „quarenta") verlängert, woraus sich der Begriff der Quarantäne ableitet[362]. Zwar bauten diese Hafenbehörden auf ein Netz hafenübergreifender Kommunikation auf[363], aber die Quarantäne beruhte im Wesentlichen auf den eigenen Vorstellungen und Möglichkeiten[364].

Die beiden Cholera-Ausbrüche in Europa in der ersten Hälfte des 19. Jahrhunderts zeigten, dass nationalstaatliche Schutzmaßnahmen angesichts der zunehmenden Vernetzung infolge der Ausweitung des Seehandels, aber auch wegen des Fehlens adäquater nationaler Gesundheitssysteme wirkungslos waren. Maßgeblich auf Betreiben der Seemacht Frankreich wurden ab der zweiten Hälfte des 19. Jahrhunderts Internationale Sanitätskonferenzen einberufen, auf denen die europäischen Großmächte versuchten, Pandemierisiken zwischenstaatlich anzugehen. Als Folge dieser „Gesundheitsdiplomatie"[365] wurden mehrere Internationale Sanitätskonventionen abgeschlossen[366], deren Ratifizierung aber schleppend voranging. Diese harmonisierten die Quarantänemaßnahmen und führten ein internationales Informationssystem ein; man einigte sich zudem auf bestimmte Verwaltungspraktiken in Häfen, die die Verbreitung von Seuchen eindämmen sollten. Ausschlaggebend waren weniger Aspekte eines globalen Gesundheitsschutzes als vielmehr wirtschaftliche Interessen, da ungleiche und willkürliche Quarantänemaßnahmen in den Häfen den Seehandel behinderten, weil sie Schiffe immobilisierten[367]. Zu Beginn des 20. Jahrhunderts wurde diese Strategie durch die Etablierung internationaler Organisationen[368] institutionalisiert[369]. Im Rahmen der 1948 gegründeten

[362] *Marquardt/Schreiber*, Ortsregister: Ein Glossar zu Räumen der Gegenwart, S. 224.

[363] *Freller*, Berichte zur Wissenschaftsgeschichte 17 (1994), S. 122, 127.

[364] *Fidler*, SARS, Governance and the Globalization of Disease, S. 26 f.

[365] *Cooper/Kirton/Schrecker*, in: dies., Governing Global Health, S. 3, 4.

[366] Siehe die Übersicht bei *Kramer/Maylott/Foley*, International Health Security in the Modern World, Conference Series No. 104 (1947), S. 953 ff.

[367] *Goodman*, International Health Organizations and Their Work, S. 36; *Howard-Jones*, The Scientific Background of the International Sanitary Conferences 1851–1938, S. 11; *Zacher*, in: Cooper/Kirton/Schrecker, Governing Global Health, S. 15, 16.

[368] 1902 wurde das Panamerikanische Sanitätsbüro (Pan American Sanitary Bureau, PASB) gegründet und 1907 in Europa das Internationale Gesundheitsamt (International Organization for Public Health); nach dem Ersten Weltkrieg dann die Hygieneorganisation des Völkerbundes (Health Organization of the League of Nations) und das Office International des Epizooties.

Weltgesundheitsorganisation (WHO) wurden schließlich die Internationalen Sanitätsvorschriften angenommen[370], die die vor dem Zweiten Weltkrieg erlassenen Konventionen zusammenfassten[371] und schließlich 1969 in die Internationalen Gesundheitsvorschriften umbenannt wurden[372]. Diese übernahmen die Grundstruktur der Internationalen Sanitätsvorschriften[373]; in Teil V regelten sie den Schutz vor sechs quarantänefähigen Krankheiten wie Cholera, Pest und Gelbfieber, sprich den schweren Seuchen der Vergangenheit[374]. Dazu etablierten sie zum einen staatliche Informationspflichten gegenüber der WHO (Art. 3, 13), zum anderen legten sie maximale Schutzmaßnahmen der Staaten fest, insbesondere in Bezug auf See- und Flughäfen. Wie die Internationalen Sanitätskonventionen zielten die IGV 1969 darauf, das Transportwesen zu fördern und legten dementsprechend einen „maximalen Schutz" („maximum security") vor Infektionskrankheiten bei einer „minimalen Beschränkung" („minimal interference") des weltweiten Verkehrs als Schutzzweck fest (Vorwort zu den IGV 1969).

Die IGV 1969 waren faktisch bedeutungslos[375], obwohl der internationale Verkehr und damit auch die Gefahr einer weltweiten Verbreitung von Infektionskrankheiten zunahm. Seitens der Industriestaaten wägte man sich in Sicherheit, da ihre Verletzlichkeit wegen Verbesserungen im Gesundheitswesen abnahm[376]. Da Gegenstand der Zusammenarbeit Infektionskrankheiten zwischen Staaten und nicht der öffentliche Gesundheitsschutz innerhalb eines Staats war, beließ man es bei einem At the Border-Konzept, das eine rudimentäre Internationalisierung an den Grenzübergangsstellen vorsah.

Die ab dem 19. Jahrhundert internationalisierte Seuchenabwehr wird wegen des Festhaltens am Prinzip der Nicht-Intervention in die inneren Angelegenheiten als „westfälisches System des Gesundheitsschutzes"[377] bezeichnet. Erst die IGV 2005

---

[369] Eingehend *Vierheilig*, Die rechtliche Einordnung, S. 1 ff. Um die durch den Zweiten Weltkrieg hervorgerufene Notsituation zu bewältigen, wurde 1943 zudem die United Relief and Rehabilitation Administration geschaffen, ebenda, S. 7 f.

[370] International Sanitary Regulations vom 21.5.1951, BGBl. 1955 II S. 1060, 175 UNTS 214, in Kraft getreten am 1.10.1952.

[371] Zu diesem Prozess *Dischler*, Weltgesundheits-Organisation (WHO) und Internationale Gesundheits-Ordnung, insb. S. 10.

[372] International Health Regulations vom 25.7.1969, BGBl. 1971 II S. 865, 764 UNTS 3, in Kraft getreten am 1.1.1971.

[373] *Roscam Abbing*, International Organizations in Europe and the Right of Health Care, S. 124.

[374] *Taylor*, Houston Law Review 33 (1997), S. 1327, 1342.

[375] *Aginam*, Global Health Governance, S. 78; *Zacher*, in: Cooper/Kirton/Schrecker, Governing Global Health, S. 15, 17.

[376] Insbesondere mit Medikamenten und Impfstoffen als „Waffen" gegen importierte Krankheiten meinte man, die öffentliche Gesundheit in den eigenen Grenzen schützen zu können, zu diesem Optimismus *Zacher*, in: Cooper/Kirton/Schrecker, Governing Global Health, S. 15. Da sie demnach davon ausgingen, Seuchen im eigenen Territorium wirksam bekämpfen zu können, hatten die Industriestaaten ein geringes Interesse an einer vertieften Kooperation; ihr Interesse ging vielmehr dahin, ihr Wissen an Entwicklungsländer weiterzugeben, *Fidler*, SARS, Governance and the Globalization of Disease, S. 13.

[377] *Fidler*, SARS, Governance and the Globalization of Disease, S. 32.

gelten – im Unterschied zu den Modifikationen 1973[378] und 1981[379], die nur die Zahl der Infektionskrankheiten auf drei reduzierten – als radikale Änderung dieses gesundheitsvölkerrechtlichen Ansatzes[380].

2. Internationale Kooperation unter den IGV 2005

a) IGV 2005 als Rahmenregelung

Auch im globalen Gesundheitsrecht ist die Tendenz erkennbar, auf die für das Kooperationsvölkerrecht typischen Rahmenregelungen[381] zurückzugreifen. Das gilt jedenfalls für die Prävention übertragbarer und nicht-übertragbarer Krankheiten[382]. Im Bereich der nicht übertragbaren Krankheiten ist bislang nur für eine NCD eine Rahmenkonvention verabschiedet worden, das Tabakrahmenübereinkommen (Framework Convention on Tobacco Control, FCTC)[383]; im Übrigen dominiert internationales Soft Law[384]. Im Bereich der Infektionskrankheiten lehnen sich die IGV 2005 zwar nicht dem Namen nach, aber strukturell an die Figur der Rahmenregelung an und werden daher in der Literatur, aber auch von der WHO selbst, als „framework convention on global infectious disease prevention and control" oder vorsichtiger als „legal framework" bezeichnet[385]. Diese Bezeichnung ist gerechtfertigt, da die IGV 2005 die Grundsätze, Verfahren und Akteure eines weltweiten Systems für den Schutz vor Gesundheitsrisiken benennen[386]. Allerdings kennen sie

---

378 WHO, Resolution WHA26.55, 23.5.1973.

379 WHO, Resolution WHA34.13, 4.–22.5.1981.

380 Dazu *Fidler*, Chinese Journal of International Law 4 (2005), S. 325, 326.

381 Siehe oben 1. Kapitel, IV. 2. b. bb.

382 Ein globales Rahmenwerk, um die weltweite Versorgung mit Medikamenten sicherzustellen, gibt es noch nicht. Eine von der WHO eingesetzte Expertengruppe, die CEWG (Consultative Expert Working Group on Research and Development), hat den Mitgliedsstaaten zwar empfohlen, ein solches als Global Framework on Research and Development anzugehen (CEWG, Report of the Consultative Expert Working Group on Research and Development: Financing and Coordination, A65/24, 20.4.2012, S. 54 f., 112 ff., 133 ff.), die Realisierungschancen werden aber als schlecht bewertet, *Moon*, in: Burci/Toebes, Reasearch Handbook on Global Health Law, S. 24, 52. Bislang gibt es daher nur sektorspezifische internationale Regulierungsansätze, einen weltweiten Vorteilsausgleich anvisieren, wie der Pandemic Infuenza Preparedness Framework (PIP), der auf eine weltweite Bereitstellung von antiviralen Medikamenten und Impfstoffen im Hinblick auf zukünftige Influenzapandemien zielt und in der Form einer WHO-Empfehlung nach Art. 23 WHO-Verfassung ergangen ist, *Trute*, GSZ 2018, S. 125, 128.

383 *Gostin*, Global Health Law, S. 205 ff.

384 *Burci*, in: Burci/Toebes, Research Handbook on Global Health Law, S. 486, 502 ff.

385 Siehe https://www.who.int/health-topics/international-health-regulations#tab=tab_1 (zuletzt abgerufen: 24.05.2023); *Fidler*, Chinese Journal of International Law 4 (2005), S. 325, 386; auch („legal reference") *Belanger*, Global Health Law, S. 104; *Taylor*, in: Heggenhougen/Quah, International Encyclopedia of Public Health, International Law, and Public Health Policy, S. 667, 669, 674 ff.

386 *Fidler*, Chinese Journal of International Law 4 (2005), S. 325, 386.

auch konkrete Bestimmungen[387] sowie weitere Konkretisierungspraktiken, weswegen sie als atypische Rahmenregelungen gelten[388].

b) Rechtliche Kernelemente

Der neue Ansatz macht sich anhand von fünf Elementen bemerkbar[389]:

- *Werteorientierung*: Erstmals ist festgelegt, dass die Durchführung der Vorschriften „unter uneingeschränkter Achtung der Würde des Menschen, der Menschenrechte und der Grundfreiheiten zu erfolgen" hat (Art. 3 I)[390]. Damit ist eine Akzentverschiebung indiziert von der bloßen Realisierung eines reibungslosen zwischenstaatlichen Verkehrs hin zu Wahrung bestimmter Grundwerte der Staatengemeinschaft. Diese Werteorientierung illustriert auch der neu formulierte Schutzzweck, wonach unnötige Beeinträchtigungen des internationalen Verkehrs nur „vermieden" (Art. 2) und nicht mehr minimal beschränkt werden sollen, wie es noch im Vorwort der Vorgängervorschriften hieß. Der „Schutz der Weltbevölkerung vor der grenzüberschreitenden Ausbreitung von Krankheiten" (Art. 3 III) ist das primäre Anliegen[391].
- *Dynamisierung des Anwendungsbereichs*: Während die Vorgängerregelungen die Bekämpfung abschließend aufgeführter, quarantänefähiger Krankheiten zum Gegenstand hatten, benennen die IGV 2005 allgemein die grenzüberschreitende Seuchenabwehr als ihren Gegenstand. Denn sie knüpfen an den Begriff der „gesundheitlichen Notlage von internationaler Tragweite" („public health emergency of international concern", PHEIC) an, die als ein „außergewöhnliches Ereignis, das […] durch die grenzüberschreitende Ausbreitung von Krankheiten eine Gefahr für die öffentliche Gesundheit in anderen Staaten darstellt und möglicherweise eine abgestimmte internationale Reaktion erfordert" legal definiert ist (Art. 1 I). „Krankheit" meint eine „Krankheit oder einen gesundheitlichen Zustand, die oder der ungeachtet des Ursprungs oder der Quelle Menschen erheblich schädigt oder schädigen kann" (Art. 1 I). Der Anwendungsbereich ist damit dynamisiert, da er erlaubt, auch noch unbekannte Infektionskrankheiten zu regeln[392].
- *Internationale Kooperation*: An die Erweiterung von Schutzanliegen und Gegenstand schließt sich eine Intensivierung der Kooperation an. Statt Internationalisierungsanstrengungen auf die Grenzkontrolle zu begrenzen, um den Import von Krankheiten zu blockieren, werden diese auf das gesamte Staatsgebiet er-

---

[387] Zum Mischcharakter *Klafki*, German Yearbook of International Law 61 (2018), S. 73, 99 mit Fn. 142.

[388] Für die FCTC *Scholz*, Internationaler Gesundheitsschutz, S. 116.

[389] *Fidler*, The Challenges of Global Health Governance, S. 7 f.

[390] Dies als Folge der weitreichenden Ingerenzrechte nach den IGV 2005 deutend *Zidar*, International Journal of Human Rights 19 (2015), S. 502 ff.

[391] *Aginam*, Medicine & Law 25 (2007), S. 663, 668; *Scholz*, Internationaler Gesundheitsschutz, S. 88.

[392] *Fidler*, The Challenges of Global Health Governance, S. 7.

streckt[393], denn jeder Vertragsstaat ist nach Art. 5 I i. V. m. Anlage 1 zur Schaffung sog. Kernkapazitäten verpflichtet, um auf diese Weise Gesundheitsrisiken schnell zu erfassen und auf diese reagieren zu können.

- *Erweiterung der Akteure*: In einem weiteren Schritt lösen sich die IGV 2005 vom staatenzentrierten Ansatz der alten IGV. Zwar halten sie daran fest, dass die Staaten der WHO Informationen über Gesundheitsrisiken übermitteln müssen (Art. 5–12). Allerdings erlauben die IGV 2005 der WHO explizit den Rückgriff auf nicht-staatliche Informationsquellen (Art. 9 I). Auch bei der Erarbeitung der ständigen Empfehlungen der WHO sieht Art. 53 S. 2 c) den Rückgriff auf Informationen nicht nur der Vertragsstaaten, sondern auch zwischenstaatlicher Organisationen oder nichtstaatlicher Organisationen vor.
- *Administrative Befugnisse der WHO*: Der WHO werden eigene Befugnisse auf der Ebene der Konkretisierung der IGV 2005 zugewiesen, da nur ihr Generaldirektor eine PHEIC feststellen darf, Art. 12. An die Feststellung schließen sich zeitlich befristete (Art. 15) und – fakultativ (Art. 16 S. 1 „kann") – ständige Empfehlungen der WHO an. Die Empfehlungen sind Vorschläge, welche Gesundheitsmaßnahmen von dem Staat durchgeführt werden sollten, der sich in einer PHEIC befindet, aber auch von anderen Staaten; diese Maßnahmen beziehen sich etwa auf Personen, Gepäck, Fracht, Container, Beförderungsmittel oder Güter, um die grenzüberschreitende Ausbreitung von Krankheiten zu verhindern oder zu verringern und eine unnötige Beeinträchtigung des internationalen Verkehrs zu vermeiden, Art. 15 II. Auch wenn die WHO ihre Empfehlungen nicht unmittelbar an Private adressieren darf[394], werden ihr Befugnisse im Sinne des internationalen Verwaltungsrechts übertragen[395].

Die IGV 2005 zielen damit nicht mehr nur darauf, bestimmte Grenzen für nationalstaatliche Alleingänge zu statuieren (so noch Art. 23 IGV 1969), sondern sehen die Pandemiebewältigung als Aufgabe der internationalen Zusammenarbeit an, die durch Staaten, Private und die WHO und damit konglomeratisch zu erfolgen hat.

c) Aufwertung der internationalen Gesundheitsverwaltung im Seehafen

Da sich in Folge der Dynamisierung des Anwendungsbereichs der IGV 2005 die Aufgabenstellung der Gesundheitsverwaltung in See- und Binnenhäfen[396] ausdehnt[397],

---

[393] *Gostin*, Global Health Law, S. 186 ff.

[394] Während SARS wurden solche Empfehlungen seitens der WHO sogar direkt an Private gerichtet, *Gostin/Sapsin/Vernick/Teret/Burris*, Temple Law Review 77 (2004), S. 155, 169 ff. Das ist unter den IGV 2005 unzulässig; gleichwohl können solche Maßnahmen nicht nur erhebliche ökonomische Folgen für die von einer Notlage betroffenen Staaten haben, sondern auch Private beeinträchtigen, kritisch *Kingsbury/Casini*, International Organizations Law Review 6 (2009), S. 319, 338.

[395] Einen feststellenden Verwaltungsakt der internationalen Gesundheitsverwaltung annehmend *Scholz*, Internationaler Gesundheitsschutz, S. 97.

[396] Der Hafenbegriff der IGV 2005 umfasst neben den Seehäfen auch Binnenhäfen, sofern in sie oder aus ihnen Schiffe auf internationaler Reise ein- oder auslaufen, Art. 1.

[397] Zu den Konsequenzen RKI, Epidemiologisches Bulletin Nr. 22 (2007), S. 183 f.

werden die internationalen Einflüsse auf diese verstärkt. Die IGV 2005 schreiben die Aufgabe der Gesundheitsverwaltung an Grenzübergangsstellen explizit vor (Art. 22 I) und nehmen Einfluss auf die entsprechenden Verwaltungsverfahren und Verwaltungsentscheidungen, indem sie verlangen, dass die Behörden im Hafen regelmäßig nach einem bestimmten Prozedere Schiffshygienebescheinigungen ausstellen (Art. 20 II, Art. 39, Anlage 3). Die schiffshygienische Kontrolle ist dementsprechend im Vergleich zum alten Recht (Art. 53 IGV 1969) erweitert, da sie sich auf alle relevanten Bereiche der Schiffshygiene bezieht (Art. 39 VI).

Nach den IGV 2005 kann die WHO zudem Einfluss auf die Gesundheitsverwaltung im Seehafen nehmen. So übermitteln nach Art. 20 III die Staaten der WHO eine Liste der Häfen, die Schiffshygienebescheinigungen als Authorized Ports ausstellen dürfen, und die WHO kann diese auf freiwilliger Basis nach angemessener Prüfung zertifizieren lassen (Art. 20 IV).

Zudem heben die IGV 2005 das Erfordernis einer grenzüberschreitenden Zusammenarbeit der Gesundheitsverwaltungen im Hafen hervor. Ist eine Behörde nicht in der Lage, die erforderlichen Bekämpfungsmaßnahmen durchzuführen, so darf das Schiff abreisen, wenn sie die für die nächste bekannte Grenzübergangsstelle zuständige Behörde informiert (Art. 27 II 1).

3. Veränderungen im deutschen Recht: das IGV-Durchführungsgesetz

Im deutschen Recht werden die IGV 2005 im Unterschied zu den alten Gesundheitsvorschriften nicht durch Rechtsverordnungen[398], sondern durch ein Parlamentsgesetz, das IGV-Durchführungsgesetz (IGV-DG), umgesetzt. Dieses beschränkt sich, wie sein Titel besagt, darauf, die IGV 2005 durchzuführen (§ 1 I 1), indem v. a. innerstaatliche Zuständigkeiten und Verfahren festgelegt werden. In Bezug auf das Seegesundheitsrecht macht sich der Charakter als Gesetz einer internationalen Verwaltung anhand folgender Merkmale bemerkbar:

Zunächst ist der extraterritoriale Anwendungsbereich zu erwähnen. Denn das IGV-DG erlaubt Maßnahmen, bevor Beförderer und Reisende das deutsche Hoheitsgebiet erreicht haben[399]. Beispielsweise hat die Abgabe einer sog. Seegesundheitserklärung nach § 15 I 4 Nr. 1 durch den Kapitän gegenüber dem deutschen Hafenärztlichen Dienst grundsätzlich mindestens 24 Stunden vor Ankunft zu erfolgen.

Wie die IGV 2005 hebt auch das IGV-DG das Erfordernis einer grenzüberschreitenden Vernetzung der Verwaltung hervor, indem dem Hafenärztlichen Dienst Informationspflichten gegenüber der zuständigen Gesundheitsbehörde des nächsten Anlaufhafens auferlegt werden, § 19 VI IGV-DG. Da Häfen entsprechend der Definition in Art. 1 IGV 2005 alle „See- oder Binnenhafen sind, in den oder aus dem Schiffe auf internationaler Reise ein- oder auslaufen", wird man darunter auch Behörden in ausländischen Häfen verstehen müssen.

---

[398] Zur alten Rechtslage *Tietje*, Internationalisiertes Verwaltungshandeln, S. 330.

[399] Ebenso *Klafki*, Risiko und Recht, S. 203.

Die Zugehörigkeit zum internationalen Verwaltungsrecht zeigt sich besonders deutlich in Form dynamischer Verweisungen auf internationale Vorgaben. So muss der Hafenärztliche Dienst „bei der Überprüfung der Schiffshygiene […] die Empfehlungen der Weltgesundheitsorganisation […] beachten" (§ 19 V 2 IGV-DG). § 20 IGV-DG ermächtigt das Bundesministerium für Gesundheit durch Rechtsverordnung „nähere Bestimmungen zur Durchführung der IGV zu erlassen, soweit sich diese Bestimmungen im Rahmen der Ziele der IGV bewegen" (S. 1). Diese Ermächtigungsgrundlage umfasst insbesondere die „Umsetzung von vorübergehenden und ständigen Empfehlungen der Weltgesundheitsorganisation" (S. 2 Nr. 12).

III. Fazit: Internationales Gesundheitsrecht als konglomeratische Regulierung

Der letzte Abschnitt des Kapitels hat gezeigt, dass die internationale Kooperation in Pandemieangelegenheiten unter dem Rahmen der Internationalen Gesundheitsvorschriften 2005 (IGV 2005) stattfindet, die neben Staaten und der Weltgesundheitsorganisation (WHO) Private einbindet. Da die Seeschifffahrt ein Pandemierisiko in sich birgt, enthalten die IGV 2005 auch einen Abschnitt zum Seegesundheitsrecht, der innerstaatlich im IGV-Durchführungsgesetz aufgegriffen wird.

Diese Pandemievorsorge folgt demnach keinem Einheitsdenken. Sie wird als neue Form der Regulierung verstanden[400], für die in Praxis und Wissenschaft verschiedene Konzepte vorgeschlagen werden. Sie verweisen mit unterschiedlicher Akzentsetzung darauf, dass das Zusammenspiel verschiedener Akteure, Rechtsschichten und Kulturen und damit eine konglomeratische Logik das internationale Gesundheitsrecht prägen:

Die WHO benutzt für den Perspektivenwechsel im Gesundheitsschutz den Begriff der Global Public Health Security, die sie als Strategie für das 21. Jahrhundert versteht[401]. Während sie die öffentliche Gesundheitssicherheit (Public Health Security) als die erforderlichen proaktiven und reaktiven Aktivitäten definiert, derer es bedarf, um die Anfälligkeit der nationalen Bevölkerung gegenüber akuten Ereignissen im Bereich der öffentlichen Gesundheit zu minimieren, erweitert Global Public Health Security das Schutzgut auf die Bevölkerung weltweit und bedarf einer intensivierten globalen Kooperation[402].

In den Politikwissenschaften ist Global Health Governance (GHG)[403] das bevorzugte Konzept, um den Umgang mit globalen Gesundheitsrisiken (Transborder

---

[400] Siehe nur *Youde*, Global Health Governance, Kap. 7; *Fidler*, The Challenges of Global Health Governance, S. 7; *Kluge/Martin-Moreno/Emiroglu/Rodier/Kelley/Vujnovic/Permanand*, BMJ Global Health 3 (2018), S. 1.

[401] WHO, A Safer Future. Global Public Health Security in the 21st Century; dazu *Fidler*, Chinese Journal of International Law 4 (2005), S. 325 ff.

[402] WHO, A Safer Future. Global Public Heath Security in the 21st Century, S. 1.

[403] Eingeführt v. a. durch *Dodgson/Lee*, in: Wilkinson/Hughes, Global Governance: Critical

Health Risks) zu beschreiben. Global Public Health Security bildet danach einen Ausschnitt von GHG[404]. GHG bezieht die maßgeblichen, durch die Globalisierung induzierten[405] Veränderungen im Ausgangspunkt auf die Art internationaler Gesundheitsschutzbemühungen und dabei insbesondere auf deren institutionelle Voraussetzungen. Sie wird als Ablösung einer staatenzentrierten International Health Governance (IHG) verstanden, die noch bis in die zweite Hälfte des 20. Jahrhunderts hinein prägend war. GHG wird definiert als die Heranziehung formaler und informeller Institutionen, Regeln und Prozesse von Staaten, zwischenstaatlichen Organisationen und nichtstaatlichen Akteuren zur Bewältigung von Gesundheitsherausforderungen, die grenzüberschreitende kollektive Maßnahmen verlangen, um eine wirksame Lösung zu finden[406]. Die Verbesserung von GHG steht im Mittelpunkt des Forschungsinteresses.

In der Rechtswissenschaft wird der Begriff des globalen Gesundheitsrechts (Global Health Law)[407] vorgeschlagen. Global Health Law steht demnach nicht für ein Menschenrecht auf Gesundheit[408], sondern für eine Entscheidungsfindung in einem Mehrebenensystem durch verschiedene Kanäle und in verschiedenen Graden von Normativität[409]. Teilweise wird explizit der Bezug zu GHG hergestellt[410]. Ebenso wie die politikwissenschaftliche Forschung soll die Verwendung des Adjektivs global statt international das Abrücken, wenn auch nicht den Abschied[411] von einer zwischenstaatlichen Perspektive auf Gesundheitsprobleme zum Ausdruck bringen, für die dann der Begriff des International Health Law benutzt wird[412]. Genauere Konturen hat dieses globale Gesundheitsrecht indes noch nicht gewonnen[413],

---

Perspectives, S. 100 ff.; siehe aber bereits *Cooper/Eichengreen/Holtham/Putnam/Henning*, Can Nations Agree? Issues in International Economic Cooperation, S. 183 ff.; ferner *Kawachi/Wamala*, Globalization and Health; *Cooper/Kirton/Schrecker*, Governing Global Health.

404 *Fidler*, in: Cooper/Kirton/Schrecker, Governing Global Health, S. 41, 45. Fragen eines gleichen und gerechten Zugangs zur Gesundheit werden auch unter dem Begriff Global Health Equity diskutiert, dazu und zu seinem Verhältnis zu Global Health Security *Ooms/Jahns*, in: Parker/Gracia, Routledge Handbook on the Politics of Global Health, S. 181, 182, 184 f.

405 *Cooper/Kirton/Schrecker*, in: dies., Governing Global Health, S. 3, 6.

406 *Fidler*, The Challenge of Global Health Governance, S. 3; *Batniji/Songane*, in: Brown/Yamey/Wamala, The Handbook of Global Health Policy, S. 64, 65. GHG zeichnet sich demnach durch eine polyzentrische Struktur und eine substantielle Auseinandersetzung mit Themen aus, die die Bevölkerung weltweit direkt oder indirekt betreffen, *Lee/Scott-Kamradt*, Globalization and Health 28 (2014), S. 1, 5; diese machen, ausgehend von den spezifischen Forschungsinteressen, drei unterschiedliche Konzepte von GHG aus, ebenda S. 5 ff.

407 *Gostin*, Global Health Law; Aginam, Global Heath Governance; *Belager*; Global Health Law.

408 Zum Verhältnis zwischen Global Health Law und den Menschenrechten *Murphy*, in: Burci/Toebes, Research Handbook on Global Health Law, S. 82 ff.

409 *Villarreal*, German Yearbook of Internatiomal Law 61 (2018), S. 45, 49.

410 *Scholz*, Internationaler Gesundheitsschutz, S. 21.

411 *Toebes*, in: Burci/Toebes, Research Handbook on Global Health Law, S. 2, 5.

412 *Prah Ruger*, The Georgetown Law Journal 96 (2008), S. 423, 424; *Villarreal*, German Yearbook of International Law 61 (2018), S. 45, 49.

413 Kritisch *Murphy*, in: Burci/Toebes, Research Handbook on Global Health Law, S. 82, 87: „collection of problems".

insbesondere sein Verhältnis zum Gesundheitsvölkerrecht[414] und zum nationalen Recht[415] bleibt vage. Die direkten Bezüge zum internationalen Verwaltungsrecht, die am Beispiel des Seegesundheitsrechts aufgezeigt wurden, werden indes vorsichtig angedeutet[416].

Nachdem im zweiten Kapitel anhand von Seesicherheits- und Seeumweltrecht, Seearbeits- und Seesozialrecht sowie Seegesundheitsrecht gezeigt wurde, dass die grenzüberschreitende Aufgabenstellung der Seeverwaltung dazu geführt hat, dass sich eine Konglomeratsverwaltung herausgebildet hat, wird nachfolgend, von den Einzelphänomenen der Referenzgebiete abstrahierend, ihre Verwaltungsorganisation vorgestellt.

---

[414] Zu diesem die Beiträge in German Yearbook of International Law 61 (2018), insb. *Villarreal*, ebenda, S. 45, 50 ff.

[415] Dazu *Moon*, in: Burci/Toebes, Research Handbook on Global Health Law, S. 29, 31 ff.

[416] *Scholz*, Internationaler Gesundheitsschutz, S. 103, aber im Ergebnis an einer rein gesundheitsvölkerrechtlichen Betrachtung festhaltend.

3. Kapitel

Verwaltungsorganisation

I. Merkmale des konglomeratischen Strukturprinzips

Institutionell zeichnet sich die Seeverwaltung durch ihren konglomeratischen Charakter aus. In Abgrenzung zur gängigen völkerrechtlichen sowie zur innerstaatlichen Sichtweise, die den Staat als Ausgangspunkt wählt und von diesem aus Änderungen diskutiert, bedeutet dies eine Erweiterung[1] des Blickfelds in doppelter Hinsicht[2]: quantitativ eine Pluralisierung der Wirkungseinheiten, die eine normative Ordnungsleistung[3] jenseits des Staats erbringen[4], und qualitativ ihre Vielgestaltigkeit[5]. Zieht man die Mehrebenen-Metapher heran, dann befindet sich der Staat in einer Sandwich-Lage[6]. Hinzu kommt, dass die Verwaltungseinheiten nicht in einem hierarchischen Verhältnis zueinanderstehen, so dass die Verwaltungsstruktur diffundiert und als Chaos erscheint[7]. Als weiteres Merkmal fällt auf, dass die Institutionen sowohl auf einer rechtlich verbindlichen als auch auf einer rechtsunverbindlichen Grundlage agieren können. Das Informelle ist insofern Normalität. Nach *Nico Krisch* muss die „global authority“ wegen der Verknüpfung von Informalität und Dynamik in besonderem Maße als „liquid authority“ begriffen werden[8].

Das so umrissene konglomeratische Strukturprinzip wird in der Lehre zum internationalen bzw. globalen Verwaltungsrecht zwar hervorgehoben. Nach *Sabino*

---

[1] Aber keine Verdrängung, siehe *Brouder*, in: Tietje/Brouder, Handbook of Transnational Economic Governance, S. 1, 3 f.

[2] Rechtstheoretisch *Teubner*, in: Liber Amicorum Simitis, S. 437 ff.; aus öffentlich-rechtlicher Sicht *Tietje*, ZVglRWiss 101 (2002), S. 404, 417; für das Völkerrecht *Hofmann*, Non-State Actors as New Subjects of International Law; für den maritimen Bereich *Cutler*, in: Cutler/Haufler/Porter, Private Authority and International Affairs, S. 283, 301.

[3] *Franzius*, VerwArch 97 (2006), S. 186, 192 f.; für den Seetransport *Zacher/Sutton*, Governing Global Networks, S. 38.

[4] Zur UN siehe Bericht des UN-Generalsekretärs *Kofi Annan*, Renewing the United Nations, A/51/950, 14.7.1997, S. 13 Punkte 20 und 21.

[5] Die Verschiedenartigkeit der regulatorischen globalisieren Gewalt auch als ihre „Heteronomie“ bezeichnend *Lipschutz/Fogl*, in: Hall/Biersteker, The Emergence of Private Authority in Global Governance, S. 115, 124, 125 ff.; für das internationale Finanzmarktrecht *Rost*, Die Herausbildung transnationalen Wirschaftsrechts, S. 232: „Erweiterung und Ausdifferenzierung der Akteurs- und Organisationsstrukturen“.

[6] *Held/McGrew*, in: dies., Governing Globalization, S. 1, 9.

[7] *Ruffert/Steinecke*, The Global Administrative Law of Science, S. 87; auch *Held/McGrew*, in: dies., Governing Globalization, S. 1, 10.

[8] In Abgrenzung zur „solid authority“, die nach ihm den nationalen Bereich prägt, *Krisch*, International Theory 9 (2017), S. 237 ff.

Cassese „there is no unitary government and rule, but rather a multiplicity of diverse elements, which are fragmented and often not interconnected[9]". Neben bereichsspezifischen Darstellungen[10] wurden auch Typologien entwickelt, um das unübersichtliche Geflecht internationaler Verwaltung zu systematisieren. *Benedict Kingsbury, Nico Krisch* und *Richard Stewart* unterscheiden fünf Kategorien globaler Administration: internationale Organisationen, transnationale Behördennetzwerke, distribuierte Verwaltung nationaler Regulierer, hybride staatlich-private Arrangements sowie Private[11]. Die Typen internationalisierter Verwaltungsbeziehungen umfassen nach *Eberhard Schmidt-Aßmann* Formen bilateraler Zusammenarbeit, regionale Organisationsformen, Formen weltweiter Strukturbildung und informelle Behördennetzwerke[12]. Diese Angebote benennen zentrale Akteure, bleiben indes zum einen unvollständig, da insbesondere die grenzüberschreitende Vernetzung innerstaatlicher Stellen jenseits staatlicher Behörden außen vor bleibt[13]; zum anderen verhalten die Autoren sich kaum zur konkreten Aufgabenstellung der jeweiligen Stellen in der internationalen Verwaltung und zu ihrer dogmatischen Einordnung. Insbesondere die Privaten bleiben eine blasse Rechtskategorie, auch wenn es nicht an Literatur zu ihrer Rolle im Bereich jenseits des Staates fehlt[14]. Dabei mangelt es nicht an detaillierten Beschreibungen einzelner Formen privaten Verwaltens jenseits des Staates, sondern an übergreifenden Reflexionen ihrer Funktion und Interaktion mit den öffentlichen Elementen der internationalen Verwaltung[15], wie man sie aus dem nationalen Verwaltungsrecht von den Rechtskategorien des Beliehenen oder des Verwaltungshelfers kennt. Die erforderliche strukturelle Ordnungsleistung möchte das nachfolgende Kapitel erbringen.

Die deskriptiv-analytische Darstellung[16] der einzelnen Organisationsformen und ihrer spezifischen Funktionen beginnt mit der überkommenen völkerrechtlichen Akteurseinteilung und damit mit staatlichen und zwischenstaatlichen Organisationen (II., III.), bevor in einem zweiten Schritt die – aus dieser Perspektive – eigentliche Neuheit vorgestellt wird. Das Neue liegt darin, dass in Durchbrechung des staatlichen Souveränitätspanzers zu den bekannten Protagonisten unterstaatliche

---

[9] *Cassese/D'Alterio*, in: Cassese, Research Handbook on Global Administrative Law, S. 1, 6.

[10] *Tietje/Brouder*, Handbook of Transnational Economic Governance.

[11] *Kingsbury/Krisch/Stewart*, Law and Contemporary Problems 68 (2005), S. 15, 20ff.

[12] *Schmidt-Aßmann*, DS 45 (2006), S. 315, 317ff.

[13] Siehe aber *Goldmann*, in: GVwR I, § 6 Rn. 64, 121; allgemein zur Rolle der Städte *Aust*, Das Recht der globalen Stadt.

[14] Siehe nur *Benvenisti*, The Law of Global Governance, S. 57ff.; *Calliess/Zumbansen*, Rough Consensus and Running Code. A Theory of Transnational Private Law.

[15] Siehe aber die Versuche bei *Dimitropoulos*, Zertifizierung und Akkreditierung im Internationalen Verwaltungsverbund, S. 263ff. sowie der TPR-Forschung, dazu etwa *Cafaggi*, Journal of Law and Society 38 (2011), S. 20ff.

[16] Sie sagt nichts über den völkerrechtlichen Status der einzelnen Einheiten aus; zur Diskussion im Völkerrecht, inwieweit die Erweiterung der Steuerungsakteure im internationalen System mit ihrer (partiellen) Völkerrechtssubjektivität einhergeht, *Dahm/Delbück/Wolfrum*, Völkerrecht, Bd. I/2, S. 231ff.; zu transnationalen Unternehmen *Nowrot*, Normative Ordnungsstruktur und private Wirkungsmacht, S. 559ff.

(IV., V.) und nicht-staatliche (VI.) Einheiten in Erscheinung treten, die grenzüberschreitende Strukturen ausbilden und sie für Verwaltungszwecke zur Verfügung stellen. Gleichzeitig lösen sich auch diese neuen Akteure nicht vollständig vom Territorium ab, da sie sowohl örtlich als auch überörtlich aufgestellt sind[17].

II. Internationale Organisationen

Internationale Organisationen nehmen Aufgaben der internationalen Verwaltung wahr[18]. Ihre Funktion im internationalen Verwaltungsrecht ist allerdings differenziert zu beurteilen. Auch strukturell stellen sie keine uniforme Kategorie dar. Im Seeverwaltungsrecht dominieren die Typen[19] der universellen sowie speziellen Organisation (2.), die das für die Regulierung der Seeschifffahrt typische Anliegen nach möglichst weltweit einheitlichen Normen mit der entsprechenden Expertise in sich vereinen. Ihre Pendants auf regionaler Ebene, im maritimen Kontext sind die Regionalmeerorganisationen sowie die EU zu nennen (3.), sind keineswegs überflüssig[20], da sie eigene Nischen ausfüllen. Vom Prototyp der internationalen Organisation weichen auch internationale Agenturen ab (4.).

1. *IMO, ILO und WHO als universelle und spezielle Organisationen*

Die drei im Seeverwaltungsrecht zentralen internationalen Organisationen[21] – IMO, WHO und ILO – sind alle universelle[22] UN-Sonderorganisationen i. S. v. Art. 57 UN-Charta (explizit Präambel und Art. 69 WHO-Verfassung), deren Rechtsgrundlage neben ihrem Beziehungsabkommen zur UN ein Gründungsvertrag ist, bei ILO und WHO Verfassung (Constitution) genannt. Auf eine internationale Verwaltungsunion als Vorläuferin[23] kann mit dem Office International d'Hygiène Pu-

---

[17] *Lipschutz/Fogl*, in: Hall/Biersteker, The Emergence of Private Authority in Global Governance, S. 115, 123.

[18] *Schermers/Blokker*, International Institutional Law, § 13H.

[19] Zu dieser Klassifizierung *Schermers/Blokker*, International Institutional Law, §§ 51–57, §§ 63–64.

[20] *Schütze*, in: ders., Globalisation and Governance, S. 1, 3.

[21] Zu weiteren globalen zwischenstaatlichen Organisationen mit Bezug zur Seeschifffahrt siehe den Sammelband von *Ehlers/Lagoni*, Maritime International Organisations, sowie *M'Gonigle/Zacher*, *Pollution*, Politics, and International Law, S. 68 ff.

[22] Die Zahl der Mitgliedstaaten der IMO ist von anfänglich 21 auf 174 gestiegen; sie repräsentieren mehr als 95 % der Welttonnage; zudem sind Hongkong, Macau und Färöer Assoziierte Mitglieder vgl. (Art. 9 IMO Convention), siehe die Liste auf der Webseite der IMO http://www.imo.org/en/About/Membership/Pages/Default.aspx (zuletzt abgerufen: 24.05.2023). Die WHO zählt 194 Mitgliedstaaten (https://www.who.int/countries, zuletzt abgerufen: 24.05.2023), die ILO 187 (https://www.ilo.org/global/about-the-ilo/how-the-ilo-works/member-states/lang--en/index.htm, zuletzt abgerufen: 24.05.2023).

[23] *Wolfrum*, International Administrative Unions, in: MPEPIL, September 2006, Rn. 1, 3. Sie gelten als Phänomene eines frühen internationalen Verwaltungsrechts; *Vec*, Recht und Normierung, S. 20, 147 ff.; *Wolfrum*, International Administrative Unions, in: MPEPIL, September 2006, Rn. 4.

blique von 1907 hingegen nur die WHO zurückblicken[24]. Ihre zentrale Aufgabe ist die der Rechtssetzung[25], die zunehmend um weitere Aufgaben, v.a. im Bereich der Metagovernance ergänzt wird[26]. Während sich die Kompetenzen der beiden in Genf ansässigen Organisationen nicht auf den maritimen Bereich beschränken, beschäftigt sich die IMO mit Sitz in London ausschließlich, wenn auch nicht umfassend mit der Seeschifffahrt:

Sie wurde vor dem Inkrafttreten des SRÜ, nämlich auf der vom Wirtschafts- und Sozialrat der UN (ECOSCO) 1948 einberufenen Weltschifffahrtskonferenz in Genf, als Inter-Governmental Maritime Consultative Organization (IMCO) gegründet[27]. Durch ein 1982 in Kraft getretenes, auf eine deutsche Initiative zurückgehendes Änderungsprotokoll[28] wurde IMCO – sprachlichen Bedenken zum Trotz[29] – zum einen ihr heutiger Name verliehen, der auch die inhaltliche Neuausrichtung zum Ausdruck bringen sollte, da die Tätigkeit der Organisation längst nicht mehr auf beratende und koordinierende Aufgaben beschränkt war[30]; zum anderen wurde ihre bisherige Aufgabe einer Seeschifffahrt auf hohem Sicherheitsniveau auch offiziell[31] um die Bekämpfung der Meeresverschmutzung durch Schiffe erweitert. Diese Zielsetzung legt nunmehr Art. 1 a) IMO-Konvention fest, der als Grundpfeiler des IMO-Mandats vorsieht, „to provide machinery for co-operation among Governments in the field of governmental regulation and practices relating to technical matters of all kinds affecting shipping engaged in international trade, and to encourage the general adoption of the highest practicable standards in matters concerning maritime safety, efficiency of navigation and prevention and control of marine pollution from ships; and to deal with administrative and legal matters related to the purposes set out in this Article“. Mit ihrem Slogan „Safe, Secure and

[24] Die IMO ist im Unterschied zu anderen Transportbranchen – wie dem Eisenbahnverkehr mit der International Railway Transport Union – nicht aus einer internationalen Verwaltungsunion hervorgegangen, da die Widerstände der maritimen Industrie sowie die Vorherrschaft von Großbritannien auf den Meeren die Umsetzung diesbezüglicher Pläne Ende des 19. Jahrhunderts (so die Empfehlung auf der internationalen Schifffahrtskonferenz von 1889) nicht erlaubten, siehe zum Ganzen *Okere*, The International and Comparative Law Quarterly 30 (1981), S. 513, 518 ff.; *Merk*, in: OECD, International Regulatory Co-operation and International Organisations, S. 85, 90.

[25] Siehe unten 5. Kapitel, I. 2.

[26] Siehe unten 7. Kapitel.

[27] Schon während des Zweiten Weltkriegs finden sich mit dem Shipping Adjustment Board und der United Maritime Authority erste Ansätze einer Institutionalisierung, *Blanco-Bazán*, Journal of the History of International Law 6 (2004), S. 259, 261; eingehend zu IMCO *M'Gonigle/Zacher*, Pollution, Politics and Internationale Law, S. 39 ff.

[28] Resolution A.358 (IX), 14.11.1975 und Resolution A.371 (X), 9.11.1977.

[29] Japan äußerte Bedenken, da das Akronym IMO als ein Wort ausgesprochen auf Japanisch heiße Kartoffel bedeutet, *Lampe*, Journal of Maritime Law and Commerce 14 (1983), S. 305. Daher wird IMO nicht in einem Wort ausgesprochen, sondern die drei Buchstaben werden einzeln ausgesprochen (ai-m-ou).

[30] *Lampe*, Journal of Maritime Law and Commerce 14 (1983), S. 305, 306 f.

[31] Zu vorherigen Aktivitäten *M'Gongile/Zacher*, Pollution, Politics, and International Law, S. 41 f.

Efficient Shipping on Cleaner Oceans"[32] bringt die IMO dieses Verständnis zum Ausdruck. Demgegenüber obliegen spezielle maritime Fachaufgaben insbesondere im Bereich der maritimen Daseinsvorsorge anderen internationalen Organisationen[33], wie die Vermessung und Kartierung der Meere, die eine Voraussetzung für die Sicherheit der Schifffahrt und für den Schutz der Meere bilden, die bereits seit 1921 durch die International Hydrographic Organization wahrgenommen wird[34].

2. Regionale Ebene

a) Als dritte Umsetzungsebene

Die regionale Ebene gilt als eigenständige dritte Umsetzungsebene[35]. Da sich dort lokales Wissen mit gemeinsamen Interessen verbindet[36] und eine größere wirtschaftlich-kulturelle Homogenität der betroffenen Akteure besteht[37], kann kurzfristiger auf neue und zielgenauer auf spezifische Herausforderungen reagiert werden[38]. Ihre Bedeutung im Seevölkerrecht unterstreicht Art. 197 SRÜ. Nach dieser Kooperationsnorm arbeiten die Staaten „auf weltweiter und gegebenenfalls auf regionaler Ebene unmittelbar oder im Rahmen der zuständigen internationalen Organisationen bei der Abfassung und Ausarbeitung von mit diesem Übereinkommen übereinstimmenden internationalen Regeln, Normen und empfohlenen Gebräuchen und Verfahren zum Schutz und zur Bewahrung der Meeresumwelt zusammen, wobei sie charakteristische regionale Eigenheiten berücksichtigen". Speziell für umschlossene oder halbumschlossene Meere verweist Art. 123 b) SRÜ auf die ökologische Zusammenarbeit der Anrainerstaaten im Rahmen einer „geeigneten regionalen Organisation", während für eisbedeckte Gebiete (Art. 234 SRÜ) eine explizite Kooperationspflicht fehlt.

b) Regionalmeerorganisationen

Die regionalen Organisationen, die im Umweltschutz bestimmter Meeresgebiete aktiv sind, werden Regionalmeerorganisationen (Regional Seas Organizations,

---

[32] Siehe https://www.imo.org/en/OurWork/Environment/Pages/IMO-at-COP-23.aspx (zuletzt abgerufen: 24.05.2023).

[33] Fragen des Einsatzes und der Leistungsfähigkeit des Seefunks wurden durch die Internationale Seefunksatelliten-Organisation wahrgenommen. Diese Aufgabe wurde privatisiert und obliegt inzwischen dem Unternehmen Inmarsat.

[34] Zu ihrem Arbeitsprogramm *Pfeiffer*, in: Ehlers/Lagoni, Maritime International Organisations, S. 197 ff.

[35] *Timagenis*, International Control of Marine Pollution, S. 40; *Johnston/Enomoto*, in: Johnston, The Environmental Law of the Sea, S. 285 ff.

[36] *Lenke*, Erfüllungsdefizite, S. 174.

[37] WBGU, Hauptgutachten Meer, S. 95.

[38] *Matz-Lück*, in: Proelß, Internationales Umweltrecht, 12. Abschnitt Rn. 43.

RSOs) genannt[39]. Nach ihrer geographischen Ansiedlung lassen sich drei Hauptgruppen ausmachen:

- Das 1974 als Folge der UN-Umweltkonferenz in Stockholm eingerichtete UNEP Regional Seas Programme (RSP) fördert v.a. in der südlichen Hemisphäre den Schutz von Meeresgebieten, indem die jeweiligen Anrainerstaaten dabei unterstützt werden, für ihre Regionalmeere Aktionspläne zu entwerfen, die auch institutionelle Arrangements wie Regional Coordinating Units[40] vorsehen sollen, und darauf aufbauend Rahmenübereinkommen zum Meeresumweltschutz sowie entsprechende Protokolle zu spezifischen ökologischen Themen zu erarbeiten[41]. Das erste dieser Rahmenübereinkommen bildete die Barcelona Konvention von 1976 für das Mittelmeer. Inzwischen haben sich weltweit 13 Regionalprogramme entwickelt, an denen insgesamt 143 Staaten beteiligt sind, sie variieren aber in ihrer rechtlichen Ausgestaltung stark[42]. So fehlen teils völkerrechtliche Grundlagen oder UNEP verwaltet das RSP unmittelbar[43], während andere eigene Organisationen haben[44].
- Über Partnerschaftsprogramme mit dem RSP verbunden[45] sind die unabhängigen regionalen Initiativen v.a. in der nördlichen Hemisphäre. Das Übereinkommen zum Schutz der Meeresumwelt des Nordostatlantiks (OSPAR)[46] hat mit der OSPAR Kommission (Art. 10 I OSPAR) eine aus Vertretern aller Vertragsstaaten bestehende Institution geschaffen, die nicht nur als Hüterin des Übereinkommens seine Durchführung zu überwachen hat, sondern gleichzeitig als Motor seiner Weiterentwicklung fungiert (Art. 10 II f) OSPAR). Die institutionelle Konstante für das Übereinkommen zum Schutz der Meeresumwelt des Ostseegebiets (Helsinki-Übereinkommen)[47] ist die Helsinki-Kommission (HELCOM),

---

[39] *Ringbom*, in: Rayfuse, Research Handbook on International Marine Environmental Law, S. 105, 124 f.

[40] Siehe https://www.unenvironment.org/explore-topics/oceans-seas/what-we-do/working-regional-seas/regional-seas-action-plans (zuletzt abgerufen: 24.05.2023).

[41] Zu diesem mehrstufigen Verfahren *Matz-Lück*, in: Proelß, Internationales Umweltrecht, 12. Abschnitt Rn. 45.

[42] Siehe den Überblick bei *Sands/Peel*, Principles of International Environmental Law, S. 354 ff.

[43] Siehe https://www.unenvironment.org/explore-topics/oceans-seas/what-we-do/working-regional-seas/regional-seas-programmes/un-environment (zuletzt abgerufen: 24.05.2023).

[44] Zu diesen *Sands/Peel*, Principles of International Environmental Law, S. 359 mit Fn. 153 sowie *Hafner*, in: Graf Vitzthum, Hdb. Seerecht, Kapitel 5 Rn. 213–215.

[45] Siehe https://www.unenvironment.org/explore-topics/oceans-seas/what-we-do/working-regional-seas/regional-seas-programmes/independent (zuletzt abgerufen: 24.05.2023).

[46] Convention for the Protection of the Marine Environment of the North-East Atlantic vom 22.9.1992, BGBl. 1994 II 1994 S. 1360, 2354 UNTS 67, in Kraft seit dem 25.3.1998. Der Name rührt daher, dass OSPAR aus zwei früheren Übereinkommen hervorgeht (siehe Präambel Absatz 9), dem Übereinkommen zur Verhütung der Meeresverschmutzungen durch das Einbringen von Abfällen durch Schiffe und Luftfahrzeuge von 1972 (Oslo Übereinkommen), und dem Übereinkommen zur Verhütung der Meeresverschmutzung vom Lande aus von 1974 (Paris Übereinkommen).

[47] Convention on the Protection of the Marine Environment of the Baltic Sea Area vom 9.4.1992 BGBl. 1994 II S. 1397, 32 ILM 1069, in Kraft seit dem 17.1.2000. Die ursprüngliche Konvention stammte von 1974.

die aber nicht über dieselben Kompetenzen wie ihr Pendant im Nordostatlantik verfügt (siehe Art. 20 Helsinki-Übereinkommen); dagegen ist das Helsinki-Übereinkommen in seinem sachlichen Anwendungsbereich insofern umfassender, als es von vorneherein auch bestands- und artenschutzbezogene Überlegungen mit einbezieht[48].

– Eigene Lösungen haben sich für den Meeresumweltschutz in den eisbedeckten Gebieten entwickelt. Mit dem Antarktisvertrag[49] wurden für den Südpol zunächst die Hoheitsansprüche der sieben Anspruch stellenden Staaten (Claimant States) eingefroren (Art. IV). Das Umweltschutzprotokoll zum Antarktisvertrag[50] schuf darüber hinaus eine eigene umweltvölkerrechtliche Grundlage, die bzgl. der Verhütung von Meeresverschmutzungen allerdings auf MARPOL verweist (Art. 14 Anlage IV)[51]. Das Committee for Environmental Protection (Art. 11, 12) ist der institutionelle Anknüpfungspunkt des Protokolls, der auf dem jährlichen Antarctic Treaty Consultative Meeting den Konsultativstaaten[52] Bericht erstattet[53]. Demgegenüber existiert für die Arktis bislang zwar weder ein völkerrechtliches Rahmenwerk noch ein eigenes regionales Meeresschutzübereinkommen, jedoch wurde durch die acht Anrainerstaaten[54] eine arktische Umweltschutzstrategie beschlossen, die im Rahmen des Arktischen Rats als einer speziellen regionalen Institution realisiert wird[55].

Regionalmeerorganisationen adressieren auch das Beeinträchtigungspotential der Seeschifffahrt. Im Helsinki-Übereinkommen beispielsweise widmet sich Art. 8 i. V. m. Annex IV dieser Verschmutzungsquelle und hat mit der HELCOM Maritime Working Group einen eigenen Ausschuss für Schifffahrtsfragen eingerichtet[56]. Ökologische Fragen der Seeschifffahrt in der Arktis behandelt v. a. die Umweltarbeitsgruppe (PAME) des Arktischen Rates[57]. Während sich RSOs in Bezug auf die

---

[48] Vgl. Art. 4 I Helsinki-Übereinkommen; enger die Präambel XII OSPAR; dazu *Proelß*, Meeresschutz, S. 197, der aber auf die Möglichkeit der Weiterentwicklung über Anlagen verweist; zu den Unterschieden auch *Beyerlin/Marauhn*, International Environmental Law, S. 125.

[49] Antarctic Treaty vom 1.12.1959, BGBl. 1978 II S. 1517, 402 UNTS 71, in Kraft seit dem 23.6. 1961.

[50] Protocol of Environmental Protection to the Antarctic Treaty vom 4.10.1991, BGBl. 1994 II S. 2478, 30 ILM 1461, in Kraft seit dem 14.1.1998.

[51] Anlage IV, die der Verhütung von Meeresverschmutzungen gewidmet ist, verweist allerdings auf MARPOL als das vorrangig anwendbare Übereinkommen (Art. 14), *Vöneky/Beck*, in: Proelß, Internationales Umweltrecht, 14. Abschnitt Rn. 32.

[52] Dies sind neben den zwölf Signatarstaaten des Antarktisvertrags die Staaten, die substantielle Forschungsaktivitäten in der Antarktis entfalten, Art. IX Antarktisvertrag.

[53] *Vöneky/Beck*, in: Proelß, Internationales Umweltrecht, 14. Abschnitt Rn. 21.

[54] Kanada, Dänemark einschließlich Grönland und Färöer, Finnland, Island, Norwegen, die Russische Föderation, Schweden, USA.

[55] Zum komplexen institutionellen Rahmen *Mross*, in: Ehlers/Paschke, Maritime Law, S. 251, 255 ff.

[56] Siehe https://helcom.fi/helcom-at-work/groups/maritime/ (zuletzt abgerufen: 24.05.2023).

[57] Siehe https://arctic-council.org/en/about/working-groups/pame/ (zuletzt abgerufen 24.05. 2023).

Seeschifffahrt anfänglich auf die regionale Durchführung der im Rahmen der IMO beschlossenen Normen beschränkten, übernehmen sie mehr und mehr eine eigenständige ergänzende Rolle[58]. Für den Bereich der Ostsee wird dieser Wendepunkt an der Kopenhagen Deklaration von 2001 festgemacht, die sich als Reaktion auf eine Schiffskollision darstellt[59]. So verpflichteten sich die Vertragsstaaten darauf, durch ein koordiniertes Vorgehen in der IMO, das hohe Verkehrsaufkommen durch die Einführung von Systemen der Schiffswegeführung besser zu regeln (Punkt I), sowie von der in MARPOL vorgesehenen Möglichkeit, für Einhüllentanker eine Ausnahmegenehmigung zu erteilen, keinen Gebrauch zu machen (Punkt VI)[60]. Insgesamt betrachtet ist die Aufgabenverteilung zwischen IMO und RSOs aber insofern partnerschaftlich geprägt, als die RSOs die IMO als Forum global einheitlicher Normsetzung anerkennen und den Fokus auf die Implementierung dieser Normen legen[61].

Die RSOs weisen unterschiedliche Grade an rechtlicher Fundierung und organisatorischer Verdichtung auf. Sofern RSOs um einen völkerrechtlichen Vertrag herum geschaffen werden, wird man sie dem Typus der Multilateral Environmental Agreements[62] zuordnen können[63]. Bei dieser „institutionellen Innovation"[64] handelt es sich um schriftliche völkerrechtsverbindliche Umweltschutzinstrumente, die die Besonderheit aufweisen, dass sie eigene dauerhafte Strukturen ausbilden[65]. Damit ist ihre Rechtspersönlichkeit aber noch nicht geklärt. Teilweise werden sie als internationale Organisationen betrachtet, die zumindestens aufgrund späterer Praxis eine Völkerrechtspersönlichkeit entwickelt haben[66]. Im Seeverwaltungsrecht gilt OSPAR als eine internationale Organisation mit eigener Rechtspersönlichkeit[67]. Sofern eine völkervertragliche Grundlage fehlt wie beim Arktischen Rat[68], scheidet diese Einordnung aber aus. Manche Stimmen wollen am Begriff der internationalen

58 *Ringbom*, in: Rayfuse, Research Handbook on International Marine Environmental Law, S. 105, 124.

59 *Mielke*, Sicherheit der Schifffahrt, S. 215 ff.

60 HELCOM EXTRA 2001, Declaration on the Safety of Navigation and Emergency Capacity in the Baltic Sea Area, 10.9.2001.

61 *Schult*, Das völkerrechtliche Schiffssicherheitsregime, S. 270; *Graf Vitzthum*, ZaöRV 62 (2002), S. 163, 169 f.; *Lemke*, Erfüllungsdefizite, S. 191.

62 Zu diesen *Birnie/Boyle/Redgewell*, International Law & the Environmemt, S. 65, 70, 93, 98.

63 Für das UNEP RSP auch *Churchill/Ulfstein*, American Journal of International Law 94 (2000), S. 623, 624; für die OSPAR und die Helsinki-Konvention *Sands/Peel*, Principles of International Environmental Law, S. 83–85. MEAs können, müssen aber nicht regional sein, ebenda.

64 *Röben*, Institutions of International Environmental Law, S. 364.

65 *Böhringer*, Die Kooperationsvereinbarungen der Sekretariate multilateraler Umweltschutzübereinkommen, S. 36. Zum Kanon ihrer Vertragsinstitutionen gehören ein Plenarorgan, in der Regel die Tagung der Vertragsstaaten, ein Sekretariat und oftmals auch technische Hilfsorgane, *Schroeder*, Die Koordinierung der internationalen Bemühungen zum Schutz der Umwelt, S. 151 ff.

66 Für die meisten der von ihr untersuchten MEAs *Böhringer*, Die Kooperationsvereinbarungen der Sekretariate multilateraler Umweltschutzübereinkommen, S. 111 f.; pauschaler *Schroeder*, Die Koordinierung der internationalen Bemühungen zum Schutz der Umwelt, S. 179.

67 *Proelß*, Meeresschutz, S. 197.

68 *Vöneky/Beck*, in: Proelß, Internationales Umweltrecht, 14 Abschnitt, Rn. 59; *Molenaar*, in: Tedsen/Cavalieri/Kraemer, Arctic Marine Governance, S. 113.

Organisation ansetzen[69]; dazu sollen auch solche „autonomous institutional arrangements“ als „informal organizations“[70] gehören. Wenn sie verbindliche Beschlüsse fassen können wie die OSPAR Kommission, dann ist der Verweis auf das Informelle aber nicht passend. Schließlich werden sie als Ausprägung der internationalen Verwaltungsunionen gedeutet[71].

RSOs stellen letztlich eine schillernde Übergangsform dar. Ihr verbindendes Element ist weniger ihr rechtlicher Status als vielmehr ihr besonderer Beitrag zur Seeverwaltung, der vor allem aus der geographischen Nähe der verbundenen Staaten zu den ökologischen Problemen resultiert. Dieses Potential ist entscheidend für die Zuordnung zur Kategorie der RSO. Auch das SRÜ gibt keine bestimmte Organisationsform vor: In Art. 123 heißt es „angemessene regionale Organisation“; der Zusatz angemessen lässt sich auch auf das Merkmal Organisation beziehen. Die alternative Formulierung in Art. 197 SRÜ – Kooperation „unmittelbar oder im Rahmen der zuständigen internationalen Organisation“ – deutet zwar darauf hin, dass institutionalisierte Kooperationsformen nur internationale Organisationen sein können. Die Entstehungsgeschichte zeigt aber, dass der Rekurs auf eine regionale Kooperation dem in den 1970er Jahren einsetzenden Trend zur Etablierung von Meeresumweltschutzregimen Rechnung tragen sollte und lässt sich daher nicht als eine bewusste Entscheidung für eine bestimmte Organisationsform deuten[72]. Entscheidend ist in Art. 197 SRÜ vielmehr der Zusatz, dass die zwischenstaatliche Kooperation „charakteristische regionale Eigenheiten berücksichtigen“ soll[73]. Bei den RSOs zeigen sich insofern Parallelen zu den Regionalorganisationen zur Friedenssicherung i. S. v. Kapitel VIII UN-Charta[74], die ebenfalls funktional interpretiert werden[75]: Die strukturellen Anforderungen werden zurückgeschraubt zu Gunsten ihrer „Regionalität“, da gerade die engen Bindungen der beteiligten Staaten einen besonderen Beitrag zur Friedenssicherung zu leisten vermögen.

c) EU

Die EU nimmt in der internationalen Verwaltung eine stimulierende Rolle ein[76], die auf ihren rechtlichen und faktischen Besonderheiten – Supranationalität und Wirtschaftskraft[77] – beruht. Im Seeverwaltungsrecht trat die EU zunächst und am

---

[69] *Röben*, Institutions of International Environmental Law, S. 439.

[70] *Churchill/Ulfstein*, American Journal of International Law 94 (2000), S. 623, 648.

[71] *Beyerlin*, Umweltvölkerrecht, § 10 Rn. 166.

[72] *Stephens*, in: Proelß, UNCLOS, Art. 197 Rn. 14.

[73] Ebenda. Die Genfer Seerechtskonvention von 1958 sprach demgegenüber nur von einer „Kooperation mit den zuständigen internationalen Organisationen“ (Art. 25 II).

[74] Die UN-Charta spricht vom „Bestehen regionaler Abmachungen oder Einrichtungen zur Behandlung derjenigen die Wahrung des Weltfriedens und der internationalen Sicherheit betreffenden Angelegenheiten“, Art. 52 I.

[75] *Walter*, Vereinte Nationen und Regionalorganisationen, S. 29 ff., 90 ff., v. a. 124 ff.

[76] Vom „proaktiven“ Ansatz der EU sprechend *Nengye/Maes*, The Journal of International Maritime Law 15 (2009), S. 411, 413 ff.

[77] *Lemke*, Erfüllungsdefizite, S. 196.

erfolgreichsten im Seesicherheits- und Seeumweltrecht in Erscheinung[78], bevor das Searbeits- und Seesozialrecht und schließlich das Seegesundheitsrecht[79] folgten. Nach der Stoßrichtung ihrer Bemühungen lassen sich eine nach innen (aa.) und eine nach außen (bb.) gerichtete Funktion unterscheiden[80].

aa) Interne Funktion

Ihre interne Funktion ist in der Lehre unter dem Stichwort des europarechtlichen Katalysatoreffekts[81] bekannt und lässt sich in vielen Referenzgebieten des internationalen Verwaltungsrechts, wenn auch mit unterschiedlicher Tragweite, beobachten[82]. Im Ausgangspunkt ist damit gemeint, dass die EU dazu beiträgt, dass ihre Mitgliedstaaten auf der internationalen Ebene aufgestellte Anforderungen beachten. Durch diese „funktionelle Verdreifachung“[83] kann sie die typische Durchsetzungsschwäche des Völkerrechts kompensieren. Wenn die EU demnach als Umsetzungskatalysator agiert, dann führt dies – aus der Sicht der Mitgliedstaaten – allerdings auch dazu, dass die völkerrechtliche Prägung europäischer Vorgaben nicht wahrgenommen wird: die Internationalisierung ist eine „vermittelte“[84].

Die interne Funktion findet ihre normative Grundlage in den Besonderheiten des Unionsrechts, die dazu führen, dass das Völkerrecht im Ergebnis eine andere Rechtsqualität erlangt, die sich etwa bei der Verletzung internationaler Vorgaben bemerkbar macht. Zu ihren Eckpunkten gehören v. a. die folgenden Wirkungsmechanismen[85]:

- *Sekundärrechtssetzung*: Das Völkerrecht kennt keine Pflicht zur Ratifizierung von völkerrechtlichen Verträgen. Überführt die Union einen völkerrechtlichen Vertrag in eine Richtlinie, dann führt das über Art. 288 III AEUV indes dazu, dass eine Verpflichtung zur Umsetzung durch die Mitgliedstaaten geschaffen wird. Im maritimen Bereich erleichtert die Kompetenzordnung eine extensive Rechtssetzungstätigkeit der Union: Mit dem Inkrafttreten der Einheitlichen Europäischen Akte (EEA) wurde die Seeschifffahrt nicht nur in das Binnenmarktkonzept einbezogen (Art. 13 EEA), sondern auch das Mehrheitsprinzip eingeführt sowie der

[78] *Krämer*, in: Basedow/Magnus, Pollution of the Sea – Prevention and Compensation, S. 63, 71 f.

[79] Dieses bildet einen Teilbereich von EU HEALTHY GATEWAYS, siehe https://www.healthygateways.eu/ (zuletzt abgerufen: 24.05.2023).

[80] *Hedemann-Robinson*, Journal of International Maritime Law 2004, S. 254, 256 ff., und 263 ff.

[81] *Ruffert*, in: Möllers/Voßkuhle/Walter, Internationales Verwaltungsrecht, S. 395, 412.

[82] Für das internationale Umweltrecht *Kment*, JZ 2010, S. 62, 65 f.; *Rossi*, in: Möllers/Voßkuhle/Walter, Internationales Verwaltungsrecht, S. 165, 171 und *Durner*, ebenda, S. 121, 132 ff.; für das Migrationsrecht *Thym*, Migrationsverwaltungsrecht, S. 119; für das Finanzmarktrecht *Möllers*, ZaöRV 65 (2005), S. 351, 364 f.

[83] In Anlehnung an die George Scelles Formel „dédoublement fonctionnel“, *Sand*, AVR 54 (2016) S. 561, 572.

[84] *Schmidt-Aßmann*, in: FS Schmidt, S. 149, 150; *Schmidt-Aßmann*, in: Liber Amicorum Wolfrum, Band II, S. 2120 f.; ferner *Biaggini*, in: VVDStRL 67 (2008), Leitsatz I. 1., S. 441.

[85] Auch zu weiteren Mechanismen *Rossi*, in: Möllers/Voßkuhle/Walter, Internationales Verwaltungsrecht S. 169, 171 ff.

Europäischen Kommission das Vorschlagsmonopol verliehen (Art. 16 V, VI EEA, jetzt Art. 100 II i. V. m. Art. 294 II AEUV)[86]. Die Union hat im maritimen Bereich nunmehr nach Art. 100 II AEUV eine geteilte (Art. 4 II g) AEUV) Zuständigkeit, die als eigenständiger Kompetenztitel[87] mit einem horizontal weiten Gehalt verstanden wird[88]. Während zunächst der Bereich der maritimen Sicherheit und des Meeresumweltschutzes geregelt wurden, ist die Union zunehmend dazu übergegangen, arbeits- und sozialrechtliche und nunmehr auch gesundheitsrechtliche Fragen der Seeverwaltung darauf zu stützen, weswegen das Umschlagen des Art. 100 II AEUV in eine ausschließliche Zuständigkeit diskutiert wird[89].
- *Vertragsverletzungsverfahren*: Da die Verletzung von europäisiertem internationalen Recht gleichzeitig einen Verstoß gegen Unionsrecht darstellt, kann die EU mit dem Vertragsverletzungsverfahren nach Art. 258 AEUV[90] und der Festsetzung von Zwangsgeld nach Art. 260 III AEUV, ohne ein Ersturteil abwarten zu müssen, vorgehen und damit mit Mitteln, die über die völkerrechtlichen hinausgehen.
- *Anwendungsvorrang*: Das europäisierte internationale Recht partizipiert am Anwendungsvorrang des Unionsrechts und geht nationalem Recht vor, während völkerrechtliche Verträge in Deutschland nach Art. 59 II GG ansonsten nur den Rang eines einfachen Bundesgesetzes haben. Im Kollisionsfall zwischen Völkerrecht und innerstaatlichem Recht gilt somit der Grundsatz Lex Superior und nicht Lex Posterior.

Das Seeverwaltungsrecht zeigt indes, dass die interne Funktion der Union über diese bloße „Transformationsfunktion"[91], die auf die effektive Durchsetzung der von ihr (mit-) abgeschlossenen völkerrechtlichen Verträge zugeschnitten ist, hinausgeht[92]. Zwar ist die Transformationsfunktion nach wie vor relevant[93], wie jüngst das

[86] Zu dieser Grundlage der europäischen Seeschifffahrtspolitik *Jenisch*, German Yearbook of International Law 48 (2005), S. 223, 239.

[87] *Epiney*, in: Vedder/Heintschel von Heinegg, Europäisches Unionsrecht, Art. 100 Rn. 2; für Art. 80 II EGV *Proelß*, Meeresschutz, S. 323.

[88] *Boeing/Maxian Rusche*, in: Grabitz/Hilf, Das Recht der Europäischen Union, 72. EL Februar 2021, Art. 100 Rn. 42 unter Berufung auf die auf den Straßenverkehr bezogene Schumalla-Entscheidung des EuGH, Urteil v. 28.11.1978, Rs. 97/78 Rn. 4; für Art. 80 II EGV *Proelß*, Meeresschutz, S. 326: „alle schifffahrtsbezogenen Fragestellungen"; zum Verhältnis zu anderen Kompetenztiteln (Art. 192 I AEUV) *Höltmann*, Schiffssicherheit, S. 45 ff.

[89] Im Ergebnis für Art. 80 II EGV verneinend *Proelß*, Meeresschutz, S. 325 f.; ebenso für Art. 100 II AEUV *Höltmann*, Schiffssicherheit, S. 48; bejahend mit Verweis auf das Erika III-Paket *Mielke*, Sicherheit der Schifffahrt, S. 257.

[90] Zur verspäteten Umsetzung der Hafenstaatkontrollrichtlinie, die die Durchsetzung internationaler Normen bezweckt, siehe etwa EuGH, Europäische Kommission v. Frankreich, Urteil v. 22.06.2004, C-439/02.

[91] *Durner*, in: Möllers/Voßkuhle/Walter, Internationales Verwaltungsrecht, S. 121, 132 ff.; von „Gewährleistungsverwaltung" sprechend *Dimitropoulos*, Zertifizierung und Akkreditierung im Internationalen Verwaltungsverbund, S. 356.

[92] *Koch/Ziehm*, ZUR 2005, S. 16, 20; daran anschließend *Mielke*, Sicherheit der Schifffahrt, S. 403.

[93] Zur europarechtlichen Katalysatorfunktion im Seerecht siehe nur *Frank*, International Journal of Marine and Coastal Law 20 (2005), S. 5; *Lemke*, Erfüllungsdefizite, S. 196; *Wolprecht*, in: Tomuschat, Schutz der Weltmeere gegen Öltankerunfälle, S. 21, 43.

Seearbeits- und Seesozialrecht gezeigt hat[94], weswegen sie auch als „Durchsetzungsdegen" der IMO bezeichnet wird[95]. Die EU beschränkt sich aber nicht mehr auf die Mittlerrolle, sondern sie fügt schrittweise autonome Regelungskonzepte hinzu[96]. Als Auftakt zur Europäisierung des Seeverwaltungsrechts[97] gilt die Mitteilung über eine Gemeinsame Politik im Bereich der Sicherheit des Seeverkehrs[98], in der die damalige Gemeinschaft allerdings noch ihre Transformationsfunktion betonte[99]; paradigmatisch für die Expansion und damit die eigentliche „seerechtliche Wende"[100] stehen die seit 2000 verabschiedeten Erika-Pakete, die als Reaktion auf den Untergang der Erika im Jahr 1999 vor der französischen Küste beschlossen wurden, und mit denen sich die Union von den IMO-Vorstellungen zu lösen begann[101]. Diese weitgehende interne Funktion bezieht sich auf zwei Ebenen:

- *Maßstabbildung*: Die EU schafft über das Völkerrecht hinausgehende Verpflichtungen auf der Maßstabsebene. Andeutungsweise zeigt sich das daran, dass sie (noch) nicht verbindliche internationale Anforderungen verbindlich macht, indem sie (frühzeitig) in Sekundärrecht umgesetzt werden[102]. Die AFS-Konvention wurde beispielsweise durch die EU bereits vor ihrem Inkrafttreten in Bezug auf das Verbot zinnorganischer Verbindungen auf Schiffen bindend gemacht[103]. Auf diese Weise wird eine zügigere Umsetzung internationaler Vorgaben erreicht und somit die Langwierigkeit des Ratifikationsprozesses kompensiert. Deutlicher wird das autonome Vorgehen der EU, wenn sie auch inhaltlich über die völkervertragsrechtlichen Vorgaben hinausgeht. Das Lehrbuchbeispiel[104] bildet der als Reaktion auf die Havarie der Prestige gegenüber MARPOL verschärfte Zeitplan für die Außerdienststellung von Einhüllentankern, der mit einem auf internationaler Ebene bis dahin nicht bekannten Verbot des Transports von Schweröl in solchen Schiffen kombiniert wurde[105].
- *Rechtsanwendung*: In Bezug auf die Rechtsanwendung fließen eigene Vorstellungen der Union mit ein, indem sie die Verwaltungsinfrastruktur vor Europas Küs-

---

[94] *Nebe*, in: G.-P. Calliess, Transnationales Recht, S. 497, 500ff. Durch die RL 2009/13/EG wurde auf europäischer Ebene die MLC 2006 verbindlich gemacht, siehe oben 2. Kapitel, B. II. 4.; die Richtlinie trat synchronisiert mit der MLC 2006 am 20.8.2013 in Kraft, und zwar mit einer Umsetzungsfrist von zwölf Monaten (Art. 5 I, Art. 7); zum Hintergrund *Müller*, Das Heuerverhältnis, S. 78ff.

[95] *Graf Vitzthum*, ZaöRV 62 (2002), S. 163ff.

[96] Eine „Vorreiterrolle" befürwortend *Mielke*, Sicherheit der Schifffahrt, S. 400ff.

[97] Zum Stellenwert der Mitteilung *Ringbom*, The EU Maritime Safety Policy and International Law, S. 41; zur Entwicklung im Einzelnen *Mielke*, Sicherheit der Schifffahrt, S. 272ff., 351ff.; *Schult*, Das völkerrechtliche Schiffssicherheitsregime, S. 294ff.

[98] A Common Policy on Safe Seas, Communication from the Commission, COM(93) 66 fin.

[99] Ebenda, insb. Rn. 28, 31.

[100] Zum Begriff *Schult*, Das völkerrechtliche Schiffssicherheitsregime, S. 298f.

[101] *Mielke*, Sicherheit der Schifffahrt, S. 282.

[102] *Mielke*, Sicherheit der Schifffahrt, S. 390.

[103] VO 782/2003, ABl. 2003 L 115, S. 1.

[104] *Frank*, International Journal of Marine and Coastal Law 20 (2005), S. 9.

[105] VO 1726/2003, ABl. 2003 L 249, S. 1 (aufgehoben).

ten und ihre Instrumente ausbaut. Die Hafenstaatkontrolle-Richtlinie machte die Verwaltungsvereinbarung Paris MoU[106] verbindlich[107] und verschärfte sie[108]. Ziel der mit dem Erika II-Paket eingeführten Schiffsverkehrsüberwachungs-Richtlinie ist es, die Reaktionsfähigkeit der maritimen Behörden zu erhöhen und Verschmutzungen durch Schiffe besser zu verhüten und aufzudecken, indem ein Überwachungs- und Informationssystem für den Seeverkehr installiert wird[109]. Zwar finden sich Meldepflichten auch in völkerrechtlichen Übereinkommen, aber durch die Richtlinie werden die verstreuten Meldepflichten nicht nur inhaltlich koordiniert, sondern in einigen Punkten auch erweitert[110]. So wird mit dem sog. SafeSeaNet (Art. 22a) ein System zwischen den Mitgliedstaaten etabliert, das in Echtzeit von den Transpondern der Schiffe gelieferte Daten integriert und die Behörden so jederzeit über die Identität, die Positionen und die Ladungen der Schiffe informiert. Zudem besteht die Pflicht zur Nutzung eines Überwachungssystems (Vessel Traffic Service) nach Art. 8 b) anders als nach SOLAS (Kapitel V Regel 12 III 2) nicht nur innerhalb des Küstenmeers, sondern auch in der Ausschließlichen Wirtschaftszone[111].

Das dergestalt europäisierte Seerecht wird institutionell abgesichert durch die Errichtung der in Lissabon ansässigen Europäischen Agentur EMSA[112]. EMSA unterstützt die Mitgliedstaaten zum einen (Art. 2 b), c) EMSA-VO), zum anderen ist sie nach Art. 3 EMSA-VO befugt, Kontrollbesuche bei den Mitgliedstaaten durchzuführen, und kann so die effektive und einheitliche Anwendung des europäisierten Seerechts sicherstellen. Ihre Inspektionsberichte erleichtern der Europäischen Kommission die Durchführung von Vertragsverletzungsverfahren[113].

bb) Externe Funktion

Die maritime Regulierung der EU weist daneben eine externe Zielrichtung auf[114], indem sie auch eigene Vorstellungen von einer Qualitätsseeschifffahrt gegenüber internationalen Organisationen, Drittstaaten und Drittstaatsangehörigen durchsetzt,

---

[106] Siehe dazu unten 3. Kapitel, IV. 3.

[107] RL 95/21/EG, ABl. 1995 L 19 S. 17; dazu *Zink*, Das Ballastwasser-Übereinkommen der internationalen Seeschifffahrts-Organisation von 2004, S. 456 f.; a.A. *Lindemann*, Untersuchung, Festhalten und sofortige Freigabe, S. 165.

[108] RL 2001/106/EG, ABl. 2002 L 19, S. 17, jetzt RL 2009/16/EG, ABl. 131 S. 57, ber. ABl. 2013 L 32 S. 23; dazu *Mielke*, Sicherheit der Schifffahrt, S. 284 f.; *Höltmann*, Schiffssicherheit, S. 83 ff., 110.

[109] Art. 1 1 RL 2002/59/EG, ABl. 2002 L 208, S. 10, ber. ABl. 2009 L 51.

[110] *Koch/Ziehm*, ZUR 2005, S. 16, 19; *Höltmann*, Schiffssicherheit, S. 158 ff.

[111] Zur streitigen völkerrechtlichen Zulässigkeit *Ringbom*, The EU Maritime Safety Policy and International Law, S. 449.

[112] VO 1406/2002, ABl. 2002 L 208, S. 1; ihre Aufgaben wurden durch VO 100/2013, ABl. 2013 L 39, S. 30 erweitert.

[113] *Heims*, Building EU Regulatory Capacity, S. 97, die insofern ein Spannungsverhältnis zur unterstützenden Rolle von EMSA sieht, ebenda, S. 96.

[114] *Höltmann*, Schiffssicherheit, S. 248.

um so weltweit ein hohes Schutzniveau zu etablieren. Da ihre Supranationalität gegenüber diesen Adressaten anders als gegenüber den Mitgliedstaaten nicht greift, muss sie sich aber anderer, nämlich indirekter Mittel bedienen, um ihren Einfluss geltend zu machen.

Das Verhältnis der EU zu internationalen Organisationen[115] findet primärrechtlich in Art. 220 AEUV eine eigene Grundlage. Art. 220 AEUV betrifft allerdings nicht die Mitgliedschaft in ihnen[116], was sich daraus erklärt, dass internationale Organisationen als zwischenstaatliche Organisationen herkömmlich nur Staaten offenstehen[117]. Auf die Rechtssetzung internationaler Organisationen kann die EU somit nur selten kraft einer eigenen Mitgliedschaft einwirken. Daher greift sie auf Alternativen zurück[118]. Zum einen wirkt die EU, in der Regel repräsentiert durch die Europäische Kommission, unterhalb des Status der Mitgliedschaft als Beobachterin und somit ohne Stimmrecht in vielen internationalen Organisationen mit[119], so seit 1974 in der IMO[120] und seit 1989 in der ILO[121], oder hat sogar andere weitreichendere Beteiligungsrechte, wie in der WHO den Status als Teilnehmerin im Revisionsprozess der IGV 2005[122]. Zum anderen wirkt sie auf das Stimmverhalten der Mitgliedstaaten in internationalen Organisationen ein, um die dort gefällten Entscheidungen in ihrem Sinne zu prägen[123]. Diese Einflussnahme gründet unionsrechtlich auf einer aus Art. 4 III EUV abgeleiteten Kooperationspflicht zwischen der Union

[115] Siehe nur *Kaddous*, The European Union in International Organisations and Global Governance; *Wouters/Odermatt/Ramopoulos*, in: Smith/Keukeleire/Vanhoonacker, The Diplomatic System of the European Union, S. 94 ff.; zum Verhältnis zur UN *Scheffler*, Die Europäische Union als rechtlich instiutioneller Akteur im System der Vereinten Nationen.

[116] *Kokott*, in: Streinz, EUV/AEUV, Art. 220 Rn. 4.

[117] Für die ILO EuGH, Gutachten v. 19.3.1993, Opinion 2/91, unter IV. Bedeutende Ausnahmen bilden die WTO (Art. XII WTO) und die FAO (Art. II FAO-Satzung), die über Klauseln über Organisationen der regionalen Wirtschaftsintegration (REIO-Klausel, Regional Economic Integration Organisation) verfügen. Eine Änderung der Gründungsdokumente durch Einführung eines REIO-Passus stößt aber regelmäßig auf den Widerstand der Mitgliedstaaten, allgemein *Eeckhout*, EU External Relations, S. 223 f. Diese Skepsis illustrieren die Bemühungen um den Beitritt zur IMO, dazu ENVI-Committee, Decision-Making Processes of ICAO and IMO in Respect of Environmental Regulations, S. 16; *Hoffmeister/Kuipers*, in: Wouters/Hoffmann/Ruys, The UN and the EU, S. 9, 26 f.; ferner *Wolprecht*, in: Tomuschat, Schutz der Weltmeere gegen Öltankerunfälle, S. 31, 43.

[118] Zu den Instrumenten und Rahmenbedingungen *Scheffler*, Die Europäische Union als rechtlich-institutioneller Akteur im System der Vereinten Nationen; *Engsbrink*, Die Kohärenz des auswärtigen Handelns der EU, S. 225 ff.

[119] *Van Vooren/Wessel*, EU External Relations Law, S. 255 ff.; *Gstöhl*, European Foreign Affairs Review 14 (2009), S. 385, 389 f.

[120] Siehe www.imo.org/en/About/Membership/Pages/IGOsWithObserverStatus.aspx (zuletzt abgerufen: 24.05.2023). Zur streitigen Frage, ob die Europäische Kommission oder die EG bzw. EU den Beobachterstatus in der IMO innehat, *Hoffmeister/Kuipers*, in: Wouters/Hoffmeister/Ruys, The UN and the EU, S. 9, 26 f.

[121] *Casale*, in: Countouris/Freedland, Resocialising Europe in a Time of Crisis, S. 81, 92.

[122] WHO, Resolution WHA56.28, 28.5.2003, para. 2; dazu *Eggers/Hoffmeister*, in: Wouters/Hoffmeister/Ruys, The UN and the EU, S. 155, 165 ff.

[123] Zur IMO ENVI-Committee, Decision-Making Processes of ICAO and IMO in Respect of Environmental Regulations, S. 16 f.

und den Mitgliedstaaten[124] und wird instrumentell etwa über Verhaltenskodizes[125] und über sog. Kooperationsvereinbarungen zu bewerkstelligen versucht[126]. Für die IMO wird eine Sachwalterstellung der Mitgliedstaaten angenommen, da die EU nicht zum Abschluss von maritimen Abkommen im Stande ist[127]. Aus ihr soll eine Bindung der Mitgliedstaaten an die Weisungen der Unionsorgane folgen, sobald es um die Aushandlung, Annahme und Änderung von völkerrechtlichen Abkommen geht[128]. Diese kann im Vertragsverletzungsverfahren durchgesetzt werden[129]. Von der Einforderung dieser maritimen Sachwalterstellung mittels Richtlinienrechts[130] hat die EU hingegen Abstand genommen. Erfolgsbeispiele des Einflusses der EU im Seeverwaltungsrecht bilden die IGV 2005[131] und die MLC 2006[132]. In der IMO hat es die EU schwerer[133], wie die beschleunigte Umstellung auf Doppelhüllentanker zeigt: Zeitgleich mit den Beratungen auf Gemeinschaftsebene legten die damalige EG und 15 ihrer Mitgliedstaaten der IMO einen Vorschlag zu einer entsprechenden Änderung von MARPOL vor, um so eine weltweite Geltung des europäischen Standards zu erreichen; die internationalen Normen wurden daraufhin zwar verschärft, allerdings wurde den Flaggenstaaten die Möglichkeit von Ausnahmegenehmigungen zugebilligt[134].

Schneller und nicht mit dem Risiko von Kompromissen auf internationaler Ebene behaftet ist daher ein unionsrechtliches Vorgehen gegen Drittstaaten und deren Staatsangehörige. Außereuropäisch wirkt die EU nach dem Carrots and Sticks-Ansatz, indem sie gegenüber Drittstaaten und ihren Angehörigen Anreize setzt, damit diese internationale, aber auch ihre Regulierungsvorstellungen einhalten[135]. Die Schlagkraft dieses indirekten Ansatzes beruht auf ihrer Wirtschaftskraft. Diese

---

[124] Für die ILO EuGH, Gutachten v. 19.3.1993, Opinion 2/91, unter IV.; für die IMO EuGH, Europäische Kommission v. Griechenland, Urteil v. 12.02.2009, Rs. C-45/07, Rn. 16 ff. zum Ganzen *van Vooren/Wessel*, EU External Relations Law, S. 189 ff.; *Scheffler*, Die Europäische Union als rechtlich-institutioneller Akteur im System der Vereinten Nationen, S. 148 ff.

[125] *Scheffler*, Die Europäische Union als rechtlich-institutioneller Akteur im System der Vereinten Nationen, S. 407. Zu deren Aufwertung als Maßstab siehe EuGH, FAO-Fischereiübereinkommen, Urteil v. 19.03.1996, Rs. C-25/94, Rn. 49 f. Daher ist der Rat gegenüber einer Annahme von Verhaltenskodices zurückhaltend *Hoffmeister*, Common Market Law Review 44 (2007), S. 41, 61.

[126] Monographisch *Demper*, Kooperationsstrukturen und Kooperationsvereinbarungen zwischen der EU und den Mitgliedstaaten im Rahmen gemischter Abkommen, speziell zur IMO, ebenda, S. 255 ff.

[127] *Proelß*, Meeresschutz, S. 338 f.

[128] *Proelß*, Meeresschutz, S. 339.

[129] Siehe das erfolgreiche Vertragsverletzungsverfahren gegen Griechenland, weil Griechenland mit einem bestimmten Vorschlag in der IMO Unionsinteressen verletzt hat, EuGH, Urteil v. 12.02. 2009, Rs. C-45/07.

[130] So noch der Entwurf der Richtlinie über die zivilrechtliche Haftung und die Sicherheitsleistung von Schiffseignern, nach *Höltmann*, Schiffssicherheit, S. 222, 228.

[131] *Eggers/Hoffmeister*, in: Wouters/Hoffmeister/Ruys, The UN and the EU, S. 155, 166 ff.

[132] *Delarue*, in: Wouters/Hoffmeister/Ruys, The UN and the EU, S. 93, 113.

[133] *Hoffmeister/Kuipers*, in: Wouters/Hoffmeister/Ruys, The UN and the EU, S. 26.

[134] Zum Ganzen *Höltmann*, Schiffssicherheit, S. 189 f.; *Mielke*, Sicherheit der Schifffahrt, S. 167 f., 292.

[135] Siehe *Meyer/Reiling*, AVR 55 (2017), S. 414, 429 f.

Vorgehensweise illustrieren im maritimen Bereich die Erika-Pakete: Die Hafenstaatkontrolle-Richtlinie bezieht sich auf alle Schiffe, die EU-Häfen anlaufen, unabhängig von der Flagge, unter der sie fahren, und effektuiert so die Durchsetzung internationaler Normen auch gegenüber Drittstaatsangehörigen. Auch in diese unionsrechtlich determinierte Hafenstaatkontrolle werden teilweise eigene Vorstellungen sowie internationale Normen einbezogen, die noch nicht oder nur unzureichend ratifiziert wurden. Ein Beispiel bildet die Schiffsversicherungs-Richtlinie, die die Versicherungspflicht der Schiffseigner für Seeforderungen ausweiten soll[136]. Dabei wird ein Versicherungsbetrag vorgeschrieben, der dem Haftungshöchstbetrag des Übereinkommens von 1976 über die Beschränkung der Haftung für Seeforderungen in der durch das Protokoll von 1996 geänderten Form entspricht (Art. 4 III). Das Abkommen ist kaum ratifiziert und der internationale Versicherungsschutz wird darüber hinaus oftmals nicht eingehalten[137]. Die Schiffsversicherungs-Richtlinie schreibt vor, dass sie gegenüber allen Schiffen im Rahmen der Hafenstaatkontrollen in den Seehäfen der Mitgliedstaaten durchgesetzt wird (Art. 4 II i. V. m. Art. 5).

Unilaterale regionale Maßnahmen sind zwar kein Spezifikum der EU[138], aber im Seeverwaltungsrecht tritt sie zunehmend mit eigenen Vorstellungen auch mit Wirkungen außerhalb der Union auf. Dabei ist zu sehen, dass das Vorgehen vertikal auf internationaler Ebene und horizontal gegenüber Drittstaaten auch parallel geschieht und verknüpft wird. Denn die Drohung mit der Durchsetzung von scharfen eigenen Vorgaben gegenüber Drittstaaten und deren Angehörigen im Rahmen der Hafenstaatkontrolle übt Druck aus, die internationalen Normen im Rahmen internationaler Organisationen den unionsrechtlichen anzupassen[139]. So droht die EU in ihrem Sekundärrecht explizit an, internationale Normen gegenüber Drittstaatschiffen als Hafenanlaufbedingungen durchzusetzen, falls es auf internationaler Ebene nicht zu einem entsprechenden Beschluss kommt, etwa für die Bordausrüstung[140] oder für das AFS-Übereinkommen[141]. Aktuell wird diese Vorgehensweise auch für den Einbezug des Seeverkehrs in den Emissionshandel genutzt, für den sich im Rahmen der IMO bislang keine Mehrheit finden konnte. Vorbereitet wurde dieser Schritt durch die Verordnung zur Überwachung von Kohlendioxidemissionen aus dem Seeverkehr[142], die ab dem Jahr 2018 die Erfassung, Berichterstattung und Verifizierung von CO_2-Emissionen auf der Grundlage des Kraftstoffverbrauchs ihrer Schiffe verlangt (Art. 4, Art. 17), und zwar in Bezug auf alle großen Schiffe, die Häfen von

[136] EW 4 RL 2009/20/EG, ABl. 2009 L 131, S. 128.

[137] *Mielke*, Sicherheit der Schifffahrt, S. 338.

[138] Bekannt ist v. a. das einseitiges Vorgehen der USA; im maritimen Bereich etwa der als Reaktion auf die Havarie der Exxon Valdez erlassene Oil Pollution Act 1990, durch den sie im Alleingang eine Regulierung für Ölverschmutzungsschäden etablierten, *Höltmann*, Schiffssicherheit, S. 238.

[139] *Schult*, Das völkerrechtliche Schiffssicherheitregime, S. 306.

[140] Art. 10 I 1, Anhang II Abschnitt II Nr. 2 RL 2002/59/EG, ABl. 2002 L 208, S. 10, ber. ABl. 2009 L 51, S. 14.

[141] Art. 7 II, Art. 6 III VO 782/2003, ABl. 2003 L 115, S. 1.

[142] VO 2015/757, ABl. 2015 L 123, S. 55.

Mitgliedstaaten anlaufen (Art. 2). Daneben soll die Europäische Kommission in der IMO überwachen, ob dort „Fortschritte im Hinblick auf ein ehrgeiziges Emissionsreduktionsziel" gemacht werden[143]. Die IMO reagierte darauf auch tatsächlich, indem sie beschloss, zum Jahr 2019 ein Datenerfassungssystem für alle international operierenden Schiffe einzuführen[144].

cc) Fazit: Unilaterales Vorgehen der EU als zweischneidiges Schwert

Die EU nimmt danach nicht nur eine sogenannte Katalysatorfunktion wahr, indem sie dazu beiträgt, dass ihre Mitgliedstaaten auf der internationalen Ebene aufgestellte Anforderungen beachten, sondern setzt eigene Vorstellungen von der Qualitätsseeschifffahrt gegenüber den Mitgliedstaaten, aber auch gegenüber anderen Akteuren durch. Ihr unilaterales Vorgehen hat sowohl positive, da die Unzulänglichkeiten des Völkerrechts kompensierende[145], als auch negative, da potentiell in die Kompetenzen anderer Akteure übergreifende sowie den globalen Charakter der Seeschifffahrt bedrohende Wirkungen[146]. Dieses Spannungsverhältnis tritt bei ihrer externen Funktion besonders deutlich hervor. Die Union ist sich dieses Spannungsverhältnisses bewusst[147] und meidet einen offenen Verstoß gegen das Völkerrecht.

Die EuGH-Rechtsprechung begrenzt diese unilaterale Vorgehensweise nicht. Sie erleichtert sie sogar, indem sie eine Bindung der EU an im Rahmen der IMO geschlossene Konventionen ablehnt. Die Union ist infolge des Beitritts der EG 1998[148] zwar Vertragspartei des SRÜ[149], aber nicht der im Rahmen der IMO abgeschlossenen völkerrechtlichen Abkommen. Der EuGH hat für MARPOL auch abgelehnt, dass die EU infolge einer Funktionsnachfolge in die Vertragsstellung ihrer Mitgliedstaaten einrückt[150], so wie es bei GATT 1947 bejaht wurde[151], da der

[143] EW 4 RL 2018/410, ABl. 2018 L 76, S. 3.

[144] Amendments to the Annex of the Protocol of 1997 to Amend the International Convention for the Prevention of Pollution From Ships, 1973, As Modified by the Protocol of 1978, IMO, Resolution MEPC.278(70), 23.10.2016.

[145] Zu Vorreiterrolle *Graf Vitzthum*, in: FS Badura, S. 1189 ff.; *de Dieu*, in: Ringbom, Competing Norms, S. 141 ff.

[146] Für den maritimen Bereich *Nollkaemper*, in: Ringbom, Competing Norms in the Law of Marine Environmental Protection, S. 165 ff.; *Werbke*, in: Koch/Lagoni, Meeresumweltschutz für Nord- und Ostsee, S. 181 ff.; *Schult*, Das völkerrechtliche Schiffssicherheitsregime, S. 293; *Lemke*, Erfüllungsdefizite, S. 192 ff.; allgemein bei *Möllers*, ZaöRV 65 (2005), S. 351, 365.

[147] Dazu *Proelß*, Meeresschutz, S. 398 f.; *Schult*, Das völkerrechtliche Schiffssicherheitsregime, S. 304.

[148] Beschluss des Rats vom 23.5.1998 über den Abschluss des Seerechtsübereinkommens der Vereinten Nationen vom 10. Dezember 1982 und des Übereinkommens vom 28. Juli 1994 zur Durchführung des Teils XI des Seerechtsübereinkommens durch die Europäische Gemeinschaft, ABl. 1998 L 179/1.

[149] Zu Bindung EuGH, Europäische Kommission v. Irland, Urteil v. 30.05.2006, Rs. C-459/03, Rn. 82; zuletzt EuGH, Bosphorus Queen Shipping, Urteil v. 11.07.2018, Rs. C-15/17, Rn. 44.

[150] EuGH, Peralta, Urteil v. 14.07.1994, Rs. C-379/92, Rn. 16; Intertanko, Urteil v. 03.06.2008, Rs. C-308/06, Rn. 48; bestätigt durch Manzi and Compagnia Naviera Orchestra/Capitaneria di Porto di Genova, Urteil v. 23.01.2014, C-537/11, Rn. 37.

[151] EuGH, International Fruit Company, Urteil v. 12.12.1972, Rs. 21–24/72, Rn. 10 ff.

Unterschied darin bestünde, dass die Handelspolitik in die ausschließliche Zuständigkeit der Union fiele, während der Umweltschutz nur eine konkurrierende Zuständigkeit darstelle. Da die relevanten Vorschriften von MARPOL auch kein Völkergewohnheitsrecht seien[152] und das SRÜ sich nach Art und Struktur nicht als Gültigkeitsmaßstab für Rechtsakte der Union eigne[153], soll auch insofern eine Bindung der Union ausscheiden. Diese Rechtsprechung des EuGH ist wenig überzeugend, da jedenfalls, wenn alle Mitgliedstaaten Vertragspartei sind, eine Selbstbeschränkung nach dem Rechtsgedanken des Art. 351 AEUV erwägenswert ist[154]. Zudem ist sie sehr einseitig, da der EuGH keine Bedenken hat, bei der Beurteilung mitgliedstaatlicher Maßnahmen seevölkerrechtliche Verträge bei der Auslegung zu berücksichtigen, an denen weder die EU noch sämtliche Mitgliedstaaten beteiligt sind[155]. Da unter dem Dach der IMO beschlossene Konventionen nur für Küstenstaaten Maximalstandards normieren, für Hafen- und Flaggenstaaten hingegen oftmals Minimalstandards, bestehen allerdings auch kaum Kollisionslagen, die einer Verschärfung durch die EU entgegenstehen könnten[156].

Möchte man gleichwohl Schutzüberlegungen gegenüber der danach rechtlich grundsätzlich zulässigen, aber konfliktreichen Ausübung der europäischen Marktmacht zur Wahrung öffentlicher Belange anstellen, gilt es die Vorteile der europäischen Katalysatorfunktion für die internationale Verwaltung anzuerkennen und mögliche Einschränkungen an konkreten Beeinträchtigungen für Betroffene festzumachen. Defizite im Rechtsschutz von Angehörigen aus Drittstaaten wären etwa ein Ansatzpunkt, über eine Pflicht zur Kompensation solcher Nachteile nachzudenken[157].

---

[152] EuGH, Intertanko, Urteil v. 03.06.2008, Rs. C-308/06, Rn. 52.

[153] EuGH, Intertanko, Urteil v. 03.06.2008, Rs. C-308/06, Rn. 64 f.; kritisch zu dieser die Frage der Rechts Einzelner und die Gültigkeitsfrage vermengender Argumentation *Epiney*, NVwZ 2009, S. 949.

[154] Für Art. 307 EGV weitergehend (es genügt, wenn ein Mitgliedstaat gebunden ist) *Proelß*, Meeresschutz, S. 330–334; *Graf Vitzthum*, in: FS Badura, S. 1189, 1204; wie hier *Schult*, Das völkerrechtliche Schiffssicherheitsregime, S. 334; *Höltmann*, Schiffssicherheit, S. 58 ff.

[155] Für das Übereinkommen über Maßnahmen auf Hoher See von 1969 in Bezug auf ein von einer finnischen Behörde verhängtes Bußgeld, EuGH, Bosphorus Queen Shipping, Urteil v. 11.07. 2018, Rs. C-15/17, Rn. 47; anders für die Schwefelgehalt-Richtlinie 1999/32 EuGH, Manzi und Compagnia Naviera Orchestra/Capitaneria di Porto di Genova, Urteil v. 23.01.2014, Rs. C-537/11, Rn. 46 f.

[156] *Molenaar*, Coastal State Jurisdiction over Vessel-Source Pollution, S. 110–117; *Schult*, Das völkerrechtliche Schiffssicherheitsregime, S. 338–345; *Höltmann*, Schiffssicherheit, S. 65 ff., 231; auch *Ringbom*, The EU Maritime Safety Policy and International Law, S. 219–223; *König*, Port State Control, in: Ehlers/Mann-Borgese/Wolfrum, Marine Issues, S. 37, 38.; *Hafner*, in: Graf Vitzthum, Hdb. Seerecht, S. 88 ff. Rn. 45 ff.; *Mielke*, Sicherheit der Schifffahrt, S. 261.

[157] Siehe *Meyer/Reiling* AVR 55 (2017), S. 414, 439 ff.; *Reiling*, in: Krönke, Regulierung in Zeiten der Digitalwirtschaft, S. 29, 56 ff.

3. Internationale Agenturen

Teil der internationalen Verwaltung[158] sind weiter internationale Agenturen als „neue" internationale Organisationen[159]. Das Neue oder präziser ausgedrückt der Unterschied zu den herkömmlichen internationalen Organisationen soll darin liegen, dass sie nicht unmittelbar auf zwischenstaatlicher Grundlage, d. h. regelmäßig durch den Abschluss eines völkerrechtlichen Vertrages[160], gebildet werden; vielmehr werden sie durch den Beschluss einer oder mehrerer internationaler Organisationen ins Leben gerufen, was die Bezeichnung als „second-order organizations" rechtfertigt[161] und Zuordnungsschwierigkeiten hervorruft[162]. Angesichts der Anbindung an die internationale Ebene werden sie als Nebenorgane internationaler Organisationen eingestuft[163], obwohl sie teilweise eine hohe organisatorische Selbstständigkeit aufweisen[164]. Deutlich wird ihre partiell autonome Position, wenn sie durch mehrere internationale Organisationen geschaffen werden, wie die Codex Alimentarius Commission[165].

Der Vergleich mit EU-Agenturen[166] hinkt. Während EU-Agenturen eine eigene Rechtspersönlichkeit aufweisen und ausschließlich durch einen Sekundärrechtsakt der EU errichtet werden, fehlt den internationalen Agenturen regelmäßig diese rechtliche Selbstständigkeit und sie können, wie gesehen, auch durch mehrere internationale Organisationen gemeinsam errichtet werden.

Im Seeverwaltungsrecht ist die Group of Experts on the Scientific Aspects of Marine Environmental Protection (GESAMP) ein Beispiel mit – ähnlich wie der Weltklimarat – v. a. kognitiver Ausrichtung[167]. Diese wurde in den 1960er Jahren von mehreren UN-Organisationen mit Interessen und Zuständigkeiten in Meeresumweltfragen geschaffen und soll deren wissenschaftliche Expertise in Fragen des Meeresumweltschutzes bündeln, wobei die IMO als Gründungsmitglied die Sekretariatsfunktion übernimmt. GESAMP ist somit der „meereswissenschaftliche" Arm dieser Trägerorganisationen[168]. Sie forscht etwa zum Ballastwassermanagement in

---

[158] *Chiti/Wessel*, in: Collins/White, International Organizations and the Idea of Autonomy, S. 142 ff.

[159] So *Shanks/Jacobson/Kaplan*, International Organization 50 (1996), S. 593, 594.

[160] Auch zu Ausnahmen *Schmalenbach*, International Organizations or Institutions, General Aspects, in: MPEPIL, Oktober 2020, Rn. 4 f.

[161] Ebenda sowie *Conticelli*, Global Jurist Advances 6 (2006), S. 1 ff.

[162] Zum rechtlichen Status des Weltklimarats *Bolle*, Das Intergovernmental Panel on Climate Change, S. 31.

[163] *Ruffert/Walter*, Institutionalisiertes Völkerrecht, § 1 Rn. 10.

[164] Zu den Abgrenzungsproblemen *Schermers/Blokker*, Internationale Institutional Law, § 38; daher von quasi-autonomen Organen sprechend *Szasz*, Max Planck Yearbook of United Nations Law 3 (1999), S. 1, 7.

[165] *Conticelli*, Global Jurist Advances 6 (2006), S. 1, 10.

[166] *Chiti/Wessel*, in: Collins/White, International Organizations and the Idea of Autonomy, S. 142, 149 f.

[167] *Berman/Wessel*, in: Pauwelyn/Wessel/Wouters, Informal International Lawmaking, S. 35, 46.

[168] *Kilian*, Umweltschutz durch Internationale Organisationen, S. 181; *M'Gonigle/Zacher*, Pollution, Politics, and International Law. S. 75 ff.

der Seeschifffahrt und erarbeitet Richtlinien, die dann von den Trägerorganisationen zur Grundlage ihrer eigenen Regulierung gemacht werden[169].

Internationale Organisationen sind danach strukturell und funktionell sehr heterogen. Während universelle und spezielle Organisationen wie IMO, ILO und WHO im Schwerpunkt die Rechtssetzung im internationalen Verwaltungsrecht prägen und Organisationen auf regionaler Ebene wie die Regionalmeerorganisationen und die EU Umsetzungsdefizite auffangen, erfüllen internationale Agenturen wie GESAMP oftmals Aufgaben der Wissensgenerierung für die internationale Verwaltung.

III. Staatliche Seeverwaltung

1. Funktionale Indienstnahme staatlicher Verwaltung durch das Völkerrecht

Die staatliche Verwaltung ist notwendig in die internationale Verwaltung eingebunden, denn aus Sicht des Kooperationsvölkerrechts bildet die zentrale Aufgabe des Staats, auf internationaler Ebene erarbeitete Normen in einem ersten Schritt in nationales Recht zu implementieren und diese dann gegenüber Privaten gegebenenfalls mit Zwangsmaßnahmen zu verwirklichen[170]. Regelungstechnisch macht sich diese internationale Rolle, die nationale Behörden einnehmen und ausfüllen sollen, auch dadurch bemerkbar, dass das internationale Recht dazu übergeht, diese unmittelbar zu adressieren. Es sieht ihre Einrichtung vor und legt die Aufgaben und Befugnisse, die die „zuständigen Behörden" (Art. 22 IGV 2005), „die Verwaltung" („the Administration", MARPOL[171]) oder die „Inspektoren" bzw. die „ermächtigten Bediensteten" in den Häfen (Regeln 5.1.4 und 5.2.1 MLC 2006) bei der Durchführung internationaler Vorgaben haben, fest. Diese umfassen etwa Überprüfungen von Schiffen (Norm A5.1.4 MLC 2006), die Erteilung von Genehmigungen (Norm A5.1.3 MLC 2006) oder Informationspflichten direkt gegenüber internationalen Organisationen (Art. III und Regel 3 II Annex I MARPOL). In einem zweiten Schritt erfolgt die konkrete Kompetenzverteilung, die jeweils national in innerstaatlichen Ausführungsgesetzen erfolgt.

Der französische Völker- und Verfassungsrechtler *Georges Scelle*[172] bezeichnet dieses Phänomen, dass innerstaatliche Instanzen völkerrechtliche Funktionen wahrnehmen und somit institutionelle Leerstellen auf internationaler Ebene ausfüllen, als das Gesetz der funktionellen Verdoppelung („dédoublement fonctionnel"), das

---

[169] *M'Gonigle/Zacher*, Pollution, Politics, and International Law, S. 74.

[170] Den Grundsatz des dezentralen Vollzugs spiegeln das SRÜ, die MLC 2006 und die IGV 2005 wider, siehe oben 2. Kapitel, A. II. 3. und 4., A. III. und C. II. b.

[171] Nach der Legaldefinition in Art. 2 V MARPOL ist damit nur die Flaggenstaatverwaltung gemeint.

[172] Zu seiner Völkerrechtstheorie *Wüst*, Das völkerrechtliche Werk von Georges Scelle im Frankreich der Zwischenkriegszeit.

er vom Gesetz der Hierarchie der Rechtsordnungen unterscheidet[173]. Sie bewirkt eine Transformation des Staats, denn dieser öffnet sich nach dieser Lehre ein Stück weit gegenüber der internationalen Staatengemeinschaft, indem er ihr Zugang zu seinen Organen verschafft, die sich zu „kodependenten Organismen“[174] wandeln: Während nationale Stellen zwar institutionell nach wie vor einen Teil der nationalen Exekutive darstellen, werden sie funktionell zu einem Teil der internationalen Verwaltung, indem sie ihre Kompetenzen, die ihnen die sie errichtende nationale Rechtsordnung einräumt, dazu gebrauchen, um eine andere überstaatliche Rechtsordnung durchzusetzen. Eine solche Verdoppelung soll dann eintreten, wenn ein internationales Element oder eine internationale Lebensbeziehung aufweisender Tatbestand gegeben ist, dem ein übernationale Institution entsprechen müsste, die de facto aber fehlt[175]. *Georges Scelle* bezieht diese Funktionsverdoppelung auf legislative, exekutive und judikative Aufgabenstellungen gleichermaßen; zu den exekutiven zählt er auch administrative. Aus dem internationalen Seerecht bildet die Seeschifffahrtskontrolle ein Beispiel[176].

Das Gesetz der funktionellen Verdoppelung ist als Notbehelf für eine noch zu errichtende, den Staaten effektiv übergeordnete Organisation gedacht[177]. Es bildet eine Erklärung dafür, dass viele international ausgerichtete Aufgaben nicht von überstaatlichen, sondern nationalen Instanzen ausgeübt werden. Es sollte daher nur herangezogen werden, um die Auswirkungen des Völkerrechts auf innerstaatliche Institutionen zu illustrieren[178]; normative Konsequenzen, etwa die Lösung von Zurechnungsfragen, lassen sich hingegen daraus nicht ableiten. Die Bedenken gegenüber einer solchen organisationsrechtlichen Aufladung der Funktionsverdoppelung wurden für den indirekten Vollzug des Gemeinschaftsrechts, jetzt Unionsrechts, aufgezeigt[179]. Neben dem sehr allgemein gehaltenen Organbegriff gehört zu den Schwächen der These, nach der staatliche Organe als Organe für die organlose internationale Gemeinschaft handeln, dass eine pauschale völkerrechtliche Kompetenzzuweisung mehr behauptet als begründet wird: Die Organstellung kann nicht allein aus dem Umstand resultieren, dass nationale Stellen Befugnisse im Interesse der Staatengemeinschaft wahrnehmen; Grundvoraussetzung einer Funktionsverdoppelung wäre vielmehr, dass die internationale Gemeinschaft entsprechende Ho-

[173] In Anlehnung an das französische Verwaltungsrecht, das dem Präfekten eine Doppelrolle zuweist, *Scelle*, in: FS Wehberg, S. 324, 331; zum Gesetz der funktionalen Verdoppelung und seiner Rolle im internationalen Privatrecht *Wiebringhaus*, Das Gesetz der funktionellen Verdoppelung, S. 25 ff.

[174] Für das europäische Verwaltungsrecht *Cassese*, DS 33 (1994), S. 25, 26.

[175] Nach *Wiebringhaus*, Das Gesetz der funktionellen Verdoppelung, S. 27.

[176] *Wiebringhaus*, Das Gesetz der funktionellen Verdoppelung, S. 33.

[177] Zu dieser Vision *Wüst*, Das völkerrechtliche Werk von Georges Scelle, S. 231 ff.

[178] Für den indirekten Vollzug im EG-Recht *Hatje*, Die gemeinschaftsrechtliche Steuerung der Wirtschaftsverwaltung, S. 353 ff.; *Schroeder*, AöR 129 (2004), S. 3, 5; für das internationale Artenschutzrecht *Sand*, AVR 54 (2016), S. 561, 571 f.

[179] Im Anschluss an H. P. Ipsen (Europäisches Gemeinschaftsrecht, S. 220) *Bünten*, Staatsgewalt und Gemeinschaftshoheit, S. 38 ff.; *v. Danwitz*, DVBl. 1998, S. 421, 430.

heitsbefugnisse besitzt, die sie an innerstaatliche Stellen übertragen kann. Die daher erforderliche Überprüfung der Delegationsvoraussetzungen für die Verwaltung der Seeschifffahrt zeigt, dass es im maritimen Bereich gerade an umfassenden Durchsetzungskompetenzen internationaler Organisationen fehlt. Die Bestimmungen im internationalen Recht über den staatlichen Vollzug lassen sich aus diesem Grunde nicht als Delegationsgrundlagen interpretieren; umgekehrt gilt, dass die Staatengemeinschaft auf die Ausübung staatlicher Kompetenzen angewiesen ist. Nationale Behörden werden rechtlich nicht aufgrund übertragener Hoheitsrechte tätig, denn die nationale Verwaltung stellt auch beim Vollzug internationalen Rechts die originäre Ausübung von Staatsgewalt dar[180].

2. *Die deutsche maritime Behördenlandschaft*

Während viele Staaten eine eigene Küstenwache unterhalten[181], die neben Grenzschutzaufgaben in weitem Umfang Aufgaben mit maritimem Bezug wahrnimmt[182], kennt Deutschland – anders als eine ehemalige gleichnamige Vorabendserie vermuten lässt – kein integriertes System[183]. Aufgaben der Seeverwaltung werden stattdessen von mehreren öffentlichen Stellen wahrgenommen[184], wobei dem Bund weitreichende, aber nicht umfassende Verwaltungskompetenzen zugestanden werden:

Art. 87 I i. V. m. Art. 89 II 1 GG ordnet eine obligatorische Bundeseigenverwaltung für die – an die Verkehrsfunktion der Bundeswasserstraßen anknüpfende – Wasserstraßenverwaltung an, während nach Art. 89 II 2 GG für die Seeschifffahrt eine fakultative Bundeseigenverwaltung vorgesehen ist; von dieser Zuständigkeit für die Schifffahrtsverwaltung hat der Bund für die Seeschifffahrt insbesondere durch das Seeaufgabengesetz (SeeAufgG) Gebrauch gemacht. Die Schifffahrtsverwaltung des Bundes nimmt danach Aufgaben der Schifffahrtpolizei durch die klassisch

---

[180] Für den indirekten Vollzug im EG-Recht *Suerbaum*, VerwArch 91 (2000), S. 159, 172.

[181] Siehe die Übersicht über einige nationale Organisationsmodelle bei *Bellefontaine/Johansson*, in: Froholdt, Corporate Social Responsibility, S. 103, 118 ff.

[182] Die US Coast Guard (USCG) übernimmt etwa auch die Aufgabe der Flaggen- und Hafenstaatkontrolle sowie der Seeunfalluntersuchung; ein europäisches Beispiel stellt die Maritime & Coastguard Agency (MCA) im Vereinigten Königreich dar.

[183] Es gibt in Deutschland nur einen „Koordinierungsverbund Küstenwache" für die Bundesvollzugskräfte auf See, aber keine eigene Behörde Küstenwache. Daneben finden sich Mischsysteme, bei denen dem Namen nach zwar eine Küstenwachbehörde existiert, die aber auf die Wahrnehmung bestimmter maritimer Aufgaben konzentriert ist, insb. Vollzugsaufgaben im Hafen werden oftmals kompetentiell ausgenommen. Das ist etwa der Fall bei der schwedischen Kustbevakningen und der niederländischen Kustwacht.

[184] Monographisch *Nehab*, Die Verwaltungsorganisation in der Seeschiffahrt; ferner *Wahlen*, Maritime Sicherheit, S. 29 f.; ebenso etwa in Australien, siehe *Bateman*, in: Till/Chan, Naval Modernisation in South-East Asia, S. 245, 256. Die Forderung nach Schaffung einer deutschen Küstenwache kommt immer wieder auf, konnte sich aber nicht durchsetzen, zur Diskussion siehe *Jenisch*, Sicherheit und Frieden 26 (2008), S. 154, 160 ff.

dreistufig gegliederte[185] Wasserstraßen- und Schifffahrtsverwaltung des Bundes (WSV) wahr (§ 3 SeeAufgG, § 55 Seeschifffahrtsstraßen-Ordnung, SeeSchStrO)[186]. Die WSV als unmittelbare Bundesverwaltung mit eigenem Verwaltungsunterbau wird durch Sonderbehörden, Körperschaften des öffentlichen Rechts und Private unterstützt, die für die fachtechnischen Aufgaben zuständig sind. Im Bereich der Seeschifffahrt[187] sind das Bundesamt für Seeschifffahrt und Hydrographie (BSH) (§ 5 SeeAufgG), das etwa für die nautische und funktechnische Schiffsausrüstung zuständig ist (Abs. 1 S. 2 Nr. 1), und die Bundesstelle für Seeunfalluntersuchung (BSU) (§ 12 Seesicherheits-Untersuchungs-Gesetz, SUG) als Bundesoberbehörden zu nennen. Wegen des engen Zusammenhangs mit der Selbstverwaltungsaufgabe der Unfallverhütung übernimmt seit Ende des 19. Jahrhunderts[188] die Berufsgenossenschaft Verkehrswirtschaft Post-Logistik Telekommunikation (BG Verkehr) über ihre Dienststelle Schiffssicherheit auch staatliche Seesicherheits- und Seeumweltaufgaben (§ 6 SeeAufgG), insbesondere die Hafenstaatkontrolle als Überprüfung ausländischer Seeschiffe auf die Einhaltung überstaatlichen Rechts (§ 12 I 1 SchSV). Polizeiliche Aufgaben seewärts der Küstenmeergrenze (§ 1 Nr. 3 SeeAufgG) nimmt der Bund insbesondere durch die Bundespolizei und die Wasserzolldienste, jetzt Kontrolleinheiten See, wahr[189].

Jenseits dieser durch den Bund ausgeübten Schifffahrtsverwaltung verbleibt es allerdings entsprechend Art. 30, 83 GG bei der Verwaltungszuständigkeit der fünf Küstenländer. Diese sind u. a. für die allgemeine Gefahrenabwehr innerhalb ihrer Hoheitsgewässer zuständig, die namentlich durch die Wasserschutzpolizei (WSP) ausgeübt wird, sowie für sonstige Fachmaterien mit maritimem Bezug, etwa die Gesundheitspolizei, die bei hygienischen Schiffsinspektionen im Hafen durch die Hafenärztlichen Dienste der Länder ausgeübt wird (§ 2 I IGV-DG). Die WSV bleibt zwar auch innerhalb ihrer Hoheitsgewässer für alle schifffahrtspolizeilichen Maßnahme zuständig[190]; aus praktischen Erwägungen[191] wurden die schifffahrtspolizei-

---

[185] Bundesministerium für Verkehr und digitale Infrastruktur als oberste Bundesbehörde, Generaldirektion Wasserstraßen und Schifffahrt in Bonn als Mittelbehörde, Behörden der Unterinstanz sind die Wasserstraßen- und Schifffahrtsämter sowie die Wasserstraßenneubauämter.

[186] Dieser obliegt auch die wasserwegerechtliche Aufgabe der Strompolizei und bei bundeseigenen Häfen die Hafenpolizei (§§ 45 I, 24 I, III WaStrG).

[187] Weitere Bundesoberbehörden sind die Bundesanstalt für Wasserbau und die Bundesanstalt für Gewässerkunde.

[188] *Keil*, Verwaltung der Sicherheit der Seehandelsschiffahrt, S. 50 ff.

[189] Siehe § 1 Verordnung zur Übertragung von Aufgaben auf dem Gebiet der Seeschiffahrt zur Ausübung auf die Bundespolizei und die Zollverwaltung (Seeschiffahrtsaufgaben-Übertragungsverordnung, SeeSchAÜV) i. V. m. § 3 II SeeAufgG. Die Betrauung des (damaligen) Bundesgrenzschutzes mit grenzschutzfremden Aufgaben soll nach dem BVerfG verfassungskonform sein, wenn der Bund für die zugewiesenen Aufgaben vollzugskompetent ist, die Aufgabe durch das GG nicht ausdrücklich einem anderen Hoheitsträger zugewiesen und der Bundesgrenzschutz darf durch die Zuweisung nicht sein „Gepräge einer Sonderpolizei" verlieren, BVerfGE 97, 198, 218. Diese Voraussetzungen sollen auch auf die SeeSchAÜV zutreffen, *Wahlen*, Maritime Sicherheit, S. 97 f.

[190] *König*, DÖV 2002, S. 639, 641.

[191] *Ehlers*, Recht des Seeverkehrs, § 3 Rn. 7.

lichen Vollzugsaufgaben mittels Verwaltungsvereinbarungen vom Bund auf die Länder übertragen (vgl. § 20 I Nr. 5 SeeAufgG)[192]. Diese werden durch die Beamten der WSP ausgeübt, denen vom Bund Aufträge erteilt werden können[193].

Entgegen dem durch Art. 87 I 1 i. V. m. Art. 89 II 2 GG vermittelten ersten Eindruck wird die deutsche Seeverwaltung demnach nicht ausschließlich durch eigene Behörden des Bundes ausgeübt, sondern ist eine horizontal geteilte, indem Selbstverwaltungskörperschaften sowie Landesbehörden herangezogen werden, um maritime Aufgaben zu erfüllen. Verfassungsrechtlich soll dieses Spannungsverhältnis zur grundgesetzlichen Vorstellung einer Bundeseigenverwaltung über die Figur der Organleihe aufgelöst werden; dies gilt für die vorkonstitutionell gewachsene Indienstnahme der BG Verkehr, für die eine Fachaufsicht des Bundes besteht (§ 6 IV SeeAufgG)[194], sowie für die Übertragung schifffahrtpolizeilicher Vollzugsaufgaben auf die WSP[195]. Bedenken bleiben gleichwohl aus rechtssystematischen Gesichtspunkten bestehen, da Art. 87 I 1 i. V. m. Art. 89 II 2 GG anders als Art. 86 S. 1 GG einen Vollzug durch bundesunmittelbare Körperschaften des öffentlichen Rechts nicht vorsieht und das GG nur für die Wegeverwaltung (Art. 89 II 3), aber nicht für die Seeschifffahrt eine Auftragsverwaltung kennt, die Weisungsrechte gegenüber den Ländern beinhaltet[196]. Erwägenswert ist es, dem Gesetzesvorbehalt des Art. 89 II 2 GG eine organisatorische Flexibilität zu entnehmen[197]; dagegen spricht indes, dass dieser zunächst das Ob der Bundeseigenverwaltung adressiert und nicht ihre organisatorische Ausgestaltung. Noch schwieriger erweist sich die Rettung der kraft Vereinbarung eingeräumten Ingerenzrechte des Leiters des Havariekommandos als Beschäftigtem des Bundes bei sog. komplexen Schadenslagen gegenüber den Einsatzkräften der Küstenländer[198].

---

[192] Siehe etwa Vereinbarung über die Ausübung der schifffahrtpolizeilichen Vollzugsaufgaben (BLV) vom 5.5.1956, GVBl. HH, S. 83, diese Vereinbarungen wurde durch das sog. Küstenprotokoll auf den Bereich des Meeresumweltschutzes erweitert, Zusatzvereinbarung über die Ausübung der schifffahrtspolizeilichen Vollzugsaufgaben (BLZV), etwa Gesetz über die Zusatzvereinbarung zur Vereinbarung über die Ausübung der schiffahrtspolizeilichen Vollzugsaufgaben vom 16.12. 1984, GVBl. HH, S. 387.

[193] § 5 BLV (zu dieser siehe Fn. 186).

[194] *Dittmann*, Bundesverwaltung, S. 202 f.; *Ehlers*, Recht des Seeverkehrs, § 6 SeeAufgG Rn. 1.

[195] *Wahlen*, Maritime Sicherheit, S. 166 m. w. N.

[196] Für die BG Verkehr skeptisch BGH, NVwZ-RR 2006, S. 28, 31; für die WSP eine problematische vereinbarte Bundesauftragsverwaltung annehmend *Gröpl*, in: Dürig/Herzog/Scholz, GG, 100. EL Januar 2023, Art. 89 Rn. 117.

[197] So *Dittmann*, Bundesverwaltung, S. 203.

[198] § 9 II 2 Vereinbarung über die Errichtung des Havariekommandos vom 23.12.2002, BAnz. 2003, S. 1170 f. Im Havariekommando in Cuxhaven arbeiten Bund und Länder bei schweren Seeunfällen mit großem Schadenspotenzial zusammen. Deutschland erfüllt damit seine internationalen Pflichten zur Bekämpfung von Meeresverschmutzungen, die u. a. den Aufbau nationaler Vorsorge- und Bekämpfungsstrukturen bei Ölverschmutzungen vorgeben (Art. 6 OPRC). Die WSP übt dabei nicht nur Aufgaben der Schifffahrtspolizei des Bundes aus, sondern auch Aufgaben der allgemeinen Gefahrenabwehr für ihr Bundesland und damit originäre Verwaltungskompetenzen (*Tams*, in: Zimmermann/Tams, Seesicherheit, S. 103, 126). Der Leiter soll insofern im Wege der Organleihe von den Ländern beauftragt sein, die Leitung in ihrem Namen auszuführen (*König*,

Auch wenn die Kompetenzverteilung demnach unübersichtlich erscheint, ist für die deutsche maritime Behördenlandschaft die Bezeichnung als Konglomerat[199] nicht ganz treffend, wird hier doch, wie die Konstruktion von Weisungsrechten zeigt, am Einheitsdenken festgehalten.

IV. Transnationale Behördennetzwerke

1. *Als Alternative zu völkerrechtlichen Organisationsformen*

Die staatlichen Seeverwaltungen interagieren miteinander und bilden dazu sachgebietsbezogen institutionalisierte Formen aus. Für dieses Element der internationalen Verwaltungsorganisation[200] steht der Begriff des transnationalen Behördennetzwerks. Der Netzwerkbegriff[201] entstammt zwar nicht der überkommenen juristischen Dogmatik, ist aber inzwischen jedenfalls als deskriptive Kategorie[202] insbesondere[203] des administrativen Organisationsrechts anerkannt, um besonders flexible und lernfähige Organisationsformen zu diskutieren[204]. Hier interessiert nicht das für den innerstaatlichen Zusammenhang beschriebene Zusammenwirken von Staat und Gesellschaft auf der Grundlage einer „Gesellschaft der Netzwerke"[205], indes dient die Netzwerkmetapher im überstaatlichen Kontext dazu, die Einbindung des Staats in Kooperationsformen unterhalb der Ebene des Völkerrechts zu erfassen[206]. Der Reiz liegt darin, dass Netzwerke darauf ausgerichtet sind, es Experten aus verschiedenen Ländern in unkomplizierter Weise zu ermöglichen, Erkenntnisse auszutauschen, diese zu einer gemeinsamen Ressource zu bündeln

---

DÖV 2002, S. 639, 645 f.; *Ehlers*, SeeAufgG, § 3 Rn. 9), was rechtskonstruktiv verwundert, da die Figur der Organleihe umgekehrt das entliehene Organ in die Weisungshierarchie des Kompetenzinhabers integriert, daher eine Grundgesetzänderung in Erwägung ziehend *Herma*, Die rechtliche Ausgestaltung maritimer Sicherheit in Deutschland, S. 170; *Wahlen*, Maritime Sicherheit, S. 170 f.; im Ergebnis auch *König*, DÖV 2002, S. 639, 646.

[199] Für das Havariekommando *König*, DÖV 2002, S. 639, 646.

[200] *Grande*, in: Bauer/Grande, Perspektiven der Verwaltungswissenschaft, S. 303, 315; *Dimitropoulos*, Zertifizierung und Akkreditierung, S. 29.

[201] Zu einer eigenen Forschungsrichtung *Coupette*, Juristische Netzwerkforschung.

[202] Zur „Netzwerkmetapher" *Möllers*, in: Oebbecke, Nicht-normative Steuerung in dezentralen Systemen, S. 285, 287; *Schmidt-Aßmann*, Verwaltungsrechtliche Dogmatik, S. 139; für eine weitergehende Bedeutung *Franzius*, Gewährleistung im Recht, S. 476; zur Diskussion *Schwind*, Netzwerke im Europäischen Verwaltungsrecht, S. 146 f., 312 ff.

[203] Zur verfassungsrechtlichen Heranziehung der Netzwerkmetapher *Pernice*, ZaöRV 70 (2010), S. 51, 61 ff.

[204] *Groß*, in: GVwR I, § 15 Rn. 13. Transnationale Behördennetzwerke lassen sich daher auch nicht in bestehende Kategorien integrieren, *Berman/Wessel*, in: Pauwelyn/Wessel/Wouters, Informal International Lawmaking, S. 35, 52 ff., die weitere Erklärungsansätze diskutieren.

[205] *Ladeur*, DS 48 (2009), S. 163 ff.

[206] *Walter*, German Yearbook of International Law 44 (2001), S. 170, 184; *Dimitropoulos*, Zertifizierung und Akkreditierung, S. 29.

und für die anderen Mitglieder nutzbar zu machen[207]. Bei ihnen treten mithin an die Stelle territorialer Grenzen funktionale[208], was das für das internationale Verwaltungsrecht bedeutende grenzüberschreitende Kooperieren fördert.

In der Global Governance-Forschung weist der Netzwerkbegriff aber eine zusätzliche Doppeldeutigkeit auf. Nach dem weiten Begriffsverständnis von *Anne-Marie Slaughter* bilden Netzwerke das Fundament einer neuen Weltordnung schlechthin, die sich sowohl staatliche Grenzen transzendierend als auch Ebenen überschreitend finden lassen und an denen Vertreter der Exekutive, Richter und legislative Einheiten gleichermaßen beteiligt sein können[209]. Demgegenüber wird hier ein enges Verständnis zugrunde gelegt[210], das ausschließlich horizontale Netzwerke von Vertretern unterhalb der Regierungsspitze erfasst, die sich außerhalb internationaler Organisationen bewegen[211], sprich „transnational networks between regulatory officials“[212] oder „transnational administrative networks“[213].

Netzwerke werden definiert als eine Form „verdichteter und verstetigter Zusammenarbeit“[214]. Als ihre Merkmale gelten Polyzentrik[215] und Heterarchie[216]. Diese Umschreibung bleibt für das internationale Verwaltungsrecht noch zu vage, denn auch internationale Organisationen lassen sich nur schwer hierarchisch verstehen[217]. Aussagekräftiger ist in Hinblick auf transnationale Behördennetzwerke eine negative Abgrenzung von anerkannten grenzüberschreitenden Kooperationsformen: Als Organisationsstruktur[218] sind sie einerseits von bilateralen ad hoc-Kooperationsformen wie der Amtshilfe[219] und der grenzüberschreitenden Behördenbeteiligung im

---

[207] *Franzius*, in: Botzern/Hofmann/Quack/Schuppert/Straßheim, Governance als Prozess, S. 635, 641.

[208] *Franzius*, VBlBW 2009, S. 121, 122.

[209] *Slaughter*, A New World Order, insb. S. 4, 19 ff.; speziell zu richterlichen transnationalen Netzwerken *Slaughter*, Virginia Journal of International Law 40 (2000), S. 1103 ff.

[210] Ein weites Begriffsverständnis für das internationale Verwaltungsrecht zugrunde legend aber *Kinney*, Administrative Law Journal 54 (2002), S. 41, 45 ff. sowie *Vesting*, VVDStRL 63 (2004), S. 41, 56 f.

[211] Damit bleiben Kooperationsstrukturen internationaler Organisationen außen vor wie z. B. die Codex Alimentarius Commission, die ein Untergremium von FAO und WHO ist und hier als internationale Agentur diskutiert wird (siehe oben 3. Kapitel, II. 3.), anders *Vesting*, VVDStRL 63 (2004), S. 41, 57.

[212] *Kingsbury/Krisch/Stewart*, Law and Contemporary Problems 68 (2005), S. 15, 20 f.

[213] *Nowrot*, in: Dilling/Herberg/Winter, Transnational Administrative Rule-Making, S. 255 ff.

[214] *Schmidt-Aßmann/Schöndorf-Haubold*, in: GVwR I, § 5 Rn. 33.

[215] Daher für Konsultationen im Energierecht ablehnend *Herzmann*, in: 47. Assistententagung, Netzwerke im Öffentlichen Recht, S. 175; anders („Verfahrensarrangement aus einer deutschen Verwaltungsbehörde und zumindest einer ausländischen Partnerbehörde“) *Glaser*, Internationale Verwaltungsbeziehungen, S. 263.

[216] *Nowrot*, in: Dilling/Herberg/Winter, Transnational Administrative Rule-Making, S. 255, 256; daran anschließend *Simantiras*, Netzwerke im Europäischen Verwaltungsverbund, S. 39 f.

[217] *Grande*, in: Bauer/Grande, Perspektiven der Verwaltungswissenschaft, S. 303, 309.

[218] *Franzius*, VBlBW 2009, S. 121, 122.

[219] *V. Lewinski*, NVwZ 2017, S. 1483, 1484 f., 1486: „Vorform eines Netzwerks“; *Schwind*, Netzwerke im Europäischen Verwaltungsrecht, S. 6, 167; anders die Vertreter eines weiten Netzwerkbegriffs, der auch kooperative Verfahrensarrangements erfasst, etwa *Wettner*, Die Amtshilfe im

Rahmen von Genehmigungs- und Planungsverfahren[220] zu unterscheiden, während sie sich andererseits noch unterhalb der Schwelle zur internationalen Organisation bewegen, weswegen sie auch als informell bezeichnet werden[221]. Diese Informalität darf aber nicht darüber hinwegtäuschen, dass sie durchaus einen teils erheblichen Grad an Institutionalisierung aufweisen können. Die Wahl einer privatrechtlichen Rechtsform schließt das Vorliegen eines transnationalen Behördennetzwerks nicht aus[222]; gerade im Verschwimmen hoheitlichen und privatrechtlichen Handelns zeigt sich, dass das Netzwerk eine Entgrenzungskategorie ist.

2. *Kategorien*

Eine weitere Annäherung an das Phänomen erlaubt eine Klassifizierung nach den Funktionen von transnationalen Behördennetzwerken, ihrer geographischen Reichweite und ihrem institutionellen Verhältnis zu internationalen Organisationen:

- *Funktionale Einteilung*: Transnationale Behördennetzwerke dienen der Wirksamkeitssteigerung internationaler Regime[223], was durch einen intensivierten Informationsaustausch, die Harmonisierung von Regeln oder die Zusammenarbeit bei der Rechtsdurchsetzung erreicht wird[224]. Die Grundform stellen Informationsnetzwerke dar; über die Bündelung von Informationen können Lerneffekte erzielt, der Vollzug erleichtert[225] und auch das Vertrauen gestärkt werden[226]. Rechtsdurchsetzungsnetzwerke wirken durch weitere Mechanismen auf den Vollzug der Mitglieder ein, etwa durch Unterstützungs- und Koordinationsleistungen, aber auch durch sonstige den Vollzug beeinflussenden Maßnahmen[227]. Harmonisierungsnetzwerke schließen demgegenüber Lücken, die aus dem Fehlen oder der Inadäquanz völkerrechtlicher Bindungen resultieren.
- *Mitgliederkreis*: Wie bei internationalen Organisationen kann man zwischen regionalen und internationalen Behördennetzwerken unterscheiden. Transnationale Behördennetzwerke mit einem überregionalen Mitgliederkreis entwickeln sich in der Regel im Bereich der Harmonisierung von Normen und des Informationsaustauschs, etwa das gängige Beispiel des Basler Bankenausschusses, dessen Ko-

---

Europäischen Verwaltungsrecht, S. 289ff., 302; *Ohler*, in: Terhechte, Verwaltungsrecht der EU, 2011, § 9 Rn. 31; *Glaser*, Internationale Verwaltungsbeziehungen, S. 286, der auch Verfahrensarrangements zwischen zwei Akteuren erfassen will.

[220] Anders wohl *Rossi*, in: Möllers/Voßkuhle/Walter, Internationales Verwaltungsrecht, S. 165, 166f.

[221] *Walter*, German Yearbook of International Law 44 (2001), S. 170, 184f.

[222] Anders *Dimitropoulos*, Zertifizierung und Akkreditierung, S. 31 mit Fn. 85.

[223] Für die Seeverwaltung *Schult*, Das völkerrechtliche Schiffssicherheitsregime, S. 373.

[224] *Slaughter*, A New World Order, S. 19f.; daran anschließend *Grande*, in: Bauer/Grande, Perspektiven der Verwaltungswissenschaft, S. 303, 315.

[225] Für europäische Netzwerke *Schwind*, Netzwerke im Europäischen Verwaltungsrecht, S. 168.

[226] Zu dieser Funktion *Biaggini*, VVDStRL 67 (2008), S. 413, 430f.

[227] Andere Kategorisierung bei *Schwind*, der diese als Unterkategorien des Informationsnetzwerks betrachtet, ders., Netzwerke im Europäischen Verwaltungsrecht, S. 167f.

operationsstandards (Basel I, II, III) die Grundlage für die Bankengesetzgebung auf nationaler und europäischer Ebene bilden[228].

- *Akzessorietät*: Die strukturelle Gegenüberstellung heißt nicht, dass transnationale Behördennetzwerke und internationale Organisationen keine Berührungspunkte aufweisen. Teils sind Netzwerke tatsächlich selbstständig, etwa wenn internationale Organisationen in einem Sachgebiet fehlen, ein begrenztes Mandat haben oder die Staaten mit deren Arbeit unzufrieden sind (nicht-akzessorische Netzwerke). Teils werden sie aber auch um internationale Organisationen herum gebaut oder sind an diese angedockt und nutzen deren Infrastruktur (akzessorische Netzwerke), wie der Basler Bankenausschusses für Bankenaufsicht, der an die Bank für internationalen Zahlenausgleich angegliedert ist. Das konkrete Verhältnis zwischen einem transnationalen Behördennetzwerk und einer internationalen Organisation hängt somit von unterschiedlichen Faktoren wie der Ressourcenlage und dem Mandat der internationalen Organisation ab.

Transnationale Behördennetzwerke sind im internationalen Verwaltungsrecht über den Bereich des Finanzmarktsektors[229] hinaus in weitere, auch nicht-wirtschaftliche Referenzgebiete expandiert[230], wie Beispiele aus dem Seeverwaltungsrecht zeigen:

3. Maritime Erscheinungsformen

Zu den präventiven[231] transnationalen Behördennetzwerken im maritimen Bereich zählt zunächst PAGNet[232]. Dieses stellt ein von der WHO bereit gestelltes webbasiertes Instrument zum Erfahrungsaustausch der Gesundheitsbehörden über Aktivitäten in Bezug auf Häfen, aber auch Flughäfen und Grenzübergängen zu Lande dar (Ports, Airports, Ground crossings, PAG). Mittlerweile lässt es sich aber nicht mehr als reines Behördennetz[233] begreifen, denn es hat eine eigene Arbeitsgruppe

---

[228] *Möllers*, ZaöRV 65 (2005), S. 351, 358. Dieser umfasst mittlerweile nicht nur die Zentralbankchefs der G 10-Staaten, sondern seine 28 Mitglieder stammen auch aus Südamerika, Afrika und Asien.

[229] *Möllers*, ZaöRV 65 (2005), S. 351 ff.

[230] Bereits *Zaring*, Texas Journal of International Law 33 (1998), S. 281, 325; zu den anerkannten transnationalen Verwaltungsnetzwerken *Nowrot*, in: Dilling/Herberg/Winter, Transnational Administrative Rule-Making, S. 255, 257; für das internationale Umweltrecht *Rossi*, in: Möllers/Voßkuhle/Walter, Internationales Verwaltungsrecht, S. 166, 171; *Faure/De Smedt/Stas*, Environmental Enforcement Networks; für das internationale Sozialrecht *Glaser*, Internationale Verwaltungsbeziehungen, S. 263 ff.; für das Entwicklungsverwaltungsrecht *Dann*, in: Möllers/Voßkuhle/Walter, Internationales Verwaltungsrecht, S. 16 ff.; für das internationale Wettbewerbsrecht *Terhechte*, ZaöRV 68 (2008), S. 689, 703 f.

[231] Repressive Erscheingungsformen bilden etwa das North Sea Network of Investigators and Prosecutors (NSN) und das Network of Prosecutors on Environmental Crime (ENPRO). Bislang haben sich NSN und ENPRO vorrangig um Verstöße gegen Anhang I von MARPOL gekümmert.

[232] Siehe https://extranet.who.int/pagnet/ (zuletzt abgerufen: 20.06.2023).

[233] Zur Unterscheidung zwischen Behördennetzen und Behördennetzwerken *Glaser*, Internationale Verwaltungsbeziehungen, S. 272 f.; für das Unionsrecht *Pache*, VVDStRL 66 (2006), S. 103, 132; auch *Simantiras*, Netzwerke im Europäischen Verwaltungsverbund, S. 37; aus kulturwissenschaft-

(PAGNet Advisory Group) mit Harmonisierungs- und Überwachungsaufgaben sowie einen bei der WHO angesiedelten Moderator, der als Sekretariat von PAGNet fungiert, ausgebildet. Bei bereits etablierten Strukturen stellt sich umgekehrt die Frage, ob sie nicht bereits die Schwelle zur völkerrechtlichen Verbindlichkeit überschritten haben. So werden die PSC MoUs und MAIIF von der IMO als „intergovernmental organizations" anerkannt[234]. Bei genauer Betrachtung stellen sie aber transnationale Behördennetzwerke dar:

Hafenstaatkontrollbehörden kooperieren weltweit auf regionaler Ebene, um Schiffe, die den internationalen Sicherheits-, Umwelt- und Sozialstandards nicht entsprechen, intensiver kontrollieren und damit Vollzugsdefizite von Flaggenstaaten kompensieren zu können. Das erste Phänomen dieser Art stellt die Pariser Vereinbarung über die Hafenstaatkontrolle (Paris MoU)[235] dar, die 27 Hafenstaatbehörden aus Europa einschließlich Russland, aber auch Kanada umfasst. Nach dem Vorbild des Paris MoU haben sich inzwischen für nahezu alle Meeresgebiete entsprechende Strukturen entwickelt[236]. Die Grundlage der PSC MoUs bilden Memoranda of Understandings (MoUs), von denen sie ihren Namen ableiten. Die PSC MoUs verfügen über eigene Institutionen[237]. Untersucht man am Beispiel von Paris MoU, ob Hafenstaatkontrollnetzwerke als internationale Organisationen[238] eingeordnet werden können, dann liegt sowohl das Merkmal der Permanenz vor, da es über eigene Organe verfügt und das Memorandum explizit von „errichtet" („established") spricht, Paris MoU Abschnitt 7.1, als auch das Merkmal eines eige-

licher Sicht *Gießmann*, Netze und Netzwerk, S. 16–18; nicht differenzierend hingegen *Heussner*, Informationssysteme im Europäischen Verwaltungsverbund, S. 12 f.

[234] Siehe zu den IGOs mit Beobachterstatus in der IMO www.imo.org/en/About/Membership/Pages/IGOsWithObserverStatus.aspx (zuletzt abgerufen: 26.06.2023).

[235] Memorandum of Understanding on Port State Control in Implemeting Agreements on Maritime Safety and Protection of the Marine Environment vom 26.1.1982, 21 ILM 1. Im Seearbeits- und Seesozialrecht fand eine Harmonisierung bereits 1978 durch das Hague Memorandum of Understanding on Port State Control statt.

[236] In Lateinamerika Acuerdo Viña del Mar genannt, in der Karibik das Caribbean MoU, für das östliche Mittelmeer und für Nordafrika das Mediterranean MoU, für das Schwarze Meer das Black Sea MoU, für West- und Südafrika das Abuja MoU, im Bereich des indischen Ozeans das Indian Ocean MoU, für Asien und den Pazifik das Tokyo MoU sowie für den Persischen Golf das Riyadh MoU. Im US-amerikanischen Bereich übernimmt die US Coast Guard die Aufgabe der Hafenstaatkontrolle.

[237] So umfasst die Organisationsstruktur des Paris MoU ein Port State Control Committee als Plenarorgan, das sich einmal im Jahr trifft, sowie ein eigenes Sekretariat, das in Den Haag ansässig ist und eine permanente und effektive Aufgabenerfüllung gewährleisten soll. Daneben existieren verschiedene Neben- und Hilfsorgane: Das Port State Control Committee wird durch ein Beratungsgremium (MoU Advisory Board) unterstützt, während die fachliche Detailarbeit in einer Vielzahl von Arbeitsgruppen (Task Forces) durchgeführt wird, die ihre Berichte zunächst an die Technical Evaluation Group weiterleiten, bevor sie dem Port State Control Committee vorgelegt werden.

[238] Diese werden definiert als ein auf völkerrechtlichem Vertrag beruhender, mitgliedschaftlicher Zusammenschluss von zwei oder mehr Völkerrechtssubjekten, der mit eigenen Organen Angelegenheiten von gemeinsamem Interesse besorgt, *Ruffert/Walter*, Institutionalisiertes Völkerrecht, § 1 Rn. 9.

nen Willens und damit der Autonomie im Verhältnis zu den Mitgliedern, denn das Memorandum kann nach Paris MoU Abschnitt 8.2 Nr. 2 mit 2/3-Mehrheit ergänzt werden. Der Gründungsakt einer internationalen Organisation liegt regelmäßig in einem völkerrechtlichen Vertrag. Daran scheint es hier zu fehlen, da die Grundlage ein MoU ist und diese Bezeichnung oftmals für unverbindliche Abmachungen herangezogen wird[239]. Diese Schlussfolgerung ist aber nicht zwingend[240]. Entscheidend für das Vorliegen eines völkerrechtlichen Vertrags i. S. v. Art. 2 I WVRK ist, ob die Parteien mit der Vereinbarung die Absicht verfolgen, völkerrechtliche Pflichten einzugehen[241]. Für einen solchen Rechtsbindungswillen sprechen hier einige äußere Merkmale: Das Memorandum ist wie ein völkerrechtlicher Vertrag untergliedert[242], da es eine Präambel, einen materiellen Teil und einen Schlussteil kennt. Allerdings heißt es in den einzelnen Verpflichtungen in der englischsprachigen Version oftmals, aber nicht durchgängig, „will" statt „shall" und „commitments" statt „obligations" (Überschrift Abschnitt 1), und diese Terminologie indiziert das Fehlen eines Rechtsbindungswillens[243]. Ein weiterer Nichtvertragsausdruck findet sich im Schlussteil in Abschnitt 9.4., wonach das Memorandum nicht in Kraft tritt wie ein völkerrechtliches Abkommen („entry into force"), sondern wirksam wird („take effect")[244]. Allerdings ist die Begrifflichkeit nicht eindeutig, da teilweise von „undertake" statt des schwächeren „carry out" sowie von „parties" statt „participants" die Rede ist[245]. Andererseits wurde das MoU nicht nach Art. 102 UN-Charta registriert, während eine Registrierung ein starkes Anzeichen für das Vorliegen eines völkerrechtlichen Vertrags darstellt[246]. Wenn Form und Sprache nicht eindeutig sind, ist auf weitere Anzeichen abzustellen. Dass die Beteiligten die Bedeutung der Vereinbarung abschwächen wollen, zeigt sich auch daran, dass das MoU ohne Ein-

239 *Aust*, Modern Treaty Making and Practice, S. 28; die Trennung zwischen völkerrechtlichem Vertrag und MoU in Frage stellend aber *Klabbers*, The Concept of Treaty in International Law, nach dem „every agreement concluded between representatives of states or international organizations which is of a normative nature (in that it attemps to influence future behaviour), and which is not subjected by its darfters, explicitly or implicitly, to any other system of law, is a treaty for purposes of public international law", ebenda, S. 249.

240 *Aust*, Modern Treaty Making and Practice, S. 28.

241 *Dahm/Delbrück/Wolfrum*, Völkerrecht I/3, § 143 S. 515; *Aust*, Modern Treaty Making and Practice, S. 30.

242 Zu diesem Kriterium für die Einordnung von Memoranda of Cooperation *Böhringer*, Die Kooperationsvereinbarungen der Sekretariate multinationaler Umweltschutzübereinkommen, S. 241 ff.

243 *Aust*, Modern Treaty Making and Practice, S. 30 f.; anders *Wendel*, State Responsibility, S. 87, der aber auf den deutschen Begriff der „Verpflichtungen" abstellt; ebenfalls von „Verpflichtungen" aus dem Paris MoU sprechend BGH, NVwZ-RR 2006, S. 28, 30; andere Einordnung („will" als Hinweis auf Verbindlichkeit) bei *Treves*, in: Franckx/Gautier, The Exercise of Jurisdiction over Vessels, S. 1, 18; im Unterschied zum Völkerrecht steht „will" im innerstaatlichen Recht aber nicht für eine Absage an Rechtsverbindlichkeit, siehe zu diesem Unterschied *Aust*, Modern Treaty Making and Practice, S. 31.

244 *Aust*, Modern Treaty Making and Practice, S. 30 f.; *Kasoulides*, Port State Control, S. 151, 180.

245 Dazu *Aust*, Modern Treaty Making and Practice, S. 30 f.

246 *Aust*, Modern Treaty Making and Practice, S. 34.

fluss auf die Rechte und Pflichten aus internationalen Abkommen oder relevanter nationaler Gesetzgebung sein soll (Abschnitt 9.1). Auch die in der Präambel genannten Zwecke, u. a. die Kooperation zu stärken und einen schädlichen Hafenwettbewerb einzudämmen, sprechen dafür, dass die Herstellung gegenseitigen Vertrauens[247] das Anliegen des MoUs darstellt. Das Memorandum wurde 1982 von den Verkehrsministern von 14 Staaten gerade in ihrer Eigenschaft als Behördenvorsteher beschlossen; Gründungsmitglieder sind die in der Präambel genannten maritimen Behörden („Maritime Authorities"), die im folgenden Text als solche („the Authorities") adressiert werden. Die Gründung durch nationale Behörden stellt aber ein typisches Merkmal transnationaler Behördennetzwerke dar[248]. Daher haben sich die PSC MoUs noch nicht zu internationalen Organisationen verdichtet.

Der grenzüberschreitende Erfahrungsaustausch zum Zweck der Seeunfalluntersuchung findet im Rahmen des Marine Accident Investigators' International Forum (MAIIF)[249] statt. MAIFF versteht sich als „international non-profit organisation" (Präambel MAIIF-Satzung). Bei MAIIF handelt es sich aber nicht um eine zivilgesellschaftliche Erscheinung, sondern es wurde durch nationale Seeunfallbehörden gegründet (Einleitung der MAIIF-Satzung), die Mitgliedschaft ist solchen Behörden vorbehalten (Art. 3.1 MAIIF-Satzung) und die administrative Vertrauensbildung wird als Anliegen des Zusammenschlusses genannt (Art. 2.2 MAIIF-Satzung). MAIIF hat eigene Organisationseinheiten ausgebildet[250]. Darüber hinaus verfügt es über regionale Sub-Foren wie das European Marine Accident Investigators International Forum und das Marine Accident Investigators Forum in Asia.

PAGNet und MAIIF sind beide im Kern Informationsnetzwerke mit globalem Mitgliederkreis, die nur am Rande vollzugsunterstützende Aufgaben wahrnehmen; PAGNet ist im Unterschied zu MAIIF ein akzessorisches Netzwerk. Bei den regionalen PSC MoUs steht die Rechtsdurchsetzung im Vordergrund und sie sind institutionell nicht an die IMO angegliedert.

4. Unterschiede zu europäischen Netzwerken

Die Entscheidungsfindung im Europäischen Verwaltungsverbund vollzieht sich nicht allein durch mitgliedstaatliche oder unionsrechtliche Einheiten, sondern hat im Lauf der Jahre eine erhebliche Ausdifferenzierung erfahren. Diese macht sich in Gestalt transnationaler Netzwerke bemerkbar, als deren primärrechtliche Grundlage Art. 197 I AEUV und Art. 4 III EUV ausgemacht wurden[251]. Während Netzwerke im internationalen Verwaltungsrecht internationalen Organisationen ge-

[247] *Ilg*, Die Rechtsetzungstätigkeit der IMO, S. 139; allgemein für Behördennetzwerke *Möllers*, ZaöRV 65 (2005), S. 351, 370.

[248] *Berman/Wessel*, in: Pauwelyn/Wessel/Wouters, Informal International Lawmaking, S. 35, 41, 51.

[249] Siehe https://maiif.org/ (zuletzt abgerufen: 20.06.2023).

[250] Sog. Officers und ein Sekretariat mit Sitz in Salisbury, Art. 5, 6 MAIIF-Satzung.

[251] Zu Art. 10 EG *Franzius*, Gewährleistung im Recht, S. 457.

genübergestellt werden, verläuft die formelle Abgrenzungslinie im Unionsrecht zwischen den europäischen Agenturen, die eine eigene Rechtspersönlichkeit aufweisen, und den informellen Netzwerken[252], auch wenn sich Überlappungen zwischen den beiden Arrangements finden[253]. Weitere Unterschiede betreffen nicht den geographischen Radius, da auch Behördennetzwerke im internationalen Verwaltungsrecht, wie gesehen, regional radiziert sein können, sondern machen sich in den Funktionen und Strukturen bemerkbar:

Ein funktionaler Unterschied zeigt sich darin, dass Netzwerke im internationalen Verwaltungsrecht insofern breiter aufgestellt sind, als sie wie der Basler Bankenausschuss auch bei der Harmonisierung materieller Normen aktiv sein können, während europäische Netzwerke eine Reaktion auf das enorme Wachstum der europäischen Rechtsordnung sind, weswegen sie in erster Linie die Schaffung von Kohärenz beim Vollzug anvisieren[254]. Gleichwohl lassen sich auch bei den europäischen Regulierungsnetzwerken rechtssetzende Aufgaben beobachten[255].

Das europäische Netzwerk ist regelmäßig formalisierter und zentralisierter als sein internationales Pendant[256]. Das illustrieren sowohl seine sekundärrechtlichen Rechtsgrundlagen[257] als auch seine Kontrolle und Steuerung durch Unionsorgane. Auch wenn die europäischen Netzwerke nicht per se von Unionsorganen gelenkt sind[258], so zeigen sich doch Ansätze einer „faktischen Hierarchisierung"[259] bzw. eines „hierarchischen Ausbrechens"[260], die den heterarchischen Charakter des Netzwerks zu unterlaufen drohen, wobei der unionsrechtliche Einfluss in den einzelnen Sachgebieten variiert[261]. So ist diese instrumentelle Funktion besonders ausgeprägt bei den europäischen Regulierungsnetzwerken in den Sektoren Telekommunikation, Energie und Finanzmarktaufsicht[262]. Wegen der Vermengung supranationaler

[252] *Weiß*, Der Europäische Verwaltungsverbund, S. 86, der aber die funktionellen Gemeinsamkeiten betont.

[253] Insbesondere die Konvergenzthese von *Weiß*, Der Europäische Verwaltungsverbund, S. 105, der Agenturen und Netzwerk für austauschbar hält; zu Überschneidungen *Schemmel*, Europäische Finanzmarktaufsicht, S. 59 f.; eine Konvergenz ablehnend *Schwind*, Netzwerke im Europäischen Verwaltungsrecht, S. 314 ff.

[254] *Schwind*, Netzwerke im Europäischen Verwaltungsrecht, S. 8 f., 339.

[255] *Schwind*, Netzwerke im Europäischen Verwaltungsrecht, S. 289 ff.

[256] Ebenso für das internationale Wettbewerbsrecht in Bezug auf den Vergleich von ECN und ICN *Terhechte*, ZaöRV 68 (2008), S. 689, 704 f.: „festere rechtliche Strukturen".

[257] *Stelkens*; in: Stelkens/Bonk/Sachs, VwVfG, Europäisches Verwaltungsrecht, Rn. 194; *Weiß*, Der Europäische Verwaltungsverbund, S. 92; *Simantiras*, Netzwerke im Europäischen Verwaltungsverbund, S. 42. So werden für das Europäische Wettbewerbsnetzwerk aus der Europäischen Kommission und den mitgliedstaatlichen Wettbewerbsbehörden (siehe § 50a GWB) die Prinzipien seiner Arbeit in den Erwägungsgründen und Art. 11 VO 1/2003 (Abl. 2002 L 1, S. 1) und ergänzend in RL 2019/1 (Abl. 2019 L 11, S. 3) beschrieben.

[258] *Simantiras*, Netzwerke im Europäischen Verwaltungsverbund, S. 39.

[259] *Simantiras*, Netzwerke im Europäischen Verwaltungsverbund, S. 42 f.

[260] *Schwind*, Netzwerke im Europäischen Verwaltungsrecht, S. 303 f.

[261] Im europäischen Datenschutzrecht etwa fehlt es an einer zentralen Steuerung der Europäischen Kommission, *v. Lewinski*, NVwZ 2017, S. 1483, 1486 f.

[262] *Schwind*, Netzwerke im Europäischen Verwaltungsrecht, S. 241 ff.; für die Integration nationaler Behörden in den direkten Vollzug auch *Weiß*, Der Europäische Verwaltungsverbund, S. 91.

und mitgliedstaatlicher Komponenten gelten die europäischen Netzwerke als „hybrid“[263]. Im Seeverwaltungsrecht haben internationale Organisationen hingegen eine schwächere Position inne; sie stoßen die Etablierung von Netzwerken an, wie die WHO PAGNet, oder sind an ihnen als Beobachter beteiligt und koordinieren sie wie die IMO bei den PSC MoUs[264], ohne aber eine dominierende Stellung einzunehmen. Etwas Anderes gilt nur für die Behördennetzwerke im internationalen Verwaltungsrecht, an denen die EU beteiligt ist: So hat die Europäische Kommission die Gründung des Paris MoU zunächst nur angeregt, nachdem es ihr misslungen war, die Hafenstaatkontrolle durch die Mitgliedstaaten über ein supranationales Vorgehen zu effektuieren[265]. Auch wenn das Paris MoU nicht auf sekundärrechtlicher Grundlage errichtet wurde, nimmt die EU mittlerweile über den vollen Teilnehmerstatus der Europäischen Kommission am PSC Control Committee, die Hafenstaatkontrollrichtlinie und über Unterstützungsleistungen von EMSA, die v.a. das gemeinsame Informationssystem THETIS geschaffen und finanziert hat, einen starken Einfluss.

Nicht nur Behörden vernetzen sich grenzüberschreitend. Auch Selbstverwaltungseinheiten haben transnationale Strukturen ausgebildet, wie der nächste Abschnitt zeigt.

V. Subnationale Seeverwaltung

Auch subnationale Verwaltungsstellen, die aus der deutschen Perspektive der Selbstverwaltung zuzuordnen sind, nehmen in dieser Eigenschaft[266] Aufgaben der internationalen Verwaltung wahr und richten darauf ihre Strukturen aus. Während Träger der funktionalen Selbstverwaltung in Form universitärer Kooperationen das globale Verwaltungsrecht der Wissenschaft prägen[267], sind es im Umweltschutz die Städte, die sich grenzüberschreitend engagieren[268], im Seeverwaltungsrecht die Seehafenstädte, präziser ihre Hafenverwaltungen (1.). Mit den Lotsen findet sich zudem ein Fall der funktionalen Selbstverwaltung (2.).

---

[263] *Weiß*, Der Europäische Verwaltungsverbund, S. 95 f.

[264] Siehe unten 7. Kapitel, C. IV. 5.

[265] *Schult*, Das völkerrechtliche Schiffssicherheitsregime, S. 298.

[266] Nicht gemeint sind Selbstverwaltungskörperschaften, soweit sie wie die BG Verkehr in die staatliche Seeverwaltung integriert werden, siehe zu dieser oben 3. Kapitel, III. 2.

[267] *Ruffert/Steinecke*, The Global Administrative Law of Science, S. 77 ff.

[268] Siehe unten 3. Kapitel, V. 1. c. mit Fn. 291.

1. Seehäfen

a) Kontroll- und Laborfunktion des Seehafens im internationalen Verwaltungsrecht

Seehäfen sind oftmals kritische Infrastrukturen[269]. Gleichzeitig stellen sie ideale Orte dar, um die negativen Auswirkungen der Seeschifffahrt zu begrenzen. Da Häfen die zentralen Anlaufpunkte für Schiffe sind und sich Schiffskontrollen auf offener See als schwierig erweisen, bieten sie eine attraktive Möglichkeit, Schiffe zu inspizieren und internationale Vorgaben durchzusetzen, wie dies etwa die Hafenstaatkontrolle durch die BG Verkehr oder die Hafenärztlichen Dienste als Teile der staatlichen Seeverwaltung praktizieren[270]. Zu diesem Aspekt der besonderen Regulierungsgeeignetheit, auf der die Kontrollfunktion des Seehafens fußt, tritt hinzu, dass die Beeinträchtigungen der Seeschifffahrt in besonderem Maße vor Ort, in der Seehafenstadt, spürbar werden, so dass seitens der lokalen Bevölkerung oftmals ein Interesse an einer Regulierung von Schiffen besteht. Seehäfen lassen sich daher als Labore verstehen[271], in denen eigene Ansätze und kreative Ideen zur Reduktion insbesondere von Umweltbeeinträchtigungen entstehen.

Dieses wachsende ökologische Bewusstsein adressiert der Begriff Green Port und das ihm zugrunde liegende Paradigma[272]. Dieses nimmt Entwicklungen seit Anfang der 1990er Jahre auf, die zunächst im europäischen und nordamerikanischen Kontext entstanden sind[273] und sich dadurch auszeichnen, dass Häfen bei der Bewältigung der in ihrem Zusammenhang hervorgerufenen negativen Umwelteffekte[274] vorgehen[275]. Solche nachhaltigen Hafenaktivitäten weisen drei Stoßrichtungen auf: Umweltschutz soll nicht nur innerhalb des Hafens durch seine ökologische Errichtung und Betriebsweise gefördert werden, sondern umfasst auch vor- und nachgelagerte Aktivitäten mit Hafenbezug wie die Förderung von Green Shipping sowie den ökologischen Hinterlandverkehr[276]. Im Rahmen der Anreizinstrumente wird auf die dazu genutzten Mechanismen zurückzukommen sein[277].

Die Green Port-Idee wird durch die Hafenverwaltungen vorangetrieben[278], deren Organisation und Aufgabenspektrum zunächst vorgestellt werden (b), bevor die grenzüberschreitenden Green Port-Strukturen dargestellt werden (c).

---

[269] Bundesamt für Sicherheit in der Informationstechnik, KRITIS-Sektorstudie, S. 31 ff.
[270] Siehe oben 3. Kapitel, III. 2.
[271] *Krause*, Marktorientierte Umweltpolitik im Seeverkehr, S. 8.
[272] Zu diesem Konzept *Lawer/Herbeck/Filtner*, Sustainability 11 (2019), S. 5119, 5120 f.
[273] *Krämer/v. Bargen*, in: Dovbischuk/Siestrup/Tuma, Nachhaltige Impulse für Produktion und Logistikmanagement, S. 153, 154.
[274] Zu diesen *Breitzmann*, Umweltmanagement in Seehäfen, S. 11–17.
[275] *Arof*, in: Ismail/Dahalan/Öchsner, Advanced Engineering for Processes and Technologies II, S. 238.
[276] *Krämer/v. Bargen*, in: Dovbischuk/Siestrup/Tuma, Nachhaltige Impulse für Produktion und Logistikmanagement, S. 153, 154–160; eingehend *Bergqvist/Monios*, Green Ports.
[277] Siehe unten 4. Kapitel, II. 2. a.
[278] *Lawer/Herbeck/Filtner*, Sustainability 11 (2019), S. 5119.

b) Hafenverwaltung als Infrastrukturverwaltung

Für die Hafeninfrastrukturverwaltung, welche die Aufrechterhaltung und Überwachung des Hafenbetriebs sowie die Entwicklung des Hafens und der Hafenwirtschaft umfasst, ist die Hafenverwaltung (Port Authority) zuständig. Wie typisch für die Infrastrukturverwaltung[279] nimmt sie öffentliche und private Aufgaben gleichermaßen wahr[280]: Seehäfen sind nach kontinentaleuropäischem Verständnis sowohl Einrichtungen der Daseinsvorsorge als auch Wirtschaftsbetriebe[281]; das Hafenmanagement durch die Port Authority erfüllt dementsprechend einerseits öffentliche Funktionen, erfordert andererseits eine enge Kooperation mit privaten Akteuren und verlangt auch wirtschaftlich, gewinn- und effizienzorientiert zu arbeiten. Der Seehafen wird daher als „Trias aus Behördenverwaltung, öffentlicher Hafenwirtschaft und privater Hafenwirtschaft" umschrieben[282].

Idealtypisch lassen sich verschiedene Hafentypen ausmachen, die nach ihrem Entstehungsort benannt sind[283] und inhaltlich auf dem Maß an öffentlichem Einfluss sowie auf der Unterteilung der Hafenfazilitäten in die Hafeninfrastruktur und in die Hafensuprastruktur[284] aufbauen[285]:

- *Landlord Port*: Auf dem nordwesteuropäischen Kontinent sind Seehäfen traditionell als städtische Häfen organisiert. Bei dieser als Landlord Port oder hanseatisches Modell bekannten Organisationsform steht die Hafeninfrastruktur als Aufgabe der Daseinsvorsorge und als Instrument der Wirtschaftsförderung im Eigentum der öffentlichen Hand, während die den Hafen nutzenden Seehafenunternehmen für die Errichtung und Finanzierung der Suprastruktur verantwortlich sind. Die Hafenstadt behält dadurch die Kontrolle über das Hafenarsenal und die Entwicklung des Hafens, so dass sie keine Flächen verkauft, sondern nur vermietet („landlord").
- *Public Service Port*: Der Public Service Port gilt als typisch für die südeuropäischen Häfen. Bei diesem Typ gehören sämtliche Hafenfazilitäten dem Staat. Die

[279] *Wißmann*, in: VVDStRL 73 (2013), S. 369, These 17.

[280] *Van der Lugt/Dooms/Parola*, Research in Transportation Business & Management 8 (2013), S. 103, 111.

[281] Die Frage, ob, wie und in welchem Umfang das europäische Wettbewerbsrecht auf Häfen Anwendung findet, war daher lange in der Diskussion, dazu *Mellwig*, Infrastrukturfinanzierung in Häfen und europäisches Beihilfenrecht.

[282] *H. P. Ipsen*, Hamburgs Verfassung und Verwaltung, S. 444 f.

[283] Grundlegend *Suykens*, in: Liber Amicorum Tricot, S. 493 ff.; differenzierter *ESPO/Verhoeven*, The ESPO Fact-Finding Report: European Port Governance, S. 23; für überholt und unterkomplex haltend *Bichou/Gray*, Policy and Practice 39 (2005), S. 75.

[284] Zur Infrastruktur zählen die ortsfesten Hafenanlagen und -flächen, ferner Uferbauten und öffentliche Verkehrsanlagen, während die Suprastruktur das Equipment der Hafenwirtschaft meint, d. h. auf der Infrastruktur vorhandene Gebäude und Einrichtungen, die dem Kaiumschlag, der Lagerung und der Hafenindustrie dienen, z. B. Gabelstapler, Lagerschuppen und Krananlagen.

[285] *Behrendt*, in: Lagoni, Beiträge zum deutschen und europäischen Seehafensrecht, S. 105, 108; *Dwertmann*, Die Binnenorganisation der Seehäfen als Problem des europäischen Wettbewerbsrechts, S. 27 ff.

Verwaltung ist meist zentralisiert. Eine Weiterentwicklung dieses lateinischen Modells ist der Tool Port bzw. der Autonome Hafen wie der französischen Port Autonome; er unterscheidet sich vom Public Service Port dadurch, dass lizenzierte Privatfirmen in Aufgaben und Dienstleistungen der Hafenverwaltung integriert sind.

- *Private Service Port*: Demgegenüber stehen beim Private Service Port, auch anglo-amerikanisches Modell genannt, sämtliche Hafenfazilitäten im Eigentum einer privaten Hafenbetriebsgesellschaft.

Der Landlord Port gilt als das heutzutage weltweit dominierende Modell[286]. Andererseits prägen auch Landlord Ports Privatisierungstendenzen; so erhalten die Hafenverwaltungen in jüngerer Zeit in der Regel durch privatrechtlich organisierte Port Authorities einen autonomen Status, der mit höherer Eigenständigkeit und Eigenwirtschaftlichkeit verbunden ist. In Bremen und Bremerhaven ist z.B. die Bremenports GmbH & Co. KG, die zu 100 % von der öffentlichen Hand gehalten wird, für die reine Hafenverwaltung zuständig[287]. Falls es nicht zu einer formellen Privatisierung kommt, werden Port Authorities auf andere Weise mit Autonomie ausgestattet; in Hamburg etwa wurde die Hamburg Port Authority (HPA) in der Rechtsform der Anstalt des öffentlichen Rechts reorganisiert (§ 2 I Gesetz über die Hamburg Port Authority, HPAG)[288].

Das Hafenmanagement umfasst im Wesentlichen vier Aufgaben[289]. Diese Funktionsbereiche lassen sich gut am Beispiel der HPA konkretisieren, da mit der Reorganisation der Port Authority das Ziel einer Konzentration möglichst vieler hafenbezogener Aufgaben in einer Hand verfolgt wurde[290]:

- *Landlord Function*: Die Kernaufgabe der HPA besteht darin, sich um die „Planung, den Bau, den Betrieb, die Verwaltung, die Finanzierung und Instandhaltung der allgemeinen[291] Infrastruktur, der Hafenbahn und der Bundeswasserstraße Elbe[292]" zu kümmern[293]. Der Herausforderung des Hafenausbaus wird in Hamburg durch einen mehrstufigen Prozess der Hafenplanung und -verwirk-

---

[286] World Bank, Port Reform Toolkit, S. 83.

[287] Zu den Rechtsformen in deutschen Häfen *Holocher*, in: Lagoni, Beiträge zum deutschen und europäischen Seehafenrecht, S. 13 ff.

[288] Diese Organisationsstruktur wurde gewählt, um Probleme der Überleitung von Mitarbeitern zu vermeiden, *Lagoni*, NordÖR 2005, S. 445.

[289] *ESPO/Verhoeven*, European Port Governance: Fact-Finding Report, S. 27 ff.

[290] *Lagoni*, NordÖR 2005, S. 445, 447; zum Hamburgischen Hafenrecht *ders.*, in: Hoffmann-Riem, Hamburgisches Staats- und Verwaltungsrecht, S. 446 ff.

[291] Diese umfasst das Hafenbecken, die Wasserwege im Hafen sowie das hafeninterne Verkehrssystem, *Lagoni*, NordÖR 2005, S. 445, 449.

[292] Die Elbstrecke ist kraft der Zusatzverträge zum Staatsvertrag betreffend den Übergang der Wasserstraßen von den Ländern auf das Reich aus den 1920er Jahren Hamburger Delegationsgebiet, was nach § 45 V WaStrG beibehalten wurde. Diese Form der Landesverwaltung wird teilweise als Fall der Auftragsverwaltung nach Art. 89 II 3 GG verstanden, *H. P. Ipsen*, Hamburgs Verfassung und Verwaltung, S. 425.

[293] § 3 I Nr. 1, 2 HAPAG.

lichung Rechnung getragen[294], der seine Rechtsgrundlage im Hamburgischen Hafenentwicklungsgesetz findet[295], das bauleitplanerische (§§ 1 ff.) und fachplanerische (§§ 14 ff.) Komponenten verknüpft.

- *Operator Function*: Die Port Authority konzentriert sich im Hanseatischen Modell auf das Immobilienmanagement, das in der Erstellung und Vermietung oder Verpachtung von Hafenflächen an private Unternehmen besteht, die auf diesen Flächen ihre Hafendienstleistungen anbieten[296].
- *Regulatory Function:* Hinzu tritt die Erfüllung ordnungsrechtlicher Aufgaben[297], die in Deutschland unter dem Begriff der Hafenpolizei oder Hafenaufsicht (§§ 24 III, 45 IV 2 WaStrG) geläufig sind und sich auf die Sicherheit und Ordnung in Bezug auf den Hafenverkehr, den Hafenbetrieb und den Hafenzustand beziehen[298]. Die HPA erfüllt die Aufgaben der Schifffahrtspolizei als Verkehrspolizei (§ 3 I Nr. 3 HPAG) und nimmt hinsichtlich der Hafenelbe zusätzlich die Aufgabe der Strompolizei (§ 3 I Nr. 1 c) HPAG) wahr.
- *Community Manager Function*: Die HPA vertritt die hamburgischen Hafeninteressen auf nationaler und internationaler Ebene und entwickelt hafenpolitische Konzepte (§ 3 II Nr. 1 HPAG), sie generiert und vermarktet hafenspezifisches Fachwissen (§ 3 II Nr. 2 HPAG) und ist auch für das Marketing des Hafenstandorts Hamburg zuständig (§ 3 III HPAG).

Die Green Port-Idee ist keine eigenständige Aufgabe, sondern liegt wegen ihrer verschiedenen Stoßrichtungen quer zu diesen Funktionen. Sofern es um die Förderung von Green Shipping geht, lässt sie sich als Ausformung der Regulatory Function verstehen, die auch den umweltfreundlichen Transport zum Gegenstand hat[299].

c) *Hafenumweltschutznetzwerke*

Hafenverwaltungen haben sich zu transnationalen Hafenumweltschutznetzwerken (Transnational Port Environmental Networks) zusammengeschlossen, die sich schwerpunktmäßig schiffsbezogenen Nachhaltigkeitsfragen wie Abfällen, Ballastwasser und Emissionen von Schiffen widmen[300]. Ziel ist das gegenseitige Lernen, weswegen Informationen und Best Practice-Lösungen ausgetauscht sowie Kapazi-

---

[294] Dazu *Giszas*, in: Albers, Recht und Juristen in Hamburg, S. 185, 189 ff.; *Badura/Schmidt-Aßmann*, Hafenentwicklung in Hamburg.

[295] Während Flächen für Hafenzwecke und ihre Nutzung in den deutschen Häfen Gegenstand der Bauleitplanung nach dem BauGB geregelt sind (§ 5 II Nr. 7), unterliegt die Hafenplanung in Hamburg dem landesrechtlichen Hafentwicklungsgesetz, das im Hafengebiet seine ausschließliche Geltung anordnet und als „Gegenstand einer Sonderplanung nach § 5 Abs. 4 des Baugesetzbuchs" ausweist (§ 1 III), zur Zulässigkeit einer solchen „Abbedingung" des BauGB *Schmidt-Aßmann*, in: Badura/Schmidt-Aßmann, Hafenentwicklung in Hamburg, S. 171 ff.

[296] Siehe etwa § 3 I 1 HAPAG.

[297] *Verhoeven*, Maritime Policy & Management 37 (2010), S. 247, 253 f.

[298] *Petersen*, Deutsches Küstenrecht, Rn. 583 ff.

[299] *ESPO/Verhoeven*, European Port Governance: Fact-Finding Report, S. 38.

[300] *Lawer*, GeoJournal 86 (2021), S. 743, 746.

täten aufgebaut werden. Die transnationalen Hafenumweltschutznetzwerke sind unterschiedlich stark institutionalisiert:

- *EcoPorts*: Das älteste Netzwerk dieser Art, das 1997 gegründete EcoPorts-Netzwerk, wurde 2011 in die European Sea Ports Organisation (ESPO) integriert. Es umfasst mittlerweile fast 100 Häfen aus 22 Ländern. Zu den Instrumenten von EcoPorts zählen neben einer Selbstauditierung (Self Diagnosis Method) und der Aufstellung von umweltbezogenen Leistungsindikatoren die Möglichkeit einer ökologischen Zertifizierung von Häfen (Port Environmental Review System)[301]. Zu den Leistungsindikatoren von EcoPorts gehört etwa das Vorhandensein von Hafendienstleistungen, die Green Shipping fördern, wie die Landstromversorgung oder Flüssigerdgas-Infrastrukturen (LNG-Bunkerstationen) im Hafen[302].
- *WPSG/WCAP*: Demgegenüber verfügen das Welthafennachhaltigkeitsprogramm (World Ports Sustainability Program) sowie das Welthafenklimaschutzprogramm (World Ports Climate Action Program)[303] noch über keine eigenen Institutionen. Sie verstehen sich als Plattform und Denkfabrik für initiative Projekte der Häfen im Klimaschutz.

Was den Mitgliederkreis und die geographische Verbreitung betrifft, können demnach wie bei den transnationalen Behördennetzwerken regionale und internationale Netzwerke unterschieden werden. Trotz Parallelen lassen sie sich nicht den transnationalen Behördennetzwerken zuordnen. Vielmehr stellen sie eine Ausprägung transnationaler Städtenetzwerke (Transnational Municipal Networks, TMNs)[304] dar[305]. Im Unterschied zu internationalen Städteverbänden ist bei TMNs nicht die Vertretung von Mitgliedschaftsinteressen das Hauptanliegen; stattdessen geht es um den Transfer in Form des Erfahrungsaustauschs und der direkten Zusammenarbeit in Fachfragen[306]. Bekannt sind sie v. a. im Bereich des Klimaschutzes[307], etwa als C 40[308]. Im Unterschied zu herkömmlichen TMNs vernetzen sich in den transnationalen Hafenumweltschutznetzwerken indes einzelne Teilsektoren in Hafenstädten.

---

[301] Inzwischen ist ein Drittel der Mitgliedshäfen zertifiziert, siehe www.ecoports.com/pers (zuletzt abgerufen: 20.06.2023).

[302] *ESPO/Verhoeven*, European Port Governance: Fact-Finding Report, S. 11.

[303] Siehe https://sustainableworldports.org/about/ (zuletzt abgerufen: 20.06.2023).

[304] Dazu Hauptgutachten des WBGU, BT-Drs. 18/9590, S. 18, 61 ff. 118; *Bouteligier*, European Journal of Social Science Research 26 (2013), S. 251 ff.; *Bulkeley/Davies/Evans/Gibbs/Kern/Theobald*, Journal of Environmental Policy & Planning 5 (2003), S. 235 ff.

[305] Zur den weltweiten Initiativen *Fenton*, Marine Policy 75 (2017), S. 271 ff.; zu EcoPorts *Dilling/Markus*, ZUR 2016, S. 3, 9.

[306] *Kern*, in: Schröter, Empirische Policy- und Verwaltungsforschung, S. 95, 102.

[307] *Dilling/Markus*, ZUR 2016, S. 3, 8 f.

[308] *Aust*, ZUR 2018, S. 656 ff.

2. Lotswesen

Der Lotse bildet ein Element des maritimen Verkehrssystems. Institutionell lässt er sich über eine Anleihe an die aus der Organisationssoziologie stammende Figur des Grenzstellenakteurs präziser einfangen (a), dessen Rolle und Ausgestaltung am Beispiel des deutschen Seelotswesens und seiner internationalen Einbindung illustriert wird (b).

a) Lotsen als Grenzstellenakteure

Im Seeverwaltungsrecht fehlen beständige Kontaktmöglichkeiten zwischen Verwaltung und Verwaltungsadressat, die bei der territorialen Verwaltung als vorhanden vorausgesetzt werden. Der nur flüchtige Kontakt ist auf beiden Seiten mit Erkenntnisschwierigkeiten verbunden: Verwaltungsadressaten entbehren Informationen über die tatsächlichen und rechtlichen Gegebenheiten im Zuständigkeitsbereich der jeweiligen Verwaltung, was die Regelbefolgung herabsetzen kann, und der örtlichen Verwaltung ist das Erfassen von neuen Gefahrensituationen und das Erkennen von Regulierungsbedarf erschwert. In dem Maße, in dem das Territorium seine Bedeutung als festes Verbindungsglied zwischen Verwaltung und Verwaltungsadressat einbüßt, bedarf es institutioneller[309] Instrumente, die diese Vertrautheit herstellen.

Dafür steht der Begriff der Grenzstellen[310]. Grenzstellen oder Grenzstellenakteure sind – systemtheoretisch gesprochen – an den Schnittstellen von System und Umwelt angesiedelt und übernehmen spezifische Funktionen für den Verkehr zwischen System und Umwelt. Sie finden sich auch im grenzüberschreitenden Kontext, denn auch in Territorialstaaten kanalisiert sich der Umwelt- bzw. Außenkontakt an Grenzstellen[311].

Als „Zwischensystemen" oder „Pufferzonen"[312] obliegt ihnen der Verkehr mit Außenstehenden: Sie machen das System der Umwelt und die Umwelt dem System verständlich[313]. Weil sie in mehreren Handlungssystemen agieren, verfügen sie insbesondere über Kenntnisse über deren jeweilige Situation und haben die Fähigkeit, potentielle externe Störquellen aufzuzeigen und die Kontrolle relevanter Schnittstellen zu erleichtern[314]. Dem System dienen sie auch als „Antennen zur Warnung"[315].

[309] Für die Verwaltung werden die Erkenntnisschwierigkeiten daneben durch die technischen Transparenzinstrumente reduziert, siehe unten 4. Kapitel, IV.

[310] *Luhmann*, Funktionen und Folgen formaler Organisation, S. 220ff.

[311] *Auer*, Theorie der Public Diplomacy, S. 313.

[312] *Luhmann*, Funktionen und Folgen formaler Organisation, S. 227–230.

[313] *Luhmann*, Funktionen und Folgen formaler Organisation, S. 222–224.

[314] *Kleiner*, Strategisches Entscheiden in Unternehmen, S. 84.

[315] *Luhmann*, Funktionen und Folgen formaler Organisation, S. 224. Denn sie sind „stärker als andere Posten Informationen aus der Umwelt ausgesetzt […] und […] empfangen die Verhaltenserwartungen, welche die Umwelt an das System adressiert, sozusagen im Rohzustand und unverfälscht", ebenda, S. 221.

Diese Vermittlerfunktion spiegelt sich in der Aufgabe des Lotsen wider: Er agiert als ein Berater des Kapitäns[316], da er bestimmte Gewässer so gut kennt, dass er das Schiff bei der sicheren Navigation geleiten kann[317]. Er ist aber kein Mitglied der Crew (§ 1 S. 2 Seelotsgesetz, SeeLG), sondern ein Ortskundiger (§ 1 S. 1 SeeLG), der die Schiffsführung mit seiner besonderen Revier- und Sachkunde unterstützen soll[318]. Dieser Unterstützung bedarf es, da die Schiffsführungen auf Grund der Internationalität der Seeschifffahrt und der weltweit unterschiedlichen Fahrtgebiete zumeist nicht über spezielle örtliche Kenntnisse verfügen[319]. Zur Beratung gehört, dass der Lotse den Kapitän über alle für die sichere Führung des Schiffs wichtigen Informationen unterrichtet und den Kapitän bei der Navigation unterstützt, etwa durch Positionsangaben sowie Empfehlungen über notwendige Kursänderungen und -korrekturen und erforderliche Manöver. Zumeist wird die Lotstätigkeit von Bord aus vorgenommen (Bordlotse). Je nach Wetterverhältnissen erfolgt die Lotstätigkeit aber auch von einem vorausfahrenden Versetzschiff (Vordampfen) oder von Land aus durch den Radarlotsen (vgl. § 23 I 2 SeeLG)[320]. Die Beratung umfasst auch das lokale Recht, indem über „alle die Schiffahrt auf dem Seelotsrevier und in den Häfen betreffenden Anordnungen und Vorschriften" unterrichtet wird. Die für einen Grenzstellenakteur typische Vermittlungsfunktion besteht somit in der Weitergabe seines lokalen Wissens tatsächlicher und rechtlicher Natur an den Kapitän eines Schiffs auf internationaler Fahrt und somit an ein aus lokaler Sicht fremdes Handlungssystem[321].

Seine Erkenntnisse über die Zustände auf dem fremden Schiff werden von den örtlichen Behörden herangezogen, da er regelmäßig der erste im lokalen Bereich ist, der mit dem Schiff in Berührung kommt[322]. Über die Informationsweitergabe soll die Verwaltung in die Lage versetzt werden, rechtzeitig Maßnahmen zur Gefahrenabwehr oder -beseitigung zu treffen. In Deutschland bestehen eine Unterrichtspflicht bei sicherheitsrelevanten Beobachtungen und eine Pflicht zur Anfertigung eines Unfallberichts (§ 26 I SeeLG). Nach Unionsrecht besteht eine besondere Un-

[316] Die Übernahme der Führung des Schiffs durch den Lotsen (Führungslotsenschaft) muss vereinbart werden, anders etwa im Panama-Kanal, wo der Führungslotse obligatorisch ist, *Abraham*, Das Seerecht, S. 96.

[317] Siehe die Definition von Lotsendienst nach Art. 2 VO 2017/352: „Geleiten eines Wasserfahrzeugs durch einen Lotsen oder eine Lotsenstation, um das sichere Ein- und Auslaufen des Wasserfahrzeugs auf der Zugangswasserstraße zum Hafen oder das sichere Navigieren innerhalb des Hafens zu ermöglichen", https://beck-online.beck.de/?vpath=bibdata/zeits/RDTW/2017/cont/RDTW.2017.401.1.htm (zuletzt abgerufen: 20.06.2023).

[318] Siehe IMO, Res. 960(23), 5.3.2004, para. 1.1; EW 39 VO 2017/352, ABl. 2017 L 57, S. 1.

[319] *Ehlers*, SeeLG, Einführung Rn. 1.

[320] *Heinrich/Steinicke*, Seelotswesen, S. 47; *Ehlers*, SeeLG, § 23 Rn. 1.

[321] Im Fall einer Lotsenannahmepflicht kann sich der Kapitän dementsprechend von dieser Pflicht nur befreien lassen, wenn er lokales Wissen hat, siehe § 5 I Nr. 5, II SeeLG i. V. m. den jeweiligen Lotsverordnungen, etwa §§ 8, 9 Verordnung über die Verwaltung und Ordnung der Seelotsreviere Weser I und Weser II/Jade.

[322] Siehe http://www.bundeslotsenkammer.de/seelotswesen/berufsinformationen/seelotsen/index.html (zuletzt abgerufen: 20.06.2023).

terrichtungspflicht gegenüber der zuständigen Hafenstaatkontrollbehörde, wenn der Lotse Mängel eines gelotsten Schiffes in den Hoheitsgewässern von EU-Mitgliedstaaten, die die sichere Fahrt oder die Meeresumwelt gefährden, feststellt[323]. Nach § 17 I IGV-DG hat der Lotse bei Anhaltspunkten für eine Gefahr für die öffentliche Gesundheit unverzüglich den Hafenärztlichen Dienst zu informieren.

b) Organisation des deutschen Seelotswesens und seine internationale Einbindung

Nach dem SeeLG ist der Seelotsdienst[324] zwar eine öffentliche Aufgabe, die der Sicherheit und dem Umweltschutz dienen soll, es ist aber vom Konzept staatlicher Seelotsen, wie bis Anfang der 1990er Jahre auf der Flensburger Förde sowie um die Wende des 18. zum 19. Jahrhundert an der Ostseeküste maßgeblich, abgerückt[325]. Es ist in Deutschland stattdessen an der Schnittstelle zwischen Privatrecht und Öffentlichem Recht organisiert[326]: Die Seelotsen üben ihre Tätigkeit „als freien, nicht gewerblichen Beruf" aus (§ 21 I SeeLG), werden aber von einer staatlichen Stelle für das bestimmte Revier, für das sie ausgebildet wurden, nach einer Prüfung „bestallt" (§§ 1, 11 SeeLG). Bestallungsvoraussetzung ist u. a. das Beherrschen der „deutsche[n] Sprache in Wort und Schrift und gute Kenntnisse der englischen Sprache" (§ 9 II Nr. 4). Dieses Erfordernis verdeutlicht die Grenzstellenrolle des Seelotsen: Einerseits sind die maßgeblichen Vorschriften in deutscher Sprache verfasst, andererseits muss er sich mit nichtdeutschen Seeleuten verständigen können[327]. Die Seelotsen sind in Zwangskörperschaften, die traditionell statt Kammern Lotsenbrüderschaften heißen, organisiert (§ 27 I SeeLG). Zu den wichtigsten Aufgaben der Lotsenbrüderschaften gehört die Regelung der reibungslosen Dienstfolge in der sogenannten Börtordnung als Körperschaftssatzung (§ 28 I Nr. 3 SeeLG), die die ständige Verfügbarkeit eines Lotsen sicherstellt[328]. Zudem ist sie für die Ver-

---

[323] § 23 RL 2009/16/EG, Abl. 2009 L 131, S. 57; § 26 II SeeLG.

[324] In Deutschland unterscheidet man Hafen- und Seelotsen. Hat das Schiff das Hafengebiet erreicht, geht der Seelotse von Bord und wird vom Hafenlotsen abgelöst. Das Hafenlotswesen, das als Teil des Hafenrechts landesrechtlich geregelt ist, ist – so in Hamburg und Bremen – entweder ähnlich wie das Seelotswesen, für das der Bund die Gesetzgebungskompetenz hat (Art. 74 Nr. 21 GG), organisiert oder wird durch die Seelotsen übernommen, um einen Lotsenwechsel zu vermeiden, siehe *Ramming*, Seehandelsrecht, Anhang zu § 478 Rn. 30 ff.; *Lagoni*, in: Hoffmann-Riem, Hamburgisches Staats- und Verwaltungsrecht, S. 445, 462; *Beckert/Breuer*, Öffentliches Seerecht, Rn. 760.

[325] *Heinrich/Steinicke*, Seelotswesen, S. 42.

[326] Dies ist auch in anderen Ländern der Fall, siehe für Europa *Ninnemann*, Seehafenwettbewerb in Europa, S. 38; *Dwertmann*, Die Binnenorganisation der Seehäfen als Problem des europäischen Wettbewerbsrecht, S. 39 m. w. N. Wegen ihrer öffentlichen Aufgabe wurde die Einbeziehung der Lotsen in das europäische Seehafenrecht kritisiert, BR-Drs. 439/13, S. 3. Lotsendienste sind daher vom Kapitel II des Port Package III ausgenommen, siehe EW 39 und Art. 10 I VO 2017/352, Abl. 2017 L 57, S. 1.

[327] *Ehlers*, SeeLG, § 9 Rn. 2.

[328] In der Börtliste hat sich jeder Lotse bei Ankunft auf der Einsatzstation einzutragen (= Bört nehmen). Das System lässt sich mit der Arbeitsweise an einem Taxistand vergleichen: Wer vorne steht, hat das nächstkommende Schiff zu lotsen. Hat der Lotse seinen Dienst an Bord getan, stellt er sich ganz hinten an und rückt solange nach, bis er erneut an die Reihe kommt. Auf diese Weise

waltung und Verteilung der Lotsgelder (§ 45 I 2 SeeLG) zuständig, die das privatrechtliche Entgelt für die Leistungen der Seelotsen darstellen (§ 28 I Nr. 8, 9 SeeLG)[329]. Der Bund führt die Aufsicht über die „Einrichtung und Unterhaltung des Seelotswesens sowie die Aufsicht über das Seelotswesen" aus (§ 3 I SeeLG i.V.m. Art. 89 II 2 GG).

Das Lotswesen ist selbst grenzüberschreitend in regionalen Verbänden wie der European Maritime Pilots' Association und dem weltweiten Zusammenschluss International Maritime Pilots' Association vernetzt. Im Unterschied zu den technischen Schiffssicherheitsmaßnahmen ist es nicht umfassend durch eine Konvention geregelt, sondern beruht im Wesentlichen auf internationalem Soft Law. Die IMO widmet sich Querschnittsthemen wie Lotsenpflichten[330], der Arbeitssicherheit[331] und v.a. der Qualifikation[332]. Einer überörtlichen Kooperation bedarf es v.a. beim Überseelotswesen, d.h. bei Fahrtstrecken außerhalb der Hoheitsgewässer über See von oder zu einem ausländischen Hafen, das mit der Zunahme des Schiffsverkehrs zunehmend an Bedeutung gewinnt[333]. Das Überseelotsen wird regelmäßig durch die Revierlotsen vorgenommen, die dafür einer gesonderten Erlaubnis nach nationalem Recht bedürfen (§ 42 SeeLG)[334], deren Anforderungen überstaatlich überformt sind: In Nord- und Ostsee wurden von den Anliegerstaaten Überseelotsendienste zunächst auf der Grundlage gemeinsamer Richtlinien der Lotsenverwaltungen für die internationale Schifffahrt angeboten, die insbesondere die notwendige berufliche Qualifikation der Überseelotsen regeln[335]; für den Nordseebereich und den Englischen Kanal sind Qualifikationsanforderungen durch europäisches Recht verpflichtend geworden[336]. Mehrere Resolutionen der IMO begründen Empfehlungen an die Seeschifffahrt, qualifizierte Überseelotsen anzunehmen[337].

---

soll eine gewinnorientierte Auswahl besonders lukrativer Schiffe durch den einzelnen Seelotsen ausgeschlossen werden, dazu http://www.bshl.de/typo3/index.php?id=organisation (zuletzt abgerufen: 20.06.2023).

[329] Die Erhebung erfolgt aber durch die WSV zusammen mit den Lotsabgaben (= Beiträge für Lotseinrichtungen, § 45 I 1 SeeLG), § 45 IV SeeLG.

[330] IMO, Resolution A.159(ES.IV), 27.11.1968.

[331] Kapitel V Regel 23 SOLAS sowie IMO, Resolution A.1045(27), 30.11.2011.

[332] CERTIPILOT, Handbuch zur transparenten Anerkennung der Qualifikationen von Seelotsen, S. 14 ff.

[333] *Ehlers*, SeeLG, § 42 Rn. 1. Distanzlotsungen sind hingegen Lotsungen zwischen einzelnen Seelotsrevieren innerhalb der Hoheitsgewässer eines Staats, *Heinrich/Steinicke*, Seelotswesen, S. 19.

[334] *Heinrich/Steinicke*, Seelotswesen, S. 67.

[335] *Steiger/Rybicki/v. Münch/Gelberg/Delbrück/Brás/Schweisfurth*, Parlament und Außenpolitik, Zusammenarbeit der Ostsee-Staaten, S. 126 f.

[336] Art. 1 RL 79/115/EWG, ABl. 1979 L 33, S. 32.

[337] Etwa für den Ostseezugang IMO, Resolution A.620(15), 19.11.1987, und für die Nordsee, den Englischen Kanal und den Skagerrak Resolution A.486(XII), 15.1.1982.

VI. Private Seeverwaltung

1. Vorzüge gesellschaftlichen Potentials

Private verdrängen den Staat im Zuge der Globalisierung nicht oder erodieren ihn[338]. Sie sind aber entscheidend an der Regulierung grenzüberschreitender Sachverhalte beteiligt[339] und bilden dementsprechend auch einen Bestandteil der internationalen Verwaltung[340]. *John Ruggie* beschreibt dieses Phänomen als Rekonstitution der öffentlichen Sphäre („reconstitution of the public domain"); danach ist der zwischenstaatliche Bereich in eine umfassendere transnationale Arena eingebettet, die auch nicht-staatliche Akteure umfasst[341].

Für diesen Bedeutungszuwachs finden sich strukturelle und akteursbezogene Deutungsmuster[342]. Ihre Entwicklung lässt sich nach einer Variante als eine Reaktion auf die durch die Globalisierung aufgeworfenen Kooperationsprobleme verstehen. Aus einer akteursbasierten Perspektive ist es die geminderte Fähigkeit der Staaten, internationale Märkte und Lieferketten zu regulieren[343], und entsprechend die bessere Problemlösungsfähigkeit Privater für grenzüberschreitende Herausforderungen[344]. Weitergehend lassen sich zwei Argumentationsstränge unterscheiden:

- *Ressourcen*: Zunächst werden die für die Privatisierung im innerstaatlichen Bereich angeführten Gründe, die kognitive Überlegenheit des privaten Bereichs, finanzielle sowie allgemeine vollzugspraktische Aspekte, genannt[345]. Dieser Gedanke ist für das internationale Verwaltungsrecht essentiell, da dort staatliche Verwaltungen von ganz unterschiedlichem Entwicklungsniveau gefordert sind; das damit einhergehende Risiko administrativer Ausfälle können private Ressourcen erheblich reduzieren.
- *Internationalität*: Eine spezifische Erklärung setzt an der Unzulänglichkeit staatlicher Regulierung grenzüberschreitender Sachverhalte an[346]. Die territoriale Radizierung von Behörden und die Schwierigkeiten einer zwischenstaatlichen Ei-

---

[338] *Graser*, in: Héritier/Stolleis/Scharpf, European and International Regulation, S. 163, 165.

[339] *Zangl/Zürn*, Verrechtlichung, S. 16 f.

[340] Private als integrales Element des Global Administrative Law nennend *Kingsbury/Krisch/Stewart*, Law and Contemporary Problems 68 (2005), S. 15, 23; auch *Dimitropoulos*, Zertifizierung und Akkreditierung, S. 268 f.

[341] *Ruggie*, European Journal of International Relations 10 (2004), S. 499, 519: „I define the new global public domain as an institutionalized arena of discourse, contestation, and action organized around the production of global public goods. It is constituted by interactions among non-state actors as well as states."

[342] *Green*, Rethinking Private Authority, S. 84 f.

[343] *Knill/Lehmkuhl*, Governance 15 (2002), S. 41, 43 ff.; zum internationalen Umweltschutz *Gulbrandsen*, Global Environmental Politics 4 (2004), S. 75 ff. sowie *Pattberg*, Private Institutions and Global Governance; *Auld/Bernstein/Cashore*, Annual Review of Environment and Resources 33 (2008), S. 413 ff.

[344] *Ruffert*, Globalisierung, S. 35 f.; Büthe/Mattli, The New Global Rulers.

[345] *Oeter*, in: G.-P. Callies, Transnationales Recht, S. 387, 398 f.

[346] *Fischer*, Recht ohne Staat, S. 215: „Natur der Sache".

nigung auf gemeinsame Normen stellen ein Hemmnis für Rechtsdurchsetzung und -setzung dar. Private sind in ihrer Tätigkeit hingegen völkerrechtlich nicht an ein Staatsgebiet gebunden, was für eine effektive Rechtsdurchsetzung im internationalen Verwaltungsrecht von Vorteil ist. Da sie leichter internationale Regelungsstrukturen ausbilden[347] und gemeinsame sachliche Anliegen im Vordergrund stehen, erfolgt die private internationale Rechtssetzung[348] oftmals schneller als die zwischenstaatliche[349].

Dass Private im Zuge der Globalisierung Leistungen erbringen, die üblicherweise mit dem Staat assoziiert werden, ist Hauptaussage der politikwissenschaftlichen Private Authority-Forschung, deren Inhalte und juristische Anschlussfähigkeit untersucht werden (3.), bevor das Verhältnis der privaten zu den (über-)staatlichen Ordnungsleistungen kategorisiert und konzeptualisiert wird (4.). Zunächst soll ein Eindruck von der Akteursvielfalt der privaten Seeverwaltung gegeben werden, die zugleich das Merkmal ihrer Internationalität unterstreicht (2.).

2. *Ein erster Eindruck*

Weder die Negativkategorie der (International) Non-Governmental Organization[350] noch der Begriff des transnationalen Unternehmens[351] können die Diversität privater internationaler Verwaltung erfassen[352]. Beide verweisen aber auf ein verbindendes Element, nämlich dass Private in der Regel grenzüberschreitend operieren und dazu entsprechende Strukturen ausbilden[353]. Im Folgenden werden einige der zentralen Akteure der Seeverwaltung und ihre internationalen Verbände vorgestellt.

Aus dem Bereich der maritimen Wirtschaft sind neben den Seeversicherern und P & I Clubs[354], die Schiffsinspektionen initiieren sowie Normen sowie Anreize für

[347] *Vieweg*, Normsetzung und -anwendung deutscher und internationaler Verbände, S. 24 ff.

[348] Siehe unten 5. Kapitel, I. 3.

[349] *S. Augsberg*, Rechtsetzung zwischen Staat und Gesellschaft, S. 66; *Keller*, in: Wolfrum/Röben, Legitimacy in International Law, S. 219, 222; *Intertanko*, Guide to Vetting Inspections, S. 120.

[350] Der Begriff geht auf die UN zurück, siehe Art. 71 UN-Charta. Eine Spezifizierung erfolgte durch ECOSOC: „Any international organisation which is not established by inter-governmental agreement", Resolution 288(X), 27.2.1950, Review of Consultative Arrrangements with Non-Governmental Organizations, überarbeitet durch Resolution 1296(XLIV), 23.5.1968. Zur NGO-Beteiligung im Völkerrecht im Allgemeinen *Lindblom*, Non-Governmental Organisations in International Law; *Vedder*, NGO Involvement in International Governance and Policy.

[351] Siehe oben 1. Kapitel, IV. 1. d. bb.

[352] Zu NGOs *Reinalda/Arts/Noortmann*, in: dies., Non-State Actors in International Relations, S. 1, 2.

[353] *Rosenau*, in: Ferguson/Jones, Political Space: Frontiers of Change and Governance in a Globalizing World, S. 261 ff. Insbesondere das Verständnis der Union of International Associations (UIA-Kriterien), die eine internationale Zielsetzung verlangt sowie vorsieht, dass die Mitglieder und Finanzquellen aus mindestens drei Ländern stammen; allgemein *Frantz/Martens*, Nichtregierungsorganisationen, S. 73 ff. Inzwischen werden allerdings auch rein nationale Gruppierungen als NGOs bezeichnet, *Martens*, Voluntas 13 (2002), S. 271, 279 f.

[354] Die Seeversicherung gilt als eine der ältesten Versicherungen, siehe dazu den historisch-vergleichenden Zugriff im Sammelband *Hellwege/Rossi*, Maritime Risk Management.

eine sichere und ökologische Seeschifffahrt setzen[355], die Charterer hervorzuheben. Namentlich achten Unternehmen der Öl- und Chemieindustrie auf die Betriebssicherheit der Tanker und initiieren dazu eigene Schiffsinspektionen, die wiederum über ihre internationalen Vereinigungen, das Oil Companies International Marine Forum (OCIMF) sowie das Chemical Distribution Institute (CDI), ausgestaltet werden[356].

Neben international vernetzten Gewerkschaftsstrukturen wie der Internationalen Transportarbeiter-Föderation (ITF)[357] unterstützen kirchliche Institutionen Seeleute. In Deutschland haben die evangelische Deutsche Seemannsmission und die katholische Seemannsmission Stella Maris in allen großen deutschen und in zahlreichen ausländischen Häfen Sozialeinrichtungen für Seeleute geschaffen. Ihre Mitarbeiter holen Seeleute in den Häfen von ihren Schiffen ab und fahren sie zu den Seemannsheimen und Seemannsclubs, wo ihnen günstige Übernachtungs-, Verpflegungs- und Freizeitmöglichkeiten, Internet und ein offenes Ohr zur Verfügung stehen. Insgesamt 28 in diesem Bereich arbeitende christliche Organisationen haben sich unter dem Dach der ökumenischen International Christian Maritime Association[358] verbunden.

Der einzige internationale Umweltverband, der sich spezifisch mit den Belastungen durch die Seeschifffahrt befassen, ist die Clean Shipping Coalition[359]. Ökologische und soziale Belange der Seeschifffahrt verbindet die Shipbreaking Platform, die sich als globale Koalition von Umwelt-, Menschen- und Arbeitnehmerrechtsorganisationen beschreibt, und sich für die sichere und umweltgerechte Abwrackung von Altschiffen weltweit einsetzt[360]. Sie agiert v. a. als Problemseismograph.

Zu den internationalen Expertenorganisationen gehört neben den Klassifikationsgesellschaften[361] die International Maritime Health Organization[362] als die internationale Vereinigung von Experten in der maritimen Medizin. Ihr Wissen, insbesondere zur Gesundheit der Seeleute, fließt regelmäßig in die internationale Normsetzung ein[363].

Schließlich finden sich Multi-Stakeholder-Initiativen[364]. Das International Seafarers' Welfare and Assistance Network (ISWAN)[365] hat sich beispielsweise zum

---

355 Siehe unten 4. Kapitel, II. 2. c. und d.

356 Siehe unten 4. Kapitel, II. 2. c. sowie zur Begrenzungsrolle der Verbände 6. Kapitel, B. II.

357 Siehe oben 2. Kapitel, B. II. 2.

358 Siehe https://icma.as/ (zuletzt abgerufen: 20.06.2023).

359 Siehe www.cleanshipping.org/ (zuletzt abgerufen: 20.06.2023).

360 Siehe https://shipbreakingplatform.org/ (zuletzt abgerufen: 20.06.2023).

361 Siehe unten 3. Kapitel, VI. 4. a. cc. und VI. 4. c.

362 Siehe https://test.imha.net/ (zuletzt abgerufen: 20.06.2023).

363 So ist der WHO International Medical Guide for Ships, der der Konkretisierung der IGV 2005, von STCW und MLC 2006 dient, unter ihrer maßgeblichen Beteiligung zustande gekommen.

364 Merkmal einer Multi-Stakeholder Initiative ist, dass wirtschaftliche und ideelle Interessengruppen zur Problemlösung zusammenfinden, *Backhaus-Maul/Kunze/Nährlich*, Gesellschaftliche Verantwortung von Unternehmen, S. 95.

365 Siehe https://www.seafarerswelfare.org/ (zuletzt abgerufen: 20.06.2023).

Ziel gesetzt, die Maritime Labour Convention 2006 umzusetzen[366]. Instrumente sind etwa die multilinguale kostenlose Hotline SeafarerHelp, die Seeleute und ihre Angehörigen bei jedem Problem in Anspruch nehmen können, oder unternehmensbezogene Projekte wie „Social Interaction Matters", das Unternehmen helfen soll, an Bord der Schiffe die soziale Interaktion zu verbessern. ISWAN umfasst international ausgerichtete Vereinigungen der Reedereien wie die Internationale Schifffahrtskammer, Gewerkschaften, Versicherungen und kirchliche Einrichtungen.

3. *Private Authority als Erklärung für private internationale Verwaltung*

a) Erkenntnisse der politikwissenschaftlichen Forschung

Das Konzept der Private (International) Authority[367] gilt als ein wichtiger Initiator für die politikwissenschaftliche Beschäftigung mit den Rahmenbedingungen für private Regulierungsaktivitäten im Zuge der Globalisierung[368]. Es will zeigen, dass das Herrschaftsmonopol des Staats nur eine von vielen Möglichkeiten der Verhaltensbeeinflussung darstellt, da auch nicht-staatliche Akteure Formen der Autorität ausüben, indem sie Normen entwerfen, Menschenrechte durchsetzen und ähnliche Leistungen erbringen, die herkömmlich in die staatliche Sphäre fallen[369]. Bei Private Authority handelt es sich aber nicht um den schlichten Transfer der traditionellen Autorität des Staats auf den privaten Bereich. Vielmehr werden zwei Formen unterschieden: eine hierarchische bzw. formal-rechtliche („in authority") und eine informelle, die sich auf die Anerkennung einer Person jenseits von vorgegebenen Regeln stützt („an authority")[370]. Die zuletzt genannte wird der Private Authority zugeschrieben[371]. Ausgangspunkt dieser Forschung war das Wirtschaftssystem. Erst später wurden weitere Dimensionen wie eine „maritime private authority"[372] aufgenommen[373].

Diese Forschung liefert auch Erklärungen für die Entstehungsvoraussetzungen von privater internationaler Verwaltung. Sie rekurriert auf die Demand and

---

[366] ITF/ICS, Guidelines for Implementing the Welfare Aspects of the Maritime Labour Convention, S. 4.

[367] *Cutler/Haufler/Porter*, Private Authority; *Clapp*, Environmental Governance 4 (1998), S. 295 ff.; *Hall/Biersteker*, The Emergence of Private Authority in Global Governance; *Haufler*, A Public Role for the Private Sector.

[368] *Graz/Nölke*, in: dies., Transnational Private Governance and its Limits, S. 1, 14 f.; *Botzem/Plehwe*, in: Dingwerth/Kerwer/Nölke, Die organisierte Welt, S. 262 ff.; zu weiteren politikwissenschaftlichen Konzepten zur Rolle nicht-staatlicher Akteure für Global Governance *Pattberg*, Private Institutions and Global Governance, S. 9 ff.

[369] *Hall/Biersteker*, in: dies., The Emergence of Private Authority in Global Governance, S. 3, 4.

[370] *Hansen*, in: ders./Salskov-Iversen, Critical Perspective on Private Authority in Global Politics, S. 3.

[371] *Cutler/Haufler/Porter*, Private Authority, S. 18 f.

[372] *Cutler*, in: dies./Haufler/Porter, Private Authority, S. 333 ff.

[373] „Expert authority", „social bzw. moral authority" und „illicit authority", *Hall/Biersteker*, The Emergence of Private Authority in Global Governance, S. 3, 9–18.

Supply-Metapher: Private Authority bildet die Antwort auf eine Nachfrage nach Ordnung und Regeln. Dabei existieren verschiedene Nutznießer in der privaten und der öffentlichen Sphäre wie Unternehmen, NGOs, Staaten oder internationale Organisationen, die private Ordnungsleistungen nachfragen. Die erhofften Vorteile können geringere Transaktionskosten, erhöhte Glaubwürdigkeit der Verpflichtungen oder ein verbesserter Ruf sein. NGOs wollen beispielsweise die von ihnen verfolgten sozialen oder ökologischen Probleme anpacken. Oftmals ist ihre Entstehung aber auch Nebenprodukt; so sind viele unternehmerische Ordnungsleistungen marktbasiert und dienen, wie Standardisierungsprozesse, der Koordination der Marktakteure[374] oder sie adressieren Reputationsfragen[375]. Die Vielfalt der Motivationslagen[376] wurde anhand von Corporate Social Responsibility-Politiken von Unternehmen aufgezeigt, die transnationale Sozialstandards in ihre Unternehmenspolitik aufnehmen[377]: Teilweise sind sie Teil ihrer eigenen ökonomischen Strategien, teilweise Resultat externer Anforderungen, die intern für die Unternehmen ein Risiko darstellen, sei es um öffentlichem Druck, sei es um Sogeffekten der Finanzmärkte und der globalen Wirtschaft gerecht zu werden. Damit entstehen private Ordnungsleistungen oftmals spontan von unten heraus und nicht aufgrund einer über der Gesellschaft stehenden Autorität[378]. Allerdings wäre die Gegenüberstellung von Bottom Up und Top Down[379] schief, da Private Authority auch durch staatliche und überstaatliche Instanzen induziert ist[380]. Entscheidend ist die Einsicht, dass sich die Entwicklung nicht durch die Staaten einseitig steuern lässt. Private Authority wird z. B. nicht unbedingt entstehen, weil Staaten sich entscheiden, nicht über multilaterale Institutionen zu kooperieren[381]. Diese sind zudem nur einer von mehreren Nachfragern nach privaten Ordnungsleistungen.

b) Implikationen für die juristische Forschung

Der Verdienst des Konzepts liegt darin aufzuzeigen, dass es in Global Governance-Konstellationen neben dem „vertical authority shift" von der nationalen zur internationalen Ebene in hohem Maße zu einem „horizontal authority shift" vom öffentlichen in den privaten Bereich kommt[382] und deswegen das gängige Verständnis transzendiert, die private Sphäre nur mit der Freiheit des Markts und wirtschaftlichem Austausch zu verbinden und die öffentliche Sphäre mit staatlicher Gewalt

---

374 *Tamm Hallström*, Organizing International Standardization.

375 *Scott/Cafaggi/Senden*, Journal of Law and Society 38 (2011), S. 1, 7.

376 Für die industrielle Selbstregulierung auch *Haufler*, A Public Role for the Private Sector, S. 20 ff., die Risiko, Reputation und Lernen als Triebkräfte nennt.

377 *Kocher*, WSI-Mitteilungen 61 (2008), S. 198, 200 ff.

378 OECD, International Regulatory Co-operation, S. 17; *Teubner*, in: Ladeur, Public Governance in the Age of Globalization, S. 71.

379 Zu diesen zwei Grundvorstellungen *Meder*, Ius non scriptum, S. 1.

380 *Scott/Cafaggi/Senden*, Journal of Law and Society 38 (2011), S. 1, 8; *Cafaggi/Renda*, Public and Private Regulation. Mapping the Labyrinth, S. 1, 4.

381 *Green*, Rethinking Private Authority, S. 83 f.

382 Zu den Begriffen *Herranz-Surrallés*, in: Politics and Governance 8 (2020), S. 336, 341.

zu verknüpfen[383]. In Zeiten der Globalisierung wachsen Private vielmehr aus der Rolle der Regulierten („rule takers") heraus und werden selbst zu Regulierern („rule makers")[384]. Auch wird darauf hingewiesen, dass sich private Ordnungsleistungen nicht als ausschließlich delegierte begreifen lassen.

Für eine weitergehende juristische Rezeption taugt das Konzept indes kaum. Fragen der Rechtfertigung, die sich stellen, wenn man Private Authority anerkennt, versucht man dadurch anzugehen, dass der Begriff der Autorität recht assoziativ mit Legitimitätsanforderungen vermengt wird[385], deren Herleitung vage bleibt und empirische und normative Herangehensweisen[386] vermischt. So wird erstens zur Abgrenzung von schierer Macht („power") verlangt, dass zusätzlich eine normative, freiwillige Zustimmung oder eine ähnliche Anerkennung des Adressaten als legitim vorliege, zweitens müssten private Regeln und Entscheidungen in hohem Maße befolgt werden und drittens müsste eine (implizite) Ermächtigung von (über-)staatlicher Seite vorliegen[387]. Diese Einengung wertet auch das analytische Potential ab; praktisch bedeutsame private Ordnungsleistungen bleiben außen vor[388] oder werden inkonsequenterweise einbezogen, obwohl die Voraussetzungen für die Anerkennung von Private Authority kaum als erfüllt betrachtet werden können[389].

4. *Verhältnis zu (über-)staatlichen Akteuren*

a) Funktionen privater Seeverwaltung

aa) Pionier

Staatliche und nicht-staatliche Akteure wirken im grenzüberschreitenden Bereich in unterschiedlichen Funktionszusammenhängen[390]. Im internationalen Kontext finden sich im Unterschied zur innerstaatlichen Wahrnehmung[391] viele Beispiele dafür[392], dass Private in Abwesenheit und unabhängig vom Staat sowie von überstaatlichen Instanzen als Pioniere eigene Ordnungsleistungen erbringen[393]. So bil-

[383] *Hall/Biersteker*, in: dies., The Emergence of Private Authority in Global Governance, S. 3, 5.

[384] *Green*, Rethinking Private Authority, S. 21.

[385] Zur Notwendigkeit der Trennung *v. Bogdandy/Goldmann/Venzke*, European Journal of International Law 2017 28 (2017), S. 115, 140; zum Problem auch *Mende*, Business Authority in Global Governance, S. 7 f.

[386] Zu den beiden Vorstellungen *Quack*, Social-Economic Review 8 (2010), S. 3, 6, 8.

[387] *Cutler/Haufler/Porter*, in diss., Private Authority, S. 3, 19; *Biersteker/Hall*, in: dies., The Emergence of Private Authority in Global Governance, S. 203, 204; *Green*, Rethinking Private Authority, S. 28.

[388] Für Phänomene wie FSC oder MSC, siehe *Cashore/Ausld/Newsom*, Governing through Markets, S. 3, 29.

[389] Zu den analytischen Schwächen *Katsikas*, in: Rengger, Evaluation Global Orders, S. 113, 114, 119 ff.

[390] Siehe die Systematisierung bei *Ohler*, VVDStRL 79 (2020), S. 347, 352 f.

[391] So *Engel*, A Constitutional Framework for Private Governance, S. 1, 4 ff., 34.

[392] *Bernstein/Cashore*, in: Rittberger/Nettesheim/Huckel, Authority in the Global Economy, S. 276.

[393] *Fischer*, Recht ohne Staat, S. 85; *Keller*, in: Wolfrum/Röben, Legitimacy in International Law,

deten Vorläufer der internationalen Schiffswegeführung, die heute von der IMO gelenkt wird[394], Verkehrstrennungsgebiete, die Ende des 19. Jahrhunderts durch Gentlemen's Agreements zwischen Reedereien eingerichtet wurden[395]. Auch die Umweltbergung gehört in diese Kategorie, denn das vertragliche Bergungsrecht hat bereits vor dem Inkrafttreten der Bergungskonvention einen ökonomischen Anreiz für Bergungsunternehmen geschaffen, Umweltschäden zu begrenzen, und damit die Idee des „Bergers als Umweltschützer" realisiert[396]: Ursprünglich ist das Bergungsrecht an der Idee der Sachbergung orientiert, nach der die Belohnung des Bergers vom Erfolg seiner Rettungsaktion und der Bergung von Eigentum abhängt. „No cure – no pay" – ohne Erfolg keine Zahlung in Form des Bergelohns – lautet der Leitsatz[397]. Die Tankerunglücke in den 1960er und 70er Jahren zeigten indes, dass die Bergung solcher Tanker wegen der zunehmenden Schiffsgröße teuer und unwirtschaftlich war[398]. Im Bereich des Bergungsrechts hat der Markt schon früh standardisierte Vertragsvorlagen entwickelt, denn professionelle Bergungsaktivitäten werden regelmäßig auf vertraglicher Grundlage durchgeführt und die Standardverträge erübrigen im Notfall Vertragsverhandlungen[399]. Eine herausragende Stellung nimmt der Lloyd's Standard Form of Salvage Agreement ein (Lloyd's Open Forms, LOF), das durch die Salvage Arbitration Branch bei Lloyd's in London verwaltet wird. Die Vertragsausgabe LOF 80 (1980)[400] ging erstmals über das traditionelle Konzept „No cure – no pay" hinaus, indem sie ein Sicherheitsnetz vorsah[401]: LOF 80 garantierte, dass die Kosten des Bergungspersonals bezahlt werden, falls der Wert des geborgenen Eigentums nicht ausreichen sollte, um eine normale Bergungsprämie zu erhalten. Darüber hinaus erhielt der Bergungsarbeiter einen Zuschlag von bis zu maximal 15 Prozent seiner Ausgaben, wenn es ihm gelang, eine Verschmutzung zu verhindern oder einzudämmen. Die internationale Staatengemeinschaft nahm die LOF-Idee unter neuem Namen auf[402]: Das Internationale Bergungsübereinkommen (ICS)[403] führte in Art. 14 ein Anreizsystem ein, das als „Sondervergütung" („special compensation") bezeichnet wurde. Sie ist vom Schiffseigner

S. 219, 222; von „Platzhalter" sprechend *Ipsen*, Private Normenordnungen, S. 211; für den Bereich der Menschenrechte *Brysk*, Human Rights and Private Wrongs, S. 120.

[394] Siehe unten 4. Kapitel, VI. 2. und 3.

[395] *Gold*, Journal of Maritime Law and Commerce 14 (1983), S. 1, 4.

[396] *Kirchner*, TranspR 1999, S. 235, 237.

[397] Etwa § 576 HGB; völkervertragsrechtlich erstmals niedergelegt in der 1910 Brussels Salvage Convention, *Bahnsen*, in: Rabe/Bahnsen, Seehandelsrecht, Vor § 574 Rn. 7 f., 11; zum amerikanischen und englischen Recht *Nummey*, Fordham Environmental Law Review 20 (2017), S. 267, 281 f.

[398] Die Aussicht auf Rettung von Sachwerten ist v. a. gering, wenn ein alter Tanker schwer beschädigt ist, zum Beispiel im Fall der Torrey Canyon, siehe *Mudrić*, PPP god. 9 (2010), S. 471, 474.

[399] *Bahnsen*, TransportR 2010, S. 317; *ders.*, in: Rabe/Bahnsen, Seehandelsrecht, Vor § 584 Rn. 8.

[400] Zur aktuellen Ausgabe https://www.lloyds.com/resources-and-services/lloyds-agency/salvage-arbitration-branch/lloyds-open-form-lof (zuletzt abgerufen: 20.06.2023).

[401] *Bundock*, Shipping Law Handbook, S. 661.

[402] *De La Rue/Anderson*, Shipping and the Environment, S. 537.

[403] International Convention on Salvage vom 28.4.1989, BGBl. 2001 II S. 510, 1953 INTS 194, in Kraft seit 14.7.1996.

zu zahlen, wenn der Berger Schäden an der Umwelt verhindert oder auf ein Minimum reduziert hat und der Wert des geborgenen Eigentums nicht ausreicht, um eine Bergungsprämie zu erhalten. Das vertragliche Bergungsrecht erwies sich aber auch in der Folgezeit als Pionier. Während LOF 80 in allen Gewässern galt, ist die Sondervergütung auf Bergungen in „Küsten- oder Binnengewässern und daran angrenzenden Gebieten" (Art. 1 d) ICS) beschränkt. Zudem trat das Abkommen erst 1996 in Kraft. LOF 90 (1990) setzte Art. 14 ICS hingegen sofort in Kraft. Zudem erwies sich die Sondervergütung in der Praxis als ein zeitaufwändiges System, und es gab Schwierigkeiten bei der Festsetzung der Sondervergütung. Dem begegnet ein alternatives System (SCOPIC-Klausel), das gemeinsam von Bergungsunternehmen, P & I-Clubs, Underwritern und Schiffseignern entwickelt wurde[404].

bb) Konkurrent

Private internationale Verwaltung kann trotz Vorhandensein staatlicher oder überstaatlicher Lösungsansätze, aber unabhängig davon entstehen. *Susan Strange* sieht in Bezug auf transnationale Unternehmen eine „parallel authority alongside with governments" im Entstehen, die auch die traditionellen Arenen staatlicher Autorität erfasst[405]. Diese private konkurrierende Tätigkeit[406] kann einerseits als echte Alternative auftreten[407] und im Ergebnis eine verdrängende Wirkung auf die staatliche Tätigkeit entfalten[408]. Eine solche substituierende Konkurrenz wird im Bereich von Corporate Social Responsibility beobachtet[409]; transnationale Unternehmen drängten darauf, dass in Entwicklungsländern ihre Sozialanforderungen statt der nationalen Normen angewandt würden, selbst wenn die eigenen ein geringeres Schutzniveau aufwiesen[410]. Andererseits kann sich diese Konkurrenz im Lauf der Zeit zu einer symbiotischen Beziehung mit dem staatlichen und überstaatlichen Recht entwickeln. So können sich Private an diesem als Modell orientieren[411] und

---

[404] Geben die Parteien eines LOF-Bergungsvertrags an, dass SCOPIC gilt, hält der Berger die Option, das vertragliche Vergütungssystem nach Maßgabe der SCOPIC-Klausel auszugestalten, wonach sich die Vergütung nach im Voraus vereinbarten Tarifsätzen bemisst; diese tritt an die Stelle der Sondervergütung, *Nummey*, Fordham Environmental Law Review 20 (2009), S. 267, 288 ff.; ferner *Bahnsen*, in: Rabe/Bahnsen, Seehandelsrecht, Vor § 584 Rn. 16–20. Gleichzeitig wurde mit dem speziellen Unfallrepräsentanten eine Institution geschaffen, die während einer Bergung sicherstellen soll, dass alle Interessen, einschließlich des Umweltschutzes, zur Geltung kommen, *De La Rue/Anderson*, Shipping and the Environment, S. 580.

[405] *Strange*, The Retreat of the State: The Diffusion of Power in the World Economy, S. 65.

[406] *Teubner/Korth*, in: Kötter/Schuppert, Normative Pluralität ordnen, S. 137, 148.

[407] Zu dieser Rolle *Hutter*, in: Schuppert, Global Governance and the Role of Non-State Actors, S. 63, 76; *Renckens*, Private Governance and Public Authority, S. 2 f.; *Richmann*, Columbia Law Review 104 (2004), S. 2328, 2336 f.; *Ipsen*, Private Normenordnungen, S. 52.

[408] *Windbichler*, in: Möllers, Faktizität und Geltung von Standards, S. 19, 32–24; auch *Walter*, German Yearbook of International Law 43 (2001), S. 170, 187; *Benvenisti*, The Law of Global Governance, S. 58.

[409] Kritisch *Fransen/Burgoon*, Global Policy 8 (2017), S. 5, 7; *Rühmkorf*, ZGR 2018, S. 410, 416.

[410] *Kocher*, in: Lindemann, Erzählungen vom Konstitutionalismus, S. 151, 159.

[411] *Ipsen*, Private Normenordnungen, S. 208.

ihre Durchsetzung durch eigene Mechanismen effektuieren; wenn nicht-staatliche Akteure dergestalt die Verbreitung internationaler Normen unterstützen, lassen sie sich als transnationale Normunternehmer verstehen[412].

Im Seeverwaltungsrecht machen etwa die P & I Clubs, einer Art von Versicherungsvereinen auf Gegenseitigkeit, auch die Einhaltung von IMO-Normen zur Aufnahmebedingung und wirken dadurch auf deren Durchsetzung hin[413]. Das von der Ölindustrie entworfene TMSA-Programm (Tanker Management Self Assessment) ist eine Hilfestellung für die Schiffseigner und -betreiber, damit diese ihre internen Schiffssicherheitssysteme gegen zwölf Best Practice-Elemente beurteilen können, und wird durch die Ölmultis kontrolliert. TMSA kann als privates Pendant zum International Safety Management (ISM) Code der IMO[414] betrachtet werden, da es wie dieser Code Anforderungen an ein sicheres Management von Schiffen formuliert. Es wurde ins Leben gerufen, um die Implementierung des ISM Codes zu verbessern, da dieser zu wenig Details vorgab und sich daher viele Unternehmen auf die Einhaltung der Minimalanforderungen des Codes beschränkten[415].

Dass Anforderungen, die Private stellen, höher sind als (über-)staatliche Anforderungen, lässt sich besonders gut im Seearbeits- und Seesozialrecht beobachten. Gewerkschaften sind nicht nur in die tripartistische Rechtssetzung in der ILO einbezogen[416]. Daneben hat sich das ITF-Regime etabliert[417]. Die Internationale Transportarbeiter-Föderation (ITF) betrachtet die ILO-Anforderungen in der Maritime Labour Convention 2006 (MLC 2006) als einen Mindeststandard, den sie akzeptiert und unterstützt, aber den Schutz der Seeleute unabhängig von der ILO vorantreibt, so dass sich das Seearbeits- und Seesozialrecht im Ergebnis als ein Zwei-Säulen-Modell erweist[418]. Die ITF sieht v.a. die Heuerempfehlungen der JMC[419] als absolute Wuchergrenze. Diese Zweiteilung ist zwar aus dem nationalen Recht bekannt. Sucht

---

[412] Grdl. *Koh*, Houston Legal Review 35 (1998), S. 623, 648, der Sunsteins innerstaatliches Konzept des Normunternehmers auf den grenzüberschreitenden Bereich übertrug. Nach Koh bedienen sich die transnationalen Normunternehmer v.a. Mechanismen der Mobilisierung der öffentlichen Meinung und politischer Unterstützung oder Überzeugungsarbeit, um internationale Normen in der nationalen Rechtsordnung zur Geltung zu bringen. In dem hier zugrunde gelegten Kontext zielen Private hingegen auf eine unmittelbare Implementierung und nicht auf eine staatlich vermittelte. Wegen des Endziels und des Rückgriffs auf eigene Mechanismen lässt sich Kohs Konzept aber auch auf diese Konstellation anwenden.

[413] Siehe unten 4. Kapitel, II. 2. c.

[414] Der International Safety Management Code (ISM Code) der IMO, der als Teil von SOLAS (Kapitel IX) verbindlich ist, legt Anforderungen an die private Organisation einer sicheren und umweltfreundlichen Schifffahrt fest.

[415] *Karti*, Vetting and TMSA, S. 45 f.; The North of England P & I Association, Tanker Management Self Assessment, S. 8.

[416] Siehe unten 5. Kapitel, II. 5. b.

[417] Siehe oben 2. Kapitel, B. II. 2.

[418] Für die Höhe der Heuer bereits *Däubler*, Der Kampf um einen weltweiten Tarifvertrag, S. 32 f.

[419] Die MLC 2006 sieht in Leitlinie B2.2.4, dass sich die Mindestheuer für bestimmte Seefahrer an den Empfehlungen der aus Vertretern der Seeleute und der Reeder zusammengesetzten Joint Maritime Commission (JMC) orientieren soll.

man den Vergleich mit dem deutschen Recht, dann fällt aber auf, dass die Tarifautonomie durch die MLC 2006 nicht im selben Maße abgesichert und gestärkt wird: Im deutschen Recht haben Tarifverträge auch eine Normwirkung (§ 4 I 1 Tarifvertragsgesetz, TVG) und es besteht für sie eine Anwendungspflicht für Justiz und Verwaltung, was ihre Durchsetzung fördert[420]. Solche Mechanismen sind auf internationaler Ebene[421] für die ITF Agreements unbekannt, so dass ihre Implementierung und Durchsetzung weitgehend durch die ITF selbst gelenkt wird[422].

cc) Zulieferer

In der dritten Kategorie treten Private als Zulieferer für die internationale Staatengemeinschaft auf, indem überstaatliche Instanzen oder die Staaten zur Erfüllung ihrer völkerrechtlichen Pflichten auf private Strukturen zurückgreifen. Im Unterschied zum Konkurrenzmodell ist das Zusammenwirken mit Privaten in dieser Konstellation von der öffentlichen Sphäre bewusst herbeigeführt. Dabei werden teils aus den nationalen Rechtsordnungen bekannte Instrumente eingesetzt wie der Verweis oder die Inkorporation privater Normen[423], teils finden sich aber auch neue Techniken oder Kombinationsmodelle, deren Zuordnung schwierig ist[424]. In der Politikwissenschaft spricht man auch von einer „delegated authority“[425] oder „shared governance“[426]. Eine etablierte Zulieferrolle nehmen die Klassen wahr, die daher näher betrachtet werden sollen:

Die Klassifikations- oder Klassifizierungsgesellschaften (Classification Societies)[427], kurz Klassen (Classes), sind grundsätzlich private[428] technische Sachverständigenorganisationen, die auf Hunderte bis Tausende von Fachleuten (Class Surveyors) in Häfen und Werften weltweit zurückgreifen können[429] und teils sogar über eigene Forschungsabteilungen verfügen[430]. Insgesamt bieten mehr als 50 Organisationen Klassifikationsdienstleistungen an[431], von denen die zwölf mit der größten Reputation[432], die zusammen ca. 90 % der weltweiten Frachttonnage klassifizieren, in der International Association of Classification Societies (IACS) ver-

---

[420] *Löwisch/Rieble*, in: dies., TVG, § 1 Rn. 118–122, § 4 Rn. 117.

[421] Ob ITF Agreements Tarifverträge i. S. d. § 1 TVG sind, ist mangels Klärung der Tariffähigkeit der ITF umstritten, *Ludewig*, Kollektives Arbeitsrecht auf Schiffen, S. 165 ff.; *Zachert*, NZA 2000, S. 121, 122 f. Das BAG hat die Frage offengelassen (NZA 2001, S. 331, 332 f.). Allgemein zum Rechtsstatus internationaler Rahmenabkommen *Zimmer*, Soziale Mindeststandards, S. 267 ff.

[422] Siehe unten 3. Kapitel, VI. 4. c.

[423] Siehe unten 5. Kapitel, I. 3. b.

[424] *De Bellis*, International Journal of Constitutional Law 9 (2011), S. 425 ff.

[425] *Green*, Rethinking Private Authority, S. 33, 54 ff., 104 ff.

[426] *Cashore/Auld/Newsom*, Governing through Markets, S. 3, 28.

[427] *Jessen*, in: EU Maritime Transport Law, Chapter 4 Rn. 1.

[428] Gerade in einigen asiatischen Ländern sind sie aber staatlich, *Goebel*, RdTW 2018, S. 365, 367.

[429] *Lagoni*, The Liability of Classification Societies, S. 31.

[430] COM 2000(142) fin., S. 18.

[431] Sogar von über 90 ausgehend *Mansell*, Flag State Responsibility, S. 139.

[432] ABS – American Bureau of Shipping; BV – Bureau Veritas; CCS – China Classification Society; CRS – Croatian Register of Shipping; DNV GL; IRS – Indian Register of Shipping; KR –

bunden sind[433]. Die Klassen haben ein System der privatrechtlich organisierten Schiffssicherheit aufgebaut[434], weswegen sie auch als die inoffiziellen Polizisten der maritimen Welt bezeichnet werden[435]. Ihre Dienstleistungen bieten sie privaten und öffentlichen Akteuren an[436]:

– Klassifikationsgesellschaften untersuchen die strukturelle Stabilität und Integrität des Schiffskörpers sowie die Funktionsfähigkeit und Zuverlässigkeit der Maschinenanlagen einschließlich der elektronischen Einrichtungen. Dazu entwickeln sie technische Normen, v. a. Klassifikationsvorschriften (Class Rules) sowie Bauvorschriften[437], und überwachen deren Einhaltung durch ihre Fachleute bereits während des Schiffdesigns und -baus, indem etwa die Entwürfe analysiert, die Materialien inspiziert, der Bau in der Werft beobachtet und die Testläufe besucht werden. Wenn das Schiff den Anforderungen der Klassifizierungsgesellschaft genügt, dann erteilt sie ein Klassenzertifikat und der Name des Schiffs wird im Schiffsregister der Klasse veröffentlicht. Das für jede Klasse charakteristische Klassezeichen (Class Symbol) indiziert diese Konformität[438]. Nach Abschluss des Klassifikationsverfahrens wird nach einem fünf Jahre-Zyklus kontrolliert, ob die Klassifikationsvorschriften weiterhin eingehalten sind. Zu dieser Klassifikation als technische Gutachtentätigkeit besteht keine gesetzliche Pflicht, sie ist für die Schiffseigner jedoch von enormer wirtschaftlicher Bedeutung, worauf das Schlagwort „ohne Klasse keine Kasse“ verweist[439]. Das liegt daran, dass ihre Vertragspartner wie Versicherungen[440] und Charterer[441]

Korean Register of Shipping; LR – Lloyd's Register; NK – ClassNK; PRS – Polish Register of Shipping; RINA – Registro Italiano Navale; RS – Russian Maritime Register of Shipping.

433 Den Anstoß zur Gründung der IACS im Jahr 1968 führt die IACS auf einen völkerrechtlichen Vertrag, die International Load Line Convention von 1930, zurück, der eine Harmonisierung der Klassentätigkeit empfahl, ebenda, IACS, Classification Societies, S. 4. Andere Klassifikationsgesellschaften sind in der International Federation of Classification Societies (IFCS) zusammengeschlossen.

434 *Basedow/Wurmnest*, Die Dritthaftung von Klassifikationsgesellschaften, S. 5.

435 *Miller*, Tulane Maritime Law Journal 22 (1997), S. 75.

436 Siehe IACS, Classification Societies, die Zusammenfassungen von *Lorenzon*, in: Baatz, Maritime Law, Chapter 9.8 und *Stopford*, Maritime Economics, Chapter 16.3; monographisch *Lux*, Classification Societies; Lagoni, Liability of Classification Societies; *Goebel*, Classification Socities.

437 *Kraft/Schlingmann*, VersR 2004, S. 1095.

438 Im Unterschied zu den Anfängen der Schiffsklassifikation, die verschiedene Qualitätsstufen kannte, die durch Klassenzeichen ausgewiesen wurden (etwa G – Good –, M – Middling –, B – Bad), wird heute nur noch festgestellt, ob die Klassifikationsvorschriften eingehalten sind oder nicht („in“ or „out of class“); die Übereinstimmung mit zusätzlichen Anforderungen kann aber durch Class Notations ausgewiesen werden, IACS, Classification Societies, S. 4.

439 *Basedow/Wurmnest*, Die Dritthaftung von Klassifikationsgesellschaften, S. 6; *Drobnig*, Tätigkeit und Haftung von Klassifikationsgesellschaften, S. 91.

440 Siehe für die Kaskoversicherung etwa § 23.1 der DTV-Kaskoklauseln 1978/2004: „Der Versicherer leistet keinen Ersatz für einen Schaden, der dadurch verursacht ist, dass das Schiff [...] ohne die zum Ausweis von Schiff, Besatzung und Lagerung erforderlichen Papiere oder ohne die höchste Klasse einer anerkannten Klassifikationsgesellschaft und den Fahrterlaubnisschein der See-Berufsgenossenschaft oder – bei ausländischer Flagge – der zuständigen Behörde in See gesandt wurde.“.

441 Siehe etwa Clause 6(a) des BIMCO-Formularvertrages NYPE 2015: „The Owners shall [...]

in ihren Verträgen regelmäßig den Nachweis und auch den Erhalt der Klasse verlangen[442]. Klassen erbringen demnach eine Informationsvermittlungsdienstleistung für die maritimen Märkte, indem sie diesen den tatsächlichen Zustand eines Schiffes offenbaren[443].

- Viele[444] Flaggenstaatverwaltungen greifen auf die Dienste von Klassen zurück, wenn sie aufgrund seevölkerrechtlicher Vorgaben überprüfen müssen, ob die Schiffe, die unter ihrer Flagge fahren, die internationalen Sicherheits- und Umweltvorschriften sowie die Sozialstandards der MLC 2006 einhalten. Werden Klassen im Auftrag von Flaggenstaaten tätig (Statutory Role), dann werden sie auch als anerkannte Organisationen (Recognized Organizations, ROs) bezeichnet[445]. Die Flaggenstaaten sind allerdings nicht durch das internationale Recht verpflichtet, Klassen heranzuziehen. Hinter ihrem Interesse stehen zum einen fehlende Ressourcen, was die Klassen gerade für Billigflaggenstaaten attraktiv macht, da diese eine große Flotte, aber kaum entsprechende Verwaltungsstrukturen unterhalten[446]. Man denke etwa an dic Bahamas oder die Marschallinseln, die große Handelsflotten unter ihrer Flagge fahren lassen. Zum anderen kann die Flaggenstaatverwaltung Schiffe nur extraterritorial kontrollieren, wenn die Zustimmung des jeweiligen Staats vorliegt; andernfalls müssten die Schiffe jedes Mal in den Hafen des Flaggenstaats zurückkehren[447]. Der Rückgriff auf das weltweite private Expertennetzwerk ermöglicht den Flaggenstaaten damit, trotz der internationalen Mobilität der Schiffe ihren seevölkerrechtlichen Pflichten nachzukommen. Dementsprechend variiert der Umfang, in dem die Flaggenstaatenverwaltung auf Klassen zurückgreifen[448]: Teils werden sie nur partiell eingesetzt, v. a. wenn es um Kontrollen in ausländischen Häfen geht (Modell der Teildelegation)[449]. Manche Flaggenstaaten, gerade Billigflaggen, delegieren sogar die gesamte

maintain the Vessel's class and keep her in a thoroughly efficient state in hull, machinery and equipment for and during the service, and have a full complement of officers and crew."

[442] *Lagoni*, Liability of Classification Societies, S. 11 ff.

[443] *Goebel*, Classification Societies – Competition and Regulation of Maritime Information Intermediaries. Diesen Informationsbedarf der maritimen Märkte verdeutlicht auch ihre Historie: Ihre Gründung geht auf die englische Versicherungswirtschaft zurück, die neutrale Sachverständige benötigte, um die Schiffe nach ihrem Risiko einzustufen, *Smith*, On a Flood Tide, S. 2 ff.

[444] Aber nicht alle, siehe *Özçayır*, Port State Control, Rn. 12.13.

[445] Mit unterschiedlichen Definitionen IMO, Code for Recognized Organizations, Part II 1.1.; Art. 2 e) VO 391/2009, ABl. 2009 L 131, S. 11.

[446] *Schult*, Das völkerrechtliche Schiffsicherheitsregime, S. 50.

[447] *Lagoni*, Liability of Classification Societies, S. 22 f.; zum Aspekt der Internationalität auch BT-Drs. 17/10959, S. 108.

[448] Zu den zwei Grundmodellen *Lagoni*, Liability of Classification Societies, S. 23, 235. Diese zwei Modelle spiegeln sich auch in der MLC 2006 wider (Regel 5.1.1 III 1). Danach kann ein Staat bei der Einrichtung eines wirksamen Systems für die Überprüfung und Zertifizierung der Seearbeitsbedingungen anerkannte Organisationen „zur Durchführung von Überprüfungen oder zur Ausstellung von Zeugnissen oder zu beidem ermächtigen"; feiner differenzierend IMO, Resolution MSC/Circular.710, 9.10.1995, Appendix I: „full authorization", „partial authorization" und „limited authorization".

[449] IACS, Classification Societies, S. 9.

Kontrolltätigkeit einschließlich der Erteilung der staatlichen Schiffszertifikate (Statutory Certificates) auf sie (Modell der Volldelegation)[450]. Rechtstechnisch beruht die Statutory Role auf zwei Vereinbarungen, eine Vereinbarung zwischen Klasse und Flaggenstaat, der die Delegation der Statutory Role zum Gegenstand hat[451], und eine Vereinbarung zwischen Klasse und Schiffseigner, die die Ausführung der Statutory Role zum Gegenstand hat[452].

- Die IACS wirkt mittelbar auf die Statutory Role ihrer Mitglieder ein. Grundsätzlich ist es Sache des Flaggenstaats, die Auslegung und Anwendung der internationalen Standards für die Schiffe unter seiner Flagge anzuleiten. Die IACS erlässt aber Unified Interpretations (UIs), die eine Konkretisierungshilfe für die internationalen Normen darstellen, deren Einhaltung die Klassen als ROs kontrollieren[453]. Die UIs sollen subsidiär zur Anwendung kommen, d.h. wenn die jeweilige Flaggenstaatverwaltung keine Auslegungshinweise erteilt[454].

Die Klassifikationsgesellschaften üben damit sowohl private als auch öffentliche Funktionen aus[455], was in der maritimen Literatur unter dem Begriff ihrer dualen Rolle bzw. der Zwillingsfunktion bekannt ist[456]. Diese Doppelrolle ist aber keineswegs ein seerechtliches Spezifikum, denn sie findet sich auch in anderen internationalisierten Bereichen wie dem Finanzmarktrecht[457]. Weiter ist zu sehen, dass sich die zwei Funktionen überschneiden[458]: Zunächst spezialisieren sich die Klassen nicht jeweils auf eine der Rollen, sondern üben beide gleichzeitig aus. Zudem dient dieselbe Inspektion teils sowohl Klassifikationszwecken als auch der Erfüllung der Statutory Role und bei der Untersuchung, ob die internationalen Normen eingehalten sind, wird auf die Erkenntnisse aus der Klassifikation zurückgegriffen[459]. Schließlich trägt auch die private Funktion zur Schiffssicherheit bei und erfüllt daher zugleich eine öffentliche Funktion[460]. Gleichwohl ist die analytische Trennung

---

[450] *Lagoni*, Liability of Classification Societies, S. 22, 26.

[451] In Deutschland bedarf dieses Auftragsverhältnis (§ 6 II 1 SeeAufgG) der Zustimmung des Bundesministeriums für Verkehr und digitale Infrastruktur, § 9 SchSV i. V. m. Anlage B.3.3.

[452] *Lagoni*, Liability of Classification Societies, S. 53 f. Für Deutschland siehe § 9 SchSV i. V. m. Anlage B.3.1. Mit dem Schiffseigner besteht daneben mit dem Classification Contract eine weitere Vereinbarung, die sich allerdings auf die Durchführung der oben genannten Klassifizierungstätigkeit bezieht, ebenda, S. 43. Teilweise wird der Vertrag auch mit der Werft abgeschlossen, ebenda.

[453] IACS, Classification Socities, S. 8.

[454] Die IACS richtet die Unified Interpretations zwar direkt an die Flaggenstaatverwaltungen, setzt aber gleichzeitig die IMO über ihren Inhalt in Kenntnis, ebenda.

[455] *Ulfbeck/Møllmann*, in: Rott, Certification, S. 213 f.

[456] Siehe nur *Jessen*, in: EU Maritime Policy, Chapter 4 Rn. 8.

[457] Ratingagenturen bilden etwa ein Beispiel für Private Authorities einer Global Governance, *Kerwer*, Standardising as Governance: The Case of Credit Rating Agencies; gleichzeitig gelten sie als privat-öffentliche Intermediäre, da ihre Ratings zunehmend auch als Grundlage für behördliche Entscheidungen dienen, *Bauer*, Ein Organisationsmodell zur Regulierung der Rating-Agenturen, S. 22 ff., 82 ff.

[458] *Ulbeck/Møllmann*, in: Rott, Certification, S. 213, 224 ff.

[459] *Lagoni*, Liability of Classification Societies, S. 255 f.

[460] *Ulbeck/Møllmann*, in: Rott, Certification, S. 213, 225, 227.

gerechtfertigt, da die Klassen einmal primär als ein privates Risikomanagement-Instrument und einmal primär zu Gunsten der Staatengemeinschaft tätig werden.

dd) Fazit: kein statisches Verständnis

Die drei Kategorien sind insofern dynamisiert[461], als sich zeitlich betrachtet Verschiebungen zwischen den Kategorien ergeben können[462]. Rein private Ordnungsleistungen sind meist nur vorübergehende Erscheinungen[463]; Pionierleistungen bilden oftmals die Grundlage für eine spätere Zuliefererrolle[464]. Man kann sie daher von einer ex-post-Perspektive aus auch als Überbrückungslösung verstehen. Der Fall der Klassen zeigt zudem, dass sich die Kategorien nicht gegenseitig ausschließen müssen, da Private mehrere Rollen gleichzeitig bedienen können.

b) Konfuse statt geordnete Aufgabenteilung

Im internationalen Verwaltungsrecht spielen nicht-staatliche Akteure somit eine große Rolle und sind zugleich mit (über-)staatlichen Akteuren eng verwoben. Oder in den Worten von *Sabino Cassese*: Im globalen Verwaltungsraum verschwimmen die Grenzen zwischen privat und öffentlich[465]. Solche Konvergenztendenzen sind allerdings auch im nationalen Verwaltungsrecht bekannt[466]; gleichwohl können seine Beschreibungsangebote nicht auf den grenzüberschreitenden Bereich übertragen werden. Das liegt daran, dass im nationalen Kontext das Verhältnis von Staat und Gesellschaft bzw. Öffentlichem Recht und Privatrecht als ein im Grunde genommen geordnetes dargestellt wird:

- *Wechselseitige Auffangordnungen*: Dies kommt in der Beschreibung von Verzahnungen privater und öffentlicher Ordnung als ein Modell „wechselseitiger Auffangordnungen"[467] zum Ausdruck, das bewusst einer Verabsolutierung ihrer Trennung entgegengesetzt wird. Ausgehend von der Einsicht, dass jede Teilrechtsordnung verschiedene Funktionen und Instrumente aufweist, fragt die Auffangidee danach, wie die Steuerungsleistungen, die eine Teilrechtsordnung allein nicht bewerkstelligen kann, durch Rückgriff auf die Potentiale einer anderen

---

[461] *Cutler*, in: Cutler/Haufler/Porter, Private Authority and International Affairs, S. 283, 343; zu Private Ordering *Schwarcz*, Northwestern University Law Press 97 (2002), S. 319, 324.

[462] Für das Verhältnis von Private Authority und Public Authority *Kruck*, PVS 55 (2014), S. 598 ff.

[463] Für die transnationale Regulierung der Forstwirtschaft *Meidinger*, European Journal of International Law 17 (2006), S. 47, 48, 59 f.

[464] *Schwarcz*, Northwestern University Law Press 97 (2002), S. 319, 328.

[465] Zum „blurry divide between public and private law" *Cassese*, NYU Journal of International Law and Politics 37 (2005), S. 663 ff.; ferner *Casini*, International Journal of Constitutional Law 12 (2014), S. 402 ff.

[466] Rechtsvergleichend *Ruffert*, The Public-Private Law Divide: Potential for Transformation?.

[467] *Hoffmann-Riem*, in: ders./Schmidt-Aßmann, Innovation und Flexibilität des Verwaltungshandelns, S. 9, 58 f.; *Schmidt-Aßmann/Hoffmann-Riem*, Öffentliches Recht und Privatrecht als wechselseitige Auffangordnungen; jüngst *Schlacke*, VVDStRL 79 (2020), S. 169, 197.

erbracht werden können[468]. Der Begriff des „Auffangens“ impliziert, dass eine Teilrechtsordnung die Regelungslücken der anderen aufgreift, ausfüllt und dadurch ausgleicht, so dass Öffentliches Recht und Privatrecht im Ergebnis idealerweise in einem harmonischen Verhältnis gegenseitiger Abstützung und Abstimmung zueinanderstehen; „unverknüpfte Parallelen“ bleiben außer Betracht[469]. Wie am Beispiel der Klassen illustriert, können zwar auch im internationalen Verwaltungsrecht Private eine ergänzende Funktion einnehmen, sie können aber auch in weniger harmonische Konkurrenz zu einer nationalstaatlichen Regulierung treten. Der Rückgriff auf die Auffang-Metapher beschriebe das Verhältnis privater und öffentlicher Ordnung daher unvollständig[470].

- *Regulierte Selbstregulierung*: Dieses Verständnis einer Ordnung spiegelt sich auch im Konzept der hoheitlich regulierten bzw. staatlich veranlassten oder gesteuerten Selbstregulierung[471] wider, nach der der Staat durch verschiedene Modi[472] Impulse für ein Tätigwerden Privater gibt und den normativen Rahmen für eine private Aufgabenwahrnehmung festlegt, um auf diese Weise seiner Gemeinwohlverpflichtung nachzukommen. Nach der Grundidee der regulierten Selbstregulierung gibt es einen zentralen Akteur, der die private Regulierung auch erzwingen kann, doch dies passt für grenzüberschreitende Phänomene wenig[473]. Private Authority wird durch unterschiedliche Nachfrager angestoßen[474]. Weiter ist zu berücksichtigen, dass private Regime teilweise auch als Antwort auf ein staatliches Versagen entstehen, gerade in Entwicklungsländern[475].
- *Privatisierung*: Der Begriff der Privatisierung wird auch für den grenzüberschreitenden Bereich herangezogen[476]. Privatisierung geht im organisationsrechtlichen Kontext indes regelmäßig von einer aufgabenbezogenen Verschiebung im Verhält-

[468] Als Verknüpfungstechniken werden Transfer, Kombination und Substitution genannt, siehe *Hoffmann-Riem*, in: Schmidt-Aßmann/Hoffmann-Riem, Öffentliches Recht und Privatrecht als wechselseitige Auffangordnungen, S. 261, 304 ff.

[469] *Hoffmann-Riem*, in: Schmidt-Aßmann/Hoffmann-Riem, Öffentliches Recht und Privatrecht als wechselseitige Auffangordnungen, S. 261, 273.

[470] Eine Übertragung hingegen in Erwägung ziehend *Ruffert*, in: Möllers/Voßkuhle/Walter, Internationales Verwaltungsrecht, S. 395, 417.

[471] *Schmidt-Preuß*, in: Schuppert, Jenseits von Privatisierung und „schlankem“ Staat, S. 195, 196; *Burgi*, Funktionale Privatisierung und Verwaltungshilfe, S. 87; Regulierte Selbstregulierung als Steuerungskonzept des Gewährleistungsstaates, DV 2001, Beiheft 4.

[472] *Burgi*, Funktionale Privatisierung und Verwaltungshilfe, S. 87 mit Fn. 85; *Merten*, Private Entscheidungsträger und Europäisierung der Verwaltungsrechtsdogmatik, S. 135.

[473] Anders für das Internet *Knill/Lehmkuhl*, in: Sinclair, Global Governance, S. 412, 424 f.; sowie *Wolf*, in: Bumke/Röthel, Privates Recht, S. 187, 193, der bereits die „Möglichkeit öffentlicher Regulierung“ genügen lässt, um von regulierter Selbstregulierung auszugehen.

[474] Siehe oben 3. Kapitel, VI. 3. a.

[475] *Scott/Cafaggi/Senden*, Journal of Law and Society 38 (2011), S. 1, 8.

[476] Für das Völkerrecht *Dörr*, JZ 2005, S. 905 ff.; für die Analyse privater Regulierung im Zuge von Europäisierung und Globalisierung heranziehend, *Michaels/Jansen*, in: dies., Beyond the State: Rethinking Private Law, S. 69, 95 ff.; aus der Global Governance-Forschung etwa *Held/McGrew*, in: dies., Governing Globalization, S. 1, 10; für das transnationale Recht *Renner*, Zwingendes transnationales Recht, S. 226; *Maurer*, Lex Maritima, S. 20.

nis Staat und Gesellschaft aus[477]: Der Staat hat eine Aufgabe schon immer erfüllt und setzt dann als Ausdruck der „Entstaatlichung" Private ein, indem er sich aus der Aufgabenerfüllung ganz zurückzieht (materielle Privatisierung), sich für eine private Organisationsform entscheidet (Organisationsprivatisierung) oder Teilbeiträge der Erfüllung der Staatsaufgabe auf Private delegiert (funktionelle Privatisierung). Das Resultat ist eine „Verantwortungsteilung"[478]. Diese zeitliche Reihenfolge im Sinne eines ganzen, teilweisen oder formellen Rückzugs des Staats von seinen Aufgaben trifft auf viele Phänomene im internationalen Verwaltungsrecht nicht zu; umgekehrt werden oftmals von privater Seite aus regulierende Aktivitäten entfaltet, da sie diese besser als der Staat wahrnehmen können[479], und die dann – teilweise – staatlich oder überstaatlich genutzt werden (Zuliefererfunktion). Man nehme nur die Klassen: Die BG Verkehr hat seit ihrer Gründung 1888 auf den bereits 1867 auf Betreiben deutscher Reeder etablierten Germanischen Lloyd zurückgegriffen[480]. Zudem setzt Privatisierung voraus, dass überhaupt eine staatliche Aufgabe vorliegt. Diese Einordnung lässt sich im Seeverwaltungsrecht teilweise bejahen (etwa Art. 94 SRÜ), aber nicht durchweg. Auch die Privatisierungsdebatte im Völkerrecht ist hier nicht erhellend, denn sie wird zum einen herangezogen, um völkerrechtliche Grenzen staatlicher Privatisierungsvorhaben auszuloten[481], und zum anderen soll sie auf die Stärkung der Rechtsposition des Einzelnen und die Ausweitung seiner völkerrechtlichen Verantwortung verweisen[482].

Die drei innerstaatlichen Konzepte erkennen damit privat-öffentliche Mischformen an, halten zugleich aber an den Gegenpolen von Staat und Gesellschaft, von freier Entfaltung und administrativem Zwang, von staatlich imperativer und privatautonomer Aufgabenerfüllung fest, da nach ihnen das Zusammenwirken der Ordnungen planvoll abgeschichtet erscheint und das Verhältnis durch den Staat der Idee nach dirigiert werden kann. Die grenzüberschreitenden Regelungsstrukturen stellen die aus dem nationalen Recht überkommene Unterscheidung zwischen Öffentlichem und privatem Recht hingegen nachhaltig in Frage[483]. In der Folge lassen sie sich weder als schlichtes Ausgreifen des Öffentlichen Rechts auf Prozesse privater Selbstregulierung noch als Aufgabe öffentlicher Regulierungsanliegen zugunsten dynamischer Märkte verstehen[484]. Daher wird in der Literatur eine Überwindung vereinfachender

---

[477] *Burgi*, in: Ehlers/Pünder, Allgemeines Verwaltungsrecht, § 10 Rn. 7; hingegen auf die „Aufgabe von Rechtsmacht" abstellend *Kämmerer*, Privatisierung, S. 37; zu weiteren Privatisierungsvorstellungen *Kirchof*, in: Terhechte, Verwaltungsrecht der EU, § 15 Rn. 1.

[478] Zu den verschiedenen Kategorien dieser Verantwortungsteilung *Burgi*, DVBl. 2003, S. 949 ff.

[479] Für das „neue" Private Ordering *Schwarcz*, Nortwestern University Law Press 97 (2002), S. 319, 320 f.

[480] *Brüders*, Die Tätigkeit des Germanischen Lloyd, S. 314, 397.

[481] *Kees*, Privatisierung im Völkerrecht.

[482] *Dörr*, JZ 2005, S. 905, 906 ff.

[483] *Berman*, Columbia Journal of Transnational Law 43 (2005), S. 485, 518 ff.; *Chinkin*, European Journal of International Law 10 (1999), S. 387 ff.; *Teubner*, ZfRSoz 19 (1998), S. 8 ff.; schon *Friedman*, The Changing Structure, S. 70.

[484] *Brouder*, in: Tietje/Brouder, Transnational Economic Governance Regimes, S. 1, 6 f.

Reduktionen durch eine Neukonfiguration der Unterscheidung von privater und öffentlicher Rechtsphäre für Global Governance-Konstellationen gefordert:

- *Komplementarität*: Die Transnational Private Regulation (TPR)-Schule möchte das Verhältnis von privater und öffentlicher Sphäre über den Begriff der Komplementarität erfassen[485]. Der Begriff steht weniger für eine spezifische Koordinationsform. Er wird vielmehr funktional verstanden, da Komplementarität nicht nur explizit, sondern gerade auch implizit hergestellt werden kann, etwa wenn sie sich als Folge der Schwäche staatlicher Regulierung darstellt. Auch UNCTAD spricht für den Bereich der Lebensmittelsicherheit und des Umweltschutzes von einer „tacit alliance" zwischen öffentlichem und privatem Bereich[486]. Im Seeverwaltungsrecht finden sich zwar Anschauungsbeispiele, etwa die ROs als Form bewusst hergestellter oder das ILO- und das ITF-Regime als Form organisch gewachsener Komplementarität. Als umfassendes Konzept überzeugt der Komplementaritätsgedanke indes nicht, da er im Ergebnis von Fällen eines sinnhaften Ineinandergreifens ausgeht: Der aus der Quantenphysik stammende Grundsatz steht für den Sachverhalt, dass das Licht in bestimmten Versuchsanordnungen als Wellenphänomen erscheint, in anderen Versuchsanordnungen hingegen als Teilchenstrahlung. Diese Ergebnisse aus einander ausschließenden Experimenten ergänzen sich allerdings wechselseitig zum Gesamtbild der Wirklichkeit[487]. Im Völkerstrafrecht meint Komplementarität (Art. 17 IStGH-Statut) den Vorrang der nationalen Gerichtsbarkeit, die den ersten Zugriff auch auf völkerstrafrechtliche Sachverhalte genießt[488]. Als Regel-Ausnahme-Verhältnis[489] legt der Grundsatz fest, dass die Verfolgungszuständigkeit für das Verbrechen der Aggression vom IStGH nur ausgeübt werden darf, wenn die nationalen Stellen hierzu nicht in der Lage sind. Komplementarität im Sinne von gegenseitiger Ergänzung hat dann aber Schwierigkeiten, die negative Konkurrenz zwischen privater und öffentlicher Sphäre im internationalen Verwaltungsrecht zu erfassen. Schaut man etwa in die Corporate Social Responsbility-Forschung, so ist diese Idee umstritten, da einige Stimmen auch darauf hinweisen, dass die privaten CSR-Regime verdrängende Effekte gegenüber staatlichen Regelungen haben können[490].
- *Polykontexturalität*: *Gunther Teubners* Vorschlag eines künftigen Ordnungsmodells firmiert unter dem Begriff der Polykontexturalität, die ein Epiphänomen der „Pluralität sozialer Sektoren" darstellen soll[491]. Die Weltgesellschaft sei in mehrere Untersysteme fragmentiert und somit erweise sich auch die Rechtsord-

[485] *Cafaggi/Renda/Schmidt*, in: OECD, International Regulatory Co-operation, S. 9, 12; zur TPR-Forschung *Cafaggi*, Journal of Law and Society 38 (2011), S. 20ff.; *ders.*, Journal of International Law 36 (2015), S. 875ff.

[486] UNCTAD, Food Safety and Environmental Requirements in Export Markets, S. 22f.

[487] *Busshoff*, Komplementarität und Physik, S. 25.

[488] Monographisch *Lafleur*, Der Grundsatz der Komplementarität.

[489] *Lafleur*, Der Grundsatz der Komplementarität, S. 150.

[490] *Fransen/Burgoon*, Global Policy 8 (2017), S. 5, 7; *Rühmkorf*, ZGR 2018, S. 410, 416.

[491] *Teubner*, ZfRSoz 19 (1998), S. 8, 10f.

nung als eine fragmentierte. Die überkommene Trennung von Staat und Gesellschaft hält er daher für überholt. Dieses Verständnis geht von der Prämisse aus, dass eine Dichotomie mit ihren abstrakten Abgrenzungsmöglichkeiten nicht mehr fortbesteht; der Trennungsgedanke soll sich nur insofern bewahren lassen, als es um die Unterscheidung zwischen politischer und ökonomischer Rationalität geht[492]. Auch wenn es im internationalen Verwaltungsrecht zu vielen Überlappungen kommt und einfache Unterscheidungen deswegen unterkomplex sind, hat sich diese radikale Annahme nicht bewahrheitet.

Das Konzept der Polykontexturalität ist aber insofern für das internationale Verwaltungsrecht fruchtbar zu machen, als es darauf verweist, dass eine Vielzahl von Perspektiven einzunehmen ist, um das Zusammenspiel von öffentlich und privat zu erfassen[493]. Auch der Staat wird zu einem von vielen Kontexten des Rechts[494]. Erweist sich das Verhältnis zwischen privater und öffentlicher Sphäre dann als ein dynamischer, vielgestaltiger Prozess[495], dann scheint der Begriff konfus passend, um die privat-öffentliche Aufgabenteilung zu beschreiben[496].

c) Internationale Akkreditierung und Zertifizierung als Rechtsfigur

aa) Übertragbarkeit der unionsrechtlichen Figur

Das verworrene Zusammenspiel privat und öffentlich erschwert die rechtsdogmatische Erfassung von Einzelphänomenen der privaten Seeverwaltung. Am Beispiel der Klassen als ROs lässt sich zeigen, dass nationale Kategorien versagen, allerdings eine Anleihe an Figuren des Europäischen Verwaltungsverbunds zu erwägen ist:

Da die Inanspruchnahme von ROs eine flaggenstaatliche Entscheidung ist, liegt es nahe, diese auf der Grundlage innerstaatlicher Dogmatiken zu bewerten. Eine Verwaltungshilfe[497] deutet zwar der Wortlaut des § 6 II 1 SeeAufgG an, der von einer „Hilfe“ anerkannter Organisationen spricht, und wird durch die Gesetzessystematik gestützt, nach der primär die BG Verkehr zuständig ist[498]; doch können die Klassen angesichts ihrer auch normativ anerkannten Eigenständigkeit[499] jedenfalls in dieser Eigenschaft[500] nicht als verlängerter Arm der deutschen Verwaltung be-

---

[492] *Teubner*, ZfRSoz 19 (1998), S. 8, 11.

[493] *Teubner*, ZfRSoz 19 (1998), S. 8, 11.

[494] *Möllers*, in: Joeregs/Sand, Transnational Governance and Constitutionalism, S. 329, 333 f.

[495] Ähnlich, von der Kontextabhängigkeit des Verhältnisses zwischen staatlichen und nichtstaatlichen Akteuren ausgehend *Brouder*, in: Tietje/Brouder, Transnational Economic Governance Regimes, S. 1, 6.

[496] Von „nicht homogenen Verflechtungen“ sprechend *Ohler*, VVDStRL 79 (2020), S. 347, 354.

[497] So auf der Grundlage einer normativen Analyse *Drobnig*, Tätigkeit und Haftung von Klassifikationsgesellschaften, S. 44 ff., der aber gleichzeitig auf die tatsächlich weitergehenden Befugnisse des (damaligen) Germanischen Lloyds verweist, ebenda, S. 70 ff.

[498] § 9 SchSV i. V. m. Anlage 2 B. I. 1., § 6 I i. V. m. § 1 Nr. 4 SeeAufgG.

[499] § 9 SchSV i. V. m. Anlage 2 B.3.1: „Die anerkannte Klassifikationsgesellschaft führt die genannten Besichtigungen eigenständig und in eigener Verantwortung durch.“.

[500] Differenzierend nach der Art des jeweiligen Beitrags *Ehlers*, SeeAufgG, § 6 Rn. 9; *Bubenzer/Peetz/Mallach*, SeeArbG, § 135 Rn. 2.

trachtet werden[501]. Die Besichtigungen der ROs bilden die Grundlage der behördlichen Zeugniserteilung; an die Ergebnisse der Besichtigungen ist die BG Verkehr grundsätzlich gebunden[502]. Diese Eigenständigkeit indiziert eine Beleihung[503], die vorliegt, wenn einem Privaten Verwaltungsaufgaben zur selbstständigen hoheitlichen Wahrnehmung im eigenen Namen durch Hoheitsakt übertragen wurden[504]. Eine Beleihung unterstreicht auch die umgangssprachliche Bezeichnung der Klassen als „Schiffs-TÜV"[505]. Die Sachverständigen des TÜV für den Straßenverkehr, etwa bei der Erteilung oder Verweigerung der Prüfplakette nach § 29 II 2 StVZO, werden als Beliehene eingeordnet, auch wenn sie keine Verwaltungsakte erlassen[506]. Diese innerstaatliche Argumentation widerspricht jedoch der extraterritorialen Tätigkeit der Klassen, die oftmals nicht nur ihren Sitz im Ausland haben, sondern von der Flaggenstaatverwaltung herangezogen werden, um – ohne die Notwendigkeit, eine staatliche Zustimmung einzuholen – im Ausland zu besichtigen[507]. Diese konstruktive Schwierigkeit ließe sich beheben, wenn man die ROs als Verifikateure[508] einordnete[509], bei denen an die Stelle einer behördlichen Kontrolle die Bescheinigung eines privaten Sachverständigen tritt, die mit öffentlich-rechtlichen Rechtsfolgen die Übereinstimmung des Begutachtungsgegenstands mit öffentlich-rechtlichen Normen bestätigt. Eine solche „normative Gutachtenrezeption"[510] kann den Einsatz der Klassen zur Kompensation staatlicher Kontrollverluste gut beschreiben, die im Seeverwaltungsrecht aus der Internationalität der Seeschifffahrt resultieren. Allerdings soll der verifizierende Sachverständige eine Kontrollinstanz innerhalb

[501] Anders *Höltmann*, Schiffssicherheit, S. 113; *Drobnig*, Tätigkeit und Haftung von Klassifikationsgesellschaften, S. 68 f.

[502] Für die Erteilung der Zeugnisse durch die BG Verkehr „gilt der Nachweis, daß die hierfür festgelegten Besichtigungsanforderungen erfüllt sind, als erbracht, wenn die anerkannte Klassifikationsgesellschaft die Besichtigung nach Maßgabe dieser Verordnung durchgeführt hat und […] bestätigt, daß die Anforderungen erfüllt werden" (§ 9 SchSV i. V. m. Anlage 2 B.3.5.). Nur wenn die BG Verkehr „triftige Gründe für die Annahme [hat], daß die Besichtigungen von einer anerkannten Klassifikationsgesellschaft nicht den Vorschriften entsprechend durchgeführt werden, so kann sie […] weitere Nachweise für die Erfüllung der entsprechenden Besichtigungsanforderungen verlangen und eigene Besichtigungen durchführen" (B.3.6.).

[503] So *Kaufmann*, ZaöRV 73 (2013), S. 509, 522.

[504] *Maurer/Waldhoff*, Allgemeines Verwaltungsrecht, § 23 Rn. 58.

[505] *Puttfarken*, Seehandelsrecht, 8. Kap. Rn. 602.

[506] Allgemein BGH, NJW 1968, S. 443, 444; zuletzt BGH, NVwZ-RR 2003, S. 543 f.; BGH, NZV 2001, S. 76, 77; im Rahmen der HP, SO sowie AU nach § 29 StVZO OVG Münster, NZV 2001, S. 184, 189 sowie *Rebler*, SVR 2006, S. 171, 173; davon geht auch der Gesetzgeber aus, BT-Drs. VI/2181, S. 7, 10.

[507] Für das Seearbeits- und Seesozialrecht *Bubenzer/Peetz/Mallach*, SeeArbG, § 135 Rn. 5; *Maus*, Das Beschwerderecht nach dem Seearbeitsgesetz, S. 199; für die Schiffssicherheit *Busche*, DVBl. 2017, S. 1139, der zudem Bedenken wegen des Gesetzesvorbehalts hat, so dass allenfalls eine „faktische, rechtswidrige Beleihung" vorliegen soll.

[508] Zu dieser Figur *Scholl*, Der private Sachverständige, S. 281 ff.; *Scherzberg*, NVwZ 2006, S. 377, 379; *Windmann*, DÖV 2010, S. 396, 399 f.

[509] So für das Seearbeitsrecht *Bubenzer/Peetz/Mallach*, SeeArbG, § 135 Rn. 5; *Maus*, Das Beschwerderecht nach dem Seearbeitsgesetz, S. 199.

[510] *Scholl*, Der private Sachverständige, S. 280.

einer staatlichen Regulierung darstellen[511]. Trotz Ähnlichkeiten berücksichtigte eine Einordnung als Verifikateur demnach die internationale Orientierung der ROs nicht hinreichend.

Daher verdient ein Rückgriff auf Figuren aus dem überstaatlichen Verwaltungsrecht den Vorzug. Eine solche ist die Akkreditierung und Zertifizierung, die aus dem europäischen Produktsicherheitsrecht bekannt ist, aber mittlerweile Eingang in das internationale Verwaltungsrecht gefunden hat[512]. Im unionsrechtlichen Kontext umfasst die Zertifizierung ein Konformitätsbewertungsverfahren durch eine externe privatwirtschaftliche Stelle, die sog. Benannte Stelle, das mit der Berechtigung des Herstellers des Produkts zum Anbringen eines CE-Kennzeichens endet, während die Akkreditierung das vorangehende Zulassungsverfahren meint, das die Kompetenz des externen Dritten und seine Befugnis zur Durchführung der Konformitätsbewertung als Benannte Stelle prüft und feststellt. Die CE-Kennzeichnung bescheinigt gegenüber den mitgliedstaatlichen Behörden, dass das Produkt mit den einschlägigen Richtlinien übereinstimmt und ermöglicht seine Verkehrsfähigkeit. Davon abstrahierend lässt sich die Akkreditierung und Zertifizierung folgendermaßen umschreiben: Private Sachverständige, die in der Regel multinationale Zertifizierungsunternehmen sind und daher über eine „internationale Zertifizierungsinfrastruktur"[513] verfügen, bewerten die Konformität eines Gegenstands oder auch einer Dienstleistung sowohl mit privaten als auch mit öffentlich-rechtlichen Normen. Eine hoheitliche Fremdsteuerung der Zertifizierungsstellen, die ihre Funktionsfähigkeit garantieren soll, findet über den Akt der Akkreditierung statt. Die Akkreditierung kann sowohl dezentral, d. h. nationalstaatlich, als auch zentral, d. h. durch eine überstaatliche Instanz, organisiert sein[514]. Im Seeverwaltungsrecht ist die Akkreditierung die Anerkennung der Klassen, die grundsätzlich dezentral durch die Flaggenstaatverwaltungen erfolgt, die dabei die internationalen Vorgaben der IMO und der ILO zugrunde legen. Eine Form der zentralen Akkreditierung hat sich allerdings in der EU herausgebildet, denn dort obliegt mittlerweile die Anerkennung der ROs der Europäischen Kommission (Art. 3, 4 VO 391/2009) und zwar auch mit extraterritorialem Anspruch[515].

bb) Mischcharakter der Inanspruchnahme der ROs

Im europäischen Verwaltungsrecht wird die Kontrollstruktur der Akkreditierung und Zertifizierung überwiegend nicht als staatliche Beleihung[516], sondern als eigenständige Form der europäischen Verwaltungsorganisation betrachtet, wobei die

[511] Er wird in seiner Grundform als „ein gesetzlich gesteuerter Sachverständigentyp" beschrieben, *Scholl*, Der private Sachverständige, S. 280, 285.

[512] *Dimitropoulos*, Akkreditierung und Zertifizierung im Internationalen Verwaltungsverbund.

[513] *Dimitropoulos*, Akkreditierung und Zertifizierung, S. 228 ff.

[514] *Dimitropoulos*, Akkreditierung und Zertifizierung, S. 238 ff.

[515] Dazu kritisch *Reuß*, ZaöRV 67 (2007), S. 119, 125 ff.

[516] So aber *Scheel*, DVBl. 1999, S. 442, 444 f.

rechtliche Einstufung unklar bleibt. Die Konstruktionen bewegen sich zwischen einer öffentlich-rechtlichen Deutung, die eine Form einer unionsrechtlich begründeten eigenen Hoheitsgewalt annimmt[517], da an die unionsrechtliche Inpflichtnahme der Benannten Stellen angeknüpft wird, und einer privatrechtlichen Deutung, die den selbstregulativen Ursprung und die Beauftragung der Benannten Stellen durch die Hersteller hervorhebt[518]. Für die ROs erscheint eine Übertragung beider Konstruktionen wegen ihres Mischcharakters unbefriedigend:

- *Selbstregulative Lösung*: Zwar werden die Klassen auf einer privatrechtlichen Grundlage aktiv, aber die Tätigkeit als RO ist weniger Ausdruck der Eigenverantwortlichkeit der Schiffseigner, als vielmehr Reaktion auf die Schwächen einer rein staatlichen Verwaltung der Seeschifffahrt. Das zeigt sich gerade beim Modell der Teildelegation, das für Deutschland prägend ist[519], bei dem ROs und Flaggenstaatverwaltungen dergestalt zusammenwirken, dass die extraterritorialen Aspekte von den ROs und die nationalstaatlich zu bewältigenden Aspekte behördlicherseits vorgenommen werden. Im europäischen Produktsicherheitsrecht versehen hingegen die Hersteller die Produkte mit den Zertifikaten (CE-Zeichen). Zwar kann eine RO nach deutschem Recht selbst ein Seearbeitszeugnis ausstellen (§ 131 III 1 SeeArbG); aber auch in diesem Fall übt die BG Verkehr eine Letztkontrolle aus (vgl. § 131 III 4 SeeArbG)[520]. Die ROs werden zudem auch durch die Flaggenstaatverwaltungen beauftragt (etwa § 6 II 1 SeeAufgG). Auch deswegen ist es schwierig, sie als „im Lager der Unternehmen"[521] stehend zu betrachten.
- *Internationale Lösung*: Das Seevölkerrecht weist den Klassen bei der Rechtsdurchsetzung[522] keine eigenen Kompetenzen zur Ausübung zu. Adressat sind die Flaggenstaaten, die kraft eigener Hoheitsgewalt agieren. Zwar wird überstaatlich eine Kontrolle der ROs durch die Flaggenstaaten vorgeschrieben[523], was auf ihre Einbindung in die internationale Verwaltungsstruktur hindeutet. Allerdings ist die Delegation der flaggenstaatlich wahrzunehmenden Aufgaben auf Klassen, wie gesehen[524], nationalstaatlichen Ursprungs, ihre Heranziehung ist von der internationalen Ebene nicht obligatorisch vorgeschrieben und die Einwirkung auf die ROs durch IMO und ILO soll flankierend wirken, um einen vollständigen

[517] *Röhl*, Akkreditierung und Zertifizierung, S. 28 ff.

[518] *Seidel*, Privater Sachverstand und staatliche Garantenstellung im Verwaltungsrecht, S. 269 f.; *Schmidt-Preuß*, VVDStRL 56 (1997), S. 161, 167 mit Fn. 18; *Schmidt-Aßmann*, Ordnungsidee, 3. Kap. Rn. 57; *Pünder*, ZHR 170 (2006), S. 567, 581.

[519] Siehe www.deutsche-flagge.de/de/flagge/flaggenstaat/klassifikationsgesellschaften/klassen#fuer-flaggenstaaten (zuletzt abgerufen: 20.06.2023).

[520] Siehe auch BT-Drs. 17/10959, S. 108: Die endgültige Entscheidung trifft die BG Verkehr.

[521] Für das europäische Produktsicherheitsrecht *Pünder*, ZHR 170 (2006), S. 567, 581.

[522] Siehe aber zur Rechtssetzung unten 5. Kapitel, I. 3. b.

[523] Insb. der IMO Code for Recognized Organizations, Resolution MEPC.237(65), 17.5.2013, und MSC.349(92), 21.6.2013; zu dieser Einflussnahme *Merk*, in: OECD, International Regulatory Co-operation and International Organisations, S. 85, 100.

[524] Siehe oben 3. Kapitel, VI. 4. a. cc.

Rückzug der Flaggenstaatverwaltungen aus der Schiffskontrolle zu verhindern. Die ROs stehen damit – jedenfalls derzeit – nicht eindeutig „im Lager der internationalen Ebene".

Die Klassen als ROs handeln auf privatrechtlicher Grundlage, kontrollieren die Schiffe aber nicht selbstregulativ, sondern gemeinsam mit der staatlichen Flaggenstaatverwaltung nach internationalen Vorgaben und unter Kontrolle der EU, wobei die genaue Verteilung der Beiträge je nach Flaggenstaat variiert. Beim Modell der Teildelegation wirken ROs im Rahmen der Eröffnungskontrolle mit der Flaggenstaatverwaltung zusammen und selbst beim Modell der Volldelegation behält der Flaggenstaat eine „vollumfängliche Verantwortung" (Regel 5.1.1. III 2 MLC 2006). Gerade in der engen Verbindung zur staatlichen Verwaltung liegt ein Unterschied zum europäischen Produktsicherheitsrecht, bei dem diese im Ausgangspunkt nur im Rahmen der Marktkontrolle und damit im Anschluss an die Eröffnungskontrolle (Zertifizierung) tätig werden soll. Die Akkreditierung und Zertifizierung im internationalen Verwaltungsrecht ist weniger eine selbstständige Verwaltungsschicht, da sie wegen dieser vielen Bezugspunkte quer zum privaten, nationalen, regionalen und internationalen Bereich liegt.

cc) Rechtliche Unwägbarkeiten als Konsequenz

Das enge und dynamische Zusammenspiel privater und öffentlicher Handlungsrationalitäten bei der RO prägt und erschwert die Beurteilung von Rechtsschutz- und Haftungsfragen[525]:

– *Rechtsschutz gegen Zertifikate:* Hinsichtlich des Rechtsschutzes gegen Zertifikate ist beim national bestimmten Tätigkeitsfeld anzusetzen, nach dem die ROs entweder selbst Zertifikate für die Schiffe erteilen (Modell der Volldelegation) oder mit ihren Besichtigungen im Ausland die Entscheidungsgrundlage für die Flaggenstaatverwaltung schaffen (Modell der Teildelegation). Im zweiten Fall liegt ein transnationaler Verwaltungsakt vor[526], der, wie das deutsche Beispiel zeigt[527], aber unter maßgeblicher Mitwirkung der Klassen zustande kommt. Erteilen hingegen die ROs die Zertifikate, dann steht der Annahme eines Verwaltungsakts entgegen, dass eine Beleihung auszuschließen ist. Das nationale Recht weist in diesem Fall allerdings Sonderbestimmungen auf. In Deutschland, wo ROs ausnahmsweise ein sog. amtlich anerkanntes Seearbeitszeugnis erteilen können, gilt, dass dieses „an die Stelle eines vorläufigen Seearbeitszeugnisses oder einer kurzzeitigen Verlängerung der Gültigkeit eines Seearbeitszeugnisses nach Absatz 2" tritt, § 131 III 2 SeeArbG. Damit wird das Vorliegen eines Verwaltungsakts gesetzlich fingiert[528],

---

[525] Für die Haftungsfrage auch *Ulfbeck/Mollman*, in: Rott, Certification, S. 213, 224 ff.
[526] Siehe unten 4. Kapitel, I.
[527] Siehe oben 3. Kapitel, VI. 4. c. aa. insb. Fn. 486.
[528] *Bubenzer/Peetz/Mallach*, SeeArbG, § 131 Rn. 3; die Gesetzesbegründung bleibt undeutlich, BT- Drs. 17/10959, S. 108.

so dass im Ergebnis der eigentümliche Fall eines privaten transnationalen Verwaltungsakts vorliegt. Auch in anderen Staaten werden von ROs ausgestellte Zertifikate mit behördlichen gleichgestellt[529]. Die maritimen Zertifikate erscheinen daher als öffentlich-private Mischakte, da entweder eine öffentlich-rechtliche Maßnahme auf privater Grundlage vorliegt oder eine privatrechtliche Maßnahme mit öffentlich-rechtlichen Rechtsfolgen verknüpft wird. Erteilt die deutsche Flaggenstaatverwaltung das Zertifikat, dann wäre verwaltungsgerichtlicher Rechtsschutz in Anspruch zu nehmen, während bei einer Erteilung durch ROs gegen diese mit zivilrechtlichen Rechtsbehelfen vorgegangen werden muss. Bei den Verwaltungsaktfiktionen im deutschen Recht führt der Rechtsweg hingegen vor die Verwaltungsgerichte, da der Gesetzgeber zu erkennen gibt, dass er einen Gleichlauf mit den behörderlicherseits erteilten Zertifikaten anstrebt[530].

- *Dritthaftung und Staatenimmunität*: Im Seeverwaltungsrecht wird bei der Frage der Dritthaftung der Klassen ein Rückgriff auf öffentlich-rechtliche Grundsätze erwogen[531]. Neben der Einschlägigkeit öffentlich-rechtlicher Haftungsgrundlagen steht dabei die Frage im Raum, ob sie sich in Haftungsprozessen auf die Staatenimmunität berufen können mit der Konsequenz, dass Klagen nur in den jeweiligen Flaggenstaaten möglich sind. Nach der beschränkten oder relativen Staatenimmunität kann diese nur für hoheitliche Handlungen (Acta Iure Imperii) und nicht für privatgeschäftliche Handlungen (Acta Iure Gestionis) in Anspruch genommen werden, wobei die Qualifikation von dem jeweils erkennenden nationalen Gericht vorgenommen wird[532]. Eine einheitliche Praxis lässt sich im Seeverwaltungsrecht nicht erkennen: In einigen Staaten hat die Rechtsprechung den Klassen jedenfalls in Hinblick auf ihre Statutory Function als RO diese Einrede zugestanden, da insofern Acta Iure Imperii vorlägen[533]. Auch in den Vereinbarungen zwischen Flaggenstaaten und Klassen wird mitunter von einer Immunität der ROs ausgegangen[534]. Teilweise wird sogar eine umfassende Berufung auf

[529] Etwa in den USA bei Klassen mit sog. ACP-Authority. Danach gilt: „Statutory certificates issued by, an authorized classification society will be accepted as […] certificates issued by, the Coast Guard, provided that the classification society maintains compliance with all provisions of its agreement with the Commandant“, https://www.dco.uscg.mil/Our-Organization/Assistant-Commandant-for-Prevention-Policy-CG-5P/Inspections-Compliance-CG-5PC-/Commercial-Vessel-Compliance/Flag-State-Control-Division/AltComp/ (zuletzt abgerufen: 21.06.2023).

[530] Die weiter bestehende Verantwortung der BG Verkehr (§ 131 III 4 SeeArbG) und die Bezeichnung als „amtlich anerkannte Seearbeitszeugnisse“ unterstreichen diese Interpretation.

[531] Rechtsvergleichend *Lagoni*, Liability of Classification Societies, S. 234 ff.

[532] *Kau*, in: Graf Vitzthum/Proelß, Völkerrecht, 3. Abschnitt Rn. 90.

[533] Dazu *Anderson*, The ISM Code, S. 90–105. Im Fall der Havarie der Erika nannte der Pariser Cour d'Appel die von ROs ausgestellten Zertifikate Akte der öffentlichen Gewalt („actes de puissance publique“), Cour d'Appel Paris, 30.3.2010, Nr. RG 08/02278-A, 232, zitiert nach *Ulfbeck/Mollman*, in: Rott, Certification, S. 213, 219.

[534] So etwa die Modellvereinbarung des Comité Maritime International, Model Contractual Clauses For Use in Agreements Between Classification Societies and Governments and Classification Societies and Shipowners, 8.5.1999, Part I Ziffer 3: „In any claim arising out of the performance of a duty or responsibility, or out of any certification with regard to work covered by Annex I, [Classification Society] and its employees and agents shall be subject to the same liabilities

die Staatenimmunität befürwortet[535], da eine trennscharfe Unterscheidung von öffentlich-rechtlich überformter Zertifizierung und privatrechtlicher Klassifikation schwerfallen kann. Gleichwohl sollte eine Zubilligung von Immunität auf Private, die in staatlichem Auftrag handeln, nur ausnahmsweise bejaht werden[536]: Die Entwicklung von der absoluten zur relativen Immunität, die Handlungen Iure Gestionis ausnimmt, zeigt, dass das Rechtsinstitut auf den Staat als Subjekt der Handlung ausgerichtet ist. Auch schmälert ein großzügiges Immunitätsverständnis den Rechtsschutz[537]. Das kann nicht bedeuten, bei ROs Staatenimmunität ganz abzulehnen, denn es muss dem Staat als Ausfluss seiner Souveränität unbenommen bleiben, Aufgaben auf Private zu übertragen, ohne zugleich seine Immunität zu verlieren. In solchen Graubereichen[538] kann dem aber eine funktionelle Betrachtungsweise Rechnung tragen[539]. Einen Weg hat der EuGH in seiner Entscheidung zum Untergang des Schiffs Al Salam Boccaccio aufgezeigt. Unter Hinweis auf die Rechtsschutzgarantie des Art. 47 GRCh (Rn. 55) betonte er, dass Immunität nicht für alle Tätigkeiten im öffentlichen Interesse gelten könne, sondern nur für die Ausübung hoheitlicher Befugnisse (Rn. 39), was im Fall fraglich sei, da die Klasse RINA auf privatrechtlicher Grundlage tätig gewesen sei (Rn. 45), nicht selbst über den Entzug der Zertifikate entschieden habe (Rn. 47) und nach dem internationalen Recht die Flaggenstaatverwaltung die Letztverantwortung trage (Rn. 48). Nach diesen Grundsätzen ist die Bejahung von Immunität begründungsbedürftig und hängt vom jeweiligen Ausmaß der den ROs innerstaatlich zugebilligten Kompetenzen und ihrer Eigenständigkeit ab.

Bei der Zertifizierung und Akkreditierung im Unionsrecht erscheinen Rechtsschutz- und Haftungsfragen hingegen uniformer: Für die Benannten Stellen wird in Deutschland in den sog. PIP-Fällen eine zivilrechtliche Dritthaftung diskutiert[540]. Ihre Zertifikate werden als eigene transnationale Handlungsform verstanden[541]; der

---

and be entitled to the same defences *(including but not limited to any immunity from or limitation of liability)* as would be available to [Administration's] own personnel if they had themselves performed the work and/or certification in question" [*Hervorhebung durch die Verfasserin*]; anders wohl EW 16 RL 2009/15/EU, ABl. 2009 L 131, S. 47, wonach die Immunität nicht delegierbar ist.

[535] Zur Diskussion *Goebel*, Classification Socities, S. 333 ff., im Ergebnis ablehnend.

[536] Ähnlich („Vermutung der Nichtanwendbarkeit") *Oddenino/Bonetto*, Global Jurist 2020, S. 1, 10.

[537] *Kaufmann*, ZaöRV 73 (2013), S. 509, 524 f.

[538] Zu weiteren Konstellationen *Oeter*, in: Peters/Lagrange/Oeter/Tomuschat, Immunities in the Age of Global Constitutionalism, S. 355, 356 f.

[539] So die heute h.M. in Deutschland für die Immunität bei Staatsunternehmen, siehe *Lorz*, Ausländische Staaten vor deutschen Zivilgerichten, S. 50 f. m. w. N.

[540] Nachdem der EuGH die drittschützende Wirkung der Bestimmungen des Medizinprodukterechts bejaht hat, eine deliktische Haftung in Erwägung ziehend BGH, NJW 2020, S. 1514, 1517 ff.; zudem wird eine allerdings nachrangige (§ 839 I 2 BGB) Staatshaftung in Hinblick auf die Aufsichtsbehörden befürwortet, *Rehmann*, in: ders./Wagner, MPG, MP-VO, Einführung X. Rn. 80.

[541] *V. Richthofen*, Private Vollzug des Unionsrecht, S. 143 ff.; *Röhl*, in: Schmidt-Aßmann/Schöndorf-Haubold, Der Europäische Verwaltungsverbund, S. 153, 167: „vergleichbar dem transnationalen Verwaltungsakt".

transnationale Verwaltungsakt gilt jedenfalls im europäischen Produktsicherheitsrecht daher als Auslaufmodell[542].

VII. Fazit: Organisatorische Einkreuzungen als Ausdruck des Konglomeratsparadigmas

Das Konglomeratsparadigma zeichnet sich durch das Zusammenspiel und die Verbindung diverser Akteure, Rechtsschichten und Kulturen aus. Was das institutionell heißt, hat das dritte Kapitel gezeigt. Am Anfang stand die Beobachtung einer quantitativen und qualitativen Erweiterung der Perspektive über den Staat als zentrale, monolithisch gedachte Wirkeinheit hinaus. Im Unterschied zu bisherigen Typologien zur internationalen Verwaltung lag das Augenmerk des dritten Kapitels darauf, eine umfassende Beschreibung und Analyse ihrer Organisation zu liefern, in die auch funktionelle und dogmatische Erklärungsangebote einfließen. So sind es nicht nur internationale Organisation globalen Zuschnitts, die durch ihre Rechtssetzung Aufgaben internationalen Verwaltens erfüllen; gerade die Instanzen auf regionaler Ebene wie Regionalmeerorganisationen und die EU tragen maßgeblich dazu bei, Umsetzungsdefizite zu beheben, und internationale Agenturen erfüllen oftmals kognitive Aufgaben. Staatliche Verwaltungen werden durch das Völkerrecht funktionell in Anspruch genommen und wirken in der Form von Netzwerken horizontal sowohl bei der Rechtssetzung als auch -durchsetzung zusammen. Weniger Beachtung findet oftmals die Rolle subnationaler Stellen in der internationalen Verwaltung, die sich wie Behörden grenzüberschreitend vernetzen. Dabei konnten die maritimen Beispiele der Häfen und der Lotsen zeigen, dass der subnationale Bereich bei der Entwicklung innovativer regulatorischer Instrumente und beim Angebot von Vermittlungsleistungen zwischen Verwaltungsadressat und der Verwaltung vor Ort prägend ist. Private können aufgrund ihrer Ressourcen und Internationalität staatliche Rechtssetzungs- und Rechtsdurchsetzungsschwierigkeiten kompensieren. Ihr Zusammenspiel mit staatlichen und überstaatlichen Stellen ist im Unterschied zur innerstaatlichen Vorstellung einer geordneten Aufgabenteilung konfus; es lässt sich aber mit den drei Funktionen des Pioniers, des Konkurrenten und des Zulieferers konkreter fassen. Mit der internationalen Akkreditierung und Zertifizierung wurde schließlich eine dogmatische Figur angeboten, um internationale Verwaltungsleistungen Privater zu erfassen.

Dieser konglomeratische Charakter der internationalen Verwaltung kommt besonders deutlich in Strukturen zum Ausdruck, die sich als organisatorische Einkreuzungen (über-)staatlicher, privater und sonstiger Akteure darstellen, die auch als hybride[543] oder internationale PPPs[544] bezeichnet werden:

---

[542] *Ruffert*, DV 34 (2001), S. 543 548 f.

[543] *Kingsbury/Krisch/Stewart*, Law and Contemporary Problems 68 (2005), S. 1, 22; *Oeter*, in: G.-P. Calliess, Transnationales Recht, S. 387, 398 ff.; *Hoffmann-Riem*, in: Schuppert, Governance-

Im Seeverwaltungsrecht ist zunächst die Green Award Foundation zu nennen, die 1994 vom Rotterdamer Hafen und der niederländischen Regierung initiiert wurde und mittlerweile Häfen, Behörden, Charterer und weitere maritime Wirtschaftssubjekte aus mehr als 30 Ländern umfasst. Über die Zertifizierung besonders umweltfreundlicher Schiffe und Anreize für eine nachhaltige Seeschifffahrt setzt sie sich für den maritimen Umweltschutz ein[545]. Ihr Pendant im Seearbeits- und Seesozialrecht ist die International Port Welfare Partnership (IPWP)[546]. Dieses institutionalisierte Gemeinschaftsprojekt umfasst Vertreter von Staaten, Reedereien, Gewerkschaften, Häfen und freiwilligen Organisationen. Ziel ist es, die Regel 4.4 MLC 2006 zu implementieren, die den Zugang von Seeleuten zu Sozialeinrichtungen an Land sicherstellen will. Sozialeinrichtungen und -dienste im Hafen können durch Behörden, Verbände der Reeder und Seeleute und freiwillige Organisationen bereitgestellt werden (Leitlinie B4.4.2 IIc). Es wird empfohlen, plural besetzte Sozialbeiräte einzurichten (Leitlinie B4.4.3). IPWP zielt darauf, die Einrichtung solcher Sozialbeiräte weltweit zu fördern. Im Bereich der Schiffssicherheit ist die International Association of Marine Aids to Navigation and Lighthouse Authorities (IALA), die für die internationale Standardisierung der Seezeichen bekannt ist[547], ein Beispiel. IALA wurde als loser Zusammenschluss der nationalen Seezeichenverwaltungen gegründet; die Mitgliedschaft steht aber auch Wissenschaftlern und Häfen (Associate Members) sowie Unternehmen (Industrial Members) offen, die aber nicht in den IALA Council gewählt werden können und diesen auch nicht wählen können.

Im Anschluss an diese Analyse der Organisation der Seeverwaltung werden im nächsten Kapitel ihre Handlungsinstrumente vorgestellt.

Forschung, S. 195, 201; *G.-P. Calliess*, in: Anderheiden/Huster/Kirste, Globalisierung als Problem von Gerechtigkeit, S. 61, 69 f.; auch von „Verflechtungen" sprechend *Ohler*, VVDStRL 79 (2020), S. 347, 364 f.; enger *Ruffert/Walter*, Institutionalisiertes Völkerrecht, § 1 Rn. 24 f., die nur private Institutionen unter staatlicher Beteiligung als hybride Verwaltungsformen erfassen wollen; zum Phänomen der Hybridisierung *Paulus*, in: BDGVR 46 (2014), S. 7 ff.

[544] *Günther/Randeria*, Recht, Kultur und Gesellschaft im Prozeß der Globalisierung, S. 64.

[545] Siehe unten 4. Kapitel, II. 2,c.

[546] https://www.seafarerswelfare.org/our-work/international-port-welfare-partnership-ipwp-programme (zuletzt abgerufen: 21.06.2023).

[547] Eingehend *Virzo/Gervasi*, IALA, in: MPEPIL, October 2020.

4. Kapitel

Handlungsinstrumente der Seeverwaltung

Die grenzüberschreitende Aufgabenstellung wirkt sowohl modifizierend als auch ergänzend auf das Handlungsinstrumentarium der Seeverwaltung ein: Beim Verwaltungsakt hat der globale Charakter der Seeschifffahrt Auswirkungen auf seine Bindungswirkung (I.). Der Verwaltungsakt steht aber nicht im Zentrum des Handlungssystems. Eine besondere Bedeutung nehmen zum einen Anreizinstrumente ein (II.), zum anderen treten weitere Instrumente im Umfeld administrativen Entscheidens hinzu, die das typische Rechtsdurchsetzungsproblem[1] eines grenzüberschreitenden Verwaltungsgegenstands behandeln: Transparenzinstrumente tragen dazu bei, den Verwaltungsgegenstand aufzufinden (III.), Kommunikationsinstrumente dienen dazu, trotz Interkulturalität die Kommunikation zwischen und mit den Verwaltungsadressaten zu ermöglichen (IV.), und Verwaltungsapps stellen die technische Infrastruktur einer mobilen Verwaltung dar (V.). Mit der Zunahme und der neuen Qualität des Seeverkehrs sind neue Konfliktlagen und Risiken entstanden, die der ordnungsrechtlichen Grundausrichtung der Seeverwaltung weitere Aspekte hinzufügen. Die grenzüberschreitende Aufgabenstellung spiegelt sich ebenso, jedoch in anderer Form, in der maritimen Planungs- (VI.) und der maritimen Wissensverwaltung (VII.) wider.

I. Transnationaler Verwaltungsakt

Das Phänomen grenzüberschreitender Wirkungen von nationalen Verwaltungsentscheidungen wird in der Lehre zum internationalen Verwaltungsrecht beschrieben, seine dogmatische Erfassung bleibt aber unklar. *Benedict Kingsbury* und *Megan Donaldson* sprechen von ihrer „recognition“[2]. In der jüngeren deutschen Lehre geht man von transnationalen Verwaltungsakten aus, wobei unklar bleibt, ob und inwieweit die transnationalen Verwaltungsakte im internationalen Verwaltungsrecht mit denen im Rahmen des Europarechts vergleichbar sind[3]. Nach einer Analyse maritimer Genehmigungen wird die Möglichkeit des Transfers der unions-

[1] Dem aus dem Rechtspluralismus folgenden Maßstabsproblem der internationalen Verwaltung begegnen demgegenüber Navigationsinstrumente, siehe unten 5. Kapitel, VII.

[2] *Kingsbury/Donaldson*, Global Administrative Law, in: MPEPIL, April 2011, Rn. 19.

[3] *Ruffert*, DV 34 (2001), S. 453 ff., v. a. 456 f.; *Kment*, Grenzüberschreitendes Verwaltungshandeln, S. 468 ff.; *Menzel*, Internationales Öffentliches Recht, S. 826 ff.; aus einer kollisionsrechtlichen Perspektive *Ohler*, Kollisionsordnung, S. 55 ff.

rechtlichen Figur des transnationalen Verwaltungsakts erörtert; zudem werden die Unterschiede transnationaler Verwaltungsakte im europäischen und internationalen Verwaltungsrecht adressiert.

1. Stabilisierungsfunktion des Verwaltungsakts als Grundbedingung internationaler Mobilität

Tätigkeiten und Vorhaben, die ein Gefahrenpotential aufweisen, werden im Verwaltungsrecht durch das Instrument der Genehmigung einer Vorabkontrolle unterzogen, denn durch das Genehmigungsverfahren sowie durch die Bindung an die Genehmigung kann der Ausgleich sowie der Schutz öffentlicher und privater Interessen besonders effektiv bewerkstelligt werden. Gleichzeitig – und gleichsam im Gegenzug für die Belastungen des Genehmigungsverfahrens[4] – vermittelt die Genehmigung dem Antragsteller Rechtssicherheit. Im Bereich jenseits des Staats entsteht allerdings das Problem, dass die Genehmigung wegen des Territorialitätsprinzips ihre Bindungswirkung nur in Bezug auf den jeweiligen Hoheitsbereich der erlassenden Behörde entfalten kann[5]. Dabei sind gerade grenzüberschreitende Betätigungen auf die stabilisierenden Effekte des Verwaltungsakts[6] angewiesen. Welche Folgen die territorialen Fesseln der Genehmigung haben, verdeutlicht ein Beispiel: Ein Schiff könnte in jedem ausländischen Anlaufhafen nicht nur zeitverzögernden Inspektionen unterworfen werden, sondern es wäre auch mit Abstellverfügungen und sogar Anlaufverboten zu rechnen, etwa weil die jeweilige Hafenstaatkontrollbehörde der Ansicht ist, dass der Kapitän und die Crew nicht die nach STCW erforderlichen Kompetenzen und Befähigungen aufweisen und damit die Zertifikate, die ihnen die für das Schiff zuständige Flaggenstaatverwaltung erteilt hat, nicht akzeptiert. Ein territoriales Verständnis der Genehmigung stellte nicht nur für die Verwaltungsadressaten eine hohe Belastung dar, da in mehreren Ländern Genehmigungen eingeholt werden müssten, um ungestört zu verkehren; ebenso schränkte dies den Seeverkehr über Gebühr ein.

Das Seeverwaltungsrecht hat auf diese Herausforderung reagiert, indem einer Vielzahl von Genehmigungen eine grenzüberschreitende Bindungswirkung insofern beigemessen wird, als Behörden an die von ausländischen Behörden erlassenen Verwaltungsakte gebunden werden (2.). Während grenzüberschreitende Wirkungen anfangs noch Folge bilateraler gegenseitiger Anerkennungen waren[7], gehen die Mechanismen des Neuen Seerechts darüber hinaus. Es bietet sich an, diese Beobachtungen dogmatisch mit der aus dem europäischen Verwaltungsrecht stammenden Figur des transnationalen Verwaltungsakts zu erfassen (3.). Gleichwohl bestehen

---

[4] *Eifert*, Jura 2014, S. 1135.
[5] *Maurer/Waldhoff*, Allgemeines Verwaltungsrecht, § 9 Rn. 68.
[6] Allgemein zur Stabilisierungsfunktion *Bumke*, in: GVwR, II, § 34 Rn. 85.
[7] *Sulzer*, Soziale Sicherungssysteme in der Seeschifffahrt, S. 79.

strukturelle Unterschiede, die bei der Handhabung der Grenzen der transnationalen Wirkung von Genehmigungen hervortreten (4.).

2. Kategorien von Genehmigungen mit grenzüberschreitendem Bezug

Im Seeverwaltungsrecht lassen sich drei Kategorien von Genehmigungen mit grenzüberschreitendem Bezug unterscheiden. Zunächst entfalten die aus dem nationalen Verwaltungsrecht bekannten Sach- und Personalgenehmigungen (a.) eine rechtliche Bindungswirkung im Ausland. Weiter finden sich Verwaltungsakte, die spezifisch auf internationale Mobilität ausgerichtet sind, indem sie diese entweder optimieren (b.) oder eine grenzüberschreitende Tätigkeit erst ermöglichen (c.).

a) Sach- und Personalgenehmigungen

Verwaltungsakte mit grenzüberschreitender Bindungswirkung stellen im Seeverwaltungsrecht insbesondere die zahlreichen[8] von Konventionen vorgeschriebenen Schiffszertifikate (Ship Certificates) dar. Diese Zertifikate, von denen die Betriebserlaubnis für das Schiff abhängt[9], werden nach Schiffskontrollen[10] von der Flaggenstaatverwaltung bzw. einer Klassifikationsgesellschaft als Recognized Organization (RO)[11] ausgestellt und bestätigen, dass die Konstruktion, der Zustand des Schiffs, seine Ausrüstung und sein Betrieb den internationalen Vorgaben entsprechen. Sie entfalten insofern eine grenzüberschreitende Bindungswirkung, als sie das Schiff grundsätzlich vor einem Einschreiten der Verwaltung in fremden Seehäfen, die das Schiff anläuft, schützen[12]. Die völkerrechtliche Grundlage für diese Bindung findet sich allgemein für den Bereich des Meeresumweltschutzes in Art. 217 III 3 1. HS SRÜ[13]. Danach werden diese Zertifikate „von anderen Staaten als Nachweis für den Zustand des Schiffes anerkannt; sie messen ihnen die gleiche Gültigkeit wie den von ihnen selbst ausgestellten Zeugnissen bei". Der Terminus „andere Staaten" meint, wie sich aus der Systematik ergibt, Hafen- und Küstenstaaten, die Vertragsparteien des SRÜ sind, da diese nach Art. 218 und Art. 220 das Recht haben, fremde Schiffe

[8] Siehe die Listen der Schiffszertifikate – einschließlich sonstiger Schiffsdokumente – in IMO, Resolution A.1138(31), 5.12.2019, Appendix 12 sowie in Anlage 2 A.1. der SchSV.

[9] Für die Schiffssicherheitszeugnisse *Witt*, Obligations and Control of Flag States, S. 67f.

[10] Die für die Überprüfung und Erneuerung der maritimen Zertifikate nötigen Kontrollen durch die Flaggenstaatverwaltung können die Seeschifffahrt behindern, denn die Inspektionen und die Durchführung der notwendigen Reparaturen können mehrere Tage in Anspruch nehmen und in dieser Zeit fällt das Schiff aus. 1988 wurde daher auf einer von der IMO initiierte Konferenz das sog. harmonisierte Besichtigungs- und Zertifizierungssystem (Harmonized System of Ship Survey and Certification, HSSC) beschlossen, das die Inspektionsintervalle für die verschiedenen Schiffszertifikate vereinheitlicht, vgl. den Verweis in § 9 I SchSV.

[11] Siehe zu diesen 3. Kapitel, VI. 4. a. cc.

[12] *Schult*, Das völkerrechtliche Schiffssicherheitsregime, S. 241.

[13] Zur Genese der Vorschrift, die auf eine deutsche Initiative zurückgehen soll, siehe *Wilkens*, Rechtsregeln zur Vermeidung von Tankerunfällen, S. 74f.

zu inspizieren[14]. Ähnliche Formulierungen finden sich in den jeweiligen im Rahmen der IMO geschlossenen Konventionen für die Vertragsstaaten dieser völkerrechtlichen Verträge[15]. Das SchSG nimmt auf diese internationalen Verpflichtungen Bezug, indem es von der deutschen Hafenstaatkontrolle verlangt, dass „die Überprüfung von Schiffen unter ausländischer Flagge [...] unter Beachtung der allgemeinen Regeln des Völkerrechts und der internationalen Regelungen" erfolgt (§ 14 I).

Im Seearbeits- und Seesozialrecht wird die Ordnungsgemäßheit der Arbeits- und Lebensbedingungen an Bord durch das Seearbeitszeugnis (Maritime Labour Certificate) bescheinigt, das eine Betriebserlaubnis darstellt (§ 130 I 1, 2 SeeArbG). Dieses vom Flaggenstaat bzw. seiner RO ausgestellte Zertifikat ist bei Überprüfungen im Hafen von den Mitgliedern der Konvention anzuerkennen (Regel 5.2.1 I MLC 2006). Nach dem SeeArbG „gelten" die internationalen Anforderungen demgemäß grundsätzlich „als erfüllt", wenn das Seearbeitszeugnis bei Schiffen unter ausländischer Flagge vorgelegt wird (§ 137 II).

Verwaltungsakte mit transnationaler Wirkung sind weiter die personenbezogenen maritimen Zertifikate. Wer an Bord eines Handelsschiffs beruflich tätig sein will, muss zu Beginn und danach seine körperliche und geistige Fähigkeit für den Einsatz an Bord (Seediensttauglichkeit) sowie regelmäßig auch seine Befähigung nachweisen. Bei den Befähigungsdokumenten unterscheidet STCW zwischen dem Certificate of Proficiency (Befähigungsnachweis, § 2 III Nr. 3 See-BV) und dem Certificate of Competency (Befähigungszeugnis, § 2 III Nr. 4 See-BV)[16]. Welches dieser Dokumente im Einzelfall erforderlich ist, richtet sich laut dem Internationalen Übereinkommen über Normen für die Ausbildung, die Erteilung von Befähigungszeugnissen und den Wachdienst von Seeleuten (STCW) nach dem Rang und nach dem Aufgabenprofil einer an Bord tätigen Person (Kapitel VII Regel 2 STCW)[17]. Die Befähigungsdokumente müssen nach Art. X I 2 STCW von den Vertragsparteien bei Kontrollen in Häfen grundsätzlich akzeptiert werden und entfalten somit eine grenzüberschreitende Bindungswirkung. Anders ist die Bindungswirkung hingegen im Verhältnis zu anderen Flaggenstaaten zu beurteilen: Wenn ein Besatzungsmitglied mit Befähigungszeugnis auf dem Schiff eines anderen Flaggenstaats anheuern will, ist ein Anerkennungsverfahren vorgesehen, das mit einem Anerkennungsvermerk endet (Endorsement of Recognition)[18]. Voraussetzung für die Anerkennung ist, dass das Befähigungszeugnis mit den Vorgaben von STCW übereinstimmt, was grundsätzlich voll nachzuprüfen ist[19]. Die Maritime

---

[14] *Bartenstein*, in: Proelß, UNCLOS, Art. 217 Rn. 20.

[15] Etwa Art. 20 LL, Kapitel I Regel 19 a) und b) SOLAS.

[16] Kapitel I Regel I Nr. 30, 31 STCW; unter bestimmten Voraussetzungen können auch alternative Zertifikate ausgestellt werden, Kapitel VII Regel 1 und 3.

[17] Eingehend ITF, STCW Guide.

[18] Kapitel I Regel 2 VII und Kapitel I Regel 10 STCW; §§ 20, 21 See-BV, dazu VG Hamburg, Urteil v. 21.04.2015, 5 K 3307/12, Rn. 24 ff.; *Ramming*, Seehandelsrecht, Einl. Rn. 146 f.; ITF, STCW Guide, S. 19.

[19] Kapitel I Regel 2 VII und Kapitel I Regel 10 I Nr. 1 STCW. Anders ist dies bei Zertifikaten von Staaten, die auf der White List sind, da bei diesen von einer Überprüfung der Einhaltung der STCW-

Labour Convention 2006 (MLC 2006) schreibt zudem für alle Seeleute als Beschäftigungsvoraussetzung Seediensttauglichkeitszeugnisse (Medical Certificates) vor (Regel 1.2); soweit ein solches nach den Anforderungen von STCW ausgestellt worden ist, ist es von der zuständigen Stelle anzuerkennen (Norm A1.2 III 2 und 3; § 12 VII SeeArbG)[20].

b) Mobilitätsverwaltungsakte

Mobilitätsverwaltungsakte sind charakteristisch für hochgradig globalisierte Industrien, denn ihre grenzüberschreitende Bindungswirkung dient dazu, den Transit und den nur kurzzeitigen Zugang zu fremden Hoheitsgebieten zu optimieren. Es fällt daher schwer, für diese Kategorie ein Pendant in der terrestrischen Verwaltung zu finden. Mit den Aufenthaltserlaubnissen des Ausländerrechts lassen sie sich nicht vergleichen, da sie nicht dem Aufenthalt in fremden Staaten, sondern dem Tage oder teils sogar nur Stunden dauernden Verbleib in Anlaufhäfen und Transitstaaten dienen. Deswegen stellen sie auch keine Genehmigungen im eigentlichen Sinne dar; wegen der die internationale Mobilität begünstigenden Wirkung dieser Verwaltungsakte werden sie hier als Genehmigungen im weiteren Sinne behandelt.

Schiffshygienebescheinigungen (Ship Sanitation Certificates) nach Art. 39 der Internationalen Gesundheitsvorschriften 2005 (IGV 2005) werden in der Praxis als Hygiene-Visa bezeichnet. Sie werden in den Häfen erteilt; dort sind Schiffe alle sechs Monate (Art. 39 I 1 IGV 2005) durch speziell geschultes, staatlich autorisiertes Personal (Art. 20 II, III IGV 2005) zu kontrollieren[21]. Der grenzüberschreitende Bezug der Schiffshygienebescheinigungen erschließt sich erst im Zusammenhang mit der sog. Free Pratique: Nach Art. 28 II 1 IGV 2005 dürfen die Vertragsstaaten Schiffen „die Anlauf- beziehungsweise Landeerlaubnis (free pratique) aus Gründen der öffentlichen Gesundheit nicht verweigern". Allerdings eröffnet Art. 28 II 2 IGV 2005 die Möglichkeit, die Free Pratique „von einer Überprüfung und [...] von der Durchführung anderer zur Verhütung der Ausbreitung der Infektion oder Verseuchung notwendiger Maßnahmen abhängig" zu machen. Das SSCEC und das SSC[22]

Vorgaben abgesehen werden kann, siehe unten 7. Kapitel, A. II. 4. Nach Ansicht des VG Hamburg besteht angesichts der eindeutigen internationalen Vorgaben auch keine grenzüberschreitende Bindungswirkung in Bezug auf von anderen EU-Mitgliedstaaten erteilte Befähigungszeugnisse (Urteil v. 21.04.2015, 5 K 3307/12, Rn. 29 ff., 41). Eine grenzüberschreitende Bindungswirkung gegenüber der deutschen Flaggenstaatverwaltung, allerdings nicht aufgrund internationaler Vorgaben, besteht im deutschen Recht hingegen bei ausländischen Befähigungsnachweisen, § 22 S. 1 See-BV.

[20] Einschränkend aber ILO, Maritime Labour Convention 2006, Frequently Asked Questions, S. 29: Entscheidung des jeweiligen Flaggenstaats.

[21] Siehe die WHO-SSC-Ports-Liste: https://www.who.int/ihr/ports_airports/portslanding/en/ (zuletzt abgerufen: 21.06.2023).

[22] Es gibt drei Arten dieser Hygienezertifikate: das Ship Sanitation Control Exemption Certificate (SSCEC), Art. 39 I 1 1. Var., VI IGV 2005, bestätigt für das Schiff, dass zum Zeitpunkt der Inspektion die Inspektoren keinerlei Mängel gefunden haben, alle Bereiche für die Inspektion zugänglich waren, keinerlei korrektive Maßnahmen erforderlich waren und der Gesamteindruck des Schiffes einwandfrei war. Das am häufigsten ausgestellte Hygienezertifikat ist allerdings das Ship Sanitation

bestätigen, dass das Schiff keine unmittelbare Gefahr für die öffentliche Gesundheit darstellt. Wenn keine gültige Bescheinigung vorgelegt werden kann, dann drohen Infektionsbekämpfungsmaßnahmen im Hafen (Art. 39 II IGV 2005). Demnach schützen die Schiffshygienebescheinigungen vor die Reise hindernden umfassenden Hygienekontrollen in den Anlaufhäfen.

Seeleute sind aus beruflichen, aber auch aus persönlichen Gründen, gerade wenn sie Zugang zu medizinischen Einrichtungen an Land benötigen, darauf angewiesen, Schiffe in Häfen außerhalb ihres Heimatstaats unkompliziert zu verlassen und zu betreten, bevor das Schiff ausläuft[23]. Insbesondere mit dem Aufkommen der Billigflaggen und schließlich dem erhöhten Sicherheitsbedürfnis nach dem elften September 2001 kam es vermehrt zu Grenzkontrollen gegenüber Seeleuten[24]. Da Visaerfordernisse nicht immer voraussehbar sind und das Verfahren der Visumerteilung Zeit in Anspruch nimmt[25], wurde als alternative Lösung schon in den 1950er Jahren mit dem Seeleuteausweis ein spezifisches internationales Dokument für Grenzkontrollen geschaffen, das einen Seefahrer als solchen ausweist. Rechtsgrundlage ist das ILO-Übereinkommen Nr. 108, das 2005 durch das allerdings nur zögerlich ratifizierte ILO-Übereinkommen Nr. 185 revidiert wurde[26]. Der Seeleuteausweis (Seafarers' Identity Document, SID), früher Seefahrerbuch genannt, weist eine berufliche Tätigkeit in der Seeschifffahrt nach und wird nach dem ILO-Übereinkommen Nr. 185 grundsätzlich vom Staat, dessen Staatsangehörigkeit der Seefahrer hat, erteilt (Art. 2 I)[27]. Um den Zutritt zu ausländischen Territorien für Seeleute zu erleichtern, sehen die beiden ILO-Konventionen[28] vor, dass der Seeleuteausweis von Hafenstaaten und Transitstaaten anerkannt werden muss (Art. 6 I). Damit verbunden ist nach dem ILO-Übereinkommen Nr. 185 zum einen das Recht auf einen befristeten Landgang aus persönlichen Gründen im Hafen (Art. 6 IV) und auf

---

Control Certificate (SSCC), Art. 39 I 1 2. Var., V IGV, das ergeht, wenn erforderliche Korrekturmaßname erfolgreich durchgeführt wurden. Die Verlängerung des bestehenden Hygienezertifikats (Extention), Art. 39 I 2 IGV, gibt dem Schiff die Möglichkeit, mit dem ansonsten abgelaufenen Zertifikat einen Hafen zu erreichen, in dem eine vollständige Inspektion durchgeführt werden kann.

[23] In Bezug auf den Landgang aus persönlichen Gründen ist dieses Bedürfnis durch die MLC 2006 zwar als Recht anerkannt, Regel 2.4 II, ebenso für die Rückreise in die Heimat, Regel 2.5; diese Rechte können aber nicht unmittelbar gegenüber ausländischen Hafen- und Transitstaaten geltend gemacht werden.

[24] Zum Hintergrund *McConnell*, in: Chaumette, Seafarers, S. 285 ff.

[25] Zu dieser Herausforderung für Seeleute siehe Entwurf eines Gesetzes zur Verbesserung der Rechte von international Schutzberechtigten und ausländischen Arbeitnehmern, BR-Drs. 97/13, S. 24.

[26] Seafarers' Identity Documents Convention vom 18.6.1958 (No. 108), 389 UNTS 277, in Kraft seit dem 19.2.1961; Convention revising the Seafarers' Identity Documents Convention, 1958. (No. 185) vom 19.6.2003, 2304 UNTS 121, in Kraft seit dem 9.2.2005.

[27] Bislang konnte er von der Flaggenstaatverwaltung – auch für ausländische Seefahrer – erteilt werden, Art. 2 II ILO-Übereinkommen Nr. 108.

[28] Flankierend zu diesen ILO-Konventionen schreibt die unter dem Dach der IMO abgeschlossene Convention on Facilitation of International Maritime Traffic vom 9.4.1965 (BGBl. 1967 II S. 2586, 591 UNTS 265, in Kraft seit dem 5.3.1967) Hafenstaaten vor, Seefahrern mit Identifizierungsdokument Zugang zu gewähren, Annex Standard 3.2.10.

Durchreise und Schiffswechsel aus beruflichen Gründen (Art. 6 VII). Für den Landgang ist statt eines Visums (Art. 6 VI) nur eine vorherige Anzeige nötig (Art. 6 III); für den in der Regel längerfristigen Transfer bedarf es eines Reisepasses (Art. 6 VII) und es können weitere Nachweise verlangt werden (Art. 6 IX).

Die dogmatische Einordnung des SID bereitet Schwierigkeiten. Nach Art. 3 ILO-Übereinkommen Nr. 185 ist dieser Ausweis als ein berufsbezogenes Stand Alone-Dokument auszugestalten, das kein Visum und keinen Reisepass darstellt. Es stellt sich sogar die Frage, ob dieses komplementäre Reisedokument überhaupt einen Verwaltungsakt darstellt. Im deutschen Verwaltungsrecht, das hier bei der rechtlichen Einordnung zugrunde gelegt wird, werden behördliche Bescheinigungen nicht mehr per se als beurkundende Verwaltungsakte betrachtet[29], da sie oftmals nur einen Beweis- und keinen Regelungscharakter aufweisen. Das Vorliegen einer Regelung wird davon abhängig gemacht, ob ein Bedürfnis nach einer rechtlichen Verfestigung eines Sachverhalts vorliegt oder ob die Bescheinigung nur bestimmte Vorgänge als Entscheidungshilfe sammeln soll[30]. Ein rechtliches Verfestigungsbedürfnis ist beim SID zu bejahen, da an sein Vorliegen Vergünstigungen bei der internationalen Mobilität geknüpft sind. Der SID ist demnach als ein feststellender deklaratorischer Verwaltungsakt (siehe zur Entziehung Art. 7 II ILO-Übereinkommen Nr. 185), aber nicht als Aufenthaltserlaubnis im engeren Sinne einzuordnen.

c) Genehmigung für grenzüberschreitende Tätigkeiten

Durch das Londoner Regelwerk wurde die Abfallentsorgung auf See von einem Genehmigungserfordernis abhängig gemacht und nur die Entsorgung besonders gefährlicher Stoffe war verboten. Durch das Londoner Protokoll (LP), das für seine Vertragsparteien die Londoner Konvention (LC) ersetzt, wurde die Systematik grundlegend verändert, denn nach dem neuen Prinzip des Reverse Listing besteht ein generelles Verbot der Abfallentsorgung auf See, von dem nur bestimmte auf einer Positivliste (Anlage I) aufgeführte Abfälle ausgenommen sind. Die Einbringungserlaubnis ist nach dem LP somit keine Kontrollerlaubnis mehr, sondern eine Ausnahmebewilligung[31]. Zuständig für die Erlaubniserteilung ist in erster Linie die Behörde des Staats, in dessen Hoheitsgebiet die Abfälle verladen werden (Verladestaat) bzw. des Flaggenstaats, wenn der Verladestaat nicht Vertragspartei ist (Art. XI II a) LC; Art. 9 II a) LP). Vor Erteilung der Erlaubnis findet nach dem LP ein Prüfungsverfahren statt (Waste Prevention Audit), das in Annex 2 geregelt ist; im Genehmigungsverfahren muss im Rahmen einer Alternativenprüfung festgestellt werden, ob Recycling oder Entsorgung an Land möglich sind. In Deutschland sind diese internationalen Vorgaben für die Einbringung hinsichtlich der Küstengewäs-

---

[29] M. w. N. *Stelkens*, in: Stelkens/Bonk/Sachs, VwVfG, § 35 Rn. 87 f.; anders noch – wegen ihrer erhöhten Beweiskraft – zu Eintragungen in öffentliche Register und öffentliche Beurkundungsvorgänge *Forsthoff*, Lehrbuch des Verwaltungsrechts, S. 210.

[30] *Lässig*, JuS 1990, S. 459, 462 ff.

[31] *Proelß*, Meeresschutz, S. 147.

ser durch § 45 WHG und bezüglich der Einbringung auf Hoher See einschließlich der deutschen Ausschließlichen Wirtschaftszone im Hohe-See-Einbringungsgesetz geregelt.

Die Einbringungserlaubnis durch den Verladestaat ergeht unabhängig von der Nationalität des Schiffs oder wo die Einbringung stattfindet und hat damit de facto einen grenzüberschreitenden Bezug[32], außer die Einbringung findet durch einen Staatsangehörigen der Verladestaats und in dessen Küstengewässern statt. Fraglich ist, ob sie darüber hinaus eine Bindungswirkung für andere Staaten entfaltet[33]. Nach dem SRÜ hat der Flaggenstaat unabhängig von LC und LP eine konkurrierende Kompetenz und kann das Dumping trotz der Einbringungserlaubnis durch den Verladestaat regulieren (vgl. Art. 194 III a) und Art. 210 I, II). Dasselbe gilt im Verhältnis zum Küstenstaat, denn bei Dumping-Vorgängen in seinen Territorialgewässern einschließlich der Ausschließlichen Wirtschaftszone und des Festlandsockels bedarf es nach Art. 210 V stets der expliziten Zustimmung des Küstenstaats. Die Londoner Regelwerke möchten die im SRÜ normierten Kompetenzen nicht einschränken (Art. XIII LC, Art. 23 LP). Auch aus dem Verweis in Art. 210 VI auf das London-Regime als Maßstab für alle Vertragsstaaten des SRÜ[34] wird man eine Bindung an die Erlaubnis der Verladestaats nicht herleiten können, da das SRÜ in Art. 217 III 3 eine solche Anerkennungspflicht für die Schiffszertifikate ausdrücklich anordnet. Daher entfaltet die Verbringungsgenehmigung keine grenzüberschreitende rechtliche Bindungswirkung für andere Staaten.

d) Fazit: Kein maritimes Sonderphänomen

Auch in nicht-maritimen Referenzgebieten des internationalen Verwaltungsrechts finden sich Genehmigungen mit einem mehr oder wenig stark ausgeprägten grenzüberschreitenden Bezug. Eine grenzüberschreitende Bindungswirkung haben etwa die Sach- und Personalgenehmigungen im Straßenverkehrsrecht[35]. Das Pendant zum Seeleuteausweis findet sich im Luftverkehrsrecht. Er heißt dort Crew Member Certificate und hat seine rechtliche Grundlage in Standard 3.66 Annex 9 des Chicagoer Abkommens[36]. Die Verbringungsgenehmigungen im internationalen Abfall- und Gefahrstoffrecht[37] lassen sich der dritten Kategorie – der Genehmigung

---

[32] Von adressatenbezogener Transnationalität in einer solchen Konstellation sprechend *Ruffert*, DV 34 (2001), S. 453, 464 f.

[33] Zum Problem *Birnie/Boyle/Redgwell*, International Law & and the Environment, S. 469 f.

[34] *Proelß*, Meeresschutz, S. 142.

[35] *Kment*, Grenzüberschreitendes Verwaltungshandeln, S. 471 ff.

[36] Zur Funktion ICAO, Crew Member Certificates, FALP/5-WP/25, 31.3.2008.

[37] Werden grenzüberschreitende Abfallverbringungen ausnahmsweise zugelassen, unterliegen sie nach dem Basler Übereinkommen dem Verfahren der vorherigen Zustimmung (Prior Informed Consent, PIC), *Kummer*, International Management of Hazardous Wastes, S. 65 ff. Für die grenzüberschreitende Verbringung von Gefahrstoffen sieht das Rotterdamer Übereinkommen ebenfalls ein PIC-Verfahren vor, Art. 10, 11, in das allerdings das Sekretariat des Übereinkommens eingebunden, indem das Sekretariat die von der zuständigen Behörde des Exportstaats vorgelegten Informationen im Rahmen eines sog. Decision Guidance Document überprüft, *Durner*, in: Proelß,

für grenzüberschreitende Tätigkeiten – zuordnen. Unklar bleibt die dogmatische Erfassung solcher Genehmigungen[38], die daher nachfolgend behandelt wird.

3. Transnationaler Verwaltungsakt als dezentrales Kooperationsinstrument

Sofern sie eine grenzüberschreitende Bindungswirkung entfalten, lassen sich diese maritimen Genehmigungen als transnationale Verwaltungsakte begreifen (a, b). Den Zusammenhang zwischen einem grenzüberschreitenden Verwaltungsgegenstand und der Transnationalität des Verwaltungsakts verdeutlicht eine Abgrenzung zum standortgebundenen Anlagenrecht (c).

a) Transfer einer europarechtlichen Figur

Die deutsche Literatur erklärt solche grenzüberschreitenden Wirkungen von Verwaltungsentscheidungen herkömmlich mit der Figur der Anerkennung[39]. Dieser kollisionsrechtliche Ansatz[40] kann sich auf den Wortlaut der einschlägigen internationalen Rechtsgrundlagen und nationalen Gesetze stützen, in denen – wie am Beispiel der Seeverwaltung beschrieben – oftmals von Anerkennung die Rede ist[41]. Die Figur der Anerkennung ist gleichwohl nicht die passende dogmatische Antwort:

- Wenn im Völkerrecht von Anerkennung (Recognition) die Rede ist, dann sind einseitige Rechtsgeschäfte, die Zustände aller Art, wie die Entstehung neuer Staaten, den Erwerb eines Gebiets oder eine Grenzlinie außer Streit stellen oder Ansprüche als rechtmäßig erklären, gemeint[42] und kein auf Kooperation bezogenes verwaltungsrechtliches Rechtsinstrument. Zum anderen wird zum Teil – die Terminologie ist nicht einheitlich[43] – die Frage nach der Achtung fremder Hoheitsakte mit Anerkennung umschrieben. In diesem Kontext wird die Frage diskutiert, ob die mit elementaren personenrechtlichen Angelegenheiten sowie die mit Enteignungen verbundene Feststellungs- bzw. Gestaltungswirkung von anderen Staaten respektiert werden muss, wenn sie bei der rechtlichen Beur-

Internationales Umweltrecht, 15. Kap. Rn. 55. Ähnlich die Genehmigungen aus dem internationalen Artenschutzrecht, dazu *Sand*, International Environmental Agreements 1 (2001), S. 33, 45.

[38] Siehe die Überlegungen einerseits bei *Ruffert*, DV 34 (2001), S. 453 ff., v. a. 456 f.; *Kment*, Grenzüberschreitendes Verwaltungshandeln, S. 468 ff.; *Menzel*, Internationales Öffentliches Recht, S. 826 ff. und andererseits bei *Schwetz*, Grenzüberschreitende Verwaltungsakte, S. 133 ff. und *Kingsbury/Donaldson*, Global Administrative Law, in: MPEPIL, April 2011, Rn. 19.

[39] *Neumeyer*, Internationales Verwaltungsrecht, Band 4, S. 295 f.; aus jüngerer Zeit auch *Michaels*, Anerkennungspflichten im Wirtschaftsverwaltungsrecht der Europäischen Gemeinschaft und der Bundesrepublik Deutschland.

[40] Auch *Ohler*, Kollisionsordnung, S. 55 ff., 151 ff.

[41] Daran anknüpfend auch die Länderberichte in *Muñoz*, Recognition of Foreign Administrative Acts; ferner *Wenander*, ZaöRV 71 (2011), S. 755 ff.

[42] *Verdross/Simma*, Universelles Völkerrecht, § 666; *Dahm/Delbrück/Wolfrum*, Völkerrecht, Band I/1, § 19.

[43] *König*, Die Anerkennung ausländischer Verwaltungsakte, S. 25; *Nassr-Esfahani*, Grenzüberschreitender Bestandsschutz, S. 27 f.

teilung eines Sachverhalts mit Auslandsbezug als Vorfrage erheblich wird[44]. Eine entsprechende Pflicht wird meist dann angenommen, wenn sich die Wirkungen des Hoheitsakts auf das Inland beschränken und in die ausschließliche Kompetenz des fremden Staats fallen, da ansonsten die Zuständigkeit des Staats zur Normierung interner Angelegenheiten in Frage gestellt würde[45].

– Anerkennung ist auch begrifflich schief[46]. In der Literatur zum internationalen Verwaltungsrecht wird Anerkennung als die „Zustimmung zu der Aussage eines anderen" definiert[47]. Die grenzüberschreitende Wirkung von Genehmigungen findet ihre Grundlage zwar meist in völkerrechtlichen Verträgen und beruht somit auf einer Zustimmung des betroffenen Staats, beansprucht jedoch Wirkung unabhängig von der Anerkennung durch die nationale Verwaltung im Einzelfall.

Die Anerkennung ist somit der Vorstellung sich gegenüberstehenden Staaten mit abgegrenzten Hoheitssphären verhaftet[48], was der Herausforderung des internationalen Verwaltungsrechts, sprich grenzüberschreitende öffentliche Aufgaben durch verschiedene Verwaltungsakteure gemeinsam zu erfüllen, nicht gerecht wird. Dieses Bedürfnis nach einem dezentralen Kooperationsinstrument adressiert hingegen die Figur des transnationalen Verwaltungsakts aus der Europäischen Verbundverwaltung[49], so dass es sich anbietet, zur Lückenfüllung auf diese zurückzugreifen.

Der transnationale Verwaltungsakt[50] ist ein Rechtsinstitut des indirekten Vollzugs des Unionsrechts, das für die Europäische Verbundverwaltung entwickelt wurde und dort mittlerweile[51] weitgehend anerkannt ist[52]; in Hinblick auf die deutschen

---

[44] *Dahm/Delbrück/Wolfrum*, Völkerrecht, Band I/1, § 75.

[45] *Dahm/Delbrück/Wolfrum*, Völkerrecht, Band I/1, § 75, I. 3.; *Verdross/Simma*, Universelles Völkerrecht, § 1021. Aus diesem Gedanken wird eine völkergewohnheitsrechtliche Anerkennungspflicht bezüglich der Staatsangehörigkeit abgeleitet, sofern ein Genuine Link vorhanden ist, da die pauschale Nichtanerkennung eines elementaren Hoheitsaktes wie der Einbürgerung die Rechtssubjektivität des fremden Staats selbst in Zweifel ziehen würde, siehe den Nottebom-Fall IGH, Urteil v. 06.04.1955, ICJ Rep. 1955, S. 4, 20 ff.

[46] *Röhl*, Akkreditierung und Zertifizierung im Produktsicherheitsrecht, S. 29.

[47] *Neumeyer*, Internationales Verwaltungsrecht, Band 4, S. 295.

[48] *König*, Die Anerkennung ausländischer Verwaltungsakte, S. 26; daher für eine begriffliche Differenzierung *Kment*, Grenzüberschreitendes Verwaltungshandeln, S. 448 f.; a.A. *Linke*, Europäisches Internationales Verwaltungsrecht, S. 31.

[49] *Schmidt-Aßmann*, EuR 1996, S. 270, 300; bereits *ders.*, DVBl. 1993, S. 924, 935 f.

[50] *Schmidt-Aßmann*, DVBl. 1993, S. 924, 935 f.

[51] Kritisch noch *Kadelbach*, Allgemeines Verwaltungsrecht unter europäischem Einfluss, S. 36; von einer bloßen „Weiterentwicklung" sprechend *Fastenrath*, DV 31 (1998), S. 277, 301 ff.; ein eigenständiges Rechtsinstitut ablehnend aber *Becker*, DVBl. 2001, S. 855, 866; zur Begründung der Eigenständigkeit dieser Rechtsfigur eingehend *Burbaum*, Rechtsschutz gegen transnationales Verwaltungshandeln, S. 35 ff.

[52] *Neßler*, Europäisches Richtlinienrecht wandelt deutsches Verwaltungsrecht, S. 5 ff.; weiter *Groß*, JZ 1994, S. 596, 599; *Röhl*, Akkreditierung und Zertifizierung im Produktsicherheitsrecht, S. 21, 27 ff.; *Hatje*, Die gemeinschaftsweite Steuerung der Wirtschaftsverwaltung; *Ruffert*, DV 34 (2001), S. 453 ff.; *Sydow*, Verwaltungskooperation in der EU, S. 141 ff.; aus österreichischer Perspektive *Raschauer*, in: FS Öhlinger, S. 661 ff.; aus jüngerer Zeit *Schwetz*, Grenzüberschreitende Verwaltungsakte, S. 23 ff.; *Danninger*, Transnationale Verwaltungsakte; *Ziekow*, in: Pitschas/Kisa,

Konnotationen des Begriffs des Verwaltungsakts wird teilweise die Bezeichnung als transnationale Verwaltungsentscheidung vorgezogen[53], was das Problem der Vielfalt nationaler Handlungsformen aber nicht löst. Zudem bestehen dogmatisch nach wie vor Unsicherheiten, insbesondere wie die Transnationalität zu begründen ist[54]. Auch wenn er Gemeinsamkeiten mit dem Prinzip der gegenseitigen Anerkennung aufweist und teilweise als eine besondere Ausformung desselben verstanden wird[55], ist der transnationale Verwaltungsakt von diesem zu unterscheiden[56]. Entscheidend ist dabei nicht die Bezeichnung in Gesetzestexten, sprich, ob diese von Anerkennung sprechen, sondern eine sorgsame Analyse der jeweiligen Wirkungsmechanismen[57]. Der transnationale Verwaltungsakt beschreibt danach den Fall, dass eine Einzelentscheidung einer Behörde eines Mitgliedsstaats gleichsam automatisch, d.h. kraft genereller Vorab-Anerkennung, und damit ohne dass es einer konkreten Anerkennung durch die anderen Mitgliedstaaten bedarf, grenzüberschreitende Wirkung in der gesamten Union entfaltet[58]. Diese automatische Bindungswirkung gegenüber Behörden anderer Mitgliedsstaaten („europäische Tatbestandswirkung")[59] wird nach Maßgabe des Sekundärrechts vermittelt. Dies muss nicht zwingend über Verordnungen[60], sondern kann auch über sog. generelle Geltungserstreckungsklauseln in Richtlinien in Verbindung mit nationalen Umsetzungsrechtsakten erfolgen[61]. Es lassen sich dabei verschiedene grenzüberschreitende Bindungstechniken unterscheiden[62], so dass es im Einzelnen unklar sein kann, ob ein transnationaler Verwaltungsakt vorliegt oder nicht[63].

Internationalisierung von Staat und Verfassung im Spiegel des deutschen und japanischen Staats- und Verwaltungsrecht, S. 187, 221 ff.

[53] *Sydow*, Verwaltungskooperation in der EU, S. 143; *Glaser*, Die Entwicklung des Europäischen Verwaltungsrechts, S. 554 f.

[54] Zu den Konzeptionen in der Literatur *Schwetz*, Grenzüberschreitende Verwaltungsakte, S. 27 ff.

[55] Etwa *Hatje*, Die gemeinschaftsrechtliche Steuerung der Wirtschaftsverwaltung, S. 210; *Burbaum*, Rechtsschutz gegen transnationale Verwaltungsakte, S. 32.

[56] Von einem eigenständigen Prinzip ausgehend *Raschauer*, in: FS Öhlinger, S. 661, 680; *Schwarz*, in: 51. Assistententagung, Verwaltungsrechtsraum Europa, S. 5, 56.

[57] *Danninger*, Transnationale Verwaltungsakte, S. 99.

[58] *Glaser*, Die Entwicklung des Europäischen Verwaltungsrechts, S. 554.

[59] *Ruffert*, DV 34 (2001), S. 453, 472; kritisch zum Begriff *Raschauer*, in: FS Öhlinger, S. 661, 681.

[60] Beispiele bei *Hofmann*, Rechtsschutz und Haftung im Europäischen Verwaltungsverbund, S. 48 f.

[61] *Sydow*, Verwaltungskooperation in der Europäischen Union, S. 144. Da der Wirkungsautomatismus entscheidend ist, ist es missverständlich ist, im Fall von Richtlinien von einem herabgesetzten Transnationalitätsgrad zu sprechen. Dies implizieren aber Begrifflichkeiten wie „unechte Transnationalität", Rabe, Der „Verwaltungsakt" nach deutschem und spanischem Recht, S. 132 f., oder „anerkennungsvermittelte Transnationalität", *Buchholtz*, NVwZ 2016, S. 1353, 1354.

[62] *Schmidt-Aßmann*, EuR 1996, S. 270, 301.

[63] Das gilt v.a. für die Referenzentscheidung, bei der es einer Anerkennung im Einzelfall durch eine eigenständige Verwaltungsentscheidung bedarf. Für eine Zuordnung zum transnationalen Verwaltungsakt spricht es, wenn trotz formell erforderlichen Anerkennungsaktes im Einzelfall der Prüfungsmaßstab im Anerkennungsverfahren auf die durch das Sekundärrecht festgelegten Ausnahme- bzw. Verweigerungsgründe beschränkt ist, *Schmidt-Aßmann*, EuR 1996, S. 270, 301; anders

Der transnationale Verwaltungsakt wurzelt in der Idee der Binnenmarktintegration, denn viele Tätigkeiten, die Grundfreiheiten verwirklichen, sind genehmigungspflichtig, so dass inzwischen bis zu 27 unterschiedliche Genehmigungen beantragt werden müssten, um in der gesamten Union tätig werden zu können[64]. Durch das Institut des transnationalen Verwaltungsakts ist dieses Grundproblem gelöst, da eine einzige Genehmigung ausreicht, um unionsweit wirtschaftlich handeln zu können. Eben dieses Bedürfnis, wenn auch nicht auf den Bereich der EU begrenzt, besteht auch im Seeverwaltungsrecht.

b) Merkmale des transnationalen Verwaltungsakts im internationalen Verwaltungsrecht

Abstrahiert man von der EU, dann gehören zu den konstitutiven Merkmalen des transnationalen Verwaltungsakts seine staatliche Dezentralität, die grenzüberschreitende Bindungswirkung, die dazu führt, dass eine Stelle mit Wirkungen für alle anderen verfügen kann, sowie sein konsensualer Geltungsgrund.

Dezentral bedeutet, dass er nicht durch eine internationale Instanz erlassen wurde, sondern eine Einzelfallentscheidung einer nationalen Behörde vorliegt[65]. Bezogen auf das Seeverwaltungsrecht ist die Erlassbehörde regelmäßig die Flaggenstaatverwaltung. Die Beispiele der Schiffshygienezertifikate und der Seemannsausweise zeigen, dass auch Behörden im Hafen bzw. die Verwaltung der Entsendestaaten zuständig sein können. Das Merkmal staatlicher Dezentralität dient der Abgrenzung von privaten Handlungsinstrumenten. Der transnationale Verwaltungsakt ist ein Handlungsinstrument der staatlichen Seeverwaltung, da er deren territoriale Begrenzungen überwindet. Davon sind die „Genehmigungen" der privaten Seeverwaltung zu unterscheiden[66]. Wegen des konfusen Verhältnisses privater zu staatlicher Ordnungsleistungen im internationalen Verwaltungsrecht ist die Zuordnung aber nicht immer klar, wie die maritimen Sachgenehmigungen, in deren Erteilung die Klassen als ROs der Flaggenstaaten involviert sind, zeigen[67]: Solange die Flaggenstaatverwaltung das Zeugnis erteilt, wie dies grundsätzlich in Deutschland der Fall ist, liegt ein transnationaler Verwaltungsakt vor. Dasselbe wird man annehmen

---

Neßler, Europäisches Richtlinienrecht wandelt deutsches Verwaltungsrecht, S. 22 ff.; *Lienhard*, NuR 2002, S. 13, 14; *Sydow*, DÖV 2006, S. 66, 67 f.; daran anschließend *Schuster*, Das Kohärenzprinzip in der EU, S. 125; für eine eigene Kategorie für solche Konstellationen *Schwetz*, Grenzüberschreitende Verwaltungsakte, S. 101 ff.

[64] Zum Grundgedanken *Neßler*, Europäisches Richtlinienrecht wandelt deutsches Verwaltungsrecht, S. 28.

[65] Dies mit dem Begriff transnational verbindend *Schwetz*, Grenzüberschreitende Verwaltungsakte, S. 7 f.; im seltenen Fall, dass überstaatliche Instanzen Entscheidungen gegenüber Individuen treffen, spricht man auch von internationalen Verwaltungsakten i. e. S., *Dann*, in: GVwR I, § 6 Rn. 148 ff., der die Feststellung einer gesundheitlichen Notlage internationaler Tragweite durch die WHO nach den IGV 2005 als „eine Art von Allgemeinverfügung" bezeichnet, ebenda Rn. 152. Die Rechtsfolgen bewegen sich indes im unverbindlichen Bereich.

[66] Siehe unten 4. Kapitel, II. 2. c.

[67] Siehe bereits oben 3. Kapitel, VI. 4. c. cc.

müssen, wenn von ROs erteilte Zeugnisse aufgrund nationalen Rechts mit behördlich erteilten gleichgestellt werden, wie dies partiell im SeeArbG angeordnet ist (§ 131 III 1). Ob dies auch gilt, wenn eine solche innerstaatliche Anordnung fehlt, ist durch Auslegung der internationalen Geltungsgrundlagen zu ermitteln. Dafür spricht deren offene Formulierung. So heißt es in Art. 217 III 3 SRÜ schlicht, „diese Zeugnisse werden von anderen Staaten [...] anerkannt". Die Zeugnisse müssen dabei nicht von den Flaggenstaaten erteilt sein, diese haben allein die Letztverantwortung (Art. 217 III 1 und 2 SRÜ). Bejaht man daher, dass auch von ROs erteilte Zertifikate eine grenzüberschreitende Bindungswirkung wie behördlicherseits erteilte entfalten, stellt sich weiter die Frage, ob gleichwohl noch von einem transnationalen Verwaltungsakt gesprochen werden kann oder eine gesonderte Kategorie gewählt werden sollte. Für die Benannten Stellen im europäischen Produktsicherheitsrecht wird teils von einer eigenen transnationalen Handlungsform, aber mit vergleichbaren Wirkungen[68] bzw. einem „transnationalen Quasi-Verwaltungsakt"[69] ausgegangen. Da die ROs völkerrechtlich den Flaggenstaaten zugeordnet sind und bei der Rechtsdurchsetzung nicht als eigene Schicht einer überstaatlichen Verwaltung betrachtet werden, wird man bei den von ROs erteilten Zertifikaten indes von transnationalen Verwaltungsakten ausgehen können.

Rechtsfolge des transnationalen Verwaltungsakts und sein zweites Merkmal ist seine grenzüberschreitende Bindungswirkung. Die Kompetenzkonzentration bei einer Stelle bildet die Voraussetzung für ein reibungsloses internationales Transportwesen. Wie zu zeigen sein wird[70], finden sich im Seeverwaltungsrecht indes in weitem Umfang Möglichkeiten für den Gaststaat, sich der Bindungswirkung zu entziehen. Diese sind wie im Unionsrecht zu beurteilen, d. h. die Möglichkeit der Aussetzung der Bindungswirkung durch den Gaststaat hindert die Annahme eines Wirkungsautomatismus solange nicht, wie diese Option als ein durch das überstaatliche Recht determiniertes Auffangnetz ausgestaltet ist und nicht den im freien Ermessen des Gaststaats liegenden Regelfall bildet[71]. Denn in diesem Fall dienen sie dem Interessenausgleich, indem sie die mit der engen Kooperation einhergehenden Risiken antizipieren und einhegen. Diese Entscheidung über die Zuordnung kann nur aufgrund einer Analyse des internationalen Rahmens getroffen werden. Typisches Beispiel sind die maritimen Sach- und Personalgenehmigungen in der Hafenstaatkontrolle, ein Grenzfall der SID[72].

Drittens beruht dieser Grenzübertritt auf einer konsensualen Geltungsgrundlage. Wenn die Bindungswirkung ausländischer Verwaltungsakte allein im nationalen

[68] *Röhl*, in: Schmidt-Aßmann/Schöndorf-Haubold, Der Europäische Verwaltungsverbund, S. 153, 167 f.; *v. Richthofen*, Privater Vollzug des Unionsrecht, S. 143 ff.

[69] *Dimitropoulos*, Akkreditierung und Zertifizierung, S. 236–238.

[70] Siehe unten 4. Kapitel, I. 4.

[71] Allgemein *Danninger*, Transnationale Verwaltungsakte, S. 164–166; auch *Schwetz*, Grenzüberschreitende Verwaltungsakte, S. 25 f.; den Ausnahmecharakter der Durchbrechung der Bindungswirkung von Schiffszertifikaten betonend auch (zum SOLAS-Interims-Zeugnis) OLG Hamburg, Urteil v. 21.11.2003, 1 U 90/01 Rn. 54.

[72] Siehe unten 4. Kapitel, I. 4. b. aa.

Recht begründet liegt, wie das bei den Befähigungsnachweisen nach § 22 S. 1 See-BV der Fall ist, liegt daher kein transnationaler Verwaltungsakt vor, sondern für diese Konstellation ist es passend, von einer bloßen Anerkennung eines fremden Hoheitsakts zu sprechen. Die Grundlage ist im internationalen Verwaltungsrecht zunächst in einem völkerrechtlichen Vertrag zu suchen[73], im Seeverwaltungsrecht im SRÜ sowie insbesondere in unter dem Dach von IMO und ILO zustande gekommenen Konventionen. Dass es insofern noch eines nationalen Umsetzungsakts bedarf, steht der Bejahung eines transnationalen Verwaltungsakts nicht entgegen[74]. Die Schiffshygienezertifikate zeigen, dass die konsensuale Grundlage auch in sonstigem Sekundärrecht von internationalen Organisationen, dort in den WHO Regulations, liegen kann[75]. Die konsensuale Grundlage entscheidet auch über die geographische Reichweite der Bindungswirkung, denn diese korreliert mit der Anzahl der Vertragsparteien bzw. der Mitglieder der Sekundärrecht setzenden internationalen Organisation. Angesichts der fast weltweiten Geltung vieler maritimer Konventionen und sonstiger internationaler Regelwerke des Seeverwaltungsrechts können daher auch die maritimen Genehmigungen eine fast weltweite Bindungswirkung beanspruchen.

c) Abgrenzung zur Genehmigung im standortgebundenen Anlagenrecht

Auch das standortgebundene Anlagenrecht kennt grenzüberschreitende Wirkungen von Genehmigungen; man denke an die emittierende Anlage an der Landesgrenze. Um die grenzüberschreitenden Wirkungen von Anlagengenehmigungen rechtlich zu bewältigen, wird aber gewöhnlich nicht auf die Figur des transnationalen Verwaltungsakts zurückgegriffen[76], sondern von der nur faktischen Transnationalität gesprochen[77]. Ein Blick auf das nationale sowie das EU-Recht soll im Wege der Kontrastierung den spezifischen Anwendungsbereich des transnationalen Verwaltungsakts verdeutlichen:

Für das nationale Verwaltungsrecht gilt die Emsland-Entscheidung als wegweisend. Das BVerwG stellte in dieser Entscheidung fest, dass es für eine grenzüberschreitende Bindungswirkung der Genehmigung des streitgegenständlichen Kernkraftwerks an einer rechtlichen Grundlage fehle[78]. Das Gericht ging vielmehr von

---

[73] Zu dieser Möglichkeit auch *Ruffert*, DV 34 (2001), S. 453, 457 f.; *Kemper*, NuR 2012, S. 751, 758; *Danninger*, Transnationale Verwaltungsakte, S. 91 f.

[74] Zur Notwendigkeit von Umsetzungsakten im Unionsrecht, wenn Grundlage des transnationalen Verwaltungsakts eine Richtlinie ist, *Sydow*, Verwaltungskooperation in der EU, S. 146–148, dort auch zur Gegenansicht.

[75] Zur strittigen Rechtsnatur der IGV *Behrendt*, The International Health Regulations, S. 95 ff., sowie unten 5. Kapitel, I. 2. a. aa.

[76] *Stelkens*, in: Stelkens/Bonk/Sachs, VwVfG, Europäisches Verwaltungsrecht, Europäisierung des Verwaltungsrechts und Internationales Verwaltungsrecht, Rn. 183.

[77] *Ruffert*, DV 34 (2001), S. 453, 463.

[78] BVerwGE 75, 285, 286: „Hingegen verpflichtet eine derartige Genehmigung den ausländischen Kl. nicht zur Duldung in dem Sinne, daß er nunmehr die mit der genehmigten Anlage verbundenen Gefahren und Immissionen hinnehmen müsse."

der Geltung des Territorialitätsprinzips aus, wonach eine nach § 7 AtG erteilte Genehmigung nur innerhalb der Grenzen Deutschlands gelte[79]. Die Klagebefugnis des niederländischen Klägers wurde demgemäß nicht mit der rechtlichen Bindungswirkung der Genehmigung begründet, sondern unabhängig davon mit dem Zweck des AtG und dem gesetzlichen Ziel einer Erfüllung internationaler Verpflichtungen der Bundesrepublik auf dem Gebiet der Kernenergie, welche beide eine völkerrechtsfreundliche Auslegung erforderten[80]. Auch die zivilrechtliche Rechtsprechung geht vom Territorialitätsprinzip aus und lässt – liegen nicht ausnahmsweise spezifische Staatsverträge vor[81] – ausländische Anlagengenehmigungen unberücksichtigt[82]. In jüngerer Zeit wird im IPR allerdings eine Berücksichtigungsfähigkeit ausländischer Anlagengenehmigungen in Erwägung gezogen[83].

Von anderen Mitgliedstaaten erteilte Anlagengenehmigungen werden im europäischen Verwaltungsrecht grundsätzlich nicht als transnationale Verwaltungsakte behandelt[84]. Eine Ausnahme wird allerdings als Folge des Urteils des EuGH zum Kernkraftwerk Temelin diskutiert[85]: Gegenstand des Verfahrens bildete eine zivilrechtliche Unterlassungsklage des Lands Oberösterreich gegen die Betreibergesellschaft des tschechischen Kernkraftwerks. Obwohl nach österreichischem Recht keine Anerkennung möglich war, bejahte der EuGH eine Pflicht zur Anerkennung; diese Pflicht stützte er auf das Diskriminierungsverbot aus Gründen der Staatsangehörigkeit, das er auf den Anwendungsbereich des Euratom-Vertrags übertrug[86]. Die Erklärung für diesen ungewöhnlichen Fall einer grenzüberschreitenden Wirkung einer Anlagengenehmigung wird u. a. in der Harmonisierung der materiellen und formellen Rechtsgrundlagen gesehen, die es für Österreich trotz des dortigen Verbots von Kernkraftanlagen im konkreten Fall als hinnehmbar erscheinen ließe, die atomrechtliche Genehmigung zu akzeptieren[87]. So stellte der EuGH in der Entscheidung heraus, die Ungleichbehandlung sei angesichts der basalen Vereinheitlichung der relevanten Standards in Form eines gemeinschaftlichen Rechtsrahmens

[79] *Rauschning*, AVR 25 (1987), S. 312, 314 f.

[80] BVerwGE 75, 285, 286 ff.

[81] Bekanntes Beispiel ist der Staatsvertrag zwischen Österreich und Deutschland über die Auswirkungen der Anlage und des Betriebs des Flughafens Salzburg auf das Hoheitsgebiet der Bundesrepublik Deutschland vom 19.12.1967, BGBl. 1974 II S. 13; nach dessen Art. 4 III nimmt die österreichische Betriebsgenehmigung für den Flughafen Salzburg an der privatrechtsgestaltenden Wirkung von deutschen Genehmigungen (nach § 11 LuftVG und § 14 S. 1 BimSchG) teil, so dass Abwehransprüche deutscher Nachbarn ausgeschlossen sind; zur Frage der Verfassungsmäßigkeit des deutschen Zustimmungsgesetzes: bejahend BVerfGE 72, 66, ablehnend *Küppers*, DVBl. 1979, S. 229.

[82] M. w. N. *Rüppell*, Die Berücksichtigungsfähigkeit ausländischer Anlagengenehmigungen, S. 124.

[83] M. w. N. *Rüppell*, Die Berücksichtigungsfähigkeit ausländischer Anlagengenehmigungen, S. 151 ff.; bereits *Nassr-Esfahani*, Grenzüberschreitender Bestandsschutz für unanfechtbar genehmigte Anlagen, S. 133 ff.

[84] *Müller*, in: 51. Assistententagung, Verwaltungsrechtsraum Europa, S. 33, 48.

[85] Ebenda.

[86] EuGH (GK), Urteil v. 25.03.2010, Rs. C-27/08, Rn. 87 ff.

[87] *Möstl*, Common Market Law Review 47 (2010), S. 1221, 1230 ff.

für die Genehmigung von Kernkraftwerken und der Überwachungs- und Prüfbefugnisse der Kommission nicht zu rechtfertigen[88]. Der Fall Temelin wird indes als eine „Spielart der gegenseitigen Anerkennung"[89] und nicht als ein gewöhnlicher Fall eines transnationalen Verwaltungsakts betrachtet[90]: Es geht um eine reine Beachtlichkeit der Genehmigung, die auf die primärrechtliche Pflicht zur gegenseitigen Anerkennung gestützt wird und sich auf das Verhältnis Tschechien-Österreich beschränkt.

Demnach ist festzuhalten, dass es eine grenzüberschreitende Bindungswirkung von Anlagengenehmigungen grundsätzlich nicht gibt[91]. Im standortgebundenen Anlagenrecht werden grenzüberschreitende Wirkungen rechtlich dadurch reflektiert, dass die faktische Betroffenheit anderer Staaten und ihrer Einwohner durch Beteiligungsrechte im Verfahren, Klagerechte von Ausländern und auch materielle Berücksichtigungspflichten kompensiert werden[92]. Der Hintergrund für diesen Unterschied ist das geringere Bedürfnis nach einer internationalen Verwaltungskooperation im standortgebundenen Anlagenrecht[93].

4. Korrekturordnung

a) Risiken des transnationalen Verwaltungsakts

Die grenzüberschreitende Bindungswirkungswirkung des Verwaltungsakts birgt – aus der Perspektive des Gaststaats – Risiken, denn sie verbietet eine erneute Rechtmäßigkeitsüberprüfung durch ausländische Behörden und Gerichte[94]. Dieser Ausschluss der Kontrollmöglichkeiten im Ausland kann zunächst deshalb prekär sein, da die Bindungswirkung unabhängig davon eintritt, ob die ausländischen Normen mit den nationalen vergleichbar sind[95]. Angesichts der weitgehenden Internationalisierung der materiellen Rechtsgrundlagen im Seeverwaltungsrecht[96] stellt sich dort allerdings weniger das Problem einer Diskrepanz im Schutzniveau, vielmehr steht die Sicherung der Konformität des transnationalen Verwaltungsakts mit den internationalen Normen im Vordergrund. Die internationalen Normen können bereits im Zeitpunkt des Erlasses des Verwaltungsakts nicht eingehalten worden sein, v.a. weil eine durchsetzungsschwache Verwaltung die Genehmigung erteilt hat, oder die Rechtswidrigkeit des Verwaltungsakts kann auf nachträglichen Änderungen beruhen. Mit nachträglicher Rechtswidrigkeit ist gerade im internationa-

---

[88] EuGH (GK), Urteil v. 25.03.2010, Rs. C-27/08, Rn. 111 ff., insb. 115, ff., 117 ff., 136.
[89] *Müller*, in: 51. Assistententagung, Verwaltungsrechtsraum Europa, S. 33, 48.
[90] Auch *Schwetz*, Grenzüberschreitende Verwaltungsakte, S. 49.
[91] Ebenso *Stelkens*, in: Stelkens/Bonk/Sachs, VwVfG, Europäisches Verwaltungsrecht, Europäisierung des Verwaltungsrechts und Internationales Verwaltungsrecht, Rn. 183.
[92] Eingehend zu diesen *Kment*, Grenzüberschreitendes Verwaltungshandeln, S. 286 ff.
[93] Zur Abgrenzung Anlagenzulassung und Marktzulassung *Wahl/Groß*, DVBl. 1998, S. 2 f.
[94] *Ruffert*, DV 34 (2001), S. 453, 472 ff.
[95] *Kment*, Grenzüberschreitendes Verwaltungshandelns, S. 513.
[96] Siehe unten 5. Kapitel, I. 2.

len Verwaltungsrecht zu rechnen, da die Mobilität der Seeschifffahrt eine laufende Kontrolle erschwert. Ein weiteres Risiko, das aus der internationalen Mobilität des Verwaltungsgegenstands resultiert, bildet das Erschleichen von transnationalen Verwaltungsakten. Personen besorgen sich gezielt Genehmigungen in Staaten mit einer labilen Verwaltungsstruktur und üben ihre Tätigkeit dann in Staaten aus, in denen sie eine solche Genehmigung nicht hätten erhalten können. Die Verwaltungen dieser Gaststaaten müssen das sehenden Auges hinnehmen, da sie wegen der grenzüberschreitenden Bindungswirkung gegen solche Personen nicht vorgehen können. Solche missbräuchlichen Praktiken gehören im Seeverwaltungsrecht zum Alltag[97]. Zwei maritime Beispiele sollen die Risiken des transnationalen Verwaltungsakts verdeutlichen:

- Rechtswidrige Verhaltensweisen sind bei Seefahrerzertifikaten gängige Praxis, wie eine von der IMO finanzierte Studie des SIRC Cardiff aufgedeckt hat[98]: 9% der in der Studie befragten Seeleute gaben an, direkt oder indirekt mit betrügerischen Seefahrerzertifikaten in Berührung gekommen zu sein. Die Studie stellt drei typische rechtswidrige Verhaltensweisen heraus: Erstens kann es vorkommen, dass zwar Zertifikate vorliegen, aber diese für die spezifische Funktion ungültig sind, z. B. weil eine andere Funktion ausgeübt wird als erlaubt. Zweitens nennt die Studie das Problem der „laundered certificates", d. h. von Zertifikaten, die aufgrund falscher Informationen, insbesondere gefälschter Dokumente, oder von korrupten Beamten an Personen ohne die entsprechenden Fähigkeiten und Kenntnisse erteilt werden. Drittens werden Zertifikate durch Seefahrer, Schiffseigner oder Manning Agencies gefälscht, gestohlen oder auf dem Schwarzmarkt erworben.
- Die Verhandlungen zum ILO-Übereinkommen Nr. 185 waren von der Sorge um einen Missbrauch der durch den Seeleuteausweis gewährten Zugangsprivilegien für Seeleute, etwa durch die Fälschung von SIDs, geprägt[99].

b) Flexibilisierung der grenzüberschreitenden Bindungswirkung als Antwort

aa) Analyse der seeverwaltungsrechtlichen Regelwerke

Die zentrale Antwort des Seeverwaltungsrechts auf solche Risiken besteht in der Flexibilisierung der grenzüberschreitenden Bindungswirkung maritimer Genehmigungen[100]. Zwar bleibt die Aufhebung des Verwaltungsakts nach wie vor der Behörde des Erlassstaats vorbehalten, aber die Behörden anderer Staaten können die Wirkung des Verwaltungsakts auf ihrem Hoheitsgebiet hemmen. Im Seever-

---

[97] *Akrami*, Smart Cards, S. 12.

[98] Dazu *Obando-Rojas/Welsh/Bloor/Lane/Badigannavar/Maguire*, Sociological Review 52 (2004), S. 29; ferner International Commission on Shipping, Ships, Slaves and Competition, S. 47 f.

[99] *McConnell*, in: Chaumette, Seafarers, S. 285, 305 ff.

[100] Begriff im Anschluss an *Neßler*, Europäisches Richtlinienrecht wandelt deutsches Verwaltungsrecht, S. 40 ff.; allgemein für das Unionsrecht auch *Ost*, DÖV 1997, S. 495 ff.

waltungsrecht spricht man in Hinblick auf die dergestalt abgeschwächte Bindungswirkung maritimer Zertifikate davon, dass sie eine „widerlegbare Vermutung“ oder einen „Anscheinsbeweis“ für die Rechtskonformität der betreffenden Tätigkeit begründeten[101].

Die Aussetzungsbefugnisse haben ihre Grundlage in internationalen Regelwerken der Seeverwaltung, die die grenzüberschreitende Bindungswirkung nicht nur anordnen, sondern auch begrenzen. Die internationalen Begrenzungsbestimmungen konkretisieren zugleich die Voraussetzungen der Suspendierungsbefugnisse: Im Seesicherheits- und Seeumweltrecht wird den Hafen- bzw. Küstenstaaten trotz Vorliegens eines „gültigen“ („valid“) Schiffszertifikats bei „eindeutigen Gründen“ („clear grounds“) von Verstößen gegen internationale Normen ein Vorgehen ermöglicht[102]. Der Missstand kann darin bestehen, dass der Zustand oder die Ausrüstung des Schiffs wesentlich von den Angaben des Zeugnisses abweicht[103] oder dass der Kapitän oder die Besatzung mit wesentlichen Abläufen, die die Sicherheit oder den Umweltschutz betreffen, nicht vertraut sind[104]. Die unter dem Dach der IMO geschlossenen Konventionen kennen keine Überprüfungspflicht, aber eine Pflicht, vorläufige Maßnahmen gegen ein Schiff zu treffen, wenn Verstöße festgestellt wurden[105]. Suspendierungsbefugnisse bestehen auch bezüglich der Befähigungszertifikate bei der Kontrolle im Hafen, nämlich bei „eindeutigen Gründen“ („clear grounds“) für missbräuchlich erlangte Zertifikate oder wenn der Inhaber des Zertifikats nicht die Person ist, für die das Zertifikat ausgestellt wurde (Art. X I 2 STCW). Auch die MLC 2006 erlaubt eine Überprüfung der Arbeits- und Lebensbedingungen an Bord durch die Hafenstaatkontrolle trotz Vorliegens „gültiger“ („valid“) Dokumente bei „eindeutigen Gründen“ für Verstöße gegen die MLC 2006 („clear grounds“)[106]. Den Vorbehalt einer wesentlichen Abweichung von den Angaben des Zeugnisses oder eines wesentlichen Verstoßes kennt sie nicht. Die MLC 2006 erlaubt eine Überprüfung darüber hinaus dann, wenn eine Beschwerde vorliegt (Norm A5.2.1 I 1 d) und III; § 138 III 1 Nr. 4 SeeArbG), und statuiert insoweit sogar eine Überprüfungspflicht[107]. Im Seegesundheitsrecht entfällt die Bindungs-

---

[101] Zur „Vermutungswirkung“ *Bartenstein*, in: Proelß, UNCLOS, Art. 217 Rn. 20; *Schroeder*, in: Tomuschat, Schutz der Weltmeere, S. 49, 70; *Witt*, Obligations and Control of Flag States, S. 68; von „Anscheinsbeweis“ sprechend Regel 5.2.1 MLC 2006; auch *Abecassis*, in: Abecassis/Jarashow, Oil Pollution from Ships, S. 56f. („Indiz“).

[102] Siehe Art. 217 III 3 2. HS. SRÜ; Art. 226 I a) SRÜ; Art. 5 II MARPOL; Kapitel I Regel 19 b) und Kapitel XI-1 Regel 4 I u. Kapitel XI-2 Regel 9 SOLAS; nicht auf Clear Grounds abstellend Art. 12 Tonnage, Art. 21 LL.

[103] Für CDEM-Standards siehe Art. 226 I a) SRÜ; Kapitel I Regel 19 SOLAS; Art. 5 MARPOL; Art. 12 I b) Tonnage.

[104] Zu den Operational Requirements siehe Kapitel XI Regel 4 I SOLAS, Annex I Regel 8 A, Annex II Regel 15, Annex III Regel 8, Annex V Regel 8, Annex VI Regel 10 MARPOL; Kapitel I Regel 4 STCW.

[105] Etwa Art. 219 SRÜ; Art. 5 II 3 MARPOL; Kapitel XI Regel 4 II u. Kapitel I Regel 19 c) SOLAS.

[106] A5.2.1 I 1 c) MLC 20066; weiter § 137 III 1 Nr. 3 SeeArbG: „Grund für die Annahme“.

[107] „Wenn die Annahme oder Behauptung mangelhafter Arbeits- und Lebensbedingungen eine

wirkung der gültigen Schiffshygienebescheinigungen an Bord eines Schiffs, wenn „Anzeichen für eine Gefahr für die öffentliche Gesundheit" („evidence of a public health risk") festgestellt werden[108]. Eine Erleichterung des Landgangs, der Durchreise und des Schiffswechsels von Seeleuten aufgrund des Seeleuteausweises steht, auch wenn keine „eindeutigen Gründe für dessen Unechtheit" („clear grounds for doubting the authenticity") vorliegen (Art. 6 I ILO-Übereinkommen Nr. 185), unter dem Vorbehalt, dass „Gründe der öffentlichen Gesundheit, der öffentlichen Sicherheit, der öffentlichen Ordnung oder der nationalen Sicherheit" („grounds of public health, public safety, public order or national security") einer solchen Einreise nicht entgegenstehen (Art. 6 V, VIII ILO-Übereinkommen Nr. 185).

Die genannten Begrenzungsbestimmungen reflektieren die oben genannten, dem transnationalen Verwaltungsakt immanenten Risikoquellen: Eine Suspendierung knüpft in der Regel an einen Verstoß gegen internationale Normen sowie an die Ungültigkeit oder die Unechtheit einer maritimen Genehmigung an. Meist wird die Eingriffsschwelle bei Rechtsverstößen von der Offenkundigkeit eines Verstoßes abhängig gemacht („clear grounds"). Anders ist dies im Seegesundheitsrecht, das klinische Anzeichen genügen lässt. Diese herabgesetzten Anforderungen lassen sich mit der Sachmaterie Infektionsschutz erklären. Regelmäßig setzen die internationalen Begrenzungsbestimmungen eine Betroffenheit von Gemeinschaftsinteressen voraus. Ratio dieser Begrenzungsbestimmungen ist es, ein Absenken des internationalen Mindeststandards zu verhindern. Daneben finden sich aber auch Bestimmungen – wie im ILO-Übereinkommen Nr. 185 –, die staatliche Alleingänge erlauben, um ein nationales Schutzniveau abzusichern.

bb) Administrative Schutzklauseln als Rechtsgrundlage

In der kollisionsrechtlichen Literatur zum internationalen Verwaltungsrecht werden Möglichkeiten der Nichtanerkennung ausländischer Hoheitsakte in Anknüpfung an das IPR als Vorbehaltsnormen[109] oder Ordre Public-Klauseln[110] interpretiert. Ihre Funktion wird darin gesehen, aus einer Forderung des inländischen Rechts heraus die Rechtserheblichkeit eines ausländischen Verwaltungsakts zu verweigern, sprich Rechtsfolgen im Inland zu vermeiden, die einen Gegensatz zu den Grundlagen der einheimischen Rechtsordnung herbeiführen würden[111]. Damit

eindeutige Gefahr für die Sicherheit, die Gesundheit oder den Schutz der Seeleute darstellen könnte oder wenn der ermächtigte Bedienstete Grund zu der Annahme hat, dass etwaige Mängel eine schwerwiegende Verletzung der Anforderungen dieses Übereinkommens (einschließlich der Rechte der Seeleute) darstellen", Norm A5.2.1 I 2 MLC 2006; § 137 III 3 SeeArbG. Die Verwaltung im Hafen muss vorläufige Maßnahmen treffen, wenn die Bedingungen an Bord eine „eindeutige Gefahr für die Sicherheit, die Gesundheit oder den Schutz der Seeleute" darstellen oder eine „schwere oder wiederholte Verletzung" der MLC 2006 vorliegt, Norm A5.2.1 VI MLC 2006.

[108] Art. 39 II IGV 2005; § 18 I, IV, § 19 IV IGV-DG.

[109] *Linke*, Europäisches Internationales Verwaltungsrecht, S. 38.

[110] *Ohler*, Kollisionsordnung, S. 156 f., 160 ff.; *König*, Die Anerkennung ausländischer Verwaltungsakte, S. 90 ff.; auch *Schwetz*, Grenzüberschreitende Verwaltungsakte, S. 159 f.

[111] *König*, Die Anerkennung ausländischer Verwaltungsakte, S. 93.

lassen sich die beschriebenen Begrenzungsnormen des Seeverwaltungsrechts nicht überzeugend erklären, denn im Regelfall internationalisieren sie die Grenzen der Bindungswirkung; selbst wenn sie inhaltlich den Ordre Public der Staaten, wie Leben und Gesundheit der Staatsangehörigen, berücksichtigen[112], zeichnen die internationalen Regelwerke die Voraussetzungen für die Inanspruchnahme vor. Das Musterbeispiel dafür bildet der Umgang der Hafenstaatkontrolle mit maritimen Genehmigungen[113]. Zweifelhaft ist hingegen die Einordnung der Nichtanerkennung des SID aus Gründen der Gefahrenabwehr: Einerseits genügt es nach dem Wortlaut des ILO-Übereinkommens Nr. 185 nicht, dass nach Ansicht des Gaststaats seine souveränen Interessen tangiert sind, andererseits werden die Gründe bislang weder durch das Übereinkommen noch durch die ILO spezifiziert.

Das Völkerrecht und das Primärrecht der Union kennen Schutznormen, die unter diversen Bezeichnungen behandelt werden und gemeinsam haben, dass sie es den Vertragsstaaten ermöglichen, ihre internationalen Pflichten zu reduzieren[114]. Sog. Regelungsvorbehalte gestatten materielle Abweichungen von internationalen Bestimmungen[115]; typisch für sog. Bereichsausnahmen als ebenfalls materielle Ausnahmetatbestände ist, dass sie Rechte im Normalfall einschränken und sich oftmals innerhalb der ein Recht gewährenden Bestimmungen finden, während sog. Schutzklauseln, auch Ausweichklauseln genannt, nur im Ausnahmefall erlauben, vorübergehend die Wirksamkeit der Vertragsregel zu begrenzen und meist in Bestimmungen im Schlussteil des Vertrages verankert sind[116]. Die Begrenzungsnormen des Seeverwaltungsrechts sind keine Regelungsvorbehalte, da sie die Bindungswirkung an sich einschränken und nicht etwa für bestimmte Arten von Verwaltungsakten eine Abweichung erlauben. Zwar ähneln sie rechtssystematisch den Bereichsausnahmen, denn sie sind nicht in Schlussbestimmungen enthalten, sondern in die die Bindungswirkung anordnende internationalen Bestimmungen integriert; allerdings ist das Entfallen der Bindungswirkung nicht der Normalfall. Vom Anwendungsbereich her entsprechen sie vielmehr dadurch den Schutzklauseln, dass sie temporäre Ausnahmen vom Normalfall, konkret der in den internationalen Regelwerken vorgesehenen Bindungswirkung der Verwaltungsakte, darstellen. Dennoch besteht ein gewichtiger Unterschied zu den typischen völkervertragsrechtlichen Schutzklauseln: Die Ratio von Schutzklauseln besteht darin, als „Sicherheitsventile" die Flexibilität und Dynamik eines Integrationsverbands zu gewährleisten[117]. Die be-

---

[112] Nach dem Spanier-Beschluss des BVerfG ist der Schutz nationaler Grundrechte von diesen Ordre Public-Klauseln umfasst, BVerfGE 31, 58, 86; ebenso *Ohler*, Kollisionsordnung, S. 156f.

[113] Siehe unten 4. Kapitel, I. 4. c. aa.

[114] *Weber*, Schutznormen und Wirtschaftsintegration, S. 44.

[115] Ebenda, S. 41f. Etwa Art. XX, XXI GATT.

[116] Etwa Art. XIX GATT: Zur Abgrenzung von Ausnahmebestimmungen und Schutzklauseln *Voelcker*, Schutzklauseln als Grenzpunkte internationaler Integration, S. 12f.

[117] *Weber*, Schutznormen und Wirtschaftsintegration, S. 407. Mit der zunehmenden Integration werden sie daher als überflüssig erachtet, *Müller-Heidelberg*, Schutzklauseln im Europäischen Gemeinschaftsrecht, S. 334f. Zu ihrer tatsächlichen Integrationsfunktion siehe monographisch *Voelcker*, Schutzklauseln als Grenzpunkte internationaler Integration.

schriebenen Bestimmungen im Seeverwaltungsrecht dienen demgegenüber nicht der Integration im Sinne der Herstellung einer Gemeinschaft von Nationalstaaten[118], sondern der Kooperation auf dem Gebiet des internationalen Verwaltungsrechts. Transnationale Verwaltungsakte sind angesichts der Diversität der globalen Verwaltungsstrukturen nur dann akzeptabel, wenn die Möglichkeit besteht, die grenzüberschreitende Bindungswirkung einzuschränken. Wegen derselben konstruktiven Zielrichtung (internationale Zusammenarbeit) und angesichts der ähnlichen Anwendungsvoraussetzungen (temporäre Abweichung als Ausnahme) bezeichnet die Arbeit die Begrenzungsbestimmungen gleichwohl als Schutzklauseln; zur Abgrenzung von den typischen völkervertragsrechtlichen Schutzklauseln werden sie aber als administrative Schutzklauseln bezeichnet.

c) Schutzklauselverfahren

Der Charakter von administrativen Schutzklauseln als Ausnahmebestimmungen wird anhand der Hafenstaatkontrolle exemplifiziert (aa) und sodann dogmatisch erklärt (bb). Die Beurteilung des Bestands eines transnationalen Verwaltungsakts bildet ein weiteres Element des Schutzklauselverfahrens (cc).

aa) Stufenmodell der Hafenstaatkontrolle

Ausgehend von Art. 226 I a) SRÜ[119] hat sich in der Praxis der Hafenstaatkontrolle ein mehrstufiges Schutzklauselverfahren herausgebildet, das von der IMO in den PPSC[120] sowie in ähnlicher Form von der ILO in den PSCO-Guidelines[121] näher ausgeformt wird. Im Folgenden werden die PPSC sowie Beobachtungen zur deutschen Seeverwaltung zugrunde gelegt:

- Die Inspektion im Hafen beginnt mit der Initial Inspection (Ziffer 2.2), bei der sich der Inspektor einen Gesamteindruck vom Schiff, vom Kapitän und von der Crew macht, und zwar ausgehend von seinen Beobachtungen beim Betreten (z. B. Vorliegen von Korrosion) und Hinweisen Dritter (Ziffer 2.2.1). Schon während des Wegs von der Gangway zum Schiffsbüro werden erste oberflächliche Kontrollen durchgeführt, etwa indem die Müllsammelstelle an Bord besichtigt wird bzw. nachgeschaut wird, ob eine solche überhaupt vorhanden ist. Im Schiffsbüro werden zunächst die Zertifikate kontrolliert (Certificate Check) (Ziffer

[118] *Haas*, International Organization 15 (1961), S. 366 f.

[119] Nur zum Teil finden sich Konkretisierungen in internationalen Regelwerken, etwa Kapitel I Regel 4 STCW sowie Norm A5.2.1 und Leitlinie B.5.2.1 MLC 2006.

[120] Procedures for Port State Control, siehe zur aktuellen Version 2019 IMO, Resolution A.1138(31), 4.12.2019.

[121] Guidelines for Port State Control Officers Carrying out Inspections under the Maritime Labour Convention, 2006, as Amended (https://www.ilo.org/wcmsp5/groups/public/---ed_dialogue/---sector/documents/normativeinstrument/wcms_772506.pdf, zuletzt abgerufen: 21.06.2023). Unklar ist allerdings, ob MLC 2006 und PSCO-Guidelines auch eine Eingangskontrolle gestatten, dazu *Goecke*, Das Heuerverhältnis, S. 297 ff.

2.2.3). Im Rahmen des Certificate Checks wird nicht nur nachgesehen, ob alle vorgeschriebenen Zertifikate vorhanden und nicht offensichtlich ungültig sind, sondern es findet mitunter auch eine Plausibilitätskontrolle anhand der sonstigen Schiffsdokumente statt, die dem Inspektor einen Schluss darauf zulassen, ob gegen internationale Normen verstoßen wurde[122]. Im Rahmen der Kontrolle der Vorgaben des Internationalen Übereinkommens zur Verhütung der Meeresverschmutzung durch Schiffe (MARPOL) werden etwa die Angaben in den sog. MARPOL-Tagebüchern stichprobenartig nachgeprüft und bei Unstimmigkeiten bei Kapitän und Schiffsoffizieren nachgehakt[123]. So sind in das in MARPOL-Annex 1 Regel 20 vorgeschriebene Öltagebuch bestimmte Betriebsvorgänge an Bord einzutragen, wie die Beseitigung von Ölrückständen und das Einleiten nach See oder Umpumpvorgänge. Über allgemeingültige Regeln über anfallende Mengen kann die Schlüssigkeit der Eintragungen nachgeprüft werden[124]. Diese Schlüssigkeitskontrolle kann mitunter ein bis zwei Stunden dauern und wird gewöhnlich durch einen Inspektor, bei der Kontrolle von MARPOL-Verstößen durch die deutsche WSP regelmäßig durch zwei Inspekteure durchgeführt. Wenn die Zertifikate gültig sind und die Beobachtungen den guten Gesamteindruck bestätigen, dann soll die Inspektion auf berichtete oder beobachtete Verstöße beschränkt werden, Ziffer 2.2.4. Im Anschluss an den Certificate Check erfolgt ein Rundgang über das Schiff. Im Maschinenraum wird etwa nach Ölspuren gesehen (Appendix 3 Teil 1 Ziffer 1.6), es werden Proben genommen (vgl. Appendix 3 Teil 3 Ziffer 3.1) und Bereiche, bei denen es erfahrungsgemäß zu Rechtsverstößen kommt[125], in Augenschein genommen, z. B. die schiffseigene Kläranlage, die häufig wegen unsachgemäßer Bedienung defekt ist.

- Eine weitergehende Kontrolle (More Detailed Inspection) (Ziffer 2.5), ist nur beim Vorliegen von offensichtlichen Gründen (Clear Grounds), dass die tatsächlichen Verhältnisse an Bord nicht substantiell mit Einzelangaben im Zertifikat übereinstimmen, möglich, Ziffer 2.2.7. Die IMO konkretisiert die Gründe durch neun Beispiele (Ziffer 2.4.2) und benennt als Kardinalverstöße zum einen formelle Verstöße wie die eindeutige Ungültigkeit eines Zertifikats oder das Fehlen oder die Unvollständigkeit sonstiger erforderlicher Schiffsdokumente und zum anderen materielle Verstöße wie das Fehlen wesentlicher Schiffsausrüstung. Der Inspektor soll den Kapitän beim Vorliegen von Clear Grounds unverzüglich die Gründe nennen und ihn aufklären, dass er die Flaggenstaatverwaltung und deren RO kontaktieren kann, Ziffern 2.3.3.
- Generell fordert die IMO die Inspekteure zur Kooperation mit der Flaggenstaatverwaltung bzw. deren ROs auf, etwa wenn es um die Beurteilung von Vorschlä-

[122] Siehe auch Art. 226 I a) SRÜ: „Prüfung der Zeugnisse, Aufzeichnungen und sonstigen Dokumente".

[123] Zu dieser Dokumentenkontrolle siehe Appendix 3 PPSC, Teil 1, Ziffer 1.1.

[124] Zur Kontrollpraxis in Deutschland, die sich an der sog. 1 %-Regel orientiert, *Douvier*, MARPOL, S. 130 ff.

[125] Zur Rolle der Erfahrung Appendix 3 Teil 3 Ziffer 3.

gen seitens des Schiffseigners für Korrekturmaßnahmen geht (Ziffer 2.3.8). Der Inspektor übergibt dem Kapitän am Ende der Inspektion zudem ein Dokument mit den Ergebnissen der Inspektion, Ziffer 4.1.1 und Appendix 13.

- Die Behörde des Hafenstaats kann als Abhilfemaßnahme das Schiff bei Verstößen festhalten (Detention) (Ziffer 3.5). In diesem Fall ist die Flaggenstaatverwaltung und deren RO so früh wie praktikabel zu benachrichtigen (Ziffer 4.1.3). Der Mängelbericht (Deficiency Report) muss sowohl an diese (Ziffer 4.1.6), als auch an die IMO geschickt werden, wenn es zu einer Detention kommt (Ziffer 4.1.5).

Das Schutzklauselverfahren der Hafenstaatkontrolle ist demnach als Anlasskontrolle konzipiert[126], das schwerwiegende Verstöße vorläufig beheben soll. Eine Aufhebung von Zertifikaten ist dem Inspektor im Hafen nicht gestattet[127]; die endgültige Aufhebung des transnationalen Verwaltungsakts als Actus Contrarius zum Erlass kann nur durch die Behörde des Erlassstaats erfolgen[128]. Möglich sind nur Aussetzungsanordnungen[129]. Inhaltlich bezieht sich das Recht zur Aussetzung allein auf die inländischen Aspekte des transnationalen Verwaltungsakts – das Schiff darf im Hafen des Gaststaats festgehalten werden und es dürfen Abstellverfügungen erlassen werden.

Diese komplementäre Funktion der Behörden der Gaststaaten im Schutzklauselverfahren wird neben den Kommunikationspflichten gegenüber der Flaggenstaatverwaltung und der zuständigen RO durch das stufenförmige Prozedere – Grobkontrolle vor Detailkontrolle – abgesichert. Dementsprechend sind die Informationsquellen auf der ersten Stufe (Initial Inspection) auf die Beobachtung von Missständen an Bord, sprich das, was dem Inspektor des Gaststaats bei seiner oberflächlichen Runde an Bord ins Auge sticht, ergänzt durch Mitteilungen Dritter, begrenzt. Hingegen darf auf dieser Stufe nicht gezielt nach Verstößen gesucht werden. Um es bildhaft zu umschreiben: Der Inspektor darf nur an der Oberfläche kratzen. Durch diese Begrenzung der Inspektionsbefugnisse soll sichergestellt werden, dass die gründliche Routinekontrolle bei der Flaggenstaatverwaltung verbleibt.

bb) Wirkweise der Korrekturordnung

Die Korrekturordnung wirkt in zweierlei Hinsicht auf den transnationalen Verwaltungsakt ein:

---

[126] *Lemke*, Erfüllungsdefizite, S. 180.

[127] Siehe für die MLC 2006: Flaggenstaat hat primär für Konsequenzen zu sorgen und muss das Seearbeitszeugnis bei Verstößen gegen die MLC 2006 entziehen (Norm A5.1.3 VXVI); Behörden des Hafenstaats dürfen nur Abhilfemaßnahmen treffen, indem sie ein Auslaufen des Schiffs verhindern, bis der Normverstoß beseitigt ist (Norm A5.2.1 VI); ebenso – für den SID – Art. 7 II ILO-Übereinkommen Nr. 185. Im Übrigen folgt das im Umkehrschluss aus der Begrenzung der Hafenstaatbehörden auf vorläufige Schutzmaßnahmen, etwa Art. 5 II 3 MARPOL.

[128] *Sydow*, Verwaltungskooperation in der EU, S. 157.

[129] Im deutschen Recht etwa aufgrund von § 12 I 2 SchSV sowie § 137 IV 2 und § 138 VII i.V.m. § 143 SeeArbG.

Ein Schiffszertifikat hat einen feststellenden und einen verfügenden Teil, denn es enthält zum einen eine Unbedenklichkeitsbescheinigung, in dem die Vereinbarkeit mit den internationalen Normen erklärt wird, und zum anderen wirkt das Schiffszertifikat rechtsgestaltend, da es den Betrieb des Schiffs gestattet. Die Hafenstaatkontrolle korrigiert zum einen die Feststellungswirkung der Genehmigung, indem die Hafenstaatkontrollbehörden selbstständig, wenn auch zunächst in ihren Erkenntnisquellen begrenzt, das Vorliegen von Rechtsverstößen überprüfen. Zum anderen wird der verfügende Teil der Genehmigung durch die Aussetzungsbefugnisse der Hafenstaatkontrollbehörden korrigiert, da Festhalteverfügungen oder ähnliche Maßnahmen die Betriebserlaubnis der maritimen Genehmigungen für den jeweiligen Hoheitsbereich der Erlassbehörde einschränken.

Die Korrekturmaßnahmen als Berichtigungsinstrumente wahren demnach die Zuständigkeitskonzentration bei einer Stelle. Denn sie tangieren die Verbindlichkeit des Verwaltungsakts nicht, sondern erlauben allein vorläufige Sicherungsmaßnahmen mit auch geographisch beschränkter Wirkung. Diese Idee eines Sicherungsnetzes, das die Korrekturordnung über einen Staat aufspannt, lässt sich auch als Inhibition[130] bzw. Suspension[131] verstehen.

cc) Bestandskontrolle als weiteres Element

Die grenzüberschreitende Bindungswirkung des Verwaltungsakts wird nach den Schutzklauseln ausdrücklich auch dann eingeschränkt, wenn kein gültiger oder kein echter Verwaltungsakt vorliegt[132]. Die IMO PPSC benennen zudem die eindeutige Ungültigkeit eines Zertifikats als einen Clear Ground, Ziffer 2.4.2, der eine weitergehende Kontrolle des Schiffs rechtfertigt. Rechtsverstöße allein führen wie im deutschen (§§ 43, 44 VwVfG) und europäischen Verwaltungsrecht[133] nicht zur Ungültigkeit des Zertifikats[134]. Bei dieser Bestandskontrolle eines transnationalen Verwaltungsakts im Rahmen des Schutzklauselverfahrens taucht ein kognitives Problem auf, denn die Verwaltung des Gaststaats hat keinen Einblick in den Genehmigungsprozess und in die sonstigen Vorgänge im Ausland und kann daher insbesondere unechte Genehmigungen kaum erkennen; anders ist das nur, wenn

[130] *Danninger*, Transnationale Verwaltungsakte, S. 164 ff.

[131] *Sydow*, Verwaltungskooperation in der EU, S. 163.

[132] Ob dies grundsätzlich, d. h. auch ohne rechtliche Anordnung, bei transnationalen Verwaltungsakten gilt, ist streitig, bejahend *Neßler*, Europäisches Richtlinienrecht wandelt deutsches Verwaltungsrecht, S. 31; *Hatje*, Die gemeinschaftsrechtliche Steuerung der Wirtschaftsverwaltung, S. 212; ablehnend *Sydow*, Verwaltungskooperation in der EU, S. 149; differenzierend *Ruffert*, DV 34 (2001), S. 453, 475.

[133] Grdl. die Algera-Entscheidung EuGH, 12.7.1957, Rs. 7/56 u. 3–7/57 unter V., eingehend *v. Danwitz*, Europäisches Verwaltungsrecht, S. 244 f., 264 ff.

[134] Das zeigen die internationalen Vorgaben zur Gültigkeit der Zertifikate. So unterscheidet die MLC 2006 zwischen Gründen, die gleichsam automatisch die Ungültigkeit des Seearbeitszeugnisses zur Folge haben, wie der Flaggenwechsel (Norm A5.1.3 XIV: „verliert in jedem Fall die Gültigkeit“) und der Entziehung bei Rechtswidrigkeit (Norm A5.1.3 VXVI: „ist zu entziehen“).

sich das Fehlen eines wirksamen Verwaltungsakts ausnahmsweise direkt aus der Urkunde ergibt, z. B. bei einer Befristung der Genehmigung.

Im Seeverwaltungsrecht wird die Bestandskontrolle durch ausländische Behörden dementsprechend nicht dadurch reguliert, dass die materiellen Ungültigkeitsgründe harmonisiert sind[135]. In den maritimen Schutzklauselverfahren lassen sich vielmehr prozedurale Ansätze erkennen, die die Fälschung von transnationalen Verwaltungsakten im Vorhinein erschweren und zudem das Auffinden ungültiger und unechter transnationaler Verwaltungsakte erleichtern sollen:

- *Harmonisierung der äußeren Form*: Zunächst finden sich in den internationalen Regelwerken Muster für grenzüberschreitende Genehmigungen[136]. Dabei werden auch Anforderungen an die Sicherheit der Dokumente formuliert[137].
- *Digitale Nachschlagewerke*: Neben dieser Harmonisierung der äußeren Form sehen die internationalen Regelwerke die Möglichkeit vor, bei der Verwaltung des Erlassstaats bei (erheblichen, Art. 6 I ILO-Übereinkommen Nr. 185) Zweifeln an der Gültigkeit bzw. Echtheit nachzufragen[138]. Die Entwicklung geht im Seeverwaltungsrecht dahin, digitale Nachschlagewerke einzurichten[139]. So hat die IMO für Seefahrerzertifikate das Online-Werkzeug Certificate Verification Facility etabliert[140], das dem Nutzer ermöglicht, auf die webbasierten Register der STCW-Vertragsstaaten zuzugreifen, in denen der Status der von ihnen ausgegebenen Zertifikate abrufbar ist. Rechtsgrundlage für diese Registerführungspflicht ist Kapitel I Regel 2 XIV STCW. Das IMO-Nachschlagewerk ist indes nicht so zentral ausgestaltet, wie man das aus dem europäischen Verwaltungsrecht kennt[141]. In Anlehnung daran verpflichtet das ILO-Übereinkommen Nr. 185 den Erlassstaat, eine „Aufzeichnung jedes von ihm ausgestellten, vorübergehend außer Kraft gesetzten oder entzogenen Ausweises für Seeleute in einer elektronischen Datenbank“ zu speichern (Art. 4 I 1). In Verbindung mit Informationspflichten sowie der Pflicht, eine nationale Kontaktstelle einzurichten (Art. 4 IV), erleichtert ein solches Register, den Bestand eines Seeleuteausweises (SID) festzustellen. Ein entsprechendes Online-Werkzeug wie das der IMO ist im Rahmen der ILO allerdings noch nicht etabliert.

---

135 So die allgemeine Überlegung von *Ruffert*, DV 34 (2001), S. 453, 476.

136 Etwa für das International Oil Pollution Prevention Certificate Regel 7 i. V. m. Appendix II MARPOL-Annex I; Appendix der SOLAS-Konvention oder ILO-Übereinkommen Nr. 185, Art. 3 I 1 i. V. m. Annex I.

137 ILO-Übereinkommen Nr. 185, Annex I Ziffern 3–5.

138 Explizit Art. 4 IV ILO-Übereinkommen Nr. 185; Kapitel I Regel 2 XV STCW.

139 Nachdrücklich International Commission on Shipping, Ships, Slaves and Competition, S. 49.

140 Siehe https://www.imo.org/en/OurWork/HumanElement/Pages/CertificateVerification.aspx (zuletzt abgerufen: 21.06.2023).

141 Etwa das Ausweisdokumenten-Speicherungssystem (FADO, False and Authentic Documents Online) zur Aufklärung von Dokumentenmissbrauch im Schengen-Raum, zunächst eingerichtet durch die Gemeinsame Maßnahme 98/700/JI, nunmehr durch VO 2020/493, ABl. 2020 L 107, S. 1.

d) Vergleich mit dem Europäischen Verwaltungsverbund

Auch im europäischen Verwaltungsrecht finden sich Instrumente, um die Risiken der grenzüberschreitenden Bindungswirkung einzuhegen[142]. Zwei Erscheinungsformen aus dem EU-Straßenverkehrsrecht sollen dem Schutzklauselverfahren der Seeverwaltung gegenübergestellt werden, um zu untersuchen, ob verschiedene und ggf. welche Ansätze einer Flexibilisierung der Bindungswirkung des transnationalen Verwaltungsakts vorhanden sind:

- *Führerscheintourismus*: Nach der Zweiten und der Dritten Führerscheinrichtlinie sind Fahrerlaubnisse bzw. Führerscheine[143] anderer EU-Mitgliedstaaten transnationale Verwaltungsakte[144]. Die Führerscheinrichtlinien geben den Mitgliedsstaaten aber nur Mindeststandards vor. Vor diesem Hintergrund besteht ein starker Anreiz, eine Fahrerlaubnis in einem EU-Mitgliedstaat zu erwerben, der weniger hohe Anforderungen stellt. Solchen missbräuchlichen Verhaltensweisen wurde durch einen Rechtsprechungsschwenk des EuGH und eine Neuregelung des Richtlinienrechts begegnet: Eine unter Verstoß gegen das Wohnsitzprinzip von einem anderen Mitgliedstaat erteilte Fahrerlaubnis kann die transnationale Wirkung versagt werden, allerdings muss ein solcher Verstoß gegen das Wohnsitzprinzip „aus dem Führerschein selbst oder anderen vom Ausstellermitgliedstaat herrührenden unbestreitbaren Informationen" abgeleitet werden[145] (jetzt § 28 IV Nr. 2 FeV). In diesem Fall kann die Behörde des Gaststaats das Recht, von der Fahrerlaubnis im Inland Gebrauch zu machen, entziehen (Art. 11 II RL 2006/126/EG; § 46 V FeV). Erst wenn die erste Stufe des Vorliegens unbestreitbarer Informationen, die auf einen Scheinwohnsitz hinweisen, überwunden ist, dürfen sämtliche inländische Umstände zur endgültigen Beurteilung herangezogen werden[146]. Das darf aber nicht „ins Blaue hinein" erfolgen, sondern hängt davon ab, dass ernstliche Zweifel an der Einhaltung des Prinzips der gegenseitigen Anerkennung bestehen[147].
- *EU-Typengenehmigung*: Die EU-Typengenehmigung[148] in Verbindung mit dem Übereinstimmungsnachweis des Herstellers vermittelt einen transnationalen Zu-

[142] Siehe bereits *Neßler*, Europäisches Richtlinienrecht wandelt deutsches Verwaltungsrecht, S. 40 ff.; *Danninger*, Transnationale Verwaltungsakte, S. 164 ff.

[143] Viele Mitgliedstaaten kennen eine Unterscheidung zwischen der Fahrerlaubnis und dem Führerschein nicht und setzen die Begrifflichkeiten insoweit gleich (z. B. Driving License).

[144] Art. 1 II RL 91/439/EWG, ABl. 1991 L 237, S. 1 (Zweite Führerschein-Richtlinie); Art. 2 I RL 2006/126/EG, ABl. 2006 L 403, S. 18 (Dritte Führerschein-Richtlinie). Daran knüpft im deutschen Recht § 28 I FeV an.

[145] Insbesondere EuGH, Wiedemann, Urteil v. 26.06.2008, Rs. C-329/06, Rn. 69 ff.; zudem EuGH, Grasser, Urteil v. 19.05.2011, Rs. C-184/10; zur Dritten Führerschein-Richtlinie EuGH, Akyüz, Urteil v. 01.03.2012, Rs. C-467/10; auch EuGH, Hofmann, Urteil v. 26.04.2012, Rs. C-419/10.

[146] Siehe Bay. VGH, Beschluss v. 12.01.2018, 11 CS 17.1257, Rn. 10; Beschluss v. 23.01.2017, 11 ZB 16.2458, Rn. 12; OVG NRW, Beschluss v. 09.01.2018, 16 B 534/1,7 Rn. 14 ff; VGH BW, Beschluss v. 07.07.2014, 10 S 242/14, Rn. 12.

[147] BVerwG, DAR 2010, S. 340, 342.

[148] Jetzt Art. 22 ff. VO 2018/858, ABl. 2018 L 151, S. 1.

lassungsanspruch für Neufahrzeuge in anderen Mitgliedstaaten[149]. Die neue Verordnung[150] sieht für fehlerhafte Typengenehmigungen vor, dass die Marktüberwachungsbehörden der übrigen Mitgliedstaaten für die Dauer von maximal sechs Monaten vorläufige beschränkende Abhilfemaßnahmen treffen können, etwa die straßenverkehrsrechtliche Zulassung verweigern, wenn ihrer Auffassung nach die Sicherheit des Straßenverkehrs gefährdet ist (Art. 52 III). Die Kommission kann die Voraussetzungen und Rechtsfolgen vorgeben (Art. 52 IV). Im Schutzklauselverfahren können die Marktüberwachungsbehörden der anderen Mitgliedstaaten auch auf Erkenntnisse aus der eigenen Marktüberwachungstätigkeit zurückgreifen (Art. 51). Der Mitgliedstaat, der Abhilfemaßnahmen trifft, muss dies den übrigen Mitgliedstaaten sowie der Kommission mitteilen (Art. 53 I). Bei Unstimmigkeiten ist ein Zwischenverfahren unter der Ägide der Kommission vorgesehen (Art. 53 V). Auch die Kommission kann auf Abhilfemaßnahmen bestehen und dazu ein Konsultationsverfahren mit den jeweiligen Mitgliedstaaten und Wirtschaftsakteuren einleiten (Art. 53 VI).

Die größten Schnittpunkte zur Seeverwaltung bestehen beim europäischen Fahrerlaubnisrecht, das wie das Stufenmodell der Hafenstaatkontrolle die grenzüberschreitende Bindungswirkung durch eine Einschränkung der Erkenntnismittel der Behörde des Gaststaats absichert. Das Schutzklauselverfahren im Fall der EU-Typengenehmigung beschränkt die übrigen Mitgliedstaaten hingegen nicht in ihren Erkenntnisquellen. Dafür soll ein nachgelagertes, schlichtendes Zwischenverfahren auf Ebene der Union unberechtigte Einschränkungen der grenzüberschreitenden Bindungswirkung verhindern. Für das internationale Verwaltungsrecht liegt diese fortschrittlichere Form, um die Risiken transnationaler Verwaltungsakte einzuhegen, in weiter Zukunft, da es dort an den zentralisierten Regelungsstrukturen der europäischen Verbundverwaltung fehlt. Internationale Organisationen wie die IMO lenken das Schutzklauselverfahren bislang nur indirekt über die Vereinheitlichung der Verfahren und drängen auf eine Information bei der Inanspruchnahme von Suspendierungsbefugnissen; eigene Entscheidungsbefugnisse sind ihnen hingegen nicht übertragen.

5. Fazit: Qualitativer Unterschied zum europäischen Verwaltungsrecht

Die für den Europäischen Verwaltungsverbund entwickelte Figur des transnationalen Verwaltungsakts lässt sich mithin auf Entscheidungen der internationalen Verwaltung mit grenzüberschreitender Wirkung – im Seeverwaltungsrecht die maritimen Genehmigungen – übertragen. Die Beispiele aus dem Seeverwaltungsrecht zeigen, dass man nicht allein mit quantitativen Aspekten zwischen transnationalen

[149] Zu RL 70/156 EWG EuGH, VAG Sverige, Urteil v. 29.05.1997, Rs. C-329/95, Rn. 17 ff.; ferner *Epiney/Heuck/Schleiss*, in: Dauses/Ludwigs, Handbuch des EU-Wirtschaftsrecht, Verkehrsrecht (L.) Rn. 338.

[150] Siehe VO 2018/858, ABl. 2018 L 151, S. 1.

Verwaltungsakten im europäischen und im internationalen Verwaltungsrecht differenzieren kann[151]. Möchte man Differenzierungen vornehmen, dann ist an den unterschiedlichen Funktionsbedingungen der zwei Bereiche des Verwaltungsrechts anzusetzen, die v.a. die Korrekturordnung des transnationalen Verwaltungsakts prägen:

Als Ratio transnationalen Verwaltungshandelns in der EU gilt das gegenseitige Vertrauen der Mitgliedstaaten[152]. Gerade im internationalen Verwaltungsrecht[153] ist dies eine kontrafaktische Annahme. Über das Schutzklauselverfahren findet das Misstrauen zwischen den Vertragsstaaten seinen Ausdruck im Recht, denn im Seeverwaltungsrecht dienen Schutzklauselverfahren im Hafen dazu, Unzulänglichkeiten von Flaggenstaatverwaltungen zu kompensieren[154]. Obwohl das Schutzklauselverfahren vom Gedanken des Primats der Verwaltung des Erlassstaats geleitet ist, verbleiben genügend Möglichkeiten im Gaststaat, die grenzüberschreitende Bindungswirkung auszuhebeln und so die Anlass- in eine Routinekontrolle umzuwandeln: Die Clear Grounds als Eingriffsschwelle sind sehr weit gefasst. Auch das Prozedere bei der Bestandskontrolle ist nur fakultativ und ihr Funktionieren hängt von der Kooperationsbereitschaft der Verwaltung des Erlassstaats ab, die in der Praxis gelinde gesagt schwach ausgeprägt ist. Gerade der Vorbehalt eines gültigen transnationalen Verwaltungsakts eröffnet für die Verwaltung des Gaststaats die Möglichkeit, bereits dann, wenn die vorgebrachten Gründe unplausibel erscheinen oder ihr das Kontrollobjekt missfällt, den transnationalen Verwaltungsakt mit dem Vorwurf, er sei ungültig, zu übergehen. Starke Ingerenzrechte überstaatlicher Instanzen, die dem Einhalt gebieten könnten, fehlen bei der Korrekturordnung im Seeverwaltungsrecht. Sie läuft daher stets Gefahr, die grenzüberschreitende Bindungswirkung übermäßig zu beschneiden.

Das Schutzklauselverfahren im Hafen kann indes nicht nur aus tatsächlichen Gründen[155] keine Routinekontrolle bieten; eine großzügige Handhabung des Schutzklauselverfahrens unterminiert auch die Stabilisierungsfunktion des Verwaltungsakts und ist angesichts der weitgehenden Aussetzungsbefugnisse unter dem Aspekt des Rechtsschutzes kritisch zu betrachten[156]. Damit das Schutzklauselverfahren seine komplementäre Funktion wahrt[157], muss auf einer vorgelagerten Ebene angesetzt und durch den Aufbau einer „Vertrauensinfrastruktur"[158] der globale Vollzug des Seeverwaltungsrechts verbessert werden[159].

---

[151] So die Überlegungen bei *Glaser*, Internationale Verwaltungsbeziehungen, S. 195 ff.; wohl auch *Kment*, Grenzüberschreitendes Verwaltungshandeln, S. 469.

[152] *Danninger*, Transnationale Verwaltungsakte, S. 167 ff.

[153] Für das Unionsrecht skeptisch *Bast*, DS 46 (2007), S. 1, 27 f.

[154] Daher ihren Ausbau befürwortend *Biermann*, Internationale Meeresumweltpolitik, S. 268.

[155] *Asante/Chigara*, in: Blackett/Trebilcock, Research Handbook on Transnational Labour Law, S. 343, 349.

[156] Siehe unten 6. Kapitel, A. I. 1. a.

[157] Ebenso („kein Allheilmittel") *Lemke*, Erfüllungsdefizite, S. 181.

[158] *Schmidt-Aßmann*, Verwaltungsrechtliche Dogmatik, S. 90.

[159] Siehe zur Verwaltungskontrolle 7. Kapitel, A.

Damit bildet die konglomeratische Struktur der internationalen Verwaltung, d.h. das Zusammenspiel verschiedener Akteure, Rechtsschichten und Kulturen, ein Hemmnis dafür, dass die Genehmigung auch grenzüberschreitend ihre Stabilisierungsfunktion voll entfalten kann. Dass bedeutet zwar nicht, dass die Figur des transnationalen Verwaltungsakts im Seeverwaltungsrecht ohne Erfolg bleibt; allerdings müssen die Erwartungen zurückgeschraubt werden. Im folgenden Abschnitt wird gezeigt, dass ähnliche Vorbehalte auch den Einsatz von Anreizinstrumenten im Seeverwaltungsrecht betreffen.

II. Anreizinstrumente

Die Global Administrative Law-Forschung sowie der International Public Authority-Ansatz haben die Bedeutung von Anreizinstrumenten im Bereich jenseits des Staates herausgearbeitet, bleiben in ihrem Zugriff aber insofern einseitig, als sie die Aufmerksamkeit auf einzelne Erscheinungsformen legen, denn die sogenannten Global Indicators[160] und insbesondere die PISA-Studie der OECD[161] stehen im Mittelpunkt des Interesses. Das Seeverwaltungsrecht ist dazu prädestiniert, weitergehend Bedeutung, Typen und Wirkungsbedingungen anreizbasierter Instrumente der internationalen Verwaltung auszuloten. Denn anreizbasierte Instrumente zur Beeinflussung des Verhaltens der Verwaltungsadressaten erfreuen sich im maritimen Bereich großer Beliebtheit; mit Quality Shipping wurde sogar ein eigenes Konzept für Anreizinstrumente etabliert.

1. Anreizsetzung als Normalfall

a) Das Quality Shipping-Konzept

Unter dem Begriff der Qualitätsschifffahrt (Quality Shipping) firmieren im Kern marktbasierte Mechanismen[162], die zu einem sozialen, sicherheits- und umweltbewussten Verhalten beitragen und so der Ausdehnung des Markts für Substandardschiffe begegnen sollen. Dies geschieht, indem der externe Nutzen des Angebots von Qualitätsanbietern im Seeverkehr als Wettbewerbsargument anerkannt und

[160] Global Indicators sind eine Möglichkeit der grenzüberschreitenden Verhaltensbeeinflussung über einen Carrot and Sticks-Ansatz, indem die Leistung von Akteuren vereinfacht und in der Regel vergleichend im Internet veröffentlicht wird, *Infantino*, in: Cassese, Research Handbook on Global Administrative Law, S. 347, 348, 356; *Davis/Kingsbury/Merry*, in: Davis/Fisher/Kingsbury/Merry, Governance by Indicators, S. 5, 6. Ökonomische Anreize durch die private internationale Verwaltung wie FSC und MSC werden auch als Non-State Market-Driven Governance Systems beschrieben, dazu *Cashore/Auld/Newsom*, Governing through Markets, S. 3, 20, 23ff.

[161] *Goldmann*, Internationale öffentliche Gewalt, S. 521ff.; zu Anreizen als Form der Ausübung internationaler öffentlicher Gewalt siehe *v. Bogdandy/Goldmann/Venzke*, European Journal of International Law 28 (2017), S. 114, 140ff.

[162] *Nikolakaki*, WMU Journal of Maritime Affairs 12 (2013), S. 17, 20ff.

finanziell akzeptiert wird und umgekehrt die Praxis von Substandardanbietern finanziell unattraktiv gemacht wird[163]. Auch wenn sich der Einsatz einzelner Erscheinungsformen schon früher nachweisen lässt, so gab den Anstoß erst eine Konferenz an der Erasmus-Universität Rotterdam im Jahr 1996; größere Bekanntheit erlangte Quality Shipping dann ein Jahr später, als die Europäische Kommission eine Kampagne unter diesem Titel startete[164]. Seitdem hat es sich, beflügelt durch das Buch von *Hercules Haralambides*[165], als eigenes deskriptives Konzept etabliert[166], das allerdings nicht immer einheitlich verwendet wird[167].

Dieser Befund steht in einem gewissen Kontrast zum deutschen Recht. Dort gelten Anreize zwar keineswegs als exotisch, aber sie werden noch als „Politikinnovationen" bestimmter Rechtsgebiete wahrgenommen[168]. Diese perspektivischen Unterschiede lassen sich damit erklären, dass der Einsatzbereich von Anreizen dort beginnt, wo die Steuerungsreichweite rechtsverbindlich vorgeschriebenen Verhaltens abnimmt[169], und dies ist im Seeverwaltungsrecht die Regel und nicht die Ausnahme.

b) Kompensationsversprechen von Anreizen

Das große Interesse an der Ergänzung von Command and Control-Instrumenten durch Anreize ist auf den beschränkten Wirkradius von Command and Control-Instrumenten in Bezug auf grenzüberschreitende Sachverhalte zurückführen, der sich auf drei Ebenen bemerkbar macht:

Auf der Rechtsdurchsetzungsebene ist zu sehen, dass die Mobilität des Verwaltungsadressaten gelockerte Zugriffsmöglichkeiten der Verwaltung bedingt, Ausweich- und Umgehungsmanöver erleichtert und im Ergebnis dazu führen kann, dass die Einhaltung von Recht ins Belieben gestellt wird, da der hoheitliche Sanktionsdruck stark herabgesetzt ist. Je größer jedoch die Distanz zwischen entscheidender und ausführender Einheit ist, desto sinnvoller ist es, Anreize als Handlungsinstrumente zu nutzen, da diese versprechen, dass der Regulierte Rechtsimpulse aus eigenem Antrieb aufnimmt und realisiert[170], und damit im wahrsten Sinne eines Governing at a Distance[171] eine Beeinflussung geographisch weit verstreuter Ak-

---

[163] *Krause*, Marktorientierte Umweltpolitik im Seeverkehr, S. 110; *Lai/Lun/Wong/Cheng*, Resources, Conservation and Recycling 55 (2011), S. 631, 636.

[164] COM(98) 716 fin.

[165] *Haralambides*, Quality Shipping: Market Mechanism for Safer Shipping and Cleaner Oceans.

[166] *Shinohara*, Maritime Economics & Logistics 7 (2005), S. 281, 282 ff.

[167] Dazu *Kaps*, WMU Journal of Maritime Affairs 3 (2004), S. 85, 87.

[168] *Lüdemann*, Edukatorisches Staatshandeln, S. 44 ff.; zu dieser Engführung *Sacksofsky*, in: GVwR II, § 39 Rn. 2.

[169] *Göbel*, in: Oebbecke, Nicht-normative Steuerung in dezentralen Systemen, S. 347, 353.

[170] *Homann*, in: Homann/Koslowski/Lütge, Wirtschaftsethik der Globalisierung, S. 7, 8; ferner *Krause*, Marktorientierte Umweltpolitik im Seeverkehr, S. 37.

[171] Der Begriff wird allgemein für den Einsatz von Technologien benutzt, die auf ein Einimpfen von Selbstregulierung zielen, *Crawshaw*, Social Science & Medicine 75 (2012), S. 200; grdl., aber mit einem spezifischen raumtheoretischen Verständnis *Rose/Miller*, British Journal of Sociology

teure erlauben[172]. Auch die schwachen staatlichen Durchsetzungskapazitäten in Entwicklungsländern soll Quality Shipping kompensieren[173].

Des Weiteren macht es die nach der Grundidee konsensbasierte Rechtssetzung auf internationaler Ebene trotz des Einsatzes innovativer Techniken[174] schwierig, sich zügig auf – insbesondere höhere – Normen zu einigen und diese zu implementieren. Umso wichtiger wird es, dass die Verwaltungsadressaten selbst zu überobligatorischem Verhalten motiviert sind[175].

Der privaten internationalen Verwaltung ist der Rückgriff auf hoheitliche Mittel grundsätzlich nicht möglich. Ihre Mechanismen der Selbstdurchsetzung basieren deswegen oft auf Anreizen.

2. *Typologie*

Im Unterschied zur Steuerung über Rechtsbefehle fehlt im Öffentlichen Recht ein konsentiertes Verständnis von Anreizen, was sich u.a. daran bemerkbar macht, dass sie regelmäßig in der Restekategorie der indirekten bzw. mittelbaren Verhaltenssteuerung verortet werden[176]. Für das internationale Verwaltungsrecht erweist sich ein Anreizbegriff als zweckmäßig, der darunter alle Maßnahmen fasst, die das Selbstinteresse beeinflussen sollen, indem an ein Verhalten positive bzw. negative Folgen[177] geknüpft werden, so dass dieses im Vorteil-Nachteil-Kalkül besonders attraktiv bzw. unattraktiv erscheint. Die Steuerungswirkungen von Recht sind nicht mit Anreizen gleichzusetzen[178]. Dass ein Verhalten bereits Gegenstand von Rechtspflichten ist und daher nicht alle Verhaltensvarianten rechtmäßig sind, steht der Zuordnung aber nicht entgegen, da Anreize auch eingesetzt werden können, um Rechtspflichten durchzusetzen[179], was im internationalen Verwaltungsrecht wegen seiner Durchsetzungsschwäche besonders bedeutsam ist. Die für das deutsche

---

43 (1992), S. 173 ff.; zur Verwendung im Global Administrative Law *Davis/Kingsbury/Merry*, in: Davis/Fisher/Kingsbury/Merry, Governance by Indicators, S. 5, 13.

[172] Von einem Paradigmenwechsel sprechend *Pies/Sardison*, Ethik der Globalisierung, S. 177 ff.

[173] *Donner/Theocharidis/Johansson*, in: Froholdt, Corporate Social Responsibility in the Maritime Industry, S. 63, 67 f., 84.

[174] Siehe unten 5. Kapitel, I. 2. a.

[175] *Donner/Theocharidis/Johansson*, in: Froholdt, Corporate Social Responsibility in the Maritime Industry, 2018, S. 63, 67, 78; *Shinohara*, Maritime Economics & Logistics 7 (2005), S. 281, 282.

[176] Zum Umweltrecht BVerfGE 98, 106, 121; E 110, 274, 292; *Franzius*, Die Herausbildung der Instrumente indirekter Verhaltenssteuerung im Umweltrecht, S. 120 ff.; ferner *Lüdemann*, Edukatorisches Staatshandeln, S. 44 ff.; *Kloepfer*, in: Schulte/Schröder, Handbuch des Technikrechts, S. 151, 159; ablehnend *Wolff*, Anreize im Recht, S. 35.

[177] In den Wirtschaftswissenschaften werden teils nur Vergünstigungen als Anreize betrachtet, *Towfigh*, in: ders./Petersen, Ökonomische Methoden im Recht, S. 23, 26; auch *Göbel*, in: Oebbecke, Nicht-normative Steuerung in dezentralen Systemen, S. 347 ff.

[178] Anders wohl *Hoffmann-Riem*, DV 38 (2005), S. 145, 171 f., der auch Grenzziehungen durch Ge- und Verbote als Anreize bezeichnet.

[179] In Erwägung ziehend *Sachsofsky*, in: GVwR II, § 39 Rn. 7 mit Fn. 19.

Recht zum Teil vertretene Beschränkung auf Anreizsetzung durch Rechtsakte[180] ist für das internationale Verwaltungsrecht wegen ihres staatlichen Fokus ungeeignet.

Die nachfolgende Typologie anreizbasierter Instrumente im Seeverwaltungsrecht basiert nicht auf der allgemeinen Art des Anreizes – monetär oder nicht-monetär, positiv oder negativ –, da diese Unterscheidung zu grobkörnig und die Grenzziehung mit Ungewissheiten verbunden ist[181]. Stattdessen geht sie phänomenologisch vor und orientiert sich an den dominierenden Praktiken im maritimen Bereich.

a) Preissteuerung im Hafen

In der Umweltökonomik werden ökonomische oder marktwirtschaftliche Instrumente nach der Ausgestaltung des Anreizmechanismus in solche preis- und mengensteuernder Art eingeteilt[182]. Bei ersteren wird der Preis als Steuerungsvariable genutzt, indem er für ein Gut oder eine Dienstleistung gezielt verteuert oder gesenkt wird, so dass sich dic Kosten zwischen verschiedenen Handlungsalternativen verändern[183]. Die gängigste Ausgestaltung sind Abgaben und Subventionen. Im Gegensatz dazu wird bei der Mengenlösung wie dem Emissionshandel ein Bewirtschaftungskonzept eingeführt und Nutzungsrechte in der Form von Lizenzen oder Zertifikaten definiert. Ein Vorteil der Preissteuerung besteht darin, dass sie im Vergleich zum Emissionshandel, der ein eigenes Handelssystem benötigt, mit geringen zusätzlichen Verwaltungskosten verbunden ist. Im Seeverwaltungsrecht finden sich dementsprechend vorwiegend preissteuernde Mechanismen, die an bestehende Strukturen zur Abgabenerhebung anknüpfen. Diese sind nicht international verbindlich vorgesehen, da sich eine konsentierte Einführung von ökonomischen Instrumenten als besonders[184] schwierig erweist:

- Das Problem zeigt sich neben dem Emissionshandel für die Seeschifffahrt[185] bei der immer wieder diskutierten weltweiten Einführung von Abgaben für die Seeschifffahrt[186], wie einer CO_2-Abgabe auf Schiffskraftstoffe oder einem Nutzungsentgelt für die Hohe See[187]. Die im nationalen Kontext als wichtiges Steue-

[180] *Wolff*, Anreize im Recht, S. 7f.

[181] Man denke an Rabatte bei Hafenabgaben für Qualitätsschiffe (siehe unten 1. Kapitel, II. 2. a.). Diese sind für Eigner solcher Schiffe positive Anreize, aus Sicht der Eigner von Substandardschiffen, die diese Rabatte nicht bekommen, negative; für die Unterscheidung monetär und nicht-monetär auch *Donner/Theocharidis/Johansson*, in: Froholdt, Corporate Social Responsibility in the Maritime Industry, S. 63, 77.

[182] *Rogall*, Ökologische Ökonomie, S. 249ff.

[183] Die theoretischen Grundlagen der Preissteuerung gehen auf *Arthur Cecil Pigou* zurück, siehe zum Ganzen *Sturm/Vogt*, Umweltökonomik, S. 70ff.

[184] *Adolf*, Wirtschaftsdienst 2008, S. 326, 329.

[185] Die Seeschifffahrt wurde vom Kyoto Protokoll ausgenommen; eine Lösung sollte im Rahmen der IMO gefunden werden (Art. 2 II). Ein Emissionshandel müsste wegen des internationalen Charakters der Seeschifffahrt allerdings auf Schiffe aller Flaggenstaaten Anwendung finden, um das Free Rider-Problem zu bewältigen, was zu Polarisierungen bei den Verhandlungen unter dem Dach der IMO führt, dazu *König/Morgenstern*, NordÖR 2009, S. 181, 183f.

[186] *König/Morgenstern*, NordÖR 2009, S. 181, 183.

[187] WBGU, Sondergutachten: Entgelte für die Nutzung globaler Gemeinschaftsgüter, S. 21ff.

rungsmittel verstandene Umweltabgabe lässt sich im internationalen Kontext nur schwer realisieren[188].

- Die EU forciert einerseits die unilaterale Einführung extraterritorial wirkender ökonomischer Instrumente, ist in der Umsetzung andererseits aber zurückhaltend. Neben dem Einbezug des Seeverkehrs in den Emissionshandel (Art. 3ga–3gg Treibhausgasemissionszertifikate-RL) zeigt sich das bei der umstrittenen[189] Schiffsrecycling-Lizenz[190], die verhindern soll, dass Schiffe in Werften in Südostasien abgewrackt werden, die keine ökologischen und sozialen Normen beachten, aber bessere Preise für ausgemusterte Schiffe anbieten können.

Preissteuernde Instrumente werden daher in erster Linie hafenseitig etabliert. Die wichtigsten Beispiele sind die Differenzierung der Hafen-, Lotsen- und Wasserwegenutzungsabgaben sowie das No Special Fee-System:

Schon Anfang der 1990er Jahre stieß die IMO mit Unterstützung des internationalen Hafenverbands IAPH die Einführung gestaffelter Abgaben im Interesse des Umweltschutzes an[191], indem sie empfahl, Hafen- und Lotsenabgaben für Öltankschiffe mit einem Tank für getrennten Ballast (SBT-Tanker, Seggregated Ballast Tank) um das Volumen dieser Tanks zu reduzieren, um den Bau umweltfreundlicher Tankschiffe zu fördern[192]. Abgabendifferenzierungen werden auch zur Luftreinhaltung eingesetzt: Prämien für Schiffe mit einem geringen atmosphärischen Emissionsniveau wurden in der nördlichen Hemisphäre entwickelt[193]. Inzwischen bieten aber weltweit die meisten großen Häfen auch als Bonus- oder Rabatt-Programme betitelte Green Port Fees für grüne Schiffe an, die einen Nachlass von in der Regel 5

---

[188] Zum jüngsten Versuch https://www.argusmedia.com/en/news/2162449-imo-to-consider-fuel-levy-to-develop-zerocarbon-fuels (zuletzt abgerufen: 21.06.2023); ferner *Meyer-Ohlendorf/Mehling/Epiney/Klinski*, Legal Aspects of User Charges on Global Environmental Goods, S. 4ff.; *Lemke*, Erfüllungsdefizite, S. 257.

[189] Dazu *Devaux/Nicolai*, Designing an EU Ship Recycling Licence: A Roadmap, S. 6ff.

[190] Art. 29 VO 1257/2013, ABl. 2013 L 330, S. 1, und COM(2017) 420 fin., S. 5f. Diese Lizenz soll jedem Schiff den Zugang zu einem EU-Hafen ermöglichen, unabhängig davon, ob es die Flagge eines EU-Mitgliedstaats oder eines Drittlands führt. Um die Lizenz zu erhalten, würden die Schiffseigner jährlich eine Prämie für jedes ihrer Schiffe entrichten müssen. Die erhobene Prämie würde von dem Kapitalbetrag abhängen, mit dem am Ende der Schiffslebensdauer die Mehrkosten für das Abwracken in einer auf der europäischen Liste aufgeführten Einrichtung gegenüber dem Abwracken in nicht normgerechten Anlagen gedeckt werden könnten. Der volle Kapitalbetrag soll an den letzten Schiffseigner unter der Bedingung ausgezahlt, dass das Schiff in eine Abwrackeinrichtung verbracht wird, die auf der europäischen Liste aufgeführt ist; ansonsten verfällt der Anspruch. Die Prämie soll damit die finanzielle Lücke zwischen dem Recycling in einer nicht konformen Recyclinganlage und in einer Anlage auf der europäischen Liste schließen.

[191] *Jenisch*, in: 1. Rostocker Gespräche zum Seerecht, S. 1, 5ff.

[192] Mindestens 17% niedriger als bei Nicht-SBT-Tankern, IMO Resolution A.747(18), 4.11.1993; umgesetzt in der EU durch VO 2978/94, ABl.1994 L 319, S. 1 (aufgehoben); in Deutschland etwa § 3 Nr. 1 Hmb. Hafenlotstarifordnung (HmbGVBl. 1981, S. 192); § 1 I 4 Hmb. Schiffsabfallabgabenverordnung (GVBl. Nr. 17 vom 14.5.2003, S. 101); dies gilt auch für die Kanalsteuerer siehe § 1 VI Nr. 1 Kanalsteuertarifverordnung.

[193] Schweden gilt als Vorreiter, EU Ship Emissions to Air Study, S. 32ff.

bis 20 % auf Hafenabgaben beinhalten[194]. Diese grünen Rabatte werden teilweise mit dem Angebot grüner Infrastruktur verbunden: Schiffe benötigen während der Liegezeiten weiterhin Strom. Damit sie dazu nicht in Eigenversorgung auf die schädlichen Schiffstreibstoffe zurückgreifen, bieten Seehäfen Landstromanlagen an. Damit diese in Anspruch genommen werden, wird ein Umweltrabatt für die Nutzung von Hafenstrom gewährt[195].

Um der Müllentsorgung im Meer Einhalt zu gebieten, nutzen einige Häfen das No Special Fee-System, das aus dem skandinavischen Bereich stammen soll[196]. Danach muss ein Schiff, das in den Hafen einläuft, eine bestimmte Entsorgungsgebühr zahlen, und zwar unabhängig davon, ob es in diesem Hafen Müll entsorgt oder nicht. Über diese Entsorgungspauschale wird die Entsorgung des Schiffsmülls ins obligatorische Hafenentgeld eingepreist. Eine gesonderte Abgabe wird erst dann fällig, wenn eine bestimmte Müllmenge überschritten wird, die jeweils von der Größe des Schiffs abhängig ist. Das No Special Fee-System soll somit einen Anreiz bieten, Müll landseitig in den Hafenauffangeinrichtungen einzubringen, da die Entsorgung auf See keine Kostenvorteile mehr verspricht[197]. Auf internationaler Ebene ist ein solches Gebührensystem nur in Soft Law-Form nahegelegt. Die IMO empfiehlt, dass die Kosten für die völkerrechtlich vorgesehenen Hafenauffangeinrichtungen nicht unverhältnismäßig hoch und damit abschreckend sind[198]; bei der konkreten Ausgestaltung des Finanzierungssystems schlägt die IMO sechs Alternativen vor[199]. Größere Anstrengungen gibt es auf regionaler Ebene: Die HELCOM-Kommission empfiehlt ein No Special Fee-System einzuführen[200] und die überarbeitete Hafenauffangrichtlinie der EU[201] schreibt nunmehr – im Sinne des No Special Fee-Systems[202] – die Anwendung einer „zu 100 % indirekten Gebühr"[203] verbindlich vor, die unabhängig von der tatsächlichen Entladung von Abfällen – ausgenommen werden aber Ladungsrückstände (Art. 8 I) – erhoben wird und dazu berechtigt, Abfälle ohne zusätzliche direkte Entgelte zu entladen (Art. 2 Nr. 16, Art. 8 I, II). Darüber hinaus sieht die Richtlinie eine Verknüpfung mit dem oben dargestellten Green Port Fees-Ansatz vor, denn Häfen müssen die Abfallgebühr reduzieren, wenn ein Schiff ein besonders umweltfreundliches Müllmanagement nachweisen kann (Art. 8 V b)).

---

[194] Siehe die Analyse bei International Transport Forum, Reducing Shipping Greenhouse Gas Emission, S. 5, 9 ff.; zum (alten) Hamburger Modell *Krause*, Marktorientierte Umweltpolitik im Seeverkehr, S. 140 ff.

[195] Etwa in Hamburg für Kreuzfahrt- und Containerschiffe in Höhe von bis zu 3.000 Euro https://www.hamburg-port-authority.de/de/themenseiten/lng-landstrom/ (zuletzt abgerufen: 21.06.2023).

[196] *Øhlenschlæger/Newman/Farmer*, Reducing Ship Generated Marine Litter, S. 12 ff.

[197] *De Cendra*, in: Martin/Kennedy, Implementing Environmental Law, S. 217, 234; *Hassler*, in: Gilek/Karlsson/Linke/Smolarz, Environmental Governance of the Baltic Sea, S. 125, 140 ff.

[198] IMO, Resolution MEPC.1/Circ.834/Rev. 1, 1.3.2018, Rn. 53.

[199] IMO, Port Reception Facilities, S. 153 ff.

[200] Recommendation 28E/10, para. 1.1.

[201] RL 2019/883, ABl. 2019 L 151, S. 116.

[202] Zur Terminologie *Øhlenschlæger/Newman/Farmer*, Reducing Ship Generated Marine Litter, S. 12.

[203] EW 31.

b) Publizitätsanreize

Publizitätsbasierte Anreize zielen darauf, dem Markt Informationen zu liefern, um so durch Nachfrage und Wettbewerb das Verhalten desjenigen, über den informiert wird, zu beeinflussen. Im Wissen um die Wahrnehmung durch andere Marktakteure sollen die Verwaltungsadressaten ihr Verhalten bereits im Vorfeld der Veröffentlichung entsprechend anpassen[204]. Im Seeverwaltungsrecht sind mit internationalen Informationsplattformen, Green Ship Ratings sowie selektiven Publizitätsanreizen drei Grundformen vorzufinden[205].

Die erste Form zielt darauf, über das Zusammenführen von Sachinformationen auf einer Onlineplattform den Marktwert und Ruf von Unternehmen nachhaltig zu beeinflussen. Ein typischer Fall ist die 2018 vom Multi-Stakeholder-Format Sustainable Shipping Initiative in Gang gesetzte Ship Recycling Transparency Initiative (STIT)[206], die Frachteignern und Investoren kostenlos Informationen über Schiffsrecyclingpraktiken bereitstellt, die von Schiffseignern nach von STIT im Voraus festgelegten Kriterien geliefert werden, um auf diese Weise das Fehlen eines globalen Regimes im Bereich des Schiffsrecyclings zu kompensieren. Auch das seit 2000 bestehende Projekt European Quality Shipping Information System (Equasis)[207] gehört in diese Kategorie. Die Informationen stammen von staatlichen Stellen, v.a. von PSC MoUs, sowie von Versicherungen und Klassen. Der Unterschied zu STIT ist aber nicht nur organisatorischer Art, auch das Anliegen – Schiffssicherheit als Schwerpunkt – ist anders und der Adressatenkreis – neben potentiellen Geschäftspartnern auch Hafenstaatkontrollbehörden[208] – ist weiter gefasst.

Das Potential öffentlich kommunizierter Vergleiche für die internationale Verwaltung liegt darin, dass sie räumlich entfernte und heterogene Sachverhalte in einen unmittelbaren Zusammenhang stellen und auf diese Weise auf einer Beschreibungsebene leicht weltweite Verbindungen herstellen können[209]. Dies trifft v.a. auf Vergleiche zu, deren Ergebnisse numerisch – oder in sonst aggregierter Form – kommuniziert werden, weil sie universell ohne Übersetzung und ohne Hintergrundinformationen interpretierbar sind[210]. Im Seeverwaltungsrecht nutzen internationale Organisationen Ratings, die die verglichenen Qualitäten und Leistungen nach einer vorgegebenen Skala mit Bewertungen versehen[211], bislang nur rudimen-

---

[204] *Wolff*, Anreize im Recht, S. 135.

[205] Nach Akteuren ordnend *van Leeuwen*, in: Harris, Climate Change and Ocean Governance, S. 380ff.

[206] Siehe https://www.shiprecyclingtransparency.org/ (zuletzt abgerufen: 21.06.2023).

[207] Siehe https://www.equasis.org/EquasisWeb/public/HomePage (zuletzt abgerufen: 21.06.2023).

[208] *Özçayır*, Port State Control, Kapitel 8.4. S. 316f.

[209] Zu dieser Funktion von öffentlich kommunizierten Vergleichen *Heintz*, ZfS 45 (2016), S. 305, 316f.; *Cassese/Casini*, in: Davis/Fisher/Kingsbury/Merry, Governance by Indicators, S. 465, 466.

[210] *Heintz*, Soziale Systeme 18 (2012), S. 7. 12f.

[211] *Lange*, in: Simon/Knie/Hornbostel, Handbuch Wissenschaftspolitik, S. 322, dort auch zur Abgrenzung zu Rankings.

tär, um das Verhalten von Schiffseignern und -betreibern zu steuern[212], während sie im regionalen und privaten Bereich verbreitet sind[213], um v.a. den Umweltschutz, als Green Shipping Ratings[214], aber auch die Sicherheit im Seeverkehr über die rechtlichen Mindestvorgaben hinaus zu verbessern[215]: Unternehmen, die Waren transportieren, können die Umweltperformance von Schiffen mit Hilfe des vom Clean Shipping Project, das in Schweden begann und an dem große Unternehmen wie H&M, VW und BASF teilnehmen[216], etablierten Clean Shipping Index vergleichen. Neben den Emissionen von Schwefel, Feinstaub, Stickoxid und CO_2 wird auch der Umgang mit Abwasser, Müll und Chemikalien geprüft, das Schiff nach einem Punkte-System bewertet und dann in eine von fünf Klassen (5 für High Performer) eingestuft. Auch das aus Nordamerika stammende System Green Marine[217], an dem neben Schiffseignern auch Häfen und Terminals teilnehmen, bewertet nach einer Skala von 1 bis 5 für Exzellenz; es zieht inzwischen vierzehn umweltbezogene Indikatoren heran. Green Marine und CSI sehen die Akkreditierung der gelieferten Informationen durch einen externen Verifikateur vor. Daneben gibt es Unternehmen, die sich auf Ratings spezialisiert haben. Die von zwei Rohstoffunternehmen gegründete Organisation RightShip ermöglicht mit dem auf der Vergabe von Buchstaben (A bis G) operierenden Green House Gas Ratings v.a. Charterern, sich das Schiff auszusuchen, das im Vergleich zu seiner Peergroup die geringsten CO_2 -Werte aufweist[218]. Im Bereich Schiffssicherheit wurde das Ratingsystem RightShip Qi durch einen Safety Score ersetzt, der anstelle des bisherigen Sterne-System mit Fortschrittsbalken arbeitet[219]. Solche Qualitäts- und Leistungsvergleiche werden teilweise auch von Häfen als Basis für ihre Preissteuerung herangezogen. Das trifft v.a. auf den ESI zu[220]. Der Environmental Ship Index ist ein seit 2008 bestehendes Projekt, das innerhalb der World Port Climate Initiative entwickelt wurde; dazu

---

[212] Die IMO hat 2013 als Reaktion auf die Klimaschutzdebatte im maritimen Bereich zwar Indizes entwickelt, um die Energieeffizienz von Schiffen in Bezug auf den Ausstoß von Treibhausgasen zu beurteilen. Mit dem Soft Law-Instrument Energy Efficiency Operational Indicator (EEOI) soll aber primär eine Selbstevaluation durch Eigner und Betreiber ermöglicht werden (Resolution, MEPC.1/Circ. 684, 17.8.2009, S. 6). Der Ship Energy Efficiency Management Plan (SEEMP) kann veröffentlicht werden (Resolution, MEPC.1/Circ.683, 17.8.2009, S. 5).

[213] *Pattberg/Zelli*, Environmental Politics and Governance, S. 137.

[214] *Lister*, Global Policy 6 (2015), S. 118, 123.

[215] Etwa https://www.cleanshippingindex.com/benefits/ (zuletzt abgerufen: 21.06.2023). In dieser Ausrichtung liegt der Unterschied zum klassischen Rating, das der Erfassung der Finanzbonität dient. Im Finanzmarktrecht sind solche Ratings, die nach der Öko- oder Sozialbonität fragen, als Nachhaltigkeitsratings bekannt, *Schäfer/Lindenmayer*, in: Jürgens/Sadowski/Schuppert/Weiss, Perspektiven der Corporate Governance, S. 331, 332 f.

[216] *Andersson/Brynolf/Landquist/Svensson*, in: Andersson/Byrnnolf/Lindgren/Wilewska-Bien, Shipping and Environment, S. 265, 286.

[217] Siehe https://green-marine.org/ (zuletzt abgerufen: 21.06.2023).

[218] Siehe https://rightship.com/solutions/financial/ghg-rating (zuletzt abgerufen: 21.06.2023).

[219] Zu den Neuerungen https://www.rightship.com/resources/news/what-is-the-difference-between-rightship-s-safety-score-rules-and-model/ (zuletzt abgerufen: 21.06.2023).

[220] Siehe OECD, The Competitiveness of Global Port-Cities, S. 158; *Sheffi*, Balancing Green, S. 185.

werden Punkte für Schiffe, die über die Emissionsstandards des MARPOL-Übereinkommens hinausgehen, vergeben und diese dann nach einer Skala von 0 bis 100 eingestuft.

Internationale Informationsplattformen bewerten die veröffentlichten Informationen nicht selbst. Das ist anders bei den von der Hafenstaatkontrolle initiierten selektiven Publizitätsanreizen, die bestimmte Schiffe und ihre Eigner und Betreiber auf ihren Webseiten namentlich publizieren. Von den Ratings unterscheiden sie sich dadurch, dass sie nicht umfassend komparativ angelegt sind, sondern allein als besonders gut (High Performer) sowie besonders schlecht (Low Performer) eingestufte Beispiele veröffentlichen. Die US Coast Guard publiziert auf Antrag Musterschiffe mit einem QUALSHIP 21-Zertifikat[221], um über eine positive Reputation ihre Eigner und Betreiber zu prämieren. PSC MoUs publizieren demgegenüber ausschließlich bestimmte bei der Hafenstaatkontrolle getroffene Maßnahmen wegen schwerer Rechtsverstöße, sprich Festhaltungen und Anlaufverbote, unter namentlicher Nennung. Um das öffentliche Bewusstsein für unsichere Schiffe zu vergrößern, werden unter dem Paris MoU festgestellte Rechtsverstöße zudem unter der Schlagzeile Caught in the Net im Detail beschrieben und mit Fotographien illustriert; auf dem Youtube-Kanal des Behördennetzwerks können zudem entsprechende Videos angesehen werden[222].

c) Private Genehmigungen

Private initiieren selbst Schiffsinspektionen, bei denen die Einhaltung sozialer, ökologischer sowie sicherheitsbezogener Normen überprüft werden, und deren Resultate oftmals förmlich bestätigt werden. Öffentlich-rechtlich hängt die Betriebserlaubnis eines Schiffs nicht vom Erhalt und Bestehen solcher „Genehmigungen" ab. Da sie gleichwohl Voraussetzung für eine profitable Geschäftstätigkeit sein können, vermag der Wert einer privaten Genehmigung Schiffseigner bzw. -betreiber dazu zu veranlassen, die Anforderungen, die bei solchen Inspektionen überprüft werden, einzuhalten. Diese Genehmigungen entfalten ihre Steuerungswirkung demnach aufgrund sozialer Erwartungen; eine mangelnde Akzeptanz unternehmerischen Handelns seitens gesellschaftlicher Akteure erschwert die Wertschöpfung des Unternehmens oder unterbindet sie ganz. Dieses Phänomen ist auch als Social Licence to Operate (SLO) bekannt[223]. Im Seeverwaltungsrecht finden sich drei Beispiele:

---

[221] Siehe https://www.dco.uscg.mil/Portals/9/DCO%20Documents/5p/CG-5PC/CG-CVC/CVC2/psc/safety/qualship/List_of_Qualified_Vessels032023.pdf (zuletzt abgerufen: 21.06.2023).

[222] Siehe https://www.parismou.org/publications-category/caught-net (zuletzt abgerufen: 21.06.2023).

[223] Zu diesem weiterentwickelten Verständnis der SLO für den Umweltschutz *Gunningham/Kagan/Thornton*, Law and Social Inquiry 29 (2004), S. 307 ff.; für den Finanzmarktbereich *Rouch*, The Social Licence for Financial Markets, insb. S. 115 ff. Seinen Ursprung soll das Konzept im Bereich des Bergbaus haben. Dort beschreibt es, wie Bergbauunternehmen ihre Beziehungen zu den von ihren Aktivitäten betroffenen Gemeinden gestalten müssen. Im Laufe der Zeit ist man dazu

Beim Tanker Vetting durch die Öl- und Chemieindustrie stellen die Inspekteure keine Zertifikate aus[224]; allerdings erteilen die Ölmultis dem Schiff traditionell bei einem erfolgreich bestandenen Auswahlverfahren eine förmliche Anerkennung (Oil Major Approval), die für eine bestimmte Zeitspanne gilt und die bestätigt, dass das Schiff für den Transport ihrer Ware geeignet ist. Mit den Havarien der Erika und der Prestige wird von dieser Praxis aber zunehmend Abstand genommen, um sich vor schlechter Presse und Klagen zu schützen[225]. Die Anerkennung bezieht sich nun regelmäßig auf eine einzelne Reise und ein positives Resultat wird indirekt kommuniziert, indem dem Reeder mitgeteilt wird, dass keine weiteren Informationen oder eine erneute Inspektion für erforderlich gehalten werden[226]. Die Ölkonzerne tragen zum maritimen Umweltschutz und zur Schiffssicherheit bei, indem sie weder Öl kaufen bzw. verkaufen, das von einem Schiff transportiert wird, das nicht anerkannt ist, noch Öl durch solche Schiffe transportieren lassen oder ihr Einlaufen in ihre Terminals gestatten[227]. Zudem ist zu sehen, dass Charterverträge traditionell Oil Major Approval-Klauseln beinhalten, nach denen der Reeder verspricht, dass das Schiff die Anerkennung einer oder oftmals mehrerer Ölmultis vorweisen kann[228]. Der Erwerb solcher Anerkennungen ist für den Reeder demnach wichtig, um seinen Schiffen den Handel auf den internationalen Märkten zu ermöglichen, und um sicherzustellen, dass das Schiff weiter gechartert werden kann[229].

Die Internationale Transportarbeiter-Föderation (ITF) stellt sog. Blue sowie Green Cards aus, die die Geltung und Einhaltung von ITF Agreements an Bord nachweisen[230]. Bei Schiffen, die nicht durch solche ITF-Karten[231] legitimiert sind, können die jeweiligen Hafengewerkschaften z. B. mittels eines Boykotts die Reise des Schiffs behindern[232].

übergegangen, über das SLO-Konzept umfassendere Risiken wie Verbraucherboykotte oder negative Publicity einzufangen, und es wurde zudem auf weitere Industriezweige erstreckt, *Rouch*, The Social Licence for Financial Markets, S. 120.

[224] *Karti*, Vetting and TMSA, S. 20.

[225] *Karti*, Vetting and TMSA, S. 33.

[226] *Karti*, Vetting and TMSA, S. 35.

[227] Siehe etwa BP, Vetting and Clearance (https://www.bp.com/en/global/bp-shipping/vetting-and-clearance.html, zuletzt abgerufen: 21.06.2023); auch *Valpiters*, The Oil Major Approval, S. 8 f.

[228] Die Standardklausel lautet wie folgt: „Der Schiffseigner garantiert, dass das Schiff zum Zeitpunkt der Unterzeichnung der Charter von den Majors (d. h. Shell/BP/Chevron-Texaco/Total und ExxonMobil) als akzeptabel angesehen wird", Institut supérieur d'économie maritime, Le Vetting, S. 4.

[229] *Houvardas*, Journal of Maritime Law & Commerce 48 (2017), S. 183, 192.

[230] *Lillie*, A Global Union, S. 48 f. Siehe etwa Art. 2 Sondervertrag zum ISR-Flottenvertrag.

[231] Davon abzugrenzen ist die sog. Blue Card der Seeversicherungen, die ihren Ursprung im IMO-Regelwerk hat. Diese weist aus, dass ein Schiffseigner seiner Versicherungspflicht nachgekommen ist und bildet die Grundlage für die Erteilung eines Schiffszertifikats durch die Flaggenstaatverwaltung, das den Schiffsbetrieb erlaubt, dazu *Martinez Gutierrez*, Limitation of Liability in International Maritime Conventions, S. 142; *Soyer/Tettenborn*, Pollution at Sea, S. 18.

[232] *Egloff*, in: Ehmke/Fichter/Simon/Zeuner, Internationale Arbeitsstandards in einer globalisierten Welt, S. 92, 96; *Lovett*, United States Shipping Policies and the World Market, S. 122; *Koch-Baumgärtner*, PROKLA 107 (1997), S. 263, 282 f.

Der Eintritt und Verbleib im P & I Club, einer Art Versicherungsverein auf Gegenseitigkeit, sowie das Recht auf Deckung sind davon abhängig, dass die Schiffe dessen Normen, die Club Rules, einhalten; dies wird über eigene Inspektionen (Condition Surveys) überprüft[233]. Deren Bestehen wird nicht in einer gesonderten Erlaubnis ausgewiesen; die P & I Clubs bestätigen nur die Mitgliedschaft in einem Certificate of Entry, das teilweise an Bord mitzuführen ist[234]. Werden bei einer Condition Survey allerdings Defizite festgestellt, werden diese zunächst dem Kapitän und dem Eigner bzw. Betreiber gemeldet; falls diese nicht behoben werden, reagieren die Clubs umgehend, indem sie bei ernsthaften Defiziten den Versicherungsschutz für das Schiff begrenzen[235]. Eine Versicherung ist im Seetransport aber essentiell. Gerade Charterer verlangen einen Schutz durch Clubs[236].

Ähnlichkeiten zu SLOs scheint auch das Green Award-Programm aufzuweisen, das vom Rotterdamer Hafen und dem niederländischen Verkehrsministerium initiiert wurde. Die Green Award Foundation verleiht jeweils für drei Jahre Zertifikate an Schiffe, die besonders sauber und sicher sind. Gegenstand der Überprüfung sind Ausstattung, Schiffsbetrieb, Mannschaft und Management. Die zertifizierten Schiffe erhalten dann eine Reihe von Vorteilen finanzieller und sonstiger Art. So erlassen viele Häfen weltweit den Green Award-Schiffen einen Teil der Hafengebühren, im Durchschnitt 10 %[237]. Dieses Phänomen ist allerdings treffender als Anwendungsfall der Preissteuerung zu behandeln, da weniger die Akzeptanz unternehmerischen Handelns als vielmehr Privilegien bei den Hafenabgaben mit dem Green Award-Zertifikat verknüpft sind.

Solche SLOs weisen Parallelen zum transnationalen Verwaltungsakt auf[238], weswegen sich die eigenen Rechtsdurchsetzungsmechanismen transnationaler Ordnungen als funktionelle Äquivalente zu staatlichen begreifen lassen[239]. Auch wenn ihr Wirkmechanismus kein normativer ist und bei ihnen nicht die Frage einer Bindung anderer Kontrolleure im Raum steht, bildet die Billigung durch den Markt bzw. durch Gewerkschaften, die teils durch Zertifikate formalisiert ist, doch eine Voraussetzung für eine grenzüberschreitende Tätigkeit. Die Ermöglichung einer grenzüberschreitenden Mobilität ist aber auch Grundgedanke des transnationalen Verwaltungsakts.

---

233 *Musgrave/Heaselden*, Understanding P & I Clubs, S. 59f.

234 *Hazelwood/Semark*, P & I Clubs, Rn. 4.40, 4.43; zur Beweiskraft im Prozess hinsichtich der Clubmitgliedschaft ebenda, Rn. 4.44.

235 *Anderson*, The ISM Code, S. 150.

236 *Hazelwood/Semark*, P & I Clubs, Rn. 4.49.

237 *Nikolakaki*, WMU Journal of Maritime Affairs 12 (2013), S. 17, 24.

238 Ebenso für die FSC-Zertifizierung *Meidinger*, European Journal of International Law 17 (2006), S. 47, 50.

239 *Viellechner*, in: FS 60 Jahre Assistententagung, S. 175, 181 mit weiteren Beispielen.

d) Versicherung als integrierte Anreizstruktur

Versicherungen können wegen ihrer vielfältigen Mechanismen, das Verhalten der Versicherten zu beeinflussen, gleichsam als eine integrierte Anreizstruktur zu regelgerechtem Verhalten gesehen werden[240]. Das wird besonders deutlich bei Mutual Insurance-Systemen. Im Unterschied zu den kommerziellen Self Insurance-Systemen schließen sich bei diesen die Versicherten selbst zusammen. Im Seeverwaltungsrecht zählen die P & I Clubs als Zusammenschlüsse von Eignern, die bei einem Schadensfall gegenseitig für sich einstehen und durch den Beitritt zum Club ihr Risiko streuen, ein Beispiel dar; sie lassen sich mit den deutschen Versicherungsvereinen auf Gegenseitigkeit (§ 171 VAG) vergleichen. Da jeder Eigner gleichzeitig Versicherer und Versicherter ist, besteht im Ausgangspunkt ein Gruppenanreiz im Sinne eines gemeinsamen Interesses für eine verantwortungsvolle Seeschifffahrt[241]. Jeder Eigner haftet nämlich anteilig für Unfälle. Das erübrigt aber inzwischen auch bei P & I Clubs[242] nicht den Einsatz weiterer Anreizinstrumente[243]. Eine solche Verfeinerung der versicherungssystematischen Anreizstrukturen, um im Sinne einer „secondary re-individualisation"[244] dafür zu sorgen, dass die einzelnen Mitglieder im Gruppeninteresse handeln, d. h. auf die Sicherheit und Umweltfreundlichkeit ihrer Schiffe achten, sieht bei den P & I Clubs so aus, dass die angestellten Manager der Clubs darauf achten, die Beiträge nach Risikogruppen zu differenzieren[245]. Die Versicherungsprämie richtet sich demnach nach einer jährlich erfolgenden Gesamtbewertung der versicherten Tonnage und einer Risikoeinschätzung, die u. a. auf dem Zustand und der bisherigen Unfallstatistik der Schiffe beruht. Diese Schätzung kann unter Berücksichtigung der tatsächlich zu zahlenden Entschädigungssummen erhöht werden. Für die risikogerechte Prämiengestaltung wird der Beitritt zum und der Verbleib im Club kontrolliert, indem u. a. Schiffsinspektionen durchgeführt werden. Qualitativ hochwertige Schiffe können somit durch niedrigere Prämien belohnt werden und umgekehrt. Wie oben bei der privaten Genehmigung skizziert, motiviert die Einschränkung des Versicherungsschutzes bei schweren Defiziten zu regelkonformen Verhalten. Der internationale Zusammenschluss der P & I Clubs, die International Group (IG) of P & I Clubs, fungiert zudem als ein Clearing House-Mechanismus[246]: Wenn der Reeder von einem Club zu einem anderen wech-

[240] *Haralambides*, Quality Shipping, S. XXVII.

[241] *Bennett*, Marine Policy 25 (2001), S. 13, 15; *Musgrave/Heaselden*, Understanding P & I Clubs, S. 51; *DeSombre*, Global Governance 14 (2008), S. 179, 194.

[242] *Bennett*, Marine Policy 25 (2001), S. 13, 15. Im Unterschied zu den Anfangsjahren im England des 18./19. Jahrhunderts sind die Clubs in der Zwischenzeit derart groß und räumlich verteilt, dass eine Gruppenidentität und gemeinsame Verantwortlichkeit nicht ohne Weiteres vorausgesetzt werden kann.

[243] Allgemein zu Anreizen durch Versicherungen *Baum/Kling*, ZfVW 1998, S. 71, 84 ff.

[244] *Teubner*, in: ders./Farmer/Murphy, Environmental Law and Practice of Ecological Self-Organisation, S. 17, 19, 42; auch *Ericson/Doyle/Barry*, Insurance as Governance, S. 86 ff.

[245] *Bennett*, Marine Policy 25 (2001), S. 13, 15 f.; *Merk*, in: OECD, International Regulatory Cooperation and International Organisations, S. 90.

[246] *DeSombre*, in: Potoski/Prakash, Voluntary Programs: A Club Theory Perspective, S. 133, 146.

seln will, muss der Club, bei dem er bislang war, dem neuen Club mitteilen, wie es um die Konditionen und die Performance seiner Schiffe gestellt ist. Diese wettbewerbsrechtlich nicht unbedenkliche Praxis verhindert, dass Reeder eine schlechte Leistung verbergen und sichert damit die Regulierungsleistung der Clubs ab.

e) Flankierende Anreize

Die Hafenstaatkontrolle optimiert die Schlagkraft ihrer Command and Control-Instrumente, indem sie diese mit Anreizen versieht. Die Verknüpfung erfolgt dadurch, dass der in Aussicht gestellte Vor- bzw. Nachteil, der das Kalkül der maritimen Industrie beeinflussen soll, in einer bestimmten Handhabung von Schiffsinspektionen besteht. Im Unterschied zu den oben erwähnten Publizitätsanreizen, die auch von der Hafenstaatkontrolle eingesetzt werden, erfolgt die Belohnung oder Sanktionierung nicht über den Markt, sondern durch die Verwaltung selbst. Diese Flankierung von Command and Control-Instrumenten durch Anreize ist ihr möglich, wenn und soweit administrative Entscheidungsspielräume bestehen.

Die US Coast Guard billigt mit ihrer US QUALSHIP 21-Initiative (Quality Shipping for the 21st Century)[247] seit 2001 Schiffen Erleichterungen bei der Hafenstaatkontrolle zu, die bislang bei Kontrollen nicht negativ aufgefallen sind und eine als seriös eingeschätzte Unternehmensführung, Flagge und Klassifizierungsgesellschaft haben[248]. Qualität bezieht sich nicht nur auf die Prüfberichte der Schiffe aus den letzten drei Jahren, sondern auch auf die Organisation der Schifffahrtsunternehmen insgesamt, etwa Entscheidungen zum Ausflaggen oder Klassenwechsel.

Andere Hafenstaatkontrollsysteme setzen hingegen stärker auf Abschreckung. Unter dem Begriff der risikobezogenen Inspektion oder des neuen Inspektionsregimes unterwerfen das Paris MoU und die EU (mit der Richtlinie 2009/16) seit 2011 negativ auffällig gewordene Schiffe strengeren und häufigeren Hafenstaatkontrollen. Dazu werden Schiffe in die drei Kategorien Qualitätsschiff (Low Risk Ship), Standardrisikoschiff (Standard Risk Ship) und Hochrisikoschiff (High Risk Ship) eingeteilt; die Einteilung beruht auf Inspektionsdetails im Paris MoU-Gebiet der letzten drei Jahre[249]. Die Idee risikobezogener Inspektionen wurde von anderen PSC MoUs übernommen[250].

---

[247] Siehe https://www.dco.uscg.mil/Our-Organization/Assistant-Commandant-for-Prevention-Policy-CG-5P/Inspections-Compliance-CG-5PC-/Commercial-Vessel-Compliance/Foreign-Offshore-Compliance-Division/Port-State-Control/QS21/ (zuletzt abgerufen: 21.06.2023). Speziell für den Umweltschutz existiert seit 2017 zudem das E-ZERO-Program, ebenda.

[248] *Braathen*, Environmental Impacts of International Shipping. The Role of Ports, S. 133.

[249] Siehe dazu eingehend unten 6. Kapitel, A. I. 2. b.

[250] Etwa das Tokyo MoU seit 2014 (http://www.tokyo-mou.org/inspections_detentions/NIR.php, zuletzt abgerufen: 21.06.2023) und das Black Sea MoU seit 2015 (http://www.bsmou.org/downloads/info-sheets/InfoSheetBSMoUNewInspectionRegime.pdf, zuletzt abgerufen: 21.06.2023).

3. Fazit: Wirkungschance als Rechtsfolge

Anreizinstrumente der Seeverwaltung sollen demnach den beschränkten Wirkradius von Command and Control-Instrumenten in Bezug auf grenzüberschreitende Sachverhalte kompensieren. Mit Preissteuerungsinstrumenten, Publizitätsanreizen, privaten Genehmigungen, Versicherungen und flankierenden Anreizen wurden fünf Grundtypen identifiziert. Insbesondere das für die internationale Verwaltung prägende Konglomeratsparadigma lässt aber Zweifel an der Effektivität solcher Instrumente aufkommen. Dabei ist zu sehen, dass die Ausformung effektiver Anreize per se ein anspruchsvolles Unterfangen darstellt[251]. Das lässt sich darauf zurückzuführen, dass sie keiner einseitigen Handlungslogik folgen, wie es bei Command and Control-Instrumenten der Fall ist – ein erwünschtes Verhalten wird bei diesen vorgegeben und ggf. zwangsweise durchgesetzt –, sondern auf dem Zusammenspiel unterschiedlicher Akteure beruhen. In grenzüberschreitenden Konstellationen erschweren die Rahmenbedingungen auf Seiten von Verwaltung – konglomeratische Struktur – und von Verwaltungsadressat – globalisierte Industrie – zusätzlich das treffsichere Setzen durchschlagskräftiger Anreize[252]. Eindrücke aus Studien sowie aus Interviews sollen diese Schwierigkeiten illustrieren:

Eine grundlegende Wirkungsbedingung von Anreizen ist ihre Spürbarkeit. Um die Verwaltungsadressaten zu dem gewünschten Verhalten zu motivieren, ist entscheidend, dass die erwartete Summe der Nutzen aus den angebotenen Anreizen höher ist als für alle anderen möglichen Verhaltensalternativen[253]. Verhaltensänderung über Anreize erweist sich deswegen in hochkompetitiven globalisierten Industrien wie der maritimen als ein schwieriges und langwieriges Unterfangen[254]. Ein sichereres, umweltfreundliches und „soziales" Schiff hat seinen Preis[255]. Die finanziellen Mehraufwendungen zahlen sich nicht aus, da die Preise meist von dem zur Verfügung stehenden ältesten und billigsten Frachtraum bestimmt werden[256]. Anreizbasierte Instrumente werden in der Seeschifffahrt deswegen nur akzeptiert, wenn sie sich unschwer mit ökonomischen Interessen vereinbaren lassen[257], was in der Regel erst dann der Fall ist, wenn sie mit klaren Kosteneinsparungen oder sonstigen offensichtlichen Vorteilen verbunden sind[258]. Zwar legen neuere Studien nahe, dass unternehmensseitig Sicherheit, Soziales und Umweltschutz beim Seetransport zunehmend als wichtiger erachtet werden, aber nicht flächendeckend[259] und nur unter dem Vorbehalt, dass sie auch zu den Geschäftsstrategien des Unter-

---

[251] Allgemein *Sacksofsky*, in: GVwR II, § 39 Rn. 99ff.

[252] Zu den Schwierigkeiten im maritimen Bereich *Krause*, Marktorientierte Umweltpolitik im Seeverkehr, S. 231ff.

[253] *Krause*, Marktorientierte Umweltpolitik im Seeverkehr, S. 38.

[254] Europäische Kommission, Study on Differentiated Port Infrastructure Charges, S. 148f.

[255] OECD, Competitive Advantages, OECD/GD(96)4, S. 10; siehe zudem bereits oben 2. Kapitel, A. I. 1. c.

[256] COM(2000) 142 fin., S. 18.

[257] *Shinohara*, Maritime Economics & Logistics 7 (2005), S. 281, 293.

[258] *Poulsen/Ponte/Lister*, Geoforum 68 (2016), S. 57, 65.

[259] *Birwatkar*, The Journal of Territorial and Maritime Studies 4 (2017), S. 66, 81f.

nehmens passen[260]. Da demnach deutlich veränderte wirtschaftliche Anreize notwendig sind, lässt sich Quality Shipping nicht als Nudging, das als sanftes Anstoßen beschrieben wird[261], einordnen[262]. Die Frage der Spürbarkeit des Anreizes ist gerade bei der Preissteuerung im Hafen zweifelhaft, da der individuelle Preisnachlass bei den Green Port Fees meistens gering ist[263] und die einzelnen Ansätze in der Nachlasshöhe und in ihren Bewertungsmaßstäben divergieren[264]; dabei ist auch zu sehen, dass die Hafenabgaben nur einen Teil der gesamten Hafengelder ausmachen[265]. In der Folge sind bloße Mitnahmeeffekte zu befürchten. Von den Port Authorities wird ihre Steuerungswirkung teilweise ganz in Frage gestellt, indem sie als Werbemaßnahme für die lokale Bevölkerung eingestuft werden. Die selektiven Publizitätsanreize, QUALSHIP 21 und das Naming & Shaming der PSC MoUs, indizieren zwar über den Einfluss auf Reputation hinaus auch direkte Vor- bzw. Nachteile der Schiffe bei der Hafenstaatkontrolle, ob dies für einen spürbaren Anreiz genügt, bleibt aber ungewiss. In Interviews geht die Hafenstaatkontrolle selbst von der starken Wirksamkeit des Naming & Shaming aus, während eine Studie der EU zum Naming & Shaming der EMSA zum Ergebnis kommt, dass der Markt diese Listen kaum wahrnimmt[266]. Ob dies daran liegt, dass der Markt andere Webseiten wie die der PSC MoUs präferiert oder generell desinteressiert ist, bleibt unklar.

Die Internalisierung externer Kosten, auf die die Anreizregulierung zielt, verlangt Regelungsstrukturen, die die Glaubwürdigkeit der Anreize absichern[267], was entsprechendes Abstimmungsverhalten der Verwaltungsakteure voraussetzt[268]. Der Konkurrenzdruck zwischen den Häfen kann indes Port Authorities von der Implementierung von Green Port Fees mit spürbarer Anreizwirkung abhalten[269]. Koordinierungsbedarf auf Seiten der Anreizsetzer besteht auch bei den Publizitätsanreizen, denn ihre Heterogenität droht ihre Wahrnehmung und Glaubwürdigkeit zu unterminieren[270]. Die Befürchtung lautet, dass sie mehr Verwirrung stiften als Transparenz herstellen[271]. Anders ist dies bei den privaten Genehmigungen wie den

---

[260] *Kunnaala/Rasi/Storgård*, Corporate Social Responsibility and Shipping, S. 48; *Birwatkar*, The Journal of Territorial and Maritime Studies 4 (2017), S. 66, 83 ff.; *Grewal*, in: Froholdt, Corporate Social Responsibility in the Maritime Industry, S. 25, 38 f.

[261] Zu dieser Abgrenzung *Thaler/Sunstein*, Nudge, S. 6; *Gerg*, Nudging, S. 24 f.

[262] Anders International Transport Forum, Reducing Shipping Greenhouse Gas Emission, S. 8.

[263] International Transport Forum, Reducing Shipping Greenhouse Gas Emissions, S. 30.

[264] International Transport Forum, Reducing Shipping Greenhouse Gas Emissions, S. 12.

[265] Dazu *Wilmsmeier*, FAL Bulletin 309 (2012).

[266] Europäische Kommission, Ex-Post Evaluation of Directive 2009/16/EC on Port state Control, SWD(2918) 230 fin., S. 20 f.

[267] *Krause*, Marktorientierte Umweltpolitik im Seeverkehr, S. 80.

[268] Nachdrücklich International Transport Forum, Reducing Shipping Greenhouse Gas Emissions, S. 30 ff. sowie Europäische Kommission, Study on differentiated Port Infrastructure Charges, S. 153 ff.

[269] Für Lübeck *Kohoutek*, Abfallbewirtschaftung in deutschen Häfen, S. 28.

[270] Für Nachhaltigkeitsratings *Schäfer/Lindenmayer*, in: Jürgens/Sadowski/Schuppert/Weiss, Perspektiven der Corporate Governance, S. 331, 333.

[271] *Lister/Poulsen/Ponte*, Global Environmental Change 34 (2015), S. 185, 191.

ITF-Karten, die gemeinhin als Erfolgsgeschichte eingestuft werden[272]; dies lässt sich darauf zurückführen, dass in diesem Fall, etwa im Rahmen der ITF, eine weltweite Abstimmung der Anreizsetzer und Etablierung von Kontrollsystemen gelungen ist.

Festzuhalten bleibt: Auch wenn auf Quality Shipping große Hoffnungen gesetzt wird, sind Anreize keinesfalls die bessere Alternative zu Command and Control-Instrumenten. Die skizzierten Defizite deuten darauf hin, dass eine Zusammenarbeit der Verwaltungsakteure, die auch eine fortlaufende Bewertung ihrer Wirksamkeit umfasst, entscheidend ist, möchte man über Anreize tatsächlich eine Steuerungswirkung erzielen. Dies ist in einer Konglomeratsverwaltung erschwert, aber nicht unmöglich, wie die privaten Genehmigungen sowie die regional veranlasste Einführung des No Special Fee-System zeigen. Im Ergebnis implizieren Anreize eine Wirkungschance, die im internationalen Verwaltungsrecht durch eine Kohärenzsicherung[273] flankiert werden muss.

III. Transparenzinstrumente

Transparenzinstrumente sind anders als transnationale Verwaltungsakte im Umfeld administrativen Entscheidens angesiedelt. Sie reagieren auf die für das internationale Verwaltungsrecht typische Dynamik und damit zusammenhängende Undurchsichtigkeit des Verwaltungsgegenstands. Auf Transparenz zielende Mechanismen wurden bislang bereichsspezifisch, insbesondere im internationalen Steuerrecht[274], beobachtet, aber nicht als eigenes Instrument internationalen Verwaltens thematisiert. Da gerade die Anonymität auf See der maritimen Verwaltung ein Rechtsdurchsetzungshemmnis darstellt, bietet es sich an, anhand des Anschauungsmaterials des Seeverwaltungsrechts die Bedeutung und die Erscheinungsformen von Transparenzinstrumenten zu beleuchten.

1. Anonymität auf See als Rechtsproblem

Die Aufdeckung von Rechtsverstößen gehört zu den Kernaufgaben der Verwaltung und zeichnet insbesondere die Wirtschaftsüberwachung aus. Dazu benötigt sie allerdings Erkenntnisse über den Verwaltungsgegenstand einschließlich seines Standorts

[272] *Merk*, in: OECD, International Regulatory Co-operation and International Organisations, S. 102; *Dimitrova/Blanpain*, Seafarers' Rights, S. 44; *Lillie*, A Global Union, S. 42, 48.

[273] Siehe unten 7. Kapitel, C.

[274] So haben die OECD / G20 im Rahmen ihres Base Erosion and Profit Shifting-Projekts als Lösung zur Bekämpfung der Steuervermeidung Informationspflichten von Unternehmen vorgeschlagen. Insbesondere soll ein länderbezogener Bericht (Country by Country Report) von der ultimativen Konzernmutter erstellt und den nationalen Finanzbehörden der Ansässigkeitsstaaten der Konzerntochtergesellschaften übermittelt werden, um diesen einen Überblick über die globale Aufteilung der Erträge und Steuern sowie über bestimmte Indikatoren für die geografische Verteilung der Wirtschaftstätigkeit auf die verschiedenen Staaten zu geben, *Rasch/Mank/Tomson*, IStR 2015, S. 424 ff.

und der dahinterstehenden Personen als den eigentlichen Verwaltungsadressaten. Während das Vorhandensein solcher Informationen für die terrestrische Verwaltung mit ihrem engen Bezug zum Verwaltungsgegenstand eine Selbstverständlichkeit zu sein scheint bzw. sie sich diese ohne Weiteres, etwa über Inspektionen der Anlage, verschaffen kann, trifft das Gegenteil auf die Seeverwaltung zu. Denn wenn der Verwaltungsgegenstand wie die maritime Industrie international mobil sowie verstreut ist, hat dies zur Folge, dass Informationen über ihn auch potentiell global vorhanden sein können; zudem kann er sich unter erleichterten Bedingungen verbergen und so der Rechtsdurchsetzung entziehen. Führt demnach diese Anonymität auf See zu einem spezifischen Informationsbedürfnis der Verwaltung, dann bedarf sie auch spezifischer Instrumente. Die Transparenzinstrumente beziehen sich auf die Notwendigkeit, den Verwaltungsgegenstand überhaupt zu identifizieren (2.) und diesen zu lokalisieren (3.). Einen Schritt weiter gehen smarte Instrumente, die nicht nur Kontextinformationen liefern, sondern auch Rechtsverstöße offenlegen (4.).

2. *Identifikationsinstrumente*

Identifikationsinstrumente – Identifikationsnummern und -papiere – verhindern, dass das Schiff und die für seinen Zustand und seinen Betrieb verantwortlichen Personen anonym bleiben, indem sie dem Verwaltungsgegenstand eine feste und klar erkennbare Identität zuordnen. Sie stellen damit eine typische Reaktion auf die in einer globalisierten Industrie erleichterten Möglichkeiten des Untertauchens des Verwaltungsgegenstandes dar.

Die 1987 eingeführten[275] internationalen Schiffsidentifikationsnummern (Ship Identification Numbers, IMO Numbers)[276] sind vor dem Hintergrund zu sehen, dass die gängigen Formen der Identifizierung, wie der Name eines Schiffs oder seine Flagge, nicht nur aus tatsächlichen Gründen nicht immer visuell wahrnehmbar sind[277]; insbesondere resultiert ihre Notwendigkeit aus dem Maritime Fraud-Problem, d.h. die maritime Industrie wendet Verschleierungstaktiken an, um auf diese Weise zu verhindern, dass illegale Machenschaften ans Licht kommen[278]. Die Schiffsidentifikationsnummer besteht aus dem Präfix „IMO“ und einer einzigartigen siebenstelligen Zahlenkombination. Sie muss sowohl von außen gut sichtbar auf dem Schiffsrumpf angebracht als auch intern im Schiffmaschinenraum sowie auf den Schiffszertifikaten vorhanden sein. Die Nummer wird bereits beim Bau durch ein Unternehmen im Auftrag der IMO zugeteilt und verliert ihre Gültigkeit erst, wenn das Schiff untergegangen oder abgewrackt ist. Vorgänge wie ein Wechsel der Flagge, des Namens oder ein Verkauf ins Ausland haben auf die Gültigkeit hingegen kei-

---

[275] IMO, Resolution A.600(15), 19.11.1987.

[276] Für Frachtschiffe mit einer Bruttoraumzahl von mindestens 300 und Passagierschiffe mit einer Bruttoraumzahl von mindestens 100 sind sie durch Kapitel XI Regel 3 SOLAS verbindlich vorgeschrieben.

[277] *Schult*, Das völkerrechtliche Schiffssicherheitsregime, S. 58.

[278] IMO, Resolution A.600(15), 19.11.1987, Ziffer 1; *McNichols*, Maritime Security, S. 116.

ne Auswirkungen. Das Pendant zur Schiffsidentifizierungsnummer ist die Unternehmensidentifizierungsnummer (IMO Unique Company and Registered Owner Identification Number)[279], die ebenfalls mit „IMO“ beginnt und siebenstellig ist, aber darüber hinaus den Zusatz Company bzw. Registered Owner aufweist.

Zu diesen objekt- und akteursbezogenen Identifikationsinstrumenten tritt ein übergreifendes Identifikationspapier (Continuous Synopsis Record, CSR)[280] hinzu, das von der Flaggenstaatverwaltung ausgestellt wird und fortlaufend aktualisiert werden muss. Das CSR ist an Bord aufzubewahren und erlaubt es, bei Inspektionen die „Lebensgeschichte“ des Schiffs zurückzuverfolgen. Dazu wird im CSR offengelegt, welche Akteure in die Registrierung, die Untersuchung, die Zertifizierung sowie den Betrieb des Schiffs involviert waren und aktuell noch sind. Während das CSR damit die horizontale Verantwortungskette für jedes Schiff betrifft, die sowohl private Akteure als auch in die Seeverwaltung eingebundene Akteure umfasst, begründet der International Safety Management Code (ISM Code) der IMO[281] ein auf die hinter dem Schiff stehenden Unternehmensstrukturen bezogenes Transparenzsystem[282]. Dazu werden Verantwortlichkeiten festgelegt, um die Identifikation der Interessen, die hinter jedem Schiff stehen, zu erleichtern[283]. Falls der Eigner des Schiffs dieses nicht selbst betreibt, hat er der Verwaltung des Flaggenstaats die vollständige Bezeichnung sowie nähere Angaben über das verantwortliche Unternehmen (Company) mitzuteilen; das verantwortliche Unternehmen muss der Flaggenstaatverwaltung anzeigen, dass es zugestimmt hat, diese Verantwortung zu übernehmen[284]. Maßgebliches Kriterium für die Company-Eigenschaft ist die Verantwortung für den Betrieb des Schiffs, so dass die Einheit adressiert wird, die die tatsächliche Gewalt über das Schiff hat[285]. Die Company wird in einem Zeugnis (Document of Compliance) dokumentiert, das an Bord aufzubewahren ist[286].

3. *Lokalisierungsinstrumente*

Lokalisierungsinstrumente – Kommunikationspflichten und -ausrüstung – helfen der Seeverwaltung den Überblick zu behalten, indem sie Informationen über die Lage und den Bewegungsverlauf der Verwaltungsgegenstände, aber auch weitere Basisinformationen über diese liefern. Während bei den Identifikationsinstrumenten die Zuweisung einer Identität an den Verwaltungsgegenstand im Vordergrund steht, zielen Lokalisierungsinstrumente darauf, seine aktuelle Verortung zu ermit-

[279] Die in Kapitel XI-1 Regel 5 SOLAS vorgeschriebene Unternehmensidentifikationsnummer muss auf bestimmten Schiffsdokumenten genannt werden.

[280] Kapitel XI-1 Regel 5 SOLAS.

[281] IMO, Resolution A.741(18), 4.11.1993. Dieser ist nach Kapitel IX Regel 3 SOLAS verbindlich.

[282] *Pamboridis*, International Shipping Law, S. 100 ff., 162 ff.

[283] *Pamboridis*, International Shipping Law, S. 162.

[284] Ziffer 3.1 ISM-Code.

[285] *Looks*, Rechtliche Auswirkungen des ISM Code, S. 12.

[286] Kapitel IX Regel 4 I, II SOLAS.

teln und im Blick zu behalten. Dieser Erkenntnisse bedarf die Seeverwaltung nicht nur zur Kontrolle des Geschehens auf See; Lokalisierungsinstrumente erlauben auch eine Unterstützung von Schiffen bei der Navigation oder im Fall einer Havarie und sind damit auch Maßnahmen der Unfallvorbeugung und Schadenseindämmung.

Kommunikationspflichten beinhaltet das Schiffsmeldesystem (Ship Reporting System, SRS), denn es umfasst die Pflicht, bei Hafenanlauf oder routinemäßig grundlegende Informationen wie Identität, Position, Ziel, geschätzte Ankunftszeit und Ladung zu übermitteln[287]. Dadurch kann die Verkehrsleitzentrale an Land das Schiff auf dem Radar erfassen, seine Bewegungen verfolgen und damit ein umfassendes Bild über die Verkehrssituation gewinnen; zudem weisen Schiffsmeldungen die Behörden im Hafen auf einen baldigen Kontrollbedarf hin und erleichtern ihnen auf diese Weise die Vorbereitung auf Schiffsinspektionen. Solche Systeme werden zwar von den (Küsten-)Staaten eingeführt, aber von der IMO determiniert[288]. Da SRS in einem Spanungsverhältnis zum Interesse an einem zügigen Seeverkehr, aber auch – man denke an die Ladung – am Schutz sensibler Daten stehen, werden sie zum einen inhaltlich eingeschränkt, indem nur die für die Lokalisierung notwendigen Informationen abgefragt werden dürfen[289]. Zum anderen versucht man, Hemmnisse für den Seeverkehr durch eine Harmonisierung von Meldeformularen zu begegnen. Eine Kosten und Zeit sparende Maßnahme stellt das Maritime Single Window (MSW) dar[290], ein einheitliches digitalisiertes Meldesystem, bei dem alle für den maritimen Transport relevanten Informationen für den Hafenbesuch nur einmal vom Meldepflichtigen zur Verfügung gestellt werden müssen. Ein globales MSW[291] gibt es zwar noch nicht[292]; weiter ist man indes auf regionaler Ebene: Das European Maritime Single Window environment (EMSWe) der EU[293] harmonisiert die Benutzerschnittstellen der bislang existierenden nationalen Single Windows der Mitgliedstaaten, so dass Informationen z.B. über Crew und Ladung in einem europaweit einheitlichen Format elektronisch übermittelt werden und Seeverkehrsdaten leichter ausgetauscht und wiederverwendet werden können.

[287] *Schult*, Das völkerrechtliche Schiffssicherheitsregime, S. 58. Daneben gibt es Meldepflichten bei Seeunfällen oder sonstigen gefährlichen Ereignissen, etwa Art. 8 MARPOL, Kapitel V Regel 31 SOLAS; Art. 4 OPRC.

[288] Kapitel V Regel 11 SOLAS sieht vor, dass von der IMO angenommene SRS auch für Schiffe im Transit verbindlich (I 1 und VII) vorgeschrieben werden können; zudem wird die IMO ermächtigt, Standards für SRS zu entwickeln (II).

[289] Siehe die General Principles for Ship Reporting Systems and Ship Reporting Requirements, IMO, Resolution A.851(20), 2.12.1997, paras. 1.1., 2 und 3.

[290] United Nations Centre for Trade Facilitation and Electronic Business (UN/CEFACT), Recommendation No. 33, insb. S. 32.

[291] 56. Deutscher Verkehrsgerichtstag, NZV 2018, S. 69, 71.

[292] Auf internationaler Ebene wurde durch eine Änderung der FAL-Konvention der IMO bislang allein ein standardisiertes automatisches MSW eingeführt, siehe IMO, Resolution FAL.12(40), 8.4.2016, Standard 1.3bis. sowie die Leitlinien in FAL.5/Circ.42/Rev.1, 1.7.2021.

[293] VO 2019/1239, ABl. 2019 L 198, S. 64.

Eine präzise Objektverfolgung durch die Seeverwaltung ermöglicht eine Kommunikationsausrüstung an Bord, die auf zwei Technologien beruht:

- Das automatische Identifizierungssystem (Automatic Identification System, AIS) ist ein Funksystem, das aus einem Transponder an Bord des Schiffs und Empfangsanlagen an Land besteht. AIS verwendet globale Satellitennavigationssysteme zur Positionsbestimmung und überträgt statische Daten wie die Schiffsidentität und den Schiffstyp, reisebezogene Daten wie den Bestimmungshafen und die geplante Ankunftszeit und dynamische Daten wie die Position, den Kurs und seine Geschwindigkeit automatisch in kurzen Zeitabständen sowohl von Schiff zu Schiff als auch von Schiff zu Behörden an Land[294]. Im Unterschied zur Radarüberwachung erlaubt AIS den Blick über Hindernisse hinweg und ermöglicht somit eine exakte Beobachtung der Schiffe vor der Küste[295].
- Das weltweite System zur Identifizierung und Verfolgung von Schiffen über große Entfernungen (Long Range Identification and Tracking, LRIT) ist ein Nachrichtensystem, das satellitengestützte Punkt-zu-Punkt-Verbindungen aufbaut[296]. Es ist darauf ausgerichtet, über ein LRIT-Gerät an Bord bestimmte schiffsbezogene Daten[297] an LRIT-Datenzentren zu übermitteln[298].

Während AIS Schiffsbewegungen mit einer begrenzten Reichweite erfasst, erlaubt LRIT eine Fernerkennung. Ein weiterer Unterschied betrifft den Adressatenkreis: AIS versendet Daten unverschlüsselt[299], LRIT-Nachrichten können nicht allgemein empfangen werden.

4. Smart Law Enforcement

Die Offenlegung von Illegalität erweist sich als besonders schwierig, da es auf See an einem flächendeckenden Verwaltungsapparat mangelt, was wiederum einen Anreiz für die Seeschifffahrtsindustrie bildet, Rechtsverstöße dort zu begehen. Paradebeispiel solcher Verheimlichungsstrategien ist das temporäre Legen illegaler Leitungen an Bord, durch die Öl ins Meer gepumpt wird, während das Schiff in Fahrt ist; da diese heimlichen Abflussrohre (Magic Pipes) bei Kontrollen im Hafen

[294] Kapitel 5 Regel 19 Ziffer 2.4.5 SOLAS.

[295] Zur Funktionsweise und dem Anwendungsbereich von AIS siehe Bundesministerium für Verkehr, Bau- und Wohnungswesen, AIS – ein neuer internationaler Standard für die Identifikation von Schiffen auf See.

[296] LRIT ist seit dem 30.12.2008 für alle Passagierschiffe auf internationaler Fahrt sowie für Frachtschiffe mit einer Bruttoraumzahl von 300 oder mehr auf internationaler Fahrt verbindlich, Kapitel 5 Regel 19–1 Ziffer 2.1 Nr. 1 und Nr. 2 SOLAS.

[297] Schiffsidentität, die Position und einen Zeitstempel, Kapitel 5 Regel 19–1 Ziffer 5 SOLAS.

[298] Empfangsberechtigt sind nur Flaggenstaaten (weltweit für ihre Schiffe), Küstenstaaten (alle Schiffe in der 1000 Seemeilen-Küstenzone), Hafenstaaten (alle Schiffe, die Hafenzugang suchen) sowie Such- und Rettungsdienste, Kapitel 5 Regel 19–1 Ziffer 8.1 und Ziffer 12 SOLAS.

[299] Im Internet haben sich Crowdsourcing-Projekte gegründet, die AIS-Daten sammeln und in Karten darstellen, etwa www.marinetraffic.com oder www.vesseltracker.com. (zuletzt abgerufen: 21.06.2023).

kaum zu erfassen sind, kommt man ihnen oftmals nur durch Zufall auf die Spur[300]. Die ideale Lösung scheinen Instrumente des Smart Law Enforcement[301] zu bieten. Als funktionale Äquivalente zu einem sehenden, lesenden, hörenden und/oder riechenden Beamten[302] gestatten sie über den Einsatz von Big Data-Technologien das Aufspüren von verdächtigem Verhalten gerade auch über große Distanzen hinweg:

- *Sniffer als verlängerte Nasen*: Im Bereich der Kontrolle von Luftemissionen setzen einige Staaten einen Schnüffler (Sniffer) als Sensor ein, der stationär, etwa in Dänemark an der Brücke über dem Großen Belt, oder an Hafeneintrittspunkten, wie die Sniffer-Anlage Wedel, aufgestellt ist. Zusammen mit den AIS-generierten Schiffsinformationen sowie Wind-Daten erlaubt ein solches Abgasanalysegerät die automatische Kalkulation des Schwefelgehalts von Schiffsemissionen und die Identifizierung der entsprechenden Schiffe. Falls danach der Ausstoß über den erlaubten Werten liegt, wird in Echtzeit ein Alarmsignal gesendet.
- *Drohnen als fliegende Augen*: Auch zur Erkennung von Meeresverschmutzungen[303] sowie zur Überwachung von Luftemissionen kommen verschiedene Arten von Drohnen zum Einsatz, da sie verheißen, selbst unter den widrigen maritimen Bedingungen kostengünstig, in geringen Höhen sowie Tag und Nacht Überwachungsflüge vornehmen zu können[304]. Seitens der EU werden ferngesteuerte Luftfahrtsysteme herangezogen[305]. Diese Remotely Piloted Aircraft Systems dienen als fliegende Plattformen für viele heterogene Sensoren, die Seegebiete scannen, so verdächtiges Verhalten aufdecken und das verdächtige Schiff lokalisieren. Ihr Vorteil ist, dass sie eine fast unsichtbare Beobachtung erlauben[306], während bei einem Sniffer mit Anpassungsreaktionen seitens der Schiffsbetreiber zu rechnen ist, sofern bekannt wird, wo die Überwachung stattfindet. Drohnen erlauben neben der Erstaufdeckung die Plausibilisierung eines Rechtsverstoßes auf See, wenn sie mit Hinweisen aus der Satellitenüberwachung kombiniert werden. Sie bestätigen etwa eine Ölverschmutzung auf See, auf die Satellitenbilder hindeuten[307], und bestimmen ihre Art, Größe und ihr Volumen[308]. Eine ständige[309] Überwachung von großen Seegebieten erlauben sie bislang noch nicht[310].

---

[300] Siehe daher zur Strategie der U.S. Coast Guard, Crew Whistleblowing durch finanzielle Anreize zu fördern, *Paschke/Jessen*, RdTW 2015, S. 1 ff.

[301] Zu diesen *Rademacher*, in: Wischmeyer/Rademacher, Regulating Artificial Intelligence, S. 225 ff.

[302] Ebenda, S. 226 ff.

[303] Grob werden fünf Einsatzkategorien im zivilen Bereich unterschieden, *Sassi/Siikanen/Höyhtya*, Utilisation of RPAS in Oil and Chemicals Detection, S. 78 f.

[304] Zu den Vorteilen *Trasviña-Moreno/Blasco/Marco/Casas/Trasviña-Castro*, Sensors 17 (2017), S. 460; *Klemas*, Journal of Coastal Research 31 (2015), S. 1260; *Sassi/Siikanen/Höyhtya*, Utilisation of RPAS in Oil and Chemicals Detection, S. 80.

[305] Diese werden namentlich durch die EMSA bereitgestellt, COM (2018) 188, S. 9.

[306] EMSA, RPAS Service Portfolio, Marine Pollution and Detection, S. 2.

[307] In der EU etwa CleanSeaNet und Copernicus Maritime Surveillance.

[308] EMSA, RPAS Service Portfolio, Marine Pollution and Detection, S. 1.

[309] Zur Höchstflugdauer EMSA, RPAS Service Portfolio, Marine Pollution and Detection, S. 2.

Somit ist der Einsatzbereich von Smart Law Enforcement-Instrumenten noch punktueller Natur; insbesondere erlauben sie nicht, Vorgänge im Schiffsinneren zu erfassen[311]. Zudem sind sie nur teilweise wirklich smart, da sie nicht zur Gänze voll automatisiert sind.

5. Fazit: Maritimes Raumbewusstsein als Leitidee

Der Anonymität auf See wird mit Identifikations-, Lokalisierungsinstrumenten sowie Smart Law Enforcement begegnet. Das Zusammenspiel verschiedener Akteure, Rechtsschichten und Kulturen, das die Konglomeratsverwaltung ausmacht, führt allerdings dazu, dass Transparenzinstrumente weit davon entfernt bleiben, der Seeverwaltung eine umfassende Transparenz im Sinne eines maritimen Raumbewusstseins zu gestatten:

Der Begriff des maritimen Raumbewusstseins (Maritime Domain Awareness, MDA) wurde seitens der USA im Anschluss an den elften September 2001 eingeführt[312] und hat sich inzwischen im maritimen Kontext durchgesetzt[313]. MDA wird von den USA weit verstanden als „effective understanding of anything associated with the maritime domain that could impact […] security, safety, economy or environment“[314]. Dabei geht es nicht allein darum, alle möglichen Informationen über Vorgänge auf See flächendeckend zu erfassen (Situational Awareness), sondern weitergehend auch um die Beurteilung ihrer rechtlichen Relevanz (Threat Awareness)[315]. Dies soll durch das Sammeln und Analysieren von maritimen Big Data auf der Grundlage von Sensoren, aber auch menschlichen Quellen sowie ihre fachübergreifende und weltweite Teilung erreicht werden[316]. Zurzeit scheitert die Umsetzung dieser Idee aber nicht nur an technischen Hürden und Manipulationsproblemen[317]; es mangelt an der Grundvoraussetzung, nämlich dass es gelingt, Vertrauen auch über Kulturen hinweg zwischen den verschiedenen Akteuren aufzubauen, damit die verschiedenen Informationsquellen zusammengeführt werden können[318]. Das globale MDA gibt es im Moment demnach noch nicht. Wie gesehen lassen sich nur Ansätze zur Herstellung eines globalen MDA, namentlich seitens der IMO beobachten[319],

---

[310] Zum Potential von UAV zur Überwachung von Seegebieten *Colefax/Butcher/Kelaher*, Journal of Marine Science 75 (2018), S. 1 ff.; zu den Nachteilen auch *Sassi/Siikanen/Höyhtya*, Utilisation of RPAS in Oil and Chemicals Detection, S. 81.

[311] Zum Einsatz kommen insofern v. a. im Logistikbereich unmittelbar am Container angebrachte Smart Boxes, die eingebaute Sensoren haben, *Hoffmann*, Risikomanagement, S. 199 f.

[312] U. S. Navy, Maritime Domain Awareness Concept.

[313] Siehe IMO, Resolution MSC.1/Circ.1415, 25.05.2012, S. 13.

[314] U. S. Navy, Maritime Domain Awareness Concept, S. 6.

[315] U. S. Navy, Maritime Domain Awareness Concept, S. 6.

[316] U. S. Navy, Maritime Domain Awareness Concept, S. 6.

[317] *Riveiro/Pallotta/Vespe*, Wiley Interdisciplinary Reviews 8 (2018), S. 1, 11 f.; *Martineau/Roy*, Maritime Anomaly Detection, S. 10 ff.

[318] *Chintoan-Uta/Ramos Silva*, WMU Journal Maritime Affairs 16 (2017), S. 37, 43 f.

[319] Zum Optimierungsbedarf *Chintoan-Uta/Ramos Silva*, WMU Journal Maritime Affairs 16 (2017), S. 37, 46.

etwa die Einführung von AIS und LRIT oder ihr e-navigation-Konzept, das einen Prozess der Harmonisierung, Sammlung, Integration, des Austauschs, der Darstellung und Analyse maritimer Informationen über elektronische Maßnahmen fördern soll[320].

IV. Kommunikationsinstrumente

Im Umfeld administrativen Entscheidens sind weiter Kommunikationsinstrumente angesiedelt, die, soweit ersichtlich, in der Forschung zum internationalen Verwaltungsrecht noch nicht als solche beschrieben wurden. Auf großes Interesse sind sie hingegen in den Sozialwissenschaften gestoßen. Die folgenden Ausführungen widmen sich daher der Beschreibung der Funktion von Kommunikationsinstrumenten, ihren Typen sowie der Abgrenzung von verwandten Mechanismen der Integrationsverwaltung. Hinter dieser Instrumentengruppe steht das die Globalisierungsphänomene prägende Merkmal der Interkulturalität[321], da es die Kommunikation zwischen und mit den Verwaltungsadressaten erschwert, was der Realisierung von Aufgaben der Seeverwaltung entgegenstehen kann (1.). Solche Kommunikationshemmnisse sind darauf zurückzuführen, dass sich Kulturen nicht nur in ihren Artefakten voneinander unterscheiden, sondern auch in sozialen und mentalen Dimensionen, zu denen neben der Sprache auch die sozialen Interaktionen, Strukturen und Institutionen sowie kulturspezifische Codes, Denkweisen, Gefühle und Handlungsmuster gehören[322]. Um in interkulturellen Überschneidungssituationen angemessen handeln zu können, ist seitens des internationalen Verwaltungsrechts eine Förderung interkultureller Kommunikation erforderlich (2.).

1. Kommunikationshemmnisse auf Seiten des Verwaltungsadressaten

Im Seeverwaltungsrecht lassen sich Kommunikationshemmnisse[323] auf Seiten des Verwaltungsadressaten in verschiedenen Kontexten beobachten, die ihren typischen Kommunikationsräumen[324] – Onboard Communication, Ship to Ship Communication, Ship to Shore Communication, Communication Ashore[325] – entsprechen:

- Über 80 % aller Handelsschiffe haben eine Mannschaft, deren Mitglieder aus zwei oder mehr Nationen stammen, wobei bei 10 % die Besatzungsmitglieder

---

[320] IMO, Resolution MSC 85/26/Add.1, 4.12.2008, Annex 20 Ziffer 1.1.

[321] Siehe oben 1. Kapitel, IV. 1. d. cc.

[322] *Erll/Gymnich*, Interkulturelle Kompetenzen, S. 23.

[323] Siehe Commonwealth, House of Representatives Standing Committee on Transport, Communications and Infrastructure, Ships of Shame, Parliamentary Paper No. 494 (1992) 3, S. 88–90.

[324] Zum sozialwissenschaftlichen Konzept *Schwarzenegger*, Transnationale Lebenswelten, S. 176 ff.

[325] *Apostol-Mates/Barbu*, International conference KNOWLEDGE-BASED ORGANIZATION 21 (2015), S. 541 f.

sogar aus fünf oder mehr Nationen stammen[326]. Was zunächst spannend klingt, erweist sich in der Praxis als eine große Herausforderung[327], da dies doch eine Kommunikation über Hierarchien, Arbeitsbereiche und Sprachen hinweg verlangt[328]. Erschwerend kommt hinzu, dass die Crewzusammensetzung ständig wechselt[329]. Seeleute empfinden einerseits die Arbeit mit Kollegen aus anderen Kulturkreisen durchaus als bereichernd oder sogar einfacher als den Umgang mit Landsleuten[330]; die Existenz verschiedener Muttersprachen in Verbindung mit den heutzutage üblichen geringen Besatzungsstärken[331] kann andererseits zu Gruppenbildung führen und die Kontaktdichte an Bord reduzieren. Gerade in sicherheitskritischen Situationen, bei denen die kognitiven Anforderungen besonders hoch sind und zugleich eine rasche Verständigung bedeutend ist[332], sind die Sprachkompetenzen nicht immer ausreichend[333]. Die englische Sprache wird oftmals[334] nicht beherrscht. Missverständnisse sind auch verhaltensbedingt[335]; Stereotype können ein Problem sein[336]; sie scheinen aber als Resultat des Kontakts an Bord im Lauf der Zeit abzunehmen[337]. Schließlich scheint die Sicherheitskultur in verschiedenen Kulturen unterschiedlich hoch ausgeprägt zu sein[338]. Ob die Verständigung zwischen unterschiedlichen Kulturen per se defizitär sein kann[339], wird bezweifelt, da eine solche Inkompatibilitäts-Annahme außer Acht lasse, dass die Verträglichkeit zwischen Angehörigen verschiedener

[326] *Kahveci/Lane/Simpson*, Transnational Seafarer Communities, S. i.

[327] *Horck*, Getting the best from multi-cultural manning, S. 1; aus Sicht eines Seefahrers *Acejo*, in: Gekara/Sampson, The World of Seafarers, S. 99, 103–105; ferner die Artikel in The International Human Element Bulletin (Alert!) 14 (2007), Effective Communication.

[328] Studien zu den Pros und Kontras multikultureller Crews erfolgten v. a. im Rahmen von SIRC (*Kahveci/Lane/Simpson*, Transnational Seafarer Communities; *Kahveci/Sampson*, in: Proceedings of SIRC's 2nd Symposium, S. 39 ff.; *Thomas/Sampson/Zhao*, Maritime Policy Management 30 (2003), S. 59 ff.) sowie durch das von der EU finanzierte Maritime Communication (MARCOM) Project, The Impact of Multicultural and Multilingual Crews on MARitime COMmunication, Volume 1.

[329] *Progoulaki/Roe*, WMU Journal of Maritime Affairs 10 (2011), S. 7, 17 ff.

[330] *Sampson/Zhao*, World Englishes, 22 (2003), S. 31, 35 f.

[331] *Horck*, Getting the Best from Multi-Cultural Manning, S. 6.

[332] *Horck*, Maritime Policy & Management 31 (2004), S. 15, 16.

[333] *Hetherington/Flin/Mearns*, Journal of Safety Research 37 (2006), S. 401, 406.

[334] Bei den Englischkenntnissen scheint es starke Unterschiede zwischen den Nationen zu geben, ILO, The Impact on Seafarers' Living and Working Conditions of Changes in the Structure of the Shipping Industry, S. 40; *Fan/Fei/Schriever/Fan*, Asia-Pacific Journal of Marine Science & Education 5 (2015), S. 22 f.

[335] MARCOM, The Impact of Multicultural and Multilingual Crews on MARitime COMmunication, S. 26 f.; *Kahveci/Lane/Sampson*, Transnational Seafarer Communities, S. 2.

[336] *Østreng*, Does Togetherness Make Friends? Stereotypes and Intergroup Contact on Multiethnic-Crewed Ships; *Horck*, Getting the best from multi-cultural manning, S. 3.

[337] *Kahveci/Lane/Simpson*, Transnational Seafarer Communities, S. I, 12.

[338] *Havold*, Work & Stress 21 (2007), S. 173 ff.; zu weiteren Studien siehe *Hetherington/Flin/Mearns*, Journal of Safety Research 37 (2006), S. 401, 408 f.

[339] MARCOM, The Impact of Multicultural and Multilingual Crews on MARitime COMmunication, S. 69 f.; als inkompatible Mischungen gelten etwa Chinesen und Filipinos sowie Inder und Italiener; gut vertragen sich Filipinos und Griechen, dazu *Theotokas/Progoulaki*, Maritime Policy Management 34 (2007), S. 383 ff.

Kulturen situationsabhängig sei[340]. Als weitere Kommunikationshemmnisse an Bord kommt zum einen die ausgeprägte Hierarchie an Bord hinzu; zum anderen werden die Positionen mit höherem Lohnniveau mit Personen aus der westlichen Hemisphäre besetzt, was zu zusätzlichen Sprachbarrieren entlang der Hierarchie führt und die Besatzungsstruktur anfällig für die Bildung von Subgruppen macht[341].

- Die Kommunikationshemmnisse setzen sich fort, wenn das Schiff und seine Besatzung in Kontakt mit anderen Schiffen sowie der Verwaltung an Land treten. Ein Austausch kann etwa erforderlich sein, um Navigationsinformationen oder Warnungen zu übermitteln oder wenn das Schiff auf eine Unterstützung bei der Navigation angewiesen ist. Eine prekäre Kommunikationssituation in der Ship Shore Communication bildet die Beziehung zwischen dem nautischen Wachoffizier, dem Kapitän und dem Lotsen[342].
- In der Communication Ashore können Kommunikationshemmnisse im Hafen auftreten, etwa im Rahmen der Hafenstaatkontrolle[343] sowie bei Güterabfertigungs-, Güterlade- und Gütersicherungsmaßnahmen[344].

Kommunikationshemmnisse beeinträchtigen demnach nicht nur das Wohlbefinden der Seeleute; sie sind darüber hinaus sicherheitsrelevant[345]. Plastische Beispiele für die genannten Kommunikationshemmnisse kann man den Seeunfalluntersuchungsberichten entnehmen[346]: Der Bericht zum Aufgrundlaufen des Schiffs Jackie Moon zeigt etwa, dass die Küstenwache wegen des schlechten Englischs Schwierigkeiten hatte, die Nachrichten vom Schiff zu verstehen[347]. Zum gesunkenen Chemikalientanker Bow Mariner stellte die US-amerikanische Küstenwache fest, dass die Kluft zwischen dem griechischen Kapitän, dem Ersten Offizier und dem leitenden Maschinisten einerseits und den restlichen philippinischen Besatzungsmitgliedern andererseits die Sicherheitskultur an Bord beeinträchtigt habe[348].

---

[340] Auf der Grundlage von Hofstedes Kulturbegriff, der Kultur als ein Resultat von spezifischen Bedingungen und Entwicklungen versteht, *Knudsen/Froholt*, WMU Journal of Maritime Affairs 8 (2009), S. 105, 111 ff.; vorsichtig *Progoulaki/Roe*, WMO Journal of Maritime Affairs 10 (2011), S. 7, 18.

[341] *Brenker*, Strukturen und Determinanten der Kommunikation in multinationalen Teams, S. 293 ff.

[342] *Hetherington/Flin/Mearns*, Journal of Safety Research 37 (2006), S. 401, 406.

[343] *Fan/Fei/Schriever/Fan*, Asia-Pacific Journal of Marine Science & Education 5 (2015), S. 22 f.

[344] *Trenkner/Cole*, Polish Maritime Research 17 (2012), S. 239, 241 f.; sowie der STCW Code, Teil A, Tabelle II/1, Spalte 2.

[345] *Hetherington/Flin/Mearns*, Journal of Safety Research 37 (2006), S. 401, 406; zur Relevanz des Human Factor siehe bereits oben 2. Kapitel, A. I. 1. b. und *Pamboridis*, International Shipping Law, S. 147.

[346] Weitere Beispiele bei *Apostol-Mates/Barbu*, International conference KNOWLEDGE-BASED ORGANIZATION 21 (2015), S. 541, 542.

[347] Marine Accident Investigation Branch, Report on the Investigation of the Grounding of the Jackie Moon, 01.09.2004, S. 8.

[348] US Coast Guard, Investigation into the Explosion and Sinking of the Chemical Tanker Bow Mariner, 14.12.2005, S. 42 f.

Das Costa Concordia-Unglück war auch durch Sprachprobleme innerhalb der Mannschaft bedingt[349].

2. *Interkulturelle Kommunikation als Antwort*

Interkulturelle Kommunikation als die interpersonale Kommunikation zwischen den Angehörigen verschiedener Kulturen[350] setzt zunächst eine entsprechende sprachliche Kompetenz voraus. Im Seeverwaltungsrecht liegt der Fokus der Kommunikationsinstrumente daher gewöhnlich auf dem sprachlichen Aspekt; die „babylonischen Sprachverwirrungen"[351] werden über das Aufstellen gemeinsamer Kommunikationsregeln (a) sowie über Sprachkurse (b) anvisiert. Der Ausbau digitaler Kommunikation bietet sich nur partiell an (c). Eine Perspektivenerweiterung verspricht die Förderung von Soft Skills (d). Das Seeverwaltungsrecht zeigt, dass sich die Frage interkultureller Kommunikation nicht auf eine entsprechende Ausbildung des Verwaltungspersonals beschränken kann. Eine Förderung interkultureller einschließlich linguistischer Kompetenzen auf Seiten der Verwaltungsadressaten ist vielmehr Grundvoraussetzung der maritimen Sicherheitskultur.

a) Standardisierung der Sprache

Wenn eine gemeinsame Sprache fehlt, dann bietet es sich an, eine Lingua Franca durch das Verwaltungsrecht einzuführen[352]. In diesem Sinne geht die Internationale Seeschifffahrts-Organisation (IMO) die Kommunikationshemmnisse durch stark vereinfachte standardisierte englische Redewendungen an: 1977 wurde zunächst das Standard Marine Navigational Vocabulary (SMNV) für die Kommunikation zwischen Schiff und Land eingeführt; die 2001 beschlossenen Standard Maritime Communication Phrases (SMCP) sind inhaltlich umfassender angelegt und beziehen sich sowohl auf die Kommunikation an Bord (Teil B) als auch auf die externe Kommunikation (Teil A) in Sicherheitsangelegenheiten[353]. Die IMO-SMCP sind eine „Überlebensausrüstung", da sie die maritime Kommunikation präzise, einfach und unmissverständlich gestalten sollen[354]. Sie sind einerseits keine alternative Sprache, da sie auf Grundkenntnissen der englischen Sprache aufbauen; wegen der starken Vereinfachung sind sie andererseits für (englische) Muttersprachler befremdlich[355]

---

[349] *Culjak*, Organisation und Devianz. Eine empirische Fallkonstruktion der Havarie der Costa Concordia, S. 133 ff.

[350] Zur Abgrenzung von der internationalen Kommunikation *Schugk*, Interkulturelle Kommunikation in der Wirtschaft, S. 67 f.

[351] *Perrow*, Normale Katastrophen, S. 221.

[352] *Sampson/Zhao*, World Englishes 22 (2003), S. 31 f.

[353] IMO, Resolution A.918 (22), 25.01.2002.

[354] *Trenkner*, Alert! 14 (2007), S. 3.

[355] Das liegt auch daran, dass für die SMCP Auslassungen von Wörtern typisch sind, die nicht entscheidend für die Bedeutung eines Satzes sind, z. B. „What is damage?" anstatt „What is the damage?", zum Maritime English als Special Purpose English *James/Schriever/Jahangiri/Girgin*, WMU Journal of Maritime Affairs 17 (2018), S. 293 ff.

und müssen daher auch von diesen erst erlernt werden[356]. Wegen dieser Eigenheiten wird das maritime Englisch auch als eine globale Sprache bezeichnet[357]. Die IMO-SMCP beinhalten beispielsweise acht verschiedene Signalworte (Ziffer 3), die die Handlungsabsicht der folgenden Äußerung anzeigen[358]. Dringliche Meldungen werden durch die dreimalige Wiederholung des Wortes „Pan Pan" eingeleitet. Weiter gehören zu den IMO-SMCP generelle Regeln wie die Vermeidung von Synonymen (Vessel statt Ship, Teil B 2/6.2.8.1), Antworten, die den Gegenstand der Frage aufgreifen, anstelle von reinen Yes / No-Antworten (Teil A 2/3.2.5.1) oder der Grundsatz, dass für jedes Ereignis ein Satz verwendet werden soll (Teil A 1/3.1.3.6).

In der Praxis werden die SMCP allerdings selten angewendet[359], da sie zum einen von vielen Seeleuten wegen der starken Vereinfachung als unhöflich empfunden werden und ihr Einsatz allein den technischen Bereich betrifft, während sie in sozialen Situationen an Bord kaum brauchbar sind; ihr künstlicher Charakter bildet sogar einen negativen Anreiz, die Begriffe zu lernen. Zum anderen setzt ihre Anwendung Grundkenntnisse der englischen Sprache voraus, an denen es oftmals mangelt[360]. An diesem Punkt setzen Sprachkurse an.

b) Sprachkurse

Mit der 2010 beschlossenen Novelle des Internationalen Übereinkommens über Normen für die Ausbildung, die Erteilung von Befähigungszeugnissen und den Wachdienst von Seeleuten (STCW) wurden Sprachkurse in die maritime Ausbildung integriert. Es wurde ein kompetenzbasierter Ansatz eingeführt, der auch die Verbesserung der linguistischen Fähigkeiten der Seefahrer zum Ausbildungsinhalt macht[361]. Der große Stellenwert von Englischkenntnissen im Allgemeinen und der SMCP im Besonderen kommt in Annex Kapitel I Regel 14 I Nr. 7 der novellierten Konvention zum Ausdruck, denn danach gehört es zu den Unternehmenspflichten, dass jederzeit an Bord der Schiffe eine effektive mündliche Kommunikation möglich ist. Was diese effektive Kommunikation umfasst, verdeutlichen die im Teil A aufgelisteten Ausbildungsinhalte[362]: So müssen nautische Wachoffiziere das SMNV in mündlicher und geschriebener Form beherrschen (II/1, Spalte 1) und beim Be- und Entladen effektiv sowie mit anderen Schiffen und mit der Küste auf Englisch kommunizieren können (Spalte 2). Die Kommunikationsfähigkeit betrifft genauso den Maschinenraum (Tabelle III/1, Spalte 2); auch einfache Seeleute müssen Anweisungen verstehen und sich mit den Offizieren verständigen können (Tabellen

---

356 *Bocanegra-Valle*, International Journal of English Studies 11 (2012), S. 35, 39.

357 *Demydenko*, Journal of Shipping and Ocean Engineering 2 (2012), S. 294.

358 INSTRUCTION, ADVICE, WARNING, INFORMATION, QUESTION, ANSWER, REQUEST, INTENTION.

359 *Bocanegra-Valle*, International Journal of English Studies 11 (2012), S. 35, 39, 40.

360 Zu den Gründen *Logie*, Alert! 14 (2007), S. 3.

361 *Trenkner/Cole*, Polish Maritime Research 17 (2012), S. 239, die dies auf den Einfluss der International Maritime Lecturers'Association zurückführen, ebenda, S. 239f.

362 Eingehend *Trenkner/Cole*, Polish Maritime Research 17 (2012), S. 239ff.

II/4 und II/5, jeweils Spalte 2). Auf Passagierschiffen bezieht sich die Fähigkeit zur effektiven Kommunikation darüber hinaus auch auf das Verhältnis zu den Passagieren (Tabelle V/2–2, Spalte 2). Somit sind nicht nur fast alle Kommunikationsbeziehungen an Bord umfasst, sondern es werden auch alle vier Kommunikationsfähigkeiten (Lesen, Schreiben, Hören, Sprechen) anvisiert.

Die Herausforderung besteht in der Implementation dieser Vorgaben[363]. Nicht nur muss man der Heterogenität der Auszubildenden gerecht werden[364]; daneben bedarf es genügend geeigneter Lehrer, d.h. die sowohl allgemeine linguistische Fähigkeiten als auch maritimes Knowhow aufweisen[365]. In einigen Staaten herrscht zudem traditionell ein wissensbasierter Ausbildungsansatz vor[366]. Zur Verbesserung der Qualität der Sprachkurse hat die IMO daher einen Modellkurs entwickelt[367].

c) Grenzen der Digitalisierung

Die Digitalisierung bildet eine Möglichkeit, die Hemmnisse in der interpersonalen Kommunikation zu reduzieren. So propagiert die IMO in der Ship to Shore Communication den Einsatz non-verbaler Methoden des Datentransfers, um Sprachschwierigkeiten zu überbrücken[368]. Auch der Einsatz von Übersetzungsprogrammen ist eine Option.

Solche Methoden können Kommunikationshemmnisse allerdings nur partiell, etwa bei routinemäßigen Kommunikationssituationen wie den Meldepflichten von Schiffen beim Hafenanlauf, abbauen. Namentlich in unvorhersehbaren, sicherheitskritischen Situationen an Bord bieten sie keine Lösung und taugen daher nur als komplementäres Kommunikationsinstrument.

d) Interkulturelle Sensibilisierung

Eine Standardisierung der Sprache löst nicht die durch die unterschiedlichen kulturellen Hintergründe bedingten Kommunikationshemmnisse. Dafür bedarf es einer interkulturellen Sensibilisierung (Cross Cultural Awareness) der Akteure, die zum einen durch Ansätze seitens der maritimen Industrie gefördert wird. So bieten P & I Clubs, eine Art von Gegenseitigkeitsvereinen zur Seeversicherung, Human Factor-Trainingsprogramme an[369]. Das TMSA-Programm der Ölindustrie verlangt von den Schiffseignern, zwischenmenschliche Fähigkeiten der Schiffsbesatzung zu

---

[363] *Trenkner/Cole*, Polish Maritime Research 17 (2012), S. 239, 244.

[364] IMO, Model Course Maritime English 3.17, S. 1.

[365] *Fan/Fei/Schriever/Fan*, Asia-Pacific Journal of Marine Science & Education 5 (2015), S. 22, 33.

[366] *Fan/Fei/Schriever/Fan*, Asia-Pacific Journal of Marine Science & Education 5 (2015), S. 22, 25 ff.

[367] Der Maritime English (ME) Modellkurs 3.17 der IMO enthält Leitlinien für den Englischunterricht. Die Qualität der Ausbilder wurde von der IMO mit Unterstützung des International Maritime Training Trust angegangen, indem ein Maritime Instructor Training Course (MEITC) eingeführt wurde.

[368] Bereits IMO, Resolution MSC.43 (64), 09.12.1994, Ziffer 2.2.2.1.

[369] *Horck*, Getting the Best from Multi-Cultural Manning, S. 3.

trainieren sowie ihr Bewusstsein für kulturelle Diversität zu stärken[370]. Mit der Novelle von STCW wurde zum anderen für den Bereich der Onboard Communication ein maritimes Ressourcenmanagement (Maritime Resource Management, Bridge Resource Management) verbindlich in die Ausbildung integriert, das Leadership Skills, Teamwork und Gruppenkommunikation fördert.

Entscheidend für das Gelingen solcher Ansätze ist eine Qualitätssicherung von Trainings zur interkulturellen Sensibilisierung, etwa durch eine weitergehende Standardisierung seitens der IMO[371]. Seefahrer bilden zudem eine für Trainings zur Vermittlung interkultureller Kompetenz[372] schwierige Zielgruppe, u.a. da maritimes Ressourcenmanagement zunächst als Bedrohung der schiffsinternen Hierarchie wahrgenommen wird[373]. Um die Akzeptanz zu erhöhen, könnte die Förderung nicht-technischer Kompetenzen an Bord durch finanzielle Anreize attraktiver gemacht werden, wie das bereits vereinzelt geschieht, etwa durch die MRM-Kampagne des Versicherers Swedish Club[374].

3. Fazit: Diversitätsmanagement statt Integrationsverwaltung

Mit Standardisierungen, Sprachkursen und interkultureller Sensibilisierung wurden drei Möglichkeiten aufgezeigt, um Kommunikationshemmnissen in der internationalen Verwaltung zu begegnen. Möchte man Kommunikationsinstrumente konzeptionell einfangen, dann sollte man wegen des für das internationale Verwaltungsrecht typischen Zusammenspiels verschiedener Kulturen zurückhaltend sein, Angebote aus dem nationalen Verwaltungsrecht heranzuziehen:

Der Begriff der Vielfalt bzw. Diversität soll die postmoderne Heterogenität der Gesellschaft beschreiben, die anhand von sozialen Unterscheidungsmerkmalen wie Alter, Religion, kultureller Hintergrund, Ausbildung, sexuelle Orientierung, Lebenseinstellung und Geschlecht festgemacht wird[375]. Ein spezifischer Bedarf nach

[370] The North of England P & I Association, Tanker Management Self Assessment, S. 6; *Horck*, Getting the best from multi-cultural manning, S. 14.

[371] *Gekara/Bhattacharya*, in: Fei, Managing Human Resources in the Shipping Industry, S. 37 ff. Eine gezielte Förderung von Soft Skills bildet bislang die Ausnahme, der IMO Model Course English 3.17 spricht eine kulturelle Sensibilisierung rudimentär an (etwa S. 148, 169, 177); weitergehend ist das von der EU geförderte Projekt SeaTALK, *Bocanegra-Valle*, in: Vargas-Sierra, AESLA, EPiC Series in Language and Linguistics 2 (2017), S. 92, 99.

[372] Allgemein *Schugk*, Interkulturelle Kommunikation in der Wirtschaft, S. 423 ff.

[373] *Brenker*, Strukturen und Determinanten der Kommunikation in multinationalen Teams, S. 295.

[374] Siehe https://www.swedishclub.com/training/the-swedish-club-mrm/maritime-resource-management-mrm/i/ (zuletzt abgerufen: 18.05.2023); allgemein zur Verbindung mit finanziellen Anreizen *Brenker*, Strukturen und Determinanten der Kommunikation in multinationalen Teams, S. 295.

[375] *Rosken*, Diversity and Profession, S. 21 f. Im Völkerrecht wird unter diesem Begriff das Phänomen der Fragmentierung des internationalen Rechts diskutiert, etwa *Zimmermann/Hofmann*, Unity and Diversity in International Law. Zu den rechtlichen Bedeutungsvarianten auch *Leisner-Egensperger*, Vielfalt.

einem Vielfaltsrecht der Verwaltung wird im nationalen Kontext bislang v.a. in Hinblick auf die Migration diskutiert[376], der in die Herausbildung eines Migrationsfolgenrechts[377] bzw. eines Integrationsverwaltungsrechts[378] mündet. Im Seeverwaltungsrecht hat Kommunikation hingegen einen anderen Stellenwert, weswegen auch die Instrumente andere sind: Im Unterschied zum Integrationsverwaltungsrecht geht es nicht darum, die Inklusion und Partizipation des Einzelnen sowie den gesamtgesellschaftlichen Zusammenhalt zu fördern. Das liegt daran, dass der Grenzübertritt nicht mit der Intention des Verbleibs im Zielland erfolgt, sondern das Aufeinandertreffen von Fremdem und Vertrautem nur vorübergehender Natur ist. Statt des Erwerbs kultureller Zugehörigkeit ist der produktive Umgang mit den durch die Vielfalt bedingten Konfliktpunkten das Anliegen. Während bei Sprachkursen im nationalen Kontext die Sprache des Aufnahmestaats auf dem Lehrplan steht, werden Seeleute in einer spezifischen globalen Sprache unterrichtet.

Der insbesondere im Unternehmensbereich relevante Ansatz des Diversitätsmanagements vermag diesen anderen Zugriff auf kulturelle Heterogenität besser zu beschreiben[379]. Er meint die Notwendigkeit, dass Organisationen, namentlich international ausgerichtete Unternehmen, das Potential gemischt-kultureller Belegschaften bestmöglich nutzen, während sie die damit einhergehenden Reibungsverluste minimieren[380]. Diversitätsmanagement fungiert dabei auch als ein Kommunikationsmittel, da die existierende Vielfalt in Organisationen zu Kommunikationsproblemen führt. Die Kommunikationsinstrumente der Seeverwaltung lassen sich mithin als eine Form des Diversitätsmanagements begreifen.

V. Verwaltungsapps als technische Infrastruktur einer mobilen Verwaltung

Genau wie bei den Transparenz- und Kommunikationsinstrumenten bleibt auch der Einsatz von Apps von der Forschung zum internationalen Verwaltungsrecht weitgehend unbehandelt. Dabei besteht im internationalen Verwaltungsrecht ein besonderes Bedürfnis nach solchen Anwendungen, denn die Erfüllung grenzüberschreitender Verwaltungsaufgaben bedeutet, dass sich der physische Kontakt zwischen den beteiligten Personen verflüchtigt und auf punktuelle Momente reduziert. Nach der herkömmlichen Vorstellung ist die Informations-, Kommunikations- und Organisationssituation hingegen eine im Kern stationäre, was sich in der tech-

[376] Zum öffentlichen Vielfaltsrecht *Berger*, VerwArch 108 (2017), S. 71 ff.

[377] *Thym*, VVDStRL 76 (2016), S. 169 ff.

[378] Zum Begriff *Kluth*, DVBl 2016, S. 1081; *Burgi*, DVBl 2016, S. 1015 ff.

[379] Für den maritimen Bereich *Horck*, in: 1st International Ship-Port-Interface Conference, S. 1, 12.

[380] Insb. *Adler*, International Dimensions of Organizational Behavior; zu den verschiedenen Konzepten *Sepehri*, Diversity und Managing Diversity in internationalen Organisationen, S. 93 ff.

nischen Infrastruktur der Verwaltung widerspiegelt (1.). Ist diese wegen des veränderten Aufgabenprofils für eine internationale Verwaltung ungenügend, muss sie adaptiert, d.h. auf mobil umgepolt werden. Das technische Hilfsmittel bilden Verwaltungsapps (2.).

1. Das Büro als Signum administrativer Verortung

Nach dem Bürokratiemodell ist das Verwaltungshandeln auf das Büro ausgerichtet, das sich aus Akten[381] und kontinuierlichem Amtsbetrieb zusammensetzt[382]. An diesem Zentrum administrativer Arbeit wirken die Beamten vom Schreibtisch aus[383]. Der Bürger muss sich mit seinem Anliegen während der Dienststunden auf dem jeweiligen Amt einfinden; im Übrigen erfolgt die Kommunikation per Post. Die Einführung technischer Verkehrsmittel wie erst Schreibmaschine, dann PC sowie Telefon und Fax änderte an dieser administrativen Verortung nichts, vielmehr wurden sie zu Bestandteilen der bürokratischen Verwaltung[384]. Erscheinungsformen wie die Hoheitsverwaltung, die auch Kontrolltätigkeiten vor Ort verlangt, geraten bei dieser auf das Büro fixierten Annahme aus dem Blickfeld.

Im deutschen Recht rückt das Dritte Verwaltungsverfahrensänderungsgesetz, das die rechtliche Grundlage für ein elektronisches Verwaltungsverfahren einführte, von diesem Leitbild zwar ab. Denn der elektronische Erlass eines Verwaltungsakts (§ 37 II 1 VwVfG) und die Übermittlung elektronischer Dokumente (§ 3a VwVfG) ermöglichen ein Stück weit eine Erledigung von Verwaltungsvorgängen über das Internet. Der Bürger erhält die Möglichkeit, sein Anliegen per E-Mail an die Verwaltung heranzutragen sowie Verwaltungsleistungen in Anspruch zu nehmen und auch umgekehrt kann die Verwaltung auf die Versendung von Schriftstücken auf dem Postweg verzichten. Zudem erleichtern E-Government-Gesetze die elektronische Kommunikation mit der Verwaltung dadurch, dass diese verpflichtet wird, einen elektronischen Zugang zu eröffnen (etwa § 2 EGovG des Bundes). Der nächste Schritt geht dahin, den Gedanken der Leistungen aus einer Hand zu stärken, indem die gesetzlichen Grundlagen für einen nationalen Portalverbund (§ 1 II OZG) und in der EU für ein einheitliches digitales Zugangstor geschaffen wurden[385]. Dahinter steht aber immer noch die Vorstellung einer stationären Verwaltungssituation – der Verwaltungsmitarbeiter ist im Büro, der Bürger zu Hause –, die nur über den Einsatz elektronischer Medien vereinfacht wird.

---

[381] *Vismann*, Akten.
[382] *M. Weber*, Wirtschaft und Gesellschaft, S. 126ff., 552.
[383] Zu diesem zentralen Interieur *Bernasconi/Nellen*, in: dies., Das Büro, S. 9, 16ff.
[384] *Franz*, Mobile Kommunikation, S. 15; *Vismann*, Akten, S. 267ff.
[385] VO 2018/1724, ABl. 2018 L 295, S. 1.

2. *Mobile Government als Leitbild*

Die Entwicklung der IuK-Technologien stellt die erforderlichen technischen Innovationen für diese „mobilisierte Verwaltung“[386] bereit. Während E-Government[387] den Einsatz elektronischer Medien mit dem Ziel der Verbesserung von Verwaltung beschreibt[388], bildet M-Government sein Teilsegment[389], seine Erweiterung[390] bzw. die nächste Generation von E-Government[391]. M-Government zeichnet sich durch die Anforderung aus, auch im Kontext der öffentlichen Verwaltung räumlich unabhängig und jederzeit erreichbar kommunizieren zu können[392]. Dabei geht es nicht nur darum, einen vorhandenen Bestand zu „elektronifizieren“, sondern es gilt, neue administrative Handlungsoptionen zu erschließen[393].

Technisch ermöglicht wird dies über den mobilen Zugang zum Internet[394]. M-Government erschöpft sich daher nicht nur im Einsatz überkommener Handgeräte wie Foto- oder Videokameras, bei denen die Daten zunächst starr innerhalb des Speichers des Geräts verbleiben. Im Vordergrund stehen vielmehr Anwendungsprogramme, die auf mobilen Endgeräten installiert werden können (Apps)[395] und damit ermöglichen, diverse Verwaltungsangelegenheiten über den Einsatz insbesondere von Smartphones, Tablets oder Laptops abzuwickeln. Apps gehen damit über die oben angesprochene Online-Kommunikation hinaus[396]. Ihre Idee ist, dass jeder mit jedem an jedem beliebigen Ort kommunizieren, Daten übermitteln sowie empfangen und Verwaltungsprozesse anstoßen kann[397].

Nach der Beziehungsdimension kann man grundlegend zwischen zwei Arten von M-Government unterscheiden[398]: Apps, die der Interaktion zwischen Verwaltung

[386] *Roßnagel/Knopp*, DÖV 2006, S. 982.

[387] *Guckelberger*, VVDStRL 78 (2019), S. 235, 238 ff.; monographisch *Eifert*, Electronic Government.

[388] Zu dieser Beschreibungsformel *Eifert*, Electronic Government, S. 21.

[389] *Guckelberger*, Öffentliche Verwaltung im Zeitalter der Digitalisierung, S. 60 ff.; *Winkel*, VM 2015, S. 145; auch Bundesregierung, Digitale Verwaltung 2020, S. 61 sowie COM (2010) 743 fin., 15.12.2010, S. 5.

[390] *Dziamski*, in: Hill/Martini/Wagner, Die digitale Lebenswelt gestalten, S. 233, 235.

[391] *Groß*, VerwArch 95 (2004), S. 400, 402; ähnlich („Fortentwicklung“) *Winkel*, VM 2015, S. 145, 151.

[392] *Daum*, in: Reichard, Das Reformkonzept E-Government, S. 140, 143, der die Lokalisierbarkeit als weiteren Unterschied zu E-Government nennt.

[393] *Reinermann/Franz*, Mobile Kommunikation in öffentlichen Verwaltungen, S. 15 f.; allgemein zum Änderungspotential des Internets für die öffentliche Verwaltung *Groß*, DÖV 2001, S. 159 ff.

[394] Zur Unterscheidung zwischen der „alten und der neuen mobilen Welt“ ISPRAT, Mobiles Regieren und Verwalten in einer mobilen Welt, S. 3.

[395] Auf weitere Umsetzungsmöglichkeiten wie die Nutzung des sog. Responsive Design hinweisend ISPRAT, Mobiles Regieren und Verwalten in einer mobilen Welt, S. 11; weitere Beispiele auch bei *Snellen*, VM 2010, S. 106, 107 ff.

[396] *Schwarz*, in: Seckelmann, Digitalisierte Verwaltung. Vernetztes E-Government, S. 565, 567.

[397] DStGB, Mobile Kommunikation, S. 2.

[398] ISPRAT, Mobiles Regieren und Verwalten in einer mobilen Welt, S. 2; differenzierter OECD, M-Government, S. 25 ff.

und Außenwelt dienen, und solchen der internen Arbeitsorganisation. Da im Seeverwaltungsrecht beide Seiten mobil sind, zielen die maritimen Verwaltungsapps in beide Richtungen.

a) GovApps

Unter Government-Apps (GovApps) versteht man das Anbieten mobiler Bürgerdienstleistungen auf verschiedenen Interaktionsstufen[399]. Die Idee dahinter ist, dass das Rathaus elektronisch auf dem Smartphone oder einem anderen mobilen Endgerät des Bürgers mitgeführt wird[400]. Im Seeverwaltungsrecht geht es um mehr als die Transparenz der öffentlichen Sphäre; vielmehr ermöglichen es Apps dem Seefahrer, trotz seiner weltweiten Mobilität in Kontakt mit der Verwaltung zu kommen und deren Unterstützung in Anspruch zu nehmen[401].

In diesem Sinne werden Seeleuten diverse kostenlose und – wegen des immer noch prekären Internetzugangs an Bord – auch offline nutzbare Apps angeboten, die sie in die Lage versetzen, rund um die Uhr sowie weltweit und damit auch in ihnen unbekannten Gebieten schnell Hilfe zu finden und auf Probleme aufmerksam zu machen. So erleichtert ihnen die ITF Seafarers-App „Find an Inspector" der Internationalen Transportarbeiter-Föderation (ITF) Kontakt mit dem nächsten ITF-Inspektor sowie der nächsten mit der ITF verbundenen Gewerkschaft aufzunehmen. Das Pendant des Wohltätigkeitszweigs der ITF, dem ITF Seafarers' Trust, bildet die „Shore Leave"-App, die der Ermittlung der nächstgelegenen Seeleutezentren und Seefahrermissionen im Hafen dient.

Eine weitere Funktion solcher Apps besteht darin, dass administrative Leistungen standortunabhängig erbracht werden können[402]. So können Seeleute Informationen empfangen, die sie benötigen, um ihre Rechte zu wahren. Die ITF-App „Look up a ship" teilt den Seeleuten die Basisinformationen eines Schiffs mit, v. a. ob für das Schiff ein ITF-Agreement besteht, um ihnen eine bessere Entscheidung über das Eingehen eines Heuerverhältnisses zu ermöglichen. Die „Wellbeing"-App der ITF hält Informationen zu verschiedenen Krankheiten und ihrer Behandlung bereit. Die „Wellness at Sea"-App der Sailors' Society geht auch die mit dem entbehrungsreichen Leben auf See einhergehenden mentalen Probleme wie Übermüdung oder Einsamkeit an; gleichzeitig erleichtert diese App die Kontaktaufnahme mit maritimen Wohlfahrtsorganisationen. Die SRI-App der Organisation Seafarers'

---

[399] *Schwarz*, in: Seckelmann, Digitalisierte Verwaltung, S. 565 ff.; zur Gestaltung dieser „Bürgerapps" *Dziamski*, in: Hill/Martini/Wagner, Die digitale Lebenswelt gestalten, S. 233, 236 ff. Nach *Winkel*, VM 2015, S. 145, 148, werden GovApps bislang in erster Linie zu Informationszwecken eingesetzt. Eine weitergehende Differenzierung findet sich bei *Wirtz/Schmitt*, VM 24 (2018), S. 33, 34 f.

[400] *Frischmuth/Karrlein*, in: Blaschke/Karrlein/Zypries, E-Public, S. 9, 15.

[401] Allgemein zum Nuzen für administrativ unversorgte Personen *Raja/Melhem/Cruse/Goldstein/Maher/Minges/Surya*, in: Weltbank, Maximizing Mobile, S. 87 f.

[402] *Schuppan*, in: Hatzelhoffer/Lobeck/Müller/Wiegandt, E-Government und Stadtentwicklung, S. 25, 34.

Rights International (SRI) informiert die Seeleute zum einen über ihre Rechte, zum anderen dient sie der Suche eines vertrauenswürdigen Anwalts.

b) Apps für die Verwaltung

Mobiltechnik kann die Arbeitsfähigkeit von mobilen Verwaltungsmitarbeitern verbessern[403]. Dieses Potential ist gerade im Seeverwaltungsrecht zentral, denn Schiffsbesichtigungen im Hafen finden nicht nur außerhalb der Bürosituation statt, sondern zugleich unter Zeitdruck. Apps tragen zur besseren Erreichbarkeit der Außendienstmitarbeiter bei und können solche Tätigkeiten erleichtern und beschleunigen, insbesondere indem die Mitarbeiter alle notwendigen Sach- und Rechtsinformationen auch vor Ort zur Verfügung haben und Informationen, die sie im Außendienst erheben, umgehend in interne Datensysteme eingeben können. Ihre Grundfunktion besteht somit darin, Mitarbeiter im Außendienst so zu stellen, als befänden sie sich im Büro[404]. Das Seeverwaltungsrecht zeigt, dass sie des Weiteren über Funktionen verfügen, derer es speziell beim Einsatz an Ort und Stelle bedarf.

Für die verschiedenen Phasen der Schiffsbesichtigung stehen verschiedene Apps bereit: Ein erstes Problem bildet das Auffinden des Schiffs einschließlich potentieller Verstöße. Dem dienen Transparenzinstrumente[405], die auch in digitaler Form zur Verfügung stehen. So hat EMSA die App „IMS" (Integrated Maritime Services) entwickelt, die den Verwaltungen der Mitgliedstaaten sowie EU-Instanzen ein umfassendes maritimes Bild in Echtzeit auf das Smartphone liefert. Zur Verfügung stehen Informationen wie ein Live-Bild des Schiffsverkehrs und Seekarten; zudem können Schiffe in der Nähe des Nutzers gesucht, Schiffe von Interesse als Favoriten gespeichert sowie Schiffsdetails wie die Flagge eingesehen werden. Eine Alarmfunktion benachrichtigt den Nutzer automatisch über Ölverschmutzungen (CleanSeaNet Detections) sowie auffälliges Verhalten im Seeverkehr, etwa ein Abweichen von der Route (Automated Behaviour Monitoring, ABM-Alert). Die App „Ship Visitor" der International Christian Maritime Association (ICMA) dient der Lokalisierung und Identifizierung des Schiffs im Hafen, umfasst daneben aber auch Funktionen für weitere Phasen der Schiffsbesichtigung. Neben der Besuchsplanung an Bord erleichtert sie die Echtzeit-Berichterstattung über Schiffsbesuche und geleistete Hilfe. Damit kann die Unterstützung optimal auf die Bedarfslage an Bord zugeschnitten werden. Zudem können die Seelsorger ihre Hilfsangebote in den verschiedenen Häfen besser koordinieren. Auch für die Maßstabsfindung bei Schiffskontrollen ist eine App-Version durch EMSA geplant[406].

---

[403] *Snellen/Thaens*, in: dies., Public Administration in the Information Age, S. 1, 7; *Brüggemeier*, VM 2010, S. 93, 98; zu M-Policing *Houy/Gutermuth/Dadashnia/Loos*, in: Klenk/Nullmeier/Wewer, Handbuch Digitalisierung in Staat und Verwaltung, S. 517, 520.

[404] *Reinermann/Franz*, Mobile Kommunikation in öffentlichen Verwaltungen, S. 19.

[405] Siehe oben 4. Kapitel, III.

[406] Zur geplanten App-Version des Navigationsinstruments RuleCheck (siehe unten 5. Kapitel, VII.) *Charalambous*, RuleCheck, S. 23.

3. Fazit: Mehr als eine Modeerscheinung

Verwaltungsapps gehören danach zur technischen Infrastruktur der internationalen Verwaltung, die sie sowohl in der Interaktion mit dem Einzelnen und Unternehmen nutzt als auch im Verwaltungsinnenbereich. Das Seeverwaltungsrecht verdeutlicht ihre Relevanz für mobiles Verwalten im Allgemeinen:

M-Government wird oftmals mit Skepsis begegnet. Kritiker befürchten gerade in nativen Apps ein noch größeres Sicherheits- und Datenschutzrisiko als im überkommenen E-Government[407]. Weitergehend sind Bedenken struktureller Art. Einige sehen in dieser Entwicklung hin zu einer „Speed Administration" die Problemlösungskompetenz der Verwaltung in Gefahr, da diese schneller, aber auch „schlampiger" arbeite[408]. M-Government bedeute zudem einen Kontrollverlust über die Verwaltungsmitarbeiter[409]. Die damit einhergehende Tendenz zur Individualisierung und zur Überrumpelung des Bürgers zu Hause wird unter Gleichheits- und Persönlichkeitsgesichtspunkten bemängelt[410]. Die Berechtigung wird grundlegend angezweifelt, wenn M-Government als eine „Vermarktungsstrategie" bezeichnet wird[411]. Die Analyse im Abschnitt über Verwaltungsapps hat gezeigt, dass diese die administrative Problemlösungsfähigkeit im Gegenteil erhöhen können. Der Mehrwert von M-Government lässt sich daher darin sehen, dass das Konzept auf die Notwendigkeit aufmerksam macht, mobile Datendienste für Verwaltungszwecke zu erschließen[412]. Anstatt M-Government unreflektiert als neue Entwicklungsstufe zu interpretieren – im Sinne einer Transition „vom E-Government zum M-Government"[413] –, gilt es daher, sinnvolle Anwendungsfelder auszuloten[414]. Jenseits der internationalen Verwaltung können diese darin liegen, das Front Office vor Ort zu unterstützen; man denke an M-Policing-Mechanismen, oder das Bedürfnis nach einer Dynamisierung der Kommunikation mit Bürger und Wirtschaft zu befriedigen, dem etwa kommunale Mängelmelder-Apps dienen[415]. Verwaltungsapps sind demnach mehr als eine Modeerscheinung.

---

[407] V. a. wegen der Möglichkeit, Persönlichkeits- und Bewegungsprofile zu erstellen, des Verlustrisikos mobiler Endgeräte sowie des potentiellen Einsatzes privater Geräte durch Verwaltungsmitarbeiter (Stichwort Bring-Your-Own-Device), *Göpfert/Wilke*, NZA 2012, S. 765 ff.; zu M-Government *Roßnagel/Knopp*, DÖV 2006, S. 982, 985 ff.; *Winkel*, VM 2015, S. 145, 151; *Schwarz*, in: Seckelmann, Digitalisierte Verwaltung, S. 565, 571 ff.; zu Fragen des Urheber- und Wettbewerbsrechts in Hinblick auf GovApps *Hofmann*, MMR 2013, S. 631, 632 ff.

[408] *Vetter*, VBlBW 2018, S. 312 f.

[409] Ein erhöhtes Korruptionsrisiko sehend *Knopp*, in: Kushchu/Kuscu, Proceedings of EURO mGOV 2005, S. 275, 281.

[410] *Knopp*, in: Kushchu/Kuscu, Proceedings of EURO mGOV 2005, S. 275, 282.

[411] Skeptisch zum Leitbildcharakter von M-Government noch *Britz*, in: GVwR II, 2. Aufl. § 26 Rn. 1 mit Fn. 2.

[412] *Roßnagel/Knopp*, DÖV 2006, S. 982.

[413] *Snellen*, VM 2000, S. 106; *Krebs*, in: Horváth/Michel, Digital Controlling & Simple Finance, S. 143, 145.

[414] ISPRAT, Mobiles Regieren und Verwalten in einer mobilen Welt, S. 19.

[415] Zu diesen *Hoffmann*, MMR 2013, S. 631.

Die bislang behandelten Handlungsinstrumente unterstützen im Schwerpunkt die maritime Ordnungsverwaltung. Im Folgenden werden die Mechanismen der maritimen Planungs- und Wissensverwaltung vorgestellt. Während ihre Instrumente bislang völkerrechtlich erklärt wurden, wird die Untersuchung in den nächsten zwei Abschnitten ihre administrative Dimension verdeutlichen.

VI. Internationale Pläne

1. Diffuse grenzüberschreitende Interessenkonflikte als Herausforderung

Staatliche Planung dient der Operationalisierung von Zielvorstellungen, sie koordiniert verschiedene Einzelmaßnahmen und speist ihren Rationalitätsanspruch aus der Kombination analytischer, prognostischer und kalkulatorischer Elemente[416]. Diese Wirkungsmöglichkeiten finden sich im Bereich jenseits des Staats wieder; sie führen zu zwei Einsatzbereichen überstaatlicher Planung[417]:

- *Internationale Planungspflicht*: Zunächst können internationale Regelwerke staatliche Planungspflichten statuieren. Die Planung stellt in dieser Konstellation einen Zwischenschritt dar, der als notwendig erachtet wird, um die Erreichung überstaatlicher Zielvorgaben auf nationaler Ebene zu gewährleisten, da diese keinem unmittelbaren Vollzug zugänglich sind[418]. Die Pandemieplanung[419] bildet ein Beispiel.
- *Grenzüberschreitende Planung:* In der zweiten Konstellation stellt der Plan ein Instrument dar, um Anliegen und Vorhaben mit einer grenzüberschreitenden Bedeutung zu verwirklichen, denn bei transnationalen Interessenrelationen erfordert Planung eine Kooperation der verschiedenen Verwaltungsakteure[420]. Die maritime Planung bildet in erster Linie einen Anwendungsfall der grenzüberschreitenden Planung, da die Zunahme sowie die neue Qualität des Schiffsverkehrs örtliche Nutzungs- und Schutzkonflikte hervorrufen (2.).

Während in der ortsgebundenen Planung grenzüberschreitende Aspekte durch eine horizontale Kooperation der jeweiligen Verwaltungen der konkret betroffenen Hoheitsräume eingefangen werden können[421], ist dies in der Seeverwaltung nicht

---

[416] *Schmidt-Aßmann*, DÖV 1974, S. 541 f.; *Hoppe*, DVBl 1974, S. 641, 644.

[417] Für das Unionsrecht *Gärditz*, Europäisches Planungsrecht, S. 19 ff., 40 ff.; aus völkerrechtlicher Sicht *Snjka*, Internationales Planungsrecht.

[418] Für die europäische Planung *Gärditz*, Europäisches Planungsrecht, S. 45.

[419] Siehe Anlage I A. VI. g) IGV 2005; eingehend *Klafki*, Risiko und Recht, S. 228 ff.; zur Historie *Haas*, in: Kloepfer, Pandemien als Herausforderung für die Rechtsordnung, S. 45 ff.; zu den Funktionen des Pandemieplans *Knufmann-Happe*, in: ebenda, S. 21, 22 f.

[420] Im Unionsrecht liegen daher Schlüsselkompetenzen der Union im Bereich der Transeuropäischen Netze, Art. 170 ff. AEUV. Zum Zusammenspiel von Mitgliedstaaten und Union bei der Planung transeuropäischer Netze *Durner*, Konflikte räumlicher Planungen, S. 518 ff.

[421] Zur grenzüberschreitenden Bauleitplanung *Kment*, Grenzüberschreitendes Verwaltungs-

möglich, da der international mobile Verwaltungsgegenstand bedingt, dass sich die betroffenen ausländischen Interessen nicht eindeutig bestimmen lassen. Die Antwort des Seeverwaltungsrechts auf solche diffusen grenzüberschreitenden Interessenkonflikte besteht in einer vertikalen Kooperation dergestalt, dass planerische Aufgaben lokal initiiert werden, aber unter der Ägide der Internationalen Seeschifffahrts-Organisation (IMO) internationalisiert sind (3.).

2. *Beispiele maritimer Planung*

Unter dem Schirm der IMO wurden Instrumente der maritimen Planung entwickelt, die es erlauben, spezielle Anforderungen an die Seeschifffahrt in bestimmten Meeresgebieten vorzuschreiben. Unter maritimer Planung wird hier in Abgrenzung zur marinen Planung, die standortgebundene Fragen des Schutzes mariner Lebensräume an sich oder der Regulierung von Infrastrukturen auf See anspricht[422], die planerische Bewältigung der durch die Seeschifffahrt hervorgerufenen Konfliktlagen verstanden. Die drei wichtigsten sind die Schiffswegeführung (a), das MARPOL-Sondergebiet (b) sowie das besonders empfindliche Meeresgebiet (c).

a) Schiffswegeführung

Die Schiffswegeführung (Ship's Routeing) ist eine Reaktion auf die steigenden Schiffstiefgänge sowie die zunehmende Dichte des Seeverkehrs. Sie umfasst inzwischen drei Anwendungsgebiete[423]. Das Risiko von Kollisionen und Strandungen sollen Methoden[424] verringern wie Verkehrstrennungsgebiete mit zwei Fahrrinnen mit entgegengesetztem Verkehr, an denen sich die Schiffe jeweils steuerbords halten müssen (Traffic Separating Scheme), oder wie die mit Grünstreifen zwischen Richtungsfahrbahnen einer Autobahn vergleichbaren Trennzonen (Separation Zone). Spezifisch dem Umweltschutz dient namentlich die Ausweisung seitens der Seeschifffahrt zu meidender Gebiete (Area to be Avoided), die Schiffe im Sinne einer Sperrzone von Gebieten fernhalten sollen, in denen ein Unfall besonders verheerende Auswirkungen hätte[425].

Seit einer Revision im Jahr 1995 sieht das Internationale Übereinkommen zum Schutz des menschlichen Lebens auf See (SOLAS) vor, dass die IMO in die Annahme[426] aller rechtlich unverbindlichen und rechtlich verbindlichen Schiffswege-

handeln, S. 534 ff.; *Spiegels*, Grenzüberschreitende Regionalplanung; *Roer*, Grenzüberschreitende Bauleitplanung.

422 Dazu *Schubert*, Maritimes Infrastrukturrecht. Grenzüberschreitende Aspekte von Marine Spatial Planning betreffen die Abstimmung von Nachbarstaaten, in der EU wird auf eine regional integrierte Meeresraumplanung hingewirkt, *Hassan/Kuokkanen/Soininen*, Transboundary Marine Spatial Planning and International Law.

423 *Schult*, Das völkerrechtliche Schiffssicherheitsregime, S. 57.

424 Die IMO nennt acht Methoden, Ziffer 2.1.1 Resolution A.572 (14), 20.11.1985.

425 *Wilkens*, Rechtsregeln zur Vermeidung von Tankerunfällen, S. 53.

426 Die Annahme der IMO ist nur für Schiffswegeführungssysteme, die nicht ausschließlich

führungssysteme involviert ist (Kapitel V Regel 10 I 2, II); diese von der IMO angenommenen Schiffswegeführungssysteme kennen keine geographische Begrenzung[427]. Daran anknüpfend verpflichtet das deutsche Recht in § 8 I 1 Verordnung über die Sicherheit der Seefahrt den „Schiffsführer oder sonst für die Sicherheit Verantwortliche[n] [...] die Vorschriften für von der Internationalen Seeschiffahrts-Organisation (IMO) angenommene Systeme der Schiffswegeführung, die für die Art oder Ladung seines Schiffes als verbindlich vorgeschrieben sind, anzuwenden". Die Anforderungen an die Planung von SR sind von der IMO in ihren General Provisions on Ships' Routeting (GPSR) niedergelegt[428]. Neben formellen Designkriterien (Annex 1, Ziffer 6) benennen die GPSR die materiellen Voraussetzungen, die an die Planung eines Schiffswegeführungssystems zu stellen sind[429]. Die Einleitung obliegt den Regierungen der Küstenstaaten, die der IMO alle erforderlichen Informationen, insbesondere zur Begründung der Erforderlichkeit von Areas to be Avoided, zur Verfügung stellen müssen[430]. Das Sub-Committee on Navigation, Communication and Search and Rescue evaluiert den Vorschlag[431] und leitet ihn dann an das Maritime Safety Committee (MSC) weiter, das über den Antrag entscheidet[432]. Eine Öffentlichkeits- und Behördenbeteiligung erfolgt auf nationaler Ebene im Vorfeld durch jeden antragstellenden Staat nach IMO-Vorgaben[433].

b) MARPOL-Sondergebiete

Seit 1983 erlaubt das Internationale Übereinkommen zur Verhütung der Meeresverschmutzung durch Schiffe (MARPOL)[434], Sondergebiete (Special Areas) ohne zonale Begrenzung zu bestimmen, in denen ein höheres Schutzniveau als in anderen

---

innerhalb des Küstenmeers oder in den inneren Gewässern liegen, nötig; nach dem SRÜ darf ein Küstenstaat im Übrigen auch einseitig verbindliche Schiffswegeführungssysteme annehmen (Art. 21 I a) und f), Art. 22 I), wenn er die Empfehlungen der IMO berücksichtigt (Art. 22 III a)). Eine Vorlage an die IMO sichert aber auch in diesem Fall die Angemessenheit von SR nach Maßgabe des Art. 24 I SRÜ ab, der Küstenstaaten verbietet, die friedliche Durchfahrt fremder Schiffe zu behindern, *Schult*, Das völkerrechtliche Schiffssicherheitsregime, S. 185.

[427] *Ringbom*, The EU Maritime Safety Policy and International Law, S. 441 f.

[428] IMO, Resolution A.572 (14), 20.11.1985.

[429] Annex 1, Ziffern 5.1–5.3 GPSR: etwa die deutliche Verbesserung der Navigationssicherheit, die Unterlassung unbilliger Beschränkungen von Rechten und rechtmäßigen Betriebsformen der Schifffahrt und die Beachtung von Planungsfaktoren, wie Umweltfaktoren, Verkehrsverhältnisse und bereits eingeführte Schiffswegeführungssysteme.

[430] Kapitel V Regel 10 II, III, V SOLAS, Annex I, Ziffer 3.8 und 5.6 GPSR.

[431] Guidance Note on the Preparation of Proposals on Ships' Routeing Systems and Ship Reporting Systems for Submission to the Sub-Committee on Safety of Navigation, MSC/Circ. 1060, 06.01.2003, Annex 1.1.

[432] Annex 1, Ziffer 3.8 GPSR.

[433] Diese umfasst nach Annex I Ziffer 5.7 GPSR die frühzeitige und fortlaufende Konsultation mit Schiffsführern, den für Navigationsunterstützung, Hydrographie und Seeveröffentlichungen zuständigen Behörden, Hafenbehörden und, falls angebracht, mit Organisationen betreffend Fischerei, Offshore-Aktivitäten und Umweltschutz.

[434] Das SRÜ kennt nur punktuelle Möglichkeiten des flächenbezogenen Meeresumweltschutzes in Hinblick auf die Belastungen durch die Seeschifffahrt, etwa Art. 211 VI SRÜ und Art. 234 SRÜ.

Seegebieten gilt. Sein Annex VI kennt zudem Emissionskontrollgebiete (Emission Control Areas, ECAs), insbesondere mit Schwefelgrenzwerten (SECAs) und Stickoxidgrenzwerten (NECAs). Die Einrichtung von Special Areas erfolgt auf Vorschlag von Vertragsstaaten[435] im Rahmen der IMO durch Änderung der entsprechenden Annexe des Übereinkommens. Bedingungen und Verfahren enthält die Special Area-Richtlinie der IMO[436] sowie für ECAs Appendix III Annex VI MARPOL. Materielle Voraussetzung ist der Nachweis der besonderen Schutzbedürftigkeit des Gebiets (Annex VI Appendix III Ziffer 1.2 MARPOL) bzw. die Ausweisung muss aufgrund ozeanographischer Bedingungen, des ökologischen Zustands und der besonderen Natur des Verkehrs erforderlich sein (Ziffer 2.1, S. 2 Special Area-Richtlinie). Für die Ausweisung von SECAs muss zudem ein günstiges Kosten-Nutzen-Verhältnis vorliegen und es müssen bereits an Land entsprechende Kontrollmaßnahmen ergriffen oder geplant worden sein[437]. Diese Informationen sind von den Antragstellern zu liefern[438]. Die Ausweisung als Special Area ermöglicht die Verabschiedung strengerer Einleitungsbestimmungen bzw. in ECAs von CDEM-Standards wie die Verwendung eines bestimmten Schiffsbenzins oder entsprechende Reinigungs- und Filteranlagen.

c) *Besonders empfindliche Meeresgebiete*

Das besonders empfindliche Meeresgebiet (Particularly Sensitive Sea Area, PSSA)[439] ist ein von der IMO entwickeltes Schutzkonzept[440], das seine Grundlage in ihrer PSSA-Richtlinie findet[441]. Diese definiert ein PSSA als ein Gebiet, das wegen seiner Bedeutung aus anerkannten ökologischen, sozialökonomischen oder wissenschaftlichen Gründen eines speziellen Schutzes durch eine Maßnahme der IMO bedarf und das in besonderem Maße Schäden durch die Schifffahrt ausgesetzt ist (Ziffer 1.2). Das erste PSSA war das Great Barrier Reef[442], ein Beispiel aus dem europäischen Raum bildet das Wattenmeer[443].

---

[435] Der Adressat lässt sich nur indirekt aus der Präambel (Nr. 2) sowie der Einleitung (Ziffer 1) der Special Area-Richtlinie sowie aus Art. 16 II a) und IV a) MARPOL ableiten, *Wacht*, Mariner Umweltschutz, S. 267.

[436] IMO, Resolution A.1087 (28), 04.12.2013, Guidelines for the Designation of Special Areas under MARPOL.

[437] Annex VI Appendix III Ziffer 3.3 MARPOL und Annex VI Appendix III Ziffer 2.2 Nr. 6 MARPOL.

[438] Zur Schutzbedürftigkeit Ziffern 3.2 und 3.3 Special Area-Richtlinie; bei ECAs müssen die Quellen der Information und die angewandten Methoden offengelegt werden (Annex VI, Appendix III Ziffer 2.2 Nr. 3 MARPOL). Bei ECAs müssen auch die Maßnahmen, um landseitige Emissionen zu kontrollieren (Annex VI Appendix III Ziffer 2.2 Nr. 6 MARPOL), sowie die Dichte des Schiffsverkehrs aufgeführt werden (Nr. 5).

[439] Monographisch *Kachel*, Particularly Sensitive Sea Areas.

[440] 1978 im Rahmen der Internationalen Konferenz für Tankersicherheit und Verschmutzungsprävention, siehe dazu *Peet*, International Journal of Marine and Coastal Law 9 (1994), S. 469 ff.

[441] IMO, Resolution A.982 (24), 01.12.2005, Revised Guidelines for the Identification and Designation of Particularly Sensitive Sea Areas.

[442] Resolution MEPC.44 (30), 16.11.1990.

[443] Resolution MEPC.101 (48), 11.10.2002.

Ein PSSA wird durch das Meeresumweltschutzkomitee (MEPC) (Ziffer 3.2, Ziffer 8.3) der IMO „identifiziert" (Ziffer 1.2). Die IMO benennt als materielle Voraussetzungen für die Identifizierung Schutzziele und Schutzkriterien (Ziffer 4.4, Ziffer 5) ökologischer, sozialer, kultureller und wirtschaftlicher sowie wissenschaftlicher und sogar edukativer Art. Wie MARPOL-Sondergebiete sind auch PSSAs nicht zonal begrenzt (Ziffer 4.3). Mit der PSSA-Identifizierung können, müssen aber nicht[444], verbindliche Schutzmaßnahmen verbunden werden. Im Unterschied zu MARPOL-Sondergebieten steht bei PSSAs eine breite Palette von Schutzmaßnahmen zur Verfügung, d.h. nicht nur solche, über die die IMO aufgrund völkerrechtlicher Verträge verfügt, sondern auch solche, die sie aufgrund ihrer allgemeinen Zuständigkeit entwickeln könnte.

In formeller Hinsicht erfolgt die Identifizierung auf Vorschlag der Regierung eines oder mehrerer[445] Vertragsstaaten der IMO (Ziffer 3.1). Der Antrag umfasst die zwei Teile Schutzbedarf und Schutzkonzept (Ziffer 7.1, 7.2). Die Antragserfordernisse sehen insbesondere vor, dass der antragstellende Staat die vorgeschlagenen Schutzmaßnahmen dahingehend rechtlich qualifiziert, ob es sich um bestehende Schutzinstrumente, um ein innerhalb der IMO-Zuständigkeit neu zu schaffendes Instrument oder um eine Maßnahme handeln soll, die nach Art. 211 VI SRÜ erlassen werden soll. Der MEPC prüft den Vorschlag auf der Grundlage einer Einzelfallprüfung, in die neben der Eignung der vorgeschlagenen Schutzmaßnahme auch die Auswirkungen auf die Seeschifffahrt einzubeziehen sind (Ziffer 8.1, 8.2)[446]. Fällt bezüglich des Vorschlags eine positive Entscheidung des MEPCs, so schreibt die PSSA-Richtlinie die Schaffung eines Forums vor, das den Vertragsstaaten, die Schifffahrt im angenommenen PSSA betreiben, wie auch dem Antragsteller die Gelegenheit gibt, Bedenken zu äußern (Ziffer 8.4). Daneben hat die IMO die schnellstmögliche Umsetzung ihres Beschlusses in Übereinstimmung mit den völkerrechtlichen Vorschriften sicherzustellen (Ziffer 8.5).

3. *Grundstrukturen maritimer Planung*

a) Maritime Planung als Fachplanung

Die drei Beispiele werden gewöhnlich als völkerrechtliche Instrumente behandelt[447]. Für ihren mehr politischen als administrativen Charakter scheint zu sprechen, dass

---

[444] Schutzmaßnahmen sind kein Automatismus; für das Wattenmeer etwa wurden keine Schutzmaßnahmen getroffen, kritisch Sachverständigenrat für Umweltfragen, BT-Drs. 15/2626, S. 28f.

[445] Voraussetzung ist ein gemeinsames Interesse an einem bestimmten Meeresgebiet („common interest in a particular area"). So haben 2001 Deutschland, Dänemark und die Niederlande die Ausweisung des Wattenmeers als PSSA beantragt. Streitig ist, ob bei einem PSSA auf Hoher See ein Antrag aller oder einer Mehrheit von Vertragsstaaten vorliegen muss, da am Schutz der Hohen See ein gemeinsames Interesse besteht, oder ob ein Antrag eines einzelnen Staats genügt, *Roberts/Chircop/Prior*, International Journal of Marine and Coastal Law 25 (2010), S. 483, 505ff., 507; für eine Kooperationsvereinbarung in dieser Konstellation *Kachel*, Particularly Sensitive Areas, S. 281.

[446] Ebenso *Wacht*, Mariner Umweltschutz, S. 270.

[447] Etwa *Lagoni*, NuR 2002, S. 121, 125ff.

sie regelmäßig durch ein Zusammenwirken von Staaten zu Stande kommen. MARPOL-Sondergebiete werden sogar durch die Änderung völkerrechtlicher Verträge festgelegt. Das Abstellen auf formelle Kriterien wie die Planungsebene und die Rechtsform erweist sich aber bereits innerstaatlich als wenig zielführend, um die politische von der Verwaltungsplanung abzugrenzen[448]. Gerade im internationalen Verwaltungsrecht, in dem sich Völkerrecht und nationales Verwaltungsrecht begegnen, ist eine funktionelle Betrachtung zugrunde zu legen und für die rechtsdogmatische Einordnung danach zu fragen, ob die beobachteten Phänomene ihrem Inhalt nach Anwendungsfälle der administrativen Planung bilden[449]. Ein Vergleich mit Formen der Planung der terrestrischen Verwaltung (aa) sowie eine Heranziehung typbestimmender Merkmale der Verwaltungsplanung (bb) sollen illustrieren, dass die maritime Planung einen Anwendungsfall der Fachplanung darstellt.

aa) Vielfalt der Planungsformen

Ähnlich wie straßenverkehrsrechtliche Ge- und Verbote sollen Schiffswegeführungssysteme einen sicheren und geordneten Verkehrsfluss gewährleisten[450]. Im Unterschied zur Situation zu Lande dient Ship's Routeing aber nicht nur der Lenkung des Verkehrsflusses, sie legt zugleich den Verkehrsweg selbst fest. Diese Funktion hat sie mit der innerstaatlichen Verkehrswegeplanung gemeinsam, die den Verlauf der Straße bzw. der Schienen definiert. Die Zwitterstellung – ordnungs- und planungsrechtliche Elemente – verbindet die Schiffswegeführung mit Flugrouten: Die in Deutschland mittels Rechtsverordnung festgelegten Flugverfahren (§ 33 Luftverkehrs-Ordnung) halten Luftfahrzeuge in begrenzten Bereichen des Luftraums und werden deshalb mit geographischen Routen gleichgesetzt, wie sie Straßen und Schienenwege am Boden fixieren; die Festlegung von Flugrouten wird trotz ihrer ordnungsrechtlichen Elemente[451] der Planungsverwaltung zugeordnet[452].

Die MARPOL-Sondergebiete gehören zur umweltspezifischen Fachplanung im weiteren Sinne[453] und zwar zur Kategorie der Schutzgebietsfestlegung, da mit ihnen Unterlassungs- und Handlungspflichten der Nutzungsberechtigten einhergehen. Zieht man eine Parallele zur terrestrischen Verwaltung, dann lassen sie sich mit Na-

[448] Zum Abgrenzungsproblem *Hoppe*, in: HStR IV § 77 Rn. 10; *Maurer/Waldhoff*, Allgemeines Verwaltungsrecht, § 16 Rn. 11.

[449] Zur funktionalen Herangehensweise an diese administrative Handlungsform *Gärditz*, Europäisches Planungsrecht, S. 4 ff.

[450] Zur Ähnlichkeit mit der Linienführung im Straßenverkehr *Castringius*, Meeresschutzgebiete, S. 130.

[451] *Wöckel*, NVwZ 2016, S. 347, 349.

[452] *Köck*, in: GVR II, § 37 Rn. 40: „zuteilende Fachplanung".

[453] Unter den Begriff der Fachplanung im weiteren Sinne (*Breuer*, Die hoheitliche raumgestaltende Planung, S. 38 ff., 156.) fallen die drei Kategorien Planfeststellungsbeschlüsse, Schutzgebietsfestlegungen sowie sektorale Fachpläne. Anders der enge Fachplanungsbegriff (etwa *Forsthoff*, Lehrbuch des Verwaltungsrechts, S. 304), der diese auf die Planfeststellung, mithin konkrete Zulassungsentscheidungen, beschränkt.

turschutz- und Wasserschutzgebieten bzw. – bei ECAs – mit Schutzgebieten nach §§ 47 VII, 49 BImSchG vergleichen.

Die Identifizierung eines PSSAs hat zwar einen integrativen Anspruch wie die raumbezogene Gesamtplanung[454], jedoch gilt es unterschiedliche Nutzungs- und Schutzinteressen miteinander in Einklang zu bringen. Da den Fokus aber nicht die Ermöglichung, sondern die Einschränkung der Nutzung eines Gebiets durch die Seeschifffahrt bildet, ist die Identifizierung eines PSSAs als sektoraler Fachplan einzuordnen[455].

Im Unterschied zu den MARPOL-Sondergebieten und der Schiffswegeführung stellt ein PSSA einen vorbereitenden Plan da, da es darauf ausgerichtet ist, Informationen zu bestimmten Gebieten zu sammeln sowie zu bewerten. Ein PSSA ist ein influenzierender Plan, der trotz seiner fehlenden Rechtsverbindlichkeit[456] auf das Verhalten Privater einwirkt, indem er Problembewusstsein schafft und auch eine Warnfunktion hat[457], während MARPOL-Sondergebiete und die verbindlichen Schiffswegeführungssysteme Beispiele für imperative Pläne sind.

bb) Planerische Gestaltungsfreiheit und Flexibilität

In materieller Hinsicht sind die typbestimmenden Merkmale von Planung die Komplexität der Interessenlage, die Kreativität des Gestaltungsvorgangs, die Konnexität der Maßnahmen und der spezifische Situationsbezug[458]. Rechtlich spiegeln sich diese in der planerischen Gestaltungsfreiheit und der Flexibilität von Planung wider, die sich beide auch im Bereich der Seeverwaltung beobachten lassen:

Das deutsche Verwaltungsrecht fokussiert mit der Trias von Planrechtfertigung, zwingenden Grenzen und dem Abwägungsgebot die rechtsstaatlichen Rahmenbedingungen der planerischen Gestaltungsfreiheit, die aus der Aufgabenstellung, komplexe Interessenlagen abzustimmen, folgt[459]. Solche aus der gerichtlichen Kontrollperspektive formulierten Anforderungen finden sich im Seeverwaltungsrecht nicht. Die Richtlinien der IMO kennen gleichwohl ähnliche Vorgaben, wenn sie kein Konditionalprogramm vorgeben, sondern, wie dargestellt, die Erforderlichkeit der Maßnahmen verlangen und Kriterien, die bei der Festsetzung und Ausweisung bzw. Identifizierung zu berücksichtigen sind, benennen.

---

[454] Die raumbezogene Gesamtplanung soll unabhängig von konkreten Vorhaben und damit überfachlich die Nutzung in einem bestimmten Gebiet vorausschauend und unter Ausgleich gegenläufiger Raumansprüche für Wohn-, Wirtschafts- und Erholungszwecke festlegen, entweder auf überörtlicher oder auf örtlicher Ebene, siehe nur *Hoppe*, in: HStR IV, § 77 Rn. 30.

[455] Ebenso (sektorales Instrument) *Czybulka*, ZUR 2003, S. 329, 331; *Janssen*, Die rechtlichen Möglichkeiten, S. 78 ff.

[456] *Warner*, in: Haward, Integrated Oceans Management: Issues in Implementing Australia's Oceans Policy, S. 55, 66; *Blanco-Bazán*, Marine Policy 20 (1996), S. 343, 346.

[457] *Warren/Wallace*, International Journal of Marine and Coastal Law 9 (1994), S. 523, 528; *Castringius*, Meeresschutzgebiete, S. 155; skeptisch *Molenaar*, Coastal State Jurisdiction over Vessel-Source Pollution, S. 440 f.

[458] *Schmidt-Aßmann*, in: FS Schlichter, S. 3, 11.

[459] *Hoppe*, in: HStR IV, § 77 Rn. 21 f., 24.

Ein Mittel, mit dem das Recht den planerischen Flexibilisierungsbedürfnissen Rechnung trägt, sind Anpassungsvorbehalte[460]. Für Schiffswegeführungssysteme sehen die GPSR vor, dass ihre Effektivität und Kompatibilität mit der tatsächlichen Situation vor Ort laufend bewertet und dass sie ggf. angepasst werden sollen (Annex 1 Ziffer 5.4); für Verkehrstrennungsgebiete besteht auch die Möglichkeit, diese temporär anzupassen (Annex 1 Ziffer 7). Für PSSAs ist vorgeschrieben, dass die IMO ein Forum etabliert, das jede angenommene Associated Protective Measure evaluiert und bewertet, um ggf. Modifikationen vorzunehmen (Ziffer 8.4).

b) Gestuftes Planungsverfahren als Kernelement

Ein Planungsprozess besteht aus den Phasen der Planvorbereitung, der Planentscheidung und der Plandurchführung[461]. Bei der maritimen Planung liegen diese drei Phasen nicht in der Hand eines Verwaltungsträgers; das Planungsverfahren ist insofern abgestuft, als die erste und die dritte Phase schwerpunktmäßig im nationalen Bereich realisiert werden, während in die Planentscheidung die IMO maßgeblich involviert ist. Eine trennscharfe Trennung im Sinne einer eindeutigen Zuordnung zur nationalen oder zur internationalen Ebene ist aber nicht möglich, vielmehr ist der gesamte Planungsprozess durch eine Verflechtung der nationalen und internationalen Ebenen geprägt:

- *Planvorbereitung als staatliches Antragsverfahren*: Die Aufgabe der umfassenden Informationsbeschaffung wird den (Küsten-)Staaten zugewiesen, die die Plangebiete auswählen und in ihren Anträgen die Situation vor Ort darstellen und bewerten müssen[462]. Zugleich ist die Planvorbereitung internationalisiert, da sie, wie gesehen, durch die Antragsvorgaben in den IMO-Richtlinien gelenkt wird. Die IMO ist durch ihre (Unter-)Ausschüsse, die die Antragsunterlagen aufbereiten, aber auch selbst in die bewertende Analyse des Ist-Zustandes involviert. Sie stellt zudem ein Forum bereit, dass insbesondere den Flaggenstaaten die Möglichkeit bietet, die Interessen der Seeschifffahrt in den betroffenen Meeresgebieten einzubringen[463].
- *Planentscheidung unter dem Dach der IMO*: Bei der Schiffswegeführung bedarf es grundsätzlich – es sei denn, die Schiffe liegen im Küstenmeer eines Staats oder seinen inneren Gewässern – einer „Annahme" („adoption") der IMO, d.h. die Planentscheidung erfolgt an sich im nationalen Bereich, bedarf aber der über-

---

[460] *Schmidt-Aßmann*, in: FS Schlichter, S. 3, 18f.

[461] *Kloepfer*, Umweltrecht, § 5 Rn. 96–99.

[462] Zu dieser Aufgabenteilung für Systeme der Schiffswegeführung *Jansen*, Die rechtlichen Möglichkeiten, S. 85.

[463] Für PSSAs ist ihre Anhörung explizit in der PSSA-Richtlinie vorgegeben, bei MARPOL-Sondergebieten ermöglicht die Rechtsform des völkerrechtlichen Vertrags eine Beteiligung von Flaggenstaaten, für SECAs ruft Appendix III Annex VI Ziffer 4 MARPOL die Vertragsstaaten explizit dazu auf, der IMO Bedenken hinsichtlich der Seeschifffahrt in den betroffenen Gebieten mitzuteilen.

staatlichen Genehmigung, die in diesem Rahmen eine eigene Abwägungsentscheidung trifft[464], dies aber im Konsens („not without the agreement") mit den betroffenen Küstenstaaten[465]. Da MARPOL-Sondergebiete durch eine Änderung eines völkerrechtlichen Vertrags festgelegt werden, bedarf es dazu grundsätzlich der Zustimmung aller Vertragsstaaten, was durch die Anwendung des vereinfachten Vertragsänderungsverfahrens indes aufgelockert ist[466]. Die Identifizierung eines PSSAs erfolgt durch einen Beschluss des MEPC, dem eine Anhörung der Vertragsstaaten, die im angenommenen PSSA Schifffahrt betreiben, vorgeschaltet ist.

- *Plandurchführung durch die Staaten*: Die Plandurchführung liegt in der Hand der antragstellenden Staaten (Kapitel V Regel 10 VI SOLAS) bzw. aller Vertragsstaaten (Ziffer 9 PSSA-Richtlinie), die dabei internationale Vorgaben beachten müssen. Dazu gehört die Ausweisung in amtlichen Seekarten[467] oder bei MARPOL-Sondergebieten etwa das Vorhalten von Hafenauffanganlagen (Ziffer 2.7 und Ziffer 3.3 Nr. 5 Special Area-Richtlinie). Bei PSSAs müssen die antragstellenden Staaten die Associated Protective Measures implementieren[468]. Die Plandurchführung umfasst darüber hinaus Erfolgskontrollen, die ebenfalls durch die (antragstellenden) Staaten durchzuführen sind (etwa Kapitel V Regel 10 VIII SOLAS).

Die derart gestufte maritime Planung erlaubt es, die oben beschriebenen diffusen grenzüberschreitenden Interessenkonflikte adäquat zu bewältigen: Die (Küsten-) Staaten können wegen ihrer Sachnähe den Sachverhalt am besten ermitteln und fortlaufend nachprüfen[469] sowie die Implementierung der Pläne sicherstellen; durch diesen Bottom Up-Ansatz wird dem Situationsbezug von Planung Rechnung getragen. Über die Einbeziehung der IMO in den Planungsprozess wird eine Interessenberücksichtigung insbesondere der Seeschifffahrt und damit eine sachgerechte, da umfassende Abwägung sichergestellt[470].

c) Vergleich mit der europäischen Verbundplanung

Eine solche arbeitsteilige planerische Konfliktbewältigung ist charakteristisch für Mehrebenensysteme[471]. Im europäischen Verwaltungsrecht findet sie insbesondere

---

[464] Annex 1 Ziffer 3.8 a.E. und auch Ziffer 3.1–3.3 GPSR.

[465] Annex 1 Ziffer 3.4 GPSR.

[466] Siehe zu diesem sog. Tacit Acceptance-Verfahren unten 5. Kapitel, I. 2. a. aa.

[467] Ziffer 9 PSSA-Richtlinie.

[468] Annex 2 Ziffer 9.2 PSSA-Richtlinie. Zudem haben alle Vertragsstaaten die Aufgabe, die Beachtung der Schutzmaßnahmen durch die unter ihrer Flagge fahrenden Schiffe im PSSA sicherzustellen, Ziffer 9.3.

[469] Für die Schiffswegeführung *Castringius*, Meeresschutzgebiete, S. 134.

[470] Für die MARPOL-Sondergebiete *Pauli*, in: Tomuschat, Schutz der Weltmeere, S. 115, 122.

[471] Siehe *Gärditz*, Europäisches Planungsrecht, S. 81 f.; auch *Durner*, Konflikte räumlicher Planungen, S. 509 ff.

in Form unionseigener Fachplanungen[472] als „gestuften Verbundverfahren" statt[473]. Ein Beispiel dafür bildet die FFH-Richtlinie[474], deren Kernstück die Errichtung eines kohärenten Schutzgebietssystems (Natura 2000) darstellt[475]: Die Mitgliedstaaten wählen anhand von in Anhang II der Richtlinie aufgeführten Kriterien geeignete Schutzgebiete aus; an diese Vorauswahl auf nationaler Ebene schließt sich ein Verfahren auf EU-Ebene an, das in der Auswahl der Gebiete durch die Europäische Kommission besteht, die einen planerischen Entscheidungsspielraum hat. Sie entscheidet im Einvernehmen mit den Mitgliedstaaten, kann aber im Einzelfall über deren Vorschläge hinausgehen; in diesem Fall ist ein Streitbeilegungsverfahren vorgeschrieben (Art. 5). Nach erfolgloser Durchführung dieses Konzertierungsverfahrens kann die Europäische Kommission ein Vertragsverletzungsverfahren wegen unzureichender Meldung von Schutzgebieten anstrengen. Die Schutzgebiete auf der EU-Liste werden von den Mitgliedstaaten ausgewiesen (Art. 4 IV).

Die maritime Planung weist insofern Parallelen zur europäischen Verbundplanung auf, als die Planung in einem gemischten Verfahren von nationalen und überstaatlichen Stellen stattfindet, wobei das Schwergewicht auf den Vertragsstaaten bzw. Mitgliedstaaten wegen ihrer Sachnähe in der Planvorbereitung und -durchführung liegt[476]. Zudem wirkt die überstaatliche Ebene auf die planerische Konzeptbildung materiell ein. Die Union hat aber, wie gesehen, weitergehende Einwirkungsmöglichkeiten als die IMO, sich über die Vorauswahl der Mitgliedstaaten hinwegzusetzen. Ein weiterer Unterschied liegt – daran anschließend – im Konzeptionellen. Der Grund für die europäische Verbundplanung wird in der Eigenart des unionalen Kompetenzgefüges gesehen[477]: „Räumlich betrachtet teilen sich Mitgliedstaaten und Union das Territorium der Mitgliedstaaten als Wirkbereich ihrer Maßnahmen, kompetenziell betrachtet teilen sich beide die Aufgaben"; dementsprechend kommt es zu gemeinsamen Planungen von Union und Mitgliedstaaten. Für die Ozeane lässt sich hingegen kaum von einer solchen „geteilten Raumverantwortung"[478] sprechen: Das SRÜ sieht zwar eine kooperative Verwirklichung von Gemeinschaftsinteressen vor (siehe Präambel sowie Art. 194), hält aber an einer zonalen Ordnung der Meere fest. Die Ratio der gestuften maritimen Planung ist stattdessen das praktische Bedürfnis, die infolge einer globalisierten Industrie bestehende tatsächliche Verflechtung von Kompetenzbereichen gemeinsam zu bewältigen.

---

472 Zur Frage einer europäischen Raumordnung im engeren Sinne m. w. N. *Schmidtchen*, Klimagerechte Energieversorgung im Raumordnungsrecht, S. 93 ff., im Ergebnis ablehnend, ebenda, S. 118.

473 *Gärditz*, Europäisches Planungsrecht, S. 19 ff.

474 RL 92/43/EWG, ABl. 1991 L 206, S. 7.

475 *Wahl*, in: FS Blümel, S. 617, 632 ff.; *Durner*, Konflikte räumlicher Planungen, S. 524 ff.

476 Für das Unionsrecht *Gärditz*, Europäisches Planungsrecht, S. 81 ff., auch S. 54 ff.: „planerische Komplexitätsreduktion im Mehrebenensystem von unten nach oben".

477 *Rung*, Strukturen und Rechtsfragen europäischer Verbundplanungen, S. 44 f.

478 *Rung*, Strukturen und Rechtsfragen europäischer Verbundplanungen, S. 407 ff.

4. Fazit: Maritime Planung als vertikales Kooperationsinstrument

Der Abschnitt hat gezeigt, dass Beispiele maritimer Planung, die gewöhnlich allein völkerrechtlich erklärt werden, auch Instrumente der internationalen Verwaltung sind. Ein Blick auf die Grundstrukturen der internationalen Planung hat zudem verdeutlicht, dass sie zwar wie die Planung der Europäischen Verbundverwaltung in gestuften Verfahren von nationalen und überstaatlichen Stellen realisiert wird; da die internationale Verwaltung aber eine Konglomeratsverwaltung ist, die durch ein Geflecht diverser Akteure gekennzeichnet ist, bestehen weniger weitreichende Einwirkungsmöglichkeiten auf der überstaatlichen Ebene als im europäischen Planungsrecht.

Zieht man abschließend einen Vergleich mit der maritimen Ordnungsverwaltung, die mit dem transnationalen Verwaltungsakt[479] auf eine horizontale Kooperation zwischen nationalen Behörden setzt, fällt auf, dass in die Planung die internationale Ebene in Gestalt der IMO stärker eingebunden ist. Während die Rolle der IMO beim transnationalen Verwaltungsakt darin besteht, die Korrekturordnung zu konkretisieren, wird im Bereich der Planung in ihrem Rahmen eine eigene Abwägungsentscheidung getroffen. Dieses Modell der vertikalen Kooperation lässt sich mit den diffusen grenzüberschreitenden Interessenkonflikten erklären, deren Bewältigung im Konkreten wie gesehen die Aufgabe der maritimen Planung bildet. Im Folgenden wird gezeigt, dass diese stärkere Einbindung der internationalen Ebene auch die internationale Wissensverwaltung kennzeichnet.

VII. Internationale Wissensgenerierung

1. Lokales Wissen als Gegenstand internationaler Wissensverwaltung

Aufgabe der Wissensverwaltung ist die Schaffung und Bereithaltung der kognitiven Grundlagen administrativer Entscheidungen[480]. Während die Ordnungsverwaltung Informationen über den Verwaltungsgegenstand bedarf, um Verstöße gegen Rechtsvorschriften festzustellen und dann abstellen zu können, ist der Erkenntnisbedarf der Wissensverwaltung ein qualitativ anderer: Informationen bilden dort die Grundlage dafür, den rechtlichen Maßstab zu definieren. Im nationalen Kontext verlangt diese Aufgabenstellung insbesondere von der Risikoverwaltung, Regelungsstrukturen zu etablieren, die einen staatlich-gesellschaftlichen Wissensfluss sicherstellen, da die erforderlichen Erkenntnisse primär im privaten Bereich verteilt sind[481]. Wissensverwaltung bedeutet für die Seeverwaltung weitergehend, lokales Wissen global aufzubereiten.

---

[479] Siehe oben 4. Kapitel, I.

[480] *H. C. Röhl*, Wissen – Zur kognitiven Dimension des Rechts, DV Beiheft 9 (2010).

[481] *Appel*, Staatliche Zukunfts- und Entwicklungsvorsorge, S. 8, 176 ff., 502 ff.; *Stoll*, in: Spiecker

Der Begriff des lokalen Wissens steht ursprünglich für traditionelles (indigenes) Wissen in Abgrenzung vom (westlichen) wissenschaftlichen Wissen[482]. In dieser Lesart stammen rechtswissenschaftliche Fragestellungen zum einen aus der Entwicklungszusammenarbeit, wo internationale Institutionen einerseits auf Wissen über lokale Probleme und Entwicklungsbedürfnisse angewiesen sind und andererseits selbst über globales Expertenwissen verfügen[483]. Zum anderen wirft die ökonomische Nutzung traditionellen Wissens Fragen des Schutzes geistigen Eigentums auf[484]. In der Ethnologie und Soziologie rückt man von einem solchen statischen Verständnis lokalen Wissens, das als Phänomen an bestimmte Regionen oder Gesellschaftstypen gebunden ist, jedoch ab. Der Begriff steht vielmehr für Wissensbestände in einem lokalen Kontext[485]. Das Seeverwaltungsrecht verdeutlicht ein dynamisches Verständnis von lokalem Wissen, da sich die durch die Seeschifffahrt mittransportierten oder verursachten Risiken überall realisieren können, weswegen sich auch die Informationen zur Entstehung und Ausbreitung dieser Risiken an Orten weltweit befinden können[486]. Das sich daraus ergebende Zusammenspiel von lokaler Wissensgenerierung und globaler Risikovorsorge (3.) soll an den Beispielen der Pandemiebewältigung im Seehafen und der Seeunfalluntersuchung[487] illustriert werden (2.).

gen. Döhmann/Collin, Generierung und Transfer staatlichen Wissens, S. 34, 42 f.; *Di Fabio*, Risikoentscheidungen im Rechtsstaat, S. 457.

[482] Dazu m. w. N. *Schareika/Bierschenk*, Lokales Wissen.

[483] Zur kognitiven Dimension des Entwicklungsverwaltungsrechts *Riegner*, Informationsverwaltungsrecht internationaler Institutionen, S. 57 ff.

[484] *Dölling*, Rechtsschutz von Wissen am Beispiel von traditionellem medizinischem Wissen.

[485] *El-Berr*, Lokales Wissen und interkulturelle Kommunikation in Entwicklungsprojekten mit Indigenen Ecuadors, S. 36; *Neubert/Makamo*, in: Schareika/Bierschenk, Lokales Wissen, S. 93, 95, 98. Um Assoziationen mit standortgebundenem Wissen zu vermeiden, ist auch die Rede von lokalisiertem Wissen (*Linkenbach*, in: Schareika/Bierschenk, Lokales Wissen, S. 233, 256) oder lokal relevantem Wissen (*Siebert*, in: Schareika/Bierschenk, Lokales Wissen, S. 259 ff.).

[486] Dieser Bedarf an lokalem Wissen ist mithin auf den Verwaltungsgegenstand bezogen und stellt eine unmittelbare Folge einer grenzüberschreitenden Aufgabenstellung dar. An dieser Stelle geht es hingegen nicht um die sekundären informationellen Folgen einer Internationalisierung der Verwaltungstätigkeit; zu einem solchen Verständnis *I. Augsberg*, Informationsverwaltungsrecht, S. 24 ff., nach dem die „Verschaltung der Vielzahl nationaler Rechtsordnungen untereinander sowie der jeweiligen nationalen mit der übergeordneten supra- und internationalen Ebene […] einen Informationsaustausch zwischen den jeweiligen Entscheidungsträgern unabdingbar" macht, ebenda, S. 24. Dieses Informationsproblem stellt sich insbesondere als Problem der Kohärenzsicherung dar, siehe dazu unten 7. Kapitel, C.

[487] Diese weist Parallelen zur Flugunfalluntersuchung auf und war in Deutschland von 2002 bis 2011 sogar an die Flugunfalluntersuchung gekoppelt, siehe *v. Gerlach*, Die Seesicherheitsuntersuchung.

2. *Seeverwaltungsrecht als Risikorecht*

a) Maritime Pandemievorsorge

aa) Pandemie als globales Risiko

Dass die Entstehungsgründe und Auswirkungen von Risiken nicht auf den Nationalstaat beschränkt sind[488], darauf hat die These der Weltrisikogesellschaft aufmerksam gemacht, nach der Risiken durch die Verflechtung von Staaten und Gesellschaften zunehmend global sind[489]. Als solche globalen Risiken gelten neben den systemischen Risiken im Finanzmarkt[490] Pandemien[491], da sie per definitionem grenzüberschreitend sind[492]. Das für Risiken charakteristische Merkmal der Ungewissheit besteht bei Pandemien unter drei Gesichtspunkten[493]: Es treten in den einzelnen Regionen der Welt immer wieder neue Erreger auf. Die Ungewissheit erstreckt sich weiter auf die Entstehungsbedingungen, insbesondere die Übertragungswege, sowie auf das Ausbreitungspotential und die Ausbreitungscharakteristika wie die Schwere und die räumliche Verbreitung einer Pandemie. Drittens bedarf es im Fall einer Pandemie auch des Wissens über die Effektivität von Schutzmaßnahmen pharmazeutischer und nicht-pharmazeutischer Art.

Zur Pandemiebekämpfung[494] ist es gerade am Anfang und während einer pandemischen Situation wichtig, den tatsächlichen Erreger alsbald zu identifizieren, seine Epidemiologie herauszufinden und die Risikobewertung kontinuierlich an den Verlauf der Pandemie anzupassen, damit Entscheidungsträger geeignete Maßnahmen zur Prävention und Eliminierung treffen können[495]. Diese „kognitive Pandemievorsorge" ist in ein „Mehrebenensystem" eingebettet[496]:

bb) Risikokommunikation zwischen Staaten und WHO

Um eine „gesundheitliche Notlage von internationaler Tragweite" (Public Health Emergency of International Concern, PHEIC) festzustellen und zu bekämpfen,

---

[488] *Scherzberg*, VerwArch 84 (1993), S. 484, 512 f.; *Isensee*, VVDStRL 48 (1990), S. 289 f. und *Bryde*, in: ebenda, S. 304; für die Risiken des Klimawandels *Wahl/Appel*, in: Wahl, Prävention und Vorsorge, S. 1.

[489] *Beck*, Weltrisikogesellschaft.

[490] *Thiele*, ZG 2010, S. 127 ff.; zum Finanzmarktrecht als Risikorecht *Kaufhold*, Systemaufsicht, S. 11 ff.

[491] *Pohler*, in: Holzinger/May/Pohler, Weltrisikogesellschaft als Ausnahmezustand, S. 121 ff.; *Hartmann/Hassebrauck/Jungmann*, ZFSA 2017, S. 93 ff.

[492] Siehe oben 2. Kapitel, C. I.

[493] *Trute*, in: Eger/Oeter/Voigt, International Law and the Rule of Law under Extreme Conditions, S. 1, 4 f.; ähnlich *Pflug*, Pandemievorsorge, S. 30; allgemein zum Wissensproblem WHO, Implementation of the International Health Regulations, A 64/10, 05.05.2011, S. 27 f.; *Seitz/Krause*, BGBl. 2010, S. 1221 f.

[494] Zu ihren vier Säulen *Knufmann-Happe*, in: Kloepfer, Pandemien als Herausforderung, S. 21, 25.

[495] *Burger*, in: Kloepfer, Pandemien als Herausforderung, S. 31 f.

[496] *Pflug*, Pandemievorsorge, § 3; *Klafki*, Risiko und Recht, S. 161 ff., insb. 172 f.

etablieren die Internationalen Gesundheitsvorschriften 2005 (IGV 2005) in den Art. 5–12 ein System der Risikokommunikation zwischen den Staaten und der Weltgesundheitsorganisation (WHO)[497]:

Zur Risikoerkennung sind die Vertragsstaaten verpflichtet, bestimmte Ereignisse innerhalb von 24 Stunden über die nationale IGV-Anlaufstelle (Art. 4 I) der WHO-Kontaktstelle zu melden; die Weiterleitung geschieht in Deutschland durch das Gemeinsame Melde- und Lagezentrum von Bund und Ländern im Bundesamt für Bevölkerungsschutz und Katastrophenhilfe, § 3 I 1 IGV-DG, während die fachliche Entscheidung das RKI trifft, § 4 I 1 Nr. 1 IGV-DG. Zu melden sind Ereignisse, die eine „gesundheitliche Notlage von internationaler Tragweite in seinem Hoheitsgebiet" begründen können, Art. 6 I 2 IGV-DG. Dazu geben die IGV 2005 ein Schema in Anlage 2 vor, Art. 6 I 1. Dieser Risikoalgorithmus bezieht sich sowohl auf bekannte Krankheiten als auch auf Krankheiten mit unbekannter Ursache. Bei unbekannten Krankheiten ist weiter zu prüfen, ob von ihnen ein ernsthaftes globales Gesundheitsrisiko ausgeht und eine schnelle internationale Verbreitung zu erwarten ist. Der innerstaatlichen Erkenntnisgewinnung dient ein epidemiologisches Überwachungs- und Meldesystem, das in Deutschland unter der Ägide des Robert-Koch-Instituts steht, § 4 IfSG[498].

Auf der Grundlage der nationalen Meldungen stellt die Generaldirektion der WHO im Zusammenwirken (Art. 12 II, 49) mit einem Notfallausschuss (Emergency Committee) fest, ob tatsächlich eine gesundheitliche Notlage von internationaler Tragweite vorliegt, Art. 12 I. Um eine Verbreitung der Notlage über die Grenzen des Ursprungslandes hinaus zu verhindern, spricht sie außerdem Empfehlungen für Gesundheitsmaßnahmen aus, Art. 15–18 IGV. Zudem übermittelt die WHO die Informationen möglicherweise betroffenen Vertragsstaaten, um diese in die Lage zu versetzen, auf eine Gefahr für die öffentliche Gesundheit zu reagieren, Art. 11.

cc) Wissensgenerierung im Seehafen

Einen epidemiologisch besonders sensiblen Bereich stellt der internationale Personen- und Warenverkehr dar, weswegen die WHO vorsieht, dass Seehäfen in das System der Risikokommunikation zwischen Staaten und WHO einbezogen werden[499]. Dazu statuiert für Deutschland § 4 II 1 IGV-DG eine Meldepflicht von Behörden und damit auch der Hafenärztlichen Dienste, „wenn sie Kenntnis von einem Ereignis erlangt haben, das eine gesundheitliche Notlage von internationaler Tragweite darstellen könnte" (Nr. 1) oder „wenn sie Kenntnis von eingeschleppten Krankheitsfällen, Vektoren oder verseuchten Gütern erlangt haben, die ausgehend vom Herkunftsort eine grenzüberschreitende Ausbreitung einer bedrohlichen Krankheit befürchten lassen" (Nr. 2). Um eine PHEIC an Seehäfen zu erfassen,

[497] Siehe allgemein zur internationalen Kooperation unter den IGV 2005 oben 2. Kapitel, C. II. 2.
[498] Zu seinen Erkenntnisquellen *Pflug*, Pandemievorsorge, S. 126 ff.
[499] WHO, Handbook for Management of Public Health Events on Board Ship, 2016, S. 14.

wurde im Rahmen der IGV 2005 ein System der Informationsbeschaffung und -bewertung für den Seeverkehr etabliert, das in einem Handbuch der WHO konkretisiert ist[500]:

Zunächst gibt die WHO die Informationskanäle vor[501]. Im sog. Standardverfahren berichtet der verantwortliche Schiffsführer bzw. der an Bord befindliche Schiffsarzt der Hafengesundheitsbehörde über die gesundheitlichen Verhältnisse auf dem Schiff mittels der sog. Seegesundheitserklärung (Maritime Declaration of Health, MDH), Art. 37 IGV 2005 i. V. m. Anlage 8. Die MDH basiert auf offenen und geschlossenen Fragen. Als Freitexte werden allgemeine Informationen zum Schiff sowie die Reisedaten erhoben. Medizinisch relevante Fragen werden geschlossen gestellt und müssen mit ja oder nein beantwortet werden, wodurch eine eindeutige Antwort und eine schnelle Auswertung möglich ist. Die erste Auswahlfrage ist, ob sich das Schiff in einem von der WHO festgestellten betroffenen Gebiet aufgehalten hat und im positiven Fall, wann und in welchem Hafen. Anschließend werden neun geschlossene Gesundheitsfragen gestellt. Als Anhang ist der MDH ein Gesundheitslogbuch (Medical Logbook) anzufügen, in dem alle erkrankten und behandelten Personen an Bord mit allen erforderlichen Daten einzutragen sind. Zu einer aktiven Informationsbeschaffung durch die Hafengesundheitsämter an Bord kommt es vornehmlich bei positiv beantworteter MDH sowie im Rahmen von Schiffsbegehungen zur Erteilung der Free Pratique oder bei Schiffshygieneuntersuchungen[502]. Zur sicheren Detektion relevanter Erkrankungen hat die WHO eine Empfehlung zur Abfrage bestimmter Symptome veröffentlicht[503].

Daran schließt sich die hafenärztliche Bewertung unter medizinischen Gesichtspunkten an[504]. Als Basis muss eine ständige Beobachtung der weltweiten Gesundheitslage durch die Hafengesundheitsbehörden mit dem Fokus auf Ausbrüchen von Infektionserkrankungen erfolgen.

Über den Weg von WHO und nationaler IGV-Anlaufstelle werden auch Informationen über Ausbruchsgeschehen oder international abgestimmte Gesundheitsmaßnahmen an die Hafengesundheitsämter verteilt; in Deutschland finden etwa unter der Leitung des RKI regelmäßig Telefonkonferenzen zur Lageinformation mit Beteiligung von zuständigen Behörden und Experten statt[505].

---

[500] WHO, Handbook for Management of Public Health Events on Board Ship, 2016. Die folgenden Ausführungen basieren auf *Pohlmann*, Krisenmanagement des Hafen- und Flughafenärztlichen Dienstes, sowie auf Interviews mit dem Hamburg Port Health Center.

[501] Zur Event Detection WHO, Handbook for Management of Public Health Events on Board Ship, S. 16.

[502] WHO, Handbook for Management of Public Health Events on Board Ship, S. 16; *Pohlmann*, Krisenmanagement des Hafen- und Flughafenärztlichen Dienstes, S. 66 ff.

[503] WHO, Handbook for Management of Public Health Events on Board Ship, S. 29.

[504] *Pohlmann*, Krisenmanagement des Hafen- und Flughafenärztlichen Dienstes, S. 20 ff.

[505] *Pohlmann*, Krisenmanagement des Hafen- und Flughafenärztlichen Dienstes, S. 61.

b) Lernen aus Seeunfällen

aa) Seeunfalluntersuchung als objektive Ursachenerforschung

In jeder Organisation ereignen sich immer wieder Unfälle, die zu negativen Auswirkungen auf den Einzelnen und seine Umwelt führen[506]. Zu einem Thema der Wissensverwaltung werden solche Ereignisse, wenn Organisationen mit hochriskanten Technologien unter komplexen Bedingungen arbeiten, so dass sich Störungen nicht ausschließen lassen und gleichzeitig das Katastrophenpotential enorm ist. Das Ziel ist es dann, über eine Analyse von Vorgängen und Störungen im Betriebsablauf Hinweise auf Verbesserungsmöglichkeiten des Sicherheitssystems zu erhalten und so das Risiko von Unfällen von katastrophalem Ausmaß zu minimieren[507]. In den Kontext von Organisationen mit einer erhöhten Stör- und Katastrophenanfälligkeit gehört auch die Seeschifffahrt[508]. Daher müssen die Umstände, die zu Seeunfällen – sprich zu Unfällen auf und mit Schiffen auf dem Meer – führen, ermittelt werden[509]. Dass die Wissensgenerierung im Sinne eines Lernens aus Seeunfällen eine Aufgabe der Seeverwaltung ist, verdeutlicht die Zweiteilung des Seeunfallverfahrens: Das besondere Verwaltungsverfahren zur Aufklärung von Seeunfällen wird auch als „objektiv" bezeichnet, da die Erkenntnisgewinnung im Mittelpunkt steht, und es wird vom „subjektiven Verfahren" der Entziehung von Befähigungserlaubnissen, das auf den Normvollzug gerichtet ist, unterschieden[510]. Trotz gleicher kognitiver Zielsetzung ist die Herausforderung im maritimen Bereich insofern eine andere als zu Lande, als der grenzüberschreitende Bezug der Seeschifffahrt dazu führt, dass die Fehlerquellen für Unfälle heterogener und verstreuter sind als bei terrestrischen Anlagen, bei denen insbesondere innerbetriebliche Defizite zu Unfallereignissen führen[511].

Der Schiffsdatenschreiber (Voyage Data Recorder, VDR)[512] spielt zwar bei der Ermittlung der Unfallursache eine Rolle, denn die aufgezeichneten Daten helfen, das Gesamtgeschehen zu rekonstruieren. Er macht die Wissensverwaltung aber

---

506 Mit diesem Phänomen befasst sich seit etwa 40 Jahren die soziologische Katastrophenforschung, zu Entstehung und Ansätzen *Dombrowsky*, in: Siedschlag, Jahrbuch für europäische Sicherheitspolitik, S. 53 ff.

507 Zur Atomverwaltung *Reiling*, Der Hybride, S. 93 ff.

508 *Culjak*, Organisation und Devianz. Eine empirische Fallrekonstruktion der Havarie der Costa Concordia.

509 *Ehlers*, Recht des Seeverkehrs, Einleitung SUG, Rn. 1, 9–12; *v. Gerlach*, Die Seesicherheitsuntersuchung, S. 12. Mit der – verglichen mit der Ordnungsverwaltung – Eigenart der Aufgabe der Seeunfalluntersuchung, eine „möglichst objektive[n], umfassende[n] Unfallaufklärung" zu erreichen, rechtfertigte das BVerwG auch die damalige Struktur der deutschen Seeunfalluntersuchungsverwaltung, die durch die Gerichtsähnlichkeit sowie durch einen Verbund von Bundes- und Landesbehörden gekennzeichnet war, BVerwG, Urteil 17.07.1987, 7 C 19/85, Rn. 14.

510 *Herber*, Seehandelsrecht, § 39.

511 Zum Unterschied *Perrow*, Normale Katastrophen, S. 217 f., 275.

512 Er ist für alle Fahrgastschiffe und Schiffe über 3.000 BRZ in internationaler Fahrt, die nach dem 01.07.2002 gebaut wurden, obligatorisch, Kapitel V Regel 20 SOLAS.

nicht überflüssig, sondern stellt nur eine unter mehreren Erkenntnisquellen dar[513], weil ein VDR nicht immer genügend detaillierte Daten liefert[514].

bb) Seeunfalluntersuchungsverfahren

Im Seevölkerrecht finden sich flaggenstaatliche Pflichten zur Untersuchung von bestimmten Seeunfällen[515]. Zudem wird das Recht jedes Staats anerkannt, Unfälle in seinen Hoheitsgewässern zu untersuchen, vgl. Art. 2 SRÜ. Die Internationale Seeschifffahrts-Organisation (IMO) konkretisiert diese staatliche[516] Seeunfalluntersuchung im Casualty Investigation Code (CIC)[517], der durch europäisches Richtlinienrecht umgesetzt wird[518]. In Deutschland ist die Seeunfalluntersuchung im Seesicherheits-Untersuchungsgesetz (SUG) niedergelegt, das auf den CIC verweist (§ 2 i. V. m. Anlage C Nr. 1); Seeunfälle mit Bezug zu Deutschland (§ 12 II SUG) untersucht die Bundesstelle für Seeunfalluntersuchung (BSU) in Hamburg.

Die Seeunfalluntersuchung folgt nach dem CIC dem No Blame-Ansatz, d. h. das Ziel besteht darin, künftige Unfälle zu verhindern und nicht Feststellungen zum Verschulden oder zur Verantwortlichkeit zu treffen (Kapitel 1.1 und 16.2). Der CIC bezieht sich dementsprechend nicht nur auf Unfälle (Casualties), sondern erfasst auch alle Vorfälle (Incidents), die zwar nicht zu einem Schaden führen, aber im Sinne von Beinahe-Unfällen ein Sicherheitsrisiko begründen (Kapitel 2.10). Die zentralen Instrumente des CIC sind nach Kapitel 1.1 eine harmonisierte Methode der Seeunfalluntersuchung sowie staatliche Berichtspflichten gegenüber der IMO (Kapitel 14.1–3) und der Öffentlichkeit (Kapitel 14.4). Zu den Prinzipien der Seeunfalluntersuchung gehören die Unabhängigkeit der Untersuchung (Kapitel 16.1) sowie ein ganzheitlicher Ansatz, bei dem auch nach mittelbaren Ursachen gefragt wird (Kapitel 16.5). Auch die Methodik der Seeunfalluntersuchung ist internationalisiert: Die Untersuchung muss sich auf die fünf Elemente Personen, Umweltfaktoren einschließlich eines regulatorischen Versagens (Kapitel 2.3.6), Ausrüstung, Verfahren sowie auf die gesamte Organisation beziehen, so dass nicht nur an Bord, sondern auch an Land auf der Seite des Reeders bzw. der Betreibergesellschaft zu untersuchen ist (Kapitel 2.2.6.1 und 2.3). Die die Untersuchung leitenden Fragen sind Who, What, Where, When, Why und How (Kapitel 2.2.6.8). Um Antworten

[513] Siehe Kapitel 5.15 Nr. 5 Casualty Investigation Code (IMO, Resolution MSC.255 (84), 16.05. 2008).

[514] Ein Beispiel findet sich im BSU-Seeunfallbericht 34/16, Festkommen der CSCL Indian Ocean auf der Elbe am 03.02.2016, S. 31.

[515] Art. 94 VII SRÜ; Kapitel I Regel 21 SOLAS; Art. 12 MARPOL; Art. 23 LL; Kapitel I Regel 5 STCW; Regel 5.1.6 MLC 2006.

[516] Der ISM-Code der IMO, der kraft Verweis in Kapitel IX Anlage SOLAS verbindlich ist, sieht daneben eine Unfalluntersuchung und Meldung für jedes „Unternehmen" (1.1.2) vor (9.1); zur Seeunfalluntersuchung durch den Verwaltungsadressaten und Klassifizierungsgesellschaften siehe auch §§ 4–8 SUG.

[517] IMO, Resolution MSC.255 (84), 16.05.2008. Dieser ist seit 2010 kraft Verweis in Kapitel XI-1 SOLAS in den Teilen I und II verbindlich.

[518] Nunmehr RL 2009/18/EG, ABl. 2009 L 131, S. 114.

zu finden, müssen Interviews geführt werden – mit Zeugen vor Ort, aber auch mit sonstigen potentiellen Informationsträgern (Kapitel 2.2.8.2) –, der Unfallort inspiziert, Dokumente und Verfahren analysiert, fehlende Informationen aufgedeckt und ggf. ergänzende Studien durchgeführt werden (Kapitel 2.2.5.1), vgl. § 22 SUG.

Am Ende einer Seeunfalluntersuchung steht ein Seeunfalluntersuchungsbericht, in dem die Ergebnisse der Untersuchung publiziert (Kapitel 12.3, 14) sowie Sicherheitsempfehlungen (Kapitel 2.11, 16.1.2 Nr. 5) ausgesprochen werden (§§ 27–29 SUG)[519].

Daran schließt sich eine Analyse der Seeunfallberichterstattung durch das Sub-Committee on Implementation of IMO Instruments nach der Casualty Analysis Procedure (CAC)[520] an. Dieses hat dazu zwei Arbeitsgruppen eingerichtet, die auf der Basis der nationalen Seeunfalluntersuchungsberichte sowie in sonstigen (Unter-)Ausschüssen der IMO vorhandener Einzelinformationen zu Seeunfällen nach wiederkehrenden Ereignissen und Trends suchen (Kapitel 1.6). Auf der Ebene der IMO erfolgt dann eine Risikoeinschätzung (Kapitel 2.3–2.6) und es werden ggf. Empfehlungen ausgesprochen (Kapitel 2.7).

3. Elemente maritimer Wissensverwaltung

a) Internationale Standardisierung nationaler Wissensgenerierung

Lokales Wissen wird demnach durch die sachnäheren nationalen Verwaltungen erfasst. Diese dezentrale Wissensgenerierung wird durch internationale Organisationen mittels methodischer Vorgaben gelenkt. Eine solche Standardisierung wird der Kontextgebundenheit lokalen Wissens gerecht[521] und bildet die Grundlage, um später auf internationaler Ebene eine fundierte Risikoentscheidung treffen zu können.

Im Bereich der Pandemierisikoverwaltung gibt der Risikoalgorithmus in Anlage 2 der IGV 2005 ein Grobraster vor, um zu beurteilen, wann eine gesundheitliche Notlage von internationaler Tragweite vorliegt, der speziell[522] für die Wissensgenerierung im Seehafen durch das WHO-Handbuch konkretisiert wird. Für die Seeunfalluntersuchung übernimmt diese Rolle der Casualty Investigation Code. Während die Seeunfalluntersuchung die aktive Informationsbeschaffung auch jenseits des Unfallorts betont, dominiert bei der Wissensgenerierung im Seehafen wegen der begrenzten Zeitspanne die passive Informationsbeschaffung über die Seegesundheitserklärung.

---

[519] Ausführlich *v. Gerlach*, Die Seesicherheitsuntersuchung, S. 119 ff.

[520] FSI 17/WP.1, Annex 2.

[521] Zur Bedeutung der Standardisierung für die weltweite Gesundheitsüberwachung *Choi*, Scientifica 2012, S. 1, 17 f.; *Trute*, in: Eger/Oeter/Voigt, International Law and the Rule of Law under Extreme Conditions, S. 1, 6.

[522] Allgemein durch die Guidance for the Use of Annex 2 of the IHR, WHO/HSE/IHR/2010.4, Oktober 2008.

b) Instrumente des grenzüberschreitenden Wissenstransfers

Wissenstransfer umfasst die verwaltungsinterne Weitergabe von Erkenntnissen[523]. Für die internationale Verwaltung bildet der Wissenstransfer zwischen nationaler und internationaler Ebene die Voraussetzung dafür, die lokalen Wissensbestände zusammenzuführen. Dazu bedient sich das Seeverwaltungsrecht mehrerer aufeinander aufbauender Instrumente: In einem ersten Schritt stellen in internationalen Regelwerken statuierte Meldepflichten sicher, dass das lokale Wissen an die internationale Ebene übermittelt wird[524]. Auf dieser Grundlage übernehmen internationale Organisationen dann die Aufgabe von Informationsvermittlern und Risikoentscheidern:

- Informationsvermittlung meint die Verteilung der durch die nationale Ebene bereitgestellten Informationen an die übrigen Verwaltungsakteure, um diesen ein Ergreifen von Schutzmaßnahmen oder sonstige Konsequenzen zu ermöglichen. Bei der Seeunfalluntersuchung geschieht dies auf der Global Integrated Shipping Information System (GISIS)-Homepage der IMO, auf der alle Berichte abgerufen werden können[525]. Nach Art. 11 IGV 2005 übernimmt auch die WHO eine solche Rolle[526].
- Um Risikoentscheidungen treffen zu können, bilden internationale Organisationen als wissensgenerierende Infrastruktur mit Sachverständigen besetzte Ausschüsse[527]: Die abschließende Pandemierisikobewertung und damit Risikoentscheidung[528] obliegt der WHO (Art. 12 I IGV 2005), die dazu mit dem Notfallausschuss zusammenwirkt (Art. 12 II, 48, 49 IGV 2005). Diese Aufgabe übernimmt für die Seeunfalluntersuchung ein IMO-Unterausschuss mit eigenen Arbeitsgruppen. Im Unterschied zur WHO, die die endgültige Risikoentscheidung zu treffen hat, hat die IMO jedoch (noch) keine inhaltliche Letztentscheidungskompetenz[529].

c) Globale Wissensdistribution

Wissensdistribution beschreibt den Informationsfluss zwischen Verwaltung und Privaten[530]. Die Publikumsinformation[531] erfasst Tätigkeiten, bei denen sich diese außerhalb konkreter Verwaltungsverfahren an einen offenen Personenkreis wendet,

---

523 *I. Augsberg*, Informationsverwaltungsrecht, S. 79 ff.

524 Die WHO bezieht zudem auch sonstige Akteure in den Wissenstransfer ein; dazu hat sie das Global Outbreak Alert and Response Network (GOARN) ins Leben gerufen, dazu *Pflug*, Pandemievorsorge, S. 85.

525 Siehe https://gisis.imo.org (zuletzt abgerufen: 08.06.2023).

526 Von „Informationskoordinator“ sprechend *Pflug*, Pandemievorsorge, S. 87.

527 Für die WHO *Trute*, in: Eger/Oeter/Voigt, International Law and the Rule of Law under Extreme Conditions, S. 1, 15.

528 *Trute*, in: Eger/Oeter/Voigt, International Law and the Rule of Law under Extreme Conditions, S. 1, 15.

529 Interview mit der BSU.

530 *I. Augsberg*, Informationsverwaltungsrecht, S. 195 ff.

531 Begriffsprägend *Gramm*, DS 30 (1991), S. 51 ff.

um zur Erledigung einer Verwaltungsaufgabe die Öffentlichkeit über einen Sachverhalt, ein Vorhaben oder eine Einschätzung zu informieren[532]. Im Risikorecht dient sie in der Form der Risikokommunikation dazu, einheitliche Handlungsempfehlungen an die Öffentlichkeit herauszugeben sowie einen offenen Diskurs um den Umgang mit Ungewissheit zu ermöglichen[533]. Das Seeverwaltungsrecht lässt zwei Ansätze einer globalen Wissensdistribution erkennen:

Die WHO möchte die Publikumsinformation der Staaten lenken, um eine effektive Risikokommunikation sicherzustellen[534]. Für eine globalisierte Industrie wie die Seeschifffahrt, bei der die Bindungen zwischen dem Einzelnen und der staatlichen Verwaltung gelockert sind, bietet sich hingegen eine Abkürzung in dem Sinne an, dass internationale Organisationen selbst die Aufgabe der Wissensdistribution erfüllen, um sicherzustellen, dass das Wissen beim Einzelnen ankommt. Dies ist der Fall bei der Seeunfalluntersuchung: Der Casualty Investigation Code sieht zwar ebenfalls eine Veröffentlichung des nationalen Seeunfalluntersuchungsberichts vor (Kapitel 14.4); darüber hinaus benennt er aber die Verteilung von Informationen an die Schifffahrtsindustrie als zentrale Aufgabe der IMO (Kapitel 1.1.2). Der zuständige IMO-Unterausschuss genehmigt dazu die sog. Lessons Learned der nationalen Untersuchungsbehörden, die praktische Schlussfolgerungen aus Seeunfällen vermitteln, und verteilt sie an die Seeleute[535].

4. Fazit: Interaktion der Wissenssysteme anstatt unilateralem Wissenstransfer

Die internationale Wissensverwaltung, die an den Beispielen der maritimen Pandemievorsorge und der Seeunfalluntersuchung vorgeführt wurde, greift zu den Instrumenten der internationalen Standardisierung der Wissensgenerierung, des grenzüberschreitenden Wissenstransfers sowie der globalen Wissensdistribution. Die für die internationale Verwaltung typische Konglomeratslogik, die als Absage an Einheitsdenken und hierarchische Strukturen zu verstehen ist, zeigt sich im kognitiven Bereich besonders deutlich: Die Aufgabe, lokales Wissen global verfügbar zu machen, folgt keinem Modell eines unidirektionalen Wissenstransfers von unten nach oben oder anders herum; an seine Stelle tritt ein komplexeres Bild verschiedener sich bedingender Prozesse der Erfassung und Verbreitung von Wissen, in die Akteure auf unterschiedlichen Ebenen eingebunden sind. Fragt man weitergehend nach den Auswirkungen der Globalisierung auf die Wissensgenerierung, dann lässt sich Wissen als ein Produkt dieser vielfältigen, die Wissenssysteme vernetzenden Interaktionen beschreiben[536]. Diese Perspektive auf die internationale Wissensver-

---

532 *Bumke*, DV 37 (2004), S. 3, 6.

533 *Klafki*, Risiko und Recht, S. 47.

534 Dazu *Klafki*, Risiko und Recht, S. 367.

535 Siehe https://www.imo.org/en/OurWork/MSAS/Pages/Casualties.aspx (zuletzt abgerufen: 08.06.2023).

536 Auf Norman Longs Interface-Analyse Bezug nehmend *Spiegel*, in: Schützeichel, Handbuch

waltung liegt auf einer Linie mit der Forschung zur Weltrisikogesellschaft, die die heterarchische Verknüpfung von globalen Risiken und lokalen Problemen betont[537].

Wissenssoziologie und Wissensforschung, S. 737, 738f.; zur Notwendigkeit einer doppelten Perspektivenführung, auch *Müller*, in: Schareika/Bierschenk, Lokales Wissen, S. 209ff.

[537] Am Beispiel von SARS *Pohler*, in: Holzinger/May/Pohler, Weltrisikogesellschaft als Ausnahmezustand, S. 121, 126ff., insb. 129.

5. Kapitel

Rechtssetzung der internationalen Verwaltung

Rechtssetzung im nationalen Kontext folgt der Einheitslogik: Der Erlass abstrakt-genereller Rechtsnormen bildet in erster Linie eine Aufgabe des Parlaments, während die administrative Rechtssetzung dieser nachgeordnet ist und sich in Deutschland regelmäßig nach dem Delegationsgedanken legitimiert (vgl. Art. 80 I GG)[1]. Über ihren Stufenbau wird die Einheit der Rechtsordnung gewahrt. Die Rechtsnormen der Verwaltung sind danach Parlamentsgesetz und Verfassung untergeordnet. Im internationalen Verwaltungsrecht, das sich durch eine Abkehr von Einheitsdenken auszeichnet, ist das Gegenteil der Fall. Rechtssetzung stellt die Domäne der Verwaltung dar, während der nationale Gesetzgeber an den Rand gedrängt wird. Gleichzeitig bedingt die konglomeratische Struktur der internationalen Verwaltung eine Multiplizierung der Normsetzer und in der Folge eine Ausdifferenzierung des Normbegriffs. Eine klare Normenhierarchie lässt sich angesichts dieser Vielfalt und Verwobenheit kaum erkennen. Die Flut administrativen Rechts bildet zum einen eine Herausforderung für Rechtsanwender, die sich in diesem Chaos erst einmal zurechtfinden müssen, um zu wissen, welches Recht im konkreten Fall gilt. Die Zurückdrängung des Parlaments zeigt zum anderen, dass das Modell deutscher Provenienz, das zur Eingrenzung administrativer Rechtssetzung maßgeblich auf eine materiell-rechtliche Rückbindung an das Gesetz setzt[2], an die Grenzen seiner Leistungsfähigkeit gerät.

Das Kapitel wird in einem ersten Schritt einen Eindruck von der Zunahme der maritimen Rechtsvielfalt geben (I.), bevor die Frage nach der Legitimation[3] adminis-

---

[1] Die Legitimationsstrukturen der administrativen Normsetzung unterscheiden sich in den Staaten; wie in Deutschland steht auch in der britischen Rechtsordnung das Parlamentsgesetz im Mittelpunkt, *Kleve/Schirmer*, in: Schneider, Verwaltungsrecht in Europa, S. 59ff., während etwa in Frankreich die Pouvoir Réglementaire eine in der Regierungsgewalt wurzelnde Befugnis darstellt, siehe Art. 37 französische Verfassung vom 04.10.1958, näher *Marsch*, in: ders./Vilain/Wedel, Französisches und Deutsches Verfassungsrecht, § 5 Rn. 16. Dieses klare Regel-Ausnahme-Modell spiegelt sich auch in der wissenschaftlichen Aufmerksamkeit wider, gilt im deutschen Recht die Normsetzung doch nach wie vor als ein vernachlässigter Teil des Verwaltungshandelns, *Ruffert*, in: Schneider/Rennert/Marsch, ReNEUAL-Musterentwurf, S. 111.

[2] Anders etwa die USA, dazu *Pünder*, Exekutive Normsetzung in den Vereinigten Staaten von Amerika und der Bundesrepublik Deutschland.

[3] Legitimation wird hier als normative Form der Rechtfertigung von Herrschaft gegenüber dem Einzelnen verstanden (*Trute*, in: GVwR I, § 9 Rn. 1, 2). Legitimität als soziale Anerkennung von Herrschaft ist davon zu unterscheiden (*Schmidt-Aßmann*, AöR 116 (1991), S. 329, 331; mit einer anderen Differenzierung *Schliesky*, Souveränität und Legitimation von Herrschaftsgewalt, S. 150 f.: „Legitimation als Vorgang, Legitimität als Ergebnis"). Beiden geht es im Kern um demokratisch

trativer internationaler Rechtssetzung gestellt wird. In der Forschung zum internationalen Verwaltungsrecht bildet diese zwar einen Interessenschwerpunkt, zu dem wegweisende Überlegungen angestellt wurden[4]; das Legitimationskonzept, seine rechtliche Verortung und die Mechanismen zur Bewältigung von Legitimationsfragen bleiben aber weiterhin unklar[5]. *Benedict Kingsbury*, *Nico Krisch*, *Richard Stewart* und *Sabino Cassese* sehen in mehr Transparenz und Partizipation die Lösung[6]; diese Antwort bleibt aber zu pauschal. Die Untersuchung wird aus diesem Grund das Legitimationsproblem für eine Form der Rechtssetzung, nämlich diejenige im Rahmen internationaler Organisationen, vorstellen und sich den Ursachen für Legitimationsdefizite zuwenden (II., III.). Als Lösung wird eine Ausdifferenzierung der Legitimationszusammenhänge über diverse Ebenen übergreifende Mechanismen vorgeschlagen (IV.) und im Demokratieprinzip normativ verortet (V.). Schließlich wird der Frage nachgegangen, ob und inwieweit diese Grundsätze auch für die Rechtssetzung der privaten Seeverwaltung gelten (VI.).

Weitgehend unerforscht ist der praktische Umgang der internationalen Verwaltung mit der Rechtsvielfalt. Beschreibungen bleiben regelmäßig rechtstheoretischer Natur und beschränken sich auf Normenkonflikte. Das Interface Law-Projekt um *Nico Krisch* hebt die auch positiven Implikationen von „interface conflicts" für die internationale Rechtsordnung hervor[7]. Gleichwohl können sie die Rechtsanwendung behindern. Das Kapitel widmet sich daher im letzten Abschnitt rechtsdogmatischen Antworten, indem illustriert wird, dass sogenannte Navigationsinstrumente die Rechtsanwender durch die Flut von Normen steuern können (VIII.). Dabei wird gezeigt, dass das Augenmerk auf Normenkonflikte nicht ausreichend ist, da schon die Vielfalt von Normen an sich ein Rechtsanwendungshemmnis bedeutet.

I. Maritime Rechtsvielfalt: eine Auswahl

Normsetzung gehört zum Tätigkeitsfeld eines jeden Akteurs, der einen Teil der konglomeratischen Organisation der internationalen Verwaltung bildet. Gleichwohl lassen sich je nach Referenzgebiet bestimmte Cluster und darauf aufbauend Typen des Global Rulemaking beobachten[8]. In der Seeschifffahrt, die einen weltweit

---

vermittelte Rechtfertigung, *Schliesky*, Souveränität und Legitimität von Herrschaftsgewalt, S. 162 f., 230 ff; anders *Classen*, Demokratische Legitimation im offenen Rechtsstaat, S. 39, 77.

[4] *Kahl*, in: Trute/Groß/Röhl/Möllers, Allgemeines Verwaltungsrecht, S. 71 ff.; *Eifert*, in: ebenda, 307 ff.; *Röhl* in: Möllers/Voßkuhle/Walter, Internationales Verwaltungsrecht, S. 319 ff.; *Lepsius*, in: ebenda, S. 345 ff.; *Tietje*, Internationalisiertes Verwaltungshandeln, S. 599 ff., 644 ff.

[5] *Ruffert*, in: Möllers/Voßkuhle/Walter, Internationales Verwaltungsrecht, S. 395, 408.

[6] Zu diesen zentralen Prinzipien *Kingsbury/Krisch/Stewart*, Law and Contemporary Problems 68 (2005), S. 15, 38 f.; *Cassese*, International Law and Politics 37 (2005), S. 683, 688 f.

[7] *Krisch/Corradini/Reimers*, Global Constitutionalism 9 (2020), S. 343, 359.

[8] Vier Grundkonstellationen unterscheidend *Büthe/Mattli*, The New Global Rulers: The Privatization of Regulation in the World Economy; ferner *Craig*, UK, EU and Global Administrative Law, S. 572 f.

einheitlichen Standard bevorzugt, wird die Rechtssetzung zu einem großen Teil im Rahmen internationaler Organisationen globalen Zuschnitts determiniert (2.), ohne dass dies andere Normanbieter verdrängt. Von der weiteren Rechtssetzung wird an dieser Stelle beispielhaft die durch Private näher beleuchtet (3.). Konzeptionelle Grundlage maritimer Rechtsvielfalt bilden der globale Rechtspluralismus sowie die Multinormativität (1.).

1. Rechtspluralismus und Multinormativität als Beschreibungsangebote

Rechtspluralismus[9] behandelt komplexe Rechtskonstellationen[10], die über schlichte Rechtsverhältnisse von Rechtssubjekten hinausgehen. Daher werden für diese Konstellationen neue Begriffe eingeführt wie der der „Interlegalität" als „Intersektion von verschiedenen rechtlichen Ordnungen"[11]. Während der klassische, aus der Soziologie und Anthropologie stammende Begriff des Rechtspluralismus die Interaktionen zwischen indigenen und modernen Rechts- und Sozialordnungen und damit zwischen westlichen und nicht-westlichen Normen in kolonialen und postkolonialen Gesellschaften thematisiert, betrachten postmoderne Ansätze das Zusammenspiel von staatlichem und nicht-staatlichem Recht im Allgemeinen[12]. Als Spielart des Rechtspluralismus der Postmoderne, teilweise auch als seine dritte Phase, gilt der globale oder transnationale Rechtspluralismus[13]. Er geht davon aus, dass unter globalen Bedingungen neben den staatlichen Rechtsordnungen zahlreiche neue entstehen, die sich gegenseitig überlagern, und überwindet damit die Lehren des Monismus und Dualismus, die allein staatliches und zwischenstaatliches Recht in den Blick nehmen und von einer klaren Trennung zumindest ihrer Regelungsgegenstände ausgehen.

Multinormativität[14], ein Forschungsschwerpunkt des Frankfurter Max-Planck-Instituts für europäische Rechtsgeschichte, thematisiert normative Interaktionen, die sowohl innerstaatlich als auch grenzüberschreitend entstehen können. Die bewusste Wahl des Begriffs der Normativität anstelle von Recht soll von den Unklarheiten, was Recht bedeutet, befreien und zudem ein statisches, sprich auf die Geltung von Recht beschränktes Verständnis vermeiden. Die Erklärungsbedürftigkeit tritt hier dann aber auf einer anderen Ebene wieder auf. Der Vorteil dieses spe-

---

[9] Zu den diversen rechtspluralistischen Perspektiven *Seinecke*, Recht des Rechtspluralismus, S. 20ff.

[10] *Dethloff*, in: BDGV 46 (2014), S. 47ff.

[11] *Santos*, „Interlegalität", Law: A Map of Misreading, S. 298.

[12] *Michaels*, Global Legal Pluralism, S. 4.

[13] *Santos*, Law: A Map of Misreading; *Teubner*, Global Legal Bukowina; *Perez*, Global Legal Pluralism; *Berman*, Global Legal Pluralism; *Michaels*, Global Legal Pluralism; *Zumbansen*, Transnational Legal Pluralism; *v. Benda-Beckmann/v. Benda-Beckmann/Griffiths*, Mobile People, Mobile Law.

[14] *Duve*, Legal History 25 (2017), S. 88ff.; der Begriff geht zurück auf *Vec*, in: Berlin-Brandenburgische Akademie der Wissenschaften, Jahrbuch der Berlin-Brandenburgischen Akademie der Wissenschaften, S. 155ff.

zifisch historischen Zugriffs auf Normenvielfalt liegt darin, dass der Eindruck einer Fortschrittserzählung vermieden wird, den gerade der globale Rechtspluralismus hervorruft[15]. Zudem liegt der Fokus weniger auf Normenkonflikten, sondern allgemein auf der Unübersichtlichkeit, die durch normative Interaktionen hervorgerufen wird. Dadurch können weitere Rechtsanwendungsschwierigkeiten, die durch Normenvielfalt entstehen, erfasst werden[16].

2. *Rechtssetzung im Rahmen internationaler Organisationen*

a) Zurückdrängung des Konsensprinzips durch innovative Rechtssetzungstechniken

Internationale Organisationen stellen bislang keine Weltgesetzgeber dar. Die zwischenstaatliche Aushandlung völkerrechtlicher Verträge bildet nach wie vor einen bedeutsamen Mechanismus der internationalen Rechtssetzung. Im Seeverwaltungsrecht sind Rechte und Pflichten der maritimen Industrie demgemäß in erster Linie in internationalen Abkommen niedergelegt[17]. Gleichwohl haben internationale Organisationen eine Vielzahl diskreter Wege entwickelt, diese völkerrechtlichen Verträge weiterzuentwickeln, um Gemeinschaftsinteressen zu effektuieren[18]. Ein Blick auf die im Seeverwaltungsrecht eingesetzten Techniken zeigt, dass es charakteristisch für diese Rechtssetzung im Rahmen internationaler Organisationen ist, dass Normen formuliert werden, die sich einerseits nicht unbedingt auf den Willen des einzelnen Staats zurückführen lassen und insbesondere auch gegenüber passiven Teilnehmern Wirkungen entfalten können; andererseits liegt in diesen Mechanismen keine offene Durchbrechung des völkerrechtlichen Konsensprinzips. Diverse Formen der Sekundärrechtssetzung (aa, bb), die Drittwirkung völkerrechtlicher Verträge (cc) sowie internationales Soft Law (dd) bilden die Erscheinungsformen dieser Verselbstständigung der Rechtssetzung im Rahmen internationaler Organisationen.

aa) Verfahren der stillschweigenden Zustimmung

Unter Sekundärrechtssetzung versteht man die generell-abstrakten Regeln einer internationalen Organisation, die in Abgrenzung zum völkerrechtlichen Vertrag einseitig sind, aber gleichwohl Rechtsverbindlichkeit im Außenverhältnis zu den Mitgliedstaaten beanspruchen[19]. Der Zusatz sekundär grenzt diese Rechtsakte von den Gründungsakten der Organisation ab. Von der Aushandlung völkerrechtlicher Verträge im Rahmen internationaler Organisationen unterscheidet sich Sekundär-

[15] Kritisch *Michaels*, Global Legal Pluralism, S. 5.
[16] Zu diesen siehe unten 5. Kapitel, VII. 1.
[17] Siehe oben 2. Kapitel.
[18] *White*, in: The Oxford Handbook of International Organizations, S. 560 ff.; *Joyner*, The United Nations and International Law, S. 92.
[19] *Aston*, Sekundärgesetzgebung, S. 61, der den Begriff Sekundärgesetzgebung verwendet, um die Ähnlichkeit zur innerstaatlichen Gesetzgebung zu betonen.

rechtssetzung dadurch, dass die Entstehung der rechtlich verbindlichen Norm ein vertikales Strukturelement aufweist[20]. Einseitigkeit setzt nicht zwingend Mehrheitsbeschlüsse voraus[21]; entscheidend ist, dass die Rechtssetzung im Unterschied zu den klassischen Rechtsquellen des Völkerrechts unabhängig von einem gesonderten Einverständnis der Mitgliedstaaten erfolgt[22].

Eine unmittelbare verbindliche Außenrechtssetzung, bei der keine staatliche Zustimmung nötig ist, ist im internationalen Verwaltungsrecht die Ausnahme[23], stattdessen dominieren Formen der unechten sowie mittelbaren Sekundärrechtssetzung. Im Seeverwaltungsrecht nimmt das Verfahren der stillschweigenden Zustimmung (Tacit Acceptance) einen breiten Raum ein. Dieses beschreibt einen Mechanismus, bei dem auf der Grundlage einer Vertragsbestimmung ein Organ einer internationalen Organisation eine Vorschrift in der Regel[24] durch Mehrheitsbeschluss annimmt. Grundsätzlich bedarf die Änderung von Konventionen einer „Übereinkunft zwischen den Vertragsparteien" (Art. 39 1. HS WVK, Explicit Acceptance); man spricht auch von Protokollen[25]. Gegenüber dem regulären Verfahren einer Revision eines völkerrechtlichen Vertrags bietet das Tacit Acceptance-Verfahren den Vorteil, dass die Änderung grundsätzlich nach Ablauf einer Frist und damit automatisch[26] rechtsverbindlich wird, ohne dass sie von den Vertragsstaaten individuell ratifiziert, genehmigt oder angenommen werden muss[27]. In der Internationalen Seeschifffahrts-Organisation (IMO) wurde dieses Verfahren für die Anpassung und Änderung der Annexe und Anhänge von Konventionen in den Bereichen Sicherheit und Meeresumweltschutz in den 1970er Jahren entwickelt[28], um diese schneller neuen technologischen Entwicklungen und dem wissenschaftlichen Fortschritt anzupassen. Auch Regionalmeerorganisationen kennen solche Tacit Acceptance-Verfahren[29]. Die Verzögerungen sind in der IMO auch darauf zurückzuführen, dass die

---

[20] *Payandeh*, Internationales Gemeinschaftsrecht, S. 304 f.

[21] *Frenzel*, Sekundärrechtsakte, S. 17.

[22] *Frenzel*, Sekundärrechtsakte, S. 15.

[23] Im maritimen Bereich sieht nur das nicht in Kraft getretene Protocol on Athens Convention relating to the Carriage of Passengers and their Luggage by Sea vom 29.03.1990 (LEG/CONF 8/10) eine echte Rechtssetzung vor, da danach mit Mehrheit beschlossene Änderungen der Haftungsgrenzen des Übereinkommens für alle Staaten nach Ablauf von 18 Monaten in Kraft treten. Ablehnenden Staaten bleibt die Möglichkeit, das Protokoll zu kündigen, siehe *Kirgis*, in: Schachter/Joyner, UN Legal Order, Volume II, S. 715, 721 Fn. 22.

[24] Zu den verschiedenen Arten *Hathaway/Nix/Sanghvi/Solow*, Tacit Amendments.

[25] *Aust*, Modern Treaty Law and Practice, S. 23.

[26] *Aust*, Modern Treaty Law and Practice, S. 235 f.

[27] *König*, Tacit Consent/Opting Out Procedure in: MPPEIL, Januar 2013, Rn. 1.

[28] Zur von der Assembly in Auftrag gegebenen Studie über mögliche Änderungsverfahren siehe IMCO, Resolution A.249 (VII), 03.11.1971; zum Hintergrund *Juda*, The International and Comparative Law Quarterly 26 (1977), S. 558, 573 f.

[29] Nach OSPAR können mit Dreiviertel-Mehrheit Änderungen der Anhänge beschlossen werden (Art. 19 II), deren Bindung Vertragsstaaten nur durch Einspruch entgehen können (Art. 19 III), dazu *Kachel*, in: Ehlers/Lagoni, International Maritime Organisations, S. 21, 49. Anhänge und deren Änderungen müssen nach dem Helsinki-Übereinkommen einstimmig angenommen werden

Staaten sich nicht in Abstimmungsblöcken zusammenfinden[30] und die großen Flaggenstaaten ein de facto-Vetorecht haben[31]. Beim Verfahren der stillschweigenden Zustimmung hingegen tritt ein entsprechender Beschluss für alle Vertragsstaaten in Kraft, außer eine Mindestanzahl von in der Regel einem Drittel der Vertragsstaaten, deren Handelsflotte in der Regel 50 % der Welttonnage ausmachen muss, hat der Änderung widersprochen; nimmt das Änderungsverfahren diese Hürde, tritt die Änderung nach einer bestimmten Frist für alle Parteien in Kraft, mit Ausnahme der Staaten, die vor diesem Zeitpunkt ihren Einspruch der IMO gegenüber notifiziert haben (etwa Art. 16 II f) (bb und cc) MARPOL). Bei einem Explicit Acceptance-Verfahren würde die Änderung hingegen erst nach Ratifikation durch eine bestimmte Zahl von Vertragsparteien in Kraft treten. Charakteristisch für das Tacit Acceptance-Verfahren ist somit, dass die Staaten im Einzelfall aktiv werden müssen, um die Bindung auszuschließen. Die Bindung bleibt zwar abwendbar, aber die Zustimmung wirkt nicht mehr konstitutiv. Das Verfahren gilt als Erfolg: Anpassungen der Konventionen werden oft 18 bis 24 Monate nach ihrer Annahme wirksam, in Einzelfällen sogar nach zwölf Monaten[32].

Die Weltgesundheitsorganisation (WHO) und die Internationale Arbeitsorganisation (ILO) kennen zum einen das Contracting In-Verfahren, bei dem der durch Mehrheitsbeschluss getroffene Rechtsakt der internationalen Organisation, wie der Name besagt, zwar der Zustimmung eines Staats bedarf, um ihm gegenüber Bindungswirkung zu entfalten, aber prozedurale Pflichten einen Druck zur Zustimmung ausüben. Bekanntheit hat dieses Verfahren im internationalen Arbeitsrecht erlangt[33]. Da es an einer Rechtsverbindlichkeit fehlt, ist umstritten, ob es sich beim Contracting In um Sekundärrechtssetzung handelt[34]. Im Seeverwaltungsrecht ist diese Zuordnung zweitrangig, da ILO und WHO hier das Verfahren der stillschweigenden Zustimmung bevorzugen:

(Art. 19). Sie werden nach Ablauf einer bestimmten Frist wirksam, sofern keine der Parteien Einspruch erhebt (Art. 32 III).

[30] *Anianova*, in: Ehlers/Lagoni, International Maritime Organisations, S. 77, 87.

[31] *Gaskell*, International Journal of Maritime Law 2 (2003), S. 155, 170; *Stiles*, in: Oestreich, International Organizations as Self-Directed Actors, S. 168, 173.

[32] *Lost-Siemenska*, in: Bowman/Kritsiotis, Conceptual and Contextual Perspectives on the Modern Law of Treaties, S. 907, 917; ferner IMO, FAQ. Im Unterschied scheitern Anpassungen von Konventionen, die dieses Verfahren nicht kennen, oftmals an der notwendigen Zustimmung der Staatenmehrheit, etwa die Anpassungen der LL aus den Jahren 1971, 1975, 1979 und 1985, siehe https://www.imo.org/en/About/Conventions/ListOfConventions/Pages/International-Convention-on-Load-Lines.aspx (zuletzt abgerufen: 08.06.2023).

[33] Der mit zwei Dritteln der Stimmen der anwesenden Delegierten getroffene Beschluss der Allgemeinen Konferenz über ein Übereinkommen der ILO (Art. 19 II ILO-Verfassung) ist mit einer Pflicht der Mitgliedstaaten verknüpft, den Text dem jeweiligen Parlament zur Zustimmung vorzulegen und der ILO darüber Bericht zu erstatten, falls die Zustimmung nicht zu erlangen ist (Art. 19 V ILO-Verfassung). Solche Bemühens- und Rechtfertigungspflichten bestehen auch bei „Verträgen und Konventionen" der WHO (Art. 20, 62 WHO-Verfassung).

[34] Zur Debatte *Aston*, Sekundärgesetzgebung, S. 173 f. m. w. N.

- Die Maritime Labour Convention 2006 (MLC 2006) ist zeitlos gefasst. Deshalb trägt sie als erste ILO-Konvention auch keine Ordnungsnummer. Für Änderungen ihres Codes[35], der sowohl verbindliche als auch unverbindliche Detailbestimmungen enthält, kann das Tacit Acceptance-Verfahren angewendet werden, bei dem ein dreigliedriger Sonderausschuss (Art. XIII) Änderungen mit Mehrheitsbeschluss annehmen kann und die Staaten regelmäßig zwei Jahre Zeit haben, um förmlich ihre Uneinigkeit zum Ausdruck zu bringen (Art. XV).
- Bei der WHO kommt das Verfahren sogar für den erstmaligen Beschluss über gesonderte Regelwerke – die Regulations – zur Anwendung[36], der mit einfacher Mehrheit ergeht. Die Mitgliedstaaten müssen zur Abwendung einer Bindung innerhalb der in der Benachrichtigung angegebenen Frist – bei den Internationalen Gesundheitsvorschriften 2005 (IGV 2005) innerhalb von 18 Monaten (Art. 59 I IGV 2005) – ihre Ablehnung (Rejection) bzw. Vorbehalte (Reservations) erklären (Art. 22 WHO-Verfassung). Die Rejection ist ein echtes Opting Out-Recht (vgl. Art. 61 IGV 2005), während Art. 62 IGV 2005 bei Reservations ein mehrstufiges Verfahren vorschreibt, bei dem der Weltgesundheitsversammlung die ausschließliche Kompetenz zugebilligt wird[37], die Vereinbarkeit des Vorbehalts mit Ziel und Zweck der IGV 2005 zu überprüfen[38]. Ein weiterer Unterschied zum Tacit Acceptance-Verfahren der IMO wird von der h.M. darin gesehen, dass die Verbindlichkeit bereits mit der Annahme des Beschlusses eintritt und die Vertragsstaaten nach Inkrafttreten der Änderung die Möglichkeit der Ablehnung haben[39]. Denn die Entstehungsgeschichte zeigt, dass die Vertragsstaaten einen Contracting Out-Mechanismus schaffen wollten[40] und dieser Begriff indiziert, dass bereits eine Verbindlichkeit besteht, von der sich die Staaten nur durch den Widerspruch lösen können[41]. Die Verbindlichkeit des Beschlusses ist in diesem Fall auflösend, nicht aufschiebend bedingt. Der Nachteil von Contracting Out wird darin gesehen, dass es den Staaten einen Anreiz bietet, es als Mittel zur Erreichung von Wettbewerbsvorteilen einzusetzen, da sie zunächst beobachten, wie sich andere Staaten verhalten[42], während eine Strategie des Abwartens bei Tacit Acceptance nicht möglich ist, da man sich Änderungen nicht nachträglich entziehen kann[43].

---

[35] Im Übrigen gilt das Änderungsverfahren nach Art. XIV MLC 2006.

[36] *Vierheilig*, Die rechtliche Einordnung, S. 68f.

[37] *Joyner*, The United Nations and International Law, S. 74.

[38] Erhebt die Versammlung entsprechende Einwände, die mit Mehrheitsbeschluss ergehen, so treten diese gegenüber dem Staat, der den unzulässigen Vorbehalt angebracht hat, erst in Kraft, wenn der Vorbehalt zurückgezogen worden ist (Art. 62 IX).

[39] *Alexandrowicz*, The Law-Making Functions, S. 50, 65; *Ilg*, Die Rechtsetzungstätigkeit der IMO, S. 38.

[40] Dazu *Vierheilig*, Die rechtliche Einordnung, S. 63ff.

[41] *Schermers/Blokker*, International Institutional Law, § 1290; *Moraru*, Meeresumweltschutz, S. 43f.

[42] *Henry*, The Carriage of Dangerous Goods by Sea, S. 65; *Ayorinde*, Journal of Maritime Law and Commerce 25 (1994), S. 55, 60.

[43] *Ilg*, Die Rechtsetzungstätigkeit der IMO, S. 36f.

Dass es sich bei der so exemplifizierten Sekundärrechtssetzung um eine Rechtssetzung jenseits überkommener völkerrechtlicher Mechanismen handelt, untermauert die bekannte Streitfrage, ob diese noch dem Vertrag zuzuordnen ist oder doch ein Gesetz darstellt. Diese Einordnungsfrage ist gleichwohl nicht weiterführend, da Sekundärrechtssetzung beide Modi kombiniert und daher über den Dualismus zwischenstaatlich oder legislativ nicht adäquat erfasst werden kann: Die IMO- und ILO-Regelwerke nennen sich Übereinkommen, haben Stilklauseln[44], die typisch für Verträge sind[45], und bedürfen der Ratifikation, Annahme oder Genehmigung[46], was nur für völkerrechtliche Verträge erforderlich ist (Art. 14 WVRK), während Gesetze unmittelbar gelten. Die Regulations der WHO werden hingegen von den „Verträgen und Konventionen" (Art. 20 WHO-Verfassung) terminologisch abgeschichtet, gleichzeitig sprechen die IGV 2005 von den „Vertragsstaaten" und der deutsche Gesetzgeber hielt ein Zustimmungsgesetz für nötig[47]. Das Prozedere der Sekundärrechtssetzung ist zudem insofern dem legislativen Modell angenähert, als dass oftmals Mehrheitsbeschlüsse möglich sind, während der Beschluss völkerrechtlicher Verträge grundsätzlich dem Konsensprinzip als Ausdruck staatlicher Souveränität folgt (Art. 9 I WVRK)[48]. Die Sekundärrechtssetzung steht letztlich zwischen den beiden Modi, da sie ein Stück weit in den Schutzmantel staatlicher Souveränität eingreift, ohne diesen wie die supranationale Rechtssetzung zu „durchschlagen"[49]: Im Koordinationsvölkerrecht ist die Zustimmung eines Staats, durch einen Vertrag gebunden zu sein, der Grundsatz (Art. 11 WVRK). Beim Contracting In wird hingegen Druck zur Zustimmung aufgebaut und beim Tacit Acceptance wandelt sich die Zustimmung sogar in eine bloße Widerspruchsmöglichkeit, so dass es gerade bei komplexen Fragen, einer kurzen Frist und einem eventuellen Übersetzungsprozess für die Staaten schwierig sein kann, eine informierte Entscheidung zu treffen[50]. Zwar lässt sich die Möglichkeit, auf eine ausdrückliche Zustimmung im Einzelfall zu verzichten, mit dem Wortlaut des Art. 11 WVRK vereinbaren, wonach die Zustimmung auch „auf eine andere vereinbarte Art" ausgedrückt werden kann. Die Zustimmung zu einem Vertrag, der ein vereinfachtes Änderungsverfahren vorsieht, könnte so ausgelegt werden, dass sie die vorweggenommene Zustimmung zu künftigen Änderungen einschließt[51]. Diese Auslegung ist jedoch eine juristische

[44] Etwa Art. IX MLC 2006.

[45] *Morhardt*, Die Rechtsnatur der Übereinkommen der Internationalen Arbeitsorganisation, S. 136 f.

[46] Etwa Art. VIII MLC 2006; Art. 15 VI MARPOL.

[47] BGBl. II 2007, S. 930.

[48] Allerdings ist nach Art. 9 II WVRK die Zustimmung aller Vertragsstaaten nicht in jedem Fall erforderlich, so dass ein Mehrheitsbeschluss dem vertraglichen Charakter nicht zwingend entgegensteht.

[49] Zur supranationalen Rechtssetzung *Ruffert/Walter*, Institutionalisiertes Völkerrecht, Rn. 17; zur Unterscheidung *Frenzel*, Sekundärrechtssetzungsakte, S. 13; *Aston*, Sekundärgesetzgebung, S. 177 ff.

[50] *Joyner*, The United Nations and International Law, S. 76.

[51] *Lagoni*, in: Ehlers/Lagoni, 50 Jahre Vereinte Nationen, S. 45, 50.

Fiktion, da der Inhalt künftiger Änderungen zum Zeitpunkt der Erteilung der Zustimmung nicht absehbar ist[52]. Derselbe Einwand gilt für die Konstruktion, die Zustimmung sei durch Schweigen oder das Unterlassen eines Widerspruchs erteilt worden. Die Bindungen sind letztlich mittelbarer Art, denn der Staat sieht sich mit der Vermutung der Gültigkeit internationaler Rechtsregeln konfrontiert, denen ein erleichterter Zugang ins nationale Recht verschafft wird[53].

bb) GAIRAS als dynamischer Verweis

Sekundärrechtssetzung kann auch durch dynamische Verweisungen in völkerrechtlichen Verträgen erfolgen. Im Unterschied zum Tacit Acceptance-Verfahren kann sich der Staat bei der Verweisungstechnik nicht durch Widerspruch der Bindung entziehen, da die Bindung an einen im Rahmen einer internationalen Organisation getroffenen Beschluss durch einen völkerrechtlichen Vertrag als „Vehikel“ vorgesehen ist[54]. Im Seeverwaltungsrecht bilden – neben den unten zu behandelnden Verweisen auf IMO-Codes – die Verweise im SRÜ auf die GAIRAS (Generally Accepted International Rules and Standards) einen diskutierten Anwendungsfall[55]. Diese bilden für die Normsetzung[56] der Parteien des SRÜ in ihrer Rolle als Küstenstaat einen Maximal- (z.B. Art. 21 II) und als Flaggenstaat einen Minimalstandard (z.B. Art. 211 II 2). Die Verweise auf Minimalstandards konkretisieren zusätzlich, dass es sich um GAIRAS handeln muss, die im Rahmen der „zuständigen internationalen Organisation oder einer allgemeinen diplomatischen Konferenz“ aufgestellt worden sind. Im Gegensatz zum Fischereirecht, das die Berücksichtigung allgemein empfohlener internationaler Mindestnormen vorsieht (Art. 119 I a), Art. 61 III)[57], verlangen die GAIRAS strikte Beachtung.

Ihr rechtlicher Status bleibt umstritten[58]: Der Wortlaut („rules and standards“) legt nahe, dass es sich bei den GAIRAS nicht um die klassischen Quellen des Völkerrechts handelt. Gegen eine zu progressive Interpretation spricht allerdings, dass sich eine entsprechende Intention der Staaten in der Entstehungsgeschichte nicht nachweisen lässt und das SRÜ souveränitätsschonend ausgestaltet ist[59]. Auch der Zusatz „generally accepted“ mag zu einer Beschränkung auf das Gewohnheitsrecht verleiten[60]. Allerdings differenziert das SRÜ zwischen Verweisen auf die

---

[52] *König*, Tacit Consent/Opting Out Procedure, in: MPEPIL, Januar 2013, Rn. 19.

[53] *Hobe*, Der offene Verfassungsstaat, S. 308.

[54] *Aston*, Sekundärgesetzgebung, S. 177.

[55] *Oxman*, NYU Journal of International Law and Politics 24 (1991), S. 109ff.

[56] Zur Begrenzung von Durchsetzungsbefugnissen der Staaten verweist das SRÜ demgegenüber auf die AIRAS (Applicable International Rules and Standards), etwa Art. 217 I, 218 I, 219 I, 220 I.

[57] Reaktion ist das Fish Stocks Agreement, das in Art. 10 eine Verpflichtung vorsieht. Diese Bestimmung hatte v. a. den Code of Conduct der FAO vor Augen. Da der Code of Conduct aber nur Prinzipien enthält, heißt das, dass Staaten immer noch Beurteilungsspielraum haben, *Harrison*, Making the Law of the Sea, S. 224–226.

[58] Eingehend *Schult*, Das völkerrechtliche Schiffssicherheitsregime, S. 77ff.

[59] *Proelß*, Meeresschutz, S. 86ff.

[60] *Van Reenen*, NYIL 12 (1981), S. 3, 11f.

klassischen Quellen[61] und auf „rules and standards". Eine Bezugnahme auf das Völkergewohnheitsrecht überzeugt bei Verweisen auf Minimalstandards wenig[62], da diese nicht darauf abstellen, dass der Test der Zeit bestanden wurde. Ein weiteres Gegenargument bildet die Technizität der Seeschifffahrt, denn die Herausbildung von Gewohnheitsrecht nimmt Zeit in Anspruch. Daher haben die GAIRAS einen konstitutiven Charakter[63]. Der Wortlaut lässt sogar einen Einbezug von Soft Law zu, da zwischen „standards" und „rules" differenziert wird[64]. Allerdings zieht das SRÜ für den Verweis auf Empfehlungen präzisere Formulierungen heran[65]. Der Verweis auf die empfohlenen Gebräuche und Verfahren wäre neben den „standards" überflüssig, wenn diese auch Soft Law umfassten. „Standards" müssen nach dieser Auslegung neben „rules" auch nicht überflüssig sein, da man den Begriff „standard" auch als Rekurs auf die technischen Detailbestimmungen, die in den Anhängen von im Rahmen der IMO beschlossenen Konventionen enthalten sind, verstehen kann[66].

Ein Korrektiv der damit v. a. der IMO eingeräumten Rechtssetzungskompetenz wird durch den Zusatz „generally accepted" bewirkt. Die Formulierung lässt offen, welcher Grad an Anerkennung erreicht werden muss. Eine Gleichsetzung mit staatlichem Konsens[67] widerspräche der Intention der Verweisung, das Primat internationaler Normen über nationale Gesetze abzusichern. Gegenüber einer qualitativen, d. h. auf die Staatenpraxis abstellenden Bestimmung haben quantitative Grenzen, wie das Inkrafttreten eines Übereinkommens oder ein Mindestquorum, den Vorteil, einer sicheren Bestimmung der GAIRAS, genügen aber der Anforderung der allgemeinen Akzeptanz kaum. Daher wird man eine qualitative Bestimmung dergestalt fordern müssen, dass zumindest eine Ratifikation durch Staaten, die aufgrund ihrer Welthandelstonnage als Schifffahrtsnationen gelten, nachweisbar ist[68].

Die GAIRAS bilden keine rechtliche Revolution, da ihre Wurzel und ihr Bezugspunkt die Staaten bleiben, aber sie sind Ausdruck der rechtssetzenden Funktion internationaler Organisationen[69]. Denn auch Staaten, die nicht Vertragspartei einer Konvention sind, werden an die unter ihrem Dach getroffenen Beschlüsse

---

[61] Etwa Art. 23: „internationale Übereinkünfte", Art. 221 I: „nach Völkergewohnheitsrecht und aufgrund völkerrechtlicher Verträge".

[62] *Franckx*, Vessel-Source Pollution, S. 54 f.

[63] *Molenaar*, Coastal State Jurisdiction, S. 183.

[64] Zu dieser Unterscheidung auf der Grundlage der Rechtsnatur *Vukas*, in: Soos, Implementation of the Law of the Sea Convention Through International Institutions, S. 414 ff.; a.A. *Boyle*, AJIL 79 (1985), S. 347, 357.

[65] So heißt es bei der Meeresverschmutzung vom Lande aus „internationally agreed rules, standards and recommended practices and procedure" (Art. 207 I).

[66] Zu dieser Unterscheidung, die „rules" mit dem Hauptübereinkommen und „standards" mit den Bestimmungen in den technischen Anlagen gleichsetzt, *van Reenen*, Netherlands Ywarbook of International Law 12 (1981), S. 3, 25; *Lagoni*, in: Kunig/Lang/Lagoni/Dolzer/Kreuzer/Schack, Umweltschutz im Völkerrecht, S. 87, 126.

[67] *Danilenko*, Law Making in the International Community, S. 69 ff.

[68] *Valenzuala*, in: Johnston/Letalik, The Law of the Sea and Ocean Industry, S. 145.

[69] *Tomuschat*, Recueil Des Cours 241 (1993), S. 325, 338, 352.

gebunden[70]. Im Unterschied zum Völkergewohnheitsrecht begründet schon die allgemeine Anerkennung internationaler Vorgaben eine Rechtsverbindlichkeit, ohne dass sie den Test der Zeit bestanden haben müssen. Gegen eine weitergehende Interpretation, nach der die GAIRAS selbst gewohnheitsrechtlichen Charakter haben und damit sogar für Nichtvertragsparteien des SRÜ gelten, spricht indes, dass die Verweisungstechnik eine neuere Erscheinung ist[71].

cc) *Nichtbegünstigungsklauseln*

Zu den innovativen Mechanismen, die ein „neues System maritimer Regulierung" eingeführt haben, gehört zudem die Nichtbegünstigungsklausel (No More Favourable Treatment Clause)[72]. Gerade für Flaggenstaaten besteht ein Anreiz, sich nicht an den maritimen Konventionen, deren Ratifikationserfordernis zudem sehr hoch angesetzt ist[73], zu beteiligen, um sich einen Wettbewerbsvorteil zu verschaffen. Daher wurden in diese Nichtbegünstigungsklauseln eingefügt, nach denen die Vertragsstaaten in Bezug auf die Schiffe von Nichtvertragsparteien die Vorschriften des Übereinkommens so anzuwenden haben („shall apply"), dass solchen Schiffen keine günstigere Behandlung gewährt wird[74].

Da die Nichtbegünstigungsklausel bewirkt, dass die Bestimmungen des Übereinkommens auf Drittlandschiffe ausgedehnt werden, steht diese Taktik in einem Spannungsverhältnis zum Pacta Tertiis-Grundsatz (Art. 34 WVRK)[75], denn danach begründet ein völkerrechtlicher Vertrag als Res Inter Alios Acta für einen Drittstaat (Art. 2 I h) WVRK) ohne dessen Zustimmung weder Pflichten noch Rechte. Die Herausforderung besteht darin, dass die Klausel nicht selbst jurisdiktionserweiternd wirkt, sondern v. a. die Hafenstaaten verpflichtet, unter bestimmten Umständen von den ihnen aufgrund ihrer Gebietshoheit zustehenden Befugnissen Gebrauch zu machen. Die unmittelbaren Adressaten sind Vertragsstaaten. Zudem wird in Zweifel gezogen, dass die Klausel darauf gerichtet ist, Pflichten zu schaf-

---

[70] *Frenzel*, Sekundärrechtssetzungsakte, S. 156 ff.; *Karim*, Prevention of Pollution of the Marine Environment from Vessels, S. 32 ff.; *Birnie/Boyle/Redgwell*, International Law & the Environment, S. 401 ff.

[71] *Kirgis*, in: Schachter/Joyner, UN Legal Order, Volume II, S. 715, 739; anders *Schult*, Das völkerrechtliche Schiffssicherheitsregime, S. 90 ff.

[72] *Pamborides*, International Shipping Law, S. 100 ff.

[73] In der Regel hat das Inkrafttreten einer im Rahmen der IMO beschlossenen Konvention zwei Bedingungen. Neben der bekannten Hinterlegung einer Mindestzahl von Ratifikations- bzw. Beitrittsurkunden muss zusätzlich die Tonnageklausel erfüllt sein, die in der Regel 50 % der Welttonnage vorsieht, *Ilg*, Die Rechtsetzungstätigkeit der IMO, S. 25. Eine Tonnageklausel kennt auch die MLC 2006 (Art. VIII Abs. 3).

[74] Etwa Art. 5 IV MARPOL; Art. 1 SOLAS bzw. Art. II Protokoll zu SOLAS 1974; Art. 3 III BWM; Art. 3 IV HKC; Art. V Abs. 7 MLC 2006; mit abweichender Formulierung Art. X STCW, der sich dem Wortlaut nach nur auf Art. X bezieht; da dieser die Kontrolle des Übereinkommens behandelt, bezieht sich die Nichtbegünstigungsklausel trotzdem auf die Anwendung der ganzen Konvention; implizit Art. 22 LL. In der MLC 2006 wurde diese Technik übernommen (Art. 5 VII).

[75] *Fitzmaurice*, Max Planck UNYB 6 (2002), S. 37, 119 f.

fen[76], da ihr Ziel darin bestünde, für gleiche Wettbewerbsbedingungen zu sorgen[77]. Das Argument einer nur faktischen Belastung[78] überzeugt nicht, denn die Intention der Nichtbegünstigungsklausel besteht darin, Drittstaaten an die Vertragsinhalte zu binden, indem wirtschaftlicher Druck auf diese ausgeübt wird, und zwar mit Erfolg: Die mit der Klausel intendierten wirtschaftlichen Nachteile sind der Grund dafür, warum viele maritime Übereinkommen mittlerweile fast weltweit ratifiziert wurden[79]. Betrachtet man die Klausel somit als ein Instrument der Verhaltenssteuerung, muss man von einer indirekten Verpflichtung ausgehen[80]. Die Argumente, durch die hohe Zahl an Ratifikationen verliere das Problem an Bedeutung[81] oder die Befolgung lege eine Rechtfertigung nach Art. 38 WVRK nahe[82], sind zu kurz gegriffen[83]. Umgekehrt belegen diese Beobachtungen den Erfolg der Steuerungswirkung[84].

Es stellt sich dann die Frage, ob man eine solche indirekte Verpflichtung als „Verpflichtung" im Sinne von Art. 34 und 35 WVRK begreifen sollte[85]. In der vergleichbaren, aber bekannteren Konstellation einer „Aufdrängung eines Vertrags"[86] – Art. 2 VI UN-Charta – lehnt die h.M. eine Drittwirkung ab, da der Wortlaut der Bestimmung entscheidend sei, nach dem die Mitglieder der UN und die UN Adressaten sind. Die Nichtbegünstigungsklausel geht indes über das UN-Beispiel hinaus, da statt bestimmter Prinzipien (Art. 2 I–V UN-Charta) das gesamte Vertragswerk aufgedrängt wird. Stellt man zudem auf das hinter dem Pacta Tertiis-Grundsatz stehende Schutzgut, die staatliche Souveränität, ab[87], dann lässt sich eine solche erweiternde Interpretation jedenfalls bei intensiven Auswirkungen annehmen[88]. Legt man den Fokus folglich auf das Konsensprinzip, liegt eine enge Auslegung der

---

[76] Für den umgekehrten Fall eines Vertrags zu Gunsten von Drittstaaten hat der StIGH in der Genfer Zonenfrage (France v. Switzerland, Urteil v. 07.06.1932, PCIJ Series A/B N. 46, S. 95, 147) einen solchen für möglich gehalten, wenn die vertragsschließenden Parteien tatsächlich eine Begründung eines echten Rechts des Dritten gewollt haben und dieser das Recht annimmt.

[77] *Molenaar*, Coastal State Jurisdiction over Vessel-Source Pollution, S. 120.

[78] Etwa *Schult*, Das völkerrechtliche Schiffssicherheitsregime, S. 243; zur Ausgrenzung von Verträgen, die einen bloßen Rechtsreflex für Drittstaaten beinhalten, auch *Schweisfurth*, ZaöRV 45 (1985), S. 653, 655 ff.

[79] MARPOL (abhängig vom jeweiligen Annex) zwischen 98, 95 % und 96, 33 % der Welttonnage; SOLAS 1974: 98, 98 % und STCW (1978) 98, 98 %, dazu http://www.imo.org/en/About/Conventions/StatusOfConventions/Documents/StatusOfTreaties (zuletzt abgerufen: 11.06.2023).

[80] *Proelß*, Meeresschutz, S. 132.

[81] *Schult*, Das völkerrechtliche Schiffssicherheitsregime, S. 243.

[82] In Erwägung ziehend *Fitzmaurice*, Max Planck Yearbook of United Nations Law 6 (2002), S. 37, 120.

[83] Zu MARPOL *Proelß*, Meeresschutz, S. 131.

[84] ILO, The Impact on Seafarers' Living and Working Conditions of Changes in the Structure of the Shipping Industry, JMC/29/2001/3, 2001, S. 94; *Ilg*, Die Rechtsetzungstätigkeit der IMO, S. 135 f.

[85] Ablehnend *König*, Durchsetzung, S. 168 f.

[86] *Witte*, Der pacta-tertiis-Grundsatz im Völkerrecht, S. 212.

[87] *Dahm/Delbrück/Wolfrum*, Völkerrecht I/3, § 152, S. 613.

[88] *Proelß*, Meeresschutz, S. 133 f.

Nichtbegünstigungsklausel nahe[89]. Das hieße aber, dass im öffentlichen Interesse liegende Problemlösungen blockiert und der Schutzgedanke überspannt würde[90], was der veränderten Struktur der Völkerrechtsgemeinschaft kaum gerecht würde[91]. Wie in diesem Kapitel gezeigt wird, sollte man stattdessen anerkennen, dass eine Nichtbegünstigungsklausel einen Mechanismus der Rechtssetzung im Rahmen internationaler Organisationen darstellt und Lösungen in Hinblick auf die Betroffenheit von Drittstaaten auf der Ebene der Ausgestaltung der Rechtssetzung suchen[92].

dd) Internationales Soft Law

Während internationale Organisationen nur über begrenzte Kompetenzen zur Sekundärrechtssetzung verfügen, räumen ihnen die Gründungsverträge großzügig die Kompetenz ein, rechtlich nicht-bindende Akte an die Mitgliedstaaten zu adressieren. Solches Soft Law[93] weist gerade in der internationalen Rechtsordnung[94] aus diversen Gründen Vorteile auf[95]. Es kann oft in einem vereinfachten und damit schnelleren Verfahren erlassen werden als völkerrechtliche Verträge, da insbesondere keine Ratifikation erforderlich ist, oftmals ein Mehrheitsbeschluss genügt und es in den Ausschüssen erarbeitet werden kann[96]; gleichzeitig wird es wegen der fehlenden Rechtsverbindlichkeit von den Staaten als weniger bedrohlich wahrgenommen, was ebenfalls eine Beschlussfassung vereinfacht. Trotz fehlender eigener Rechtsverbindlichkeit eröffnet Soft Law Wirkungschancen für regelkonformes Verhalten[97], wie das Seeverwaltungsrecht illustriert.

Die Empfehlungen der ILO haben eine ihre Übereinkommen begleitende Funktion[98] und sind auch in ihren Folgen den Übereinkommen angenähert[99]. Diese Verknüpfung von Übereinkommen und Empfehlungen zeigt sich deutlich im Seeverwaltungsrecht, denn die MLC 2006 kombiniert Hard und Soft Law in einem Regelwerk. Ihr rechtlich nicht-verbindlicher Teil B hat dabei eine „hybride" Position inne, die darauf zurückzuführen ist, dass in diesen Teil auch Inhalte von bestehen-

---

[89] So *Willisch*, State Responsibiliy for Technological Damage in International Law, S. 115; für eine Eintragungspflicht ins Öltagebuch nach MARPOL bzgl. Betriebsvorgängen auf Hoher See OVG Hamburg, NuR 1991, S. 388 f.; ferner *Proelß*, in: Dörr, Vienna Convention, Art. 34 Rn. 24, der aber auf die eindeutigen Wortlaute von MARPOL und SOLAS hinweist.

[90] Zu dieser Gefahr *Dahm/Delbrück/Wolfrum*, Völkerrecht I/3, § 152, S. 615.

[91] Bereits *Ballreich*, in: Wörterbuch des Völkerrechts, Band III, S. 544, 546.

[92] Siehe unten 5. Kapitel, II. 4. e.

[93] Zugeschrieben wird die erstmalige Verwendung *Lord Arnold McNair*, einem ehemaligen Völkerrechtsprofessor und Präsidenten des IGH, dazu *Wengler*, JZ 1976, S. 193, 195 mit Fn. 19.

[94] Zu seinen Erscheinungsformen auch im nationalen und europäischen Recht *Knauff*, Der Regelungsverbund; zu seiner Relevanz im internationalen Verwaltungsrecht *ders.*, in: Kahl/Ludwigs, Handbuch des Verwaltungsrechts II, § 41 Rn. 26.

[95] Zu den generellen Gründen *Knauff*, Der Regelungsverbund, S. 248 ff., für die internationale Ebene, S. 292 f.

[96] Für die IMO Art. 29 a), Art. 21 b), Art. 39 b) IMO-Konvention.

[97] *Knauff*, Der Regelungsverbund, S. 294.

[98] *Joyner*, The United Nations and International Law, S. 82.

[99] Zu ihrer mittelbaren Bindung eingehend *Möllers*, Gewaltengliederung, S. 305 ff.

den ILO-Übereinkommen inkorporiert wurden[100]. Sie macht sich dadurch bemerkbar, dass die Staaten diesen Teil gebührend berücksichtigen müssen („shall give due consideration") (Art. VI). Bei einer Befolgung erfüllen sie automatisch ihre Umsetzungsverpflichtung; ansonsten müssen sie sich gegenüber der ILO rechtfertigen[101].

Anders als Verträge bzw. Übereinkommen können die praktisch relevanteren[102] Empfehlungen der Weltgesundheitsversammlung nach der WHO-Verfassung (Art. 23) mit einfacher Mehrheit getroffen werden (Art. 60 b)); gegenüber den Regelungen haben sie den Vorteil, dass ihr Gegenstand „jede innerhalb der Zuständigkeit der Organisation liegende Frage" sein kann (Art. 23). Auch Empfehlungen unterliegen einer Berichtspflicht der Vertragsstaaten (Art. 62). Unter den IGV 2005 bleibt Soft Law der WHO relevant. Zum einen in Form der Empfehlungen des Generaldirektors im Fall einer Feststellung einer gesundheitlichen Notlage von internationaler Tragweite (Art. 15, 16). Nach Art. 43 I a) müssen nationalstaatliche Gesundheitsmaßnahmen „das gleiche oder ein höheres Maß an Gesundheitsschutz wie WHO-Empfehlungen erreichen". Danach beinhalten die WHO-Empfehlungen einen verbindlichen Mindestgesundheitsschutz[103]. Zum anderen determiniert v. a. das Handbook for Inspection of Ships and Issuance of Ship Sanitation Certificates der WHO[104] die Vollzugspraxis der Hafengesundheitsbehörden, die es mangels anderweitigen Maßstabs heranziehen[105].

Einen besonderen Stellenwert im IMO Soft Law nehmen ihre Codes ein[106]. Dabei handelt es sich um umfangreiche Regelwerke, die von Fachleuten in Unterausschüssen entwickelt und dann durch das jeweils zuständige Organ der IMO verabschiedet werden[107]. Sie gelten als besonders effektiv und werden daher auch als „super-recommendations"[108] oder als eine zwischen Konvention und Empfehlung stehende Kategorie[109] bezeichnet. Das klassische Beispiel bildet der International Maritime Dangerous Goods (IMDG) Code, der den Transport gefährlicher Güter zur See reguliert[110]. Obwohl er nicht Bestandteil von Übereinkommen

---

[100] *McConnell/Devlin/Doumbia-Henry*, The Maritime Labour Convention, 2006, S. 215.

[101] ILO, FAQ MLC 2006, A12; *McConnell/Devlin/Doumbia-Henry*, The Maritime Labour Convention, 2006, S. 217.

[102] *Sekalala*, Soft Law and Global Health Problems, S. 157; *Villareal*, GYIL 61 (2019), S. 45 ff.; *Taylor*, American Journal of Law and Medicine18 (1992), S. 301, 317.

[103] *Scholz*, Internationaler Gesundheitsschutz und Welthandel, S. 103.

[104] Siehe dazu oben 4. Kapitel, VII. 2. a. cc.

[105] Zur Parallele solchen Soft Laws zu Verwaltungsvorschriften *Möllers*, ZaörRV 65 (2005), S. 351, 366.

[106] *Lampe*, Journal of Maritime Law and Commerce 14 (1983), S. 305, 318.

[107] *Blanco-Bazan*, Journal of the History of International Law 6 (2004), S. 259, 271; *Lagoni*, in: Ehlers/Lagoni, 50 Jahre Vereinte Nationen, 1997, S. 45, 51; zum MEPC *Kilian*, Umweltschutz durch Internationale Organisationen, S. 166.

[108] *Joyner*, The United Nations and International Law, S. 84.

[109] *Pamborides*, International Shipping Law, S. 84.

[110] Während vom UN Committee of Experts on the Transport of Dangerous Goods verkehrsträgerübergreifende Modellvorschriften für den Transport gefährlicher Güter niedergelegt werden, konkretisiert der IMDG-Code diese für den maritimen Bereich, zum Zusammenspiel *Phyper/Ducas/Baish*, Global Materials Compliance Handbook, S. 179 f.

war[111], wurde er umfassend in die nationale Gesetzgebung inkorporiert[112], da solche detaillierten Vorgaben einen Nutzen für Vollzugspraxis und Haftungsfragen haben[113]. Der IMDG Code sowie andere Codes werden inzwischen durch dynamische Verweisungen in Übereinkommen[114] in Hard Law transformiert[115]. Auch jenseits der Codes wird in Konventionen teils in Fußnoten auf unverbindliche Regelwerke Bezug genommen; insbesondere wegen der teils obligatorisch anmutenden Terminologie (etwa „shall" statt „should") bestand lange Zeit Verwirrung, ob damit Verweise gemeint sind[116]. Für die Zukunft hat die IMO diese Unklarheiten beseitigt[117]. Weitere Beispiel von IMO Soft Law befinden sich im maritimen Planungsrecht. Nach Kapitel V Regel 10 des Internationalen Übereinkommens zum Schutz des menschlichen Lebens auf See (SOLAS) können Systeme der Schiffswegeführung grundsätzlich international verbindlich gemacht werden, wenn sie nach den Richtlinien und Kriterien der IMO eingerichtet sind; diese sind von den Vertragsregierungen zu berücksichtigen. Da die IMO GPSR[118] durch diese Bezugnahme zur Rechtmäßigkeitsvoraussetzung gemacht werden, erlangen sie eine mittelbare Bindungswirkung[119].

Demnach erlangt internationales Soft Law aufgrund eines praktischen Bedürfnisses nach konkreten Vorgaben oder durch rechtliche Inbezugnahmen eine Beachtlichkeit und lässt sich folglich als eine Form internationaler Rechtssetzung begreifen.

ee) Fazit: Gesamtbetrachtung

In diesem Abschnitt wurden verschiedene Techniken internationaler Rechtssetzung vorgestellt. Eine Gesamtbetrachtung verdeutlicht, wie die einzelnen Techniken sich in ihrer Wirkung gegenseitig ergänzen und verstärken und damit das Konsensprinzip ausdünnen:

---

[111] Zur früheren Einordnung *Ehlers*, in: ders./Lagoni, 50 Jahre Vereinte Nationen, S. 57, 62.

[112] *Moraru*, Meeresumweltschutz, S. 45 ff., 54 ff.

[113] *Ilg*, Die Rechtsetzungstätigkeit der IMO, S. 64.

[114] *Bloch*, in: Vereinte Nationen 1/2003, S. 10, 12 f.; *Lemke*, Erfüllungsdefizite, S. 222.

[115] Kapitel VII Regel 3 SOLAS; ferner: IBC-Code (International Bulk Chemical Code) durch Verweis in Kapitel VII Regel 10 II („For the purpose of this regulation, the requirements of the Code shall be treated as mandatory"); IGC-Code (International Code for the Safe Carriage of Grain in Bulk) durch Verweis in Kapitel VI Regel 9 I SOLAS; International Gas Carrier Code (IGC Code) durch Verweis in Kapitel VIII Regel 13 I SOLAS; ISM Code durch Verweis in Kapitel IX Regulation 3 I SOLAS); der Polar Code wurde in SOLAS (Kapitel XIV Regel 3 I) und MARPOL (Annex I, II, IV, V) integriert.

[116] Diese würden zu einer Verbindlichkeit führen; im Ergebnis von einer Verbindlichkeit ausgehend *Kachel*, in: Ehlers/Lagoni, International Maritime Organisations, S. 21, 35 ff.

[117] IMO, Resolution A.911 (22), 29.11.2001: Danach reichen bloße mit Sternchen versehene Anmerkungen nicht aus, weil sie nicht zum eigentlichen Konventionstext gehören und jederzeit vom Sekretariat geändert werden können.

[118] Siehe oben 4. Kapitel, VI. 2. a.

[119] *Schult*, Das völkerrechtliche Schiffssicherheitsregime, S. 183 mit Fn. 537.

- Die Staaten nahmen bei Einführung des Tacit Acceptance-Mechanismus noch an, sie könnten den Opt Out erklären oder den Vertrag nicht implementieren, um einer Bindung zu entgehen. Aber durch die zusätzliche Etablierung der Nichtbegünstigungsklausel wird ihnen diese Option im Ergebnis genommen, da die Schiffe, wenn die Änderung in Kraft tritt, das Regelwerk trotzdem beachten müssen[120].
- Die Verweise in im Rahmen der IMO beschlossenen Konventionen auf Codes, die diese rechtsverbindlich machen, werden trotz dieser weitgehenden Transformationsfunktion oftmals im Tacit Acceptance-Verfahren eingeführt[121] und auch die Codes selbst können durch dieses geändert werden[122].
- Normen, die im Tacit Acceptance-Verfahren angenommen wurden, können auch jenseits der Nichtbegünstigungsklauseln für Nichtvertragsstaaten und Staaten, die nicht Mitglied der IMO sind, gelten, denn die GAIRAS machen nach dem hier vertretenen Verständnis auch solche Normen kraft Verweisung verbindlich[123].

b) Veränderungen auf der Mikroebene der internationalen Organisation

aa) Internationale Rechtssetzung als dynamischer Kooperationsprozess

Dass sich die Rechtssetzung auf internationaler Ebene nicht rein zwischenstaatlich begreifen lässt, sondern Verselbstständigungstendenzen aufweist, untermauert ferner ein Blick auf die Struktur der Entscheidungsfindung in internationalen Organisationen: Nach dem Grundmodell nimmt zwar die maßgebliche legislative Funktion das unter diversen Bezeichnungen firmierende[124] Hauptorgan der internationalen Organisation wahr, in dem die Mitgliedstaaten repräsentiert sind[125]. Von diesem Grundmodell gibt es nur wenige Lockerungen. Ein bekanntes Beispiel bildet der Tripartismus im Rahmen der ILO, der bedeutet, dass Arbeitnehmer- und Arbeitgebervertreter als Teil nationaler Delegationen auch in der Internationalen Arbeitskonferenz formal eigene Stimmrechte haben (Art. 3 I, 4 I ILO-Verfassung).

---

[120] *Pamborides*, International Shipping Law, S. 100 ff.

[121] *Roach*, in: Nordquist/Moore/Long, Challenges of the Changing Arctic, S. 173, 218; *Lost-Siemenska*, in: Bowman/Kritsiotis, Conceptual and Contextual Perspectives on the Modern Law of Treaties, S. 907, 929 ff.

[122] Etwa für den International Grain Code, Kapitel VI Regel 8 I SOLAS, den IBC-Code Kapitel VII Regel 8 I, den IGC Code Kapitel VIII Regel 11 I SOLAS oder den ISM-Code Kapitel IX Regel 1 I.

[123] Ebenso *Joyner*, The United Nations and International Law, S. 73 f., 79.

[124] Ein Überblick bei *Schermers/Blokker*, International Institutional Law, § 390.

[125] Bei der IMO ist dies die Versammlung (Assembly) (Art. 11 IMO-Konvention), die den Mitgliedstaaten die Annahme von Regeln und Richtlinien empfiehlt (Art. 15 j)) und über die Einberufung von internationalen Konferenzen zur Annahme bzw. Änderung völkerrechtlicher Verträge entscheidet (Art. 15 l)); bei der ILO die Internationale Arbeitskonferenz (General Conference) (Art. 3 ILO-Verfassung), die über die Annahme von Übereinkommen und Empfehlungen entscheidet (Art. 19); bei der WHO bildet die Weltgesundheitsversammlung (World Health Assembly) das höchste beschlussfassende Organ (Art. 10 WHO-Verfassung); diese nimmt Konventionen an (Art. 19), trifft Regelungen (Art. 21) und gibt Empfehlungen (Art. 23).

Im internationalen Verwaltungsrecht zeichnet sich aber auch auf der Mikroebene der internationalen Organisation eine Machtverschiebung ab. Denn die internationale Rechtssetzung im Rahmen internationaler Organisationen ist nicht bei einem von Staaten determinierten Organ zentralisiert; sie stellt sich vielmehr als ein dynamischer Kooperationsprozess dar[126], an dem nationale Vertreter in einem für Außenstehende diffusen Geflecht aus Ausschüssen, Unterausschüssen, Konferenzen, informellen Treffen und Arbeitsgruppen zusammenwirken und der zum einen durch die Sekretariate der internationalen Organisationen beeinflusst wird[127] und in den zum anderen private Gruppen sowie Vertreter fremder internationaler Organisationen einschließlich internationaler Netzwerke in hohem Maße involviert sind[128].

Dieser Kooperationsprozess lässt sich auch nach seiner Ratio nicht rein zwischenstaatlich begreifen. Dies legen Interviews mit Teilnehmern sowie Forschung zu anderen überstaatlichen Kooperationsprozessen der Rechtssetzung nahe[129]: Das Ziel der Beteiligten ist es, einen Konsens zu erreichen, der als Kompromiss die Interessendifferenzen überbrückt und auf diese Weise die größtmögliche Unterstützung der Staaten herstellt, weswegen die formellen Entscheidungsverfahren oftmals nicht zur Anwendung kommen. Dieses Aushandeln stellt eine Kombination aus strategischem Verhandeln dar, das staatliche Interessen und politische Statements umfasst, und dem sachlichen Argument, das auf Problemlösung zielt[130]. Im Gegensatz zur rein intergouvernementalen Logik gelten Positionen nicht allein als legitim, weil sie ein mitgliedstaatlicher Delegierter vorträgt; vielmehr müssen für eine Position in der Regel Gründe angegeben werden.

Damit lässt sich das volle Ausmaß der Verselbstständigung der Rechtssetzung im Rahmen internationaler Organisationen erst nach einer Beschäftigung mit ihren internen Strukturen erfassen. Diese Perspektivenerweiterung unterstreichen die politikwissenschaftliche Forschung zur Autonomie internationaler Organisationen[131] (bb) sowie eine Analyse der praktischen Entscheidungsprozesse in der IMO (cc)[132].

---

[126] Für das internationale Stoffrecht *Winter*, in: Dilling/Herberg/Winter, Transnational Administrative Rule-Making, S. 111, 133.

[127] Zur Rolle der Sekretariate siehe nur *Schermers/Blokker*, International Institutional Law, § 465.

[128] Zum Einfluss privater Gruppen siehe eingehend unten 5. Kapitel, II. 5. b.

[129] Siehe die Fallstudie zum internationalen Stoffrecht *Winter*, in: Dilling/Herberg/Winter, Transnational Administrative Rule-Making, S. 111, 135–137; zum europäischen Komitologieverfahren *Hustedt/Wonka/Blauberger/Töller/Reiter*, Verwaltungsstrukturen in der Europäischen Union, S. 117–121.

[130] Diese zwei Kommunikationsmodi in multilateralen Verhandlungen werden als das auf Interessendurchsetzung zielende Bargaining und das mit gemeinschaftsorientierten Resultaten verknüpfte Arguing oftmals kontrastiert, *Gehring*, in: v. Prittwitz, Verhandeln und Argumentieren, S. 207; sie lassen sich aber auch als Pole eines Kontinuums verstehen, das Raum für Misch- und Zwischenformen lässt, dazu *Saretzki*, in: Niesen/Herboth, Anarchie der kommunikativen Freiheit, S. 111, 117 f.

[131] Ein Überblick zu den verschiedenen sozialwissenschaftlichen Konzepten einer Autonomie internationaler Organisationen findet sich bei *da Conceição-Heldt/Koch/Liese*, in: dies., Internationale Organisationen, PVS, Sonderheft 49/2015, S. 16 ff.

[132] Ausführlich *Gaskell*, International Journal of Marine and Coastal Law 18 (2003), S. 155 ff; *Okamura*, Journal of Maritime Law and Commerce 26 (1995), S. 183 ff.; *Balkin*, in: Nordquist/Moore, Current Maritime Issues, S. 291 ff.; *Harrison*, Making the Law of the Sea, S. 154 ff.; *Ilg*, Die

bb) Politikwissenschaftliche Forschung zur Autonomie internationaler Organisationen

In der IR-Theorie werden internationale Organisationen gewöhnlich funktionalistisch als Instrumente der Staaten verstanden, durch die sie ihre Koordinationsprobleme lösen[133]. Seit den 1990er Jahren[134] finden sich aber Studien, die eine neue Perspektive einführen, indem sie sich dafür interessieren, was in internationalen Organisationen geschieht. Antrieb fand dieser Ansatz, der die Black Box der internationalen Organisation öffnet, durch die Entwicklung der konstruktivistischen Theorie in den internationalen Beziehungen[135], während die traditionellen Realisten das Staateninteresse mit der Maximierung von Macht gleichsetzen[136].

Der Blick in das Innenleben zeigt danach, dass internationale Organisationen Cluster von inter- und transnationalen Netzwerken darstellen[137]. Dies hat bereits die klassische Untersuchung von *Robert Cox* und *Harold Jacobson* vorgeführt, die den Einfluss in internationalen Organisationen anhand der Faktoren Umwelt, Akteure, Einflussmuster und Struktur auf der Grundlage diverser Fallstudien behandelt[138]. Nach ihnen sind internationale Organisationen Systeme der Interaktion. Sie sprechen von der internationalen Organisation als einem „conglomerat"[139], das sich aus verschiedenen Subsystemen zusammensetzt; potentiell einflussreiche Akteure gehören entweder zum „representative subsystem" oder zum „participative subsytem". Das „representative subsystem" umfasst v. a. Staatenvertreter („country subsystems"); zum „participant subsystem" zählen alle, die an der Entscheidungsfindung teilnehmen, und damit auch Interessengruppen wie NGOs einschließlich transnationaler Unternehmen oder Vertreter anderer Organe der internationalen Organisation. Die Untersuchung zeigt damit, dass internationale Organisationen nicht als ein Schauplatz monolithisch auftretender Staaten zu begreifen sind, sondern Wirkungsmechanismen von Einfluss und Verselbstständigung zugleich darstellen.

Rechtsetzungstätigkeit der IMO, S. 21 ff. sowie zum Polar Code *Stemre*, in: The IMLI Treatise on Global Ocean Governance, III, S. 232, 235 ff.; allgemein zur Ausarbeitung multilateraler Verträge v. a. im Rahmen von internationalen Organisationen *Szaz*, in: Schachter/Joyner, UN Legal Order,Volume I, S. 35, 73 ff.

133 *Roscher*, in: Dingwerth/Kerwer/Nölke, Die organisierte Welt, S. 137 ff.

134 Siehe aber die frühen Studien von *Cox/Jacobson*, Anatomy of Influence; *Haas*, When Knowledge is Power.

135 Zu dieser siehe nur *Rittberger*, International Organization, S. 21 ff.

136 *Morgenthau*, Politics Among Nations. Zum theoretischen Hintergrund *Oestreich*, International Organizations as Self-Directed Actors, S. 1 ff.

137 *M'Gonigle/Zacher*, Pollution, Politics, and International Law, S. 10; *Slaughter*, A New World Order, S. 45 f.

138 *Cox/Jacobson*, Anatomy of Influence; der analytische Rahmen der Studie ist heute noch gültig, *Hazelzet*, in: Reinalda/Verbeek, Autonomous Policy Making, S. 27, 34, 38.

139 *Cox/Jacobson*, in: dies., Anatomy of Influence, S. 15 f.

cc) Rechtstatsächlicher Befund am Beispiel der IMO

Die IMO hat fünf Ausschüsse[140], die sich gewöhnlich jeweils zwei Mal im Jahr treffen. Wegen ihrer Größe[141] findet ein wesentlicher Teil der Arbeit in diversen Unterausschüssen, Arbeits- oder Korrespondenzgruppen statt, die über eine beschränkte Teilnehmerzahl verfügen[142], sich öfters und auch informell zwischen den Sitzungspausen treffen[143] und die wiederum dem Plenum Bericht erstatten[144]. Der Ausschuss agiert als politisches Forum[145], in dem aktuelle Probleme regelmäßig zum ersten Mal zur Sprache gebracht und regulatorische Anstöße gegeben werden. Er überprüft die Prioritäten für neue Arbeitsprogramme und gibt Empfehlungen an den Rat und die Versammlung der IMO ab. Sobald vereinbart wurde, mit der Arbeit an einem neuen Projekt zu beginnen, geht der Ausschuss in den Entwurfsmodus über. Teilweise werden diejenigen Staaten, die besonders an einer Reform interessiert sind oder entsprechende Expertise mitbringen, auch formell zu „lead countries" ernannt[146]. Im Ausschuss wird der Entwurf nicht nur entscheidungsreif gemacht, auch die strategischen Weichenstellungen werden getroffen, etwa ob ein neues Instrument entwickelt werden soll oder ein bestehendes im Tacit Acceptance-Verfahren geändert wird. Der beschlossene Entwurf geht im Fall einer völkervertragsrechtlichen Lösung an den Rat oder die Versammlung mit der Empfehlung, eine diplomatische Konferenz anzuberaumen[147]. Einer diplomatischen Konferenz bei der IMO im Fall des Abschlusses eines völkerrechtlichen Vertrags liegt somit regelmäßig bereits ein Entwurf vor; auch personell sind die Entwurfsverfasser weiterhin involviert. Nicht nur bei Empfehlungen[148], auch beim Tacit Acceptance-Verfahren ist der zeitraubende zusätzliche Schritt einer diplomatischen Konferenz hingegen nicht nötig, da in diesem Fall der Beschluss des IMO-Ausschusses automatisch nach Ablauf einer Frist in Kraft tritt[149]; in diesem Fall be-

---

[140] MSC widmet sich Schiffssicherheit, PEC dem Meeresumweltschutz seitens der Seeschifffahrt, TC der Entwicklungshilfe, FAL der Erleichterung der Seeschifffahrt durch Eliminierung unnötiger Formalien insbesondere in Häfen und LEG rechtlichen Angelegenheiten mit besonderem Fokus auf zivilrechtliche Aspekte wie Haftung für Schäden.

[141] Sie bestehen aus Vertretern der 174 Mitgliedstaaten sowie Vertretern der 82 Organisationen mit Konsultativstatus.

[142] Beim Polar Code im Durchschnitt aus 50 Personen, *Stemre*, in: The IMLI Treatise on Global Ocean Governance, Volume III, S. 232, 238.

[143] Zu diesem Instrument internationaler Entscheidungsfindung *Lang*, Yearbook of International Environmental Law 3 (1992), S. 108, 113.

[144] Am Beispiel des Polar Codes *Stemre*, in: The IMLI Treatise on Global Ocean Governance, Volume III, S. 232, 236 f.

[145] Zu dieser Arbeitsteilung MSC-MEPC.1/circ.5/Rev.2, 10.12.2020, para. 3.1.

[146] Zum Polar Code *Stemre*, in: The IMLI Treatise on Global Ocean Governance, Volume III, S. 232, 239.

[147] *Ilg*, Die Rechtsetzungstätigkeit der IMO, S. 24.

[148] Sie müssen nach der IMO-Konvention an den Rat weitergeleitet werden (etwa Art. 29 b), 39 b)), der sie dann an die Versammlung weiterleitet (Art. 21 b)), die diese ggf. zurückweisen kann (vgl. Art. 15 i)).

[149] *Chircop*, in: The Oxford Handbook of the Law of the Sea, S. 416, 421; *M'Gonigle/Zacher*, Pollution, Politics, and International Law, S. 48.

schließt der Ausschuss aber als ein um die Vertragsparteien erweiterter Ausschuss (Expanded Committee)[150].

In der IMO nahm das Sekretariat zunächst wenig Einfluss auf die Entscheidungsfindung[151]. Nach Art. 48 und Art. 50 IMO-Konvention umfasst seine Aufgabe v. a., Berichte, Dokumente und weitere Informationspapiere vorzubereiten, zu sammeln und an die Staaten zu verteilen. In den 1990er Jahren änderte sich diese Zurückhaltung[152], voran getrieben v. a. durch den damaligen Generalsekretär *William O'Neil*, der die zeitnahe Reformulierung des Internationalen Übereinkommens über Normen für die Ausbildung, die Erteilung von Befähigungszeugnissen und den Wachdienst von Seeleuten (STCW) im Tacit Acceptance-Verfahren veranlasste, indem er Ausschüsse und Verfahren umging. So wies er einen großen Teil der Vorbereitungsarbeit einem Ad Hoc Expert Committee zu, auf das er einen starken Einfluss behielt, anstatt diese Arbeit durch das regulär zuständige MSC bewältigen zu lassen[153]. Das Beispiel verdeutlicht, wie das Sekretariat, das nach dem Grundmodell als administrative Einheit agiert, zu einem Katalysator und Gestalter der Rechtssetzung im Rahmen internationaler Organisationen werden kann[154].

c) *Innerstaatliche und unionsrechtliche Rezeptionsmechanismen*

Auch wenn demnach eine eigenständige Rechtssetzung im Rahmen internationaler Organisationen erkennbar ist, erheben überstaatliche Instanzen grundsätzlich nicht den Anspruch, mit den von ihnen gesetzten Akten in den innerstaatlichen Rechtskreis unmittelbar einzudringen. Daher bedarf es zusätzlich eines Blicks auf nationale Rezeptionsmechanismen. Da die EU als Katalysator auftritt[155], sind auch ihre Techniken der Rezeption einzubeziehen.

aa) *Zustimmungs- und Ausführungsgesetz*

In einer Rechtsordnung wie der deutschen, die im Ausgangspunkt[156] dem Dualismus verpflichtet ist[157], bedürfen völkerrechtliche Verpflichtungen zu ihrer inner-

---

[150] Siehe Art. 16 II c) MARPOL; Art. VIII b) iii) SOLAS. Damit werden auch die Staatenvertreter einbezogen, die Partei der zu ergänzenden Konvention, aber nicht der IMO sind. Er nimmt damit die Rolle einer Versammlung der Vertragsstaaten wahr, *Lagoni*, in: Ehlers/Lagoni, 50 Jahre Vereinte Nationen, S. 45, 50; *Busha*, Ocean Yearbook 6 (1986), S. 160, 168; daher haben IMO-Mitglieder, die nicht Partei der zu ergänzenden Konvention sind, kein Stimmrecht, vgl. Art. 57 IMO-Konvention.

[151] *Stiles*, in: Oestreich, International Organizations as Self-Directed Actors, S. 168, 172.

[152] Der Umfang des Einflusses wird aber weiterhin unterschiedlich bewertet, dazu Study of the ENVI Committee, Decision-Making Processes of IACO und IMO in Respect of Environmental Regulations, S. 21 f.

[153] *Stiles*, in: Oestreich, International Organizations as Self-Directed Actors, S. 168, 178; *Dirks*, in: Reinalda/Verbeck, Decision Making, S. 201, 210.

[154] Zu weiteren Beispielen aus dem internationalen Umweltrecht für diesen Bedeutungszuwachs von Sekretariaten *Braithwaite/Drahos*, Global Business Regulation, S. 276.

[155] Siehe oben 3. Kapitel, II. 2. c. aa.

[156] Zum sog. gemäßigten Dualismus, der sich v. a. an der Generalinkorporationsnorm des Art. 25 GG zeigt, *Rudolf*, Völkerrecht und deutsches Recht, S. 141 ff.

[157] BVerfGE 111, 307, 318.

staatlichen Relevanz eines entsprechenden Übersetzungsakts, der die Völkerrechtsnorm transformiert[158] bzw. vollzieht[159]. Bei völkerrechtlichen Verträgen übernimmt diese Funktion das Vertrags- bzw. Zustimmungsgesetz, das die Regierung nicht nur zur Ratifikation verpflichtet, sondern auch den innerstaatlichen Geltungsbefehl erteilt[160]. Mit diesem Gesetzesvorbehalt wird die parlamentarische Mitwirkung und Kontrolle bei besonders bedeutsamen völkerrechtlichen Bindungen des Gesamtstaats gewahrt. Eines Zustimmungsgesetzes bedarf es daher nach Art. 59 II 1 2. Var. GG insbesondere bei den sog. gesetzesinhaltlichen Verträgen. Daneben bedarf es bei völkerrechtlichen Normen, die nicht unmittelbar anwendbar sind, noch eines Tätigwerdens des Gesetzgebers auf Bundes- oder Landesebene in Form eines Ausführungsgesetzes.

Solche Zustimmungs- und Ausführungsgesetze finden sich auch im Seeverwaltungsrecht[161]. In zunehmendem Maße werden aber innovative Regelungstechniken eingesetzt[162], um eine termingerechte Rezeption internationaler Rechtssetzung zu fördern. Die dominierenden Rezeptionsmechanismen für das durch internationale Organisationen weiterentwickelte völkerrechtliche Vertragsrecht stellen verschiedene exekutive Instrumente (bb, cc) sowie die Technik der Verweisung (dd) dar.

bb) Rechtsverordnung

Die Rechtsverordnung wird in vier Bereichen zur Rezeption internationalen Rechts herangezogen:

- *Inkraftsetzung von Sekundärrecht*: Zunächst dient sie dazu, um die auf internationaler Ebene erfolgten Änderungen und Ergänzungen mehrseitiger völkerrechtlicher Verträge durch Sekundärrecht innerstaatlich verbindlich zu machen[163]. Dazu werden entsprechende sog. auslandsbezogene Ermächtigungsgrundlagen[164] oftmals bereits in die Vertragsgesetze aufgenommen[165]. Diese Technik wird eingesetzt, um der Rechtssetzung nach dem Tacit Acceptance-Verfahren der IMO innerstaatliche Bedeutung zu verleihen[166]. Der Leitgedanke ist, dem hinter dem vereinfachten Vertragsänderungsverfahren stehenden Beschleunigungsanliegen

[158] BVerwGE 95, 42, 49.

[159] H. L, siehe nur *v. Arnauld*, Völkerrecht, § 7 Rn. 500.

[160] BVerfGE 1, 396, 410 f.

[161] Siehe etwa das IGV-Zustimmungs-Gesetz und das IGV-DG.

[162] Kritisch *Bauer*, in: FS Schmidt, S. 69, 80 f.

[163] BMJV, Handbuch der Rechtsförmlichkeit, Anlage 1, Abschnitt 2.3.1; auch *Tietje*, Internationalisiertes Verwaltungshandeln, S. 547.

[164] Die Möglichkeit der Ermächtigung ist heute anerkannt. Strittig bleibt zum einen, ob es sich dabei um einen Anwendungsfall des Art. 80 GG oder des Art. 59 II GG handelt, und zum anderen, ob eine allgemeine Ermächtigungsgrundlage genügt oder diese einen Auslandsbezug aufweisen muss, zur Diskussion *Fastenrath*, in: Geiger, Völkerrechtlicher Vertrag und staatliches Recht, S. 93, 106 f.

[165] Ebenda.

[166] *Zink*, Ballastwasser-Übereinkommen, S. 476; *Ehlers*, in: ders./Lagoni, 50 Jahre Vereinte Nationen, S. 57, 60; *Dieckert*, Die Bedeutung unverbindlicher Entschließungen, S. 74.

auch auf nationaler Ebene Rechnung zu tragen[167]. Die Art. 2 der Zustimmungsgesetze, als Beispiel sei das MARPOL-Gesetz genannt, ordnen dazu an, dass „das Bundesministerium für Verkehr und digitale Infrastruktur [...] ermächtigt [wird], durch Rechtsverordnung Änderungen des Übereinkommens gemäß dessen Artikel 16 und des Protokolls gemäß dessen Artikel VI, die sich im Rahmen der Ziele des Übereinkommens beziehungsweise des Protokolls halten, in Kraft zu setzen". Dies geschieht durch die Umweltschutz-Seeverordnungen. Im Übrigen schaffen § 9 und ergänzend die §§ 9a–9c SeeAufgG entsprechende Ermächtigungsgrundlagen für das BMVI[168]. Für SOLAS enthält nun § 9 I 1 Nr. 7 SeeAufgG eine dem MARPOL-Gesetz entsprechende[169] Ermächtigung, auf deren Grundlage inzwischen 29 SOLAS-Änderungsverordnungen erlassen wurden.

- *Alternative zum Zustimmungsgesetz*: Teilweise erfolgt bereits die erstmalige Inkraftsetzung durch Rechtsverordnung, etwa bei SOLAS[170] oder den Kollisionsverhütungsregeln (COLREG)[171].
- *Ausführungsrecht*: Auch der Erlass von Ausführungsvorschriften zu internationalen Vorgaben erfolgt oftmals mittels Rechtsverordnung. Für das Seesicherheits- und Seeumweltrecht finden sich die entsprechenden Ermächtigungsgrundlagen in erster Linie in §§ 9 I, 9c SeeAufgG[172].
- *Hardening of Soft Law*: Die Rechtsverordnung findet sich viertens als Instrument, um internationales Soft Law innerstaatlich verbindlich zu machen. Den IMDG-Code führte § 3 i. V. m. § 2 Gefahrgutverordnung See bereits verbindlich ein, bevor er kraft dynamischer Verweisung in IMO-Übereinkommen verbindlich war[173]. Das SeeAufgG ermächtigt zur „Umsetzung von Empfehlungen internationaler Konferenzen" durch sog. verkehrsregelnde Verordnungen (§ 9 I 1 Nr. 2)[174]. Auch § 9 I 1 Nr. 7 SeeAufgG soll die Umsetzung von SOLAS ergänzenden Codes und Richtlinien mittels Rechtsverordnung umfassen[175]. Im internationalen Gesundheitsrecht erlaubt § 20 IGV-DG durch Rechtsverordnung „nähere Bestimmungen zur Durchführung der IGV zu erlassen, soweit sich diese Bestimmungen im Rahmen der Ziele der IGV bewegen" (S. 1). Das umfasst insbesondere die „Umsetzung von vorübergehenden und ständigen Empfehlungen der Weltgesundheitsorganisation nach den Artikeln 15 und 16 IGV" (S. 2 Nr. 12).

---

[167] Zum STCW-Gesetz, BT-Drs. 9/679, S. 2, 5; zum Schiffssicherheitsrecht BT-Drs. IV/2549, S. 7 und BT-Drs. 12/6153, S. 14.
[168] *Ehlers*, SeeAufgG, § 9 Rn. 1.
[169] Zur Anlehnung an Art. 2 MARPOL-Gesetz BT-Drs. 12/6153, S. 14.
[170] Durch Verordnung vom 26.03.1980, BGBl. II 1980, S. 525.
[171] Durch § 1 der Verordnung zur Seestraßenordnung, BGBl. I 1977, S. 813.
[172] *Ehlers*, SeeAufgG, § 9c Rn. 1. Zur Diskussion um die Notwendigkeit von Ausführungsbestimmungen *Ehlers*, SeeAufgG, § 9 Rn. 16.
[173] *Ehlers*, in: ders./Lagoni, 50 Jahre Vereinte Nationen, S. 57, 62 f.
[174] Der Gesetzgeber hatte dabei die Empfehlung auf der 3. Internationalen Nordseeschutzkonferenz vor Augen, MARPOL-Bestimmungen frühzeitig umzusetzen, BT-Drs. 13/193, S. 16.
[175] So *Ehlers*, SeeAufgG, § 9 Rn. 24.

cc) Amtliche Bekanntmachung

Ein weiteres administratives Rezeptionsinstrument bildet die amtliche Bekanntmachung:

- § 9d SeeAufgG sieht vor, dass von der IMO „oder einer anderen zuständigen zwischenstaatlichen Organisation angenommene Standards, die bei einer durch die internationalen Schiffssicherheitsregelungen vorgeschriebenen Baumusterprüfung zugrunde zu legen sind, [...] von den nach diesem Gesetz hierfür zuständigen Behörden in deutscher Sprache amtlich bekannt gemacht" werden.
- Nach § 12 SchSG ist internationales Soft Law bei der Ermessensausübung zu berücksichtigen, wenn es durch die Behörde bekannt gemacht worden ist.
- Nach § 4 SchSV sind die „bekanntgemachten internationalen Schiffssicherheitsnormen zu beachten". Damit werden unverbindliche Empfehlungen im Fall der Bekanntmachung zum verbindlichen Maßstab[176].

dd) Verweisung

Verweisungen auf internationale Normen prägen das Seesicherheits- und Seeumweltrecht:

- § 5 I SchSV ordnet an, dass das anwendbare internationale Hard und Soft Law, das im Anhang zum SchSG aufgeführt ist, für die Schiffe, die die Bundesflagge führen, einzuhalten ist.
- Die See-Umweltverhaltensverordnung nimmt jeweils Bezug auf Bestimmungen der MARPOL-Konvention, des Internationalen Übereinkommens zur Kontrolle schädlicher Antifouling-Systeme in Schiffen (AFS), des Internationalen Übereinkommens zur Kontrolle und Bewirtschaftung von Ballastwasser und Sedimenten von Schiffen (BWM) sowie auf Soft Law (etwa § 13 VII 2).
- In der Schiffsbesetzungsverordnung findet sich eine dynamische Verweisung auf die einschlägigen Bestimmungen von STCW. Danach haben „der Reeder und der Kapitän [...] dafür zu sorgen, dass alle zum Wachdienst eingeteilten Besatzungsmitglieder die im [...] STCW-Übereinkommen enthaltenen Vorschriften, Grundsätze und Anleitungen kennen und beachten". Die Seeleute-Befähigungsverordnung (§ 11) sowie die See-Berufsausbildungsverordnung (§§ 14, 15) benutzen hingegen die Technik der statischen Verweisung.

Die EU übernimmt die internationalen Normen wie gesehen auch schon vorzeitig unmittelbar in ihr Sekundärrecht und schmückt diese durch eigene Vorgaben aus[177]. Sie beschleunigt die Rezeption internationaler Normen daneben durch die Technik der dynamischen Verweisung. Diese wurde durch die COSS-VO in diverse Verord-

---

[176] *Tietje*, Internationalisiertes Verwaltungshandeln, S. 477.

[177] Siehe oben 3. Kapitel, II. 2. c.

nungen integriert[178], um eine direkte Anwendung der an den internationalen Regeln vorgenommenen Änderungen zu ermöglichen[179].

d) Fazit: Verknüpfung nationalen und überstaatlichen Rechts

Die skizzierte Anerkennung der eigenständigen Rechtssetzungsaktivitäten auf internationaler Ebene und die Bezugnahme auf ihre Normen im nationalen und EU-Recht führen im Ergebnis dazu, dass sich der materielle Rechtsmaßstab erst aus einer Zusammenschau mehrerer Rechtsschichten herausbilden lässt. *Christian Tietje* bezeichnet dieses Phänomen einer kooperativen Gemeinwohlverwirklichung als die „funktional verbundene Einheit" der nationalen und der internationalen Rechtsordnung[180]. Diese Beobachtung ist um die Rezeptionsleistung der Rechtsordnung der EU zu ergänzen. Es ist zudem zu betonen, dass es sich um eine rein inhaltliche Verknüpfung handelt, während von einer homogenen Einheit im Sinne einer Weltrechtsordnung mit einem hierarchischen Stufenbau nicht die Rede sein kann[181].

3. Privates Recht

Private sind nicht nur in die oben skizzierten Rechtssetzungsverfahren auf internationaler Ebene integriert. Weitergehend sind sie auch autonom normsetzend aktiv (a) und ihre Normen werden teilweise durch das überstaatliche Recht rezipiert (b).

a) Privatautonome Normsetzung

aa) Privatrecht als Wirkmechanismus

Private Regelwerke verweisen zum einen auf überstaatliches Recht[182], zum anderen beinhalten sie eigene Anforderungen an eine sichere, umweltverträgliche und soziale Seeschifffahrt. Nach dem Normsetzer lassen sich unilateral, kollektiv und mehrseitig aufgestellte private Normen unterscheiden, wobei die unilateralen dominieren[183]:

- Unilateral gibt die Seefahrersektion der Internationalen Transportarbeiter-Föderation (ITF) Schutzvorgaben zu Gunsten der Seeleute vor, indem sie Musterverträge erstellt, deren Geltung dann mit dem einzelnen Unternehmen für seine Schiffe vereinbart wird[184]. Da die ITF den Inhalt nicht zur Debatte stellt,

---

[178] Art. 8, 9, 11 2099/2002, ABl. 2002 L 324, S. 1: „in der jeweils geltenden Fassung".

[179] EW 10 COSS-VO. Siehe auch *Boeing*, in: Grabitz/Hilf, Das Recht der EU, Art. 80 Rn. 93.

[180] *Tietje*, DVBl 2003, S. 1081, 1093; ähnlich („Parallelisierung von Völkerrecht und staatlichem Recht") *Tomuschat*, VVDStRL 36 (1978), S. 7, 57 sowie *Fiedler*, in: FS Schlochauer, S. 57, 60.

[181] *Schmidt-Aßmann*, DS 45 (2006), S. 315, 330 f., der daher von einer „Verzahnung" spricht.

[182] Siehe dazu oben 3. Kapitel, VI. 4. a. bb.

[183] So auch außerhalb des maritimen Bereichs *Glinski*, Die rechtliche Bedeutung der privaten Regulierung globaler Produktionsstandards, S. 59.

[184] Siehe ausführlich oben 2. Kapitel, B. II. 2.

werden diese ITF-Kollektivverträge teils als vorgefertigte Klauselwerke, in der deutschen Terminologie AGB, eingeordnet[185]. Beim von der Öl- und Chemieindustrie initiierten Vetting, d. h. privaten Tankerüberprüfungsverfahren, bringen die Unternehmen auch ihre Industriepraktiken zur Geltung[186]. Vettings werden von den Öl- und Chemieunternehmen in der Regel in den Charterverträgen von Überprüfungsklauseln (Vetting Clauses) vorgegeben[187]. Die Klassifizierungsvorschriften der Klassen sind ein typischer Fall technischer Normen; ihre Einhaltung wird durch Vertragsklauseln oder AGB Dritter wie der Seeversicherungen oder Charterer verlangt[188].

- Mit kollektiven Normen sind solche gemeint, die im Rahmen eines Verbands aufgestellt werden, aber anders als die unilateralen Normen nur das Verhalten der jeweiligen Mitglieder regeln sollen. P & I Clubs, eine Art von Versicherungsvereinen auf Gegenseitigkeit, bilden ein Anschauungsbeispiel. Ihre Club Rules enthalten Überprüfungsklauseln (Survey Clauses), die ihnen Inspektionsrechte einräumen[189]. Sie bieten die Möglichkeit, Anforderungen an die bei den Clubs versicherten Schiffe zu stellen, die auch über die internationalen Mindeststandards hinausgehen[190]. Ihre Akzeptanz durch die Reeder ist Voraussetzung für den Versicherungsschutz. Diese Club Rules ähneln einerseits allgemeinen Versicherungsbedingungen, andererseits lassen sie sich wegen des Vereinscharakters der Clubs mit Verbandssatzungen vergleichen.
- Mehrseitig aufgestellte Normen werden außerhalb von Verbandsstrukturen durch Vereinbarung geschaffen. Im Unterschied zu den unilateral aufgestellten Normen ist das Setzungsverfahren konsensual ausgestaltet. Seit der Jahrtausendwende ist etwa die ITF dazu übergegangen, neben den Standardverträgen auch mit Industrieverbänden Schutzvorgaben auszuhandeln (IBF Framework Agreements)[191].

Private bedienen sich demnach regelmäßig zivilrechtlicher Handlungsformen, um Normen zu setzen[192]. Das unterstreicht die Bedeutung eines funktionalen Verständnisses von Rechtsgeschäft und Willenserklärung, das diese nicht allein als Tatbestandsvoraussetzungen einordnet, sondern auch als Grundlage für eine „Regelsetzungsordnung" begreift[193]. Instrumentell geschieht planvolles Gestalten – als

---

[185] *Puttfarken*, Seehandelsrecht, Rn. 583; für einen vertraglichen Charakter aber v. a. die arbeitsrechtliche Literatur, *Ludewig*, Kollektives Arbeitsrecht, S. 166 f.; *Zachert*, NZA 2000, S. 121, 124.

[186] *Powers*, Vetting, S. 15, 24.

[187] *Powers*, Vetting, S. 39 f. sowie oben 4. Kapitel, II. 2. c.

[188] *Basedow/Wurmnest*, Die Dritthaftung von Klassifikationsgesellschaften, S. 6 f.

[189] Siehe oben 4. Kapitel, II. 2. c.

[190] *Eivindstad/Petrie*, in: Chircop/Letalik/McDorman/Rolston, The Regulation of International Shipping, S. 327, 329 f.

[191] Siehe oben 2. Kapitel, B. II. 2.

[192] *Perez*, Journal of Law and Society 77 (2002), S. 110 ff.; *Scott/Cafaggi/Senden*, Journal of Law and Society 38 (2011), S. 1 f., 9 ff.

[193] Im Anschluss an Werner Flume *Bachmann*, Private Ordnung, S. 229 f.; für ein flexibles Verständnis, das Vertrag und Norm als zwei Eckpunkte einer Skala begreift *Buck-Heeb/Dieckmann*, Selbstregulierung im Privatrecht, S. 256 f.

„governance through contract“[194] – durch Verträge einschließlich solcher, die wie Tarifverträge innerstaatlich als sog. Normverträge bezeichnet werden[195], verbandliche Strukturen sowie AGB. Die rechtsgeschäftlichen Gestaltungsformen haben eine doppelte Wirkungsweise: Sie ermöglichen einerseits die Normsetzung, andererseits dienen sie dazu, die Anwendung in der jeweiligen Rechtsbeziehung vorzuschreiben. Denn während das staatliche Gesetz unmittelbar gilt, müssen private Normen erst implementiert werden. Das Privatrecht bildet daher den Rahmen sowohl für die private Normsetzung im engeren Sinne als auch für die Implementationsebene.

Die Bezeichnung solcher Normen als „freiwillig“[196] ist wenig überzeugend, zum einen, weil ein faktischer Druck bestehen kann, diese privatautonomen Regelungsmuster anzuwenden[197], zum anderen, weil oft Rechtsformen wie Verträge verwendet werden. Diese Kombination führt dazu, dass sie, auch wenn es ihnen formal an der für staatliche Rechtsnormen typischen Generalität und Heteronomie fehlt[198], da sie auf den Kreis der das Vereinbarte Anerkennenden beschränkt sind und keine Rechtspflichten unbeteiligter Dritter begründen können, gleichwohl einen weltweiten Verbreitungsgrad erlangen.

bb) Öffnung des Rechtsbegriffs

(1) Jenseits von Soft Law

Rechtssystematisch werden solche privaten Normen oftmals als Soft Law bezeichnet[199]. Das überzeugt wenig:

- Zunächst ist Soft Law nach dem herkömmlichen Verständnis nicht unmittelbar rechtsverbindlich, während die privatautonomen Regelungsmuster oftmals in privatrechtlicher Form auftreten. Hiergegen lässt sich allerdings einwenden, dass ihr weltweiter Verbreitungsgrad weniger auf ihrer Rechtsverbindlichkeit beruht als auf einer faktischen Verbindlichkeit.

---

[194] Zum Konzept *Zumbansen*, Indiana Journal of Global Legal Studies 14 (2007), S. 191 ff. Teils bestehen aber Einordnungsschwierigkeiten *McBarnet/Kurchiyan*, in: McBarnet, The New Corporate Accountability, S. 57, 68 ff.; zur Tendenz zur Rechtsverbindlichkeit *Green*, Rethinking Private Authority, S. 89.

[195] Zum Begriff *Sinzheimer*, Der korporative Arbeitsnormenvertrag, S. 98.

[196] *Prakash/Potoski*, The Voluntary Environmentalists; zu Codes of Conduct auch *Keller*, in: Wolfrum/Röben, Legitimacy in International Law, S. 219, 221.

[197] Von „soft sanctions“ sprechend *McBarnet/Kurchiyan*, in: McBarnet, The New Corporate Accountability, S. 57, 79; ferner *Green*, Rethinking Private Authority, S. 91; *Ipsen*, Recht ohne Staat, S. 53 ff.; zu privaten Genehmigungen als Anreizinstrumente siehe oben 4. Kapitel, II. 2. c.

[198] *Kirchhoff*, Private Rechtsetzung, S. 84 ff.; *S. Ausgberg*, Rechtsetzung zwischen Staat und Gesellschaft, S. 31 f.

[199] *Brouder*, in: Tietje/Brouder, Transnational Economic Governance Regimes, S. 1, 9; *Ipsen*, Recht ohne Staat, S. 69 ff.; auch *Windbichler*, in: Möllers, Geltung und Faktizität von Standards, S. 19 f.

- Wichtiger ist der Unterschied in der Urheberschaft[200], da die privaten Normen nur mittelbar an das Handeln von Völkerrechtssubjekten rückgebunden sind, indem sie das Privatrecht als Implementationshilfe nutzen, während die Norm an sich privat geschaffen wird.
- Auch funktional sind sie nicht im Kern Beiwerk zum Völkerrecht, wie das oftmals bei internationalem Soft Law der Fall ist, das völkerrechtliche Verträge konkretisiert. Zwar nehmen Private in ihren Normen auch auf Völkerrecht Bezug und lassen sich funktionell als dessen Ergänzung oder Vorbereitung begreifen[201], aber dadurch konstituieren sich die privaten Normen nicht.

Zwar haben privatautonome Regelungsmuster mit Soft Law gemeinsam, dass auch bei ihnen die Grenze zwischen rechtsverbindlich und -unverbindlich fließend ist[202], weswegen sich das Recht im Umgang mit ihnen schwertut. Da bei ihnen formell (Urheber) und funktional (Beiwerk) der Staatsbezug in den Hintergrund tritt, überzeugt es nicht, diese Phänomene in den Soft Law-Begriff einzubeziehen oder eine eigene Soft Law-Unterkategorie zu schaffen[203]. Zur Erfassung des Phänomens privatautonom erzeugter Normen sind stattdessen rechtssoziologisch inspirierte Konzepte vorzugswürdig.

(2) Theorie transnationalen (Privat-)Rechts

Die rechtsquellenorientierte Lesart des transnationalen (Privat-)Rechts[204] wurde auf der Grundlage eines rechtssoziologisch inspirierten Rechtsverständnisses entwickelt, das Recht im Anschluss an den Begründer der Rechtssoziologie *Eugen Ehrlich*[205] als „lebendes Recht" begreift. Danach haben auch soziale Prozesse das Potential zur Rechtserzeugung[206]. Ein umfangreiches Forschungsprogramm zu den Möglichkeiten transnationalen Rechts wurde durch *Gunter Teubner* ausgelöst[207], der diesen Rechtspluralismus systemtheoretisch reformulierte. Die systemtheoretische Analyse zeigt zwar Verbindungen zum institutionenökonomischen Ansatz des Private Ordering[208], greift aber im Unterschied zu diesem über ökonomische

---

[200] *Keller*, in Wolfrum/Röben, Legitimacy in International Law, S. 219, 248 f.

[201] *Gupta*, ZaöRV 63 (2003), S. 459, 478.

[202] *Brouder*, in: Tietje/Brouder, Transnational Economic Governance Regimes, S. 1, 19; *Koenig-Archibugi*, in: ders./Held, Global Governance, S. 110, 122.

[203] Zum Unterschied siehe nur *Strauß*, Soft Law als Steuerungsinstrument in der Bankenaufsicht, S. 82 ff.; *Spindler/Hupka*, in: Möllers, Geltung und Faktizität, S. 117, 128.

[204] Zu den verschiedenen Perspektiven auf das transnationale Recht siehe nur die Zusammenstellung bei *Rost*, Die Herausbildung transnationalen Wirtschaftsrechts, S. 68 ff.

[205] *Ehrlich*, Grundlegung der Soziologie des Rechts, S. 405.

[206] *Teubner*, in: ders., Global Law Without a State, S. 3 f.

[207] Zur „globalen Burkowina", *Teubner*, ebenda, S. 3 ff.

[208] Grdl. *Ellickson*, Order Without Law, S. 123 ff.; zum Konzept *Contreras*, Harvard Journal of Law & Technology 30 (2017), S. 211. Im Ausgangspunkt geht es um die außerrechtliche Regelung von Konflikten durch Private. In der wirtschaftswissenschaftlichen Literatur werden darunter spezifischer ein- und mehrseitige Mechanismen wie sich selbst durchsetzende Verträge, die Sicherung der Vertragserfüllung durch Dritte oder Reputationsmechanismen als soziale Sanktionen verstan-

Zusammenhänge hinaus, und verweist auf die institutionelle Seite und Tragweite der Private Authority.

Prämissen bilden die Entstehung einer Weltgesellschaft, der kein Weltstaat gegenübersteht, sowie ihre Ausdifferenzierung in funktionale Teilsysteme. Diese entwickeln für ihre Transaktionen einen Bedarf an Recht, der nicht territorial gebunden ist und weder staatlicherseits noch durch die internationale Gemeinschaft erfüllt werden kann. Den Kern dieses transnationalen Rechts bilden neuartige transnationale Rechtsregime (Private Governance Regimes). Mit dem Regime-Begriff werden zwar Anleihen an die Politikwissenschaften und das Völkerrecht genommen, wo Regime der Überwindung zwischenstaatlicher Koordinationsprobleme dienen[209] bzw. Rechtsgebiete bezeichnen, die vom allgemeinen Völkerrecht abgekoppelt sind (Self Contained Regimes)[210]. Auf den privatrechtlichen Bereich übertragen stehen transnationale Rechtsregime aber für „autonome gesellschaftliche und rechtliche Ordnungen, die in relativer Distanz zum nationalstaatlichen und zum Völkerrecht existieren"[211]. Sie sind „transnational einheitliche Regelungszusammenhänge", die „ihre Außengrenzen nicht territorial, sondern issue-spezifisch definieren und einen globalen Geltungsanspruch erheben"[212]. Das prominenteste Beispiel bildet die Nova Lex Mercatoria[213], die von internationalen Kaufleuten geschaffen wurde, auf die Lex Mercatoria des Mittelalters zurückgeführt wird und etwa Handelsbräuche, Formularverträge und Schiedssprüche umfasst[214]. Jüngere Formen[215] wurden im Finanzmarktrecht (Lex Financiaria)[216] oder im Seehandelsrecht (Lex Maritima)[217] aufgedeckt, aber auch jenseits der Regulierung wirtschaftlicher Transaktionen[218] wie dem Internet (Lex Informatica

---

den, die in ihrer jeweiligen Anwendung den Rückgriff auf das staatliche Rechtssystem und seine Gerichte entbehrlich machen. Private Ordering zeichnet sich dadurch aus, dass Lösungen durch die betroffenen Akteure selbst geschaffen werden, *Jarass*, Privates Einheitsrecht, S. 88 ff. In der Global Administrative Law-Schule wird sein Mehrwert für das Recht internationalen Verwaltens in Frage gestellt, siehe *Kingsbury*, European Journal of International Law 20 (2009), S. 23, 52 ff.

[209] Insbesondere *Keohane*, The Demand for International Regimes, IO 36 (1982), S. 325 ff.

[210] Grdl. ist die IGH-Entscheidung im Teheraner-Geisel-Fall, nach der das Wiener Übereinkommen über diplomatische Beziehungen ein solches darstellt (IGH, USA v. Iran, Urteil v. 24.05. 1980, ICJ Rep. 1980, S. 3 ff.); dies bedeute, so der IGH, dass Verstöße von Vertragsstaaten gegen das Übereinkommen nur mit den dort vorgesehenen Maßnahmen beantwortet werden könnten, nicht aber mit den nach allgemeinem Völkerrecht zulässigen Sanktionen.

[211] *Teubner*, RJ 1998, S. 234, 241.

[212] *Teubner/Fischer-Lescano*, Regime-Kollisionen, S. 36.

[213] Insbesondere die Untersuchung von *Schmitthoff*, CLSP (1961), S. 129 ff.

[214] Zu den Erscheinungsformen *Buck-Heeb/Dieckmann*, Selbstregulierung im Privatrecht, S. 148 ff.

[215] Die Nova Lex Mercatoria hingegen als Synonym für transnationales Recht verstehend *Schmitthoff*, in: Cheng, Select Essays, S. 48 f.; *Lange*, NJW 1969, S. 359, 2229; *Horn*, in: ders./ Schmitthoff, The Transnational Law of International Commercial Transactions, S. 12 ff.

[216] Zum ISDA-Regime *Horst*, Transnationale Rechtserzeugung.

[217] *Maurer*, Lex Maritima.

[218] *Michaels/Jansen*, in: dies., Beyond the State: Rethinking Private Law, S. 96 f.

bzw. Digitalis)[219], dem Sport (Lex Sportiva Internationalis)[220] oder dem internationalen Arbeitsrecht (Lex Laboris)[221].

Im Rahmen dieser Leges werden private Normen zur echten Rechtsquelle, denn rein private Instrumente produzieren ohne Anerkennung oder Kontrolle durch den Staat gültiges Recht[222]. Das bedeutet, dass die traditionelle Verknüpfung zwischen Recht und Staat gelöst wird. Seine Geltung bezieht das transnationale Recht stattdessen aus der spontanen Interaktion auf dezentraler Ebene[223]. *Gralf-Peter Calliess* spricht auch vom „Trilemma des globalen Rechts"[224], da es weder national noch international sei. Gerade in ihrer prononcierten Abgrenzung und Abwendung vom Staat, aus dessen Fesseln das Recht befreit werden soll, macht sich diese Theorie aber auch angreifbar:

- Die gängige Kritik setzt am Paradox der vertraglichen Selbstvalidierung an und bezweifelt das Vorliegen einer autonomen Rechtsordnung. So hänge die Bildung von Verträgen ja von staatlichem Recht ab[225]. Dass transnationale Rechtsregime nicht vollständig autonom seien, untermauere auch das Selbstverständnis der Parteien[226].
- Weiter bleibe dieses Verständnis transnationalen Rechts letztlich dem territorialen Denken insofern verhaftet, als es einen scharfen Kontrast zwischen territorial definiertem staatlichen und entterritorialisiertem privaten Recht aufbaue[227]. Ein solches bipolares Denken werde aber der Komplexität grenzüberschreitenden Rechts kaum gerecht, da es die weiterhin zentrale Rolle von Akteuren staatlichen Ursprungs und funktionelle und strukturelle Überlappung mit dem staatlichen und auch zwischenstaatlichen Recht an den Rand dränge[228].

Auch wenn transnationales Recht demnach nicht als „dritte Kategorie"[229] verstanden werden kann, ist der Verdienst dieser Lehre doch darin begründet, dass sie verdeutlicht, dass öffentliche Belange weitgehend ohne das Öffentliche Recht realisiert werden können[230], indem innerhalb von post-etatistischen Formationen[231] und da-

---

[219] *Mefford*, Indiana Journal of Global Legal Studies 5 (1997), S. 211 ff.

[220] *Lehmkuhl*, in: Zangl/Zürn, Verrechtlichung, S. 179 ff.

[221] *Nagel*, in: FS Gnade, S. 711 ff.

[222] Siehe den Titel von *Teubner*, Global Law Without a State; ferner *Joerges*, RabelsZ 43 (1979), S. 7, 42; bereits *Schmitthoff*, in: Cheng, Select Essays, S. 131, 136: „autonomous law of international trade".

[223] *Teubner*, in: ders., Global Law Without a State, S. 3, 8: „Global Law is produced in self-organized processes"; von einem „heterarchischen Recht" sprechend *v. Bogdandy*, in: FS Teubner, S. 709.

[224] *G.-P. Calliess*, Grenzüberschreitende Verbraucherverträge, S. 218 f.

[225] *Reimann*, Zur Lehre vom „rechtsordnungslosen" Vertrag, S. 6.

[226] Dazu die empirische Analyse von *Cuniberti*, in: Watt/Arroyo, Private International Law and Global Governance, S. 141, 143–149.

[227] *Stein*, Lex mercatoria, S. 187 ff.

[228] *Viellechner*, Transnationalisierung des Rechts, S. 180.

[229] *G.-P. Calliess*, Grenzüberschreitende Verbraucherverträge, S. 249.

[230] *Möllers*, in: Hart, International Studies in the Theory of Private Law, S. 329 ff.

[231] *G.-P. Calliess*, RabelsZ 68 (2004), S. 244, 252.

mit durch das Steuerungspotential der Selbstorganisation Regulierungsleistungen erbracht werden, die das auf globaler Ebene bestehende Bedürfnis nach Ordnung befriedigen[232]. Damit wird klar, dass hierarchische Rechtskonzeptionen für grenzüberschreitende Sachverhalte wenig überzeugen[233].

In der jüngeren deutschen rechtswissenschaftlichen Forschung zum transnationalen Recht verschiebt sich der Fokus daher hin zu einer Sichtweise, die nicht bestimmte Kategorien von Recht kontrastiert, sondern das Zusammenspiel von Normen unterschiedlicher Herkunft, seien sie privat, staatlich oder überstaatlich, untersucht und dabei auch den verwaltungsrechtlichen Bezug herstellt[234]. Am Begriff transnationalen Rechts und der Untersuchung diverser Leges wird teils festgehalten, teils wird stattdessen der Begriff der Transnationalisierung[235] oder des transnationalen Verwaltungsrechts genutzt[236]. Solche integrativen oder funktionalen[237] Ansätze stellen auch das Anliegen interdisziplinärer Ansätze dar, wie der aus dem US-amerikanischen Raum hervorgegangenen Theorie der Transnational Legal Orders (TLOs)[238] sowie des Projekts Transnational Private Regulation (TPR)[239]. Während TLO den Rechtsbegriff um Private Ordering-Phänomene erweitert[240], meidet TPR ihn bewusst.

b) Rezeption privater Normen durch das internationale Recht: die IMO Goal-based Standards

Privatautonom erzeugte Normen können durch das Recht rezipiert und damit rechtsverbindlich gemacht werden[241]. Im internationalen Verwaltungsrecht finden sich solche Rezeptionsnormen im Völkerrecht; neben der Nutzung privaten Wis-

[232] *I. Augsberg*, in: Jurčys/Kjaer/Yatsunami, Regulatory Hybridization in the Transnational Sphere, S. 11 ff.

[233] *V. Bogdandy/Dellavalle*, in: FS Teubner, S. 695, 715.

[234] *Möllers*, in: Hart, International Studies in the Theory of Private Law, S. 329 ff., 337; von transnationalem Recht als Prozess sprechend *Calliess/Maurer*, in: G.-P. Calliess, Transnationales Recht, S. 11 ff.; *Maurer*, Lex Mercatoria, S. 20; *Renner*, Transnationale Rechtserzeugung, S. 220; *Ladeur/Viellechner*, AVR 46 (2008), S. 42, 52; *Michaels*, Indiana Journal of Global Legal Studies 14 (2007), S. 447; auch *Fischer-Lescano/Hitzel-Cassagnes/Kocher/Mückenberger*, KJ 43 (2010), S. 2 f.; für ein „funktionales" Verständnis *Rost*, Die Herausbildung transnationalen Wirtschaftsrechts, S. 87; *Schulz*, Das Alien Tort Statute und transnationale Deliktsklagen, S. 433 f.

[235] *Viellechner*, Transnationalisierung des Rechts; ähnlich („Theorie transnationaler Rechtsprozesse") *Hanschmann*, in: Buckel/Christensen/Fischer-Lescano, Neue Theorien des Rechts, S. 375 ff.

[236] *Ladeur*, Transnational Legal Theory 3 (2012), S. 243 ff.

[237] So *Fischer*, Recht ohne Staat, S. 61 ff.

[238] *Shaffer*, Transnational Legal Ordering and State Change; *Halliday/Shaffer*, Transnational Legal Orders.

[239] Dieses wurde vom Hague Institute for the Internationalisation of Law, jetzt Hague Institute for Innovation of Law, finanziert, siehe *Cafaggi/Renda/Schmidt*, in: OECD, International Regulatory Co-operation, Volume 3, S. 9, 12; zur TPR-Forschung *Cafaggi*, Journal of Law and Society 38 (2011), S. 20 ff.; *ders.*, Journal of International Law 36 (2015), S. 875 ff.

[240] *Halliday/Shaffer*, in: dies., Transnational Legal Orders, S. 3, 13 f.

[241] *S. Augsberg*, Rechtsetzung zwischen Staat und Gesellschaft, S. 174.

sens dienen sie v.a. Beschleunigungszwecken. Ihre Funktionsweise illustriert der Goal-based Standards-Ansatz der IMO[242]:

Die IMO gibt danach nur bestimmte Regelungsziele vor, die Goal-based Standards (GBS), während sie die konkrete Erfüllung Privaten überlässt. Auch wenn der Ansatz förmlich erst Anfang der 2000er Jahre für die Konstruktion von Schiffshüllen von Massengutfrachtern und Öltankern eingeführt wurde[243], ist er schon länger bekannt[244]. Über ihn sollen innovative Schiffsdesigns mit den Sicherheits- und Umweltschutzbelangen der internationalen Gemeinschaft in Einklang gebracht werden[245]. Den GBS soll die Zukunft in der maritimen Rechtssetzung gehören, weswegen ihre Generalisierung über den Einbezug weiterer Schiffstypen und anderer Sachbereiche in Aussicht steht[246]. So wurde diese Technik von der IMO in Teil I-A International Code for Ships Operating in Polar Waters (Polar Code)[247] herangezogen, einem im Rahmen der IMO erarbeiteten Regelwerk für die Seeschifffahrt in Arktis und Antarktis, das in SOLAS (Kapitel XIV Regel 3 I) und MARPOL (Annex I, II, IV, V) verbindlich eingeführt wurde.

Der GBS-Ansatz umfasst ein fünfstufiges System[248], wobei die ersten drei Stufen in verbindlicher Form Eingang ins internationale Recht finden: Stufe 1 formuliert Ziele (Goals) wie Sicherheit oder Umweltfreundlichkeit und Stufe zwei enthält die dazu erforderlichen Funktionsbedingungen (Functional Requirements) für den Bau von Schiffen wie Manövrierfähigkeit, Korrosionsschutz, eine bestimmte Lebensdauer oder Stabilität. Auf Stufe 4 erfolgt dann die schrittweise Spezifizierung der Ziel- und Funktionsanforderungen der Stufen 1 und 2 in den Bauvorschriften und Richtlinien der Klassen in ihrer Funktion als Recognized Organizations (ROs) (Rules and Regulations); aber auch nationale Stellen sind zur Detailregelung befugt[249]. Die technischen Normen werden von den einzelnen Klassen, aber auch vom bedeutendsten internationalen Zusammenschluss der Klassen, der IACS,[250] ausgearbeitet. Wenn sie dabei auf Normen der beteiligten Industriezweige verweisen, dann müssen

---

[242] Zum Ganzen *Goebel*, Classification Societies, S. 84 ff.; *Lagoni*, The Liability of Classification Societies, S. 38 ff.

[243] IMO, Resolution MSC.287 (87), 20.05.2010; Resolution MSC.290 (87), 21.05.2010. Die Idee geht auf einen Vorschlag der Bahamas und Griechenland zurück, IMO, Document C 89/12/1.

[244] So wurde er namentlich beim Feuerschutz auf Schiffen verwendet, wenn auch nicht in Reinform, siehe Kapitel II-2 SOLAS; zu den Vorläufern *Hoppe*, WMU Journal of Maritime Affairs 4 (2005), S. 169, 170 f.

[245] IMO, Resolution MSC.287 (87), 20.05.2010, Annex, para. 1.1. Die Einführung geschah vor dem Hintergrund von Havarien, die zeigten, dass gerade beim Schiffsbau Defizite bestehen, zumal die Klassen und Werften unterschiedliche Anforderungen stellten, *Peng*, An Analysis of the Implementation and Future Development, S. 26 ff.

[246] *Hoppe*, WMU Journal of Maritime Affairs 4 (2005), S. 169, 170, 179.

[247] IMO, Resolution MSC.385 (94), 21.11.2014, und Resolution MEPC.264 (68), 15.05.2015.

[248] IMO, Resolution MSC.287 (87), 20.05.2010, Annex, para. 1.5.

[249] Zu dieser Alternative IMO, Resolution MSC.287 (87), 20.05.2010, Annex, para. 1.5.

[250] Die IACS hat in ihrer Arbeitsgruppe, dem Hull Panel, in der Vertreter ihrer Mitglieder sitzen, entsprechende Mindeststandards erlassen, die sog. Common Structural Rules for Bulk Carriers and Oil Tankers (CSR BC & OT), die Bestandteil der Klassifikationsregeln der IACS-Mitglieder sind, IACS, Classification Socities – What, why and how?, S. 7.

auch diese Normen nach Stufe 5 mit den IMO-Zielen und Funktionsbedingungen vereinbar sein. Stufe 3 umfasst ein Kontrollverfahren (Verification of Compliance Criteria), das die Einhaltung der Ziele und Funktionsanforderungen der ersten zwei Stufen absichern soll[251].

Was die rechtssystematische Art der staatlichen Inbezugnahme privater Normen angeht, so kennt man im deutschen Recht verschiedene Anerkennungsmodi[252]. Wenn es um die Zuordnung der maritimen Rezeptionsformen geht, ist zu differenzieren:

- In einem ersten Schritt wird in SOLAS verlangt, dass „Schiffe […] für eine bestimmte Konstruktionslebensdauer so auszulegen und zu bauen [sind], dass sie sicher und umweltfreundlich […]“ sind[253]. In einem zweiten Schritt heißt es, dass diese „Anforderungen […] durch die Erfüllung der anwendbaren baulichen Anforderungen einer von der Verwaltung anerkannten Organisation [*sprich: den Klassen als ROs*] erreicht werden, die den funktionalen Anforderungen der zielbasierten Schiffbaunormen für Massengutschiffe und Öltankschiffe entsprechen“[254]. Damit füllen die privaten Normen das internationale Recht verbindlich aus; sie sind bei der Kontrolle des Schiffsbaus und der Erstellung des Schiffsbauzeugnisses (Kapitel I Regeln 10, 12) zugrunde zu legen. Da die Verweisungsnorm die Verhaltenspflicht abstrakt umschreibt, liegt ein konkretisierender Verweis vor. Der Wortlaut von SOLAS legt zudem einen dynamischen Verweis nahe. Allerdings steht die Verbindlichkeit nach dem IMO-Stufenkonzept unter der Voraussetzung, dass die Normen das Kontrollverfahren (Stufe 3) bestanden haben[255]. Da sich die Maßgeblichkeit daher im Ergebnis auf bestimmte Normen bezieht, liegt ein statischer Verweis nahe. Ein statischer Verweis setzt aber voraus, dass die Verweisungsnorm selbst auf ein zeitlich genau fixiertes Verweisungsobjekt Bezug nimmt[256], was hier nicht der Fall ist.
- Im Polar Code werden die privaten Normen (die Anforderungen der IACS) hingegen in den Fußnoten des Polar Codes genannt[257]. Es handelt sich mithin um

[251] Für jedes Schiff ist zudem eine Schiffsbauakte zu führen, die festhält, inwiefern das Schiff den Funktionsbedingungen entspricht (Kapitel II-1 Regel 3–10 SOLAS und MSC.1/Circ. 1343, 02.06.2010).

[252] *Ruffert*, in: GVwR I, § 7 Rn. 99–101; grdl. zur Unterscheidung statische und dynamische Verweisung *Ossenbühl*, DVBl 1967, S. 401 ff.

[253] Kapitel II-1 Regel 3–10: „Ships shall be designed and constructed for a specified design life to be safe and environmentally friendly, when properly operated and maintained under the specified operating and environmental conditions, in intact and specified damage conditions, throughout their life.“

[254] „The requirements […] shall be achieved through satisfying applicable structural requirements of an organization which is recognized by the Administration […], conforming to the functional requirements of the Goal-based Ship Construction Standards for Bulk Carriers and Oil Tankers“.

[255] Zu dieser Bedingung *Coboa Delgado*, The IMLI Treatise on Global Ocean Governance, Volume III, S. 273.

[256] *Denninger*, Normsetzung im Umwelt- und Technikrecht, S. 136.

[257] Etwa Fußnote 6 zu 3.3.1.

statische Verweise. Im Polar Code ist die Verweisungstechnik zudem weicher[258], da die privaten Normen nur zu berücksichtigen sind („taking into account") und da die Einhaltung der Funktionsbedingungen von Stufe 2 alternativ durch andere Normen als die IACS-Anforderungen nachgewiesen werden können, allerdings unter der Voraussetzung, dass diese hinsichtlich des Schutzniveaus den IACS-Anforderungen entsprechen („or other standards offering an equivalent level of safety").

Der GBS-Ansatz verwendet andere Rezeptionstechniken als das EU-Recht: Nach der Neuen Konzeption für die Produktkonformität[259] enthalten Richtlinien nur Kernanforderungen bzgl. der Sicherheit, dem Umwelt- und dem Gesundheitsschutz von Produkten, die durch die technischen Normen europäischer Normungsinstitutionen spezifiziert werden. Werden diese technischen Normen eingehalten, dann greift eine Vermutungswirkung dahingehend ein, dass die Anforderungen der Richtlinien erfüllt sind[260]. Im maritimen Bereich wird beim Schiffsbau indes keine bloße Vermutungswirkung benutzt[261]. Auch werden die privaten Normen nicht wie beim Endorsement-Mechanismus, der die Anwendung internationaler Rechnungslegungsgrundsätze in der EU absichert, durch separate Übernahmerechtsakte übernommen[262].

Der GBS-Ansatz bedeutet, dass die öffentliche Funktion der Klassen von der Rechtsdurchsetzungsebene[263] auf die Rechtssetzungsebene ausgedehnt wird. Er macht damit die duale Rolle der Klassen komplett. Im Unterschied zur Tätigkeit als RO geht der Anstoß zu ihrer Einbindung in die Rechtssetzung nicht von den Flaggenstaaten, sondern von der IMO aus.

c) Fazit: Privates Recht als integraler Teil des Rechts der internationalen Verwaltung

Im Vergleich mit der Verarbeitung privater Normsetzung im nationalen Verwaltungsrecht lässt sich im internationalen Verwaltungsrecht eine Umkehrung der Perspektiven erkennen:

---

[258] Etwa in 3.3.1: „In order to comply with the functional requirements of paragraph 3.2.1 above, materials of exposed structures in ships shall be approved by the Administration, or a recognized organization accepted by it, taking into account standards acceptable to the Organization [*Verweis auf die Polar Class Standards in Fußnote 6*] or other standards offering an equivalent level of safety based on the polar service temperature."

[259] *Röhl*, Akkreditierung und Zertifizierung im Produktsicherheitsrecht, S. 4 f.

[260] Zur strittigen rechtssystematischen Einordnung *Ehricke*, EuZW 2002, S. 746, 750; *Wojcik*, Die internationalen Rechnungslegungsstandards IAS/IFRS als europäisches Recht, S. 108.

[261] Zu den Unterschieden eingehend Commission Staff Working Document, Proposal for a Council Recommendation on Safety Goals and Functional Requirements for Passenger Ships below 24 Meters in Length, COM (2018) 314 fin., S. 22.

[262] Diesbezüglich ist streitig, ob eine Inkorporation, so *Wojcik*, Die internationalen Rechnungslegungsstandards IAS/IFRS als europäisches Recht, S. 111, oder eine statische Verweisung vorliegt, so *S. Augsberg*, Rechtsetzung zwischen Staat und Gesellschaft, S. 225.

[263] Siehe dazu oben 3. Kapitel, VI. 4. a. cc.

Zwar ist auch innerstaatlich anerkannt, dass dem Staat kein Rechtssetzungsmonopol zukommt. Private Rechtssetzungsaktivitäten werden aber als vom Staat abgeleitete betrachtet und ausschließlich als solche wahrgenommen[264]. Im Rahmen des Nationalstaats stehen in der Folge des staatlichen Rechtsanerkennungsmonopols private Regelungen, die Gemeinwohlbelange staatsfern realisieren, nach herkömmlichem Verständnis außerhalb des Rechts[265]. In einer globalisierten Welt lassen sich solche Ableitungszusammenhänge nur schwer konstruieren[266]. Das staatliche und überstaatliche Recht bleibt zwar mit dem privaten auf vielfältige Weise verbunden: Das private Recht verweist auf das internationale Recht und umgekehrt verweist das internationale auf das private Recht zurück. Der Staat erkennt weiter die abstrakte Form der privaten Regel an, die Organisationsform für den Regelproduzenten sowie private Rechte wie Vertragsfreiheit oder Tarifautonomie. Aber das Verhältnis der Rechtsschichten zueinander lässt sich nicht hierarchisch verstehen. Ist das private Recht mithin mehr als ein Anhängsel staatlichen Rechts, dann ist die schon innerstaatlich angemahnte Anerkennung und Integration privater Rechtssetzungsakte in die Rechtsquellenlehre[267] für das internationale Verwaltungsrecht umso dringlicher geboten.

4. Fazit: Bottom Up-System der Rechtssetzung als Folge

Die maritime Rechtsvielfalt, die an den Beispielen der Rechtssetzung im Rahmen internationaler Organisationen sowie des privaten transnationalen Rechts vorgeführt wurde, zeigt, dass in der Weltgesellschaft, anders als *Niklas Luhmann* vermutete[268], das Recht nicht an Bedeutung verliert; es unterliegt vielmehr Veränderungen, indem einerseits internationale Rechtssetzung in die inneren Angelegenheiten des Staats vordringt und andererseits Strukturen transnationalen Rechts hinzutreten, die nicht-staatliche Akteure insbesondere auf vertraglicher Grundlage zum Einsatz bringen. Dieser Wechsel in der Art der Rechtssetzung lässt sich als Transition von einem Top Down-System, bei dem der Staat an der Spitze steht, hin zu einem Bottom Up-System beschreiben[269]. Ein Bottom Up-System meint die Bildung von Normen, bei der die Praxis „von unten nach oben" in einem Geflecht einer Vielzahl verschiedener Akteure und Mechanismen die Rechtsordnung gestaltet[270]. Der Staat degradiert in diesem Bottom Up-System zu einem von vielen anderen Akteuren der Rechtsbildung, was die im Folgenden zu behandelnde Legitimationsfrage aufwirft.

---

[264] *Robe*, in: Teubner, Global Law Without a State, S. 45, 61.
[265] *Schmidt-Preuß*, in: Kloepfer, Selbst-Beherrschung, S. 89 f.
[266] *Glinski*, Die rechtliche Bedeutung der privaten Regulierung, S. 67 f.
[267] *Ruffert*, in: GVwR I, § 7 Rn. 19.
[268] *Luhmann*, Das Recht der Gesellschaft, S. 585 f.
[269] *Tietje*, ZVglRWiss 101 (2002), S. 404, 417.
[270] *Vesting*, Die neue Ökonomie als Herausforderung für ein neues öffentliches Recht, S. 6 f.

II. Ausdünnung nationalstaatlich abgeleiteter Legitimationszusammenhänge durch Rechtssetzung im Rahmen internationaler Organisationen

In dem Maße, in dem die internationale Verwaltung rechtssetzend innerstaatlich relevant agiert, stellt sich die Frage, ob hierfür eine hinreichende demokratische Legitimation gegeben ist. Nach der überkommenen Vorstellung kann der Nationalstaat bezogen auf sein Staatsgebiet grundsätzlich jede Sachfrage regeln, während das Völkerrecht ausschließlich zwischenstaatliche Beziehungen zum Gegenstand hat. Ausgehend von dieser Vorstellung einer Trennung der nationalen und der internationalen Ebene wird der Legitimationszusammenhang innerstaatlich konstruiert[271]. Im Verfassungsstaat legitimiert das Volk die Staatsgewalt, die gebietsbezogen ausgeübt wird, während die Verfassung die Legitimationsakte in Form von Wahlen vorschreibt. In diesem terrestrischen Modell wird die Legitimation für völkerrechtliche Zusammenarbeit in Form von Verträgen zum einen durch die mit der Ratifikation in aller Regel erforderliche Beteiligung der Parlamente sichergestellt (1.). Da Vertreter der nationalen Exekutive auf der internationalen Ebene aktiv sind, gilt es zum anderem deren allgemeine parlamentarische Kontrolle in die Beurteilung mit einzubeziehen (2.)[272]. Für diese bildet in Deutschland Art. 20 II 1 GG das Fundament, auf dem aufbauend die herkömmliche Auffassung ein rigides[273] Bild demokratischer Legitimation der Verwaltung zeichnet. Dieser nationalstaatlich abgeleitete Legitimationszusammenhang wird durch Globalisierungsprozesse zwar nicht durchtrennt, aber aus rechtlichen und faktischen Gründen ausgedünnt[274] und bietet daher allein keine tragfähige Basis für die Rechtssetzung im Rahmen internationaler Organisationen. Dieses Problem einer Ausdünnung des nationalstaatlich abgeleiteten Legitimationszusammenhangs wird teilweise bestritten[275], da die auf internationaler Ebene geregelten Fragen auch innerstaatlich allein durch die Exekutive geregelt werden könnten (3.), bei der auswärtigen Gewalt die Primärverantwortlichkeit ohnehin bei der Exekutive liege (4.), und diese dafür auch besonders geeignet sei (5.). Diese Einwände sind zu widerlegen.

1. Modell des Art. 59 II 1 GG

Art. 59 II 1 GG erfüllt zwei Funktionen. Neben dem Zweck der innerstaatlichen Vollzugssicherung dient das Vertragsgesetz als Instrument parlamentarischer Steue-

[271] *Krieger*, AöR 133 (2008), S. 315, 326.

[272] Zu diesem Modell parlamentarischer Zustimmung und Kontrolle *Bauer*, in: FS Schmidt, S. 69, 75.

[273] *Bryde*, Staatswissenschaften und Staatspraxis, S. 305.

[274] *Walter*, in: v. Schorlemer, Globale Probleme und Zukunftsaufgaben der Vereinten Nationen, S. 218, 220 f.; *Ruffert*, Globalisierung, S. 61; *Kahl*, in: Trute/Groß/Röhl/Möllers, Allgemeines Verwaltungsrecht, S. 71, 79 ff.

[275] Zu solchen Einwänden *Classen*, VVDStRL 67 (2008), S. 365, 377 f.

rung der Herstellung eines hinreichend demokratischen Legitimationsniveaus außenpolitischer Entscheidungen[276]. Art. 59 II 1 GG eröffnet aber kaum parlamentarische Optionen, die Kompetenzverschiebung auf die internationale Ebene nachhaltig zu beeinflussen[277]. Abgesehen von den begrenzten inhaltlichen Mitwirkungsmöglichkeiten bei dieser den internationalen Verhandlungsergebnissen nachgeschalteten legislativen Kontrolle[278] gehört es zu den bekannten Leistungsschwächen der Norm, dass ihr Anwendungsbereich schon nach seinem Wortlaut auf völkerrechtliche Verträge beschränkt ist, so dass Grenzerscheinungen wie die Regulations der WHO nicht erfasst sind[279]. Nach der Rechtsprechung des BVerfG wird die Norm zudem zu Gunsten der internationalen Handlungsfähigkeit der Bundesregierung restriktiv ausgelegt. Selbst gewichtige informelle Fortentwicklungen eines völkerrechtlichen Vertrags, dem der Bundestag einmal zugestimmt hat, bedürfen danach keines weiteren Gesetzes nach Art. 59 II 1 GG, solange sie sich nicht völlig vom ursprünglichen Vertragskonzept lösen[280]. Soft Law bleibt daher außen vor. Änderungen völkerrechtlicher Verträge unterliegen zwar Art. 59 II 1 GG, wenn es sich um ergänzende oder neuartige Regelungen handelt[281]. Wie gezeigt, wird die eigentliche Zustimmung zu solchen Änderungen aber oftmals an die Exekutive delegiert[282], die damit über den Eintritt der Bindungswirkung für Deutschland ohne weitere parlamentarische Beteiligung entscheiden kann. Diese in Deutschland etablierte Praxis soll trotz der Ungleichzeitigkeit von Zustimmung und Vertragsänderung keine unzulässige generelle Delegation des parlamentarischen Mitwirkungsrechts darstellen, sondern eine mit Art. 59 II 1 GG vereinbare Vorwegnahme der Zustimmung zu künftigen Vertragsabschlüssen, jedenfalls sofern der Gesetzgeber den Verhandlungsrahmen vorgibt[283]. Auch die Entscheidung über die Ausübung des Opting Out-Rechts bei im Tacit Acceptance-Verfahren beschlossenen Änderungen fällt als einseitiger Akt nicht in den Anwendungsbereich des Art. 59 II 1 GG[284]. Hinzu kommt, dass der Beitritt zu internationalen Organisationen in den 1950er Jahren oftmals mittels Verwaltungsabkommen realisiert wurde, die von Art. 59 II 1 GG nicht erfasst sind[285]. Der Nichtbegünstigungsgrundsatz und die GAIRAS bedeuten schließlich, dass internationales Recht auch ohne Mitwirkung des Staats

---

[276] BVerfGE 58, 1, 37; 90, 286, 357; *C. Calliess*, in: HStR IV, § 83 Rn. 26.

[277] *Winter*, ZaöRV 72 (2012), S. 103, 144 f.

[278] Die parlamentarische Billigung betrifft nur den ausgehandelten Vertrag als solchen (zum Änderungsverbot siehe §§ 81 IV 2, 82 II GOBT), dazu *Tomuschat*, VVDStRL 36 (1978), S. 7, 28, und findet darüber hinaus in einer verringerten Zahl an Lesungen und damit in einem Eilgesetzgebungsverfahren statt (§ 78 I 1 GOBT). Die Opposition kann mithin keine Änderungsvorschläge einbringen.

[279] *Vierheilig*, Die rechtliche Einordnung, S. 176, die eine analoge Anwendung befürwortet, ebenda, S. 188.

[280] BVerfGE 104, 151, 195, 209 f.

[281] *Fastenrath*, in: Geiger, Völkerrechtlicher Vertrag und staatliches Recht, S. 106 f.

[282] Siehe oben 5. Kapitel, I. 2. c. bb.

[283] *Steinbach*, DÖV 2007, S. 555, 556 m. w. N.

[284] *Heun*, in: Dreier, Art. 59 Rn. 40.

[285] Etwa der Beitritt zur IM(C)O und zur WHO, *Frenzel*, Sekundärrechtsakte, S. 208 m. w. N.

an der jeweiligen Beschlussfassung und damit ohne jede Parlamentsbeteiligung Wirkungen für seine Staatsangehörigen entfalten kann. Dieses Problem mag im Seeverwaltungsrecht, so kann man einwenden, weniger virulent sein, da eine feste Bindung zwischen Staat und Individuum bzw. Unternehmen im Zuge des Aufstiegs der Billigflaggenstaaten ohnehin nicht besteht. Der Einsatz solcher Techniken erhellt aber den geringen Stellenwert legislativer Mitwirkung an der internationalen Rechtssetzung.

2. *Elemente klassischer Verwaltungslegitimation*

Gegen das Argument der Verselbstständigung von Rechtssetzungsprozessen und einer damit einhergehenden „Entparlamentarisierung"– verstanden als Macht- und Funktionsverlust der Legislative im Vergleich zum innerstaatlichen Normalfall[286] – wird eingewendet, dass in internationalen Organisationen die Regierungen unmittelbar miteinander verhandeln, die als Bevollmächtigte der Mitgliedstaaten dem Gesamtinteresse ihres Staats verpflichtet sind sowie von Parlamenten kontrolliert werden[287]. Die Annahme einer geschlossenen staatlichen Einheit geht für das internationale Verwaltungsrecht aber fehl und das bedingt, dass auch die Modi der klassischen Verwaltungslegitimation nach dem Böckenfördeschen Modell[288] kaum greifen[289]:

Die personelle Legitimation des einzelnen Amtswalters verlangt, dass diejenige Person, die Staatsgewalt ausübt, ihre Entscheidungsberufung und ihren Entscheidungsbeitrag auf das Volk zurückführen kann[290], wobei eine mittelbare Rückführbarkeit genügt[291]. Sie setzt sich aus dem Einsetzungsakt und der Amtsverfassung zusammen. Die deutschen Vertreter, die in der internationalen Organisation auftreten, sind zwar seltener Regierungsvertreter und häufiger Fachbehördenmitarbeiter[292], aber auch diese sind durch eine feste ununterbrochene Legitimationskette[293] mit dem Bundestag verbunden. Allerdings erfolgt die Rechtssetzung im Rahmen internationaler Organisationen in einem dynamischen Kooperationsprozess[294]. Nationale Delegierte sind insofern Teil eines Ganzen, in dem sie Stimme und Gewicht

---

[286] *Lübbe-Wolff*, RuP 2004, S. 130, 135; und zwar einschließlich des Bundesrats, siehe zur Ausdünnung des Bundesstaatsprinzips als Folge einer Entmachtung des Parlaments, *Schmidt*, VVDStRL 36 (1978), S. 65, 98.

[287] *Classen*, Demokratische Legitimation im offenen Rechtsstaat, S. 79, 111, 118.

[288] *Böckenförde*, in: HStR II, § 24 Rn. 14.

[289] Zur Inadäquanz für komplexe Regelungsstrukturen der überstaatlichen Ebene *Tietje*, DVBl 2003, S. 1081, 1095; *Aman*, Indiana Journal of Global Legal Studies 12 (2005), S. 511, 521; *Peters*, Verfassung Europas, S. 552 ff.; *Kokott*, VVDStRL 63 (2004), S. 7, 30; *Ladeur*, in: ders., Public Governance, S. 89, 113; *Nowrot*, Normative Ordnungsstruktur und private Wirkungsmacht, S. 621 ff.

[290] *Jestaedt*, Demokratieprinzip und Kondominialverwaltung, S. 267.

[291] BVerfGE 77, 1, 40.

[292] Siehe unten 5. Kapitel, II. 5. a.

[293] BVerfGE 68, 1, 88; *Böckenförde*, in: HStR II, § 24 Rn. 11 ff.

[294] Siehe oben 5. Kapitel, I. 2. b. aa.

haben, aber auch unterliegen können. Somit wirken auch Personen ohne personelle Legitimation auf die internationale Rechtssetzung ein.

Noch zweifelhafter ist die materielle Legitimation. Das Element der sachlich-inhaltlichen Legitimation der Verwaltung wird einerseits durch die Bindung an das Gesetz und andererseits durch die parlamentarische Verantwortlichkeit der Regierung sichergestellt, die wiederum in einem Weisungs- und Kontrollverhältnis zum einzelnen Amtswalter steht[295]. Das internationale Verwaltungshandeln folgt keiner konditionalen Gesetzessteuerung[296]. Stattdessen sehen nationale und internationale Regelwerke weite Gestaltungsspielräume vor. Zunächst sind die Ermächtigungsgrundlagen im deutschen Recht für Verordnungen, die Änderungen völkerrechtlicher Verträge in Kraft setzen, weit gefasst. So schreibt Art. 2 I MARPOL-Gesetz als Voraussetzung nur vor, dass sich die Änderungen von MARPOL „im Rahmen der Ziele des Übereinkommens beziehungsweise des Protokolls halten" müssen. Das Ziel des MARPOL-Übereinkommens ist es, Verschmutzung der Meeresumwelt durch die Einleitung schädlicher Stoffe oder von Abwässern, die Substanzen enthalten, die gegen das Übereinkommen verstoßen, zu verhindern (Art. 1 I). Auch die Vorgaben völkerrechtlicher Verträge sind in die Betrachtung der rechtlichen Determinierung internationaler Rechtssetzung einzuschließen, da diese durch das Zustimmungsgesetz auf den Gesetzgebungswillen zurückzuführen sind. Die Ausgestaltung des Tacit Acceptance-Verfahrens zeichnet diesbezüglich aber kein besseres Bild. Bei MARPOL versuchten die Entwurfsverfasser noch, Grenzen zu ziehen: Art. 16 V sollte verhindern, dass durch die Hintertür neue Vorschriften eingeführt werden, denn nach dieser Bestimmung können neue Annexe nicht im Tacit Acceptance-Verfahren eingeführt werden[297]. Das hatte allerdings zur Folge, dass die Praxis dazu übergegangen ist, neue Bestimmungen in die bestehenden Annexe zu inkorporieren[298]. SOLAS und STCW kennen eine Schranke wie Art. 16 V nicht, so dass bei diesen Konventionen auch neue Kapitel[299] oder ganze Ersetzungen von Annexen im Tacit Acceptance-Verfahren realisiert werden können[300]. Eine Vorabsteuerung der internationalen Verwaltung scheitert letztlich an der Entscheidungsfindung auf internationaler Ebene inhärenten Faktoren: Es erfolgen regelmäßig Abwägungsentscheidungen und dies macht eine größere Autonomie administrativer Eliten erforderlich[301].

Das komplementäre Instrument der Weisung, das neben der personellen Legitimation eine inhaltliche Legitimationskette herstellt[302], erscheint als eine reine Fik-

---

[295] *Schmidt-Aßmann*, AöR 116 (1991), S. 329, 357 f.; *Trute*, in: GVwR I, § 9 Rn. 10.

[296] *Tietje*, Internationalisiertes Verwaltungshandeln, S. 659.

[297] Dies setzte etwa der Einführung des Annex VI im Tacit Acceptance-Verfahren Grenzen, siehe zur Diskussion *Ilg*, Die Rechtsetzungstätigkeit der IMO, S. 47 ff.

[298] Zur Energieeffizienz *Shi*, Climate Change and International Shipping, S. 190 f.

[299] Bei SOLAS sind aber der Kern der Konvention und Kapitel I ausgenommen (Art. VIII b) vi (2)).

[300] Zu SOLAS *Joyner*, The United Nations and International Law, S. 73; zu SOLAS und STCW *Pamborides*, International Shipping Law, S. 103–106.

[301] *Hoffmann*, Divergenz und Transformation, S. 362 f.

[302] Die h.M. ordnet das Weisungsrecht der materiellen Legitimation zu, *Böckenförde*, in: HStR II,

tion. Zunächst sind Weisungen nicht der Regelfall; die Vorgaben, die Ministerien für die Delegierten machen, hängen von der Sachmaterie und deren Konfliktgehalt ab; sie können von detaillierten Vorgaben bis zu völliger Handlungsfreiheit reichen. Die Vertreter werden von den Zwängen der Partei- und Ressortpolitik oftmals entkoppelt, da dies Chancen für eine Einigung eröffnet[303]. Hinzu kommen strukturelle Faktoren, die eine effektive externe Kontrolle erschweren, denn wie zu zeigen ist[304], sind die Kooperationsprozesse intransparente Expertenzirkel.

3. Technizitätseinwand

Der Einwand, die Rechtssetzung im Rahmen internationaler Organisationen bewege sich oftmals auf der Ebene technischer Detailregeln „ohne politische Relevanz"[305], die nach dem Gedanken der Wesentlichkeitstheorie außerhalb der parlamentarischen Einflusssphäre bleiben könne, ist zu pauschal. Gegen diese Argumentation spricht nicht nur der grundsätzliche Befund, dass auch bei scheinbar technischen Selbstverständlichkeiten Wertentscheidungen eine Rolle spielen, weswegen sich Expertise und Politik nicht haarscharf trennen lassen[306]. Auch eine praktische Analyse der im Rahmen der IMO im Tacit Acceptance-Verfahren erarbeiteten Normen widerstreitet dieser Vorstellung. Obgleich dieses Verfahren im Ausgangspunkt ausschließlich für eine Änderung der technischen Anhänge der im Rahmen der IMO beschlossenen Konventionen konzipiert ist und bis 1979 die wichtigsten Konventionen angenommen wurden, bedeutet der technische Gegenstand heute[307] keineswegs, dass es nur auf Nebensächlichkeiten Anwendung findet[308]. Einige Beispiele für die neue Dimension des Tacit Acceptance-Verfahrens[309] sollen ihre gravierenden Auswirkungen auch auf die maritime Industrie illustrieren[310]:

---

§ 24 Rn. 15 ff.; *Jestaedt*, Demokratieprinzip und Kondominialverwaltung, S. 330 ff.; *Groß*, Kollegialprinzip, S. 189.

[303] Zum internationalen Stoffrecht *Winter*, in: Dilling/Herberg/Winter, Transnational Administrative Rule-Making, S. 111, 127.

[304] Siehe unten 5. Kapitel, II. 5.

[305] Zu dieser Differenzierung siehe nur *Schorkopf*, Staatsrecht der internationalen Beziehungen, Rn. 146 ff., der zwischen rein „formellen Änderungsverfahren" bei völkerrechtlichen Verträgen unterscheidet, die den Gesetzgeber nur entlasten sollen und zu denen er die seerechtlichen zählt, und „substantiellen Vertragsänderungen".

[306] Dies hat schon die Diskussion um Umweltstandards gezeigt, *Kloepfer/Rehbinder/Schmidt-Aßmann*, Umweltgesetzbuch, Allgemeiner Teil, S. 460 ff.; für das europäische Verwaltungsrecht auch *Schemmel*, Europäische Finanzmarktverwaltung, S. 422 ff.

[307] Anders noch die Vorstellung bei der Einführung dieses Mechanismus *Pamborides*, International Shipping Law, S. 100 ff.

[308] Anders *Tsimplis*, in: Clarke, Maritime Law Evolving, S. 95, 106 mit Fn. 52; die Normierung auslandsbezogener Verordnungsermächtigungen mit Verweis auf die bloß technische Natur des Gegenstandes rechtfertigend BT-Drs. 12/6153, S. 13 f.

[309] *Mensah*, The Contribution of the IMO, in: Basedow/Magnus, Pollution at Sea, S. 41, 58 ff.

[310] Ausführlich *Pamborides*, International Shipping Law, S. 111, 147 ff.

Im Laufe der 1990er Jahre wurde erkannt, welche bedeutende Rolle der menschliche Faktor bei der Entstehung von Havarien spielt[311]. Die Reaktion der IMO bildeten zum einen die Revision von STCW im Jahr 1995, die – in Kooperation mit der ILO – durch Änderungen der Anlagen die ursprüngliche Konvention derart umgestaltete, dass das Ergebnis einer neuen Konvention gleichkam[312]: Während STCW 1978 in erster Linie die Art des erforderlichen Wissens für Seeleute international vorgab[313] und als Voraussetzung für die Ausbildung und Zertifizierung von Seeleuten Prinzipien festlegte, die „to the satisfaction of the Administration" zu beachten waren (Art. IV), regulierte die revidierte Fassung detailliert[314] die Ausbildungsverfahren und -anforderungen, um ein gewisses Kompetenzniveau sicherzustellen, und verpflichtete darüber hinaus Schiffseigner und -betreiber, nur entsprechend ausgebildete Seeleute anzuheuern, Ruhezeiten einzuhalten und dies nachzuweisen. Einschneidende Veränderungen betrafen auch die Implementierung der Konvention, die durch die Etablierung einer Kontrollkompetenz der IMO durch das White List-Verfahren verbessert wurde[315].

Zum anderen wurde ein Qualitätsmanagement für die gesamte Organisation des Schiffsbetriebs durch die Einführung des International Safety Management Codes (ISM Code) als Kapitel IX in SOLAS im Jahr 1994 etabliert. Der ISM Code verlangt die Einrichtung eines Sicherheitsmanagement-Systems (SMS) (Art. 1, 4), das durch ein Audit zu überprüfen ist (Art. 12). Ein Document of Compliance der Flaggenstaatverwaltung bzw. ihrer RO bestätigt dem SMS seine Gültigkeit (Kapitel IX Regel 4.1) und dem Unternehmen damit seine Zuverlässigkeit; zudem ist für jedes Schiff behördlicherseits ein Safety Management Certificate auszustellen (Regel 4.3), das nachweist, dass das Schiff im Einklang mit dem SMS betrieben wird. Dabei wurde die Grandfather-Klausel des Art. VIII e) ausgeschlossen (Regel 2 I), so dass der ISM Code auch auf Schiffe anwendbar ist, deren Kiel bereits gelegt wurde, bevor der ISM Code in Kraft trat. Der ISM Code weicht von der klassischen völkerrechtlichen Perspektive ab, da die beteiligten Wirtschaftskreise adressiert werden[316]. Nachteilige Folgen sind die umfassende Offenlegung der unternehmerischen Strukturen sowie die mit der ISM-Zertifizierung verbundene Kostenbelastung. Auch die Änderung von Annex I von MARPOL, die den neuen globalen Fahrplan für das Phasing Out der Einhüllentanker einführte, und die Änderung der Londoner Konvention, die

---

[311] Siehe nur die vom englischen Department of Transport nach der Strandung der Braer 1993 in Auftrag gegebene Untersuchung von *Lord Donaldson of Lymington*, Safer Ships, Cleaner Seas: Inquiry into the Prevention of Pollution for Merchant Shipping, Cm. 2560, Mai 1994, 2.1.

[312] IMO, FAQ; *Ilg*, Die Rechtsetzungstätigkeit der IMO, S. 148 ff.; *Dirks*, in: Reinalda/Verbeck, Decision Making Within International Organizations, S. 201 f.

[313] Zu diesem Schwachpunkt *M'Gongile/Zacher*, Pollution, Politics, and International Law, S. 43.

[314] Kritisch *Hinz*, in: Ehlers/Erbguth, 50 Jahre Vereinte Nationen, S. 15, 19.

[315] Zu diesem siehe unten 7. Kapitel, A. II. 4.; allgemein zu dieser Tendenz, „neue Verträge" im Tacit Acceptance-Verfahren zu erlassen, *Lost-Siemenska*, in: Bowman/Kritsiotis, Conceptual and Contextual Perspectives on the Modern Law of Treaties, S. 907, 926.

[316] *Ilg*, Die Rechtsetzungstätigkeit der IMO, S. 157.

das Dumping und auch die Verbrennung von Abfall auf dem Meer verbot, fallen in diese Kategorie, da sie sich angesichts der einschneidenden Eingriffe in die Kalkulation der Unternehmen kaum als technische Detailfragen verstehen lassen[317].

4. *Auswärtige Gewalt als Argument*

Mit dem Topos der auswärtigen Gewalt soll die Staatsgewalt umschrieben werden, die den völkerrechtlichen Verkehr der Bundesrepublik behandelt. Diese Aufgabe wird gemäß der traditionellen Auffassung wesensmäßig der Exekutive zugeordnet[318], was verfassungsgeschichtlich sowie mit der Organadäquanz gerechtfertigt wird. Das Domänedenken wird heute als im Kern überholt betrachtet[319]; speziell für die Herausforderungen internationalen Verwaltungshandelns ist diese Vorstellung nicht zielführend[320]:

Der Begriff „auswärtig" impliziert eine Trennung zwischen Innen- und Außensphäre des Staats, zwischen Innen- und Außenpolitik, und bleibt damit in der Vorstellung eines souveränen Staats verwurzelt[321]. Mit der Verarbeitung der mit Globalisierungserscheinungen einhergehenden Interdependenzen zwischen innerstaatlicher und internationaler Rechtsordnung, wie sie für die Rechtssetzung im Rahmen internationaler Organisationen typisch sind, tut sich eine solche auf staatlichem Einheitsdenken basierende Kategorie in der Folge schwer[322]. Die Entscheidungsfindung in kooperativen Regelungsstrukturen auf internationaler Ebene ist nicht den staatsleitenden Funktionen zuzuordnen; sie bildet eine davon zu unterscheidende Dimension grenzüberschreitenden Handelns der Exekutive[323].

In Bezug auf die Organkompetenz weist Art. 59 II GG die auswärtige Gewalt in Form völkerrechtlicher Verträge einerseits der Exekutive zu; andererseits ordnet das GG die Regelung innerstaatlicher Sachverhalte durch Gesetz nach der Wertung von Art. 77 und Art. 80 dem Parlament zu. Typisch für das Recht der internationalen Verwaltung ist, dass Vertrag und Gesetz zwar weiterhin ihre Grundelemente bilden[324], die eigentliche Rechtssetzungsaktivität sich aber zwischen diesen Polen bewegt, da

---

[317] Siehe dazu *König*, in: Gehring, Internationale Umweltregime, S. 117ff.; zu den Einhüllentankern *Tomuschat*, in: ders., Schutz der Weltmeere, S. 21, 26ff.

[318] *Grewe*, AöR (1952/53), S. 243; BVerfGE 1, 351, 369; E 1, 372, 394; E 2, 347, 379.

[319] *Kadelbach/Guntermann*, AöR 126 (2001), S. 563, 567ff.; zur Vorstellung eines Entscheidungsverbundes BVerfGE 121, 135, 162; anders aber wieder BVerfGE 131, 152, 195; ablehnend schon die frühere Konzeption, die eine geteilte („kombinierte", so *Menzel*, VVDStRL 12 (1954), S. 179, 197, „gemischte", so *Friesenhahn*, VVDStRL 16 (1958), S. 9, 38, bzw. „gesamthänderische", so *Baade*, Das Verhältnis von Parlament und Regierung im Bereich der Auswärtigen Gewalt der Bundesrepublik Deutschland, S. 153ff.) Aufgabe von vollziehender und gesetzgebender Gewalt annahm und daher für eine verstärkte parlamentarische Kontrolle des auswärtigen Handelns der Regierung plädierte; zusammenfassend zum Streitstand *Sauer*, ZaöRV 62 (2002), S. 317, 334f.

[320] Siehe bereits oben 1. Kapitel, III. 1. b.

[321] *Biehler*, Auswärtige Gewalt, S. 7f.

[322] *Mosler*, in: FS Thoma, S. 129, 149.

[323] *C. Calliess*, in: HStR IV, § 83 Rn. 7; *Glaser*, Internationale Verwaltungsbeziehungen, S. 5f.

[324] *Schmidt-Aßmann*, DS 45 (2006), S. 315, 328.

sie trotz ihres überstaatlichen Ursprungs innerstaatlich relevant ist, aber doch Rechte und Pflichten des Einzelnen bzw. von Unternehmen zum Gegenstand hat.

5. Rationalitätsgedanke: ein rechtstatsächlicher Befund

Die steigende Bedeutung der grenzüberschreitenden Zusammenarbeit der Verwaltung impliziert ihre besondere Eignung für diese Aufgabe. Dementsprechend wird vertreten, das rechtsstaatliche Gebot der Funktionsgerechtigkeit bilde ein Fundament für das internationalisierte Verwaltungshandeln[325]. Der Verweis auf die Technizität der Rechtssetzung auf internationaler Ebene geht ferner mit der Vorstellung von Expertise und damit verbundener Neutralität der in den Normsetzungsprozess involvierten Akteure einher[326]. Der Stellenwert dieses Rationalitätsgedankens für die Legitimationsfrage wird unterschiedlich bewertet: Teilweise wird ihm in Anknüpfung an pluralistische Legitimationskonzepte eine Legitimationswirkung beigemessen[327]. Expertise sei ein kompensierendes Element für demokratische Legitimation[328]. Rationalität wird mitunter auch in das Element der funktional-institutionellen Legitimation eingeordnet[329]. Das Anliegen demokratischer Legitimation ist es, eine spezifische Qualität von Herrschaft und damit eine gemeinwohlfähige Herrschaft sicherzustellen[330]. Eine rechtstatsächliche Analyse zeigt indes, dass der dynamische Kooperationsprozess internationaler Rechtssetzung strukturell mit einem Closed Shop Style der Entscheidungsfindung einhergeht, der Risiken für die Gemeinwohlausrichtung internationaler Normen birgt. Diese Risiken gehen über die schon erwähnte, schleichende Ausdehnung von Kompetenzen[331] hinaus. Dann ist es aber nicht überzeugend, Rationalität zu einem zentralen Fixpunkt für die Verwaltungslegitimation zu machen.

a) Das Fachbruderschaftsproblem

In die Gremien internationaler Organisationen werden seitens der Staaten regelmäßig die Experten aus der Verwaltung geschickt, die die eigentliche Vorbereitung und Ausarbeitung der Normen maßgeblich determinieren[332]. Diese Dominanz der

---

325 *Tietje*, Internationalisiertes Verwaltungshandeln, S. 521 ff., 658.

326 Zu dieser Vorstellung *Oeter*, in: Dilling/Herberg/Winter, Transnational Administrative Rule-Making, S. 239 f.; *Dilling/Markus*, ZUR 2016, S. 3, 14.

327 *Tietje*, Internationalisiertes Verwaltungshandeln, S. 658 f., der ferner auf die Grundrechte und die Verwaltungsaufgabe der internationalen Zusammenarbeit verweist.

328 *Groß*, Legitimation der polyzentrischen EU-Verwaltung, S. 110 f.; *Schmidt-Aßmann*, Ordnungsidee, 7. Kapitel Rn. 40.

329 *Schmidt-Aßmann*, Ordnungsidee, 5. Kapitel Rn. 34 f.

330 *Schmidt-Aßmann*, Ordnungsidee, 2. Kapitel Rn. 80.

331 Siehe oben zur IMO, die das Tacit Acceptance-Verfahren zur Regel gemacht hat, 5. Kapitel, I. 2. b. aa., II. 2. sowie allgemein *Pamborides*, International Shipping Law, S. 110 f.; zur WHO *Cortell/Peterson*, in: Hawkins/Lake/Nielson/Tierney, Delegation and Agency in International Organizations, S. 255, 263 ff.

332 Siehe oben 5. Kapitel, I. 2. b. In der WHO-Verfassung schreiben Art. 11 S. 2 und Art. 24 S. 2

Verwaltung ist darauf zurückzuführen, dass die internationale Kooperation zum Zweck der Bewältigung grenzüberschreitender Herausforderungen nur gelingen kann, wenn man auch fachlich unmittelbar miteinander reden kann[333]. Der diskursive Austausch auf internationaler Ebene erfolgt entweder über das zuständige Fachministerium an Stelle des Außenministeriums[334] oder die jeweiligen Fachbehörden, in Schifffahrtsangelegenheiten v.a. das Bundesamt für Seeschifffahrt und Hydrographie, nehmen die Aufgabe der internationalen Koordination selbst wahr[335]. *Peter Haas* spricht von transnationalen epistemischen Gemeinschaften, denen er einen maßgeblichen Einfluss auf staatliche Entscheidungsträger zuschreibt[336]. In der maritimen Praxis ist vom „Parlament der Fachleute" die Rede, die die Regulierung der Seeschifffahrt bestimmten[337]. Da die Fachleute regelmäßig an diesen Treffen teilnehmen, bauen diese auch langfristige Beziehungen zur internationalen Organisation auf[338].

Diese maßgebliche Bedeutung von Experten ist in mehrerer Hinsicht bedenklich. Zunächst reduziert sie faktisch nationalstaatliche Kontrollmöglichkeiten[339] und dünnt damit den Modus der sachlich-inhaltlichen Legitimation der Verwaltung aus. Zudem trägt sie zu einer verstärkten Sektoralisierung[340] insofern bei, als die sachlich verengte Problemlösungsperspektive andere Themen aus den Augen verlieren kann; damit droht ein Verlust demokratischer Allgemeinheit, wie er durch das Parlament sichergestellt wird[341]. Die Dominanz von Experten aus Schifffahrtskreisen in der IMO lässt etwa befürchten, dass Transportinteressen im Vordergrund stehen und Umweltinteressen vernachlässigt werden[342]. Dieses Phänomen eines gemeinsamen funktionalen Verständnisses und damit verbundenen Tunnelblicks[343] leitet zum nächsten Punkt über, denn solche Fachbruderschaften tendieren dazu, in eine enge Abhängigkeit von den Regulierten zu geraten.

---

den Einbezug von nationalen Fachleuten sogar für die Zusammensetzung der WHO-Versammlung und ihres Exekutivrats vor. Allgemein zur bedeutenden Rolle nationaler Experten in internationalen Organisationen *Rittberger/Zangl/Kruck*, Internationale Organisationen, S. 108ff.

333 *V. Bernsdorff*, German Law Journal 9 (2008), S. 1939, S. 1946f.

334 Zur Dominanz von Fachministerien in internationalen Organisationen *Slaughter*, A New World Order, S. 35f.; für die ILO *Stübig*, Flexibilität und Legitimität, S. 126.; zum internationalen Stoffrecht *Winter*, in: Dilling/Herberg/Winter, Transnational Administrative Rule-Making, S. 111, 119.

335 Dazu auch *Oeter*, in: G.-P. Calliess, Transnationales Recht, S. 387, 392.

336 *Haas*, IO 46 (1992), S. 1, 4. Er definiert sie als „network of professionals with recognized expertise and competence in a particular domain and an authoritative claim to policy-relevant knowledge within that domain or issue-area".

337 *Hinz*, in: Ehlers/Erbguth, 50 Jahre Vereinte Nationen, S. 15, 19.

338 *Cox/Jacobson*, in: dies., Anatomy of Influence, S. 394f. Mitunter wird berichtet, sie entwickelten eine gewisse Verbundenheit zu dieser und identifizieren sich mit den Zielen der internationalen Organisation, zur WHO *Jacobson*, in: Cox/Jacobson, Anatomy of Influence, S. 197, 204.

339 Auch *Klafki* zur WHO, Risiko und Recht, S. 218f.

340 *Walter*, DVBl 2011, S. 12f.; auch *Wahl*, DS 40 (2001), S. 45, 51.

341 *Seiler*, Der souveräne Verfassungsstaat, S. 236; für Behördennetzwerke *Möllers*, ZaöRV 65 (2005), S. 351, 379.

342 *Campe*, in: Biermann/Siebenhüner, Managers of Global Change, S. 143, 158.

343 *Slaughter*, A New World Order, S. 219.

b) Dominanz von Partikularinteressen

Partikularinteressen haben einen besonders großen Einfluss auf die Entscheidungsfindung im Rahmen internationaler Organisationen[344]. Diese haben nicht das Gesamtwohl der Bevölkerung ihrer Staaten im Auge, sondern bestenfalls das von Interessengruppen[345] und dies sind meist wirkmächtige transnationale Unternehmen:

Ein bekanntes Beispiel für das Problem von Corporate Regulatory Capture bildet die WHO[346]. Bei der WHO beruht dieses Risiko darauf, dass sie einen extensiven Gebrauch von beratenden Expertenkomitees und -panels macht[347], vermehrt Partnerschaften mit dem privaten Bereich eingeht[348] und zunehmend auf freiwillige Beiträge (Extra Budgetary Funds) auch von privaten Donatoren angewiesen ist, um ihre Aufgaben zu bewältigen[349]. Gerade bei der H1N1-Pandemie in den Jahren 2009/2010, die sich als weniger dramatisch herausstellte als von der WHO vorhergesagt, wurden seitens von Regierungen, die Millionen für Impfstoffe ausgegeben hatten, Vorwürfe laut, die WHO stünde in enger wirtschaftlicher Beziehung zur Pharmaindustrie[350]. Das im Nachgang eingesetzte Review Committee konnte zwar kein Fehlverhalten der WHO feststellen, sah aber starken Verbesserungsbedarf im Umgang mit der Besetzung des Notfallausschusses nach Art. 48 IGV 2005[351].

Die IMO ist traditionell stark mit der Schifffahrtsindustrie einschließlich der Klassifikationsgesellschaften[352] verwoben und von diesen beeinflusst[353]. Das lässt sich neben den umfassenden Konsultationsprozessen mit der maritimen Wirtschaft[354] dadurch erklären, dass die Vertreter der Staaten in der IMO sowie die Mitarbeiter der IMO[355] regelmäßig einen Schifffahrtshintergrund haben; zudem stehen

---

[344] *Beisheim*, Fit for Global Governance?, S. 335 ff.

[345] *Stein*, ZaöRV 64 (2004), S. 563 f.

[346] *Estly*, Yale Law Journal 115 (2006), S. 1490, 1552 f.; *Deshman*, EJIL 22 (2011), S. 1089, 1193 f.; Parliamentary Assembly of the Council of Europe, Recommendation 1929 (2010), The Handling of the H1N1 Pandemic: More Transparency Needed, 24.06.2010.

[347] Diese umfassen mehr als 500 Experten, siehe https://www.who.int/about/collaboration/expert-advisory-panels-and-committees (zuletzt abgerufen: 14.06.2023).

[348] *Burci/Vignes*, World Health Organization, S. 94; *Deshman*, EJIL 22 (2011), S. 1089, 1092.

[349] *Reddy/Mazhar/Lencucha*, Globalization and Health 14 (2018), S. 119 f.; allgemein zum Ressourcenbedarf als Anreiz für internationalen Organsationen, sich gegenüber dem nicht-staatlichen Sektor zu öffnen, *Liese*, in: Dingwerth/Kerwer/Nölke, Die organisierte Welt, S. 189, 196 f.

[350] *Evans*, Journal of Public Health 32 (210), S. 296 ff.; Parliamentary Assembly of the Council of Europe, Resolution 1749 (2010), The Handling of the Pandemic, para. 2.; *Flynn*, The Handling of the Pandemic, Report, Doc. 12283, 07.06.2010, unter 3.3; *Cohen/Carter*, British Medical Journal 340 (2010), S. 2912 ff.; *Godlee*, British Medical Journal 340 (2010), S. 1256 f.

[351] WHO, Report of the Review Committee on the Functioning of the International Health Regulations (2005) in Relation to Pandemic (H1N1) (2009), A64/10, 05.05.2011, S. 16, 78 f., 132.

[352] *Psaraftis/Kontovas*, Maritime Economics & Logistics 22 (2020), S. 151, 165.

[353] *Hey*, in: Giannopoulos/Holst, Regime Interaction in Ocean Governance, S. 85, 102; *Chircop*, in: The Oxford Handbook of the Law of the Sea, S. 417, 426 f.; *Karim*, Prevention of Pollution of the Marine Environment from Vessels, S. 20; *Gold/Johnston*, in: Clingan, Law of the Sea: State Practice in Zones of Special Jurisdiction, S. 157, 161.

[354] Zum ähnlichen Problem im internationalen Stoffrecht *Winter*, in: Dilling/Herberg/Winter, Transnational Administrative Rule-Making, S. 111, 124 f.

[355] *Campe*, in: Biermann/Siebenhüner, Managers of Global Change, S. 143 f., 157 f.

die Billigflaggen-Staaten in einer Kunden-Dienstleister-Beziehung zu Schiffseignern und -betreibern, was diesen auch Einfluss auf die Entscheidungsfindung in der IMO eröffnet[356]. Die Kehrseite dieser Praxisnähe, die Ansätze gewährleistet, die eine faire Chance haben, von den nationalen Behörden und der Industrie umgesetzt zu werden[357], sind eine Abhängigkeit von ihrem technischen Wissen[358] und Einseitigkeit. Der Corporate Capture of the IMO-Bericht der britischen Organisation Influence Map aus dem Jahr 2017 sieht in den teils aggressiven Strategien der maritimen Industrie in der IMO sogar den maßgeblichen Grund für die Blockade beim Klimaschutz in der Seeschifffahrt[359]. Der Bericht identifiziert die großen Schifffahrtsverbände als die Triebkräfte in der IMO, die die Umsetzung maritimer Klimaschutzziele hinauszögerten; als besonders besorgniserregend hebt der Bericht hervor, dass sich bei Sitzungen des Umweltausschusses sogar bis zu 31 der 100 anwesenden Mitgliedsländer direkt von nationalen Schifffahrtsverbänden oder Unternehmen, die ihre Register führen, vertreten ließen[360]. Der Generalsekretär der IMO bestritt das nicht; diese Praxis sei aber Sache der Staaten[361]. In der maritimen Fachliteratur sieht man entgegen Influence Map zwar nicht genügend Beweise, um eine solche Klimaschutzvereitelungsstrategie durch die maritime Wirtschaft oder gar Kollusion zu belegen, stimmt ihr aber dahin gehend zu, dass eine ungenügende Repräsentationsstruktur Abhängigkeiten begünstige[362] und das Gleichgewicht in Bezug auf Industrie- und Umweltschutzinteressen in Frage stelle[363]. Zwar gewährt die IMO allen NGOs einen Konsultativstatus, wenn sie international sind und über ausreichende Expertise verfügen[364]. Auch haben Umwelt-NGOs durchaus einen Einfluss auf die IMO[365]. Sie sehen sich aber von den Vertretern der Flaggenstaaten und der maritimen Industrie in der IMO zurückgesetzt und mit Misstrauen behandelt[366]. Ehemalige Mitarbeiter des Sekretariats bestätigten dies; so sollen die Mitgliedstaaten „oft abschalten, wenn diese NGOs sprechen“[367]. Auch verfügten

---

[356] *Karim*, Prevention of Pollution of the Marine Environment from Vessels, S. 20f.

[357] *Merk*, in: OECD, International Regulatory Cooperation and International Organisations, S. 85, 111.

[358] Study of the ENVI Committee, Decision-making processes of IACO and IMO in Respect of Environmental Regulations, S. 19f.

[359] Influence Map, Corporate Capture of the UN IMO.

[360] Influence Map, Corporate Capture of the UN IMO, S. 11f.; auch TI, Governance at the International Maritime Organisation: The Case for Reform, S. 3.

[361] Siehe Influence Map, Corporate Capture of the UN IMO, S. 11f.

[362] *Psaraftis/Kontovas*, Maritime Economics & Logistics 22 (2020), S. 151, 169.

[363] *Peet*, Ocean & Coastal Management 22 (1994), S. 3, 18; *Tsimplis*, in: Clarke, Maritime Law Evolving, S. 95, 107.

[364] Siehe http://www.imo.org/en/About/Membership/Pages/Default.aspx (zuletzt abgerufen: 14.06.2023).

[365] *Peet*, Ocean & Coastal Management 22 (1994), S. 3, 14ff.

[366] Zur schwächeren Position grüner NGOs *Tsimplis*, in: Clarke, Maritime Law Evolving, S. 95, 107.

[367] ENVI Committee, Decision-making Processes of IACO und IMO in Respect of Environmental Regulations, S. 17.

sie nicht über dieselben Ressourcen wie die maritime Industrie[368], so dass letztere zahlreicher vertreten sei[369]. Bei Kritik drohe der Verlust der Konsultativmitgliedschaft[370]. Diese willkürliche Handhabe werde durch die vagen Vorgaben der IMO hinsichtlich der Konsultativmitgliedschaft[371] erleichtert[372].

In der ILO sind Sonderinteressen über den Tripartismus institutionalisiert und genießen dort sogar ein formales Stimmrecht[373]. Im Seearbeits- und Seesozialrecht ist der Einfluss von Arbeitnehmer- und Arbeitgebergruppen im Vergleich zum allgemeinen internationalen Arbeitsrecht durch den bereits 1920 geschaffenen Paritätischen Schifffahrtsausschuss (Joint Maritime Commission, JMC)[374] erhöht. Seine Aufgabe besteht darin, in den Perioden zwischen den maritimen Tagungen der Internationalen Arbeitskonferenz diese vorzubereiten, den Verwaltungsrat zu beraten, auch zu Fragen der Rechtssetzung[375], sowie über einen eigenen Unterausschuss Mindestlöhne für bestimmte Seeleutegruppen zu empfehlen[376]. Die Besonderheit des JMC besteht darin, dass er bipartistisch zusammengesetzt ist[377], d.h. nur aus Vertretern der Schifffahrtsunternehmen und der Seeleute, die maßgeblich von der Internationalen Arbeitskonferenz nominiert werden. Neben dem Verwaltungsrat, der in der ILO traditionell einen großen Einfluss hat[378], ist der JMC ein Treiber der maritimen Rechtssetzung, wie die Entstehungsgeschichte der Maritime Labour Convention 2006 zeigt[379]: Diese geht zurück auf eine vom Verwaltungsrat 1995 eingesetzte Arbeitsgruppe, die eng mit dem JMC zusammenarbeitete; die daran anschließende Einigung im Rahmen des JMC – der Geneva Accord[380] – läutete die

---

[368] Für das LC der IMO *Gaskell*, International Journal of Marine and Coastal Law 18 (2003), S. 155, 157; *Linné/Svensson*, in: Andersson/Bynolf/Lindgren/Wilewska-Bien, Shipping and the Environment, S. 103, 110; Study of the ENVI Committee, Decision-making Processes of IACO und IMO in Respect of Environmental Regulations, S. 20; allgemein *Charnovitz*, Michigan Journal of International Law 18 (1997), S. 183, 275 f.

[369] TI, Governance at the International Maritime Organisation: The Case for Reform, S. 2.

[370] TI, Governance at the International Maritime Organisation: The Case for Reform, S. 14 f.

[371] IMO, Rules and Guidelines for Consultative Status of Non-Governmental International Organizations with the International Maritime Organization, Dezember 2019. Diese verlangen etwa, dass die Ziele der Organisation „in voller Harmonie mit dem Geist, den Funktionen und Prinzipien der IMO" stehen (Regel 3 b)) und die Organisation die Aktivitäten der IMO unterstützt (Regel 5).

[372] TI, Governance at the International Maritime Organisation: The Case for Reform, S. 2.

[373] Zum Hintergrund *Tikriti*, Tripartism and the International Labour Organization, S. 337.

[374] Zu seinen Anfängen *Tczerclas v. Tilly*, Internationales Arbeitsrecht, S. 74.

[375] *McConnell/Devlin/Doumbia-Henry*, The Maritime Labour Convention 2006, S. 38 mit Fn. 5; bereits *Tczerclas v. Tilly*, Internationales Arbeitsrecht, S. 74.

[376] ILO, Seafarers' Wages, Hours of Work and the Manning of Ships Recommendation, 1996 (No. 187), 10; vgl. Art. 17 II a) Geschäftsordnung der Internationalen Arbeitskonferenz sowie https://www.ilo.org/global/docs/WCMS_162320/lang – en/index.htm (zuletzt abgerufen: 14.06.2023).

[377] Art. 1 Standing Orders of the Joint Maritime Commission, 11.12.1948.

[378] *Cox*, in: ders./Jacobson, The Anatomy of Influence, S. 102 ff.

[379] *McConnell/Devlin/Doumbia-Henry*, The Maritime Labour Convention 2006, S. 39 ff.

[380] Final Report, JMC, 29th Session, Geneva, 22.–26.01.2001, ILO Doc. No. JMC/29/2001/14, Appendix 2, S. 28 f.

Ausarbeitung der MLC 2006 ein und determinierte zugleich ihre Kernmerkmale[381]. Der Tri-bzw. Bipartismus kann zwar für einen gewissen Interessenausgleich sorgen, gleichwohl werden ungleiche Teilnahmebedingungen und Durchsetzungschancen unter den Sozialpartnern bemängelt. Eine mangelnde Repräsentativität[382], gerade in Hinblick auf nicht gewerkschaftlich organisierte Interessen, sowie damit zusammenhängend eine Benachteiligung von Arbeitnehmern aus entwickelten und repressiven Staaten sind die Hauptkritikpunkte[383].

c) Staatliche Machtasymmetrien

Trotz einer inzwischen dem Grunde nach institutionellen Gleichstellung[384] lässt sich in internationalen Organisationen beobachten, dass bestimmte Themen, die den Interessen wirtschaftsmächtiger Staaten entsprechen, priorisiert werden[385] und damit eine Entstehung von „club-like institutions"[386] droht. Diese Machtasymmetrien lassen sich durch mehrere Faktoren erklären[387]:

– *Externes Ungleichgewicht*: Die Einflussmacht wirtschaftsmächtiger Staaten beruht oftmals auf ihrer Dominanz bei der Finanzierung. Die als ständige Mitglieder im Verwaltungsrat vertretenen zehn Industriestaaten bringen rund 80 % der Gesamtbeiträge für die ILO auf[388]. Anders sieht die Situation hingegen in der IMO aus, die maßgeblich von Mitgliedschaftsbeiträgen finanziert wird (Assessed Contributions), die auch auf der Größe der registrierten Flotte basieren, was dazu führt, dass viele der Billigflaggen-Staaten und damit viele Entwicklungsländer zu den Hauptbeitragszahlern gehören[389]. Die WHO wird nur zu einem Viertel von Pflichtbeiträgen der Mitgliedstaaten finanziert[390].

---

[381] *McConnell/Devlin/Doumbia-Henry*, The Maritime Labour Convention 2006, S. 65.

[382] Zur Forderung nach einem Multi Interest-Ansatz als Ersatz für den tripartistischen Ansatz *Milman-Sivan*, in: Blackett/Trebilcock, Research Handbook on Transnational Labour Law, S. 204, 205 m. w. N.

[383] *Stübig*, Flexibilität und Legitimität, S. 123 f., 125 f.; *La Hovary*, International Organizations Law Review 12 (2015), S. 204, 220; andererseits wird die Zulassung anderer NGOs als Konkurrenz wahrgenommen, *Liese/Schleifer*, in: Freistein/Leininger, Handbuch Internationaler Organisationen, S. 135, 140.

[384] Die Kritik betrifft die Repräsentativität der Exekutivorgane, zur ILO *Stübig*, Flexibilität und Legitimität, S. 124 f. Auch die reformierte Zusammensetzung des Council der IMO wird teilweise immer noch als diskriminierend bezeichnet, da Entwicklungsstaaten, auch wenn sie eine bedeutende Handelsflotte registriert haben, auf die hart umkämpfte „Kategorie C" verwiesen seien. Die Kritik bezieht sich v. a. auf die Wahl 2005, in der afrikanische, südamerikanische und osteuropäische Staaten unterrepräsentiert waren, siehe *Ademun-Odeke*, Texas International Law Journal 55 (2007), S. 91, 95 ff.

[385] Zur IMO *Tan*, Vessel-Source Marine Pollution, S. 98.

[386] *Keohane/Nye*, Between Centralization and Fragmentation, S. 3 ff.; zur WHO *Deshman*, European Journal of International Law 22 (2011), S. 1089, 1192 f.

[387] *Hoffman*, Global Policy (2012), S. 421, 423 ff.

[388] Siehe https://www.ilo.org/berlin/wir-uber-uns/WCMS_761211/lang--de/index.htm (zuletzt abgerufen: 14.06.2023).

[389] 2018 waren dies in absteigender Reihenfolge: Panama, Marshall Island, Liberia, Singapur,

- *Interne Barrieren für eine gleiche Teilhabe*: Der Einfluss von Staaten in den Fachausschüssen, Unterausschüssen und Arbeitsgruppen, in denen der eigentliche Entwurfsprozess stattfindet, hängt von der Anzahl und der Expertise der Staatenvertreter ab, deren Gehalt, Reise- und Unterkunftskosten die jeweiligen Staaten tragen müssen[391]. Dabei ist zu sehen, dass oftmals eine große Anzahl solcher formellen und informellen Treffen stattfindet, die sich zeitlich teils überschneiden[392]. Zudem erleichtert eine gewisse Kontinuität und Häufigkeit der Teilnahme die Netzwerkbildung und ist daher Voraussetzung für eine Einflussnahme auf die Entscheidungsfindung. Entsprechende Ressourcen fehlen Entwicklungsländern aber oftmals[393]; hinzu kommen sprachliche Barrieren, da die faktische Arbeitssprache Englisch nicht immer sicher beherrscht wird und Simultanübersetzungen, von zudem nicht immer guter Qualität, meist nur in formellen Sitzungen stattfinden[394]. Zwar ergreifen auch Entwicklungsländer, in der IMO gerade die großen Flaggenstaaten[395], zunehmend das Wort und koordinieren sich[396]; gleichwohl spiegelt das Engagement der Staaten in den Fachgremien das Nord-Süd-Gefälle nach wie vor stark wider[397].
- *NGOs*: Diese Asymmetrie setzt sich bei den nicht-staatlichen Akteuren fort, die in internationalen Organisationen auftreten, da sie oftmals aus Industriestaaten stammen bzw. von solchen dominiert sind[398], was ebenfalls auf ihre Ressourcenstärke zurückzuführen ist[399].

Entwicklungsstaaten bzw. die Belange ihrer Staatsangehörigen kommen somit häufig de facto schlechter zur Geltung. Allerdings kann nicht per se von ihrer Unterlegenheit in der Entscheidungsfindung auf internationaler Ebene ausgegangen werden. Das zeigen gerade die Billigflaggen in der IMO[400]. Dort kommt hinzu,

Malta, China, das Vereinigte Königreich, die Bahamas, Griechenland und die USA, siehe IMO, Financial Report and Audited Financial Statements for the Year Ended 31 December 2018, S. 55.

[390] *Klafki*, Risiko und Recht, S. 220f.

[391] Für die IMO Art. 53 IMO Convention.

[392] *Brunnée/Hey*, in: Bianchi/Peters, Transparency in International Law, S. 21, 34.

[393] Zur IMO *Tan*, Vessel-Source Marine Pollution, S. 98f.

[394] Zur IMO *Gaskell*, International Journal of Marine and Coastal Law 18 (2003), S. 155, 192f.; *Molenaar*, Coastal State Jurisdiction, S. 39; *Tan*, Vessel-Source Marine Pollution, S. 101.

[395] *Gaskell*, International Journal of Marine and Coastal Law 18 (2003), S. 155, 171f.

[396] *Tan*, Vessel-Source Marine Pollution, S. 101.

[397] Für die IMO *Karim*, Prevention of Pollution of the Marine Environment from Vessels, S. 18f., 29, 151; *Gaskell*, International Journal of Marine and Coastal Law 18 (2003), S. 155, 174; zur Passivität von Entwicklungsländern auch *Blanco-Bazan*, Journal of the History of International Law 6 (2004), S. 259, 268f.; für die ILO *Stübig*, Flexibilität und Legitimität, S. 131ff.

[398] Allgemein *Charnovitz*, Michigan Journal of International Law 18 (1997), S. 183, 275f.; für das internationale Umweltrecht *Oberthür/Buck/Müller/Pfahl/Tarasofsky*, Participation of Non-Governmental Organisations in International Environmental Co-operation, S. 7; *Brunnée/Hey*, in: Bianchi/Peters, Transparency in International Law, S. 21, 35; für das internationale Arbeitsrecht *Cordova*, Comparative Labour Law 14 (1993), S. 138, 162.

[399] TI, Governance at the International Maritime Organisation: The Case for Reform, S. 2.

[400] *Tan*, Vessel-Source Marine Pollution, S. 101; *Tsimplis*, in: Clarke, Maritime Law Evolving, S. 95, 114.

dass die Tonnageklauseln in maritimen Konventionen, nach denen ein Vertrag bzw. seine Änderung nur wirksam wird, wenn die zustimmenden Staaten eine gewisse Prozentzahl der Welthandelsflotte, gemessen in Tonnage, repräsentieren, die Position der großen Billigflaggen absichern, da ihrer Zustimmung ein größeres Gewicht zukommt.

d) Verstärkung durch Intransparenz

Die Entscheidungsfindung auf internationaler Ebene gilt traditionell als mysteriös, denn Diplomatie verlässt sich auf Geheimhaltung und Vertraulichkeit[401]. Für die internationale Verwaltung wird dies als rückständig bemängelt[402], da die internationale Verwaltung wachsenden Einfluss auf das Verhalten von Staaten und Individuen nimmt, aber Intransparenz ihre Kontrolle erschwert und zugleich die oben genannten Probleme von Interessenkonflikten und ungleichen Teilnahmemöglichkeiten verstärkt. Der schwedische Politologe *Jonas Tallberg* hat in einer empirischen Studie gezeigt, dass die Transparenz internationaler Organisationen, im Sinne des öffentlichen Zugangs zu Informationen über ihre Aktivitäten, in den letzten Jahren zwar stetig zugenommen hat[403], aber große Unterschiede im Transparenzniveau bestehen[404]. Diese resultieren letztlich daraus, dass sich internationale Beratungsforen nur insofern öffnen, als dies Vorteile verspricht[405]. Während die ILO als besonders offen eingestuft wird, sowohl was den Zugang nicht-staatlicher Akteure betrifft als auch in Hinblick auf die Veröffentlichung und Zugänglichkeit entscheidungsrelevanter Dokumente[406], trifft das auf IMO und WHO nicht zu:

Der IMO wird vorgeworfen, eine strukturelle Intransparenz in mehreren Bereichen schirme die Delegierten gegen die öffentliche Kontrolle ab[407]. Nur ihre Assembly sowie internationale Konferenzen sind öffentliche Veranstaltungen, im Übrigen sind Treffen nur für akkreditierte Personen und Pressevertreter zugänglich[408]. Auch die interne Repräsentationsstruktur sei intransparent, da es dafür keine klaren Re-

---

[401] *Bianchi*, in: dies./Peters, Transparency in International Law, S. 1, 3; *Peters*, in: Klabbers/Peters/Ulfstein,The Constitutionalization of International Law, S. 263, 327; *Szaz*, in: Schachter/Joyner, UN Legal Order, Volume I, S. 35, 80.

[402] *Esty*, Yale Law Journal 115 (2005), S. 1490, 1530 f.

[403] Auch *Scholte*, Building Global Democracy, S. 313.

[404] *Tallberg/Sommerer/Squatrito/Jönsson*, The Opening Up of International Organizations; *Tallberg*, in: The Oxford Handbook of International Organizations, S. 1170 f., 1178 ff.; zum erweiterten Zugang nicht-staatlicher Akteure *Tallberg/Sommerer/Squatrito/Jönsson* The Opening Up of International Organizations.

[405] *Nanz/Steffek*, in: Niesen/Herboth, Anarchie der kommunikativen Freiheit, S. 87, 102.

[406] *Stübig*, Flexibilität und Legitimität, S. 127, 142 ff. So werden bereits im Vorfeld einer Konferenz, auf der über internationales Recht entschieden werden soll, alle Entscheidungsgrundlagen und vorbereitenden Berichte und Abstimmungsergebnisse mit namentlicher Zuordnung von Zustimmungen und Ablehnungen publiziert, ebenda, S. 142 f.

[407] TI, Governance at the International Maritime Organisation: The Case for Reform, S. 2.

[408] So ENVI Committee, Decision-making processes of IACO and IMO in respect of environmental regulations S. 22.

geln gebe[409]; wegen der teils immensen Delegationsgröße und der Verwobenheit von Staaten und maritimer Industrie einschließlich von Klassifikationsgesellschaften bleibe oftmals die Zugehörigkeit der einzelnen Teilnehmer verborgen oder sei irreführend, was das Risiko von Interessenkonflikten verstärke[410]. Auf einige Kritikpunkte wurde inzwischen aber reagiert[411].

Bei der WHO sind die Treffen von Expertenausschüssen grundsätzlich nicht öffentlich[412] und die Berichterstattung wird als mangelhaft bezeichnet[413]. Die Kritik an der WHO während der H1N1-Pandemie fußte u. a. darauf, dass sie die Namen der Mitglieder des Notfallausschusses und deren potentielle Interessenkonflikte geheim hielt; diese Intransparenz befeuerte die Verschwörungstheorie, dass die Pharmaindustrie die WHO manipuliert habe[414].

6. Fazit: Demokratie versus globale Technokratie

Der Abschnitt hat verdeutlicht, dass das auf nationaler Ebene bekannte[415] Spannungsverhältnis zwischen Demokratie und Technokratie bzw. Expertokratie in grenzüberschreitenden Zusammenhängen umso akuter ist[416]. Zum einen treten bei der „global technocracy"[417] mit staatlichen Machtasymmetrien weitere Problemfelder hinzu; zum anderen ist zu sehen, dass die nationalen Legitimationszusammenhänge in dynamischen Kooperationsprozessen auf überstaatlicher Ebene weiter ausdünnen, denn Legitimationsformen, die auf den demokratischen Souverän zurückzuführen sind, greifen angesichts ihrer Mittelbarkeit und der grenzüberschreitenden Verstrickung der internationalen Verwaltung nicht in einem ausreichenden Maße. Nachfolgend wird gezeigt, dass überstaatliche Legitimationsformen keine Alternative zu nationalstaatlichen darstellen, sondern dass Legitimation im internationalen Verwaltungsrecht als ein Mixtum Compositum zu begreifen ist.

---

409 *Psaraftis/Kontovas*, Maritime Economics & Logistics 22 (2020), S. 151, 159 ff.; TI, Governance at the International Maritime Organisation: The Case for Reform, S. 3.

410 *Psaraftis/Kontovas*, Maritime Economics & Logistics 22 (2020), S. 151, 161.

411 So wurde die Praxis, nach der Pressevertreter die Redner und ihre Ansichten nicht ohne deren Zustimmung benennen durften, Ende 2019 eingestellt. Auch der öffentliche Bereich auf IMODocs, in dem Sitzungsunterlagen und sonstige Dokumente einsehbar sind, wurde ausgedehnt.

412 WHO, Basic Documents, Regulations for Expert Advisory Panels and Committees, Annex Rule 1.

413 *Esty*, Yale Law Journal 115 (2005), S. 1490, 1553 m. w. N.

414 *Deshman*, European Journal of International Law 22 (2011), S. 1089, 1097 m. w. N.

415 Jüngst *Münkler*, Expertokratie.

416 *Shapiro*, Law and Contemporary Problems 68 (2005), S. 341, 344, 349.

417 *Slaughter*, A New World Order, S. 219.

III. Überstaatliche Legitimationsformen als Alternative?

Führt ein ausschließliches Abstellen auf die nationalstaatlich vermittelte Legitimation demnach nicht weiter, liegt es nahe, auf alternative Legitimationsformen zu setzen:

- *Output-Legitimation*: Internationale Rechtssetzung erscheint zur Regelung grenzüberschreitender und globaler Sachverhalte alternativlos, da überkommene völkerrechtliche Verträge oder Parlamentsgesetze als Instrumente im Vergleich dazu zu schwerfällig bzw. von nur begrenzter Reichweite sind. Die größere Effizienz und Wirkungsmacht[418] überstaatlicher Normen soll daher nach dem Modell der Output-Legitimation ihre Defizite kompensieren können[419]. Dies überzeugt nicht: Nach *Fritz Scharpf*, der wohl als erster diese Legitimationskategorie verwendet hat, sind politische Entscheidungen in der Output-Perspektive legitim, sofern sie auf wirksame Weise das allgemeine Wohl im jeweiligen Gemeinwesen fördern[420]. Das erhellt, dass Bezugspunkt der Output-Legitimation die Qualität der Leistungen sein muss[421]. Die dynamischen Kooperationsprozesse internationaler Rechtssetzung bergen hingegen Risiken für die Gemeinwohlorientierung und lassen daher per se keine qualitativ guten Ergebnisse erwarten[422].
- *Deliberativ-partizipative Konzepte:* Andere sehen in deliberativen Netzwerken auf überstaatlicher Ebene eine intrinsische Verbesserung der durch sie getroffenen Entscheidungen, da sie durch Verhaltensweisen geprägt seien, die sich von den üblichen strategischen intergouvernementalen Verhandlungen unterschieden[423]. Ziel der Deliberation ist die Offenlegung unterschiedlicher Perspektiven und die sachliche Abwägung verschiedener Argumente, so dass ein Konsens erreicht wird, der von allen Beteiligten unterstützt wird. Vertreter dieses Ansatzes sehen deliberative Elemente etwa in der Zulassung von NGOs zu den interna-

---

[418] *Scharpf*, in: Beck, Politik der Globalisierung, S. 28, 236.

[419] In diese Richtung *Tietje*, DVBl 2003, S. 1081, 1095; *Reinicke/Witte*, in: Busch/Plümper, Nationaler Staat und internationale Wirtschaft, S. 339, 346; *Dellbrück*, Indiana Journal of Global Legal Studies 10 (2003), S. 29, 42; auch *Nowrot*, Normative Ordnungsstruktur und private Wirkungsmacht, S. 630 ff., der aber einschränkend fordert, dass die transnationalen Regelungsstrukturen in ihrer Ausgestaltung eine optimale Gemeinwohlverwirklichung sicherstellen, ebenda, S. 633 f.; vorsichtig auch *Kokott*, VVDStRL 63 (2004), S. 7, 34; zum Potential für die Rechtssetzung der internationalen Verwaltung siehe auch *Dilling/Herberg/Winter*, in: dies., Transnational Administrative Rule-Making, S. 1, 7; zur Anwendung im Bereich des Rechts der EU bzw. EG *Scharpf*, Regieren in Europa, S. 21 ff.; zur „Legitimation durch Bewährung" *Peters*, Elemente einer Theorie der Verfassung Europas, S. 580 ff.

[420] *Scharpf*, Demokratietheorie zwischen Utopie und Anpassung, S. 21, 25.

[421] Zu diesem gemäßigten Verständnis *Trute*, in: GVwR I, § 9 Rn. 53; *Hoffmann-Riem*, Innovation und Recht, S. 104 f.

[422] Im internationalen Bereich die Möglichkeit eines rechtswissenschaftlichen Urteils über die Qualität des Outputs bezweifelnd *v. Bernstorff*, VVDStRL 79 (2020), S. 382, 387 f.

[423] Dazu *Zürn*, Regieren jenseits des Nationalstaates, 2. Aufl. 1998, S. 357 f.; grdl. *Cohen/Sabel*, European Law Journal 3 (1997), S. 313 ff.; für die europäische Komitologie im Lebensmittelrecht *Joerges/Neyer*, European Journal of Public Policy 4 (1997), S. 609 ff.

tionalen Verhandlungsarenen[424]. Die Legitimationswirkung deliberativer bzw. partizipativer[425] Konzepte hängt indes von der Erfüllung bestimmter Voraussetzungen ab und diese Voraussetzungen sind selten erfüllt[426]. So ist die Teilnahme an den Kooperationsprozessen im Seeverwaltungsrecht unter der Bedingung der Gleichberechtigung gerade nicht die Regel, sondern Machtasymmetrien und die Dominanz v.a. unternehmerischer Interessen stehen dem Treffen ausgewogener Entscheidungen entgegen[427].

Überstaatliche Legitimationsmodelle stellen zwar kein Alternativelement für demokratische Legitimation dar, aber sie weisen insofern in die richtige Richtung, als sie zeigen, dass für grenzüberschreitende Regelungsstrukturen nicht bei der parlamentszentrierten Legitimation verharrt werden darf; stattdessen sind Legitimationssurrogate auf internationaler Ebene in Betracht zu ziehen.

IV. Legitimation als Mixtum Compositum

1. *Heterarchisches Legitimationskonzept*

Auf die Frage nach der Legitimation des auswärtigen Handelns des Staats wird regelmäßig eine verstärkte Parlamentarisierung als Antwort genannt[428]. Im internationalen Verwaltungsrecht geht der ausschließliche Verweis auf eine intensivere parlamentarische Einflussnahme indes ins Leere[429]. Denn die dem Clubcharakter internationaler Kooperationsprozesse der Rechtssetzung inhärenten Risiken verlangen nach breiter aufgestellten Lösungsansätzen, sowohl in Hinblick auf die Instrumente als auch auf die einbezogenen Rechtsebenen. Daher ist auch ein Le-

[424] *Delbrück*, Indiana Journal of Global Legal Studies 10 (2003), S. 29, 40 ff. Auf die legitimierende Wirkung solcher Beteiligungsformen verweisen auch Vertreter der partizipatorischen Demokratietheorie, die eng mit der deliberativen verwandt ist, *Zittel*, in: FS Kielmansegg, S. 55, 58 ff.; anders *Pateman*, Perspective Politics 10 (2012), S. 7 f.

[425] Zu ihrer Verwandtschaft *Zittel*, in: FS Kielmansegg, S. 55, 58 ff.

[426] *Möllers*, ZaöRV 65 (2005), S. 351, 382 f.; *Zürn*, Regieren jenseits des Nationalstaates, S. 359; *v. Bernstorff*, VVDStRL 79 (2020), S. 382, 393.

[427] Deliberative Ansätze daher als ein Kaschieren des Problems kritisierend *Shapiro*, Law and Contemporary Problems 68 (2005), S. 341, 351. Differenzierend zum Potential deliberativer Konzepte für das Global Administrative Law *Kingsbury/Donaldson/Vallejo*, in: Orford/Hoffmann, The Oxford Handbook of the Theory of International Law, Global Administrative Law and Deliberative Democracy.

[428] *Wolfrum*, VVDStRL 56 (1997), S. 38, insb. S. 62 ff.; *Schmidt*, VVDStRL 36 (1978), S. 65, 82 f.; *Fastenrath*, in: Geiger, Völkerrechtliche Verträge, S. 93, 115 f.; zu WTO *Krajwski*, Legitimation, S. 241 ff.; *Röben*, Außenverfassungsrecht, S. 100; auch *Zürn*, Regieren jenseits des Nationalstaates, S. 233, 566 f.; *Stein*, ZaöRV 64 (2004), S. 563, 566 f.; stark auf nationale Legitimationsmechanismen setzend auch *Proelß*, in: Kahl/Ludwigs, Handbuch des Verwaltungsrechts II, § 57 Rn. 27; diese Position als „unitarisches Legitimationsmodell" bezeichnend *v. Bogdandy*, ZaöRV 63 (2003), S. 853, 873.

[429] *Tietje*, Internationalisiertes Verwaltungshandeln, S. 657.

gitimationsmodell unterkomplex, das allein auf die Zivilgesellschaft setzt[430]. Die Legitimation der internationalen Verwaltung lässt sich demnach weder als eine rein nationalstaatliche noch als eine rein überstaatliche verstehen, sondern bildet ein Mixtum Compositum. Die Idee einer Ausdifferenzierung der Legitimationszusammenhänge meint mehr als das schlichte Zusammenführen vorhandener Legitimationsversatzstücke, die in ihrer Gesamtheit, so die vage Hoffnung, das notwendige Legitimationsniveau erreichen; sie basiert auf einer Weiterentwicklung von Legitimationselementen verschiedener Schichten in dem Sinne, dass diese der konglomeratischen Struktur der internationalen Verwaltung gerecht werden.

Theoretische Grundlage dieses Konzepts bildet ein heterarchisches Legitimationskonzept, das die polyzentrische Struktur von Global Governance zum zentralen Fixpunkt macht[431]. Die Untersuchung löst sich indes von der wissensbasierten Erklärung dieses Verständnisses[432]. Zudem wendet sie sich pragmatischen Fragestellungen zu, indem sie die Elemente einer solchen mehrdimensionalen Legitimation für die Rechtssetzung der internationalen Verwaltung ausweist. Dementsprechend wird in den folgenden Ausführungen skizziert, wie eine Legitimation der Rechtssetzung im Rahmen internationaler Organisationen ausgestaltet werden könnte. Die Untersuchung schlägt vor, prozedural-institutionelle Sicherungsmechanismen (3.–5.) auf internationaler Ebene mit einem Auffangnetz im national-regionalen Bereich (2.) zu verknüpfen. Das bedeutet nicht, dass das Parlament außen vor bleibt, vielmehr ändert sich seine Rolle (6.).

Die methodische Schwierigkeit besteht darin, in grenzüberschreitenden Ordnungsgefügen gemeinsame Bewertungsmaßstäbe und taugliche Instrumente für ihre Umsetzung zu finden[433]: Partizipation und Transparenz gelten als demokratische Grundanliegen – wie für das Demokratieverständnis der EU nunmehr Art. 10 III i. V. m. Art. 11 EUV unterstreicht – und determinieren daher die Verwaltungslegitimation[434]. Diese Prinzipien bleiben indes in ihren konkreten Konsequenzen und in ihrer Übertragbarkeit für bzw. auf die internationale Rechtssetzung unklar. Dieses Problem wird durch eine praxisbezogene Herangehensweise gelöst. Ausgangspunkt ist die Beobachtung, dass Partizipation und Transparenz zunehmend, wenn auch im Niveau stark schwankend[435], die Governance internationaler Organisationen prägen[436]. Das nachfolgende Legitimationskonzept orientiert sich folglich zunächst an progressiven Praktiken überstaatlicher Instanzen sowie an entsprechenden Reform-

---

[430] Zu diesem bezeichnend *v. Bogdandy*, ZaöRV 63 (2003), S. 853, 874 f.

[431] Insbesondere *Ladeur*, Globalisation and the Conversion of Democracy to Polycentric Networks, S. 17 ff.

[432] Zu den Restriktionen dieses Konzepts *Eifert*, in: Trute/Groß/Röhl/Möllers, Allgemeines Verwaltungsrecht, S. 307, 320 f.

[433] *Kment*, Grenzüberschreitendes Verwaltungshandeln, S. 41.

[434] *Schmidt-Aßmann*, Ordnungsidee, 2. Kapitel Rn. 102, 104–116. Sie bilden v. a. das Leitbild der europäischen Rechtsetzungslehre, *Härtel*, Handbuch Europäische Rechtsetzung, S. 21 f.

[435] Siehe schon oben v. a. zur Transparenz 5. Kapitel, II. 5. d.

[436] *Oberthür*, in: Zangl/Zürn, Verrechtlichung, S. 119, 126–128; eingehend *Dingwerth/Nanz/Talberg*, in: Oxford Handbook of International Organizations, S. 1127 ff., 1171 ff.

vorschlägen. Die Legitimation der europäischen Komitologie bildet zwar keine Blaupause für die internationale Verwaltung; wegen ihrer strukturellen Parallelen[437] lassen sich v.a. aus der früher (nunmehr Art. 290, 291 AEUV) intensiv geführten Diskussion um die Legitimation der europäischen Komitologie aber weitere Eckpunkte entnehmen[438].

2. Eingangskontrolle: das COSS-Verfahren als Beispiel

Da der internationalen administrativen Rechtssetzung keine unmittelbare rechtliche Durchgriffswirkung zukommt, bleibt eine staatliche Eingangskontrolle möglich. Das bedeutet, dass Staaten, in denen die internationalen Normen rezipiert werden, ihre Qualität überprüfen und damit riskante Formen internationaler Normsetzung gleichsam an der Pforte abweisen können. Der konventionelle Weg einer staatlichen Eingangskontrolle gegenüber internationalem Recht erfolgt, wie gesehen[439], über die Parlamente, die einem völkerrechtlichen Vertrag ex post zustimmen müssen. Die oben vorgeführten Defizite dieses Mechanismus muss eine Eingangskontrolle für die internationale Verwaltung kompensieren, indem einerseits der Anwendungsbereich erweitert wird und andererseits effiziente und effektive Kontrollverfahren etabliert werden. Dafür steht im Seeverwaltungsrecht das COSS-Verfahren.

In der EU bildet das Pendant zu EMSA auf der Ebene der Rechtssetzung der Ausschuss für die Sicherheit im Seeverkehr und die Vermeidung von Umweltverschmutzung durch Schiffe (Committee on Safe Seas and the Prevention of Pollution from Ships, COSS)[440], der die im maritimen Bereich bestehenden fünf Komitologie-Ausschüsse zentralisiert. Die COSS-Verordnung führt, wie gesehen[441], dynamische Verweisungen auf internationale Normen ein, die durch eine Konformitätsprüfung (Conformity Checking Procedure) komplementiert werden. Diese zielt darauf, Änderungen internationaler Instrumente vom Anwendungsbereich des Sekundärrechts auszunehmen, „wenn ausgehend von einer Untersuchung seitens der Kommission die offenkundige Gefahr besteht, dass durch die Änderung eines internationalen Instruments […] das durch die Rechtsvorschriften der Gemeinschaft über den Seeverkehr geschaffene Niveau der Sicherheit im Seeverkehr, der Vermeidung von Umweltverschmutzung durch Schiffe oder des Schutzes der Lebens- und Arbeitsbedingungen an Bord von Schiffen verringert wird oder dass die Änderung mit diesen Gemeinschaftsvorschriften nicht vereinbar ist“ (Art. 5 II). Die internationalen Instrumente umfassen „Übereinkommen, Protokolle, Entschließungen,

[437] Diese tertiäre Rechtsetzung lässt sich als „governance by committees“ oder als „heterarchische und polyzentrische Verwaltungsordnung“ begreifen, bei der sich daher auch Legitimationsfragen stellen, *Pilniok*, Governance, S. 117 ff., 190 ff.; jüngst zum Finanzmarktrecht *Bergold/Wendt*, EuR 2019, S. 219 ff.

[438] Zur Relevanz für das Global Administrative Law *Shapiro*, Law and Contemporary Problems 68 (2005), S. 341, 348.

[439] Siehe oben 5. Kapitel, II. 1.

[440] Art. 3 COSS-VO.

[441] Siehe oben 5. Kapitel, I. 2. c. dd.

Kodizes, Regelwerke, Rundschreiben, Normen und Bestimmungen, die von einer internationalen Konferenz, der Internationalen Seeschifffahrtsorganisation (IMO), der Internationalen Arbeitsorganisation (ILO) oder den Unterzeichnern einer Vereinbarung vereinbart wurden und auf die in den geltenden Rechtsvorschriften der Gemeinschaft über den Seeverkehr Bezug genommen wird" (Art. 2 Nr. 1). Dieses Verfahren erfolgt vor dem endgültigen Wirksamwerden der internationalen Normen. Während des Konformitätsprüfungsverfahrens dürfen die Mitgliedstaaten die internationalen Normen weder übernehmen noch anwenden (Art. 5 IV).

Die Konformitätsprüfung im COSS-Verfahren ist als „Notbremse" konzipiert, um ein Absenken des europäischen Niveaus zu verhindern[442]. Es erlaubt eine reine Ergebniskontrolle, die das Schutzniveau internationaler Normen im Visier hat, und ist zudem auf eindeutige Fehlgriffe beschränkt. Durch die zeitliche Taktung mit dem Normsetzungsverfahren auf internationaler Ebene[443], die Anwendung der Komitologie-Methode und damit zusammenhängend die Einbeziehung der Expertise der europäischen Verwaltung[444] wird einerseits eine rasche Rezeption ermöglicht, andererseits eine effektive Kontrolle sichergestellt.

Diese Eingangskontrolle lässt sich von einer internationalen Warte[445] aus in mehrerer Hinsicht angreifen. Zunächst ist das Spannungsverhältnis zwischen regionalen Sonderregimen und einem global einheitlichen Standard für den Seeverkehr zu sehen. Die COSS-Verordnung behandelt das Problem, indem sie vorsieht, dass die Mitgliedstaaten und die Kommission das Risiko der Kollision auch international angehen (Art. 5 I). Die Kritik seitens einer Marktmacht wie der EU kann durchaus Druck ausüben. Das leitet zum nächsten Kritikpunkt über. Im Nationalstaat ist die einseitige Intervention durch gewählte Volksvertreter die legitime Lösung, um unerwünschte Ergebnisse zu korrigieren; schwieriger ist diese Vorgehensweise in grenzüberschreitenden Fällen[446], da sie nur bestimmte Staaten repräsentiert, daher potentiell Konflikte im Rahmen internationaler Organisationen schürt und das Finden eines Kompromisses auf internationaler Ebene erschweren kann. Beschränkt sich die Eingangskontrolle tatsächlich auf eine Notbremse, ist dieses Risiko aber akzeptabel.

3. Partizipationsordnung für internationale Kooperationsprozesse

Gleichwohl muss das Kernanliegen bleiben, das Problem an der Wurzel zu packen und das bedeutet, internationale Kooperationsprozesse gewissen Spielregeln zu unterwerfen. Ein erstes Element bilden Partizipationsregeln. Eine Partizipations-

[442] *Schult*, Das völkerrechtliche Schiffssicherheitsregime, S. 307.

[443] Zur zeitlichen Abstimmung mit dem Tacit Acceptance-Verfahren siehe Art. 5 III UAbs. 3.

[444] Zur Zusammensetzung von COSS siehe Art. 6 Rules of Procedures for the Committee on Safe Seas and the Prevention of Pollution from Ships.

[445] Zur unionsrechtlichen Kritik an solchen Eingangskontrollen der EU *Bauer*, in: FS Schmidt, S. 69, 81.

[446] *Shapiro*, Law and Contemporary Problems 68 (2005), S. 341, 348.

ordnung ist mehr als Partizipation. Denn wie gesehen ist die Partizipation von Sonderinteressen Teil des Problems. Die Grundidee lautet, die Dominanz bestimmter Interessen im Entscheidungsverfahren in Schach zu halten und potentiell unterrepräsentierte Interessen in dieses zu inkludieren. Dazu sind die Rollen der Beteiligten und ihr Verhältnis zueinander festzulegen und auszugestalten, um eine ausgewogene Besetzung[447] der Gremien abzusichern. Dabei sind auch die nicht-staatlichen Teilnehmer einzubeziehen, da diese, wie gesehen, die Entscheidungsfindung maßgeblich beeinflussen. Eine solche Ordnung, die den geschlossenen Kreis aufbricht, könnte die folgenden Strategien beinhalten:

a) Paritätische Steuerung

Da die Ressourcen der Teilnehmer über ihren Einfluss bestimmen, scheint eine Obergrenze für die Beteiligung in den internationalen Gremien naheliegend[448]; auch die Vorgabe eines Proporzes für grüne sowie soziale NGOs oder Entwicklungsländer wäre denkbar. Solche Quoten sind allerdings mit Vorsicht zu genießen. Zunächst können sie nur oberflächlich wirken, denn sie schaffen eine künstliche Gleichheitsordnung, ohne das Engagement der unterrepräsentierten Interessen zu fördern. Da damit gleichzeitig eine Zurückdrängung von Expertise verbunden ist, könnte ferner die Qualität der internationalen Normsetzung leiden. Gänzlich untauglich sind sie aber nicht. So sollten in Bezug auf die nationalen Delegationsgruppen Obergrenzen für ihre Größe festgelegt werden, um Vorteile ressourcenstarker Staaten zu begrenzen[449]. Eine solche Bestimmung kennt auch die ILO-Verfassung, die die Zahl der technischen Berater für jeden Delegierten der Allgemeinen Konferenz der ILO auf zwei begrenzt (Art. 3 II 1).

b) Rollentrennung

Der disproportionale Einfluss von Industrievertretern in internationalen Organisationen beruht darauf, dass sie neben der Konsultativmitgliedschaft zusätzlich Einfluss als Teil nationaler Delegationen genießen. Das Verschwimmen der Grenze zwischen Beobachterstatus und vollem Partizipationsrecht, öffentlichen und privaten Interessen, kann durch Vorgaben an die Zusammensetzung und das Auftreten der nationalen Delegationen verhindert werden. Auch insofern kann die ILO als Vorbild dienen. Danach dürfen etwa die technischen Berater der Delegierten in der Konferenz nur auf besonderen Antrag und mit besonderer Genehmigung des Präsidenten der Konferenz das Wort ergreifen und nicht mit abstimmen (Art. 3 VI ILO-Verfassung). Auch ein Verbot des Outsourcings des Delegationsrechts bildet eine Grundanforderung[450], da es verhindert, dass Industrievertreter ihre Interessen-

[447] Für die Partizipation von NGOs *Oberthür/Buck/Müller/Pfahl/Tarasofsky*, Participation of Non-Governmental Organisations in International Environmental Co-operation, S. 9.
[448] TI, Governance at the International Maritime Organisation: The Case for Reform, S. 3.
[449] *Psaraftis/Kontovas*, Maritime Economics & Logistics 22 (2020), S. 151, 156, 170.
[450] *Psaraftis/Kontovas*, Maritime Economics & Logistics 22 (2020), S. 151, 156, 170.

bindung verschleiern. Ferner könnte ein Verbot, Vertreter zu verschiedenen Delegationen zu schicken, eine Überrepräsentation bestimmter Interessen verhindern. Die tatsächliche Zugehörigkeit der Delegierten gilt es zu dokumentieren. Andere Vorschläge der Rollentrennung gehen dahin, schon die Kontaktaufnahme zwischen nationalen Vertretern und Industrievertretern einer Dokumentationspflicht zu unterwerfen[451]. Dies scheint aber zum einen kaum kontrollierbar, zum anderen bildet der kommunikative Austausch auch zwischen staatlichen und privaten Teilnehmern einen integralen Bestandteil internationaler Kooperationsprozesse.

c) Integritätsregeln

Interessenkonflikte von beigezogenen Experten lassen sich durch Integritätsregeln angehen[452]. Die entsprechende Empfehlung des Review Committees der WHO[453] sind nun in ihren Guidelines for Declaration of Interests umgesetzt. Das Spannungsverhältnis zwischen der Angewiesenheit auf Sachverstand und dem Integritätsziel lösen die Richtlinien durch eine Flexibilisierung der Rechtsfolgen auf[454].

Auch internationale Integritätsregeln für nationale Delegationen und sonstige Teilnehmer sind denkbar, die deren Nebenbeschäftigungen, die Annahme von Geschenken usw. regeln. Denn die entsprechenden nationalen Vorgaben sind im Schutzniveau sehr heterogen[455]. Darauf aufbauend könnte ein Verhaltenskodex für alle Teilnehmer etabliert werden, der deren Verhalten festlegt, während sie unter der Schirmherrschaft der internationalen Organisation tätig sind.

d) Fachforenbegrenzung

Um den Vorteil der Vertreter ressourcenstarker Teilnehmer zu begrenzen, ist es naheliegend, der Proliferation von Gremien und ihrer Sitzungen entgegenzuwirken. Diese Strategie verfolgt nun die IMO mit ihren Committees' Guidelines[456], nach denen etwa grundsätzlich nur drei Arbeitsgruppen pro Sitzung des Maritime Safety Committees und des Marine Environment Protection Committees eingerichtet werden dürfen, die Bildung von Arbeitsgruppen zwischen den Ausschusssitzungen möglichst zu vermeiden ist und diese nur mit Genehmigung ohne Übersetzungsdienste tagen dürfen. Die Guidelines müssen aber Raum für Ausnahmen lassen, da die Arbeitsbelastung der IMO solche Substrukturen im Ausschusswesen er-

---

[451] *Esty*, Yale Law Journal 115 (2005), S. 1490, 1526; *Möllers*, ZaöRV 65 (2005), S. 351, 385 f.

[452] *Esty*, Yale Law Journal 115 (2005), S. 1490, 1525.

[453] WHO, Report of the Review Committee on the Functioning of the International Health Regulations (2005) in Relation to Pandemic (H1N1) (2009), A64/10, 05.05.2011, S. 18.

[454] Siehe S. 8 der Guidelines, https://www.emro.who.int/images/stories/polio/doi-guidelines.pdf?ua=1 (zuletzt abgerufen: 15.06.2023). Neben dem absoluten Ausschluss sind auch ein teilweiser Ausschluss sowie eine bedingte Partizipation des Befangenen möglich; die Wahl hängt von der Schwere des Interessenkonflikts und seinem Umfang ab.

[455] TI, Governance at the International Maritime Organisation: The Case for Reform, S. 3.

[456] MSC/Circ. 931 und MEPC/Circ. 366, 10.09.1999.

fordert[457]. Gänzlich nutzlos muss eine Begrenzung gleichwohl nicht sein, da sie die überschießende Fachforenbildung rechtfertigungsbedürftig macht.

e) Zugangsregelung

In Bezug auf Staaten, die von einer Drittwirkung völkerrechtlicher Verträge betroffen sind, muss die Möglichkeit der Beteiligung an den internationalen Kooperationsprozessen gegeben sein. Auf dieses Zugangserfordernis weisen neuere Ansätze in der Völkerrechtslehre hin[458].

Was die Beteiligung nicht-staatlicher Akteure auf internationaler Ebene betrifft, ist zu sehen, dass Zugangsregeln über eine Selektion passender Bewerber einerseits die Funktionsfähigkeit[459] und die Integrität des Prozesses schützen können[460], andererseits drohen überzogene oder vage Akkreditierungsvorgaben die Dominanz bestimmter Interessen zu verstärken, indem sie kritischen Stimmen den Zugang verwehren. Zudem benachteiligen aufwändige Akkreditierungsverfahren NGOs aus Entwicklungsländern[461]. Nach dem Bericht des Cardoso-Panels[462], das von *Kofi Annan* beauftragt wurde, die Beziehungen zwischen der UNO und der Zivilgesellschaft zu untersuchen und auf der Grundlage der im UN-System und in anderen internationalen Organisationen identifizierbaren Best Practices Empfehlungen abzugeben[463], muss ein modernes Akkreditierungsregime daher „technisch statt po-

---

[457] Kritisch *Tan*, Vessel-Source Marine Pollution, S. 101.

[458] Diese erkennen das Bedürfnis nach universellen Vertragsregimen dem Grunde nach an und fragen stattdessen nach den Voraussetzungen einer Bindung dritter Staaten. Diese werden in erster Linie in der Verwirklichung von Gemeinschaftsinteressen, der Notwendigkeit einer Regelung, dem Vorhandensein internationaler Foren sowie der Offenheit der Teilnahme und des Beitritts für alle Staaten gesehen, mit unterschiedlichen Gewichtungen *Charney*, American Journal of International Law 87 (1993), S. 529 ff.; *Tomuschat*, Recueil Des Cours 241 (1993), S. 195, 269 f. sowie *Delbrück*, in: FS Jaenicke, S. 15, 16 ff. und *Ziemer*, Das gemeinsame Interesse an eine Regelung der Hochseeschifffahrt, S. 156 ff.; *Hingst*, Globalisierung, S. 202 ff., 298 ff.; ablehnend *Kleinlein*, Konstitutionalisierung im Völkerrecht, S. 439 f., 451.

[459] Zur Vielzahl internationaler NGOs *Brühl*, in: Schirm, Globalisierung, S. 169, 170 ff.

[460] Zur Funktion von Akkreditierungsregeln und ihrer Abgrenzung von Regeln, die den rechtlichen Status von NGOs definieren *van den Bosche*, in: Vedder, NGO Involvement in International Governance and Policy, S. 135, 155 f.; zu Beispielen, ebenda, S. 156 ff.; zu einer Gegenüberstellung verschiedener Akkreditierungsschemata *Bonzon*, Public Participation and Legitimacy in the WTO, S. 199 ff.

[461] *Oberthür/Buck/Müller/Pfahl/Tarasofsky*, Participation of Non-Governmental Organisations in International Environmental Co-operation, S. 10 f., 229 ff.

[462] Report of the Panel of Eminent Persons on United Nations – Civil Society Relations, We the Peoples: Civil Society, the United Nations and Global Governance, A/58/817, 11.06.2004. Die Vorschläge erhielten zwar nicht die formelle Anerkennung durch eine Resolution der General Assembly, aber in der Praxis wurde ein Teil der Empfehlungen umgesetzt, zum Einfluss *Clark*, Journal of Civil Society 4 (2008), S. 153, 159 ff.

[463] Den Hintergrund für seine Einrichtung bildete zwar v. a. die Kritik an der eng begrenzten Ermächtigung des Art. 71 UN-Charta, der für den Wirtschafts- und Sozialrat Abmachungen für Konsultationen mit nichtstaatlichen Organisationen erlaubt, der aber den Regierungen Vetorechte gegen Akkreditierungen von NGOs aus ihrem Staat einräumt; jedoch beziehen sich die Aussagen des Panel-Berichts auf Global Governance im Allgemeinen.

litisch" in dem Sinne ausgestaltet sein (Ziffer 127), dass primäre Zugangsvoraussetzung der Nachweis von Expertise oder Erfahrungen im Aufgabenbereich der internationalen Organisation und damit das Vorhandensein eines Mehrwerts bildet (Ziffer 139); weiter sollten Akkreditierungsverfahren eindeutig, transparent und kostengünstig ausgestaltet sein (Ziffer 126).

f) Gatekeeper auf der institutionellen Seite

Die Durchsetzung der Partizipationsordnung könnte einer Organisationseinheit der internationalen Organisation anvertraut werden, die als Gatekeeper agiert, indem sie die nach den oben genannten Kriterien nicht zur Teilnahme Berechtigten aussortiert bzw. nicht zur Entscheidungsfindung zulässt[464]. Solche Erscheinungsformen wurden bislang in einigen Sachbereichen für spezifische Partizipationsprobleme entwickelt[465]:

So hat die ILO ein Credentials Committee, das die Akkreditierung der Delegationen und insbesondere die Repräsentativität von Arbeitnehmer- und Arbeitgebervertretern überwacht[466]. Um eine missbräuchliche Besetzung oder Nichtbesetzung der Delegationen zu überprüfen, kann es Einwände von Arbeitgeber- und v. a. Arbeitnehmerorganisationen entgegennehmen[467]. Zeigt sich der betroffene Staat nicht kooperativ, droht ein Ausschluss von der Konferenz[468].

Auf Anregung des Review Committees[469] übernimmt die Aufgabe des Umgangs mit Interessenkonflikten das Office of Compliance, Risk Management and Ethics der WHO, das sich mit dem für die konkrete Sitzung oder Vertragsschluss Verantwortlichen austauscht[470].

In Bezug auf Zugangsregeln für NGOs zu internationalen Foren schlägt der Bericht des Cardoso-Panels[471] eine Vorprüfung und Überwachung durch das Sekretariat vor, das dazu eine „accreditation unit" einrichten soll. Schlüsselgedanke des Berichts ist aber, dass auch die relevanten Interessengruppen in die Auswahl und Qualitätssicherung einbezogen werden (Ziffern 140–142), was auf lange Sicht in die Einrichtung eines „advisory boards" münden könne, das aus verschiedenen Gruppenvertretern besteht und Empfehlungen ausspricht (Ziffer 131). Das Sekre-

---

[464] In Hinblick auf NGOs *Wang*, in: Ebragim/Weisband, Global Accountabilities, S. 31, 37 f.

[465] Zu weiteren Beispielen aus dem internationalen Umweltrecht *Oberthür/Buck/Müller/Pfahl/Tarasofsky*, Participation of Non-Governmental Organisations in International Environmental Co-operation, S. 243 f.

[466] Dazu *Milman-Sivan*, in: Blackett/Trebilcock, Research Handbook on Transnational Labour Law, S. 204, 208 ff.

[467] ILO, Conference Guide, 107th Session of the International Labour Conference, S. 12.

[468] Der Gebrauch von dieser Option wird aber vermieden, da sonst die Möglichkeit verloren ginge, mit solchen Staaten zu verhandeln, *Stübig*, Flexibilität und Legitimität, S. 138.

[469] WHO, Report of the Review Committee on the Functioning of the International Health Regulations (2005) in relation to Pandemic (H1N1) 2009, A64/10, 05.05.2011, S. 18.

[470] WHO, Guidelines for Declaration of Interests, S. 6 f., 11.

[471] Report of the Panel of Eminent Persons on United Nations – Civil Society Relations, We the Peoples: Civil Society, the United Nations and Global Governance, A/58/817, 11.06.2004.

tariat könnte mit diesen Gruppen weitergehend Verhaltenskodizes entwickeln und Selbstkontrollmechanismen diskutieren, um die Qualität und Ausgewogenheit der NGOs zu stärken (Vorschlag 23).

4. Unterstützungsnetzwerke

Die schwache Stellung unterrepräsentierter Interessen ist im Kern auf deren mangelnde Ressourcen zurückzuführen. Die Verlagerung von Treffen in Entwicklungsländer ist nicht immer möglich[472] und digitale Treffen[473] sind auf Dauer keine Alternative. Finanzielle Mittel für Entwicklungsländer und deren NGOs[474] sind daher ein erster Schritt. Weitergehend empfiehlt das Cardoso-Panel die Schaffung von Treuhandfonds[475], die allerdings, wie andere Fonds auch, wahrscheinlich unterfinanziert bleiben. Auch ist zu erwägen, bei NGOs Akkreditierungsgebühren nur bei zwingenden Gründen, etwa bei Mehraufwand, zu verlangen und zu staffeln[476]. Geld allein reicht aber nicht. Die Durchsetzungsstärke der Teilnehmer beruht auch auf dem Vorhandensein von Expertise und Sprachkenntnissen[477], die durch Aus- und Weiterbildungseinrichtungen gefördert werden können[478].

Angesichts der ungewissen Realisierungschancen solcher Top Down-Unterstützungsansätze sowie ihres Risikos, Abhängigkeitsverhältnisse zu verstärken, sollten Lösungen auf die Selbstorganisation der unterrepräsentierten Interessen setzen (Unterstützungsnetzwerke), die etwa über internationale Verbände bewerkstelligt werden kann[479]: Im Seearbeits- und Seesozialrecht ist die Internationale Transportarbeiter-Föderation in die Repräsentation der Seeleute bei den bi- bzw. tripartistischen Verhandlungen in der ILO involviert[480] und kann etwa durch Vorgespräche das Problem der (un-)abhängigen Gewerkschaften abschwächen. Stärker ausgebildet ist die Idee von Unterstützungsnetzwerken im internationalen Umweltrecht. Das GEF CSO Network[481] wird als „Prototyp selbstorganisierter Netzwerke von

[472] *Oberthür/Buck/Müller/Pfahl/Tarasofsky*, Participation of Non-Governmental Organisations in International Environmental Co-operation, S. 240.

[473] So *Esty*, Yale Law Jounal 115 (2005), S. 1490, 1532.

[474] *Brunnée/Hey*, in: Bianchi/Peters, Transparency in International Law, S. 21, 34; zu den Finanzierungsmöglichkeiten *Oberthür/Buck/Müller/Pfahl/Tarasofsky*, Participation of Non-Governmental Organisations in International Environmental Co-operation, S. 241.

[475] Report of the Panel of Eminent Persons on United Nations – Civil Society Relations, We the Peoples: Civil Society, the United Nations and Global Governance, A/58/817, 11.06.2004, paras. 164 ff.; mit Beispielen *Bonzon*, Public Participation and Legitimacy in the WTO, S. 201.

[476] *Oberthür/Buck/Müller/Pfahl/Tarasofsky*, Participation of Non-Governmental Organisations in International Environmental Co-operation, S. 233.

[477] Das Bereitstellen von Übersetzungsdiensten löst das Grundproblem nicht, *Oberthür/Buck/Müller/Pfahl/Tarasofsky*, Participation of Non-Governmental Organisations in International Environmental Co-operation, S. 240 f.

[478] Siehe zu diesen unten 7. Kapitel, A. II. 3.

[479] Für das internationale Arbeitsrecht *Cox*, in: ders./Jacobson, The Anatomy of Influence, S. 102, 116 f.; *Stübig*, Flexibilität und Legitimität, S. 126, 136 f.

[480] *Mansell*, Flag State Responsibility, S. 167.

[481] Siehe https://gefcsonetwork.org/ (zuletzt abgerufen: 15.06.2023).

NGOs ohne Geld“ beschrieben[482]. Diese Partnerschaft zwischen der Globalen Umweltfazilität (Global Environment Facility, GEF) und über 500 NGOs umfasst auch Außenstellen, die NGOs in ihren Regionen zur Partizipation auf internationaler Ebene animiert. Die Kernaufgabe des Netzwerks besteht darin, die Beteiligung von NGOs an den Aktivitäten der GEF auf allen Ebenen zu fördern, indem es NGOs, die an den Treffen des GEF Councils teilnehmen[483], aussucht, ihnen finanzielle Unterstützung zubilligt[484], den Erfahrungsaustausch erleichtert sowie im Vorfeld von Sitzungen Treffen mit Council-Mitgliedern organisiert. Unterstützungsnetzwerke können demnach koordinative Aufgaben mit solchen der finanziellen Unterstützung und der Verwaltung der Partizipationsordnung verbinden. Wegen ihres Potentials wird vorgeschlagen, sie zu institutionalisieren[485]. Eine enge, auch finanzielle Anbindung an internationale Institutionen schafft indes Abhängigkeitsverhältnisse[486].

5. *Transparenzordnung für internationale Kooperationsprozesse*

Die Standardantwort auf das Demokratiedefizit der globalen Technokratie lautet: Mehr Transparenz! Das mündet dann in rigorosen Transparenzforderungen[487]. Wie bei der Partizipation verbieten sich indes auch bei der Transparenzfrage holzschnittartige Lösungen. Um das Grundproblem zu verstehen, gilt es, das Transparenzdilemma zu begreifen. Die internationalen Kooperationsprozesse sind einerseits intransparent, da die eigentliche Kommunikation oftmals hinter verschlossener Türe erfolgt, damit sind sie tendenziell anfälliger für Interesseneinseitigkeiten, das Entstehen eines öffentlichen Diskussionszusammenhangs über den Korrekturbedarf internationaler Normen wird erschwert und die Akzeptanz der Ergebnisse durch Außenstehende geschmälert, weil klandestine Treffen immer auch Misstrauen schüren; andererseits verdanken die Prozesse ihre Problemlösungsfähigkeit dieser Intransparenz. Denn die Kompromissbildung sowie das Austesten von Positionen lebt von einer vertraulichen Atmosphäre sowie Intimität und ist insofern vom Schutz der „Privatheit“ abhängig[488]. Ferner können umfassende formelle Vorgaben

---

[482] Der Begriff wird auf *Achim Steiner*, der bis 2016 UNEP leitete, zurückgeführt, *Young*, in: Rotes, Environmental Politics, S. 243, 249.

[483] An diesen dürfen nur zehn NGOs teilnehmen, *Oberthür/Buck/Müller/Pfahl/Tarasofsky*, Participation of Non-Governmental Organisations in International Environmental Co-operation, S. 106.

[484] *Hisas*, Environmental Politics 8 (1999), S. 243, 251.

[485] *Oberthür/Buck/Müller/Pfahl/Tarasofsky*, Participation of Non-Governmental Organisations in International Environmental Co-operation, S. 14.

[486] *Brunnée/Hey*, in: Bianchi/Peters, Transparency in International Law, S. 21, 36.

[487] Für die IMO wird etwa gefordert, dass die Identität jedes Sprechers festgehalten sowie jegliche Treffen auf Video aufgezeichnet und veröffentlicht werden sollen, *Psaraftis/Kontovas*, Maritime Economics & Logistics 22 (2020), S. 151, 170; allgemein für das internationale Verwaltungsrecht auch *Esty*, Yale Law Journal 115 (2005), S. 1490, 1530 ff.; *Macshia*, in: Cassese, Research Handbook on Global Administrative Law, S. 261, 270 ff.

[488] *Van den Bossche*, in: Vedder, NGO Involvement, S. 135 f.

die Flexibilität der Verfahren schmälern und damit die internationale Rechtssetzung weiter verzögern. Ein Blick auf die Empirie untermauert das Problem. So wird in den Politikwissenschaften festgestellt, dass Belege dafür fehlten, dass Transparenz die Accountability internationaler Organisationen erhöhe[489]. Einige Forscher stellen ihre Sinnhaftigkeit sogar in Frage, da sie teilweise negative Effekte habe[490]. Neben dem eben genannten Zusammenhang zwischen Geheimhaltung und Kompromissbildung[491] wird angenommen, dass Transparenz in Form eines Publikums den Teilnehmern einen Anreiz biete, sich zur Schau zu stellen und kompromisslose Verhandlungspositionen einzunehmen, um ihr Engagement zu demonstrieren; auch erschwere sie den Sprechern, anfängliche Forderungen zurückzunehmen, was im Ergebnis in häufigeren Abbrüchen von Verhandlungen münde[492]. Wie oben gezeigt[493], sind die Prozesse internationaler Rechtssetzung kompromissorientiert sowie durch eine Mischung von strategischem Verhandeln und sachlicher Argumentation gekennzeichnet, so dass diese Risiken auch ihre Rechtssetzung betreffen. Erforderlich ist deswegen eine Transparenz mit Augenmaß:

- *Teilöffentlichkeit*: Statt einer allgemeinen Öffentlichkeit, deren Existenz im internationalen Kontext ohnehin fraglich erscheint, ist eine kompetente Teilöffentlichkeit vorzugswürdig[494]. Diese wahrt im Kern die notwendige Vertraulichkeit der Prozesse und erlaubt, die komplizierten Fachfragen zu beurteilen und kritisch zu hinterfragen. Die oben angemahnte verstärkte Integration von unterrepräsentierten Interessen in die Kooperationsprozesse und ihre Unterstützung bilden damit gleichzeitig die Basis der Transparenzordnung.
- *Publizitätspflichten:* Ferner ist an die rechtzeitige Veröffentlichung der Kooperations- und Entscheidungsgrundlagen in einer auch Nichteingeweihten verständlichen Sprache zu denken, da dies Vertrauen schafft und Kontrolldruck ausübt[495]. Entscheidend dafür ist, dass auch Informationen zu den wesentlichen Phasen der Entscheidungsfindung wie Stellungnahmen oder Normentwürfe dokumentiert und publiziert werden. Darüber hinaus kann ein Offenlegen von Loyalitäten einzelner Teilnehmer sowie von Finanzierungsgrundlagen des Gesamtgremiums der Dominanz von Partikularinteressen Einhalt gebieten. Wie gezeigt[496], bilden sich im Gefolge der Kritik an der Intransparenz internationaler Organisationen entsprechende Praktiken heraus.
- *Begründung*: Wegen ihres informierenden Charakters erfüllen auch Begründungen eine Transparenzfunktion. Im deutschen Recht sind sie für Rechtssetzungs-

[489] Siehe *Tallberg*, in: Oxford Handbook of International Organizations, S. 1170, 1183 ff. m. w. N.
[490] *Slaughter*, A New World Order, S. 220.
[491] *Wanis-St. John*, Back-Channel Negotiation: Secrecy in the Middle East Peace Process.
[492] *Stasavage*, International Organization 58 (2004), S. 667 ff.
[493] Siehe oben 5. Kapitel, I. 2. b. aa.
[494] Zur europäischen Komitologie *Töller*, Komitologie, S. 228.
[495] *Eifert*, in: Trute/Groß/Röhl/Möllers, Allgemeines Verwaltungsrecht, S. 307, 329 f.; für die europäische Ebene *Schmidt-Aßmann*, in: ders./Hoffmann-Riem, Strukturen des Europäischen Verwaltungsrechts, S. 9, 28 f.
[496] Siehe oben 5. Kapitel, II. 5. d.

akte gleichwohl nicht selbstverständlich[497]. Gerade wenn weite Gestaltungsspielräume der Verwaltung bestehen, kann eine Begründungspflicht sinnvoll sein[498]. Sie schafft auch Anreize zur Selbstkontrolle. Neben einem Zitieren der rechtlichen Grundlage und der erzielten Ergebnisse sollten daher auch eine Auseinandersetzung mit im Verfahren vorgebrachter Kritik und ein Eingehen auf relevante Alternativen Inhalte sein[499].

6. Vernetzung der Parlamentarier

In einem dezentralen System wie dem internationalen kann die Kontrolle nur eine gegenseitige sein. Die gängige Antwort verweist in Bezug auf die Kontrollinstanzen auf die Gerichte, deren Überprüfung der internationalen Rechtssetzung allerdings zurückhaltend ist[500], oder auf NGOs[501], deren Legitimation aber teils in Frage gestellt wird[502]. Dabei bleibt eine wichtige Instanz außen vor: das Parlament. Es gilt gemeinhin als der ausgemachte Verlierer von Globalisierungsprozessen[503]. Statt Schreckensbilder zu malen, sollte man sich auf die Parlamentsfunktion der Kontrolle zurückbesinnen[504] und nach Möglichkeiten suchen, wie diese – jenseits des problematischen Verfahrens des Treaty Overrides[505] – wahrgenommen werden kann. Im Wesentlichen kommen zwei Optionen eines parlamentarischen Korrektivs der internationalen Verwaltung in Betracht[506]:

– *Innerstaatlicher Ansatz*: Zu denken ist an Reformen auf nationaler Ebene, die eine Beteiligung der Legislative vor und während der Verhandlungen auf in-

---

[497] Anders Art. 296 II AEUV; zur Diskussion um eine Begründungspflicht für Rechtsverordnungen siehe nur *v. Danwitz*, Die Gestaltungsfreiheit des Verordnungsgebers, S. 138 ff.

[498] Zum Bebauungsplan §§ 9 VIII, 2a BauGB; jetzt auch bei den verbindlichen Beschlüssen des Gemeinsamen Bundesausschusses nach § 7 III 1 Verfahrensordnung Gem-BA, obwohl § 91 SGB V dies nicht vorgibt.

[499] *Esty*, Yale Law Journal 115 (2005), S. 1490, 1527.

[500] Mit der europäischen Komitologie vergleichend *Shapiro*, Law and Contemporary Problems 68 (2005), S. 341, 356; ferner *Dilling/Markus*, ZUR 2016, S. 3, 15.

[501] *Weisensee*, Zeitschrift für Parlamentsfragen 37 (2006), S. 669, 679.

[502] Zur Rechtsprechung *Nickel*, Verwaltungsrecht und Rechtsverwaltung in der Weltgesellschaft, S. 142 ff.

[503] *Brenner*, in: HStR III, § 44 Rn. 67 ff.; daher einen Blick über die Parlamente hinaus fordernd *Kokott*, in: VVDStRL 63 (2004), S. 7, 33.

[504] *Röhl*, in: FS Maurer, S. 85, 98; *Kahl*, in: Trute/Groß/Röhl/Möllers, Allgemeines Verwaltungsrecht, S. 71, 88; zum Versuch der Parlamentsforschung, die parlamentarischen Funktionen zu kategorisieren, siehe *Abels/Eppler*, in: dies., Auf dem Weg zum Mehrebenenparlamentarismus?, S. 17, 22 ff. Gemeinhin werden in Anschluss an *Bagehot*, The English Constitution, S. 72 ff. vier bzw. fünf Funktionen unterschieden (Legislativfunktion, Wahlfunktion inkl. Kontrollfunktion, Repräsentationsfunktion, Integrationsfunktion).

[505] Unabhängig von der Frage seiner Verfassungsmäßigkeit (zu dieser jedenfalls die tragende Mehrheit BVerfGE 141, 1, 32 ff.) bildet es wegen seiner Nachteile nicht den bevorzugten Weg, Parlamentsrechte zu wahren.

[506] Vgl. Schlussbericht der Enquete-Kommission „Globalisierung der Weltwirtschaft – Herausforderungen und Antworten", BT-Drs. 14/9200, S. 445 ff.; kritisch *Weisensee*, ZParl 37 (2006), S. 669, 673 ff.

ternationaler Ebene sicherstellen, so dass der parlamentarische Zugang zum internationalen Bereich nicht durch die Exekutive vorgefiltert ist[507], wie durch eine Definition des Verhandlungsmandats[508], eine Parlamentsbeteiligung nach dem Vorbild des Art. 23 GG[509] oder spezielle Parlamentsausschüsse für Globalisierungsangelegenheiten[510]. Als Argument wird auch auf entsprechende Praktiken in anderen Staaten verwiesen[511]. Die innerstaatliche Lösung stößt indes an ihre Grenzen, denn die rechtlichen und faktischen Rahmenbedingungen sind nicht in allen Staaten gegeben[512] und eine zu strikte parlamentarische Vorabkontrolle kann die internationale Kooperationsfähigkeit übermäßig beschneiden[513].

– *Internationaler Ansatz*: In Kontrast dazu steht ein Ansatz, der die grenzüberschreitende Vernetzung der Exekutive durch eine grenzüberschreitende Vernetzung der Parlamente vervollständigt[514]. Unmittelbarer Kontrollgegenstand ist die internationale Verwaltung. Man spricht auch vom Mehrebenenparlamentarismus[515]. Strukturelle Unterschiede zwischen Verwaltung und Parlament weisen indes auf mehrere limitierende Faktoren dieses Ansatzes hin[516]: Der Beamte ist regelmäßig auf Dauer im Amt, der Abgeordnete hingegen auf Zeit gewählt, der Beamte ist an Fachfragen orientiert, der Abgeordnete muss sich mit sachlich heterogenen Fragen beschäftigen. Wegen dieser unterschiedlichen Ausgangslage ist es zweifelhaft, ob eine dauerhafte Kooperation über Grenzen hinweg gelingen kann[517]. Die Abgeordneten scheinen wegen der hohen Fluktuation keinen Anreiz zu haben, lange Beziehungen mit ausländischen Abgeordneten einzugehen, und es ist für sie wegen des Fehlens einer gemeinsamen Expertise womöglich schwerer, ein Pendant im Ausland zu finden. Zudem könnte, so die Befürchtung,

---

507 *Röben*, Außenverfassungsrecht, S. 100, 270.

508 *Möllers*, Gewaltenteilung, S. 445.

509 *Kahl*, in: Trute/Groß/Röhl/Möllers, Allgemeines Verwaltungsrecht, S. 71, 90 ff.

510 *Röhl*, in: Möllers/Voßkuhle/Walter, Internationales Verwaltungsrecht, S. 319, 341; *Kahl*, in: Trute/Groß/Röhl/Möllers, Allgemeines Verwaltungsrecht, S. 71, 93 ff.

511 Zu den USA *Möllers*, Gewaltenteilung, S. 369 ff., 445.

512 *Weisensee*, ZParl 37 (2006), S. 669, 673 ff.; auch *Benvenisti*, The Law of Global Governance, S. 271 f.

513 Zu den Grenzen dieses Modells *Beisheim/Brunnengräber*, ZIB 15 (2008), S. 73, 87 f.; *Klein*, ZGR 2012, S. 209, 211; *Volkmann*, AöR 127 (2002), S. 575, 595; daher für eine wissenschaftliche Begleitung eines BT-Ausschusses *Röhl*, in: Möllers/Voßkuhle/Walter, Internationales Verwaltungsrecht, S. 319, 341.

514 *Slaughter*, A New World Order, S. 104 ff.; aus der deutschen Rechtswissenschaft *Cancik*, VVDStRL 72 (2013), S. 268, 288–290; *Dederer*, Korporative Staatsgewalt, S. 619 ff.; *Eifert*, in: Trute/Groß/Röhl/Möllers, Allgemeines Verwaltungsrecht, S. 307, 326; *Terhechte*, Europäische Verfassungsstudien, S. 312.

515 Für Europäisierungsprozesse *Abels/Eppler*, Auf dem Weg zum Mehrebenenparlamentarismus?; für eine Erstreckung auf den internationalen Bereich *Crum/Fossum*, Practices of Inter-Parliamentary Coordination in International Politics; zum Mehrwert des Konzepts des Mehrebenenparlamentarismus siehe die Beiträge von *Ruffert* und *Volkmann* in: Franzius/Mayer/Neyer, Modelle des Parlamentarismus, S. 67 ff., 185 ff.

516 Zu diesen *Slaughter*, A New World Order, S. 105 f.

517 Zweifelnd *Ruffert*, in: Franzius/Mayer/Neyer, Modelle des Parlamentarismus, S. 67, 77.

sich der Aufwand nicht bezahlt machen, da den Wähler überstaatliche Fachfragen kaum interessierten[518]. Ein weiterer Vorbehalt gegen die Vernetzungslösung lautet, dass diese auf der Demokratie im Nationalstaat aufbaue, aber nur eine Minderheit von Staaten diese Bedingung erfülle[519].

Gleichwohl sollte die Vernetzungslösung ernsthaft in Erwägung gezogen werden. Ein allgemeines Desinteresse von Parlamentariern an überstaatlichen Themen kann nicht angenommen werden[520]; die Antriebskräfte sind auf ihrer Seite vielmehr andere. Statt Fachfragen sind es zentrale Gemeinwohlbelange wie Menschenrechte oder Klimaschutz, die Parlamentarier und auch den Wähler bewegen, Abgeordnete daher zur Beschäftigung mit der Aktivität der internationalen Verwaltung motivieren – und zwar auch in genuin globalen und scheinbar exotischen Materien wie der Seeschifffahrt[521] – und die folglich auch das Potential haben, sie über Grenzen hinweg zusammenzuschweißen. Die Abgeordneten weisen mit ihrem Legitimationswissen eine spezifische Expertise auf, weswegen sie als „Responsivitätsexperten"[522] bezeichnet werden. Zudem wird darauf hingewiesen, dass transnationale Arbeitsmöglichkeiten Reputations- und Informationsvorteile in den heimischen Politikarenen schüfen[523], sie deswegen attraktiv seien und schwache Parlamente stärkten[524]. Die Koordinationsprobleme erscheinen demnach überwindbar. Schließlich belehrt die Praxis eines Besseren, da sie zeigt, dass parlamentarische Vernetzungen über Grenzen hinweg existieren und bereits erfolgreich eine Kontrolle der internationalen Verwaltung ausgeübt haben:

- Der internationale Parlamentarismus ist keine neue Idee[525], hat aber seit den 1990er Jahren einen Aufschwung erfahren[526]. Es finden sich Zusammenschlüsse von Abgeordneten, die in internationale Organisationen integriert sind, etwa die parlamentarische Versammlung des Europarats (Parliamentary Assembly of the Council of Europe, PACE), deren Kontrollfunktion im Wesentlichen im Verlangen nach Information und der Abgabe von Entschließungen besteht. Die PACE-Mitglieder werden grundsätzlich von den nationalen Parlamenten aus

[518] Zu diesem Punkt *Beisheim/Brunnengräber*, ZIB 15 (2008), S. 73, 90.

[519] *Benz*, in: Franzius/Mayer/Neyer, Modelle des Parlamentarismus, S. 451, 460 f.

[520] *Bauer*, in: FS Schmidt, S. 69, 80.

[521] Siehe etwa den Abgeordnetenantrag zur Klimaschutzpolitik der IMO, BT-Drs. 19/23987.

[522] *Kropp/Buche/Buzogany*, in: Abels/Eppler, Auf dem Weg zum Mehrebenenparlamentarismus?, S. 227, 236.

[523] *Marschall*, Transnationale Repräsentation, S. 328 ff.

[524] Daher von der „Waffe der Schwachen" sprechend *Crum/Fossum*: Practices of Interparliamentary Coordination, S. 261; auch *Benz*, in: Franzius/Mayer/Neyer, Modelle des Parlamentarismus, S. 451, 460 f., nach dem Parlamentarier demokratischer Staaten die Initiative übernehmen sollten und den „stabilen Kern transnationaler Netzwerke" bilden könnten.

[525] *Krajewski*, in: Brunkhorst, Demokratie in der Weltgesellschaft, S. 220; zu den historischen Wurzeln *Ley*, Opposition im Völkerrecht, S. 215 ff.

[526] Siehe die empirischen Studien von *Marschall*, Transnationale Repräsentation, zu den parlamentarischen Versammlungen des Europarats, der OSZE, der NATO und der WEU sowie *Habegger*, Parlamentarismus in der internationalen Politik.

ihrer Mitte gewählt bzw. ernannt[527]. Zudem gibt es von überstaatlichen Instanzen unabhängige Netzwerke wie die seit 1889 bestehende Inter-Parliamentary Union (IPU), die gleichwohl Partnerschaften mit internationalen Organisationen pflegen[528]. Im Unterschied zu den parlamentarischen Versammlungen internationaler Organisationen gehören IPU nicht einzelne Abgeordnete an, sondern die Parlamente selbst[529]. Daneben finden sich Arrangements, die sich spezifischen Themen widmen, wie The Global Legislators Organisation, die Klimaschutz und Biodiversität zu ihren Anliegen zählt[530].

– Zur kritischen Begleitung internationaler Organisationen scheinen sich die permanenten parlamentarischen Versammlungen auf regionaler Ebene besser zu eignen[531], die die Kontrolle auch über ihre Referenzorganisation hinaus bewerkstelligen können[532]. Man denke an das „horizontal review“ von PACE in Bezug auf die Pandemiebekämpfung der WHO[533]. PACE erließ eine Resolution, die die WHO für schwere Verfehlungen in der Transparenz ihrer Entscheidungsprozesse kritisierte, Bedenken bzgl. einer Beeinflussung aus der Wirtschaft formulierte und an die Mitgliedstaaten, europäische Instanzen und die WHO appellierte, sich des Problems anzunehmen[534]. Der öffentliche Druck und die mediale Aufmerksamkeit führten dazu, dass die WHO eine unabhängige Prüfung initiierte[535], die schließlich zu internen Reformen führte[536]. *Abigail Deshman* sieht den Erfolg dieser Kontrolle in der Kontinuität einer dauerhaften und gefestigten Struktur wie PACE sowie in der „diversity in institutional composition“ begründet, da PACE die Legislative repräsentiere und die WHO die Exekutive, was eine unabhängige Sichtweise erlaube[537].

---

[527] Art. 25 Statute of the Council of Europe, 05.05.1949.

[528] Etwa die IPU mit WHO und ILO, über ein Mitspracherecht verfügt sie dort aber nicht, siehe https://www.ipu.org/our-work/global-governance/united-nations/partnerships (zuletzt abgerufen: 15.06.2023), zu ihrer Teilnahme an der UN Ocean Conference https://www.ipu.org/news/news-in-brief/2017–06/ipu-participates-in-un-ocean-conference (zuletzt abgerufen: 15.06.2023).

[529] Art. 3 I Statutes of the IPU, 01.01.1976.

[530] Siehe http://globelegislators.org/about-globe (zuletzt abgerufen: 15.06.2023).

[531] Der IPU wird eine mehr symbolische Politik bescheinigt; ihr Potential liegt in der Kontaktpflege, dazu *Habegger*, Parlamentarismus in der internationalen Politik, S. 146, 177, 229f., 237; insgesamt positiver in der Bewertung *Arndt*, Inter-Parliamentary Union, in: MPEPIL, Mai 2009, Rn. 21, der IPUs Rolle in der Parlamentarisierung von Staaten mit einem schwach ausgeprägten demokratischen System sieht.

[532] Positiv auch *Ley*, Opposition im Völkerrecht, S. 294ff.

[533] Dazu *Deshman*, European Journal of International Law 22 (2011), S. 1089ff.; auch *Ley*, Opposition im Völkerrecht, S. 287ff.

[534] Resolution 1749 (2010), The Handling of the Pandemic, 24.06.2010, insb. para. 6. und 8.; zudem Recommendation 1929 (2010), 24.06.2010, The Handling of the Pandemic.

[535] WHO, Report of the Review Committee on the Functioning of the International Health Regulations (2005) in relation to Pandemic (H1N1) 2009, A64/10, 05.05.2011.

[536] Siehe oben 5. Kapitel, II. 5. b.

[537] *Deshman*, European Journal of International Law 22 (2011), S. 1089, insb. 1103ff.

Obgleich parlamentarische Vernetzungen historisch gesehen nicht der Legitimation internationaler Organisationen dienen[538], können sie dennoch einen mittelbaren Beitrag zu dieser leisten. Trotz vorhandener Defizite, die zeigen, dass man ihre Kontrollfunktion derzeit nicht überbewerten darf, ist dieser ein Potential inhärent, das sich ausbauen lässt[539]. Zu den Verbesserungsmöglichkeiten gehört neben Institutionalisierungslösungen[540] eine stärkere Fokussierung der Abgeordneten auf ihre Kernthemen[541]. Schließlich bleibt eine Zusammenarbeit mit NGOs, die als Verbündete bei der Informationsbeschaffung dienen können, denkbar[542].

Interparlamentarische Beziehungen können das Parlament somit ein Stück weit wieder ins Zentrum von Demokratisierungsstrategien rücken, gehen aber auch mit einer partiellen Rollenveränderung des Parlaments einher[543]: Die Idee, dass parlamentarische Souveränität sich in einer Institution abspielt und einen umfassenden, wenn auch örtlich radizierten Bezugsrahmen aufweist, wird abgelöst durch die Idee, dass sich parlamentarische Souveränität über multiple parlamentarische Instanzen verstreut und sich auf die Kontrolle von Bereichen jenseits des Staats ausrichtet.

7. Fazit: Vergleich mit pluralistischen Legitimationskonzepten für das nationale und das europäische Verwaltungsrecht

Der Abschnitt hat gezeigt, dass die Ausdünnung nationaler Legitimationsketten durch die internationale administrative Rechtssetzung dadurch adressiert werden kann, dass ein mehrdimensionales Legitimationsgeflecht geknüpft wird. Dieses Mixtum Compositum umfasst als zentrale Elemente Eingangskontrollen auf (supra-)nationaler Ebene sowie Partizipations- und Transparenzordnungen auf internationaler Ebene, die auch durch Netzwerke von Parlamentariern kontrolliert werden. Das Zusammenspiel verschiedener Akteure, Rechtsschichten und Kulturen, die das für das internationale Verwaltungsrecht prägende Konglomeratsparadigma ausmachen, spiegelt sich demnach im Legitimationskonzept wider.

Die Ausdifferenzierung der Legitimationsvermittlung ist aus der Diskussion für den innerstaatlichen Bereich sowie für die EU bekannt[544]. Für die nationale Verwaltung wird die Notwendigkeit als Konsequenz des überkommenen Einheitsdenkens indes nicht immer gesehen, während im internationalen Verwaltungsrecht die Inadäquanz eines Festhaltens an überkommenen staatszentrierten Konzepten wegen der andersartigen Struktur klarer zu Tage tritt. Für den Europäischen Ver-

---

538 *Walter*, in: v. Schorlemer, Globale Probleme und Zukunftsaufgaben der Vereinten Nationen, S. 218, 236.

539 Siehe die Vorschläge bei *Marschall*, Transnationale Repräsentation, S. 229 ff.

540 *Weisensee*, ZParl 37 (2006), S. 669, 679 f.

541 *Marschall*, Transnationale Repräsentation, S. 229 ff.

542 Schlussbericht der Enquete-Kommission „Globalisierung der Weltwirtschaft – Herausforderungen und Antworten", BT-Drs. 14/9200, S. 447 f.

543 *Crum/Fossum*, Practices of Interparliamentary Coordination, S. 9–11.

544 Siehe nur *Trute*, in: GVwR I, § 9 Rn. 15 ff., 102 ff.; für das Unionsrecht *Kluth*, in: Schulze/Janssen/Kadelbach, Europarecht, § 5 Rn. 10.

waltungsverbund entstammen die maßgeblichen Legitimationsstränge dem europäischen und dem mitgliedstaatlichen Recht. Für das internationale Verwaltungsrecht weitet sich nicht nur der örtliche Bezugsrahmen aus, auch die legitimierenden Zusammenhänge erscheinen vielschichtiger. Damit bleibt im Vergleich festzuhalten: Für das internationale Verwaltungsrecht gilt umso mehr, dass ihre Legitimation etwas „Patchworkartiges"[545] an sich hat[546].

Nachfolgend wird zunächst untersucht, inwieweit sich dieses Legitimationskonzept rechtlich begründen lässt, bevor sein Transfer auf die Rechtssetzung der privaten internationalen Verwaltung diskutiert wird.

V. Demokratieprinzip als rechtliche Grundlage

Den rechtlichen Ankerpunkt für dieses Konzept einer Legitimation der Rechtssetzung internationaler Verwaltung bildet das Demokratieprinzip. Dahinter steht die Überlegung, dass der demokratische Gedanke mangels unmittelbarer demokratischer Legitimation auf globaler Ebene weiterhin auf den Staat angewiesen ist[547]. Dass dieser der Motor ist, Demokratie an überstaatliche Regelungsstrukturen heranzutragen, verdeutlicht die Debatte um das Verhältnis zwischen Globalisierung und Demokratie (1.). In einem zweiten Schritt wird untersucht, wie sich begründen lässt, dass das Demokratieprinzip trotz seiner Staatsbezogenheit einer Verbindung mit dem vorgestellten Legitimationskonzept zugänglich ist.

1. Offene Staatlichkeit als Richtschnur

Blickt man auf die diversen Überlegungen, wie Demokratie angesichts von Globalisierungsprozessen gewahrt werden kann, dann lassen sich drei Hauptströmungen ausmachen[548]:

- *Globaler Ansatz*: Befürworter einer Weltföderation betrachten die Zeit souveräner Einzelstaaten als vorbei und suchen die Antwort – im Unterschied zur Diskussion um ein völkerrechtliches Demokratiegebot[549] – ausschließlich auf der Ebene des Völkerrechts. Das Kernelement einer neuen demokratischen Ordnung

[545] Bereits für die EG *Dreier*, in: FS Selmer, S. 51, 64 f.

[546] Nachdrücklich *Eifert*, in: Trute/Groß/Röhl/Möllers, Allgemeines Verwaltungsrecht, S. 307, 326 ff., 331.

[547] *Seiler*, Der souveräne Verfassungsstaat, S. 228, 230: „konkurrenzlose Bezugsgröße".

[548] Nach *v. Bogdandy*, ZaöRV 63 (2003), S. 853, 865 ff.; weitere Konzepte bei *Preuß*, in: Heinig/Terhechte, Postnationale Demokratie/Postdemokratie, Neoetatismus, S. 169, 183.

[549] Das völkerrechtliche Demokratiegebot, das nach seinen Vertretern aus dem Selbstbestimmungsrecht der Völker und aus partizipatorischen Menschenrechten abgeleitet wird (etwa *Kokott*, ZaöRV 64 (2004), S. 517, 525 ff.; von zentraler Bedeutung ist der Artikel von *Franck*, AJIL 86 (1992), S. 46, 87 ff.; zum Meinungsstand *Ehm*, Das völkerrechtliche Demokratiegebot, S. 18 ff.; will zunächst die Staaten in die Pflicht nehmen, intern ein Regierungssystem zu errichten, das gewisse demokratische Kernelemente aufweist, *Dreier*, in: ders., GG, Art. 20 (Demokratie), Rn. 24–26.

sehen sie in einer Errichtung parlamentarischer Institutionen nach dem Vorbild nationaler Parlamente[550]. Schwachstellen bilden neben der Aussichtslosigkeit, Demokratie auf globaler Ebene praktisch zu realisieren, Schwierigkeiten bei der überzeugenden Begründung[551].

- *Nationaler Ansatz*: Diametral entgegengesetzt steht eine Linie, die demokratische Legitimation jenseits des Staats mit großer Skepsis betrachtet[552], da sie der Überzeugung ist, dass Demokratie nur innerhalb des souveränen Nationalstaats verwirklicht werden kann[553]. Das hieße aber, die zunehmende internationale Einbindung in überstaatliche Zusammenhänge zu bremsen, weil die Lösung für die Bedrohung staatlicher Souveränität[554] eine Beschränkung auf das Koordinationsvölkerrecht wäre.
- *Kooperationsansatz*: Ein dritter Ansatz betrachtet zwar ebenfalls den Nationalstaat als den primären Rahmen, um Demokratie im Zeitalter der Globalisierung zu wahren, wählt im Unterschied zur souveränitätszentrierten Sichtweise jedoch den kooperationsoffenen Staat als Richtschnur[555]. Nach dieser Lesart bedeutet Globalisierung nicht zwingend eine Einbuße an demokratischen Idealen, da der Staat zwar seine Selbstbestimmung ein Stück weit abgibt, aber gleichzeitig durch internationale Mitwirkung Handlungskompetenzen dazugewinnt und Demokratie auch überstaatlich vermitteln kann.

Der hier vertretene dritte Ansatz stellt – denkt man in Rechtsebenen – eine Zwischenlösung dar, denn die Antwort wird einerseits im Verfassungsrecht gesucht, andererseits verweist er auf den notwendigen Anschluss des Demokratieprinzips an das Kooperationsvölkerrecht[556]. Das heißt aber nicht, dass das Demokratieprinzip als rechtliche Basis taugt. Die Konzentration auf den Erhalt der Einheit staatlicher Strukturen erweist sich als Hürde[557].

2. *Mehr als eine Rechtfertigungslösung*

Nach liberaler Vorstellung bedeutet Demokratie „die Identität von Herrscher und Beherrschten, Regierenden und Regierten, Befehlenden und Gehorchenden"[558].

---

[550] *Held*, Democracy and the Global Order, S. 278 ff.; *Höffe*, Demokratie im Zeitalter der Globalisierung, S. 353, 422 ff.

[551] *Kahl*, in: HStR XI, § 253 Rn. 71; *Müller-Franken*, AöR 134 (2009), S. 542, 557 f.

[552] *Böckenförde*, Staat, Nation, Europa, S. 103, 123 ff.

[553] *Hillgruber*, JZ 2002, S. 1072, 1076 f.; *Isensee*, JZ 1999, S. 265, 276 f.

[554] Zur Bedrohungsperspektive *Thiel*, Verlustdemokratie, S. 89 ff., der daher für eine zurückhaltende Abgabe von Kompetenzen plädiert.

[555] *V. Bogdandy*, ZaöRV 63 (2003), S. 853, 871; *Lange*, Grundlagen einer internationalen Wirtschaftsverfassung, S. 35 ff.; zur Anpasssung des Demokratieprinzips an den internationalen Kontext auch *Volkmann*, AöR 127 (2002), S. 575, 583 ff.; ferner auch Enquete-Kommission „Globalisierung der Weltwirtschaft – Herausforderungen und Antworten", BT-Drs. 14/9200, S. 57 ff.; *Hobe*, Der offene Verfassungsstaat, S. 419 f.; *Classen*, Demokratische Legitimation im offenen Rechtsstaat, S. 81 f.

[556] *V. Bogdandy*, ZaöRV 63 (2003), S. 853, 871 f.

[557] *Terhechte*, Europäische Verfassungsstudien, S. 298.

[558] *Schmitt*, Verfassungslehre, S. 234.

Demokratie ist zunächst eine Staatsform[559]. Wie Art. 20 II 1 GG für die Bundesrepublik besagt, ist das Volk Ursprung der Staatsgewalt und übt diese auch selbst aus. Nach dem holistisch-monistischen Demokratieverständnis[560] bildet dabei das Staatsvolk den Ausgangs- und Bezugspunkt demokratischer Legitimation[561]. Art. 20 II 1 GG statuiert in dieser Perspektive, dass die Staatsgewalt das Volk als eine zu einer Einheit verbundene Gruppe von Menschen zu ihrem Subjekt macht, das von den deutschen Staatsangehörigen sowie den ihnen gleichgestellten (Art. 116 I 2. und 3. Var. GG) Personen gebildet wird[562]. Diese Vorstellung von der Notwendigkeit einer vorrechtlichen Homogenität[563] hat nicht nur Konsequenzen für die innerstaatliche Ausgestaltung demokratischer Legitimation, etwa für das Wahlvolk. Wenn das Demokratieprinzip Projektionsfläche des souveränen Staats ist, dann ist es auch schwierig, dieses nach außen hin zu öffnen[564]. Solange demokratische Legitimation ausschließlich auf ein nationales Volk bezogen bleibt, lässt sich auf dieser Grundlage das hier vertretene heterarchische Legitimationskonzept nur schwer erklären: Es fordert eine Berücksichtigung von fremden Staaten bzw. extern betroffenen Menschen ein und will dies durch die Ausbildung kooperativ ausgerichteter Strukturen absichern.

Eine Möglichkeit, um diese Schwierigkeiten zu umschiffen – um im maritimen Bilde zu bleiben –, bestünde darin, eine Rechtfertigungslösung zu wählen. Diese betrachtet die Einbindung Deutschlands in internationale Regime und die demokratische Legitimation als zwei dem Grunde nach widerstreitende Belange[565]. Da das GG das Demokratieprinzip und die Offenheit der deutschen Staatlichkeit aber bewusst nebeneinander stellt, fordert es zugleich zu einem Ausgleich auf, der durch eine Abwägung erfolgt, ob und inwieweit der mit einer überstaatlichen Bindung angestrebte Zweck Einbußen an demokratischer Legitimation erfordert[566]. Überlegungen, die Legitimation internationaler Rechtssetzung zu verbessern, wären danach primär dem Verfassungsprinzip[567] der offenen Staatlichkeit zuzuordnen, das Ausnahmen vom auf eine einheitliche Entität ausgerichteten demokratischen Grundmodell erlaubt. Diese Konstruktion behält allerdings die Verlustperspektive

---

559 *Möllers*, Staat als Argument, S. XLIV.

560 Zu den beiden Grundpositionen *Groß*, Kollegialprinzip, S. 163 ff.

561 Das BVerfG entnimmt dies einer Zusammenschau von Bestimmungen der Verfassung, die einen Bezug zum Volk haben, zum Ausländerwahlrecht BVerfGE 83, 37, 50 f.; E 83, 60, 76, 81; ferner das Maastricht-Urteil BVerfGE 89, 155, 182 ff. sowie der Beschluss zum Mitbestimmungsgesetz Schleswig-Holstein BVerfGE 93, 37, 66 ff.; *Böckenförde*, in: HStR II, § 24; *Isensee*, KritV 1987, S. 300, 301 ff.; *Jestaedt*, Demokratieprinzip und Kondominialverwaltung, S. 207, 224.

562 *Unger*, Das Verfassungsprinzip, S. 57.

563 BVerfGE 89, 155, 186; zur Diskussion um das Homogenitätsargument im Maastricht-Urteil des BVerfG siehe *Pernice*, AöR 120 (1995), S. 100 ff.

564 *Terhechte*, Europäische Verfassungsstudien, S. 277.

565 *Greszik*, in: Dürig/Herzog/Scholz, GG, 100. EL Januar 2023, Art. 20 Rn. 103–105.

566 *Seiler*, Der souveräne Verfassungsstaat, S. 352 f.; ähnlich *Grzeszick*, in: Dürig/Herzog/Scholz, GG, 100. EL Januar 2023, Art. 20 Rn. 105 f.

567 *Mannefeld*, Verfassungsrechtliche Vorgaben für die europäische Integration, S. 24; anders *Gramm*, DVBl 1999, S. 1237 f. („perspektivische Dimension").

bei und erweckt zudem den Eindruck, dass internationale Rechtssetzungsprozesse Randerscheinungen sind.

Statt Begrenzungen vorzunehmen, ist daher eine Herleitung aus dem Demokratieprinzip selbst vorzugswürdig. Sie lässt sich über ein individualistisch-pluralistisches[568] bzw. menschenrechtliches Demokratieverständnis[569] begründen[570], da eine seiner Prämissen das Bekenntnis zum Menschen als Ausgangs- und Bezugspunkt demokratischer Legitimation ist. Dies impliziert keine Betroffenheitsdemokratie[571], bei der alle von hoheitlichen Maßnahmen Betroffenen das Recht zur politischen Mitentscheidung haben, was gerade für internationale Kontexte nicht praktikabel wäre[572]. Ein solches Verständnis schließt eine Bedeutung des Staatsvolks nicht aus, aber es ist nur ein Element in einem multipolaren Legitimationsgefüge[573]. Auf dieser Grundlage kann somit auch eine Berücksichtigung von Belangen ausländischer Personen eingefordert werden. Diese Deutung ist mit Art. 20 II 1 GG vereinbar, da die Norm nicht vom Staatsvolk spricht, sondern den unscharfen[574] Begriff des Volks benutzt; dies kann auch als Hinweis auf die Ablösung traditioneller Autoritäten und damit als ein allgemeines Bekenntnis zum Demokratieprinzip verstanden werden[575]. Zudem sind weitere Bestimmungen zu nennen: Zwar adressieren die Präambel sowie Art. 1 II GG das „Deutsche Volk", aber sie nehmen im gleichen Atemzug explizit Bezug auf alle, d.h. auch nicht-deutsche[576] Menschen. Auch aus Art. 1 I GG, der die Achtung und den Schutz der Menschenwürde aller staatlichen Gewalt fordert, ergibt sich eine Relativierung von Einheitsvorstellungen[577].

Während das BVerfG für die deutschen Grundrechte inzwischen eine potentiell globale Bindung deutscher Staatsgewalt mit Verweis auf den Wortlaut des Art. 1 III GG sowie der Einbindung der Bundesrepublik in die internationale Staatengemeinschaft bejaht[578], ist für das Demokratieprinzip herkömmlich jedenfalls bei grenz-

---

[568] *Trute*, in: GVwR I, § 9 Rn. 17 ff.; *Groß*, Kollegialprinzip, S. 166 ff.; *Peters*, Elemente einer Verfassung Europas, S. 657 ff.

[569] *V. Bogdandy*, ZaöRV 63 (2003), S. 853, 871 f.; *v. Engelhardt*, Die Welthandelsorganisation und demokratische Legitimität, S. 88.

[570] Für die europäische Integration *Groß*, Kollegialprinzip, S. 167 f.; *Pernice*, VVDStRL 60 (2001), S. 148, 160 f.; *Augustin*, Das Volk der Europäischen Union, S. 353; allgemein für überstaatliche Bezüge *Simantiras*, Netzwerke, S. 102; für völkerrechtliche Bezüge *v. Bogdandy*, ZaöRV 63 (2003), S. 853, 871 f.; *v. Engelhardt*, Die Welthandelsorganisation und demokratische Legitimität, S. 88.

[571] *Walter*, VVDStRL 72 (2013), S. 7, 40; so aber die Sorge des monistischen Verständnisses, siehe *Böckenförde*, in: HStR II, § 24 Rn. 27, 41 ff.

[572] *Peters*, Elemente einer Theorie der Verfassung Europas, S. 660 ff.

[573] *Unger*, Das Verfassungsprinzip, S. 79.

[574] *Volkmann*, AöR 127 (2002), S. 575, 584.

[575] *Trute*, in: GVwR I, § 6 Rn. 19.

[576] *Herdegen*, in: Dürig/Herzog/Scholz, GG, 100. EL Januar 2023, Präambel, Rn. 39; *ders.*, ebenda, Art. 1 II, Rn. 6; a.A. mit einer entstehungsgeschichtlichen Begründung *Dreier*, in: ders., GG, Präambel, Rn. 42.

[577] Zum Zusammenhang zwischen Menschenwürde und Demokratieprinzip grdl. *Häberle*, in: HStR II, § 2 Rn. 61–69, v. a. 65; ferner *Sommermann*, in: v. Mangoldt/Klein/Starck, GG, Art. 20 Rn. 87; *Hofmann*, AöR 118 (1993), S. 353, 363 f.

[578] BVerfG, NJW 2020, S. 2235, 2240 ff.

überschreitenden Bezügen[579] das Gegenteil der Fall. Im Maastricht-Urteil legt es einen unitarischen Volksbegriff zugrunde und auch im Lissabon-Urteil bildet die staatliche Souveränität das Leitmotiv[580]. Allerdings lässt die zuletzt genannte Entscheidung[581] auch eine abweichende, sprich individualistische Lesart zu, indem sie betont, dass die Würde des Menschen Grundlage des Demokratieprinzips ist[582].

Festzuhalten ist demnach, dass in der offenen Staatlichkeit Verfassungsentscheidungen nach außen wirken[583]. Nationale Verfassungen nehmen nicht nur eine „Rest-Funktion" ein[584], sondern können dazu beitragen, Grundordnungen jenseits des Staates abzusichern. Demokratie angesichts von Globalisierungsprozessen zu wahren, kann nur gelingen, wenn die Antwort einerseits im Verfassungsrecht gesucht wird und man sich andererseits um einen Anschluss des Demokratieprinzips an das Kooperationsvölkerrecht bemüht. Für das heterarchische Legitimationskonzept, das die Untersuchung der Rechtssetzung der internationalen Verwaltung zugrunde legt, bedeutet das, dass es normativ im Demokratieprinzip verortet werden kann, wenn demokratische Legitimation nicht ausschließlich auf ein nationales Volk bezogen bleibt, sondern den Menschen zum Ausgangs- und Bezugspunkt macht. Denn bei einem solchen Verständnis kann auch eine Berücksichtigung von fremden Staaten bzw. extern betroffenen Menschen eingefordert werden, die durch die Ausbildung kooperativ ausgerichteter Strukturen abgesichert wird.

VI. Übertragung auf das Recht der privaten Seeverwaltung?

1. Legitimationsbedarf öffentlich-privater Rechtserzeugung

Mit der Anerkennung privater Rechtssetzungsprozesse und ihrer Relevanz in Global Governance-Kontexten stellt sich die Frage nach ihrer Rechtfertigung[585].

---

[579] Anders zur funktionalen Selbstverwaltung BVerfGE 107, 59, 92.

[580] BVerfGE 123, 267, Leitsätze sowie S. 346 ff.; zum Souveränitätsverständnis der Lissabon-Entscheidung *Ruffert*, in: Hatje/Terhechte, Grundgesetz und europäische Integration, EuR-Beiheft, S. 83, 92 f.

[581] BVerfGE 123, 267, 341: „Der Anspruch auf freie und gleiche Teilhabe an der öffentlichen Gewalt ist in der Würde des Menschen (Art. 1 Abs. 1 GG) verankert"; ferner in der OMT-Entscheidung BVerfG, Urteil v. 21.06.2016, 2 BvR 2729/13, u. a. Rn. 133 ff.

[582] *Thym*, DS 48 (2009), S. 583 f.; *Walter*, VVDStRL 72 (2013), S. 7, 41; ferner (Konkurrenz eines individualistischen und eines etatistischen Demokratieverständnisses) *Kottmann/Wolfahrt*, ZaöRV 69 (2009), S. 443 f.; ablehnend wegen des Spannungsverhältnisses zwischen dem Exklusionsanspruch demokratischer Selbstbestimmung und dem Inklusionsanspruch individueller Selbstbestimmung *Gärditz/Hillgruber*, JZ 2009, S. 872 f. Das Recht auf Demokratie soll seinen subjektiven Gehalt aber nicht aus der Menschenwürde erfahren, BVerfGE 123, 267, 330; zur Diskussion um die korrekte Anspruchsgrundlage *Siebke*, Legitimation, Legitimität und europäische Menschenwürde, S. 206 ff.

[583] *Kadelbach*, in: Pieroth, Verfassungsrecht, S. 175, 177.

[584] Nachdrücklich *Wahl*, in: Vesting/Korioth, Der Eigenwert des Verfassungsrechts, S. 355.

[585] *Peters/Koechlin/Fenner Zinkernagel*, in: Peters/Koechlin/Förster/Fenner Zinkernagel, Non-State Actors as Standard Setters, S. 1, 18 f.; *Watt*, Transnational Legal Theory 3 (2011), S. 374, 417; *Delbrück*, Indiana Journal of Global Legal Studies 10 (2003), S. 29, 36; *Maragia*, Non-State Actors

Hauptsorge ist die weitgehende Autonomie und partielle Ersetzung und Überlagerung staatlich verwurzelten Rechts durch interessengeleitete transnationale Rechtsregime, die als Bedrohung für das Gemeinwohl betrachtet werden[586]. Schon die Bedingungen einer privaten Legitimationsordnung bleiben indes unklar:

- *Öffentlich-rechtlicher Ansatz*: Zur Bestimmung der Voraussetzungen, unter denen ein Bedarf nach Legitimation besteht, halten manche auch im grenzüberschreitenden Bereich an der strikten Unterscheidung öffentlich und privat fest. Kann allein der Staat Träger von Hoheitsgewalt sein, dann weist private Regulierung allerdings kein echtes Legitimationsproblem auf[587]. Auch *Benedict Kingsburys* normatives Kriterium des Öffentlichen („publicness"), das nach ihm als Anerkennungsregel für Recht im Global Administrative Law fungiert und damit auch ein alternatives Legitimitätskonzept bildet[588], möchte private Ordnungsleistungen nur bedingt erfassen[589]. Die Verkürzungen, die solche staatszentrierten Vorstellungen bedingen[590], da sie Gefahren grenzüberschreitender Phänomene ausblenden, fangen Konzepte auf, die offen sind, private Ordnungsleistungen in das Erfordernis einer Legitimation zu integrieren. Handlungsorientierte Ansätze setzen dazu bei der Ausübung internationaler öffentlicher Gewalt bzw. Herrschaft („international public authority") an, die von der rein privaten Gewalt zu trennen sei. Rechtfertigungsanforderungen sollen allerdings auch für private Sachverhalte gelten, die sich als ein „funktionales Äquivalent"[591] zu einer Tätigkeit aufgrund einer öffentlich-rechtlichen Grundlage darstellen. Ähnlich ist auch der Ansatz von *Nico Krisch*, der auf die Ausübung von Macht abstellen möchte[592]. Zur Konkretisierung der funktionalen Äquivalenz wird keine Definition geliefert, sondern ein thematischer Katalog mit typischen Beispielen gewaltförmiger Handlungsformen identifiziert. Die Unterscheidung öffentlich-privat soll letztlich perspektivisch mit Blick auf ein Kollektiv geschehen[593].
- *Transnationaler Ansatz*: Aus der Sicht der Lehre vom transnationalen Recht[594] darf bei Rechtfertigungsanforderungen nicht nach Analogien zum Staat gesucht

and International Law 2 (2002), S. 301, 306 ff.; für die Partizipation privater Wirkungseinheiten an überstaatlichen Rechtssetzungsprozessen *Nowrot*, Normative Ordnungsstruktur, S. 602 ff.

586 *Cuniberti*, in: Watt/Arroyo, Private International Law and Global Governance, S. 141 f.

587 *Riedinger*, Rolle nichtstaatlicher Organisationen, S. 292 f.

588 *Kingsbury*, European Journal of International Law 20 (2009), S. 23, 30, 32 f., 41 ff.

589 Ebenda, S. 52, 54 f.

590 *Dilling/Herberg/Winter*, in: dies., Transnational Administrative Rule-Making, S. 1, 6.

591 *V. Bogdandy/Dann/Goldmann*, in: v. Bogdandy/Wolfrum/v. Bernstorff/Dann/Goldmann, The Exercise of Public Authority by International Institutions, S. 1, 14 f.; *v. Bogdandy/Dann/Goldmann*, German Law Journal (2008), S. 1375, 1384.

592 *Krisch*, ICON 10 (2012), S. 976, 984; in diese Richtung auch *Keller*, in: Wolfrum/Röben, Legitimacy of International Law, S. 219, 266.

593 *Goldmann*, Internationale öffentliche Gewalt, S. 370 ff.: Das Handeln eines Kollektivs, dem der Beobachter angehört, ist „international public authority", während dieselbe Handlung für Außenstehende „private authority" bilden kann.

594 Siehe oben 5. Kapitel, I. 3. a. bb.

werden, da sich das Öffentliche jenseits des Staats kaum definieren und vom Privaten unterscheiden lasse. Stattdessen sei nach „Strukturkollisionen" zu fragen[595]. Entscheidend sei, ob die transnationale Rechtserzeugung Expansionstendenzen aufweise und negative Effekte für Dritte erzeuge[596].

Das mehrschichtige, hier als konfus bezeichnete Verhältnis zwischen öffentlichem und privatem Recht im internationalen Verwaltungsrecht[597] verbietet schematische Antworten auf die Legitimationsfrage. Stattdessen ist nach der Rollenverteilung zwischen öffentlichen und privaten Stellen zu fragen, die oben mit den Begriffen der Pionier-, der Konkurrenten- und der Zuliefererrolle umschrieben wurde[598]:

- *Legitimation als demokratisches Anliegen*: Wird Legitimation wie hier in demokratischen Kontexten verortet, bleibt Referenzpunkt die Ausübung von Hoheitsgewalt. Das Handeln Privater bedarf in diesem Sinne keiner Legitimation. Denn sie sind anders als der Staat grundrechtsberechtigt, so dass die Legitimation ihres Handelns sich darauf stützen kann, dass es grundrechtlich gewährleistet ist. Das legitimatorische Verständnis im Privatrecht ist demnach ein anderes, da es auf Zustimmung und Selbstbindung rekurriert[599].
- *Zuliefererrolle*: Allerdings kann dies gerade im grenzüberschreitenden Bereich weder bedeuten, dass es auf die Zurechnung privater Kapazitäten zu einem bestimmten Staat ankommt[600], noch dass Legitimationsanforderungen auf staatliche Beiträge begrenzt sind. Denn staatlich-private Kooperationen sind im internationalen Verwaltungsrecht auch bei der Rechtssetzung gängig: Entweder sind Private an der Rechtssetzung im Rahmen internationaler Organisationen unmittelbar beteiligt[601] oder aber das internationale Recht verweist auf private Normen[602]. Eine Aufspaltung in staatliche Beiträge, die Legitimationsanforderungen genügen müssen, und private Beiträge, die außen vor bleiben, würde die Risiken einer solchen gemeinsamen Rechtssetzung[603] ausblenden. Daher erstreckt sich der Legitimationsbedarf auf das gesamte öffentlich-private Arrangement[604].

---

595 *Fischer-Lescano*, JZ 2014, S. 965, 971.

596 *Horst*, Transnationale Rechtserzeugung, S. 144 f.; *Viellechner*, Transnationalisierung des Rechts, S. 208 ff.

597 Siehe oben 3. Kapitel, VI. 4. b.

598 Siehe oben 3. Kapitel, VI. 4. a.

599 *Buck-Heeb/Dieckmann*, Selbstregulierung im Privatrecht, S. 259; *Bachmann*, Private Ordnung, S. 172 ff.

600 So wohl *Dederer*, Korporative Staatsgewalt, S. 1, 515 ff., 562, der darauf abstellt, ob eine vom Staat veranlasste Verflechtung privater Interessenorganisationen mit staatlichen Funktionen vorliegt, die er für ICANN bejaht.

601 Siehe oben 5. Kapitel, I. 2. b.

602 Siehe oben 5. Kapitel, I. 3. b.

603 Siehe oben 5. Kapitel, II. 5.

604 Für die Partizipation nicht-staatlicher Akteure in internationalen Organisationen einen Legitimationsbedarf bejahend *Ohler*, VVDStRL 79 (2020), S. 347, 367 f.; für den innerstaatlichen Zusammenhang *Trute*, in: GVwR I, § 9 Rn. 89 ff.

- *Pionier- und Konkurrenzrolle*: Anders verhält es sich, wenn Private als Pionier oder Konkurrent agieren. Das private Recht, das weder unter staatlicher Beteiligung zustande gekommen ist noch kraft Verweisung in das überstaatliche Recht integriert wurde, lässt sich mit der Frage nach seiner demokratischen Legitimation, auch wenn es in seinen Wirkungen oder in seinen Mitteln staatlicher Herrschaftsgewalt ähneln mag, nicht hinreichend erfassen. Dies heißt aber nicht, dass die Expansionstendenzen und Selbst- und Fremdgefährdungen, die von diesem privaten Recht ausgehen, normativ nicht interessieren. Dem Bedarf nach einer rechtlichen Einhegung sollte dann aber nicht mit Konzepten begegnet werden, die der staatlichen Herrschaftsausübung entlehnt sind[605].

Sieht man demnach bei öffentlich-privaten Kooperationen der Rechtssetzung einen Legitimationsbedarf, muss das nicht zu einer Publifizierung Privater führen, da das hier vorgeschlagene heterarchische Legitimationskonzept innerstaatliche Legitimationsanforderungen nicht eins zu eins auf den überstaatlichen Bereich überträgt, sondern ausgehend von den Herausforderungen überstaatlicher Rechtssetzung rekonstruiert. Für die Rechtssetzung im Rahmen internationaler Organisationen wurden die Realisierungsmöglichkeiten für dieses Legitimationskonzept bereits erörtert[606]. Im Folgenden werden Überlegungen für die überstaatliche Rezeption privaten Rechts angestellt.

2. *Legitimationssicherung bei der internationalen Rezeption privaten Rechts: das IMO-Verifizierungsverfahren als Versuch*

Im nationalen Recht ist anerkannt, dass es dann, wenn der Gesetzgeber private Normen rezipiert und ihnen damit rechtliche Bedeutung zubilligt, einer Legitimationssicherung durch kompensatorische Mechanismen bedarf[607]. Die Einhaltung dieser Vorsichtsregel ist gerade bei der Normsetzung im überstaatlichen Bereich prekär, da sich dieser einerseits als besonders offen für private Normsetzungsbeiträge erweist und erweisen muss[608], andererseits Sicherungsmaßnahmen schwer realisierbar erscheinen[609]. Das maritime Beispiel des GBS-Ansatzes[610] kann Möglichkeiten und Herausforderungen einer Legitimationssicherung bei der Rezeption privater Normsetzung im internationalen Verwaltungsrecht illustrieren.

Im Seeverwaltungsrecht setzt man im Kern auf das Element der Eingangskontrolle[611] durch ein Verifizierungsverfahren, das sicherstellen soll, dass die privaten

---

[605] Siehe unten 6. Kapitel, B.

[606] Siehe oben 5. Kapitel, IV.

[607] *Ruffert*, in: GVwR I, § 7 Rn. 103; *Denninger*, Verfassungsrechtliche Anforderungen, Rn. 175; *Trute*, DVBl 1996, S. 950, 955 ff.; *Schulte*, in: Rengeling, Umweltnormung, S. 165, 176 ff.

[608] *Glinski*, Die rechtliche Bedeutung der privaten Regulierung globaler Produktionsstandards, S. 247 f.

[609] *Glinski*, Die rechtliche Bedeutung der privaten Regulierung globaler Produktionsstandards, S. 236 f.

[610] Siehe oben 5. Kapitel, I. 3. b.

[611] Siehe oben 5. Kapitel, IV. 2.

Normen international konsentierten Qualitätskriterien entsprechen, bevor sie Teil des internationalen Rechts werden. Das Verifizierungsverfahren gilt bislang nur für den Bereich der Schiffsbaunormen, da nur diese strikt verbindlich rezipiert werden[612]. Auch wenn das fünfstufige GBS-Konzept der IMO hierarchisch anmutet, ist es als fortlaufender „transnationaler Rechtsdiskurs" zwischen Klassifikationsgesellschaften, IMO und Staaten ausgestaltet[613]:

- Die GBS-Richtlinien der IMO[614] sehen in ihrem Teil A vor, dass Klassifikationsgesellschaften als Recognized Organizations (ROs) Anträge auf Verifizierung ihrer Schiffbaunormen beim Generalsekretär der IMO stellen (Ziffer 7), der diese an Audit-Teams weiterleitet, die die eingereichten Informationen durch eine Prüfung verifizieren (Ziffern 11, 12). Die begründeten Abschlussberichte der Teams mit entsprechenden Empfehlungen werden dann an den zuständigen Ausschuss, den MSC, zur Prüfung und Genehmigung weitergeleitet (Ziffer 16). Die Entscheidung wird an die Mitgliedstaaten übermittelt und die genehmigten Normen werden in einer Liste vom Generalsekretär zusammengestellt (Ziffer 21). Gegen die MSC-Entscheidung kann ein interner Beschwerdemechanismus in Anspruch genommen werden (Ziffer 15).
- Der Überprüfungsmechanismus – das GBS Audit-Team – besteht aus vom IMO-Generalsekretär ernannten Experten (Ziffer 39), die von den Mitgliedstaaten sowie NGOs mit Konsultativstatus bei der IMO vorgeschlagen werden können (Ziffern 37, 38). Die Teams bestehen aus drei bis fünf Personen, die unabhängig sein sollen (Ziffer 36). Das Audit soll zumindest ein persönliches Treffen beinhalten sowie vertraulich, aber transparent erfolgen (Ziffern 40, 41).

Ein solches inhaltliches Verifizierungsverfahren kann indes die Zwecke der Rezeption konterkarieren, private Expertise zu nutzen und das Verfahren zu beschleunigen[615]. Im Entstehungsprozess gingen die Bedenken gegen eine umfassende Verifizierung in diesem Sinne dahin, die IMO werde überfordert[616]. Könnten Normänderungen nur in fünf Jahres-Intervallen kontrolliert werden, wie ursprünglich vorgeschlagen, verzögere das die Normimplementierung und wirke sich im Ergebnis negativ auf die Schiffssicherheit und den Umweltschutz aus[617]. Die jetzigen GBS-Richtlinien tragen dem Rechnung, indem sie vorsehen, dass Gegenstand der Verifizierung nicht die Normen, sondern allein das Ergebnis einer Selbstevaluation

---

612 Anders für den weicheren Rezeptionsansatz im Polar Code, auch Commission Staff Working Document, Proposal for a Council Recommendation on Safety Goals and Functional Requirements for Passenger Ships below 24 Meters in Length, COM (2018) 314 fin., S. 23.

613 *Lemke*, Erfüllungsdefizite, S. 238.

614 IMO, Resolution MSC.454 (100), 07.12.2018.

615 Siehe auch die Problemanalyse in Commission Staff Working Document, Proposal for a Council Recommendation on Safety Goals and Functional Requirements for Passenger Ships below 24 Meters in Length, COM (2018) 314 fin., S. 23.

616 Alternative to the GBS Verification Process submitted by Canada, Norway and Sweden, MSC 86/5/4, 24.02.2009, para. 4.

617 Ebenda, paras. 7 ff.

der Normsetzer (Ziffer 10) nach Evaluationskriterien der IMO (Ziffer 12 i. V. m. Teil B) ist. Weiter wird bei Normänderungen der Grundsatz der allgemeinen Vorabkontrolle aufgelockert: Die Normüberprüfung erfolgt im drei Jahre-Turnus (Ziffer 27.4), wobei das GBS-Team nur stichprobenartig sowie überwiegend digital überprüft[618]. Die RO muss zusätzlich jährlich dem Generalsekretär sowie ihren Flaggenstaaten über Änderungen der Normen Bericht erstatten und diese Änderungen kommentieren (Ziffer 27.2); wenn ein Staat eine Nichtkonformität befürchtet, kann er den Generalsekretär schon vor Ablauf der regulären Überprüfung um eine Überprüfung bitten (Ziffer 27.5). Eine Implementierung von Normänderungen ist ggf. ohne MSC-Konformitätsgenehmigung möglich (Ziffer 27.8). Damit wird verstärkt auf eine einzelfallbezogene ex post-Kontrolle gesetzt.

Die Leistungsfähigkeit des Verifizierungsverfahrens dürfte gleichwohl an seine Grenzen stoßen, wenn der GBS-Ansatz, wie angedacht, weiter ausgedehnt wird. Denn schon im gegenwärtigen Anfangsstadium ist es schwierig, Experten für die GBS Audit-Teams zu finden[619]. Da der GBS-Ansatz nach dem Vorbild des Schiffsbaus in hohem Maße vorangetrieben werden soll, gleichzeitig eine inhaltliche Rezeptionskontrolle aber prekär wird, ist zu überlegen, diese auch um Beteiligungs- und Pluralisierungsvorgaben für die privaten Normsetzungsprozesse zu ergänzen. Vorbild könnte die europäische technische Normung nach dem New Approach sein[620]. Die Einhaltung prozeduraler Vorgaben wird dort u. a. kartellrechtlich[621] und durch die Koppelung an finanzielle Zuschüsse durchgesetzt[622]. Da die Normsetzung bislang von Klassen und Industrie dominiert ist[623], nimmt die ansonsten bei der Rechtssetzung im Rahmen internationaler Organisationen ohnehin hohe Gefahr einer Vereinnahmung durch Partikularinteressen weiter zu[624].

---

[618] Final Report of the GBS Maintenance of Verification Audit of 12 Recognized Organizations and IACS Common Structural Rules for Bulk Carriers and Oil Tankers, MSC 100/6/5, 24.08.2018, Annex, para. 1.2.1.2 und 1.2.1.4.

[619] ShipInsight, Goal-based Standards Face Tough Scrutiny, 20.12.2018, siehe https://shipinsight.com/articles/goal-based-standards-face-tough-scrutiny/ (zuletzt abgerufen: 16.06.2023).

[620] Art. 3–7 VO 1025/2012, ABl. 2012 L 316, S. 12; zur Debatte über die Adäquanz dieses Verfahrens *Lübbe-Wolff*, ZG 6 (1991), S. 219, 222 ff.; *Schmidt-Preuß*, ZLR 1997, S. 249, 256 f.; *Di Fabio*, Produktharmonisierung durch Normung und Selbstüberwachung, S. 116; *Spindler*, Unternehmensorganisationspflichten, S. 497 ff.

[621] Siehe die sog. Horizontalleitlinien der Europäischen Kommission, Leitlinien zur Anwendbarkeit von Artikel 101 AEUV auf Vereinbarungen über horizontale Zusammenarbeit, 2011/C 11/01, Rn. 280 ff. Danach besteht nur dann eine Vermutung, dass Normen mangels Beschränkung des Wettbewerbs nicht in den Anwendungsbereich des Kartellverbots fallen, wenn eine uneingeschränkte Möglichkeit zur Mitwirkung am Normungsprozess gegeben ist, das Verfahren transparent ist, keine Verpflichtung zur Einhaltung der Norm besteht und Dritten der Zugang zu fairen, zumutbaren und diskriminierungsfreien Bedingungen gewährt wird.

[622] Art. 17 IV b) VO 1025/2012, ABl. 2012 L 316, S. 12. Zudem eine formelle Prüfungskompetenz für sich in Anspruch nehmend, Europäische Kommission, COM (2018) 764 fin., 22.11.2018, S. 2 f.

[623] Zum Verfahren der IACS-CSR siehe IACS, Procedures Volume 4, siehe https://iacs.org.uk/publications/procedures (zuletzt abgerufen: 18.06.2023).

[624] Zu dieser Achillesferse einer Goal-based Regulation *Decker*, Goal-Based and Rule-Based Approaches to Regulation, S. 25.

VII. Navigationsinstrumente

1. *Mehrdimensionaler Entscheidungsmaßstab als Herausforderung*

Rechtsanwendung verlangt von der Verwaltung mehr als das Einhalten rechtlicher Vorgaben. In einem vorgelagerten Schritt gilt es, alle einschlägigen Vorschriften in den Blick zu nehmen und in das rechtssystematisch richtige Verhältnis zu bringen[625]. Dieser Prozess des Zusammenstellens des administrativen Entscheidungsprogramms kommt im nationalen Kontext gewöhnlich zu kurz. Die Verwaltung wird vielmehr auf den gefestigten Bestand von Regeln für den Umgang mit Normenkonflikten[626] und auf die Auslegungsmethoden verwiesen. Dieses unspezifische Set an Rechtsanwendungsregeln wird angesichts von Prozessen des Wachstums und der Veränderung des Rechts, der Europäisierung und Internationalisierung, die zu „unübersichtlichen Rechtsgeflechten" führten, als unzulänglich betrachtet und es wird eine Weiterentwicklung gefordert[627]. Die Kritik trifft umso mehr auf die Seeverwaltung zu. Die Rechtsanwender, gerade die Inspekteure im Hafen und v.a. die der Hafenstaatkontrolle[628], sind mit der maritimen Rechtsvielfalt konfrontiert, die einen mehrdimensionalen Entscheidungsmaßstab[629] bedingt, der sich allein mit den gängigen methodischen Hilfsmitteln nicht handhaben lässt. Zunächst gilt es auf der Basis von zwei Konstellationen maritimer Rechtsvielfalt (a, b) die damit einhergehenden Rechtsanwendungsschwierigkeiten zu konkretisieren (c), bevor die Instrumente, die der Seeverwaltung ein „Navigieren" durch die normativen Vorgaben erlauben[630], vorgestellt werden (2.).

a) *Vertikale Ausdifferenzierung*

Die Hafenstaatkontrolle zielt auf die Durchsetzung überstaatlicher Normen (§ 14 SchSG, § 138 I SeeArbG). Diese Ausrichtung bedeutet aber nicht, dass kein Raum für nationale Spezifika inhaltlicher Art besteht[631]. Für die Flaggenstaaten folgt das schon daraus, dass internationale Normen für sie Mindeststandards sind[632], auch wenn der Wettbewerbsdruck faktisch Anreize bietet, das Mindestniveau nicht zu überschreiten[633]. Insbesondere im Seearbeits- und Seesozialrecht lässt sich eine

---

[625] *Schmidt-Aßmann*, Ordnungsidee, 2. Kap. Rn. 18; *ders.*, Aufgaben und Perspektiven verwaltungsrechtlicher Forschung, S. 61 f.

[626] Sprich Unvereinbarkeit von Rechtsnormen, Normkollisionen und Normkonkurrenzen, siehe nur *Engelbrecht*, Die Kollisionsregel im föderalen Ordnungsverbund, S. 110 ff., 115 ff.

[627] Etwa *Reimer*, Juristische Methodenlehre, insb. Rn. 175; *Schmidt-Aßmann*, Ordnungsidee, 2. Kap. Rn. 18.

[628] *Gulbrandsen*, Journal of European Public Policy 2011, S. 1034, 1044.

[629] Allgemein *Schorkopf*, Grundgesetz und Überstaatlichkeit, S. 91 ff.

[630] In Anlehnung an *Müller/Christensen*, Juristische Methodik, Band 2, Rn. 288 ff., dort allerdings bezogen auf den Richter.

[631] *Goecke*, Das Heuerverhältnis, S. 293; unklar *McConnell/Devlin/Doumbia-Henry*, The Maritime Labour Convention 2006, S. 522.

[632] Vgl. Art. 211 II 2 SRÜ; *Schult*, Das völkerrechtliche Schiffssicherheitsregime, S. 340.

[633] BT-Drs. 13/9722, S. 14.

normative Ausdifferenzierung des Entscheidungsmaßstabs im Verhältnis von internationalem und nationalem Recht beobachten, die hier als vertikal bezeichnet wird. Den Hintergrund für nationale Spielräume bilden die unterschiedlichen Entwicklungsniveaus der Staaten[634], aber auch das Ziel einer umfassenden Ratifikation von Konventionen[635].

Rechtstechnisch geschieht eine Auflockerung des internationalen Maßstabs etwa durch die Figur der nationalen Äquivalente (Equivalents), die erstmals in im Rahmen der Internationalen Seeschifffahrts-Organisation (IMO) abgeschlossenen Konventionen herangezogen wurde[636]. Diese müssen mindestens ebenso effektiv sein wie die internationalen Normen. Später wurde diese Figur vom Seearbeits- und Seesozialrecht adaptiert[637]. In der Maritime Labour Convention (MLC 2006) wurde sie für Staaten übernommen, die zu einer identischen Umsetzung nicht in der Lage sind (Art. VI Absatz 3), und die wesentliche Gleichwertigkeit definiert (Art. VI Absatz 4).

Das Kennzeichen von Übereinkommen und Empfehlungen der Internationalen Arbeitsorganisation (ILO) im Allgemeinen[638] und der MLC 2006 im Besonderen ist das Prinzip nationaler Flexibilität (National Flexibility), das Unterschiede bei der Implementierung gestattet. Die Flexibilität bezieht sich nicht nur auf die Form des Umsetzungsakts (Art. IV Absatz 5 S. 2 MLC 2006) und die bereits erwähnte Möglichkeit nationaler Äquivalente, sondern umfasst weitere nationale Abweichungs- und Ausnahmemöglichkeiten, etwa beim Anwendungsbereich der internationalen Vorgaben (Art. II Absatz 6) und bei der Sozialversicherung (Regel 4.5)[639].

b) Horizontale Ausdifferenzierung

Horizontale Ausdifferenzierung meint, dass der Entscheidungsmaßstab durch das Nebeneinander normativer Anforderungen aus dem überstaatlichen Bereich aufgeladen wird. So sind bei der Hafenstaatkontrolle eine Vielzahl von verbindlichen und unverbindlichen[640] internationalen Vorschriften aus unterschiedlichen

---

[634] *Brachue*, in: The IMLI Treatise on Global Ocean Governance, Volume III, S. 250, 252.

[635] ILO, FAQ, A16; *McConnell*, WMU Journal of Maritime Affairs 19 (2011), S. 127, 131.

[636] Etwa Kapitel I Teil A Regel 5 (a) SOLAS; Annex I Regel 3 I MARPOL; Art. IX STCW.

[637] Und zwar erstmals durch das ILO-Übereinkommen Nr. 147 aus dem Jahr 1976, denn nach dessen Art. 2 (a) muss das Recht des Flaggenstaats mit den im Übereinkommen verankerten Basisrechtsnormen im Wesentlichen gleichwertig (Substantially Equivalent) sein.

[638] Mit Beispielen der eingesetzten Rechtstechniken ILO, Handbook of Procedures Relating to International Labour Conventions and Recommendations, S. 7f.

[639] Im Einzelnen ILO, FAQ, A16; *McConnell/Devlin/Doumbia-Henry*, The Maritime Labour Convention 2006, S. 82ff. Das in Teil 5 der MLC 2006 normierte Kontrollsystem ist vom Flexibilisierungsprinzip nicht erfasst.

[640] Nach §§ 137 I, 138 I SeeArbG ist zwar nur der verbindliche Teil der MLC 2006 von der Hafenstaatkontrolle zu überprüfen. Nach der MLC 2006 sind aber alle ihre „Anforderungen" („requirements") Prüfungsmaßstab der Hafenstaatkontrolle (Art. V Abs. 4). Auch nach dem SchSG gehört Soft Law zum Maßstab der Hafenstaatkontrolle (§ 14 I i. V. m. § 1 II 1 i. V. m. Abschnitt B des Anhangs zum SchSG).

Regimen[641] zu beachten, die Anforderungen an Schiffe stellen bzw. solche konkretisieren. Dieses Flickenteppichproblem findet sich aber auch sektoriell[642]. Hinzu kommt die unterschiedliche Ratifikationsdichte bei völkerrechtlichen Verträgen; diese bleibt trotz der Nichtbegünstigungsklauseln für die Hafenstaatkontrolle relevant[643]. Die Anwendbarkeit im Einzelfall kann zudem von der Art des Schiffs, seinem Baujahr und seiner Größe – Bruttoraumzahl bzw. international Gross Tonnage – abhängen. Die Vorschriften werden regelmäßig aktualisiert[644]. Auch die Hafenstaatkontrolleure müssen oftmals noch das regionale materielle Recht heranziehen[645]. Zudem finden sich viele prozedurale Anforderungen an die Entscheidungsfindung auf internationaler[646] und regionaler[647] Ebene.

c) Rechtsanwendungsschwierigkeiten im Einzelnen

In Bezug auf die horizontale Ausdifferenzierung bedeuten die schiere Normenfülle und die normative Gemengelage eine Herausforderung für die Rechtsanwendung, denn sie erschweren die Identifikation der einschlägigen Rechtsvorschriften als den gedanklich ersten Schritt der Rechtsanwendung. Dieser Aspekt der normativen Unübersichtlichkeit zeigt sich auch bei der vertikalen Ausdifferenzierung des Entscheidungsmaßstabs, da neben den internationalen Bestimmungen auch das innerstaatliche Recht des jeweiligen Flaggenstaats des Schiffs gefunden werden muss. Namentlich im Seearbeits- und Seesozialrecht ist dabei zu sehen, dass die entsprechenden internationalen Normen wegen des Prinzips der Flexibilität nicht nur durch nationale Gesetze, sondern insbesondere auch durch die nationalen Sozialpartner umgesetzt werden können[648], so dass die Hafenstaatkontrolleure diverse innerstaatliche Normen in Erwägung ziehen müssen.

---

[641] Zu den relevanten verbindlichen Maßstäben für die Hafenstaatkontrolle unter dem Paris MoU siehe Section 1.2 i. V. m. Section 2.1 Paris MoU.

[642] So zur Rechtslage im Seearbeits- und Seesozialrecht vor der MLC 2006 *McConnell/Devlin/Doumbia-Henry*, The Maritime Labour Convention 2006, S. 43.

[643] Dazu siehe oben 5. Kapitel, I. 2. a. cc. Das liegt daran, dass in diesem Fall keine Zertifikate vorliegen. Daher soll sogleich eine „more detailed or, as appropriate, expanded inspection" stattfinden, Annex 1 para. 1 Paris MoU i. V. m. § 12 I SchSV.

[644] Zur Relevanz von Änderungen Section 2.2 S. 2 und 3 Paris MoU; auch Art. 2 II RL 2009/16/EG, ABl. 2009 L 131, S. 57: „Alle Verweise in dieser Richtlinie auf die Übereinkommen, internationalen Codes und Entschließungen, einschließlich für Zeugnisse und andere Dokumente, sind als Verweise auf diese Übereinkommen, internationalen Codes und Entschließungen in ihrer jeweils geltenden Fassung zu verstehen".

[645] Zum Unionsrecht als Maßstab für die Hafenstaatkontrolle der Mitgliedstaaten siehe die Zweckbestimmung in Art. 1 a) RL 2009/16/EG (Fn. 635): „die Einhaltung internationaler und einschlägiger gemeinschaftlicher Vorschriften für die Sicherheit auf See, die Gefahrenabwehr im Seeverkehr und den Schutz der Meeresumwelt sowie der Lebens- und Arbeitsbedingungen an Bord der Schiffe aller Flaggen".

[646] Für die Hafenstaatkontrolle v. a. die IMO PPSC und ILO PSCO-Guidelines.

[647] Für die EU-Hafenstaatkontrolle auf EU-Recht sowie diverse ParisMoU-Leitfäden und -verfahren Bezug nehmend Art. 15 i. V. m. Anhang VI RL 2009/16/EG (Fn. 635).

[648] Art. IV Abs. 5 S. 2 MLC 2006: „durch Gesamtarbeitsverträge oder durch andere Maßnahmen oder in der Praxis".

Bei der vertikalen Ausdifferenzierung kommen weitere Hürden hinzu. Um in die eigentliche Kontrolle an Bord einzusteigen, müssen die Inspekteure die Normen aus dem Recht des jeweiligen Flaggenstaats und des internationalen Rechts nicht nur auffinden, sondern auch interpretieren können. In Bezug auf das Recht der Flaggenstaaten sind dazu entsprechende Fremdsprachenkenntnisse und ein Grundverständnis des fremden Rechtssystems notwendig.

Zudem bedingt die vertikale Ausdifferenzierung komplexe Normenkonflikte zwischen nationalem und internationalem Recht, die sich nicht über hierarchische Vorrangregeln bewältigen lassen: Die Frage der wesentlichen Gleichwertigkeit innerstaatlicher Umsetzungsakte beispielsweise ist höchst wertungsabhängig und bleibt nach der inhaltsleeren Legaldefinition in der MLC 2006 vieldeutig. Sie erfordert, dass die jeweiligen Normen beider Rechtsschichten nach den jeweiligen Methoden ausgelegt werden, bevor der Hafenstaatinspekteur beurteilen kann, ob das für ihn fremde Recht „der vollen Erreichung des allgemeinen Ziels und Zwecks" der internationalen Maßstabsnorm entspricht (Art. VI Absatz 4 a)). Die von der Figur der Konformauslegung bekannten Strukturprobleme bei der Rechtsanwendung[649] werden potenziert, da sowohl die Maßstabsnorm als auch die maßstabsgebundene Norm dem Rechtsanwender nicht vertraut sind.

Die Situation wird durch den internationalen Kontext der Entscheidungssituation erschwert: Die Verwaltung im Hafen steht typischerweise unter Zeitdruck[650]. Gleichzeitig fallen die Gerichte als Instanzen, die über den Einzelfall den rechtlichen Maßstab der Verwaltung klären[651], weitestgehend weg, da maritime Verwaltungsrechtsstreitigkeiten selten gerichtlich geklärt werden.

Dass diese Schwierigkeiten bei der Rechtsanwendung bei der Hafenstaatkontrolle keine virtuellen sind, verdeutlicht ein Blick auf die Verhandlungen zum ILO-Übereinkommen Nr. 147, das im Bereich des Seearbeits- und Seesozialrechts erstmals die Hafenstaatkontrolle anerkannte. Aus dessen Art. 4 und Art. 2 (a) folgt, dass das Zugriffsrecht im Hafen bei zwei Formen der Rechtsverletzung an Bord besteht, namentlich beim Abweichen vom innerstaatlichen Recht des Flaggenstaats, das den im Übereinkommen verankerten Basisrechtsnormen im Wesentlichen gleichwertig ist, und weiterhin, wenn das Recht des jeweiligen Flaggenstaats zwar beachtet wurde, aber das Flaggenstaatrecht von den im Übereinkommen verankerten Basisrechtsnormen ungünstig abweicht, da es nicht mit den internationalen Vorgaben wesentlich gleichwertig ist. Wenn das Recht des Flaggenstaats hingegen weitergehende Rechte festlegt als das Übereinkommen und die Bordbedingungen lediglich in diesem „überschießenden" Bereich nicht eingehalten wurden, darf seitens der Hafenstaatinspekteure nicht eingeschritten werden, da keine Verletzung internationalen Rechts vorliegt[652]. Vor diesem Hintergrund wurde im Entstehungsprozess

---

[649] *Reimer*, Juristische Methodenlehre, Rn. 679 ff.

[650] *Knudsen/Hassler*, Marine Policy 35 (2011), S. 201, 205.

[651] Zur sog. Harmonisierungsfunktion der Gerichte *Schmidt-Aßmann*, Ordnungsidee, 2. Kap. Rn. 18.

[652] *Lindemann*, Das Übereinkommen Nr. 147, S. 101.

moniert, die Inspekteure im Hafen seien mit der Fülle nationaler und internationaler Vorgaben überfordert[653], was die Gefahr eines „Exports" der Rechtsordnung des Hafenstaats auf fremdflaggige Schiffe berge[654].

2. *Management of Pluralism*

Auf der Rechtsfolgenseite zielen Konzepte des Rechtspluralismus[655] darauf, über ein „Managing of Pluralism"[656] oder eine „Governance of Diversity"[657] die normative Vielgestaltigkeit zu prozeduralisieren und zu institutionalisieren. Der Fokus liegt dabei auf Meta-Regeln, wie den „interface norms"[658], sowie weiter auf dialogischen Prozessen und Rechtsexperten, die sich zwischen verschiedenen rechtlichen Ordnungen bewegen und zwischen ihnen vermitteln[659].

Zur Beschreibung der Navigationsinstrumente der Seeverwaltung wird an diese Managementangebote wegen ihrer Idee einer primär formellen Abstimmung der Rechtsschichten angeknüpft. Im Unterschied zu den rechtspluralistischen Ansätzen werden die Hilfsmittel aber von ihrer Fokussierung auf internationale Spruchkörper befreit, da es im Seeverwaltungsrecht an einer umfassenden gerichtlichen Kontrolle fehlt. Als die zentralen Navigationsinstrumente lassen sich dynamisierte Kodifikationen (a), Normkommunikationen (b) und Normenfilter (c) ausmachen.

a) Die dynamisierte Kodifikation

Orientierung in einem unübersichtlichen Normenwirrwarr bieten dem Rechtsanwender gewöhnlich Kodifikationen, die die Rechtssätze eines Rechtsgebiets erschöpfend und planvoll in einem Gesetzeswerk regeln[660], denn ihre oberste Aufgabe ist die der Rechtsvereinheitlichung[661]. Indem sie das Recht klarer und verständlicher machen, entlasten sie den Rechtsanwender[662]. Sind Kodifikationen demnach Baustein einer systematisch und monistisch angeordneten Rechtsordnung und verweisen sie auf den souveränen Nationalstaat[663], muss auch ihr Stellenwert in dem

---

[653] *Lindemann*, Das Übereinkommen Nr. 147, S. 95 m. w. N.
[654] *Lindemann*, Das Übereinkommen Nr. 147, S. 105 m. w. N.
[655] Siehe oben 5. Kapitel, I. 1.
[656] *Schiff Berman*, Southern California Law Review 80 (2007), S. 1155, 1196 ff.
[657] *Schuppert*, AöR 142 (2017), S. 614 f.
[658] *Krisch*, Beyond Constitutionalism, S. 4, 302, der diese zudem mit demokratischen und rechtsstaatlichen Gedanken in Verbindung bringt.
[659] *Günther*, Normativer Rechtspluralismus, S. 14.
[660] Zu diesem anspruchsvollen Kodifikationsverständnis *Appel*, in: Koch/Rossi, Kodifikation in Europa, S. 1, 5; zu den verschiedenen Kodifikationsverständnissen *Hartmann*, Die Kodifikation des Europäischen Verwaltungsrechts, S. 47 ff.
[661] *Caroni*, Gesetz und Gesetzbuch, S. 95 ff.; *Kahl*, in: Hoffman-Riem/Schmidt-Aßmann, Verwaltungsverfahren und Verwaltungsverfahrensgesetz, S. 67, 89 f.
[662] *Hartmann*, Die Kodifikation des Europäischen Verwaltungsrechts, S. 61.
[663] *Korioth*, Die Bedeutung der Kodifikation für die Rechtskultur und das Rechtsdenken in Staat und Kirche, Archiv für katholisches Kirchenrecht 186 (2017–2019), S. 7, 10; kritisch zu dieser historischen Grundlegung *Schmidt*, Die Zukunft der Kodifikationsidee, S. 32 ff.

Maße, in dem sich das Recht pluralisiert, in Zweifel gezogen werden[664]. Wie das Seeverwaltungsrecht zeigt, bilden die Mehrstufigkeit und die Mehrschichtigkeit einer Rechtsordnung indes keine generellen Kodifikationshindernisse, aber sie setzen einer Kodifikation zum einen Grenzen in dem Sinne, dass diese nur eines unter vielen Navigationsinstrumenten darstellen kann. Zum anderen und damit zusammenhängend ändern sich auch Struktur und Anwendungsbereich von Kodifikationen. Die Entwicklung geht weg von den den Anspruch auf Unveränderlichkeit erhebenden großen Gesetzeswerken hin zu dynamisierten Kodifikationsversuchen, wie das SchSG und die MLC 2006 zeigen:

Das SchSG wurde u.a. geschaffen, um die Transparenz der Rechtsanwendung in Deutschland zu erhöhen[665]. Das Gesetz geht das Problem horizontaler Ausdifferenzierung des Entscheidungsmaßstabs an, indem es klarstellt, welche Bestimmungen „zur Schiffssicherheit und zum Umweltschutz auf See" gelten (§ 1 I). Dazu bedient es sich einer kombinatorischen Rechtstechnik: Das maßgebliche internationale und europäische Recht wird als der „internationale schiffsbezogene Sicherheitsstandard" in einer Anlage aufgelistet, die durch die Verwaltung (§§ 15, 6 IV 2) der Rechtsentwicklung auf überstaatlicher Ebene angepasst werden kann. Durch diese Aktualisierungstechnik wird der Überholungsgefahr, die Kodifikationen immanent ist[666], entgegengewirkt. Die Anlage untergliedert sich in völkerrechtliche Vorgaben, die weltweit (Abschnitt A) und regional (Abschnitt B) gelten, sie konkretisierende internationale Richtlinien und Standards (Abschnitt C), EU-Richtlinien (Abschnitt D) sowie anerkannte Regeln der Technik oder der seemännischen Praxis (Abschnitt E). Die Gliederungstechnik ist damit nicht um die typische Unterscheidung von allgemeinem und besonderem Teil zentriert; stattdessen sind die Rechtsschicht und die Rechtsverbindlichkeit die Kriterien der Systematisierung. Das SchSG erreicht zwar keine inhaltliche Vollständigkeit, wie es dem Kodifikationsgedanken entsprechen würde, aber es kann für den deutschen Rechtsanwender einen Überblick über das internationale und europäische Schiffssicherheitsrecht geben[667]. Durch die Möglichkeit administrativer Anpassungen nimmt es dabei ein Stück weit Abstand von der statischen Vorstellung einer Kodifikation.

Kodifikationen finden sich auch überstaatlich[668]. Das Problem eines sektoriellen normativen Flickenteppichs geht die MLC 2006 an, die 35 der maritimen ILO-Übereinkommen sowie 30 ILO-Empfehlungen zu einem global anwendbaren, leicht verständlichen und einheitlich geltenden Regelwerk für Sozialstandards von

---

[664] Für das Recht der EU skeptisch, *Lepsius*, in: DV Beiheft 10, Das Europäische Verwaltungsrecht in der Konsolidierungsphase, S. 179, 200 f.; kritisch zu solchen Bedenken *Kahl*, in: Hoffmann-Riem/Schmidt-Aßmann, Verwaltungsverfahren und Verwaltungsverfahrensgesetz, S. 67, 112 f.; zur Möglichkeit der Kodifikation von Internationalisierungserscheinungen auch *R. Schmidt*, in: Kahl/Ludwigs, Handbuch des Verwaltungsrechts I, § 9 Rn. 13.

[665] BT-Drs. 13/9722, S. 13 f.

[666] *Hartmann*, Die Kodifikation des Europäischen Verwaltungsrechts, S. 64 f.

[667] *Ehlers*, SchSG, Einleitung Rn. 12.

[668] Zum Unionsrecht *Hatje*, Die gemeinschaftsrechtliche Steuerung der Wirtschaftsverwaltung, S. 426 ff.

Seeleuten zusammenfasst und aktualisiert[669]. Der besseren Auffindbarkeit der Normen dient die Struktur der MLC 2006, die die Sozialstandards untypisch zunächst nicht nach der Hierarchie der Normen trennt, sondern die Vorschriften thematisch gliedert[670]. Dem mit dem Detailreichtum der Konvention einhergehenden gesteigerten Aktualisierungsbedarf begegnet das Tacit Acceptance-Verfahren[671].

Da sich diese Beispiele weit vom Ideal des klassischen Gesetzbuchs entfernen, erscheint die Bezeichnung als Kodifikationen angreifbar. Auch wenn sie eine Fülle von Normen sammeln, handelt es sich indes nicht um reine Kompilationen. Denn sie streben nach Ordnung und Systematisierung der Materie[672] als Voraussetzung dafür, Orientierung für den Rechtsanwender zu schaffen. Die Abgrenzung zur Konsolidierung, die im Unionsrecht ein gängiges Instrument ist, um Transparenz zu schaffen[673], ist beim SchSG hingegen nicht eindeutig. Konsolidierungen setzen kein verbindliches Recht, sondern erfüllen durch eine Dokumentation von Recht informatorische Zwecke. Sofern die Anlage zum SchSG nur deklaratorisch auf internationale Vorgaben verweist, lässt sich von einem konsolidierenden Charakter sprechen. Gegen diese Einordnung spricht indes, dass EU-Richtlinien durch die Auflistung im Anhang zugleich innerstaatlich umgesetzt werden[674].

b) Normkommunikation

Die Auslandsrechtskunde vermittelt dem von vertikaler Ausdifferenzierung betroffenen Rechtsanwender die Normkommunikation, die zwischen Hafen- und Flaggenstaat stattfindet und durch internationale Organisationen koordiniert wird:

Die im Rahmen der IMO verabschiedeten Konventionen sehen vor, dass die nationalen Äquivalente und der Gebrauch von Ausnahmen der IMO mitzuteilen sind, die dann die Staaten davon unterrichtet[675]. Diese Informationspflicht hat nicht nur eine Kontrollfunktion, sondern soll auch die Rechtsanwendung unterstützen, indem das Verwaltungspersonal von nationalen Sonderbestimmungen in Kenntnis gesetzt wird[676].

Um die Schwierigkeiten bei der Durchsetzung der maritimen Sozialstandards zu beheben, sieht die MLC 2006 ein elaborierteres Verfahren vor[677]. Die Flaggenstaat-

[669] ILO, MLC 2006: FAQ, 4. Aufl. 2015, A.1; auch BT-Drs. 17/10959, S. 53.

[670] Die Regeln und der Code sind unter fünf Titeln nach Themen geordnet, erst innerhalb eines Titels erfolgt eine hierarchische Ordnung nach dem Grad der Verbindlichkeit. Das frühere ILO-Übereinkommen Nr. 147 und weitere Konventionen wie STCW weisen die unverbindlichen Normen gesondert in einem Anhang aus.

[671] Siehe oben 5. Kapitel, I. 2. a. aa.

[672] Zu diesem Abgrenzungsmerkmal *Mayer-Mali*, Einführung in die Rechtswissenschaft, S. 12.

[673] Siehe https://eur-lex.europa.eu/content/legis/avis_consolidation.html?locale=de (zuletzt abgerufen: 18.06.2023).

[674] Zur konstitutiven Wirkung von Abschnitt D, siehe *Ehlers*, SchSG, Anlage Rn. 21.

[675] Etwa Kapitel I Teil A Regeln 4 b) und 5 b) SOLAS; Regeln 2 III b) und 3 II Annex I MARPOL; Art. IX Abs. 2 STCW.

[676] Explizit Kapitel I Teil A Regel 5 b) SOLAS.

[677] *McConnell/Devlin/Doumbia-Henry*, The Maritime Labour Convention 2006, S. 547.

verwaltung muss für das Schiff ein Dokument ausstellen, das an Bord mitzuführen ist und die nationalen Besonderheiten ausweist (DMLC)[678], so dass diese dem Hafenstaatkontrolleur unmittelbar zugänglich sind[679]. Die DMLC ist ins Englische zu übersetzen und auf Verlangen des Hafenstaatinspekteurs in Kopie auszuhändigen (Norm A5.1.3 XII MLC 2006). Zudem wird empfohlen, dass die auf die wesentliche Gleichwertigkeit hin zu beurteilende Bestimmung des Flaggenstaats kurz erläutert wird (Leitlinie B5.1.3 I MLC 2006) und dass die DMLC klar abgefasst ist, damit sie für die Bediensteten im Hafen verständlich ist (Leitlinie B5.1.3 IV MLC 2006). Auch soll erklärt werden, wie ausfüllungsbedürftige Begriffe der MLC 2006 wie „Besatzungsmitglied" oder „gefährliche Arbeit" nach nationalem Recht zu verstehen sind[680].

c) *Normenfilter*

Für den Umgang mit der horizontalen Ausdifferenzierung des Entscheidungsmaßstabs genügt eine Offenlegung fremden Rechts nicht, denn nicht Normenkonflikte, sondern die normative Gemengelage erschwert es, möglichst schnell die für den konkreten Fall sachlich einschlägigen Normen zu finden. Die Antwort im Seeverwaltungsrecht bilden Normenfilter wie RuleCheck, das von der Europäischen Agentur für die Sicherheit des Seeverkehrs (EMSA) für Hafenstaatkontrollinspekteure des transnationalen Behördennetzwerks Paris MoU entwickelt wurde, nunmehr aber Inspekteuren weltweit zur Verfügung gestellt wird[681]. RuleCheck hat im Kern zwei Funktionen[682]: Das webbasierte Instrument ermöglicht zunächst, für ein spezifisches Schiff bzw. die dort vom Inspekteur aufgefundenen Auffälligkeiten die relevanten materiellen und prozeduralen, verbindlichen und unverbindlichen Rechtsdokumente des Paris MoU, der EU, der IMO und der ILO abzurufen, und zwar basierend auf Daten wie dem Schiffstyp, dem Konstruktionsdatum, der Länge und der Größe. Diese Software stellt den Hafenstaatinspekteuren aber nicht nur eine Art Normcheckliste bereit, sondern diese Normtexte sind im Sinne eines digitalen Archivs auch online lesbar, einschließlich älterer und künftiger Rechtsdokumente. Hier zeigt sich somit das Potential der Digitalisierung als Instrument für den Rechtsanwender, Rechtsdokumente zu „klassifizieren" und zu „clustern"[683].

---

678 Seearbeits-Konformitätserklärung (Declaration of Maritime Labour Compliance, DMLC), Part I, Regel 5.1.3 IV und Norm A5.1.3 X MLC 2006.

679 *McConnell/Devlin/Doumbia-Henry*, The Maritime Labour Convention 2006, S. 222 f., 528 ff.

680 ILO, FAQ MLC 2006, C5.1.k, S. 65.

681 EMSA, Newsletter No. 163, Oktober 2018.

682 Eingehend *Charalambous*, RuleCheck – A Decision Supporting Tool for PSC Officers and Flag State Surveyors, S. 8 ff.

683 Siehe v. a. für Rechtsanwälte *Surden*, Washington Law Review 89 (2014), S. 87, 110 ff.

VIII. Gesamtfazit

Die maritime Rechtsvielfalt, die an den Beispielen der Rechtssetzung im Rahmen internationaler Organisationen sowie des privaten transnationalen Rechts illustriert wurde, zeigt, dass das Recht in der Weltgesellschaft Veränderungen unterliegt, indem einerseits internationale Rechtssetzung in die inneren Angelegenheiten des Staats vordringt und andererseits Strukturen transnationalen Rechts hinzutreten, die nicht-staatliche Akteure insbesondere auf vertraglicher Grundlage zum Einsatz bringen. Der Staat degradiert in diesem Bottom Up-System zu einem von vielen anderen Akteuren der Rechtsbildung, was die Legitimationsfrage aufwirft. Eine rechtstatsächliche Analyse hat illlustriert, dass der dynamische Kooperationsprozess internationaler Rechtssetzung strukturell mit einem Closed Shop Style der Entscheidungsfindung einhergeht, der Risiken für die Gemeinwohlausrichtung internationaler Normen birgt. Der Rationalitätsgedanke kann daher nicht Legitimationsdefizite der internationalen Rechtssetzung kompensieren. Auch überstaatliche Legitimationsformen stellen keine Alternative zu nationalstaatlichen dar. Die Legitimation muss im internationalen Verwaltungsrecht vielmehr als ein Mixtum Compositum verstanden werden. Diese Idee einer Ausdifferenzierung der Legitimationszusammenhänge meint mehr als das schlichte Zusammenführen vorhandener Legitimationsversatzstücke, die in ihrer Gesamtheit, so die vage Hoffnung, das notwendige Niveau erreichen, sondern basiert auf einer Weiterentwicklung von Legitimationselementen verschiedener Schichten in dem Sinne, dass diese der konglomeratischen Struktur der internationalen Verwaltung gerecht werden. Was die konkrete Ausgestaltung der Legitimationszusammenhänge anbelangt, schlägt die Untersuchung vor, prozedural-institutionelle Sicherungsmechanismen auf internationaler Ebene mit einem Auffangnetz im national-regionalen Bereich zu verknüpfen. Das bedeutet nicht, dass das Parlament außen vor bleibt, vielmehr ändert sich seine Rolle: Abgeordnete nehmen auch Kontrollaufgaben gegenüber der internationalen Verwaltung wahr und vernetzen sich dazu. Das rechtliche Fundament dieses Legitimationskonzepts bildet das Demokratieprinzip; diese Verortung wird möglich, wenn demokratische Legitimation nicht ausschließlich auf ein nationales Volk bezogen bleibt, sondern den Menschen zum Ausgangs- und Bezugspunkt macht. Denn bei einem solchen Verständnis kann auch eine Berücksichtigung von fremden Staaten bzw. extern betroffenen Menschen eingefordert werden, die durch die Ausbildung kooperativ ausgerichteter Strukturen abgesichert wird. Auf das private transnationale Recht kann dieses Legitimationskonzept nur angewendet werden, wenn die privaten Normen Resultat einer öffentlich-privaten Kooperation sind. Am Beispiel des sog. Goal-based Approach der IMO wurde diskutiert, wie eine Legitimationssicherung bei der internationalen Rezeption privaten Rechts ausgestaltet sein kann.

Die für die Konglomeratsverwaltung typische Rechtsvielfalt wird rechtstheoretisch als Rechtspluralismus bzw. Multinormativität beschrieben. Der letzte Abschnitt dieses Kapitels war darauf gerichtet, die damit einhergehenden praktischen

Rechtsanwendungsprobleme der internationalen Verwaltung zu identifizieren, und darauf aufbauend Lösungen aufzuzeigen, die die Verwaltung beim Umgang mit mehrdimensionalen Entscheidungsmaßstäben entlasten sollen – in der Untersuchung Navigationsinstrumente genannt. Dabei zeigte sich, dass Kodifizierungen nur in einer dynamisierten Form entlastend wirken können. Im Übrigen dominieren bei den Navigationsinstrumenten prozedurale Mechanismen wie Normenkommunikationen und Normenfilter.

6. Kapitel

Schutz vor der internationalen Verwaltung

A. Rechtsschutz gegen die internationale Verwaltung

Rechtsschutz gegen die Seeverwaltung wird durch ein Zusammenspiel diverser Verfahrensformen gewährleistet, wobei die außergerichtliche Streitbeilegung den Ausgangspunkt bildet (III.). Diese These der Pluralisierung von Rechtsschutzmechanismen im internationalen Verwaltungsrecht mag konsternieren, denn für den Nationalstaat geht man – insbesondere aus deutscher Perspektive[1] – davon aus, dass bei Rechtsverletzungen durch die Verwaltung Gerichtsschutz zur Verfügung stehen muss. Diese Vorstellung eines einheitlichen, da justizstaatlich zentrierten Verwaltungsrechtsschutzes unterstreicht Art. 19 IV GG, der im Zusammenhang mit den Vorschriften des IX. Abschnitts des GG so gelesen wird, dass er den Rechtsweg zum Richter garantiert[2]. Auch für den Rechtsschutz gegen die internationale Verwaltung wird diese Sichtweise übernommen, wenn betont wird, ihre Flankierung durch Gerichte sei selbstverständlich unerlässlich[3].

Die gewohnte, den Gerichtsschutz in den Mittelpunkt rückende Lesart verknüpft das materielle Interesse mit der prozessualen Rechtsstellung insofern, als erst die Durchsetzbarkeit vor Gericht den Schutz von privaten Belangen komplett macht. Ihr ist zuzugestehen, dass gerichtlicher Rechtsschutz gewöhnlich besonders effektiv ist[4]. Die Verwaltungsgerichtsbarkeit gilt als „Krönung des modernen Rechtsstaats“[5], so dass jede Abweichung ein Rückschritt zu sein scheint[6]. Dennoch gilt es, die Gerichtsperspektive abzulegen. Das Seeverwaltungsrecht zeigt, dass die strikt

[1] Zur Gerichtsgeprägtheit des deutschen Modells siehe nur *Schoch*, in: GVwR III, § 50 Rn. 8 f.; *Wahl*, Herausforderungen und Antworten, S. 34.

[2] BVerfGE 4, 331, 33, 346; E 8, 274, 326; E 11, 232, 233; *Schmidt-Aßmann*, in: Dürig/Herzog/Scholz, GG, 100. EL Januar 2023, Art. 19 Abs. 4 Rn. 173.

[3] Aus dem Sammelband v. Bogdandy/Wolfrum/v. Bernstoff/Dann/Goldmann, The Exercise of Public Authority by International Institutions, insb. die Beiträge von *Smrkolj*, S. 165, 191 und *Schöndorf-Haubold*, S. 229, 259 ff., 263 f.; weiter *v. Arnauld*, JöR 59 (2011), S. 497 ff.; *Trindade*, Access of Individuals, S. 34, 205 ff.; *Frowein*, in: Trute/Groß/Röhl/Möllers, Allgemeines Verwaltungsrecht, S. 333, 342, 347.

[4] *Schmidt-Aßmann*, in: HStR V, § 109 Rn. 30; *Schoch*, in: GVwR III, § 50 Rn. 9, 344, 365. Seine Effektivität hängt aber auch von der Ausgestaltung in der jeweiligen innerstaatlichen Rechtsordnung ab, dazu *Jaenicke*, in: Mosler, Gerichtsschutz gegen die Exekutive, Band III, S. 285, 323 f.

[5] *Sommermann/Schaffarzik*, Handbuch der Geschichte der Verwaltungsgerichtsbarkeit in Deutschland und Europa, S. IX.

[6] Nachdrücklich zur Bedeutung eines effektiven Rechtsschutzes für das Global Administrative Law *Gordillo*, in: Anthony/Auby/Morison/Zwart, Values in Global Administrative Law, S. 363 f.

justizförmige Konzeption nicht überzeugt, da Gerichte derzeit keinen effektiven Rechtsschutz gegen die internationale Verwaltung bieten können und sich diese defizitäre Ausgangslage auf absehbare Zeit auch nicht beheben lässt (I.). Darüber hinaus ist eine zwingende Verknüpfung von materiellem Interesse und prozessualer Durchsetzbarkeit, die der Gerichtsperspektive zugrunde liegt, auch aus rechtsdogmatischen Gründen angreifbar (II.).

Die Rolle nicht-justizförmiger Rechtsschutzangebote im internationalen Verwaltungsrecht ist in der Lehre anerkannt[7]. Nach *Sabino Cassese* sind diese Bestandteil eines sich herausbildenden „genuine administrative judicial system“[8]. Ihre Kehrseite ist indes das Risiko eines Feigenblattrechtsschutzes. Das verdeutlicht die Skepsis, mit der Teile der Lehre außergerichtlichen Streitbeilegungsmechanismen im internationalen Verwaltungsrecht begegnen. Sie werden als Hinweis auf den nur begrenzten Rechtsschutz gegen die internationale Verwaltung wahrgenommen[9]. Die Untersuchung beklagt ihre Defizite nicht; als Lösung wird stattdessen vorgeschlagen, sie durch eine staatliche Pflicht zu ergänzen, ihre Effektivität abzusichern (IV.).

I. Hemmnisse für den justizförmigen Rechtsschutz

Internationale Verwaltungstätigkeit ist typischerweise mit Einbußen an gerichtlichem Rechtsschutz verbunden[10]. Das lässt sich mit zwei, miteinander zusammenhängenden Faktoren erklären. Zum einen löst die internationale Mobilität des Verwaltungsgegenstands besondere Schutzbedürfnisse auf Seiten der Betroffenen aus und zum anderen kann das nationalstaatliche Rechtsschutzsystem mit der aus der konglomeratischen Struktur der Seeverwaltung resultierenden Pluralisierung der Verwaltung – der „Komplexität von Hoheitsgewalt“[11] – kaum Schritt halten (2.)[12]. Der Einwand, solche Defizite der innerstaatlichen Gerichtsbarkeit seien zweitrangig, da zunehmend eine internationale Gerichtsbarkeit in der Lage sei, dem Rechtsschutzbedürfnis Privater gerecht zu werden, mag jedenfalls im Schifffahrtsrecht auf den ersten Blick plausibel erscheinen, weil hier entsprechende justizförmige Strukturen zu finden sind[13]; bei genauerer Betrachtung erweist sich diese Option jedoch als illusionär[14] (1.).

---

[7] *Terhechte*, in: Kahl/Ludwigs, Handbuch des Verwaltungsrechts II, § 53 Rn. 20 m. w. N.

[8] *Cassese*, International Law and Politics 37 (2005), S. 663, 685, 692 ff.

[9] *Kingsbury/Krisch/Stewart*, Law and Contemporary Problems 68 (2005), S. 1, 40; *Ruffert*, in: Möllers/Voßkuhle/Walter, Internationales Verwaltungsrecht, S. 395, 409.

[10] Am Beispiel der internationalen Steuerverwaltung *Kaligin*, DStZ 1990, S. 263 ff.; allgemein *Schmidt-Aßmann*, in: Liber Amicorum Wolfrum, Band II, S. 2119, insb. 2139 ff.; auch *Ohler*, VVDStRL 79 (2020), S. 347, 366; zur Absenkung des Individualrechtsschutzes infolge zwischenstaatlicher Kooperation ferner *Wolff*, Der Einzelne in der offenen Staatlichkeit, S. 10 ff.

[11] *Peters*, AVR 48 (2010), S. 1.

[12] *Gärditz*, EuGRZ 2018, S. 530.

[13] Neben dem unten (6. Kapitel, A. I. 1. b.) analysierten Schiffsfreigabeverfahren vor dem ISGH ist in der Binnenschifffahrt v. a. die Rheinschifffahrtsgerichtsbarkeit bekannt, eine internationale

1. Kein effektiver Rechtsschutz durch internationale Gerichte

Das Völkerrecht visiert die Eingriffsintensität der staatlichen Seeverwaltung zunächst durch Vorgaben an die Vertragsstaaten an:

- Das Seerechtsübereinkommen (SRÜ) flankiert die durch den Teil XII geschaffenen Durchsetzungsbefugnisse von Küsten- und Hafenstaaten gegenüber fremdflaggigen Schiffen in einem gesonderten Abschnitt 7 durch Schutzvorkehrungen (Safeguards)[15], die einem Missbrauch dieser Befugnisse entgegenwirken sollen[16]. So wird das Interesse an einem reibungslosen Reiseverlauf anerkannt, wenn das SRÜ vorsieht, dass die Staaten „ein fremdes Schiff nicht länger aufhalten [dürfen], als es für die Zwecke der […] Untersuchungen unerläßlich ist" (Art. 226 I a)). Die Safeguards beinhalten etwa Anforderungen an die Ausübung von Durchsetzungsbefugnissen (Art. 224) und ein Gebot, den zuständigen Flaggenstaat sowie den Diplomaten oder Konsularbeamten zu benachrichtigen (Art. 231).
- Die Internationalen Gesundheitsvorschriften 2005 (IGV 2005) sind hingegen allgemeiner gehalten. Sie verpflichten zur Beachtung von Menschenrechten und Grundfreiheiten (Art. 3 I, Art. 32).

Diese Schutzvorkehrungen des SRÜ erfahren mit dem Schiffsfreigabeverfahren (b) vor dem ISGH als internationalem Gericht (a)[17] eine Verstärkung, das Privaten aber nur punktuelle und indirekte Rechtsschutzmöglichkeiten bietet[18].

a) Verwaltungskontrolle durch den ISGH

Die Verquickung von Verwaltungs- und Völkerrecht, die typisch für das internationale Verwaltungsrecht ist, spiegelt sich auch auf der Ebene der internationalen Gerichtsbarkeit[19] wider. Diese übt keine ausschließlich konsensbasierte Gerichtsbarkeit über zwischenstaatliche Auseinandersetzungen aus; die Errichtung und der Gebrauch internationaler Gerichte hat sich quantitativ erweitert und zugleich

Gerichtsbarkeit zum Schutz des Schifferstands, die es diesem erlaubt, alternativ zum nationalen Berufungsgericht eine internationale Berufungsinstanz anzurufen, *Kischel*, Die Geschichte der Rheinschifffahrtsgerichtsbarkeit von 1804 bis in die Gegenwart, insb. S. 222 ff.

[14] Zu weiteren Kritikpunkten, etwa Legitimationsdefiziten einer Ausdehnung der internationalen Gerichtsbarkeit, *v. Bogdandy/Venzke*, ZaöRV 70 (2010), S. 1 ff.; eingehend *v. Bogdandy/Venzke*, In wessen Namen?; auch *Posner/Yoo*, California Law Journal 93 (2005), S. 1, 7.

[15] Die IMO-Konventionen nehmen solche Schutzanforderungen in ihre Bestimmungen auf, siehe etwa Kapitel I Regel 19 d) SOLAS; Art. X STCW; Art. 4, 6, 7 MARPOL.

[16] *Nordquist/Nandan/Rosenne*, UNCLOS, Band IV, Rn. 223.1.

[17] Die IGV 2005 regeln nur Streitbeilegungsverfahren zwischen den Staaten und zwischen diesen und der WHO, Art. 56.

[18] *Schmitt*, Access to Justice and International Organizations, S. 137 f.; *Alter*, The New Terrain of International Law, S. 178 f.

[19] Zu ihrer Abgrenzung von der internationalen Schiedsgerichtsbarkeit und anderen quasi-gerichtlichen Streitbeilegungsverfahren *Walter*, in: Ehlers, Rechtsschutz im Öffentlichen Recht, § 1 Rn. 1–3; zu diesen weiteren Streitbeilegungsformen *Born*, Duke Law Journal 61 (2012), S. 776, 819 ff.

qualitativ gewandelt. Die „new-style international courts“ übernehmen zusätzliche Aufgaben, zu denen auch die Verwaltungskontrolle zählt[20]. In diesem Kontext entwickeln sie sich hin zu einer obligatorischen Gerichtsbarkeit, die Privaten zugänglich ist[21]. Sie werden daher als Phänomen des internationalen Verwaltungsrechts gehandelt[22]; in dieselbe Richtung weist der Begriff der „transnational dispute resolution“, die der überkommenen „interstate dispute resolution“ gegenübergestellt wird[23]. Idealtypisch lassen sich zwei Typen dieser internationalen Gerichte mit Verwaltungskontrollaufgaben unterscheiden[24]: Der erste Typ kontrolliert überstaatliche und der zweite Typ nationale Verwaltungsentscheidungen. Ihre Existenz wird damit erklärt, dass Staaten durch sie die Glaubwürdigkeit internationaler Standards erhöhen wollen[25]. Sie können zwar nicht mit nationalen Gerichten gleichgesetzt werden, da sie regelmäßig nicht auf zentralisierte Durchsetzungsinstrumente zurückgreifen können; ihre Durchsetzungsmechanismen sind vielmehr dezentraler Natur, da sich die internationalen Gerichte Unterstützer innerhalb und außerhalb der Staaten suchen[26].

Die Vertragsstaaten des SRÜ haben sich mit Ratifikation bzw. Beitritt für alle künftigen Rechtsstreitigkeiten einer internationalen Streitbeilegung unterworfen (Art. 279), zu der auch der Internationale Seegerichtshof (ISGH) mit Sitz in Hamburg (Art. 1 II ISGH-Statut)[27] zählt, weswegen man dem Seevölkerrecht einen Schritt hin zu einer obligatorischen internationalen Gerichtsbarkeit konstatiert[28]. Dass der ISGH auch die Verwaltung kontrolliert[29], illustriert das Schiffsfreigabeverfahren, das im Folgenden dargestellt wird:

b) Das Schiffsfreigabeverfahren nach Art. 292 SRÜ

Zu den Innovationen des Neuen Seerechts[30] gehört das Schiffsfreigabeverfahren nach Art. 292 SRÜ (Prompt Release Procedure), das ausländische Schiffe gegen Missbrauch und Ineffektivität der nationalen Rechtspflege schnellstmöglich schützen soll. Wegen des staatlichen Wahlrechts hinsichtlich des SRÜ-Streitbeilegungsmechanismus[31] kann ein bestimmter Mechanismus nur dann einseitig angerufen

---

[20] *Alter*, The New Terrain of International Law, S. 13 f., 199 ff., die allerdings ein weites Verständnis internationaler Gerichtsbarkeit zugrunde legt und etwa auch die internationale Schiedsgerichtsbarkeit im Investitionsschutzrecht behandelt.
[21] *Alter*, The New Terrain of International Law, S. 5.
[22] *Craig*, UK, EU and Global Administrative Law, S. 63 ff.
[23] *Keohane/Moravcsik/Slaughter*, International Organization 54 (2000), S. 457, 468 ff.
[24] *Alter*, The New Terrain of International Law, S. 206 mit Tabelle 6.1, die insgesamt 13 solcher internationalen Gerichte identifiziert.
[25] *Helfer/Slaughter*, California Law Review 93 (2005), S. 899, 931 ff.
[26] *Alter*, The New Terrain of International Law, S. 10, 19 ff.
[27] Zu diesem siehe Anlage VI zum SRÜ.
[28] *Wolfrum*, in: Graf Vitzthum, Handbuch des Seerechts, Kap. 6 Rn. 11, 18.
[29] *Alter*, The New Terrain of International Law, S. 208 (Tabelle 6.1), 210.
[30] Siehe oben 2. Kapitel, A. II.
[31] Die Vertragsstaaten haben weiterhin die Dispositionsbefugnis hinsichtlich der Streitbeilegung

werden, wenn alle Parteien des Streits diesen gewählt haben. Davon gibt es im SRÜ aber Ausnahmen in Form ausschließlicher Kompetenzen des ISGH. Neben der Zuständigkeit der Kammer für Meeresbodenstreitigkeiten wird Art. 292 zu diesen Ausnahmen gezählt[32]. Nach Art. 292 I 2. HS kann der Kläger die Frage zehn Tage nach dem Zeitpunkt des Zurückhaltens des Schiffs durch einen Vertragsstaat einem Gerichtshof oder einem Gericht, dem der zurückhaltende Staat nach Art. 287 zugestimmt hat, oder dem ISGH unterbreitet werden, sofern die Parteien nichts Anderes vereinbaren. In der Praxis wird ausschließlich der ISGH angerufen[33]. Die Grundidee dieses Hauptsacheverfahrens[34] ist, dass das festgehaltene[35] Schiff bzw. seine Besatzung nach Hinterlegung einer finanziellen Sicherheit umgehend freigegeben wird, d.h. dass die Festhaltung bzw. der Arrest aufgehoben wird (vgl. Art. 292 IV)[36]. Der ISGH prüft, ob das nationale Recht eine Freilassung durch Sicherheitsleistung vorsieht[37] und ob die geforderte Sicherheit angemessen ist (Art. 292 I), und zwar unabhängig von der Rechtmäßigkeit des Festhaltens, über die allein die nationalen Gerichte entscheiden sollen (vgl. Art. 292 III)[38]. Ein internationales Gericht kontrolliert somit eine nationale Maßnahme am Maßstab des SRÜ. Entsprechend dem Zweck des Verfahrens muss die Freigabe vom ISGH „unverzüglich" behandelt werden (Art. 292 III).

Das Prompt Release-Verfahren ist aber, obgleich es auch die ökonomischen Interessen des Einzelnen verwirklicht[39], im Ausgangspunkt als Streitverfahren zwischen Vertragsparteien des SRÜ ausgestaltet[40]. Parteifähig sind nur die Staaten[41], wie Art. 291 unterstreicht[42]. Es wird daher auch als Sonderform eines diplomatischen

(vgl. Art. 280), was sich v.a. daran zeigt, dass sie grundsätzlich die Wahl zwischen verschiedenen Formen haben: der Schiedsgerichtsbarkeit, dem ISGH und dem IGH (Art. 287 I), *Wolfrum*, WM 2000, S. 810; erfolgt keine Wahl, so ist ein Schiedsgericht zuständig (Art. 287 V).

[32] *Wolfrum*, in: FS Herber, S. 567, 569f.; zu dieser obligatorischen Zuständigkeit des ISGH auch *Röben*, Außenverfassungsrecht, S. 165.

[33] *Wolfrum*, in: Graf Vitzthum, Handbuch des Seerechts, Kap. 6 Rn. 66.

[34] *Graf Vitzthum*, in: FS Schröder, S. 133, 147.

[35] Im englischen Text wird in Art. 292 das Wort „detention" verwendet. Dies ist der Oberbegriff, *Wolfrum*, in: FS Herber, S. 567, 571.

[36] *Nordquist/Rosenne/Sohn*, UNCLOS, Volume V, Rn. 292.1.

[37] *Wolfrum*, in: Graf Vitzthum, Handbuch des Seerechts, Kap. 6 Rn. 68.

[38] Die Subsidiarität der internationalen Verfahren, Art. 295, greift hier also nicht. Zu den daraus resultierenden Problemen *Anderson*, International Journal of Marine and Coastal Law 11 (1996), S. 165, 173f., 177; eingehend zum Entscheidungsmaßstab des ISGH *Mensah*, International Journal of Marine and Coastal Law 22 (2007), S. 429, 440. Der ISGH berücksichtigt danach bei der Festlegung einer angemessenen Kaution eine Liste von Faktoren wie die Schwere der mutmaßlichen Straftaten, die nach den Gesetzen des festhaltenden Staats zu verhängenden Strafen, den Wert des festgehaltenen Schiffs oder der beschlagnahmten Ladung.

[39] *Oxman*, International Journal of Marine and Coastal Law 10 (1995), S. 208; ferner den Grand Prince-Fall ISGH, Belize v. Frankreich, Urteil v. 20.04.2001, Case No. 8, para. 63: „In submitting an application for release, the flag state espouses a private claim of persons linked to it by the nationality of the ship."

[40] *Lagoni*, International Journal of Marine and Coastal Law 11 (1996), S. 148; *Wolfrum*, in: FS Herber, S. 567, 571.

[41] *Hasselmann*, Freiheit der Handelsschifffahrt, S. 455f.; *Herber*, Seehandelsrecht, § 7, S. 73.

[42] Der anderslautende Vorschlag der USA konnte sich nicht durchsetzen, *Nordquist/Rosenne/*

Verfahrens betrachtet[43]. Wegen der privatschützenden Zielrichtung lässt Art. 292 II („im Namen dieses Staates") allerdings als Kompromiss zu, dass der Flaggenstaat den Einzelnen, etwa den Reeder oder eine Kanzlei, mit der Prozessführung betraut[44], wobei der ISGH prüft, ob eine solche Beauftragung tatsächlich vorliegt[45]. Das ist aber nicht das entscheidende Manko. V. a. ist der Anwendungsbereich des Schiffsfreigabeverfahrens sehr eng und erfasst kaum präventive administrative Maßnahmen: Es gilt – auch wenn die Überschrift Gegenteiliges vermuten lässt – nicht in allen Fällen von Schiffsfesthaltungen, sondern nur, wenn der das fremdflaggige Schiff zurückhaltende Staat „die Bestimmungen dieses Übereinkommens über die sofortige Freigabe des Schiffes oder seiner Besatzung nach Hinterlegung einer angemessenen Kaution oder anderen finanziellen Sicherheit nicht eingehalten hat" (Art. 292 I). Anerkannt sind nur drei materielle Freigabeansprüche[46]. In allen übrigen Fällen können zwar vorläufige Maßnahmen des ISGH nach Art. 290 V in Anspruch genommen werden[47], allerdings fehlt in diesem Verfahren die Möglichkeit individueller Prozessführung nach Art. 292 II. Als weiteres Manko kommt hinzu, dass seine Entscheidungen – im Schiffsfreigabeverfahren Urteile (Art. 112 IV ISGH-Verfahrensordnung)[48] – zwar bindend sind (Art. 292 IV), im Unterschied zu Entscheidungen der Kammer für Meeresbodenstreitigkeiten[49] fehlt indes ein ISGH-Durchsetzungsmechanismus[50]. Bislang wurde die Umsetzung von ISGH-Entscheidungen zwar als weitgehend unproblematisch eingestuft[51], obgleich es bereits zu Verzögerungen im zweiten entschiedenen Fall des M/V Saiga kam[52]. Wie

---

Sohn, UNCLOS, Volume V, Rn. 292.1–292.10. Etwas Anderes gilt im Moment nur in Verfahren vor der Kammer für Meeresbodenstreitigkeiten, Art. 187 c)–e) und Art. 20 II 1. Var. ISGH-Statut, dazu *Lagoni* in: FS Herber, S. 375, 376 ff., sowie zu den Unterschieden zum Art. 292-Verfahren, ebenda, S. 383 ff. Zudem beinhaltet Art. 20 II 2. Var. ISGH-Statut eine Öffnungsklausel, die es ermöglicht, dass Private direkten Zugang zum ISGH haben. Von dieser Option wurde bislang noch kein Gebrauch gemacht, zudem sind die Voraussetzungen unklar.

[43] *Treves*, in: Proelß, UNCLOS, Art. 292 Rn. 3; *Akl*, in: Liber Amicorum Wolfrum, Band II, S. 1591, 1594; *Lagoni*, in: Liber Amicorum Jaenicke, S. 543, 562.

[44] Von dieser Möglichkeit wurde in den meisten Fällen Gebrauch gemacht, m. w. N. *Wendel*, State Responsibility, S. 83 f.; ferner *Treves*, in: Proelß, UNCLOS, Art. 292 Rn. 33.

[45] Art. 110 III ISGH-Verfahrensordnung.

[46] Der Anwendungsbereich ist streitig, siehe die unterschiedlichen Interpretationen von *Treves*, International Journal of Marine and Coastal Law 11 (1996), S. 186; *Lagoni*, Journal of Marine and Coastal Law 11 (1996), S. 158; *Anderson*, International Journal of Marine and Coastal Law 11 (1996), S. 170 ff.; *Wolfrum*, in: FS Herber, S. 567, 573 ff. Erfasst sind bislang jedenfalls neben den Fällen des Festhaltens wegen illegaler Fischerei (Art. 73 II), die bislang alle Schiffsfreigabeverfahren vor dem ISGH ausmachten, zwei Konstellationen, in denen das Festhalten wegen bestimmter Meeresumweltverschmutzungen (Art. 220 VII und Art. 226 I b)) erfolgt. Möglich bleibt zudem, dass ein anderer völkerrechtlicher Vertrag eine solche Anordnung trifft (vgl. Art. 237, 311 II), *Wolfrum*, in: FS Herber, S. 567, 573.

[47] *Anderson*, International Journal of Marine and Coastal Law 11 (1996), S. 165, 169.

[48] ISGH, Rules of the Tribunal, 25.09.2020.

[49] Art. 39 ISGH-Statut nach Anlage VI SRÜ. In Deutschland in § 1 Seegerichtsvollstreckungsgesetz umgesetzt.

[50] *Wolfrum*, in: FS Herber, S. 567, 582.

[51] *Graf Vitzthum*, in: FS Schröder, S. 133, 148.

[52] *Lowe/Churchill*, International Journal of Marine and Coastal Law 17 (2002), S. 463, 466.

jüngere Verfahren gegen Schiffsfesthaltungen Russlands zeigen[53], ist sie aber keine Selbstverständlichkeit.

Das SRÜ hat demnach zwar ein System zur Beilegung von Streitigkeiten etabliert, das Defizite des allgemeinen Streitbeilegungssystems des Völkerrechts behebt, es bleibt diesem überkommenen System[54] aber verhaftet[55] und lässt sich daher nicht mit dem umfassenden Rechtsschutz des Einzelnen vor den nationalen Gerichten vergleichen.

2. *Kein effektiver Rechtsschutz durch nationale Gerichte*

Die Pluralisierung der Verwaltung bedeutet eine Vervielfältigung der Verwaltungsmaßnahmen (a), Intransparenz (b) und rechtserhebliche Maßnahmen überstaatlicher Instanzen (c); diese Herausforderungen können nationale Gerichte nur unzulänglich bewältigen. In Hinblick auf die Vervielfältigung der Verwaltungsmaßnahmen zeigt sich zudem, dass die besonderen Schutzbedürfnisse einer globalisierten Industrie wie der maritimen durch einen Gerichtsschutz de facto nicht hinreichend befriedigt werden können.

a) Vervielfältigung der Inspektionen

aa) Belastungsdimensionen

Schiffe werden längst nicht mehr nur durch Flaggenstaaten bzw. Klassifikationsgesellschaften als Recognized Organizations (ROs) in regelmäßigen Abständen überprüft; durch die Institution der Hafenstaatkontrolle sowie das Aufkommen eigener privater und hafenseitiger Schiffsinspektionen müssen sie vielmehr jederzeit und in jedem Hafen mit Inspektionen durch andere Akteure rechnen[56]. Diese Vervielfältigung der Inspektionen impliziert mehrere Arten von Beeinträchtigungen:

Schon das multiple Inspektionsregime stellt eine Belastung dar[57]. Im Durchschnitt durchläuft ein Frachtschiff, je nach Typ und Alter, zwischen sechs und elf Inspektionen im Jahr; bei Passagierschiffen sind es noch mehr[58]. Neben den reinen Inspektionskosten[59] kommt hinzu, dass Inspektionen im Hafen den Schiffsbetrieb aufhalten. Verlängern sich die Liegezeiten, tangiert das aber die Kostenrechnung.

---

[53] Der Fall des von Russland festgehaltenen Greenpeace-Schiffs, in dem der ISGH von den Niederlanden nach Art. 290 V angerufen wurde (dazu *Zengerling/Verheyen*, ZUR 2014, S. 147 ff.) sowie das Festhalten dreier ukrainischer Marineschiffe (ISGH, Ukraine v. Russland, Entscheidung v. 25.05.2019).

[54] *Tomuschat*, Recueil Des Cours 281 (1999), S. 13, 39 ff.

[55] *Wolfrum*, in: Graf Vitzthum, Handbuch des Seerechts, Kap. 6 Rn. 1.

[56] *Horrocks*, in: Nordquist/Moore, Current Maritime Issues and the International Maritime Organization, S. 191, 194 ff.

[57] Zum Problem *Karti*, Vetting and TMSA, S. 20.

[58] *Knapp/Franses*, Analysis of the Maritime Inspection Regime, S. 15 ff.

[59] Diese belaufen sich auf durchschnittlich 25.000 US-Dollar im Jahr pro Schiff, *Knapp/Franses*, Analysis of the Maritime Inspection Regime, S. 16.

Dabei ist zu sehen, dass der Umfang der Inspektionen und ihre Intensität im Laufe der Zeit kontinuierlich ausgeweitet wurden. An dieser Stelle kann man sich exemplarisch nochmals den Ablauf einer Hafenstaatkontrolle vor Augen führen[60]: Selbst eine Initial Inspection, d.h. die grobe Vorprüfung einschließlich der Papierkontrolle an Bord, kann, je nach Inspektor, ein bis zwei Stunden in Anspruch nehmen; der Kapitän muss dabei regelmäßig anwesend sein und Rede und Antwort stehen. Kommt eine Detailed Inspection hinzu, weil der PSCO meint, einen Clear Ground gefunden zu haben, kann sich die Inspektionszeit verdoppeln oder verdreifachen. Diese Belastung ist zunächst eine hinzunehmende Folge der Konglomeratsverwaltung. Allerdings sind Inspektionsdoppelungen nicht immer nötig und ihre Unabgestimmtheit führt weiter zu Inspektionsinkonsistenzen[61], was dem Verwaltungshandeln auch seine Vorhersehbarkeit nimmt und Belastungsungleichheiten bedingt. Digitalisierungstechniken wie die Remote Inspection, die Kosten und Zeitaufwand von Schiffskontrollen reduzieren können, sind, auch wenn durch die COVID-19-Pandemie beflügelt, noch in den Anfängen[62].

Bei der Hafenstaatkontrolle, aber auch bei der Hafengesundheitskontrolle unter den IGV 2005[63], kommt hinzu, dass diese mit einschneidenden Instrumenten ausgestattet sind, die im Rahmen transnationaler Behördennetzwerke ausgebaut werden. Schon das Festhalten (Detention)[64], d.h. die Begründung behördlicher Gewalt über die Bewegung des Schiffs[65], ist eine Belastung, da die Unternehmen nicht mit ihrem Investitionsmittel arbeiten können und die Personalkosten fortlaufen[66], wenn das Schiff „in die Kette" gelegt wird[67]. Wenn deswegen Frachtverträge nicht eingehalten werden können, drohen ferner Schadensersatzforderungen der Vertragspartner. Das Verbot, mit einem Schiff in die Hoheitsgewässer einzulaufen (Banning), kann für kleinere Reederei sogar das Ende des Geschäfts bedeuten, denn die Harmonisierung der Hafenstaatkontrollen durch MoUs hat zur Folge, dass solche Verbote mit regionaler Geltung ausgesprochen werden. Unter dem Paris MoU beispielsweise wird ein solches Banning zum einen bei dreimaligem Festhalten ausgesprochen, mit einer Dauer von 36 bzw. 24 Monaten (Ziffer 4.1); zum anderen

---

[60] Siehe schon oben 4. Kapitel, I.4.c.aa.

[61] *Knudsen/Hassler*, Marine Policy 35 (2011), S. 201, 205.

[62] *Poggi/Gaggero/Gaiotto/Ravina*, International Journal of Naval Architecture and Ocean Engineering 12 (2020), S. 881, 891.

[63] Siehe Art. 28 II 2, Art. 31 II 2 c) IGV 2005.

[64] Teilweise ist auch von Arrest die Rede. Der Begriff des Schiffsarrests passt für die Seeverwaltung aber nicht, da ein Arrest eine Maßnahme des einstweiligen Rechtsschutzes ist, die die Zwangsvollstreckung sichern soll, sprich der Sicherung einer Forderung dient (vgl. § 917 II 2 ZPO) bzw. einer Seeforderung (Art. 1, 2 International Convention for the Unification of Certain Rules Relating to the Arrest of Sea-Going Ships vom 10.05.1952, BGBl. II 1972, S. 655, 439, UNTS 217, in Kraft seit dem 24.02.1956).

[65] *Lindemann*, Untersuchung, Festhalten und sofortige Freigabe, S. 5.

[66] *Graf Vitzthum*, in: FS Schröder, S. 133, 147; *Wolfrum*, in: FS Herber, S. 567, 572: „de facto Sanktion".

[67] Nicht „an die Kette legen", denn der Begriff leitet sich davon ab, dass früher das Schiff mit einer Kette umspannt wurde, um es festzuhalten.

erfolgt es nach Ziffer 4.2, wenn das Schiff die geforderte Fahrt zur Reparaturwerkstatt nicht macht oder sich einem Festhalten entzieht. Das Banning kann erst nach einer bestimmten Zeitspanne aufgehoben werden (Ziffer 4.1 Nr. 3 und Nr. 4). Jedes Festhalten nach dem dritten Banning führt zu einem dauerhaften Zugangsverbot (Ziffer 4.1 Nr. 5)[68].

Solche Eingriffsbefugnisse gegenüber fremdflaggigen Schiffen gehen mit einer Missbrauchsgefahr einher[69]. Namentlich in Häfen in der entwickelten Welt und in Schwellenländern werden die Befugnisse von Beamten eingesetzt, um beispielsweise Alkohol oder Tabakartikel zu erlangen[70]. Aber nicht nur erpresserische Ansinnen belasten die Seeschifffahrt; auch die Einstellung von Inspekteuren, sich gezielt gute Schiffe auszusuchen, weil diese weniger Ärger machen und daher weniger Arbeit bedeuten, wird kritisiert[71].

Bei den privaten Inspektionen fehlen zwar hoheitliche Eingriffsbefugnisse, sie können aber faktisch durch Boykott oder den Abbruch von Geschäftsbeziehungen belastend wirken[72]. Wie das Vetting exemplarisch zeigt, ist die willkürliche Handhabung von Inspektionsrecht, -verfahren und -kosten durch die wirtschaftlich stärkere Partei ein Grundproblem privater Inspektionen[73].

bb) Faktische Beschränkungen der Gerichtskontrolle

Der gerichtliche Rechtsschutz kann diese Belastungen nicht adäquat einfangen, denn die Anrufung der Gerichte gegen Inspektionsgebaren ist für die maritime Industrie mit faktischen Schwierigkeiten verbunden. Diese Feststellung mag zunächst konsternieren, ja sogar naiv erscheinen. Zwar ist anerkannt, dass das Erfordernis, ausländische Gerichte anzurufen, das Prozessrisiko erhöht[74]. Sprachliche Probleme, ein ungewohntes Verfahrensrecht, die räumliche Entfernung oder Schwierigkeiten, einen Anwalt zu finden[75], sind indes Herausforderungen, die international ausgerichtete und aufgestellte Unternehmen wie APM-Maersk nicht wie eine Privatperson belasten[76]. Hinzu kommt, dass gerade Linienreedereien ein weltweites Netz von Schiffsagenten unterhalten; die Ship Agents agieren als Vertreter in den Häfen

---

[68] Auch eine Umgehung durch Flaggenwechsel oder Übertragung ist nicht möglich, da das Banning insofern eine dingliche Natur hat, als es sich auf das individuelle Schiff bezieht und an diesem „haftet", siehe https://www.parismou.org/inspections-risk/library-faq/banning (zuletzt abgerufen: 18.06.2023).

[69] *Knudsen/Hassler*, Marine Policy 35 (2011), S. 201, 206; *Wolfrum*, in: FS Herber, S. 567, 573.

[70] Siehe unten 7. Kapitel, B. I. 2.

[71] *Horrocks*, in: Nordquist/Moore, Current Maritime Issues and The International Maritime Organization, S. 191, 194.

[72] Siehe oben 4. Kapitel, II. 2. c.

[73] Siehe unten 6. Kapitel, B. I.

[74] BVerfGE 35, 382, 406 f.; *v. Arnauld*, in: Terhechte, Verwaltungsrecht der EU, § 2 Rn. 30; *Menzel*, Internationales Öffentliches Recht, S. 845.

[75] Zu diesen Rechtsschutzhemmnissen *Rauser*, Die Übertragung von Hoheitsrechten, S. 292.

[76] Daher ihren Schutz in Frage stellend *Hofmann*, in: Schmidt-Aßmann/Schöndorf-Haubold, Der Europäische Verwaltungsverbund, S. 353, 362.

und sind dort mit der Erledigung örtlicher Aufgaben betraut, zu denen auch die prozessuale Geltendmachung von Ansprüchen gehört[77]. Die Realität ist jedoch, dass Schiffseigner und -betreiber selten Gerichte anrufen, wenn sie sich bei Inspektionen ungerecht behandelt fühlen. In Deutschland ist nur das Verfahren im Fall des Bulkcarriers Visvliet bekannt[78]; das maritime Gerichtsschutzmanko ist aber nicht nur ein deutsches Phänomen[79]. Fragt man in Interviews nach den Gründen für die Zurückhaltung, dann werden unterschiedliche Überlegungen angestellt. Lässt man den fragwürdigen Hinweis auf die andere „Mentalität" in der Seeschifffahrt beiseite, dann lassen sich im Kern drei Faktoren ausmachen:

- *Finanzielle Erwägungen*: Der Hauptfaktor ist ökonomischer Natur. Jede Verzögerung im Hafen kostet Geld und ist damit im hochmobilen Transport nicht erwünscht. Das Hauptaugenmerk der Schifffahrtsunternehmen liegt in der Folge darauf, das Schiff flott zu machen und so schnell wie möglich die Fahrt fortzusetzen. Für sie rentiert es sich dann oftmals mehr, sich mit der Hafenstaatkontrolle zu arrangieren – im optimalen Fall heißt das, die Fahrt mit der Auflage der Mängelbeseitigung fortzusetzen (Ziffern 3.4 und 3.8 Paris MoU) –, als ein Gerichtsverfahren zu initiieren, das im Zweifel nur zusätzliche Kosten verursacht. Die Motivation finanzieller Schadensbegrenzung macht sich weiter darin bemerkbar, dass Unternehmen sich teilweise auch deswegen mit Kritik zurückhalten, da sie wirtschaftliche Nachteile befürchten[80].
- *Fehlendes Vertrauen*: Hemmend wirkt ferner, dass es aufgrund schlechter Erfahrungen mit dem Rechtssystem als solchem an einem Vertrauen in Gerichte fehlt. Das betrifft häufig, aber nicht nur den außereuropäischen Bereich. Das Verfahren des vorläufigen Rechtsschutzes im Fall Visvliet verdeutlicht, dass Gerichte gerade bei Schiffen mit einer Vorgeschichte tendenziell zu Gunsten der Hafenstaatkontrolle entscheiden[81]. Teilweise vermisst man das Verständnis für die eigenen Belange[82]. Lösungen werden deswegen bevorzugt im Kreis der maritimen Praktiker gesucht. In diesem Sinne hört man häufig die Aussage, dass die Hafenstaatkontrolle durchaus akzeptiert werde, wenn sie denn „vernünftig" ausgeübt werde.
- *Fehlende strukturelle Eignung*: Ein Gerichtsverfahren ist auch aus strukturellen Gründen nicht immer das geeignete Mittel zur Rechtswahrung. In Interviews mit Verbandsvertretern wird vorgebracht, dass viele Reeder die Publizität eines Pro-

[77] *Bahnsen*, in: Rabe/Bahnsen, Seehandelsrecht, Anhang § 476 Rn. 1, 5.

[78] Das zwar nicht beim Primärrechtsschutz, aber beim Sekundärrechtsschutz erfolgreich war, BGHZ 161, 224.

[79] Interview mit dem Paris MoU-Sekretariat.

[80] Zu den privaten Vetting-Inspektionen *Lampert*, What happens when you vet the Vetting Process?, 29.11.2017: „not enough owners complain and the reason they don't complain is because they don't want to upset the person or bite the hand that feeds [them]", siehe https://www.rivieramm.com/news-content-hub/what-happens-when-you-vet-the-vetting-process-26372 (zuletzt abgerufen: 18.06.2023).

[81] VG Hamburg, Beschluss v. 04.12.1997, 10 VG 4992/97, Rn. 13.

[82] Das betrifft auch Schiedsgerichte, siehe zum Vetting unten 6. Kapitel, B. I.

zesses scheuten, da sie Geschäftsnachteile befürchteten, wenn Probleme bekannt würden – ein Umstand, der allgemein das Schiedsverfahren für Wirtschaftskreise beliebt macht[83]. Zudem setzen einige der oben skizzierten Belastungen wie die Unabgestimmtheit des heterogenen Inspektionsregimes sowie seine Korruptionsanfälligkeit im Vorfeld rechtsförmigen Verwaltungshandelns an, das den Fixpunkt der justizförmigen Verwaltungskontrolle bildet; sie bedürfen dann entsprechender struktureller Lösungen.

Die Schwierigkeiten, Gerichte anzurufen, sind bei transnationalen Unternehmen somit andere als für Privatpersonen, das macht sie aber nicht weniger schutzwürdig[84].

b) Intransparenz

Die konglomeratische Organisation der internationalen Verwaltung bedeutet, dass die Grenze zwischen formeller Zuständigkeit und materieller Urheberschaft von Verwaltungsmaßnahmen verschwimmt. Diese Intransparenz führt zu Zurechnungsproblemen, die dem Verwaltungshandeln seine Berechenbarkeit nehmen sowie eine Gerichtskontrolle erschweren. Exemplarisch sind transnationale Behördennetzwerke, denn bei dieser organisatorischen Kategorie kann eine Behörde eine Entscheidung treffen, für die sie nach dem innerstaatlichen Recht zuständig ist, deren materieller Hintergrund aber in hohem Maße von den anderen Behörden des Netzwerks und seinen eigenen Institutionen geprägt ist[85]. Solche Zurechnungsprobleme (bb) infolge des Informationsaustauschs in Netzwerken lassen sich etwa beim maritimen Risikoranking durch PSC MoUs beobachten (aa).

aa) Das maritime Risikoranking

Die PSC MoUs verfügen über gemeinsame Datenbanken zum Austausch von Informationen über kontrollierte Schiffe, im Paris MoU nach der Meeresnymphe THETIS genannt. Diese Datenbanken bilden die Grundlage der Inspektionen in den Häfen aller Mitgliedstaaten (etwa Annex 3 Ziffer 3 Paris MoU). Was das für die Tätigkeit der Inspekteure bedeutet, illustriert der unter dem Neuen Inspektionsregime (New Inspection Regime, NIR) entwickelte Schiffsauswahlalgorithmus, der erstmals 2011 unter dem Paris MoU angewandt wurde, inzwischen aber auch in anderen MoUs wie dem Tokyo oder dem Black Sea MoU herangezogen wird. Anstatt eines individuellen Inspektionsziels von 25 % der Schiffe, die Häfen des jeweiligen Mitglieds anlaufen, besteht unter dem NIR ein geteiltes Engagement: Alle Schiffe sind zu inspizieren, die die jeweilige MoU-Region besuchen. Das Targeting

[83] *Eslami*, Die Nichtöffentlichkeit des Schiedsverfahrens, S. 1, 193; zu weiteren Gründen, ebenda, S. 191 ff.

[84] Anders unter dem Gesichtspunkt der Selbstgefährdung *Elbing*, Die Anwendbarkeit der Grundrechte bei Sachverhalten mit Auslandsbezug, S. 254 ff.; *Heintzen*, Auswärtige Beziehungen privater Verbände, S. 278.

[85] *Franzius*, Gewährleistung im Recht, S. 476.

System, das den Umfang, die Häufigkeit und die Priorität der Inspektionen steuert, basiert maßgeblich auf dem Risikoprofil jedes Schiffs (Ship Risk Profile, SRP), das einen Hafen der Region besucht (Ziffer 3.2 und Annex 8 Ziffer 1 Paris MoU). Die Schiffe werden dazu in die drei Kategorien Low Risk Ships, Standard Risk Ships und High Risk Ships eingeteilt (Annex 7 Ziffer 1); die Einteilung basiert auf den Inspektionsdetails im gesamten MoU-Gebiet der letzten Jahre, zu denen allgemeine und historische Risikokriterien zählen wie Typ und Alter des Schiffs, Zahl der Defizite, Zahl der Festhaltemaßnahmen sowie Performance von Flaggenstaat, RO und Unternehmen (Annex 7 Tabelle 1), die wiederum auf der Grundlage der Fehler- und Festhalteindizes berechnet wird (Ziffern 16, 23). Bei den periodischen Inspektionen im Hafen hängt das Inspektionsfenster und damit die Häufigkeit vom SRP ab; die zusätzlichen Inspektionen (Additional Inspections) werden von weiteren Faktoren (Overriding / Unexpected Factors) ausgelöst (Annex 8 Ziffer 3), etwa Berichten anderer Mitglieder oder des Sekretariats des MoUs, wenn eine Identifizierung des Schiffs in der gemeinsamen Datenbank nicht möglich ist (Annex 8 Ziffern 11, 12). Auch der Inspektionstyp, d. h. der Umfang der Kontrolle, hängt vom SRP ab, denn High Risk Ships unterliegen stets einer erweiterten Inspektion (Expanded Inspection), (Annex 9 Ziffer 1 mit Tabelle 4); zusätzliche Inspektionen sind zudem stets zugleich detailliertere Inspektionen (More Detailed Inspections). Das Auswahlschema und die Priorität der Inspektion werden dem Inspektor für jedes Schiff im Informationssystem angezeigt (Annex 8 Ziffer 9). Bei Priorität I muss das Schiff kontrolliert werden und bei Priorität II kann es kontrolliert werden; Priorität I ist gegeben, wenn das Zeitfenster für eine Hafenstaatkontrolle abgelaufen ist oder ein übergeordneter Faktor für das Schiff aufgezeichnet ist (Annex 8 Ziffer 6), etwa wenn ein anderes Mitglied oder das Sekretariat des MoUs das Schiff meldet (Annex 8 Ziffer 11). Der grenzüberschreitende Informationsaustausch innerhalb des MoUs bedeutet somit, dass das Ob und Wie der Schiffskontrolle nicht mehr ausschließlich innerstaatlich determiniert ist.

bb) Zurechnungsprobleme als Folge

Wenn eine Information in der gemeinsamen Datenbank sachlich unrichtig ist oder auf einer rechtswidrigen Maßnahme eines Mitglieds des Netzwerks beruht, etwa einem rechtswidrigen Festhalten, hat das Nachteile in Form engmaschigerer Kontrollen. Das betroffene Unternehmen hat deswegen zunächst ein Interesse daran, Auskunft über seinen Risikostatus zu erhalten, und dass weiter falsche oder rechtswidrige Informationen gelöscht bzw. berichtigt werden. An wen muss es sich wenden? Die Informationshoheit behält nach dem MoU die Behörde, die die Information in das Informationssystem eingegeben hat (Annex 3 Ziffern 7, 11, 12). Aus Sicht des Betroffenen ist es bei einer gemeinsamen Datenbank aber schwierig, den wahren Urheber für die fehlerhafte Information zu ermitteln[86]. Zusätzlich ver-

[86] Für den Europäischen Verwaltungsverbund *Heußner*, Informationssysteme im Europäischen Verwaltungsverbund, S. 180 f.

unklarend wirkt der Umstand, dass das SRP nicht nur dynamisiert ist, da es täglich aktualisiert wird (Annex 7 Ziffer 7), sondern über das Kriterium der Performance des Unternehmens auch Defizite und Festhaltemaßnahmen hinsichtlich anderer Schiffe des Unternehmens und über die Kriterien Performance des Flaggenstaats und der RO auch Defizite und Festhaltemaßnahmen bezüglich von Schiffen anderer Unternehmen das Inspektionsspektrum determinieren (vgl. Annex 7 Ziffern 10, 14).

Schließlich ergeben sich Probleme bei der grenzüberschreitenden Informationsverwertung, wenn auf der Grundlage unrichtiger oder unrechtmäßiger Informationen belastende Verwaltungsmaßnahmen ergehen. Die Rechtswegklarheit wird in diesem Fall zwar nicht tangiert, da gegen den jeweiligen Vollzugsakt Rechtsschutz vor staatlichen Gerichten in Anspruch genommen werden kann; allerdings stellt sich zunächst die Frage nach der Prüfungskompetenz der Gerichte in Bezug auf die Richtigkeit und Rechtmäßigkeit der von der Behörde eines fremden Staats erhobenen Informationen[87]. Da für Maßnahmen der Hafenstaatbehörden keine transnationale Bindungswirkung angeordnet ist, ist die gerichtliche Prüfungskompetenz in Bezug auf ausländische Verwaltungsentscheidungen, die im Rahmen der Hafenstaatkontrolle getroffen werden, zu bejahen. Allerdings wird es in Bezug auf die Tatsachenprüfung oftmals faktisch schwierig sein, die sachliche Unrichtigkeit ausländischer Informationen zu erkennen. Schließlich fehlt es auch am Rechtswidrigkeitszusammenhang, wenn die Folgemaßnahme nicht unmittelbar von der Überprüfung der Rechtmäßigkeit der übermittelten Information abhängt[88]. Das ist auch bei der Hafenstaatkontrolle der Fall, denn ob ein Rechtsverstoß an Bord begangen wurde, muss jeder Inspektor selbstständig aufgrund seiner eigenen Wahrnehmungen prüfen, die Informationen Dritter haben nur eine Anstoßfunktion. Auch wenn aus Anlass fehlerhafter Informationen tatsächlich ein Mangel an Bord festgestellt wird und deswegen eine Festhaltung verfügt wird, hat das keine Konsequenzen für die Rechtmäßigkeit dieser Verwaltungsentscheidung. Das bedeutet im Ergebnis, dass die fehlerhafte Informationsverwertung nicht gerichtlich erfolgreich angegriffen werden kann.

c) Rechtserhebliche Maßnahmen überstaatlicher Instanzen

Belastende Maßnahmen überstaatlicher Instanzen können aus rechtlichen Gründen nicht unmittelbar gerichtlich angegriffen werden. Das Ob des Rechtsschutzes leidet bekanntlich, wenn die Immunität von internationalen Organisationen eine Kontrolle fremder Hoheitsakte durch nationale Gerichte ausschließt[89]. Das Seeverwaltungsrecht zeigt, dass es auch weitere Konstellationen eines solchen Kontrollverlustes gibt. Im Rahmen der Hafenstaatkontrolle werden die Namen auffällig gewordener Schiffe und der dahinterstehenden Unternehmen auf der Webseite der jeweiligen

---

[87] Ebenda, S. 385.

[88] Für den Europäischen Verwaltungsverbund *Hofmann*, Rechtsschutz und Haftung, S. 242 ff., 249.

[89] Siehe nur *Gottwald*, in: Nagel/Gottwald, Internationales Zivilprozessrecht, § 2 III. 2.

MoUs veröffentlicht (Annex Ziffer 1) und mit Bildern und Videos ergänzt[90]. Die PSC MoUs haben aber keine eigene Rechtspersönlichkeit[91] und können daher nicht verklagt werden, wenn sich der Betroffene zu Unrecht an den Pranger gestellt fühlt.

Gerichtlich kann nur indirekt und mit ungewissen Erfolgschancen gegen das maritime Naming and Shaming vorgegangen werden. Zu denken ist zunächst an einen Unterlassungsanspruch – gerichtet auf ein Verbot der Weitergabe der Information – gegen die Behörde, die die zu veröffentlichende Maßnahme angeordnet hat, einzuklagen vor den Gerichten des jeweiligen Staats. Wenn die Informationsweitergabe allerdings schon vollzogen wurde und das Sekretariat des MoUs die Information schon veröffentlicht hat – was regelmäßig der Fall sein wird, da die Informationen täglich in die Datenbank eingefügt und monatlich veröffentlicht werden –, stellt sich allerdings die Frage, ob erfolgreich ein Löschungsanspruch gegenüber der die Maßnahme anordnenden Behörde durchgesetzt werden kann. Das setzt nämlich voraus, dass die Behörde das Sekretariat anweisen kann, die Anprangerung rückgängig zu machen. Ein solches Weisungsrecht ist im MoU nicht explizit niedergelegt. Einerseits heißt es in Ziffer 5.2, dass das Sekretariat die Veröffentlichungen im Auftrag der Mitglieder vornimmt, was ein Weisungsrecht impliziert, andererseits untersteht das Sekretariat nach Ziffer 7.5 Nr. 2 mit Annex 4 bei all seinen Aufgaben und explizit auch bei seiner informatorischen Tätigkeit dem MoU-Komitee. Für ein Weisungsrecht ließe sich aber anführen, dass nach dem MoU-Verständnis die Informationshoheit auf nationaler Ebene liegt. Allerdings baut das Naming and Shaming zwar auf der gemeinsamen Datenbank auf, stellt aber eine eigenständige Maßnahme dar, die nach dem MoU in die Zuständigkeit des Sekretariats fällt, weswegen aus der Informationshoheit keine Schlussfolgerungen für die Veröffentlichung gezogen werden können. Lehnt man deswegen ein Weisungsrecht ab, kann der nationale Vertreter, da das Sekretariat jedenfalls unter der Aufsicht des MoU-Komitees steht, nur darauf hinwirken, dass die Anprangerung rückgängig gemacht wird. Darauf müsste dann auch ein gerichtliches Rechtsschutzgesuch gerichtet sein. Damit ist der Gerichtsschutz des Unternehmens bei einer vollzogenen Informationsweitergabe im Vergleich zum innerstaatlichen[92] Naming and Shaming erheblich geschmälert.

3. Fazit: Mehr als Immunitätsfragen

Lücken in der justizförmigen Kontrolle der internationalen Verwaltung sind nicht nur flächendeckend zu finden[93], sondern auch vielgestaltig. Es sind nicht ausschließlich die bekannten Konstellationen betroffen, in denen eine internationale Instanz auf die Rechtssphäre des Einzelnen zugreift und weder durch nationale noch in-

[90] Siehe oben 4. Kapitel, II. 2. e.

[91] Siehe oben 3. Kapitel, IV. 3.

[92] Zu § 40 Ia LFGB BVerfG, NJW 2018, S. 2109; VGH BW, NVwZ 2013, S. 1022 ff.; aus Österreich zum Naming and Shaming im Finanzmarktrecht BVwG Wien, VersR 2020, S. 811 ff.

[93] *Ruffert*, in: Möllers/Voßkuhle/Walter, Internationales Verwaltungsrecht, S. 395, 409.

ternationale Gerichte belangt werden kann[94]; man denke an die Targeted Sanctions des UN-Sicherheitsrates sowie die UN-Territorialverwaltung[95]. Hierbei handelt es sich um besonders weitreichende, aber seltene Fälle von Hemmnissen für den gerichtlichen Rechtsschutz, da die Durchsetzung internationaler Vorgaben nur selten überstaatlichen Instanzen obliegt. Damit zusammenhängend und als weitere Charakteristika der Rechtsschutzherausforderungen im Seeverwaltungsrecht lässt sich erstens ausmachen, dass sowohl das Ob als auch das Wie der Gerichtskontrolle eingeschränkt sind, und fällt zweitens auf, dass neben rechtlichen Hürden vielfach faktische Umstände die Betroffenen davon abhalten können, ihre Rechte wirksam vor Gericht geltend zu machen.

II. Unzulänglichkeit der Gerichtsperspektive: eine rechtsdogmatische Analyse

Auch eine rechtsdogmatische Analyse untermauert, dass die enge Verbindung zwischen materiellem Interesse und gerichtlicher Durchsetzung (1.), die der Gerichtsperspektive zugrunde liegt, zweifelhaft ist (2.).

1. Klagbarkeit als Kennzeichen subjektiver Rechte

Die Vorstellung, dass Rechte klagbar sein müssen, stammt aus dem römischen Obligationenrecht, das nur für ganz bestimmte Verträge die Klage zuließ. Hier kam es somit auf die vom Praetor verliehene Actio an, während der materiell-rechtliche Anspruch unterentwickelt war[96]. Das im Ius Commune vorherrschende Aktionendenken gilt zwar als überwunden[97], aber das Klagbarkeitsdenken besteht im deutschen Öffentlichen Recht fort[98]. Das zeigt sich bereits auf der terminologischen Ebene, denn die Probleme öffentlich-rechtlicher Drittrechte werden unter Stichworten wie „Konkurrentenklage", „Drittklage" oder „Nachbarklage" behandelt. Traditionell schwingt ferner in der Definition des subjektiv-öffentlichen Rechts die Klagbarkeit mit. Nach der von *Georg Jellinek*[99] und *Ottmar Bühler*[100] begründeten

[94] Zu diesen *Janik*, Bindung an Menschenrechtsstandards; zum Sanktionsregime des Sicherheitsrates *Feinäugle*, Hoheitsgewalt im Völkerrecht; primär auf diese abstellend aber *v. Arnauld*, JöR 59 (2011), S. 497, 506 f., 508.

[95] *Frowein*, in: Trute/Groß/Röhl/Möllers, Allgemeines Verwaltungsrecht, S. 333, 334 ff.

[96] *Kaufmann*, JZ 1964, S. 482 ff. Ähnlich verhielt es sich im mittelalterlichen England; die Durchsetzung eines Anspruchs setzte die Existenz einer entsprechenden Klageform, der Writ, voraus, *Blumenwitz*, Einführung in das anglo-amerikanische Recht, S. 13 f.

[97] *Schnapp*, Das subjektive Recht im Prozess der Rechtsgewinnung, S. 69 ff.

[98] *Ruffert*, DVBl 1998, S. 69, 73. Auch im Common Law ist die Frage nach individuellen Rechten noch immer eng mit der Frage nach Rechtsmitteln verknüpft, *Fordham*, Judicial Review Handbook, S. 43, 141 ff., 604 ff.

[99] *Jellinek*, System der subjektiven öffentlichen Rechte.

[100] *Bühler*, Die subjektiven öffentlichen Rechte und ihr Schutz in der Verwaltungsrechtsprechung.

und v.a. von *Otto Bachof*[101] weiterentwickelten herrschenden Auffassung meint das subjektiv-öffentliche Recht die dem Einzelnen durch das objektive Recht eingeräumte „Willensmacht" oder „Rechtsmacht", mit Hilfe der Rechtsordnung eigene Interessen zu verfolgen. Neben das materielle Element des Interesses tritt danach ein formales Element, das die Durchsetzbarkeitsfrage in den Begriff des subjektiv-öffentlichen Rechts integriert. Unter diesem Blickwinkel rückte es in eine enge Beziehung zur Klagbarkeit, die im Einzelnen aber unklar bleibt[102]. Die Probleme um das subjektiv-öffentliche Recht werden in diesem Sinne im Kern unter prozessualen Vorzeichen erörtert[103].

Die Engführung des subjektiv-öffentlichen Rechts auf klagbare Rechte im deutschen Öffentlichen Recht ist darauf zurückzuführen, dass man sich bei der Grundlegung der Lehre vom subjektiv-öffentlichen Recht im 19. Jahrhundert am Privatrecht orientierte[104]. Dem zivilrechtlichen subjektiven Recht liegt die Kombinationstheorie zugrunde[105]. *Rudolf von Jhering* unterscheidet zwei Merkmale: ein „substanzielles, in dem der praktische Zweck desselben liegt, nämlich der Nutzen, Vorteil, Gewinn [...] und ein formales, welches sich zu jenem Zweck bloß als Mittel verhält, nämlich der Rechtsschutz, die Klage"[106]. Danach ist der Rechtsschutz als die „schützende Schale des Rechts"[107] eng mit diesem verwoben.

2. Trennung von materiellem Interesse und Klagbarkeit

Die „Rechtsmacht" bzw. „Willensmacht" als Kriterium des subjektiv-öffentlichen Rechts hat in Deutschland infolge der Geltung der verwaltungsprozessualen Generalklausel und des Grundgesetzes, das in Art. 19 IV Rechtsschutz garantiert, seine Bedeutung verloren. Dieses Kriterium wird heute nicht mehr eigens geprüft und nachgewiesen. Ein Teil der Lehre will aus diesem tatsächlichen Bedeutungsverlust dogmatische Konsequenzen ziehen und nimmt es aus dem Begriff des subjektiv-öffentlichen Rechts ganz heraus[108]. Für den überstaatlichen Bereich zeigen sich ähnliche Tendenzen. Dass eine „Entkoppelung von materiellem Recht und prozessualer Durchsetzbarkeit" auch im Völkerrecht notwendig ist, wurde für die Konzeption einer Völkerrechtspersönlichkeit des Individuums aufgezeigt[109]. Auch

---

[101] *Bachof*, in: GS Jellinek, S. 287, 294 ff.

[102] Bei *Georg Jellinek* heißt es einerseits, dass die „richterliche Zuerkennung eines Rechtsmittels nicht das absolute Kriterium für das Dasein eines individuellen Anspruchs" bilde (*ders.*, System der subjektiven öffentlichen Rechte, S. 96); an anderer Stelle führt er aber aus, dass „niemals [...] ein durch Rechtsmittel zu verfolgender Anspruch blos Rechtsreflex sein" könne (ebenda, S. 100).

[103] *Wahl*, DVBl 1996, S. 641.

[104] Rechtshistorisch *Bauer*, Geschichtliche Grundlagen der Lehre vom subjektiven öffentlichen Recht, S. 73 ff.

[105] *Neuner*, Allgemeiner Teil des Bürgerlichen Rechts, § 20 Rn. 6.

[106] *V. Jhering*, Der Geist des römischen Rechts, Band III, § 60, S. 339 f.

[107] *V. Jhering*, Der Geist des römischen Rechts, Band III, § 60, S. 339 f.

[108] *Scherzberg*, DVBl 1989, S. 129, 132.

[109] *Peters*, ZÖR 2011, S. 411, v. a. 425 ff.; *dies.*, Jenseits der Menschenrechte, S. 40 ff.

der EuGH differenziert im Ausgangspunkt zwischen Recht und Rechtsbehelf[110]. Eine endgültige Absage tragen rechtssystematische Erwägungen. So wird heute bei Grundrechtsverbürgungen und Menschenrechtspakten zwischen materiellen Gewährleistungen (Recht) einerseits und prozeduralen Gewährleistungen (Rechtsschutz) andererseits unterschieden.

Die dogmatische Trennung der zwei Komponenten marginalisiert die Rechtsschutzfrage auch nicht. Im Gegenteil: Auf diese Weise kann sie gezielter angegangen werden. Denn sie macht den Blick für anderweitige Antworten auf die Rechtsschutzfrage frei, die die Gerichtsperspektive versperrt. Denn sobald das Gerichtsschutzniveau zweifelhaft wird, fördert die überkommene Perspektive ein Verlustdenken, das eine Entwicklung von einem nationalstaatlichen Rechtsschutzparadies hin zu einem Rechtsschutzvakuum im internationalen Verwaltungsrecht beklagt, aber keine Alternativen liefert.

III. Pluralisierung der Rechtsschutzmechanismen

Die Unzulänglichkeit des Gerichtsschutzes vor nationalen und internationalen Gerichten hat Konsequenzen für Rechtsschutzmechanismen. Denn als Antwort pluralisieren sich diese insofern, als der gerichtliche Rechtsschutz nur eines von mehreren Elementen im Rechtsschutzsystem darstellt und somit nicht mehr im Zentrum desselben steht. Heterogene außergerichtliche Streitbeilegungsmechanismen gewährleisten vielmehr den Basisrechtsschutz (1.), der durch eigenständige Verfahrensarrangements ergänzt wird (2.). Pluralisierung von Rechtsschutz im internationalen Kontext soll hier demnach als Ausdifferenzierung von Rechtsschutzformen verstanden werden und nicht als Nebeneinander der Gerichte verschiedener Hoheitsträger[111].

1. Basisrechtsschutz durch außergerichtliche Streitbeilegungsmechanismen

Die Durchsetzung von Rechtspositionen erfolgt im Seeverwaltungsrecht regelmäßig durch Rechtsschutzformen ohne Beteiligung staatlicher Gerichte (a). Ein Blick auf solche Streitbeilegungsmechanismen auch im nicht-maritimen internationalen Verwaltungsrecht soll zeigen, dass es für sie typisch ist, dass sie kontextabhängig ausgestaltet und daher äußerst heterogen sind (b). Die Pluralisierung von Rechtsschutzformen im internationalen Verwaltungsrecht macht sich somit auch intern, d.h. bei der Ausformung der einzelnen Mechanismen bemerkbar. Schließlich soll ein Blick auf die rechtssoziologische und -ethnologische Forschung ver-

[110] *Ruffert*, DVBl 1998, S. 69, 73f. m.w.N.; wobei aber betont wird, dass jeder materiellen Rechtsposition des Europarechts auch ein Verfahren zu ihrer Durchsetzung entsprechen muss, dazu *M. Reiling*, Zu individuellen Rechten im deutschen und im Gemeinschaftsrecht, S. 304f.

[111] Zu diesem Verständnis (Rechtsschutz ist vor dem Gericht des jeweiligen Hoheitsträgers zu gewähren) *Classen*, VerwArch 96 (2005), S. 464, 483f.

deutlichen, dass nicht-gerichtliche Konfliktbehandlungsformen typisch für Konstellationen ohne zentrale Hoheitsgewalt wie im internationalen Verwaltungsrecht sind (c).

a) Maritime Erscheinungsformen

Im Seeverwaltungsrecht sind das Detention Review Panel (aa) und die vermittelnde Rolle internationaler Verbände (bb) bedeutsame Streitbeilegungsmechanismen.

aa) Detention Review Panel als verwaltungsinterner Rechtsschutz

Die PSC MoUs als transnationale Behördennetzwerke haben zusätzlich zu nationalen Rechtsschutzoptionen[112] ein internationales Rechtsschutzverfahren verwaltungsinterner Natur eingerichtet, das vor einem Detention Review Panel stattfindet. Dieses befasst sich, wie der Name besagt, mit Festhalteanordnungen von Inspekteuren. Vorreiter war das Paris MoU, wo es als Reaktion auf das Ranking von Flaggenstaaten etabliert wurde. Seine Funktion war demnach im Ausgangspunkt der Schutz der Flaggenstaaten und nicht Privater. Gleichwohl ist mittlerweile anerkannt, dass er auch Wirkungen zu Gunsten der maritimen Industrie entfaltet.

Auch die Ausgestaltung des Verfahrens zeigt, dass es sowohl zwischenstaatliche als auch individualschützende Elemente enthält: Eingeleitet wird es durch eine Beschwerde des Schiffseigners bzw. -betreibers an seinen Flaggenstaat bzw. dessen RO, die das Schiffszertifikat ausgestellt hat, sofern sie vom Flaggenstaat dazu ermächtigt wurde. Er bzw. sie wendet sich dann an die Hafenstaatbehörde, deren Maßnahme angegriffen wurde. Sowohl bei einer Einigung als auch beim Fortbestehen des Konflikts wird das Sekretariat des MoUs informiert. Kommt es hingegen nicht zu einer Einigung, dann muss die Vorlage mit Begründung an das Sekretariat des MoU innerhalb einer Frist von 120 Tagen nach der Schiffsfreigabe erfolgen. Das Sekretariat prüft zunächst, ob die formellen Zulässigkeitsvoraussetzungen gegeben sind, und richtet in diesem Fall das Panel ad hoc ein, das neben ihm aus vier MoU-Mitgliedern besteht und somit insgesamt fünf Mitglieder umfasst. Das Sekretariat fragt dazu bei den MoU-Mitgliedern nach, ob sie bereit sind, am Verfahren teilzunehmen; zudem prüft es Interessenkonflikte auf Seiten der Mitglieder, weswegen die MoU-Mitglieder, die die angegriffene Maßnahme erlassen haben, bei der Besetzung ausgeschlossen sind. Für Deutschland etwa wäre der Leiter der BG Verkehr Mitglied, der sich zudem intern mit den Mitarbeitern seiner Behörde abstimmt. Das Panel entscheidet nach dem Mehrheitsprinzip in der Sache innerhalb von 30 Tagen über das Festhalten auf der Basis der vorgetragenen Informationen, d. h. das Verfahren sieht keine Amtsermittlung vor; zu den Informationsgrundlagen gehören neben den Ansichten von Antragsteller und -gegner die offiziellen PSC-Dokumente, die Korrespondenz zwischen den von der Maßnahme Betroffenen bzw. an ihr Beteiligten sowie zusätzliche unterstützende Informationen wie Fotos. Sein Maßstab sind

[112] Zur Pflicht, solche bereitzustellen, siehe Ziffer 3.12 Paris MoU.

internationale Vorgaben und das MoU. Sofern es um die fachmännische Einschätzung des Inspektors geht, die insbesondere bei der Auswahl der Maßnahmen zugebilligt wird, übt das Panel seine Kontrolle nach eigenen Aussagen zurückhaltend aus und prüft, ob die Maßnahme in der gegebenen Situation adäquat war. Eine Verhandlung gibt es nicht, sondern das Verfahren erfolgt schriftlich und anonym, d.h. die Panel-Mitglieder tauschen sich nicht untereinander aus und kennen auch die Voten der anderen nicht. Die abschließende Entscheidung ist nicht bindend; wird ein Verstoß festgestellt, wird der verantwortlichen Behörde nahegelegt, die Eintragung in der gemeinsamen Datenbank zu korrigieren und davon das Sekretariat und den Datenbankmanager zu informieren, so dass Folgefehler im Informationssystem des MoUs beseitigt werden können.

Das Detention Review Panel ist insofern ein nachgelagerter Rechtsschutzmechanismus, als das Verfahren erst im Anschluss an die Schiffsfreigabe statthaft ist. Eine Entschädigung kann im Verfahren nicht zugesprochen werden. Sein Potential liegt jedoch darin, die informatorischen Grundlagen der Inspektionen in den regionalen Behördennetzwerken zu korrigieren. Der Schiffseigner bzw. -betreiber kann sich durch dieses Verfahren im Ergebnis gegen das gemeinsame Informationshandeln im MoU wehren. So kann er insbesondere erreichen, dass ein fehlerhafter Vorfall nicht in die interne MoU-Statistik einfließt und somit verhindern, dass sein Schiff bzw. seine Schiffe von der Hafenstaatkontrolle stringenter und häufiger inspiziert werden. Dass das Verfahren von der Praxis akzeptiert wird, untermauern die Verfahrenszahlen. Beim Paris MoU werden zwischen zwei bis neun Verfahren im Jahr initiiert, der Durchschnitt liegt zwischen drei und vier; zum Vergleich: Im Jahr 2020 gab es insgesamt 369 Festhalteanordnungen im Paris MoU-Gebiet[113].

bb) Verbände als Streitschlichter

Auch internationale Unternehmensverbände haben eigene Beschwerdeverfahren geschaffen. Zunächst bieten sie die Möglichkeit, Mängel bei der Hafenstaatkontrolle sowie bei privaten Inspektionen anonym zu melden, und sprechen dann die inspizierende Gegenseite auf diese Vorfälle an und wirken auf eine Problemlösung hin. Bei INTERTANKO, dem internationalen Verband der Tankereigner, heißt dieser Mechanismus Vessel & PSC Inspection Feedback-System[114]. Dazu werden elektronisch Fragebögen zur Verfügung gestellt[115], die auf den Verhaltenskodizes der IMO bzw. der Verbände der Öl- und Chemieindustrie (OCIMF, CDI) für Inspektionen beruhen, aber auch Raum für individuelle Kommentare zu Vorfällen bei der Inspektion im Hafen lassen. Diese Fragebögen können auch von den Kapitänen

---

[113] Siehe Paris MoU, Annual Report 2020, S. 16. Die Zahl ist indes COVID 19-bedingt. Im Vorjahr betrug die Zahl 531, ebenda.

[114] Siehe https://www.intertanko.com/benchmarking-databases/benchmarkingdatabasetool/8 (zuletzt abgerufen: 21.03.2023).

[115] Der Vessel Inspection Feedback Questionnaire für private Inspektionen und der PSC Feedback Questionnaire für die Hafenstaatkontrolle.

online ausgefüllt und sofort hochgeladen werden. Der Unterschied zum Detention Review Panel ist zum einen der erweiterte Angriffsgegenstand. Der erste Mechanismus adressiert ausschließlich die Rechtsschutzprobleme durch transnationale Behördennetzwerke, der zweite widmet sich allgemein Inspektionsmängeln. Zum anderen ist der Maßstab beim Feedback-System auf die Sicherung eines prozeduralen Mindeststandards bei Inspektionen konzentriert und bietet damit etwa Handhabe gegen willkürliches Gebaren der Inspekteure.

Es geht aber nicht nur um Selbstschutz der Eignerseite. Daneben eröffnen die Verbände der Öl- und Chemieindustrie Eignern die Möglichkeit, Beschwerde gegen Vetting-Inspektionen ihrer Mitglieder einzulegen, die dann durch maritime Praktiker untersucht wird. Auch bei diesem Beschwerdemechanismus steht das Verfahren im Vordergrund. Das Motivated Reason Scheme des CDI[116] bedeutet, dass Unternehmen sich gegen missbräuchliche Inspektionsgebühren beim Vetting zur Wehr setzen können. Wenn das CDI die Beschwerde für begründet hält, nominiert es einen anderen Inspektor zu einem fairen Preis. Bei durch das CDI akkreditierten Inspektoren können Beschwerden gegen das Verhalten von Inspekteuren vor dem CDI Accreditation Committee erhoben werden, die zur Suspendierung eines Inspektors oder der Rücknahme seiner Akkreditierung führen können[117].

b) Außergerichtliche Streitbeilegungsmechanismen als maßgeschneiderter Rechtsschutz

Solche Mechanismen finden sich nicht nur im Seeverwaltungsrecht, sie wurden unter dem Stichwort der „menschenrechtlichen Selbstregulierung“[118] bislang allerdings primär für Beeinträchtigungen Privater seitens internationaler Organisationen untersucht. Die zu Quasi-Gerichten gewordenen sog. internationalen Verwaltungsgerichte sind dabei keinesfalls die Regel[119]. Die nachfolgende Skizze der prominentesten Erscheinungsformen verdeutlicht vielmehr ihre Heterogenität[120], die ihre

[116] CDI, Newsletter 1/2013.

[117] Zur Funktionsweise Riviera Newsletters, Tanker Industry still seeks Clarity on Vetting.

[118] *Janik*, Bindung an Menschenrechtsstandards, S. 203 ff.

[119] Streitbeilegungsmechanismen mit dem Charakter von Gerichten gibt es traditionell im öffentlichen Dienstrecht internationaler Organisationen, denn diese haben schon früh Dienstgerichte als internationale Verwaltungsgerichte (International Administrative Tribunals) eingerichtet, bei denen unabhängige Persönlichkeiten über Beschwerden von Dienstnehmern der Organisation entscheiden. Als erster gerichtlicher Spruchkörper dieser Art gilt das 1927 vom Völkerbund geschaffene League of Nations Administrative Tribunal. Mittlerweile haben viele internationalen Organisationen ihre eigenen Verwaltungsgerichte, zum Ganzen *Riddell*, Administrative Boards, Commissions and Tribunals in International Organizations, in: MPEPIL, Dezember 2020. Zudem wurde auch das Sanction Board der Weltbankgruppe, das Rechtsschutz im internationalen Vergaberecht garantiert, zu einem solchen internationalen Verwaltungsgericht ausgebaut, siehe https://www.worldbank.org/en/about/unit/sanctions-system (zuletzt abgerufen: 21.03.2023). Zum Hintergrund dieses Rechtsschutzmechanismus *Stegmann*, Unternehmenssanktionen durch die Weltbank.

[120] Zu dieser *Boisson de Chazournes/Fromageau*, European Journal of International Law 23 (2012), S. 963, 965 f.; ILA, Accountability of International Organisations, S. 46; siehe die Übersichten bei *de Wet*, German Yearbook of International Law 9 (2008), S. 1987, 1999 f.; Klassifikations-

sachliche Rechtfertigung in der Diversität der Gefährdungssituationen findet[121]. Mehr als beim Gerichtsschutz, der im Ausgangspunkt einem One Size Fits All-Modell folgt, sind für sie maßgeschneiderte Mechanismen prägend[122], d. h. solche, die auf dem jeweiligen Kontext aufbauen, zu dem auch die Stellung des Betroffenen und das jeweilige Rechtsschutzbegehren zählen[123]. Es lassen sich daher allenfalls Grundmodelle ausmachen.

Die wohl bekannteste und im Anforderungsprofil noch am klarsten definierte Erscheinungsform bildet der Ombudsmann[124]. Diese unabhängige Stelle[125] untersucht auf Beschwerde betroffener Personen, aber auch auf eigene Initiative die Rechtmäßigkeit und Fairness des Verwaltungshandelns[126], wird zunehmend aber mit zusätzlichen Aufgaben versehen[127]. Im Unterschied zu Mediatoren und Schiedsstellen hat der Ombudsmann weitreichende Untersuchungsrechte und verfügt über weiche Entscheidungsbefugnisse[128]. Diese ursprünglich aus dem skandinavischen Bereich stammende Figur findet sich inzwischen auch auf der unionsrechtlichen Ebene[129] und gilt zudem als Institution des internationalen Verwaltungsrechts[130]. Von internationalen Organisationen wurden sie zunächst ausschließlich für interne dienstrechtliche Angelegenheiten eingesetzt[131]; mittlerweile finden sich aber auch Erscheinungsformen, die Externen offenstehen[132].

Daneben sind verschiedene Panel-Modelle[133] zu finden, die allerdings keine klaren Charakteristika aufweisen und zu denen man dem Namen nach auch das maritime Detention Review Panel zählen kann. Seinen Ursprung hat das Modell im

---

versuche finden sich bei *Sands/Klein*, Bowett's Law of International Institutions, S. 341 ff.; *Schmalenbach*, in: Klabbers/Wahlendahl, Research Handbook on the Law of International Organizations, S. 251; *Schmitt*, Access to Justice and International Organizations, S. 131 ff.

[121] *Wellens*, Remedies against International Organizations, S. 170.

[122] ILA, Accountability of International Organisations, S. 46.

[123] *Wellens*, Remedies against International Organizations, S. 177 ff.

[124] Siehe die klassische Definition der International Bar Association von 1974 nach *Caiden/MacDermot/Sandler*, in: Caiden, International Handbook of the Ombudsman, Band I, S. 3, 12.

[125] Im nationalen Kontext wird diese durch eine parlamentarische Bestellung gesichert *Kuksco-Stadelmayer*, Europäische Ombudsman-Institutionen, S. 5.

[126] Zum Maßstab *Kuksco-Stadelmayer*, Europäische Ombudsman-Institutionen, S. 33 f.

[127] Zu diesem sog. hybriden Ombudsmann im Unterschied zum klassischen Ombudsmann mit einem allgemeinen Mandat *Reif*, The Ombudsman, S. 21.

[128] *Haas*, Der Ombudsmann als Institution des Europäischen Verwaltungsrechts, S. 120 f.

[129] Der Europäische Bürgerbeauftragte untersucht „Missstände bei der Tätigkeit der Organe, Einrichtungen oder sonstigen Stellen der Union, mit Ausnahme des Gerichtshofs der Europäischen Union in Ausübung seiner Rechtsprechungsbefugnisse" und erstattet darüber Bericht, Art. 228 AEUV.

[130] *Erkkilä*, Ombudsman as a Global Institution, S. 3.

[131] *Reif*, The Ombudsman, S. 336 ff.

[132] So wurde das Listing-Verfahren der UN zur Terrorismusbekämpfung 2009 durch einen Ombudsmann flankiert, der die Betroffenen bei ihrem Antrag auf Streichung von der Liste auch vor dem Sanktionsausschuss vertritt, dazu *Janik*, Bindung an Menschenrechtsstandards, S. 246 ff. m. w. N.

[133] Zu dieser Option *Sands/Klein*, Bowett's Law of International Institutions, S. 434 ff.; *Fassbender*, International Organisations Law Review 3 (2006), S. 437, 479.

internationalen Entwicklungsverwaltungsrecht[134]. Die Weltbank hat 1993 ein dreiköpfiges, durch ein permanentes Sekretariat unterstütztes Inspection Panel[135] eingerichtet[136], das von Gruppen von mindestens zwei Personen oder ihren Repräsentanten angerufen werden kann, die sich von der Weltbank finanzierten Projekten in ihren materiellen Rechten oder Interessen negativ betroffen sehen[137]. Meistens werden lokale NGOs aktiv[138]. Beschwerden betreffen etwa Zwangsumsiedlungen oder die Belange indigener Völker und damit komplexe soziale und ökologische Angelegenheiten. Das Panel untersucht die Beschwerden dahingehend, ob die Weltbank ihre eigenen Politiken und Verfahren eingehalten hat[139], und leitet seine Befunde mit der Empfehlung, ob die Sache eingehend untersucht werden soll oder nicht, abschließend an das Board of Executive Directors der Weltbank weiter[140].

c) Soziologische und ethnologische Betrachtung

In der Rechtssoziologie werden die beiden Modelle der gerichtlichen und der nicht-gerichtlichen Streitbeilegung verschiedenen, sich evolutionär herausgebildeten Stufen der gesellschaftlichen Entwicklung zugeordnet. Wie das zuerst genannte Modell stellvertretend für moderne Gesellschaften steht, so prägt die nicht-gerichtliche Streitbeilegung den archaischen Zustand der Gesellschaft[141]. Die Struktur solcher sog. primitiven Gesellschaften wird auch als segmentäre Differenzierung in Familien, Clans und Stämme im Unterschied zur für moderne Gesellschaften prägenden funktionalen Differenzierung in Teilsysteme bezeichnet; in der Ethnologie ist auch von akephal die Rede[142]. Mit segmentär und akephal ist gemeint, dass eine zentrale Instanz fehlt, die eine Streitschlichtung bewirkt. Andere Antonyme für die beiden gesellschaftlichen Organisationsprinzipien sind staatlich und nicht-staatlich oder hierarchisch und horizontal[143].

Diese Beschreibung lässt sich nicht direkt auf das Seeverwaltungsrecht übertragen, denn dieses ist nicht durch die Abwesenheit eines staatlichen Durchsetzungs-

---

[134] *Dann*, AVR 44 (2006), S. 384, 389.

[135] Siehe https://www.inspectionpanel.org (zuletzt abgerufen: 21.03.2023). Aus der umfangreichen Literatur siehe nur *Wong*, Inspection Panel: Worldbank, in: MPEPIL, Mai 2019; *Orakhelashvili*, International Organizations Law Review 2 (2005), S. 57 ff.

[136] IBRD, The World Bank Inspection Panel, Res. No. IBRD 2020.004 und No. IDA 2020.0003, 8.9.2020, para. 3.

[137] IBRD, The World Bank Inspection Panel, Res. No. IBRD 2020.004 und No. IDA 2020.0003, 8.9.2020, para. 13.

[138] *Wouters/Ryngaert*, in: Curtin/Wessel, Good Governance and the European Union, S. 69, 83, 84.

[139] Maßnahmen des Empfängerstaats können vom Panel zwar nicht bewertet werden, sind indirekt aber gleichwohl Gegenstand des Verfahrens. Zu diesem Konfliktpunkt *Sands/Klein*, Bowett's Law of International Institutions, S. 435 f.

[140] IBRD, The World Bank Inspection Panel, Res. No. IBRD 2020.004 und No. IDA 2020.0003, 8.9.2020, paras. 22–29.

[141] *Luhmann*, Rechtssoziologie, S. 158.

[142] *Sigrist*, Regulierte Anarchie, S. 30.

[143] *Holtwick-Mainzer*, Der übermächtige Dritte, S. 20 m. w. N.

und Zwangsapparats geprägt. Aber in einem weiteren Sinne zeichnen akephale Zustände auch das internationale Verwaltungsrecht aus, nämlich insofern, als es an einem hierarchischen Überbau fehlt, an den Gerichtskontrolle gewöhnlich anknüpft, so dass andere Formen der Konfliktlösung bemüht werden müssen. Der Zusammenhang zwischen einem akephalen Organisationsprinzip und der Bedeutung nicht-gerichtlicher Streitbeilegung kann daher auch zur Beschreibung des Rechtsschutzes im internationalen Verwaltungsrecht herangezogen werden.

2. *Ergänzender Schutz durch Verwaltungsverfahren*

Da individuelle Streitbeilegungsmechanismen allein nicht genügen, um materielle Interessen zu schützen, müssen gesonderte Verwaltungsverfahrensformen eingreifen. Anhand von zwei Beispielen aus dem Seeverwaltungsrecht soll diese Ergänzungsaufgabe verdeutlicht werden:

- Bei den strukturellen Problemen der Konglomeratsverwaltung wie der Inkohärenz der Inspektionen sowie der Korruption im Hafen[144] sind Gerichtsschutz, aber auch die alternative Streitbeilegung allein nicht weiterführend, weil sie den Einzelfall zum Gegenstand haben. Zielgerichteter wirken die Kohärenzsicherung[145], die für Inspektionen durch internationale Verbände forciert wird[146], sowie die unternehmensseitige Korruptionsprävention[147], da beide Ursachen bekämpfen.
- Was die Unvorhersehbarkeit des Verwaltungshandelns infolge der Intransparenz der Seeverwaltung anbelangt[148], so wirkt das Paris MoU auch hier vorbildlich, indem es den Schiffseignern und -betreibern durch die Offenlegung ihrer Risikoprofile Rechtssicherheit vermittelt. Ein Ship Risk Calculator und ein Company Performance Calculator auf der Webseite des MoUs ermöglichen es diesen, sich auf eine einfache Weise über ihre aktuelle Risikoeinstufung und damit die Wahrscheinlichkeit von Auseinandersetzungen mit der Hafenstaatkontrolle zu informieren[149].

Die auch rechtsschützende Rolle des Verwaltungsverfahrens ist im innerstaatlichen Kontext unter dem Begriff des „funktionalen Zusammenhangs von Verwaltungsverfahren und verwaltungsgerichtlichem Rechtsschutz" bekannt[150]. Die Vorwirkungen der Garantie gerichtlichen Rechtsschutzes auf die Ausgestaltung des Ver-

---

[144] Siehe oben 6. Kapitel, A. I. 2. a. aa.
[145] Siehe unten 7. Kapitel, C.
[146] Siehe unten 6. Kapitel, B. II.
[147] Siehe unten 7. Kapitel, B. II. 3.
[148] Siehe oben 6. Kapitel, A. I. 2. b.
[149] Siehe https://www.parismou.org/inspections-risk/ship-risk-profile/ship-risk-calculator (zuletzt abgerufen: 21.03.2023) und https://www.parismou.org/inspections-risk/ship-risk-profile/company-performance-calculator (zuletzt abgerufen: 21.03.2020).
[150] *Schwarze*, Der funktionale Zusammenhang von Verwaltungsverfahrensrecht und verwaltungsgerichtlichem Rechtsschutz; *Schoch*, in: GVwR III, § 50 Rn. 345 ff.

waltungsverfahrens, etwa durch Dokumentations- und Begründungspflichten der Verwaltung, oder eine Kompensation einer zurückgenommenen Gerichtskontrolle durch das Verwaltungsverfahren fallen darunter. Diese Rollenverteilung wird oftmals justizakzessorisch verstanden[151]. Bei den hier vorgestellten Verwaltungsverfahren geht es hingegen um von Streitschlichtungsverfahren unabhängige ergänzende Arrangements.

3. Fazit: Flexibilität von Rechtsschutz

Die Pluralisierung von Rechtsschutzmechanismen im internationalen Verwaltungsrecht zeichnet sich dadurch aus, dass von der internationalen Verwaltung geschaffene außergerichtliche Streitbeilegungsmechanismen einen Basisrechtsschutz zur Verfügung stellen, der durch besondere Verwaltungsverfahren ergänzt wird.

Diese Pluralisierung verdeutlicht in einem zweiten, von der Seeverwaltung abstrahierenden Schritt, dass Verwaltungsrechtsschutz auf die jeweilige Verwaltungssituation zugeschnitten und an diese angepasst werden muss. Im innerstaatlichen Bereich bezieht sich dieser Gedanke einer Flexibilität des Verwaltungsrechtsschutzes in erster Linie auf die Ausgestaltung des Gerichtsschutzes selbst. So wird unter dem Stichwort seiner „Systembeweglichkeit“ eine Fortentwicklung innerhalb des gerichtlichen Verwaltungsrechtsschutzes dergestalt verlangt, dass auch neue administrative Eingriffsmuster prozessual aufgefangen werden müssen[152]. Zunehmend wird aber auch die außergerichtliche Streitbeilegung in die Betrachtung einbezogen[153]. Diese diene nicht nur der Entlastung der staatlichen Verwaltungsgerichtsbarkeit, sondern werde „modernen Ansprüchen an Flexibilität, an Verfahrensgeschwindigkeit und an Spezialisierung“ teilweise besser gerecht[154].

IV. Effektivitätssicherung für außergerichtliche Streitbeilegungsmechanismen

1. Nähe zur Verwaltung als Manko

In dem Maße, in dem außergerichtliche Streitbeilegungsmechanismen zum Basisrechtsschutz werden[155], wird auch ihre Güte von Interesse[156]. Dabei lassen sich Defizite auf zwei Ebenen ausmachen: Zunächst können Streitbeilegungsmechanismen gänzlich fehlen; dies wird in Hinblick auf das außenwirksame Handeln von

[151] Kritisch *Schmidt-Aßmann*, Aufgaben und Perspektiven verwaltungsrechtlicher Forschung, S. 377 f., 322.

[152] *Scholz*, in: VVDStRL 34 (1976), S. 145, 161, 186.

[153] Zu den vorhandenen Techniken und ihrem Optimierungspotential *Kaltenborn*, Streitvermeidung und Streitbeilegung im Verwaltungsrecht; *Schoch*, in: GVwR III, § 50 Rn. 404.

[154] *Stumpf*, Alternative Streitbeilegung im Verwaltungsrecht, S. 1.

[155] Siehe oben 6. Kapitel, A. III. 1.

[156] Für internationale Organisationen ILA, Accountability of International Organisations, S. 46.

internationalen Organisationen bemängelt[157]. Mit ihrem Auf- und Ausbau in den letzten Jahren stellt die größte Herausforderung jedoch ihre Fähigkeit dar, einen effektiven Rechtsschutz zu gewährleisten. Die Heterogenität außergerichtlicher Streitbeilegungsmechanismen[158] wird einerseits spezifischen Bedürfnissen gerecht, andererseits bedeutet sie auch, dass der Rechtsschutz opak ist und im Schutzniveau stark schwankt. Sie sind zwar nicht per se defizitär, aber ihr Hauptmerkmal ist, dass sie im Unterschied zur nationalen Gerichtsbarkeit regelmäßig enger mit der zu kontrollierenden Verwaltung verschmolzen, von dieser determiniert und daher tendenziell interessengeleiteter sind als diese[159]. Auf das Effektivitätsproblem verweist die Skepsis in der Literatur gegenüber von der internationalen Verwaltung selbst geschaffenen Konfliktlösungsangeboten[160]. Sollen außergerichtliche Streitbeilegungsmechanismen nicht bloßes Window Dressing sein, bedarf es damit einer Effektivitätssicherung für diese. Die rechtlichen Fragen, die sich stellen, sind zunächst die nach adäquaten Kriterien als Maßstab für ein Effektivitätsurteil (2.). An die Maßstabsfrage anschließend gilt es, ihre Durchsetzung zu klären (3.).

2. *Effektivitätskriterien*

a) Methodische Herausforderungen

Die Suche nach Effektivitätskriterien für die außergerichtliche Streitbeilegung im internationalen Verwaltungsrecht steht vor methodischen Herausforderungen: Anforderungen, die herkömmlich an die Effektivität von Rechtsschutz gestellt werden, sind auf den Gerichtsschutz zugeschnitten. Ihre unreflektierte Übertragung auf andere Rechtsschutzverfahren droht, deren Berechtigung in Frage zu stellen. Außergerichtliche Streitbeilegung ist zudem maßgeschneiderter Rechtsschutz[161]; darin liegt zugleich seine Stärke. Starre Effektivitätskriterien wären somit kontraproduktiv.

Um Effektivitätskriterien für das internationale Verwaltungsrecht zu generieren, soll methodisch daher in mehrere Richtungen geblickt werden: Zunächst wandert der Blick hinter die Gerichtsbarkeit, um herauszufinden, was deren Erfolg ausmacht (b). Im Anschluss daran werden zivilrechtliche Überlegungen zur Absicherung der Interessenverwirklichung im Rahmen außergerichtlicher Streitbeilegung vorgestellt (c). Spezifisch auf die internationale Verwaltung bezogen ist schließlich eine Analyse, die durch Gerichte und Politikwissenschaft entwickelte Anforderungen an interne Rechtsschutzverfahren von internationalen Organisationen skizziert (d). Im Anschluss an diese Darstellung gilt es, aus dem Material einen Kern an Kriterien

[157] *De Wet*, German Yearbook of International Law 9 (2008), S. 1987, 2010.
[158] Siehe oben 6. Kapitel, A. III. 1. b.
[159] *Craig*, UK, EU and Global Administrative Law, S. 696.
[160] *Frowein*, in: Trute/Groß/Röhl/Möllers, Allgemeines Verwaltungsrecht, S. 333, 342 f.; *Werzer*, Nordic Journal of International Law 2008, S. 105, 139 f.; *Nolte*, in: FS Tomuschat, S. 245, 256 ff.; *Tünde Huber/Rodiles*, Anuario Mexicano de Derecho Internacional 10 (2012), S. 107 ff.
[161] Siehe oben 6. Kapitel, A. III. 1. b.

zu destillieren, der als Mindeststandard dienen soll (e), und diesen auf das Seeverwaltungsrecht anzuwenden (f).

Die Prämisse hinter diesem vergleichenden Ansatz[162] ist, dass Gerichtsschutz dem Erfordernis effektiven Rechtsschutzes in besonderem Maße gerecht wird, die sonstigen Rechtsschutzmechanismen[163] aber kein Aliud dazu sind – wie das oft benutzte Attribut „alternativ" impliziert –, sondern ein Minus[164]. Deswegen dienen Gerichte im Ausgangspunkt als Orientierung auch für die außergerichtliche Streitbeilegung. Der Einbezug der beiden weiteren Dimensionen kann Aufschluss darüber geben, wie eine Herabsetzung der Effektivitätskriterien ausschauen kann. Dadurch soll zugleich verhindert werden, dass durch die Hintertür im Ergebnis doch das Gericht zum alleinigen Maßstab wird.

b) Gerichte als Signum effektiven Rechtsschutzes

aa) Analyse justizieller Rechtsgarantien

Das deutsche[165] Verfassungsrecht hält ein ausdifferenziertes Effektivitätsprofil für den gerichtlichen Rechtsschutz bereit, das sich aus einem Zusammenspiel allgemeiner und besonderer Standards ergibt, die sich teilweise überschneiden[166]. Im Vordergrund steht Art. 19 IV GG, der Effektivitätsanforderungen an das Ob und das Wie des gerichtlichen Rechtsschutzes als Grundrecht formuliert, wenn der Staat dem Bürger in Gestalt der übergeordneten Exekutive entgegentritt[167]. Das Offenstehen des Rechtswegs bedeutet, dass der Zugang nicht in „unzumutbarer, aus Sachgründen nicht mehr zu rechtfertigender Weise erschwert" wird[168]; auch faktische Zugangsbeschränkungen sind aufzufangen[169]. Als Gebot der Rechtsweg-

---

[162] Eine vergleichende Analyse, um Effektivitätskriterien für Streitschlichtungsmechanismen der internationalen Verwaltung zu identifizieren, verfolgen auch – im Vergleichsmaterial aber stark divergierend – *Feinäugle*, Hoheitsgewalt im Völkerrecht, S. 132 f., 225 ff.; *Byrnes*, in: Bayefsky, The UN Human Rights Treaty System in the 21st Century, S. 139, 143 ff.; *Fassbender*, International Organisations Law Review 3 (2006), S. 437, 480 f.

[163] Ethnologen unterscheiden weltweit sechs Grundmodelle der Konfliktbehandlung (*Gulliver*, Negotiations, S. 667). Erfolgt die Konfliktbehandlung dabei unter Einbeziehung eines Dritten spricht man rechtsethnologisch von „adjudication" (ebenda) und in der Konfliktforschung von einem „triadischen" Konfliktmodell (*Bühler*, in: ders., Konflikt und Konfliktstrategien, S. 9, 44 ff.), wobei der Dritte die unterschiedlichen Rollen eines Richters, Schlichters, Mediators oder Moderators einnehmen kann.

[164] Eine solche Bildung von Gegensätzen ablehnend insbesondere die Pionierarbeit von *Shapiro*, Courts, S. 3, 8 ff.; zur Skalenbildung auch *Wendenburg*, Der Schutz der schwächeren Partei in der Mediation, S. 33.

[165] Siehe die Länderberichte zu den nationalen Rechtsschutzgarantien in *Weissbrodt/Wolfrum*, The Right to a Fair Trial.

[166] *Schmidt-Aßmann*, in: Dürig/Herzog/Scholz, GG, 100. EL Januar 2021, Art. 19 IV Rn. 18.

[167] Anders wenn der Staat als Nachfrager ohne wesentlichen Unterschied zu anderen Marktteilnehmern agiert, BVerfGE 116, 135, 149 f.; zur Gegenansicht *Lorenz*, Der Rechtsschutz des Bürgers und die Rechtsweggarantie, S. 91.

[168] BVerfGE 10, 264, 268; E 110, 339, 342.

[169] *Schmidt-Aßmann*, in: Dürig/Herzog/Scholz, GG, 100. EL Januar 2023, Art. 19 IV Rn. 233.

klarheit fordert Art. 19 IV GG weitergehend „die Klarheit und Bestimmtheit von Rechtswegvorschriften im Rahmen dessen, was generell-abstrakter Regelung praktisch möglich ist“[170]. Hinsichtlich der Art und Weise von Rechtsschutz wird die vollständige Nachprüfung der angegriffenen Verwaltungsentscheidung in rechtlicher und tatsächlicher Hinsicht verlangt[171]; auch der Untersuchungsgrundsatz im Verwaltungsprozess wird teils aus Art. 19 IV GG abgeleitet, da er v.a. die strukturelle Informationsasymmetrie gegenüber der Verwaltung kompensieren soll[172]. Schließlich bezieht sich Art. 19 IV GG auf die Rechtsschutzformen und setzt daher insbesondere adäquate Formen eines vorläufigen[173] sowie vorbeugenden Rechtsschutzes[174] voraus. Die zureichende Entscheidungsmacht des Richters[175] sowie ausreichende Sanktionsmittel[176] sind ebenfalls von den Rechtsfolgen der Norm umfasst. Art. 19 IV GG verlangt keinen Instanzenzug, aber falls das Prozessrecht eine weitere Instanz eröffnet, darf ein Rechtsmittel durch das Rechtsmittelgericht nicht ineffektiv gemacht werden und für den Beschwerdeführer nicht „leerlaufen“[177]. Für den Strafprozess werden weitere Prozessmaximen wie die Unschuldsvermutung[178] auch verfassungsrechtlich verbürgt. Zu den für alle Gerichtszweige geltenden Standards gehören die richterliche Unabhängigkeit (Art. 97 GG), das Gebot rechtlichen Gehörs (Art. 103 I GG), das auch gerichtliche Begründungspflichten umfasst[179], aber nicht unmittelbar einen Anspruch auf mündliche Verhandlung verbürgt[180], das Recht auf den gesetzlichen Richter (Art. 101 I 2 GG), das Verbot der Ausnahmegerichte (Art. 101 I 1 GG) sowie diverse ungeschriebene Grundsätze, die sich aus Art. 2 I, Art. 3 GG I i.V.m. dem Rechtsstaatsprinzip und teils auch dem Demokratie- und Sozialstaatsprinzip ableiten lassen, wie der Öffentlichkeitsgrundsatz[181], ein Gebot der Fairness und Waffengleichheit[182], der Vertrauensschutz im Prozess[183],

---

[170] BVerfGE 57, 9, 22; auch BVerfGE 54, 277, 292 f.

[171] BVerfGE 15, 275, 282; E 101, 106, 123 f.; BVerfG (K), NJW 2015, S. 2100, 2103 f.

[172] *Dawin/Panzer*, in: Schoch/Schneider, VwGO, 40. EL Februar 2021, § 86 Rn. 15; auch *Gärditz*, AöR 139 (2014), S. 329, 346 f., der den Untersuchungsgrundsatz aber nur als Kontrollsystem von Art. 19 IV GG vorgegeben sieht; zu den verfassungsrechtlichen Begründungssträngen *Kaufmann*, Untersuchungsgrundsatz und Verwaltungsgerichtsbarkeit, S. 183 ff.

[173] BVerfGE 35, 263, 274 f.; E 93, 1, 13; umfassend zur Ausstrahlungskraft des Art. 19 IV GG für den vorläufigen Rechtsschutz *Schoch*, Vorläufiger Rechtsschutz und Risikoverteilung im Verwaltungsrecht, S. 990 ff.

[174] Sofern nachgängiger Rechtsschutz die Beeinträchtigung nicht zu korrigieren vermag, BVerwGE 23, 24 f.; BVerwG, NVwZ 2015, S. 906.

[175] BVerfGE 61, 82, 111; E 101, 106, 123.

[176] BVerfG (K), NVwZ 1999, S. 1330, 1331.

[177] BVerfGE 49, 329, 340 f.; E 78, 88, 99; E 96, 27, 39.

[178] *Lindner*, AöR 133 (2008), S. 235 ff.

[179] BVerfGE 54, 86, 91 f.; zu weiteren verfassungsrechtlichen Grundlagen *Brüggemann*, Die richterliche Begründungspflicht, S. 94 ff.

[180] BVerfGE 36, 85, 87; E 112, 185, 206; BVerfG (K), NVwZ-RR 2017, S. 690, 691.

[181] Zur verfassungsrechtlichen Verankerung des Öffentlichkeitsgrundsatzes BVerfGE 103, 44, 75; anders noch BVerfGE 15, 303, 307.

[182] BVerfGE 35, 263, 276 f.; E 38, 105, 111; E 109, 13, 24; *Tettinger*, Fairneß und Waffengleichheit.

[183] Ein Anspruch auf Fortführung einer als nicht mehr richtig erkannten Rechtsprechung besteht

ein Beschleunigungsgebot[184] und ein Gebot der Rechtsschutzgleichheit, das die Prozesskostenhilfe umfasst[185]. Die Anforderungen des Art. 19 IV GG und des allgemeinen Justizgewährleistungsanspruchs sind in vielen Punkten identisch[186].

Neben dem internationalen Fremden[187]-, Asyl-[188] und Umweltrecht[189] enthalten v.a. die Menschenrechtsgarantien Rechtswegverbürgungen[190]. Im Gegensatz zur deutschen Rechtsordnung verfolgen diese allerdings ein „monistisches" Garantiekonzept, da Rechtsschutzanforderungen gegen Hoheitsakte nicht in einer gesonderten Bestimmung behandelt werden[191]. Die menschenrechtlichen Bestimmungen unterscheiden ebenfalls zwischen den Kernelementen des Zugangs und der Wirksamkeit des Rechtsschutzes und weisen vergleichbare inhaltliche Elemente auf: Die Allgemeine Erklärung der Menschenrechte von 1948 (AEMR) verbürgt einen zum Teil gewohnheitsrechtlich anerkannten Basisstandard[192]. Nach Art. 8 AEMR hat jeder Anspruch auf einen „wirksamen Rechtsbehelf bei den zuständigen innerstaatlichen Gerichten gegen Handlungen, durch die seine ihm nach der Verfassung oder nach dem Gesetz zustehenden Grundrechte verletzt werden; zur Sicherung all seiner Rechte und Pflichten sowie bei strafrechtlichen Beschuldigungen garantiert Art. 10 AEMR einen Anspruch auf ein gerechtes und öffentliches Verfahren vor einem unabhängigen und unparteiischen Gericht. Nach diesem Modell[193] enthält das Völkervertragsrecht Rechtsschutzgarantien: auf universeller Ebene Art. 14 Internationaler Pakt für bürgerliche und politische Rechte (ICCPR)[194] sowie die regionalen Menschenrechtspakte[195], in Europa das Recht auf ein faires Verfahren nach Art. 6

---

aber nicht, BVerfGE 84, 212, 22; E 122, 248, 277f.; BVerfG (K), NJW 2005, S. 81, 82; BVerfG (K), NJW 2013, S. 523, 524; monographisch *Burmeister*, Vertrauensschutz im Prozessrecht.

[184] Zum Verwaltungsprozess BVerfGE 35, 382; E 93, 1 13; zum Zivilprozess BVerfGE 88, 118, 124; BVerfG (K), NJW 2001, 214, 215; zum Strafprozess BVerfGE 57, 250, 274f., monographisch *Schlette,* Der Anspruch auf gerichtliche Entscheidung in angemessener Zeit; *Steger,* Überlange Verfahrensdauer bei öffentlich-rechtlichen Streitigkeiten vor deutschen und europäischen Gerichten.

[185] BVerfGE 9, 124, 130f.; E 122, 39, 49; als Gebot der Rechtsschutzwahrnehmungsgleichheit auch im außergerichtlichen Bereich, ebenda; *Möbius*, Rechtsschutzgleichheit im Recht der Prozesskostenhilfe.

[186] *Sobota/v. Schlieffen*, Das Prinzip Rechtsstaat, S. 189; zu Parallelen auch BVerfGE 88, 118, 123; a.A. *Dörr*, Der europäisierte Rechtsschutzauftrag deutscher Gerichte, S. 35.

[187] *Tomuschat*, in: HGR VI/2, § 178 Rn. 40f.

[188] Art. 16 Genfer Flüchtlingskonvention v. 28.7.1951 (BGBl. II 1953 S. 560, 189 UNTS 50), in Kraft seit dem 20.4.1954.

[189] Handbook on Access to Justice under the Aarhus Convention.

[190] Eingehend die Analysen von *Schmidt-Aßmann/Rademacher*, JöR 61 (2013), S. 61, 62ff.; *Tomuschat*, in: FS Redeker, S. 473, 476ff.

[191] *Schmidt-Aßmann*, Kohärenz und Konsistenz des Verwaltungsrechtsschutzes, S. 67f.

[192] Universal Declaration of Human Rights v. 10.12.1948, Resolution 217 A III. Ob die Rechtsschutzgarantien der AEMR zu Völkergewohnheitsrecht erstarkt sind, wird teilweise bejaht, *Shelton*, Remedies in International Human Rights Law, S. 8; *Meron*, Human Rights and Humanitarian Norms as Customary Law, S. 96f.

[193] *Schilling*, Internationaler Menschenrechtsschutz, Rn. 5.

[194] International Covenant on Civil and Political Rights vom 16.12.1966, BGBl. 1973 II S. 1570, 999 UNTS 171 und 1057 UNTS 407, in Kraft seit dem 23.3.1976.

[195] Art. 25 American Convention on Human Rights, dazu *Kokott*, in: Weissbrodt/Wolfrum, The Right to a Fair Trial, S. 133ff.; Art. 7 African Charter of Human and Peoples' Rights, zu dessen

EMRK[196]. Der ICCPR sowie die EMRK enthalten zwar keine allgemeine Garantie für alle gerichtlichen Verfahren, sondern beziehen sich Ratione Materiae auf „strafrechtliche Anklagen“ und „zivilrechtliche Ansprüche und Verpflichtungen“; nach dem maßgeblichen autonomen Verständnis erfasst der Begriff „civil“ (EMRK) bzw. „suit at law“ (ICCPR) aber auch die meisten verwaltungsgerichtlichen Streitigkeiten[197], so dass diese nicht nur unter das Beschwerderecht nach Art. 2 III ICCPR und Art. 13 EMRK fallen. Trotz des engen Wortlauts werden beide Garantien so interpretiert, dass sie neben den Verfahrensmodalitäten auch nach und vor dem eigentlichen Prozess eingreifen, so dass ein „Recht auf Bestand und Vollzug des Urteils“[198] sowie ein „Recht auf ein Gericht“[199] Bestandteil der Rechtsschutzgarantie sind; das Recht auf ein Gericht umfasst u. a. ein Recht auf Zugang zu Gericht[200], zu einer höheren Instanz, wenn das innerstaatliche Recht eine solche vorsieht[201], sowie einen Schutz gegen prohibitive Kostenbelastungen[202]. Das Herzstück der Normen – das Recht auf ein faires Verfahren im engeren Sinne – verlangt ein „unabhängige[s] und unparteiische[s], auf Gesetz beruhende[s] Gericht“, das „in einem fairen Verfahren, öffentlich und innerhalb angemessener Frist“ (Art. 6 I EMRK) bzw. „in billiger Weise und öffentlich“ (Art. 14 I 2 ICCPR)[203] verhandelt. Zur Billigkeit bzw. Fairness gehört v. a. die Waffengleichheit, die den Grundsatz Audiatur et Altera Pars umfasst[204], dem wiederum eine Begründung der gerichtlichen Ent-

---

Kernelementen siehe African Commission on Human and Peoples' Rights, 11th Ordinary Session, Final Communiqué, ACHPR/FIN.COM/XI/REV.1, 2.–9.3.1992, Rn. 18; Art. 12, 13 Arab Charta on Human Rights 2004; ferner die nicht völkervertraglichen asiatischen Menschenrechtserklärungen, etwa Art. 5, 20 ASEAN Human Rights Declaration.

[196] Convention for the Protection of Human Rights and Fundamental Freedoms vom 4.11.1950, BGBl. 1952 II S. 685, 213 UNTS 221, in Kraft seit dem 3.9.1953.

[197] Siehe die Auswirkungsrechtsprechung des EGMR, etwa zur Gewerbeuntersagung (EGMR, Benthem v. die Niederlande, Appl. No. 8848/80, Urteil v. 23.10.1985, Rn. 34–36) oder zur Versagung einer Ausschankerlaubnis EGMR, Tre Traktörer Aktiebolag v. Schweden, Appl. No. 10873/84, Urteil v. 07.07.1989, Rn. 41–43; ähnlich der Ausschuss für Menschenrechte (MRA) nach Art. 28 ICCPR zur Wendung „suit at law“, der sich nach dem Wesen des Streits und nicht der Parteien bestimmen soll, zu einer beamtenrechtlichen Streitigkeit MRA, Casanovas v. France, Comm. No. 441/1990, Beschluss v. 10.08.1994, para. 5.2.

[198] Das Ergehen einer verbindlichen Entscheidung sowie ein Anspruch auf Urteilsvollstreckung werden aus dem Begriff „trial“ abgeleitet, zum niederländischen Staatsrat EGMR, Benthem v. die Niederlande, Appl. No. 8848/80, Urteil v. 23.10.1985, Rn. 40.

[199] *Schilling*, Internationaler Menschenrechtsschutz, Rn. 509 ff., 518 ff.; *Nowak*, CCPR-Commentary, Art. 14 Rn. 11.

[200] Aus dem Kontext, insbesondere der Präambel der EMRK, ableitend EGMR, Golder v. Vereinigtes Königreich, Appl. No. 4451/70, Urteil v. 21.02.1975, Rn. 28 ff.; zum ICCPR MRA, Mahuika et al. v. Neuseeland, Comm. No. 547/1993, Beschluss v. 23.08.2005, para. 9.1.1.

[201] EGMR, Papon v. Frankreich, Appl. No. 54210/00, Urteil v. 25.07.2002, Rn. 90 ff.

[202] Trotz der Sonderbestimmung in Art. 6 III c) EMRK für den Strafprozess auch aus Art. 6 I EMRK ableitend EGMR, Airey v. Irland, Appl. No. 6289/73, Urteil v. 09.10.1979, Rn. 26; für den ICCPR MRA, Äärelä v. Finnland, Comm. No. 779/1997, Beschluss v. 07.11.2001, para. 7.2.

[203] Der MRA leitet das Beschleunigungsgebot aus dem Grundsatz des fairen Verfahrens ab, Pimentel v. die Philippinen, Comm. No. 1320/2004, Beschluss v. 03.04.2007, para. 9.2.

[204] EGMR, Dombo Beheer B. V. v. die Niederlande, Appl. No., 14448/88, Urteil v. 27.10.1993,

scheidung immanent ist[205]. Aus dem Merkmal der öffentlichen Verhandlung wird der Grundsatz einer mündlichen Verhandlung abgeleitet[206], der vom EGMR aber flexibel gehandhabt wird[207]. Art. 14 I 1 ICCPR garantiert über den Grundsatz der Waffengleichheit hinaus ein Recht auf Gleichheit vor Gericht[208]. Die Fairness im Strafverfahren sichern besondere Garantien ab[209].

Die unionsrechtliche Garantie des Art. 47 GRCh knüpft an die EMRK an[210], ist allerdings auf alle rechtlichen Streitigkeiten sowie sämtliche durch das Unionsrecht garantierten Rechte bezogen und sieht zudem explizit einen Anspruch auf Prozesskostenhilfe vor. Die „Wirksamkeit eines Rechtsbehelfs" verlangt hier auch vorläufigen Rechtsschutz[211].

Aus dem Länder und Ebenen übergreifenden Rechtsmaterial wird versucht, eine standardisierte Liste an Rechtsschutzerfordernissen zu erstellen. Das Expertenteam der Agentur der EU für Grundrechte identifiziert die fünf Elemente[212]: Right to Effective Access to a Dispute Resolution Body, Right to Fair Proceedings, Right to Timely Resolution of Disputes, Right to Adequate Redress, Principles of Efficiency and Effectiveness. Das Büro für demokratische Institutionen und Menschenrechte der OSCE nennt weitere Gesichtspunkte[213].

bb) Theoretische Analyse

In der Rechtssoziologie werden Gerichte als Institutionen beschrieben, die bestimmte Rechtsprozesse institutionalisieren. Systemtheoretisch handelt es sich bei ihnen um ein soziales System, dessen spezifische Funktion in der Erarbeitung einer einmaligen und verbindlichen Entscheidung liegt, das in seinen Operationen den Code Recht/Unrecht verwendet und das sich vom politischen System dadurch unterscheidet, dass es hier nicht um Rechtsdurchsetzung, sondern um die Konfliktlösung und die Stabilisierung von Verhaltenserwartungen geht[214]. Aus dieser Funktionszuordnung leitet sich auch der Grundsatz von Unabhängigkeit und Un-

---

Rn. 33; zum ICCPR MRA, Jansen-Gielen v. die Niederlande, Comm. No. 846/1999, Beschluss v. 14.5.2001, para. 8.2.

[205] EGMR, van de Hurk v. die Niederlande, Appl. No. 16034/90, Urteil v. 19.04.1994, Rn 61.

[206] EGMR, Fredin v. Schweden, Appl. No. 18928/91, Urteil v. 23.02.1994, Rn. 21 f.

[207] *Meyer-Ladewig/Harrendorf/König*, in: Meyer-Ladewig/Nettesheim/v. Raumer, EMRK, Art. 6 Rn. 172 m. w. N.

[208] Dieser soll sich auf die konkrete Anwendung der Gesetze durch die Gerichtsbarkeit beziehen, *Nowak*, CCPR-Commentary, Art. 14 Rn. 6.

[209] Insb. Art. 6 II, III EMRK, das siebte Zusatzprotokoll zur EMRK sowie Art. 14 II–VII ICCPR.

[210] Erläuterungen des Präsdiums zu Art. 47 GRCh, CHARTE 4473/00 v. 11.10.2000.

[211] Vor Inkrafttreten der Charta EuGH, Factortame I, Urteil v. 19.06.1990, Rs. C- 213/89, Rn. 21; EuGH (GK), Unibet Ltd. u. a. v. Justitiekansler, Urteil v. 13.03.2007, Rs. C-432/05, Rn. 67.

[212] FRA, Access to Justice in Europe: an Overview of Challenges and Opportunities, S. 14.

[213] OSCE, Legal Digest of International Fair Trial Rights: Access to Justice, Right to a Hearing by a Competent, Independent and Impartial Tribunal Established by Law, Right to a Public Hearing, Equality of Arms and Rights to Fair Hearing, Right to a Public, Reasoned and Timely Judgement, Right to Appeal; für das Strafverfahren werden weitere Kernelemente genannt.

[214] *Luhmann*, Recht der Gesellschaft, S. 297 ff.

parteilichkeit des Richters ab. Die Verbindlichkeit der Entscheidung ist dann gegeben, wenn es für die Entscheidungen dieses Spruchkörpers ein Klima sozialer Anerkennung gibt.

Im Völkerrecht hat man sich in Auseinandersetzung mit internationalen Gerichten und ihrer Abgrenzung zu verwandten Methoden der friedlichen Streitbeilegung mit den Essentialia gerichtlicher Tätigkeit beschäftigt. *Hans-Joachim Prieß* hat auf der Basis einer Literatur- und Rechtsprechungsanalyse eine differenziertere Definition entwickelt, die zwischen grundlegenden Bedingungen gerichtlichen Arbeitens und spezifischen Anforderungen unterscheidet. Danach setze eine gerichtliche Tätigkeit „einen vor der Streitentstehung bestehenden, ständigen Spruchkörper voraus, der autonom über seine Zuständigkeit befindet, Streitigkeiten unter Anwendung rechtlicher Normen in einem durch eine Prozeßordnung festgelegten Verfahren bindend entscheidet und mit unabhängigen, unparteilichen Richtern besetzt ist“[215].

c) *Mindestgarantien für die außergerichtliche Streitbeilegung im Zivilrecht*

Die außergerichtlichen Verfahren unter Einbeziehung eines Dritten[216] erfreuen sich im Privatrecht zunehmender Beliebtheit[217]. Dort werden auch ihre Verfahrensgrundlagen ergründet und Mindestgarantien herausgeschält[218]. Dahinter stehen teils deskriptiv-systematisierende Anliegen sowie Effizienzgesichtspunkte; teils wird vertreten, dass jede Form der triadischen Streitbeilegung von Rechts wegen gewissen Standards genügen müsse[219]. Die Erfahrungen aus der zivilrechtlichen Diskussion können in der Folge Aufschluss über die generellen prozeduralen Voraussetzungen für eine sachgerechte Interessenverwirklichung im Rahmen außergerichtlicher Streitbeilegung geben. Im Folgenden werden eine wissenschaftliche und eine gesetzliche Qualitätsvorgabe skizziert, die beide übergreifender Art sind:

Vorschläge für eine Regelung der Konfliktlösung macht das beim Max-Planck-Institut für ausländisches und internationales Privatrecht angesiedelte Forschungspro-

---

[215] *Prieß*, Internationale Verwaltungsgerichte und Beschwerdeausschüsse, S. 150 f.

[216] Sofern auf eine autoritative Entscheidung durch einen Richter verzichtet wird, auch als Alternative Dispute Resolution (ADR) bekannt Die Einordnung der Schiedsgerichtsbarkeit ist streitig, siehe nur *Risse*, Wirtschaftsmediation, § 1 Rn. 15 m. w. N.

[217] *Basedow*, EuZW 2015, S. 1 f.; zu den verschiedenen Gründen *Prütting*, JZ 1985, S. 261, 262 f., 266 ff.

[218] Etwa zur Schiedsgerichtsbarkeit, *Kuhnle*, Effektiver Rechtsschutz im grenzüberschreitenden Handel durch private Schiedsgerichte; *Eslami*, Die Nichtöffentlichkeit des Schiedsverfahrens; allgemein *Buchwitz*, Schiedsverfahrensrecht; zur Mediation *Tochtermann*, Die Unabhängigkeit und Unparteilichkeit des Mediators; *Zenk*, Mediation im Rahmen des Rechts; *Wendenburg*, Der Schutz der schwächeren Partei in der Mediation.

[219] Nachdrücklich *Hess*, DJT 2008, F 19 ff.; zur Anwendung der justiziellen Garantien auf die außergerichtliche Streitbeilegung siehe BVerfG, NVwZ-RR 2007, S. 1073, 1074 f., das die Ausgestaltung der obligatorischen Streitschlichtung im Rahmen der Verhältnismäßigkeit der Beschränkung des allgemeinen Justizgewährleistungsanspruchs prüft; ferner EuGH, Alassini, Urteil v. 18.03.2010, Rs. C-317/08, Rn. 65, 67.

jekt Regulating Dispute Resolution mit einem gleichnamigen Guide[220], das explizit außergerichtliche Streitbeilegungsmechanismen mit einbezieht[221]. Seine Prinzipien beruhen auf einer Analyse der Regelungsmodelle, der empirischen Forschung und der Konflikttheorie in zwölf, auch außereuropäischen Ländern. Zu den Prinzipien gehören die Neutralität und die Qualifikation des Dritten („Intermediär" genannt), das Recht auf einen Rechtsbeistand und die Durchsetzbarkeit der Ergebnisse. Es wird betont, dass Differenzierungen nach Maßgabe der Kontrollherrschaft der Parteien hinsichtlich der Streitbeilegung gemacht werden müssen. Je weniger Kontrolle diese haben, desto wichtiger werden sichernde Verfahrensregeln sowie die Neutralität und die Qualifikation des Dritten[222]. Bei schwächeren Parteien wie Verbrauchern bedarf es nach dem Guide spezieller Schutzregeln, etwa zur Kostentragung.

Allgemeine Anforderungen beinhaltet auch die Richtlinie der EU über alternative Streitbeilegung in Verbraucherangelegenheiten[223]. Ihr Art. 5 I verpflichtet die Mitgliedstaaten, für alle Streitigkeiten, die in den Anwendungsbereich der Richtlinie fallen, Streitbeilegungsstellen als dauerhafte (Art. 4 h)) Einrichtungen einzurichten, die in Ergänzung zur staatlichen Justiz gedacht sind (EW 45, 49), aber gleichwohl bestimmten Mindeststandards genügen müssen[224]. Sie schafft damit einen Regelungsrahmen für ein außerhalb der mitgliedstaatlichen Zivilgerichtsbarkeit angesiedeltes Streitbeilegungssystem[225], das kostengünstiger, schneller und effizienter europäische Verbraucherrechte durchsetzen soll als diese[226]. Zu den Mindeststandards gehört nach Art. 6, dass die Personen, die mit der außergerichtlichen Streitbeilegung befasst sind, über das erforderliche Fachwissen verfügen, unabhängig und unparteiisch sind, aber keine Richter sein müssen[227]. Weitere Mindeststandards sind nach den Art. 7–9 Transparenz, Effektivität und Fairness. Fairness umfasst v. a. ein Anhörungsrecht, Effektivität eine weitgehende Kostenlosigkeit für den Verbraucher und eine 90-Tage-Frist für die Ergebnisfindung. Das Sprachproblem der Verbraucher versucht der europäische Gesetzgeber durch die Schaffung der zentralen europäischen Plattform zur Online-Streitbeilegung zu lösen[228]. Für den Ausgang des Verfahrens wird keine Rechtsverbindlichkeit der Entscheidung ver-

---

220 GRDR, Principles and Comments.

221 Neben triadischen Verfahren wird auch die Verhandlung erfasst, siehe *Steffek*, ZKM 2013, S. 139, 140.

222 GRDR, Principles and Comments, S. 25, 27.

223 RL 2013/11/EU, ABl. 2013 L 165, S. 63.

224 Die Schutzstandards werden teils als zu hoch, da zu justizförmig betrachtet, *Stürner*, in: Hörnle/Möllers/Wagner, Gerichte und ihre Äquivalente, S. 73, 88, teils als zu niedrig *Hess*, JZ 2015, S. 548, 551.

225 Die Teilnahme ist freiwillig, d. h. der Unternehmer kann die Teilnahme ablehnen, aber die Mitgliedstaaten sollen die Unternehmer so weit wie möglich ermutigen, an solchen Verfahren teilzunehmen, EW 49.

226 EW 4, 11, 15, 35.

227 *Stürner*, in: Hörnle/Möllers/Wagner, Gerichte und ihre Äquivalente, S. 73, 90.

228 Die OS-Plattform soll nach Art. 5 II ODR-VO (VO 524/2013, ABl. 2013 L 165, S. 1) in allen Amtssprachen zugänglich und nach Art. 5 IV a) über ein in allen Amtssprachen erhältliches elektronisches Beschwerdeformular erreichbar sein.

langt (Art. 10). Das Prinzip der Rechtmäßigkeit, wonach zwingende Normen des Verbraucherrechts Maßstab sind, gilt nur für für den Verbraucher verbindliche Entscheidungen (Art. 11).

d) Rechtsschutzvorgaben für die Streitbeilegung in internationalen Organisationen

aa) Immunitätsrechtsprechung

Weltweit machen Gerichte die Immunität von internationalen Organisationen vor nationalen Gerichten u.a. davon abhängig[229], dass diese interne Streitbeilegungsmechanismen von einem gewissen Niveau zur Verfügung stellen[230]. Dieser Konnex wird zwar im Völkervertragsrecht[231] angedeutet, wenn es heißt, dass internationale Organisationen geeignete („appropriate") Formen der Beilegung von Meinungsverschiedenheiten aufweisen müssen. Diese Bestimmungen konkretisieren die Anforderungen aber nicht näher. Am bekanntesten und detailliertesten ist die Rechtsprechung des EGMR sowie von Gerichten anderer europäischer Staaten[232], aber auch jenseits des europäischen Menschenrechtsrahmens finden sich Beispiele. Im außereuropäischen Bereich sind solche Tendenzen teils unabhängig entstanden, etwa die Cabrera-Doktrin des Corte Suprema de Justicia de la Nación Argentinia[233], teils wurden sie von der EGMR-Rechtsprechung inspiriert[234].

Die Immunitätsentscheidungen des EGMR – grundlegend[235] sind die parallelen Fälle Waite und Kennedy[236] und Beer und Regan[237] – hatten arbeitsgerichtliche Streitigkeiten gegen die europäische Weltraumorganisation ESA zum Gegenstand. Die Beschwerdeführer rügten eine Verletzung ihres Rechts auf ein faires Verfahren aus Art. 6 EMRK, da die deutschen Gerichte die Klagen wegen § 20 II GVG als

---

[229] Eine Voraussetzung im strengen Sinne ist der effektive interne Rechtsschutz indes nicht, vielmehr bildet er ein wichtiges Kriterium, zum EGMR *Reinisch*, Chinese Journal of International Law 7 (2008), S. 285, 292; *Schmitt*, Access to Justice and International Organizations, S. 260.

[230] Siehe die länderübergreifenden Rechtsprechungsanalysen im Sammelband von *Reinisch*, Privileges and Immunities of International Organizations in Domestic Courts.

[231] Art. 29 Konvention über Immunitäten und Vorrechte der UN vom 13.02.1946 (BGBl. II 1980, S. 941, 1 UNTS 15).

[232] *Schmitt*, Access to Justice and International Organizations, S. 274 f.

[233] Washington Julio Efraín Cabrera v. Comisión Técnica Mixta de Salto Grande, CSN, 05.12. 1983, CSJN Fallos De La Corte Suprema: 305: 2150, 2165 ff.; der Corte Suprema beschäftigt sich nicht unmittelbar mit der Qualität alternativen Rechtsschutzes, deutet aber an, dass eine Schiedsgerichtsbarkeit als Ersatz genügen könne, ebenda S. 2169; dazu *Vinuesca*, in: Reinisch, Privileges and Immunities of International Organizations in Domestic Courts, S. 17, 19 ff., v.a. 23; ferner Supreme Court of the Philippines, International Catholic Migration Commission v. Calleja and Trade Unions of the Philippines and allied Services, Urteil v. 28.09.1990, Case No. 8570, ILR 102 (1996), S. 149, 160 f.

[234] *Krieger*, Goettingen Journal of International Law 6 (2014), S. 177, 207, etwa in Kanada, dazu *Saunders*, in: Reinisch, Privileges and Immunities of International Organizations in Domestic Courts, S. 73, 94 ff.

[235] Anders noch EGMR, Spaans v. die Niederlande, Appl. No. 125116/86, Urteil v. 12.12.1988.

[236] EGMR (GK), Beer und Regan v. Deutschland, Appl. No. 28934/95, Urteil v. 18.02.1999.

[237] EGMR (GK), Waite und Kennedy v. Deutschland, Appl. No. 26083/94, Urteil v. 18.02.1999.

unzulässig abgewiesen hatten. Der Gerichtshof bestätigte seine bisherige Rechtsprechung, wonach das Recht auf Zugang zu den Gerichten Bestandteil des Art. 6 EMRK sei, es aber notwendig staatlichen Regelungen unterworfen sei, die auch beschränkend wirken könnten. Der den Staaten insofern zugebilligte Beurteilungsspielraum müsse jedoch den Wesensgehalt der Konventionsgarantie wahren, ein berechtigtes Ziel verfolgen und in einem angemessenen Verhältnis zwischen Mittel und Ziel stehen. Er betrachtete die Ausweitung und Vertiefung internationaler Beziehungen und damit auch die Funktionsfähigkeit internationaler Organisationen als ein berechtigtes Ziel, das die Einschränkung des Rechts aus Art. 6 EMRK rechtfertigen könne. Bei der Frage der Verhältnismäßigkeit sei aber entscheidend, ob den Betroffenen eine vernünftige Alternative für die wirksame und effektive Durchsetzung ihrer Rechte („reasonable alternative means to protect effectively their rights under the Convention") zur Verfügung stünde[238]. Eine vernünftige Alternative war nach dem EGMR zu bejahen, da den Beschwerdeführern der Weg zu einer innerhalb der ESA errichteten und unabhängigen Schlichtungsstelle, dem ESA Appeals Board, zur Verfügung stehe, die nach den ESA Staff Regulations entscheide[239]. Zudem wies der EGMR darauf hin, dass sich die Beschwerdeführer als weitere Alternative an das Unternehmen, das sie an die ESA ausgeliehen hatte, wenden und von diesem Entschädigung verlangen könnten[240]. Die Entscheidungen werden überwiegend so interpretiert, dass die Alternative gewissen Anforderungen genügen muss[241]. In Folgeentscheidungen betonte das Gericht unter Hinweis auf die Ausnahmeregelung in Art. 6 I 2 EMRK, dass die fehlende Öffentlichkeit des Verfahrens die Vernünftigkeit nicht ausschließe, jedenfalls wenn der Ausschluss begründet werde[242].

---

[238] EGMR (GK), Waite und Kennedy v. Deutschland, Appl. No. 26083/94, Urteil v. 18.02.1999, Rn. 68; EGMR (GK), Beer und Regan v. Deutschland, Appl. No. 28934/95, Urteil v. 18.02.1999, Rn. 58. Die EKMR hatte demgegenüber in ihrem Bericht noch von einem äquivalenten Schutz („equivalent protection") gesprochen. Die Literatur sieht in den unterschiedlichen Formulierungen aber überwiegend keinen qualitativen Unterschied, denn entscheidend sei, dass keine Identität, sondern nur eine Vergleichbarkeit im Schutzniveau erforderlich sei, *Reinisch*, American Journal of International Law 95 (1999), S. 933, 937; *Janik*, Bindung an Menschenrechtsstandards, S. 177; anders *Breuer*, EuGRZ 2005, S. 229, 231 mit Fn. 22.

[239] EGMR (GK), Waite und Kennedy v. Deutschland, Appl. No. 26083/94, Urteil v. 18.02.1999, Rn. 69; EGMR (GK), Beer und Regan v. Deutschland, Appl. No. 28934/95, Urteil v. 18.02.1999, Rn. 59.

[240] EGMR (GK), Waite and Kennedy v. Deutschland, Appl. No. 26083/94, Urteil v. 18.02.1999, Rn. 70; EGMR (GK), Beer und Regan v. Deutschland, Appl. No. 28934/95, Urteil v. 18.02.1999, Rn. 60.

[241] M. w. N. *Schmitt*, Access to Justice and International Organizations, S. 261.

[242] Zunächst für den ehemaligen Beschwerdeausschuss der NATO EGMR, Al v. Italien, Appl. No. 41387/98, Urteil v. 11.05.2000, bestätigt durch EGMR, Gasparini v. Italien und Belgien, Appl. No. 19750/03, Urteil v. 12.05.2009, S. 9 (unter B.); später auch außerhalb der NATO, etwa für das EPA, siehe EGMR, Klausecker v. Deutschland, Appl. No. 415/07, Urteil v. 06.01.2015, Rn. 74.

Der EGMR verlangt danach die Existenz einer Alternative[243], bestimmte prozedurale Qualitäten sowie den tatsächlichen und effektiven Zugang[244]. Die Konkretisierungsaufgabe[245] nehmen im Wesentlichen die nationalen Gerichte wahr[246], die ihre Kontrolle aber unterschiedlich scharf, von zurückhaltend bis überambitioniert, ausüben[247]. Das Schweizer Bundesgericht prüft zunächst, ob eine faire Entscheidung vorliegt, da Kernanforderungen prozeduraler und institutioneller Art eingehalten sind, zu denen es die Unabhängigkeit, adäquate Kosten und die Kommunikationsmöglichkeiten zählt, bevor nach einem effektiven Zugang zum internen Rechtsschutzmechanismus gefragt wird[248], zu dem auch gehört, ob die Sache effektiv geprüft wird[249]. Das Erfordernis der Unabhängigkeit – einschließlich der Unbefangenheit[250] – stellen auch Gerichte anderer Staaten heraus. Bei der Frage der Unabhängigkeit werden verschiedene Faktoren berücksichtigt, wie die Modalitäten der Benennung der Mitglieder einschließlich ihrer Professionalisierung[251], die Zeitdauer des Mandats[252] und die Befugnisse[253]. Verbindliche und zwangsweise durch-

---

[243] Anders nur im Fall eines UN-Friedenssicherungseinsatzes, siehe EGMR, Stichting Mothers of Srebrenica u. a. v. die Niederlande, Appl. No. 65542/12, Urteil v. 11.06.2013, Rn. 194, in der das Gericht betonte, seine Immunitätsrechtsprechung dürfe nicht absolut verstanden werden.

[244] *Reinisch/Weber*, International Organizations Law Review 1 (2004), S. 59, 93; *Tauschmann*, Die Immunität internationaler Organisationen gegenüber Zwangsvollstreckungsmaßnahmen, S. 193, 230.

[245] Die Gerichte der EGMR-Staaten nehmen aber teils Abstand davon, die EGMR-Rechtsprechung zu zitieren, und stützen sich stattdessen auf andere Normen, primär auf das nationale Verfassungsrecht, etwa der Corte Suprema di Cassazione, der Art. 24 der italienischen Verfassung als Rechtsgrundlage zitiert.

[246] *Schmitt*, Access to Justice and International Organizations, S. 262; *Angelet/Weerts*, Journal du Droit Internationale 134 (2007), S. 1, 3; der EGMR geht auf die einzelnen Kriterien oftmals nicht ein, etwa EGMR, Lopez Cifuentes v. Spanien, Appl. No. 18754/06, Urteil v. 07.07.2009 oder EGMR Chapman v. Belgien, Appl. No. 39619/06, Urteil v. 05.03.2013.

[247] *Reinisch*, Chinese Journal of International Law 7 (2008), S. 265, 302.

[248] ZM v. Arab League, 4 C. 518/1996, 25.01.1999 (publiziert in Praxis des Internationalen Privat- und Verfahrensrechts 1999, S. 257), Rn. 4c.; zum Ganzen *Neumann/Peters*, in: Reinisch, Privileges and Immunities of International Organizations in Domestic Courts, S. 241, 256 f.

[249] Siehe die zweite CERN-Entscheidung BGE 130 I 312, 4.3.2.

[250] Siehe die Entscheidungen des italienischen Corte Suprema di Cassazione, v. a. in der Sache Pistelli v. European University Institute, No. 20995, Urteil v. 28.10.2005, Guida al diritto 40 (3/2006), ILDC 297 (IT 2005), Rn. 14.3.; dazu und zu weiteren Entscheidungen *Pavoni*, in: Reinisch, Privileges and Immunities of International Organizations in Domestic Courts, S. 155, 160, 165; auch Hoge Raad der Nederlanden, Anonymus v. European Patent Organization, Supreme Court, Urteil v. 23.10.2009, LJN: BI9632, ILDC 1464 (NL 2009), Rn. 3.5.

[251] Dabei die Expertise und den Umstand, dass die Mitglieder durch eine dritte Partei bestellt werden, genügen lassend Corte Suprema di Cassazione, Nacci v. Bari Institute of the International Center for Advanced Mediterranean Agronomic Studies, Urteil v. 08.06.1994, (1994) 77 Rivista di diritto internazionale 837–48, 114 ILR, 539, 554.

[252] Sehr streng die belgische Rechtssache Western European Union v. Siedler, bei der es nicht als genügend betrachtet wurde, dass die Mitglieder für zwei Jahre von der internationalen Organisation selbst bestellt wurden, siehe Western European Union v. Siedler, Cass No. S 04 0129 F, Urteil v. 21.12.2009, Rn. 53, zur Kritik an diesem Fall *Schmitt*, in: Ryngaert/Dekker/Wessel/Wouters, Judicial Decisions on the Law of International Organizations, S. 424, 427 ff.; ferner *Ryngaert*, in: Reinisch, Privileges and Immunities of International Organizations in Domestic Courts,

setzbare Entscheidungsbefugnisse werden nicht immer für notwendig erachtet, wenn sie denn tatsächlich befolgt werden[254], weswegen in Belgien bei einer vergaberechtlichen Streitigkeit ein Ombudsmann, jedenfalls zusammen mit diplomatischen Verfahren und der Möglichkeit von Gerichtsschutz gegen Dritte, für ausreichend erachtet wurde[255]. Somit können an sich schwache Rechtsschutzformen über eine Kombination das erforderliche Effektivitätsniveau herstellen[256]. Ein kritischer Punkt bildet das rechtliche Gehör[257]; wie bei staatlichen Gerichten kann eine mündliche Anhörung grundsätzlich nicht verlangt werden[258].

In seiner Entscheidung zu den Europäischen Schulen konsolidiert das BVerfG nicht nur die verfassungsrechtlichen Anforderungen zu den Grenzen der Immunität, sondern formuliert in einem Obiter Dictum zugleich übergreifende Anforderungen für die Internationalisierung von Hoheitsgewalt[259]. Es verlangt als einen „Mindeststandard“:

„Geboten ist insoweit ein Individualrechtsschutz durch unabhängige Stellen, die mit hinlänglicher Gerichtsbarkeit, insbesondere mit einer dem Rechtsschutzbegehren angemessenen Prüfungs- und Entscheidungsmacht über tatsächliche und rechtliche Fragen, ausgestattet sind, auf Grund eines Verfahrens entscheiden, das rechtliches Gehör, dem Streitgegenstand angemessene Angriffs- und Verteidigungsmittel und einen frei gewählten, kundigen Beistand ermöglicht und deren Entscheidungen die Verletzung eines Grundrechts sachgerecht und

---

S. 55, 62f. sowie *Ullrich*, ZaöRV 71 (2011), S. 157, 160f. Die Entscheidung Brussels Court of Appeals, SA Energies Nouvelles et Environment v. Agence Spatiale Européenne, Urteil v. 23.03.2011, No. 2011/2013, 2006/AR/1480, ILDC 1729 (BE 2011) wird teilweise als Korrektur des Falls Western European Union v. Siedler verstanden, siehe *Ryngaert*, ebenda. Für die NATO hielt der EGMR eine Bestelldauer von drei Jahren für ausreichend, EGMR, Gasparini v. Italien und Belgien, Appl. No. 19750/03, Urteil v. 12.05.2009, S. 9 (unter B.).

[253] Die rein beratende Funktion des IPGRI Appeals Committee genügt daher nicht, Corte Suprema di Cassazione, Drago v. International Plant Genetic Resources Institute, Urteil v. 19.2.2007, Giustizia civile Massimario 2, ILDC 827 (IT 2007), Rn. 6.6.

[254] Siehe die unveröffentlichte Entscheidung des Genfer Rechtsmittelgerichts, nach *Neumann/Peters*, in: Reinisch, Privileges and Immunities of International Organizations in Domestic Courts, S. 241, 261; auf rechtliche Durchsetzungsbefugnisse verzichtend auch Corte Suprema di Cassazione, Nacci v. Bari Institute of the International Center for Advanced Mediterranean Agronomic Studies, No. 5565/1994, Urteil v. 08.06.1994, 77 Rivista di diritto internazionale 837–48, 114 ILR, 539, 554.

[255] Brussels Court of Appeals, SA Energies Nouvelles et Environment v. Agence Spatiale Européenne, No. 2011/2013, 2006/AR/1480, Urteil v. 23.03.2011, ILDC 1729 (BE 2011), Rn. 17; kritisch *Ryngaert*, in: Reinisch, Privileges and Immunities of International Organizations in Domestic Courts, S. 55, 67; für ein solch weites Verständnis auch *Angelet/Weerts*, Journal du Droit International 134 (2007), S. 1, 2.

[256] *Schmitt*, in: Ryngaert/Dekker/Wessel/Wouters, Judicial Decisions on the Law of International Organizations, S. 424, 429.

[257] *Neumann/Peters*, in: Reinisch, Privileges and Immunities of International Organizations in Domestic Courts, S. 241, 257.

[258] Hoge Raad der Nederlanden, Anonymus v. European Patent Organization, Supreme Court, Urteil v. 23.10.2009, LJN: BI9632, ILDC 1464 (NL 2009), Rn. 3.5; dazu *van Alebeek/Nollkamper*, in: Reinisch, Privileges and Immunities of International Organizations in Domestic Courts, S. 179, 195 sowie *Ullrich*, ZaöRV 71 (2011), S. 157, 162f.

[259] BVerfGE 149, 346, 364; im Eurocontrol-Beschluss bezog sich die Kontrolle nur auf das internationale Verwaltungsgericht der ILO, BVerfGE 59, 63ff.

wirksam sanktionieren. Des Weiteren müssen supranationale Rechtsschutzeinrichtungen ihre Gerichtsbarkeit auch tatsächlich ausüben."

Die skizzierte Immunitätsrechtsprechung geht in einem ersten Schritt von für staatliche Gerichte geltenden Maßstäben aus und lockert diese dann Einzelfall bezogen[260] auf. Ein gemeinsames negatives Kriterium ist damit, dass Gerichtsgleichheit nicht nötig ist[261]. Je weiter aber der in Frage stehende Mechanismus von diesem Idealbild entfernt ist, desto wichtiger wird der Zugang zu weiteren Rechtsschutzmöglichkeiten.

bb) Politikwissenschaftliche Erkenntnisse

Während ein enger politikwissenschaftlicher Ansatz ausschließlich die Frage nach der Effektivität internationaler Gerichte und Quasi-Gerichte behandelt[262], lösen sich andere von der Gerichtsperspektive und stellen Kriterien für die Bewertung von durch internationale Organisationen eingerichteten Beschwerdemechanismen auf. Auf der Grundlage einer vergleichenden Analyse identifizieren *Monika Heupel* und *Michael Zürn* sechs Kriterien[263]: „Delegation" meint dabei das Ausmaß, in dem eine internationale Organisation einem unabhängigen Organ Kompetenzen zur Entscheidung über Ansprüche einräumt. „Obligation" bezieht sich auf den Grad der Verbindlichkeit der Entscheidungen über eingereichte Beschwerden. Beim „complainant" geht es darum, ob und inwieweit die Geschädigten selbst oder nur Dritte Beschwerde einlegen können. Bei den angebotenen „remedies" wird danach unterschieden, ob eine Sanktion und/oder eine angemessene Entschädigung erreicht werden kann. „Accessibility" fragt nach der Benutzerfreundlichkeit, d.h. wie einfach es für geschädigte Personen ist, den Beschwerdemechanismus in Anspruch zu nehmen, was Transparenz und auch dezentrale Möglichkeiten zur Beschwerdeeinlegung beinhalten soll. „Mainstreaming" meint, ob diese Bestimmungen für alle oder nur wenige Anwendungsfälle gelten. Die Frage nach der Effektivität von Rechtsschutz ist nach diesem politikwissenschaftlichen Zugriff auf der Grundlage einer Gesamtschau all dieser Merkmale zu beurteilen.

e) Mindestanforderungen an effektiven Rechtsschutz

Aus den skizzierten Ansätzen, Effektivität von Rechtsschutz zu bestimmen, lassen sich als Mindestanforderungen an effektiven Rechtsschutz Kriterien auf drei Ebenen ableiten:

---

[260] *Schmitt*, Access to Justice and International Organizations, S. 272.

[261] *Ullrich*, ZaöRV 71 (2011), S. 157, 166f.; *Wouters/Ryngaert/Schmitt*, American Journal of International Law 105 (2011), S. 560ff.; *Novak/Reinisch*, in: Elias, The Development and Effectiveness of International Administrative Law, S. 273, 300f.

[262] Nach dem Vorbild von EuGH und EGMR *Helfer/Slaughter*, The Yale Journal 107 (1997), S. 273, 298ff.; für zwischenstaatliche Streitschlichtungsmechanismen *Zangl/Helmedach/Mondré/Kocks/Neubauer/Blome*, European Journal of International Relations 18 (2005), S. 369, 386.

[263] *Heupel/Zürn*, Protecting the Individual from International Authority, S. 46ff.

aa) Zugänglichkeit

Rechtsschutzmechanismen sind nur dann effektiv, wenn sie den Betroffenen überhaupt offenstehen. Als Mindestanforderung ist dabei – wie die politikwissenschaftliche Analyse unterstreicht – Transparenz insofern zu verlangen, als die Betroffenen vom Mechanismus überhaupt Kenntnis nehmen können müssen. Dieses Transparenzerfordernis ist im internationalen Verwaltungsrecht wegen der Heterogenität und oftmals auch Informalität ihrer Rechtsschutzmechanismen besonders wichtig. Für die staatliche Gerichtsbarkeit wirkt das Gebot der Rechtswegklarheit weitergehend auf die Ausgestaltung von Rechtswegvorschriften im Prozessrecht ein; dies kann für das internationale Verwaltungsrecht nicht verlangt werden.

Dazu gehört weiter eine unmittelbare Anrufungsmöglichkeit Privater, die sich als Folge der Rechtserheblichkeit der internationalen Verwaltung verstehen lässt[264]. Eine rein zwischenstaatliche Ausgestaltung würde dem nicht gerecht. Abweichungen müssen die Zugänglichkeit aber nicht per se ausschließen. Einschränkungen sind v. a. dort denkbar, wo eine Einschaltung Dritter im konkreten Fall nicht zugangsbeschränkend wirkt oder sogar die Anrufungsmöglichkeiten erweitert, da die Betroffenen von ihren Beschwerderechten aus tatsächlichen Gründen nicht adäquat Gebrauch machen können.

Eine weitergehende Forderung nach einer materiellen Zugangssicherung in sprachlicher oder finanzieller Hinsicht oder, worauf die politikwissenschaftliche Forschung verweist, das Vorhalten dezentraler Beschwerdeinstanzen lässt sich hingegen nicht als allgemeiner Mindeststandard feststellen. Diese wird, wie gesehen, nur für Situationen besonderer Schutzwürdigkeit aufgestellt. Wenn finanzielle und sprachliche Aspekte im Einzelfall Anrufungsmöglichkeiten verhindern, dann kann die materielle Zugangssicherung auch Grundvoraussetzung für die Zugänglichkeit werden.

bb) Verfahrensgerechtigkeit

Verfahrensgerechtigkeit bedeutet, dass die Ausgestaltung des Streitbeilegungsmechanismus prozeduralen Gerechtigkeitsanforderungen genügt[265], deren Fixpunkt die Chancengleichheit der streitenden Parteien bildet. Dies lässt sich schon aus dem Charakter eines triadischen Streitbeilegungsmechanismus ableiten: Das Vorhandensein eines Dritten impliziert dessen Distanz zum Verfahrensgegenstand und zu den Streitenden[266]. Die Überparteilichkeit stellt sicher, dass das Verfahren

---

[264] Auch *Schmidt-Aßmann/Rademacher*, JöR 61 (2013), S. 61, 83.

[265] Von „Verfahrenseffektivität" sprechend *Kuhnle*, Effektiver Rechtsschutz im grenzüberschreitenden Handel durch private Schiedsgerichte, S. 72 ff.; auch *Brenner*, DV 31 (1998), S. 1, 17.

[266] Zum Richter als Prototyp des „nichtbeteiligten Dritten" BVerfGE 21, 139, 14 f.; E 26, 186, 198; E 27, 312, 322; allgemein die Konfliktforschung *Aubert*, in: Bühl, Konflikt und Konfliktstrategie, S. 178, 195; *Oechsler*, Konfliktmanagement, S. 30 f. Über die genaue Beschaffenheit des Dritten geben die Grundüberlegungen zum triadischen Konfliktmodell indes keinen Aufschluss, *Voßkuhle*, Rechtsschutz gegen den Richter, S. 103.

seine friedensstiftende Funktion erfüllt[267]. Diese Distanz wird gemeinhin als unabhängig und unbefangen beschrieben, wobei Unabhängigkeit die externe Distanz im Sinne einer Freiheit von Bindungen von den Streitenden und das Verbot der unlauteren Einflussnahme meint und Unbefangenheit eine interne Distanz im Sinne von fehlenden Interessenkonflikten und sachlicher Unvoreingenommenheit[268]. Die Unabhängigkeit der Dritten Gewalt umfasst gewöhnlich die institutionelle, sachliche und personelle Unabhängigkeit[269]. Sie wird formell v. a. durch das Erfordernis einer gesetzlichen Grundlage für Gerichte abgesichert[270]; auch der normative Maßstab des Richters garantiert den Beteiligten, dass das Ergebnis des Verfahrens dem Stand des Rechts und nicht den Vorlieben oder Vorurteilen des Dritten entspricht[271]. Insbesondere internationale Instanzen heben zudem die Qualifikation des Richters als Voraussetzung für eine neutrale Entscheidungsfindung hervor[272].

Wollte man die für die richterliche Tätigkeit konstituierende Neutralität[273] auf den außergerichtlichen Rechtsschutz übertragen, käme dies nicht nur einer Absage an interne Rechtsschutzmechanismen gleich[274], sie ist auch nicht immer nötig, damit der Dritte seine Aufgabe gut erfüllen kann[275]. Die Nähe verwaltungsinternen Rechtsschutzes zur Verwaltung weist auch Vorteile auf, denn die administrative

---

[267] Für die staatliche Gerichtsbarkeit *Riedel*, Das Postulat der Unparteilichkeit des Richters, S. 9ff.

[268] Zu den unterschiedlichen Abgrenzungsversuchen *Rädler*, in: Weissbrodt/Wolfrum, The Right to a Fair Trial, S. 727, 728ff.; im CETA-Gutachten zwischen einem das Außen- und einem das Innenverhältnis betreffenden Aspekt der Unabhängigkeit unterscheidend EuGH, 30.4.2019, ECLI:EU:C:2019:341, Rn. 202f.

[269] Rechtsvergleichend *Rädler*, in: Weissbrodt/Wolfrum, the Right to a Fair Trial, S. 727, 735ff.; für Deutschland *Schilken*, JZ 2006, S. 860; mit einer anderen Begrifflichkeit *Lorenz*, Der Rechtsschutz des Bürgers und die Rechtsweggarantie, S. 203ff. Für die menschenrechtlichen Gewährleistungen sind die Amtsdauer, die grundsätzliche Unabsetzbarkeit sowie die Weisungsfreiheit die entscheidenden Kriterien, *Grabenwarter/Pabel*, in: Grote/Dörr/Marauhn, EMRK/GG, Konkordanzkommentar, Kap. 14 Rn. 47; *Schilling*, Internationaler Menschenrechtsschutz, Rn. 533.

[270] BVerfGE 4, 412, 416; E 22, 254, 258; E 95, 322, 327.

[271] *Voßkuhle*, Rechtsschutz gegen den Richter S. 119.

[272] UN-Generalversammlung, Basic Principles on the Independence of the Judiciary, Resolutions of the General Assembly 40/32, 29.11.1985, sowie 40/146, 13.12.1985, Rn. 10; dieses Erfordernis wird teilweise nicht aus der Unabhängigkeit, sondern aus dem in internationalen und regionalen Menschenrechtspakten verwendeten Begriff „competent" (etwa Art. 14 I 2 ICCPR) abgeleitet, so OSCE, Legal Digest of International Fair Trial Rights, S. 56 unter 3.2.1.

[273] BVerfGE 60, 175, 214; *Voßkuhle*, Rechtsschutz gegen den Richter, S. 100ff.; *Lorenz*, Der Rechtsschutz des Bürgers und die Rechtsweggarantie, S. 183.

[274] Zum Problem *Amerasinghe*, in: Wouters/Brems/Smis/Schmitt, Accountability for Human Rights Violations by International Organisations, S. 527, 538. Das untermauert auch die Diskussion um den Maßstab für die Unabhängigkeit und Unbefangenheit des parteigewählten Schiedsrichters. Da das Schiedsgericht anders als das staatliche Gericht ausschließlich auf dem Vertrauen der Parteien basiert, werden teils geringere Anforderungen gestellt, etwa BGHZ 65, 59, 63, zum Streitstand *Uhe*, SchiedsVZ 2018, S. 75, 77; *Karl*, Die Gewährleistung der Unabhängigkeit und Unparteilichkeit des Schiedsrichters, S. 43ff.

[275] So die Konfliktforschung *Gulliver*, in: Hamnett, Social Anthropology and Law, S. 15, 39; *Holtwick-Mainzer*, Der übermächtige Dritte, S. 89.

Beteiligung sichert die Sachkunde und die Akzeptanz des Verfahrens ab[276], was in Hinblick auf den oftmals empfehlenden Charakter seiner Ergebnisse effektivitätssteigernd wirken kann. Hier gilt es also, einen Kompromiss zwischen Nähe und Distanz zu finden, der in erster Linie darauf zielen muss, Missbrauchsmöglichkeiten der Verwaltung bei der Besetzung Grenzen zu ziehen. Die Immunitätsrechtsprechung kann dabei Anhaltspunkte liefern, wie sich Unabhängigkeit und Unparteilichkeit flexibel handhaben lassen, indem sie unterschiedliche Faktoren institutioneller und prozeduraler Art heranzieht[277], wie den Berufungsmodus, der, etwa über die Beteiligung Externer, garantieren muss, dass die Verwaltung nicht einseitig auf die Zusammensetzung des Mechanismus Einfluss nimmt, die Zeitdauer des Mandats und die Entscheidungsfreiheit. Weitere Indizien für die Unabhängigkeit und Unparteilichkeit des Streitbeilegungsmechanismus können die Fixierung eines Maßstabes sowie das Vorhandensein einer Verfahrensordnung[278] sein.

Hinzu tritt eine Gleichbehandlung der Streitbeteiligten im Verfahren selbst. Grundvoraussetzung ist das Gebot, beide Parteien zu hören[279], denn Kommunikationsvorgänge zwischen dem Dritten und beiden Beteiligten stellen sicher, dass sich der Dritte ein zutreffendes Bild vom Sachverhalt machen kann[280]. Hingegen trägt der Untersuchungsgrundsatz zwar auch zur Nivellierung der Ungleichheit der Beteiligten bei, indem er sicherstellt, dass auf einer objektiv richtigen Grundlage entschieden wird[281], aber ist für den Individualrechtsschutz keineswegs zwingend[282]. Er gilt als eine Besonderheit des deutschen Verwaltungsprozessrechts (§ 86 I VwGO)[283], zumal die Unterschiede zwischen Amtsermittlung und Beibringungsgrundsatz in der Praxis gering sind[284].

Die Öffentlichkeit des Verfahrens gilt zwar als wesentlich für die Dritte Gewalt[285] und darüber hinaus gehend als Gerechtigkeitspostulat[286] sowie Stabilisierungsinstrument der Gesellschaftsordnung[287], bildet aber keine eigenständige Min-

---

[276] Für die private Schiedsgerichtsbarkeit *Karl*, Die Gewährleistung der Unabhängigkeit und Unparteilichkeit des Schiedsrichters, S. 2 f.; auf die Gefahr einer Beeinträchtigung des kooperativen Charakters des Inspection Panels der Weltbank durch eine zu starke Verrechtlichung hinweisend *Wouters/Ryngaert*, in: Curtin/Wessel, Good Governance and the European Union, S. 69, 86.

[277] Ebenso *Keohane/Moravsik/Slaughter*, International Organization 54 (2000), S. 458, 460.

[278] *Prieß*, Internationale Verwaltungsgerichte und Beschwerdeausschüsse, S. 136, 140 ff.

[279] Als „prozessuales Urrecht des Menschen" bezeichnet in BVerfGE 55, 1, 5 f.

[280] *Lorenz*, Der Rechtsschutz des Bürgers und die Rechtsweggarantie, S. 231.

[281] *Nolte*, Die Eigenart des verwaltungsgerichtlichen Rechtsschutzes, S. 161 f.

[282] *Rennert*, DVBl. 2015, S. 793, 794; *Kaufmann*, Untersuchungsgrundsatz und Verwaltungsgerichtsbarkeit, S. 183 f., 244 ff., dort auch zum Streitstand; zur Ableitung aus dem objektiv-rechtsstaatlichen Kontrollauftrag der Gerichte *Schmidt-Aßmann*, in: Dürig/Herzog/Scholz, GG, 100. EL Januar 2023, Art. 19 IV Rn. 219.

[283] *Everling*, NVwZ 1987, S. 1, 6.

[284] *Ramsauer*, in: AK-GG, Art. 19 IV GG Rn. 122.

[285] *Häberle*, in: ders., Verfassung des Pluralismus, S. 126, 136.

[286] Von fehlender Publizität der Rechtsprechung auf Unrecht schließend *Kant*, Zum ewigen Frieden, Band XI, S. 244 f.; zum Gerechtigkeitsbezug auch *von Feuerbach*, Betrachtungen über die Öffentlichkeit und Mündlichkeit der Gerechtigkeitspflege, Band 1, S. 89.

[287] *Luhmann*, Legitimation durch Verfahren, S. 123.

destanforderung an Verfahrensgerechtigkeit. Denn der Öffentlichkeitsgrundsatz gilt nicht nur schon für das Gerichtsverfahren unter Einschränkungen[288], sondern auch die Immunitätsrechtsprechung sowie die politikwissenschaftliche und zivilrechtliche Analyse unterstreichen seine nicht zwingende Rolle für den Individualrechtsschutz. Das lässt sich damit erklären, dass die Funktion des Öffentlichkeitsgrundsatzes heute v.a. die Kontrolle der Justiz bildet[289]; dieser Zweck kann aber auch auf andere Weise erfüllt werden. Verzichtbar sind auch weitere Signa gerichtlichen Rechtsschutzes wie die Möglichkeit von Rechtsmitteln[290].

cc) Reelle Durchsetzungschance

Gemeinsames Merkmal ist schließlich, dass der Betroffene eine reelle Chance auf Durchsetzung seiner Belange gegen widerstrebende Kräfte hat[291]. Das gerichtliche Verfahren beruht auf der Annahme, dass die rechtsprechende Instanz kraft ihrer durch das Recht verliehenen Autorität[292] den Streitfall beendet. In der Regel werden rechtskräftige Entscheidungen der Verwaltungsgerichte befolgt[293], jedenfalls ist die Vollstreckung gegen Hoheitsträger nunmehr anerkannt[294]. Bei außergerichtlichen Streitbeilegungsmechanismen fehlt diese Gewissheit in Folge der grundsätzlich nicht-rechtsverbindlichen Natur ihrer Entscheidungen und der fehlenden rechtlichen Sanktionsmittel. Als Machtfaktor dienen bei diesen faktische Wirkmechanismen. Die Frage der Abhilfe ist bei ihnen deswegen – die Immunitätsrechtsprechung unterstreicht das überwiegend[295] – unter Zugrundelegung der tatsächlichen Befolgungschancen sowie auf der Grundlage einer Gesamtbetrachtung aller verfügbaren Rechtsschutzmechanismen zu beurteilen[296].

f) Anwendung auf das Detention Review Panel

Die Frage nach der Erfüllung solcher Effektivitätskriterien ist nicht leicht zu beantworten. Angesichts der Heterogenität außergerichtlicher Streitbeilegungsmechanis-

---

[288] Zu den Ausschlussgründen siehe § 48 I JGG, §§ 169 S. 2, 170, 171b III GVG sowie fakultativ §§ 171a, 172, 173a II GVG; Art. 6 I 2 EMRK; Art. 14 I 3 ICCPR.

[289] BVerfGE 103, 44, 63 f.; EGMR, Pretto u. a. v. Italien, Appl. No. 7984/77, Urteil v. 08.12.1983, Rn. 21; EGMR, Biryukov v. Russland, Appl. No. 14810/02, Urteil v. 17.01.2008, Rn. 30.

[290] Ebenso *Schmitt*, Access to Justice and International Organizations, S. 126.

[291] Zu diesem Wesensmerkmal *Lorenz*, Der Rechtsschutz des Bürgers und die Rechtsweggarantie, S. 183.

[292] *Forsthoff*, Rechtsstaat oder Richterstaat?, S. 18; *Lorenz*, Der Rechtsschutz des Bürgers und die Rechtsweggarantie, S. 184 f.

[293] Siehe nur die Argumentation der Rechtsprechung zum Wahlrecht zwischen allgemeiner Leistungs- und Feststellungsklage, etwa VGH BW, NVwZ 2000, S. 1304, 1305.

[294] Zu Diskussion *Pietzner/Möller*, in: Schoch/Schneider, VwGO, 40. EL Februar 2021, Vorb. § 167 Rn. 8 f.

[295] Siehe oben 6. Kapitel, A. IV. 2. d. aa., anders wohl das BVerfG, das „Entscheidungsmacht“ verlangt, BVerfGE 149, 346, 364.

[296] Für das Inspection Panel der Weltbank ebenso *Fauchald*, Scandinavian Studies in Law 58 (2013), S. 101; auch *Wouters/Ryngaerd*, in: Curtin/Wessel, Good Governance and the European Union, S. 83, 84 ff.

men müssen sie im hohen Maße kontextabhängig beurteilt werden[297]. Gleichzeitig ist die Bewertung auf praktische Erfahrungen mit ihrer Funktionsweise angewiesen[298]. So lässt sich aus dem Empfehlungscharakter nicht automatisch auf einen Verstoß gegen den Grundsatz der Rechtsdurchsetzung schließen. Am Beispiel des Detention Review Panels des Paris MoU[299] soll daher die Anwendung der Effektivitätskriterien verdeutlicht werden, da die Wirksamkeit dieses Verfahrens mit Hilfe von Rechtspraktikern analysiert wurde.

Ein Zugangshemmnis scheint der zwischenstaatliche Charakter des Verfahrens zu sein, der es Eignern und Betreibern verwehrt, das Panel unmittelbar anzurufen. Wegen der Interessenkonvergenz von Flaggenstaat, Klassifikationsgesellschaft als RO und Unternehmen wirkt die Zwischenschaltung eines Dritten hier indes nicht als Zugangshemmnis. Über das Verfahren und den Ablauf wird auf der Webseite des Paris MoU ausführlich informiert, so dass auch die Transparenz zu bejahen ist. Die Länge der Fristen ist zwar nicht rechtsschutzhemmend bemessen, aber ein zusätzlicher Hinweis bei Freigabe des Schiffs auf das Fristenerfordernis wäre wünschenswert.

Auf die Unparteilichkeit der Panel-Mitglieder achtet das Sekretariat bei der Auswahl. Problematisch ist allerdings die Unabhängigkeit, denn das Verfahren ist mit Mitgliedern des MoUs besetzt und das Panel wird ad hoc zusammengestellt. Auch wenn man berücksichtigt, dass der ad hoc-Charakter der übersichtlichen Verfahrenslast geschuldet ist, die Beteiligung des Sekretariats distanzschaffend wirkt und das Panel einen grundsätzlich umfassenden Kontrollmaßstab hat, ist ein Ausbau wegen der Eingriffsintensität des transnationalen Behördennetzwerks angebracht. Erwägenswert wäre, auch einen Vertreter eines internationalen Verbandes der Seeschifffahrtsindustrie zum Panel-Mitglied zu bestellen.

Ein weiteres Problem könnte die Durchsetzungsebene betreffen. Im Unterschied zu anderen außergerichtlichen Streitbeilegungsmechanismen der internationalen Verwaltung[300] werden die Empfehlungen des Panels von den MoU-Mitgliedern

---

[297] Siehe zu diesem Gesichtspunkt auch das CETA-Gutachten des EuGH, in dem er die Vereinbarkeit des ISDS-Mechanismus mit dem Recht auf Zugang zu einem unabhängigen Gericht geprüft hat: „Die Union muss also unter Berücksichtigung des Wesens, der Besonderheiten und des internationalen Kontexts solcher Organe dafür sorgen, dass Kapitel acht Abschnitt F des CETA und alle anderen Vorschriften, mit denen die Tragweite dieser Vorschriften des CETA bestimmt wird, garantieren, dass die eingerichteten Gerichte nach Abschluss und Durchführung des CETA die Merkmale eines zugänglichen und unabhängigen Gerichts aufweisen", EuGH, 30.4.2019, ECLI:EU:C:2019:341, Rn. 191.

[298] *Neumann/Peters*, in: Reinisch, Privileges and Immunities of International Organizations in Domestic Courts, S. 241, 261 f.

[299] Siehe oben 6. Kapitel, A. III. 1. a. aa.

[300] Für das Inspection Panel der Weltbank wird die Frage nach Konsequenzen gemischt beurteilt, kritisch etwa *Oleschak-Pillai*, in: Wouters/Brems/Smis/Schmitt, Accountability for Human Rights Violations by International Organizations, S. 401, 428; auf präventive Wirkungen verweisend hingegen *Gualtieri*, The British Year Book of International Law 72 (2001), S. 213, 251; das Potential einer weichen Autorität feststellend *Orakhelashvili*, International Organizations Law Review 2 (2005), S. 57, 86 f.; differenzierend auch *Dann*, Entwicklungsverwaltungsrecht, S. 163.

allerdings befolgt, da sie aus dem Kreis der Peers stammen; die fehlende Rechtsverbindlichkeit wirkt sich demnach nicht zu Lasten der Betroffenen aus. Anders ist dies jedoch, wenn eine Entschädigung im Raum steht, da bei einer Umsetzung hohe Kosten für das jeweilige Mitglied drohen. In diesem Fall kann der Betroffene keine effektive Verfolgung seiner Belange im Panel-Verfahren erwarten.

Ein insgesamt negatives Effektivitätsurteil folgt aus dem partiellen Potential des Panels, den Betroffenen eine reelle Durchsetzungschance zu geben, aber nicht, wenn man eine Gesamtbetrachtung anstellt. Der Mechanismus kommt den Bedürfnissen der maritimen Industrie grundsätzlich nach. Bei einem primär monetären Interesse ist zu sehen, dass das Seevölkerrecht Entschädigungsansprüche (etwa Art. 232 S. 1 SRÜ)[301] und ihre Durchsetzung vor Gericht vorgibt (etwa Art. 232 S. 2 SRÜ). Dem Unternehmen ist zuzumuten, zwischen dieser Option und den Risiken eines Prozesses abzuwägen. In Europa kommt hinzu, dass die EU den Sekundärrechtsschutz gegen die internationale Verwaltung verbessert. Die Hafenstaatkontrolle-Richtlinie setzt die völkerrechtlichen Vorgaben zur finanziellen Kompensation um und begründet einen Anspruch auf Ersatz des erlittenen Schadens bzw. Verlustes (Art. 19 VIII 2). Die den Rechtsschutz verstärkende Wirkung verdeutlicht der Fall des Bulkcarriers Visvliet: Die Bundesrepublik hatte die Hafenstaatkontrollrichtlinie verspätet umgesetzt. Das OLG Hamburg billigte dem klagenden Reeder einen Schadensersatzanspruch gegen die Berufsgenossenschaft Verkehrswirtschaft Post-Logistik Telekommunikation (BG Verkehr) als die für die Hafenstaatkontrolle zuständige Stelle zu, den es unmittelbar auf die Richtlinie stütze, und zusätzlich einen gemeinschaftsrechtlichen, jetzt unionsrechtlichen Staatshaftungsanspruch gegen die Bundesrepublik[302]; der BGH präferierte die zweite Lösung[303]. Somit ist insgesamt festzuhalten, dass eine Effektivitätsverbesserung in Hinblick auf die Unabhängigkeit des Panel-Verfahrens notwendig erscheint.

---

[301] Diese finden sich auch in den IMO-Konventionen. So verlangt MARPOL in Art. 7 II i. V. m. Art. 6, dass bei unangemessenen Festhalteanordnungen und Verzögerungen Kompensation zu leisten ist. Ob diese seevölkerrechtlichen Normen den seltenen Fall eines völkerrechtlichen Wiedergutmachungsanspruchs des Einzelnen (*Tomuschat*, in: Randelzhofer/Tomuschat, State Responsibilty and the Individual, S. 1 ff.) begründen (dagegen *Nordquist/Yankov/Grandy*, UNCLOS, Band IV, Rn. 232.6(a); offener *Wendel*, State Responsibility, S. 79 f.), ist angesichts des Wortlauts des Art. 232 S. 1 SRÜ, der die Staaten adressiert, zweifelhaft. Allerdings sprechen die IMO-Konventionen anders als Art. 232 SRÜ von Kompensationsansprüchen der „Schiffe" selbst, etwa Art. 7 II MARPOL. Daraus lässt sich aber nicht zwingend ableiten, dass individuelle Ansprüche begründet werden. Dass das Schiff personifiziert wird, ist charakteristisch für die maritime Praxis, wie die Üblichkeit von Schiffnamen sowie der Begriff des „Heimathafens" zeigen. Diese Zweifel untermauert ein Vergleich mit dem Wortlaut anerkannter völkerrechtliche Wiedergutmachungsansprüche des Einzelnen wie Art. 5 V EMRK (*Dörr*, in: Grote/Dörr/Marauhn, Konkordanzkommentar EMRK/GG, Kap. 13 Rn. 103). Diese Norm begründet in den Staaten, in denen die EMRK innerstaatlich anwendbar ist, wie etwa in Deutschland, eine unmittelbar anwendbare Anspruchsgrundlage (BGHZ 45, 46, 49 ff.). Diese ablehnende Sichtweise unterstreicht Art. 232 S. 2 SRÜ, der dem Einzelnen keine Klageberechtigung vor internationalen Gerichten gewährt, sondern dieser wird auf den Sekundärrechtsschutz vor den nationalen Gerichten verwiesen (*Becker-Weinberg*, in: Proelß, UNCLOS, Art. 232 Rn. 12 f.).

[302] OLG Hamburg, Urteil v. 21.11.2003, 1 U 90/01, Rn. 46 f.

[303] BGH, NVwZ-RR 2006, S. 28, 29 f.

3. Staatliche Effektivitätsabsicherungspflicht

a) Kooperationsgedanke als Richtschnur

Die Durchsetzung der so definierten Effektivität außergerichtlicher Streitbeilegungsmechanismen im internationalen Verwaltungsrecht muss rechtlich durch eine Effektivitätsabsicherungspflicht von Staaten einschließlich von Staatengemeinschaften wie der EU eingehegt werden. Zu unterscheiden ist diese von der in der völkerrechtlichen Literatur diskutierten Frage einer – meist menschenrechtlich fundierten – Inpflichtnahme internationaler Organisationen vis-à-vis ihren Mitgliedern oder auch vis-à-vis Individuen, die auch die Schaffung adäquater Rechtsschutzmechanismen umfassen soll[304]. Die Effektivitätsabsicherungspflicht besteht gegenüber den von der internationalen Verwaltung Betroffenen. Inhaltlich richtet sie sich darauf, dass Staaten bzw. Staatengemeinschaften auf die Errichtung wirksamer Rechtsschutzmechanismen gegen die internationale Verwaltung hinwirken, falls diese nicht selbst für Abhilfe sorgt oder falls deren Rechtsschutzmechanismen an Mängeln grundsätzlicher Art leiden. Maßstab bildet nicht der jeweils innerstaatliche, sondern bilden die soeben genannten gemeinsamen Standards. Die Überlegungen zur Effektivitätssicherungspflicht beziehen sich an dieser Stelle zunächst nur auf den Rechtsschutz gegen die Seeverwaltung unter staatlicher Beteiligung, etwa gegen Maßnahmen im Rahmen der PSC MoUs. Der Schutz gegen die rein private Seeverwaltung wird gesondert erörtert[305].

Der so umrissenen Effektivitätssicherungspflicht liegt der Kooperationsgedanke zugrunde. Denn sie fußt auf den Beobachtungen, dass es die Staaten sind, die in vielfältiger Form an der internationalen Verwaltung mitwirken und diese daher beeinflussen können. Zwar verfolgen sie mit der internationalen Kooperation ein an sich legitimes Anliegen; wegen der Rechtserheblichkeit der internationalen Verwaltung wird dadurch aber zugleich ein Risiko für private Belange geschaffen, weswegen kompensierend die Pflicht eingreift, auf ein Mindestniveau an Rechtsschutz in den jeweiligen kooperativen Regelungsstrukturen zu achten.

Um die Ratio des Kooperationsprinzips zu verdeutlichen, wird es in einem ersten Schritt vom Einwirkungsprinzip abgegrenzt, das häufig als Richtschnur für den Rechtsschutz in internationalen Verflechtungszusammenhängen angeführt wird[306] (b), bevor das rechtliche Fundament der Pflicht geklärt wird (c–e). Abschließend wird die Reichweite der Qualitätssicherungspflicht ausgelotet (f).

---

304 *Schmalenbach*, in: Klabbers/Wallendahl, Research Handbook on the Law of International Organizations, S. 251, 267 ff.; *Schmitt*, Access to Justice and International Organizsations, S. 115 ff.; *Janik*, Bindung an Menschenrechtsstandards, S. 516 ff.; *de Wet*, The Chapter VII Powers of the United Nations Security Council, S. 225 ff.; *Reinisch*, in: BDGV 42 (2007), S. 43, 84 ff.

305 Siehe unten 6. Kapitel, B. IV. 2.

306 *Kahl*, in: HStR XI, § 253 Rn. 48; *Schoch*, in: GVwR III, § 50 Rn. 19; zum Einwirkungsprinzip als Auslegungsmaxime für Art. 19 IV GG auch *Schmidt-Aßmann*, Verwaltungsrechtliche Dogmatik, S. 99.

b) Abgrenzung vom Einwirkungsprinzip

Die Konsequenzen der Globalisierung auf den Grundrechtsschutz unter dem Grundgesetz werden oftmals unter einer rein innerstaatlichen Perspektive analysiert[307]. Gängig ist die Frage nach einem Grundrechtsschutz gegen Einwirkungen überstaatlicher Instanzen auf Deutschland. Als Leitentscheidung gilt die Maastricht-Entscheidung, in der das BVerfG feststellte, „auch Akte einer besonderen, von der Staatsgewalt der Mitgliedstaaten geschiedenen öffentlichen Gewalt einer supranationalen Organisation betreffen die Grundrechtsberechtigten in Deutschland. Sie berühren damit die Gewährleistungen des Grundgesetzes und die Aufgaben des Bundesverfassungsgerichts, die den Grundrechtsschutz in Deutschland und insoweit nicht nur gegenüber deutschen Staatsorganen zum Gegenstand haben"[308]. Dieses zunächst auf Akte der damaligen EG bezogene Einwirkungsprinzip[309], das für das Gemeinschaftsrecht im nächsten Satz durch das Bekenntnis zu einer Kooperation mit dem EuGH relativiert wurde, ist in seinem Anwendungsbereich aber nicht auf das Europarecht beschränkt[310].

Das Einwirkungsprinzip eignet sich zunächst tatbestandlich für die Ableitung des Grundrechtsschutzes gegenüber der Konglomeratsverwaltung nicht, da es auf den Grundrechtsschutz hinsichtlich supranational wirkender Rechtsakte zugeschnitten ist[311]. Es geht von der Vorstellung aus, dass z.B. eine Verordnung der Gemeinschaft bzw. jetzt Union in die innerstaatliche Rechtsordnung eindringt und so Rechtspositionen des Einzelnen verändert, der daher vor den nationalen Gerichten Rechtsschutz unter Berufung auf die nationalen Grundrechte sucht. Im internationalen Verwaltungsrecht fehlt es regelmäßig an dieser Supranationalität. Dem Einwirkungsprinzip liegt ferner ein im Ausgangspunkt raumbezogenes Grundrechtsverständnis zugrunde[312], das mit personalen sowie wirkungsbezogenen Überlegungen verknüpft ist[313], indem es den Schutz der auf dem Staatsgebiet lebenden Grundrechtsberechtigten vor rechtlich relevanten Eingriffen von außerhalb des Nationalstaats in den Vordergrund stellt, während die Zielrichtung des Kooperationsgedankens eine internationale ist, nämlich die Verbesserung des Rechtsschutzniveaus für von der internationalen Verwaltung Betroffene, da und insofern er die Mitwirkung des Staats an der internationalen Verwaltung als Zurechnungsgrund wählt.

---

[307] Dazu *Ruthig*, in: Wolter/Riedel/Taupitz, Einwirkungen der Grundrechte, S. 271, 277ff.

[308] BVerfGE 89, 155, 175.

[309] *Kahl*, in: HStR XI, § 253 Rn. 48; *Schoch*, in: GVwR III, § 50 Rn. 19; *Fassbender*, AöR 132 (2007), S. 257, 264ff.; *Schenke*, in: Bonner Kommentar GG, Juni 2023, Art. 19 IV Rn. 360.

[310] BVerfG (K), NJW 2001, S. 2705; *Ruthig*, in: Wolter/Riedel/Taupitz, Einwirkungen der Grundrechte, S. 271, 278.

[311] Kritisch zu diesem territorial angelegten Verständnis *Walter*, AöR 129 (2004), S. 39, 47, 63f., 67.

[312] Zum „Grundrechtsraum"-Konzept in der Maastricht-Entscheidung *Frowein*, ZaöRV 54 (1994), S. 1, 4.

[313] *Walter*, AöR 129 (2004), S. 39, 49f.

c) Verfassungsrecht

aa) Schutzpflicht aus materiellen Grundrechten

(1) Einwirkungsanspruch für internationale Lagen

Als dogmatischer Anknüpfungspunkt für eine grundrechtlich fundierte Effektivitätsabsicherungspflicht kann einmal der in der Literatur aus den Schutzpflichten entwickelte sog. Einwirkungsanspruch dienen, der für Grundrechtsschutz bei internationalen Lagen sorgen soll. Nach ihm muss die deutsche Staatsgewalt die Grundrechte auch gegenüber fremder hoheitlicher Gewalt geltend machen[314]. Der Einwirkungsanspruch wird nicht nur auf fremde staatliche Gewalt[315], sondern allgemein auf fremde Gewalt bezogen[316]. Das BVerfG hat eine grundrechtliche Schutzpflicht gegen fremde Hoheitsgewalt in Bezug auf das Inland[317] sowie den Auslandsschutz[318] anerkannt.

Dieser Einwirkungsanspruch bedeutet eine Erweiterung der herkömmlichen Schutzpflichtendimension[319] und stößt daher auf Begründungsprobleme. Denn wenn die grundrechtliche Schutzpflicht aus dem Staatszweck Sicherheit abgeleitet und als Konsequenz des staatlichen Gewaltmonopols betrachtet wird[320], dann fällt es schwer, grenzüberschreitende Sachverhalte mit ihr zu erklären[321]. Dieselben Schwierigkeiten treten auf, wenn man die Schutzpflichten dogmatisch mit dem Status Negativus verknüpft, indem man Beeinträchtigungen durch Private, die der Staat erlaubt und die die Beeinträchtigten wegen der mit dem Gewaltmonopol korrespondierenden Friedenspflicht dulden müssen, dem Staat zurechnet und damit im Ergebnis als Eingriff im weiteren Sinne versteht[322]. Für eine Übertragung auf grenzüberschreitende Sachverhalte lässt sich zwar anführen, dass man ein mehrpoliges Rechtsverhältnis auch dann annehmen kann, wenn von internationalen Organisationen, transnationalen Behördennetzwerken oder fremden Staaten Beeinträchti-

---

314 *Elbing*, Zur Anwendung der Grundrechte bei Sachverhalten mit Auslandsbezug, S. 98 ff.; für die Entwicklungszusammenarbeit *Dann*, in: HStR XI, § 249 Rn. 70; ferner *Dörr*, Der europäisierte Rechtsschutzauftrag deutscher Gerichte, S. 180; *Röben*, Außenverfassungsrecht, S. 385 ff., 403; *Hoffmann-Riem*, JZ 2014, S. 53, 60; *Neubert*, AöR 140 (2015), S. 271; *Walter*, AöR 129 (2004), S. 39, 66; *Ohler*, Kollisionsordnung, S. 210; für eine Schutzpflichtenkonstruktion auch *Klein*, in: GS Grabitz, S. 271, 277 sowie *Badura*, in: HGR II/1, § 47 Rn. 15.

315 *Elbing*, Zur Anwendung der Grundrechte bei Sachverhalten mit Auslandsbezug, S. 99 ff., 103.

316 *Walter*, AöR 129 (2004), S. 39, 68.

317 Siehe den Nachrüstungsbeschluss BVerfGE 66, 39, 61; ferner der C-Waffen-Beschluss E 7, 170, 214 ff.

318 BVerfGE 6, 290, 299; ferner das Urteil zum Grundlagenvertrag E 36, 1, 31 f. und die Hess-Entscheidung BVerfGE 55, 349, 364.

319 Ebenso *Dietlein*, Die Lehre von den grundrechtlichen Schutzpflichten, S. 122 f.; *Cornils*, AöR 129 (2004), S. 336, 366.

320 *Isensee*, Grundrecht auf Sicherheit, S. 34 ff.; *Murswiek*, Die staatliche Verantwortung für die Risiken der Technik, S. 102 ff.

321 *Kleinlein/Rabenschlag*, ZaöRV 67 (2007), S. 1277, 1303.

322 Zu dieser sog. Duldungslösung *Schwabe*, Probleme der Grundrechtsdogmatik, S. 213 ff.; *Murswiek*, Die staatliche Verantwortung für die Risiken der Technik, S. 61 ff., 88 ff.

gungen ausgehen, gegen die der Staat schützend vorgehen soll[323], da diese ebenso wie Private nicht an die deutschen Grundrechte gebunden sind. Bei Behördennetzwerken liegt allerdings rechtlich kein Dritter im Rechtssinne vor. Vor allem aber untersteht die internationale Verwaltung nicht der Hoheitsgewalt eines einzelnen Staats. Der einzelne Staat lässt ihr grundrechtsrelevantes Verhalten nicht wie etwa bei der Genehmigung einer gefährlichen Anlage auf seinem Staatsgebiet zu, sondern bildet selbst ein Element dieser konglomeratischen Strukturen. Dieses Problem des mangelnden Subordinationsverhältnisses zwischen Staat und Drittem lässt sich aber lösen, wenn man die Schutzpflichten als eigenständige Grundrechtsdimension deutet[324], die aus der aus Art. 1 I 2 GG folgenden und jedem Grundrecht als Wesensgehalt immanenten Menschenwürde[325] bzw.[326] der objektiven Werteordnung[327] entnommen wird, oder man eine Annextheorie als Begründungsansatz bemüht, die auf einen Nachweis der staatstheoretischen Erwägungen im Einzelfall verzichtet[328].

Die in der Literatur geäußerten Bedenken gegenüber solchen grenzüberschreitenden Schutzpflichten überzeugen nicht. Ihre Kritik weist in drei Richtungen: Wenn sich die deutsche Staatsgewalt an der Ausübung fremder Hoheitsgewalt beteilige und somit eine Causa setze[329], läge – so der erste Kritikpunkt – keine für die Aktivierung der Schutzpflichtendimension typische Sachverhaltskonstellation vor, da die deutsche öffentliche Gewalt nicht außerhalb der eigentlichen Konfliktsphäre stehe, so dass es an einem echten „Rechts-Dreieck“[330] fehle[331]. Dass es sich um eine Weiterentwicklung der Schutzpflichtendimension handelt, wurde soeben gezeigt. Die Bejahung einer Schutzpflicht wäre – so ein zweiter Kritikpunkt – paradox, denn der Staat als Schutzgarant wäre verpflichtet, den Grundrechtsberechtigten vor sich selbst zu schützen[332]. Die Effektivitätsabsicherungspflicht bedeutet aber keinen Schutz gegen sich selbst, da die deutsche Staatsgewalt nur ein Element der Konglomeratsverwaltung bildet. Dass das Argument des Paradoxen hinkt, untermauert ferner ein Vergleich mit einer anerkannten Schutzpflichtenkonstellation: In der Genehmigung einer gefährlichen Anlage liegt ebenfalls ein abstrakter Mitwirkungsakt der grundrechtsgebundenen Hoheitsgewalt; trotzdem hindert diese Art der Beteiligung eine staatliche Schutzpflicht nicht. Drittens geht es dieser Ansicht letztlich darum, eine Absenkung des Grundrechtsschutzniveaus zu verhindern[333];

---

323 *Rauser*, Die Übertragung von Hoheitsrechten, S. 286.

324 So die h.M., siehe *Dietlein*, Die Lehre von den grundrechtlichen Schutzpflichten, S. 51 ff. m. w. N.; zu weiteren Begründungsansätzen *C. Calliess*, in: HGR II/1, § 44 Rn. 8 ff.

325 BVerfGE 88, 203, 251 f.

326 In der zweiten Schwangerschaftsabbruchsentscheidung werden beide Begründungsansätze zusammengeführt BVerfGE 88, 203, 251 f.

327 BVerfGE 39, 1, 42; E 46, 160, 164; E 49, 48, 67; E, 53, 30, 57; E 56, 54, 73.

328 *Klein*, NJW 1989, S. 1633, 1636.

329 *Menzel*, Internationales Öffentliches Recht, S. 573 f.

330 *Isensee*, Das Grundrecht auf Sicherheit, S. 34.

331 Für Auslieferungskonstellationen *Cremer*, Der Schutz vor den Auslandsfolgen aufenthaltsbeendender Maßnahmen, S. 242 ff.

332 *Wolff*, Der Schutz des Einzelnen, S. 159.

333 Konfrontativ („Schutzpflicht statt Abwehrecht“) *Cornils*, AöR 129 (2004), S. 336, 366.

sie bevorzugt deswegen die Abwehrdimension, wobei sie im deutschen Kooperationsakt den Eingriffsakt sieht, den sie mit dem Verhalten fremder Hoheitsgewalt zu einer rechtlichen Einheit verknüpfen möchte[334]. Eine solche an Kausalitätskriterien orientierte Zurechnung konkreter Rechtshandlungen ist im internationalen Verwaltungsrecht, wie gesehen[335], aber nicht immer möglich. Knüpft man wegen dieser Zurechnungsschwierigkeiten an die Kooperationsgrundlage an, dann bedeutete ein Unterlassen, dass sich der deutsche Staat aus der internationalen Verwaltung per se zurückziehen müsste, da diese theoretisch immer mit Rechtsbeeinträchtigungen verbunden ist. Das widerspräche aber der auch durch das GG anerkannten Einbindung der Bundesrepublik in die internationale Staatengemeinschaft.

(2) „Extrovertierte" Grundrechte als Grundlage

Schutzpflichten sind v. a. für Art. 2 II 1 GG anerkannt[336]. Als Objekt einer Schutzpflicht kommt aber grundsätzlich jedes Freiheitsrecht in Betracht[337]. Für Sachverhalte mit Auslandsbezug wird teilweise weitergehend danach differenziert, ob der sachliche Anwendungsbereich des jeweiligen Grundrechts für Sachverhalte internationaler Kooperation eröffnet ist und das Grundrecht damit „extrovertiert" ist oder aber territorial radiziert und damit rein „introvertiert" bleibt[338]. Abstrakte Kriterien dafür gibt es aber kaum[339], da sich das GG dazu nur selten – etwa bei Art. 11 I – explizit verhält.

Im Seeverwaltungsrecht sind es die Wirtschaftsgrundrechte, Art. 12 I, 14 I GG, um deren Schutzdimension es geht. In der innerstaatlichen Schutzpflichten-Konstellation besteht gegenüber einer Schutzpflicht im Bereich der Wirtschaftsgrundrechte zwar Zurückhaltung, da man argumentiert, diese Grundrechte zielten im Kern auf staatliche Neutralität und nicht auf staatlichen Schutz[340]. Diese Erwägungen überzeugen für den grenzüberschreitenden Bereich aber wenig, da Private hier in Bezug auf den Rechtsschutz auf den mediatisierten Schutz angewiesen sind.

---

[334] Wenn Zurechnungskriterien wie Kausalität und Vorhersehbarkeit vorliegen, *Cremer*, Der Schutz vor den Auslandsfolgen aufenthaltsbeendender Maßnahmen, S. 255 ff.

[335] Siehe oben 6. Kapitel, A. I. 2. b.

[336] *C. Calliess*, Rechtsstaat und Umweltstaat, S. 314.

[337] *C. Calliess*, Rechtsstaat und Umweltstaat, S. 317; das BVerfG hat dies noch nicht für alle Freiheitsrechte entschieden; der umfassende Ansatz wird aber im ersten Schwangerschaftsurteil deutlich, wenn es heißt: „Die Schutzverpflichtung muss umso ernster genommen werden, je höher der Rang des in Frage stehenden Rechtsgutes innerhalb der Wertordnung des Grundgesetzes anzusetzen ist", BVerfGE 39, 1, 42.

[338] In Anlehnung an die Spanier-Entscheidung des BVerfG (BVerfGE 31, 58) *Cremer*, Der Schutz vor den Auslandsfolgen, S. 325 ff.; *Heintzen*, Auswärtige Beziehungen privater Verbände, S. 152 ff.; auch *Lorenz*, Der territoriale Anwendungsbereich, S. 175 ff., 296; auf das „Umfeld" des Grundrechts abstellend *Elbing*, Zur Anwendung der Grundrechte bei Sachverhalten mit Auslandsbezug, S. 247; *Krieger*, Die Reichweite der Grundrechtsbindung, S. 7 f.

[339] Zu den Problemen solcher Begrenzungen *Wolff*, Der Schutz des Einzelnen, S. 155; *Nolte*, VVDStRL 67 (2008), S. 129, 151.

[340] *Isensee*, in: HStR V, § 111 Rn. 98; *Möstl*, DÖV 1998, S. 1029, 1032 ff.; für Art. 12 I GG ist eine staatliche Schutzpflicht v. a. im Arbeitsverhältnis anerkannt, BVerfGE 97, 169, 175.

Da gerade die wirtschaftliche Betätigung ein Sachverhalt mit einer erheblichen Auslandsberührung ist, ist auch die Extrovertiertheit, möchte man diese als Abgrenzungskriterium heranziehen, erfüllt.

bb) Art. 19 IV GG

Art. 19 IV GG begründet ein Leistungsrecht auf effektiven Rechtsschutz[341]. Als normativer Ankerpunkt für eine Pflicht zur Effektivitätsabsicherung erscheint die Rechtsschutzgarantie trotz dieser positiven Zielrichtung gleichwohl zweifelhaft. Denn auf der Tatbestandsseite stellt das konstruktive Hindernis das Erfordernis der Rechtsverletzung durch die „öffentliche Gewalt“ dar. Herkömmlich fällt unter diesen Begriff nur die inländische öffentliche Gewalt[342]. In seinen Eurocontrol-Entscheidungen räumt das BVerfG zwar ein, dass diese Sichtweise nicht zwingend sei, sie ergebe sich aber aus Sinn und Zweck der Ermächtigungsnorm des Art. 24 GG, die somit im Ergebnis den alleinigen verfassungsrechtlichen Maßstab für Rechtsschutzdefizite zwischenstaatlicher Einrichtungen bilden soll[343]. Wollte man eine „subsidiäre“ Gerichtsbarkeit deutscher Gerichte zulassen, dann „könnte die Funktionsfähigkeit der zwischenstaatlichen Einrichtung beeinträchtigt werden, zumal sie die Gefahr ungleichmäßigen Rechtsschutzes in den einzelnen Mitgliedsstaaten beschwört“[344]. Zudem verwies das BVerfG auf das durch Art. 24 GG zugebilligte weite Ermessen des Gesetzgebers, „ob und inwieweit einer zwischenstaatlichen Einrichtung Hoheitsrechte eingeräumt werden und in welcher Weise diese Einrichtung rechtlich und organisatorisch ausgestaltet werden soll. Dies schließt grundsätzlich auch die Befugnis ein, hinsichtlich der Ausgestaltung des Rechtsschutzes gegen Handlungen der zwischenstaatlichen Einrichtung besondere Regelungen zu treffen.“[345]

Allerdings deutet sich ein Wandel im Verständnis der Rechtsschutzgarantie an. An die Stelle einer strikten Begrenzung auf Akte der inländischen öffentlichen Gewalt soll nach Stimmen in der Literatur ein „funktionales und komplementaritätsorientiertes Verständnis“ des Art. 19 IV GG treten[346]. Danach sollen die deutschen Gerichte – im Sinne der Solange-Rechtsprechung – ihre Jurisdiktion gegenüber Akten fremder Hoheitsträger nicht ausüben, sofern im überstaatlichen Bereich ein

[341] BVerfGE 101, 106, 123; E 118, 168, 207.

[342] Siehe nur *Ernst*, in: v. Münch/Kunig, GG, Art. 19 IV Rn. 138; *Papier,* in: HStR VIII, § 177 Rn. 28.

[343] BVerfGE 58, 1, 28, 30; E 59, 63, 86.

[344] BVerfGE 58, 1, 28; E 59, 63, 85 f.

[345] BVerfGE 58, 1, 28.

[346] *Kahl,* in: HStR XI, § 253 Rn. 48; zur Idee bereits *Elbing*, Zur Anwendung der Grundrechte bei Sachverhalten mit Auslandsbezug, S. 287 ff., 315; zum kompensatorischen Rechtsschutz ferner auch *Schmidt-Aßmann*, in: Dürig/Herzog/Scholz, GG, 100. EL Januar 2023, Art. 19 IV GG Rn. 50; *Gärditz*, EuGRZ 2018, S. 530 ff.; *v. Arnauld*, JöR 59 (2011), S. 497, 517 („Residualverantwortung“); *Schoch*, in: GVwR III, § 50 Rn. 403; auch *Ibler*, in: Berliner Kommentar zum GG, Art. 19 IV Rn. 55; *Schenke*, in: Bonner Kommentar zum GG, Juni 2023, An. 19 IV Rn. 361.

dem GG im Wesentlichen vergleichbarer Rechtsschutz verfügbar ist[347]. Art. 24 I GG wird danach nicht als Kontrapunkt und Lex Specialis zu Art. 19 IV GG verstanden, sondern als ergänzende Bestimmung.

Zunächst in den Kammerentscheidungen zum Europäischen Patentamt und zum Internationalen Währungsfonds[348] und schließlich in seiner Leitentscheidung zur Euroschule Frankfurt[349] vertritt auch das BVerfG ein funktionales Verständnis[350]. Verfassungsrechtlicher Maßstab für den Rechtsschutz gegen überstaatliche Instanzen bildet nunmehr „Art. 19 Abs. 4 in Verbindung mit Art. 24 Abs. 1 GG"[351]. Ermächtige der Gesetzgeber zwischenstaatliche Einrichtungen dazu, öffentliche Gewalt unmittelbar gegenüber den Betroffenen in Deutschland auszuüben, müsse er sicherstellen, dass diese einen wirkungsvollen Rechtsschutz vorhalten[352]. Das BVerfG verlangt ein „grundgesetzlich gefordertes Minimum" an Rechtsschutz, möchte dieses aber nicht genuin deutsch verstehen, wenn es betont, dass die von ihm in der Entscheidung formulierten Kriterien den vom EGMR angestellten Anforderungen entsprächen[353].

Diese internationale Ausrichtung des Art. 19 IV GG bezieht sich unmittelbar auf den Rechtsschutz gegen Akte supranationaler Organisationen i. S. v. Art. 24 GG und ist in der Folge am Einwirkungsprinzip orientiert. Aus ihm lassen sich gleichwohl grundsätzliche Aussagen für den Rechtsschutz in internationalisierten Verwaltungsbeziehungen entnehmen[354]. Denn Ausgangspunkt ist die allgemeine Feststellung, dass das GG die Bundesrepublik als einen „offenen Verfassungsstaat" konzipiert hat und damit von der internationalen Kooperationsfähigkeit Deutschlands ausgeht[355]. Die Übertragung von Hoheitsgewalt und damit verbunden der grundsätzliche Ausschluss des Zugangs zu deutschen Gerichten, um die es in den behandelten Fällen ging, bildet einen besonders weitreichenden Fall internationaler Kooperation und keine Sonderkonstellation[356]. Die auf dieser Beobachtung der Öffnung nach außen fußende Neuinterpretation der Rechtsschutzgarantie besagt, dass Rechtsschutz zuvörderst durch eigene Rechtsschutzeinrichtungen der internationalen Verwaltung

---

[347] *Schmidt-Aßmann*, in: Dürig/Herzog/Scholz, GG, 100. EL Januar 2023, Art. 19 IV GG Rn. 48a ff.

[348] BVerfG (K), NJW 2001, S. 2705 f.; NVwZ 2006, S. 1403 f.; NVwZ 2006, S. 2098, 2099; NVwZ 2010, S. 641, 642.

[349] BVerfGE 149, 346 ff.

[350] Zu den Parallelen die Besprechung von *Gärditz*, EuGRZ 2018, S. 530, 534, 541. Verfassungsprozessual (dazu *Lenz/Hansel*, BVerfGG, § 90 Rn. 203) kommen die Akte internationaler Organisationen selbst als Beschwerdegegenstand in Betracht; allerdings muss der Beschwerdeführer darlegen, dass im Rahmen der Organisation der unabdingbare Mindeststandard an Grundrechtsschutz nicht gewährleistet ist; ansonsten ist die Verfassungsbeschwerde unzulässig.

[351] BVerfGE 149, 346, 370.

[352] BVerfGE 149, 346, 364.

[353] BVerfGE 149, 346, 364 f.

[354] *Schmidt-Aßmann*, in: Dürig/Herzog/Scholz, GG, 100. EL Januar 2023, Art. 19 IV GG Rn. 50 f.

[355] BVerfGE 149, 346, 361.

[356] Siehe oben 6. Kapitel, A. I. 3.

zu erfolgen hat, die gewissen Standards entsprechen. Der deutsche Staat greift ein, wenn diese Einrichtungen „strukturelle“[357] Mängel aufweisen, drängt aber nicht seine Vorstellungen von gerichtlichem Rechtsschutz auf. Genau das ist aber die Zielrichtung der Effektivitätsabsicherungspflicht. Die in der Literatur verlangte Residualkompetenz der Gerichte möchte das Gericht nicht ausdrücklich aus Art. 19 IV GG ableiten[358]. Es sieht zunächst den „Integrationsgesetzgeber“ in der Pflicht, Hoheitsrechte nur zu übertragen, wenn die jeweilige Einrichtung „rechtsstaatliche, einen adäquaten Grundrechtsschutz verbürgende Garantien“ aufweist; daneben sind aber auch „alle Verfassungsorgane im Rahmen ihrer Kompetenzen verpflichtet, darauf hinzuwirken, dass die vom Grundgesetz geforderten Mindeststandards nicht unterschritten werden“[359]. Das BVerfG geht von einer gemeinsam mit den Fachgerichten ausgeübten Kontrolle aus, wobei ihm wegen seines Verwerfungsmonopols hinsichtlich des Zustimmungsgesetzes[360] eine zentrale Stellung zukommt[361].

cc) Keine Begründung über Art. 27 GG

Für das Seeverwaltungsrecht liegt es zwar nahe, eine verfassungsrechtliche Pflicht zur Effektivitätsabsicherung über die seerechtliche Grundsatznorm des Art. 27 GG zu begründen. Im Ergebnis überzeugt sie als Grundlage aber nicht. Nach ihr „bilden alle deutsche Kauffahrteischiffe eine einheitliche Handelsflotte“. Der Vorschrift hat eine föderale, eine zwischenstaatliche und eine schutzbezogene Dimension[362]. Sie verweist auf die ausschließliche Flaggenhoheit des Bundes über deutsche Handelsschiffe, verpflichtet in Ergänzung zu Art. 25 GG die deutsche Staatsgewalt dazu, die flaggenrechtlichen Regeln des Völkerrechts zu beachten, und verlangt nach einer allerdings umstrittenen Ansicht[363] als Einrichtungsgarantie zudem den Erhalt und den Schutz der deutschen Handelsflotte.

Eine Effektivitätsabsicherungspflicht könnte sich auf die zuletzt genannte Dimension stützen, wenn man argumentiert, dass der Schutzauftrag des Art. 27 GG ein staatliches Tätigwerden gebiete, da das Transportgeschäft der deutschen maritimen Industrie durch die nur unzureichend durch Rechtsschutzmechanismen flankierte Tätigkeit der Seeverwaltung beeinträchtigt sei. Der zweifelhafte Schutzauftrag des Art. 27 GG soll indes nur dann eingreifen, wenn die Funktionsfähigkeit

---

[357] BVerfGE 149, 346, 362 u. 370 f.

[358] BVerfGE 149, 346, 360 f.

[359] BVerfGE 149, 346, 362 und Leitsatz 2.

[360] Auch ein zunächst verfassungsmäßiges Integrationsgesetz kann nachträglich verfassungswidrig werden, wenn eine verfassungswidrige Anwendungspraxis auf das Integrationsgesetz selbst zurückzuführen ist und darin ein strukturbedingtes normatives Regelungsdefizit zum Ausdruck kommt, BVerfGE 149, 346, 362.

[361] Zu den Rechtsfolgen *Gärditz*, EuGRZ 2018, S. 530, 540 f.

[362] *Herdegen*, in: Dürig/Herzog/Scholz, GG, 100. EL Januar 2023, Art. 27 Rn. 1–6.

[363] Insbesondere *Dörr*, Die deutsche Handelsflotte und das Grundgesetz, S. 163 ff., der eine objektiv-rechtliche Einrichtungsgarantie bejaht; zur Diskussion *Erbguth/Schubert*, in: Sachs, GG, Art. 27 Rn. 8. Das BVerfG hat in seiner Zweitregisterentscheidung offengelassen, ob der Schutz der deutschen Handelsflotte ein Belang mit Verfassungsrang ist, BVerfGE 92, 26, 43.

der deutschen Handelsflotte nachhaltig beeinträchtigt ist[364]. Diese Schwelle dürfte allenfalls beim gänzlichen Fehlen von Rechtsschutz gegen die Seeverwaltung überschritten sein. Insbesondere eignet sich die Norm nicht für eine Anwendung auf das internationale Verwaltungsrecht, da sie nationalstaatlich ausgerichtet ist. So ist der Anwendungsbereich auf die eigene Flotte begrenzt. Weiter wird der Schutzauftrag des Art. 27 GG in erster Linie im Zusammenhang mit dem Schutz von Handelsschiffen gegen Gefahren von außen, etwa durch fremde Seestreitkräfte, diskutiert[365]. Demgegenüber zeichnet sich die Seeverwaltung als Konglomeratsverwaltung dadurch aus, dass ganz verschiedene Verwaltungsakteure und darunter auch deutsche Behörden einzeln, aber auch in netzwerkartigen Strukturen übergriffig werden.

d) Positive Verpflichtung aus menschenrechtlichen Rechtsschutzgarantien

Völkerrechtlich lässt sich eine staatliche Effektivitätsabsicherungspflicht nur menschenrechtlich[366] begründen und zwar als eine Ausformung einer positiven Verpflichtung in Form einer Schutzverpflichtung[367]. Während der Menschenrechtsschutz sich lange Zeit auf die Eingriffsabwehr konzentrierte,[368] werden den Menschenrechten nunmehr in der internationalen Dogmatik nach dem Inhalt staatlicher Verpflichtungen drei Dimensionen zugesprochen. Staaten dürfen die Menschenrechte, zu deren Einhaltung sie sich verpflichtet haben, nicht selbst verletzen (Duty to Respect), sie müssen die Menschenrechte vor Eingriffen durch Dritte schützen (Duty to Protect) und schließlich die Ausübung der Menschenrechte durch positive Leistungen ermöglichen (Duty to Fulfill)[369]. Im Unterschied zum von *Karel Vasak* geprägten Modell der Menschenrechtsgenerationen[370] wohnt diese Mehrdimensionalität jedem Menschenrecht inne[371]. Die Trias von Respect, Protect und Fulfill resultiert aus der Einheit und Unteilbarkeit aller Arten von Menschenrechten[372]. Eine qualitative Kategorisierung von Menschenrechten ist die Einteilung in positive Verpflichtungen,

---

[364] *Dörr*, Die deutsche Handelsflotte, S. 187.

[365] *Herdegen*, in: Dürig/Herzog/Scholz, GG, 100. EL Januar 2023, Art. 27 Rn. 28.

[366] Dieses ist die maßgebliche Rechtsquelle für völkerrechtliche Schutzpflichten, *Stahl*, Schutzpflichten im Völkerrecht, S. 77. Das hier in Betracht zu ziehende Seevölkerrecht scheidet als Basis indes aus. Zwar verpflichtet das SRÜ in seinen Schutzbestimmungen (siehe oben 6. Kapitel, A. I. 1.) die Staaten zur Kooperation, um unnötige Beeinträchtigungen der Seeschifffahrt zu reduzieren, etwa Art. 226 II, was eine Qualitätssicherungspflicht als Ausfluss einer seevölkerrechtlichen Kooperationspflicht nahelegen mag. Die Rechtsschutzfrage wird im SRÜ aber mit diplomatischem Schutz (Art. 231 S. 3) sowie Schutz vor dem ISGH beantwortet (Art. 232 S. 2, Art. 292).

[367] Für die Entwicklungszusammenarbeit *Dann*, in: HStR XI, § 246 Rn. 78; möglich ist auch eine Einordnung als Gewährleistungspflicht, wenn man spezifisch auf die Rechtsfolge – Einrichtung qualitativen Rechtsschutzes – blickt, so allgemein für Rechtsschutz *Kälin/Künzli*, Universeller Menschenrechtsschutz, Rn. 3.116.

[368] *Grimm*, in: Grimm/Peters/Wielsch, Grundrechtsfunktionen jenseits des Staates, S. 21, 58f.

[369] UN Commission on Human Rights, The Right to Adequate Food as a Human Right, Report submitted by Special Rapporteur Eide, E/CN.4/Sub.2/1987/23, 7.7.1987, S. 37; zur Mehrdimensionalität grundlegend *Shue*, Basic Rights, S. 35–64.

[370] *Vasak*, UNESCO Courier Heft 11 (1977), S. 29ff.

[371] *Stahl*, Schutzpflichten im Völkerrecht, S. 97ff., 103f.

[372] *Peters*, in: Grimm/Peters/Wielsch, Grundrechtsfunktionen jenseits des Staates, S. 73, 82.

die auf ein staatliches Tun gerichtet sind, und negative, die ein staatliches Unterlassen verlangen[373]. Der Begriff wird auf die Judikatur des EGMR zurückgeführt[374], der ihn für Gewährleistungen, die staatliche Verpflichtungen zur Einräumung von Teilhaberechten, Untersuchungspflichten, prozedurale Pflichten oder auch Schutzpflichten umfassen, benutzt[375]. Grundlage positiver Verpflichtungen sind meist die materiellen Garantien sowie die allgemeinen Gewährleistungsgarantien der Konventionen[376].

Zwar sind die menschenrechtlichen ebenso wie die grundrechtlichen Schutzpflichten im Kern als eine Pflicht konzipiert, zu verhindern, dass private Dritte, die der Herrschaftsgewalt des Staats unterstehen, die Integrität anderer Individuen beeinträchtigen[377]. Allerdings soll den positiven Verpflichtungen auch eine grenzüberschreitende Dimension innewohnen[378]. Eine Ausklammerung bestimmter Gefahrenquellen wäre gerade in diesem Fall mit der Effektivität des Menschenrechtsschutzes auch unvereinbar. Die grenzüberschreitende Dimension umfasst v. a. zwei Fallkonstellationen: Unter dem Stichwort der extraterritorialen Schutzpflichten[379] geht es um positive Pflichten im Ausland sowie um den Sonderfall des Wegfalls der Hoheitsgewalt eines Staats[380]. Internationale Schutzpflichten beziehen sich hingegen auf die kooperative Tätigkeit der Staaten, etwa im Rahmen internationaler Organisationen[381]. Die Effektivitätsabsicherungspflicht lässt sich nach dieser Systematisierung als internationale Schutzpflicht verstehen.

Die bereits skizzierten Immunitätsentscheidungen des EGMR[382] zeigen, dass er menschenrechtliche Rechtsschutzgarantien mit internationalen Schutzpflichten verknüpft:

---

[373] *Dröge*, Positive Verpflichtungen der Staaten in der EMRK; auch für die Grundrechte des GG *Streuer*, Die positiven Pflichten des Staates.

[374] *Stahl*, Schutzpflichten im Völkerrecht, S. 36.

[375] Erstmals im belgischen Sprachenfall EGMR, Appl. No. 1474/62, 1677/62, 1691/62, 1769/63, 1994/63, 2126/64, Urteil v. 23.07.1968, B.3. und B.9.; EGMR, Marckx v. Belgien, Appl. No. 6833/74, Urteil v. 13.06.1979, Rn. 31; EGMR, Airey v. Irland, Appl. No. 6289/73, Urteil v. 09.10.1979, Rn. 25.

[376] Der UN-Menschenrechtsausschuss rekurriert regelmäßig auf Art. 2 I ICCPR in Verbindung mit dem jeweiligen materiellen Recht (*Nowak*, CCPR-Commentary, Art. 2 Rn. 19, 21 f.). Der Straßburger Gerichtshof leitet sie ähnlich auf der Grundlage einer dynamisch-evolutiven Auslegungsmethode aus einem Zusammenspiel der materiellen Gehalte der einzelnen Garantien mit Art. 1 EMRK sowie dem Erfordernis der Wirksamkeit des Menschenrechtsschutzes nach der EMRK ab (die Begründungsansätze des Straßburger Gerichtshofs sind vielfältig, siehe die Kategorisierung bei *Dröge*, Positive Verpflichtungen der Staaten in der EMRK, S. 181 ff.).

[377] *Dann*, Entwicklungsverwaltungsrecht, S. 250; *Kälin/Künzli*, Universeller Menschenrechtsschutz, Rn. 3.94.

[378] Die Reichweite bleibt aber strittig, siehe dazu, auch zur Spruchpraxis der Menschenrechtsausschüsse *Kälin/Künzli*, Universeller Menschenrechtsschutz, Rn. 3.96, 4.64 f.

[379] *Schwander*, Extraterritoriale Wirkungen, S. 94 ff.

[380] Zu diesen Konstellationen *Lorenz*, Der territoriale Anwendungsbereich, S. 187 ff.; weitere Fälle von menschenrechtlichen Schutzpflichten mit Auslandsbezug finden sich bei *Jaeckel*, Schutzpflichten, S. 156 ff.

[381] *Künnemann*, in: Coomans/Kamminga, Extraterritorial Application of Human Rights Treaties, S. 201, 213; *Kälin/Künzli*, Universeller Menschenrechtsschutz, Rn. 3.46 ff., 3.96.

[382] Die Immunitätsrechtsprechung anderer Gerichte rekurriert teilweise ebenfalls auf menschenrechtliche Verpflichtungen. Hinter diesem Manöver steht aber der Versuch, das Recht auf effektiven

„The Court is of the opinion that where States establish international organisations in order to *pursue or strengthen their cooperation* in certain fields of activities, and where they attribute to these organisations certain competences and accord them immunities, there may be implications as to the *protection of fundamental rights* [*Hervorhebungen durch die Verfasserin*]. It would be incompatible with the purpose and object of the Convention, however, if the Contracting States were thereby absolved from their responsibility under the Convention in relation to the field of activity covered by such attribution. It should be recalled that the Convention is intended to guarantee not theoretical or illusory rights, but rights that are practical and effective".[383]

Die Rechtsprechung des EGMR versteht danach den Schutzaspekt, den er allgemein auf Menschenrechte bezieht, im Fall aber nur mit Art. 6 I EMRK verbindet, als Konsequenz internationaler Kooperation. Wie das BVerfG beschränkt der EGMR seine Aussagen auf die Rechtsschutzbeschränkungen infolge der Immunität von internationalen Organisationen. Hierbei handelt es sich indes um einen besonders weitreichenden Anwendungsfall für die Hemmnisse justizförmigen Rechtsschutzes gegen die internationale Verwaltung[384]. Dahinter steht der allgemeine Gedanke, dass die Staaten durch Internationalisierungsprozesse nicht ihre menschenrechtlichen Bindungen abschwächen dürfen. Schutzpflichten können somit auch darauf gerichtet sein, Sorge dafür zu tragen, dass im grenzüberschreitenden Kontext adäquate Rechtsschutzmechanismen bereitstehen. Wie oben gezeigt, verlangt er keine Gerichtsgleichheit im Schutzniveau. Der EGMR geht zwar von einem europäischen Maßstab aus. Die Frage nach dem Vorhandensein von „reasonable alternative means" lässt sich aber auch – wie hier vertreten – auf einen gemeinsamen Standard beziehen.

e) EU als Rechtsschutzverstärker

Eine Ableitung einer Effektivitätsabsicherungspflicht aus den EU-Grundrechten würde den Vorteil aufweisen, dass auch die Union verpflichtet werden könnte (Art. 51 I GrCH). Dies ist wichtig, da sie wegen ihrer Machtposition, heilsamen Druck auf die internationale Verwaltung auszuüben vermag[385]. Als rechtlicher Ansatzpunkt kann v. a. das Recht auf einen wirksamen Rechtsbehelf und ein unparteiisches Gericht nach Art. 47 GRCh dienen. In die Richtung einer solchen grundrechtlichen Qualitätssicherungspflicht der EU weist die Kadi-Rechtsprechung:

Rechtsschutz als Teil des Ius Cogens (vgl. Art. 53 WVK) zu begründen (etwa Washington Julio Efraín Cabrera v. Comisión Técnica Mixta de Salto Grande, CSN, 5.12.1983, CSJN Fallos De La Corte Suprema: 305: 2150, 2168 f.). Präzise Feststellungen zur menschenrechtlichen Einordnung fehlen.

[383] EGMR (GK), Waite und Kennedy v. Deutschland, Appl. No. 26083/94, Urteil v. 18.2.1999, Rn. 67; EGMR (GK), Beer und Regan v. Deutschland, Appl. No. 28934/95, Urteil v. 18.2.1999, Rn. 57.

[384] Siehe oben 6. Kapitel, A. I. 3.

[385] Für den Schutz in globalen Kommunikationsinfrastrukturen auch *Hoffmann-Riem*, JZ 2014, S. 53, 61.

Zur Bekämpfung des internationalen Terrorismus kann der UN-Sicherheitsrat nach Kapitel VII UN-Charta Targeted Sanctions gegen Privatpersonen verhängen wie die Sperrung von Konten. Die EU hatte die entsprechenden Resolutionen des Sanktionsausschusses des UN-Sicherheitsrats mittels Verordnung umgesetzt, die im Wege der Nichtigkeitsklage von mehreren Betroffenen u.a. wegen Verletzung diverser Unionsgrundrechte angefochten wurde. Da ihnen keine Möglichkeit der Kontrolle der Targeted Sanctions eingeräumt sei, sei ihr Anspruch auf effektive gerichtliche Kontrolle verletzt[386]. In seinem Urteil aus dem Jahr 2008 stellte der EuGH fest, dass die Union eine „Rechtsgemeinschaft" sei[387] und insbesondere die Unionsgrundrechte zum unverzichtbaren Bestandteil des europäischen Verfassungsrechts gehörten (Rn. 283–285). Deswegen verneinte er den unbedingten Vorrang der Pflichten aus der UN-Charta nach deren Art. 103. Zugleich deutete der Gerichtshof[388] – indes losgelöst von konkreten rechtlichen Erwägungen[389] – Bedingungen für einen Verzicht auf eine Kontrolle derartiger Verordnungen an. Wenn die UN ein Verfahren der Überprüfung etablierten, das „die Garantien eines gerichtlichen Rechtsschutzes" biete, dann zöge er in Erwägung, dass eine „Abweichung von dem im EG-Vertrag vorgesehenen System des gerichtlichen Rechtsschutzes der Grundrechte" gerechtfertigt sei (Rn. 322). Wegen des zwischenstaatlichen Charakters des damaligen administrativen Kontrollverfahrens der UN (sog. Focal Point) sah er diese Voraussetzungen als nicht erfüllt an (Rn. 323–326). In seiner zweiten Kadi-Entscheidung wurde auch der Nachfolge-Rechtsschutz, eine Ombudsstelle, als inadäquat eingestuft, da ein Nichtigkeitsurteil zum Wesen effektiven gerichtlichen Rechtsschutzes gehöre[390].

Der EuGH macht demnach das Vorhandensein eines angemessenen Rechtsschutzes auf UN-Ebene zur Voraussetzung einer zurückgenommenen Justiziabilität. Trotz der Parallelen zu der Rechtsprechung des BVerfG (Europaschule Frankfurt) sowie des EGMR (Waite und Kennedy, Regan und Beer)[391] weicht die Kadi-Rechtsprechung in einem entscheidenden Punkt von den Entscheidungen der beiden anderen Höchstgerichte ab: Als Maßstab dient ihm der gerichtliche Rechtsschutz[392]. Die Möglichkeit einer Herabsetzung der Anforderungen wird nicht ex-

[386] EuG, Yassin Abdullah Kadi und Al Barakaat International Foundation v. Rat der EU und Kommission der EG, Urteil v. 21.09.2005, Rs. T-306/01, Rn. 146ff., daneben wurde das Recht auf rechtliches Gehör und das Eigentumsrecht geltend gemacht, ebenda, Rn. 136ff.

[387] EuGH (GK), Yassin Abdullah Kadi, Al Barakaat International Foundation v. Rat der EU, Kommission der EG, Urteil v. 03.09.2008, Rs. C-402/05, C-415/05 P, Rn. 281.

[388] *De Búrca*, Harvard International Law Journal 51 (2009), S. 1, 28f.

[389] *Schmalenbach*, JZ 2009, S. 35, 39.

[390] EuGH (GK), Europäische Kommission u.a. v. Yassin Abdullah Kadi, Urteil v. 18.07.2013, Rs. C.584/10 P, C-593/10 P und C-595/10 P, Rn. 66, 134.

[391] *Gärditz*, EuGRZ 2018, S. 530, 541.

[392] Der EGMR spricht in seinen Entscheidungen zum UN-Sanktionssystem zurückhaltender vom Erfordernis einer „satisfactory protection", siehe an Art. 6 I EMRK messend EGMR (GK), Al-Dulmi and Montana Management Inc. v. Schweiz, Appl. No. 5809/08, Urteil v. 21.06.2016, Rn. 153; im Übrigen bildet nur das Recht auf eine wirksame Beschwerde nach Art. 13 EMRK den Maßstab, EGMR (GK), Nada v. Schweiz, Appl. No. 19593/98, Urteil v. 12.09.2012, Rn. 209ff.

plizit vorgesehen. Die Effektivitätsabsicherung nach unionsrechtlichem Verständnis ist ein Vorgehen der EU, auf überstaatlicher Ebene nach eigenen Vorstellungen[393] Gerichtsschutz einzufordern und nicht die Absicherung eines Mindeststandards zu erreichen, wie es dem Verständnis der Untersuchung entspricht. Diese Vorgehensweise, überschießende eigene Maßstäbe vorzugeben, steht auf einer Linie mit der Katalysatorfunktion der EU und ist wie diese ein zweischneidiges Schwert[394]. Sie mag den Vorzug haben, die strukturellen Unzulänglichkeiten im überstaatlichen Bereich effektiv zu beheben, stößt wegen ihrer Übergriffigkeit und Konfliktträchtigkeit aber auf Bedenken[395].

f) Reichweite der Effektivitätsabsicherungspflicht

Die Effektivitätsabsicherungspflicht lässt sich demnach grundrechtlich sowie menschenrechtlich begründen. Es verbleiben die drei übergreifenden Fragen, wann sie eingreift (aa), wer sie geltend machen kann (bb) und welche Rechtsfolgen sie nach sich zieht (cc).

aa) Mitwirkungsakt als Auslöser

Voraussetzung für die Entstehung von Handlungspflichten ist die Verknüpfung eines Anwendungsfalls mit dem Verpflichtungsadressaten. Dieses Eingrenzungsmerkmal ist als Garantenstellung bekannt[396], die zur Normtheorie positiver Pflichten gehört. Sie kann als Pendant zum Erfordernis der Zurechnung der Beeinträchtigung bei Abwehrrechten verstanden werden. Für intraterritoriale Schutz- und Handlungspflichten wird die Begründung der Garantenstellung selten explizit thematisiert[397]; angesprochen wird sie allenfalls als ein Faktor bei der Frage einer Modifizierung des Entstehungsmaßstabs[398]. Diese Zurückhaltung mag daran liegen, dass sie als Ausdruck von Staatlichkeit verstanden und daher als selbstverständlich vorausgesetzt wird[399]. Eine positive Pflicht bildet danach das Korrelat der Territorialgewalt[400]. Dieser Ableitungszusammenhang eignet sich für grenzüberschreitende

---

[393] Maßstab ist die „europäischen rule of law", *v. Arnauld*, EuR 2013, S. 236, 244, während das EuG in seinem ersten Kadi-Urteil einen internationalen Maßstab bemühte, EuG, Yassin Abdullah Kadi und Al Barakaat International Foundation v. Rat der EU und Kommission der EG, Urteil v. 21.09.2005, Rs. T-306/01, Rn. 343 ff.

[394] Siehe oben 3. Kapitel, II. 2. c.

[395] Zum Kadi-Fall *v. Arnauld*, EuR 2013, S. 236, 244.

[396] *Dröge*, Positive Verpflichtungen der Staaten in der EMRK, S. 294 ff., 346; *Nino*, The Ethics of Human Rights, S. 197 ff., 208 ff.

[397] Die Relevanz gänzlich ablehnend *Streuer*, Die positiven Verpflichtungen des Staates, S. 357 f.; anders aber *Michael/Morlok*, Grundrechte, § 18 Rn. 511 ff.

[398] Etwa in der Mühlheim-Kärlich-Entscheidung BVerfGE 53, 30, 58; allgemein *Di Fabio*, DÖV 1995, S. 1, 7 f.

[399] *Dietlein*, Die Lehre von den grundrechtlichen Schutzpflichten, S. 160 f.; siehe auch in der Fraport-Entscheidung („traditionelle Pflichten- und Garantenstellung des Staates") BVerfG, NJW 2011, S. 1201, 1203.

[400] *Papp*, Extraterritoriale Schutzpflichten, S. 198.

Sachverhalte nicht. Für eine Effektivitätsabsicherungspflicht sind ferner Parallelen zum diplomatischen Schutz unpassend: Er wird vom BVerfG „unmittelbar aus der Grundbeziehung der Staatsangehörigkeit" abgeleitet[401], aber auch grundrechtlich überformt[402]. Beim Anspruch auf Auslandsschutz geht es um ein eigenes Recht des Heimatstaats, der deswegen eine völkerrechtswidrige Behandlung durch die fremde Hoheitsgewalt voraussetzt[403]. Ungeachtet der Frage, ob die Effektivitätskriterien völkerrechtlich begründet werden können, lässt sich ein Verstoß etwa angesichts der fehlenden völkerrechtlichen Bindung von transnationalen Behördennetzwerken im internationalen Verwaltungsrecht oftmals nicht nachweisen. Vorzugswürdig ist stattdessen der Aspekt neuer Gefährdungsszenarien[404]. Denn der Kooperationsgedanke, der die internationale Verwaltung prägt, bedeutet, dass der Staat durch seine Beteiligung an der internationalen Verwaltung eine „Mitverantwortung"[405] übernimmt, da er einen Zurechnungsgrund für Beeinträchtigungen durch diese Konglomeratsverwaltung schafft. Es handelt sich mithin um einen Anwendungsfall einer Garantenstellung aus Ingerenz. Im innerstaatlichen Kontext wird diese für staatlich-private Kooperationsarrangements diskutiert[406]; bei internationalen Kooperationsarrangements kann man zur Abgrenzung von einer „internationalen Ingerenz" sprechen[407].

Danach ist jede staatliche Mitwirkung an der internationalen Verwaltung ein Auslöser für eine Pflichtenstellung. Mitwirken ist hier rechtsschutzfreundlich weit zu verstehen. Es ist nicht zu fordern, dass die Mitwirkung völkerrechtswidrig ist, sondern es genügt, dass sie Handlungsoptionen eröffnet, die mit einem Grundrechts- und Menschenrechtsrisiko behaftet sind. Erfasst sind daher neben der Mitwirkung an konkreten rechtlichen Maßnahmen oder Realakten auch abstrakt-organisatorische Mitwirkungsakte wie die Beteiligungen an transnationalen Behördennetzwerken oder an privat-staatlichen Kooperationsarrangements. Nimmt man die Seeverwaltung und die deutsche Pflichtenstellung als Beispiel, bedeutete das, dass Deutschland verpflichtet werden könnte, dafür zu sorgen, dass das Paris MoU das Unabhängigkeitsproblem seines Detention Review Panels angeht. Ungenügend sind hingegen bloß mittelbare Mitwirkungsakte[408], da bei ihnen das Risikopotential herabgesetzt ist und die Effektivitätsabsicherungspflicht andernfalls uferlos würde.

---

[401] BVerfGE 37, 217, 241; zu anderen Konstruktionen *Giegerich*, in: Dürig/Herzog/Scholz, GG, 100. EL Januar 2023, Art. 16 Rn. 206f.

[402] BVerfGE 6, 290, 299.

[403] *Kau*, in: Graf Vitzthum/Proelß, Völkerrecht, 3. Kap. Rn. 107.

[404] *Elbing*, Zur Anwendung der Grundrechte bei Sachverhalten mit Auslandsbezug, S. 103.

[405] Für das innerstaatliche Risikorecht im Fall der Genehmigung eines Kernkraftwerks BVerfGE 53, 30, 58.

[406] *Michael/Morlok*, Grundrechte, § 18 Rn. 518.

[407] *Papp*, Extraterritoriale Schutzpflichten, S. 203ff.

[408] Großzügiger zum Klimaschutz anscheinend BVerfG, NJW 2021, S. 1723, 1736: „Möglicher Anknüpfungspunkt einer grundrechtlichen Schutzverpflichtung wäre hier, dass die schweren Beeinträchtigungen, denen die Beschwerdeführenden wegen des Klimawandels (weiter) ausgesetzt sein könnten, zu einem, wenngleich geringen, Teil auch durch von Deutschland ausgehende Treibhausgasemissionen verursacht sind".

Die Akteure der internationalen Verwaltung stehen in einem regen Austausch miteinander und entwickeln Strukturen des grenzüberschreitenden Informations- und Erfahrungsflusses[409]. Entschließt sich etwa ein transnationales Behördennetzwerk, an dem Deutschland beteiligt ist, wie das Paris MoU, Informationen aus seiner Datenbank mit einem anderen Netzwerk, etwa dem Black Sea MoU, zu teilen, dann mag man darin auch eine Mitwirkung Deutschlands am Black Sea MoU sehen, die aber mangels einer unmittelbaren deutschen Mitwirkung an diesem nicht bedeutet, dass Deutschland für das Verhalten des Black Sea MoUs verantwortlich ist.

bb) Schutzberechtigte

Die grundrechtlich und menschenrechtlich begründete Effektivitätsabsicherungspflicht hat einen spezifisch freiheitsschützenden Gehalt. Mit ihr korrespondiert ein subjektives Recht[410]. Damit wird auch ihre personelle Erstreckung relevant. Verstünde man den personellen Anwendungsbereich global, würde das für das Seeverwaltungsrecht beispielsweise bedeuten, dass eine in Brasilien ansässige Reederei vom deutschen Staat eine Nachrüstung des Paris MoU verlangen könnte, was bei einer Beschränkung auf eigene Staatsangehörige nicht der Fall wäre. Zur Beantwortung der Frage nach der personellen Erstreckung muss die jeweils herangezogene Rechtsgrundlage den Ausgangspunkt bilden:

- Bei den Schutzpflichten aus materiellen Grundrechten ist die Beschränkung auf Staatsangehörige den Deutschen-Grundrechten wie Art. 12 I GG immanent; hinzukommt, dass ausländische juristische Personen in Art. 19 III GG vom Grundrechtsschutz grundsätzlich ausgenommen sind. Anders ist das hingegen bei Art. 19 IV GG, der nicht nur die Beschränkungen im personellen Schutzbereich nicht kennt, sondern als Justizgrundrecht trotz Art. 19 III GG auch ausländischen juristischen Personen des Privatrechts offensteht[411]. Dasselbe gilt für Art. 47 GRCh, der nicht auf Unionsbürger begrenzt ist[412].
- ICCPR und EMRK legen in ihren Jurisdiktionsklauseln fest, dass die Staaten die in den jeweiligen Menschenrechtsinstrumenten kodifizierten Rechte und Freiheiten allen „in seinem Gebiet befindlichen und seiner Herrschaftsgewalt

[409] Siehe unten 7. Kapitel, C. IV.

[410] Zur EMRK *Jaeckel*, Schutzpflichten, S. 138 f.; zu den Voraussetzungen für Menschenrechte im Allgemeinen *Stahl*, Schutzpflichten im Völkerrecht, S. 364 ff.; für grundrechtliche Schutzansprüche BVerfGE 77, 170, 214; *Dietlein*, Die Lehre von den grundrechtlichen Schutzpflichten, S. 144 ff. Die Wehrfähigkeit gilt auch für Art. 19 IV GG. Zwar konstruiert das BVerfG die Schutzverantwortung gegen internationale Organisationen objektiv-rechtlich, wenn es sie aus der objektiven Wertentscheidung entnimmt (BVerfGE 149, 346, 363); das Gericht schließt eine Subjektivierung aber nicht aus, *Gärditz*, EuGRZ 2018, S. 530, 535.

[411] Aus der Literatur stellvertretend *Herdegen*, in: Dürig/Herzog/Scholz, GG, 100. EL Januar 2023, Art. 1 Abs. 3 Rn. 53; das BVerfG hat dies für Art. 101 I und Art. 103 I G bejaht, BVerfGE 12, 6, 8; E 18, 441, 447; für Art. 19 IV GG offengelassen, BVerfG (K), GRUR 2010, S. 1031.

[412] EuGH, Rat v. Bank Mellat, Urteil v. 18.02.2016, Rs. C-176/13 P, Rn. 49: Auf das Recht auf effektiven gerichtlichen Rechtsschutz kann sich „jede Einrichtung berufen, die vor den Unionsgerichten eine Klage erhebt“.

unterstehenden Personen“ (Art. 2 I ICCPR) zubilligen bzw. die Vertragsstaaten diese „allen ihrer Hoheitsgewalt unterstehenden Personen“ (Art. 1 EMRK) zusichern. Die Berechtigung besteht mithin aus zwei Merkmalen[413]: Der Handelnde muss abstrakt Träger der Rechte sein können und er muss in einem Rechtsverhältnis zu einem durch die Konventionen verpflichteten Hoheitsträger stehen. Entsprechend der klassischen menschenrechtlichen Konzeption kennen die Konventionen demnach grundsätzlich[414] keine Begrenzung auf eigene Staatsangehörige[415]; auch Personengesamtheiten sind menschenrechtsfähig[416]. In der Immunitätsrechtsprechung des EGMR wurde daher die Verantwortlichkeit der Bundesrepublik für die Behandlung britischer Staatsangehöriger durch die ESA angenommen.

Nach dem normativen Befund können mithin ggf. auch Ausländer Schutzberechtigte sein. Dies scheint für die konglomeratische Seeverwaltung, die über internationale Kooperationsarrangements potentiell globale Auswirkungen hat, auch konsequent. Entscheidend ist danach nicht die Anwesenheit auf dem Hoheitsgebiet oder die Staatsangehörigkeit eines (Mitglied-)Staats, sondern die konkrete Möglichkeit der Betroffenheit von der internationalen Verwaltung. Setzt man das Beispiel der brasilianischen Reederei fort, dann kommt es für ihre Schutzberechtigung darauf an, ob diese in den Wirkbereich des Paris MoU kommt. Die Bedenken eines drohenden Aufdrängens fremder Grundrechtsvorstellungen[417] greifen bei der Effektivitätsabsicherungspflicht nicht, da sie auf die Durchsetzung gemeinsamer Mindeststandards zielt[418]. In einer globalisierten Welt könnte aber ein Überstrapazieren staatlicher Pflichten zu befürchten sein, wenn man den personellen Anwendungsbereich entsprechend global verstünde[419]. Eine Einschränkung des Anwendungsbereichs lässt das BVerfG in seiner BND-Entscheidung bei Jedermanns-Grundrechten zu[420] und auch internationale Spruchkörper haben einschränkend für extraterritoriale Konstellationen eine Kontrolle des jeweiligen Staats über den Sachverhalt zur Voraussetzung für das Eingreifen von Menschenrechten gemacht[421]. Da das Erfordernis des

---

[413] Zur EMRK *Röben*, in: Grote/Dörr/Marauhn, EMRK/GG, Band I, 5. Kap. Rn. 14; *Schweizer*, in: HGR VI/1, § 138 Rn. 51.

[414] Siehe aber zum Ausweisungsverbot nach Art. 3 4. EMRK-Zusatzprotokoll.

[415] *Kälin/Künzli*, Universeller Menschenrechtsschutz, Rn. 4.2; *Johann*, in: Karpensteiner/Mayer, EMKR, Art. 1 Rn. 16; *Nowak*, CCPR-Commentary, Art. 2 Rn. 23.

[416] Mit Art. 34 EMRK argumentierend *Johann*, in: Karpensteiner/Mayer, EMRK, Art. 1 Rn. 17; zurückhaltender für den UN-Zivilpakt *Nowak*, CCPR-Commentary, Art. 2 Rn. 25.

[417] *Stern*, Staatsrecht III/2, § 72 V 4, S. 1228; *Walter*, AöR 129 (2004), S. 39, 71.

[418] Zur Maßgeblichkeit „allgemeiner transnationaler Rechtsgrundsätze“ auch *Stern*, Staatsrecht III/2, § 72 V 7, S. 1243.

[419] Zur „Inlandsanknüpfung“ als notwendiges Korrektiv *Stern*, Staatsrecht III/2, § 72 V 8, S. 1246.

[420] BVerfGE 154, 152, 224. Im Fall gestattete das Gericht, dass der Gesetzgeber den Schutz an der „tatsächlichen Schutzwürdigkeit“ von Personengruppen ausrichtet, ebenda, S. 260 f.

[421] UN-Menschenrechtsausschuss, Lopéz Burgos v. Uruguay, CCPR/C/13/D/52/1979, 29.07. 1981, Rn. 12.3; zur extraterritorialen Geltung siehe *Tomuschat*, Human Rights, S. 100 ff.; EGMR, Louizidou v. Türkei, Appl. No. 15318/89, Urteil v. 23.02.1995, Rn. 62; seine Rechtsprechung zu-

Mitwirkungsakts sowie, wie zu zeigen ist, die Rechtsfolgenseite der Effektivitätsabsicherungspflicht eine Eingrenzung ermöglichen, ist eine Korrektur auch beim personellen Anwendungsbereich aus dem Überforderungsgedanken heraus indes nicht nötig[422]. Sie widerspräche auch dem Kooperationsgedanken.

cc) Bemühenslast als Rechtsfolge

Das Schutzkonzept der Effektivitätsabsicherungspflicht ist auf der Rechtsfolgenseite reduziert. Das folgt normtheoretisch daraus, dass positive Verpflichtungen Sorgfalts- und keine Ergebnispflichten sind[423]. Geschuldet ist nur ein Tätigwerden im Bereich des Möglichen[424]. Die Abschwächung der Schutzanforderungen kennzeichnet insbesondere grenzüberschreitende Sachverhalte[425]. Das vom BVerfG zugebilligte „besonders weite Ermessen im außenpolitischen Bereich" rührt daher, dass die staatliche Steuerungsfähigkeit dort rechtlich und faktisch herabgesetzt ist[426]. Das betrifft nicht nur extraterritoriale Konstellationen, sondern auch die Kooperationsarrangements der internationalen Verwaltung. Denn eine Verbesserung des Rechtsschutzes – etwa im Rahmen eines transnationalen Behördennetzwerks – lässt sich nur durch eine Einigung jedenfalls der Mehrheit der Mitglieder erreichen und nicht einseitig anordnen, weil es an einer hierarchischen Beziehung fehlt. Der Begriff der bloßen „Bemühenslast" in Abgrenzung von einer „Erfolgshaftung" kann dieses, für den Grundrechtsschutz gegen die internationale Verwaltung herabgesetzte, Pflichtenkorsett auf den Punkt bringen[427].

Die Effektivitätsabsicherungspflicht ist somit darauf gerichtet, dass der Staat im Rahmen des Kooperationsarrangements, an dem er partizipiert, die vorhandenen Mitwirkungs- und Gestaltungsrechte nutzt[428], um ein Mindestniveau an Rechtsschutz zu erreichen. Entsprechendes kann auch präventiv gelten, d.h. wenn eine Kooperation neu eingegangen wird und ihre Rechtserheblichkeit absehbar ist. Hinsichtlich der Entscheidung, ob effektivitätsabsichernd vorgegangen wird, besteht

---

sammenfassend EGMR, Al Skreini u.a. v. Vereinigtes Königreich, Appl. No. 552107, Urteil v. 07.07. 2011, Rn. 132ff.

[422] Zur Überlegung einer Korrektur primär über die Rechtsfolgenseite auch BVerfG, NJW 2021, S. 1723, 1736f.

[423] *Dröge*, Positive Verpflichtungen der Staaten in der EMRK, S. 289.

[424] *Stahl*, Völkerrechtliche Schutzpflichten, S. 317, 321f.

[425] BVerfGE 154, 152, 224; zum maritimen Bereich siehe nur die Zweitregisterentscheidung *BVerfGE* 92, 26, 47; *Röben*, Außenverfassungsrecht, S. 401f.; *Badura*, in: HGR II/1, § 47 Rn. 20; *Neubert*, AöR 140 (2015), S. 286ff.; für extraterritoriale Bezüge der Menschenrechte *Kälin/Künzli*, Universeller Menschenrechtsschutz, Rn. 4.64.

[426] BVerfGE, 40, 141, 178; E 55, 349, 365; 92, 26, 47.

[427] *Elbing*, Zur Anwendung der Grundrechte bei Sachverhalten mit Auslandsbezug, S. 121ff.; im Anschluss an diesen *Walter*, AöR 129 (2004), S. 39, 73f.

[428] Zum Klimaschutz in Erwägung ziehend BVerfG, NJW 2021, S. 1723, 1737: „Vielmehr hätten die Bundesrepublik Deutschland und insbesondere der deutsche Gesetzgeber dieser Schutzpflicht durch das internationale Eintreten für den Klimaschutz und durch konkrete Maßnahmen zur Umsetzung des international zum Klimaschutz Vereinbarten genügt".

indes kein Ermessen[429]. Zwar wird dem Staat beim Auslandsschutz auch ein weites Ermessen in Bezug auf die Frage, ob er einschreitet, zugebilligt[430]; dafür fehlt es bei der Effektivitätsabsicherungspflicht aufgrund der staatlichen Garantenstellung kraft Ingerenz aber an einer Rechtfertigung[431].

g) Öffnung statt Neuausrichtung des Schutzkonzepts

In einer global vernetzten Welt wird betont, es bedürfe einer Neukonzeption des Freiheitsschutzes[432]. Diese wurde hier nicht in einer neuen Grundrechtsdimension gesehen. Für die staatliche Pflicht, die Effektivität außergerichtlicher Streitbeilegungsverfahren abzusichern, wurde vielmehr gezeigt, dass ihre rechtliche Basis die grund- und menschenrechtlichen Schutz- und Leistungsaufträge sind, die sich aber auf Tatbestands- und auf Rechtsfolgenseite nach außen öffnen. Dies geschieht, indem die unmittelbare Mitwirkung an der internationalen Verwaltung bedingt, dass Staaten im Rahmen des Möglichen auf ein Mindestniveau an Rechtsschutz in den jeweiligen kooperativen Regelungsstrukturen hinwirken müssen. Diese Pflicht wirkt zu Gunsten aller konkret von der jeweiligen internationalen Verwaltung Betroffener.

V. Fazit: Mehr als eine Internationalisierung des Verwaltungsgerichtsschutzes

Der erste Abschnitt des sechsten Kapitels hat gezeigt, dass Rechtsschutz gegen die internationale Verwaltung mehr bedeutet als eine Internationalisierung des Verwaltungsgerichtsschutzes[433]. Die aus rechtlichen und faktischen Gründen nur defizitäre justizförmige Verwaltungskontrolle im grenzüberschreitenden Bereich führt vielmehr dazu, dass die Gerichte nicht im Zentrum des Rechtsschutzes stehen. Diese wird im internationalen Verwaltungsrecht hingegen durch eine Vielzahl von Verfahren gewährleistet, unter denen außergerichtliche Streitbeilegungsformen eine prominente Rolle einnehmen (Pluralisierung der Rechtsschutzformen). Im Seeverwaltungsrecht gehören zu diesem Basisrechtsschutz die Detention Review Panels der Hafenstaatkontrollnetzwerke sowie die industrieseitig angebotene Konflikt-

---

[429] Im Ergebnis für Schutzaufträge für den Freiheitsschutz in globalen Kommunikationsinfrastrukturen auch *Hoffmann-Riem*, JZ 2014, S. 53, 62.

[430] Siehe die Hess-Entscheidung BVerfGE 55, 349, 364f.; für nach außen gerichtete Schutzpflichten verallgemeinernd *Kadelbach*, in, Pieroth, Verfassungsrecht und soziale Wirklichkeit in Wechselwirkung, S. 161, 178.

[431] Zu strengeren Anforderungen an die grundrechtliche Schutzpflicht, falls der Staat eine „Mitverantwortung" trägt, siehe die Mülheim-Kärlich-Entscheidung, die allerdings Beeinträchtigungen Privater betraf, BVerfGE 53, 30, 58.

[432] *Hoffmann-Riem*, JZ 2014, S. 53, 62f.

[433] Zur Internationalisierung des Verwaltungsgerichtsschutzes *Schmidt-Aßmann*, in: Liber Amicorum Wolfrum, Volume II, S. 2119ff.

schlichtung. Damit spiegelt sich das für das internationale Verwaltungsrecht charakteristische Konglomeratsparadigma, sprich das Zusammenspiel verschiedener Akteure, Rechtsschichten und Kulturen, auch auf Ebene des Rechtsschutzes wider. An die Stelle der dominanten Rechtsschutzform Gericht treten Streitschlichtungsformen, die auf die spezifischen Bedürfnisse des jeweiligen Sachbereichs zugeschnitten und in der Folge sehr heterogen ausgestaltet sind.

Es wurde schließlich vorgeschlagen, das Effektivitätsmanko solcher außergerichtlichen Rechtsschutzmechanismen einzuhegen. Dazu wurden zunächst die drei Effektivitätskriterien Zugänglichkeit, Verfahrensgerechtigkeit sowie reelle Durchsetzungschance herausgearbeitet und auf das Detention Review Panel des Paris MoU angewendet. Eine staatliche Pflicht zur Effektivitätsabsicherung lässt sich aus grund- und menschenrechtlichen Schutz- und Leistungsaufträgen ableiten. Effektivitätssicherung kann im grenzüberschreitenden Bereich aber nur bedeuten, im Rahmen des Möglichen auf ein Mindestniveau an Rechtsschutz in den jeweiligen kooperativen Regelungsstrukturen hinzuwirken. Diese Pflicht wirkt zu Gunsten aller Betroffener, nicht nur zu Gunsten der eigenen Staatsangehörigen. Diese Effektivitätsabsicherungspflicht beschränkt sich auf den Schutz gegen die internationale Verwaltung unter staatlichem Einfluss. Im nächsten Abschnitt wird untersucht, ob und inwieweit sich dieser Überlegungen auch auf den Rechtsschutz gegen die private internationale Verwaltung übertragen lassen.

B. Schutz vor Fremdbestimmung durch die private Seeverwaltung

Auch wenn die private Seeverwaltung nicht in die Ausübung von Hoheitsgewalt einbezogen ist[434], ist ihr ein Belastungspotential inhärent, das auf der Nutzung privatrechtlicher Gestaltungsmittel[435] sowie auf wirtschaftlicher Macht[436] basiert, und das in seiner Kombination die zivilistische Legitimationsgrundlage, die grundsätzlich auf Zustimmung beruht[437], ins Wanken bringen kann. Während der Staat im terrestrischen Gefüge beansprucht, die Einhaltung gesetzlicher Vorgaben und grundrechtlicher Positionen auch in Privatrechtsverhältnissen sicher zu stellen[438], erweist sich die Realisierung dieses umfassenden Gestaltungs- und Durchsetzungsanspruchs in Bezug auf den globalen Kontext als schwierig. Dies gilt umso mehr, wenn Private nicht als sog. Zulieferer unmittelbar in das staatliche oder überstaatliche Recht eingebunden sind, sondern als sog. Pioniere und Konkurrenten auftreten, wie häufig im internationalen Verwaltungsrecht[439]. Ob und inwieweit an die

---

[434] Siehe zu solchen Fällen oben 3. Kapitel, VI. 4. a. cc.
[435] Siehe oben 5. Kapitel, I. 3.
[436] Siehe oben 4. Kapitel, II. 2. c.
[437] *Bachmann*, Private Ordnung, S. 172 ff., 226.
[438] *Buck-Heeb/Dieckmann*, Selbstregulierung im Privatrecht, S. 50 ff., 65, 259.
[439] Siehe zu diesen Fällen privater Seeverwaltung oben 3. Kapitel, VI. 4. a.

private internationale Verwaltung indes spezifische Legitimationsanforderungen gestellt werden können, bleibt in der Lehre streitig[440].

Der Abschnitt nähert sich dieser Frage zunächst deskriptiv, indem die Probleme asymmetrischer Machtkonstellationen in der privaten Seeverwaltung anhand des Vettings illustriert werden (I.). Wenn staatlicher oder überstaatlicher Schutz nicht in zureichendem Maße direkt bereitsteht, so bietet sich als Lösung an, die durch die internationalen Verbände zunehmend bereit gestellten Begrenzungsverfahren (II.) zu stärken. Dabei werden rechtspraktische Beobachtungen in den Kontext rechtstheoretischer Überlegungen gestellt, um die These zu stützen, dass transnationale Rechtssetzungs- und Rechtsdurchsetzungsprozesse einer Selbstbegrenzung zugänglich sind, die aber der Ergänzung durch ein Feedbacksystem bedürfen (III.). Als normative Grundlage werden die Grund- und Menschenrechte herangezogen (IV.).

I. Vetting im Visier

Vetting ist ein industrieseitiges Schiffsbewertungsverfahren, das sowohl internationale als auch private Normen zum Maßstab hat und durch Charterer sowie Frachteigner v.a. durch die Öl- und Chemieindustrie durchgeführt wird[441]. Die Shell-Gruppe war Ende der 1970er Jahre der Vorreiter. Im Kern hat es die Seetüchtigkeit des Tankers zum Gegenstand; zunehmend werden aber weitere Anforderungen wie Umweltschutz oder Sicherheit an Bord gestellt. In einem engeren Sinne beinhaltet Vetting Schiffsinspektionen durch eigene Experten von Öl- und Chemieunternehmen oder durch von ihnen beauftragte Fachleute. Die Kontrollen werden vor jedem Charter- /Transportvertrag oder während eines Zwischenstopps an einem der Terminals des betreffenden Unternehmens durchgeführt. Vetting als Risikobewertungsinstrument umfasst aber den gesamten Schiffsauswahlprozess: Im Anschluss an die in der Regel physische Inspektion werden die Inspektionsberichte in Datenbanken gesammelt, bevor die abschließende Bewertung durch dasselbe oder andere Unternehmen erfolgt. Zudem wird das Sicherheitsmanagement von Schifffahrtsunternehmen auditiert sowie deren gesamte Flottenperformance beurteilt. Auch wenn es insofern freiwillig ist, als es nicht durch das staatliche oder internationale Recht vorgeschrieben ist, ist zu sehen, dass Vetting maßgeblich über den Erfolg am Markt mitentscheidet, denn ein nach einem Vetting-Verfahren als unsicher eingestuftes Schiff wird nicht Teil der Flotte des Charterers bzw. Frachteigners werden. Damit wurden für die Eignerseite v.a. seine Willkür und Inkohärenz zu einer Belastung:

---

[440] Siehe oben 5. Kapitel, VI. 1.

[441] Siehe dazu monographisch *Knowles*, Tanker Vetting; *Powers*, Vetting; *Karti*, Vetting and TMSA.

- *Inspektionsverfahren*: Willkür im Inspektionsverfahren[442] äußere sich, so die Kritiker, dadurch, dass eine Zurückweisung eines Schiffs teilweise allein mit einer bestimmten Anzahl an beobachteten Defiziten begründet werde, ohne Rücksicht auf die Schwere des Verstoßes; die Inspekteure seien darauf erpicht, akribisch alle möglichen Verstöße zu dokumentieren. Hinzu komme, dass gerade die Ölindustrie teilweise darauf bestehe, eigene und damit nicht unabhängige Inspekteure einzusetzen, um sich nicht auf die Inspektionen der Konkurrenten verlassen zu müssen[443]. Die Inspekteure versäumten Inspektionstermine. Auch Begründungen für schlechte Inspektionsresultate seien nicht selbstverständlich[444]. Weitere Probleme bereitet der Einsatz digitalisierter Instrumente. Mit dem Auto Vetting[445] wird – ähnlich dem Credit Scoring aus dem Bankbereich – zunehmend auf den entscheidungsnahen Einsatz von KI-Systemen gesetzt, deren spezifische Fehleranfälligkeit und Manipulierbarkeit aber einer Einhegung bedarf[446]: So ist die Digitalisierung beim Vetting einerseits eine Reaktion auf die Vielzahl von Vetting-Anfragen und kann zu einem objektiveren Vetting führen[447]. Andererseits werden Systemfehler kritisiert, beispielsweise, dass Fragen, denen das System vorab einen hohen Risikowert zugewiesen hat, mit Beobachtungen von trivialem Wert beantwortet würden. Im Ergebnis würde ein Schiff wegen einer Lappalie zurückgewiesen, etwa weil Ölflecken vor dem Schiffsbüro festgestellt wurden, oder dem Eigner entgingen jedenfalls Chartermöglichkeiten wegen Verzögerungen im Vetting-Verfahren. Werde die menschliche Intervention in die Schiffsrisikoanalyse weiter zurückgefahren, drohe ein Black Box-Effekt[448].
- *Inspektionsrecht*: Weiter stehen seine Rahmenbedingungen unter Beschuss. Vetting-Klauseln in den Charterverträgen seien regelmäßig einseitig, v. a. im Interesse der Ölmultis formuliert, so dass diese maßgeblich darüber bestimmten, ob Schiffe erfolgreich Öl transportierten[449]. Diese Klauseln verlangen traditionell eine Anerkennung (Approval) von einem oder in der Regel mehreren Ölmultis, obwohl diese im Gefolge der Havarien der Erika und der Prestige oftmals nicht mehr förmlich erteilt wird, so dass es für den Eigner schwierig sein kann, die Erfüllung dieser Voraussetzung nachzuweisen. Insgesamt sei zu sehen, dass die Eigner auf die Kooperation mit den Ölmultis angewiesen seien; wenn diese kein ökonomisches Interesse zeigten, müsse der Eigner mit dem Verlust der Chartermöglich-

[442] Siehe die Diskussion auf dem jährlichen Treffen von INTERTANKO 2017, abrufbar unter: https://www.rivieramm.com/opinion/tanker-industry-still-seeks-clarity-on-vetting-26739 (zuletzt abgerufen: 27.01.2023).
[443] *Karti*, Vetting and TMSA, S. 18.
[444] *Karti*, Vetting and TMSA, S. 217.
[445] *McCormick*, Standard Bulletin 2011, S. 4.
[446] *Guggenberger*, NVwZ 2019, S. 844, 849.
[447] Zur Sicht der Ölmultis *Knowles*, Vetting, S. 15, 17, 55.
[448] *Delagrange/Pellicer*, Black Box Effect in Ship Risk Profiling.
[449] UK Defence Club, The Construction of an „Oil Majors Approval“ Clause; *Powers*, Vetting, S. 38; *Stylianos*, Ship Operator Views of Vetting and SIRE, S. 21.

keit rechnen[450]. Neben der Unmöglichkeit der Erfüllung der Bedingungen seien die Zeitrahmen, die die Klauseln für die erneute Einholung (Reinstatement) einer Anerkennung vorsähen, teils zu eng bemessen oder die Klauseln unklar formuliert[451]. Das lade die Charterer dazu ein, sich sachwidrig auf die Klausel zu berufen, v. a. wenn das Geschäft nicht mehr als profitabel betrachtet wird[452].
- *Inspektionsmaßstab*: Am Inspektionsmaßstab wird bemängelt, dass die Inspektionskriterien nicht wissenschaftlich oder jedenfalls nicht durch Daten begründet oder sogar veraltet seien sowie dass aus Eignersicht nicht nachvollziehbare Anforderungen gestellt werden würden[453].
- *Inkohärenz*: Ferner seien Inspektionen oftmals in Bezug auf das Verfahren und seine Maßstäbe unzureichend abgestimmt[454]. In der Folge kann es sein, dass der eine Ölmulti das Schiff akzeptiert, der andere nicht[455]. Diese Divergenz ist für den Eigner problematisch, wenn eine Vetting-Klausel, wie meist, die Anerkennung mehrerer Ölmultis verlangt.

Die einzelnen Eigner halten sich mit direkter Kritik an den Vettings oftmals zurück, da sie wirtschaftliche Nachteile befürchten[456]. In Bezug auf Vetting-Klauseln finden sich nur einige Entscheidungen, die von englischen Gerichten (Admiralty Courts) – in den Verträgen wird oftmals England als Forum ausgewählt – oder aber von Schiedsgerichten[457] stammen[458]. Die Gerichte kommen indes zu unterschiedlichen Ergebnissen[459]. Das betrifft auch die Anerkennung der Vermachtungstendenzen. Einige verfolgen eine harte Linie[460] und betrachten subjektives Vetting-Gebaren als hinzunehmenden „fact of life" in der maritimen Industrie[461].

II. Verbandseitige Begrenzungsordnung

Internationale Verbände haben erste Schritte gemacht, Mechanismen prozeduraler Art einzurichten, die diesem Schutzvakuum beim Vetting begegnen, indem sie auf

[450] *Powers*, Vetting, S. 42; zur Abhängigkeit vom Gutdünken der Ölmultis auch *Martowski*, Tulane Maritime Law Journal 26 (2001), S. 123, 143.

[451] *Powers*, Vetting, S. 45.

[452] Institut Supérieur d'Économie Maritime (ISEMAR), Le vetting, un Instrument de Sécurité Maritime, S. 4.

[453] *Lampert*, Vetting remains a Vexed Issue.

[454] *Anderson*, The ISM Code, S. 149.

[455] *Karti*, Vetting and TMSA, S. 36.

[456] Zu CDI-Inspektionen, *Lampert*, What happens when you vet the Vetting Process?: „not enough owners complain and the reason they don't complain is because they don't want to upset the person or bite the hand that feeds [them]."

[457] Zur maritimer Schiedsgerichtsbarkeit *Mota*, in: Basedow/Magnus/Wolfrum, The Hamburg Lectures on Maritime Affairs 2007 & 2008, S. 119 ff.

[458] Dazu die Analyse von *Martowski*, Tulane Maritime Law Journal 26 (2001), S. 123, 124.

[459] *Martowski*, Tulane Maritime Law Journal 26 (2001), S. 123, 127 ff.; *Powers*, Vetting, S. 40 ff.

[460] *Powers*, Vetting, S. 60.

[461] Dazu *Martowski*, Tulane Maritime Law Journal 26 (2001), S. 123, 127 f.

seine Rückbindung an Fremd- und Gesamtinteressen zielen[462]. Elemente dieser verbandseitigen Begrenzungsordnung sind Harmonisierung, Streitschlichtung und Diskursivität:

- *Harmonisierung*: Willkür und Kohärenz im Vetting wird über Harmonisierungsleistungen des Oil Companies International Marine Forums (OCIMF) und des Chemical Distribution Institutes (CDI) angegangen. Diese haben zunächst eigene Schiffsüberprüfungsberichtsdatenbanken – wie das SIRE-System (Ship Inspection Report) von OCIMF – eingerichtet, die der Vermeidung von Doppelinspektionen und der Verringerung der Arbeitsbelastung der Eigner dienen. Weiter wurde das Überprüfungsverfahren vereinheitlicht, etwa über einen Schiffsinspektionsfragebogen (Vessel Inspection Questionnaire), der von allen OCIMF-Mitgliedsunternehmen verwendet werden muss, die Berichte für SIRE einreichen möchten. Mit dem CDI/SIRE Harmonised Vessel Particulars Questionnaire liegt zudem eine verbandsübergreifende Abstimmung zur Durchführung der Inspektionen vor. Weiter ist vorgesehen, dass der Eigner eigene Kommentare abgeben kann, die in den Abschlussbericht aufgenommen werden, bevor dieser in der SIRE-Datenbank frei einsehbar ist. Das SIRE-System sieht als weiteren Fortschritt vor, dass jeder Inspektor durch OCIMF akkreditiert werden muss (Ship Inspector Training & Accreditation Programme), um die Qualität der Inspektionen zu verbessern.
- *Streitschlichtung*: Nicht nur die Zusammenschlüsse der Tankereigner, auch die der Öl- und Chemieindustrie sehen, wie dargetan, eigene Streitschlichtungsverfahren vor[463].
- *Diskursivität*: Weiter wirken internationale Verbände auf eine faire Ausgestaltung privaten Rechts hin, indem sie in das Rechtssetzungsverfahren Elemente der Diskursivität einbinden[464]. Beispielsweise erarbeitet der ostseeische und internationale Schifffahrtsrat BIMCO (The Baltic and International Maritime Council), der Eigner, Charterer, Schifffahrtsagenturen und weitere Schifffahrtsbeteiligte umfasst, seine Standardverträge unter Beteiligung verschiedener in die Seeschifffahrt involvierter Interessen aus[465]. Sein Standardvertrag BIMCHEMTIME Vetting and Inspection Clause 2006[466] formuliert etwa interessengerechte Vorgaben für das Vetting von Chemikalientankern; er betrachtet das Vetting als gemeinsame Angelegenheit von Eigner und Charterer, vermeidet bewusst den Begriff Approval und schließt für den Fall der Zurückweisung des Vetting-Antrags durch ein Öl- oder Chemieunternehmen mangels wirtschaftlichen Interesses eine Verantwortlichkeit des Reeders aus. Für den sich anbahnenden Dialog mit OCIMF,

[462] *Lampert*, Vetting remains a Vexed Issue.
[463] Siehe oben 6. Kapitel, I. 1. a. bb.
[464] *Powers*, Vetting, S. 52.
[465] Dazu *Maurer*, Lex Maritima, S. 70f.
[466] Siehe https://www.bimco.org/contracts-and-clauses/bimco-clauses/current/bimchemtime_vetting_and_inspection_clause_2006 (zuletzt abgerufen: 29.01.2023).

CDI und den einzelnen Öl- und Chemieunternehmen hat die Tankereignervereinigung INTERTANKO einen eigenen Ausschuss (Vetting Committee) als institutionellen Anknüpfungspunkt eingerichtet.

Die Begrenzungsordnung ist ausbaufähig[467]. Um das mangelnde Interesse von Unternehmen an Inspektionen auszugleichen, wird etwa vorgeschlagen, dass die Verbände einen Pool unabhängiger Inspekteure zur Verfügung stellen. Zudem könnte das Auswahlverfahren durch OCIMF und CDI harmonisiert werden. Auch eine Datenbank, die jeden Inspektor protokolliert, seine Beobachtungen verfolgt, bewertet und Verhaltensmuster untersucht, könnte die Qualität von SIRE-Inspektionen erhöhen.

III. Ergänzung durch ein Feedbacksystem

1. Stärkung der Selbstorganisation als Maxime

Die Etablierung und die Schlagkraft solcher Begrenzungsmechanismen hängt vom Eigeninteresse der privaten Seeverwaltung ab, das nicht durchgehend als vorhanden unterstellt werden kann. Dabei darf nicht nur auf die internationalen Verbände geschaut werden; beim Vetting sind Unzulänglichkeiten ebenfalls auf Ebene der einzelnen Unternehmen auszumachen, die nach wie vor zum Teil subjektive wirtschaftliche Erwägungen als Maßstab nehmen und schlicht „ihr Ding machen“[468]. Nötig ist daher ein Feedbacksystem[469], das insofern eine doppelte Stoßrichtung aufweisen muss, als es sowohl die internationalen Verbände motiviert, Begrenzungsmechanismen einzurichten, die einen angemessenen Interessenausgleich sicherstellen, und dazu in einen Dialog mit der Gegenseite zu treten, als auch die Wahrscheinlichkeit erhöht, dass möglichst viele Unternehmen mitziehen, auch wenn die Vorstellung, die Prioritäten der Ölmultis zu eliminieren, illusionär ist[470].

Die zu Rechtsschutz und internationaler Rechtssetzung entwickelten Kriterien[471] können dabei als Anhaltspunkt dafür dienen, ob ein angemessener Ausgleich getroffen wurde. Dabei ist aber auf das Maß und den Umfang der Betroffenheit Rücksicht zu nehmen: Regulieren die privaten Normen – wie beim Vetting – beispielsweise allein das Verhalten bestimmter industrieller Kreise, dann ist auf deren Beteiligungs-

[467] Zum Verbesserungspotential auch *Powers*, Vetting, S. 52.

[468] *Houvardas*, Journal of Maritime Law & Commerce 48 (2017), S. 183, 189; Institut Supérieur d'Économie Maritime (ISEMAR), Le Vetting, un Instrument de Sécurité Maritime, S. 2 f.; *Powers*, Vetting, S. 59; *Martowski*, Tulane Maritime Law Journal 26 (2001), S. 123, 127 ff., 143; ferner *Karti*, Vetting and TMSA, S. 20; aus der Praxis *Lampert*, Vetting is becoming more complex and subjective; *Lampert*, Is Tanker Vetting fit for Purpose?; zur Kritik seitens INTERTANKO, insb. an den Reisekosten, siehe *Andersen*, Shipowners: Vetting is getting out of Control.

[469] Für die Lex Sportiva von einem „externen Anreizsystem“ sprechend *Duval*, in: Hörnle/Möllers/Wagner, Gerichte und ihre Äquivalente, S. 13, 42.

[470] *Martowski*, Tulane Maritime Law Journal 26 (2001), S. 123, 144.

[471] Siehe oben 6. Kapitel, B. IV. 2. e und 5. Kapitel, IV.

und Artikulierungschancen abzustellen; die Sicherstellung von Partizipation und Transparenz kann sich dann auf diese Kreise beschränken[472].

Um die Selbstorganisation durch ein Feedbacksystem zu stärken, kann auf staatlicher und auf überstaatlicher Ebene angesetzt werden:

– *Gerichte*: Sind Charterklauseln Gegenstand von Prozessen vor Gerichten[473], so ist daran zu denken, dass sie dann als privates Recht anerkannt werden, wenn sie wie die BIMCO-Klauseln aus einem entsprechend offenen Beteiligungsprozess hervorgegangen sind; im Unterschied dazu sind Klauseln, die diese Qualitätsanforderungen nicht erfüllen, einer Inhaltskontrolle zu unterwerfen[474]. Ein weiterer Ansatzpunkt für ein gerichtlich radiziertes Feedbacksystem speist sich aus der Beobachtung, dass Vetting für die Chartererseite attraktiv ist, da es das Risiko reduziert, zivilrechtlich und strafrechtlich zur Verantwortung gezogen zu werden, wenn das Schiff havariert. Werden die Verbandsvorgaben, die Vetting harmonisieren, in Haftungs- und Strafprozessen zur Konkretisierung von Sorgfaltspflichten herangezogen, dann kann dies auch ihren Stellenwert für die einzelnen Unternehmen erhöhen und diese dazu veranlassen, die gemeinsamen Vettingvorgaben zu Grunde zu legen[475]. Der Strafprozess gegen Total infolge der Havarie der Erika lässt eine solche Tendenz zur Anerkennung von Verbandsregeln erkennen: Das französische Kassationsgericht[476] stellte in dem Verfahren einen Verstoß von Total gegen einen freiwilligen Industriestandard fest, der einen Fahrlässigkeitsvorwurf begründete[477]. Konkret ging es um die OCIMF-Leitlinien für das Zugrundelegen von SIRE-Berichten durch Charterer nach denen ein Bericht höchstens zwölf Monate gültig ist. Total hatte die Erika hingegen gechartert, obwohl diese Frist abgelaufen war. Nach Auffassung des Gerichts hätte das Unternehmen daher das Schiff im Einklang mit den OCIMF-Vorgaben erneut inspizieren müssen. Der Einwand der Vereidigung, Total sei an die OCIMF-Frist nicht gebunden, ließ das Gericht nicht gelten. Da der Zweck des Vettings darin bestünde, die Qualität der von Total eingesetzten Tankschiffe zu gewährleisten, sei auch davon auszugehen, dass eine Inspektion die Schwächen der Erika und ihre Unfähigkeit, bei stürmischem Wetter im Atlantik zu navigieren, aufgedeckt hätte. Diese Konkretisierungsleistung von Verbandsregeln kann allerdings nur als verkehrskreiseigener Mindeststandard verstanden werden, der auch Unterneh-

[472] Für die private Rechtssetzung *Buck-Heeb/Dieckmann*, Selbstregulierung im Privatrecht, S. 261 f., 277 ff.

[473] Siehe oben 6. Kapitel, B. I.

[474] Allgemein für Standardverträge im Seehandelsrecht *Maurer*, Lex Maritima, insb. S. 100 f.

[475] Allgemein zur Konkretisierung unternehmerischer Sorgfaltspflichten durch privatautonome internationale Standards, die durch das Deliktsrecht durchsetzbar sind, *Teubner/Beckers*, Indiana Journal of Global Legal Studies 20 (2013), S. 523, 539; *Schulz*, Das Alien Torture Statute, S. 436.

[476] Cour de Cassation, Chambre Criminelle, Urteil vom 25.09.2012.

[477] Dazu *Houvardas*, Journal of Maritime Law & Commerce 48 (2017), S. 183, 196–198; *Kaufmann*, ZaöRV 73 (2013), S. 509, 516 f.; *Powers*, Vetting, S. 60; zu OCIMF-Leitlinien als Sorgfaltsmaßstab auch *Anderson/de la Rue*, Tulane Maritime Law Journal 26 (2001), S. 1, 41 f.

men, die eine entsprechende private Regel weder praktizieren noch anerkennen, bindet und nicht als abschließendes Verhaltensprogramm[478].

- *Kartellrecht*: Staatlicher Gerichtsschutz allein genügt nicht zur Rückkoppelung, wo dieser nur rudimentär in Anspruch genommen wird. Ein kartellrechtliches Vorgehen ist allerdings denkbar, wenn Ölmultis von den betroffenen Eignern unangemessene Vettingpraktiken einfordern oder der private Rechtssetzungsprozess nicht inklusiv ist. So werden prozedurale Mindestanforderungen an den Standardisierungsprozess unter dem New Approach der EU auch kartellrechtlich durchgesetzt[479].
- *Internationale Kooperation*: Ein weiterer Ansatzpunkt bildet zudem die überstaatliche Ebene. Internationale Verbände wie OCIMF und CDI wirken in internationalen Organisationen wie der IMO mit und unterhalten Beziehungen zu transnationalen Behördennetzwerken wie den PSC MoUs. Diese Kooperation ist für sie attraktiv, da sie Einflussmöglichkeiten auf die maritime Rechtsetzung und -durchsetzung eröffnet. Werden Selbstgefährdungstendenzen in ihren Regelungsstrukturen nicht durch leistungsfähige Begrenzungsmechanismen flankiert, dann ist denkbar, dass dies Einschränkungen bei der Kooperation rechtfertigt oder sogar einen Versagungsgrund für das Eingehen bzw. den Fortbestand eines Kooperationsverhältnisses darstellt.

In diesem Feedbacksystem verifiziert sich somit ein Wesensmerkmal der Konglomeratsverwaltung, das sich in der Verflechtung multipler Akteure und Rechtsschichten artikuliert, die zu einer wechselseitigen Bezugnahme und damit auch Kritik befähigt.

2. *Rechtstheoretischer Zugriff: Idee der globalen Zivilverfassungen*

Rechtstheoretische Ansätze, die erklären, dass private grenzüberschreitende Ordnungsleistungen einzuhegen sind, um „Selbstblockierungen“ und „Expansionstendenzen“ zu verhindern[480] und damit „Autonomieräume für gesellschaftliche Reflexion“ zu wahren[481], beschreiben dies aus einer Verfassungsperspektive.

Gunther Teubners Ausgangspunkt ist die funktionale Differenzierung der Gesellschaft als Grundphänomen der Moderne, die sich nach ihm global vollziehe. Die Funktion, die dem politischen System im innerstaatlichen Kontext zufiele, die Egoismen der Teilsysteme zu zügeln, werde auf internationaler Ebene nur unvollkommen erfüllt. Die Rechtsbindung globalisierter Teilsysteme der Gesellschaft komme somit von innen: Die Teilsysteme bildeten jeweils „globale Zivilverfassungen“ als „Eigenverfassungen“ aus[482], die sich schleichend entwickelten, da sie nicht autorita-

---

[478] *Glinski*, Die rechtliche Bedeutung der privaten Regulierung globaler Produktionsstandards, S. 267, 270–279.

[479] Siehe dazu oben 5. Kapitel, VI. 2. mit Fn. 615.

[480] *Teubner*, DS 45 (2006), S. 161, 178.

[481] *Teubner*, ZaöRV 63 (2003), S. 1, 11.

[482] *Teubner*, ZaöRV 63 (2003), S. 1, 13; in Anlehnung an *Sciulli*, Theory of Social Constitutional-

tiv in Kraft gesetzt würden, sondern aus „unergründigen evolutionären Prozessen von langer Dauer“ hervorgingen[483]. *Gunther Teubners* Verfassungsverständnis ist ein äußerst ambitioniertes, das er von Verrechtlichungsprozessen abgrenzt. Der Gehalt gesellschaftlicher Verfassungsnormen besteht nach ihm aus prozeduralen und materiellen Rechtsprinzipien, die aus Lernerfahrungen aus den Staatsverfassungen generiert werden, aber an die globalen Verhältnisse angepasst werden. Er räumt aber ein, dass seine Kriterien, die er an das Vorliegen einer Zivilverfassung stellt[484], bislang nur in Ansätzen vorhanden seien[485].

Da die Entwicklung von Eigenverfassungen, die den Bedeutungsverlust von Staatsverfassungen kompensieren können, unsicher bleibt[486], betonen andere stärker[487], dass diese um eine Rahmenordnung zu ergänzen seien, die die zivilgesellschaftliche Selbstorganisation einerseits anerkenne, sie andererseits in Hinblick auf Gemeinwohl und betroffene Interessen einbinde[488]. Diese Rahmenordnung soll aber nur äußere Grenzen setzen und im Übrigen an die transnationalen Regelungsarrangements zurückverweisen und damit auf die Entwicklung von Lösungen durch die Abstimmung zwischen staatlichen Rechtsordnungen und transnationalen Regelungsstrukturen zielen[489].

Der gesellschaftliche Konstitutionalismus rekurriert damit auf das Selbstorganisationspotential privater transnationaler Regime auch in Hinblick auf Begrenzungsleistungen, erkennt aber die Notwendigkeit von Koordinierungsprozessen zwischen privaten und anderen Rechtsordnungen an. Indem er die verschiedenen Rechtsräume dergestalt in einen Kontext setzt, hält er auch ein Konzept parat, das die verbandseitigen Begrenzungsprozesse und ihre Ergänzung durch ein Feedbacksystem im Seeverwaltungsrecht zu erklären vermag. Gleichwohl bleiben Bedenken bestehen: Den Verfassungsbegriff als Chiffre eines Schutzes vor den Auswirkungen globaler privater Macht zu nutzen, ist wegen seiner staatsrechtlichen Tradition mehr irreführend als die Sache erhellend[490]. Diese Begrifflichkeit birgt die Ge-

---

ism, der die Erweiterung des Verfassungsgedankens aber nicht auf die Sphäre jenseits des Staats bezieht.

[483] *Teubner*, ebenda, S. 15f.

[484] Eine Zivilverfassung ist höherrangiges Recht, das Bestimmungen über die Einrichtung von Entscheidungsprozessen und Verfahrens- und Organisationsbestimmungen beinhaltet, wie bei den Grundrechten der Staatsverfassungen Grenzen festlegt und Kontrollmöglichkeiten für die Regelbeachtung bietet, *Teubner*, Verfassungsfragmente, S. 118ff.

[485] *Teubner*, ZaöRV 63 (2003), S. 1, 13.

[486] Ebenda, S. 81.

[487] Teubner hofft auf ein evolutives Zusammenwirken mit dem politisch gesetzten Recht internationaler Organisationen und Staaten, das Systemegoismen im Zaum halten soll, *Fischer-Lescano/Teubner*, Regime-Kollisionen, S. 57; *Fischer-Lescano*, JZ 2014, S. 965, 971.

[488] Von einem dialektischen Prozess von „Eigen- und Fremdkonstitutionalisierung“ sprechend *Viellechner*, Transnationalisierung des Rechts, S. 253ff., 285ff.; von einer „hybriden“ Natur ausgehend, *G.-P. Calliess*, Grenzüberschreitende Verbraucherverträge, S. 228.

[489] *Viellechner*, in: Vesting/Korioth/I. Augsberg, Grundrechte als Phänomene kollektiver Ordnung, S. 295, 315.

[490] *Vesting*, VVDStRL 63 (2004), S. 41, 63.

fahr, dass bestimmte Vorverständnisse mitgeführt und unbesehen auf andersartige Phänomene transferiert werden[491]. Im maritimen Bereich lässt sich kaum von einer Vergleichbarkeit mit einer Verfassung ausgehen, da die Begrenzung durch die internationalen Verbände darin besteht, Regelungsstrukturen bereit zu stellen und miteinander im Austausch zu stehen. Des Weiteren sind diese Ansätze für das Seeverwaltungsrecht insofern zu eng, als im Kern auf die Konstitutionalisierungsleistungen von Gerichten und Schiedsgerichten gesetzt wird, die dort zwar vorhanden sind, aber nicht in dem Maße angerufen werden, wie man das als terrestrischen Normalfall voraussetzt. Wie gesehen, werden beim Vetting Begrenzungsleistungen nicht durch Spruchkörper erbracht, sondern verbandseitig. Auch das Feedbacksystem wird hier weiter verstanden und bezieht auch weitere Akteure der Konglomeratsverwaltung mit ein.

IV. Grund- und menschenrechtliche Absicherung

1. Grenzen der Horizontalwirkung

Als normativer Anknüpfungspunkt für eine solche Rückbindung der privaten Seeverwaltung durch ein Feedbacksystem kommen Grund- und Menschenrechte in Betracht. Gehen Gefährdungen nicht mehr nur von staatlichen Übergriffen aus, sondern realisieren sie sich gerade jenseits des Staats „durch anonyme kommunikative Matrices“, dann scheint es naheliegend, die holzschnittartige Frage nach Grundrechtsbindung und -berechtigung zur Seite zu schieben und einen Schutz gegen transnationale Regelungsstrukturen über eine Drittwirkung bzw. – so die neuere und im internationalen Gebrauch gängige Terminologie – Horizontalwirkung von Grund- und Menschenrechten zu begründen[492], die auf ihre Geltung im Privatrechtsverhältnis zielt[493]. Hinter dem Begriff der Horizontalwirkung verstecken sich indes unterschiedliche Begründungsansätze[494], die ihre Basis je nach Rechtsordnung im Verfassungsrecht, Völkerrecht sowie einfachen Recht haben können[495]: Staatsgerichtete Ansätze, die in Deutschland als mittelbare Drittwirkung bekannt sind, wollen eine Grundrechts- und Menschenrechtsentfaltung im Gesetz, etwa in Generalklauseln und unbestimmten Rechtsbegriffen[496], verorten oder im Wege staatlicher Verantwortung zur Achtung der Grund- und Menschenrechte begründen[497]. Demgegenüber geht die Idee von der unmittelbaren Hori-

---

[491] *Ladeur*, European Law Journal 14 (2008), S. 147, 167.

[492] *Teubner*, DS 45 (2006), S. 161, 178 f., 181; *Viellechner*, Transnationalisierung des Rechts, S. 217; *Horst*, Transnationale Rechtserzeugung, S. 186 ff.

[493] *V. Münch*, in: ders./Coderch/i Riba, Zur Drittwirkung der Grundrechte, S. 7 f.

[494] *Papier*, in: HGR II, § 55 II/1, Rn. 4 ff.

[495] Rechtsvergleichend *Seifert*, EuZW 2011, S. 696, 697; zur Horizontalwirkung der Menschenrechte *Peters*, in: Grimm/Peters/Wielsch, Grundrechtsfunktionen jenseits des Staates, S. 73, 105 ff.

[496] Grdl. *Dürig*, in: FS Nawiasky, S. 157 ff.; BVerfGE 7, 198, 204 ff.; E 25, 256, 263 f.

[497] Insb. *Canaris*, AcP 194 (1984), S. 201, 225 ff.

zontal- oder Drittwirkung[498] von einem Anspruch-Pflichten-Verhältnis zwischen Privaten aus.

Die Dritt- bzw. Horizontalwirkungslehre erschöpft allerdings weder das allgemeine Problem Grundrechte und Privatrecht[499] noch den Schutz gegen transnationale Regelungsstrukturen vollständig. Die Fallkonstellationen, die ihren Gegenstand bilden[500], sind im Kern[501] prozessuale Streitigkeiten zwischen Privaten[502], wie der Streit um ehrverletzende Meinungsäußerungen[503], die Inhaltskontrolle von Bürgschaftserklärungen[504], auf das Hausrecht gestützte Stadionverbote[505] oder Löschungsansprüche gegen Betreiber von Internetsuchmaschinen[506]. Hinzu tritt die Frage nach einer Bindung von transnationalen Unternehmen an Menschenrechte gegenüber Personen aus Entwicklungsländern, um diesen etwa zu ermöglichen, ein Recht auf Nahrung einzuklagen[507]. Das Feedbacksystem für die Seeverwaltung blickt hingegen nicht ausschließlich auf zivil- und arbeitsrechtliche Gerichtsverfahren, schon weil Konflikte hier nicht umfassend justiziell ausgetragen werden; es setzt stattdessen allgemein bei den potenziellen Schnittstellen zwischen privaten und (über-)staatlichen Rechtsschichten an. Die Bejahung eines direkten Anspruch-Pflichten-Verhältnisses zwischen Privaten mag zwar auch außerhalb prozessualer Konstellationen ein gewisses Schutzniveau bereithalten[508], ist aber nicht die passende Perspektive, wenn es um die Frage der Durchsetzung von Begrenzungsmechanismen durch staatlich vermittelte Beiträge geht. Die Dritt- bzw. Horizontalwirkungslehre erweist sich damit als zu eng, um das Feedbacksystem rechtlich aufzufangen.

2. *Transnationaler Schutzauftrag*

Bevor die Entwicklung einer neuen transnationalen Grundrechtsdimension ins Auge gefasst wird[509], sollte das Potential der anerkannten Dimensionen in Hinblick auf ihre transnationalen Bezüge ausgeschöpft werden. Das Feedbacksystem für das Seeverwaltungsrecht ist ein staatlich mediatisiertes, indem der Staat direkt

---

[498] *Nipperdey*, Grundrechte und Privatrecht, S. 13 ff.

[499] *Stern*, Staatsrecht III/2, § 76 IV, v. a. S. 1563; *Ruffert*, Vorrang der Verfassung, S. 28, 61 ff.

[500] *V. Münch*, in: ders./Coderch/i Riba, Zur Drittwirkung der Grundrechte, S. 7, 14 ff.

[501] Zum Teil wird auch die Frage nach der Grundrechtsbindung des Zivilgesetzgebers als ein Problem der Drittwirkung diskutiert, dazu *Epping*, Grundrechte, Rn. 363 ff.

[502] *Ruffert*, Vorrang der Verfassung, S. 29.

[503] BVerfGE 7, 198, 205.

[504] BVerfGE 89, 214, 233 f.

[505] BVerfGE 148, 267, 280 ff.

[506] EuGH, Google Spain, Urteil v. 13.05.2014, Rs. C-131/12, Rn. 68 ff.

[507] *Kanalan*, Die universelle Durchsetzung des Rechts auf Nahrung gegen transnationale Unternehmen; *Kommer*, Menschenrechte wider den Hunger.

[508] *Kulick*, Horizontalwirkung im Vergleich, S. 353–355.

[509] *Ladeur/Viellechner*, AVR 46 (2008), S. 42 ff.; *Viellechner*, in: Vesting/Korioth/I. Augsberg, Grundrechte als Phänomene kollektiver Ordnung, S. 295, 312; *ders.*, Transnationalisierung des Rechts, S. 287 ff.

auf nationaler oder indirekt auf überstaatlicher Ebene auf die interne Bewältigung von Selbstgefährdungen hinwirkt. Der Schutz vor Beeinträchtigungen eines Grundrechtsguts von privater Seite ist aber auch Gegenstand von grund- und menschenrechtlichen Schutzaufträgen. Die Rechtswidrigkeit des Handelns des Privaten ist dafür keine Voraussetzung, da das Verbot erst mittels des Schutzauftrags zu schaffen ist[510]. Insofern lässt sich an die Überlegungen zur Absicherung eines effektiven Rechtsschutzes gegen die Seeverwaltung unter staatlicher Beteiligung anknüpfen. Rechtsgrundlage waren dort ebenfalls grundrechtliche Schutzpflichten bzw. positive Verpflichtungen[511]. Da es in beiden Konstellationen um den Schutz vor grenzüberschreitender Gewalt durch Stimulierung ihrer Bereitschaft geht, eigene Schutzmechanismen zu schaffen, bietet es sich an, das Feedbacksystem parallel zu dieser Effektivitätsabsicherungspflicht normativ zu begründen.

Damit ist aber noch nicht die Frage nach dem Geltungsgrund beantwortet. Das Anknüpfen an ein Staat-Bürger-Verhältnis, wie es anklingt, wenn Schutzpflichten aus der Staatsaufgabe Sicherheit abgeleitet werden, nach der es dem Staat obliegt, die Rechte seiner Staatsbürger zu schützen[512], erscheint für das internationale Verwaltungsrecht zu eng. Der für die staatliche Effektivitätsabsicherung bemühte Gedanke der Mitwirkung eignet sich für die private Seeverwaltung, die als Pionier oder Konkurrent zu öffentlichen Stellen auftritt[513], nicht als Anknüpfungspunkt, da keine unmittelbaren staatlichen Mitwirkungsakte vorliegen. Der Gedanke der Ingerenz lässt sich für die rein private Seeverwaltung aber in einem anderen Gewand aufgreifen: Ausgangs-, aber nicht Endpunkt ist hier das Angebot von zivilrechtlichen Instrumenten. Damit soll nicht auf die Frage Bezug genommen werden, ob Privatautonomie als staatlicher Verleihungsakt zu verstehen ist[514] oder ein staatlich gebilligtes Verhalten einen Akt der privaten Gewalt zu einem staatlichen Akt macht[515]. Stattdessen wird auf den Umstand abgestellt, dass Wirkmechanismen der privaten Seeverwaltung – neben der faktischen Macht – zivilrechtliche Instrumente, etwa Verträge, darstellen. In ihrem Bereitstellen liegt zugleich ein risikoerhöhendes Moment, das Pflichten auslösen kann, wenn auf dieser Grundlage Machtasymmetrien ausgenutzt werden. Die Betrachtung ist dabei eine potentielle, d. h. es geht um das prinzipielle Angebot, nicht um einen eigenen kausalen Beitrag zum Machtmissbrauch; andernfalls hätten es die Privaten in der Hand, durch die Rechtswahl über die Frage des Feedbacksystems mitzubestimmen. Im Ergebnis wird damit an die Beobachtung angeknüpft, dass das Recht Privater und staatlicher Einheiten auch im grenzüberschreitenden Raum nicht beziehungslos nebeneinanderstehen, sondern aufeinander bezogen bleiben.

---

[510] *Ruffert*, Vorrang der Verfassung, S. 196 f.

[511] Siehe oben 6. Kapitel, A. IV. 3. c. und d.

[512] *Isensee*, in: HStR V, § 111 Rn. 83; *Dietlein*, Die Lehre von den grundrechtlichen Schutzpflichten, S. 26 f.

[513] Siehe zu diesen Fällen privater Seeverwaltung oben 3. Kapitel, VI. 4. a.

[514] *Röhl/Röhl*, Allgemeine Rechtslehre, S. 238; *Buck-Heeb/Dieckmann*, Selbstregulierung im Privatrecht, S. 257 f.

[515] So aber *Schwabe*, Die sog. Drittwirkung, S. 16 ff.

Dem Einwand einer Überstrapazierung des Schutzanspruchs, ist auch hier auf der Rechtsfolgenseite Rechnung zu tragen: Schutzaufträge statuieren Mindestgewährleistungen[516]. Es geht um Berücksichtigungs- und Bemühenspflichten, die staatliche Einheiten dazu aufrufen, sensibel für die Selbstgefährdungen in der privaten Seeverwaltung zu bleiben; auch eine übermäßige Freiheitsverkürzung liegt in einem Feedbacksystem, das die Stärkung eigener Begrenzungsverfahren zum Gegenstand hat, nicht.

V. Fazit

Während Schutz vor Fremdbestimmung in Privatrechtsverhältnissen innerstaatlich insbesondere durch Gerichte gewährt werden kann, wurde am Beispiel des Vettings, d.h. privaten Schiffskontroll- und bewertungsverfahren, gezeigt, dass diese im grenzüberschreitenden Bereich privaten Machtasymmetrien allein nicht begegnen können. Großes Potential weisen hingegen Begrenzungsmechanismen auf, die private Verbände im Seerecht entwickeln. Es wurde vorgeschlagen, diese verbandsseitigen Begrenzungsmechanismen durch ein Feedbacksystem auf staatlicher und überstaatlicher Ebene einzuhegen. Dieses kann nicht nur durch Gerichte, sondern auch durch das Kartellrecht sowie internationale Kooperationen bereitgestellt werden. Wie bei der im ersten Abschnitt dieses Kapitels erörterten Effektivitätsabsicherungspflicht für außergerichtliche Streitbeilegungsformen der internationalen Verwaltung unter staatlicher Beteiligung zielt dieses Feedbacksystem darauf, den Schutz dadurch zu bewerkstelligen, dass die Bereitschaft der internationalen Verwaltung stimuliert wird, eigene Schutzmechanismen zu schaffen. Dementsprechend wurde das Feedbacksystem auch normativ parallel zu dieser Effektivitätsabsicherungspflicht verankert: Rechtliche Grundlage sind grundrechtliche Schutzpflichten bzw. positive Verpflichtungen. Der Geltungsgrund bildet auch beim Schutz vor der Fremdbestimmung durch die private internationale Verwaltung der Gedanke der Ingerenz, allerdings in einem anderen Gewand. Wirkmechanismen der privaten Seeverwaltung sind – neben der faktischen Macht – zivilrechtliche Instrumente. In ihrem Bereitstellen durch den Staat liegt zugleich ein risikoerhöhendes Moment, das Pflichten auslösen kann, wenn auf dieser Grundlage Machtasymmetrien ausgenutzt werden. Die Akzentverschiebung von Einheitsvorstellungen hin zum Konglomeratsdenken, die das internationale Verwaltungsrecht prägt, macht sich somit auch bei der Frage des Schutzes vor Fremdbestimmung durch die private internationale Verwaltung bemerkbar, gewährleistet doch erst das Geflecht verschiedener verbandsseitiger Begrenzungsmechanismen mit einem Feedbacksystem auf staatlicher und überstaatlicher Ebene den erforderlichen Schutz.

---

[516] *Ruffert*, Vorrang der Verfassung, S. 218 ff.

7. Kapitel

Metagovernance – Ordnung in Vielfalt

Eine konglomeratische Organisationsstruktur wie die der internationalen Verwaltung, die sich durch ein Geflecht heterogener Akteure und Normen auszeichnet, steht in einem Spannungsverhältnis zum Rationalitätsanliegen von Recht, da keine übergeordnete Stelle für Ordnung zu sorgen vermag. Welche Folgen das hat, illustriert das Seeverwaltungsrecht: Widersprüche und Doppelungen in den Regulierungsanstrengungen, Umsetzungsdefizite sowie Korruptionsanfälligkeit gehören dort zum Alltag. Für die Suche nach einem übergreifenden Rahmen, der ein Stück weit Rückbindung, Kohärenz und Integrität in ausdifferenzierte und fragmentierte Prozesse der Rechtsfindung und -durchsetzung einführt, fehlt im Öffentlichen Recht indes ein terminologischer Fixpunkt. Dies mag daran liegen, dass aus einer innerstaatlichen Perspektive in Folge des Einheitsparadigmas Ordnung als Normalität betrachtet wird. Auch die Forschung zum internationalen Verwaltungsrecht liefert keinen Oberbegriff. Wenn überhaupt, dann wird das Problem fehlender Ordnung in der konglomeratischen internationalen Verwaltung als eine Frage ihrer Accountability thematisiert[1]. Die Möglichkeiten einer Lenkung oder Orchestrierung[2] selbstorganisierter Akteursnetzwerke thematisiert allerdings die Governance-Forschung als Metagovernance[3]. Diese beschreibt indirekte Steuerungsprozesse, die darauf zielen, verschiedene Ziele und Wünsche von Akteuren in Governance-Arrangements zu verbinden, Vertrauen zu schaffen, Spannungen und Konflikte zu lösen und mit der ungleichen Verteilung von Ressourcen umzugehen[4]. Im Anschluss daran soll Metagovernance hier als Oberbegriff herangezogen werden, um die drei Themenblöcke Verwaltungskontrolle, Korruptionsprävention sowie Kohärenzsicherung zu untersuchen und die Antworten der Seeverwaltung vorzustellen. Während im Seeverwaltungsrecht Kontrolldefizite und Korruptionsprobleme v. a. beim staatlichen Vollzug internationalen Rechts diskutiert werden, ist das Kohärenzanliegen ein übergreifendes.

---

[1] *Kingsbury/Krisch/Stewart*, Law and Contemporary Problems 68 (2005), S. 1, 58.

[2] Zum Begriff *Abbott/Genschel/Snidal/Zangl*, International Organizations as Orchestrators.

[3] Im Kontext der öffentlichen Verwaltung erstmals verwendet von *Jessop*, Review of International Political Economy 4 (1997), S. 561 ff.; ferner *Kooiman*, in: Schuppert, Governance-Forschung, S. 149, 167–169.

[4] *Hölscher/Wittmayer/Maschmeyer/Frantzeskaki*, in: Kleinfeld/Hafkesbrink/Stuhldreier, Innovatives Regionalmanagement im demografischen Wandel, S. 27, 29, 33 f.; ein konsentiertes Verständnis von Metagovernance gibt es indes nicht, siehe die Übersicht bei *Gjaltema/Biesbroeck/Termeer*, Public Management Review 22 (2020), S. 1760 ff.

A. Verwaltungskontrolle

Die nachfolgend als Verwaltungskontrolle bezeichnete Herausforderung wurde bislang in erster Linie von der völkerrechtlichen und politikwissenschaftlichen Forschung als Compliance-Problem thematisiert. Wie *Eberhard Schmidt-Aßmann* gezeigt hat, weisen aber auch Implementierungsmechanismen im Völkerrecht administrative Züge auf und lassen sich als Ausdruck einer Internationalisierung des Verwaltungsrechts begreifen[5]; er mahnt daher an, internationales Recht und Verwaltungsrecht stärker aufeinander zu beziehen[6]. In diesem Sinne macht der Abschnitt die Erkenntnisse der Compliance-Forschung für das internationale Verwaltungsrecht nutzbar. Es wird gezeigt, dass der mangelhaften Umsetzung internationaler Normen durch staatliche Stellen und den von ihnen hinzugezogenen Klassifikationsgesellschaften als Recognized Organisations (ROs) (I.) im Seeverwaltungsrecht durch kollektive Arrangements begegnet wird (II.). Ausgehend von den maritimen Beobachtungen werden zum einen die Rolle und die Ausgestaltung solcher kollektiven Arrangements für die internationale Verwaltung untersucht und zum anderen die Frage adressiert, ob und inwieweit der Übergriffigkeit solcher kollektiven Arrangements rechtlich zu begegnen ist.

I. Mangelhafte Umsetzung internationaler Normen als Herausforderung

1. Multiple Quellen für Erfüllungsdefizite

Die Normen, die im Seeverwaltungsrecht im Rahmen internationaler Organisationen gesetzt werden, werden unzureichend umgesetzt. Dieses, im nationalen Kontext v. a. in Bezug auf Umweltgesetze als Vollzugsdefizit behandelte Phänomen[7], wird im Völkerrecht auch als Erfüllungsdefizit thematisiert, das sich auf die nach dem internationalen Recht zur Umsetzung berufenen Staaten bezieht[8]. Sofern diese Private heranziehen, wie im Seeverwaltungsrecht die ROs, sind aber auch diese in die Betrachtung miteinzubeziehen. Das spezifische Durchsetzungsproblem im internationalen Recht folgt letztlich aus dem Fehlen einer zentralen Durchsetzungsgewalt[9]. Die Quellen[10] für Erfüllungsdefizite sind indes divers[11]. Das Maß an Regelbefolgung resultiert we-

[5] *Schmidt-Aßmann*, in: FS Schmidt, S. 149, 159f.

[6] Ebenda, S. 164.

[7] *Rehbinder*, Das Vollzugsdefizit im Umweltrecht und das Umwelthaftungsrecht, S. 11.

[8] *Bothe*, Compliance, in: MPEPIL, Oktober 2010, Rn. 4.

[9] *Bothe*, Compliance, in: MPEPIL, Oktober 2010, Rn. 1.

[10] *Chayes/Chayes*, The New Sovereignty, S. 10.

[11] Siehe für das Umweltvölkerrecht *Beyerlin/Marauhn*, Rechtsetzung und Rechtsdurchsetzung, S. 85f.; *Bothe*, in: Wolfrum, Enforcing Environmental Standards, S. 13, 17f.; *Mitchell*, in: Werksman/Cameron/Roderick, Improving Compliance, S. 78ff.; *Ohlhoff*, Methoden der Konfliktbewältigung bei grenzüberschreitenden Umweltproblemen im Wandel, S. 13f.

niger aus bestimmten vorgefundenen Eigenschaften von Staaten als vielmehr aus deren Fähigkeit und deren Bereitschaft, sich an internationale Vorgaben zu halten[12]. Auf die Relevanz fehlenden Könnens hat die jüngere Compliance-Forschung aufmerksam gemacht (1.). Für die Staaten bestehen zudem wenig Anreize, ihren Verpflichtungen nachzukommen, wenn sie sich mit dem den Normen zugrundeliegende Schutzanliegen nicht identifizieren oder deren Befolgung sogar als kontraproduktiv wahrnehmen, etwa wenn die Befolgung mit wirtschaftlichen Nachteilen verbunden ist[13]. Das ist der Fall bei der globalen Wissensgenerierung unter den Internationalen Gesundheitsvorschriften 2005 (IGV 2005): Die unverzügliche staatliche Meldung von neuen Infektionen wird durch die finanziellen Konsequenzen einer Offenlegung von Gesundheitsrisiken gehemmt, da Reise- und Handelsbeschränkungen befürchtet werden[14]. Darauf beschränkt sich das Hemmnis fehlender Präferenzen aber nicht. Im Seeverwaltungsrecht führt oftmals Konkurrenz dazu, dass internationale Vorgaben missachtet oder vernachlässigt werden, was in den Wirtschaftswissenschaften allgemein als Regulierungswettbewerb thematisiert wird (2.).

2. *Erkenntnisse der Compliance-Forschung*

a) Lehre vom aktiven Vertragsmanagement als Perspektive für das Kooperationsvölkerrecht

Der Begriff Compliance bezieht sich jenseits des Nationalstaats darauf, ob Staaten Vorgaben aus völkerrechtlichen Verträgen beachten. Präziser geht es damit um State Compliance bzw. Contracting Party Compliance[15]. Der über Fachgrenzen hinweg geführte Diskurs zu Compliance zielt darauf, ein Modell zu liefern, um Erfüllungsdefizite von Staaten zu erklären, aber auch Lösungen zu deren Behebung anzubieten. In diesem theoretischen Anspruch liegt der maßgebliche Unterschied zur induktiven, auf die Bedeutung sektorspezifischer Faktoren abstellenden Implementationsforschung in den Politikwissenschaften[16]. Weiter geht die Compliance-Forschung insofern über die Implementationsperspektive hinaus, als es die tatsächliche verhaltensbedingte Veränderung in Hinblick auf internationale Vorgaben untersucht und nicht ausschließlich die Umsetzung von Verpflichtungen aus

---

[12] Für die Flaggenstaaten *Rayfuse*, Non-Flag State Enforcement, S. 24.

[13] *Mitchell*, in: Werksman/Cameron/Roderick, Improving Compliance with International Environmental Law, S. 3, 11 f. Solche Rechtsverstöße aus Präferenzgründen sind namentlich im internationalen Umweltrecht als Freifahreranreize bekannt (*Finus/Herzog*, ZfU 2006, S. 25, 28 ff.) und werden dort insbesondere Entwicklungsländern wegen deren geringeren Umweltpräferenz zugeordnet (für den maritimen Umweltschutz *Karim*, Prevention of the Pollution, S. 136, 138).

[14] *Gostin/Katz*, The Milbank Quarterly 94 (2016), S. 264, 279.

[15] *Matz*, in: Beyerlin/Stoll/Wolfrum, Ensuring Compliance with Multilateral Environmental Agreements, S. 301, 303. Die 2002 UNEP Guidelines on Compliance with and Enforcement of Multilateral Environmental Agreements definieren Compliance als „the fulfilment by the contracting parties of their obligations under a multilateral environmental agreement and any amendments to the multilateral environmental agreement" (para. 9 a)).

[16] Zur Abgrenzung *Börzel/Hofmann/Sprungk*, ZIB 10 (2003), S. 247 ff.

völkerrechtlichen Abkommen adressiert[17]. Es gibt nicht die Compliance-Theorie; die unterschiedlichen Meinungsströme[18] lassen sich eher als Perspektiven verstehen[19], die bestimmte Faktoren von Non-Compliance betonen. Dabei lassen sich zwei Hauptströme identifizieren[20]:

- Auf spieltheoretischen Erwägungen beruhen Enforcement-Ansätze, die davon ausgehen, dass Staaten vorsätzlich gegen internationale Vorgaben verstoßen, weil die Regeleinhaltung Kosten verursacht und ihnen diese zu hoch erscheinen.
- Soziologische Ansätze wie die methodisch auf Fallstudien beruhende Lehre vom aktiven Vertragsmanagement (Managerial Model of Compliance) gehen hingegen von *Louis Henkins* Prämisse aus, dass Staaten grundsätzlich internationale Verpflichtungen einhalten wollen. Der wesentliche Grund für Non-Compliance liege zum einen in einem Mangel an administrativer, wirtschaftlicher oder technischer Infrastruktur der Staaten[21], zum anderen könnten die Ambiguität der Vertragssprache sowie Inflexibilität internationaler Verträge und damit Programmdefizite[22] Regelverstöße begünstigen[23].

Der Mehrwert der Lehre vom Vertragsmanagement für die Analyse der Rechtsbefolgung im internationalen Verwaltungsrecht liegt darin, dass sie die Bedeutung von strukturellen Defiziten im inneren Bereich von Staaten, aber auch auf internationaler Ebene hervorhebt, die insgesamt die Einhaltung von Recht behindern können. Den Hintergrund für Non-Compliance sieht sie in einem neuen Regulierungsansatz auf internationaler Ebene, der durch „cooperative regimes" gekennzeichnet sei, die als ein „dichtes und komplexes Gewebe von Normen, Regeln und Praktiken" definiert werden[24]. Diese Problembeschreibung trifft gerade auf die Seeverwaltung zu, deren konglomeratische Struktur sich als Folge der kooperationsvölkerrechtlichen Grundanforderungen erweist[25]. Wie gesagt, schließen sich die Erklärungsansätze nicht aus. Auch der Management-Ansatz leugnet die Bedeutung eines fehlenden Willens zur Regelbefolgung nicht, wenn er betont, dass auch die Konkurrenz zwischen den Akteuren einen Anreiz zu Regelverstößen bilden kann[26].

---

[17] *Deutschbein*, Compliance mit internationalen Verpflichtungen, S. 23; *Kaienburg*, Compliance in High Profile-Fällen der WTO, S. 12.

[18] Zu Überblicken zur umfangreichen Compliance-Literatur siehe nur *Kingsbury*, Michigan Journal of International Law 19 (1998), S. 345 ff.; *Raustiala/Slaughter*, in: Carlsnaes/Risse/Simmons, Handbook of International Relations, S. 538 ff.; für den Bereich der EU *Börzel*, Journal of European Public Policy 8 (2001), S. 803 ff.

[19] *Kaienburg*, Compliance in High Profile-Fällen der WTO, S. 15 ff.

[20] *Hirsch*, in: Benvenisti/Hirsch, The Impact of International Law on International Cooperation, S. 166, 171 ff.

[21] *Chayes/Chayes*, The New Sovereignty, S. 13 ff.

[22] Zum Begriff *Rehbinder*, Das Vollzugsdefizit im Umweltrecht und das Umwelthaftungsrecht, S. 11.

[23] *Chayes/Chayes*, The New Sovereignty, S. 10 ff.; auch *Sand*, ZaöRV 50 (1996), S. 774, 775.

[24] *Chayes/Chayes*, The New Sovereignty, S. 1, dort auch zum SRÜ als ein solches Regime.

[25] Siehe oben 1. Kapitel, IV. 2. b.

[26] *Chayes/Chayes*, The New Sovereignty, S. 23.

b) Ressourcenprobleme als Folge der Heterogenität von Staaten

Die Compliance-Forschung zum internationalen Seerecht benennt neben den pekuniären Vorteilen einer laxen Regulierung[27] mangelnde Ressourcen als den Hauptfaktor, der den staatlichen Vollzug in seiner Effektivität beschränkt[28]. Die IMO geht nach internen Angaben davon aus, dass nur ein Drittel ihrer Mitglieder überhaupt in der Lage sei, die internationalen Instrumente adäquat umzusetzen[29]; auch die Auffälligkeit von Schiffen schwächerer Flaggenstaaten bei der Hafenstaatkontrolle wird mit mangelnden Ressourcen in Zusammenhang gebracht[30]. Selbst bei der Hafenstaatkontrolle in der nördlichen Hemisphäre gibt es Schwierigkeiten, qualifiziertes Personal zu finden[31]. Das Fehlen qualifizierter personeller Ressourcen führt oftmals zur Einbindung von Privaten, bei Flaggenstaaten beispielsweise dazu, Klassifizierungsgesellschaften als ROs einzusetzen[32]. Das Ressourcenproblem ist dadurch nur auf den ersten Blick gelöst, denn Probleme im Verwaltungsvollzug machen sich in diesem Fall auf der sekundären Ebene der Auswahl und Kontrolle der Kontrolleure bemerkbar[33].

Programmdefizite auf internationaler Ebene konnten hingegen zum einen durch den vermehrten Einsatz des Tacit Acceptance-Verfahrens, das die Anpassung an völkerrechtliche Verträge erleichtert[34], angegangen werden, zum anderen durch konkretisierende Anforderungen[35]. Konkretisierungen erfolgen herkömmlich durch isolierte Empfehlungen, bei neueren Konventionen wie dem 1995 überarbeiteten Internationalen Übereinkommen über Normen für die Ausbildung, die Erteilung von Befähigungszeugnissen und den Wachdienst von Seeleuten (STCW 95) oder der Maritime Labour Convention 2006 (MLC 2006) werden Hard Law und konkretisierendes Soft Law in einem Regelwerk integriert. Die IMO hat zudem einen eigenen Implementierungsunterausschuss (Sub-Committee on Implementation of IMO Instruments) eingerichtet, der u. a. Richtlinien mit Implementierungshinweisen entwirft[36].

Ressourcenprobleme sind letztlich darauf zurückzuführen, dass das Seeverwaltungsrecht eine sehr technische Materie ist, daher hohe Anforderungen sowohl

---

[27] Dazu unten 7. Kapitel, A. I. 2.

[28] *Karim*, Prevention of the Pollution, S. 137 ff.; *Lemke*, Erfüllungsdefizite, S. 173; für die Entsendestaaten *Lillie*, Global Seafarer, S. 200; für die IGV WHO, Doc. EB136/22 Add. 1, 16.1.2015, S. 4.

[29] *Campe*, in: Biermann/Siebenhüner, Managers of Global Change, S. 143, 151.

[30] *Merk*, in: OECD, International Regulatory Co-operation and International Organisations, S. 108 f.

[31] Europäische Kommission, SWD (2018) 230 fin., Ex-post Evaluation of Directive 2009/16/EG, S. 37.

[32] *Schult*, Das völkerrechtliche Schiffssicherheitsregime, S. 52.

[33] *Goebel*, Classification Societies, S. 68.

[34] Siehe oben 5. Kapitel, I. 2. a. aa.

[35] Siehe oben 5. Kapitel, I. 2. a. dd.; allgemein zum Compliance Potential solcher Leitfäden *Hexner*, American Journal of International Law 53 (1959), S. 341 ff.; für das internationale Umweltrecht *Sand*, ZaöRV 50 (1996), S. 774, 777 ff.

[36] Zu diesem *Librando*, in: Attard/Fitzmaurice/Martinez Gutierrez, The IMLI Manual on International Maritime Law, Volume I, S. 577, 592.

an die Expertise als auch an die Ausrüstung des Verwaltungspersonals stellt, aber zugleich viele Schwellen- und Entwicklungsländer in die Umsetzung integriert. Deren Bedeutung für die Umsetzung ist zum einen eine Folge des Aufstiegs der Billigflaggen. Zum anderen ist der erweiterte Kreis der Adressaten auf die Tendenz auf der regulatorischen Ebene, weitere einschließlich landseitiger Aktivitäten zu thematisieren, zurückzuführen, wie die Diskussion um die umwelt- und sozialverträgliche Beseitigung von Schiffswracks[37], die Regelung zur Qualität und sozialen Sicherung von Seeleuten nach STCW und MLC 2006 sowie der risikobezogene Ansatz der IGV 2005[38] verdeutlichen. Eine Differenzierung der Pflichten nach der Leistungsfähigkeit der Staaten[39] entsprechend dem aus dem Umweltvölkerrecht bekannten Prinzip der gemeinsamen, aber unterschiedlichen Verantwortlichkeiten der Mitglieder der Staatengemeinschaft (Common but Differentiated Responsibilities, CBDR)[40] ist im SRÜ angelegt[41], jedoch nicht die bessere Option, da sie globale Lösungen hinauszögert[42]. Die Schwierigkeiten verdeutlicht die Diskussion zur Einbindung der Seeschifffahrt in den Emissionshandel: Eine Übertragung des CBDR-Prinzips aus dem Klimaschutz[43] auf den maritimen Bereich würde dazu führen, dass nur 20 bis 25 % aller Schiffe erfasst wären, was dem internationalen Charakter der Seeschifffahrt zuwiderliefe und eine Ausflaggung fördern würde[44].

3. *Ökonomische Analyse*

a) Regulierungswettbewerb als Folge grenzüberschreitender Faktormobilität

Eine Antwort auf den fehlenden bzw. eingeschränkten Regulierungswillen von Staaten liefert die in der Institutionenökonomik verankerte Theorie des Regulierungs- bzw. des Systemwettbewerbs[45]. Während das Recht herkömmlich als hoheitlich gesetzte und unausweichliche verbindliche Ordnung gedacht wird[46], bedeutet die Anwendung der Wettbewerbsidee auf das Recht, dass nationale Politiker und Behörden als Anbieter oder „Verkäufer" von Regulierungen auftreten. Der Wettbewerb wirkt sich sowohl auf der Nachfragerseite als auch auf der Angebotsseite aus:

---

[37] *Karim*, Prevention of the Pollution, S. 98 ff.

[38] *Gostin*, Global Health Law, S. 186–188; die damit verbundenen Belastungen für die Staaten waren Gegenstand des Revisionsprozesses, *Fidler*, Chinese Journal of International Law 2005, S. 372 f.; nicht einmal ¼ der WHO-Mitgliedstaaten konnte die Kernkapazitäten aufweisen, die die IGV 2005 vorschreiben, WHO Report of the Review Committee on the Functioning of the International Health Regulations (2005) in Relation to Pandemic (H1N1) 2009, A64/10, 5.5.2011, S. 18.

[39] *Wolfrum*, Recueil Des Cours 272 (1998), S. 25, 138.

[40] Grundsatz 7 der Rio-Deklaration über Umwelt und Entwicklung.

[41] Etwa Art. 194 SRÜ.

[42] *Gündling*, ZaöRV 56 (1996), S. 796, 801.

[43] Art. 3 I UN-Klimarahmenkonvention; Art. 10 Kyoto Protokoll; Präambel Paris Klimaabkommen.

[44] Zur Debatte in der IMO *König/Morgenstern*, NordÖR 2009, S. 181, 184.

[45] Zusammenfassend *Baldwin/Cave/Lodge*, Understanding Regulation, S. 356 ff. und *Steinbach/van Aaken*, Ökonomische Analyse des Völker- und Europarechts, S. 87 ff.

[46] *P. Kirchhof*, JZ 2004, S. 981, 985 f.

Die Nachfrager wählen das Angebot des jeweiligen Staats aus, dass ihren individuellen Nutzen maximiert. Bei den Mitteln, um die staatlichen Regulierungsangebote zu beeinflussen und damit einen Regulierungswettbewerb zu schaffen, kann im Anschluss an *Albert Hirschman*[47] zwischen den Modalitäten Exit (Abwanderung) und Voice (Widerspruch im Sinne einer Drohung mit Abwanderung) unterschieden werden[48]. Weitere Auswahlmechanismen sind die direkte Rechtswahl (Forum Shopping etwa durch Schiedsklauseln), der Kauf von ausländischen Produkten oder der Wechsel der Nationalität. Auf diese Weise werden Anreize bei den Staaten geschaffen, den Bürgern und Unternehmen ein optimal auf ihre Präferenzen zugeschnittenes Angebot zu unterbreiten.

Welche Konsequenzen aus dem Regulierungswettbewerb auf der Anbieterseite folgen, ist umstritten. Der Hauptvorwurf bildet das Szenario einer Abwärtsspirale durch das Herunterkorrigieren insbesondere bei Umwelt- und Sozialstandards, um Unternehmen anzuziehen bzw. im Land zu behalten, und damit eine Vernachlässigung von Gemeinwohlbelangen[49]; diese Abwärtsspirale lässt sich indes nicht als die zwingende Folge nachweisen. Nach neueren Untersuchungen sind vielmehr drei unterschiedliche Szenarien denkbar, die auch simultan eintreten können[50]: Neben dem befürchteten unentrinnbaren Zwang zur Deregulierung (Delaware-Effekt, Race to the Bottom) ist auch eine regulatorische Vielfalt[51] oder ein Aufwärts-Wettlauf durch eine Einigung auf einen höheren gemeinsamen Nenner möglich (California-Effekt, Race to the Top)[52]. Ganz grundsätzlich wird sogar bezweifelt, ob sich die Folgen des Regulierungswettbewerbs überhaupt mit den Kategorien Top und Bottom einfangen lassen, da das jeweils optimale Niveau oftmals kaum feststellbar sei[53]. Die Gleichsetzung von Systemwettbewerb und Deregulierung ist demnach insofern mit Vorsicht zu genießen, als eine solche Einordnung erst nach einer genauen Untersuchung des jeweiligen Sachbereichs erfolgen darf[54].

Den Ausgangspunkt theoretischer Erklärungen für den Regulierungswettbewerb bildet die grenzüberschreitende Faktormobilität, da erst dann ein Wahlrecht effektiv ausgeübt werden kann[55]. Insbesondere die besondere Beweglichkeit von Wirtschaftseinheiten macht die jeweils verbindliche Rechtsordnung für diese austauschbar.

---

[47] *Hirschman*, Exit, Voice and Loyality, S. 21 ff., 30 ff.

[48] Zur Übertragung *Peters*, VVDStRL 69 (2010), S. 9, 17 ff.

[49] Meist wird die spieltheoretische Logik des Gefangendilemmas herangezogen, *Baldwin/Cave/Lodge*, Understanding Regulation, S. 362.

[50] *Murphy*, The Structure of Regulatory Competition, S. 45 ff.

[51] *Holzinger/Knill*, Journal of Public Policy 24 (2004), S. 25, 44.

[52] *Vogel*, Trading Up: Consumer and Environmental Regulation in a Global Economy.

[53] *Radaelli*, Journal of Public Policy 24 (2004), S. 1 ff.

[54] *Baldwin/Cave/Lodge*, Understanding Regulation, S. 364 ff.; zur Unterscheidung zwischen Product Standards, bei denen ein Race to the Top naheliegt, und Process Standards, bei denen es eher zu einem Race to the Bottom kommt, *Scharpf*, Journal of European Public Policy 4 (1997), S. 520 ff.; *Radaelli*, Journal of Public Policy 24 (2004), S. 1 ff.; *Holzinger/Knill*, Journal of Public Policy 24 (2004), S. 25, 26.

[55] *Steinbach/van Aaken*, Ökonomische Analyse des Völker- und Europarechts, S. 89.

Mit dem Ansatz des Regulierungswettbewerbs kann somit beschrieben werden, dass sich die Rechtsordnungen aufgrund des durch die Wahlentscheidung auf die staatlichen Entscheider ausgeübten Drucks anpassen, um Ressourcen im Land zu halten bzw. zusätzliche Steuerquellen anzuziehen. Dieser Anpassungsdruck stellt das maßgebliche Abgrenzungskriterium zum freiwilligen Rechtsexport und -import dar[56].

b) Maritimes Race to the Bottom

Die negativen Konsequenzen eines Regulierungswettbewerbs für die Umsetzung internationalen Rechts zeigen sich bei der Seeschifffahrt deutlich. *Dale Murphy* betrachtet in seiner Arbeit zur Struktur des Regulierungswettbewerbs das Phänomen der Flags of Convenience[57] als das Paradebeispiel für eine Deregulierung[58]. Im maritimen Bereich machen sich die Defizite – im Sinne des Rechtsanwendungswettbewerbs – insbesondere auf der Ebene der Durchsetzungsinstanzen bemerkbar[59]. Das Race to the Bottom betrifft aber auch weitere Akteure, die in den Vollzug internationaler Normen eingebunden sind:

Die Beziehung zwischen Flaggenstaat und Schiff ist heutzutage oftmals die von einem Dienstleister und einem Klienten, sprich es geht auf beiden Seiten in erster Linie um wirtschaftliche Erwägungen. Der angewandte Auswahlmechanismus bildet das Umflaggen in das Register einer Billigflagge und damit der Wechsel der Nationalität, der die umfängliche Anwendbarkeit einer anderen Rechtsordnung zur Folge hat. Die Entscheidung wird dadurch erleichtert, dass das Umflaggen ein einfacher und günstiger Prozess ist, so dass das Flag Shopping, um einer teuren Regulierung zu entgehen, gängige Praxis ist. Das Geschäftsmodell von Billigflaggen besteht herkömmlicherweise gerade darin, dass im Vergleich zu den maritimen Industrienationen nur eine minimale Regulierung stattfindet. Was das Regulierungsniveau betrifft, lassen sich die Billigflaggen aber nicht als eine unterschiedslose Masse verstehen, die den sog. traditionellen Schifffahrtsnationen – im Sinne von schlechter versus guter Regulierung – gegenübergestellt werden kann[60]: Zum einen zeigen die Zweitregister[61], dass auch die sog. traditionellen Schifffahrtsnationen unter dem Druck der Abwanderung bereit sind, das Regulierungsniveau zurückzufahren[62]; die ITF hat sogar einige Zweitregister, u. a. das deutsche, als FoCs eingeordnet[63]. Zudem stehen die Billigflaggen untereinander in Konkurrenz und versuchen, sich

[56] *Eidenmüller*, JZ 2007, S. 487, 490.
[57] Siehe dazu oben 1. Kapitel, IX. 2. b. bb.
[58] *Murphy*, The Structure of Regulatory Competition, S. 45 ff.
[59] *Churchill*, in: Liber Amicorum Wolfrum, Volume I, S. 777, 792; *Karim*, Prevention of Pollution, S. 138.
[60] *Alderton/Winchester*, in: Gerstenberger/Welke, Seefahrt im Zeichen der Globalisierung, S. 180 ff.
[61] Siehe oben 1. Kapitel, IX. 2. c. bb.
[62] *DeSombre*, Global Governance 14 (2008), S. 179, 181.
[63] *Núñez-Müller*, Staatszugehörigkeit, S. 45.

gegenseitig Registrierungen abzujagen. Dabei fehlt gerade bei den Neueinsteigern der Wille, Verantwortung zu übernehmen. Vor diesem Hintergrund wird statt einer dualistischen Einteilung der Flaggenstaaten eine neue, differenzierte Kategorisierung von Flaggenstaaten vorgeschlagen[64].

Auch zwischen Häfen bzw. Hafenstaaten besteht ein scharfes Wettbewerbsverhältnis. Grundsätzlich können drei Ebenen des Hafenwettbewerbs unterschieden werden[65]: Die Konkurrenz zwischen unterschiedlichen Fahrtrouten und Hafengebieten, wie etwa den kontinentaleuropäischen Häfen der Nordrange und den Mittelmeerhäfen; die Konkurrenz zwischen den Häfen einer Zielregion, etwa zwischen den deutschen Nordseehäfen und den ARA-Häfen (Antwerpen, Rotterdam, Amsterdam) sowie die Konkurrenz zwischen regional benachbarten Häfen, die den Zugang zu bestimmten Transportkorridoren eröffnen, wie etwa zwischen den deutschen Nordseehäfen in der Helgoländer Bucht. Hafenwettbewerb begünstigt eine laxe Regulierungstätigkeit[66], die auch für den Bereich der Inspektionen im Rahmen der Hafenstaatkontrolle beschrieben wurde[67]. Unterschiede in der Kontrolltätigkeit können den Markt verzerren, indem sie ein Port Shopping fördern, sprich die Bevorzugung der weniger strengen Häfen durch die maritime Industrie[68].

Dass Wettbewerb sich kontraproduktiv auswirken kann, wenn nicht-staatliche Akteure in die Verwaltungstätigkeit integriert sind, wird im Seeverwaltungsrecht v.a. bei den Klassifizierungsgesellschaften deutlich[69]. Das Phänomen des Class Hoppings beschreibt den strategischen Wechsel der Klassifizierungsgesellschaft insbesondere bei Schiffen, die in weniger gutem Zustand sind[70]. Es führt zu einem größeren Wettbewerb zwischen den Klassifizierungsgesellschaften und bedingt Lockerungen bei ihrer Kontrolltätigkeit. Billigklassen sind besonders die Klassifizierungsgesellschaften, die keine Mitglieder von IACS sind[71]. Bei den Klassifizierungsgesellschaften kommt als weiteres Anreizproblem hinzu, dass ihre Doppelrolle Interessenkonflikte impliziert[72].

---

[64] Zum Flag State Conformance-Index (FLASCI-Index) *Alderton/Winchester*, in: Gerstenberger/Welke, Seefahrt im Zeichen der Globalisierung, S. 180ff.

[65] *Buss*, Branchenanalyse Hafenwirtschaft, S. 45ff.

[66] *Ringbom*, European Union Maritime Safety Policy and International Law, S. 203; *Churchill*, in: Liber Amicorum Wolfrum, Volume I, S. 777, 792; zur Übertragung auf den Bereich der Fischerei *Palma/Tsamenyi/Edeson*, Promoting Sustainable Fisheries, S. 158.

[67] *Schiano di Pepe/Tribe*, Risks from Maritime Traffic to Biodiversity in the Mediterranean Sea, S. 15; *Graziano/Cariou/Wolff/Mejia/Hinrichs*, Port State Control Inspections in the European Union: Do Inspector's Number and Background matter?

[68] *Keseli*, Ocean Development & International Law 30 (1999), S. 127, 148; *McDorman*, Ocean & Coastal Law Journal 5 (2000), S. 207, 225; *Knudsen/Hassler*, Marine Policy 35 (2011), S. 201, 205; *Bang*, Journal of Marine and Coastal Law 23 (2008), S. 715, 726.

[69] *Furger*, Law & Policy 19 (1997), S. 445, 455ff.

[70] *Lagoni*, The Liability of Classification Societies, S. 26; *Goebel*, Classification Societies, S. 196.

[71] *Mansell*, Flag State Responsibility, S. 191.

[72] *Jessen*, in: Jessen/Werner, EU Maritime Transport Law, 4. Kap., Rn. 10; *Barchue*, in: Attard/Balkin/Greig, The IMLI Treatise on Global Ocean Governance, Volume III, S. 250, 253.

c) Fehlen einer übergeordneten Wettbewerbsordnung als Herausforderung

Die Vorstellung von der Verwaltung als einem „wettbewerbsfreien Raum“[73] ist für das Seeverwaltungsrecht demnach nicht haltbar. Damit soll aber nicht einer holzschnittartigen Gegenüberstellung von nationalem und internationalem Verwaltungsrecht das Wort geredet werden. Denn das unter dem Begriff Regulierungswettbewerb beschriebene Phänomen betrifft allgemein Mehrebenensysteme[74], da dort Kompetenzen auf dezentrale Instanzen verschoben werden und dies Konkurrenzsituationen zwischen Verwaltungsakteuren fördert[75]. Unterschiede machen sich aber insbesondere[76] bei der Frage nach einer qualitätssichernden Metarechtsordnung als „Wettbewerbsordnung“[77] bemerkbar, die Regeln zur Verhinderung bzw. Eindämmung eines gemeinwohlwidrigen Negativwettbewerbs formuliert, da gerade im nationalen Kontext stärkere Einwirkungs- und Korrekturmöglichkeiten übergeordneter Ebenen bestehen. Das Beispiel des Kommunal- und Baurechts soll den Unterschied verdeutlichen:

Der interkommunale Standortwettbewerb wird durch die gestiegene Mobilität von Haushalten und insbesondere Unternehmen und Kapital beflügelt und macht sich etwa bei der gewerbefreundlichen Ausgestaltung von Bebauungsplänen bemerkbar, wenn es um die Ansiedlung von Einkaufsparks mittels Sondergebietsausweisung geht[78]. Der Hintergrund ist, dass Käufer Einkaufsparks bevorzugen und Unternehmen diesen Verbrauchererwartungen nachkommen, weswegen Gemeinden mit geringeren planerischen Restriktionen bevorzugt werden. Besonders kleine Gemeinden sind an einer solchen gewerbefreundlichen Ausgestaltung ihrer Bauleitpläne interessiert, da sie auf diese Weise höhere Gewerbesteuereinnahmen erhalten. Investoren können sich diese Ausgangssituation zunutze machen, indem sie drohen, zur Nachbargemeinde auszuweichen. Darauf reagiert das interkommunale Abstimmungsgebot des § 2 II BauGB, das durch das Europarechtsanpassungsgesetz Bau in Satz 2 um einen Verweis auf die Raumplanung ergänzt wurde. Nachbargemeinden müssen also ein „Kartell“ bilden, anstatt miteinander in Wettbewerb zu treten[79]. Als interkommunales Abwehrrecht kann sogar die raumplanerische Funktionszuweisung gerichtlich durchgesetzt werden[80]. Anders ist die

[73] *Mansell*, Flag State Responsibility, S. 114.

[74] Man denke an die Versuche, mit der Offenen Methode der Koordinierung (zu dieser Lesart *Mehde*, Wettbewerb zwischen Staaten, S. 345 ff.; *Pilniok*, Governance im europäischen Forschungsverbund, S. 248 ff.) oder der Stärkung des sog. Wettbewerbsföderalismus durch die Föderalismusreform (BVerwG, NVwZ 2015, S. 1516, 1520; BVerfG, NVwZ 2015, S. 582, 589) einen solchen Wettbewerb zu lancieren, oder an den Behördenwettbewerb im Telekommunikationsrecht (*J.-P. Schneider*, in: Schmidt-Aßmann, Verwaltungskontrolle, S. 271 ff.).

[75] *Baldwin/Cave/Lodge*, Understanding Regulation, S. 360; *Eidenmüller*, JZ 2007, S. 487, 489.

[76] Zudem auf die größere „Harmonie“ zwischen den Regulierern in föderalen Systemen abstellend, die einen Delaware-Effekt unwahrscheinlich mache, *Franzius*, NVwZ 2008, S. 492, 499.

[77] *Peters*, VVDStRL 69 (2010), S. 9, 48 ff.; *Giegerich*, ebenda, S. 57, 81.

[78] *Kühne*, Bauplanungsrechtliche Einzelhandelssteuerung, S. 125 ff.

[79] *Kühne*, Bauplanungsrechtliche Einzelhandelssteuerung, S. 127 f.

[80] *Battis*, in: Battis/Krautzberger/Löhr, BauGB, § 2 Rn. 24.

Ausgangssituation in rechtlich und institutionell weniger strukturierten Bereichen wie dem internationalen Verwaltungsrecht, da es dort keine übergeordnete Ebene gibt, die eine Wettbewerbsordnung aufstellt und durchsetzt[81]. Auch die Theorie des Regulierungswettbewerbs vermag auf die Frage, wie eine Wettbewerbsordnung im internationalen Bereich ausgestaltet sein müsste, um die negativen Folgen von Regulierungswettbewerben einzuhegen, keine klare Antwort zu geben[82].

4. *Fazit: Mehr als ein Billigflaggenproblem*

Das Durchsetzungsproblem im Seeverwaltungsrecht ist demnach nicht gleichbedeutend mit dem Billigflaggenphänomen. Seine Vielschichtigkeit lässt sich gut am Beispiel der Hafenauffangeinrichtungen illustrieren[83]: MARPOL verpflichtet die Staaten dazu, geeignete Auffangeinrichtungen an Häfen bereitzustellen, um den Schiffsmüll ohne unangemessene Verzögerungen für die Schiffe aufzunehmen[84]. Die Hafenauffangeinrichtungen sollen sicherstellen, dass Schiffsmüll und sonstige Stoffe an Bord nicht auf offener See entsorgt werden. Das Vorhalten solcher Einrichtungen ist allerdings kostenträchtig[85]. Neben den Einrichtungskosten kommt die finanzielle Belastung durch eine sachgerechte Entsorgung an Land hinzu[86]. Schließlich fehlen oftmals aufgrund des Hafenwettbewerbs Anreize, adäquate Hafenauffangeinrichtungen vorzuhalten[87]. Wenn die Kosten über Gebühren umfassend auf die Nutzer umgelegt werden, wird befürchtet, dass es zu einem Port Shopping zu Häfen ohne bzw. mit geringeren Gebühren kommt[88]. Hafenauffangeinrichtungen sind daher nicht nur in Häfen in Entwicklungsländern defizitär[89]. Die Erfüllung der MARPOL-Vorgaben wurde lange Zeit auch dadurch erschwert, dass die Konvention weder den Begriff der Hafenauffangeinrichtungen noch die Frage der Kostentragung konkretisierte[90].

---

[81] Siehe die Diskussionsbeiträge in VVDStRL 69 (2010), insb. *Scherzberg*, S. 120 und auf das Seerecht verweisend *Schmahl*, S. 123.

[82] Siehe die Diskussion in VVDStRL 69 (2010), insb. S. 106 f., 109, 119, 129.

[83] Eingehend *Tan*, Vessel-Source Marine Pollution, S. 251 ff.

[84] *Kraft*, Wasser und Abfall 2017, S. 28, 30 ff.

[85] *Mitchell*, International Organization 48 (1994), S. 425, 454.

[86] World Bank, The MARPOL 73/78 Convention, S. 2 ff.

[87] *Stöfen-O'Brian*, The International and European Legal Regime Regulating Marine Litter in the EU, S. 137; *Griffin*, Indiana Journal of Global Legal Studies 1 (1994), S. 489, 505.

[88] *Stöfen-O'Brian*, The International and European Legal Regime Regulation Marine Litter in the EU, S. 164 ff.

[89] *Tan*, Vessel-Source Marine Pollution, S. 257, 264; *Mitchell*, International Organization 48 (1994), S. 425, 454.

[90] *Tan*, Vessel-Source Marine Pollution, S. 256, 265; *Stöfen-O'Brian*, The International and European Legal Regime Regulation Marine Litter in the EU, S. 136 f.

II. Kontrolle als kollektives Unterfangen

Das Kontrollkonzept für die Seeverwaltung ist insofern ein kollektives[91], als die Kontrollmittel in interaktiven Prozessen realisiert werden, die auf eine Einbindung verschiedener Akteure, neben Staaten auch internationale Instanzen und Private, setzen und deren Anliegen die Sicherung der gemeinsamen Rechtsumsetzung ist. Zur Verdeutlichung wird dieses Konzept in die Diskussion um die Instrumente zur Durchsetzung von Kooperationsvölkerrecht eingeordnet (1.), bevor seine Elemente vorgestellt werden. Im Einzelnen lassen sich vier Erfolgsbedingungen ausmachen: die Fähigkeit, alle wichtigen Verstöße und Unzulänglichkeiten aufzudecken (2.), Response-Mittel[92], die je nach Quelle für Umsetzungsschwierigkeiten auf Befähigung (3.) oder Verhaltensänderung (4.) zielen sowie schließlich Verfahrensgarantien zur Förderung von Akzeptanz der Kontrolle (5.).

1. Völkerrechtliche Debatte: Erweiterung internationaler Durchsetzungsinstrumente

Die herkömmlichen völkerrechtlichen Instrumente zur Durchsetzung internationaler Verpflichtungen[93] genügen nicht, wenn es um die Behebung der maritimen Erfüllungsdefizite geht[94]. Im Bereich des Kooperationsvölkerrechts sind sie unzulänglich, da sie ihren Ursprung im bilateralen Vertragsverhältnis als dem Prototyp einer völkerrechtlichen Rechtsbeziehung haben[95], weswegen sie oftmals einseitig und repressiv sind[96]. Das bedeutet, dass sie weder die mangelhafte Fähigkeit von Staaten zur Umsetzung noch Programmdefizite auf internationaler Ebene behandeln. Hinzu kommt, dass ihre Prämisse, dass die Vertragsverletzung in einem direkten Reziprozitätsverhältnis steht, bei multilateralen Verträgen problematisch wird, da nicht-reziproke Interessen der Staatengemeinschaft im Raum stehen, weswegen eine Vertragsverletzung nicht ohne Weiteres durch den Entzug im Regime selbst angelegter Vorteile sanktioniert werden kann[97]. Die damit erforderlichen spezifischen Mechanismen zur Durchsetzung von Normen, die im Staatengemeinschaftsinteresse erlassen wurden, sind im Völkerrecht als Erfüllungshilfe (Com-

[91] Von „collective compliance" sprechend *Churchill*, in: Liber Amicorum Wolfrum, Volume I, S. 777, 779 ff.

[92] *Mitchell*, in: Werksman/Roderick, Improving Compliance with International Environmental Law, S. 3, 19 f.

[93] Insbesondere Retorsion, Repressalie, Recht zur Selbstverteidigung, vgl. Art. 51 UN-Charta, aber auch Kompensation nach den Grundsätzen der Staatenverantwortlichkeit und die Inanspruchnahme von Streitschlichtungsverfahren.

[94] *Churchill*, in: Liber Amicorum Wolfrum, Volume I, S. 777, 782 ff.

[95] *Ohlhoff*, Methoden der Konfliktbewältigung, S. 346 f. und 567 ff.

[96] *Wolfrum*, Recueil Des Cours 272 (1999) S. 25, 31.

[97] *Boysen*, AVR 50 (2012), S. 377, 387; *van Aaken*, in: Hilbert/Rauber, Warum befolgen wir Recht?, S. 135, 142; siehe zu den Möglichkeiten, Retorsion und Repressalie zur Durchsetzung gemeinsamer Interessen einzusetzen, *König*, Durchsetzung, S. 26 ff.

pliance Assistance) und Erfüllungskontrolle (Compliance Control) bekannt[98]. Typisch für sie ist dreierlei[99]: Umsetzungsschwierigkeiten sollen vorrangig verhindert werden (Vorrang der Prävention); Kontrollmittel werden weder rein zwischenstaatlich noch zentral realisiert, denn das Kontrollsystem bezieht weitere Akteure und Ebenen ein, die sich gegenseitig beobachten und stimulieren (Vervielfältigung der Kontrolleure). In Anbetracht der Notwendigkeit gemeinsamer Lösung grenzüberschreitender Herausforderungen zielen die Kontrollmaßnahmen zuvörderst auf eine kontinuierliche Teilnahme der Staaten an der Umsetzung (Kooperationsziel)[100]. Es geht darum, gegenseitiges Vertrauen zu schaffen, dass die Vorteile einer internationalen Kooperation ihre Nachteile überwiegen[101].

Management-Ansätze von Compliance[102] bilden die theoretische Grundlage für diese Erweiterung. Sie betonen, dass Nichtbefolgungsfälle in einem kooperativ ausgestalteten Prozess „gemanaged" werden müssen, der nicht darauf zielt, punktuell Rechtsverstöße abzustellen, sondern es gilt, zunächst die genauen Ursachen für Regelverstöße zu klären und die Performance der Akteure zu bewerten, bevor dann nach den jeweils passenden Lösungen gesucht wird, um die Performance zu verbessern. Obwohl die Bezeichnung als „kooperativ" Gegenteiliges vermuten lässt, lehnt diese Lehre Druckmittel nicht gänzlich ab[103], wie Kritiker bemängeln[104]; sie verweist vielmehr auf die Nachteile von Sanktionen für kooperationsvölkerrechtliche Arrangements[105]. Zwangsorientierte Instrumente sind damit eine, aber nicht die ausschließliche und beste Antwort auf Verstöße[106]. Bei Kooperationsverweigerern kann durchaus zu härteren Bandagen gegriffen werden, aber wegen des Kooperationsanliegens mit Bedacht[107]. Die Bedeutung von zwangsorientierten Instrumenten hängt von den Quellen für Umsetzungsdefizite ab und ist daher sachbereichsspezifisch zu beurteilen[108]. Wegen des Regulierungswettbewerbs im maritimen Sektor,

[98] *Marauhn/Beyerlin*, International Environmental Law, S. 319.

[99] *Beyerlin*, Umweltvölkerrecht, § 17 Rn. 470, 472 f.

[100] Von positiven Maßnahmen sprechend *Boisson De Chazournes*, in: Beyerlin/Stoll/Wolfrum, Ensuring Compliance with Multilateral Environmental Agreements, S. 273, 275.

[101] Barchue, in: The IMLI Treatise on Global Ocean Governance, Volume III, S. 250, 261.

[102] Siehe oben 7. Kapitel, A. I. 1. a. Bei den Enforcement-Ansätzen setzen neoliberalistische Konzepte auf Hegemonie, um Regeln jenseits des Staats trotzdem durchzusetzen (*Gilpin*, War and Change in World Politics), während institutionalistische Konzepte auf internationale Organisationen setzen, um ein Trittbrettfahrertum unattraktiv zu machen (*Keohane*, After Hegemony; *Gehring*, ZIB 1 (1994), S. 211 ff.).

[103] Auf den Carrots and Sticks-Ansatz von internationalen Organisationen verweisend *Chayes/Chayes*, The New Sovereignty, S. 271 ff. sowie S. 27; wie hier Koh, Yale Law Journal 106 (1997), S. 2599, 2639; *Lemke*, Erfüllungsdefizite, S. 98.

[104] *Downs/Rocke/Barsoom*, International Organization 50 (1996), S. 379, 398 f.; Finus/Herzog, ZfU 2006, S. 25, 29f.

[105] *Chayes/Chayes*, The New Sovereignty, S. 2 f.

[106] Zur Ausdifferenzierung des Reaktionssystems *Marauhn*, ZaöRV 56 (1996), S. 696, 719.

[107] *Chayes/Chayes*, The New Sovereignty, S. 110; ferner *Beyerlin*, Umweltvölkerrecht, § 17 Rn. 472, 475 f.; *Marauhn*, ZaöRV 56 (1996), S. 696, 719.

[108] Zur großen Bedeutung beim Artenschutz *Sand*, in: Zaelke/Kaniaru/Kruziková, Making Law Work, Band I, S. 259, 260 f.

sind sie als ergänzendes Instrument unverzichtbar. Das unterstreicht die Untersuchung von *Elizabeth DeSombre* zur Compliance von Flaggenstaaten[109]: Billigflaggen stellen nach ihr keinen hoffnungslosen Fall des Negativwettbewerbs dar; auch bei ihnen kann eine moderate Verbesserung der Rechtsbefolgung im Sinne eines Race to the Middle erreicht werden, allerdings unter der Voraussetzung, dass ein heilsamer Druck auf sie ausgeübt werde.

2. *Kontrollwissen als Grundlage*

a) Dritte als Informationsmittel

Grundlage der Verwaltungskontrolle bilden Informationsinstrumente, die darauf zielen, die Nichteinhaltung und ihre Ursache festzustellen, die unter den Begriffen Factfinding, Monitoring oder Verification bekannt sind[110]. Das gängige Instrument sind routinemäßige und anlassbezogene Berichtspflichten der Vertragsstaaten gegenüber vertraglichen Kontrollorganen, die sich auch im Seeverwaltungsrecht in großer Zahl finden[111]. Dort wird aber auch die Schwäche dieses Instruments sichtbar[112], die darin besteht, dass es von der Fähigkeit[113] und dem Interesse des Kontrollierten abhängt[114]. Die Berichtsquote betrug beim Internationalen Übereinkommen zur Verhütung der Meeresverschmutzung durch Schiffe (MARPOL) in den Jahren 2008 bis 2016 etwa zwischen 22, 9 % und 28, 5 %[115]. Auch fallen Selbsteinschätzung und Realität oftmals auseinander oder die Berichte werden verzögert vorgelegt, um positive Reputationseffekte abzugreifen, aber gleichzeitig die Aufdeckung von Verstößen zu verschleiern[116]. Die Vernachlässigung von Berichtspflichten wird zudem durch ihre Unbestimmtheit gefördert[117].

---

[109] *DeSombre*, Global Governance 14 (2008), S. 179 ff.

[110] 2002 UNEP Guidelines on Compliance with and Enforcement of Multilateral Environmental Agreements, para. 14; *Fitzmaurice*, Environmental Compliance Control, MPEPI, Februar 2021, Rn. 23 ff.

[111] Etwa Art. 8 I, 11 MARPOL; Art. III; Kapitel I Regel 4 b), Regel 21 b) SOLAS; Art. 22 ILO-Verfassung i. V. m. Titel 5 Regel 5.1.1 V (Flaggenstaatverwaltung), Regel 5.2.1 V (Hafenstaatkontrolle) und Regel 5.3 IV (Entsendestaaten) MLC 2006. Art. 19 V, VI ILO-Verfassung sieht zudem Berichtspflichten bzgl. Empfehlungen der ILO und nicht ratifizierter Übereinkommen vor. Zu weiteren Berichtspflichten siehe Kapitel XIV WHO-Verfassung (auch bzgl. Recommendations) und in Art. 54 I IGV 2005, zudem die speziellen Berichtspflichten in Art. 6 IGV.

[112] *Victor/Raustiala/Skolnikoff*, The Implementation and Effectiveness of International Environmental Commitments, S. 680 f.; *Bothe*, in: Wolfrum, Enforcing Environmental Standards, S. 13, 23 f.

[113] *Boisson De Chazournes*, in: Beyerlin/Stoll/Wolfrum, Ensuring Compliance, S. 273, 282.

[114] *Ehrmann*, Erfüllungskontrolle im Umweltvölkerrecht, S. 409; *Marauhn/Ehrmann*, ZaöRV 56 (1996), S. 820, 824 f.

[115] IMO, MEPC.1/Circ.874, 24.5.2018, Annex 1, S. 3.

[116] *Stübig*, Flexibilität und Legitimität, S. 148 f.

[117] Siehe insbesondere Art. 23 LL; Kapitel I Regel 21 SOLAS; Art. 12 MARPOL: „when it judges that such information may assist in determining what changes in the present Convention might be desirable“.

Sollen Berichtspflichten funktionieren, sind sie daher auf eine Weiterentwicklung angewiesen[118]. Zunächst kann die Qualität der Berichte durch eine Präzisierung der Berichtspflichten verbessert werden[119], die nicht nur auf völkervertragsrechtlicher Basis[120], sondern schneller durch Soft Law der überstaatlichen Instanz erfolgen kann, der gegenüber Bericht zu erstatten ist[121]. Durch solche Leitlinien, aber auch durch die Vorgabe von Berichtsformaten[122], wird die Berichterstattung erleichtert[123] und eine Vergleichbarkeit der Berichte hergestellt[124]. Eine Möglichkeit internationaler Instanzen, das Kontrollwissen zu erweitern, besteht darin, sich Dritter als Informanten zu bedienen. Solche Informationen wirken zugleich präventiv, indem sie auf die Staaten Druck ausüben, ihren Verpflichtungen nachzukommen, da das Entdeckungsrisiko steigt[125].

Art. 9 I IGV 2005 erlaubt der Weltgesundheitsorganisation (WHO) auf „andere Quellen" als staatliche Meldungen (Art. 6) und staatliche Konsultationen (Art. 8) zurückzugreifen, um eine gesundheitliche Notlage von internationaler Tragweite festzustellen. Zudem müssen andere Staaten der WHO „Anzeichen einer Gefahr für die öffentliche Gesundheit außerhalb ihres Hoheitsgebiets, die zu einer grenzüberschreitenden Ausbreitung der Krankheit führen kann" mitteilen (Art. 9 II). Art. 9 stellt allerdings einen Kompromiss dar, mit dem Sorgen um einem Souveränitätsverlust begegnet werden sollte[126]: Die WHO muss die betroffenen Staaten zunächst über das angebliche Ereignis auf ihrem Hoheitsgebiet informieren und diesen die Nachprüfung ermöglichen. Die autonome Informationserhebung der WHO ist nach Art. 9 I 4 v. a. dadurch in ihrer Wirksamkeit beschränkt, dass nur ausnahmsweise die Vertraulichkeit gewahrt wird, was Dritte von einer Information abschrecken kann.

Auch im internationalen Umweltrecht versucht die Internationale Seeschifffahrts-Organisation (IMO) ihre Informationsgrundlage durch eine kombinierte Heranziehung anderer Staaten und privater Akteure zu erweitern[127]. Nach Art. 11 I d) MARPOL müssen beispielsweise die Vertragsstaaten der IMO eine Liste mit genaueren Angaben zu ihren Hafenauffangeinrichtungen übermitteln. Die IMO regt darüber hinaus die Hafennutzer dazu an, inadäquate Hafenauffangeinrichtungen zu melden. Die IMO fordert die Flaggenstaaten auf, Meldeformulare an die

---

[118] Mit weiteren Beispielen *Chayes/Chayes*, The New Sovereignty, S. 154 ff.

[119] *Stübig*, Flexibilität und Legitimität, S. 147.

[120] Seit der Überarbeitung der STCW-Konvention 1995 Kapitel I Regeln 7 f. i. V. m. Abschnitt A-1/7 f. STCW-Code, Abschnitt A-I/7.2, 3, 4 und A-I/8.

[121] *Wolfrum*, Recueil Des Cours 272 (1998). S. 25, 55.

[122] *Stübig*, Flexibilität und Legitimität, S. 147.

[123] *Chayes/Chayes*, The New Sovereignty, S. 156 f.

[124] Zu den Funktionen solcher Leitlinien für das Berichtwesen *Ehrmann*, Erfüllungskontrolle im Umweltvölkerrecht, S. 409.

[125] *Van Aaken*, RW 2013, S. 227, 251; *Tietje*, Internationalisiertes Verwaltungshandeln, S. 274.

[126] *Scholz*, Internationaler Gesundheitsschutz und Welthandel, S. 93.

[127] IMO, Port Reception Facilities, S. 16; MEPC.1/Circ.834, 1.3.2018, paras. 38 ff. und Appendix 1.

Kapitäne zu verteilen und diese dazu zu animieren, bei beobachteten Verstößen die ausgefüllten Formulare an die Flaggenstaatverwaltung und, wenn möglich, auch an den jeweiligen Hafenstaat zu schicken. Die Flaggenstaaten sind dann verpflichtet, solche Berichte unverzüglich an die IMO weiterzuleiten.

Standard A5.2.2 MLC 2006 (§ 139 SeeArbG) erlaubt es Besatzungsmitgliedern, bei Verstößen gegen die MLC 2006 eine Beschwerde an die Hafenstaatkontrolle zu richten, die den Vorfall an Bord untersucht (Onshore Complaint Procedure)[128]. Zeigt sich der Flaggenstaat nicht kooperationsbereit, dann übermittelt die Hafenstaatkontrollbehörde eine Kopie ihres Berichts an den Generaldirektor der Internationalen Arbeitsorganisation (ILO) (Norm A5.2.2 VI MLC 2006; § 139 VI SeeArbG).

b) Internationale Peer Review

An umfassenderes und tieferes Kontrollwissen gelangt man über das Instrument der Inspektion[129]. Sie kommt im grenzüberschreitenden Kontext in verschiedenen Formen vor[130]. Die vertikale oder internationale Inspektion im engeren Sinne erfolgt durch Inspekteure überstaatlicher Instanzen, während die nationale Inspektion eine horizontale Kontrolle durch die Staaten darstellt. Eine Ausformung und zugleich Weiterentwicklung, die typisch für das internationale Verwaltungsrecht ist, stellt die internationale Peer Review dar, die sich dadurch auszeichnet, dass Staaten bzw. ihre Experten sich periodisch gegenseitig bewerten, wobei diese Prozesse durch überstaatliche Instanzen unterstützt und eingerahmt werden. Ein weiterer Unterschied zu herkömmlichen Inspektionen besteht darin, dass Vor-Ort-Kontrollen bei Peer Reviews häufig, aber nicht zwingend sind[131].

Das Seeverwaltungsrecht kennt mit der Hafenstaatkontrolle ursprünglich nur die horizontale Inspektion. Denn die Hafenstaatkontrolle weist eine Doppelnatur auf: Sie ist zwar eine Kontrolle der Schiffe bzw. ihrer Eigner und Betreiber durch fremde staatliche Behörden, sie bedeutet aber auch, dass Hafenstaaten die Arbeit der Flaggenstaatverwaltung gegenkontrollieren[132]. Über Berichtspflichten der Hafenstaatkontrollinstanz gegenüber der IMO[133] und der ILO[134] werden diese von Verstößen informiert; zudem hegen v.a. seit den 1990er Jahren die IMO und die ILO mit auch prozeduralen Vorgaben die Hafenstaatkontrollen ein[135].

---

[128] Zum Ablauf *Ntovas*, in: Lavelle, The Maritime Labour Convention 2006, Rn. 8.49–8.51.

[129] *Oeter*, Netherlands Yearbook of International Law XXVIII (1997), S. 101 ff.

[130] *König*, Durchsetzung, S. 39 ff.

[131] *Dimitropoulos*, Compliance through Collegiality: Peer Review in International Law, MPI Working Paper 3 (2014), S. 1, 23, 46 ff.; auch *Pagani*, African Security Review 11 (2002), S. 15, 17 ff.

[132] *Di Pepe*, in: Kirchner, International Marine Environmental Law, S. 137 ff.; *McConnell/Devlin/Doumbia-Henry*, The Maritime Labour Convention 2006, S. 31; *Churchill*, in: Liber Amicorum Wolfrum, Volume I, S. 777, 794 f.

[133] IMO, Resolution A.1138(31), 4.12.2019, para. 4.1.5.

[134] Regel 5.2.2. VI MLC 2006; § 139 VI SeeArbG.

[135] IMO, Resolution A.1138(31), 4.12.2019; ILO, Guidelines for Port State Control Officers.

Die IMO hat mit ihrem Member State Audit Scheme (IMSAS)[136] schrittweise eine obligatorische[137] internationale Peer Review[138] etabliert, aber mit stark vertikalen Elementen, durch die, wie schon der Name besagt, ihre Mitgliedstaaten alle sieben Jahre auf der Grundlage von Vor-Ort-Kontrollen dahingehend überprüft werden, ob sie in der Lage sind, die Vorgaben der IMO umzusetzen. Der Maßstab ist im IMO Instruments Implementation Code[139] niedergelegt. Die Grundlage bildet ein Memorandum of Cooperation zwischen dem auditierten Staat und dem Generaldirektor der IMO. Die Auditoren, die von den Mitgliedstaaten nominiert werden[140], agieren im Auftrag der IMO[141].

Das Pendant zu IMSAS im internationalen Gesundheitsrecht ist die Joint External Evaluation (JEE)[142] im Rahmen der WHO, die im Unterschied zu IMSAS noch fakultativ ist. JEE bildet ein Element des IHR Monitoring and Evaluation Framework. Das Anliegen ist es, die Kapazitäten eines Staats jede vier bis fünf Jahre zu bewerten, die dieser nach den IGV 2005 vorhalten muss, um Gesundheitsrisiken rechtzeitig zu erkennen und schnell auf diese zu reagieren. Nach einer Voreinschätzung durch nationale Experten werden die Kapazitäten von Experten anderer Staaten durch Besichtigungen relevanter Einrichtungen vor Ort, zu denen auch Grenzübergangsstellen wie Seehäfen zählen[143], bewertet. Eine Diskussion zwischen nationalen und auswärtigen Experten führt die beiden Perspektiven dann zusammen[144]. Die WHO hat nicht nur die JEE-Methode entwickelt, sondern wirkt auch über ihr jeweils zuständiges Regionalbüro koordinierend auf die Auswahl der internationalen Experten ein[145]. Das JEE ist nach der WHO somit gerade keine einseitige Inspektion, sondern zeichnet sich durch seinen kollaborativen Ansatz aus[146], der Elemente einer Peer Review aufweist[147].

Da internationale Verwaltung oftmals gemeinsam durch Staaten und Private ausgeübt wird, wie die Klassifizierungsgesellschaften als Recognized Organizations

---

[136] IMO, Resolution A.1067(28), 5.12.2013.

[137] Es wurde dazu keine neue Konvention beschlossen, sondern die wesentlichen IMO-Konventionen wurden ergänzt, etwa Kapitel XIII SOLAS. Die beiden Vorgänger waren freiwillig: das Self-Assessment of Flag State Performance für Flaggenstaaten aus dem Jahr 1999 und dann eine Auditierung für alle Staaten namens VISMAS (Voluntary IMO Member State Audit Scheme) 2005, IMO, Resolution A.946(23), 27.11.2003.

[138] Ebenso zu VISMAS *Merk*, in: OECD, International Regulatory Co-operation and International Organisations, S. 103 f.; auch *Afriyie*, An Analysis of the Voluntary IMO Member State Audit Scheme, S. 53.

[139] IMO, Resolution A.973(24), 1.12.2005.

[140] Part II, 4.3, 4.4 IMO, Resolution A.1067(28), 05.12.2013.

[141] Part I para. 8.1 Ziffer 2, 3, Part II para. 4.5.1 Ziffer 7, IMO, Resolution A.1067(28), 05.12.2013.

[142] WHO, Joint External Evaluation Tool; zum Hintergrund *Kandel/Screedharan/Chungong/Sliter/Nikkari/Ijaz*, The Lancet 5 (2017), S. 857 ff.

[143] WHO, Joint External Evaluation Tool, S. 7, 110 ff.

[144] WHO, Roster of Experts Process & Overview, S. 12 f.

[145] Zu den Aufgaben der WHO siehe WHO, Roster of Experts Process & Overview, S. 8 f.

[146] WHO, Roster of Experts Process & Overview, S. 8.

[147] WHO, Report of the Review Committee, A68/22 Add. 1, 27.3.2015, Recommendation 7 Rn. 43.

(ROs) zeigen, finden sich Überlegungen, auch diese einzubeziehen: Klassifikationsgesellschaften sind bislang in eine Kaskade von unkoordinierten Kontrollen eingebunden[148]. Im Ausgangspunkt werden sie durch den jeweiligen Flaggenstaat überwacht, der dabei die Anforderungen der IMO zu beachten hat[149]. Hinzu tritt die IACS, eine Dachorganisation verschiedener Klassifikationsgesellschaften, die mit dem Quality System Certification Scheme (QSCS) für ihre Mitglieder und Anwärter eine Qualitätskontrolle initiiert hat, von deren Ergebnis die weitere Mitgliedschaft abhängt[150]. Im Rahmen von QSCS wird u.a. kontrolliert, ob Klassenwechsel nach den sog. TOCA-Voraussetzungen stattfinden[151]. Schließlich hat die Hafenstaatkontrolle ihren Blickwickel erweitert, indem transnationale Behördennetzwerke wie das Paris MoU und das Tokyo MoU auch Performance-Listen von ROs aufstellen, die auf den Schiffsinspektionsdaten beruhen[152]. In jüngerer Zeit tritt die EU bezüglich der für ihre Mitgliedstaaten tätigen Klassifikationsgesellschaften als weitere Kontrollschicht hinzu; dabei kontrolliert sie auf zwei Weisen: Zum einen werden Klassifikationsgesellschaften durch die Europäische Agentur für die Sicherheit des Seeverkehrs (EMSA) im Auftrag der Kommission inspiziert[153]; zum anderen soll die International Quality Assessment Certification Entity als Watchdog der Kommission agieren[154]. Flaggenstaat- und Hafenstaatkontrolle sind in ihrer Reichweite indes begrenzt und das unilaterale Vorgehen der EU steht in einem Spannungsverhältnis zur Idee der Vertrauensbildung. Daher scheinen Vorschläge begrüßenswert, QSCS zu einer universellen und unabhängigen Kontrollinstanz auszubauen[155]. Die IACS ist bereits einen ersten Schritt gegangen, indem die Qualitätskontrolle seit 2010 durch unabhängige extern zertifizierte Stellen durchgeführt wird und sie der IMO einen Beobachterstatus einräumt. Weiter ausgebaut werden könnte dieser Ansatz durch die Etablierung einer internationalen Kontrollinstanz, dem International Quality Assessment Review Body, im Rahmen der IMO, die sich pluralistisch aus Vertretern der IMO, der maritimen Behörden und der maritimen

---

[148] *Goebel*, Classifications Societies, S. 273 ff.

[149] Insb. Code for Recognised Organisations der IMO (Resolutionen MEPC.237(65), 17.5.2013, und Resolution MSC.349(92), 21.6.2013); Instruments Implementation Code (III Code), Resolution A.1141(31), 6.1.2020.

[150] Siehe http://www.iacs.org.uk/quality/quality-system-certification-scheme-qscs/ (zuletzt abgerufen: 12.02.2023).

[151] Die IACS begegnet dem Class Hopping seit 1995 mit dem Transfer of Class Agreement (TOCA), das den Klassenwechsel an Verfahrensanforderungen knüpft; die neue Klasse muss von der bisherigen danach von ausstehenden Untersuchungen unterrichtet werden und Schiffsdokumente müssen weitergegeben werden, *Goebel*, Classification Societies, S. 119 f.

[152] Siehe unten 7. Kapitel, A. II. 4.

[153] Art. 14 VO 391/2009, ABl. 2009 L 131, S. 11; *Jessen*, in: ders./Werner, EU Maritime Transport Law, 4. Kap. Rn. 55, 145 f.

[154] Art. 11 VO 391/2009 (Fn. 150); dazu *Jessen*, in: Jessen/Werner, EU Maritime Transport Law, 4. Kap. Rn. 194 ff. Die Inspektoren von QACE sind akkreditierte Zertifikationsstellen, die von den Klassen bezahlt werden müssen.

[155] IMO, MSC 100/19/8, 28.9.2018. IQARB ist in der Erprobungsphase, https://www.imo.org/en/OurWork/IIIS/Pages/IQARB.aspx (zuletzt abgerufen: 12.02.2023.

Industrie zusammensetzt, um die Kontrollexpertise abzusichern[156]. Zudem scheint es entscheidend gerade auch die Klassen, die nicht in der IACS organisiert sind, einzubeziehen.

3. *Befähigung in Partnerschaft*

Das Ressourcenproblem adressieren Formen der Erfüllungshilfe. Sie ähnelt im Gegenstand der Entwicklungshilfe, die Zielsetzung divergiert aber: Das primäre Anliegen ist nicht die allgemeine Stärkung der sozio-ökonomischen Infrastruktur eines Staats, sondern es diesem zu ermöglichen, seine internationalen Pflichten einzuhalten[157]. Wie bei der Entwicklungshilfe ist auch bei der Erfüllungshilfe[158] mittlerweile anerkannt[159], dass diese nur nachhaltige Ergebnisse liefern kann, wenn die Entwicklungsländer in die Erfüllungshilfe eingebunden werden. Es gilt, deren konkreten Bedürfnissen zu entsprechen und vor Ort die erforderlichen institutionellen und infrastrukturellen Rahmenbedingungen zu schaffen. Von den drei Grundformen der Erfüllungshilfe – Kapazitätsaufbau, Technologie- und Finanztransfer – ist daher der Kapazitätsaufbau, sprich die Stärkung staatlicher Fähigkeiten von besonderem Gewicht. Dieser partnerschaftliche Ansatz hat auch Konsequenzen für die Umsetzung, denn ein solches anspruchsvolles Konzept kann nur fruchten, wenn die Hilfeleistung auf verschiedene Quellen zurückgreifen kann[160]. Dies gilt v.a. angesichts des Fehlens staatlicher Mittel[161]. Internationale Organisationen bieten oftmals einen Rahmen für diese partnerschaftliche Befähigung, indem sie Konzepte entwickeln und als Broker auftreten, sprich Nehmer und Geber zusammenbringen[162] und koordinieren[163].

Am elaboriertesten ist die Kapazitätsbildung im Seesicherheits- und Seeumweltrecht. Das Mandat der IMO umfasst die technische Kooperation (Art. 2 lit. e IMO-

---

[156] IMO, MSC 100/19/8, 28.9.2018, para. 7.

[157] *Beyerlin*, Umweltvölkerrecht, Rn. 505 f.

[158] *Beyerlin*, Umweltvölkerrecht, Rn. 509.

[159] *Valta*, Das Internationale Steuerrecht, S. 136 ff.; zu den drei Entwicklungsstufen *Dordi/Kostecki*, in: MPEPIL, Technical Assistance, Rn. 17 ff., v.a. 21.

[160] *Dordi/Kostecki*, Technical Assistance, in: MPEPIL, Februar 2010, Rn. 21; *Gündling*, ZaöRV 56 (1996), S. 796, 801, 807 ff.

[161] Staaten sind zudem zurückhaltend, sich verbindlich zur Hilfe zu verpflichten (*Bothe*, Compliance, in: MPEPIL, Oktober 2010, Rn. 7), was sich in den völkerrechtlichen Grundlagen niederschlägt, die Erfüllungshilfe nur teilweise thematisieren (*Boisson De Chazournes*, in: Beyerlin/Stoll/Wolfrum, Ensuring Compliance with Multilateral Environmental Agreements, S. 273, 275) und regelmäßig weite Spielräume zubilligen: Art. 202 SRÜ verpflichtet die Staaten zwar unmittelbar oder im Rahmen der zuständigen internationalen Organisationen zur wissenschaftlichen und technischen Hilfe an die Entwicklungsstaaten, allerdings nur in der Form eines Förderns, während Art. 203 SRÜ unmittelbar internationale Organisationen adressiert, Entwicklungsstaaten vorrangig zu behandeln. Für die Entwicklung und Weitergabe von Meerestechnologie steht die entsprechende Pflicht unter dem Vorbehalt des Möglichen, Art. 266 I SRÜ. Nach Art. 44 I, II IGV sind die Staaten und die WHO „soweit möglich" zur Zusammenarbeit untereinander verpflichtet.

[162] Für die WHO *Klafki*, German Yearbook of International Law 61 (2018), S. 73, 88.

[163] Nachdrücklich *Sand*, ZaöRV 56 (1996), S. 774, 780, 785.

Konvention). Diese wird durch das Integrated Technical Cooperation Programme (ITCP) angeleitet, das als Rahmenprogramm für die Entwicklung, Gestaltung und Implementierung der technischen Zusammenarbeit dient. Um eine den realen Bedürfnissen entsprechende Hilfe zu gewährleisten, nutzt die IMO neben den Erkenntnissen der IMSAS-Peer Review das Instrument der Country Maritime Profiles[164]. Umgesetzt wird das ITCP durch eine „partnership for progress" zwischen den begünstigten Ländern, den staatlichen, privaten und regionalen Ressourcen-Anbietern und der IMO, die darauf zielt, mittels eines Dialogs zwischen den beteiligten Akteuren sicherzustellen, dass alle Ziele und Wünsche Berücksichtigung finden[165]. Die IMO ist zudem die erste internationale Organisation, die einen spezifischen Ausschuss für die Erfüllungshilfe, das Technical Cooperation Committee, institutionalisiert hat[166]. Ein Monitoring Evaluation and Audit Framework soll fortlaufend die Wirksamkeit der technischen Kooperation bewerten[167]. Um eine dauerhafte Finanzierung sicherzustellen, stützt sich ihre Erfüllungshilfe auf einen, verschiedene Quellen umfassenden, Finanzierungsmodus[168]. Den Schwerpunkt der Erfüllungshilfe der IMO bildet die Vermittlung von technischem, legislativem und administrativem Knowhow durch Personalschulung und den Aufbau von Verwaltungsstrukturen[169]. Um personelle Kapazitäten aufzubauen, hat die IMO zwei globale maritime Trainingsinstitutionen gegründet: 1983 die World Maritime University in Malmö und 1988 für die Ausbildung in seerechtlichen Fragen das International Maritime Law Institute in Valletta. Seit 2008 bietet zudem die International Maritime Safety, Security and Environment Academy in Genua kurze Trainingskurse zu speziellen Fragen. Zudem unterstützt die IMO die jüngeren MoUs, die in Entwicklungsländern angesiedelt sind, etwa durch das Angebot von Workshops und das Teilen von Expertise etablierter MoUs und der EU[170], wie Inspektor-Austauschprogramme.

Die Bedeutung einer Zusammenarbeit verschiedener Akteure im Bereich der Erfüllungshilfe wird im internationalen Gesundheitsrecht durch Art. 44 II IGV 2005 hervorgehoben; danach kann sie „auf mehreren Wegen erfolgen, beispielsweise auch zweiseitig, über regionale Netzwerke und die WHO-Regionalbüros sowie über zwischenstaatliche Organisationen und internationale Organe". In ihrem Bericht

---

[164] Siehe https://www.imo.org/en/OurWork/TechnicalCooperation/Pages/Default.aspxx (zuletzt abgerufen: 12.02.2023); *Merk*, in: OECD, International Regulatory Co-operation and International Organizations, S. 115 f.

[165] *Pace*, in: The IMLI Treatise on Global Ocean Governance, Volume III, S. 302, 308.

[166] Siehe Art. 2 e) und Teil X IMO-Konvention.

[167] Zu den Phasen des ITCP *Pace*, in: The IMLI Treatise on Global Ocean Governance, Volume III, S. 302, 306 f.

[168] Der Technical Cooperation Fund der IMO bildet eine, aber nicht die ausschließliche Finanzierungsquelle; hinzu kommen Multi-Donor Trust Funds (MDTFs) sowie bilaterale Arrangements mit Staaten und Organisationen für spezifische Unterstützungsprogramme, siehe https://www.imo.org/en/OurWork/PartnershipsProjects/Pages/Strategy.aspx (zuletzt abgerufen: 12.02.2023).

[169] *Schult*, Das völkerrechtliche Schiffssicherheitsregime, S. 175; *Fakhry*, in: Kirchner, International Marine Environmental Law, S. 93 ff.

[170] *Hoppe*, IMO News 2000, S. 9, 14.

zur Implementierung der revidierten IGV hebt die WHO als bedeutendes Umsetzungsinstrument die Global Partnerships hervor[171], die Netzwerke bezeichnen, die verstärkt NGOs, Unternehmen, Forschungseinrichtungen und sonstige nichtstaatliche Akteure umfassen[172]. Zu nennen sind etwa die über 800 WHO Kooperationszentren (WHO Collaborating Centers). Im Seegesundheitsrecht widmet sich die griechische Universität Thessalien dem Training für Schiffsinspektionen.

Die technische Zusammenarbeit bildet die dritte Aktivitätssäule der ILO[173], deren Bedeutung erst im Zuge der Erweiterung des Kreises der Mitgliedstaaten erkannt wurde[174]. Auch sie setzt den Akzent auf einen Befähigungsansatz[175]. Ein Schwerpunkt der ILO-Beratungsmissionen lag auch im maritimen Bereich[176] zunächst bei der Implementierung der ILO-Standards, wobei es zu den Charakteristika der ILO gehört, dass die Unterstützung vor der Ratifizierung einer Konvention ansetzt[177]. Das Hauptaugenmerk bildet nunmehr die Anwendung ihrer Normen[178]. Dazu bietet die ILO zusammen mit dem von der italienischen Regierung gegründeten International Training Centre Programm eine Maritime Labour Academy an.

4. Kollektive Sanktionen: Grundsatz der gegenseitigen Zeugnisanerkennung als Hebel

Um Verhaltensänderungen bei unwilligen Staaten anzuregen, werden Anreize eingesetzt[179]. Diese machen die Nichtumsetzung internationaler Normen unattraktiv, indem sie durch den Aufbau eines grenzüberschreitenden Compliance-Drucks die sozialen wie materiellen Kosten für regelabweichendes Verhalten erhöhen. Ihre Bedeutung für das Kooperationsvölkerrecht hat schon *Wolfgang Friedmann* hervorgehoben, da nach ihm die Strafsanktionen des Koexistenzvölkerrechts dort durch die „sanctions of non-participation" wie den Ausschluss von den Vorteilen einer Mitgliedschaft in einer internationalen Organisation ersetzt werden[180]. Im mariti-

---

[171] WHO, IHR 2005, Areas of work for implementation, WHO/CDS/EPR/IHR/2007.1, Juni 2007, S. 6, 14, 17f.

[172] WHO, ebenda, S. 18; von Public Private Partnerships sprechend *Kaltenborn/Reit-Born*, AVR 57 (2019), S. 53, 59. Diese lassen sich aber nicht nur im Bereich der technischen Zusammenarbeit beobachten, ebenda, S. 61.

[173] *Senghaas-Knobloch*, in: Senghaas-Knobloch/Dirks/Liese, Internationale Arbeitsregulierung in Zeiten der Globalisierung, S. 1, 11.

[174] *Hartlapp*, European Integration Online Papers 7 (2005), S. 1, 12; zur Neuausrichtung der ILO *Mielke*, in: Ehmke, International Arbeitsstandards in einer globalisierten Welt, S. 172, 179ff.

[175] ILO, Report VI, The Role of the ILO in Technical Cooperation, S. 23ff.

[176] *Dirks*, in: Senghaas-Knobloch/Dirks/Liese, Internationale Arbeitsregulierung in Zeiten der Globalisierung, S. 127, 188f.

[177] *Thomann*, Steps to Compliance with International Labour Standards, S. 136.

[178] *Dirks*, in: Senghaas-Knobloch/Dirks/Liese, Internationale Arbeitsregulierung in Zeiten der Globalisierung, S. 127, 189.

[179] *Schmalenbach*, in: Proelß, Internationales Umweltrecht, 8. Abschnitt Rn. 15; *Rost*, Die Herausbildung transnationalen Wirtschaftsrechts, S. 262ff.

[180] *Friedmann*, The Chancing Structure of International Law, S. 88ff., 369f.

men Bereich setzt man wegen des Negativwettbewerbs nicht mehr auf reine Reputationsmechanismen[181] als schwächste[182] Form solcher Compliance-Druckmittel; stattdessen dominieren Mechanismen, die die Befolgung internationaler Vorgaben mit dem Zugang zu Märkten verknüpfen, eine Methode, die – wenn auch in anderer Form – aus dem internationalen Klima[183]- und Artenschutzrecht[184] bekannt ist, während sie sich im internationalen Arbeitsrecht, wie die Diskussion um Sozialklauseln zeigt[185], schwertut. Im Seeverwaltungsrecht bildet der rechtliche Hebel der in völkerrechtlichen Verträgen verbürgte Grundsatz der gegenseitigen Zeugnisanerkennung[186], da dieser Voraussetzung für einen reibungslosen Seeverkehr ist und damit den maßgeblichen wirtschaftlichen Nutzen einer internationalen Kooperation darstellt[187]. Die Tendenz geht dahin, das Maß der gegenseitigen Zeugnisanerkennung vom Maß der Befolgungsleistung abhängig zu machen, so dass im Ergebnis die Vorteile der internationalen Staatengemeinschaft von der Kooperationswilligkeit abhängig gemacht werden[188]. Da somit der Entzug von Vorteilen durch die internationale Staatengemeinschaft, die durch diese selbst bereitgestellt werden, entscheidend ist, kann man von kollektiven Sanktionen[189] oder „in-treaty

[181] Diese finden sich auch im Seeverwaltungsrecht. Auf Naming & Shaming von Rechtsbrechern setzt etwa die IMO, indem unangemessene Hafenauffangeinrichtungen von ihr in der Hafenauffangeinrichtungsdatenbank (Port Reception Facilities Database) als Teil ihres Globalen Integrierten Schifffahrtsinformationssystems (Global Integrated Shipping Information System) veröffentlicht werden (MEPC.1/Circ.834/Rev.1, 1.3.2018, paras. 18, 34, 42). Auf PRFD-Informationen haben auch die Nutzer, etwa Kapitäne, Zugriff. Das an den Pranger Stellen in der ILO wurde auch in maritimen Angelegenheiten eingesetzt (*Dirks*, in: Senghaas-Knobloch/Dirks/Liese, Internationale Arbeitsregulierung in Zeiten der Globalisierung, S. 127, 177).

[182] Zu den Gründen *van Aaken*, in: Hilbert/Rauber, Warum befolgen wir Recht?, S. 135, 143 f.; zur ILO *Treutner*, in: ders., Globale Umwelt- und Sozialstandards, S. 15, 95 ff.; allgemein *Finus/Herzog*, ZfU 2006, S. 25, 34 f.

[183] Der Enforcement-Branch unter dem Kyoto-Protokoll kann Vertragsstaaten die Berechtigung zur Teilnahme am Emissionshandel entziehen kann, *Boysen*, AVR 50 (2012), S. 377, 411 f.

[184] Zu den multilateralen Handelsembargos unter dem Washingtoner Artenschutzabkommen als ökonomische Anreizinstrumente *Sand*, International Environmental Agreements 1 (2001), S. 33, 47 f.; *ders.*, AVR 54 (2016), S. 575 ff.

[185] *Treutner*, in: ders., Globale Umwelt- und Sozialstandards, S. 15, 103. Sozialklauseln sollen eine sozialpolitische Konditionalisierung des Handelsrechts bewirken (*Reuß*, Menschenrechte, S. 119). Der Leitgedanke ist, dass die Gewährung privilegierter Handelsbeziehungen von der Einhaltung arbeitsrechtlicher Mindestbedingungen bei der Produktion eines zu importierenden Produkts abhängig gemacht wird. Dazu wird in Freihandelsabkommen oder in ein Handelsgesetz eine Sozialklausel implementiert, die der importierenden Partei erlaubt, den Marktzugang zu erschweren, wenn der Herkunftsstaat des Produkts bestimmte Sozialstandards nicht eingehalten hat (negative Sozialklausel); oder im Falle der Einhaltung werden zusätzliche Handelsvorteile gewährt (positive Sozialklausel).

[186] Siehe oben 4. Kapitel, I. 2. und 3.

[187] *Ilg*, Die Rechtsetzungstätigkeit der IMO, S. 108.

[188] Von einer künstlichen Reziprozität sprechend *Boysen*, AVR 50 (2012), S. 377, 411.

[189] *Oberthür*, in: Jacob/Biermann/Busch/Feindt, Politik und Umwelt, S. 73, 79 f.; zum Artenschutzrecht ähnlich *Sand*, AVR 54 (2016), S. 575, 576 f., der von einer „kollektiven Retorsion" spricht, wenn durch ein multilateral autorisiertes Gesamtembargo allen Zeugnissen des betroffenen Lands die Anerkennung in allen Vertragsstaaten versagt wird, so dass dessen Außenwirtschaft vom

sanctions"[190] sprechen. Eine Alternative zu marktbasierten Anreizen sind sog. positive Maßnahmen[191], die die Teilnahme an einem völkerrechtlichen Vertrag sowie seine Befolgung mit Vorteilen, v.a. Geldmitteln, verknüpfen. Diese scheinen wegen knapper Ressourcen aber schwerer realisierbar zu sein[192]. Im Seeverwaltungsrecht werden sie unter den IGV 2005 diskutiert. Erscheinungsformen dieser kollektiven Sanktionen werden nachfolgend vorgestellt:

Ein erstes Beispiel für eine kollektive Sanktion, die den Grundsatz der gegenseitigen Zeugnisanerkennung als Hebel benutzt, ist das seit 2000 angewandte White List-Verfahren, das der Durchsetzung des Internationalen Übereinkommens über Normen für die Ausbildung, die Erteilung von Befähigungszeugnissen und den Wachdienst von Seeleuten (STCW) dient[193]. Die IMO betrachtet es als ein dynamisches Instrument, das von ihr laufend weiterentwickelt wird[194]. Es umfasst ein mehrstufiges Verfahren: Die nach STCW zu erstattenden staatlichen Berichte, in denen die Staaten darüber Auskunft geben, welche Maßnahmen sie getroffen haben, um den Ausbildung-, Trainings- und Zertifizierungsvorgaben des Übereinkommens zu genügen, sowie die Ergebnisse einer Evaluierung durch eine kompetente Person[195] werden zunächst durch einen Expertenausschuss beurteilt[196]. Auf der Grundlage des Berichts des Ausschusses sowie eines Dialoges mit den Staaten[197] verfasst der IMO-Generalsekretär einen Bericht an den MSC, der feststellt, ob der Staat seine Pflichten erfüllt hat und ob und wo Hilfe angebracht ist[198]. Diese Staaten werden dann auf der White List aufgeführt. Nur wer mindestens alle fünf Jahre eine entsprechende Evaluierung durchführt, wird nicht von der White List gestrichen. Die STCW-Befähigungszeugnisse von Staaten, die keinen White List-Status haben, müssen von anderen Staaten nicht als Zeugnisse anerkannt werden[199]. Die EU verschärft diese Anforderungen für ihre Mitgliedstaaten[200]. Die Anreiz-

Zugang zum lukrativen Markt für Wildtiere, Wildpflanzen und deren Produkte ausgeschlossen wird.

[190] *Marauhn*, ZaöRV 56 (1996), S. 696, 719.

[191] *Mickwitz*, Positive Measures.

[192] *Chayes/Chayes*, The New Sovereignty, S. 77; ferner *Maupain*, Research Handbook on Transnational Labour Law, S. 301, 312 zu Versuchen innerhalb der ILO, die technische Hilfe davon abhängig zu machen, dass fundamentale Rechte eingehalten werden oder Konventionen ratifiziert werden; zur Diskussion im internationalen Umweltrecht *Sand*, Max Planck UNYB 3 (1999), S. 363, v.a. 381 f.

[193] Seine Rechtsgrundlage bilden Kapitel I Regel 7 STCW und A-I/7 STCW-Code.

[194] IMO, STCW.7/Circ. 7, 20.5.1998, para. 1.2.

[195] Kapitel I Regel 8 II STCW und A-I/7 IV STCW-Code.

[196] A-I/7 V–IX und A-I/7 VII–XIV STCW-Code.

[197] A-I/7 XII STCW-Code.

[198] Zum Ablauf https://www.imo.org/en/OurWork/HumanElement/Pages/STCW-Conv-LINK.aspx (zuletzt abgerufen: 13.02.2023).

[199] Grundlage ist die verklausulierte Formulierung in Kapitel I Regel 7 III STCW; *Lemke*, Erfüllungsdefizite, S. 278; *Schult*, Das völkerrechtliche Schiffssicherheitsregime, S. 171.

[200] EU-Mitgliedstaaten dürfen grundsätzlich nur Zeugnisse von Drittstaaten anerkennen, die ihrerseits von der Kommission anerkannt wurden (Art. 19 RL 2008/106, ABl. 2008 L 323, S. 33). Die Europäische Kommission sammelt mit Hilfe der EMSA Informationen über Drittstaaten, nimmt

wirkung resultiert demnach aus der Ausdünnung des Prinzips der gegenseitigen Zeugnisanerkennung[201]. Denn Staaten ohne White List-Status werden für Schifffahrtsunternehmen in der Folge wirtschaftlich unattraktiver, da zu befürchten ist, dass ihre Schiffe in Häfen festgehalten werden[202]. Bislang waren die Anforderungen nicht allzu streng[203], was die hohe Zahl an Ländern mit White List-Status[204] erklären mag. Das White List-Verfahren wird aber zunehmend ausgebaut: Zunächst durch die sog. Manila Amendments 2010[205]; zudem hat sich die IMO für eine strengere Handhabe des White List-Verfahrens ausgesprochen, was dazu führen könnte, dass 58 % der Staaten ihren White List-Status verlieren würden[206].

Die ILO kennt ein vergleichbares Verfahren bei den Seeleuteausweisen: Nach Art. 5 ILO-Übereinkommen Nr. 185 müssen die Mitglieder eine Qualitätskontrolle in Bezug auf ihre Systeme der Ausweisausstellung nach internationalen Vorgaben durchführen (Absätze 1 und 4), deren Ergebnisse von der ILO auf einer Liste veröffentlicht werden (Absätze 6 und 7). Die Anerkennung des Seeleuteausweise durch andere Staaten wird von einem positiven Resultat abhängig gemacht (Absatz 9).

Auf eine das Geschäftsmodell von Billigflaggen und Billigklassen mittelbar angreifende Weise zielt auch die Hafenstaatkontrolle. Dies wird insbesondere anhand der von einigen PSC MoUs im Internet veröffentlichten Listen von Flaggenstaaten und ROs sichtbar[207]. Im Unterschied zur White List[208] handelt es sich bei diesen Listen mittlerweile um explizite Leistungsvergleiche. Zunächst wurden die Flaggenstaaten, deren Schiffe besonders häufig bei der Hafenstaatkontrolle auffällig wurden, durch einige Staaten und MoUs auf eine Black List gesetzt. Später entschied man sich für die Bildung einer Rangliste (Ranking). Unter dem Paris MoU und dem Tokyo MoU gibt es nun White, Grey and Black Lists[209]. Grundlage ist eine komplexe Berechnungsformel, in die die Ergebnisse der Inspektionsstatistik in der Region einfließen; über einen „excess factor" wird die Performance vergleichbar gemacht[210].

---

dort auch Inspektionen vor und erstellt auf dieser Grundlage eine Liste anerkannter Drittstaaten (Art. 19 II UAbs. 2 und VI). Die Kommission überprüft die Anerkennung fortlaufend und kann diese auch wiederentziehen (Art. 20, 21), dazu *Christodoulou-Varotsi*, in: dies./Pentsov, Maritime Work Law Fundamentals, S. 747, 757 f.

[201] *Ramming*, Seehandelsrecht, Einl. Rn. 147 f.; *Watt/Coles*, Ship Registration, Rn. 3.61.

[202] *Young*, The Coast Guard Journal of Safety at Sea 57 (2000), S. 60, 62.

[203] Kritisch *McCarty*, Marine Policy 23 (1999), S. 11, 19.

[204] Etwa MSC.1/Circ.1163/Rev.10, 23.5.2016.

[205] *Warner/Kaye*, Routledge Handbook of Maritime Regulation and Enforcement, S. 185.

[206] Zur Diskussion https://safety4sea.com/58-of-flag-states-could-be-removed-from-stcw-white-list/ (zuletzt abgerufen: 13.02.2023) und https://safety4sea.com/imo-to-adopt-new-approach-over-stcw-white-list-process/ (zuletzt abgerufen: 13.02.2023).

[207] Zu diesem Compliance-Mechanismus *di Pepe*, in: Kirchner, International Marine Environmental Law, S. 137, 149, 151.

[208] Die White List als Ranking einstufend hingegen *Christodoulou-Varotsi*, in: dies./Pentsov, Maritime Work Law Fundamentals, S. 419, 424.

[209] Zur Entwicklung *Mansell*, Flag State Responsibility, S. 184 ff.; *Özçayır*, Ocean and Coastal Law Journal 14 (2008), S. 201, 234.

[210] Zum Algorithmus siehe die kurze Erklärung bei Paris MoU, Jahresbericht 2018, S. 56; ausführlich Paris MoU, Explanatory Note (https://www.parismou.org/detentions-banning/white-

Stark vereinfacht gesagt, kommt ein Flaggenstaat dann auf die graue oder sogar die schwarze Liste, wenn mehr Schiffe als üblich und somit überdurchschnittlich viele seiner Schiffe in der Region festgehalten werden. Sog. RO Performance Lists zu Klassifikationsgesellschaften werden nach derselben Formel berechnet[211]. Neben den Reputationseffekten[212] haben diese Listen ökonomische Konsequenzen[213], da sie herangezogen werden, um das Risikoprofil eines Schiffs zu berechnen, von dem wiederum die Häufigkeit und der Umfang der Inspektion abhängt[214], so dass Schifffahrtsunternehmen von Flaggenstaaten und ROs, die ein schlechtes Ranking aufweisen, Abstand nehmen werden. Der Hebel ist damit wiederum eine Auflockerung des Grundsatzes der gegenseitigen Zeugnisanerkennung, da die Performance von Flaggen und ROs die Handhabung des Schutzklauselverfahrens[215] mitbestimmt.

Diese Anreizmechanismen nutzen demnach den drohenden faktischen Ausschluss aus dem Kreis der Flaggenstaaten bzw. Klassen als Druckmittel, weswegen sie sich ökonomisch auch als Clubmechanismus verstehen lassen[216].

Unter den IGV 2005 hemmt die Furcht vor wirtschaftlichen Nachteilen die globale Wissensgenerierung[217]. Ein wirtschaftlicher Anreiz ist bislang explizit nur in Art. 10 IV vorgesehen: Wenn die WHO von dritter Seite von einem Ereignis, das eine gesundheitliche Notlage von internationaler Tragweite darstellen kann, erfährt, dann bietet sie dem betroffenen Staat ihre Zusammenarbeit an (Art. 10 III). Wenn dieser eine Kooperation ablehnt, kann die WHO die Informationen an andere Vertragsstaaten weitergeben (Art. 10 IV). Durch die drohende Publikation und damit Gefahr von Reise- und Handelsbeschränkungen[218] soll ein Anreiz zur Kooperation bei der Seuchenbekämpfung gesetzt werden[219]. Im Nachgang zum Ebola-Ausbruch in Afrika empfahl der Harvard-Bericht des Independent Panel on the Global Response to Ebola einen Ausbau der Anreizstrukturen[220]. Neben Black Lists wird empfohlen, dass Fördereinrichtungen wie die Weltbank auch ökonomische Vorteile für Staaten anbieten, die frühzeitig ihren Meldepflichten nachkommen, indem solchen Staaten schnell Hilfsgelder sowie Entschädigungen für finanzielle Einbußen zufließen bzw. ihnen eine entsprechende Versicherung angeboten wird[221]. Weiter-

---

grey-and-black-list, zuletzt abgerufen: 13.02.2023) sowie *Perepelkin/Knapp/Perepelkin/de Pooter*, A Method to Measure Flag Performance for the Shipping Industry, S. 3.

211 Paris MoU, Pressemitteilung, Performance Lists Paris MoU, 17.6.2019, S. 1.

212 *Di Pepe*, in: Kirchner, International Marine Environmental Law, S. 137, 152.

213 *Churchill*, in: Liber Amicorum Wolfrum, Volume I, S. 777, 794 f.

214 Paris MoU, Pressemitteilung, Performance Lists Paris MoU, 17.6.2019, S. 2.

215 Zu diesem 4. Kapitel, I. 4. c.

216 Mit Beispielen aus der Bekämpfung der Geldwäsche- und Terrorismusfinanzierungsbekämpfung sowie dem internationalen Abfallrecht *van Aaken*, RW 2013, S. 260 f.

217 Siehe oben 7. Kapitel, A. I. 1.

218 *Scholz*, Internationaler Gesundheitsschutz und Welthandel, S. 94.

219 *Fidler*, Chinese Journal of International Law 4 (2005), S. 325, 381.

220 *Moon et al.*, Health Policy 386 (2015), S. 2204, 2209.

221 Zu weiteren Möglichkeiten *Bishop*, Georgetown Journal of International Law 36 (2005), S. 1173, 1219 ff.; skeptisch gegenüber der Versicherungsvariante WHO, Implementation of the International Health Regulations (2005), A69/21, 13.5.2016, S. 79.

gehende Vorschläge wie eine Verknüpfung der IGV 2005 mit dem WTO-Streitbeilegungsmechanismus, um Staaten von exzessiven Schutzmaßnahmen abzuhalten[222], oder die Sanktionierung von IGV 2005-Verstößen durch den UN-Sicherheitsrat[223] scheinen kaum realisierbar[224].

5. *Akzeptanzsicherung durch Verfahrensgarantien*

Solche Kontrollinstrumente können in ein Spannungsverhältnis zur souveränen Gleichheit der Staaten geraten[225], die das Recht jeden Staats umfasst, seine inneren und äußeren Angelegenheiten selbst zu bestimmen[226]. Sofern Private wie die ROs Adressaten sind, ist ergänzend an grund- und menschenrechtliche Gewährleistungen zu denken. Eine Rechtsverletzung mag man wegen der subtilen Einwirkungen zwar nicht feststellen können, zumal gewisse Einbußen an Selbstbestimmung Ausdruck der Einbindung in die Staatengemeinschaft sind[227]. Gleichwohl erscheinen sie nur akzeptabel, wenn sie schonend ausgestaltet sind[228]. *Eberhard Schmidt-Aßmann* spricht von „strukureigenen Kompensationsregelungen" für solche Kontrollinstrumente der internationalen Verwaltung mit negativen Effekten, deren Entwicklung eine wichtige Zukunftsaufgabe der rechtswissenschaftlichen Forschung sei[229]. Nach der Aufdeckung des Beeinträchtigungspotentials (a) gilt es die Ausformung solcher Schutzmechanismen (b) und die Grundlage für eine Akzeptanzsicherung (c) zu untersuchen.

[222] UN-GA, Report of the High-level Panel on the Global Response to Health Crises, A/70/723, 9.2.2016, S. 72; WHO, Implementation of the International Health Regulations (2005), A69/21, 13.5.2016, S. 80f.

[223] Zum Health Security-Ansatz, nach dem globale Gesundheitsrisiken Bedrohungen der internationalen Sicherheit sind, *Negri*, in: Burci/Toebes Research Handbook on Global Health Law, S. 278, 291ff., 298 mit Fn. 92; WHO, Implementation of the International Health Regulations (2005), A69/21, 13.5.2016, S. 81.

[224] Zur Verknüpfung von WTO und IGV 2005 *Villareal*, Reforms of the WHO in Light of the Ebola Crisis in West Africa; zur Kooperation mit dem UN-Sicherheitsrat *Burci/Quinn*, Ebola, WHO, and the United Nations.

[225] Zur Diskussion um die Peer Review im Rahmen der IMO *Afriyie*, An Analysis of the Voluntary IMO Member State Audit Scheme, S. 54, 85 und *Barchue*, in: The IMLI Treatise on Global Ocean Governance, Volume III, S. 250, 260f.; zum Onshore Complaint Procedure unter der MLC 2006 *McConnell/Devlin/Doumbia-Henry*, Maritime Labour Convention 2006, S. 496f.

[226] *V. Arnauld*, Völkerrecht, § 4 Rn. 315.

[227] *Chayes/Chayes*, The New Sovereignty, S. 27: „Sovereignty no longer consists in the freedom of states to act independently, in their perceived self-interest, but in membership in reasonably good standing in the regimes that make up the substance of international life. To be a player, the state must submit to the pressures that international regulations impose"; auch *Oeter*, Netherlands Yearbook of International Law XXVIII (1997), S. 101, 166; Barchue weist zudem darauf hin, dass solche Compliance-Instrumente das gegenseitige Vertrauen stärken und damit einseitigen übergriffigen Maßnahmen – im maritimen Bereich v.a. Übergriffe der Hafen- und Küstenstaaten auf fremdflaggige Schiffe – entgegenwirken, *Barchue*, in: The IMLI Treatise on Global Ocean Governance, Volume III, S. 250, 261.

[228] *Marauhn*, ZaöRV 56 (1996), S. 696, 722.

[229] *Schmidt-Aßmann*, in: FS Schmidt, S. 149, 160f.

a) Beeinträchtigungspotential

Bei internationalen Peer Reviews sind es neben der reinen Kostenbelastung[230] die umfassenden Einblicke in Interna durch Dritte[231], die es zu einem Instrument mit belastenden Wirkungen für die Staaten machen. Unter IMSAS muss der betroffene Staat dem Prüferteam Zugang zu PCs, E-Mail-Kommunikation, Akten, Berichten usw. gewähren und Interviews mit Personal zulassen[232]. Da sowohl Implementierung als auch Vollzug von IMO-Instrumenten zu beurteilen sind, bilden Kontrollgegenstand Legislative, Exekutive und Judikative des Staats[233].

Bei kollektiven Sanktionen sind die drohenden erheblichen finanziellen Konsequenzen zu nennen, die von womöglich subjektiven und fehleranfälligen Bewertungen Dritter abhängen[234]. Insbesondere das Flaggenranking ist von Beginn an dem Vorwurf ausgesetzt, es führe zu unzuverlässigen, lückenhaften und willkürlichen Ergebnissen, v. a., da es unfähig sei, mit kleinen Stichprobengrößen und ungenauen Approximationen umzugehen sowie nur wenige und geographisch beschränkte Informationen zugrunde legen würde[235]. Flaggenstaaten mit kleiner Flotte würden tendenziell benachteiligt und neue Flaggenstaaten bevorzugt, da sie erst einmal nicht in der Statistik erschienen und damit einen Wettbewerbsvorteil erhielten[236].

In diesem Zusammenhang ist auch zu sehen, dass solche scharfen Kontrollinstrumente mitunter bewusst nicht auf überkommener, völkervertraglicher Grundlage eingeführt werden, sondern informell oder durch innovative Rechtssetzungstechniken[237]: Das White Flag-Verfahren wurde im Tacit Acceptance-Verfahren angenommen[238], wobei seine Tragweite durch die verklausulierte Formulierung und den Euphemismus der weißen Flaggen nicht ohne Weiteres erkennbar ist[239]. Das Ranking von Flaggen und ROs ist eine Praxis transnationaler Behördennetzwerke, die sich auf die allgemeine Kontrollkompetenz der Hafenstaaten stützt[240].

---

230 *Merk*, in: OECD, International Regulatory Co-operation and International Organisations, S. 110f.

231 *Oeter*, Netherlands Yearbook of International Law XXVIII (1997), S. 101, 107.

232 Part II Ziffer 6.3.3 Framework and Procedures for the IMO Member State Audit Scheme (IMO, Resolution A.1067(28), 05.12.2013).

233 Part I Ziffer 7.4.2, Framework and Procedures for the IMO Member State Audit Scheme (IMO, Resolution A.1067(28), 05.12.2013).

234 Zum White Flag-Verfahren *Lemke*, Erfüllungsdefizite, S. 279.

235 *Perepelkin/Knapp/Perepelkin/de Pooter*, A Method to Measure Flag Performance for the Shipping Industry, S. 1 f., 4 ff.

236 *Roach*, in: Moore/Nordquist, Current Maritime Issues, S. 151, 161.

237 Daher die Legitimation der Compliance durch die PSC MoUs in Frage stellend *Roach*, in: Moore/Nordquist, Current Maritime Issues, S. 151, 169f.

238 Zu diesem siehe oben 5. Kapitel, I. 2. a. aa.

239 *Schult*, Das völkerrechtliche Schiffssicherheitsregime, S. 171 f.

240 *Christodoulou-Varotsi*, in: dies./Pentsov, Maritime Work Law Fundamentals, S. 709f.

b) Prozedurale Anforderungen im Einzelnen

Bei der Suche nach einem allgemeinen Rahmen für Compliance-Instrumente werden zwei Herangehensweisen diskutiert: Eine völkerrechtliche ermittelt die Akzeptanz sichernden Elemente intern vergleichend aus dem gesamten internationalen Recht[241]. Das Prinzip der Kooperation als Leitlinie, ein Anhörungsrecht, der Verhältnismäßigkeitsgrundsatz und der Schutz vertraulicher Informationen wurden als Kernanforderungen ermittelt. Ein Stufenverhältnis zwischen konfliktvermeidenden und konfrontativen Elementen und damit eine Subsidiarität sanktionsförmiger Maßnahmen[242] lässt sich allerdings nicht als allgemeiner Grundsatz nachweisen[243]. Eine andere Möglichkeit geht extern vergleichend vor und fragt nach den Gründen für die Akzeptanz gerichtsförmiger Entscheidungen, mit dem Ergebnis, dass die Unparteilichkeit der Entscheidungsfindung und ein faires Verfahren auch für Compliance-Verfahren elementar sein soll[244].

Die beiden Herangehensweisen kommen zu ähnlichen Ergebnissen. Zu den Mindestanforderungen gehören ein Anhörungsrecht bei belastenden Maßnahmen, Vertraulichkeit sowie ein Gleichbehandlungsgebot als Ausdruck von Kooperation bzw. Fairness und Unparteilichkeit. Ob indes das Prinzip der Verhältnismäßigkeit, hält man es jenseits von Subordinationsverhältnissen überhaupt für anwendbar[245], bei kollektiven Kontrollinstrumenten Schutz verspricht, ist fraglich: Es ließe sich auf sie nur in seiner vertikalen Version anwenden, die auf der Annahme beruht, es bestünde ein globales öffentliches Interesse, das zu einem Partikularinteresse des Staats in Spannung stehen könnte[246]. In Rechtsgebieten wie dem WTO-Recht, bei dem Verhältnismäßigkeitsüberlegungen die Abweichung eines Mitglieds von GATT-Liberalisierungspflichten beschränken sollen, mag eine solche Konstruktion möglich sein[247]. Compliance-Situationen liegen hingegen oftmals mehrpolige Verhältnisse zugrunde mit sich teils überlagernden nationalen, globalen und privaten Interessen – beim Flaggenranking wird diese Gemengelage besonders deutlich. Damit fehlt aber die Zweck-Mittel-Relation als strukturelle Grundlage der Verhältnismäßigkeit. Sind die Kriterien der Geeignetheit, Erforderlichkeit und Angemessenheit im

[241] *Marauhn*, ZaöRV 56 (1996), S. 696, 723 ff.

[242] *Beyerlin*, Umweltvölkerrecht, S. 238 f.

[243] *Schmalenbach*, in: Proelß, Internationales Umweltrecht, 8. Abschnitt Rn. 16.

[244] *Oberthür*, in: Jacob/Biermann/Busch/Feindt, Politik und Umwelt, PVR-Sonderheft, S. 73, 77 f.; daran anschließend *Boysen*, AVR 50 (2012), S. 377, 410 f.

[245] Skeptisch *Krugmann*, Der Grundsatz der Verhältnismäßigkeit im Völkerrecht, S. 124; die Anwendung des Verhältnismäßigkeitsprinzips in der horizontalen Ebene in Frage stellend auch *Ossenbühl*, in: FS Lerche, S. 151, 160.

[246] Zu dieser *Peters*, in: Baade/Ehricht/Fink/Frau/Mölner/Risini/Stirner, Verhältnismäßigkeit im Völkerrecht, S. 1, 9; die daneben eine horizontale, d. h. zwischenstaatliche Version, die aus dem Recht der Gegenmaßnahmen bekannt ist, und einer diagonalen Version unterscheidet, ebenda, S. 6 ff.; zu den Konstellationen auch *Newton/May*, Proportionality in International Law, S. 61 ff.

[247] Zur Anwendung im WTO-Recht *Desmedt*, Journal of Economic Law 4 (2001), S. 441 ff.

Ausgangspunkt auf bipolare Konfliktsituationen zugeschnitten, erschwert das die Operationalisierung von Schaden-Nutzen-Vergleichen[248].

Wie solche Verfahrensgarantien ausgestaltet werden können, wo Defizite bestehen und wie diese behoben werden können, soll im Folgenden anhand des Seeverwaltungsrechts gezeigt werden:

Die PSC MoUs versuchen der Kritik an ihren Rankings mit den Prinzipien der Gleichheit, der Transparenz und Nachbesserung der Verfahrensgrundlagen sowie des Rechtsschutzes entgegenzutreten. Die Rankings beziehen auch die eigenen Mitglieder mit ein, die – wie die Praxis zeigt – nicht ausschließlich zu den Top Performern gehören[249]. Die Berechnungsgrundlagen werden nicht nur erläutert, sondern ein WGB List and Excess Factor Calculator ermöglicht, auf der Webseite des MoUs die eigene Performance zu berechnen und sich damit über den aktuellen Listenstatus zu vergewissern[250]. Klassen als ROs werden von Defiziten, die die Hafenstaatkontrolleure ihnen zuschreibt, sofort in Kenntnis gesetzt[251]. Die Methode wird laufend verfeinert[252]. Im Moment wird sogar diskutiert, das WGB-Ranking ganz abzuschaffen und es durch eine differenziertere Beurteilung zu ersetzen. Die Methodenmängel, die darauf beruhen, dass nur regionale Inspektionsergebnisse herangezogen werden, sind Folge der regionalen Verwurzelung des Netzwerkes; eine Verbesserung ließe sich gleichwohl dadurch erzielen, dass die Erkenntnisse des IMO-Audits IMSAS als weitere Komponente einbezogen werden würden[253]. Auf lange Sicht könnte zudem eine globale PSC-Informationsdatenbank die Methodenmängel reduzieren. Ein Beschwerdemechanismus, das Detention Review Panel des Paris MoU, wurde als Reaktion auf das Flaggenranking geschaffen, damit Flaggenstaaten und ihre ROs die Möglichkeit haben, sich gegen von ihnen als rechtswidrig erachtete Festhaltungen von Schiffen, die ihren Listenplatz verschlechtern, zur Wehr zu setzen[254]. Der Druck zur Flankierung des Rankings durch solche Verfahrensgarantien geht beim Paris MoU auch von der EU aus, die

---

[248] *C. Calliess*, Rechtsstaat und Umweltstaat, S. 277 ff.; *Gehne*, Nachhaltige Entwicklung als Rechtsprinzip, S. 242; ob bei „multipolaren Konfliktlagen" eine Bewältigung des Interessenkonflikts durch Abwägung erreicht werden kann, hält das BVerfG „für nicht ausgeschlossen" BVerfGE 116, 1, 18 f.

[249] 2024 war etwa die Schweiz auf der grauen Liste des Paris MoU, während die Bahamas oder Marshall Islands zu den besten Flaggen gehören (http://parismou.org, zuletzt abgerufen: 08.02.2024).

[250] Siehe https://www.parismou.org/inspections-risk/white-grey-and-black-list/wgb-list-and-excess-factor-calculator (zuletzt abgerufen: 26.02.2023).

[251] Paris MoU, Jahresbericht 2012, S. 20.

[252] Siehe die Ergebnisse des 50. Treffens des Paris MoU 2017 (https://www.parismou.org/paris-mou-marks-its-35th-anniversary-holding-its-50th-meeting-gdansk-poland, zuletzt abgerufen: 26.02.2023).

[253] *Perepelkin/Knapp/Perepelkin/de Pooter*, A Method to Measure Flag Performance for the Shipping Industry, S. 16. Bislang werden die Rankings nur rudimentär mit IMSAS verknüpft, indem nur Staaten, die sich dem Audit gestellt haben, auf die weiße Liste kommen, Paris MoU, Jahresbericht 2019, S. 33.

[254] Zu diesem siehe oben 6. Kapitel, III. 1. a. aa.

dazu aufruft, dass ihre Mitgliedstaaten die „Billigkeit und Fairness" solcher Listen sicherstellen und v. a. auch die Belange kleiner Flaggenstaaten berücksichtigen[255], und dies – nicht zuletzt als Mitglied und Förderer des Paris MoU – auch wirksam einfordern kann.

Das White Flag-Verfahren der IMO versucht durch die Einbeziehung des Expertenausschusses, Elemente der Neutralität zu etablieren und gewährt durch den dialogischen Charakter auch die Möglichkeit der Äußerung. Bereits im Verfahren vor der Expertenkommission können die Staaten ihre Sichtweise durch Repräsentanten klarstellen[256]. Sollte sich die IMO tatsächlich für eine strengere Handhabe des Verfahrens entscheiden, scheint eine Einrichtung eines Beschwerdemechanismus gegen die Weigerung des MSC, einen Staat auf die Liste aufzunehmen, begrüßenswert.

Besonders weitgehend sind die Verfahrensgarantien für IMSAS. Um den Befürchtungen zu begegnen, mit IMSAS werde ein Instrument eingeführt, dass einige Staaten an den Pranger stelle, entwickelte die IMO das Verfahren anleitende Prinzipien[257]: Die Prinzipien der Souveränität und Universalität bedeuten, dass alle Mitgliedstaaten in einem positiven und konstruktiven Wege überprüft werden. Die Prinzipien der Konsistenz, Fairness, Objektivität und Rechtzeitigkeit verlangen, dass die Auditoren qualifiziert und neutral sind und die unterschiedlichen Fähigkeiten der Staaten berücksichtigen; die Prinzipien der Transparenz und Offenlegung besagen u. a., dass die erhaltenen Informationen vertraulich bleiben; das Prinzip der Kooperation verlangt die Einbeziehung des betroffenen Staats in das Verfahren und das Prinzip der kontinuierlichen Verbesserung betont die Notwendigkeit, IMSAS als Lernprozess zu verstehen. Um die Einhaltung sicherzustellen, legt die IMO die einzelnen Verfahrensschritte für die Prüfer fest. Die Auditoren müssen völlig unabhängig vom betroffenen Staat, aber auch ihrem eigenen Mitgliedstaat sein[258]. Das Auditprogramm ist dem betroffenen Staat in einem Opening Meeting offenzulegen[259]. Interviews mit den örtlichen Medien, Gewerkschaften usw. bedürfen in jedem Fall der Zustimmung des betroffenen Staats[260]. Die getroffenen Feststellungen müssen mit dem Staat besprochen und sein Feedback eingeholt werden[261]. Die Ergebnisse werden nur in Abstimmung mit dem Staat publiziert[262].

c) Grundlage

Das Erfordernis der Akzeptanzsicherung lässt sich bei Staaten als ein unmittelbarer Ausfluss des Souveränitätsprinzips betrachten. Im Seeverwaltungsrecht stellen in-

---

[255] EW 15 RL 2009/16/EG, ABl. 2009 L 131, S. 57.

[256] A-I/7 XIII STCW-Code.

[257] Zum Hintergrund *Barchue*, in: The IMLI Treatise on Global Ocean Governance, Volume III, S. 250, 258.

[258] Part II, para. 4.5.1 Ziffer 7; IMO, Resolution A.1067(28), 5.12.2013.

[259] Part II, para. 6.3, ebenda.

[260] Part II, para. 6.2.5, ebenda.

[261] Part II, paras. 6.4 und 7.7, ebenda.

[262] Part II, para 8.5, ebenda.

ternationale Dokumente, die Compliance-Instrumente vorsehen, einen solchen Zusammenhang explizit her: Die Organisation und Durchführung des internationalen Peer Review-Verfahrens IMSAS wird an erster Stelle durch das Prinzip der Souveränität angeleitet, das Anforderungen an die Überprüfung wie einen positiven und konstruktiven Umgang und eine Gleichbehandlung aller Mitgliedstaaten beim Audit verlangt[263].

Auch eine Parallele zu anderen Mehrebenensystemen wäre denkbar: Aus dem Gebot der Bundestreue bzw. des bundesfreundlichen Verhaltens werden prozedurale Anforderungen an die Ausübung der Bundesaufsicht abgeleitet[264]. Als Grundlage der Bundestreue werden meist das Willkürverbot oder der Grundsatz von Treu und Glauben genannt[265]. Dementsprechend ließe sich daran denken, eine Akzeptanzsicherung dem Grundsatz von Treu und Glauben, der das ganze Völkerrecht beherrscht[266], zuzuordnen. Aus dem Prinzip Bona Fides soll eine verstärkte Pflicht zur gegenseitigen Rücksichtnahme besonders dort Wirkungen entfalten, wo Staaten in einem qualifizierten Vertrauensverhältnis zueinander stehen[267]. Die Rücksichtnahme- und Kommunikationspflichten des internationalen Nachbarrechts werden als Beispiele genannt[268]. Ob deren Grundlage indes tatsächlich Treu und Glauben oder nicht vielmehr die Idee der Rechtsgemeinschaft und Interdependenz ist, ist streitig[269].

Naheliegender ist eine Anknüpfung an den Gedanken der wirksamen Gemeinwohlverwirklichung in ausdifferenzierten Strukturen[270], der auch dem Kooperationsvölkerrecht zugrunde liegt: Interessen der internationalen Gemeinschaft zu realisieren, verlangt ein Zusammenwirken der Staaten. Die Kehrseite des Erfordernisses, eine funktionsfähige internationale Ordnung zu erhalten und zu stärken, bildet aber die Absicherung von Akzeptanz, denn ohne diese leidet die Zusammenarbeit. So rührt die Skepsis gegenüber zu scharfen Sanktionen im Kooperationsvölkerrecht auch daher, dass ihre Kosten das Ziel einer langfristigen Kooperation zu unterwandern drohen[271]. Betrachtet man die durch Experimente abgesicherten Erkenntnisse der Verhaltensökonomik[272], dann wird ferner deutlich, dass Sanktionsformen zwar grundsätzlich effektiv sein können, aber nicht, wenn sie als macht-

---

[263] Part I para. 6.1, ebenda.

[264] BVerfGE 81, 310, 337 f.; skeptisch zur Leistungsfähigkeit der Bundestreue *Oeter*, Integration und Subsidiarität, S. 480 ff.

[265] Beides im Ergebnis aber ablehnend *Grzeszick*, in: Dürig/Herzog/Scholz, GG, 100. EL Januar 2023, Art. 20 Rn. 120 m. w. N.

[266] *Verdross*, in: FS Laun, S. 29.

[267] *Müller*, in: Simma, Charta der Vereinten Nationen, Art. 2 Rn. 15.

[268] *Lorz*, Interorganaspekte im Verfassungsrecht, S. 75 f.; *Bauer*, Die Bundestreue, S. 209.

[269] *Klein*, Umweltschutz im völkerrechtlichen Nachbarrecht, S. 110 ff.

[270] *Erichsen/Scherzberg*, NVwZ 1990, S. 8, 16.

[271] *Wolfrum*, Recueil Des Cours 272 (1998). S. 25, 30 f.; *Pagani*, African Security Review 11 (2002), S. 15, 17; Kanada zog sich etwa aus dem Kyoto-Protokoll zurück, um Strafzahlungen in Milliardenhöhe zu vermeiden.

[272] Zur Relevanz für die Befolgung von Völkerrecht *van Aaken*, in: Hilbert/Rauber, Warum befolgen wir Recht?, S. 135, 148 ff.

gierig oder eigeninteressiert wahrgenommen werden, denn dann zerstören sie Kooperationen; nachhaltige Steuerungsimpulse können sie demnach nur setzen, wenn sie als fair betrachtet werden[273]. Diese Besorgnis kennzeichnet auch die Diskussion in der Praxis um IMSAS, zuvor VISMAS, im Rahmen der IMO; um die Mitglieder von der Notwendigkeit zu überzeugen, wurde ein Hauptaugenmerk daraufgelegt, das Audit so auszugestalten, dass es nicht als Maßnahme verstanden wird, Billigflaggen zu bekämpfen[274].

III. Fazit: Kollektive Kontrolle als Folge einer Ausdifferenzierung von Verwaltung

Der erste Abschnitt des siebten Kapitels hat die Erkenntnisse der internationalen Compliance-Debatte herangezogen, um die Kontrolle der internationalen Verwaltung zu untersuchen. Es wurde gezeigt, dass den Erfüllungsdefiziten im Seeverwaltungsrecht durch eine kollektivierte Kontrolle begegnet wird. Diese zeichnet sich formell durch die Vielfalt der Kontrolleure und inhaltlich durch die Sensibilität für die multiplen Quellen von Umsetzungsdefiziten aus; dementsprechend sind auch die Reaktionen auf festgestellte Defizite vielgestaltig. Das Zusammenwirken diverser Akteure, Rechtsschichten und Kulturen, das die Konglomeratsverwaltung ausmacht, setzt sich somit auf der Ebene der Kontrolle fort. Weiter wurde deutlich, dass wegen des maritimen Regulierungswettbewerbs im Seeverwaltungsrecht die Staaten beeinträchtigende Instrumente wie die internationale Peer Review und kollektive Sanktionen an Bedeutung gewinnen. Das legt das Erfordernis einer Akzeptanzsicherung nahe, die solche Instrumente durch Verfahrensgarantien einrahmt. Sie lässt sich auf das Souveränitätsprinzip oder den Gedanken der wirksamen Gemeinwohlverwirklichung in ausdifferenzierten Strukturen stützen. Bevor im nächsten Abschnitt die Korruptionsprävention im internationalen Verwaltungsrecht behandelt wird, soll ein Vergleich mit den Verwaltungskontrollen im europäischen und nationalen Recht den Zusammenhang zwischen der kollektiven Verwaltungskontrolle der internationalen Verwaltung und ihrer konglomeratischen Struktur verdeutlichen:

Für den Europäischen Verwaltungsverbund ist diese Kollektivierung der Kontrolle nichts Neues, lässt sich die Kontrolle dort doch von vornherein nicht in ein hierarchisches Aufsichtskonzept pressen, wie *Wolfgang Kahl* betont[275]. Stattdessen wird durch „Kontrollverschränkungen ein gegenseitiges Vertrauen in die Unbestechlichkeit, Kompetenz und Leistungsfähigkeit aller beteiligten Verwaltungsein-

[273] *Bowles/Gintis*, A Cooperative Species, S. 28; *van Aaken*, in: Hilbert/Rauber, Warum befolgen wir Recht?, S. 135, 157; zum Enforcement Branch auch *Ulfstein/Werksman*, in: Hovi/Stoke/Ulfstein, Implementing the Climate Regime, S. 39, 40.

[274] *Barchue*, in: The IMLI Treatise on Global Ocean Governance, Volume III, S. 250, 258 f.

[275] *Kahl*, in: GVwR III, § 47 Rn. 220.

heiten“ aufgebaut[276]. Neben horizontal ausgerichteten Instrumenten wie der Peer Review[277] oder der Nutzung des Einzelnen und der Öffentlichkeit als Kontrollmedium[278] kann jedoch stärker als im internationalen Verwaltungsrecht auf hierarchische Elemente gesetzt werden[279]. Zur europäischen Compliance[280] trägt zudem das Rechtsschutzverfahren bei.

Im deutschen Verwaltungsrecht dominieren die Gerichtskontrolle sowie die administrative Selbstkontrolle in Gestalt der Aufsicht; der Grund für eine Durchsetzungsschwäche wird kaum reflektiert, vielmehr erscheint Verwaltungskontrolle pauschal als Reaktion auf menschliche Schwäche[281]. Eine „Pluralisierung des Kontrollkonzepts“ wird aber auch hier beschrieben[282]. Anstöße dazu kommen v.a. von neuen Formen der Verwaltungskommunikation, -steuerung und -organisation und durch einen Einbezug der Gesellschaft in die Erfüllung von Verwaltungsaufgaben[283]. Der Bereich der Kommunalaufsicht zeigt zudem, dass auch der Umgang mit schwachen Verwaltungen ein Thema nationalen Verwaltungsrechts ist: Auch wenn in den Gemeindeordnungen nicht explizit verankert, so gehört die partnerschaftliche Beratung und Unterstützung von Gemeinden doch zu den typischen Instrumenten der Kommunalaufsicht[284]. Im Unterschied zur Verwaltungskontrolle im internationalen Verwaltungsrecht erscheinen diese Beispiele aber als Randphänomene.

E. Korruptionsprävention

Globalisierungsprozesse, aber auch weitere Faktoren[285] wie ein allgemeiner Bewusstseinswandel[286], machen das Vorgehen gegen internationale Korruption zu einem zentralen Anliegen der internationalen Gemeinschaft[287]. Welche Antworten das internationale Verwaltungsrecht dazu liefert, wurde bislang kaum thematisiert. Da das Seeverwaltungsrecht ein Musterbeispiel für die schlimmsten Auswüchse internationaler Korruption bildet (1.) und deswegen innovative Ideen entwickelt wurden, um dem Problem zu begegnen (2.), bietet es sich an, anhand der maritimen Beobachtungen die Möglichkeiten im Einsatz gegen Korruption in der internatio-

---

[276] *Schmidt-Aßmann*, in: ders./Hoffmann-Riem, Verwaltungskontrolle, S. 9, 32.

[277] *Merli*, in: FS Raschauer, S. 383, 396f.

[278] *Kadelbach*, in: Schmidt-Aßmann/Hoffmann-Riem, Verwaltungskontrolle, S. 205, 243f.

[279] Compliance von EU und ILO vergleichend *Hartlapp*, European Integration Online Papers 7 (2005), S. 1ff.

[280] Zum Unterschied auch *Kaienburg*, Compliance in High Profile-Fällen der WTO, S. 150f.

[281] *Kempny*, Verwaltungskontrolle, S. 1 m.w.N.

[282] *Schmidt-Aßmann*, Ordnungsidee, 4. Kap., S. 231ff.; *Kahl*, in: GVwR III, § 47 Rn. 35ff.

[283] *Kahl*, in: GVwR III, § 47 Rn. 163ff., v.a. 183.

[284] Zum Prinzip der kooperativen Staatsaufsicht *Kahl*, Staatsaufsicht, S. 513, 518ff.

[285] *Wolf*, Korruption, Antikorruptionspolitik und öffentliche Verwaltung, S. 102.

[286] *Kubiciel*, in: Hoven/Kubiciel, Das Verbot der Auslandsbestechung, S. 13.

[287] *Hoven*, Auslandsbestechung, S. 16.

nalen Verwaltung auszuloten. Entsprechend der Erkenntnis, dass repressive Maßnahmen allein, auch wenn sie abschreckende Wirkung entfalten, nicht ausreichen[288] und daher der Vorbeugung Vorrang einzuräumen ist[289], liegt der Fokus auf der Korruptionsprävention.

I. Korruption in der internationalen Verwaltung

1. Phänomen der internationalen Korruption

Strafrechtlich machen den Kern von Korruption Bestechungshandlungen (Bribery) aus[290], die mit Begleitdelikten wie Unterschlagung oder Betrug zu den Korruptionsdelikten im weiteren Sinne zusammengefasst werden[291]. Internationale Korruption bedeutet strafrechtlich demnach insbesondere die Auslandsbestechung[292]. Andere Disziplinen legen ein sehr weites Begriffsverständnis zugrunde. Aus einer verwaltungswissenschaftlichen Sicht ist es ein Verhalten von Personen mit öffentlichen Aufgaben, die ihre Pflichten verletzen, um ungerechtfertigte Vorteile gleich welcher Art zu erhalten[293]. Politikwissenschaftliche und soziologische Ansätze fassen unter Korruption ein Geben und Nehmen, das gegen rechtliche, interne oder moralische Regeln verstößt[294]. Demnach werden auch Klientelbeziehungen oder Nepotismus in den Begriff der internationalen Korruption mit einbezogen. Für die hier thematisierte Frage nach Korruptionsprävention in der öffentlichen Verwaltung bietet es sich an, nicht nur strafrechtsrelevante Verhaltensweisen zu behandeln[295], um der Vielgestaltigkeit des Phänomens[296] gerecht zu werden.

Die internationale Korruption im engeren Sinne unterscheidet sich von der nationalen Korruption, bei der alle Akteure im selben Staat ansässig sind, durch das Herkunftsland der beteiligten Akteure[297]. Zu den typischen Grundformen ge-

---

[288] Zu den Schwierigkeiten in der Strafrechtsverfolgung *Dölling*, in: ders., Handbuch der Korruptionsprävention, 1. Kap. Rn. 50; *Hoven*, Auslandsbestechung, S. 355 ff., 494 f.

[289] *Borkenstein*, Korruptionsprävention in der öffentlichen Verwaltung durch Information, S. 32; siehe ferner den Beschluss 7 des 61. DJT, Verhandlungen des 61. Deutschen Juristentages, II/1, L 56 f.

[290] *Androulakis*, Globalisierung der Korruptionsbekämpfung, S. 37.

[291] *Borkenstein*, Korruptionsprävention in der öffentlichen Verwaltung, S. 27 f.

[292] Monographisch *Hoven*, Auslandsbestechung.

[293] *Sommermann*, VerwArch 89 (1998), S. 290, 291.

[294] *Rothstein/Varraich*, in: Rothstein, Anti-Corruption Policies Revisited, S. 15, 16.

[295] *Louis*, in: Louis/Glinder/Wassmer, Korruptionsprävention in der öffentlichen Verwaltung, S. 43, 44; *Völkel/Stark/Chwoyka*, Korruption im öffentlichen Dienst, S. 16; im Anschluss an die kriminologische Definition des BKA *Borkenstein*, Korruptionsprävention in der öffentlichen Verwaltung durch Information, S. 19.

[296] Zu diesem Merkmal von Korruption *Heimann/Pieth*, Confronting Corruption, S. 32 f.; *Rothstein/Varraich*, in: Rothstein, Anti-Corruption Policies Revisited, S. 15, 28; zur Begrenztheit der rechtlichen Korruptionsdefinitionen *Mendilow/Peleg*, in: dies., Corruption in the Contemporary World, S. 1, 4 f.; *Borkenstein*, Korruptionsprävention in der öffentlichen Verwaltung, S. 19.

[297] *Androulakis*, Globalisierung der Korruptionsbekämpfung, S. 60 f.

hören die unechten Geschenke, sprich Vorteile von mittleren bis höheren Wert zur Schaffung eines allgemeinen Wohlwollens, Bestechungszuwendungen und sog. Schmierzuwendungen[298]. Bei Schmierzuwendungen werden keine pflichtwidrigen Handlungen oder Unterlassungen, sondern die zügige oder weniger bürokratische Vornahme rechtmäßiger Amtshandlungen begehrt; diese sind gerade in Staaten mit einem schwachen Verwaltungsapparat und schlecht bezahlten Beamten üblich[299]. Schmierzuwendungen werden oftmals von den Erpressungszuwendungen (Extortion) überlagert, bei der die Initiative zur Korruption von den ausländischen Entscheidungsträgern oder ihren Mittelspersonen ausgeht und die Unternehmen geltend machen, sie hätte zahlen müssen, um nicht vom Markt ausgeschlossen zu werden, und sie wären daher gleichsam erpresst worden[300].

Jeder Industriesektor weist spezifische Korruptionsprobleme auf. Ein typisches Phänomen im Transportwesen sind Beschleunigungs- und Erleichterungszahlungen (Facilitation Payments) an Grenzübertrittspunkten als Unterfall der Schmierzuwendungen, die im Folgenden beleuchtet werden, während die Rüstungsindustrie v.a. Ausgleichszahlungen (Offsets)[301] und die Öl- und Gasindustrie Bonuszahlungen (Signature Bonuses)[302] kennt[303].

2. *Hafen als Korruptionshotspot*

Der maritime Bereich gilt als besonders von Korruption betroffen, was auf seinen globalen Charakter sowie die fehlende Antikorruptionskultur zurückgeführt wird[304]. Neben den maritimen transnationalen Genehmigungen[305] sind insbesondere Seehäfen zu nennen:

Im Zusammenhang mit den STCW-Zertifikaten für Seefahrer illustrieren im Rahmen des SIRC der Universität Cardiff durchgeführte Studien, dass korrupte Praktiken an der Tagesordnung sind. Eine der vielfältigen Erscheinungsformen bildet die Bestechung der die Zertifikate erteilenden Beamten[306], die dadurch gefördert wird, dass die internen Verwaltungsstrukturen vor Ort inadäquat sind[307].

---

[298] Zu ihrer schwierigen strafrechtlichen Zuordnung *Hoven*, Auslandsbestechung, S. 72 ff.

[299] *Androulakis*, Globalisierung der Korruptionsbekämpfung, S. 53.

[300] *Hoven*, Auslandsbestechung, S. 199 ff.

[301] TI, Defence Offsets, Addressing the Risks of Corruption & Raising Transparency.

[302] OECD, Corruption in the Extractive Value Chain, S. 41 f.

[303] *Pieth*, in: ders., Collective Action, S. 3, 16.

[304] *Hardy*, Navigating Through Corruption, S. 4 f.; *Chambers*, TRACE: Shipping Exposed to more Corruption than any other Industry; *Deloitte*, Fighting Corruption in the Maritime Industry, S. 4.

[305] Siehe oben 4. Kapitel, I.

[306] Siehe mit Beispielen das von der schwedischen Chalmers Universität initiierte, von der EU ko-finanzierte Mona Lisa- Projekt, dazu *Bennett*, Mona Lisa Project: Evidence of false Seafarer Certification, S. 15 f.

[307] *Obando-Rojas/Welsh/Bloor/Lane/Badigannavar/Maguire*, Sociological Review, 52 (2004), S. 295 ff.; *Obando-Rojas/Badigannavar/Lane/Bloor/Maguire*, A Study on Fraudulent Practices associated with Certificates of Competency and Endorsements.

Zudem ist die Seefahrerausbildung betroffen[308], denn Nepotismus und politische Einflussnahme verhindern eine effektive Kontrolle von maritimen Aus- und Weiterbildungseinrichtungen; Bestechungszuwendungen an diese erfolgen bereits, um sich einen knappen Ausbildungsplatz zu sichern. Beschrieben wird auch ein Rabattsystem, bei dem korrupte Besatzungsagenturen einen „Rabatt" auf die Kosten der Ausbildung ihrer Seeleute verlangen, wenn sie die Seeleute an eine bestimmte Einrichtung verweisen.

Der Brennpunkt maritimer Korruption bildet aber der Hafen[309]. Die maritime Industrie berichtet von 19.000 Vorfällen weltweit, dabei allein 260 im Jahr 2017, die die Sicherheit von Schiff und Crew betrafen[310]. Diese unternehmensseitigen Eindrücke werden durch wissenschaftliche Studien untermauert[311]: Die besondere Korruptionsanfälligkeit wird auf das Machtungleichgewicht zwischen dem Personal an Bord und dem Hafenpersonal zurückgeführt. Denn jede Verzögerung im Hafen ist für die maritime Industrie mit hohen Kosten verbunden, während die Hafenkontrolleure bei Verstößen über weitreichende Eingriffsbefugnisse verfügen, die die weitere Reise unterbrechen können. Die beobachteten korrupten Praktiken spielen sich regelmäßig im Bereich der Mikrokorruption (Petty Corruption) ab, die sich im Unterschied zur Grand Corruption auf den unteren Verwaltungsebenen vollzieht und regelmäßig geringe Zuwendungen betrifft[312]. Auch wenn die einzelnen Zuwendungen marginal sind, haben sie auf lange Sicht korrosive Effekte[313]. Eine als zunehmend beschriebene Erscheinungsform bilden die Facilitation Gifts an das Hafenpersonal, etwa in Form von Alkohol, Zigaretten oder Soft Drinks. Über 90 % der befragten Seefahrer berichteten von solchen Praktiken, wobei die Schwerpunkte korrupter Praktiken in Südostasien, China, Indien und Westafrika liegen[314]. Teilweise handelt es sich um kollusive Praktiken, z. B. wenn Geld gezahlt wird, damit die Hafenstaatkontrolle über Rechtsverstöße an Bord hinwegsieht oder um sich durch einen geschönten Untersuchungsbericht ein besseres Standing bei der Hafenstaatkontrolle zu verschaffen[315]. Häufig sind aber auch Maßnahmen mit

---

[308] *Bloor/Sampson*, Work, Employment and Society 23 (2009), S. 711, 719 ff.

[309] IMO, Report of the Facilitation Committee in its Forty-Second Session, FAL 42/17, 20.6. 2018, S. 29 f.

[310] Siehe, IMO, Maritime Corruption Impact on Global Trade, Port Governance and Seafarers, FAL 42/16/3, 29.3.2018, insb. para. 9; auch *Deloitte*, Fighting Corruption in the Maritime Industry, S. 5 f.

[311] *Sampson/Acejo/Ellis/Tang/Turgo*, The Relationship between Seafarers and Shore-side Personnel: An Outline Report based on Research undertaken in the Period 2012–2016, S. 13–31; für die afrikanischen Häfen *Sequeira/Djankov*, Journal of International Economics 94 (2014), S. 277 ff.

[312] Siehe die Definitionen bei Transparency International, The Anti-Corruption Plain Language Guide; zu den verschiedenen, sich überlappenden Korruptionskategorien *Graf Lambsdorff*, The Institutional Economics of Corruption and Reform, S. 20.

[313] OECD, Recommendation of the Council for Further Combating Bribery of Foreign Public Officials in International Business Transactions, para. VI.

[314] *Sampson/Acejo/Ellis/Tang/Turgo*, The Relationship between Seafarers and Shore-side Personnel: An Outline Report based on Research undertaken in the Period 2012–2016, S. 14; aktuelle Listen der schlimmsten Häfen finden sich in den MACN, Incident Reports.

[315] *Hansen*, Indiana Journal of Global Legal Studies 25 (2018), S. 131, 146.

Nötigungscharakter. So wurde von 60 % der Befragten angegeben, dass seitens des Hafenpersonals zunehmend „Geschenke" verlangt werden[316]. Wenn solche Praktiken zurückgewiesen werden, kann das schwere Konsequenzen haben, so dass es für die Besatzung schwierig ist, dem entgegenzutreten. So wurde berichtet, dass ein Schiff festgehalten sowie eine Strafe von 100.000 US-Dollar verhängt wurde, da der Kapitän sich weigerte, dem Hafengesundheitsbeamten die von diesem geforderten „Geschenke" in Form von Zigaretten und Wein zu geben[317]. Diese korrupten Praktiken, die die schwache Position der Besatzung im Hafen ausnutzen, lassen sich der Kategorie der Erpressungszuwendungen zuordnen. Zudem findet sich Korruption im weiteren Sinne: Die Inspektion im Hafen wird von den Kontrolleuren etwa genutzt, um Schiffsproviant mitzunehmen, wie 53 % der Befragten berichteten und was auch von den Wissenschaftlern an Bord beobachtet wurde[318]; zudem kommt es zu Betrügereien bei der Versorgung mit Schiffskraftstoffen, wie 87 % der Befragten berichteten[319].

Die gewählten Konstruktionen sowie der Verbreitungsgrad zeigen demnach, dass Korruption im Seeverwaltungsrecht den Normalfall bildet.

II. Collective Action

1. Einbeziehung der Unternehmensseite als Grundidee

Das seit Mitte der 1990er Jahre erarbeitete internationale Regime zur Bekämpfung von Korruption verfolgt einen im Kern staatenzentrierten Ansatz mit einer repressiven Schwerpunktsetzung[320]. Rechtsverbindliche Grundlage sind Antikorruptionskonventionen[321], deren Umsetzung durch die Staaten durch Überwachungsmaßnahmen flankiert wird[322]. Diese verpflichten die Staaten dazu, die Bestechung (ausländischer und internationaler) Amtsträger unter Strafe zu stellen[323], ergänzend zu präventiven Maßnahmen wie Verhaltenskodizes sowie zur internationalen

[316] *Sampson/Acejo/Ellis/Tang/Turgo*, The Relationship between Seafarers and Shore-side Personnel: An Outline Report based on Research undertaken in the Period 2012–2016, S. 14.

[317] Ebenda.

[318] Ebenda, S. 24 f.

[319] Ebenda, S. 20 ff.

[320] *Manacorda*, in: ders./Centanzo/Forti, Preventing Corporate Corruption, S. 3, 12; *Wolf*, Korruption, Antikorruptionspolitik und öffentliche Verwaltung, S. 108.

[321] Namentlich die OECD Convention on Combating Bribery of Foreign Public Officials in International Business Transactions vom 17.12.1997, BGBl. 1998 II S. 2327, 37 ILM 1, in Kraft seit dem 15.2.1999, und die einen breiteren, da auch rein nationale Sachverhalte einbeziehenden Ansatz wählende UN Convention against Corruption vom 31.10.2003, BGBl. 2014 II S. 762, 2349 UNTS 41, in Kraft seit 14.12.2005.

[322] Zum GRECO-Mechanismus unter dem Europarat, der als Musterbeispiel gilt, *van Aaken*, in: Hofmann/Pfaff, Die Konvention der Vereinten Nationen zur Bekämpfung der Korruption, S. 9, 32, 34.

[323] Art. 1 OECD Anti Bribery Convention; Art. 15, 16 UN Convention against Corruption (Fn. 318).

Kooperation[324]. Die weltweite Realisierung der internationalen Antikorruptionsstandards erweist sich infolge fehlender staatlicher Kapazitäten und Interessen als schwierig[325].

Abhilfe versprechen Collective Action-Formate. Ausgangsüberlegung ist, dass Korruption ein zweiseitiger Prozess ist, an dem in der Regel Unternehmen mitwirken. Collective Action bezeichnet daher das gemeinsame Engagement von Unternehmen unter Einbezug weiterer Akteure im Kampf gegen Korruption[326]. Die Weltbank definiert den Begriff als „einen kollaborativen und nachhaltigen Prozess der Zusammenarbeit zwischen den Beteiligten"[327]. Die Funktion kollektiver Maßnahmen sieht sie in ihrem eine schwache staatliche Regulierung ergänzenden oder sogar ersetzenden Charakter[328], indem Unternehmen Schwierigkeiten vor Ort identifizieren und im Zusammenwirken mit dem betroffenen Staat, aber auch weiteren Akteuren Lösungen zuführen. Dieser in der Praxis zu beobachtende Ansatz ist im Zusammenhang mit einem Perspektivenwechsel oder jedenfalls einer -erweiterung in der Korruptionsforschung in Bezug auf ihre theoretischen Grundlagen zu sehen (2.)[329]. Im Seeverwaltungsrecht bildet MACN ein Beispiel (3.). Collective Action-Formate stehen aber nicht in einem Gegensatz zum (staatlichen) Recht, sondern ihr Gelingen ist auf einen heilsamen Druck von außen angewiesen (4.).

2. Theoretische Prämissen: Theorie kollektiven Handelns

Der in der Korruptionsforschung dominierende Prinzipal-Agenten-Ansatz[330] versteht Korruption insofern als ein Prinzipal-Agenten-Problem, als der Agent gegenüber seinem Prinzipal eine Pflichtverletzung zum eigenen Nutzen begehen kann, da der Prinzipal, etwa der direkte Vorgesetzte des korrupten Beamten oder der Steuerzahler, aufgrund von Informationsasymmetrien nicht in der Lage ist, den Agenten hinreichend zu überwachen. An dieser Konstruktion wird kritisiert, dass sie einseitig auf die Nachfragerseite fokussiert und so die bedeutende Rolle Dritter bei der Korruption vernachlässigt[331]. Darüber hinaus ist in Staaten, in denen Korruption weit verbreitet ist, die Annahme eines wohlwollenden Prinzipals fernliegend, weil dieser selbst von der Korruption profitiert und deswegen nicht gegen Korruption vorgehen wird.

---

324 Art. 8, 37–39 UN Convention against Corruption (Fn. 321).

325 *Bonucci*, in: Pieth, Corruption, S. 67, 68.

326 *Apampa*, in: Graf Lambsdorff/Schramm/Taube, The new institutional Economics of Corruption, S. 236 ff.; *Wiehen*, in: Pieth/Eigen, Korruption im internationalen Geschäftsverkehr, S. 492, 516 f.; *Lucke/Lütge*, Ordo 62 (2011), S. 297 ff.

327 World Bank Institute, Fighting Corruption through Collective Action, S. 4.

328 World Bank Institute, Fighting Corruption through Collective Action, S. 4.

329 *Pieth*, in: ders., Collective Action, S. 3 f.; von einer Ergänzung ausgehend *Marquette/Peiffer*, Corruption and Collective Action, S. 11.

330 Insb. *Klitgaard*, Controlling Corruption; weiter *Rose-Ackerman*, Corruption and Government; *Dietz*, in: Pies/Leschke, Ronald Coase' Transaktionskosten-Ansatz, S. 109 ff.

331 Daher für eine Erweiterung des Prinzipal-Agenten-Ansatzes *Dietz*, Korruption, S. 29, 34 ff.

Die Logik kollektiven Handelns von *Mancur Olson*, dem bekanntesten Vertreter ökonomischer Gruppentheorien, beruht auf der Prämisse, dass rational handelnde Individuen von ihren Eigeninteressen geleitet werden[332]. Das Grundproblem kollektiven Handelns besteht, vereinfacht dargestellt, darin, dass Gruppenmitglieder davon ausgehen, dass es nicht in ihrem Interesse liegt, zu einem gemeinsamen Ziel beizutragen. Daraus resultiert ein Trittbrettfahrerproblem, da der Einzelne sich die Belastungen seines Engagements ersparen kann und trotzdem vom Nutzen kollektiver (nicht ausschließbarer) Güter profitiert. Die Bereitschaft des Einzelnen, Lasten auf sich zu nehmen, schwindet v. a. bei großen Gruppen, da der individuelle Nutzen mit wachsender Gruppengröße abnimmt. Die Anwendung der Theorie kollektiven Handelns auf Korruptionssachverhalte verdeutlicht zunächst die Schwierigkeiten, wenn es darum geht, das Maß an Misstrauen in der Gesellschaft und die Normen zu verändern, die hartnäckige Muster von Korruption verstärken, denn in den betroffenen Staaten besteht oftmals kein Anreiz, gegen Korruption einzuschreiten[333]. Auf diesem Wechsel von einer individuellen zu einer kollektiven Perspektive bauen dann auch Lösungsvorschläge auf[334]. Sanktionen oder Überwachungsmechanismen seien allein ineffektiv, vielmehr müssten in den betroffenen Staaten Anregungen gegeben und Möglichkeiten geschaffen werden, um eine korruptionsfreie Umwelt zu etablieren[335]. Solche Initiativen können insbesondere von Unternehmensseite kommen, da gerade die Unternehmen, die in einem solchen Staat tätig sind, aus wirtschaftlichen Gründen ein Langzeitinteresse daran haben, Korruption vor Ort zu bekämpfen; allerdings ist dies nur in Form eines Zusammenschlusses der Gleichgesinnten realisierbar, da die Unternehmen nur in diesem Fall darauf vertrauen können, dass auch die Konkurrenten es ihnen gleichtun und in der Korruptionsbekämpfung mitziehen[336]. Das Problem des Kollektivhandelns stellt sich demnach gleichermaßen auf der Angebotsseite[337]. Das Seeverwaltungsrecht zeigt, dass solche Allianzen gleichwohl praktisch realisierbar sind.

3. Das Maritime Anti-Corruption Network

Collective Actions werden nach dem Grad der Institutionalisierung in vier Grundkategorien untergliedert[338]. Nach den Beteiligten differenziert man weiter zwischen reinen Wirtschaftsinitiativen und Multistakeholder-Ansätzen. Weitere Unterschei-

---

[332] *Olson*, Die Logik des kollektiven Handelns.

[333] *Persson/Rothstein/Teorell*, Governance 26 (2013), S. 449 ff., v. a. 456 f.

[334] *Carson/Prado*, The Quarterly Review of Economics and Finance 62 (2016), S. 56, 58 f.

[335] *Zapata*, Collective Action Theory, S. 8 f.; zu den diversen Vorschlägen *Carson/Prado*, The Quarterly Review of Economics and Finance 62 (2016), S. 56, 58 f.

[336] *Mantovani*, in: Manacorda/Centonze/Forti, Preventing Corporate Corruption, S. 35, 38.

[337] *Van Schoor*, Fighting Corruption Collectively, S. 21–23.

[338] Kurzfristige, projektbasierte Formen sind Anti-Korruptionsdeklarationen der beteiligten Unternehmen und Integritätspakte, langfristig angelegt sind prinzipienbasierte Initiativen und Wirtschaftskoalitionen mit einem Zertifizierungsmechanismus, United Nations Global Compact, A Practical Guide for Collective Action Against Corruption, S. 16 f.

dungsmerkmale sind die geographische Reichweite, die Art der bekämpften Korruption und die involvierten Industriezweige[339]. Das Maritime Anti-Corruption Network (MACN)[340] bildet ein Beispiel für eine branchenweite globale Initiative mit einem Fokus auf Petty Corruption, die, auch wenn sie Multistakeholder-Elemente aufweist, im Ausgangspunkt von Unternehmen getragen ist[341].

MACN[342] ist von sieben Gründungsmitgliedern im Jahr 2012 auf mittlerweile bereits über 100 Unternehmen aus der maritimen Industrie angewachsen und schließt die Großen der Branche ein. Das Netzwerk hat sich das ambitionierte Ziel gesetzt, Korruption im maritimen Sektor zu eliminieren[343]. Dies soll intern durch die Sensibilisierung der Unternehmen für die schädlichen Effekte von Korruption und die Möglichkeit, diese selbst eindämmen zu können, durch die Implementierung von Antikorruptionsprogrammen der Mitglieder sowie durch einen Erfahrungsaustausch im Umgang mit Korruption erreicht werden. Externe Maßnahmen umfassen Antikorruptionsprojekte in Problemgebieten, die oftmals zusammen mit Regierungen, internationalen Organisationen und Vertretern der Zivilgesellschaft durchgeführt werden[344]. Bei der lokalen Korruptionsbekämpfung genießen zurzeit die Staaten Ägypten, Angola, Argentinien, Brasilien, China, Indien, Indonesien, Malaysia, Nigeria, Russland und die Ukraine Priorität. Die erste Collective Action-Kampagne wurde 2012 in Nigeria zusammen mit dem UN Development Program initiiert; nachdem dieses Projekt die Ursachen des Korruptionsproblems identifizieren konnte, wurden zusammen mit der nigerianischen Regierung und lokalen Behörden Gegenmaßnahmen eingeleitet, etwa Integritäts-Trainings für Hafenpersonal, harmonisierte Abwicklungsverfahren in den Häfen und die Einführung eines Beschwerdemechanismus, der von den Mitgliedern bei Vorfällen im Hafen in Anspruch genommen werden kann. Im Suez Kanal, einem Schwerpunkt der maritimen Korruption, wurde eine „Say No"-Kampagne initiiert, bei der sich die Mitglieder verpflichteten, alle Ansinnen zurückzuweisen, was auch dazu führte, dass diese zurückgingen.

Das Hauptaugenmerk von MACN gilt demnach Häfen. Es trägt dazu bei, dass lokale Korruptionsprobleme in Räumen einer begrenzten Staatlichkeit identifiziert und auch tatsächlich angegangen werden. In jüngerer Zeit setzt sich MACN aber auch verstärkt dafür ein, dass die Antikorruptionsmaßnahmen auf der internationalen Ebene verstärkt thematisiert werden[345]. Und das mit Erfolg. Während die IMO in Bezug auf das hafenseitige Korruptionsproblem lange zurückhaltend war und dieses v. a. mit allgemein gehaltenen Verhaltensrichtlinien für Hafenstaatinspekteure

---

339 Siehe die Fallstudien bei *van Schoor*, Fighting Corruption Collectively, S. 99 ff.

340 Eingehend *Hansen*, Indiana Journal of Global Legal Studies 25 (2018), S. 131, insb. 150 ff.

341 Von einem „hybriden" Charakter sprechend *van Schoor*, Fightung Corruption Collectively, S. 140.

342 Siehe https://macn.dk/ (zuletzt abgerufen: 26.02.2023).

343 MACN, Impact Report 2019, S. 3, 6.

344 Dazu und zum Folgenden ebenda.

345 MACN, Impact Report 2019, S. 33.

anzugehen versuchte[346], möchte sie nunmehr eine aktive Rolle bei der maritimen Korruptionsbekämpfung einnehmen[347].

4. *Rechtliche und institutionelle Rahmenbedingungen*

Collective Actions sind kein Selbstläufer. Es müssen bestimmte Voraussetzungen vorliegen, damit sie Korruption tatsächlich effektiv angehen können[348]. Die primäre Barriere für eine Kooperation der Unternehmen besteht darin, dass Korruptionszahlungen zwar nicht im Langzeitinteresse der Unternehmen liegen; sie entscheiden sich im Zweifel aber trotzdem für diese, um sich am Markt einen Wettbewerbsvorteil gegenüber ihren Konkurrenten zu verschaffen[349]. Der selbstregulative Charakter solcher unternehmensseitigen Kollaborationen erschwert bereits ihre Initiierung und birgt darüber hinaus die Gefahr, dass sie nur auf dem Papier existieren[350].

Bei der daran anschließenden Frage, wie die Bildung solcher Collective Actions angeregt werden kann, obwohl sich die Unternehmen als Konkurrenten gegenseitig grundsätzlich wenig Vertrauen schenken, kann sich ein Druck von außen als heilsam erweisen. Eine Möglichkeit besteht darin, auf externe Vermittler z. B. NGOs wie Transparency International zu setzen[351]; wenn NGOs einen Hauptakteur im Industriezweig gewinnen können, werden auch Konkurrenten nachziehen.

Eine andere Möglichkeit bildet das staatliche Recht. Namentlich die Erhöhung des Verfolgungsrisikos wegen Auslandsbestechung kann den Schritt zur gemeinsamen Korruptionsbekämpfung erleichtern, wie das maritime Beispiel illustriert[352]: MACN stellt eine Reaktion auf den 2011 in Kraft getretenen UK Bribery Act dar, der als erstes Antikorruptionsgesetz weltweit auch die im maritimen Sektor besonders verbreiteten Facilitiation Payments grundsätzlich als Korruption einstuft (Section 6) und sanktioniert (Section 11). Die maritimen Unternehmen standen daher vor dem Dilemma, solche Erleichterungszahlungen anzunehmen und damit eine Verfolgung nach dem UK Bribery Act zu riskieren[353] oder sie zurückzuweisen

---

[346] Code of Good Practice for Port State Control Officers (Appendix 1, IMO, Resolution A.1138(31), 6.1.2020). Weitere Maßnahmen wie Körperkameras, anonyme Beschwerden gegenüber dem Sekretariat des jeweiligen MoUs oder „PSC Letter to the Master", d. h. Vereinbarungen zur Durchführung von Inspektionen, werden bislang nur diskutiert.

[347] IMO, FAL 42/17, 20.6.2018, S. 29 f. Im Moment wird ein IMO Guidance on Maritime Corruption entwickelt, IMO, FAL 44/21/1, 19.10.2020, S. 13.

[348] *Pies/Sass*, Ordo 57 (2006), S. 341, 344; *Truex/Søreide*, in: Rose-Ackerman/Søreide, International Handbook on the Economics of Corruption, Volume II, S. 478, 481 ff.; konkrete Erfolgsfaktoren herausarbeitend *van Schoor*, Fighting Corruption Collectively, S. 155 ff.; *Lucke/Lütge*, Ordo 62 (2011), S. 297, 306 ff.

[349] Siehe oben 7. Kapitel, B. II. 2.

[350] Daher kritisch zur Leistungsfähigkeit unternehmerischer Präventionsanstrengungen *Bannenberg*, in: Friedrich-Ebert-Stiftung/TI, Korruption in Deutschland, S. 47, 54 f.; *Rose-Ackerman*, Journal of Banking & Finance 26 (2002), S. 1889, 1907.

[351] *Pieth*, in: Manacorda/Centanzo/Forti, Preventing Corporate Corruption, S. 93, 104.

[352] *Hansen*, Indiana Journal of Global Legal Studies 25 (2018), S. 131, 139 ff.

[353] Nach Section 12 V i. V. m. Section 7 gilt der UK Bribery Act auch extraterritorial. Zudem ist

mit dem Risiko von Verzögerungen in den Häfen. Der Branchenprimus Maersk initiierte vor diesem Hintergrund 2010 einen Workshop, aus dem die Idee maritimer Collective Actions entstand.

Durch institutionelle Vorkehrungen kann das gegenseitige Vertrauen der konkurrierenden Unternehmen gestärkt werden[354]. Dies kann die Initiierung von Gesprächsrunden zwischen den Unternehmen sein, zudem kann die Einbindung externer Vermittler nicht nur die Initiative, sondern auch den Fortbestand absichern[355]. Im Fall von MACN geschieht dies insbesondere durch die Chatham House-Diskussionen[356] sowie durch Business for Social Responsibility, eine NGO, die zugleich als Sekretariat von MACN fungiert[357].

Der UK Bribery Act zeigt darüber hinaus, wie nationale Gesetzgebung Antikorruptionsmaßnahmen auf Unternehmensseite fördern kann, indem er mittels einer Beweislastumkehr die Unternehmen verpflichtet, sich dadurch zu entlasten, dass sie nachweisen, dass sie adäquate Verfahren der Korruptionsprävention implementiert haben (Section 7). Der Leitfaden des britischen Justizministeriums empfiehlt als präventive Antikorruptionsmaßnahme explizit die Teilnahme an Collective Action-Formaten[358]. Die Antikorruptionsprinzipien von MACN basieren u.a. auf den Vorgaben des UK Bribery Act[359]. Indem MACN von seinen Mitgliedern verlangt, dass sie sich verpflichten, diese einzuhalten, und einen entsprechenden Überwachungsmechanismus aufweist, sorgt es für die Implementierung dieser rechtlichen Vorgaben.

III. Fazit: Korruption als Thema des Verwaltungsrechts

Im zweiten Abschnitt des siebten Kapitels wurde der in der Forschung zum internationalen Verwaltungsrecht bislang nur am Rande mitgeführten Frage nach der Korruptionsprävention nachgegangen. Das Seeverwaltungsrecht illustriert, dass Korruption im internationalen Verwaltungsrecht an der Tagesordnung ist; gerade im grenzüberschreitenden Kontext haben Collective Action-Formate wie das Maritime Anti-Corruption Network ein großes Potential, korruptiven Verhaltensweisen zu begegnen. Diese Formate sind dadurch gekennzeichnet, dass sich Unternehmen gemeinsam im Kampf gegen Korruption engagieren. In Gebieten mit schwacher staatlicher Regulierung identifizieren sie Schwierigkeiten vor Ort und führen sie im

---

es im Schifffahrtsgeschäft üblich, dass Charterer und Frachteigner vertraglich die Einhaltung des UK Bribery Act verlangen, dazu *Roche/Humphries*, UK Bribery Act 2010 – Where are we now?

[354] Zu den verschiedenen institutionellen Arrangements *van Schoor*, Fighting Corruption Collectively, S. 164.

[355] *Lucke/Lütge*, Ordo 62 (2011), S. 297, 306 f.

[356] *Van Schoor*, Fighting Corruption Collectively, S. 148.

[357] *Hansen*, Indiana Journal of Global Legal Studies 25 (2018), S. 131, 152.

[358] UK Ministry of Justice, The Bribery Act 2010, Guidance, S. 23.

[359] *Hansen*, Indiana Journal of Global Legal Studies 25 (2018), S. 131, 151.

Zusammenwirken mit dem betroffenen Staat, aber auch weiteren Akteuren, Lösungen zu. Weiter wurde gezeigt, dass insbesondere das staatliche Recht die Entwicklung von Collective Action-Formaten anregen kann. Bevor im letzten Abschnitt des Kapitels das Thema der Kohärenzsicherung behandelt wird, soll ein Vergleich mit dem nationalen Recht den Zusammenhang zwischen der konglomeratischen Struktur der internationalen Verwaltung und der Art und Weise der Korruptionsprävention unterstreichen:

Das Bewusstsein für Korruption in der öffentlichen Verwaltung ist in Deutschland in den letzten Jahren gestiegen und damit hat sich auch die Erkenntnis durchgesetzt, dass es effektiver Kontrollmechanismen bedarf[360]. Ethisch-moralische Grundsätze und Verhaltenskodices für alle Beschäftigten, das Mehr-Augen-Prinzip, die Dokumentation von Verwaltungsentscheidungen sowie die Information der Beschäftigten über Schulungen und Fortbildungen gelten als Kernelemente einer Korruptionsprävention[361]. Flankiert werden die personalwirtschaftlichen Maßnahmen durch organisatorische, wie die Einrichtung von Ansprechpersonen und Hinweisgebersystemen. Der Fokus liegt demnach auf einer Stärkung der Integrität im verwaltungsinternen Bereich[362], wobei die Verantwortung für die Implementierung eines solchen Kontroll- und Überwachungssystems die jeweilige Behörden- bzw. Betriebsleitung sowie externe Kontrollinstanzen wie die Kommunalaufsicht haben[363]. Auch Informationsfreiheitsrechte sollen durch mehr Transparenz zur Korruptionsbekämpfung beitragen[364]. Während man bei der Korruptionsprävention hierzulande demnach auf einen hierarchischen Ansatz setzen kann, ist dies bei der Korruptionsprävention im Seeverwaltungsrecht nicht möglich, da es keine übergeordnete Stelle gibt und in vielen Staaten infolge fehlender Kapazitäten und Interessen nicht gegen Korruption vorgegangen wird. Stattdessen stellt die Korruptionsprävention – sowohl was die Initiierung als auch was die Realisierung betrifft – ein Gemeinschaftsprojekt privater, staatlicher und überstaatlicher Akteure dar.

F. Kohärenzsicherung

I. Institutionelle Vielfalt als Herausforderung

Die konglomeratische Struktur der internationalen Verwaltung, die sich durch ein Geflecht heterogener Akteure auszeichnet, bedingt die Unabgestimmtheit ihrer

[360] *Stadler*, DVBl. 2013, S. 1483, 1484.

[361] Siehe etwa Richtlinie der Bundesregierung zur Korruptionsprävention in der Bundesverwaltung vom 30.7.2004.

[362] *Stadler*, DVBl. 2013, S. 1483, 1485 ff.

[363] *Glinder/Schröfel*, in: Louis/Glinder/Waßmer, Korruptionsprävention in der öffentlichen Verwaltung, S. 125, 179 f.

[364] BT-Drs. 15/4493, S. 6; *Rössner*, Das Informationsfreiheitsgesetz als Instrument der Korruptionsprävention.

Regulierungsbemühungen[365]. Nach *Sabino Cassese* gehöre „a lack of uniformity, coordination and planing“ zu den Eigentümlichkeiten des Global Administrative Law[366]. Während für den nationalen Bereich das Einheitspostulat das notwendige Maß an rechtlicher Ordnung als Normalfall impliziert[367], verliert diese Formel jenseits des Staats vollends ihre Überzeugungskraft. Dieser Bereich lässt sich nicht als geplante Ordnung abbilden; er weist Züge einer spontanen Ordnung auf, die sich aus dem ungesteuerten Zusammenwirken einzelner Akteure ergibt[368]. Die Vervielfältigung der Akteure und ihre sachspezifische Ausrichtung bergen gleich mehrere Rechtsprobleme:

- *Überschneidungen*: Im Kern geht es darum, dass das Nebeneinander der diversen Akteure, deren Aktivitäten sich partiell überlappen[369], Doppelungen und Widersprüche bei der Problemidentifizierung sowie Rechtssetzung und -durchsetzung hervorrufen kann[370]. Das führt nicht nur zu Effizienz- und Effektivitätseinbußen, sondern wirkt sich auch in Hinblick auf die Anliegen der Rechtssicherheit und Rechtsgleichheit nachteilig für den Einzelnen aus. Ein anschauliches Beispiel ist die Proliferation öffentlicher und privater Schiffsinspektionen und damit eine Konfrontation einer Vielzahl von Inspektionen mit unterschiedlichen Maßstäben[371].
- *Unvollständiges Wissen*: Rechtssetzungs- und Rechtsdurchsetzungsebene sind in der konglomeratischen Verwaltung nicht immer kongruent. In der Folge können der Rechtssetzungsebene Erkenntnisse über die Vollzugsprobleme fehlen, so dass das Recht an den eigentlichen Problemen vorbeigehen und das Steuerungsziel verfehlen kann.
- *Inaktivität*: Wenn die Kompetenzverteilung verworren und chaotisch ist, besteht das Risiko, dass Sachfragen keiner Lösung zugeführt werden, da sich niemand zuständig fühlt oder weil umgekehrt diejenigen, die ein Regulierungsinteresse mitbringen, nicht die nötigen Kompetenzen haben.
- *Tunnelblick*: Hinzu tritt ein Legitimationsproblem, da die stark sektorielle Perspektive der Akteure einer Orientierung am Allgemeinwohl entgegenstehen kann[372].

---

[365] Für das Entwicklungsverwaltungsrecht auch *Dann*, Entwicklungsverwaltungsrecht, S. 259, 266 ff., 271.

[366] *Cassese/D'Alterio*, in: Cassese, Research Handbook of Global Administrative Law, S. 1, 6.

[367] *Mückeberger*, in: G.-P. Calliess, Transnationales Recht, S. 457, 473.

[368] Zu dieser Art sozialer Ordnung v. a. *v. Hayek*, Freiburger Studien, S. 32 ff.

[369] Für die Seeverwaltung *Sadowski*, in: Ringbom, Competing Norms in the Law of Marine Environmental Protection, S. 109; seine dazu gelieferte Metapher der russischen Puppe (Matrjoschka) ist aber nicht passend, da sie eine klare Abschichtung impliziert.

[370] *Peters*, ZÖR 65 (2010), S. 3, 28; für den maritimen Bereich *Kirgis*, in: Schachter/Joyner, United Nations Legal Order, Volume I, S. 109, 111; *Morgenstern*, Legal Problems of International Organizations, S. 95 ff.

[371] Siehe oben 6. Kapitel, I. 2. a. aa.

[372] *Paulus*, in: Heinig/Terhechte, Postnationale Demokratie, Postdemokratie, Neoetatismus, S. 139, 146; *Bast*, in: Brunkhorst, Demokratie in der Weltgesellschaft, S. 185, 190.

Dieser Befund wird im Völkerrecht gemeinhin als Fragmentierung bezeichnet (II.). In ihrer überkommenen retrospektiven und auf das Völkerrecht fokussierten Lesart vermag die Feststellung von Fragmentierungsprozessen die Realität internationalen Verwaltens aber weder zur Gänze zu erfassen noch liefert sie ein taugliches Konzept, wie diese tendenziell chaotische Regulierung mit Ordnungsvorstellungen kompatibel gemacht werden kann. Ein pluralistisches Verständnis kann indes auch für das internationale Verwaltungsrecht eine Perspektive bieten. Auf der Grundlage des in der Governance-Forschung beheimateten Interaktionsansatzes (III.) werden Mechanismen einer Kohärenzsicherung aufgezeigt (IV.), die sich selbstregulativ im internationalen Verwaltungsrecht herausgebildet haben und das Entstehen der genannten Probleme zumindest abmildern können. Die Relevanz solcher „links“ bzw. „linkages“ wurde in der Global Administrative Law-Forschung herausgestellt[373]; sie wurden allerdings nur für bestimmte Rechtsverhältnisse näher betrachtet[374].

Vorab eine terminologische Klarstellung: Begriffe wie Rechtsvielfalt oder Fragmentierung werden oft unspezifisch verstanden. Die Untersuchung widmet sich spezifisch Strukturen und Instrumenten, die den Umgang mit normativer und institutioneller Pluralität adressieren. Nach ihrer Zielrichtung werden diese in solche der Kohärenzsicherung und solche der Navigation unterteilt. Die in diesem Abschnitt behandelte Kohärenzsicherung wirkt vornehmlich präventiv, während die oben vorgestellten Navigationsinstrumente, sprich dynamisierte Kodifikationen, Normkommunikationen und Normenfilter[375], den Umgang der internationalen Verwaltung mit dem verbleibendem, da nicht ausräumbarem, Rechtspluralismus anvisieren.

II. Völkerrechtliche Fragmentierung als unzulängliche Perspektive

Ausgangspunkt der Debatte um eine Fragmentierung[376], die mit dem von *Martti Koskenniemi* formulierten Abschlussbericht der entsprechenden Studiengruppe der UN-Völkerrechtskommission[377] einen Höhepunkt erreichte, ist die starke Ausdifferenzierung des Völkerrechts. Die Fragmentierung ist sowohl sektoriell – Herausbildung verschiedener Teilrechtsgebiete als „self contained regimes“, die eigene Regeln der Entstehung und Anwendung von Normen kennen[378] – als auch institutionell – Einrichtung verschiedener Vertragsorgane, Schiedsgerichte und Gerichte –

[373] *Cassese/D'Alterio*, in: Cassese, Research Handbook of Global Administrative Law, S. 1, 6.

[374] Etwa *Savino*, in: Cassese, Research Handbook of Global Administrative Law, S. 131 ff.

[375] Siehe oben 5. Kapitel, VII.

[376] Siehe die Aufarbeitungen bei *Bautze*, AVR 54 (2016), S. 91 ff. und *Thiele*, AVR 46 (2008), S. 1 ff.

[377] Study Group of the International Law Commission, finalized by *Koskenniemi*, Fragmentation of International Law, UN-Doc. A/CN.4/L. 682, 13.6.2006.

[378] Ebenda, S. 8 f.

zu beobachten[379]. Mit der funktionalen geht weiter eine regionale Differenzierung einher[380]. Diese Entwicklung ruft teilweise Unbehagen in der Völkerrechtswissenschaft und -praxis hervor. Im Mittelpunkt steht der Verlust der Einheit des Völkerrechts[381] und damit das vermeintliche Abhandenkommen seines Charakters als Rechtsordnung. So vermerkt die Studiengruppe die Gefahr eines „Verlustes einer Gesamtschau auf das Recht"[382].

Die Unabgestimmtheit internationalen Verwaltens wird von der Fragmentierungsdebatte nur zu Teilen erfasst, da ihr Fixpunkt das Völkerrecht bildet[383], während das internationale Verwaltungsrecht durch ein Durcheinander verschiedener Rechtsschichten charakterisiert ist. Aber auch auf der Rechtsfolgenseite sind einer Übertragbarkeit Grenzen gesetzt. Die Zerfallsgeschichte und das damit korrespondierende formale Einheitsstreben, welche die Debatte herkömmlich prägen, bilden eine Schwachstelle, wie diverse pluralistische Ansätze[384] aufgezeigt haben. Denn das Bild der staatlich geprägten Rechtsordnung, dem das Einheitsparadigma entstammt, ist für die dezentrale Struktur des Völkerrechts, die Folge seines genossenschaftlichen Charakters ist, kein geeignetes Ordnungsmodell[385]. Es wird zudem darauf hingewiesen, dass sich Fragmentierung durchaus positiv[386] im Sinne eines natürlichen Prozesses zunehmend spezieller Rechtssetzung verstehen lässt[387]. Um diese alternative Sichtweise auch terminologisch zum Ausdruck zu bringen, wird teils statt von Fragmentierung von der Vielfalt des Völkerrechts bzw. „Einheit in Vielfalt" gesprochen[388].

---

[379] *Dunoff/Trachtman*, in: dies., Ruling the World?, S. 3, 6; *Peters*, ZÖR 65 (2010), S. 3, 27.

[380] Study Group of the International Law Commission, finalized by *Koskenniemi*, Fragmentation of International Law, UN-Doc. A/CN.4/L. 682, 13.6.2006, S. 102 ff., Rn. 195 ff.; *Paulus*, in: Heinig/Terhechte, Postnationale Demokratie, Postdemokratie, Neoetatismus, S. 139, 141 ff.

[381] *Dupuy*, NYU Journal of International Law and Politics 31 (1999), S. 791 ff.; bereits *Verdross*, Die Einheit des rechtlichen Weltbildes auf Grundlage der Völkerrechtsverfassung.

[382] Study Group of the International Law Commission, finalized by Koskenniemi, Fragmentation of International Law, UN-Doc. A/CN.4/L. 682, 13.6.2006, S. 11 (Rn. 8).

[383] Die wachsende Bedeutung internationaler Normen Privater, transnationaler Behördennetzwerke etc. wird selten mit der völkerrechtlichen Fragmentierung verknüpft, *Pauwelyn*, Fragmentation of International Law, in: MPEPIL, September 2006, Rn. 6; diese allerdings in den Schlusserwähnungen erwähnend Study Group of the International Law Commission, finalized by *Koskenniemi*, Fragmentation of International Law, UN-Doc. A/CN.4/L. 682, 13.6.2006, S. 244, 248, 253.

[384] Siehe die Übersicht bei *Hölken*, Systemische Integration von Investitionsschutzabkommen, S. 47 ff.

[385] *Peters*, ZÖR 65 (2010), S. 3, 27 ff.; *Oeter*, in: BDGVR 42 (2007), S. 149, 152, 169; *Vesting*, VVDStRL 63 (2004), 41, 59 ff.

[386] *Paulus*, in: Heinig/Terhechte, Postnationale Demokratie, Postdemokratie, Neoetatismus, S. 139, 141.

[387] *Oeter*, in: FS Tomuschat, S. 583, 597 f.; siehe aber auch Study Group of the International Law Commission, finalized by Koskenniemi, Fragmentation of International Law, UN-Doc. A/CN.4/L. 682, 13.6.2006, Rn. 488: „Überwindung von Fragmentierung bedeutet nicht Aufgabe von Spezialisierungen".

[388] *Delbrück*, in: Zimmermann/Hofmann, Unity and Diversity in International Law, S. 471 f.

Betrachtet man Fragmentierungsprozesse demnach nicht als per se negativ und setzt auf eine „De-Fragmentierung“[389], hat dies den Vorzug, dass die Frage der Bewältigung von dysfunktionalen Spannungen und Brüchen im Rahmen der vorhandenen Strukturen in den Vordergrund rücken kann, wie es die Kohärenzsicherung zum Gegenstand hat. Das eigentliche Problem bilden dann weniger das Abhandenkommen einer vielleicht nie vorhandenen Einheit als vielmehr die mit der Fragmentierung zu Tage tretenden Konsequenzen[390].

III. Begriffliche und konzeptionelle Grundlegung

1. Anleihen aus dem Unionsrecht

Die Antwort auf die Unabgestimmtheit der Handlungen und Rechtssetzungstätigkeiten der internationalen Verwaltung wird hier als Kohärenzsicherung bezeichnet, dessen Gehalt eine begriffliche Bestimmung und unionsrechtliche Parallelisierung verdeutlichen sollen.

Etymologisch geht es bei Kohärenz um Zusammenhänge. Der Begriff erweist sich daher als Schlüssel zu einer Theorie systematischen Denkens[391]. Rechtsphilosophische und rechtstheoretische Kohärenzlehren[392] verweisen auf die Stimmigkeit und Rationalität von Recht. *Ronald Dworkins* Konzept „law as integrity“ beispielsweise betont den notwendigen Bezug der Einzelentscheidung zum organischen Ganzen[393]: Integrität in der Gesetzgebung verlange, Gesetze so zu formulieren, dass sie sich zu einem kohärenten System zusammenfügen[394], und sein Modell-Richter Herkules solle bei der Entscheidung die Rechtsregeln und -prinzipien miteinander kohärent verbinden[395]. Kohärenz zielt nicht allein auf logische Widerspruchsfreiheit (Konsistenz)[396], da es auch positive Elemente umfasst[397]. Im Verhältnis zu Koordination nimmt Kohärenz ein Ergebnis in den Blick, zu dem Koordination einen dienenden Beitrag leistet[398]. Kohärenz weist zwar Schnittmengen zum Begriff der Einheit einer Rechtsordnung auf, da beide auf den Zusammenhalt zwischen Rechtsschichten, ihren Normen und Wertungen zielen[399]. Kohärenz verlangt aber nur

---

[389] Zu den Techniken der De-Fragmentierung *Pasquet*, De-Fragmentation, in: MPEPIL, Juli 2018.

[390] *Thiele*, AVR 46 (2008), S. 1, 3.

[391] *Bracker*, Kohärenz und juristische Interpretation, S. 13.

[392] Dazu *Lee*, Die Struktur der juristischen Entscheidung aus konstruktivistischer Sicht, S. 287 ff.

[393] *Dworkin*, Law's Empire, S. 245.

[394] *Dworkin*, Law's Empire, S. 167, 176.

[395] *Dworkin*, Law's Empire, S. 239 ff.

[396] *Habermas*, Faktizität und Geltung, S. 258.

[397] Die im Einzelnen aber vage bleiben; daher eine inhaltliche Bestimmung vorschlagend *Bracker*, Kohärenz und juristische Interpretation, S. 177 ff.

[398] *Schuster*, Das Kohärenzprinzip, S. 61.

[399] *Felix*, Einheit der Rechtsordnung, S. 157.

Stimmigkeit zwischen selbstständig bleibenden Elementen, während die Vorstellung von Einheit ihre Verschmelzung indiziert[400]. Der Unterschied lässt sich folglich als ein solcher der Intensität verstehen[401].

Kohärenz prägt das Unionsrecht[402]. Sein Kohärenzprinzip[403] wird definiert als das „Ziel des stimmigen Ineinandergreifens von Regelungen und Maßnahmen, so dass diese sich gegenseitig ergänzen und sich widersprechende Rechtsbefehle sowie Wertungswidersprüche vermieden werden“[404]. Für den Europäischen Verwaltungsverbund bezieht sich das Postulat sowohl auf die Abstimmung zwischen EU und Mitgliedstaaten als auch zwischen den Mitgliedstaaten untereinander[405]. Da das Herstellen von Zusammenhängen und Stimmigkeit eine besondere Herausforderung vernetzter Rechtsordnungen und Verwaltungsstrukturen ist, für die Einheitspostulate unpassend sind[406], lässt sich der Begriff auch auf das internationale Verwaltungsrecht beziehen. Der Zusatz „Sicherung“ soll unterstreichen, dass die Frage nicht lautet, wie man die konglomeratische Verwaltung verhindern kann, etwa indem man sich an die Utopie einer World Ocean Organization klammert, sondern wie man mit ihr produktiv umgehen kann[407].

Wie im Folgenden (IV.) zu zeigen ist, erfolgt Kohärenzsicherung im Seeverwaltungsrecht über weite Strecken durch die involvierten Akteure selbst und damit im Wege der horizontalen Koordination[408]. Grundlage sind oftmals zwischen ihnen geschlossene Kooperationsvereinbarungen[409]. Den Regelfall bilden Koordinations-

---

400 *Schuster*, Das Kohärenzprinzip, S. 68; daher wird statt von Kohärenz auch von Kompatibilität geredet, etwa *Hoffmann-Riem*, in: Schmidt-Aßmann/Hoffmann-Riem, Strukturen des Europäischen Verwaltungsrechts, S. 317, 351 ff. Diese Unterscheidung legt zudem der Wortlaut des 256 II UAbs. 2 AEUV nahe („Einheit und Kohärenz des Unionsrechts“); *Hilbert*, Systemdenken im Verwaltungsrecht, S. 162 mit Fn. 82.

401 *Schmidt-Aßmann*, EuGRZ 2016, S. 85, 86.

402 Insb. Art. 7 AEUV, Art. 21 III UAbs. 2 EUV, zum Kohärenzgedanken in den EU-Verträgen siehe *Schmidt-Aßmann*, in: FS Wahl, S. 819 ff.

403 *Ruffert*, in: Hoffmann-Riem, Offene Rechtswissenschaft, S. 1397, 1399.

404 *Schuster*, Das Kohärenzprinzip, S. 56.

405 *Glaser*, Entwicklung des Europäischen Verwaltungsrechts, S. 601; zu den Kohärenzprinzipien und -mechanismen im Einzelnen *Ruffert*, in: Hoffmann-Riem, Offene Rechtswissenschaft, S. 1397, 1408 ff.

406 Für den Rechtsschutz *Schmidt-Aßmann*, Kohärenz und Konsistenz, S. 6; allgemein zum Mehrwert von Kohärenz für Mehrebenenstrukturen *Ruffert*, in: Hoffmann-Riem, Offene Rechtswissenschaft, S. 1397, 1400 f.; zur Kohärenz der Völkerrechtsordnung auch *Matz*, Wege der Koordinierung völkerrechtlicher Verträge, S. 1.

407 Nachdrücklich für das Seerecht *Harrison*, Making the Law of the Sea, S. 390 f.

408 *Viellechner*, in: Blome/Fischer-Lescano/Franzki/Markard/Oeter, Contested Regime Collisions, S. 109, 110; ebenfalls zwischen vertikaler und horizontaler Koordination unterscheidend *Dominicé*, in: Blokker/Schermers, Proliferation of Internationale Organizations, S. 65 ff., ferner, aber ein hierarchisches Verständnis zugrunde legend *Schroeder*, Koordinierung der internationalen Bemühungen, S. 261 ff.

409 Bekannt sind diese aus dem internationalen Umweltrecht, siehe *Böhringer*, Die Kooperationsvereinbarungen der Sekretariate multilateraler Umweltschutzübereinkommen, S. 267 ff. Sie seien aber nicht auf diesen Bereich beschränkt; anders *Matz*, Wege der Koordinierung völkerrechtlicher Verträge, S. 203.

arrangements positiver Art. Dieser Ansatz, der auf die selbstregulative Kraft der internationalen Verwaltung setzt, wird der Governance-Forschung entnommen. Er ist in einem ersten Schritt in Abgrenzung zu anderen Konzepten zu erläutern.

2. *Interaktionsansatz als Grundlage*

Beim Umgang mit Fragmentierungserscheinungen lassen sich kollisionsrechtliche und kooperationsrechtliche Lösungsansätze unterscheiden:

- Die Bewältigung von völkerrechtlichen Normkonflikten und -konkurrenzen soll durch eine Weiterentwicklung der Regeln zur Vertragsinterpretation über die traditionellen Hierarchie- und Vorrangregeln angegangen werden[410]. Großes Potential wird in Art. 31 III l c) WVK gesehen. Die Studiengruppe zur Fragmentierung des Völkerrechts sieht diese Regel als Ausdruck eines Prinzips systemischer Integration[411]. Danach sollen völkerrechtliche Verpflichtungen auch unter Bezugnahme auf ihre normativen Zusammenhänge bzw. Systeme auszulegen sein. Entscheidend sei, dass sich die Interpretation einer Norm auf das System des Völkerrechts als Ganzes bezieht[412]. Unter den Bedingungen der Fragmentierung kann der Systemgedanke indes allenfalls als ein herzustellendes Ziel verstanden werden[413]. Die Realisierung dieser Interpretationsmethode ist dann aber voraussetzungsvoll und auf ein entsprechendes diskursives Setting angewiesen. Zudem bleibt dieser Ansatz völkerrechtlich radiziert.
- Nach der systemtheoretischen Lesart einer „Fragmentierung des globalen Rechts"[414] lässt sich eine schwache normative Kompatibilität der einzelnen Regime nur durch deren lose Koppelung zu Netzwerken erreichen. Die Herstellung und Steuerung dieses Zusammenhangs soll durch ein neues „funktionales" Kollisionsrecht erfolgen, das Reflexivität zwischen ihnen herstellt[415]. Die gerichtliche Konfliktschlichtung muss darauf ausgerichtet sein, allen konfligierenden Rationalitäten weitgehend Geltung zu verschaffen.
- Ein weiterer Blickwinkel liegt auf der Kooperation der beteiligten Institutionen. Dabei wird zwischen internationalen Streitbeilegungsinstanzen zunehmend vom Vorschlag einer Gerichtshierarchisierung durch den IGH als Revisionsinstanz oder ein Vorlageverfahren analog Art. 267 AEUV an den IGH Abstand genommen. Stattdessen wird pragmatischer vorgegangen und auf die Abstimmung in-

---

[410] Zu ihrer Unzulänglichkeit *Matz*, Wege der Koordinierung völkerrechtlicher Verträge, S. 2f., 233ff.

[411] Grdl. *McLachlan*, International and Comparative Law Quarterly 54 (2005), S. 279, 280; Study Group of the International Law Commission, finalized by Koskenniemi, Fragmentation of International Law, UN-Doc. A/CN.4/L. 682, 13.6.2006, Rn. 410ff.

[412] Study Group of the International Law Commission, finalized by Koskenniemi, Fragmentation of International Law, UN-Doc. A/CN.4/L. 682, 13.6.2006, Rn. 479.

[413] *V. Bogdandy/Venzke*, ZaöRV 70 (2010), S. 1, 44.

[414] *Fischer-Lescano/Teubner*, Regime-Kollisionen, S. 24.

[415] *Fischer-Lescano/Teubner*, Regime-Kollisionen, S. 57.

ternationaler Streitbeilegungsinstitutionen über ein „Kooperationsverhältnis" der Gerichte und Quasi-Gerichte verwiesen, das auf gegenseitiger Rücksichtnahme und harmonisierender Auslegung übergreifender Normen und Prinzipien beruht[416]. Eine Kooperationspflicht der Rechtsprechungsorgane soll dieses Kooperationsverhältnis absichern[417].

Das systemtheoretisch fundierte Kollisionsrecht sowie der Weg des Kooperationsverhältnisses zeigen, dass in einer heterarchischen Ordnung dieses Strukturprinzip auch die Koordinierung anleiten muss. Die Überwindung der Fragmentierung wird aber in erster Linie als Aufgabe von (Quasi-)Gerichten gesehen. Diese ist allerdings nur in gewissen Grenzen möglich, denn Streitigkeiten werden im internationalen Verwaltungsrecht nicht immer vor Gerichten oder gerichtsähnlichen Instanzen ausgetragen[418]. Entscheidend wird dann, mehr Raum für weitere Akteure und Prozedere zu schaffen und damit andere Lösungen zu ermöglichen als diejenigen, die sich als Ergebnisse judikativer Rechtskonkretisierung erweisen[419]. Eine Kooperationspflicht internationaler Organisationen[420] ist ein Schritt zu mehr Kohärenz, bleibt aber auf bestimmte Akteure fokussiert.

Diese Engführung überwinden Interaktionsansätze, die in der Global Governance-Forschung beheimatet sind, teilweise aber auch kollisionsrechtlich begreifbar gemacht werden[421]. Ihre Aufmerksamkeit reicht über die Konstellation der Konflikte im Völkerrecht hinaus, denn sie adressiert allgemein die Entwicklung von Strukturen, die auf ein gegenseitiges Lernen und eine Sensibilisierung aller in Global Governance involvierter Akteure zielen[422]. Ausgangspunkt ist die Beobachtung, dass empirische Untersuchungen von Fragmentierungsphänomenen zeigen, dass sich in der Praxis vermehrt Mechanismen der Koordination herausbilden. *Sabino Cassese* spricht von „links"[423]. Sie sind Gegenstand zielgerichteter Bemühungen der Akteure, ihre Maßnahmen und Arrangements aufeinander zu beziehen und auszurichten („interplay management")[424].

---

416 Zu diesem Ansatz und seinen Defiziten *Oeter*, in: BDGVR 42 (2007), S. 149, 167 f.; *ders.*, in: FS Tomuschat, S. 583, 598 f., je m. w. N.

417 *Finke*, Die Parallelität internationaler Streitbeilegungsmechanismen, S. 322 ff.

418 *Savino*, in: Cassese, Research Handbook on Global Administrative Law, S. 131, 132; kritisch zur Gerichtszentriertheit auch *Dunoff*, in: Young, Regime Interaction in International Law, S. 136, 173; *ders.*, in: Blome/Fischer-Lescano/Franzki/Markard/Oeter, Contested Regime Collisions, S. 49, 57.

419 *Joerges/Rödl*, in: FS Teubner, S. 765, 767 f.

420 *Ruffert*, AVR 38 (2000), S. 128, 163 f.

421 Für das europäische Mehrebenensystem *Joerges/Rödl*, in: FS Teuber, S. 765, 767 f.; zur Übertragung auf den internationalen Bereich *Joerges*, Perspektiven einer kollisionsrechtlichen Verfassung transnationaler Märkte, S. 31 ff., insb. 39 f.

422 *Oberthür/Stokke*, Managing Institutional Complexity; Young, Global Governance 2 (1996), S. 1 ff; *Oberthür*, in: Blome/Fischer-Lescano/Franzki/Markard/Oeter, Contested regime collisions, S. 88 ff.; für den maritimen Bereich *Stokke*, International Environmental Agreements 13 (2013), S. 65 ff.

423 *Cassese/D'Alterio*, in: Cassese, Research Handbook of Global Administrative Law, S. 1, 6.

424 *Stokke/Oberthür*, in: Oberthür/Stokke, Managing Institutional Complexity, S. 1, 6 ff.

Eine interaktionsbasierte Annäherung bietet sich für das internationale Verwaltungsrecht an[425]. Die Kritik, dieser Ansatz lasse juristische Folgeprobleme außen vor[426], überzeugt nicht. Zwar ist richtig, dass Interaktionszusammenhänge Rechtsprobleme mit sich bringen, man denke an Rechtsschutz- oder Legitimationsfragen[427], die solche undurchsichtigen und expansiven Gebilde aufwerfen. Um rechtliche Antworten zu finden, bedarf es aber zunächst ihrer Sichtbarmachung. *Mario Savino* hat „linkages" im internationalen Verwaltungsrecht im Verhältnis von globalen Regimen und Zivilgesellschaft analysiert[428]. Im Folgenden werden auch Verbindungen zwischen weiteren Akteuren der internationalen Verwaltung aufgezeigt, strukturiert sowie ihr Potential ausgelotet.

IV. Mechanismen

1. Prinzipieller Ansatz völkerrechtlicher Teilrechtsgebiete

Nach den völkerrechtlichen Rahmenregelungen der Teilrechtsgebiete bildet der Grundsatz der institutionellen Zusammenarbeit[429] die Grundlage einer Kohärenzsicherung. Der Fokus liegt auf Vertragsstaaten und zwischenstaatlichen Einrichtungen; es werden aber auch weitere Akteure einbezogen[430]. Hinzu kommen allgemeine Koordinationsvorgaben:

- Eine Ebenen übergreifende Abstimmung ist im Seerechtsübereinkommen (SRÜ) und in den Internationalen Gesundheitsvorschriften 2005 (IGV 2005) für das Verhältnis internationaler zu nationaler Rechtssetzung beispielsweise vorgezeichnet, wenn festgelegt wird, dass internationale Vorgaben ein Mindestniveau für die Staaten darstellen (Art. 211 II 2 SRÜ, Art. 43 I a) IGV 2005) oder nationale Bestimmungen nur allgemein anerkannten internationalen Regeln oder Normen Wirksamkeit verleihen dürfen (Art. 21 II SRÜ). Auf der Rechtsdurchsetzungsebene lässt sich das völkerrechtlich anerkannte Prinzip der gegenseitigen Anerkennung (etwa Art. 211 SRÜ), das dem transnationalen Verwaltungsakt zugrunde liegt, dem Kohärenzgedanken zuordnen[431].

[425] *Savino*, in: Cassese, Research Handbook on Global Administrative Law, S. 131 ff.

[426] Kritisch angesichts der Risiken solcher Interaktionsformen *Scott*, Melbourne Journal of International Law 12 (2011), S. 1, 35 ff.

[427] *Dunoff*, in: Blome/Fischer-Lescano/Franzki/Markard/Oeter, Contested Regime Collisions, S. 49, 78.

[428] *Savino*, in: Cassese, Research Handbook on Global Administrative Law, S. 131 ff.

[429] Etwa Art. 197, 278 SRÜ; Art. 44 IGV 2005; Art. 60, 61 IMO-Konvention; Art. 70, 71 WHO-Verfassung; Art. 12 I ILO-Verfassung.

[430] Art. 62 IMO-Konvention; Art. 71 WHO-Verfassung; auch Art. 12 III ILO-Verfassung.

[431] *Nicolaidis/Shaffer*, Law and Contemporary Problems 68 (2005), S. 263, 265 ff.; für den Europäischen Verwaltungsverbund *Ruffert*, in: Hoffmann-Riem, Offene Rechtswissenschaft, S. 1397, 1413.

- Explizit thematisiert wird im Übrigen das Verhältnis zu anderen internationalen Übereinkommen (etwa Art. 311 SRÜ; Art. 57 II 2, III IGV 2005) und ihre stimmige Interpretation (Art. 57 I 1 IGV 2005).

Die völkerrechtliche Kohärenzsicherung bewegt sich damit im Kern auf einer prinzipiellen Ebene[432]. Der Blick auf die Praxis zeigt, dass diese spezifische Mechanismen entwickelt hat:

2. *Grenzen einer vertikalen Koordination unter den Auspizien der UN*

Auch wenn im internationalen Bereich eine Abstimmung über eine Hierarchisierung ausscheidet, ist eine übergreifende vertikale Koordinierung möglich, die maßgeblich über die UN erfolgt[433]. Wegen ihres weiten Mandats und ihrer quasi-universellen Mitgliedschaft hat sie das Potential, ein Forum zur Abstimmung der diversen Akteure zu bilden. Als Instrumente des Wirtschafts- und Sozialrats, die Aktivitäten der diversen UN-Trabanten zu koordinieren, sieht die UN-Charta zum einen Empfehlungen (Art. 58, 63 II), zum anderen ein Netzwerk kooperativer Arrangements zwischen den UN und ihren Sonderorganisationen (Art. 57 I, 63 I) vor. Auch wenn keine Koordinierungserzwingungsrechte bestehen, soll auf diese Weise ein „UN-System" oder eine „Familie" gebildet werden, indem die Einzelorganisationen in eine enge Verbindung gebracht werden[434]. Im Seevölkerrecht haben sich eigene Koordinierungsinstrumente und -instanzen der UN herausgebildet[435]:

- *Omnibus-Resolutionen*: Die jährliche Resolution der UN-Generalversammlung über „Oceans and the Law of the Sea" – wegen ihres umfassenden Gegenstands Omnibus-Resolution genannt – deckt Kooperationsbedarf auf und ruft zu gemeinsamen Aktivitäten durch eine Gruppe von Akteuren auf. Grundlage ist der Jahresbericht des Generalsekretärs (Art. 319 II a) SRÜ)[436].
- *Open-Ended Informal Consultative Process on the Law of the Sea (ICP)*: ICP wurde eingerichtet, um die jährliche Debatte der Generalversammlung über maritime Angelegenheiten durch einen multidisziplinären und integrativen Ansatz zu verbessern[437]. Typisch ist der Einsatz von Diskussionspanels, in die internationale Organisationen, Experten und NGOs eingeladen werden. Das ICP zielt darauf, Angelegenheiten zu identifizieren, bei denen Koordination und Kooperation verbessert werden soll[438]. Sie entwickeln Empfehlungen, die die Grundlage für die Resolutionen der UN-Generalversammlung sind.

---

432 Auch *Kilian*, Umweltschutz durch internationale Organisationen, S. 312.
433 Für den maritimen Bereich *Harrison*, Making the Law of the Sea, S. 389.
434 *Schmahl*, in: Graf Vitzthum/Proelß, Völkerrecht, 4. Abschnitt Rn. 225 ff.
435 *De la Fayette*, in: Freestone/Barnes/Ong, The Law of the Sea, S. 63 ff.
436 *Tams*, in: Proelß, UNCLOS, Art. 319 Rn. 12.
437 *De la Fayette*, in: Freestone/Barnes/Ong, The Law of the Sea, S. 63, 64.
438 *Meltzer/Fuller*, The Quest for Sustainable International Fisheries, S. 26.

– *Koordinationsinstitutionen:* Die UN Division for Ocean Affairs and the Law of the Sea (DOALOS) ist eine Abteilung im Bereich Rechtsangelegenheiten des UN-Sekretariats, die Informationen, Rat und Unterstützung zum SRÜ bereithält, um u.a. für die konsistente Anwendung dieser Konvention zu sorgen[439]. Seit 2013 hat UN-Oceans[440] ausdrücklich die Aufgabe, Kohärenz zu stärken, und zwar durch Planen, Informationsaustausch, Identifikation von Gebieten, die sich für Kollaborationen eignen, und durch die Kreation von Synergien[441]. Oceans Compact soll als Kooperationsplattform die Abstimmung im Bereich des maritimen Umweltschutzes verbessern, indem pragmatische Strategien entwickelt, aber auch Bewusstsein und Wissen geschaffen werden[442].

Für die Abstimmung auf administrativer Ebene ist das UN-Koordinierungssystem ungenügend. Es bleibt genereller Natur und kann auch wegen des in der Regel kurzen Zeitrahmens allein die Aufmerksamkeit auf neue Probleme lenken, die politische Diskussion anregen und die Grundlage für andere Aktivitäten legen, z.B. seitens der Staaten, die dann entsprechende völkerrechtliche Verträge schließen und auch Finanzmittel beisteuern können. Ein weiteres Problem bildet die Akzeptanz externer Koordination[443]. Dies verdeutlicht der Fall der Consultative Group on Flag State Implementation, die im Nachgang zur Havarie der Prestige auf Initiative von DOALOS durch den UN-Generalsekretär eingesetzt wurde, um die Probleme der Flaggenstaatverwaltung zu untersuchen[444]. Mitglieder waren IMO, ILO, FAO, UNEP, UNCTAD und OECD. Allerdings gab es Konflikte in der Gruppe, v.a. die IMO erhob Anspruch auf Führerschaft und verließ die Gruppe vorzeitig mit dem Argument, dass sie keinen Bedarf an Koordinierung sehe, da sie allein zuständig sei[445]. Größeres Potential haben daher Mechanismen wie UN-Oceans, da das Netzwerk auf bereits existierenden Koordinierungsprozessen aufbaut und diese integriert[446]. Allerdings ist UN-Oceans thematisch einseitig und stellt bislang v.a. eine Plattform für den Informationsaustausch dar. Wenn es um die notwendige Detailabstimmung geht, so muss diese am besten über die Praxis der beteiligten Verwaltungsakteure erfolgen[447].

---

[439] Zu den Aufgaben im Einzelnen https://www.un.org/Depts/los/doalos_activities/about_doalos.htm (zuletzt abgerufen: 30.03.2023).

[440] Hervorgegangen ist UN Oceans aus SOCA, das Anfang der 1990er Jahre im Rahmen des United Nations Administrative Committee on Coordination (ACC) geschaffene Subcommittee on Oceans and Coastal Areas, das mehrere UN-Sonderorganisationen wie FAO, IMO, ILO und die Weltbank umfasste. 2001 entschied das in Chief Executive Board for Coordination (CEB) umbenannte ACC sich für ad hoc-Arbeitsgruppen, die problembezogen und zeitgebunden arbeiten.

[441] Zum Mandat UNGA, Resolution A/68/70, 3.12.2013, para. 279 und Annex.

[442] Zum Hintergrund WBGU, Welt im Wandel: Menschheitserbe Meer, S. 94.

[443] Zum Problem *Oberthür/Stokke*, in: dies., Managing Institutional Complexity, S. 313ff.

[444] UNGA, Resolution A/59/63, 4.2.2005, S. 3f.

[445] *De la Fayette*, in: Molenaar/Oude Elferink, The International Legal Regime of Areas beyond National Jurisdiction, S. 205, 206.

[446] Daher wird UN Oceans auch als überflüssig kritisiert, *Harrison*, in: Rayfuse, Research Handbook on International Marine Environmental Law, S. 57, 77.

[447] *Harrison*, Making the Law of the Sea, S. 257; kritisch zu den UN-Koordinierungsbemühun-

3. Negative Koordination

Negative Koordination wirkt Doppelarbeit und damit dem Aufkommen von Widersprüchen entgegen, indem Maßnahmen anderer Akteure reduziert werden[448]. Negative Koordination kann einseitig oder zweiseitig erfolgen:

- Ein etablierter Fall einer negativen Koordination durch zweiseitige Kompetenzabgrenzung findet sich im maritimen Umweltrecht. Nach Rivalitäten[449] schlossen die Internationale Seeschifffahrts-Organisation (IMO, damals noch IMCO) und das Umweltprogramm der Vereinten Nationen (UNEP) 1976 ein MoU, das bestärkte, dass UNEP die Rolle des „catalyst and coordinator" übernimmt, während IM(C)O die „substantive agency for programme implementation" ist[450].
- Eine andere Möglichkeit bilden Vorrangklauseln[451]. Diese Technik wurde in einem Abkommen zwischen der Internationalen Arbeitsorganisation (ILO) und der Internationalen Organisation für Normung (ISO) eingesetzt. Danach sollten ISO-Normen, die sich auf Themen innerhalb des Mandats der ILO beziehen, die Bestimmungen der ILO respektieren und unterstützen, u. a. durch ihre Verwendung als Referenzquelle (para. 4). Ob diese Bestimmung tatsächlich den ILO-Normen einen unbedingten Vorrang einräumt, blieb zwischen ILO und ISO aber strittig[452]. Da die Meinungsverschiedenheit nicht gelöst werden konnte, sagte sich die ILO schließlich von der Vereinbarung los[453]. Umgekehrt wird die Rechtssetzung im Rahmen internationaler Organisationen zu Gunsten privaten Rechts zurückgenommen, wenn Abkommen auf privat erarbeitete Normen verweisen[454].

Die Kompetenzabgrenzung geschieht auch im Wege der Selbstbeschränkung. Die OSPAR-Konvention erkennt in Bezug auf den Seeverkehr die IMO als die allein zuständige Organisation an (Art. 4 II Annex V). Ein weiterer Fall einer einseitigen negativen Koordination betrifft die Interpretation der IMO-Konvention. Nach ihrem Art. 1 a) soll die IMO zwar auch Flaggendiskriminierung und unlauteren Wettbewerb bekämpfen, dabei handelt es sich aber um eine ruhende Kompetenz,

---

gen auch *Ruffert*, AVR 38 (2000), S. 129, 151 ff., der auf eine kompetentielle Lösung setzt, ebenda, S. 156 ff.

448 *Schermers/Blokker*, International Institutional Law, § 1705.

449 Zur Rivalität *Kilian*, Umweltschutz durch Internationale Organisationen, S. 324 f.

450 Memorandum of Understanding Concerning Cooperation between the Inter-Governmental Maritime Consultative Organization and the United Nations Environment Programme, 9.11.1976; zitiert nach *M'Gonigle/Zacher*, Pollution, Politics, and International Law, S. 70.

451 Diese sind zu unterscheiden von den Vorrangklauseln des Völkervertragsrechts, die das Verhältnis von Abkommen untereinander adressieren (siehe Art. 30 II WVK; Art. 311 II, III SRÜ); mit weiteren Beispielen und Typen *Neumann*, Die Koordination des WTO-Rechts, S. 72 ff.

452 ILO, GB.331/INS/10, 25.10.2017, para. 16: Die ISO versteht den Begriff „should" als weiche Berücksichtigungspflicht, während die ILO von einer strikt verbindlichen Bedeutung ausgeht.

453 Siehe https://www.ilo.org/global/about-the-ilo/newsroom/statements-and-speeches/WCMS_617802/lang--en/index.htm (zuletzt abgerufen: 01.04.2023).

454 Siehe oben 5. Kapitel, I. 3. b.

die wegen ihrer handelspolitischen Natur weltweit von der Organisation für wirtschaftliche Zusammenarbeit und Entwicklung und der Konferenz der Vereinten Nationen für Handel und Entwicklung wahrgenommen wird[455].

Negative Koordination weist zwei Nachteile auf. Zum einen ist sie relativ selten[456], da Kompetenzen seitens der Akteure ungern beschränkt werden. Zum anderen ist sie in ihrer Wirkung, Kohärenz zu fördern, begrenzt, denn dafür bedarf es Anstrengungen, die auf für alle Seiten bestmögliche Ergebnisse zielen. Erst eine solche positive Koordination[457] erlaubt es, neue Handlungsstrukturen und -inhalte zwischen den Akteuren zu schaffen, um deren Aktivitäten tatsächlich miteinander in Einklang zu bringen[458].

4. Koordination durch Transparenz

Ein erster Schritt hin zu einer positiven Koordination besteht darin, dass die Akteure einander einen Einblick in ihre Tätigkeiten gewähren und Informationen, Expertise und Perspektiven austauschen[459]. Mittels Transparenz können nicht nur potentielle Konflikte sichtbar gemacht werden, sondern auch die Probleme des unvollständigen Wissens, der Inaktivität und des Tunnelblicks angegangen werden. Der Standard, der sich in den meisten Kooperationsvereinbarungen findet, um gegenseitige Berücksichtigungsfähigkeit herzustellen, ist bilateraler Natur und geschieht über die Einräumung wechselseitiger Repräsentationsrechte und Informationspflichten, die zunehmend durch elaborierte, mehrseitige Instrumente wie Transparenzprozesse und das Zusammenführen von Informationsstrukturen ergänzt werden[460]:

Der Beobachterstatus bezeichnet allgemein eine Form der Beteiligung in einem Entscheidungsgremium, ohne ein Stimmrecht zu haben[461]. Obwohl der Beobachterstatus demnach formal keine vollberechtigte Teilnahme erlaubt, ist er nicht bedeutungslos, vielmehr verbirgt sich dahinter „ein „heterogenes Bündel institutioneller Beteiligungsformen", die sich in ihrer Gesamtheit zum Teil von einer vollberechtigten Teilnahme kaum unterscheiden[462]. Im Unterschied zu einem rein

---

[455] *Lagoni*, in: Ehlers/Erbguth, 3. Rostocker Gespräche zum Seerecht, S. 43, 45 mit Fn. 2.

[456] Zur zweitrangigen Bedeutung *Cafaggi/Renda/Schmidt*, in: OECD, International Regulatory Co-operation: Case Studies, Volume 3, S. 9, 29.

[457] Zu den Grundformen positiver und negativer Koordination *Schermers/Blokker*, International Institutional Law, § 1705; mit einer anderen Differenzierung *Scharpf*, in: Héritier, Policy Analyse. Kritik und Neuorientierung, S. 57 ff.

[458] *Weyer*, Soziale Netzwerke, S. 193. Aus diesem Grunde wird hier auch das in der Literatur zum Teil vertretene „Störungsverbot" zwischen institutionellen Instanzen als Strategie nicht weiterverfolgt, zu diesem *Ruffert*, AVR 38 (2000), S. 129, 161 f.; *Neumann*, ZaöRV 61 (2001), S. 529, 559 f. und für das nationale Recht *Felix*, Einheit der Rechtsordnung, S. 360 ff.

[459] *Van Leeuwen/Kern*, Global Environmental Politics 13 (2013), S. 69, 71 ff.

[460] Für das internationale Umweltrecht *Matz*, Wege der Koordinierung völkerrechtlicher Verträge, S. 200–202.

[461] *Schermers/Blokker*, International Institutional Law, § 173, § 177.

[462] *Scheffler*, Die EU als rechtlich-institutioneller Akteur, S. 351 ff.

konsultativen Status beinhaltet der Beobachterstatus insbesondere das eigene Recht zur Teilnahme, oftmals auch zur Rede, zur Verteilung von Deklarationen im Zielgremium und zum Zugang zu dessen Arbeitspapieren[463]. Die Möglichkeit der gegenseitigen Repräsentation findet sich im Seeverwaltungsrecht in erster Linie in Bezug auf die Arbeit in internationalen Organisationen. Aber umgekehrt haben auch internationale Organisationen teils einen Beobachterstatus in den Gremien anderer Akteure. So sind IMO- und ILO-Beobachter in den Treffen der jeweiligen PSC MoUs, die wiederum bei diesen Institutionen einen Beobachterstatus innehaben. Dies Verknüpfung verbessert den gegenseitigen Erfahrungsaustausch zwischen Rechtssetzungs- und Rechtsdurchsetzungsebene. Auch im Verhältnis der Akteure einer Stufe findet der Beobachterstatus Anwendung. So räumen sich die PSC MoUs gegenseitig einen Beobachterstatus ein.

Im Unterschied zum Beobachterstatus, der die Möglichkeit einräumt, einen Einblick in die Tätigkeiten von Entscheidungsgremien zu bekommen, verlangen Informationspflichten, die in bilateralen Kooperationsabkommen niedergelegt werden[464], vom Kooperationspartner die aktive Bereitstellung und auch Aufbereitung von Erkenntnissen über dessen Tätigkeiten.

Ist das Interesse an einer Regulierung einseitig, geht die Initiative zur informatorischen Kooperation aber auch von einzelnen Akteuren aus. Das betrifft v.a. das Verhältnis der internationalen zur regionalen Ebene[465], wie die Anfänge der Zusammenarbeit zwischen IMO und Arktischem Rat veranschaulichen. Als Meilenstein und Grundlage für die Kooperationsbeziehung zur IMO gilt der AMSA-Bericht der Arbeitsgruppe zu Umweltfragen des Arktischen Rates (Protection of the Artic Marine Environment, PAME)[466]. Der Arktische Rat selbst hat nicht die Kompetenz, völkerrechtlich bindende Maßnahmen zu treffen[467]. PAME veröffentlichte vor diesem Hintergrund 2009 einen Bericht, in dem neben Befunden zur Verbesserung der Sicherheit und dem Schutz von Menschen und Umwelt vor der arktischen Seeschifffahrt diverse Handlungsempfehlungen enthalten waren. Der PAME-Bericht gab den Anstoß dafür, dass im Rahmen der IMO der verbindliche Polar Code erlassen wurde. Auch dieser Prozess wurde von PAME begleitet, die die Arktisstaaten unterstützte und ermutigte, sich vor Treffen der IMO-Ausschüsse mit Relevanz für den Polar Code zu treffen und abzustimmen. Das Beispiel zeigt, dass PAME

[463] *Schermers/Blokker*, International Institutional Law, § 177.

[464] Etwa im Verhältnis IMO und OSPAR para. 2 b), d) MoU IMO und OSPAR Commission (https://www.ospar.org/documents?v=39043, zuletzt abgerufen: 01.04.2023) oder zwischen IMO und ILO, Art. IV Agrreements between ILO and IMCO (ILO Official Bulletin Vol. XLOO 1959. 261, 263) oder die Data Exchange Agreements zwischen IMO und den PSC MoUs (https://www.imo.org/en/MediaCentre/PressBriefings/Pages/30-PSC-workshop.aspx, zuletzt abgerufen: 01.04.2023).

[465] Zu deren Initiativfunktion im Meeresumweltschutz *Knecht*, in: Kusuma-Atmadja/Mensa/Oxman, Sustainable Development and Preservation of the Oceans, S. 408, 412.

[466] *Graczyk/Koivurova*, in: Jensen/Hønneland, Handbook of the Politics of the Arctic, S. 298, 314.

[467] *Basaran*, Arctic Yearbook 2016, S. 424, 425.

zum einen durch die Erstellung einer Checkliste in der Form des AMSA-Berichts Kooperationsthemen benannte[468] und so auf die Probleme der arktischen Seeschifffahrt aufmerksam machte. Zum anderen verschwimmen hier die Grenzen zum operativen Bereich, da PAME auch den Rechtssetzungsprozess in der IMO begleitete.

Ein weiterer unilateral initiierter Transparenzprozess ist der Madeira-Prozess[469]. Sein thematisches Anliegen ist der Meeresumweltschutz in Gebieten jenseits nationaler Jurisdiktion (Areas Beyond National Jurisdiction, ABNJ). Auf der Agenda der UN steht das Thema ABNJ zwar seit den 1990er Jahren. Da das Wissen limitiert und eine Kooperation der Staaten nötig ist, weil es sich bei den ABNJ um ein typisches überlappendes Regime handelt, gestaltet sich dies aber als schwierig[470]. Die Hauptakteure des Madeira-Prozesses sind zwei regionale Akteure im Nordostatlantik, die OSPAR Kommission und die Fischereikommission für den Nordostatlantik (NEAFC), die beide nur die Kompetenz haben, gebietsbezogen zu handeln, während die Gefährdung von menschlichen Aktivitäten wie Schiffen ausgeht, für die keine der beiden Institutionen Kompetenzen hat, so dass eine Koordination mit anderen Akteuren, die Zuständigkeiten in diesem Bereich haben, v. a. mit der IMO und der ISA nötig ist. Um deren Aufmerksamkeit zu erregen, initiierten OSPAR und NEAFC ein Verfahren, dessen Namen daher rührt, dass es 2010 durch ein Treffen auf Madeira begann[471]. Sie formulierten dazu ein Collective Arrangement (CA) als Forum der sektorenübergreifenden Koordination, das andere Akteure zum Mitmachen bewegen sollte. Das CA hat zwei Zielrichtungen[472]: Primär ist es ein Forum für die beiden Organisationen zur Sachdiskussion und somit die Basis für ihre gemeinsame Arbeit; darüber hinaus kreiert das CA aber auch eine multilaterale Plattform, die es anderen Organisationen ermöglicht, Informationen beizutragen und zu erhalten. Das CA enthält dazu einen Anhang mit komprimierten Informationen zu den Meeresgebieten im Nordostatlantik; begleitend finden jährliche Treffen von Vollmitgliedern und assoziierten Mitgliedern statt, um das gegenseitige Verständnis zu erhöhen.

Auch im Verhältnis privater und öffentlicher Schiffsinspektionen findet eine Abstimmung durch die Schaffung von Transparenz statt. So hält das Projekt Equasis[473] ein gemeinsames Informationssystem für den Seeschifffahrtsverkehr bereit, das

[468] *Chircop*, in: Koch/König/Sanden/Verheyen, Legal Regimes for Environmental Protection, S. 273, 278.

[469] Dazu *Billé/Chabason/Drankier/Molenaar/Rochette*, in: Nunes/Svensson/Markandya, Handbook on the Economics and Management of Sustainable Oceans, S. 483, 512.

[470] *Molenaar/Elferink*, Utrecht Law Review 5 (2009), S. 5, 7 ff. Im Juli 2017 wurde ein Vorschlag für eine Convention on the Conservation and Sustainable Use of Marine Biological Diversity of the World's Ocean beyond National Jurisdiction (BBNJ Treaty) entwickelt, die erst im Juni 2023 beschlossen wurde, aber noch nicht in Kraft ist.

[471] *Ásmundsson/Corcoran*, Information Paper on the Process of Forming a Cooperative Mechanism between NEAFC and OSPAR, S. 12.

[472] *Hey*, in: Trevisanut/Giannopoulos/Holst, Regime Interaction in Ocean Governance, S. 85, 110 f.

[473] Siehe zu diesem oben 4. Kapitel, II. 2. b.

schiffsbezogene Daten der maritimen Industrie und der nationalen Seeverwaltungen an einem Ort bündelt.

Diese fünf Beispiele einer Koordination durch Transparenz dienen informatorischen und kognitiven Zwecken. Die im Folgenden vorgestellten Koordinationsstrukturen begegnen Divergenzen hingegen dadurch, dass institutionelle Rahmenbedingungen für eine gemeinsame Regulierung geschaffen werden:

5. Koordinationsstrukturen

Positive Koordination erfolgt v.a. über die Bildung von Strukturen, die darauf zielen, Gemeinschaftsprojekte in den Bereichen Rechtssetzung, Rechtsdurchsetzung und kognitive Entscheidungsgrundlagen auf den Weg bringen[474]. Diese finden sich auch außerhalb integrativer Organisationen wie der EU[475]. Die stärkste Form stellen gemeinsame Organisationseinheiten dar, während bei Koordinierungsforen Dritte als aktive Mittler auftreten, um gemeinsame Projekte anzuregen:

Gemeinsame Arbeitsgruppen[476] internationaler Organisationen zu interdependenten Themen sind eine Möglichkeit, schon im Prozess der Rechtssetzung auf Kohärenz hinzuwirken. Im Verhältnis IMO und ILO besteht ein besonders intensiver Koordinierungsbedarf, da das Schiff Arbeits- und Lebensort von Seeleuten ist und so Sicherheitsfragen auch immer Auswirkungen auf die Situation der Seeleute haben und umgekehrt der Faktor Mensch das Sicherheits- und Umweltrisiko des Schiffs determiniert, wie v.a. das in der Seefahrt typische Problem der Übermüdung der Crew zeigt. Die Schaffung gemeinsamer Ausschüsse wurde daher bereits 1959 in einer Vereinbarung zwischen ILO und damals IMCO angepeilt[477]. Das prominenteste Beispiel[478] für die ILO-IMO-Kooperation ist die STCW-Konvention; dazu wurde 1964 ein Joint Committee on Training eingesetzt. Gesundheitsfragen der Seeleute werden im Joint Working Committee on the Health of Seafarers von IMO und WHO diskutiert, das Empfehlungen ausspricht wie den International Medical Guide for Ships.

---

[474] Für das Seeumweltrecht *McConnell*, in: Kirchner, International Marine Environmental Law, S. 69, 89ff.

[475] Etwa der Clustering-Ansatz, dazu *v. Motlke*, On Clustering International Environmental Agreements, S. 3: „grouping a number of international environmental regimes together so as to make them more efficient and effective"; dazu soll etwa das örtliche Zusammenlegen von Sekretariaten der MEAs zählen sowie gemeinsame Treffen; zu den Vor- und Nachteilen *Oberthür*, International Environmental Agreements: Politics, Law and Economics 2 (2002), S. 317, 325ff.

[476] *Dupuy*, Recueil Des Cours 100 (1960), S. 484; *Schermers/Blokker*, International Institutional Law, § 1715.

[477] Art. III Agreement between the ILO and the IMCO, ILO, Official Bulletin, Vol. XLII, 261.

[478] Weitere Beispiele sind etwa: Joint ILO/IMO Ad Hoc Working Group on Investigation of Human Factors in maritime Causalities; Joint IMO/ILO Ad Hoc Expert Working Group on Liability and Compensation regarding Claims for Death, Personal Injury and Abandonment of Seafarers; Joint IMO/ILO Ad Hoc Expert Working Group on the Fair Treatment of Seafarers in the Event of a Maritime Accident; Joint ILO/IMO Working Group on Medical Examinations of Seafarers and Ships' Medicine Chests.

Die zentrale gemeinsame Institution der Wissensbildung im Bereich des Meeresumweltschutzes ist die Expertengruppe zu wissenschaftlichen Aspekten des Meeresumweltschutzes GESAMP[479]. Indem die beteiligten internationalen Organisationen ihre wissenschaftliche Expertise auf GESAMP übertragen, können Duplikationen verhindert und kann Konsistenz geschaffen werden[480].

Kohärenz auf Ebene der Rechtsdurchsetzung adressieren transnationale Behördennetzwerke; regionale Netzwerke wie die PSC MoUs bleiben in ihrem Wirkungsradius aber geographisch begrenzt. Zu einer Integration in ein globales PSC MoU ist es noch nicht gekommen und wird es in absehbarer Zeit auch nicht kommen, da die Seeschifffahrtsprobleme der einzelnen Regionen zu unterschiedlich sind. PSC MoU-übergreifende Koordinierungsbestrebungen erfolgen nicht nur dadurch, dass die einzelnen MoUs sich gegenseitig einen Beobachterstatus einräumen; auch die IMO wirkt als Koordinierungsforum darauf hin, eine Harmonisierung im Sinne eines Global Maritime Networks zu erreichen: zum einen durch einen Unterausschuss[481], dem Sub-Committee on Implementation of IMO Instruments, zum anderen durch die Veranstaltung von Workshops[482]. Ein erster Schritt in diese Richtung ist die Stärkung gemeinsamer Projekte zwischen den PSC MoUs. Neben gemeinsamen konzentrierten Inspektionskampagnen[483] ist der gegenseitige Informationsaustausch zu nennen, der mit dem Ziel erfolgt, eine gemeinsame Datenbank für die Schiffsinspektionen zu entwickeln und Inspektionsergebnisse gegenseitig anzuerkennen[484].

Für den regionalen Meeresumweltschutz übernimmt UNEP die Rolle des aktiven Mittlers zwischen den regionalen Mitgliedern. Dazu werden etwa globale Treffen organisiert[485].

Bei der privaten Seeverwaltung erfolgt eine gemeinsame Abstimmung im Rahmen ihrer grenzüberschreitenden Verbandsstrukturen, etwa im Seeversicherungswesen über die International Group of P & I Clubs (IG P & I), in der Öl- und Chemieindustrie über das Oil Companies International Marine Forum (OCIMF) und das Chemical Distribution Institute (CDI) sowie im Gewerkschaftsbereich

---

[479] Siehe dazu oben 3. Kapitel, II. 3.

[480] Siehe http://www.gesamp.org/about/objectives (zuletzt abgerufen: 01.04.2023) sowie *M'Gonigle/Zacher*, Pollution, Politics, and International Law, S. 75 f.

[481] Dieser identifiziert Harmonisierungsbedarf, siehe https://www.imo.org/en/MediaCentre/MeetingSummaries/Pages/III-6th-Session.aspx (zuletzt abgerufen: 01.04.2023).

[482] Siehe http://www.imo.org/en/MediaCentre/PressBriefings/Pages/30-PSC-workshop.aspx, http://www.imo.org/en/ourwork/msas/pages/portstatecontrol.aspx (beide zuletzt abgerufen: 01.04.2023); zur Rolle der Workshops *Harrison*, Saving the Oceans Through Law, S. 159.

[483] Etwa https://www.parismou.org/launch-joint-concentrated-inspection-campaign-crew-familiarization-enclosed-space-entry (zuletzt abgerufen: 01.04.2023).

[484] Siehe http://www.imo.org/en/MediaCentre/PressBriefings/Pages/30-PSC-workshop.aspx (zuletzt abgerufen: 01.04.2023).

[485] *Maruma Mrema*, in: The IMLI Manual on International Maritime Law, Volume I, S. 345, 348; *Matz*, Wege der Koordinierung völkerrechtlicher Verträge, S. 227, dort auch zu weiteren Koordinierungstechniken von UNEP, ebenda, S. 220 ff.

über die Internationale Transportarbeiter-Föderation (ITF)[486]. Diese Verbände erlauben über ihren Konsultativstatus in internationalen Organisationen zudem eine Rückkoppelung der privaten Seeverwaltung mit der internationalen Ebene. Finden sich solche Verbandsstrukturen nicht, werden teils im Wege der Selbstorganisation spezifische Koordinationssysteme geschaffen, im internationalen Umweltrecht ist die International Social and Environmental Accreditation and Labelling Alliance zu nennen[487].

Solche Koordinierungsstrukturen garantieren indes keine Akzeptanz der gemeinsamen Ergebnisse, wie die Regulierung der Schiffsverschrottung zeigt. Eine Joint Working Group on Ship Scrapping wurde von den Sekretariaten der IMO, der ILO und der Basel Konvention zur Vorbereitung einer neuen Konvention eingesetzt, da alle drei Institutionen bereits Richtlinien zu der Thematik verfasst hatten[488]. Das Ergebnis der Bemühungen bildet die Hongkong-Konvention (HGC). Im Nachgang kam Kritik auf, die HGC unterminiere die Basel Konvention, was eine Ursache für die geringe Ratifikationsrate sein soll[489].

6. *Revisibilität von Normen*

Koordinationsstrukturen zielen auf ein Ausräumen von Konkurrenzen und Konflikten im Entstehungsprozess ab. Revisibilität erlaubt demgegenüber die nachträgliche Anpassung von Normen an parallele Rechtssetzungsaktivitäten. Im Seeverwaltungsrecht setzt die EU auf diese Rechtstechnik. Der Hintergrund ist, dass sie mit ihrem unilateralen Vorgehen Konflikte mit der IMO hervorruft. Um eine Kompatibilität europäischer und internationaler Normen sicherzustellen, fügt sie in ihre unilateralen Rechtsakte zunehmend Überprüfungsklauseln ein[490]: Die MRV-Verordnung[491], die die Überwachung (Monitoring) von Emissionen aus dem Seeverkehr, die Berichterstattung (Reporting) darüber und die Prüfung (Verification) dieser Emissionen zum Gegenstand hat, bestimmt, dass die Kommission die Verordnung überprüft und ihre Änderung vorschlägt, falls ein globales MRV-System beschlossen wird (Art. 22 III). Entsprechend sieht Art. 3gg Treibhausgasemissions-

---

[486] Zu OCIMF und CDI siehe oben 6. Kapitel, B. II.

[487] Siehe https://www.isealalliance.org/ (zuletzt abgerufen: 01.04.2023). Man spricht auch von privater Metagovernance; zu weiteren Beispielen *Derkx/Glasbergen*, Global Environmental Change 27 (2014), S. 41, 43 ff.

[488] IMO, Resolution 962(23), 5.12.2003; ILO, Guidelines in Safety and Health in Shipbreaking, 289th Session of the ILO Governing Body, 2004; Sekretariat der Basel Konvention, Technical Guidelines for the Environmentally Sound Management of the Full and Partial Dismantling of Ships, Basel Convention Series/SBC No. 2003/2.

[489] Dazu *Dunoff*, in: Blome/Fischer-Lescano/Franzki/Markard/Oeter, Contested Regime Collisions, S. 49, 78 f.

[490] Im Fall der beschleunigten Einführung von Doppelhüllentankern wurde dies noch ausschließlich in den Erwägungsgründen thematisiert, EW 19 VO 417/2002, ABl. 2002 L 64, S. 1 (aufgehoben).

[491] VO 2015/757, ABl. 2015 L 123, S. 55.

zertifikat-RL[492] eine Überprüfung der Richtlinie vor, falls ein globaler marktbasierter Mechanismus zur Verringerung der Treibhausgasemissionen aus dem Seeverkehr angenommen wird.

V. Fazit: Leistungsfähigkeit des selbstorganisatorischen Ansatzes

Auf der Basis des Interaktionsansatzes wurde gezeigt, dass sich im Seeverwaltungsrecht selbstregulativ Mechanismen der Kohärenzsicherung herausgebildet haben, die die Rationalitätseinbußen minimieren können, die für konglomeratische Strukturen charakteristisch sind, da bei ihnen eine übergeordnete Stelle fehlt, die für eine Koordinierung sorgen kann. Eine Systematisierung solcher Kohärenzsicherungsmechanismen verdeutlicht, dass die Formen der positiven Koordination zwischen den Akteuren ein besonderes Potential aufweisen. Zu den Formen der positiven Koordination gehören prozedurale Instrumente der Transparenzbildung wie der Beobachterstatus oder regional initiierte Transparenzprozesse sowie Koordinationsstrukturen, die etwa über gemeinsame Arbeitsgruppen darauf zielen, Gemeinschaftsprojekte in den Bereichen Rechtssetzung, Rechtsdurchsetzung und kognitive Entscheidungsgrundlagen auf den Weg zu bringen. Die EU setzt zudem vereinzelt auf eine Reversibilität von Normen, um Konflikten mit dem internationalen Recht entgegenzuwirken. Ein abschließender Blick auf die Kohärenzsicherung der Seeverwaltung offenbart dreierlei über die Leistungsfähigkeit eines solchen selbstorganisatorischen Ansatzes:

Stimmigkeit ist kein vorgefundenes Merkmal von Recht, sondern ein herzustellendes Ergebnis[493]. Dieser Befund tritt bei grenzüberschreitenden Konstellationen wie dem internationalen Verwaltungsrecht offen zu Tage, wird aber genauso im Nationalstaat, v. a. in einem Bundesstaat und im Zuge einer zunehmenden Aufspaltung der Teilrechtsordnungen, virulent[494]. Schaut man sich den Verwendungskontext des Postulats der Einheit der Rechtsordnung näher an, wird dann auch deutlich, dass dahinter oftmals die „Suche nach Einheit" in Zeiten aufbrechender Krisen von Homogenität und Kontinuität steht[495].

Im Unterschied zur föderalen und europäischen Mehrebenenverwaltung, die auch auf Koordinierungsinstrumente mit hierarchischen Elementen zurückgreifen kann[496], ist die internationale Mehrebenenverwaltung im Ausgangspunkt auf eine gegenseitige Öffnung im Wege der Selbstorganisation angewiesen. In der Folge dieses Entstehungsprozesses erscheint Kohärenzsicherung im internationalen Ver-

---

[492] RL 2003/87, ABl. 2003 L 275, S. 32.

[493] Auch *Felix*, Einheit der Rechtsordnung, S. 385 ff.

[494] *Felix*, Einheit der Rechtsordnung, S. 3.

[495] *Baldus*, Die Einheit der Rechtsordnung, S. 198.

[496] *Groß*, VVDStRL 66 (2007), S. 152, 155,163 ff.; zu den Mittel im Einzelnen *Schuster*, Das Kohärenzprinzip, S. 122 ff.

waltungsrecht experimentell, zeitintensiv[497] und lückenhaft[498]. Eine gegenseitige Beeinflussung und graduelle Annäherung der unterschiedlichen Rationalitäten stehen am Ende eines Lernprozesses[499]. Das Gelingen hängt in hohem Maße vom Engagement, der Problemwahrnehmung und den Kapazitäten der involvierten Akteure ab. Treffen diese Voraussetzungen zu, können aus diesem „kollektiven Problemmanagement" aber adäquate Lösungen resultieren[500]. Auffällig ist die Tendenz, die zunächst primär bilateralen Koordinierungsanstrengungen durch multinstitutionelle zu ergänzen. Dazu kommt es insbesondere dann, wenn internationale Instanzen mit Zuständigkeiten für einen Sachbereich wie die IMO oder private internationale Verbände die Initiative übernehmen.

Wenn die Leistungsfähigkeit der Kohärenzsicherung danach von sich allmählich bildenden diskursiven Arrangements bei relativ homogenen Problemlagen abhängt, dann impliziert das eine Schieflage bei den Koordinierungsanstrengungen. Diese finden in verdichteter Form in einem gut abgrenzbaren Kreis von interessierten Akteuren statt. Dies ist auch kaum zu vermeiden, da es an einer neutralen Instanz fehlt, die die divergierenden Ansichten autoritativ entscheidet. Diese strukturell bedingten „Inklusionsprobleme in Fällen von Regime-Kollisionen"[501] bedeuten insbesondere – hält man sich die oben skizzierten Herausforderungen nochmals vor Augen –, dass sie durch die Kohärenzsicherung nicht befriedigend gelöst werden können. Dafür bedarf es ggf. eines Drucks von außen, in Hinblick auf das Problem des Tunnelblicks wurde das beispielsweise im Rahmen der Legitimation der Rechtssetzung der internationalen Verwaltung gezeigt[502].

---

[497] Zum Madeira-Prozess *Wright/Rochette/Druel*, in: Rayfuse, Research Handbook on International Marine Environmental Law, S. 272, 282 f.

[498] Für das internationale Umweltrecht *Matz*, Wege der Koordinierung völkerrechtlicher Verträge, S. 201, 373.

[499] *Krisch*, European Journal of International Law 17 (2006), S. 247, 256.

[500] *Oeter*, in: Heinig/Terhechte, Postnationale Demokratie, Postdemokratie, Neoetatismus, S. 159, 161 f.

[501] Ebenda, S. 164.

[502] Siehe oben 5. Kapitel, II. 5. und IV.

8. Kapitel

Rechtsgrundsätze des internationalen Verwaltungsrechts

Rechtsgrundsätze des internationalen Verwaltungsrechts stellen eine Möglichkeit dar, die Tätigkeit der Seeverwaltung einzuhegen. Die Entwicklung solcher Prinzipien wird in der Forschung zum internationalen Verwaltungsrecht befürwortet[1]; da jedoch sowohl der Begriff der Prinzipien als auch ihre Ermittlung unklar bleiben, ist dieser Ansatz vehementer Kritik ausgesetzt[2]. Das Anliegen des achten Kapitels ist es, diese Angriffspunkte auszuräumen und das Potential von Rechtsgrundsätzen des internationalen Verwaltungsrechts auszuloten.

Nach dem Verständnis der Untersuchung handelt es sich bei ihnen nicht um Rechtssätze des Völkerrechts[3]. Auch besteht das Ziel nicht darin, eine Bindung von Staaten und internationalen Organisationen an Rechtsgrundsätze mit materiell verfassungsrechtlichem Gehalt zu erreichen[4]; vielmehr bilden sie eine von Verfassungsprinzipien zu unterscheidende Rechtskategorie[5], die alle Akteure der Konglomeratsverwaltung in den Blick nimmt. Eine Analyse des im grenzüberschreitenden Bereich prekären Verfassungsformats (I.) sowie eine begriffliche Präzisierung (II.) sollen die Abgrenzung von konstitutionalistischen Ansätzen verdeutlichen. Im Anschluss daran illustriert eine theoretische und rechtspraktische Analyse, dass Rechtsgrundsätze einen typischen Weg bilden, um in unvollkommenen Rechtsordnungen, eine rationale Entscheidung im Allgemeinen und eine Bindung im Besonderen zu erreichen (III.), was sie für das Seeverwaltungsrecht prädestiniert. Bevor die Rechtsgrundsätze des internationalen Verwaltungsrechts vorgestellt werden (V.), gilt es, methodische Fragen sowie Geltungsgrund und Durchsetzung der Rechtsgrundsätze offen zu legen (IV.).

---

[1] Dies als Anliegen eines internationalen Verwaltungsrechts i. e. S. bezeichnend *Goldmann*, in: GVwR I, § 6 Rn. 1, 40 ff.

[2] Siehe zum Ganzen unten 8. Kapitel, IV. 1.

[3] So das Prinzipienverständnis von *Dann*, Entwicklungsverwaltungsrecht, S. 195 ff., insb. 199 f.; daran anschließend *Riegner*, Informationsverwaltungsrecht internationaler Institutionen, S. 165 f.

[4] Etwa *Kleinlein*, Konstitutionalisierung im Völkerrecht, S. 617 ff., S. 659 ff.; *Kadelbach/Kleinlein*, AVR 44 (2006), S. 235, 257 ff., 262; von Verfassungsprinzipien für die internationale Verwaltung ausgehend ferner *Goldmann*, in: GVwR I, § 6 Rn. 47, 93 ff.; auch *Janik*, Bindung an Menschenrechtsstandards, S. 502 ff.; zu diesem Prinzipienverständnis *Möllers*, in: v. Bogdandy, Europäisches Verfassungsrecht, S. 227, 265; *Mattheis*, Die Konstitutionalisierung des Völkerrechts aus systemtheoretischer Sichtweise, S. 242.

[5] Zu Prinzipien als Alternative zur Konstitutionalisierungsdebatte auch *Eggert*, Netherlands International Law Review 66 (2019), S. 197 ff.

I. Eine Alternative zum Verfassungsdenken

Verwaltung bedarf einer sie anleitenden und bindenden Rahmenordnung, die auf der nationalen Ebene heutzutage gewöhnlich auf das Verfassungsrecht zurückgeführt wird. Auf dieses einseitig determinierende Verständnis verweist in Deutschland *Fritz Werners* geflügeltes Wort vom „Verwaltungsrecht als konkretisiertem Verfassungsrecht“[6]. Ein paralleles Konzept für das internationale Verwaltungsrecht legen diverse Ansätze[7] nahe, die auch unter dem Stichwort der „Konstitutionalisierung des Völkerrechts“ behandelt werden[8] und den Verfassungsbegriff auf das Völkerrecht übertragen wollen[9].

Darunter wird eine konzeptionelle Alternative zum eher pragmatisch orientierten Verständnis des Völkerrechts diskutiert[10], das dieses als eine auf dem Willen der Staaten aufbauende Koordinationsordnung betrachtet. Ausgangspunkt bildet die Beobachtung von Veränderungen in der Struktur des Völkerrechts, die sich im Kern als eine Entwicklung der Ausweitung und Institutionalisierung beschreiben lassen. Während ein weiter[11] bzw. quantitativer[12] Ansatz mit dem Begriff der Verfassung allein eine Tendenz der Verrechtlichung im internationalen Bereich beschreibt, steht er nach der herrschenden engen bzw. qualitativen Lesart für eine bestimmte Art der Verrechtlichung, die das Bedürfnis nach einer Vorrang beanspruchenden Werteordnung widerspiegelt[13]. Neben der Begrenzung der Ausübung von Hoheitsgewalt durch die Staatengemeinschaft[14] zielt sie darauf, eine Bindung von Staaten zu erreichen[15]. Zugleich soll eine Globalverfassung auch einheitsstiftend wirken[16]. Der qualitative Ansatz wurde insbesondere[17] nach dem Ende des Kalten Kriegs von Vertretern der deutschen Völkerrechtslehre entwickelt, die eine, wenn auch schwach ausgeprägte, Verfassungsschicht im Völkerrecht identifizieren und etwa in der UN-

[6] *Werner*, DVBl. 1959, S. 527 ff.; die Forderung nach einem „gemeinsamen Lernprozess“ von Verwaltungs- und Verfassungsrecht betont demgegenüber, dass auch das Verwaltungsrecht die Definition verfassungsrechtlicher Prinzipien anregen kann, *Schmidt-Aßmann*, in: Hoffmann-Riem, Offene Rechtswissenschaft, S. 1011, 1020.

[7] Zu den Bedeutungsgehalten *Wahl*, in: FS Brohm, S. 191, 199 ff.; *Walter*, in: Nijman/Nollkaemper, New Perspectives on the Divide of National and International Law, S. 190, 191; *Oeter*, in: Blome/Fischer-Lescano/Franzki/Markard/Oeter, Contested Regime Collisions, S. 21, 23; eingehend *Kleinlein*, Konstitutionalisierung im Völkerrecht.

[8] Zu dieser deutschen Terminologie *v. Bogdandy*, ZaöRV 63 (2003), S. 853, 864 m. w. N.

[9] Zu ihrer Überlappung mit dem internationalen Verwaltungsrecht *Peters*, ZÖR 65 (2010), S. 3, 13 mit Fn. 47.

[10] *Krieger*, VVDStRL 75 (2016), S. 439, 460 ff.

[11] *Wahl*, in: FS Brohm, S. 191, 200 f.

[12] *Knauff*, ZaöRV 68 (2008), S. 453, 459.

[13] *Frowein*, in: BDGVR 39 (2000), S. 427, 440 ff.; *Tomuschat*, in: UN, International Law on the Eve of the Twenty-first Century, S. 37 ff.; *Uerpmann*, JZ 2001, S. 565, 566 ff.

[14] *Kadelbach/Kleinlein*, AVR 44 (2006), S. 235, 242.

[15] *Frowein*, in: FS Rudolf, S. 43, 45.

[16] Diese als Antwort auf Fragmentierung deutend v. a. *Klabbers*, International Law Review 1 (2004), S. 31, 49.

[17] Zu Vorläufern *Kleinlein*, Konstitutionalisierung im Völkerrecht, S. 157 ff.

Charta eine Globalverfassung sehen[18]. Soweit danach bereits Teile des Völkerrechts als Elemente einer Verfassung im Völkerrecht betrachtet werden, spricht man auch vom „globalem Konstitutionalismus“ (Global Constitutionalism)[19].

Der Vorwurf an dieses qualitative Konzept lautet im Kern[20], dass sich das Verfassungsdenken, das wesentlich durch seine Verwendung im Nationalstaat geprägt wurde[21], kaum auf die überstaatliche Ebene projizieren lasse[22]. Diesem Argument lässt sich zwar entgegenhalten, dass eine Verfassung bei einem funktionalen Verständnis nicht untrennbar mit dem Nationalstaat verknüpft ist[23]. Zudem gilt die europäische Integration heute als ein Beispiel dafür, das sich der Verfassungsbegriff durchaus vom Nationalstaat ablösen lässt[24]. Das Verfassungsdenken ist indes ein hierarchisches Konzept, das sich in dezentralen Ordnungen folglich schwertut; auch der Vergleich mit der EU[25] hinkt wegen der strukturellen Unterschiede[26]. Wollte man das Verfassungsdenken somit auf das Völkerrecht übertragen, ginge dies mit einer weitgehenden Änderung des Bedeutungsgehalts von Verfassung einher[27]. Diesen Weg schlagen Pluralisten[28] und v.a. Vertreter einer Selbstkonstitutionalisierung globaler Ordnungen ohne Staat über Zivilverfassungen[29] ein. Gegenüber einer solcher angreifbaren[30] „Rekomposition“[31] des Verfassungsdenkens ist es vorzugswürdig, auf Ansätze zurückzugreifen, die auf dezentrale Rechtsordnungen zugeschnitten sind. Das ist, wie zu zeigen ist, bei den Rechtsgrundsätzen der Fall[32]. Wegen dieser Andersartigkeit überzeugt es auch wenig, Rechtsgrundsätze mit Ver-

---

[18] Etwa *Fassbender*, Columbia Journal of Transnational Law 36 (1998), S. 531, 546 ff.; ferner *Delbrück/Heinz*, New Trends in International Lawmaking, S. 17, 18 f.; *Frowein*, in: BDGVR 39 (2000), S. 427 ff.

[19] *Peters*, in: FS zum 100-jährigen Bestehen des Walther-Schücking-Instituts für Internationales Recht, S. 127 f.; *Emmerich-Fritsche*, Vom Völkerrecht zum Weltrecht, S. 703; *Bryde*, DS 42 (2003), S. 61, 62.

[20] Zu weiteren Kritikpunkten wie der Unschärfe des Verfassungsbegriffs *Krieger*, in: VVDStRL 75 (2016), S. 439, 443, 460.

[21] *Isensee*, in: HStR II, § 15 Rn. 1: „Verfassung ist nicht zu verstehen ohne Staat“.

[22] *Ruffert*, Globalisierung, S. 40; *Wahl*, in: FS Brohm, S. 191, 198.

[23] *Pernice*, VVDStRL 60 (2001), S. 148, 158.

[24] *Huber*, VVDStRL 60 (2001), S. 194, 199 ff.; *C. Möllers*, in: v. Bogdandy, Europäisches Verfassungsrecht, S. 1, 19; anders noch *Grimm*, JZ 1995, S. 581, 587; *Böckenförde*, in: ders., Staat – Nation – Europa, S. 103, 107 ff.

[25] Skeptisch *Knauff*, ZaöRV 68 (2008), 459; die europarechtliche und völkerrechtliche Debatte vergleichend *Ley*, ZaöRV 69 (2009), S. 317 ff.

[26] Zu diesem strukturellen Gegenargument *Krisch*, Beyond Constitutionalism, S. 54, 59.

[27] *Walter*, in: Nijman/Nollkaemper, New Perspectives on the Divide of National ad International Law, S. 190, 193; so etwa *Peters*, ZÖR 65 (2010), S. 3, 61, die kein hierarchisches Konzept verfolgt, sondern ein kompensatorisches Verständnis zugrunde legt, nach dem sich die Verfassungsinhalte mehrere Rechtsordnungen gegenseitig ergänzen.

[28] Etwa *Krisch*, Beyond Constitutionalism, S. 69 ff., wobei unklar bleibt, ob seine Antwort eine deskriptive oder normative ist; *Dunoff*, American Journal of International Law 107 (2013), S. 483 f.

[29] Siehe oben 6. Kapitel, B. III. 2.

[30] Zu den Grundproblemen dieser Konzepte *Mattheis*, Die Konstitutionalisierung des Völkerrechts, S. 290 ff., 340 ff.; siehe zudem oben 6. Kapitel, B. III. 2.

[31] *Tschentscher*, VVDStRL 75 (2016), S. 407, 435.

[32] Siehe unten 8. Kapitel, III.

fassungen zu vergleichen[33]. Funktional mag man Gemeinsamkeiten ausmachen, aber im Unterschied zu Verfassungsnormen nehmen Rechtsgrundsätze nicht notwendig einen Top Down-Blick ein. Im Zentrum steht ihr Kompensationspotential[34].

Unabhängig davon lässt sich das Verfassungsdenken kaum als ein normatives Konzept begreifen[35]. Als eine „Konstitutionalisierung im Völkerrecht“[36] mag man allenfalls einen stetig fortlaufenden Prozess der Verankerung verfassungsgleicher Elemente – jedenfalls in Teilbereichen des internationalen Rechts[37] – ausmachen oder man kann Konstitutionalisierung als ein Denkmuster[38] begreifen, das dabei hilft, solche Wandlungen im Völkerrecht zu erfassen. Fehlt es damit an einem ausgereiften, übergeordneten rechtlichen Rahmen, lässt sich das internationale Verwaltungsrecht im Unterschied zu seinem nationalen Pendant nicht verfassungsrechtlich begreifen[39].

II. Rechtsgrundsätze als Modell und als Direktive

Unter den Begriff des Grundsatzes kann Vieles fallen[40] – feste Regeln, Annahmen und Allgemeingültiges werden im allgemeinen Sprachgebrauch damit in Verbindung gebracht[41]. Auch der Aspekt der Wichtigkeit schwingt mit[42]. Der Ausdruck „Rechtsgrundsätze“ wird hier demgegenüber prinzipientheoretisch als eine besondere Art von Rechtsnormen verwendet. Prinzipien und Rechtsgrundsätze sind insofern Synonyme[43]. Eine Abgrenzung von anderen Elementen des Rechts soll den Bedeutungsinhalt und die Wirkungsweise der Rechtsgrundsätze des internationalen Verwaltungsrechts illustrieren. Dabei lässt sich eine zweifache Unterscheidung, nämlich nach ihrer Struktur und nach ihrer Funktion vornehmen:

---

[33] Für eine Abgrenzung auch *Boysen*, in: Kahl/Ludwigs, Handbuch des Verwaltungsrechts II, § 49 Rn. 28; anders aber *Ruffert*, AVR 38 (2000), S. 129, 131.

[34] Siehe unten 8. Kapitel, III. 1.

[35] Kritisch gegenüber Versuchen, aus der Konstitutionalisierungsthese rechtlichen Folgerungen abzuleiten auch *Payandeh*, Internationales Gemeinschaftsrecht, S. 50 f.

[36] *Kleinlein*, Konstitutionalisierung im Völkerrecht, S. 685; *Kadelbach/Kleinlein*, AVR 44 (2006), S. 235, 236.

[37] *Peters*, ZÖR 65 (2010), S. 3, 11; *Diggelmann/Altwicker*, ZaöRV 68 (2008), S. 623, 624, 641 f.: „global constitutionalist movement“; daher zwischen „Konstitutionalisierung“ als Prozess und „Konstitutionalismus“ als Zustand unterscheidend, *Mattheis*, Die Konstitutionalisierung des Völkerrechts, S. 146 ff., 193, 243 f.

[38] *Koskenniemi*, Theoretical Inquiries in Law 1 (2007), S. 9 ff.; daran anschließend *Paulus*, in: Dunoff/Trachtman, Ruling the World?, S. 68, 71.

[39] Skeptisch auch *Nickel*, in: Brunkhorst, Demokratie in der Weltgesellschaft, S. 143, 155.

[40] Für das Völkerrecht *Koskenniemi*, in: ders., Sources of International Law, S. 359, 363 f.

[41] Duden. Daran anschließend *Valentin*, Die gemeinschaftsrechtliche Haftung, S. 43.

[42] So *Gretscher*, Die „allgemeinen Grundsätze des Verwaltungsrechts“, S. 61 f.

[43] Anders *Jakobs*, Der Grundsatz der Verhältnismäßigkeit, S. 46 f.

- *Normstrukturelle Betrachtung*: In der Rechtstheorie werden Prinzipien regelmäßig[44] normstrukturell von Regeln abgegrenzt, wobei streitig bleibt, ob der Unterschied ein logischer oder lediglich ein gradueller ist[45]. Prinzipien stellen im Verhältnis zu Regeln die abstraktere Kategorie der beiden Normen dar. Die Generalität betrifft ihren Inhalt: Während Regeln ein bestimmtes Verhalten verlangen oder verbieten und damit eine spezifische Lösung für einen Konflikt bieten, sind Prinzipien zielbestimmt formuliert[46]. Da sie anders als Regeln keine subsumierbaren Maßstäbe beinhalten, bleiben sie in besonderem Maße konkretisierungsbedürftig[47].
- *Funktionelle Betrachtung*: Im Rechtsdiskurs wird der Prinzipienbegriff in unterschiedlichen Funktionszusammenhängen gebraucht. Im verfassungsrechtlichen Zusammenhang werden die Grundrechte[48] oder die Elemente des Art. 20 I–III GG[49] als Verfassungsprinzipien[50] bezeichnet[51]. Hier werden Prinzipien indes von solchen Werten unterschieden[52]: Während Werte abstrakte Endzwecke darstellen, sind Prinzipien Mittel, um diese zu erreichen[53]. Weiter sind in der Rechtstheorie[54] Struktur- oder Arbeitsprinzipien[55] bekannt. Darunter fallen zum einen Ordnungsprinzipien, die gewisse in einer Rechtsmaterie zu beobachtende Regelmäßigkeiten beschreiben, schlagwortartig auf den Nenner bringen und auf diese Weise als „Ordner"[56] einen dogmatisch-didaktischen Mehrwert liefern[57]. Einen informatorischen Anspruch beanspruchen auch Leitprinzipien, die bestimmten Regelungen zugrunde liegen[58]. Die Rechtsgrundsätze des internationalen Verwaltungsrechts enthalten zwar wie die Strukturprinzipien verallgemeinerungs-

[44] Anders aber die Übereinstimmungsthese, dazu *Aarnio*, in: ARSP 42 (1989), S. 181, 188 ff.

[45] Zu den unterschiedlichen Positionen siehe nur *Borowski*, Grundrechte als Prinzipien, S. 116–158.

[46] *Penski*, JZ 1989, S. 105, 108; auch („unmittelbar finalistische Normen") *Bergmann Ávila*, Theorie der Rechtsprinzipien, S. 62 f., 69 f., 129.

[47] *F. Reimer*, Verfassungsprinzipien, S. 173.

[48] *Alexy*, Theorie der Grundrechte; *Borowski*, Grundrechte als Prinzipien, S. 237 ff., 289 ff., 320 ff.; für eine Weiterentwicklung zu einem „Modell der Grundsatznormen" *Hong*, Abwägungsfeste Rechte.

[49] Etwa *Unger*, Das Verfassungsprinzip Demokratie.

[50] *F. Reimer*, Verfassungsprinzipien.

[51] Ebenso für das Unionsrecht *v. Bogdandy*, in: ders./Bast, Europäisches Verfassungsrecht, S. 13, 17, 19; *C. Calliess*, Politische Ziele und Prinzipien im Verfassungsrecht der Europäischen Union, S. 31 f.

[52] *Canaris*, Die Feststellung von Lücken im Gesetz, S. 124.

[53] *Kolb*, Netherlands International Law Review 53 (2006), S. 1, 25 f.; *Röhl/Röhl*, Allgemeine Rechtslehre, § 33, S. 289.

[54] Eine andere Unterscheidung findet sich in der jüngeren umweltvölkerrechtlichen Lehre, die Strukturprinzipien eine Ähnlichkeit mit verfassungsrechtlichen Prinzipien beimisst, da sie die Eckpunkte für staatliches Verhalten setzen sollen, *Epiney/Scheyli*, Umweltvölkerrecht, S. 15.

[55] *Esser*, Grundsatz und Norm, S. 90 ff.; *Koskenniemi*, Yearbook of the Finnish Law Society 1985, S. 117, 157.

[56] *Farahat*, Progressive Inklusion, S. 130.

[57] Etwa für den Verwaltungsprozess *Beckmann*, Rechtstheorie 45 (2014), S. 141 ff.

[58] *Di Fabio*, in: FS Ritter, S. 807, 819; *Sparwasser/Engel/Voßkuhle*, Umweltrecht, § 2 Rn. 10.

fähige Aussagen, indem sie in der Untersuchung identifizierte Erkenntnisse abstrahieren. Sie fassen aber nicht nur die maritimen Beobachtungen zusammen. Als Rechtsprinzipien sollen sie eine kritische Funktion gegenüber der Rechtspraxis einnehmen und darauf zielen, einen Maßstab anzubieten, anhand dessen Entwicklungen in der internationalen Verwaltung beurteilt werden können[59].

Damit ist festzuhalten, dass die Rechtsgrundsätze des internationalen Verwaltungsrechts deskriptives Modell und normative Direktive zugleich sind[60]. Aus normstrukturellen Gründen ist ihre Bindungswirkung im Vergleich zu Regeln aber eine abgeschwächte, da sie keine präzise Rechtsfolgenanordnung enthalten, sondern nur eine Tendenz angeben, indem sie Kriterien liefern, die als Orientierungspunkte für die Frage der Rechtmäßigkeit oder Rechtswidrigkeit dienen[61]. Da sie im Unterschied zu den Verfassungsprinzipien Mittel zur Erreichung von Endzielen sind[62], haben sie ein geringeres Abstraktionsniveau als diese. Auf diese Weise können sie die Voraussetzungen schaffen, um gemeinwohlorientierte Entscheidungen treffen zu können.

III. Rechtsgrundsätze als Signum unvollkommener Rechtsordnungen

1. Kompensationsleistung von Rechtsgrundsätzen

Rechtsgrundsätze sind in der Lage, Mängel im Rechtssystem auszugleichen und so seine Funktionsfähigkeit zu gewährleisten[63]. In einem ausgereiften Rechtssystem sind Rechtsgrundsätze hingegen „unsichtbar […], wenn auch nicht verschüttet"[64]. Wegen der weitgehenden Kodifizierung des deutschen Verwaltungsrechts werden sie dort mittlerweile als von geringer Bedeutung erachtet[65]. Ihre Relevanz steht damit mit dem systematischen, sachlichen und räumlichen Entwicklungszustand einer Rechtsordnung in Beziehung[66]. Insbesondere bei einem schwankenden Ver-

---

[59] Zu dieser normativen Maßstabsfunktion *v. Bogdandy*, in: Trute/Groß/Röhl/Möllers, Allgemeines Verwaltungsrecht, S. 683, 694.

[60] Allgemein *Röhl/Röhl*, Allgemeine Rechtslehre, § 33, S. 283; *Jakab*, Rechtstheorie 37 (2006), S. 49, 60 f.

[61] *Esser*, Grundsatz und Norm, S. 80: sie liefern „Konturen der Lösung"; *Farahat*, Progressive Inklusion, S. 131.

[62] *Röhl/Röhl*, Allgemeine Rechtslehre, § 33, S. 289.

[63] Zu ihren Funktionen *Ossenbühl*, in: FG 50 Jahre BVerwG, S. 289, 295 ff.; *Kolb*, Netherlands International Law Review 53 (2006), S. 1, 27 ff.

[64] *Ossenbühl*, in: FG 50 Jahre BVerwG, S. 289, 301.

[65] *Park*, Rechtsfindung im Verwaltungsrecht, S. 102; dementsprechend BVerwGE 2, 22, 23: „die allgemeinen Grundsätze des Verwaltungsrechts gelten insoweit, als die geschriebenen Rechtsquellen schweigen"; ebenso für die Rechtsgrundsätze i. S. d. Art. 38 IGH-Statuts *Verdross*, Quellen des universellen Völkerrechts, S. 128 f.

[66] *Jacoby*, Allgemeine Rechtsgrundsätze, S. 20.

pflichtungsgrad von Recht sowie einer Vielzahl von Rechtserzeugern gelten sie als unentbehrlich[67]. Damit erscheinen sie in einer entwicklungsoffenen und damit unvollständigen Rechtsordnung wie dem internationalen Verwaltungsrecht ideal, um Lücken und Missstände zu adressieren und insofern als „Entwicklungshilfe" zu fungieren[68]. Diese Rolle von Prinzipien, Rechtsordnungen zu vervollständigen, verdeutlichen die juristische Methodenlehre (1.) sowie eine ebenenübergreifende Analyse (2.–4.).

2. *Juristische Methodenlehre*

Der Anerkennung von Prinzipien liegt die Annahme zugrunde, dass ein Rechtssystem, das ausschließlich aus Regeln[69] besteht, nicht wünschenswert wäre, da dies zu Lasten der Rationalität und insbesondere der Stabilität und Kontinuität des Rechts ginge[70]. Dazu wurde gezeigt, dass das Regelmodell selbst bei einem idealen Gesetzgeber und einer idealen Handhabung von Regeln durch den Rechtsanwender stets lückenhaft bleibt[71]. Ohne Prinzipien als „primär ergänzende Normen"[72] bestünde somit die Gefahr, dass Rechtsprobleme nicht gelöst werden oder der Rechtsanwender zwar Entscheidungen fällt, diese aber nach seinem freien Ermessen trifft[73]. Diese Wirkungsweise von Prinzipien lässt sich weiter ausformen[74]:

- Zunächst tragen sie zur Lückenfüllung im engeren Sinne bei, denn wenn ausdrückliche Regeln im Recht fehlen, erlaubt es der Rückgriff auf ein Prinzip, eine solche Regel abzuleiten.
- Während Prinzipien bei der Lückenfüllung im engeren Sinne vom Rechtsanwender somit unmittelbar herangezogen werden, ist ihre Wirkungsweise eine vermittelte, wenn sie die Auslegung von ausdrücklich normierten Regeln anleiten (Interpretationsfunktion)[75].
- Schließlich wird Prinzipien eine Korrekturfunktion in Bezug auf andere Elemente des Rechtssystems beigemessen[76], v.a. wenn das vorhandene Recht und seine Anwendung zu unbefriedigenden Ergebnissen führen[77]. Prinzipien sind werthaltig. Wenn eine Regel vom im Prinzip verkörperten Idealzustand abweicht,

---

[67] *Farahat*, Progressive Inklusion, S. 135.
[68] *Streng*, Dienstrecht in Internationalen Organisationen, S. 168, 325 f.
[69] Zum Begriff siehe oben 8. Kapitel, II.
[70] *Esser*, Grundsatz und Norm, S. 289 ff.
[71] *Alexy*, Recht, Vernunft, Diskurs, S. 221; ferner *Larenz*, Methodenlehre der Rechtswissenschaft, S. 169; *Esser*, Grundsatz und Norm, S. 242 ff.
[72] *Bergmann Ávila*, Theorie der Rechtsprinzipien, S. 130.
[73] *Alexy*, Recht, Vernunft, Diskurs, S. 220.
[74] Siehe etwa die Systematisierung bei *Bergmann Ávila*, Theorie der Rechtsprinzipien, S. 80 ff.
[75] *Bergmann Ávila*, Theorie der Rechtsprinzipien, S. 81 f.
[76] *Rüthers/Fischer/Birk*, Rechtstheorie, Rn. 757 f.
[77] Etwa der Grundsatz der Planerhaltung, nachdem 90 % der Bauleitpläne durch die Rechtsprechung kassiert werden mussten, *Hoppe*, Abwägung, S. 133 ff.

kann das Prinzip die Anwendung dieser Regel „blockieren" und eine mit diesem Idealzustand vereinbare Lösung verlangen[78].

Hinter den skizzierten Erkenntnissen der juristischen Methodenlehre steht das Anliegen, zu zeigen, dass eine Rechtsfindung von Gerichten jenseits der Gesetzesbindung insofern zulässig ist, als sie bestimmten Vorgaben folgt[79]. Denn sofern der Richter eine von Prinzipien angeleitete Entscheidung trifft, fällt er keine dezisionistischen Urteile. Allerdings sollten die Erwartungshaltungen an die vervollständigende Funktion von Prinzipien auch nicht überhöht werden. Denn der Nachweis, dass, wie *Ronald Dworkin* hervorhebt[80], Prinzipien das Treffen einer einzig richtigen Entscheidung für jeden Rechtsfall erlauben (Single Answer Thesis), ist nicht gelungen[81].

3. Nationales und europäisches Verwaltungsrecht

Die Idee von Rechtsgrundsätzen des Verwaltungsrechts findet sich in vielen europäischen Rechtsordnungen[82]. Sie wird auf das französische Verwaltungsrecht zurückgeführt[83]. Die Principes Généraux du Droit, Applicables Même en l'Absence de Texte, die materielle wie prozessuale Rechtsgewährleistungen sowie Grundsätze der ordnungsgemäßen Verwaltung umfassen, wurden vom Conseil d' État mangels einer umfassenden Kodifikation des französischen Verwaltungsrechts entwickelt[84]. Sie werden von verfassungsrechtlichen Grundwerten sowie Gewohnheitsrecht abgegrenzt[85].

Im deutschen Verwaltungsrecht sind die von Rechtsprechung und Verwaltungsrechtslehre konzipierten sog. allgemeinen Rechtsgrundsätze des Verwaltungsrechts eine Errungenschaft des 19. Jahrhundert[86]. Sie entstanden aus dem Bedürfnis heraus, dass die staatliche Verwaltung zunehmend Einfluss auf das Verhalten des Einzelnen nahm, während es angesichts der territorialen Zersplitterung des Verwaltungsrechts[87] an einer tragfähigen Basis fehlte. Diesen notwendigen allgemeinen Teil konnte der Gesetzgeber angesichts der Reichsverfassung von 1871, die dem Reich

[78] *Bergmann Ávila*, Theorie der Rechtsprinzipien, S. 82.

[79] *Rüthers/Fischer/Birk*, Rechtstheorie, Rn. 757 f.

[80] *Dworkin*, Bürgerrechte ernst genommen, S. 181 ff., 467 ff.

[81] Dazu *Herbst*, JZ 2012, S. 891, 894 ff.

[82] *Rengeling*, Rechtsgrundsätze beim Verwaltungsvollzug des europäischen Gemeinschaftsrechts, S. 89 ff.

[83] So *Ruffert*, in: Schmidt-Aßmann/Hoffmann-Riem, Methoden der Verwaltungsrechtswissenschaft, S. 165, 178 ff.

[84] Monographisch *Krech*, Theorie der allgemeinen Rechtsgrundsätze im französischen öffentlichen Recht. Sie verpflichten nicht nur die Verwaltung, sondern, wenn auch mit unterschiedlicher Intensität, die gesamte öffentliche Gewalt, ebenda, S. 114 ff.

[85] Ebenda, S. 169 f.

[86] *Mußgnug*, in: Reinhart, Richterliche Rechtsfortbildung, S. 203, 204 ff.

[87] *O. Mayer*, Deutsches Verwaltungsrecht, Band I, 2. Aufl. S. VIII: „zerfahrenen und unfertigen deutschen Verwaltungsrecht".

die Kompetenz für das allgemeine Verwaltungsrecht vorenthielt, nicht reichseinheitlich bereitstellen. Die damals tragende Rolle der allgemeinen Rechtsgrundsätze des Verwaltungsrechts unterstreicht *Otto Mayers* Satz „Verfassungsrecht vergeht, Verwaltungsrecht besteht“[88].

Da das Gemeinschaftsrecht zunächst kaum Lösungsmodelle anbot, dienten Rechtsgrundsätze dem EuGH in den Anfangsjahren der EG zur Steuerung des Verwaltungsvollzugs und zur Stärkung der Rechtsstellung des Einzelnen, indem zum einen Maßstäbe für das Eigenverwaltungsrecht entwickelt wurden – sie hatten insofern insbesondere eine lückenschließende Funktion[89] – und zum anderen erlaubten sie eine Einwirkung auf das nationale Verwaltungshandeln im indirekten Vollzug und nahmen über ihren Anwendungsvorrang auch eine das nationale Recht korrigierende Funktion ein[90]. Als Ausgangsentscheidung gilt der Fall Algera aus dem Jahr 1957, bei dem der EuGH über die Aufhebbarkeit von Verwaltungsakten, konkret um den Widerruf der Übernahme in ein Dienstverhältnis mit der Gemeinsamen Versammlung der EGKS, zu entscheiden hatte[91]. Anerkannte Grundsätze sind etwa der Vertrauensschutz, die Gesetzmäßigkeit der Verwaltung oder die richterliche Kontrolle der Verwaltung[92]. Später wurden diese Rechtsgrundsätze des Verwaltungsrechts um Verfassungsgrundsätze, v. a. um die Grundrechte[93], ergänzt[94] sowie auf andere Rechtsgebiete erweitert[95].

4. Internationales Recht

Im Völkerrecht zeigt sich der Zusammenhang zwischen dem Entwicklungsgrad einer Rechtsordnung und der Bedeutung von Rechtsgrundsätzen in Art. 38 I c) IGH-Statut, der die „general principles of law recognized by civilized nations“ zur dritten Völkerrechtsquelle erklärt. Die Väter der entsprechenden Formulierung in Art. 38 IGH-Statut waren besorgt, dass die Rechtspraxis allein mit Verträgen und Gewohnheitsrecht nicht auskommen würde, da diese Rechtsquellen oft zu punktuell und schwerfällig seien und Verträge zudem nur die Parteien binden könnten[96]. Nach herrschendem Verständnis sollen diese allgemeinen Rechtsgrundsätze daher eine im Verhältnis zu Vertrags- und Gewohnheitsrecht lückenfüllende Rolle ein-

---

[88] *O. Mayer*, Deutsches Verwaltungsrecht, Band I, 3. Aufl., Vorwort.

[89] *Schwarze*, DVBl. 2011, S. 721.

[90] *V. Danwitz*, Europäisches Verwaltungsrecht, S. 210 ff.

[91] EuGH, Algera u. a. v. Gemeinsame Versammlung der EGKS, Urteil v. 12.07.1957, Rs. 7/56 u. 3–7/57, unter III.

[92] Mit weiteren Beispielen *v. Danwitz*, Europäisches Verwaltungsrecht, S. 168 ff.

[93] Grdl. zum „Grundrecht der Person“ EuGH, Stauder v. Stadt Ulm, Urteil v. 12.11.1969, Rs. 29/69, Rn. 7.

[94] *Schwarze*, DVBl. 2011, S. 721, 722.

[95] Editorial Comments, Common Market Law Review 47 (2010), S. 1589, etwa im Gesellschaftsrecht, EuGH, Audiolux SA u. a. v. Groupe Bruxelles Lambert SA (GBL) u. a. und Bertelsmann AG u. a., Urteil v. 15.10.2009, Rs. C-101/08, Rn. 32 ff., in der Entscheidung aber verneinend.

[96] Zur Entstehungsgeschichte *Verdross*, Quellen des universellen Völkerrechts, S. 123–125; *Fastenrath*, Lücken im Völkerrecht, S. 100 ff.

nehmen[97]. Die Rechtsgrundsätze beinhalten jedenfalls Grundsätze wie das Verbot des Rechtsmissbrauchs, die Verjährung, die Verwirkung sowie prozedurale Grundsätze wie die Waffengleichheit[98].

Im internationalen Verwaltungsrecht spielen Rechtsgrundsätze bislang nur bereichsspezifisch eine Rolle. Paradebeispiel ist das Dienstrecht internationaler Organisationen[99]. Die General Principles of International Civil Service Law wurden – jenseits des Art. 38 I c) IGH-Statut[100] – zum Schutz der Rechte von Arbeitnehmern internationaler Organisationen durch die Verwaltungsgerichte internationaler Organisationen (International Administrative Tribunals), etwa durch das World Bank Administrative Tribunal (WBAT)[101] und das ILO Administrative Tribunal (ILOAT)[102], begründet[103]. Sie sollen die Ausübung administrativer Machtbefugnisse und Spielräume begrenzen[104]. Diese umfassen verfahrensrechtliche Vorgaben wie Anhörungs- und Begründungsrechte und materielle Vorgaben wie ein Gleichbehandlungsgebot oder Vertrauensschutz[105]. Der Hintergrund für ihre Herausbildung soll die strukturell schwächere Position internationaler Bediensteten gegenüber nationalen Bediensteten im öffentlichen Dienst bilden, was u. a. daran liegt, dass dort gewerkschaftliche Strukturen defizitär sind[106]. Die General Principles of International Civil Service Law dienen als „Schattenverfassung", die neben die geschriebenen Vorschriften des internen Dienstrechts der jeweiligen internationalen Organisation tritt[107]. Damit sind sie einerseits subsidiär gegenüber dem geschriebenen Recht, andererseits werden sie zur Auslegung des geschriebenen Rechts herangezogen und können auch als sein Prüfungsmaßstab dienen[108]. Dass ein Verstoß zur Rechts-

---

[97] Siehe nur *Dörr*, in: Ipsen, Völkerrecht, § 20 Rn. 5.

[98] *Weiß*, AVR 39 (2001), S. 394, 398 f.; zur Frage, ob weitere Rechtsgrundsätze mit internationalem Bezug darunter fallen *Herczegh*, General Principles of Law and the International Legal Order, S. 42 ff.

[99] *Akehurst*, The Law Governing Employment in International Organization; *Amerasinghe*, Principles of the Institutional Law of International Organizations, S. 340 ff.

[100] Zur Unterscheidung *Streng*, Dienstrecht in Internationalen Organisationen, S. 135 ff.; *Akehurst*, The Law governing Employment in International Organization, S. 77, der vier Arten von Rechtsgrundsätzen unterscheidend, die von den International Administrative Tribunals angewendet werden, ebenda, S. 72 f.

[101] Insb. WBAT, de Merode u. a. v. Weltbank, Entscheidung Nr. 1 v. 05.06.1981; zur Rolle des WBAT bei der Entwicklung dieser Rechtsgrundsätze *Riddell*, Administrative Boards, Commissions and Tribunals in International Organizations, in: MPEPIL, Dezember 2010, Rn. 26 ff.

[102] Insb. zum Anhörungsrecht ILOAT, Ferrecchia v. UNESCO-UNEVOC, Urteil Nr. 203 v. 14.05.1973.

[103] *Dhinakaran*, International Organizations Law Review 2011, S. 152; weitere Nachweise bei *Amerasinghe*, Principles of the Institutional Law of International Organizations, S. 341.

[104] *Amerasinghe*, Principles of the Institutional Law of International Organizations, S. 343.

[105] Siehe die Analysen bei *Streng*, Dienstrecht in Internationalen Organisationen, S. 154 ff.; *Akehurst*, The Law Governing Employment in International Organizations, S. 113 ff.

[106] *Ullrich*, The Law of the International Civil Service, S. 199.

[107] *Ullrich*, Das Dienstrecht der Internationalen Organisationen, S. 29, 433.

[108] *Streng*, Dienstrecht in Internationalen Organisationen, S. 149.

widrigkeit einer Verwaltungsentscheidung führen kann, auch wenn gegenteilige Bestimmungen existieren, hat das ILOAT im Ferrecchia-Fall explizit festgestellt[109].

IV. Theoretische Grundlagen

1. Ein utopisches und riskantes Unterfangen?

Für das internationale Verwaltungsrecht eine rechtliche Rahmenordnung über Rechtsgrundsätze zu entwickeln, wurde in der Forschung zu internationaler Verwaltungstätigkeit verschiedentlich erwogen[110]. Nach *Benedict Kingsbury*, *Nico Krisch* und *Richard Stewart* sollen die General Principles of Global Administrative Law sowohl Kautelen, die aus dem nationalen Verwaltungsrecht bekannt sind, als auch bestimmte Grundwerte verfassungsrechtlicher Art umfassen[111]; als Beispiele nennt *Sabino Cassese* Anhörung, Begründung, Transparenz, Rechtsschutz, Verhältnismäßigkeit und Menschenrechte[112]. Der Public International Authority-Ansatz konzentriert sich auf die Entwicklung von Grundsätzen für das Recht internationaler Organisationen[113].

Insbesondere der Global Administrative Law-Ansatz ist vehementer Kritik ausgesetzt[114]. Seine Prinzipienlehre wird als „unauthorised boundary crossing" bezeichnet[115], denn in einer fragmentierten Ordnung wie der internationalen sei es kaum möglich, gemeinsame Ideen zu identifizieren[116]. Es fehle an einer Richtschnur, die man überstaatlich allenfalls für internationale Organisationen annehmen könne, deren Verbandszweck Anknüpfungspunkt sei[117]. In der Folge bestünde das Risiko,

---

[109] Gegenstand war eine Disziplinarmaßnahme ohne eine vorherige Anhörung: „Deriving as it does from a general principle; it [*das Anhörungsrecht, Anmerkung der Verfasserin*] must be respected even where contrary provisions exist or in the absence of any explicit text", ILOAT, Ferrecchia v. UNESCO-UNEVOC, Urteil Nr. 203 v. 14.05.1973, unter F.1.

[110] *Schmidt-Aßmann*, DS 45 (2006), S. 315, 334 f.; *Mager*, ZaöRV 70 (2010), S. 789 ff.; *Kingsbury/Krisch/Stewart*, Law and Contemporary Problems 68 (2005), S. 15, 17, 29; *Kingsbury*, European Journal of International Law 20 (2009), S. 23, 32, 34, 41 ff.; *Cassese*, The Global Polity, S. 26 f.; dazu *Walker*, Intimations of Global Law, S. 104 ff.

[111] *Kingsbury/Krisch/Stewart*, Law and Contemporary Problems 68 (2005), S. 15, 29, 37 ff.; *Mitchell/Sheargold*, Alberta Law Review 46 (2009), S. 1, 4 ff. *Benedict Kingsbury* leitet diese globalen Prinzipien aus dem Rechtsbegriff ab, *ders.*, European Journal of International Law 20 (2009), S. 233 ff.

[112] *Cassese*, The Global Polity, S. 26.

[113] *V. Bogdandy*, in: ders./Wolfrum/v. Bernsdorff/Dann/Goldmann, The Exercise of Public Authority by International Institutions, S. 727, 746 f.; weitergehend *Goldmann*, in: GVwR I, § 6 Rn. 47.

[114] Insb. *Harlow*, European Journal of International Law 17 (2006), S. 187 ff., die als Alternative aber nur ein vages (Verlegenheits-)Konzept von Pluralismus und Subsidiarität liefert, ebenda, S. 213 f.

[115] *Alvarez*, in: Kahana/Scolnicov, Boundaries of Rights, Boundaries of State, S. 3, 13 ff., 50 ff.

[116] Zu diesem „kulturellen Einwand" auch *Harlow*, European Journal of International Law 17 (2006), S. 187, 207.

[117] *Starck*, JZ 1997, S. 1021, 1029.

als Grundlage ihrer Gewinnung auf etablierte Verwaltungs- und Verfassungsvorgaben nationaler[118] Rechtsordnungen zurückzugreifen. Eine solche Vorgehensweise sei aber hegemonial, da tendenziell westliche Werte globalisiert würden[119]. Auch sei zu sehen, dass aus dem nationalen oder auch europäischen Recht entliehene Prinzipien nicht immer für eine internationale Verwaltung passend seien[120]. Weiter würde vorschnell übergangen, dass Private in die internationale Verwaltung involviert seien, denen über Prinzipien im Ergebnis öffentlich-rechtliche Vorgaben aufoktroyiert würden[121]. Schließlich seien solche Prinzipien auf eine „rechtsstaatlich geneigte und durch entsprechende Öffentlichkeit gestützte Gerichtsbarkeit angewiesen", die im internationalen Verwaltungsrecht prekär sei[122]. Setze man aber auf die Entwicklung und Durchsetzung von Rechtsgrundsätzen durch dezentrale Spruchkörper, entstünde eine nicht aufzulösende legitimatorische Schieflage[123].

Rechtsgrundsätze gehen weder zwingend mit rigider Gleichmacherei einher[124] noch sind sie notwendig auf eine Gerichtsbarkeit angewiesen[125]. Die Bedenken an der Prinzipienidee weisen aber zu Recht auf einen Schwachpunkt hin: Es gibt anders als beim Erlass von Gesetzen keinen formalisierten Prozess für die Bildung von Rechtsgrundsätzen, der die Einbeziehung verschiedener Positionen gewährleistet[126]. Sie sind daher in besonderem Maße für eine Vereinnahmung durch bestimmte Interessen anfällig. Das stellt ihren Wert für das internationale Verwaltungsrecht aber nicht grundsätzlich in Frage, auch weil sich das Problem nicht auf diesen Bereich beschränkt[127], und weiter zu sehen ist, dass Rechtsgrundsätze trotz dieses Schwachpunkts wertvolle Rationalitätsleistungen erbringen[128]. Entscheidend ist dann ihre umsichtige Begründung[129]. Ziel muss es sein, nicht unter der Hand eine

---

[118] Insb. den Fokus stark auf das US-Recht setzend, das er als Modell allgemeiner Ideen versteht, *Stewart*, Law and Contemporary Problems 68 (2005), S. 63, 100.

[119] *Harlow*, European Journal of International Law 17 (2006), S. 187, 207; *Barak-Erez/Perez*, Cornell International Law Journal 46 (2013), S. 455, 487; a.A. *Craig*, UK, EU and Global Administrative Law, S. 656 ff.: Nur weil bestimmte Prinzipien historisch im Westen entwickelt wurden, heißt das nicht, dass sie heute nicht allgemein akzeptiert werden.

[120] *Craig*, UK, EU and Global Administrative Law, S. 674; speziell für die Tätigkeit internationaler Organisationen *v. Bogdandy*, in: Trute/Groß/Röhl/Möllers, Allgemeines Verwaltungsrecht, S. 683, 689.

[121] *Alvarez*, in: Kahana/Scolnicov, Boundaries of Rights, Boundaries of State, S. 3, 60 ff.

[122] *V. Bogdandy*, in: Trute/Groß/Röhl/Möllers, Allgemeines Verwaltungsrecht, S. 683, 697.

[123] *Alvarez*, in: Kahana/Scolnicov, Boundaries of Rights, Boundaries of State, S. 3, 57 ff.; *Nickel*, in: Brunkhorst, Demokratie in der Weltgesellschaft, S. 143, 155; die Vermengung von Legitimation und Legalität kritisierend *Goldmann*, in: GVwR I, § 6 Rn. 46.

[124] *Craig*, UK, EU and Global Administrative Law, S. 658.

[125] *Mußgnug*, in: Reinhart, Richterliche Rechtsfortbildung, S. 203, 207.

[126] Zu den Unklarheiten ihrer Gewinnung Weyreuther, DÖV 1989, S. 321, 323; *Ossenbühl*, in: FG 50 Jahre BVerwG, S. 289, 292 ff.; *Schilling*, EuGRZ 2000, S. 3, 41; *Maurmann*, Rechtsgrundsätze im Völkerrecht, S. 10.

[127] Für den nationalen Kontext *Beaucamp*, DÖV 2013, S. 41.

[128] Siehe oben 8. Kapitel, III. 1.

[129] *Weyreuther*, DÖV 1989, S. 321, 328; *Beaucamp*, DÖV 2013, S. 41, 45; *Schreiber*, Die Geltung von Rechtsnormen, S. 197.

rechtspolitische Neuausrichtung oder einen Systemwechsel vorzunehmen, sondern kompromissfähige Normen anzubieten[130]. Im Folgenden werden daher Feststellung, Geltungsgrund und Durchsetzung von Rechtsgrundsätzen vorgestellt.

2. *Pluralistische Feststellung*

Prinzipien sind von einer externen Referenz abhängig, auch wenn dies in der Rechtsprechung, die ihre Entwicklung, wie gesehen, maßgeblich vorantreibt, nicht immer offengelegt wird[131]. Sind sie nicht explizit im Gesetz verankert[132], kommen zwei Wege in Betracht, um sie festzustellen[133]:

- *Positivistischer Ansatz*: Sie können durch eine Analyse des positiven Rechts erkannt werden, was traditionell durch Abstraktion aus konkreten Regeln erfolgt.
- *Naturrechtlicher Ansatz*: Eine andere Möglichkeit besteht darin, auf Moral-, Vernunft- und Gerechtigkeitsvorstellungen und damit auf Argumente abzustellen, die gewöhnlich unter dem Namen des Naturrechts firmieren[134].

Die zweite Ableitung bietet sich auf den ersten Blick für das internationale Verwaltungsrecht an, da hier positivrechtliche Grundlagen dürftig sind. Ein Konsens über das naturrechtliche Ausgangsmaterial lässt sich aber kaum erzielen[135], da es die „Rechtsidee“ oder die „Natur der Sache“ nicht gibt[136]; dies gilt umso mehr in einer multikulturellen Welt[137]. Damit zusammenhängend besteht bei dieser Methode in besonderem Maße die Gefahr der Scheinbegründung, indem im Ergebnis das als richtig, naturgegeben oder gerecht behauptet wird, was man gerade als Rechtsgrundsatz benötigt[138]. Der naturrechtliche Ansatz, der in Lehre und Rechtspraxis v.a. in den Anfangsjahren der Entwicklung von Rechtsgrundsätzen eine beliebte Methode war[139], wird heute deswegen zu Recht überwiegend als überholt betrachtet[140] oder zumindest zusätzlich eine positivrechtliche Anerkennung gefordert[141].

---

[130] Auf die Überzeugungskraft setzend *Rüthers/Fischer/Birk*, Rechtstheorie, Rn. 757a.

[131] *Kotuby/Sobota*, General Principles of Law and International Due Process, S. 17f.

[132] *Penski*, JZ 1989, S. 105, 111.

[133] *Jakab*, Rechtstheorie 37 (2006), S. 49, 58f.

[134] Der Begriff des Naturrechts ist wiederum unklar, *Zippelius*, Rechtsphilosophie, § 12.

[135] *Gretschner*, Die „allgemeinen Grundsätze des Verwaltungsrechts“, S. 81; *Kunig*, Das Rechtsstaatsprinzip, S. 58.

[136] Siehe die Analyse von *Dreier*, Zum Begriff der „Natur der Sache“.

[137] *V. Arnauld*, Völkerrecht, § 1 Rn. 6.

[138] *Ossenbühl*, in: FG 50 Jahre BVerwG, S. 289, 293; *Höpfner*, Die systemkonforme Auslegung, S. 95f.; *Neuner*, Die Rechtsfindung contra legem, S. 77ff.

[139] Auf die politische Moral der jeweiligen Gemeinschaft abstellend *Dworkin*, Taking Rights Seriously, S. 66, 126; nach *Essers* Verständnis sind auch die Wolffschen Rechtsgrundsätze (*Wolff*, in: GS Jellinek, S. 33, 37ff.) „erratische Naturrechtsblöcke“, *Esser*, Grundsatz und Norm, S. 86; dem widersprechend *Dreier*, in: FS Wolff, S. 3, 11f., 33; zur naturrechtlichen Ableitung der Rechtsgrundsätze des deutschen Verwaltungsrechts zu Beginn des 19. Jahrhunderts *O. Mayer*, Deutsches Verwaltungsrecht, Band 2, S. 531; *Erichsen*, Verfassungs- und verwaltungsgeschichliche Grundlagen, S. 123ff.; naturrechtlich begründend aber auch noch BVerwGE 42, 222, 227; der Conseil d'État deutete die Principes Généraux du Droit als ethische Konkretisierungen, *Krech*, Theorie der all-

Der positivistische Ansatz beantwortet aber nicht die Frage nach dem heranzuziehenden Rechtsmaterial. Für das internationale Verwaltungsrecht passt eine nationale Lesart nicht, wie sie sich mitunter in der zivilrechtlichen Literatur findet, nach der die Herleitung aus dem geschriebenen Recht einer Rechtsordnung entscheidend sein soll, so dass die Rechtsgrundsätze den Willen des Gesetzgebers zum Ausdruck brächten[142]. Auch die teils im Unionsrecht[143] sowie ab der zweiten Hälfte des 20. Jahrhunderts für das nationale Verwaltungsrecht beliebte Ableitung von Rechtsgrundsätzen aus dem Verfassungsrecht[144] greift im internationalen Verwaltungsrecht mangels einer globalen Verfassung nicht. Schaut man indes auf die Diskussion um die Entwicklung von Rechtsgrundsätzen im überstaatlichen Recht sowie im früheren – von der Mitte des 19. Jahrhunderts bis in die Mitte des 20. Jahrhunderts – deutschen Verwaltungsrecht, dann fällt auf, dass diese aufgrund fehlendem höherrangigen Recht gewonnen wurden, indem Rechtsgedanken aus reiferen und weiterentwickelten Rechtsordnungen und -gebieten als Indikator herangezogen wurden, in der untergeordneten Ordnung ausgetestet und dann ggf. in diese importiert wurden. Diese Zusammenfassung von Rechtsmaterial in einem Grundsatz erklärt dann auch den typischen Zusatz „allgemeine" Rechtsgrundsätze[145]. Weil sie damit Rechtsideen übertragen, kann man Rechtsgrundsätze aber auch als die „bees of law"[146] oder „Brücken"[147] bezeichnen:

gemeinen Rechtsgrundsätze im französischen öffentlichen Recht, S. 14 ff. Bei Art. 38 StIGH-Statut prägte der Streit zwischen naturrechtlichen und positivstischen Vorstellungen den Entstehungsprozess und führte im Erebnis zu einer Kompromissformel: Baron Descamps schlug die Formulierung „legal conscience of civilized nations" vor, die er als Bezugnahme auf die „objective justice" verstand, während der Amerikaner *Root* dem widersprach, dazu *Herczegh*, General Principles of Law and the International Legal Order, S. 12 ff.

140 Für das deutsche Recht *Beaucamp*, DÖV 2013, S. 41, 42 f.; zum europäischen Bereich *Schriewer*, Zur Theorie der internationalen Offenheit und Völkerrechtsfreundlichkeit einer Rechtsordnung, S. 244; für das Völkerrecht *Bogdan*, Nordisk Tidsskrift for International Ret 37 (1977), S. 37, 43; zur Diskussion *Kotuby/Sobota*, General Principles of Law and International Due Process, S. 16 f. m. w. N. Im österreichischen Zivilrecht klingt die naturrechtliche Herleitung aber noch an, siehe den Verweis auf die „natürlichen Rechtsgrundsätze" in § 7 ABGB.

141 *Peters*, Jenseits der Menschenrechte, S. 381; *Spiropoulos*, Die allgemeinen Rechtsgrundsätze im Völkerrecht, S. 26.

142 So aber allgemein *Höpfner*, Die systemkonforme Auslegung, S. 94–96.

143 *Ruffert*, in: GVwR I, § 7 Rn. 107 f.

144 Zum deutschen Recht *Nolte*, Modern Law Review 57 (1994), S. 191, 198; *Mußgnug*, in: Reinhart, Richterliche Rechtsfortbildung, S. 203, 206; dies prozessrechtlich deutend, da eine verfassungsrechtliche Deutung die Revisibilität vor dem BVerwG eröffne, *Park*, Rechtsfindung im Verwaltungsrecht, S. 127–131; zu ähnlichen Tendenzen im französischen Recht *Krech*, Theorie der allgemeinen Rechtsgrundsätze im französischen öffentlichen Recht, S. 14 ff.

145 *Park*, Rechtsfindung im Verwaltungsrecht, S. 102; zu anderen Erklärungen für den Zusatz *Rengeling*, Rechtsgrundsätze beim Verwaltungsvollzug des europäischen Gemeinschaftsrechts, S. 93 ff.; für das deutsche Verwaltungsrecht den Zusatz „allgemein" föderal erklärend *Weyreuther*, DÖV 1989, S. 321, 325.

146 *Kolb*, Netherland International Law Review 27 (2006), S. 53.

147 *Jacoby*, Allgemeine Rechtsgrundsätze, S. 21.

- *Deutschland:* Zur Begründung der allgemeinen Rechtsgrundsätze des deutschen Verwaltungsrechts stützte man sich auf die Rechtsordnungen der einzelnen Gliedstaaten[148]; neben verwaltungsrechtlichen Fachgesetzen und dem Zivil(prozess)recht[149] diente das ausländische Verwaltungsrecht als Material[150]. Auch verwaltungsinterne Richtlinien und Verwaltungsübungen sollen Quellen der allgemeinen Rechtsgrundsätze des deutschen Verwaltungsrechts gewesen sein[151].
- *Unionsrecht*: Die konkrete Ermittlungsmethode der durch den EuGH geschaffenen Rechtsgrundsätze bleibt oftmals im Unklaren, da der Gerichtshof sich nur selten zur Methodik äußert. In der Ausgangsentscheidung Algera nahm der EuGH auf die „in Gesetzgebung, Lehre und Rechtsprechung der Mitgliedstaaten anerkannten Regeln" Bezug[152]. In der Literatur gilt als tragender Erkenntnisvorgang die wertende oder kritisch-wertende Rechtsvergleichung[153], nach der nicht entscheidend ist, was die Mehrheit der Rechtsordnungen übereinstimmend anordnet, sondern die beste Lösung, d.h. den Vorzug erhält die Lösung, zu der die verglichenen Rechtsordnungen sich tendenziell orientieren und die gleichzeitig den Zielsetzungen der Gemeinschaft bzw. EU am nächsten kommen. Die mitgliedstaatlichen Rechtsordnungen dienen mitunter als bloße Inspirationsquelle mit der Folge, dass die Rückbindung an das mitgliedstaatliche Recht teilweise sehr schwach ausfällt. Bereichsspezifisch werden auch das Sekundärrecht[154] und bei den Grundrechten Rechtsakte des Völkerrechts wie die EMRK in die vergleichende Betrachtung einbezogen[155].
- *Völkerrecht*: Die in Art. 38 IGH-Statut genannten General Principles of Law stellen ihrem Ursprung nach „völkerrechtsfremde Normen" dar[156], die nach der h.M. durch Vergleich[157] des in Foro Domestico etablierten Rechts ermittelt werden[158]. Voraussetzung ist, dass sich Normen trotz ihres innerstaatlichen Ursprungs auch

[148] *Erichsen*, Verfassungs- und verwaltungsgeschichliche Grundlagen, S. 123ff.

[149] *Mußgnug*, in: Reinhart, Richterliche Rechtsfortbildung, S. 203, 206; zu Unbefangenheit, Anhörung und Begründung *Rattanasakalwong*, Die Entstehung der allgemeinen Grundsätze des deutschen Verwaltungsverfahrensrechts, S. 109–132 sowie die Rechtsprechungsanalyse ab S. 133ff.

[150] *Stolleis*, Geschichte des öffentlichen Rechts in Deutschland, Band II, S. 394ff., 406f.

[151] *Schmitz*, in: Schneider/Rennert/Marsch, ReNEUAL-Musterentwurf für ein EU-Verwaltungsverfahrensrecht, S. 56; auch *Stolleis*, Geschichte des öffentlichen Rechts in Deutschland, Band II, S. 394ff., 406f.

[152] EuGH, Algera u.a. v. Gemeinsame Versammlung der EGKS, Urteil v. 12.07.1957, Rs. 7/56 u. 3–7/57, unter III. Für die europäischen Grundrechte werden die „gemeinsamen Verfassungsüberliegerungen der Mitgliedstaaten" genannt, etwa EuGH, National Panasonic v. Kommission, Urteil v. 26.06.1980, Rs. 136/79, Rn. 18.

[153] *Zweigert*, RabelsZ 28 (1964), S. 601, 611; *H.P. Ipsen*, Europäisches Gemeinschaftsrecht, § 5 Rn. 20; *Lecheler*, Der Europäische Gerichtshof und die allgemeinen Rechtsgrundsätze, S. 187ff.

[154] *Fehling*, Beiheft 1, EuR 2016, S. 59, 66f., etwa EuGH, Audiolux SA u.a. v. Groupe Bruxelles Lambert SA (GBL) u.a. und Bertelsmann AG u.a., Urteil v. 15.10.2009, Rs. C-101/08, Rn. 31.

[155] *Nowak*, in: Terhechte, Verwaltungsrecht der EU, § 14 Rn. 4.

[156] *Göttsche*, Die Anwendung von Rechtsprinzipien, S. 115.

[157] *Bleckmann*, Grundprobleme und Methoden des Völkerrechts, S. 140.

[158] Rechtsgrundsätze, die ihren Ursprung im Völkerrecht haben, werden davon überwiegend unterschieden, *Crawford*, Brownlie's Principles of Public International Law, S. 18.

auf den zwischenstaatlichen Verkehr übertragen lassen, weswegen traditionell maßgeblich auf das innerstaatliche Zivilrecht abgestellt wird, das wie das klassische Völkerrecht Koordinationsrecht ist[159]. Für die „Anerkennung durch die Kulturvölker" soll eine Berücksichtigung repräsentativer Rechtsordnungen aus den großen Rechtskreisen genügen; diese ist aber auch erforderlich, was die Anerkennung allgemeiner Grundsätze des Öffentlichen Rechts erschwert[160].

– *Internationales Dienstrecht*: Auch die Methode ihrer Gewinnung wird von den Spruchkörpern in ihren Entscheidungen selten offengelegt[161]. Die Literatur geht von einer rechtsvergleichenden Herangehensweise aus[162]. Als Rechtsquellen werden die nationale Rechtskreise, die interne Rechtspraxis der internationalen Organisationen, das eigene Fallrecht der Gerichte[163], ferner internationale Übereinkommen und Deklarationen zu den Grundrechten und Menschenrechten[164] genannt.

Diese vergleichende Methode impliziert einen dynamischen Prozess, in dem ggf. Normen gewonnen werden, die nicht identisch mit ihrem Ausgangsmaterial sind[165]. Entscheidend ist dabei nicht eine rein empirische Feststellung, sondern die rationale juristische Begründbarkeit, die ihre Plausibilität absichert[166]. Im Anschluss an die Gewinnung von Normhypothesen folgt eine wertende Betrachtung, die an der Struktur der jeweiligen Zielordnung ausgerichtet ist, weswegen der Maßstab je nach Rechtsordnung divergieren kann, wie die Unterschiede zwischen Völkerrecht und Unionsrecht zeigen.

Für das internationale Verwaltungsrecht, das durch eine Verwebung unterschiedlicher Rechtsschichten gekennzeichnet ist, bedeutet dies, dass potentiell alle beteiligten Rechtsschichten als Quellen für seine Rechtsgrundsätze in Frage kommen. Dazu gehören auch die jeweiligen Rechtspraktiken, denn gerade die Verwaltungsrechtspraxis erweist sich im grenzüberschreitenden Bereich als wichtiger Impulsgeber[167]. Dieser pluralistische Zugriff auf das Rechtsmaterial deutet sich auch in der Lehre hinsichtlich des internationalen Dienstrechts an. Eine konsensorientierte Ausrichtung wie bei den Rechtsgrundsätze nach Art. 38 IGH-Statut – Nachweis in den meisten Rechtsschichten – kann ebenso wenig verlangt werden wie die teils als

[159] Dazu kritisch *Bleckmann*, Grundprobleme und Methoden des Völkerrechts, S. 145; *Schöbener/Herbst/Perkams*, Internationales Wirtschaftsrecht, § 4 Rn. 180.

[160] *V. Arnauld*, Völkerrecht, § 3 Rn. 270, 272.

[161] *Akehurst*, The Law Governing Employment in International Organizations, S. 77 f.

[162] Heranziehung „externer Systeme" *Akehurst*, The Law Governing Employment in International Organizations, S. 77.

[163] *Amerasinghe*, Principles of the Institutional Law of International Organizations, S. 341; *Streng*, Dienstrecht in Internationalen Organisationen, S. 148, 371 f.

[164] *Ullrich*, Das Dienstrecht der Internationalen Organisationen, S. 172.

[165] *Jacoby*, Allgemeine Rechtsgrundsätze, S. 21.

[166] *Valentin*, Die gemeinschaftsrechtliche Haftung der Mitgliedstaaten der EG für grenzüberschreitende Umweltschädigungen, S. 76–86.

[167] Ähnlich, auf die „Handlungslogiken" der Akteure der internationalen Verwaltung abstellend *Boysen* in: Kahl/Ludwigs, Handbuch des Verwaltungsrechts II, § 49 Rn. 28.

sehr schöpferisch wahrgenommene[168], auf Integration zielende Herangehensweise, die der EuGH verfolgt. Ist das internationale Verwaltungsrecht auf Kooperation in einer konglomeratischen Struktur ausgerichtet, dann geht es in erster Linie darum, überhaupt eine Verständigungsgrundlage zwischen heterogenen Akteuren zu bilden, was durch den pluralistischen Zugriff gefördert wird. Insbesondere bedeutet das, dass nationale Ideen besonders kritisch auf ihre Übertragbarkeit hin zu überprüfen sind; es bedarf bei ihnen stets einer Rückkoppelung mit überstaatlichen Rechtsanforderungen und insbesondere der Rechtspraxis der internationalen Verwaltung. Auch ein Nachweis in einer Vielzahl nationaler Rechtsordnungen kann das Rückkoppelungserfordernis nicht ersetzen. Die Berücksichtigung der konglomeratischen Struktur muss dann auch die konkrete Anwendung der Rechtsgrundsätze des internationalen Verwaltungsrechts anleiten. Eben weil die Rechtsgrundsätze des internationalen Verwaltungsrechts unterschiedliche Akteure abdecken, sind bei der Konkretisierung die jeweiligen Besonderheiten im Blick zu behalten[169].

3. Geltungsgrund: Transfer und Überzeugungskraft

Einen anerkannten Geltungsgrund von Rechtsgrundsätzen gibt es nicht. Seine Existenz wird teils auch in Frage gestellt[170]. Grundsätzlich lassen sich originäre und derivative Begründungen unterscheiden:

- *Originär*: Weit verbreitet ist ein Rekurs auf den Gerechtigkeitsgedanken. An jede Rechtsordnung sei zwingend der Anspruch materieller Richtigkeit zu stellen[171] oder weil Rechtsgrundsätze weit verbreitet seien, sei anzunehmen, dass sie richtig seien[172]. Im Völkerrecht wird konsensualbezogen argumentiert, wenn die Vermutung geäußert wird, dass sich die Staaten auch im Völkerrecht an die Grundsätze ihrer Rechtsordnungen halten wollten[173], oder das Verbot widersprüchlichen Verhaltens wird mit dem Argument als Geltungsgrund angeführt, dass sich die Staaten auch im internationalen Verkehr an die Grundsätze ihrer eigenen Rechtsordnungen halten müssten[174]. Der EuGH hat in seiner Algera-Entscheidung auf das Verbot der Rechtsverweigerung abgestellt[175]; auch die Entstehungsgeschichte des Art. 38 I c) IGH-Statut zeigt, dass der Schutz vor einer

[168] Insbesondere im Bereich der Grundrechte *Bleckmann*, NVwZ 1993, S. 824, 826.
[169] *Craig*, UK, EU and Global Administrative Law, S. 658.
[170] *Jacoby*, Allgemeine Rechtsgrundsätze, S. 272.
[171] *Wolff*, in: GS Jellinek, S. 33, 35; für das Gemeinschaftsrecht *Rengeling*, Rechtsgrundsätze beim Verwaltungsvollzug des europäischen Gemeinschaftsrechts, S. 206; *Valentin*, Die gemeinschaftsrechtliche Haftung der Mitgliedstaaten der EG für grenzüberschreitende Umweltschädigungen, S. 43; für das Völkerrecht *Bleckmann*, Grundprobleme und Methoden des Völkerrechts, S. 138 f.
[172] *Weiss*, AVR 39 (2001), S. 394, 398.
[173] *Bleckmann*, Grundprobleme und Methoden des Völkerrechts, S. 140.
[174] *Doehring*, Völkerrecht, Rn. 410; kritisch, da dies das Erfordernis der allgemeinen Anerkennung nicht erkläre, *Bleckmann*, Die Aufgaben einer Methodenlehre, S. 28.
[175] EuGH, Algera u. a. v. Gemeinsame Versammlung der EGKS, Urteil v. 12.07.1957, Rs. 7/56 u. 3–7/57, unter III.

Rechtsverweigerung ein Leitgedanke war[176]. Im Unionsrecht wird auch auf die Anerkennung in jetzt Art. 340 II AEUV, Art. 6 III EUV verwiesen.
- *Derivativ*: Die derivative Lesart ist typisch für das deutsche Verwaltungsrecht. Dort werden sie anderen Rechtsquellen wie Verfassungs-, Gesetzes-, Gewohnheits- oder, soweit anerkannt, auch dem Richterrecht zugeordnet[177].

Der unmittelbare Rekurs auf den Gerechtigkeitsgedanken stößt sich an der hier vertretenen rechtsvergleichenden Ermittlung der Rechtsgrundsätze. Eine Anknüpfung an Richterrecht oder eine angebliche Rechtsverweigerung[178] scheidet für das Seeverwaltungsrecht mangels hinreichend justizieller Durchdringung von vorneherein aus. Gewohnheitsrecht kann die Geltung jüngerer Grundsätze nicht erklären und an bestehende gesetzliche Regelungen und das Verfassungsrecht kann ebenfalls nicht angeknüpft werden. Daher bedarf es subtilerer Argumente. Möglich ist eine modifizierte derivative Lesart, die an die Funktionsweise von Rechtsgrundsätzen anknüpft: Vermitteln Rechtsgrundsätze Grundwerte, die im verwandten Rechtsmaterial ihre Basis haben, dann ist es konsequent, hierin ihren Geltungsgrund zu suchen. Der Geltungsgrund sind danach die durch die verschiedenen Teilrechtsordnungen vermittelten Gerechtigkeitsvorstellungen. Sofern die Rechtsgrundsätze sich aus gängigen Rechtspraktiken ableiten, lässt sich ähnlich wie im Völkerrecht mit dem Gedanken des breiten Konsenses argumentieren. Diese Ableitung bedeutet allerdings, dass auch Anforderungen fremden Rechts sowie fremder Praktiken mittels der Rechtsgrundsätze Bindungswirkungen entfalten. Solange nicht einseitig auf eine Rechtsschicht abgestellt wird, sondern eine pluralistische Feststellung erfolgt und damit alle Akteure über die Rechtsgrundsätze potentiell fremden Rechtseinflüssen ausgesetzt sind, erscheint das aber akzeptabel. Hinzu tritt der folgende Gedanke: Geht es bei den Rechtsgrundsätzen des internationalen Verwaltungsrechts um die Herstellung einer Kooperationsgrundlage zwischen heterogenen Akteuren, dann kommt ihrer Überzeugungskraft eine maßgebliche Bedeutung zu. Die durch eine sorgsame Begründung vermittelte Plausibilität lässt sich daher als eigener Geltungsgrund verstehen[179].

---

176 Dazu *Bothe*, ZaöRV 36 (1976), S. 280, 295.

177 *Maurer/Waldhoff*, Allgemeines Verwaltungsrecht, § 4 Rn. 36–42; *Park*, Rechtsfindung im Verwaltungsrecht, S. 230; zur Deutung der europäischen Rechtsgrundsätze als Richterrecht, selbst ablehnend *Rengeling*, Rechtsgrundsätze beim Verwaltungsvollzug des europäischen Gemeinschaftsrechts, S. 203 ff. m. w. N.

178 Das Argument des EuGHs im Algera-Fall spiegelt das französische Rechtsdenken wider, dazu *Lutzhöft*, Eine objektiv-rechtliche Gewährleistung der Rundfunkfreiheit, S. 94 f.; das Rechtsverweigerungsverbot soll auch völkergewohnheitsrechtlich anerkannt sein, *Freeman*, Denial of Justice, S. 53 ff. Ob es als Geltungsgrund taugt, mag man aber anzweifeln, da das Rechtsverweigerungsverbot die Geltung von Rechtsprinzipien voraussetzt.

179 Allgemein *Mußgnug*, in: Reinhart, Richterliche Rechtsfortbildung, S. 203, 3, 207 f.; *Ossenbühl*, in: FG 50 Jahre BVerwG, S. 293, 300.

4. Gegenseitige Durchsetzung

Rechtsgrundsätze werden gewöhnlich durch die Rechtsprechung implementiert. Sind judikative Strukturen und ihre Inanspruchnahme rechtlich und faktisch schwach ausgeprägt wie im Seeverwaltungsrecht, dann muss die Durchsetzung breiter aufgestellt sein. In einer konglomeratischen Ordnung ist diese als eine gegenseitige zu verstehen, so dass potentiell alle Rechtsschichten und Akteure in die Durchsetzung einbezogen sind. Gerade ihre typische Verflechtung eröffnet die Option, die Einhaltung von Rechtsgrundsätzen gegenseitig zu beobachten, auf ihre Erfüllung hinzuwirken und damit zur arbeitsteiligen Problemlösung. Dies kann horizontal zwischen internationalen Organisationen geschehen[180], geht aber darüber hinaus. Staaten einschließlich von Staatenverbünden wie der EU spielen wegen ihrer Möglichkeiten nach wie vor eine große Rolle. In der Untersuchung wurde gezeigt, dass dabei eben nicht nur Gerichte, sondern etwa auch nationale Behördenvertreter in Bezug auf den Rechtsschutz in transnationalen Behördennetzwerken[181] oder NGOs und Parlamentarier in Bezug auf die internationale Rechtssetzung[182] oder Staaten und überstaatliche Instanzen gegenüber der privaten Seeverwaltung[183] das Potential zur Durchsetzung haben.

Die staatliche Durchsetzungsrolle lässt sich zudem – wie gezeigt wurde – durch ihre grund- und menschenrechtliche Absicherung[184] oder durch eine demokratische Verankerung[185] stärken.

Diese gegenseitige Berücksichtigung verflochtener Teilrechtsordnungen und ihre Ergänzung bei Defiziten erinnert an die für das transnationale Recht beschriebenen Gedanken der Komplementarität und Subsidiarität[186]. Diese setzen indes auf die Selbstreflexion der Teilrechtsordnungen, während das Ergänzungsverhältnis hier durch den Bezug auf einen gemeinsamen Referenzpunkt in Form der Rechtsgrundsätze ein gelenktes ist.

V. Rechtsgrundsätze im Einzelnen

Die hier vorgestellten Rechtsgrundsätze des internationalen Verwaltungsrechts abstrahieren die in der Untersuchung gemachten Grundaussagen und Erkenntnisse zu Schutz, Legitimation und Metagovernance in der Seeverwaltung. Zu ihrer erforderlichen pluralistischen Feststellung[187] im Einzelnen sei auf die methodischen Grundlagen in den entsprechenden Kapiteln verwiesen. Die Rechtsgrundsätze sind

---

[180] *Deshman*, European Journal of International Law 22 (2011), S. 1089 ff.
[181] 6. Kapitel, A. IV. 3. f. cc.
[182] 5. Kapitel, IV. 6.
[183] 6. Kapitel, B. III. 1.
[184] 6. Kapitel, A. IV. 3. und B. IV.
[185] 5. Kapitel, V.
[186] *Viellechner*, Transnationalisierung des Rechts, S. 265–269.
[187] Siehe oben 8. Kapitel, IV. 2.

somit zunächst sektorielle. Wegen der Vorbildrolle der Seeverwaltung und, da die Untersuchung Beobachtungen aus nicht-maritimen Bereichen einbezogen hat, haben sie aber insofern einen universellen Anspruch, als sie als Inspiration für andere Sachmaterien des internationalen Verwaltungsrechts dienen können.

1. Internalisierung durch Schaffung inneradministrativer Schutzmechanismen

Rechtsschutz, Verwaltungslegitimation und Verwaltungskontrolle lassen sich im internationalen Verwaltungsrecht wegen des grenzüberschreitenden Bezugs nur unzureichend über Gerichte und Parlamente konzeptualisieren. Die Antwort bildet eine deutliche Ausrichtung auf eine Internalisierung dergestalt, dass die Verwaltungsakteure selbst Einrichtungen schaffen müssen, damit diese Anliegen voll zur Geltung gelangen können: Interner Rechtsschutz[188], verbandsseitige Begrenzungsmechanismen[189], die Prozeduralisierung der internationalen Rechtssetzung zur Legitimationssicherung[190] sowie kollektive Kontrollen[191] gehören zu den inneradministrativen Schutzmechanismen, die in der Arbeit vorgestellt wurden. Sie sind danach nicht nur Beiwerk zu judikativen oder legislativen Formen, sondern rücken selbst in den Mittelpunkt.

2. Qualitätsmanagement

Das Manko solcher inneradministrativer Schutzmechanismen ist ihre ungewisse Tauglichkeit und – wie die Verwaltungskontrolle zeigt – ihre potentiell negativen Auswirkungen auf die beteiligten Akteure. Das adressiert ein Qualitätsmanagement für diese. Auf der Grundlage eines vergleichenden Ansatzes wurden daher gemeinsame Bezugspunkte herausgearbeitet, anhand derer sich die Güte von Schutzmechanismen bewerten lässt:

- Für den Rechtsschutz gegen die internationale Verwaltung waren dies die Mindeststandards der Zugänglichkeit, der Verfahrensgerechtigkeit sowie der reellen Durchsetzungschance[192].
- Für die internationale Rechtssetzung sind v.a. eine Partizipations- und Transparenzordnung entscheidend[193].
- Für die kollektiven Kontrollmechanismen dienen prozedurale Garantien der Akzeptanzsicherung. Zu den Mindestbestandteilen gehören ein Anhörungsrecht bei belastenden Maßnahmen, der Schutz vertraulicher Informationen sowie ein Gleichbehandlungsgebot, das insbesondere auch die Verfahrensgrundlagen er-

---

[188] Siehe oben 6. Kapitel, A. III. 1.
[189] Siehe oben 6. Kapitel, B. II.
[190] Siehe oben 5. Kapitel, IV. 3.–5.
[191] Siehe oben 7. Kapitel, A. II.
[192] Siehe oben 6. Kapitel, A. IV. 2. e. und B. III. 1.
[193] Siehe oben 5. Kapitel IV. 3. und 5.

fasst[194]. Bei weitreichenden Kontrollmechanismen lässt sich in der Praxis die Tendenz beobachten, diese durch interne Rechtsschutzmechanismen zu flankieren.

3. Kohärenz über prozedurale Kooperation

Prozedurale Kooperation als die Abstimmung der Akteure über gemeinsame Verfahren, die im intensivsten Fall zur Bildung gemeinsamer Gremien führt[195], ist bei einer konglomeratischen Verwaltung wie der Seeverwaltung essentiell. Sie erlaubt es, die autonomen Akteure wechselseitig aufmerksam und empfindlich füreinander zu machen. Dieser gemeinsamen Reflexion bedarf es für verschiedene Anliegen. Neben instrumentellen Funktionen wie der Bewerkstelligung internationaler Planung oder Wissensgenerierung[196] fördert eine prozedurale Kooperation insbesondere die Kohärenz, die im grenzüberschreitenden Bereich mangels hierarchischer, die Einheit wahrender Strukturen auf eine gegenseitige Öffnung im Wege der Selbstorganisation angewiesen ist[197]. Kohärenz bildet insbesondere auch eine Voraussetzung für Rechtssicherheit und Rechtsgleichheit.

In der Praxis haben sich dazu verschiedene Mechanismen der positiven Koordination herausgebildet, die darauf zielen, die Aktivitäten der verschiedenen Akteure miteinander in Einklang zu bringen. Besonders bedeutend sind Instrumente der Transparenzbildung wie der Beobachterstatus oder regional initiierte Transparenzprozesse sowie Koordinationsstrukturen, die etwa über gemeinsame Arbeitsgruppen darauf hinwirken, Gemeinschaftsprojekte in den Bereichen Rechtssetzung, Rechtsdurchsetzung und kognitive Entscheidungsgrundlagen auf den Weg zu bringen[198].

4. Konfliktvorsorge durch Sicherheitsnetze

Im internationalen Verwaltungsrecht fällt das schwache Vertrauen der Akteure untereinander in ihre Leistungsfähigkeit sowie die rechtsstaatliche und demokratische Integrität ihrer Strukturen auf. Hintergrund ist, dass nicht auf gemeinsame Realvoraussetzungen gesetzt werden kann, wie man das im deutschen Verwaltungsrecht annimmt. Dieses Misstrauen ist damit letztlich Folge der Heterogenität der Konglomeratsverwaltung. Die Probleme kennt man auch aus dem europäischen Verwaltungsrecht; sie sind dort wegen der im Vergleich homogeneren Voraussetzungen aber nicht so stark ausgeprägt. Für die EU wird sogar das in Art. 4 III EUV normierte Vertrauen als zusätzlicher Legitimationsmodus verstanden[199].

---

[194] Siehe oben 7. Kapitel, A. II. 5. b.
[195] *Schmidt-Aßmann/Schöndorf-Haubold*, in: GVwR I, § 5 Rn. 32c.
[196] Siehe oben 4. Kapitel VI. und VII.
[197] Siehe oben 7. Kapitel, C.
[198] Siehe oben 7. Kapitel, C. IV. 4. und 5.
[199] *Franzius*, Gewährleistung im Recht, S. 457, 650 ff.; *Schwind*, Netzwerke, S. 140.

Ist demnach Vertrauen keine Selbstverständlichkeit, dann muss für das internationale Verwaltungsrecht in besonderem Maße[200] für den Fall des Konflikts vorgesorgt werden. Die Konfliktvorsorge kann nicht von der Notwendigkeit vertrauensbildender Maßnahmen zwischen den Akteuren entbinden, etwa durch kollektive Kontrollen[201]; vielmehr geht es um das Aufspannen von Sicherheitsnetzen, um zu verhindern, dass Missstände infolge der gegenseitigen Öffnung der Rechtsordnungen übergriffig werden. Relevant wird Konfliktvorsorge damit v.a. überall dort, wo fremde Rechtsakte Bindungswirkungen in der eigenen Rechtsordnung entfalten sollen. Dass das Seeverwaltungsrecht den Grundsatz der Konfliktvorsorge anerkennt, wurde anhand verschiedener Sicherheitsnetze gezeigt:

- Intensiver als im EU-Kontext ist der transnationale Verwaltungsakt im internationalen Verwaltungsrecht mit einer Korrekturordnung zu flankieren, die bei zu Tage tretenden Missständen der Partner Ausnahmen von der gegenseitigen Anerkennung erlaubt[202].
- Ausdruck institutionellen Misstrauens gegenüber der internationalen Rechtssetzung ist auch die Eingangskontrolle durch das COSS-Verfahren der EU, das die Risiken dynamischer Verweise im Unionsrecht auf internationales Recht einhegen soll[203].
- Für die Rechtssetzung durch Private versucht die IMO mit dem GBS-Verifizierungsverfahren ein Sicherheitsnetz aufzubauen, das die Rezeption von Klassennormen durch das internationale Recht filtert[204].

Der Gedanke der Konfliktvorsorge wirkt demnach auf Rechtssetzung und Rechtsanwendung gleichermaßen ein. Gemeinsam ist allen Mechanismen der subsidiäre Charakter der Konfliktvorsorge; es geht um die Behebung eindeutiger Fehlgriffe.

Sicherheitsnetze lassen sich nicht allein als Ausprägung des Ordre Public erklären: Während die EU ihre Rechtsvorstellungen zum Maßstab erhebt und damit aus einer internen Perspektive die externen Risiken abfängt, geht die Tendenz bei der Konfliktvorsorge im Übrigen hin zur Internationalisierung, indem gemeinsame Vorgaben für das Gebrauchmachen des Sicherheitsnetzes und seiner Maßstäbe gemacht werden.

VI. Fazit

Das letzte Kapitel hat gezeigt, dass eine rechtliche Einhegung der internationalen Verwaltung nicht über das hierarchische Konzept der Verfassung gelingen kann. Für

[200] Für das EU-Recht schon *Schmidt-Aßmann*, Verwaltungsrechtliche Dogmatik, S. 91.
[201] Siehe oben 7. Kapitel, A.
[202] Siehe oben 4. Kapitel, I. 4.
[203] Siehe oben 5. Kapitel, IV. 2.
[204] Siehe oben 5. Kapitel, VI. 2.

eine konglomeratische Verwaltung wie die internationale, die durch ein Zusammenspiel heterogener Akteure, Rechtsschichten und Kulturen geprägt ist, bietet sich vielmehr die Figur der Rechtsgrundsätze an. Denn ein Blick auf die juristische Methodenlehre, das nationale, europäische und internationale Recht hat verdeutlicht, dass Rechtsgrundsätze eine Antwort sind, wenn es gilt, in unvollständigen Rechtsbereichen, Lücken und Missstände zu adressieren und insofern „Entwicklungshilfe" zu leisten. Der Kritik an der Figur der Rechtsgrundsätze des internationalen Verwaltungsrechts wurde begegnet, indem die Feststellung, der Geltungsgrund und die Durchsetzung der Rechtsgrundsätze thematisiert wurden. Für die Feststellung gilt, dass potentiell alle beteiligten Rechtsschichten als Quellen für Rechtsgrundsätze des internationalen Verwaltungsrechts in Frage kommen können. Dementsprechend setzt sich der Geltungsgrund der Rechtsgrundsätze aus diversen Rechtsgrundlagen und auch Rechtspraktiken zusammen; auch die Überzeugungskraft bildet einen Geltungsgrund. Das Fehlen einer übergeordneten Stelle und eines funktionsfähigen gerichtlichen Rechtsschutzes erschwert die Durchsetzung der Rechtsgrundsätze. In einer konglomeratischen Ordnung kann die Durchsetzung daher nur als eine gegenseitige verstanden werden, bei der potentiell alle Akteure einbezogen sind. Gerade die Verflechtung der internationalen Verwaltung eröffnet die Option einer arbeitsteiligen Problemlösung, sprich die Einhaltung von Rechtsgrundsätzen wechselseitig zu beobachten und auf ihre Erfüllung hinzuwirken. Schließlich wurden mit der Internalisierung durch Schaffung inneradministrativer Schutzmechanismen, dem Qualitätsmanagement, der Kohärenz über prozedurale Kooperation und der Konfliktvorsorge über Sicherheitsnetze vier Rechtsgrundsätze des internationalen Verwaltungsrechts vorgestellt. Diese abstrahieren die in der Untersuchung gemachten Grundaussagen und Erkenntnisse zu Schutz, Legitimation und Metagovernance in der Seeverwaltung. Die Rechtsgrundsätze des internationalen Verwaltungsrechts sind somit zunächst sektorielle. Wegen der Vorbildrolle der Seeverwaltung, und da die Untersuchung Beobachtungen aus nicht-maritimen Bereichen einbezogen hat, haben sie aber insofern einen universellen Anspruch, als sie als Inspiration für andere Sachmaterien des internationalen Verwaltungsrechts dienen können.

Gesamtschau

I. Seehandelsrecht – Seevölkerrecht – Seeverwaltungsrecht

Die Seeschifffahrt wurde bislang juristisch durch das Zivil- und Völkerrecht dominiert. Die punktuellen verwaltungsrechtliche Zugriffe waren oftmals darstellender Art[1]. In der Untersuchung wurde demgegenüber eine neue Perspektive vorgeschlagen: Sie versteht das Seeverwaltungsrecht als Paradebeispiel eines internationalen Verwaltungsrechts, das sie als Recht einer Konglomeratsverwaltung konzipierte. Der Begriff konglomeratisch soll anzeigen, dass für die maritime Verwaltungstätigkeit im Besonderen und die internationale Verwaltung im Allgemeinen statt monolithischer Struktur und einheitlicher Entscheidungsbefugnisse das Zusammenspiel und die Verbindung diverser Akteure, Rechtsschichten und Kulturen prägend sind. Ihr theoretisches Fundament bildete der Global Governance-Ansatz. Die Sequenz von Seehandelsrecht (Maritime Law) und Seevölkerrecht (Law of the Sea) erhält mit dem Seeverwaltungsrecht (Maritime Governance) damit eine dritte Dimension. Die zivilrechtlichen und völkerrechtlichen Pfade werden im Seeverwaltungsrecht indes nicht verlassen; diese Rechtsschichten sind vielmehr Ausdruck und Bestandteil des Konglomeratsdenkens.

Im Folgenden wird zunächst resümiert, wie das Konglomeratsparadigma die Struktur und das Instrumentarium der Seeverwaltung sowie die juristischen Kautelen zur Einhegung internationaler Verwaltungstätigkeit determiniert (II.), bevor übergreifende Eindrücke Raum für weitere Überlegungen bieten (III., IV.).

II. Konsequenzen des Konglomeratsparadigmas für die internationale Verwaltung und ihr Recht

Zur Beantwortung der Frage nach den Konsequenzen ist es zunächst erforderlich, den Grundgedanken der Konglomeratsverwaltung zu begreifen. Ausgehend vom Aufgabenbezug des Verwaltungsrechts wurde dazu im ersten Kapitel gezeigt, dass die Konglomeratsverwaltung und ihr Recht Ausdruck der Verwaltungsaufgabe der internationalen Zusammenarbeit sind. Ausgangspunkt bildete die staatliche

---

[1] *Beckert/Breuer*, Öffentliches Seerecht, sowie die einführenden Unterrichtsmaterialien zum „nationalen öffentlichen Seerecht“ von *Peter Ehlers* (https://www.jura.uni-hamburg.de/die-fakultaet/professorinnen-professoren/professurenkatalog/ehlers-peter1.html).

Verwaltung, von der aus Erweiterungen und Modifikationen aufgezeigt und diskutiert wurden. Solche Außenkontakte der Verwaltung sind erforderlich, wenn der Verwaltungsgegenstand grenzüberschreitend wird. Mit einem grenzüberschreitenden Verwaltungsgegenstand sind damit nicht nur rudimentäre Auslandsbezüge gemeint, wie sie bei grenznahen Vorhaben und Planungen beobachtbar sind, sondern die Auslandsbezüge müssen struktureller Natur sein. Für solche Änderungen im Realbereich steht allgemein der Begriff der Globalisierung als Entwicklung und Ausweitung von Beziehungen im weltweiten Maßstab. Die Untersuchung hat zur Präzisierung drei Kernelemente von Globalisierungsphänomenen herausgearbeitet – Mobilität, transnationale Unternehmen und Interkulturalität – und diese für die Seeschifffahrt konkretisiert. Triebkräfte für solche Entwicklungen sind technologische Quantensprünge – im maritimen Bereich zuvörderst die Containerisierung und die Kreuzschifffahrt – sowie der politische Wille vieler Staaten, eine weltweite Verzahnung zuzulassen – im maritimen Bereich der Aufstieg der Billigflaggen als Form des Offshorings. Diese Prozesse sind irreversibel. Versuche, Billigflaggen völkerrechtlich, etwa über ein Genuine Link-Erfordernis, oder national, etwa über Zweitregister, zu eliminieren, scheiterten. Diese Herausforderung im Realbereich führt normativ dazu, dass sich das staatliche Recht nach außen öffnet und sich spiegelbildlich das Völkerrecht als Kooperationsvölkerrecht in die staatlichen Interna einmischt. Die rechtstechnischen Elemente dieses Öffnungs- und Einmischungsprozesses wurden benannt. Das erste Kapitel hat damit auch deutlich gemacht, dass die Untersuchung das internationale Verwaltungsrecht weniger als Begriff oder fest umrissene Rechtsmaterie als vielmehr als Forschungsperspektive versteht, die nach den Konsequenzen der Globalisierung und damit zusammenhängend einer staatliche Grenzen überschreitenden Erfüllung typischer Verwaltungsaufgaben für das Recht fragt.

Das zweite Kapitel hat diese Grundüberlegungen dann für drei maritime Referenzgebiete konkretisiert. Im Mittelpunkt stand das Seesicherheits- und Seeumweltrecht als mobiles Anlagenrecht. Die Seeschifffahrt ist ein fehlerinduziertes System, das über die prominenten Ölkatastrophen hinaus mit multiplen Umweltproblemen einhergeht. Das sog. Neue Seerecht vertraut als Folge der Globalisierung der Seeschifffahrt nicht allein auf das Flaggenstaatprinzip, um ordnungsgemäße Zustände auf Seeschiffen sicherzustellen. Das Seerechtsübereinkommen setzt stattdessen auf Kompetenzverschiebungen in vertikaler und horizontaler Richtung, indem auf der einen Seite der Internationalen Seeschifffahrts-Organisation (IMO) Kompetenzen für die Rechtssetzung zugebilligt werden, deren Ausdruck diverse sog. seeverwaltungsrechtliche Abkommen wie SOLAS, MARPOL und STCW sind; zum anderen werden verstärkt Küsten- und Hafenstaaten in die Durchsetzung internationaler Normen gegenüber fremdflaggigen Schiffen eingebunden. Diese seevölkerrechtlichen Entwicklungen spiegeln sich im deutschen Recht mustergültig im SchSG und in der SchSV wider. Das Seearbeits- und Seesozialrecht folgt diesem Regulierungsansatz mit der im Rahmen der Internationalen Arbeitsorganisation (ILO) zustande gekommenen Maritime Labour Convention 2006, die in Deutschland im SeeArbG umgesetzt wurde, um der Auswüchse des globalen Arbeitsmarkts für Seeleute Herr zu werden. Parallel zu diesem völkerrechtlichen Regime und weitgehend unabhängig von diesem konnte durch die Internationale Transportarbeiter-Föderation (ITF) ein transnationales Regime der Gewerkschaftsseite etabliert werden, das die Schifffahrtsunternehmen über sog. ITF Agreements, ein eigenes Inspektorat, Sozialfonds und Hafenarbeiterboykotte auch zu weitergehenden Eingeständnissen zwingen konnte. Da die Seeschifffahrt ein überkommener Treiber für grenzüberschreitende Seuchen ist, gehört zum globalen Gesundheitsrecht auch die hygienische Untersuchung von Seeschiffen. Dieses Seegesundheitsrecht ist im Kern in Teil IV, Teil V Kapitel II und Teil VI der Internationalen Gesundheitsvorschriften 2005 von der Weltgesundheitsorganisation (WHO) niedergelegt worden und wird im deutschen Recht in Abschnitt 3 des IGV-DG reflektiert. Die Ausstellung von Schiffshygienebescheinigungen im Hafen nach einem internationalen Prozedere und eine grenzüberschreitende Zusammenarbeit der Gesundheitsverwaltungen im Hafen gehören zu seinen Grundanforderungen.

Die konglomeratische Organisationsstruktur bedeutet quantitativ eine Pluralisierung der Wirkungseinheiten, die eine normative Ordnungsleistung jenseits des Staats erbringen, und qualitativ ihre Vielgestaltigkeit. Im dritten Kapitel wurden die einzelnen Organisationsformen nicht nur vorgestellt, sondern zugleich ihre Funktionen für die Seeverwaltung herausgearbeitet: Zentrale Aufgabe universeller und spezieller Organisationen wie IMO, ILO und WHO ist die Rechtssetzung sowie zunehmend weitergehende Aufgaben wie die der übergreifenden Ordnungsbildung. Auf der regionalen Ebene effektuieren sowohl Regionalmeerorganisationen die Umsetzung internationaler Vorgaben als auch die EU. Die EU setzt aber darüber hinaus auch eigene Vorstellungen von einer Qualitätsseeschifffahrt mittels diverser Techniken und Strategien unilateral durch. Nach der Stoßrichtung ihrer Bemühungen kann man zum einen eine interne Funktion ausmachen, d.h. die EU trägt dazu bei, dass ihre Mitgliedstaaten auf der internationalen Ebene aufgestellte Anforderungen sowie weitergehende europäische Vorgaben beachten; zum anderen weist die maritime Regulierung der EU eine externe Funktion auf, denn sie adressiert internationale Organisationen, Drittstaaten und Drittstaatsangehörige, um weltweit ein hohes Schutzniveau zu etablieren. Möchte man Schutzüberlegungen gegenüber der rechtlich grundsätzlich zulässigen, aber konfliktreichen Ausübung der europäischen Marktmacht zur Wahrung öffentlicher Belange anstellen, gilt es die Vorteile der Katalysatorfunktion für die internationale Verwaltung anzuerkennen und mögliche Einschränkungen an konkreten Beeinträchtigungen für Betroffene festzumachen. Defizite im Rechtsschutz von Angehörigen aus Drittstaaten wären etwa ein Ansatzpunkt, über eine Pflicht zur Kompensation solcher Nachteile nachzudenken. Internationale Agenturen wie GESAMP verstehen sich hingegen v.a. als globale Wissensplattform. Die staatliche Seeverwaltung, die am Beispiel der deutschen maritimen Behördenlandschaft skizziert wurde, wird durch das Völkerrecht in die Durchsetzung internationaler Vorgaben eingebunden. Diese ist zudem über transnationale Behördennetzwerke, zu deren wichtigsten Erscheinungsformen im Seeverwaltungsrecht neben MAIIF und WHO PAGNet die acht regionalen Hafenstaatkontrollzusammenschlüsse (PSC MoUs) gehören, auch grenzüberschreitend strukturell verbunden, ohne den Status internationaler Organisationen zu erlangen. Die subnationale Seeverwaltung umfasst zum einen die Seehäfen bzw. ihre Port Authorities, die insofern eine Laborfunktion wahrnehmen, indem sie eigene Ansätze und kreative Ideen zur Reduktion von Umweltbeeinträchtigungen durch die Seeschifffahrt entwickeln und diese durch Transnational Port Environmental Networks wie EcoPorts teils auch gemeinsam verfolgen. Zum anderen treten Lotsen als Grenzstellenakteure der Seeverwaltung auf. Sie gehen die infolge des nur flüchtigen Kontakts zwischen Verwaltung und Verwaltungsadressat bestehenden tatsächlichen, aber auch rechtlichen Erkenntnisschwierigkeiten an, indem sie sowohl als Berater des Kapitäns als auch als Informationsquelle örtlicher Behörden agieren. Der Bedeutungszuwachs der privaten Seeverwaltung beruht auf ihren Ressourcen und ihrer Internationalität, die sich in ihren stark ausgeprägten internationalen Verbandsstrukturen widerspiegelt. Private Authorities wirken im Verhältnis zum (über-)staatlichen Recht in drei Funktionskreisen: Sie sind Pioniere, wie an der Umweltbergung illustriert wurde, Konkurrenten, wie ITF, Öl- und Chemieunternehmen und Versicherungen, sowie schließlich Zulieferer für die Staatengemeinschaft, wie die Klassifizierungsgesellschaften. Insgesamt betrachtet lässt sich dieses Zusammenspiel daher nicht als eine geordnete Aufgabenteilung konzeptualisieren, wie man das im deutschen Verwaltungsrecht gewohnt ist; die Aufgabenteilung ist vielmehr eine konfuse. Am Beispiel der Klassifizierungsgesellschaften als Recognized Organizations wurde folglich vorgeschlagen, die private Seeverwaltung in Anlehnung an die aus dem unionsrechtlichen Kontext bekannte Figur der Akkreditierung und Zertifizierung rechtsdogmatisch zu erfassen.

Die grenzüberschreitende Aufgabenstellung wirkt sowohl modifizierend als auch ergänzend auf das Handlungsinstrumentarium der Seeverwaltung ein: Dazu wurde im vierten Kapitel zunächst am Beispiel der maritimen Genehmigungen gezeigt, dass der globale Charakter der Seeschifffahrt Auswirkungen auf die Bindungswirkung des Verwaltungsakts hat; dies lässt sich rechtsdogmatisch mit der für das Unionsrecht entwickelten Rechtsfigur des transnationalen Verwaltungsakts erfassen. Die Korrekturordnung zu dieser grenzüberschreitenden Bindungswirkung ist wegen der besonderen Risiken transnationaler Verwaltungsakte im internationalen Verwaltungsrecht allerdings großzügiger bemessen und wird zudem durch überstaatliche Instanzen nur indirekt beeinflusst, indem etwa das Prozedere für Schutzverfahren bei der Hafenstaatkontrolle durch die IMO mittels Leitlinien gelenkt wird. Der Verwaltungsakt steht aber nicht im Zentrum des Handlungssystems. Eine prominente Rolle nehmen zum einen multiple, v.a. dezentral entwickelte Anreizinstrumente ein, auf die im Seeverwaltungsrecht unter dem Begriff Quality Shipping große Hoffnungen gesetzt werden. Es konnte indes gezeigt werden, dass die Wirksamkeitsschwächen von Anreizinstrumenten im internationalen Verwaltungsrecht besonders präsent sind, weswegen sie durch eine Koordinierung seitens der Verwaltungsakteure flankiert werden sollten. Zum anderen treten weitere Instrumente im

Umfeld administrativen Entscheidens hinzu, die das typische Rechtsdurchsetzungsproblem eines grenzüberschreitenden Verwaltungsgegenstands adressieren: Transparenzinstrumente tragen dazu bei, ein maritimes Raumbewusstsein zu schaffen und damit den Verwaltungsgegenstand, aber auch Rechtsverstöße leichter auffindbar zu machen. Kommunikationsinstrumente dienen dazu, trotz Interkulturalität die Kommunikation zwischen und mit den Verwaltungsadressaten zu ermöglichen, sind aber nicht zu verwechseln mit den Instrumenten der nationalen Integrationsverwaltung. Verwaltungsapps stellen schließlich die technische Infrastruktur einer mobilen Verwaltung wie der Seeverwaltung dar. Die grenzüberschreitende Aufgabenstellung spiegelt sich ferner in der maritimen Planungs- und der Wissensverwaltung wider: Die grenzüberschreitende Planung erweist sich als gestufter Prozess unter Einbindung nationaler und überstaatlicher Stellen, ohne letzteren wie in der Europäischen Verbundverwaltung Ingerenzbefugnisse einzuräumen und eine geteilte Raumverantwortung als Ratio annehmen zu können. Aufgabe der maritimen Wissensverwaltung ist es, lokales Wissen global verfügbar zu machen. Sie folgt keinem simplen Modell eines unidirektionalen Wissenstransfers von unten nach oben oder anders herum; stattdessen wurde ein komplexeres Bild verschiedener sich bedingender Prozesse der Erfassung und Verbreitung von Wissen, in die Akteure auf unterschiedlichen Ebenen eingebunden sind, gezeichnet.

Die Rechtssetzung der Seeverwaltung ist nicht hierarchisch, sondern rechtspluralistisch bzw. multinormativ. Mit der Rechtssetzung im Rahmen internationaler Organisationen sowie dem privaten, in transnationalen Regimen zustande kommenden Recht wurden im fünften Kapitel zwei besonders bedeutende Rechtsschichten samt ihren Rechtstechniken vorgestellt. Da Rechtssetzung die Domäne der Verwaltung darstellt, während der nationale Gesetzgeber an den Rand gedrängt wird, wird die Legitimation dieser Rechtssetzung prekär. Die Untersuchung schlägt als Lösung ein heterarchisches Legitimationskonzept vor, das seine normative Grundlage im Demokratieprinzip hat und das prozedural-institutionelle Sicherungsmechanismen auf internationaler Ebene mit einer Eingangskontrolle im national-regionalen Bereich verbindet. Seine Kontrolle sollte auch durch eine Vernetzung von Parlamentariern erfolgen. Diese Legitimationsgrundsätze sind auf das private Recht transnationaler Regime nur insofern anwendbar, als Private als Zulieferer der Staatengemeinschaft auftreten; im Übrigen sind andere Schutzkonzepte vorzugswürdig. Was das bedeutet, wurde am Beispiel des sog. GBS-Ansatzes der IMO illustriert. Im fünften Kapitel wurde zudem gezeigt, dass in rechtspluralistischen bzw. multinormativen Ordnungen spezifische Navigationsinstrumente – dynamisierte Kodifikationen, Normkommunikationen und Normenfilter – ein methodisches Hilfsmittel für den Rechtsanwender bilden, um ihn durch die Flut von Normen zu lenken.

Der Rechtsschutz gegen die Seeverwaltung wird durch ein Zusammenspiel diverser Verfahrensformen gewährleistet. Dabei steht die außergerichtliche Streitbeilegung im Mittelpunkt, was darauf zurückzuführen ist, dass Gerichtsschutz gegen die Seeverwaltung aus rechtlichen sowie faktischen Gründen nicht in dem Maße greift, wie man es innerstaatlich für normal erachtet. Diese in Kapitel sechs entwickelte These der Pluralisierung von Rechtsschutzmechanismen verlangt, die enge Verknüpfung von materiellem Interesse und Klagbarkeit zu trennen. Kehrseite der Pluralisierung der Rechtsschutzmechanismen ist allerdings das Risiko eines „Feigenblatt"-Rechtsschutzes. Eine staatliche Pflicht, ihre Effektivität abzusichern, bildet aus diesem Grunde ein notwendiges Pendant. Ihr Maßstab sind drei Mindeststandards: Zugänglichkeit, Verfahrensgerechtigkeit sowie reelle Durchsetzungschancen. Diese staatliche Effektivitätssicherung wurde aus Grund- und Menschenrechten abgeleitet und folgt dem Kooperationsgedanken. Diese Grundsätze zur Effektivitätssicherung gelten zunächst für die Seeverwaltung unter unmittelbarer staatlicher Beteiligung. Der Schutz vor der rein privaten Seeverwaltung, der am Beispiel des Vettings vorgestellt wurde, wird durch eine verbandseitige Begrenzungsordnung bewerkstelligt, die indes der Ergänzung durch ein Feedbacksystem bedarf, das sowohl die internationalen Verbände motiviert, Begrenzungsmechanismen einzurichten, die einen angemessenen Interessenausgleich gewähren, und dazu in einen Dialog mit der Gegenseite zu treten, als auch die Wahrscheinlichkeit erhöht, dass möglichst viele Unternehmen mitziehen. Dieses Feedback kann nicht nur durch Gerichte erfolgen, auch Partizipationsmöglichkeiten in überstaatlichen Instanzen sowie das Wettbewerbsrecht bilden mögliche Ansatzpunkte. Normative Grundlage für dieses Feedbacksystem ist wiederum die Schutzdimension der Grund- und Menschenrechte. Allerdings versagt für das Feedbacksystem bei der rein privaten Seeverwaltung der Kooperationsgedanke als Geltungsgrund. Stattdessen ist auf die staatliche Ingerenz durch das Angebot von zivilrechtlichen Instrumenten abzustellen.

Im siebten Kapitel wurde unter dem Oberbegriff Metagovernance die Frage erörtert, wie in einer konglomeratischen Verwaltung, die mit Umsetzungsdefiziten, Korruptionsanfälligkeit und Widersprüchen und Doppelungen in den Regulierungsanstrengungen einhergeht, Ordnung herstellbar ist. Die internationale Verwaltungskontrolle, deren Gegenstand die mangelhafte Umsetzung internationaler Normen durch staatliche Stellen und den von ihnen hinzugezogenen Privaten ist, erfolgt durch kollektive Arrangements, die wegen ihrer negativen Wirkungen für die Kontrollierten durch eine prozedurale Akzeptanzsicherung zu flankieren sind. Korruptionsprävention findet im Seeverwaltungsrecht maßgeblich durch sog. Collective Action-Formate der betroffenen und zugleich mitwirkenden Unternehmen statt, auch als Maritime Anti-Corruption Network bekannt, die rechtlich v. a. durch das staatliche Recht angeregt werden. Eine Kohärenzsicherung soll präventiv den vier Defiziten Überschneidungen, unvollständiges Wissen, Inaktivität und Tendenz zum Tunnelblick entgegenwirken. Sie ist nicht als völkerrechtliche Fragmentierung begreifbar. Perspektive der Kohärenzsicherung ist damit nicht die einer De-Fragmentierung durch bestimmte Auslegungsmaximen. Stattdessen wurde auf der Grundlage des in der Governance-Forschung beheimateten Interaktionsansatzes gezeigt, dass sich Mechanismen einer Kohärenzsicherung schrittweise selbstregulativ im Seeverwaltungsrecht herausbilden, um die genannten Defizite v. a. durch positive Koordinationsmechanismen sowie Transparenzverfahren zu minimieren.

Statt in einem Verfassungsdenken sieht die Untersuchung in Rechtsgrundsätzen des internationalen Verwaltungsrechts eine Möglichkeit, die Tätigkeit der Seeverwaltung auch normativ einzuhegen. Rechtsgrundsätze meinen hier daher nicht Werte, wie das bei Verfassungsprinzipien der Fall ist, sondern vermitteln solche. Ausgangspunkt für diesen Prinzipienansatz ist die Beobachtung, dass Rechtsgrundsätze einen typischen Weg bilden, um in unvollkommenen Rechtsordnungen eine rationale Entscheidung im Allgemeinen und eine Bindung im Besonderen zu erreichen. Der Kritik an diesem Ansatz, er sei utopisch und sogar riskant, wurde durch eine umsichtige Begründung solcher Rechtsgrundsätze begegnet. Methodisch erfolgt ihre Feststellung insofern pluralistisch, als potentiell alle beteiligten Rechtsschichten einschließlich der Rechtspraxis als Quellen für Rechtsgrundsätze des internationalen Verwaltungsrechts in Frage kommen. Geltungsgründe sind zum einen eine derivative Ableitung, die auf das jeweils verwandte Rechtsmaterial abstellt, sowie zum anderen ihre Überzeugungskraft. Ihre Durchsetzung ist eine gegenseitige, da potentiell alle Rechtsschichten und Akteure in die Durchsetzung einbezogen sind. Die vier vorgestellten Rechtsgrundsätze des internationalen Verwaltungsrechts – Internalisierung durch Schaffung inneradministrativer Schutzmechanismen, Qualitätsmanagement, Kohärenz durch prozedurale Kooperation und Konfliktvorsorge durch Sicherheitsnetze – abstrahieren die in der Untersuchung gemachten Grundaussagen und Erkenntnisse zu Schutz, Legitimation und Metagovernance in der Seeverwaltung. Sie sind zunächst sektorielle, haben aber insofern einen universellen Anspruch, als sie als Anregung und Vorbild für andere Sachmaterien dienen können.

III. Verhältnis zum Völkerrecht

Die Debatte über ein internationales Verwaltungsrecht durchbricht die Separierung von Völkerrecht und Verwaltungsrecht sowie die daraus resultieren Unsicherheiten hinsichtlich der Interaktion dieser Rechtsschichten und auch der zwei rechtswissenschaftlichen Subdisziplinen[2]: Die Völkerrechtsthese, die das internationale Verwaltungsrecht auf der Ebene des Völkerrechts verortet, überzeugt nicht, da sich internationale Verwaltung nicht ausschließlich in einem „globalen Raum“[3] abspielt, sondern die innerstaatliche Verwaltung weiterhin eine bedeutende Rolle spielt. Aber auch die Annäherungsthese, nach der das internationale Verwaltungsrecht bedeutet, dass sich Verwaltungs- und Völkerrecht annähern, bleibt in der Metaphorik zu raumbezogen, denn es entsteht der Eindruck, die nationale Ebene stelle den Ort der Verwaltung dar und davon zu unterscheiden sei die verwaltungsfreie internationale Ebene; weiter kommen das EU-Recht und das private Recht und ihre Interaktionen

---

[2] Siehe dazu bereits oben 1. Kapitel, I. 3. b).

[3] *Kingsbury/Krisch/Stewart*, Law and Contemporary Problems 68 (2005), S. 15, 26: „global administrative space“; kritisch zu diesem schwer fassbaren Begriff *Ruffert*, Globalisierung, S. 24 ff.

mit dem Völkerrecht bei dieser Beschreibung zu kurz. Auch die Art und Weise der Annäherung der zwei Rechtsschichten bleibt unklar.

Die Untersuchung hat demgegenüber gezeigt, dass es im internationalen Verwaltungsrecht vielmehr um eine Gemengelage verschiedener Rechtsschichten geht. Zur Erfassung der Rolle des Völkerrechts im internationalen Verwaltungsrecht sollte besser danach gefragt werden, ob das Völkerrecht insofern administrative Bezüge aufweist, als es das Verhalten des Einzelnen oder von Behörden determinieren will, um bestimmte Gemeinwohlbelange zu fördern, und daran anschließend, wie andere Rechtsschichten darauf reagieren. Annäherungstechniken – oder treffender Interaktionstechniken – sind dann an den Schnittpunkten zu anderen Rechtsschichten zu suchen. Dazu einige Beobachtungen:

- *Formelle Direktive*: Von einer Annäherung im engeren Sinne kann man bei der funktionalen Indienstnahme nationaler Behörden durch das Völkerrecht sprechen[4]. Das Völkerrecht gibt die Einrichtung von Behörden vor, legt ihre Aufgaben und Befugnisse sowie ihr Prozedere für den Vollzug von administrativen Gehalten des Völkerrechts fest und daran anknüpfend erfolgt die innerstaatliche Kompetenzverteilung (etwa § 2 IGV- DG zu Art. 4 I, 19 b) IGV 2005) und Verfahrensausgestaltung (etwa § 19 IGV-DG zu Art. 20 II, III, Art. 39, 41 IGV 2005).
- *Rezeption*: Annäherungstechniken im weiteren Sinne sind Rezeptionsmechanismen, die eine Durchlässigkeit zwischen Völkerrecht und unterschiedlichen Rechtsschichten herstellen. Sie bilden die Grundlage dafür, dass internationales Recht weltweit zur Anwendung kommen kann. Sie finden sich daher nicht nur im nationalen und EU-Recht in Bezug auf das Völkerrecht[5]; auch das Völkerrecht rezipiert privates Recht[6]. Völkerrechtliche Inbezugnahmen kennen ferner private Verträge[7]. Es fällt auf, dass die Rezeptionsmechanismen eine Präferenz für dynamisierte Techniken aufweisen.
- *Rahmen*: Die Idee völkerrechtlicher Rahmenregelungen kommt schließlich besonders deutlich zum Ausdruck, wenn das internationale Recht Kooperationsgebote normiert sowie als Rechtstechniken Klauseln einsetzt, die eine transnationale Bindungswirkung von Verwaltungsakten anordnen[8]. Dadurch stellt es die Grundlage für eine kohärente internationale Verwaltung bereit.

Die Annäherung bzw. treffender Interaktion ist ferner eine wissenschaftliche. Bei einem funktionalen Verständnis wird offenbar, dass völkerrechtlich besetzte Diskussionen, wie etwa die um State Compliance oder Fragmentierung, auch administrative Dimensionen aufweisen und daher in die verwaltungsrechtliche Betrachtung einzubeziehen sind[9]. Das kann dann auch die Basis für ein Ebenen übergreifendes

---

[4] Siehe oben 3. Kapitel, III. 1.
[5] 5. Kapitel, I. 2. c).
[6] 5. Kapitel, I. 3. b).
[7] 3. Kapitel, VI. 4. a)(bb).
[8] 7. Kapitel, C. IV. 1.
[9] Siehe oben 7. Kapitel, A.

Lernen bilden. Denn Probleme, die eine Rechtsordnung als für sich eigentümlich in Anspruch nimmt, erweisen sich bei dieser vergleichenden Betrachtung womöglich nur als Unterschiede quantitativer Art. Das internationale Verwaltungsrecht macht demnach die Unterscheidung von Verwaltungsrechtswissenschaft und Völkerrechtswissenschaft zwar nicht hinfällig, aber ihr Verhältnis wird auf eine neue Grundlage gestellt[10].

IV. Second Best-Lösungen als Kehrseite des Konglomeratsparadigmas

Zu Beginn der Untersuchung wurde mit dem SOS-Bericht ein pessimistisches Bild von der Regulierung der Seeschifffahrt gezeichnet. Ihre genuin globale Natur, der starke Wettbewerbsdruck und die Billigflaggenproblematik schienen einer rechtlichen Lenkung der maritimen Wirtschaft vielleicht nicht entgegen, aber ihr doch im Wege zu stehen. Dies hat sich dank diverser Reformbemühungen in dieser Schärfe nicht bewahrheitet. Mit dem Seearbeits- und Seesozialrecht findet sich sogar ein relativ erfolgversprechendes Beispiel dafür, dass globale Arbeitsmärkte sich nicht zwingend außerhalb des Rechts bewegen müssen.

Gleichwohl bleiben die in der Untersuchung aufgezeigten Lösungen für normative Schwachstellen der Seeverwaltung wie Legitimation, Rechtsschutz und Ordnung – nimmt man das nationale Verwaltungsrecht zum Maßstab – unbefriedigend. Das betrifft v. a. die Durchsetzungsfrage: Rechtsgrundsätze des internationalen Verwaltungsrechts zu realisieren, zielt auf ein grenzüberschreitendes Hineinwirken und nicht auf ein Herbeiführen richtiger Ergebnisse. Statt um einseitiges Anordnen geht es um ein Bemühen und eine Anreizsetzung zur Selbstreflexion mit ungewissen Erfolgschancen. Auch wenn Durchsetzungspflichten begründet werden können, erlauben und verlangen diese nur ein Ausreizen der beschränkten Möglichkeiten im grenzüberschreitenden Bereich. Im internationalen Verwaltungsrecht gilt es damit endgültig Abschied zu nehmen von der Vorstellung eines umfassenden steuernden Zugriffs. Das ist kein Grund für ein erneutes SOS. Second Best-Lösungen sind letztlich die unausweichliche Folge des Konglomeratsparadigmas.

---

[10] *Ruffert*, in: Möllers/Voßkuhle/Walter, Internationales Verwaltungsrecht, S. 395, 415.

Literaturverzeichnis

van Aaken, Anne, Die vielen Wege zur Effektuierung des Völkerrechts, RW 2013, S. 227 ff.

dies., Die Befolgung des Völkerrechts zwischen Rationalismus, Konstruktivismus und Verhaltensökonomik, in: Hilbert, Patrick/Rauber, Jochen (Hrsg.), Warum befolgen wir Recht?, 2019, S. 135 ff.

dies., Die Konvention der Vereinten Nationen zur Bekämpfung der Korruption, in: Hofmann, Rainer/Pfaff, Christina (Hrsg.), Die Konvention der Vereinten Nationen zur Bekämpfung der Korruption, 2007, S. 9 ff.

Aarnio, Aulis, Taking Rules Seriously, ARSP 42 (1989), S. 181 ff.

Abbott, Kenneth W./Genschel, Philipp/Snidal Duncan/Zangl, Bernhard, International Organizations as Orchestrators, 2015

Abecassis, D. W./Jarashow, Richard L., Oil Pollution from Ships, International, United Kingdom, and United States Law and Practice, 1985

Abler, Ronald, Effects of Space-Adjusting Technologies, on the Human Geography of the Future, in: ders./Janelle, Donald/Philbrick, Allen/Sommer, John (Hrsg.), Human Geography in a Shrinking World, S. 35 ff.

Abraham, Hans J., Das Seerecht, 4. Aufl. 1978

Acejo, Iris, The Experience of Being a Filipino Seafarer on a Multinationally Crewed Ship, in: Gekara, Victor/Sampson, Helen, The World of Seafarers, 2021, S. 99 ff.

Aden, Hartmut, Nationale, europäische und internationale Verrechtlichung in wechselseitiger Abhängigkeit, in: Becker, Michael/Zimmerling, Ruth (Hrsg.), Politik und Recht, 2006, S. 357 ff.

Adler, Nancy J., International Dimensions of Organizational Behavior, 2007

Adolf, Jörg, Marktwirtschaftliche Instrumente – Königsweg der Klimapolitik?, Wirtschaftsdienst 2008, S. 326 ff.

Afriyie, Kwaku Anthony, An Analysis of the Voluntary IMO Member State Audit Scheme, 2007, S. 54 ff.

Aginam, Obijiofor, Global Health Governance, International Law and Public Health in a Divided World, 2005

ders., Globalization of Health Security, Medicine & Law 25 (2007), S. 663 ff.

Ahuja, Ravi, Networks of Subordination – Networks of the Subordinated: The Ordered Spaces of South Asian Maritime Labour in an Age of Imperialism (1890–1947), in: Tambe, Ashwini/Fischer-Tiné, Harald (Hrsg.), The Limits of British Colonial Control in South Asia, 2001, S. 13 ff.

Akehurst, Michael Barton, The Law Governing Employment in International Organization, 1967

Akl, Joseph, Jurispridence of the International Tribunal for the Law of the Sea in Prompt Release Proceedings, in: Hestermeyer, Holger/König, Doris/Matz-Lück, Nele/Röben, Volker/Seibert-Fohr, Anja/Stoll, Peter-Tobias/Vöneky, Silja (Hrsg.), Liber Amicorum für Rüdiger Wolfrum, Band II, 2012, S. 1591 ff.

Akrami, Hamid Reza, Smart Cards as Proof of Seafarers' Identity and Certificate, 2004

Albrecht, *René*, Outsourcing und Offshoring: Die Auswahl des richtigen Partners bei Produktionsprozessen, 2010

Alderton, *Tony*/*Winchester*, *Nik James*, Globalization and De-regulation in the Maritime Industry, Marine Policy 26 (2002), S. 35 ff.

dies., Internationale Regulierungen und die Praxis von Flaggenstaaten. Eine global vergleichende Analyse, in: Gerstenberger, Heide/Welke, Ulrich (Hrsg.), Seefahrt im Zeichen der Globalisierung, 2002, S. 180 ff.

Alderton, Tony/*Bloor*, *Michael*/*Kahveci*, *Erol*/*Lane*, *Tony*/*Sampson*, *Helen*/*Thomas*, *Michelle*/*Winchester*, *Nik*/*Wu*, *Ben*/*Zhao*, *Minghua*, The Global Seafarer, Living and Working Conditions in Globalized Industry, 2004

Alexy, *Robert*, Theorie der Grundrechte, 1985

ders., Recht, Vernunft, Diskurs, 1995

Alter, *Karen J.*, The New Terrain of International Law: Courts, Politics, Rights, 2014

Alvarez, José E., Beware: Boundary Crossings, in: Kahana, Tsvi/Scolnicov, Anat (Hrsg.), Boundaries of Rights, Boundaries of State, 2016, S. 3 ff.

Amerasinghe, *Chittharanjan Felix*, Principles of the Institutional Law of International Organizations, 1996

ders., Accountability of International Organisations for Violations of the Human Rights of Staff, in: Wouters, Jan/Brems, Eva/Smis, Stefaan/Schmitt, Pierre (Hrsg.), Accountability for Human Rights Violations by International Organisations, 2010, S. 527 ff.

Amenda, *Lars*/*Fuhrmann*, *Malte*, Hafenstädte: Mobilität, Migration, Globalisierung, 2017

Anderson, *David H.*, Investigation, Detention and Release of Foreign Vessels under the UN Convention on the Law of the Sea of 1982 and Other International Agreements, International Journal of Marine and Coastal Law 11 (1996), S. 165 ff.

Andersson, *Karin*/*Brynolf*, *Selma*/*Landquist*, *Hanna*/*Svensson*, *Erik*, Methods and Tools for Environmental Assessment, in: Andersson, Karin/Byrnnolf, Selma/Lindgren, J. Fredrik/Wilewska-Bien, Magda (Hrsg.), Shipping and Environment, 2016, S. 265 ff.

Andersen, *Ole*, Shipowners: Vetting is getting out of Control, SHIPPINGWATCH, 10.12.2013 (https://shippingwatch.com/carriers/article6324803.ece) (zuletzt abgerufen am 10.10.2023)

Anderson, *Philip*, The ISM Code, A Practical Guide to the Legal and Insurance Implications, 1998

Androulakis, *Ioannis*, Globalisierung der Korruptionsbekämpfung: Eine Untersuchung zur Entstehung, zum Inhalt und zu den Auswirkungen des internationalen Korruptionsstrafrechts unter Berücksichtigung der sozialökonomischen Hintergründe, 2007

Angelet, *N.*/*Weerts*, *A.*, Les Immunités des Organisations Internationales face a l'Article 6 de la Convention Européenne des Droits de l'Homme, Journal du Droit Internationale 134 (2007), S. 3 ff.

Angenendt, *Steffen*/*Koch*, *Anne*, „Global Migration" im Zeitalter gemischter Wanderungen: Folgerungen für eine entwicklungsorientierte Migrationspolitik, SWP-Studie 2017/S 08, 19.04.2017

Apampa, *Soji*, The Case of Corruption in Nigeria, in: Graf Lambsdorff, Johannes/Schramm, Matthias/Taube, Markus (Hrsg.), The New Institutional Economics of Corruption, 2004, S. 236 ff.

Apostol-Mates, *Raluca*/*Barbu*, *Akina*, Is Maritime English The Key In Solving Communication Problems Within Multinational Crews?, in: International conference KNOWLEDGE-BASED ORGANIZATION 21 (2015), S. 541 ff.

Appel, Ivo, Staatliche Zukunfts- und Entwicklungsvorsorge. Zum Wandel der Dogmatik des Öffentlichen Rechts am Beispiel des Konzepts der nachhaltigen Entwicklung im Umweltrecht, 2005

von Arnauld, Andreas, Die Rückkehr des Bürgers: Paradigmenwechsel im Europäischen und Internationalen Verwaltungsrechts, JöR 59 (2011), S. 497 ff.

ders., Der Weg zu einem „Solange I 1/2" Die Umsetzung der gezielten UN-Sanktionen durch die EU nach Einrichtung der UN-Ombudsstelle – europäische oder globale rule of law?, EuR 2013, S. 236 ff.

ders., Völkerrecht, 4. Aufl. 2019

Arof, Aminuddin, Green Port Indicators: A Review, in: Ismail, Azman/Dahalan, Wardiah Mohd/Öchsner, Andreas (Hrsg.), Advanced Engineering for Processes and Technologies II, 2021, S. 237 ff.

Asante, Aimée/Chigara, Ben, Emergent Maritime Labour Law: Possible Implications for other Transnational Labour Fields, in: Blackett, Adelle/Trebilcock, Anne (Hrsg.), Research Handbook on Transnational Labour Law, 2015, S. 343 ff.

Ásmundsson, Stefán/Corcoran, Emily, Information Paper on the Process of Forming a Cooperative Mechanism between NEAFC and OSPAR, 2015

Athanassopoulou, Victoria, Schiffsunternehmen und Schiffsüberlassungsverträge, 2005

Attard, David Joseph/Fitzmaurice, Malgosia/Martinez, Norman/Arroyo, Ignacio/Belja, Elda (Hrsg.), The IMLI Manual on International Maritime Law, Volume II: Shipping Law, 2016

ders./Balkin, Rosalie P./Greig, Donald W. (Hrsg.), The IMLI Treatise on Global Ocean Governance, Volume II: UN Specialized Agencies and Global Ocean Governance

dies. (Hrsg.), The IMLI Treatise on Global Ocean Governance, Volume III: The IMO and Global Ocean Governance, 2018

Aubert, Vilhelm, Interessenkonflikt und Wertkonflikt: Zwei Typen des Konflikts und der Konfliktlösung, in: Bühl, Walter (Hrsg.), Konflikt und Konfliktstrategie, 1972, S. 178 ff.

Auer, Claudia, Theorie der Public Diplomacy: Sozialtheoretische Grundlegung einer Form strategischer Kommunikation, 2017

Auernheimer, Georg, Dimensionen der Globalisierung. Eine Einführung, 2015

Augsberg, Ino, Informationsverwaltungsrecht. Zur kognitiven Dimension der rechtlichen Steuerung von Verwaltungsentscheidungen, 2014

Augsberg, Steffen, Rechtsetzung zwischen Staat und Gesellschaft. Möglichkeiten differenzierter Steuerung des Kapitalmarktes, 2003

Auld, Graeme/Bernstein, Steven/Cashore, Benjamin, The New Corporate Social Responsibility, Annual Review of Environment and Resources 33 (2008), S. 413 ff.

Aust, Helmut, Das Recht der globalen Stadt. Grenzüberschreitende Dimensionen kommunaler Selbstverwaltung, 2017

ders., Die Rolle von Städten im globalen Klimaschutzregime nach dem Inkrafttreten des Übereinkommens von Paris, ZUR 2018, S. 656 ff.

Aust, Anthony, Modern Treaty Making and Practice, 3. Aufl. 2013

Axer, Peter, Normsetzung der Exekutive in der Sozialversicherung. Ein Beitrag zu den Voraussetzungen und Grenzen untergesetzlicher Normsetzung im Staat des Grundgesetzes, 2000

Bachof, Otto, Die Dogmatik des Verwaltungsrechts vor den Gegenwartsaufgaben der Verwaltung, VVDStRL 30 (1972), S. 193 ff.

ders., Reflexwirkungen und subjektive Rechte im öffentlichen Recht, in: Bachof, Otto (Hrsg.), Gedächtnisschrift für Walter Jellinek, 1955, S. 287 ff.

Backhaus-Maul, Holger/Kunze, Martin/Nährlich, Stefan, Gesellschaftliche Verantwortung von Unternehmen, 2018

Bachmann, Gregor, Private Ordnung: Grundlagen ziviler Regelsetzung, 2006
Badura, Peter, Verwaltungsrecht im liberalen und sozialen Rechtsstaat, 1996
ders./Schmidt-Aßmann, Eberhard, Hafenentwicklung in Hamburg, 1983
Baetge, Dietmar, Globalisierung des Wettbewerbsrechts. Eine internationale Wettbewerbsordnung zwischen Kartell- und Welthandelsrecht, 2008
Bahnsen, Kay Uwe, Das internationale Bergungsrecht, TransportR 2010, S. 317 ff.
Balasegaram, Manica/Childs, Michelle/Arkinstall, James, The Fight for Global Access to Essential Health Commodities, in: Brown, Garret W./Yamey, Gavin/Wamala, Sarah (Hrsg.), The Handbook of Global Health Policy, 2014, S. 245 ff.
Baldus, Manfred, Die Einheit der Rechtsordnung. Bedeutungen einer juristischen Formel in Rechtstheorie, Zivil- und Staatsrechtswissenschaft des 19. und 20. Jahrhunderts, 1995
Baldwin, Robert/Cave, Martin/Lodge, Martin, Understanding Regulation: Theory, Strategy, and Practice, 2011
Balke, Friedrich, Der Staat nach seinem Ende. Die Versuchung Carl Schmitts, 1996
Bang, Ho-Sam, Is Port State Control an Effective Means to Combat Vessel-Source Pollution? An empirical Survey of the Practical Exercise by Port States of their Powers of Control, Journal of Marine and Coastal Law 23 (2008), S. 715 ff.
Bannenberg, Britta, Kriminologische Aspekte der Strafverfolgung, in: Friedrich-Ebert-Stiftung/TI (Hrsg.), Korruption in Deutschland, 2004, S. 47 ff.
von Bar, Carl Ludwig, Theorie und Praxis des Internationalen Privatrechts, Band II, 2. Aufl. 1889
Barak-Erez, Daphne/Perez, Oren, Whose Administrative Law is it Anyway?, How Global Norms Reshape the Administrative State, Cornell International Law Journal 46 (2013), S. 455 ff.
Barnes, Richard/Freestone, David/Ong, David, The Law of the Sea: Progress and Prospects, in: dies. (Hrsg.)., The Law of the Sea, 2006, S. 1 ff.
Basaran, Ilker, Arctic Council's Impact on Arctic Shipping, Arctic Yearbook 2016, S. 424 ff.
Basedow, Jürgen, Weltkartellrecht. Ausgangslage und Ziele, Methoden und Grenzen der internationalen Vereinheitlichung des Rechts der Wettbewerbsbeschränkungen, 1998
ders., Postmoderner Rechtsschutz und der Dialog mit dem Gerichtshof der Europäischen Union, EuZW 2015, S. 1 ff.
ders./Wurmnest, Wolfgang, Die Dritthaftung von Klassifikationsgesellschaften, 2004
Bast, Jürgen, Transnationale Verwaltung des europäischen Migrationsraums, DS 46 (2007), S. 1 ff.
ders., Das Demokratiedefizit fragmentierter Internationalisierung, in: Brunkhorst, Hauke (Hrsg.), Demokratie in der Weltgesellschaft, 2009, S. 185 ff.
Bateman, Sam, Regional Navies and Coast Guards: Striking a Balance between „Lawships" and Warships, in: Till, Geoffrey/Chan, Jane (Hrsg.), Naval Modernisation in South-East Asia, 2013, S. 245 ff.
Batniji, Rajaie/Songane, Francisco, Contemporary Global Health Governance: Origins, Functions, and Challenges, in: Brown, Garrett/Yamey, Gavin/Wamala, Sarah (Hrsg.), The Handbook of Global Health Policy, 2014, S. 64 ff.
Battis, Ulrich/Krautzberger, Michael/Löhr, Rolf-Peter (Hrsg.), BauGB, Kommentar, 15. Aufl. 2022
Bauer, Hartmut, Geschichtliche Grundlagen der Lehre vom subjektiven öffentlichen Recht, 1986
ders., Die Bundestreue: zugleich ein Beitrag zur Dogmatik des Bundesstaatsrechts und zur Rechtsverhältnislehre, 1992
ders., Privatisierung von Verwaltungsaufgaben, VVDStRL 54 (1995), S. 245 ff.

Baumann, Zygmunt, Der Pilger und seine Nachfolger, in: Merz-Benz, Peter-Ulrich/Wagner, Gerhard (Hrsg.), Der Fremde als sozialer Typus, S. 163 ff.
Baum, Herbert/Kling, Thomas, Steigerung der Verkehrssicherheit durch finanzielle Anreize im Versicherungssystem, ZfVW 1998, S. 71 ff.
Bautze, Kristina, Die Fragmentierungsdebatte. Zwischen Einheit, Diversifikation und Selffulfilling Prophecy, AVR 54 (2016), S. 91 ff
Beaucamp, Guy, Allgemeine Rechtsgrundsätze als methodisches Problem, DÖV 2013, S. 41 ff.
Beck, Raimund, Internationalisierung von Territorien. Darstellung und rechtliche Analyse, 1962
Beck, Ulrich, Politik der Globalisierung, 1998
ders., Weltrisikogesellschaft: auf der Suche nach der verlorenen Sicherheit, 1998
ders., Was ist Globalisierung?, 2007
Becker, Joachim, Der transnationale Verwaltungsakt, DVBl. 2001, S. 855 ff.
Beckert, Erwin/Breuer, Gerhard, Öffentliches Seerecht, 1991
Beckmann, Martin, Strukturprinzipien des deutschen Verwaltungsprozesses – Gesetzliche Regelungsdichte und verwaltungsgerichtliche Kontrolldichte, Rechtstheorie 45 (2014), S. 141 ff.
Behrendt, Dieter K., Der Begriff und die Funktion des „Seehafens“, in: Lagoni, Rainer (Hrsg.), Beiträge zum deutschen und europäischen Seehafenrecht, 2001, S. 105 ff.
Behrendt, Silva Katharina, The International Health Regulations and the Executive Authority of the World Health Organization During Public Health Emergencies of International Concern, 2009
Belanger, Michel, Global Health Law, 2011
Bellefontaine, Neil/Johansson, Tadsir, Effective and Efficient Maritime Administration and Corporate Social Responsibility, in: Froholdt, Lisa Loloma (Hrsg.), Corporate Social Responsibility, 2018, S. 103 ff.
Bennett, Paul, Mutual Risk: P & I Insurance Clubs and Maritime Safety and Environmental Performance, Marine Policy 25 (2001), S. 13 ff.
Bennett, Carl, Mona Lisa Project: Evidence of False Seafarer Certification, 2012
Benvenisti, Eyal, The Law of Global Governance, 2014
Benz, Arthur, Braucht die öffentliche Verwaltung den Raumbezug und welche Bedeutung hat er für die Zukunft, in: Schimanke, Dieter (Hrsg.), Verwaltung und Raum, S. 39 ff.
Bercusson, Brian/Estlund, Cynthia, Regulating Labour in the Wake of Globalisation, 2008
Berger, Ariane, Vielfalt und Verwaltung. Diversität als neue Rechtskategorie im Öffentlichen Recht, VerwArch 108 (2017), S. 71 ff.
Bergmann Ávila, Humberto, Theorie der Rechtsprinzipien, 2003
Bergqvist, Rickard/Monios, Jason, Green Ports. Inland and Seaside Sustainable Transportation Strategies, 2018
Berman, Ayelet/Wessel, Ramses A., The International Legal Form and Status of Informal International Lawmaking Bodies: Consequences for Accountability, in: Pauwelyn, Joost/ders./Wouters, Jan (Hrsg.), Informal International Lawmaking, 2012, S. 35 ff.
Berman, Paul Schiff, From International Law to Law and Globalization, Columbia Journal of Transnational Law 43 (2005), S. 485 ff.
Bernasconi, Gianenrico/Nellen, Stefan, Einleitung, in: dies. (Hrsg.), Das Büro, Zur Rationalisierung des Interieurs, 1880–1960, 2020, S. 9 ff.
Bernstein, Steven/Cashore, Benjamin, The Two-Level Logic of Non-State Market Driven Global Governance, in: Rittberger, Volker/Nettesheim, Martin/Huckel, Carmen (Hrsg.), Authority in the Global Economy, S. 276 ff.

von Bernstorff, Jochen, Die Rolle nicht-staatlicher Akteure bei der Entwicklung und Implementierung des Völker- und Europarechts, VVDStRL 79 (2020), S. 382 ff.
Bets, Alexander, Global Migration Governance, 2011
Bettzuege, Reinhard, Auswärtiger Dienst, in: Schmidt, Siegmar/Link, Werner/Wolf, Reinhard (Hrsg.), Handbuch zur deutschen Außenpolitik, 2007, S. 225 ff.
Beyerlin, Ulrich, Umweltvölkerrecht, 2000
ders., Demokratie als Verfassungsprinzip, in: Isensee, Josef/Kirchhof, Paul (Hrsg.), Handbuch des Staatsrechts der Bundesrepublik Deutschland, Band II, Verfassungsstaat, 3. Aufl. 2004, § 24
Bhabha, Homi K., The Location of Culture, 1994
Biaggini, Giovanni, Die Entwicklung eines Internationalen Verwaltungsrechts als Aufgabe der Rechtswissenschaft, VVDStRL 67 (2008), S. 413 ff.
Bichou, K./Gray, R., A Critical Review of Conventional Terminology for Classifying Seaports, Policy and Practice 39 (2005), S. 75 ff.
Biebig, Peter/Althof, Wolfgang/Wagener, Norbert, Seeverkehrswirtschaft, 2008
Biehler, Gernot, Auswärtige Gewalt: Auswirkungen auswärtiger Interessen im innerstaatlichen Recht, 2015
Biermann, Frank, Internationale Meeresumweltpolitik, 1994
Billé, Raphaël/Chabason, Lucien/Drankier, Petra/Molenaar, Erik Jap/Rochette, Julien, Regional Oceans Governance: Making Regional Seas Programmes, Regional Fishery Bodies and Large Marine Ecosystem Mechanisms Work Better Together, in: Nunes, Paulo A. L. D./Svensson, Lisa Emilia/Markandya, Anil (Hrsg.), Handbook on the Economics and Management of Sustainable Oceans, 2017, S. 483 ff.
BIMCO (The Baltic and International Maritime Council)/ICS (International Chamber of Shipping), Seafarer Workforce Report, 2021
Bindig, Andrea, Humanitäres Völkerrecht als symbolische Form: Zur Normativität humanitären Völkerrechts im Spiegel der Philosophie der symbolischen Formen Ernst Cassirers, 2015
Birk, Rolf, Globalisierung und Entstaatlichung des Rechts, in: Schwarze, Jürgen (Hrsg.), Globalisierung und Entstaatlichung des Rechts, 2008, S. 3 ff.
Birnie, Patricia/Boyle, Alan/Redgwell, Catherine, International & the Environment, 3. Aufl. 2009
Birsl, Ursula/Bitzan, Renate/Solé, Carlota/Parella Rubio, Sonia/Alarcón, Armado/Schmidt, Juliane/Frenech, Steven, Migration und Interkulturalität, 2003
Birwatkar, Vaibhav P., Corporate Social Responsibility: All at Sea, The Journal of Territorial and Maritime Studies 4 (2017), S. 66 ff.
Bishop, David, Lessons from SARS: Why the WHO Must Provide Greater Economic Incentives for Countries to Comply with International Health Regulations, Georgetown Journal of International Law 36 (2005), S. 1173 ff.
Blackett, Adelle/Trebilcock, Anne, Conceptualizing Transnational Labour Law, in: dies. (Hrsg.), Research Handbook on Transnational Labour Law, 2015, S. 3 ff.
Blanco-Bazán, Agustín, The IMO Guidelines on Particular Sensitive Sea Areas (PSSAs). Their Possible Application to the Protection of Underwater Cultural Heritage, Marine Policy 20 (1996), S. 343 ff.
ders., IMO – Historical Highlights in the Life of a UN Agency, Journal of the History of International Law 6 (2004), S. 259 ff.
ders., International Marine Environmental Law, in: Kirchner, Andree (Hrsg.), International Marine Environmental Law, 2003, S. 31 ff.

Blanpain, Roger/Bisom-Rapp, Susan/Corbett, William/Josephs, Hilary/Zimmer, Michael, The Global Workspace, 2008

Blanpain, Roger/Dimitrova, Desislava Nikolaeva, Seafarers' Rights in the Globalized Maritime Industry, 2010

Blatter, Joachim/Langer, Phil/Wagemann, C., Qualitative Methoden in der Politikwissenschaft, 2018

Bleckmann, Albert, Die Aufgaben einer Methodenlehre des Völkerrechts: Probleme der Rechtsquellenlehre im Völkerrecht, 1978

ders., Grundprobleme und Methoden des Völkerrechts, 1982

ders., Die Rechtsquellen des Europäischen Gemeinschaftsrechts, NVwZ 1993, S. 824 ff.

Bloor, Michael/Sampson, Helen, Regulatory Enforcement of Labour Standards in an Outsourcing Globalized Industry: the Case of the Shipping Industry, Work, Employment and Society 23 (2009), S. 711 ff.

dies./Baker, Susan/Dahlgreen, Katrin/Wadsworth, Emma/James, Philip, Room for Manoeuvre? Regulatory Compliance in the Global Shipping Industry, Social & Legal Studies 22 (2013), S. 171 ff.

Blumenwitz, Dieter, Einführung in das anglo-amerikanische Recht, 7. Aufl. 2003

Bocanegra-Valle, Ana, The Language of Seafaring: Standardized Conventions and Discursive Features in Verbal Marine Communications, International Journal of English Studies 11 (2012), S. 35 ff.

dies., Intercultural Dialogicity in Maritime English Course Materials, in: Vargas-Sierra, AESLA, EPiC Series in Language and Linguistics 2 (2017), S. 92 ff.

Böckenförde, Ernst-Wolfgang, Die Zukunft politischer Autonomie. Demokratie und Staatlichkeit im Zeichen von Globalisierung, Europäisierung und Individualisierung, in: ders. (Hrsg.), Staat – Nation – Europa, 1999, S. 103 ff.

Boczek, Adam, Flags of Convenience – An International Study, 1962

Bodansky, Daniel, The United Nations Framework Convention on Climate Change, Yale Journal of International Law 18 (1993), S. 451 ff.

Bogdan, Michael, General Principles of Law and the Problem of Lacunae in the Law of Nations, Nordisk Tidsskrift for International Ret 37 (1977), S. 37 ff.

von Bogdandy, Armin, Demokratie, Globalisierung, Zukunft des Völkerrechts – eine Bestandsaufnahme, ZaöRV 63 (2003), S. 853 ff.

ders., Prolegomena zu Prinzipien internationalisierter und internationaler Verwaltung, in: Trute, Hans-Heinrich/Groß, Thomas/Röhl, Hans Christian/Möllers, Christoph (Hrsg.), Allgemeines Verwaltungsrecht – zur Tragfähigkeit eines Konzepts, 2008, S. 683 ff.

ders., Grundprinzipien, in: ders./Bast, Jürgen (Hrsg.), Europäisches Verfassungsrecht, 2009, S. 13 ff.

ders./von Bernstorff, Jochen/Dann, Philipp/Goldmann, Matthias (Hrsg.), The Exercise of Public Authority by International Institutions, 2009

ders./Dann, Philipp, International Composite Administration: Conceptualizing Multi-Level and Network Aspects in the Exercise of International Public Authority, German Law Journal 11 (2008), S. 2013 ff.

ders./Goldmann, Matthias/Venzke, Ingo, From Public International to International Public Law: Translating World Public Opinion into International Public Authority, European Journal of International Law 2017 28 (2017), S. 115 ff.

ders./Hinghofer-Szalkay, Stephan, Das etwas unheimliche Ius Publicum Europaeum, ZaöRV 73 (2013), S. 209 ff.

ders./Venzke, Ingo, Zur Herrschaft internationaler Gerichte: Eine Untersuchung internationaler öffentlicher Gewalt und ihrer demokratischen Rechtfertigung, ZaöRV 70 (2010), S. 1 ff.

ders./Venzke, Ingo, In wessen Namen?, 2014

Böhme, Hans/Sichelschmidt, Henning, Sicherheit auf See. Kieler Diskussionsbeiträge No. 243, 1995

Bohn, Robert, Geschichte der Seefahrt, 2011

Böhringer, Ayse-Martina, Die Kooperationsvereinbarungen der Sekretariate multilateraler Umweltschutzübereinkommen, 2014

Boisson de Chazournes, Laurence/Fromageau, Edouard, Balancing the Scales: The World Bank Sanctions Process and Access to Remedies, European Journal of International Law 23 (2012), S. 96 ff.

ders., Technical and Financial Assistance and Compliance: the Interplay, in: Beyerlin, Ulrich/Stoll, Peter-Tobias/Wolfrum, Rüdiger (Hrsg.), Ensuring Compliance, 2006, S. 273 ff.

Bolle, Ulrike, Das Intergovernmental Panel on Climate Change (IPCC). Eine völkerrechtliche Untersuchung, 2011

Borkenstein, Heinz-Jörg, Korruptionsprävention in der öffentlichen Verwaltung durch Information, 2015

Born, Gary, A New Generation of International Adjudication, Duke Law Journal 61 (2012), S. 776 ff.

Borovnik, Maria, Are Seafarers Migrants? – Situating Seafarers in the Framework of Mobility and Transnationalism, Geographer 60 (2004), S. 36 ff.

Borowski, Martin, Grundrechte als Prinzipien, 3. Aufl. 2018

ders./Marauhn, Thilo, Rechtsetzung und Rechtsdurchsetzung im Umweltvölkerrecht nach der Rio-Konferenz 1992, 1997

dies., International Environmental Law, 2. Aufl. 2016

Börzel, Tanja, Non-Compliance in the European Union: Pathology or Statistical Artefact?, Journal of European Public Policy 8 (2001), S. 803 ff.

dies./Hofmann, Tobias/Sprungk, Carina, Einhaltung von Recht jenseits des Nationalstaats. Zur Implementationslogik marktkorrigierender Regelungen in der EU, ZIB 10 (2003), S. 247 ff.

Bothe, Michael, Die Bedeutung der Rechtsvergleichung in der Praxis internationaler Gerichte, ZaöRV 36 (1976), S. 280 ff.

ders., The Evaluation of Enforcement Mechanisms in International Environmental Law, in: Wolfrum, Rüdiger (Hrsg.), Enforcing Environmental Standards: Economic Mechanisms as Viable Means?, 1996, S. 13 ff.

Bott, Karl, Das deutsche Kaufmannsbuch, 1960

Bouteligier, Sofie, Inequality in New Global Governance Arrangements: The North–South Divide in Transnational Municipal Networks', European Journal of Social Science Research 26 (2013), S. 251 ff.

Bowles, Samuel/Gintis, Herbert, A Cooperative Species: Human Reciprocity and Its Evolution, 2013

Boyle, Alan, Further Development of The Law Of The Sea Convention: Mechanisms For Change, The International and Comparative Law Quaterly 54 (2005), S. 563 ff.

ders., Further Development of the 1982 Convention on the Law of the Sea: Mechanisms for Change; in: Freestone, David/Barnes, Richard/Ong, David (Hrsg.), The Law of the Sea, 2006, S. 40 ff.

Boysen, Sigrid, Grundfragen des transnationalen Klimaschutzrechts, AVR 50 (2012), S. 377 ff.

dies., Die postkoloniale Konstellation. Natürliche Ressourcen und das Völkerrecht der Moderne, 2021
dies., Prinzipien des internationalen Verwaltungsrechts, in: Kahl, Wolfgang /Ludwigs, Markus (Hrsg.), Handbuch des Verwaltungsrechts, Band II, 2021, § 49
dies./Bühring, Ferry/Franzius, Claudio/Herbst, Tobias/Kötter, Matthias/Kreutz, Anita/v. Lewinski, Kai/Meinel, Florian/Jakob Nolte, Jakob/Schönrock, Sabrina (Hrsg.), 47. Assistententagung Öffentliches Recht, Netzwerke im Öffentlichen Recht, 2007
Braathen, Nils Axel, Environmental Impacts of International Shipping. The Role of Ports, 2011
Bracker, Susanne, Kohärenz und juristische Interpretation, 2000
Brähler, Gernot, Internationales Steuerrecht, 8. Aufl. 2014
Branch, Alan Edward/Robarts, Michael, Branch's Elements of Shipping, 2014
Brandt, Kerstin, Grenzüberschreitender Nachbarschutz im deutschen Umweltrecht, DVBl. 1995, S. 779 ff.
Breining-Kaufmann, Christine, Internationales Verwaltungsrecht, ZSR 125 (2006), S. 5 ff.
Breitenmoser, Stephan, Migrationssteuerung im Mehrebenensystem, VVDStRL 76 (2017), S. 9 ff.
Breitzke, Constantin, Die Rechtsnatur der Zeitcharter, 2005
Brenker, Michael, Strukturen und Determinanten der Kommunikation in multinationalen Teams: eine Analyse der Arbeitswelt der internationalen Handelsseefahrt, 2017
Brenner, Michael, Allgemeine Prinzipien des verwaltungsgerichtlichen Rechtsschutzes in Europa, DV 31 (1998), S. 1 ff.
Breuer, Rüdiger, Die hoheitliche raumgestaltende Planung, 1968
ders., Direkte und indirekte Rezeption technischer Regeln durch die Rechtsordnung, AöR 101 (1976), S. 46 ff.
ders., Strukturen und Tendenzen des Umweltschutzrechts, DS 20 (1981), S. 393 ff.
Breuer, Marten, Offene Fragen im Verhältnis von EGMR und EuGH, EuGRZ 2005, S. 229 ff.
Brock, Dittmar, Globalisierung: Wirtschaft – Politik -Kultur -Gesellschaft, 2008
Brohm, Winfried, Die Dogmatik des Verwaltungsrechts vor den Gegenwartsaufgaben der Verwaltung, VVDStRL 30 (1972), S. 245 ff.
Brouder, Alan, Introduction, in: Tietje, Christian/Brouder, Alan (Hrsg.), Handbook of Transnational Economic Governance, 2009, S. 1 ff.
Brüders, P., Die Tätigkeit des Germanischen Lloyd, 1927
Brüggemeier, Martin, Auf dem Weg zur No-Stop-Verwaltung, VM 2010, S. 93 ff.
Brunnée, Jutta, International „Lawmaking" by Conferences of the Parties and Other Politically Mandated Bodies, in: Wolfrum, Rainer/Roeben, Volker (Hrsg.), Developments of International Law in Treaty Making, 2005, S. 101 ff.
Bryan, D. L. /O'Kelly, Morton, Hub-and-spoke Networks in Air Transportation, Journal of Regional Science 39 (1999), S. 275 ff.
Bryde, Brun-Otto, Die Einheit der Verwaltung als Rechtsproblem, VVDStRL 46 (1988), S. 181 ff.
ders., Konstitutionalisierung des Völkerrechts und Internationalisierung des Verfassungsrechts, DS 42 (2003), S. 61 ff.
Brysk, Alison, Human Rights and Private Wrongs. Constructing Global Civil Society, 2005
Bubenzer, Christian, Praktische Erfahrungen mit dem neuen Seearbeitsrecht, Schiff & Hafen 2014, S. 74 ff.
ders., Praxishandbuch Seearbeitsrecht, 2015
ders./Peetz, Robert/Mallach, Esther, Seearbeitsgesetz, 2016

Buchholtz, Gabriele, Entterritorialisierung des Öffentlichen Rechts, Legitimation „anerkennungsbasierter" Transnationalität in der EU, NVwZ 2016, S. 1353 ff.

Buchwitz, Wolfram, Schiedsverfahrensrecht, 2019

Buck-Heeb, Petra/Dieckmann, Andreas, Selbstregulierung im Privatrecht, 2010

Bühl, Walter, Entwicklungslinien der Konfliktsoziologie, in: ders. (Hrsg.), Konflikt und Konfliktstrategien, 1972, S. 9 ff.

Bühler, Ottmar, Die subjektiven öffentlichen Rechte und ihr Schutz in der Verwaltungsrechtsprechung, 1914

Bumke, Christian, Publikumsinformation, DV 37 (2004), S. 3 ff.

ders., § 34: Verwaltungsakte, in: Voßkuhle, Andreas/Eifert, Martin/Möllers, Christoph (Hrsg.), Grundlagen des Verwaltungsrechts, Band II, 3. Aufl. 2022, S. 513 ff.

Bundesregierung, Digitale Verwaltung 2020, Regierungsprogramm 18. Legislaturperiode, 2014

Bünten, Wilfried, Staatsgewalt und Gemeinschaftshoheit bei der innerstaatlichen Durchführung des Rechts der Europäischen Gemeinschaften durch die Mitgliedstaaten, 1977

Burbaum, Stefan, Rechtsschutz gegen transnationales Verwaltungshandeln, 2003

Burgi, Martin, Funktionale Privatisierung und Verwaltungshilfe. Staatsaufgabendogmatik – Phänomenologie – Verfassungsrecht, 1999

ders., Die Ausschreibungsverwaltung, DVBl. 2003, S. 949 ff.

ders., Das werdende Integrationsverwaltungsrecht und die Rolle der Kommunen, DVBl. 2016, S. 1015 ff.

ders., Kommunalrecht, 6. Aufl. 2019

Burmeister, Joachim, Vertrauensschutz im Prozessrecht, 1979

Bulkeley, Harriet/Davies, Anna/Evans, Bob/Gibbs, David/Kern, Kristine/Theobald, Kate, Environmental Governance and Transnational Municipal Networks in Europe, Journal of Environmental Policy & Planning 5 (2003), S. 235 ff.

Bull, Hans Peter/Mehde, Veith, Allgemeines Verwaltungsrecht mit Verwaltungslehre, 9. Aufl. 2015

Bundesamt für Sicherheit in der Informationstechnik, KRITIS-Sektorstudie, 2015

Bundock, Michael, Shipping Law Handbook, 1995

Burci, Gian Luca/Quinn, Jakob, Ebola, WHO, and the United Nations, American Society of International Law Insights 18 (2014), S. 568 ff.

ders., Global Health Law: Present and Future, in: ders./Toebes, Birgit (Hrsg.), Research Handbook on Global Health Law, 2018, S. 486 ff.

Burghardt, A. F., A Hypothesis about Gateway Cities, Annals of the Association of American Geographers 61 (1971), S. 269 ff.

Busche, Philipp, Verfassungsrechtliche Grenzen von Verwaltung in Privatrechtsform im Bereich der Seeschifffahrt, DVBl. 2017, S. 1139 ff.

Buss, Klaus-Peter, Branchenanalyse Hafenwirtschaft, Branchenanalyse Hafenwirtschaft: Entwicklungslinien des Hafenwettbewerbs und Herausforderungen der öffentlichen Akteure, Study der Hans-Böckler-Stiftung, No. 402, 2018

Busshoff, Heinrich, Komplementarität und Physik. Zu einer interdisziplinär orientierten Begründung des Politischen und der politischen Wissenschaft, 1990

Büthe, Tim/Mattli, Walter, The New Global Rulers. The Privatization of Regulation in the World Economy, 2011

Byrnes, Andrew, Fact-finding as Part of Effective Implementation: the Strabourg Experience, in: Bayefsky, Anne F. (Hrsg.), The UN Human Rights Treaty System in the 21st Century, S. 139 ff.

Cafaggi, *Fabrizio*, New Foundations of Transnational Private Regulation, Journal of Law and Society 38 (2011), S. 20 ff.

ders., The Many Features of Transnational Private Rule-Making: Unexplored Relationships between Custom, Jura Mercatorum and Global Private Regulation, Journal of International Law 36 (2015), S. 875 ff.

ders./*Renda*, *Andrea*, Public and Private Regulation. Mapping the Labyrinth, CEPS Working Document No. 370, 2012

ders./*Renda*, *Andrea*/*Schmidt*, *Rebecca*, in: OECD (Hrsg.), International Regulatory Co-operation: Case Studies, Volume 3, 2013, S. 9 ff.

Caiden, *Gerald E.*/*MacDermot*, *Niall*/*Sandler*, *Ake*, The Institution of Ombudsman, in: Caiden, Gerald E. (Hrsg.), International Handbook of the Ombudsman, Band I, 1983, S. 3 ff.

Calliess, *Christian*, Rechtsstaat und Umweltstaat. Zugleich ein Beitrag zur Grundrechtsdogmatik im Rahmen mehrpoliger Verfassung, 2001

ders., Subsidiaritätsprinzip und Solidaritätsprinzip als rechtliches Regulativ der Globalisierung von Staat und Gesellschaft, in: Blickle, Peter/Hügele, Thomas O./Wyduckel, Dieter (Hrsg.), Subsidiaritätsprinzip als rechtliches und politisches Ordnungsprinzip, Rechtstheorie Beiheft 20 (2002), S. 371 ff.

ders., Politische Ziele und Prinzipien im Verfassungsrecht der Europäischen Union, 2004

ders., Auswärtige Gewalt, in: Isensee, Josef/Kirchhof, Paul (Hrsg.), Handbuch des Staatsrechts der Bundesrepublik Deutschland Band IV: Aufgaben des Staates, 3. Aufl. 2006, § 83

ders., Verfassungswandel im europäischen Staaten- und Verfassungsverbund, 2009

Calliess, *Gralf-Peter*, Globale Kommunikation – staatenloses Recht, in: Anderheiden, Michael/Huster, Stefan/Kirste, Stephan (Hrsg.), Globalisierung als Problem von Gerechtigkeit, 2001, S. 61 ff.

ders., Grenzüberschreitende Verbraucherverträge. Rechtssicherheit und Gerechtigkeit auf dem elektronischen Weltmarktplatz, 2014

ders./*Zumbansen*, *Peer*, Rough Consensus and Running Code. A Theory of Transnational Private Law, 2009

Campagna, *Norbert*, Carl Schmitt. Eine Einführung 2004

Campe, *Sabine*, The Secretariat of the International Maritime Organization: A Tanker for Tankers, in: Biermann, Frank/Siebenhüner, Bernd (Hrsg.), Managers of Global Change, 2009, S. 143 ff.

Canaris, *Claus-Wilhelm*, Die Feststellung von Lücken im Gesetz, 1983

ders., Grundrechte und Privatrecht, AcP 194 (1984), S. 201 ff.

Capobianco, *Antonio*/*Davies*, *John*/*Ennis*, *Sean F.*, Implications of Globalisation for Competition Policy, 2014

Carballo Pineiro, *Laura*, International Maritime Labour Law, 2015

Carson, *Lindsay*/*Prado*, *Mariana Mota*, Using Institutional Multiplicity to Address Corruption as a Collective Action Problem: Lessons from the Brazilian Case, The Quarterly Review of Economics and Finance 62 (2016), S. 56 ff.

Casale, *Giuseppe*, International Labour Standards and EU Labour Law, in: Countouris, Nicola/Freedland, Mark (Hrsg.), Resocialising Europe in a Time of Crisis, 2013, S. 81 ff.

Cashore, *Benjamin William*/*Auld*, *Graeme*/*Newsom*, *Deanna*, Governing through Markets, 2004

Casini, *Lorenzo*, „Down the Rabbit-Hole“: The Projection of the Public / Private Distinction Beyond the State, International Journal of Constitutional Law 12 (2014), S. 402 ff.

Cassese, *Sabino*, Der Einfluss des gemeinschaftsrechtlichen Verwaltungsrechts auf die nationalen Verwaltungsrechtssysteme, DS 33 (1994), S. 25 ff.

ders., La Construction du Droit Administratif, 2000

ders., The Challenge of Global Regulation, NYU Journal of International Law and Politics 37 (2005), S. 663 ff.

ders., The Global Polity, 2012

ders./D'Alterio, Elisa, Introduction, in: ders., (Hrsg.), Research Handbook on Global Administrative Law, 2017, S. 1 ff.

Castringius, Katharina, Meeresschutzgebiete – Die völkerrechtliche Zulässigkeit mariner Natura 2000-Gebiete, 2006

CDI (*Chemical Distribution Institute*), Newsletter 1/2013 (https://www.cdim.org/downloads_cdim/newsletters/CDI%20News%20Letter%20%231%202013.pdf) (zuletzt abgerufen am 10.10.2023)

de Cendra, Javier, The Effectiveness of Instrument Mixes in Environmental Law: Insights from Ship-source Pollution, in: Martin, Paul/Kennedy, Amanda (Hrsg.), Implementing Environmental Law, 2017, S. 217 ff.

Chambers, Sam, TRACE: Shipping Exposed to more Corruption than any other Industry, Splash, 21.4.2015 (https://splash247.com/trace-shipping-exposed-to-more-corruption-than-any-other-industry/) (zuletzt abgerufen am 10.10.2023)

Chapman, Paul K., Trouble on Board: The Plight of Internationale Seafarers, 1992

Charalambous, Nicolas, RuleCheck, A Decision Supporting Tool for PSC Officers and Flag State Surveyors, 2018

Charbonneau, Alexandre/Chaumette, Patrick, The ILO Maritime Labour Convention 2006, European Labour Law Journal 1 (2010), S. 332 ff.

Charnowitz, Steve, What the World Trade Organization learned from the International Labour Organiuation, in: Blackett, Adelle/Trebilcock, Anne (Hrsg.), Research Handbook on Transnational Labour Law, 2015, S. 411 ff.

Chayes, Abram/Chayes, Antonia Chandler, The New Sovereignty. Compliance with International Regulatory Agreements, 1995

Chesterman, Simon, You, The People: The United Nations, Transitional Administration, and State-Building, 2004

Chinkin, Christine, A Critique of Public/Private Dimension, European Journal of International Law 10 (1999), S. 387 ff.

Chintoan-Uta, Marin/Ramos Silva, Joaquim, Global Maritime Domain Awareness: a Sustainable Development Perspective, WMU Journal Maritime Affairs 16 (2017), S. 37 ff.

Chircop, Aldo, The Evolving Framework for International Navigation in the Arctic, in: Koch, Hans-Joachim/König, Doris/Sanden, Joachim/Verheyen, Roda (Hrsg.), Legal Regimes for Environmental Protection, 2015, S. 273 ff.

Chiti, Edoardo/Wessel, Ramses A., The Emergence of International Agencies in the Global Administrative Space: Autonomous Actors or State Servants?, in: Collins, Richard/White, Nigel D. (Hrsg.), International Organizations and the Idea of Autonomy, 2011, S. 142 ff.

Chiti, Edoardo/Mattarella, Giorgio, Global Administrative Law and EU Administrative Law, 2011

Chiti, Mario, Diritto Amministrativo Europeo, 2013

Choi, Bernard C.K., The Past, Present, and Future of Public Health Surveillance, Scientifica 2012, S. 1 ff.

Christodoulou-Varotsi, Iliana, The European Union and the Protection of Maritime Labour, in: dies./Pentsov, Dimitri (Hrsg.), Maritime Work Law Fundamentals, 2007, S. 747 ff.

dies., Critical Review of the Consolidated Maritime Labour Convention (206) of the International Labour Organization: Limits and Perspectives, Journal of Maritime Law & Commerce 43 (2012), S. 467 ff.

Christodoulou-Varotsi, Iliana/Pentsov, Dmitry, Maritime Work Law Fundamentals: Responsible Shipowners, Reliable Seafarers, 2007

Churchill, Robin, Compliance Mechanisms in the International Law of the Sea: From the Individual to the Collective, in: Hestermeyer, Holger P./König, Doris/Matz-Lück, Nele/Röben, Volker/Seibert-Fohr, Anja/Stoll, Peter-Tobias/Vöneky, Silja (Hrsg.), Coexistence, Cooperation and Solidarity, Liber Amicorum für Rüdiger Wolfrum, Volume I, 2012, S. 777 ff.

ders./Ulfstein, Geir, Autonomous Institutional Arrangements in Multilateral Environmental Agreements: A Little-Noticed Phenomenon in International Law, American Journal of International Law 94 (2000), S. 623 ff.

Clapp, Jennifer, The Privatization of Global Environmental Governance: ISO 14000 and the Developing World, Environmental Governance 4 (1998), S. 295 ff.

Classen, Claus Dieter, Rechtsschutz gegen fremde Hoheitsgewalt – zu Immunität und transnationalem Verwaltungshandeln, VerwArch 96 (2005), S. 464 ff.

ders., Die Entwicklung eines Internationalen Verwaltungsrechts als Aufgabe der Rechtswissenschaft, VVDStRL 67 (2008), S. 365 ff.

CLIA (Cruise Lines International Association), The Economic Contribution of the International Cruise Industry Globally in 2019 (https://cruising.org/-/media/research-updates/research/global-cruise-impact-analysis---2019-final.ashx) (zuletzt abgerufen am 10.10.2023)

Cohen, Joshua/Sabel, Charles, Directly-Deliberative Polyarchy, European Law Journal 3 (1997), S. 313 ff.

Colefax, Andrew/Butcher, Paul/Kelaher, Brendan, The Potential for Unmanned Aerial Vehicles (UAVs) to Conduct Marine Fauna Surveys in Place of Manned Aircraft, Journal of Marine Science 75 (2018), S. 1 ff.

Colombos, C. John, Internationales Seerecht, 1963

Collinson, Dale S., The Rhine Regime in Transition: Relations between the European Communities and the Central Commission for Rhine Navigation, Columbia Law Review 72 (1972), S. 485 ff.

Commonwealth, House of Representatives Standing Committee on Transport, Communications and Infrastructure, Ships of Shame, Parliamentary Paper No. 494 (1992) 3

Contincelli, Martina, Global Administrative Law: Preface, Global Jurist Advances 6 (2006), S. 1 ff.

Cooper, Andrew/Kirton, John/Schrecker, Ted, Governing Global Health in the Twenty-First Century, in: dies. (Hrsg.), Governing Global Health, 2007, S. 3 ff.

Cooper, Richard N./Eichengreen, Barry/Holtham, Gerald/Putnam, Robert/Henning, Randall, Can Nations Agree? Issues in International Economic Cooperation, 1989, S. 183 ff.

Cordes, Albrecht/Haferkamp, Hans-Peter/Lück, Heiner/Werkmüller, Dieter/Schmidt-Wiegand, Ruth, Handwörterbuch zur deutschen Rechtsgeschichte, Band 2, 2. Aufl. 2012

Cornils, Matthias, Art. 23 Abs. 1 GG: Abwägungsposten oder Kollisionsregel?, AöR 129 (2004), S. 336 ff.

Coupette, Corinna, Juristische Netzwerkforschung. Modellierung, Quantifizierung und Visualisierung relationaler Daten im Recht, 2009

Craig, Paul, UK, EU and Global Administrative Law, 2015

Craig, John/Lynk, Michael, Globalization and the Future of Labour Law, 2006

Crawford, James, Brownlie's Principles of Public International Law, 9. Aufl. 2019

Crawshaw, Paul, Governing at a Distance: Social Marketing and the (Bio) Politics of Responsibility, Social Science & Medicine 75 (2012), S. 200 ff.

Cremer, Hans-Joachim, Der Schutz vor den Auslandsfolgen aufenthaltsbeendender Maßnahmen: zugleich ein Beitrag zur Bestimmung der Reichweite grundrechtlicher Verantwortung für die Folgewirkungen deutscher Hoheitsakte, 1994

Culjak, Anna, Organisation und Devianz. Eine empirische Fallkonstruktion der Havarie der Costa Concordia, 2014

Cutler, A. Claire/Haufler, Virginia/Porter, Tony, Private Authority and International Affairs, 1999

Czybulka, Detlef, Meeresschutzgebiete in der Ausschließlichen Wirtschaftszone (AWZ), ZUR 2003, S. 329 ff.

Dahm, Georg (Begr.)/*Delbrück, Jost/Wolfrum, Rüdiger* (Hrsg.), Völkerrecht Band 1/2, Der Staat und andere Völkerrechtssubjekte; Räume unter internationaler Verwaltung, 2002

Dana, Richard Heny, Two Years before the Mast, 2008 (erstmals publiziert 1840)

Dann, Philipp, Accountability in Development Aid Law: The World Bank, UNDP and Emerging Structures of Transnational Oversight, AVR 44 (2006), S. 384 ff.

ders., Entwicklungsverwaltungsrecht. Theorie und Dogmatik des Rechts der Entwicklungszusammenarbeit, untersucht am Beispiel der Weltbank, der EU und der Bundesrepublik Deutschland, 2012

ders., Entwicklungszusammenarbeit, in: Isensee, Josef/Kirchhof, Paul (Hrsg.), Handbuch des Staatsrechts der Bundesrepublik Deutschland Band XI, Internationale Bezüge, 3. Aufl. 2013, § 249

Danninger, Christoph, Transnationale Verwaltungsakte, 2019

von Danwitz, Thomas, Die Eigenverantwortung der Mitgliedstaaten für die Durchführung von Gemeinschaftsrecht, DVBl. 1998, S. 421 ff.

ders., Europäisches Verwaltungsrecht, 2008

Däubler, Wolfgang, Der Kampf um einen weltweiten Tarifvertrag, Probleme des deutschen Arbeitsrechts bei der Verbesserung der Arbeitsbedingungen auf Billigflaggenschiffen, 1997

Daum, Ralf, Gestaltungsmöglichkeiten von M-Government, in: Reichard, Christoph/Scheske, Michael/Schuppan, Tino (Hrsg.), Das Reformkonzept E-Government, 2004, S. 140 ff.

Dauses, Manfred (Begr.)/*Ludwigs, Markus* (Hrsg.), Handbuch des EU-Wirtschaftsrechts, 58. Aufl. 2023

Davis, Kevin/Fisher, Angelina/Kingsbury, Benedict/Merry, Sally Engle, Governance by Indicators, 2012

De Bellis, Maurizia, Public Law and Private Regulators in the Global Legal Space, International Journal of Constitutional Law 9 (2011), S. 425 ff.

De Búrca, Gráinne, The European Court of Justice and the International Legal Order after Kadi, Harvard International Law Journal 51 (2009), S. 1 ff.

Debus, Alfred, Verweisungen in deutschen Rechtsnormen, 2008

van der Decken, Jutta, Das Seearbeitsrecht im Hamburger Stadtrecht von 1301 bis 1603, 1995

Deinert, Olaf, Internationales Arbeitsrecht, 2013

Delagrange, Olivia/Pellicer, Jose, Black Box Effect in Ship Risk Profiling, 9.7.2019 (https://www.kennedyslaw.com/pt/thought-leadership/article/black-box-effect-in-ship-risk-profiling/) (zuletzt abgerufen am 10.10.2023)

Delbrück, Jost, Das neue Seerecht, 1982

ders., Globalization of Law, Politics, and Markets. Implications for Domestic Law – A European Perspective, Indiana Journal of Global Legal Studies 1 (1993), S. 9 ff.

ders., Overall Statement, in: Zimmermann, Andreas/Hofmann, Rainer (Hrsg.), Unity and Diversity in International Law, 2006, S. 471 ff.

ders./Heinz, Ursula E., New Trends in InternationaL Lawmaking – International Legislation in the Public Interest, 1996

Deloitte, Fighting Corruption in the Maritime Industry, 2015 (https://www2.deloitte.com/content/dam/Deloitte/in/Documents/finance/in-fa-fighting-corruption-in-maritime-industry-noexp.pdf) (zuletzt abgerufen am 10.10.2023)

Demper, Maximilian, Kooperationsstrukturen und Kooperationsvereinbarungen zwischen der EU und den Mitgliedstaaten im Rahmen gemischter Abkommen, 2018

Demydenko, Nadya, Teaching Maritime English: A Linguistic Approach, Journal of Shipping and Ocean Engineering 2 (2012), S. 294 ff.

Denninger, Erhard, Verfassungsrechtliche Anforderungen an die Normsetzung im Umwelt- und Technikrecht, 1990

ders., Handbuch des Staatsrechts der Bundesrepublik Deutschland, HStR V, Allgemeine Grundrechtslehren, 1992

ders., Vom Ende nationalstaatlicher Souveränität in Europa, JZ 2000, S. 1121 ff.

ders./Hoffmann-Riem, Wolfgang/Schneider, Hans-Peter/Stein, Ekkehart (Hrsg.), Kommentar zum Grundgesetz für die Bundesrepublik Deutschland, Reihe Alternativkommentare, 3. Aufl. 2001

Derkx, Boudewijn/Glasbergen, Pieter, Elaborating Global Private Meta-Governance: An Inventory in the Realm of Voluntary Sustainability Standards, Global Environmental Change 27 (2014), S. 41 ff.

Desmedt, Axel, Proportionality in WTO Law, Journal of Economic Law 4 (2001), S. 441 ff.

DeSombre, Elizabeth R., Voluntary Agreements in the Shipping Industry, Globalization, Competition, and Convergence: Shipping and the Race to the Middle, Global Governance 14 (2008), S. 179 ff.

dies., Voluntary Agreements and the Shipping Industry, in: Potoski/Prakash (Hrsg.), Voluntary Programs: A Club Theory Perspective, 2013, S. 133 ff.

Deutschbein, Olaf, Compliance mit internationalen Verpflichtungen – Die Einhaltung der ILO-Kernarbeitsnormen unter besonderer Berücksichtigung intra-institutioneller Variationen, 2006

Deutscher Städte- und Gemeindebund, Mobile Kommunikation, 2005

56. Deutscher Verkehrsgerichtstag, Empfehlungen, NZV 2018, S. 69 ff.

Devaux, Caroline/Nicolai, Jean-Philippe, Designing an EU Ship Recycling Licence: A Roadmap, 2019

Dhinakaran, Renuka, Law of the International Civil service: A Venture into Legal Theory, International Organizations Law Review 2011, S. 152 ff.

Dieckmann, Martin/Reese, Moritz, § 6: Kreislaufwirtschafts- und Abfallrecht, in: Koch, Hans-Joachim (Hrsg.), Umweltrecht, 5. Aufl. 2018, S. 377 ff.

Dietlein, Johannes, Die Lehre von den grundrechtlichen Schutzpflichten, 1992

Dietz, Markus, Das Korruptionsproblem aus institutionenökonomischer Sicht, in: Pies, Ingo/Leschke, Martin (Hrsg.), Ronald Coase' Transaktionskosen-Ansatz, 2000, S. 109 ff.

Di Fabio, Udo, Risikoentscheidungen im Rechtsstaat: Zum Wandel der Dogmatik im öffentlichen Recht, insbesondere am Beispiel der Arzneimittelüberwachung, 1994

ders., Rechtsfragen zu unbekannten Gesundheitsrisiken elektromagnetischer Felder, DÖV 1995, S. 1 ff.

ders., Produktharmonisierung durch Normung und Selbstüberwachung, 1996

ders., Voraussetzungen und Grenzen des umweltrechtlichen Vorsorgeprinzips, in: Kley, Max Dietrich (Hrsg.), Festschrift für Wolfgang Ritter zum 70. Geburtstag: Steuerrecht, Steuer- und Rechtspolitik, Wirtschaftsrecht und Unternehmensverfassung, Umweltrecht, 1997, S. 807 ff.

ders., Das Recht offener Staaten: Grundlinien einer Staats- und Rechtstheorie, 1998

Diller, Janelle M., Pluralism and Privatization in Transnational Labour Regulation, in: Blackett, Adelle/Trebilcock, Anne (Hrsg.), Research Handbook on Transnational Labour Law, 2015, S. 329 ff
Dilling, Olaf/Herberg, Martin/Winter, Gerd, Transnational Administrative Rule-Making: Performance, Legal Effects and Legitimacy, 2011
Dilling, Olaf/Markus, Till, Transnationalisierung des Umweltrechts, ZUR 2016, S. 3 ff.
Dimitropoulos, Georgios, Zertifizierung und Akkreditierung im Internationalen Verwaltungsverbund, 2012
ders., Compliance through Collegiality: Peer Review in International Law, MPI Working Paper 3 (2014)
Dimitrova, Desislava Nikolaeva/Blanpain, Roger, Seafarers' Rights in the Globalized Maritime Industry, 2010
Dirks, Jan, Internationale Regulierung der Arbeits- und Lebensbedingungen im Politikfeld der Handelsschifffahrt, in: Senghaas-Knobloch, Eva (Hrsg.), Internationale Arbeitsregulierung in Zeiten der Globalisierung, 2003, S. 127 ff.
Dittmann, Armin, Die Bundesverwaltung. Verfassungsrechtliche Grundlagen, grundgesetzliche Vorgaben und Staatspraxis ihrer Organisationen, 1983
Dodgson, Richard/Lee, Kelly, Human Security and Global Governance, in: Wilkinson, Rorden/Hughes, Steve (Hrsg.), Global Governance: Critical Perspectives, 2002, S. 100 ff.
Doehring, Karl, Völkerrecht, 2. Aufl. 2004
Dölling, Dieter, Handbuch der Korruptionsprävention für Wirtschaftsunternehmen und öffentliche Verwaltung, 2007
Dölling, Sonja, Rechtsschutz von Wissen am Beispiel von traditionellem medizinischem Wissen, 2015
Dolzer, Rudolf, Finanzierung und Durchführung des globalen Umweltschutzes, in: Götz, Volkmar/Selmer, Peter/Wolfrum, Rüdiger (Hrsg.), Liber Amicorum Günther Jaenicke, 1999, S. 37 ff.
Dombrowsky, Wolf R., Entstehung und Ansätze der Katastrophensoziologie, Jahrbuch für europäische Sicherheitspolitik, S. 53 ff.
Dominicé, C., The World Court, the WHO, and the UN System, in: Blokker, Niels/Schermers, Henry (Hrsg.), Proliferation of Internationale Organizations, 2000, S. 65 ff.
Donner, Patrick/Theocharidis, George/Johansson, Tafsir, Methods to Promote Improved Governance in Maritime Administrations of Developing Nations. in: Froholdt, Lisa Loloma (Hrsg.), Corporate Social Responsibility in the Maritime Industry, 2018, S. 63 ff.
Dörr, Dieter, Die deutsche Handelsflotte und das Grundgesetz, 1988
ders., Der europäisierte Rechtsschutzauftrag deutscher Gerichte: Artikel 19 Absatz 4 GG unter dem Einfluß des europäischen Unionsrechts, 2003
ders., „Privatisierung" des Völkerrechts, JZ 2005, S. 905 ff.
Douvier, Stephan, MARPOL, 2008
Dowling, Ross/Weeden, Clare, The World of Cruising, in: dies. (Hrsg.), Cruise Ship Tourism, 2017, S. 1 ff.
Downs, George/Rocke, David/Barsoom, Peter, Is the Good News About Compliance Good News About Cooperation?, International Organization 50 (1996), S. 379 ff.
Dreier, Horst, Zum Begriff der „Natur der Sache", 1965
ders., Hierarchische Verwaltung im demokratischen Staat, 1991
ders., Die deutsche Staatsrechtslehre in der Zeit des Nationalsozialismus, VVDStRL 60 (2011), S. 9 ff.
ders. (Hrsg.), Grundgesetz-Kommentar, 3. Aufl., Band I, 2013 und Band II, 2015

Dreier, Ralf, Probleme der Rechtsquellenlehre, in: Menger, Christian-Friedrich (Hrsg.), Fortschritte des Verwaltungsrechts: Festschrift für Hans J. Wolff zum 75. Geburtstag, 1973, S. 3 ff.

Drobnig, Albrecht, Tätigkeit und Haftung von Klassifikationsgesellschaften in der Bundesrepublik Deutschland am Beispiel des Germanischen Lloyd, 1995

Drobnig, Ulrich, Billige Flaggen im Internationalen Privatrecht, BDGVR 31 (1990), S. 31 ff.

ders./Puttfarken, Hans J., Arbeitskampf auf Schiffen unter fremder Flagge, 1989

Dröge, Cordula, Positive Verpflichtungen der Staaten in der Europäischen Menschenrechtskonvention, 2003

Drost, Ulrich/Ell, Marcus/Schütte, Dieter, Das neue Wasserrecht, 2018

Dunoff, Jeffrey L., A New Approach to Regime Interaction, in: Young, Margaret A. (Hrsg.), Regime Interaction in International Law, 2012, S. 136 ff.

ders., How to Avoid Regime Collisions, in: Blome, Kerstin/Fischer-Lescano, Andreas/Franzki, Hannah/Markard, Nora/Oeter, Stefan (Hrsg.), Contested Regime Collisions, 2016, S. 49 ff.

ders./Trachtman, Joel P., A Functional Approach to International Constitutionalization, in: dies. (Hrsg.), Ruling the World?, 2009, S. 3 ff.

Dupuy, Pierre-Marie, The Danger of Fragmentation or Unification of the International Legal System and the International Court of Justice, NYU Journal of International Law and Politics 31 (1999), S. 791 ff.

Dupuy, René Jean, Le Droit des Relations entre les Organisations Internationales, Recueil Des Cours 100 (1960), S. 484 ff.

ders./Vignes, Daniel, A Handbook of the Law of the Sea, Volume 1, 1991

Dürig, Günther, Grundrechte und Zivilrechtsprechung, in: Maunz, Theodor (Hrsg.), Vom Bonner Grundgesetz zur gesamtdeutschen Verfassung, Festschrift zum 75. Geburtstag von Hans Nawiasky, 1956, S. 157 ff.

ders. (Begr.)/*Herzog, Roman/Scholz, Rupert* (Hrsg.), Grundgesetz Kommentar, Band III, Band V, 100. EL Januar 2023

Durner, Wolfgang, Common Goods, Statusprinzipien von Umweltgütern im Völkerrecht, 2001

ders., Konflikte räumlicher Planungen. Verfassungs-, verwaltungs- und gemeinschaftsrechtliche Regeln für das Zusammentreffen konkurrierender planerischer Raumansprüche, 2005

ders., Internationales Umweltverwaltungsrecht, in: Möllers, Christoph/Voßkuhle, Andreas/Walter, Christian (Hrsg.), Internationales Verwaltungsrecht, 2007, S. 121 ff.

Dürr, Simone/Thomason, Jeremy C., Biofouling, 2010

Duval, Antoine, Towards a Transnational Solange, The Court of Arbitration for Sport and EU Law, in: Hörnle, Tatjana/Möllers, Christoph/Wagner, Gerhard (Hrsg.), Gerichte und ihre Äquivalente, 2020, S. 13 ff.

Dwertmann, Sarah, Die Binnenorganisation der Seehäfen als Problem des europäischen Wettbewerbsrechts, 2012

Dworkin, Ronald, Taking Rights Seriously, 1977

ders., Law's Empire, 1986

Dziamski, Fabian, Mobile Government und Bürgerapps, in: Hill, Hermann/Martini, Mario/Wagner, Edgar (Hrsg.), Die digitale Lebenswelt gestalten, 2015, S. 233 ff.

Eeckhout, Piet, EU External Relations, 2. Aufl. 2011

Effer-Uhe, Daniel, Schiedsrichterliche Unabhängigkeit bei wissenschaftlichen Äußerungen, SchiedsVZ 2018, S. 75 ff.

Egede, Edwin, Africa and the Deep Seabed Regime, 2011

Eggers, Barbara/Hoffmeister, Frank, UN-EU Cooperation on Public Health, in: Wouters, Jan/Hoffmeister, Frank/Ruys, Tom (Hrsg.), The UN and the EU, 2006, S. 155 ff.
Eggert, Craig, The Role of Principles and General Principles in the „Constitutional Process" of International Law, Netherlands International Law Review 66 (2019), S. 197 ff.
Egloff, Nina, „Internationale Solidarität" als politischer Prozess im Rahmen der Kampagnenführung der Internationalen Transportarbeiterföderation, in: Ehmke, Ellen/Fichter, Michael/Simon, Nils/Zeuner, Bodo (Hrsg.), Internationale Arbeitsstandards in einer globalisierten Welt, 2009, S. 92 ff.
Ehlers, Dirk, Rechtsschutz im Öffentlichen Recht, 2009
ders., Verwaltung und im demokratischen und sozialen Rechtsstaat, in: ders./Pünder, Hermann (Hrsg.), Allgemeines Verwaltungsrecht, 16. Aufl. 2022
ders./Fehling, Michael/Pünder, Hermann, Besonderes Verwaltungsrecht, Band 2: Planungs-, Bau- und Straßenrecht, Umweltrecht, Gesundheitsrecht, Medien- und Informationsrecht, 4. Aufl. 2020
Ehlers, Peter, Meeresfreiheit und aquitoriale Ordnung: Zur Entwicklung des Seerechts, VerwArch 104 (2013), S. 406 ff.
ders. (Hrsg.), Seeaufgabengesetz, 5. Aufl. 2021
ders. (Hrsg.), Seelotsgesetz, 3. Aufl. 2021
ders., Recht des Seeverkehrs, 2. Aufl. 2022
ders./Lagoni, Rainer, Maritime International Organisations and their Contributions Towards a Sustainable Marine Development, 2006
Ehrmann, Markus, Erfüllungskontrolle im Umweltvölkerrecht. Verfahren der Erfüllungskontrolle in der umweltvölkerrechtlichen Vertragspraxis, 2000
Eichenhofer, Eberhard, Sozialrecht, 1991
Eidenmüller, Horst, Forschungsperspektiven im Unternehmensrecht, JZ 2007, S. 487 ff.
Eifert, Martin, Electronic Government. Das Recht der elektronischen Verwaltung, 2006
ders., Legitimationsstrukturen internationaler Verwaltung, in: Trute, Hans-Heinrich/Groß, Thomas/Röhl, Hans Christian/Möllers, Christoph (Hrsg.), Allgemeines Verwaltungsrecht – zur Tragfähigkeit eines Konzepts, 2008, S. 307 ff.
ders., Die Genehmigung im Verwaltungsrecht, Jura 2014, S. 1135 ff.
Eisele, Jürgen, Kreuzfahrt-Touristen unter der Lupe der Marktforschung, in: Klein, Armin/Pröbstle, Yvonne/Schmidt-Ott (Hrsg.), Thomas, Kulturtourismus für alle?, 2017, S. 121 ff.
El-Berr, Sandy, Wer sind hier die Experten?: Lokales Wissen und interkulturelle Kommunikation in Entwicklungsprojekten mit Indigenen Ecuadors, 2009
Elbing, Gunther, Die Anwendbarkeit der Grundrechte bei Sachverhalten mit Auslandsbezug, 1992
Emmerich-Fritsche, Angelika, Vom Völkerrecht zum Weltrecht, 2007
EMSA (Europäische Agentur für die Sicherheit des Seeverkehrs), RPAS Service Portfolio, Marine Pollution and Detection, 2018
Engel, Christoph, Völkerrecht als Tatbestandsmerkmal deutscher Normen, 1989
ders., A Constitutional Framework for Private Governance, A Constitutional Framework for Private Governance, 2019
Engel, Ulf/Midell, Matthias, Theorien und Theoretiker der Globalisierung, in: Midell, Matthias/Engel, Ulf (Hrsg.), Theorien der Globalisierung, 2010, S. 7 ff.
Engels, Urs Daniel, European Ship Recycling, 2013
Engsbrink, Dennis, Die Kohärenz des auswärtigen Handelns der Europäischen Union, 2014
ENVI-Committee (Committee on Environment, Public Health and Food Safety), Decision-Making Processes of ICAO and IMO in Respect of Environmental Regulations, 2017

Epiney, Astrid, „Europäisches Verfassungsrecht": Die Rechtsprechung des EuGH im Jahr 2008, NVwZ 2009, S. 949 ff.

dies./Scheyli, Martin, Umweltvölkerrecht: völkerrechtliche Bezugspunkte des schweizerischen Umweltrechts, 2000

Epping, Volker, Grundrechte, 9. Aufl. 2021

Erbguth, Wilfried/Guckelberger, Annette, Allgemeines Verwaltungsrecht, 11. Aufl. 2023

Erichsen, Hans-Uwe, Verfassungs- und verwaltungsgeschichtliche Grundlagen der Lehre vom fehlerhaften belastenden Verwaltungsakt und seiner Aufhebung im Prozess, 1971

ders./Scherzberg, Arno, Verfassungsrechtliche Determinanten staatlicher Hochschulpolitik, NVwZ 1990, S. 8 ff.

Ericson, Richard/Doyle, Aaron/Barry, Dean, Insurance as Governance, 2003

Erkkilä, Tero, Ombudsman as a Global Institution, 2020

Erll, Astrid/Gymnich, Marion, Interkulturelle Kompetenzen, 2007

Eslami, Nassim, Die Nichtöffentlichkeit des Schiedsverfahrens, 2016

ESPO (European Sea Ports Organisation), The ESPO Fact-Finding Report: European Port Governance, 2010

Esser, Josef, Grundsatz und Norm in der richterlichen Fortbildung des Privatrechts: rechtsvergleichende Beiträge zur Rechtsquellen- und Interpretationslehre, 1974

EureConsult/t33 Spatial Foresight, Sector Study: Cross-border and Transnational Labour Market Integration, Expert assignment to deliver a Scoping study on European Territorial Cooperation, 2015

Europäische Kommission, EU Ship Emissions to Air Study, Study of the Economic, legal, Environmental and Practical Implications of a European System to Reduce Ship Emissions of SO2 and NOX, 2000

dies., Assessment of Different Options to Address Risks from the Use Phase of Biocides, 2009

dies., Study on Differentiated Port Infrastructure Charges to Promote Environmentally Friendly Maritime Transport Activities and Sustainable Transportation, 2017

dies., Safer Ship Recycling for a Greener World, 2021

Everling, Ulrich, Auf dem Weg zu einem europäischen Verwaltungsrecht, NVwZ 1987, S. 1 ff.

Faber, Heiko, Verwaltungsrecht, 4. Aufl. 1995

Fakhry, Aref, Capacity-Building in International Marine Environmental Law: Perspectives of Developing Countries, in: Kirchner, Andree (Hrsg.), International Marine Environmental Law, 2003, S. 93 ff.

Fan, Lidong/Fei, Jiangang/Schriever, Ulf/Fan, Si, A Review of Maritime English Education and Training in China in Comparison with other Top Suppliers of Seafarers, Asia-Pacific Journal of Marine Science & Education 5 (2015), S. 22 ff.

Farahat, Anuscheh, Progressive Inklusion: Zugehörigkeit und Teilhabe im Migrationsrecht, 2013

Fassbender, Bardo, The United Nations Charter as Constitution of the International Community, Columbia Journal of Transnational Law 36 (1998), S. 531 ff.

ders., Targeted Sanctions Imposed by the UN Security Council and Due Process Rights, International Organisations Law Review 3 (2006), S. 437 ff.

ders., Art. 19 Abs. 4 GG als Garantie innerstaatlichen Rechtsschutzes gegen Individualsanktionen des UN-Sicherheitsrates, AöR 132 (2007), S. 257 ff.

Fastenrath, Ulrich, Die veränderte Stellung der Verwaltung und ihr Verhältnis zum Bürger unter dem Einfluss es Europäischen Gemeinschaftsrechts, DV 31 (1998), S. 277 ff.

Fauchald, Ole Kristian, Hardening the Legal Softness of the World Bank through an Inspection Panel?, Scandinavian Studies in Law 58 (2013), S. 101 ff.

Faulkner, David, International Strategic Alliances, 1995

Faure, *Michael*/*De Smedt*, *Peter*/*Stas*, *An*, Environmental Enforcement Networks, 2015
de la Fayette, *Louise*, Compensation for Environmental Damage in Maritime Liability Regimes, in: Kirchner, Andree (Hrsg.), International Marine Environmental Law, 2003, S. 231 ff.
dies., The Role of the United Nations in International Ocean Governance, in: Freestone, David/Barnes, Richard/Ong, David M. (Hrsg.), The Law of the Sea, 2006, S. 63 ff.
dies., Handbuch des EU-Wirtschaftsrecht, The Anthropocene, Autopoiesis and the Disingenuousness of the Genuine Link: Addressing Enforcement Gaps in the Legal Regime for Areas Beyond National Jurisdiction – Commentary on Rosemary Rayfuse in: Molenaar, Erik Jaap/Oude Elferink, Alex G. (Hrsg.), The International Legal Regime of Areas beyond National Jurisdiction, 2010, S. 205 ff.
Fehling, *Michael*, Rechtsvergleichende Methode und europäisches Verwaltungsrecht, in: Terhechte, Jörg Philipp (Hrsg.), Internationale Dimension des europäischen Verwaltungsrechts, Beiheft 1, EuR 2016, S. 59 ff.
Feinäugle, *Clemens*, Hoheitsgewalt im Völkerrecht: Das 1267-Sanktionsregime der UN und seine rechtliche Fassung, 2011
Felix, *Dagmar*, Einheit der Rechtsordnung. Zur verfassungsrechtlichen Relevanz einer juristischen Argumentationsfigur, 1998
Fenton, *Paul*, The Role of Port Cities and Transnational Municipal Networks in Efforts to Reduce Greenhouse Gas Emissions on Land and at Sea from Shipping – An Assessment of the World Ports Climate Initiative, Marine Policy 75 (2017), S. 271 ff.
von Feuerbach, *Paul Johann Anselm*, Betrachtungen über die Öffentlichkeit und Mündlichkeit der Gerechtigkeitspflege, Band 1, 1821
Fidler, *David P.*, International Law and Infectious Diseases, 1999
ders., SARS, Governance and the Globalization of Disease, 2004
ders., From International Sanitary Conventions to Global Health Security: The New International Health Regulations, Chinese Journal of International Law 4 (2005), S. 325 ff.
ders., A Pathology of Public Health Securtism: Approaching Pandemics as Security Treats, in: Cooper, Andrew/Kirton, John/Schrecker, Ted (Hrsg.), Governing Global Health, 2007, S. 41 ff.
ders., The Challenges of Global Health, 2010
Fink, *Leon*, Sweatshops at Sea. Merchant Seamen in the World's First Globalized Industry, from 1812 to the Present, 2011
Finke, *Jasper*, Die Parallelität internationaler Streitbeilegungsmechanismen, 2004
Finus, *Michael*/*Herzog*, *Oliver*, Sanktionen zur Durchsetzung von Vertragspflichten in internationalen Umweltabkommen: Spieltheoretische und praktische Überlegungen, ZfU 2006, S. 25 ff.
Fischer, *Martin R.*, Recht ohne Staat. Die Emergenz transnationaler Regelungsstrukturen am Beispiel privater bewaffneter Sicherheitsdienste auf Handelsschiffen, 2018
Fischer-Lescano, *Andreas*, Transnationales Verwaltungsrecht, JZ 2008, S. 373 ff.
ders./*Möller*, *Kolja*, Der Kampf um soziale Rechte. Zart wäre das Gröbste, 2012
Fitzmaurice, *Malgosia*/*Ong*, *David N.*/*Merkouris*, *Panos*, Research Handbook on International Environmental Law, 2010
Fordham, *The Hon Sir Michael*, Judicial Review Handbook, 2021
Fornasier, *Matteo*, Regelsetzung im Arbeitsrecht, in: Möslein, Florian (Hrsg.), Regelsetzung im Privatrecht, 2019, § 16 S. 439 ff.
Forsthoff, *Ernst*, Rechtsstaat oder Richterstaat?, in: Lanzenstiel, Georg (Hrsg.), Rechtsstaat oder Richterstaat?, 1970, S. 7 ff.
ders., Lehrbuch des Verwaltungsrechts, Allgemeiner Teil, 10. Aufl. 1973

FRA (European Union Agency for Fundamental Rights), Access to Justice in Europe: an Overview of Challenges and Opportunities, 2011

Franckx, Erik, Vessel Source Pollution and Coastal State Jurisdiction, 2001

ders., The 200-mile Limit: Between Creeping Jurisdiction and Creeping Common Heritage, German Yearbook of International Law 48 (2005), S. 117 ff.

Frank, Veronika, Consequences of the Prestige Sinking for European and International Law, International Journal of Marine and Coastal Law 20 (2005), S. 5 ff.

Frankus, Hans J., Fusionskontrolle bei Konglomeraten, 1972

Fransen, Luc/Burgoon, Brian, Public and Private Labor Standards Policy in the Global Economy, Global Policy 8 (2017), S. 5 ff.

Franz, Wolfgang, Arbeitsmarktökonomik, 2013

Franz, Arne, Mobile Kommunikation: Anwendungsbereiche und Implikationen für die öffentliche Verwaltung, 2005

Franzius, Claudio, Die Herausbildung der Instrumente indirekter Verhaltenssteuerung im Umweltrecht der Bundesrepublik Deutschland, 2000

ders., Governance und Regelungsstrukturen, VerwArch 97 (2006), S. 186 ff.

ders., Die Abweichungsgesetzgebung, NVwZ 2008, S. 492 ff.

ders., Gewährleistung im Recht. Grundlagen eines europäischen Regelungsmodells öffentlicher Dienstleistungen, 2009

ders., Neue Organisationsformen im Verwaltungsrecht, VBlBW 2009, S. 121 ff.

ders., Horizontalisierung als Governance-Struktur, in: Botzern, Sebastian/Hofmann, Jeanette/Quack, Sigrid/Schuppert, Gunnar/Straßheim, Holger (Hrsg.), Governance als Prozess, 2009, S. 635 ff.

Freeman, Richard B./Elliott, Kimberly, Can Labour Standards Improve under Globalization?, 2003

Freeman, Alwyn Vernon, The International Responsibility of States for Denial of Justice, 1938

Freller, Thomas, Der Kampf gegen den „Schwarzen Tod", Berichte zur Wissenschaftsgeschichte 17 (1994), S. 122 ff.

Frenzel, Matthias, Sekundärrechtssetzung internationaler Organisationen. Völkerrechtliche Konzeption und verfassungsrechtliche Voraussetzungen, 2011

Friedmann, Wolfgang, The Changing Structure of International Law, 1964

Frischmuth, Jürgen/Karrlein, Wolfgang, Aktuelle Trends im Electronic und Mobile Business, in: Blaschke, Peter/Karrlein, Wolfgang/Zypries, Brigitte (Hrsg.), E-Public, 2002, S. 9 ff.

Fritz, Simone, Integrierter Umweltschutz im Völkerrecht, 2009

Frizsche, Steffen, Das europäische Luftverkehrsrecht, 2008

Frotscher, Gerrit, Internationales Steuerrecht, 5. Aufl. 2020

Frowein, Jochen, Das Maastricht-Urteil und die Grenzen der Verfassungsgerichtsbarkeit, ZaöRV 54 (1994), S. 1 ff.

ders., Konstitutionalisierung des Völkerrechts, BDGVR 39 (2000), S. 427 ff.

ders., Die Notstandsverwaltung von Gebieten durch die Vereinten Nationen, in: Arndt, Hans-Wolfgang (Hrsg.), Festschrift für Walter Rudolf, 2001, S. 43 ff.

ders., UN-Verwaltung gegenüber Individuen – legibus absolutus?, in: Trute, Hans H./Groß, Thomas/Röhl, Hans Christian/Möllers, Christoph (Hrsg.), Allgemeines Verwaltungsrecht, 2008, S. 333 ff.

Furger, Franco, Accountability and Systems of Self-Governance: The Case of the Maritime Industry, Law & Policy 19 (1997), S. 445 ff.

Gamillscheg, Franz, Internationales Arbeitsrecht, 1959

Gantzer, Jörg, Grenzüberschreitende Behörden- und Öffentlichkeitsbeteiligung bei umweltrelevanten Vorhaben am Oberrhein, VBlBW 2005, S. 464 ff.

Gärditz, Klaus Ferdinand, Europäisches Planungsrecht. Grundstrukturen eines Referenzgebiets des europäischen Verwaltungsrechts, 2009

ders., Die gerichtliche Kontrolle behördlicher Tatsachenermittlung im europäischen Wettbewerbsrecht zwischen Untersuchungsmaxime und Effektivitätsgebot, AöR 139 (2014), S. 329 ff.

ders., Völkerrechtliche Integration und kompensatorische Rechtsschutzgarantie / Obiter dicta als Rechtsprechungsleitlinien in einem Nichtannahmebeschluss des BVerfG (hier: Europa-Schulen), EuGRZ 2018, S. 530 ff.

Gehne, Katja, Nachhaltige Entwicklung als Rechtsprinzip: normativer Aussagegehalt, rechtstheoretische Einordnung, Funktionen im Recht, 2011

Gehring, Thomas, Der Beitrag von Institutionen zur Förderung der internationalen Zusammenarbeit, ZIB 1 (1994), S. 211 ff.

Geisler, Alexander, Das Internationale Übereinkommen von 1990, 2004

Gekara, Victor/Bhattacharya, Syamantak, Standardisation of Seafarer Training and Skill Formation, in: Jiangang Fei (Hrsg.), Managing Human Resources in the Shipping Industry, 2018, 3. Kapitel

Gerg, Stephan, Nudging: Verfassungsrechtliche Maßstäbe für das hoheitliche Einwirken auf die innere Autonomie des Bürgers, 2019

von Gerlach, Christian, Die Seesicherheitsuntersuchung, 2005

Gerontas, Angelos, Europäisierung und Internationalisierung des Verwaltungshandelns, 2011

Gerstenberger, Heide, Ein globalisiertes Gewerbe, in: dies./Welke, Ulrich (Hrsg.), Seefahrt im Zeichen der Globalisierung, 2002, S. 10 ff.

dies., „Decent Work" in der Seeschifffahrt?, in: Becke, Guido/Bleses, Peter/Ritter, Wolfgang/Schmidt, Sandra (Hrsg.), Decent Work, 2010, S. 53 ff.

Gidel, Gilbert, Le Droit International Public de la Mer, le Temps de Paix, Band 1: Introduction – La Haute Mer, 1932

Giegerich, Thomas, Wettbewerb der Rechtsordnungen, VVDStRL 69 (2010), S. 57 ff.

Gießmann, Sebastian, Archäologie einer Kulturtechnik, 1740–1840, Netze und Netzwerk, 2006

Gilpin, Robert, War and Change in World Politics, 1981

Gjaltema, Jonna/Biesbroeck, Robbert/Termeer, Katrien, From Government to Governance to Meta-Governance: a Systematic Literature Review, Public Management Review 22 (2020), S. 1760 ff.

Glaser, Andreas, Entwicklung des Europäischen Verwaltungsrechts aus der Perspektive der Handlungsformenlehre, 2013

Glaser, Markus, Internationale Verwaltungsbeziehungen, 2010

Gleißner, Harald/Femerling, J. Christian, Kompakt Edition: Transport, Elemente, Management, Märkte, 2016

Glinder, Peter/Schröfel, Beate, Kommunale Antikorruptionssysteme, in: Louis, Jürgen/Glinder, Peter/Waßmer, Martin Paul (Hrsg.), Korruptionsprävention in der öffentlichen Verwaltung, 2020, S. 125 ff.

Glinski, Carola, Die rechtliche Bedeutung der privaten Regulierung globaler Produktionsstandards, 2011

Global Forum for Heath Research, 10/90 Report on Health Research 2003–2004, 2004

Goebel, Felix, Klassifikationsgesellschaften – Aktuelle Erkenntnisse zu maritimen Informationsintermediären, RdTW 2018, S. 365 ff.

ders., Classification Societies: Competition and Regulation of Maritime Information Intermediaries, 2018

Göbel, Elisabeth, Nicht-normative Steuerung durch ökonomische Anreize, in: Oebbecke, Janbernd (Hrsg.), Nicht-normative Steuerung in dezentralen Systemen, 2005, S. 347 ff.
Goecke, Friedrich, Das Heuerverhältnis unter dem Seearbeitsgesetz, 2021
Goffman, Erving, Asylums, Essays on the Social Situation of Mental Patients and Other Inmates, 1961
Gold, E., Vessel Traffic Regulation: the Interface of Maritime Safety and Operational Freedom, Journal of Maritime Law and Commerce 14 (1983), S. 1 ff.
Goldmann, Matthias, Internationale öffentliche Gewalt: Handlungsformen internationaler Institutionen im Zeitalter der Globalisierung, 2015
ders., Internationales Verwaltungsrecht, in: Voßkuhle, Andreas/Eifert, Martin/Möllers, Christoph (Hrsg.), Grundlagen des Verwaltungsrechts, Band I, 3. Aufl. 2022, § 6
Goodman, Neville M., International Health Organizations and their Work, 1952
Göpfert, Burkhard/Wilke, Elena, Nutzung privater Smartphones für dienstliche Zwecke, NZA 2012, S. 765 ff.
Göpfert, Ingrid/Braun, David, Internationale Logistik, 2013
Gordillo, Agustin, Access to Justice, Legal Certainty and Economic Rationality, in: Anthony, Gordon/Auby, Jean-Bernard/Morison, John/Zwart, Tom (Hrsg.), Values in Global Administrative Law, 2011, S. 363 ff.
Gostin, Larry O./Ó Cathaoir, Katharina, Lurching from Complacency to Panic in the Fight Against Dangerous Microbes: A Blueprint for a Common Secure Future, Emory Law Journal 67 (2018), S. 337 ff.
Gostin, Lawrence, A Proposal for a Framework Convention on Global Health, Journal of International Economic Law 10 (2007), S. 989 ff.
ders., Global Health Law, 2014
ders./Katz, Rebecca, The International Health Regulations: The Governing Framework for Global Health Security, The Milbank Quarterly 94 (2016), S. 264 ff.
ders./Sapsin, Jason/Vernick, Jon/Teret, Stephen/Burris, Scott, SARS and International Legal Preparedness, Temple Law Review 77 (2004), S. 155 ff.
Göttsche, Götz J., Die Anwendung von Rechtsprinzipien in der Spruchpraxis der WTO-Rechtsmittelinstanz, 2005
Gräf, Stephan, Das Internationale Seearbeitsrecht und seine Bedeutung für das zukünftige Seearbeitsgesetz, ZfA 2012, S. 557 ff.
Grabitz, Eberhard (Begr.)/*Hilf, Meinhard/Nettesheim, Martin* (Hrsg.), Das Recht der Europäischen Union, 78. EL Januar 2023
Graczyk, Piotr/Koivurova, Timo, The Arctic Council, in: Jensen, Leif Christian/Hønneland, Geir (Hrsg.), Handbook of the Politics of the Arctic, 2015, S. 298 ff.
Grad, Frank P., The Public Health Law Manual, 1965
Graf Lambsdorff, Johann, The Institutional Economics of Corruption and Reform, 2007
Graf Vitzthum, Wolfgang, Terranisierung der Meere, Europa-Archiv 31 (1976), S. 129 ff.
ders., Die Bemühungen um ein Regime des Tiefseebodens, ZaöRV 38 (1978), S. 745 ff.
ders., Schiffssicherheit: Die EG als potentieller Durchsetzungsdegen der IMO, ZaöRV 62 (2002), S. 163 ff.
ders., Europäisches Seerecht, in: Brenner, Michael/Huber, Peter M. (Hrsg.), Der Staat des Grundgesetzes – Kontinuität und Wandel, Festschrift für Peter Badura, 2004, S. 1189 ff.
ders., Handbuch des Seerechts, 2006
ders./Proelß, Alexander, Völkerrecht, 8. Aufl. 2019
Gramm, Christof, Aufklärung durch staatliche Publikumsinformation, DS 30 (1991), S. 51 ff.
Grande, Edgar, Verwaltung im globalen Wandel, in: Bauer, Michael/Grande, Edgar (Hrsg.), Perspektiven der Verwaltungswissenschaft, 2018, S. 303 ff.

Graser, Alexander, Sozialrecht ohne Staat? Politik und Recht unter Bedingungen der Globalisierung und Dezentralisierung, in: Héritier, Adrienne/Stolleis, Michael/Scharpf, Fritz W. (Hrsg.), European and International Regulation, 2004, S. 163 ff.

Graziano, Armando/Cariou, Pierre/Wolff, Francois-Charles/Mejia, Maximo/Hinrichs, Jens-Uwe, Port State Control Inspections in the European Union: Do Inspector's Number and Background matter, 2018

Green, Jessica, Rethinking Private Authority. Agents and Entrepreneurs in Global Environmental Governance, 2013

Gretscher, Sabino, Die „allgemeinen Grundsätze des Verwaltungsrechts" und die deutsche Rechtsquellenlehre: eine Untersuchung anhand des Aufopferungs- und des Verhältnismäßigkeitsgrundsatzes, 2004

Greven, Thomas/Scherrer, Christoph, Globalisierung gestalten, 2005

Grewal, Devinder, The Growth of CSR and its Acceptance in the Maritime Industry, in: Froholdt, Lisa Loloma (Hrsg.), Corporate Social Responsibility in the Maritime Industry, 2018, S. 25 ff.

Grewe, Werner, Auswärtige Gewalt, AöR 78 (1952/53), S. 243 ff.

Grewe, Wilhelm, Grotius – Vater des Völkerrechts?, DS 23 (1984), S. 161 ff.

Griffin, Andrew, MARPOL 73/78 and Vessel Pollution: A Glass Half Full or Half Empty?, Indiana Journal of Global Legal Studies 1 (1994), S. 489 ff.

Grimm, Dieter, Braucht Europa eine Verfassung?, JZ 1995, S. 581 ff.

ders., Grundrechtsfunktionen jenseits des Staates, in: Grimm, Dieter/Peters, Anne/Wielsch, Dan (Hrsg.), Grundrechtsfunktionen jenseits des Staates, 2021, S. 21 ff.

Gronholz, Matthias, Kulturelle Globalisierung und internationale Kooperation, 2013

Gross, Leo, The Peace of Westphalia, American Journal of International Law 42 (1948), S. 20 ff.

Groß, Thomas, Rechtsprobleme des grenzüberschreitenden Prüfungsrechtes der Bankaufsichtsbehörden, JZ 1994, S. 596 ff.

ders., Das Kollegialprinzip in der Verwaltungsorganisation, 1999

ders., Öffentliche Verwaltung im Internet, DÖV 2001, S. 159 ff.

ders., Die Informatisierung der Verwaltung, VerwArch 95 (2004), S. 400 ff.

ders., Verantwortung und Effizienz in der Mehrebenenverantwortung, VVDStRL 66 (2007), S. 152 ff.

ders., § 15: Die Verwaltungsorganisation als Teil der Staatsorganisation, in: Voßkuhle, Andreas/Eifert, Martin/Möllers, Christoph (Hrsg.), Grundlagen des Verwaltungsrechts, Band I, 3. Aufl. 2022, S. 1115 ff.

Groß, Sven, Tourismus und Verkehr, 2011

Grote, Rainer, Das „Westfälische System" des Völkerrechts: Faktum oder Mythos; in: von Arnauld, Andreas (Hrsg.), Völkerrechtsgeschichte(n), 2017, S. 21 ff.

ders./Dörr, Oliver/Marauhn, Thilo (Hrsg.), EMRK/GG, Konkordanzkommentar, 3. Aufl. 2022

Gstöhl, Sieglinde, Patchwork Power Europe: The EU's Representation in International Institutions, European Foreign Affairs Review 14 (2009), S. 385 ff.

Gualtieri, Alix Gowelland, The Environmental Accountability of the World Bank to Non-State Actors: Insights from the Inspection Panel, The British Year Book of International Law 72 (2001), S. 213 ff.

Guckelberger, Annette, E-Government: Ein Paradigmenwechsel in Verwaltung und Verwaltungsrecht?, VVDStRL 78 (2019), S. 235 ff.

dies., Öffentliche Verwaltung im Zeitalter der Digitalisierung, 2019

Guggenberger, Leonid, Einsatz künstlicher Intelligenz in der Verwaltung, NVwZ 2019, S. 844 ff.

Guggenheim, P., Das Jus Publicum Europaeum und Europa, JöR 3 (1954), S. 1 ff.
Guinier, Alfons, Do State Aid Guidelines Facilitate Improvements in Competitiveness? The Example of Maritime Transport, in: Bilal, Sanoussi/Nicolaides, Phedon (Hrsg.), Understanding State Aid Policy, 1999, S. 129 ff.
Gulbrandsen, Lars H., Overlapping Public and Private Governance: Can Forest Certification Fill the Gaps in the Global Forest Regime?, Global Environmental Politics 4 (2004), S. 75 ff.
Gulliver, Philip Hugh, Disputes and Negotiations: A Cross-Cultural Perspective, 1979
ders., On Mediators, in: Hamnett, Ian (Hrsg.), Social Anthropology and Law, 1977, S. 15 ff.
Gündling, Lothar, Compliance Assistance in International Environmental Law: Capacity-Building through Financial and Technology Transfer, ZaöRV 56 (1996), S. 796 ff.
Güner-Özbek, Meltem Deniez, The Carriage of Dangerous Goods by Sea, 2007
Gunningham, Neil/Kagan, Robert A./Thornton, Dorothy, When Social Norms and Pressures Are Not Enough: Environmental Performance in the Trucking Industry, Law and Social Inquiry 29 (2004), S. 307 ff.
Günther, Klaus/Randeria, Shalini, Recht, Kultur und Gesellschaft im Prozeß der Globalisierung, 2001
Gutmann, Matthias/Janich, Peter, Überblick zu methodischen Grundproblemen der Biodiversität, in: Janich, Peter/Gutman, Matthias/Prieß, Kathrin (Hrsg.), Biodiversität, 2011, S. 3 ff.
Haas, Ernst B., International Integration: The European and the Universal Process, International Organization 15 (1961), S. 366 ff.
Haas, Julia, Der Ombudsmann als Institution des Europäischen Verwaltungsrechts, 2012
Haas, Walter, Präventionsmaßnamen in einer Pandemie und die Strategien ihrer Bekämpfung auf internationaler, europäischer und nationaler Ebene, in: Kloepfer, Michael (Hrsg.), Pandemien als Herausforderung für die Rechtsordnung, 2011, S. 45 ff.
Haase, Florian, Europäisches und Internationales Steuerrecht, 7. Aufl. 2023
Häberle, Peter, Verfassung als öffentlicher Prozeß. Materialien zu einer Verfassungstheorie der offenen Gesellschaft, 1978
ders., Struktur und Funktion der Öffentlichkeit im demokratischen Staat, in: ders. (Hrsg.), Verfassung des Pluralismus, 1980, S. 126 ff.
Haberkorn, Tobias, Gewinner der Globalisierung? Die Bedeutung von Dubai im Weltwirtschaftssystem, 2010
Habermas, Jürgen, Faktizität und Geltung: Beiträge zur Diskurstheorie des Rechts und des demokratischen Rechtsstaats, 1992
Haenel, Albert, Deutsches Staatsrecht, 1892, Band I
Hailbronner, Kay, Kontrolle der Auswärtigen Gewalt, VVDStRL 56 (1997), S. 6 ff.
Hall, Rodeney Bruce/Biersteker, Thomas J., The Emergence of Private Authority in Global Governance, 2002
Hannerz, Ulf, The World in Creolisation, Africa 57 (1987), S. 546 ff.
ders., Kosmopoliten und Sesshafte in der Weltkultur, in: Merz-Benz, Peter-Ulrich/Wagner, Gerhard (Hrsg.), Der Fremde als sozialer Typ, 2002, S. 139 ff.
Hansen, Hans Krause., Disaggregating Public and Private Authority in Global Governance, in: ders./Salskov-Iversen, D. (Hrsg.), Critical Perspective on Private Authority in Global Politics, 2007, S. 1 ff.
ders., Policing Corruption Post- and Pre-crime: Collective Action and Private Authority in the Maritime Industry, Indiana Journal of Global Legal Studies 25 (2018), S. 131 ff.
Hanses, Dieter, Die rechtliche Stellung des Kapitäns auf deutschen Seeschiffen unter besonderer Berücksichtigung der historischen Entwicklung, 1983

Haralambides, Hercules E., Quality Shipping: Market Mechanism for Safer Shipping and Cleaner Oceans, 1998

Harburger, Heinrich, Der strafrechtliche Begriff Inland und seine Beziehungen zum Staatsrecht, 1882

Hardy, Steven Keith, Navigating Through Corruption, An Analysis of Anti-Corruption Criminal Laws in the Port Setting and the BIMCO Anti-Corruption Clause for Charter Parties, 2017

Harlaftis, Gelina, A History of Greek-Owned Shipping, The Making of an International Tramp Fleet, 1830 to the Present Day, 1996

dies./Theotokas, Ioannis, Maritime Business During the Twentieth Century: Continuity and Change, in: Grammenos, Costas (Hrsg.), The Handbook of Maritime Economics and Business, 2010, S. 11 ff.

Harlow, Carol, Global Administrative Law: The Quest for Principles and Values, European Journal of International Law 17 (2006), S. 187 ff.

Harrison, James, Saving the Oceans Through Law: the International Legal Framework for the Protection of the Marine Environment, 1979

ders., Making the Law of the Sea: A Study in the Development of International Law, 2011

ders., Actors and Instiutions for the protection of the marine environment, in: Rayfuse, Rosemary (Hrsg.), Research Handbook on International Marine Environmental Law, 2015, S. 57 ff.

Hartlapp, Miriam, Two Variations on a Theme: Different Logics of Implementation Management in the EU and the ILO, European Integration Online Papers 7 (2005), S. 1 ff.

Hartmann, Jan, Offshoring in deutschen Unternehmen, 2009

Harvey, David, The Condition of Postmodernity: An Enquiry into the Origins of Cultural Change, 1991

Hassan, Daud/Kuokkanen, Tuomas/Soininen, Niko, Transboundary Marine Spatial Planning and International Law, 2015

Hasselmann, Cord-Georg, Freiheit der Handelsschifffahrt, 1987

Hassler, Björn, Oil Spills from Shipping: A Case Study of the Governance of Accidental Hazards and Intentional Pollution in the Baltic Sea, in: Gilek, Michael/Karlsson, Mikael/Linke, Sebastian/Smolarz, Katarzyna (Hrsg.), Environmental Governance of the Baltic Sea, 2016, S. 125 ff.

Hatje, Armin, Die gemeinschaftsrechtliche Steuerung der Wirtschaftsverwaltung. Grundlagen, Erscheinungsformen, verfassungsrechtliche Grenzen am Beispiel der Bundesrepublik Deutschland, 1998

Haufler, Virginia, A Public Role for the Private Sector, 2001

Hautau, Ullrich, Seeverkehrsmärkte im wettbewerbspolitischen Umbruch, 2002

Hautefeuille, Laurent-Basile, Des Droits et des Devoirs des Nations Neutres en Temps de Guerre Maritime, Band 1, 1848

Haverkate, Görg, Die Einheit der Verwaltung als Rechtsproblem, VVDStRL 46 (1988), S. 217 ff.

Håvold, Jon Ivar, National Cultures and Safety Orientation: A Study of Seafarers Working for Norwegian Shipping Companies, Work & Stress 21 (2007), S. 173 ff.

von Hayek, Friedrich, Arten der Ordnung, in: ders. (Hrsg.), Freiburger Studien,1969, S. 32 ff.

Hazelwood, Steven J./Semark, David, P & I Clubs, 4. Aufl., 2010

Hedemann-Robinson, Martin, The European Union and Environmental Crime, Journal of International Maritime Law 2004, S. 254 ff.

Heggenhougen, Kris/Quah, Stella R., International Encyclopedia of Public Health, International Law, and Public Health Policy, 2008

Heimann, Fritz/Pieth, Mark, Confronting Corruption, 2017
Heimerdinger, Timo, Der Seemann, Ein Berufsstand und seine kulturelle Inszenierung (1844–2003), 2005
Heims, Eva, Building EU Regulatory Capacity: The Work of Under-Resourced Agencies in the European Union, 2018
Hein, Wolfgang, Kompass 2020, Global Health, 2007
Heinrich, Jörg/Steinicke, Dietrich, Seelotswesen, 2011
Heintz, Bettina, Welterzeugung durch Zahlen Modelle politischer Differenzierung in internationalen Statistiken, 1948–2010, Soziale Systeme 18 (2012), S. 7 ff.
dies., „Wir leben im Zeitalter der Vergleichung." Perspektiven einer Soziologie des Vergleichs, ZfS 45 (2016), S. 305 ff.
Heintzen, Markus, Auswärtige Beziehungen privater Verbände: Eine staatsrechtliche, insbesondere grundrechtskollisionsrechtliche Untersuchung, 1988
Held, David/McGrew, Anthony, Introduction, in: dies. (Hrsg.), Governing Globalization, 2002, S. 1 ff.
Held, Gerd, Territorium und Großstadt: Die räumliche Differenzierung der Moderne, 2005
Helfer, Laurence/Slaughter, Anne-Marie, Toward a Theory of Effective Supranational Adjudication, The Yale Journal 107 (1997), S. 273 ff.
dies., Why States create International Tribunals, California Law Review 93 (2005), S. 899 ff.
Hellwege, Philip/Rossi, Guido, Maritime Risk Management, 2021
Hensel, Dorota, Transmigration als soziales Phänomen: Polnische Transmigrantinnen in Deutschland, 2012
Henze, Michael, Die Anknüpfung von mobilen Arbeitsverhältnissen anhand des Art. 8 Rom I-Verordnung, 2017
Hepple, Bob, Labour Laws and Global Trade, 2005
Herber, Rolf, Seehandelsrecht, 2. Aufl. 2016
Herbst, Tobias, Die These der einzig richtigen Entscheidung Überlegungen zu ihrer Überzeugungskraft insbesondere in den Theorien von Ronald Dworkin und Jürgen Habermas, JZ 2012, S. 891 ff.
Herczegh, Géza, General Principles of Law and the International Legal Order, 1969
Herma, Michael, Die rechtliche Ausgestaltung maritimer Sicherheit in Deutschland unter besonderer Berücksichtigung der verfassungskonformen Konzeption einer nationalen maritimen Sicherheitsstruktur, 2006
Herranz-Surrallés, Anna, Authority Shifts in Global Governance: Intersecting Politicizations and the Reform of Investor–State Arbitration, Politics and Governance 8 (2020), S. 336 ff.
Hess, Burkhard, Prozessuale Mindestgarantien in der Verbraucherschlichtung, JZ 2015, S. 548 ff.
Hetherington, Catherine/Flin, Rhona/Mearns, Kathryn, Safety in Shipping: the Human Element, Journal of Safety Research 37 (2006), S. 401 ff.
Heupel, Monika/Zürn, Michael, Protecting the Individual from International Authority, 2017
Heußner, Kristina, Informationssysteme im Europäischen Verwaltungsverbund, 2007
Hexner, Ervin P., Interpretation by Public International Organizations of their Basic Instruments, American Journal of International Law 53 (1959), S. 341 ff.
Hey, Ellen, Norm Collisions in the Regime Complex for Ocean Governance: Power or Legitimacy?, in: Trevisanut, Seline/Giannopoulos, Nikolaos/Holst, Roland (Hrsg.), Regime Interaction in Ocean Governance, 2020, S. 85 ff.
Heyck, Heinrich, Die Staatszugehörigkeit der Schiffe und Luftfahrzeuge, 1935
Hilbert, Patrick, Systemdenken in Verwaltungsrecht und Verwaltungswissenschaften, 2015

Hirsch, Moshe, Compliance with International Norms in the Age of Globalization: two Theoretical Perspectives, in: Benvenisti, Eyal/ders. (Hrsg.), The Impact of International Law on International Cooperation, 2009, S. 166 ff.
Hirschman, Albert O., Exit, Voice and Loyality. Responses to Decline in Firms, Organizations, and States, 1970
Hobe, Stephan, Der offene Verfassungsstaat zwischen Souveränität und Interdependenz. Eine Studie zur Wandlung des Staatsbegriffs der deutschsprachigen Staatslehre im Kontext internationaler institutionalisierter Kooperation, 1998
Hoeks, Marian, Multimodal Transport Law, 2010
Hoffmann, Christian, Apps der öffentlichen Verwaltung, Rechtsfragen des Mobile Government, MMR 2013, S. 631 ff.
Hoffmann, Steven/Røttingen, John-Arne, Dark Sides of the Proposed Framework Convention on Global Health's, Health and Human Rights Journal 15 (2013), S. 117 ff.
Hoffmann, Wilfried, Risikomanagement, 2017
Hoffmann-Riem, Wolfgang, Ermöglichung von Flexibilität und Innovationsoffenheit im Verwaltungsrecht, in: ders./Schmidt-Aßmann, Eberhard (Hrsg.), Innovation und Flexibilität des Verwaltungshandelns, 1994, S. 9 ff.
ders., Risiko- und Innovationsrecht im Verbund, DV 38 (2005), S. 145 ff.
ders., Governance im Gewährleistungsstaat, in: Schuppert, Gunnar (Hrsg.), Governance-Forschung, 2. Aufl. 2006, S. 195 ff.
ders., Zwischenschritte zur Modernisierung der Rechtswissenschaft, JZ 2007, S. 645 ff.
ders., Freiheitsschutz in den globalen Kommunikationsinfrastrukturen, JZ 2014, S. 53 ff.
ders./Pilniok, Arne, § 12: Eigenständigkeit der Verwaltung, in: Voßkuhle, Andreas/Eifert, Martin/Möllers, Christoph (Hrsg.), Grundlagen des Verwaltungsrechts, Band I, 3. Aufl. 2022, S. 855 ff.
Hoffmeister, Frank, Outsider or Frontrunner? Recent Developments under International and European Law on the Status of the European Union in International Organizations and Treaty Bodies, Common Market Law Review 44 (2007), S. 41 ff.
Hoffmeister, Frank/Kuipers, Pieter-Jan, The Status of the European Union at the United Nations, in: Wouters, Jan/Hoffmann, Frank/Ruys (Hrsg.), Tom, The UN and the EU, 2006, S. 9 ff.
Hofmann, Claudia, Internationale Sozialstandards im nationalen Recht, 2013
Hofmann, Jens, Rechtsschutz und Haftung im Europäischen Verwaltungsverbund, 2004
Hofmann, Rainer, Non-State Actors as New Subjects of International Law, 1999
Hölken, Christoph, Systemische Integration von Investitionsschutzabkommen, 2017
Holocher, Klaus Harald, Hinterlandverbindungen und Seehafenwettbewerb unter besonderer Berücksichtigung der Transeuropäischen Netze im Verkehr, in: Lagoni, Rainer (Hrsg.), Beiträge zum deutschen und europäischen Seehafenrecht, 2001, S. 13 ff.
Hölscher, Katharina/Wittmayer, Julia/Maschmeyer, Steffen/Frantzeskaki, Niki, Transition Management als Meta-Governance-Rahmenwerk zur Gestaltung von Nachhaltigkeitstransitionen. Analyse von Governance-Kapazitäten durch Transition-Management-Interventionen in Gent und Montreuil, in: Kleinfeld, Ralf/Hafkesbrink, Joachim/Stuhldreier, Jens (Hrsg.), Innovatives Regionalmanagement im demografischen Wandel, S. 27 ff.
Höltmann, Michael, Schiffssicherheit und Meeresumweltschutz in der EU nach Erika und Prestige, 2012
Holtwick-Mainzer, Andrea, Der übermächtige Dritte, 1985
Holzinger, Katharina/Knill, Christoph, Regulatory Competition and Regulatory Cooperation in Environmental Policy: Individual and Interaction Effects, Journal of Public Policy 24 (2004), S. 25 ff.

Homann, Karl, Globalisierung aus wirtschaftsethischer Sicht, in: ders./Koslowski, Peter/ Lütge, Christoph (Hrsg.), Wirtschaftsethik der Globalisierung, 2005, S. 7 ff.
Hong, Matthias, Abwägungsfeste Rechte: Von Alexys Prinzipien zum Modell der Grundsatznormen, 2019
Hoog, Günther, Deutsches Flaggenrecht, Die staatlichen Flaggen der Bundesrepublik Deutschland und ihre Verwendung, 1982
Höpfner, Clemens, Die systemkonforme Auslegung. Zur Auflösung einfachgesetzlicher, verfassungsrechtlicher und europarechtlicher Widersprüche im Recht, 2008
Hoppe, Werner, Zur Struktur von Normen des Planungsrechts, DVBl. 1974, S. 641 ff.
ders., Planung, in: Isensee, Josef/Kirchhof, Paul (Hrsg.), Handbuch des Staatsrechts der Bundesrepublik Deutschland Band IV: Aufgaben des Staates, 3. Aufl. 2006 § 77
Hoppe, Heike, Port State Control – an Update on IMO's work, IMO News 2000, S. 9 ff.
Horck, Jan, An Analysis of Decision-making Processes in Multicultural Maritime Scenarios, Maritime Policy & Management 31 (2004), S. 15 ff.
Horck, Jan, Getting the Best from Multi-Cultural Manning, 2005
Horck, Jan, Cultural and Gender Diversities Affecting the Ship/Port Interface – Maritime Education and Training Efforts to bridge Diversity Gaps, in: Wittig, Willi/Priester, Christina (Hrsg.), 1st International Ship-Port-Interface Conference – The Human Element, 2008, S. 1 ff.
Horrocks, J. Christopher S., The Future for Flag State Implementation and Port State Control, in: Nordquist, Myron H./Moore, John Norton (Hrsg.), Current Maritime Issues and The International Maritime Organization, 1999, S. 191 ff.
Horst, Johan, Transnationale Rechtserzeugung, Elemente einer normativen Theorie der Lex Financiaria, 2019
Houvardas, Dimitris, Charterers & Vetting: Balancing between Freedom & Nightmare?, Journal of Maritime Law & Commerce 48 (2017), S. 183 ff.
Houy/Gutermuth/Dadashnia/Loos, Auf dem Weg zum Digitalen Staat?, in: Klenk, Tanja/ Nullmeier, Frank/Wewer, Göttrik (Hrsg.), Handbuch Digitalisierung in Staat und Verwaltung, 2020, S. 1 ff.
Hoven, Elisa, Auslandsbestechung: Eine rechtsdogmatische und rechtstatsächliche Untersuchung, 2018
Howard-Jones, Norman, The Scientific Background of the International Sanitary Conferences 1851–1938, 1975
Hoyle, Brian S., Introduction, in: ders./Pinder (Hrsg.), David, European Port Cities in Transition, 1992, S. 1 ff.
Huber, Peter Michael, Europäisches und nationales Verfassungsrecht, VVDStRL 60 (2001), S. 194 ff.
Hudson, Manley Ottmer, Progress in International Organization, 1932
Hutter, Bridget, The Role of of Non-State Actors in Regulation, in: Schuppert, Gunnar (Hrsg.), Global Governance and the Role of Non-State Actors, 2006, S. 63 ff.
ICS (International Commission on Shipping), Ships, Slaves and Competition, 2000
ILA (International Law Commission), Accountability of International Organisations, Final Report, 2004
Ilg, Christoph, Die Rechtsetzungstätigkeit der International Maritime Organization. Zur Bedeutung der IMO bei der Weiterentwicklung des Meeresumweltschutzes, 2001
ILO (Internationale Arbeitsorganisation), The Impact on Seafarers' Living and Working Conditions of Changes in the Structure of the Shipping Industry, JMC/29/2001/3, 14.11. 2000
dies., Bericht des Generaldirektors über Entwicklungen im Seeschiffahrtssektor, 2005

dies., Adoption of an Instrument to Consolidate Maritime Labour Standards, 2005

dies., Report VI, The Role of the ILO in Technical Cooperation, International Labour Conference, 95th Session, 2006

IMHA (*International Maritime Health Association*)/*ISWAN* (*International Seafarers' Welfare and Assistance Network*)/*ITF* (*International Transport Workers' Federation*)/*SHS* (*Seafarers Hospital Society*), Women Seafarers' Health and Welfare Survey, 2015

IMO (*Internationale Seeschifffahrtsorganisation*), The Role of the Human Element in Maritime Casualties, MSC 65, 65th Session, 1995

dies., Port Reception Facilities, How to do it, 2016

Institut Supérieur d'Économie Maritime (*ISEMAR*), Le Vetting, Élement de la Sécurité Maritime, Note n°78, 2005

International Commission on Shipping, Ships, Slaves and Competition, 2000

International Transport Forum, Reducing Shipping Greenhouse Gas Emission, Lessons from Port-Based Incentives, 2018

INTERTANKO (*International Association of Independent Tanker Owners*), Vessels' Practical Guide to Vetting Inspections, 2019

Ipsen, *Hans Peter*, Hamburgs Verfassung und Verwaltung, Von Weimar bis Bonn, 1956

ders., Europäisches Gemeinschaftsrecht, 1972

Ipsen, *Jörn*, Allgemeines Verwaltungsrecht, 11. Aufl. 2019

Ipsen, *Nils Christian*, Private Normenordnungen als Transnationales Recht?, 2009

Isay, *Ernst*, Zwischenprivatrecht und Zwischenverwaltungsrecht, in: Krüger, Paul (Hrsg.), Bonner Festgabe für Ernst Zitelmann, 1923, S. 289 ff.

Isensee, *Josef*, Grundrecht auf Sicherheit. Zu den Schutzpflichten des freiheitlichen Verfassungsstaates. Vortrag gehalten vor der Berliner Juristischen Gesellschaft am 24. November 1982 – erweiterte Fassung, 1983

ders., Staatseinheit und Verfassungskontinuität, VVDStRL 48 (1990), S. 289 ff.

ISPRAT (*Interdisziplinäre Studien zu Politik, Recht, Administration und Technologie e. V.*), Mobiles Regieren und Verwalten in einer mobilen Welt, 2014

ITF (*Internationale Transportarbeiter-Föderation*), STCW Guide – a Guide for Seafarers, 2014

dies./*ICS*, Guidelines for Implementing the Welfare Aspects of the Maritime Labour Convention, 2018

Jacobshagen, *Uwe*, Umweltschutz und Gefahrguttransport für Binnen- und Seeschifffahrt, Internationale, nationale und kommunale Übereinkommen, 2019

Jacoby, *Sigrid*, Allgemeine Rechtsgrundsätze, Begriffsentwicklung und Funktion in der Europäischen Rechtsgeschichte, 1997

Jaenicke, *Günther*, Die Grundsätze über den gerichtlichen Rechtsschutz des Einzelnen gegen die Exekutive, in: Mosler, Hermann (Hrsg.), Gerichtsschutz gegen die Exekutive, Band III: Rechtsvergleichung, Völkerrecht, 1971, S. 285 ff.

Jaeckel, *Liv*, Schutzpflichten im deutschen und europäischen Recht, eine Untersuchung der deutschen Grundrechte, der Menschenrechte und Grundfreiheiten der EMRK sowie der Grundrechte und Grundfreiheiten der Europäischen Gemeinschaft, 2001

Jakab, *András*, Prinzipien, Rechtstheorie 37 (2006), S. 49 ff.

Jakobs, *Michael*, Der Grundsatz der Verhältnismäßigkeit: mit einer exemplarischen Darstellung seiner Geltung im Atomrecht, 1985

James, *Allison*/*Schriever*, *Ulf G.*/*Jahangiri*, *Sanaz*/*Girgin*, *Sinem Celik*, Improving Maritime English Competence as the Cornerstone of Safety at Sea: a Focus on Teaching Practices to Improve Maritime Communication, WMU Journal of Maritime Affairs 17 (2018), S. 293 ff.

Janelle, Donald G., Spatial Reorganisation: A Model and Concept, Annals of the Society of American Geographers 59 (1969), S. 348 ff.

Janik, Cornelia, Die Bindung internationaler Organisationen an internationale Menschenrechtsstandards. Eine rechtsquellentheoretische Untersuchung am Beispiel der Vereinten Nationen, der Weltbank und des Internationalen Währungsfonds, 2012

Janssen, Gerold, Die rechtlichen Möglichkeiten der Einrichtung von Meeresschutzgebieten in der Ostsee. Unter besonderer Berücksichtigung des deutschen und schwedischen Naturschutzrechts, 2002

Jarass, Hans D., Der rechtliche Stellenwert technischer und wissenschaftlicher Standards. Probleme und Lösungen am Beispiel der Umweltstandards, NJW 1987, S. 1225 ff.

Jellinek, Georg, System der subjektiven öffentlichen Rechte, 1892

Jenisch, Uwe, The European Union as an Actor in the Law of the Sea, German Yearbook of International Law – Jahrbuch für Internationales Recht 48 (2005), S. 223 ff.

ders., Safety & Security – Neue Maßnahmen für die maritime Sicherheit, in: Pawlik, Thomas (Hrsg.), Beiträge des 10. Kieler Seminars zu aktuellen Fragen der See- und Küstenschifffahrt, 2007, S. 49 ff.

ders., Sicherheit auf See – Risiken weltweit und in deutschen Hoheitsgewässern, Sicherheit und Frieden 26 (2008), S. 154 ff.

ders., Seerecht und Klimawandel, NuR 2008, S. 227 ff.

ders., Tiefseebergbau – Lizenzvergabe und Umweltschutz, NuR 2013, S. 841 ff.

Jessen, Henning, Staatenverantwortlichkeit und seevölkerrechtliche Haftungsgrundsätze für Umweltschäden durch Tiefseebodenbergbau, ZUR 2012, S. 71 ff.

ders., Was ist ein „Schiff"?, VersR 2014, S. 670 ff.

ders./Werner, Michael Jürgen, EU Maritime Transport Law, 2016

Jessop, Bob, Capitalism and ist Future: Remarks on Regulation, Government and Governance, Journal of International Political Economy 4 (1997), S. 561 ff.

Jestaedt, Matthias, Demokratieprinzip und Kondominialverwaltung. Entscheidungsteilhabe Privater an der öffentlichen Verwaltung auf dem Prüfstand des Verfassungsprinzips Demokratie, 1993

ders., § 16: Grundbegriffe des Verwaltungsorganisationsrechts, in: Voßkuhle, Andreas/Eifert, Martin/Möllers, Christoph (Hrsg.), Grundlagen des Verwaltungsrechts, Band I, 3. Aufl. 2022, S. 1179 ff.

von Jhering, Rudolf, Der Geist des römischen Rechts auf den verschiedenen Stufen seiner Entwicklung, Band 3, 9. Aufl. 1968

Jochum, Heike, Verwaltungsverfahrensrecht und Verwaltungsprozessrecht. Die normative Konnexität von Verwaltungsverfahrens- und Verwaltungsprozeßrecht und die Steuerungsleistung des materiellen Verwaltungsrechts, 2004

Joerges, Christian, Perspektiven einer kollisionsrechtlichen Verfassung transnationaler Märkte, TranState Working Papers, No. 146, 2011

ders./Rödl, Florian, Zum Funktionswandel des Kollisionsrechts II. Die kollisionsrechtliche Form einer legitimen Verfassung der post-nationalen Konstellation, in: Calliess, Gralf-Peter/Fischer-Lescano, Andreas/Wielsch, Dan/Zumbansen, Peer (Hrsg.), Soziologische Jurisprudenz, Festschrift für Gunther Teubner zum 65. Geburtstag, 2009, S. 765 ff.

Jung, Eberhard, Das Recht auf Gesundheit. Versuch einer Grundlegung des Gesundheitsrechts der Bundesrepublik Deutschland, 1972

Kachel, Markus J., Particularly Sensitive Sea Areas. The IMO's Role in Protecting Vulnerable Marine Areas, 2008

Kaddous, Christine, The European Union in International Organisations and Global Governance. Recent developments, 2015

Kadelbach, Stefan, Allgemeines Verwaltungsrecht unter europäischem Einfluss, 1999
ders., Internationale Verflechtung, in: Pieroth, Bodo (Hrsg.), Verfassungsrecht und soziale Wirklichkeit in Wechselwirkung, 2000, S. 161 ff.
ders., Verwaltungskontrollen im Mehrebenensystem der Europäischen Gemeinschaft, in: Schmidt-Aßmann, Eberhard/Hoffmann-Riem, Wolfgang (Hrsg.), Verwaltungskontrolle, 2001, S. 205 ff.
ders., Anatomie und Bindung der Rechtssetzung in gestuften Rechtsordnungen, VVDStRL 66 (2007), S. 7 ff.
ders./Kleinlein, Thomas, Überstaatliches Verfassungsrecht. Zur Konstitutionalisierung im Völkerrecht, AVR 44 (2006), S. 235 ff.
Kahl, Wolfgang, Die Staatsaufsicht. Entstehung, Wandel und Neubestimmung unter besonderer Berücksichtigung der Aufsicht über die Gemeinden, 2000
ders., Parlamentarische Steuerung der internationalen Verwaltungsvorgänge, in: Trute, Hans-Heinrich/Groß, Thomas/Röhl, Hans Christian/Möllers, Christoph (Hrsg.), Allgemeines Verwaltungsrecht – zur Tragfähigkeit eines Konzepts, 2008, S. 71 ff.
ders., Begriff, Funktionen und Konzepte von Kontrolle, in: Hoffmann-Riem, Wolfgang/Schmidt-Aßmann, Eberhard/Voßkuhle, Andreas (Hrsg.), Grundlagen des Verwaltungsrechts, Band III, 2. Aufl. 2013, § 47
ders./Waldhoff, Christian/Walter, Christian (Hrsg.), Bonner Kommentar zum Grundgesetz, Stand: 219. Ergänzungslieferung, Juni 2023
Kahveci, Erol, Welfare Services for Seafarers, in: SIRC (Seafarers International Research Centre) (Hrsg.), Symposium Proceedings 2007, 2007, S. 10 ff.
ders./Lane, Tony/Sampson, Helen, Transnational Seafarer Communities, 2002
Kaienburg, Nils, Compliance in High Profile-Fällen der WTO, Legal Case Management am Beispiel des Airbus-Boeing-Falls, 2010
Kälin, Walter/Künzli, Jörg, Universeller Menschenrechtsschutz, 4. Aufl. 2019
Kaltenborn, Markus/Reit-Born, Nina-Annette, Public Private Partnerships als Akteure des globalen Gesundheitsrechts, AVR 57 (2019), S. 53 ff.
Kämmerer, Jörn Axel, Privatisierung: Typologie, Determinanten, Rechtspraxis, Folgen, 2001
Kanalan, Ibrahim, Die universelle Durchsetzung des Rechts auf Nahrung gegen transnationale Unternehmen, 2015
Kandel, Nirmal/Screedharan, Rajesh/Chungong, Stella/Sliter, Karen/Nikkari, Simo/Ijaz, Kashef et al., Joint External Evaluation Process: Bringing Multiple Sectors Together for Global Health Security, The Lancet 5 (2017), S. 857 ff.
Kant, Immanuel, Zum ewigen Frieden. Ein philosophischer Entwurf, 1795, in: ders., Werkausgabe in zwölf Bänden, Band XI, herausgegeben von Wilhelm Weischedel, 1977
Kaps, Hermann, Quality Shipping. Incentives, Disincentives, WMU Journal of Maritime Affairs 3 (2004), S. 85 ff.
Karti, Efstathia N., Vetting and TMSA: Role and Requirements in the Shipping Industry, 2017
Kaskel, Walter, Arbeitsrecht, 1925
Kasoulides, George, Port State Control and Jurisdiction: Evolution of the Port State Regime, 1993
Kaufhold, Ann-Kathrin, Systemaufsicht: Anforderungen an die Ausgestaltung einer Aufsicht zur Abwehr systemischer Risiken entwickelt am Beispiel der Finanzaufsicht, 2016
Kaufmann, Sven, Reformbedarf auf internationaler Ebene für die rechtliche Aufarbeitung von Tankerkatastrophen: Das Erika-Urteil des französischen Kassationsgerichtes vom 25. September 2012, ZaöRV 73 (2013), S. 509 ff.
Kaufmann, Horst, Zur Geschichte des aktionenrechtlichen Denkens, JZ 1964, S. 482 ff.

Kaufmann, Marcel, Untersuchungsgrundsatz und Verwaltungsgerichtsbarkeit, 2002
Kawachi, Ichiro/Wamala, Sarah (Hrsg.), Globalization and Health, 2006
Kees, Alexander Oliver, Privatisierung im Völkerrecht. Zur Verantwortlichkeit der Staaten bei der Privatisierung von Staatsaufgaben, 2008
Kegel, Gerhard/Seidl-Hohenveldern, Ignaz, Zum Territorialitätsprinzip im internationalen öffentlichen Recht in: Heldrich, Andreas (Hrsg.), Festschrift für Murad Ferid, Konflikt und Ordnung, 1978, S. 233 ff.
Keil, Christoph, Die Verwaltung des Bundes und der Länder auf dem Gebiet der Sicherheit der Seehandelsschiffahrt, 1973
Keller, Helen, Codes of Conduct and their Implementation, in: Wolfrum, Rüdiger/Röben, Volker (Hrsg.), Legitimacy in International Law, 2008, S. 219 ff.
Kelley, Jocelyn/Paul, Valerie, Flags of Convenience: the Emerging of the International Regime and the Canadian Experience, 1984
Kempen, Bernhard/Hillgruber, Christian/Grabenwarter, Christoph, Völkerrecht, 3. Aufl. 2021
Kemper, Till, Der transnationale Verwaltungsakt im Kulturgüterschutz, NuR 2012, S. 751 ff.
Kempny, Simon, Verwaltungskontrolle: zur Systematisierung der Mittel zur Sicherung administrativer Rationalität unter besonderer Berücksichtigung der Gerichte und der Rechnungshöfe, 2017
Keohane, Robert O., After Hegemony, Cooperation and Discord in the World Political Economy, 1984
ders./Moravcsik, Andrew/Slaughter, Anne-Marie, Legalized Dispute Resolution: Interstate and Transnational, International Organization 54 (2000), S. 457 ff.
Kern, Kristina, Transnationale Städtenetzwerke in Europa, in: Schröter, Eckhard (Hrsg.), Empirische Policy- und Verwaltungsforschung, 2001, S. 95 ff.
Keselj, Tatjana, Port State Jurisdiction in Respect of Pollution from Ships, Ocean Development & International Law 30 (1999), S. 127 ff.
Kessler, Johannes, Der Mythos vom globalen Dorf, in: ders./Steiner, Christian (Hrsg.), Facetten der Globalisierung, Zwischen Ökonomie, Politik und Kultur, 2009, S. 28 ff.
ders., Theorie und Empirie der Globalisierung – Grundlagen eines konsistenten Globalisierungsmodells, 2016
Kiderlen, Hans, Von Triest nach Osttimor, Der völkerrechtliche Rahmen für die Verwaltung von Krisengebieten durch die Vereinten Nationen, 2008
Kiel, Heinrich/Lunk, Stefan/Oetker, Hartmut, Richardi, Reinhard/Wlotzke, Otfried/Wißmann, Hellmut (Hrsg.), Münchener Handbuch zum Arbeitsrecht, Band I: Individualarbeitsrecht, 5. Aufl. 2021
Kilian, Michael, Umweltschutz durch Internationale Organisationen, Die Antwort des Völkerrechts auf die Krise der Umwelt?, 1987
Kingreen, Thorsten, Governance im Gesundheitsrecht, Ein Beitrag zur Bedeutung der Referenzgebiete für die verwaltungsrechtliche Methodendiskussion, DV 42 (2009), S. 339 ff.
ders./Rixen, Stephan, Sozialrecht: Ein verwaltungsrechtliches Utopia?, DÖV 2008, S. 741 ff.
Kingsbury, Benedict, The Concept of Compliance as a Function of Competing Conceptions of International Law, Michigan Journal of International Law 19 (1998), S. 345 ff.
ders., The Concept of Law in Global Administrative Law, European Journal of International Law 20 (2009), S. 23 ff.
ders./Casini, Lorenzo, Global Administrative Law Dimensions of International Organizations Law, International Organizations Law Review 6 (2009), S. 319 ff.
ders./Krisch, Nico/Stewart, Richard B., The Emergence of Global Administrative Law, Law & Contemporary Problems 68 (2005), S. 1 ff.

ders./Krisch, Nico/Stewart, Richard B./Wiener, Jonathan B., Forword: Global Governance as Administration – National and Transnational Approaches to Global Administrative Law, Law and Contemporary Problems 68 (2005), S. 1 ff.
Kinney, Eleanor, The Emergence of International Administrative Law, Administrative Law Journal 54 (2002), S. 41 ff.
Kirchhof, Paul, Die Zukunft der Demokratie im Verfassungsstaat, JZ 2004, S. 981 ff.
Kirgis, Frederic, Specialized Law-Making Processes, in: Schachter, Oscar/Joyner, Christopher C. (Hrsg.), United Nations Legal Order, Volume I, 1995, S. 109 ff.
Kischel, Dieter, Die Geschichte der Rheinschiffahrtsgerichtsbarkeit von 1804 bis in die Gegenwart, Unter besonderer Berücksichtigung der rheinpreußischen Verhältnisse, 1990
Klabbers, Jan, The Concept of Treaty in International Law, 1996
ders., Constitutionalism Lite, International Law Review 1 (2004), S. 31 ff.
Klafki, Anika, Risiko und Recht, Risiken und Katastrophen im Spannungsfeld von Effektivität, demokratischer Legitimation und rechtsstaatlichen Grundsätzen am Beispiel von Pandemien, 2017
dies., International Health Regulations and Transmissible Diseases, German Yearbook of International Law 61 (2018), S. 73 ff.
Klein, Bernhard/Mackenthun, Gesa, Das Meer als kulturelle Kontaktzone: Räume, Reisen, Repräsentationen, 2003
Klein, Bruno, Komposition, Ensemble oder Konglomerat?, in: Schenkluhn, Wolfgang/Waschbüsch, Andreas (Hrsg.), Der Magdeburger Dom im europäischen Kontext, 2011, S. 181 ff.
Klein, Eberhard, Umweltschutz im völkerrechtlichen Nachbarrecht, 1976
Klein, Eckart, Grundrechtsdogmatische und verfassungsprozessuale Überlegungen zur Maastricht-Entscheidung des Bundesverfassungsgerichts, in: Randelzhofer, Albrecht/Scholz, Rupert/Wilke, Dieter (Hrsg.), Gedächtnisschrift für Eberhard Grabitz, 1995, S. 271 ff.
Kleiner, Markus, Strategisches Entscheiden in Unternehmen, Eine verhaltenswissenschaftliche Analyse des Outsourcings von Personalarbeit, 2011
Klemas, Victor V., Coastal and Environmental Remote Sensing from Unmanned Aerial Vehicles: An Overview, Journal of Coastal Research 31 (2015), S. 1260 ff.
Klitgaard, Robert, Controlling Corruption, 1991
Kloepfer, Michael, Grenzüberschreitende Umweltbelastungen als Rechtsproblem, DVBl. 1984, S. 245 ff.
ders., Instrumente des Technikrechts, in: Schulte, Martin/Schröder, Rainer (Hrsg.), Handbuch des Technikrechts, 2011, S. 151 ff.
Kloepfer, Michael, Umweltrecht, 4. Aufl. 2016
Klose, Alexander, Das Container-Prinzip, Wie eine Box unser Denken verändert, 2009
Kluge, Hans/Martin-Moreno, Jose Maria/Emiroglu, Nedret/Rodier, Guenael/Kelley, Edward/Vujnovic, Melitta/Permanand, Govin, Strengthening Global Health Security by Embedding the International Health Regulations Requirements into National Health Systems, BMJ Global Health 3 (2018), S. 1 ff.
Kluth, Winfried, Grundlagen und Strukturen eines Migrationsfolgenrechts, DVBl. 2016, S. 1081 ff.
Kment, Martin, Grenzüberschreitendes Verwaltungshandeln. Transnationale Elemente deutschen Verwaltungsrechts, 2010
ders., Anpassung an den Klimawandel: Internationaler Rahmen, europäische Strategische Adaptionsprüfung und Fortentwicklung des nationalen Verwaltungsrechts, JZ 2010, S. 62 ff.
Knapp, Sabine/Franses, Philip Hans, Analysis of the Maritime Inspection Regime – Are Ships Over-Inspected?, 2006

Knauff, Matthias, Konstitutionalisierung im inner- und überstaatlichen Recht – Konvergenz oder Divergenz?, ZaöRV 68 (2008), S. 453 ff.
ders., Der Regelungsverbund: Recht und Soft Law im Mehrebenensystem, 2010
ders., Soft Law im europäischen und internationalen Verwaltungsrecht, in: Kahl, Wolfgang/Ludwigs, Markusd (Hrsg.), Handbuch des Verwaltungsrechts, Band II, 2021, § 41
Knill, Christoph/Lehmkuhl, Dirk, Private Actors and the State: Internationalization and Changing Patterns of Governance, Governance 15 (2002), S. 41 ff.
dies., in: Sinclair, Timothy J. (Hrsg.), Global Governance, 2004, S. 412 ff.
Knopp, Michael, Mobile Government in Germany: Legal Aspects and Demands on Mobilizing the Administration in: Kushchu, Ibrahim/Kuscu, M. Halid (Hrsg.), Proceedings of EURO mGOV 2005, 2005, S. 275 ff.
Knorr, Andreas/Schauf, Tobias (Hrsg.), See- und Luftverkehrsmärkte im Umbruch, Weltwirtschaftliche Strukturveränderungen auf strategischen Märkten, 2004
Knowles, Tim, Tanker Vetting, Understanding the Issues Involved, 2010
Knudsen, Fabienne/Froholt, Lisa, The Consequences of Culture's Consequences: A Critical Approach to Culture as Collective Programming Applied to Cross-Cultural Crews, WMU Journal of Maritime Affairs 8 (2009), S. 105 ff.
Knudsen, Olav F./Hassler, Björn, IMO Legislation and its Implementation: Accident Risk, Vessel Deficiencies and National Administrative Practices, Marine Policy 35 (2011), S. 201 ff.
Knufmann-Happe, Karin, Pandemiebekämpfung in der deutschen Gesundheitspolitik, in: Kloepfer, Michael (Hrsg.), Pandemien als Herausforderung für die Rechtsordnung, 2011, S. 21 ff.
Koch, Hans-Joachim/Lagoni, Rainer (Hrsg.), Meeresumweltschutz für Nord- und Ostsee, 1996
ders./Mielke, Christin, Globalisierung des Umweltrechts, ZUR 2009, S. 403 ff.
ders./Ziehm, Cornelia, Schiffssicherheit und Meeresumweltschutz, ZUR 2005, S. 16 ff.
Koch, Martin, Verselbständigungsprozesse in internationalen Organisationen, 2008
Koch-Baumgarten, Sigrid, Vom Mythos internationaler Solidarität, PROKLA 107 (2007), S. 263 ff.
dies., Gewerkschaften und Global Governance: Grenzen und Möglichkeiten einer grenzüberschreitenden Regulierung von Erwerbsarbeit, IPG 2011, S. 51 ff.
Kocher, Eva, Corporate Social Responsibility – Instrumente zur Gestaltung transnationaler Arbeitsbeziehungen, WSI-Mitteilungen 61 (2008), S. 198 ff.
dies., Solidarität und Menschenrechte, in: Lindemann, Helena/Malaviya, Nina/Hanebeck, Alexander/Hanschmann, Felix/Nickel, Rainer/Tohidipur, Timo (Hrsg.), Erzählungen vom Konstitutionalismus, 2012, S. 151 ff.
dies., Corporate Social Responsibility und Transnationalisierung des Arbeitsrechts, in: Calliess, Gralf-Peter (Hrsg.), Transnationales Recht, Stand und Perspektiven, 2014, S. 479 ff.
Koh, Harold, Bringing International Law Home, Houston Legal Review 35 (1998), S. 623 ff.
ders., Why do nations obey international law?, Yale Law Journal 106 (1997), S. 2599 ff.
Köhler, Benedikt, Strukturen und Strategien transnationaler Konzerne, 2004
Köhler, Christoph/Schröder, Stefan/Weingärtner, Simon, Arbeitsmärkte, in: Maurer, Andrea (Hrsg.), Handbuch der Wirtschaftssoziologie, 2. Aufl. 2017, S. 275 ff.
Kohoutek, Katrin, Abfallbewirtschaftung in deutschen Häfen nach dem neuen MARPOL-Anhang V: Die Umsetzung der Richtlinie 2000/59/EG, 2015
Kolb, Robert, Principles as Sources of International Law (With Special Reference to Good Faith), Netherlands International Law Review 53 (2006), S. 1 ff.

Kommer, Steffen, Menschenrechte wider den Hunger. Das Recht auf Nahrung zwischen Wissenschaft, Politik und globalen Märkten, 2016
König, Doris, Durchsetzung internationaler Bestands- und Umweltschutzvorschriften auf Hoher See im Interesse der Staatengemeinschaft, 1990
dies., Abfallentsorgung auf See: Die Londoner Konvention von 1972, in: Gehring, Thomas/Oberthür, Sebastian (Hrsg.), Internationale Umweltregime, 1997, S. 117 ff.
dies., Port State Control, in: Ehlers, Peter/Mann Borgese, Elizabeth/Wolfrum, Rüdiger (Hrsg.), Marine Issues, 2002, S. 37 ff.
dies., Schiffssicherheit auf der Ostsee, DÖV 2002, S. 639 ff.
dies./Morgenstern, Lutz, CO2-Emissionen aus dem Schiffsverkehr, NordÖR 2009, S. 181 ff.
König, Klaus, Die Anerkennung ausländischer Verwaltungsakte, 1965
Kooiman, Jan, Governing as Governance, in: Schuppert, Gunnar Folke (Hrsg.), Governance-Forschung, 2011, S. 149 ff.
Korf, Benedikt/Schetter, Conrad, Räume des Ausnahmezustands Carl Schmitts Raumphilosophie, Frontiers und Ungoverned Territories, Peripherie 32 (2012), S. 147 ff.
Koskenniemi, Martti, General Principles. Reflections on Constructivist Thinking in International Law, Yearbook of the Finnish Law Society 1985, S. 117 ff.
ders., Customary Law and General Principles, in: ders. (Hrsg.), Sources of International Law, 2000, S. 359 ff.
ders., The Gentle Civilizer of Nations. The Rise and Fall of International Law 1870–1960, 2001
ders., Global Governance and Public Internatioanl Law, KJ 37 (2004), S. 241 ff.
ders., Constitutionalism as Mindset: Reflections on Kantian Themes about International Law and Globalization, Theoretical Inquiries in Law 1 (2007), S. 9 ff.
Kostka, Klaus, Zweitregister für Seeschiffe – eine historisch-rechtsvergleichende Betrachtung, 1992
Kotuby, Charles T./Sobota, Luke A., General Principles of Law and International Due Process, 2017
Kraft, Holger/Schlingmann, Matthias, Die Dritthaftung von Klassifikationsgesellschaften, VersR 2004, S. 1095 ff.
Krämer, Iven/von Bargen, Uwe, Nachhaltigkeitsperspektiven an der Schnittstelle globaler Supply Chains – Häfen als Treiber von Green Ports-Strategien, in: Dovbischuk, Irina/Siestrup, Guido/Tuma, Axel (Hrsg.), Nachhaltige Impulse für Produktion und Logistikmanagement, 2018, S. 153 ff.
Krämer, Ludwig, The Contribution of the European Union to Marine Pollution Prevention, in: Basedow, Jürgen/Magnus, Ulrich (Hrsg.), Pollution of the Sea – Prevention and Compensation, 2007, S. 63 ff.
Krause, Karsten, Marktorientierte Umweltpolitik im Seeverkehr – Anreize zur Reduzierung atmosphärischer Emissionen aus der Verbrennung von Schiffskraftstoffen, 2007
Krebs, Stefan, E-Government in Baden-Württemberg, in: Horváth, Péter/Michel, Uwe, Digital Controlling & Simple Finance, 2016, S. 143 ff.
Krech, Helmut, Theorie der allgemeinen Rechtsgrundsätze im französischen öffentlichen Recht, 1973
Krieger, Heike, Die Reichweite der Grundrechtsbindung bei nachrichtendienstlichem Handeln, 2008
dies., Between Evolution and Stagnation-Immunities in a Globalized World, Goettingen Journal of International Law 6 (2014), S. 177 ff.
dies., Verfassung im Völkerrecht – Konstitutionelle Elemente jenseits des Staates?, VVDStRL 75 (2016), S. 439 ff.

Krisch, Nico, The Pluralism of Global Administrative Law, European Journal of International Law 17 (2006), S. 247 ff.
ders., Beyond Constitutionalism: The Pluralist Structure of Postnational Law, 2010
ders., Liquid Authority in Global Governance, International Theory 9 (2017), S. 237 ff.
ders./Corradini, Francesco/Reimers, Lucy Lu, Order at the Margins: The Legal Construction of Interface Conflicts over Time, Global Constitutionalism 9 (2020), S. 343 ff.
Kruck, Andreas, Dynamiken privater Autorität und die Rolle des Staates, PVS 55 (2014), S. 598 ff.
Krüger, Herbert, Allgemeine Staatslehre 1964
Krugmann, Michael, Der Grundsatz der Verhältnismäßigkeit im Völkerrecht, 2003
Kühne, Jonas, Bauplanungsrechtliche Einzelhandelssteuerung, 2017
Kulick, Andreas, Horizontalwirkung im Vergleich: Ein Plädoyer für die Geltung der Grundrechte zwischen Privaten, 2020
Kumar, Vidya, A Critical Methodology of Globalization: Politics of the 21st Century?, Indiana Journal of Global Legal Studies 10 (2003), S. 87 ff.
Kummer, Katharina, International Management of Hazardous Wastes, 1995
Kunig, Philip, Zur Rechtsstellung Dritter bei erlaubter Abfallbeseitigung auf Hoher See, JZ 1981, S. 295 ff.
ders., Das Rechtsstaatsprinzip: Überlegungen zu seiner Bedeutung für das Verfassungsrecht der Bundesrepublik Deutschland, 1986
ders./Uerpmann, Robert, Der Fall des Postschiffs Lotus, Jura 1994, S. 186 ff.
Kunnaala, Vappu/Rasi, Mirja/ Storgård, Jenni, Corporate Social Responsibility and Shipping, 2013
Künnemann, Rolf, Extraterritorial Application of the International Covenant on Economic, Social and Cultural Rights, in: Coomans, Fons/Kamminga, Menno (Hrsg.), Extraterritorial Application of Human Rights Treaties, 2004, S. 201 ff.
Kunz, Rahel/Lavenex, Sandra/Panizzon, Marion, Multilayered Migration Governance, 2011
Küppers, Karsten, Zum internationalen Nachbarrecht bei grenzüberschreitenden Immissionen, DVBl. 1979, S. 229 ff.
Ladeur, Karl-Heinz, „We, the European People …" – Relache?, European Law Journal 14 (2008), S. 147 ff.
ders., Der Staat der „Gesellschaft der Netzwerke". Zur Notwendigkeit der Fortentwicklung des Paradigmas des „Gewährleistungsstaates", DS 48 (2009), S. 163 ff.
ders./Viellechner, Lars, Die transnationale Expansion staatlicher Grundrechte. Zur Konstitutionalisierung globaler Privatrechtsregimes, AVR 46 (2008), S. 42 ff.
Lafleur, Laurent, Der Grundsatz der Komplementarität, Der Internationale Strafgerichtshof im Spannungsfeld zwischen Effektivität und Staatensouveränität, 2011
Lagoni, Nicolai, The Liability of Classification Societies, 2007
Lagoni, Rainer, The Prompt Release of Vessels and Crews Before the International Tribunal for the Law of the Sea: A Preparatory Report, International Journal of Marine and Coastal Law 11 (1996), S. 148 ff.
ders., Freigabeklage und vorläufige Maßnahmen vor dem Internationalen Seegerichtshof, in: Götz, Volkmar/Selmer, Peter (Hrsg.), Liber Amicorum Günther Jaenicke, 1998, S. 543 ff.
ders., Die Errichtung von Schutzgebieten in der ausschließlichen Wirtschaftszone aus völkerrechtlicher Sicht, NuR 2002, S. 121 ff.
ders., Hamburg Port Authority, Rainer, NordÖR 2005, S. 445 ff.
ders., Hafenrecht, in: Hoffmann-Riem, Wolfgang (Hrsg.), Hamburgisches Staats- und Verwaltungsrecht, 2006, S. 445 ff.

Lai, Kee-Hung/Lun, Venus Y.H./Wong, Christina W.Y./Cheng, T.C.E., Green Shipping Practices in the Shipping Industry: Conceptualization, Adoption, and Implications, Resources, Conservation and Recycling 55 (2011), S. 631 ff.

Lamb, Irene, Kooperative Gesetzeskonkretisierung: Verfahren zur Erarbeitung von Umwelt- und Technikstandards, 1995

Lampe, W.H., The „New" International Maritime Organization and its Place in Development of International Maritime Law, Journal of Maritime Law and Commerce 14 (1983), S. 305 ff.

Lampert, Edwin, Vetting is becoming more complex and subjective, Riviera News, 26.11.2012 (https://www.rivieramm.com/opinion/vetting-is-becoming-more-complex-and-subjective-41418) (zuletzt abgerufen am 10.10.2023)

ders., Vetting remains a Vexed Issue, Riviera News, 30.10.2014 (https://www.rivieramm.com/opinion/vetting-remains-a-vexed-issue-37779) (zuletzt abgerufen am 10.10.2023)

ders., What happens when you vet the Vetting Process?, Riviera News 29.11.2017 (https://www.rivieramm.com/news-content-hub/what-happens-when-you-vet-the-vetting-process-26372) (zuletzt abgerufen am 10.10.2023)

ders., Is Tanker Vetting fit for Purpose? Riviera News, 21.8.2020 (https://www.rivieramm.com/webinar-library/tankers/is-tanker-vetting-fit-for-purpose) (zuletzt abgerufen am 10.10.2023)

von Landmann, Robert/Rohmer, Ernst (Begr.)/*Beckmann, Martin/Durner, Wolfgang/Mann, Thomas/Röckinghausen, Marc* (Hrsg.), Umweltrecht, Band I, 100. EL Januar 2023

Lange, Rainer, Benchmarking, Rankings und Ratings, in: Simon, Dagmar/Knie, Andreas/Hornbostel, Stefan (Hrsg.), Handbuch Wissenschaftspolitik, 2010, S. 322 ff.

Larenz, Karl, Methodenlehre der Rechtswissenschaft, 1960

Lässig, Carl Lutz, Registereintragungen als Verwaltungsakte?, JuS 1990, S. 459 ff.

Lawer, Eric Tamatey, Transnational Networks for the Greening of Ports: Learning from Best Practice?, GeoJournal 86 (2021), S. 743 ff.

ders./Herbeck, Johannes/Filtner, Michael, Selective Adoption: How Port Authorities in Europe and West Africa Engage with the Globalizing Green Port Idea, Sustainability 11 (2019), S. 5119 ff.

Lecheler, Helmut, Der Europäische Gerichtshof und die allgemeinen Rechtsgrundsätze, 1971

Lee, Kelley/Scott-Kamradt, Adam, The Multiple Meanings of Global Health Governance: a Call for Conceptual Clarity, Globalization and Health 28 (2014), S. 1 ff.

Lee, Kye I., Die Struktur der juristischen Entscheidung aus konstruktivistischer Sicht, 2010

van Leeuwen, Judith, Capturing a Moving Target: Decarbonizing Shipping through Informational Governance, in: Harris, Paul G. (Hrsg.), Climate Change and Ocean Governance, 2019, S. 380 ff.

dies./Kern, Kristine, The External Dimension of European Union Marine Governance: Institutional Interplay between the EU and the International Maritime Organization, Global Environmental Politics 13 (2013), S. 69 ff.

Leffler, Friedrich, Das Heuerverhältnis auf ausgeflaggten deutschen Schiffen, 1978

Leipold, Dieter, BGB I, Einführung und Allgemeiner Teil, 11. Aufl. 2022

Leisner, Walter, Die undefinierbare Verwaltung. Zerfall der vollziehenden Gewalt, 2002

ders., Privatisierung des Öffentlichen Rechts. Von der „Hoheitsgewalt" zum gleichordnenden Privatrecht, 2007

Leisner-Egensperger, Anna, Vielfalt: Ein Begriff des Öffentlichen Rechts, 2004

Lemke, Myriam, Erfüllungsdefizite des Flaggenstaats, 2011

Lenz, Jürgen/Andres, Horst-Günther/Gollasch, Stephan/Dammer, Mark, Einschleppung fremder Arten in Nord- und Ostsee, 2000

Lenz, Christopher/Hansel, Roland, Bundesverfassungsgerichtsgesetz, Handkommentar, 3. Aufl. 2020

Levinson, Marc, The Box. How the Shipping Container Made The World Smaller and The World Economy Bigger, 2006

von Lewinski, Kai, Die Matrix des Datenschutzrechts, NVwZ 2017, S. 1483 ff.

Lexmond, Shelley, Improving the Effectiveness of Environmental Regimes: Chircop, Aldo/McDorman, Ted L./Rolston, Susan J., The Future of Ocean Regime Building, 2009, S. 487 ff.

Ley, Isabelle, Kant versus Locke: Europarechtlicher und völkerrechtlicher Konstitutionalismus im Vergleich, ZaöRV 69 (2009), S. 317 ff.

Lienhard, Ulrich, Der mehrstufige gemeinschaftliche Verwaltungsakt am Beispiel der Freisetzungsrichtlinie, NuR 2002, S. 13 ff.

Lilienthal, David E., The Journals of David E. Lilienthal, The Harvest Years 1959–1963, Volume V, 1971

Lillie, Nathan, A Global Union for Global Workers. Collective Bargaining and Regulatory Politics in Maritime Shipping, 2006

ders., The ILO Maritime Labour Convention, 2006: a New Paradigma for Global Labour Rights Implementation, in: Papadakis, Konstantinos (Hrsg.), Cross-Border Social Dialogue and Agreements, 2008, S. 191 ff.

Lindblom, Anna-Karin, Non-Governmental Organisations in International Law, 2005

Lindemann, Jan Henning, Untersuchung, Festhalten und sofortige Freigabe ausländischer Seehandelsschiffe, 1997

Lindemann, Dierck, Das Übereinkommen Nr. 147 der Internationalen Arbeitsorganisation vom 29. Oktober 1976 über Mindestnormen auf Handelsschiffen, 1983

ders., Seearbeitsgesetz und Manteltarifvertrag für die deutsche Seeschifffahrt, 2014

Lindner, Josef Franz, Der Verfassungsrechtssatz von der Unschuldsvermutung, AöR 133 (2008), S. 235 ff.

ders./Möstl, Markus/Wolff, Heinrich Amadeus (Hrsg.), Verfassung des Freistaats Bayern, 2. Aufl. 2017

Linke, Christine, Europäisches Internationales Verwaltungsrecht, 2001

Lisch, Ralf, Totale Institution Schiff, 1976

Lister, Jane, Green Shipping, Global Policy 6 (2015), S. 118 ff.

dies./Poulsen, René Taudal/Ponte, Stefano, Orchestrating Transnational Environmental Governance in Maritime Shipping, Global Environmental Change 34 (2015), S. 185 ff.

Logie, Cahtherine, Whose culture? The Impact of Language and Culture on Safety and Compliance at Sea, Alert! 14 (2007), S. 3

Looks, Volker, Rechtliche Auswirkungen des ISM Code, 2000

Lorenz, Dieter, Der Rechtsschutz des Bürgers und die Rechtsweggarantie, 1973

Lorenz, Dirk, Der territoriale Anwendungsbereich der Grund- und Menschenrechte: zugleich ein Beitrag zum Individualschutz in bewaffneten Konflikten, 2005

Lorenzon, Filippo, Safety and Compliance, in: Baatz, Yvonne (Hrsg.), Maritime Law, 2021, Chapter 9.8

Lorz, Sigrid, Ausländische Staaten vor deutschen Zivilgerichten, 2017

Lorz, Ralph A., Interorganaspekte im Verfassungsrecht. Funktionenzuordnung, Rücksichtnahmegebote und Kooperationsverpflichtungen, 2001

Louis, Jürgen, Bedeutung von Antikorruptionsmaßnahmen für die kommunale Verwaltungspraxis, in: ders./Glinder, Peter/Wassmer, Martin (Hrsg.), Korruptionsprävention in der öffentlichen Verwaltung, 2020, S. 43 ff.

Lovett, William, United States Shipping Policies and the World Market, 1996

Lowe, Vaughan/Churchill, Robin, The International Tribunal for the Law of the Sea: Survey for 2001, International Journal of Marine and Coastal Law 17 (2002), S. 463 ff.
Löwisch, Manfred/Rieble, Volker, Tarifvertragsgesetz, 4. Aufl. 2017
Lucke, Eva Maria/Lütge, Christoph, Moralisches Verhalten in einem korrupten Markt, Ordo 62 (2011), S. 297 ff.
Lüdemann, Jörn, Edukatorisches Staatshandeln. Steuerungstheorie und Verfassungsrecht am Beispiel der staatlichen Förderung von Abfallmoral, 2004
Ludewig, Katharina, Kollektives Arbeitsrecht auf Schiffen des Internationalen Seeschifffahrtsregisters, 2012
van der Lugt, Larissa/Dooms, Michaël/Parola, Francesco, Strategy Making by Hybrid Organizations: The Case of the Port Authority, Research in Transportation Business & Management 8 (2013), S. 103 ff.
Luhmann, Niklas, Funktionen und Folgen formaler Organisation, 1964
ders., Legitimation durch Verfahren, 1969
ders., Rechtssoziologie, 1972
ders., Recht der Gesellschaft, 1993
Lutzhöft, Niels, Eine objektiv-rechtliche Gewährleistung der Rundfunkfreiheit in der Europäischen Union?, 2012
Lux, Jonathan, Classification Societies, 1998
Lyons, Gene M./Mastanduno, Michael, Beyond Westphalia? National Sovereignty and International Intervention, 1995
Mager, Ute, Die Entwicklung des Wasserwirtschaftsrechts – Referenzgebiet für ein materiellrechtlich fundiertes internationales Verwaltungsrecht, ZaöRV 70 (2010), S. 789 ff.
Manacorda, Stefano, Towards an Anti-Bribery Compliance Model: Methods and Strategies for a Hybrid Normativity, in: ders./Centanzo, Francesco/Forti, Gabrio (Hrsg.), Preventing Corporate Corruption, 2014, S. 3 ff.
Mann, Thomas/Sennekamp, Christoph/Uechtritz, Michael, Verwaltungsverfahrensgesetz, 2. Aufl. 2019
Mann Borgese, Elisabeth, Mit den Meeren leben: Über den Umgang mit den Ozeanen als globale Ressource, 1999
Mansell, John N.K., Flag State Responsibility: Historical Development and Contemporary Issues, 2009
Mansell, Toney, The Container Revolution. A Study and Modular Scheme, 1976
Mantovani, Massimo, The Private Sector Role in the Fight Against Corruption, in: Manacorda, Stefano/Centonze, Francesco/Forti, Grabrio (Hrsg.), Preventing Corporate Corruption, 2014, S. 35 ff.
Marauhn, Thilo, Towards a Procedural Law of Compliance Control in International Environmental Relations, ZaöRV 56 (1996), S. 696 ff.
ders./Ehrmann, Markus, Summary of the Discussion, ZaöRV 56 (1996), S. 820 ff.
Marburger, Peter, Die Regeln der Technik im Recht, 1979
MARCOM, The Impact of Multicultural and Multilingual Crews on MARitime COMmunication, Volume 1, 1999
Marquardt, Nadine/Schreiber, Verena, Ortsregister: Ein Glossar zu Räumen der Gegenwart, 2012
Marquette, Heather/Peiffer, Caryn, Corruption and Collective Action, 2005
Martens, Kerstin, Mission Impossible? Defining Nongovernmental Organizations, Voluntas 13 (2002), S. 271 ff.
Martin, Craig, Shipping Container, 2016
Martineau, Etienne/Roy, Jean, Maritime Anomaly Detection, 2011

Martinen, Jens-Ragnar, Die Tonnagesteuer: eine ökonomische Analyse, 2010
Martinez Gutierrez, Norman A., Limitation of Liability in International Maritime Conventions, 2010
Martowski, David W., Vetting Clauses, Tulane Maritime Law Journal 26 (2001), S. 123 ff.
Mattheis, Clemens, Die Konstitutionalisierung des Völkerrechts aus systemtheoretischer Sichtweise, 2018
Matz, Nele, Wege der Koordinierung völkerrechtlicher Verträge, Völkervertragsrechtliche und institutionelle Ansätze, 2005
dies., Financial and Other Incentives for Complying with MEA Obligations, in: Beyerlin, Ulrich/Stoll, Peter-Tobias/Wolfrum, Rüdiger (Hrsg.), Ensuring Compliance with Multilateral Environmental Agreements, 2006, S. 301 ff.
dies., Underwater Pollution by Vessel Noise: a European Perspective, in: Franckx, Erik/Gautier, Philippe (Hrsg.), The Exercise of Jurisdiction of Vessels, 2010, S. 97 ff.
Maul-Sartori, Mathias, Das neue Seearbeitsrecht – auch für Landratten von Interesse, NZA 2013, S. 821 ff.
Maurer, Andreas, Lex Maritima. Grundzüge eines transnationalen Seehandelsrechts, 2012
Maurer, Hartmut/Waldhoff, Christian, Allgemeines Verwaltungsrecht, 20. Aufl. 2020
Maurmann, Dorothee, Rechtsgrundsätze im Völkerrecht am Beispiel des Vorsorgeprinzips, 2008
Maus, Carlo, Das Beschwerderecht nach dem Seearbeitsgesetz, Inhalt und mögliche Vorbildfunktion für das Landarbeitsrecht, 2019
Mayer, Otto, Deutsches Verwaltungsrecht, 1. Band, 2. Aufl. 1914 und 3. Aufl. 1924, 2. Band, 1896
McCauley, Robert D./Fewtrell, Jane/Pooper, Arthur N., High Intensity Anthropogenic Sound Damages Fish Ears, Journal of the Acoustical Society of America 113 (2003), S. 638 ff.
McConnell, Moira, Inter-Agency Collaboration or Inter-Agency Competition – A Challenge for the UN System, in: Kirchner, Andree (Hrsg.), International Marine Environmental Law, 2003, S. 69 ff.
dies., Making Labour History and the Maritime Labour Convention, 2006, in: Chircop, Aldo/McDorman, Theodore/Rolston, Susan (Hrsg.), The Future of Ocean Regime-Building, 2009, S. 349 ff.
dies., The ILO's Seafarers' Identity Documents Convention (Revised), 2003 (n° 185) After More than a Decade: Ahead of its Time or Case of Good Intentions Gone Wrong?, in: Chaumette, P. (Hrsg.), Seafarers, 2016, S. 285 ff.
dies./Devlin, Dominick/Doumbia-Henry, Cleopatra (Hrsg.), The Maritime Labour Convention 2006, 2011
McCormick, Helen, Oil Major Vetting and ‚Approvals', Standard Bulletin December 2011 (https://www.standard-club.com/media/1557969/oil-major-vetting-and-approvals.pdf) (zuletzt abgerufen am 10.10.2023)
McDorman, Ted L., Regional Port State Control Agreements, Ocean & Coastal Law Journal 5 (2000), S. 207 ff.
M'Gonigle, R. Michael/Zacher, Mark W., Pollution, Politics, and International Law: Tankers at Sea, 1979
McLachlan, Campbell, The Principles of Systematic Integration and Article 31(3)(c) of the Vienna Convention, International and Comparative Law Quarterly 54 (2005), S. 279 ff.
McLuhan, Marshall, The Gutenberg Galaxy. The Making of Typographic Man, 1962
McNichols, Michael, Maritime Security: An Introduction, 2008
Meder, Stephan, Ius non scriptum – Traditionen privater Rechtsetzung, 2008

Meersman, Hilde/Sys, Christa/van de Voorde, Eddy/Vanelslander, Thierry, Competition Issues in Liner Shipping, Working Paper No. 2 on Competition and Regulation, DAF/COMP/WP2(2015)5, 2015
Mehde, Veith, Wettbewerb zwischen Staaten. Die rechtliche Bewältigung zwischenstaatlicher Konkurrenzsituationen im Mehrebenensystem, 2005
Mehring, Reinhard, Carl Schmitt: Aufstieg und Fall, 2009
Meidinger, Errol, The Administrative Law of Global Private-Public Regulation: The Case of Forestry, European Journal of International Law 17 (2006), S. 47 ff.
Mellwig, Wibke, Infrastrukturfinanzierung in Häfen und europäisches Beihilfenrecht, 2011
Meltzer, Evelyne/Fuller, Susanna, The Quest for Sustainable International Fisheries, 2009
Mende, Janne, Business Authority in Global Governance, WZB Discussion Paper SP IV, 2020
Mendilow, Jonathan/Peleg, Ilan, Introduction: Edmund's Burke's Concept of Corruption and Beyond, in: dies. (Hrsg.), Corruption in the Contemporary World, 2017, S. 1 ff.
Meng, Werner, Extraterritoriale Jurisdiktion im öffentlichen Wirtschaftsrecht, 1994
Mensah, Thomas A., The Tribunal and the Prompt Release of Vessels, International Journal of Marine and Coastal Law 22 (2007), S. 429 ff.
Mense-Peterrmann, Ursula, Theorizing Transnational Labour Markets. A Research Heuristic Based on the New Economic Sociology, Global Networks 20 (2020), S. 410 ff.
Menzel, Jörg, Internationales Öffentliches Recht. Verfassungs- und Verwaltungsgrenzrecht in Zeiten offener Staatlichkeit, 2011
Merk, Olaf, The Role of the International Maritime Organization, in: OECD (Hrsg.), International Regulatory Co-operation and International Organisations, The Cases of the OECD and the IMO, 2014, S. 87 ff.
Merli, Franz, Private Vorgaben für den Staat: Akkreditierung nach technischen Normen und Verbandsregeln, in: Ennöckl, Daniel/Raschauer, Nicolas/Schulev-Steindl, Eva/Wessely, Wolfgang (Hrsg.), Festschrift für Bernhard Raschauer zum 65. Geburtstag, 2013, S. 383 ff.
Meron, Theodor, Human Rights and Humanitarian Norms as Customary Law, 1989
Merten, Jan O., Private Entscheidungsträger und Europäisierung der Verwaltungsrechtsdogmatik, 2005
Merton, Robert K., Social Theory and Social Structure, 1949
Merz-Benz, Peter Ulrich/Wagner, Gerhard, Der Fremde als sozialer Typus, in: dies. (Hrsg.), Der Fremde als sozialer Typus, 2002, S. 9 ff.
Metaxas, Basil N., Flags of Convenience: A Study of Internationalization, 1985
Meyer-Ladewig, Jens/Nettesheim, Martin/v. Raumer, Stefan (Hrsg.), EMRK, Handkommentar, 5. Aufl. 2022
Meyer-Ohlendorf, Nils/Mehling, Michael/Epiney, Astrid/Klinski, Stefan, Legal Aspects of User Charges on Global Environmental Goods, 2006
Meyer, Katharina, Grenzen und Entwicklungsmöglichkeiten des Souveränitätsprinzips, 2018
dies./Reiling, Katharina, Extraterritoriale Inspektionen der EU, AVR 55 (2017), S. 414 ff.
Meyers, Herman, The Nationality of Ships, 1967
Michael, Lothar/Morlok, Martin, Grundrechte, 8. Aufl. 2022
Michaels, Ralf/Jansen, Nils, Beyond the State? Rethinking Private Law, in: dies. (Hrsg.), Beyond the State: Rethinking Private Law, 2008, S. 69 ff.
Michaels, Sascha, Anerkennungspflichten im Wirtschaftsverwaltungsrecht der Europäischen Gemeinschaft und der Bundesrepublik Deutschland, 2004
Mickwitz, Per, Positive Measures, Panacea or Placebo in International Environmental Agreements, 1998
Mielke, Christin, Sicherheit der Schifffahrt und Meeresumweltschutz in Nord- und Ostsee: Völkerrechtliche Entwicklungen und die Rolle der EU, 2016

Mielke, *Christoph*, Die strategische Neuausrichtung der ILO am Beispiel des Verbots von Kinderarbeit – Internationale Normen vs. lokale Realitäten?, in: Ehmke, Ellen/Fichter, Michael/Simon, Niels/Zeuner, Bodo (Hrsg.), International Arbeitsstandards in einer globalisierten Welt, 2009, S. 172 ff.

Miliopoulos, *Lazaros*, Kulturen, „kulturelle Globalisierung" und Zivilisationen, in: Mayer, Tilman/Meyer, Robert/ders./Ohly, H. Peter/Weede, Erich (Hrsg.), Globalisierung im Fokus, 2011, S. 201 ff.

Miller, *Machale*, Liability of Classification Societies from the Perspective of United States Law, Tulane Maritime Law Journal 22 (1997), S. 75 ff.

Milman-Sivan, *Faina*, Freedom of Association in Deliberative Spaces: The ILO Credentials Committee, in: Blackett, Adelle/Trebilcock, Anne (Hrsg.), Research Handbook on Transnational Labour Law, 2015, S. 204 ff.

Misoch, *Sabino*, Qualitative Interviews, 2015

Mitchell, *Andrew*/*Sheargold*, *Elizabeth*, Global Governance: The World Trade Organization's Contribution, Alberta Law Review 46 (2009), S. 1 ff.

Mitchell, *Ronald B.*, Regime Design Matters: Intentional Oil Pollution and Treaty Compliance, International Organization 48 (1994), S. 425 ff.

ders., Compliance Theory: An Overview, in: Werksman, Jacob/Cameron, James/Roderick, Peter (Hrsg.), Improving Compliance, 1996, S. 78 ff.

Mitroussi, *Kyriaki*, Third Party Ship Management, Maritime Policy and Management 30 (2003), S. 77 ff.

Möbius, *Simon*, Rechtsschutzgleichheit im Recht der Prozesskostenhilfe, 2014

Mögele, *Rudolf*, Die Einheit der Verwaltung als Rechtsproblem, BayVBl. 1987, S. 545 ff.

Molenaar, *Erik Jaap*, Coastal State Jurisdiction over Vessel-Source Pollution, 1998

ders., Status and Reform of International Arctic Shipping Law, in: Tedsen, Elizabeth/Cavalieri, Sandra/Kraemer, R. Andreas (Hrsg.), Arctic Marine Governance, 2013, S. 113 ff

ders./*Elferink*, *Alex G. Oude*, Marine Protected Areas in Areas Beyond National Jurisdiction. The Pioneering Efforts under the OSPAR Convention, Utrecht Law Review 5 (2009), S. 5 ff.

Möllers, *Christoph*, Globalisierte Jurisprudenz, Archiv für Rechts- und Sozialphilosophie Beiheft 79 (2001), S. 41 ff.

ders., Transnational Governance without a Public Law?, in: Joerges, Christian/Sand, Inger-Johanne (Hrsg.), Transnational Governance and Constitutionalism, 2004, S. 329 ff.

ders., Transnationale Behördenkooperation, ZaöRV 65 (2005), S. 351 ff.

ders., Gewaltengliederung. Legitimation und Dogmatik im nationalen und internationalen Rechtsvergleich, 2005

ders., Netzwerke als Kategorie des Organisationsrechts, in: Oebbecke, Janbernd (Hrsg.), Nicht-normative Steuerung in dezentralen Systemen, 2005, S. 285 ff.

ders., Internationales Verwaltungsrecht, in: ders./Voßkuhle, Andreas/Walter, Christian (Hrsg.), Internationales Verwaltungsrecht, 2007, S. 1 ff.

ders., Verfassungsgebende Gewalt – Verfassung – Konstitutionalisierung, in: von Bogdandy, Armin (Hrsg.), Europäisches Verfassungsrecht, 2009, S. 227 ff.

ders., Staat als Argument, 2. Aufl. 2011

von Moltke, *Konrad*, On Clustering International Environmental Agreements, 2001

Monios, Jason/*Wilsmeier*, *Gordon*, Maritime Mobilities, 2018

Monnerjahn, *Rudolf*, Das Arbeitsverhältnis in der deutschen Seeschiffahrt, 1964

Moon, *Suerie,* Global Health Law and Governance: Concepts, Tools, Actors and Power, in: Burci, Gian Luca/Toebes, Birgit (Hrsg.), Research Handbook on Global Health Law, 2018, S. 24 ff.

dies./Sridhar, Devi/Pate, Muhammad A./Jha, Ashish K./Clinton, Chelsea/Delaunay, Sophie/Valnora, Edwin/Fallah, Mosoka/Fidler, David P./Garrett, Laurie/Goosby, Eric/Gostin, Lawrence O./Heymann, David L./Lee, Kelley/Leung, Gabriel M./Morrison, Stephen/Saavedra, Jorge/Tanner, Marcel/Leigh, Jennifer A./Hawkins, Benjamin/Woskie, Liana R./Piot, Peter, Will Ebola change the game? Ten essential reforms before the next pandemic. The report of the Harvard-LSHTM Independent Panel on the Global Response to Ebola, Health Policy 386 (2015), S. 2204 ff.

Morens, David M./Folkers, Gregory K./Fauci, Anthony S., What is a Pandemic?, The Journal of Infectious Diseases 200 (2009), S. 1018 ff.

Morgenstern, Felice, Legal Problems of International Organizations, 1986

Mössner, Jörg Manfred, Völkerrecht, 1977

Möstl, Markus, Probleme der verfassungsprozessualen Geltendmachung gesetzgeberischer Schutzpflichten, DÖV 1998, S. 1029 ff.

ders., Case C-115/08, Land Oberösterreich v. ČEZ, Judgment of the Grand Chamber of 27 October 2008, Common Market Law Review 47 (2010), S. 1221 ff.

Mota, Carlos, Some Current Developments in International Maritime Arbitration, in: Basedow, Jürgen/Magnus, Ulrich/Wolfrum, Rüdiger (Hrsg.), The Hamburg Lectures on Maritime Affairs 2007 & 2008, S. 119 ff.

Mross, Marilena, Shipping in Polar Waters, in: Ehlers, Peter/Paschke, Marian (Hrsg.), Maritime Law, 2018. S. 251 ff.

Muchna, Claus/Brandenburg, Hans/Fottner, Johannes/Gutermuth, Jens, Grundlagen der Logistik, 2018

Mückenberger, Ulrich, Ein globales Hybridarbeitsrecht, in: Calliess, Gralf-Peter (Hrsg.), Transnationales Recht: Stand und Perspektiven, 2014, 457 ff.

Mudrić, Mišo, Liability Salvage, PPP god. 9 (2010), S. 471 ff.

Müller, Luise, Formen der Abgrenzung und ihre Funktion: Maritime Quarantäne auf der Iberischen Halbinsel, in: Schwara, Desanka (Hrsg.), Kaufleute, Seefahrer und Piraten im Mittelmeerraum der Neuzeit, 2011, S. 261 ff.

Müller, Ricarda, Das Heuerverhältnis nach dem Seearbeitsgesetz 2013, 2019

Müller, Torsten/Platzer, Hans-Wolfgang/Rüb, Stefan (Hrsg.), IPG 2010, S. 111 ff.

Müller-Heidelberg, Till, Schutzklauseln im Europäischen Gemeinschaftsrecht, 1970

von Münch, Ingo, Drittwirkung in Deutschland, in: ders./Coderch, Pablo Salvador/i Riba, Josep (Hrsg.), Zur Drittwirkung der Grundrechte, 1998, S. 7 ff.

ders./Kunig, Philip (Begr.)/*Kämmerer, Jörn-Axel/Kotzur, Markus* (Hrsg.), Grundgesetz-Kommentar: Präambel bis Art. 20, Band 1, 7. Aufl. 2021

Mundt, Jörn, Tourismus, 2012

Muñoz, Jaime Rodríguez-Arana, Recognition of Foreign Administrative Acts, 2016

Murphy, Dale, The Structure of Regulatory Competition: Corporations and Public Policies in a Global Economy, 2004

Murphy, Thérese, Hadwired Human Rights: a Haelth and Human Rights Perspective on Global Health Law, in: Burci, Gian Luca/Toebes, Birgit (Hrsg.), Research Handbook on Global Health Law, 2018, S. 82 ff

Murswiek, Dietrich, Die staatliche Verantwortung für die Risiken der Technik: Verfassungsrechtliche Grundlagen und immissionsschutzrechtliche Ausformung, 1985

Musgrave, Gillian/Heaselden, David, Understanding P & I Clubs (https://pdf4pro.com/view/understanding-p-amp-i-clubs-gia-2af639.html) (zuletzt abgerufen am 10.10.2023)

Mußgnug, Reinhard, Das allgemeine Verwaltungsrecht zwischen Richterrecht und Gesetzesrecht, in: Reinhart, Gert (Hrsg.), Richterliche Rechtsfortbildung, Festschrift der Ju-

ristischen Fakultät zur 600-Jahr-Feier der Ruprecht-Karls-Universität Heideberg, 1986, S. 203 ff.
Naess, Erling Nekke, The Great PanLibHon Controversy, 1972
Nagel, Heinrich (Begr.)/*Gottwald, Peter* (Hrsg.), Internationales Zivilprozessrecht, 8. Aufl. 2020
Nassehi, Armin, Soziologie: Zehn einführende Vorlesungen, 2011
Nassr-Esfahani, Soussan, Grenzüberschreitender Bestandsschutz für unanfechtbar genehmigte Anlagen, 1991
Nautische Vereine Kiel, Lübeck, Neustadt, Rostock, Wismar und Vogelfluglinie, Schifffahrt und Schiffssicherheit auf der Ostsee. Entwicklung, Chancen, Risiken und Vorsorge, 2004
Nebe, Katja, Transnationalisierung des Arbeitsrechts – eine weitreichende Tradition von der IAO zu Europäischen Sozialen Dialogen, in: Calliess, Gralf-Peter (Hrsg.), Transnationales Recht: Stand und Perspektiven, 2014, 497 ff.
Nehab, Tobias, Die Zwangsbefugnisse des Schiffskapitäns, DÖV 2013, S. 558 ff.
ders., Die Verwaltungsorganisation in der Seeschiffahrt, 2022
Nengye, Liu/*Maes, Frank*, Legal Constraints to the European Union's Accession to the International Maritime Organization, The Journal of International Maritime Law 15 (2009), S. 411 ff.
Neßler, Volker, Europäisches Richtlinienrecht wandelt deutsches Verwaltungsrecht: ein Beitrag zur Europäisierung des deutschen Rechts, 1994
Nettesheim, Martin, Das kommunitäre Völkerrecht, JZ 2002, S. 569 ff.
Neubert, Carl-Wendelin, Grundrechtliche Schutzpflicht des Staates gegen grundrechtsbeeinträchtigende Maßnahmen fremder Staaten am Beispiel der Überwachung durch ausländische Geheimdienste, AöR 140 (2015), S. 271 ff.
Neuhäuser, Werner, Der Arbeitsvertrag des Schiffsmanns in der deutschen Seeschiffahrt, 1934
Neumann, Jan, Die materielle und prozessuale Koordination völkerrechtlicher Ordnungen. Die Problematik paralleler Streitbeilegungsverfahren am Beispiel des Schwertfisch-Falls, ZaöRV 61 (2001), S. 529 ff.
ders., Die Koordination des WTO-Rechts mit anderen völkerrechtlichen Ordnungen, 2002
Neumann, Volker, Carl Schmitt als Jurist, 2015
Neumeyer, Karl, Internationales Verwaltungsrecht: Band 1 (Innere Verwaltung, 1910), Band 2 (Innere Verwaltung, 1922), Band 3 (Innere Verwaltung, 1926), Band 4 (Allgemeiner Teil, 1936)
Neuner, Jörg, Die Rechtsfindung contra legem, 1992
ders., Allgemeiner Teil des Bürgerlichen Rechts, 13. Aufl. 2023
Newton, Michael/*May, Larry*, Proportionality in International Law, 2014
Nickel, Rainer, Verwaltungsrecht und Rechtsverwaltung in der Weltgesellschaf, in: Brunkhorst, Hauke (Hrsg.), Demokratie in der Weltgesellschaft, 2009, S. 143 ff.
Nicolaidis, Kalypso/*Shaffer, Gregory*, Transnational Mutual Recognition Regimes: Governance without Global Government, Law and Contemporary Problems 68 (2005), S. 263 ff.
Nikolakaki, Garyfalia, Economic Incentives for Maritime Shipping Relating to Climate Protection, WMU Journal of Maritime Affairs 12 (2013), S. 17 ff.
Nino, Carlos Santiago, The Ethics of Human Rights, 1991
Nipperdey, Hans Carl, Grundrechte und Privatrecht: eine Universitätsrede, 1961
Nolte, Georg, General Principles of German and European Administrative Law – A Comparison in Historical Perspective, Modern Law Review 57 (1994), S. 191 ff.
ders., Human Rights Protection against International Institutions in Kosovo, in: Dupuy, Pierre-Marie/Faßbender, Bardo/Shaw, Malcom N./Sommermann, Karl-Peter (Hrsg.), Völ-

kerrecht als Werteordnung, Common Values in International Law, Festschrift für Christian Tomuschat, 2006, S. 245 ff.
ders., Das Verfassungsrecht vor den Herausforderungen der Globalisierung, VVDStRL 67 (2008), S. 129 ff.
Nolte, Jakob, Die Eigenart des verwaltungsgerichtlichen Rechtsschutzes, 2015
Nordquist, Myron H./ Rosenne, Shabtai/Sohn, Louis B., UNCLOS, A Commentary, Volume V, 1989
Nordquist, Myron H./Nandan, Satya/Rosenne, Shabtai, UNCLOS, A Commentary, Volume IV, 1991
Nordquist, Myron H./Grandy, Neal R./Nandan, Satya N./Rosenne, Shabtai (Hrsg.), UNCLOS, A Commentary, Volume II, 1993
The North of England P & I Association, Tanker Management Self Assessment, 2017
Nothelfer, Wolfgang: Wann behindern konglomerate Fusionen den Wettbewerb?, EuZW 2007, S. 332 ff.
Notteboom, Theo, Consolidation and Contestability in the European Container Handling Industry, Maritime Policy and Management 29 (2002), S. 257 ff.
ders., Container Shipping, in: Talley, Wayne (Hrsg.), The Blackwell Companion to Maritime Economics, 2012, S. 230 ff.
Novak, Gregor/Reinisch, August, Desirable Standards for the Design of Administrative Tribunals from the Perspective of Domestic Courts, in: Elias, Olufemi (Hrsg.), The Development and Effectiveness of International Administrative Law, 2012, S. 273 ff.
Nowak, Manfred (Hrsg.), CCPR-Commentary, 2. Aufl. 2005
Nowrot, Karsten, Normative Ordnungsstruktur und private Wirkungsmacht, 2006
Ntovas, Alexandros, The Enforcement Procedures of the Maritime Labour Convention 2006, in: Lavelle, Jennifer (Hrsg.), The Maritime Labour Convention 2006, 2014
Nuhn, Helmut, Innovationen im Verkehr, GS 179 (2009), S. 4 ff.
ders., Containerisierung und Globalisierung, Zeitschrift für Wirtschaftsgeographie 54 (2010), S. 150 ff.
Nummey, Thomas L., Environmental Salvage in the Age of the Tanker, Fordham Environmental Law Review 20 (2017), S. 267 ff.
Núñez-Müller, Marco, Die Staatszugehörigkeit von Handelsschiffen im Völkerrecht, 1994
Nußberger, Angelika, Sozialstandards im Völkerrecht. Eine Studie zu Entwicklung und Bedeutung der Normsetzung der Vereinten Nationen, der Internationalen Arbeitsorganisation und des Europarats zu Fragen des Sozialschutzes, 2005
Obando-Rojas, Bernardo/Welsh, Ian/Bloor, Michael/Lane, Tony/Badigannavar, Vidu/Maguire, Michael, A Study on Fraudulent Practices associated with Certificates of Competency and Endorsements, 2001
dies., The Political Economy of Fraud in a Globalised Industry: The Case of Seafarers' Certifications, Sociological Review 52 (2004), S. 29 ff.
Oberthür, Sebastian, Routinemäßige Ölverschmutzungen durch Tanker (OILPOL/MARPOL), in: Gehring, Thomas/Oberthür, Sebastian (Hrsg.), Internationale Umweltregime, 1997, S. 81 ff.
ders., Clustering of Multilateral Environmental Agreements: Potentials and Limitations, International Environmental Agreements, Politics, Law and Economics 2 (2002), S. 317 ff.
ders., Die Wirksamkeit von Verrechtlichung: Die Compliance-Mechanismen internationaler Umweltregime in: Jacob, Klaus/Biermann, Frank/Busch, Per-Ola/Feindt, Peter (Hrsg.), Politik und Umwelt, PVR-Sonderheft, 2007, S. 73 ff.
ders., Regime-interplay Management, in: Blome, Kerstin/Fischer-Lescano, Andreas/Franzki, Hannah/Markard, Nora/Oeter, Stefan (Hrsg.), Contested Regime Collisions, 2016, S. 88 ff.

ders./Stokke, Olav Schramm, Managing Institutional Complexity. Regime Interplay and Global Environmental Change, 2011

O'Connell, Daniel Patrick, The International Law of the Sea, Band II, 1982

Oddenino, Alberto/Bonetto, Diego, The Issue of Immunity of Private Actors Exercising Public Authority and the New Paradigm of International Law, Global Jurist 2020, S. 1 ff.

Odendahl, Kerstin, Migrationssteuerung im Mehrebenensystem, VVDStRL 76 (2017), S. 49 ff.

Oebbecke, Janbernd, Die Einheit der Verwaltung als Rechtsproblem, DVBl. 1987, S. 866 ff.

OECD (Organisation für wirtschaftliche Zusammenarbeit und Entwicklung), Recommendation of the Council for Further Combating Bribery of Foreign Public Officials in International Business Transactions, 2009

dies., M-Government, 2011

dies., International Regulatory Co-operation, Addressing Global Challenges, 2013

dies., International Regulatory Co-operation: Case Studies, Volume 3, Transnational Private Regulation and Water Management, 2013

dies., The Competitiveness of Global Port-Cities, 2014

dies., Corruption in the Extractive Value Chain, 18.8.2016

Oechsler, Walter, Konfliktmanagement, 1972

Oeter, Stefan, Inspections in International Law, Netherlands Yearbook of International Law XXVIII (1997), S. 101 ff.

ders., Integration und Subsidiarität m deutschen Bundesstaatsrecht: Untersuchungen zu Bundesstaatstheorie unter dem Grundgesetz, 1998

ders., The International Legal Order and its Judicial Function, in: Dupuy, Pierre-Marie/Faßbender, Bardo/Shaw, Malcolm N./Sommermann, Karl-Peter (Hrsg.), Völkerrecht als Wertordnung: Common Values in International Law, Festschrift für Christian Tomuschat, 2006, S. 583 ff.

ders., Kommentar: Fragmentierung und Segmentierung der internationalen Ordnung als Herausforderung prozeduraler Gemeinwohlgenerierung in: Heinig, Hans Michael/Terhechte, Jörg P. (Hrsg.), Postnationale Demokratie, Postdemokratie, Neoetatismus, 2013, S. 159 ff.

ders., The Law of Immunities as a Focal Point of the Evolution of International Law, in: Peters, Anne/Lagrange, Evelyne/ders./Tomuschat, Christian (Hrsg.), Immunities in the Age of Global Constitutionalism, 2014, S. 355 ff.

ders., Vom Völkerrecht zum transnationalen Recht – „transnational administrative networks" und die Bildung hybrider Akteursstrukturen, in: Calliess, Gralf-Peter (Hrsg.), Transnationales Recht: Stand und Perspektiven, 2014, 387 ff.

ders., Regime Collisions from a Perspective of Global Constitutionalism, in: Blome, Kerstin/Fischer-Lescano, Andreas/Franzki, Hannah/Markard, Nora/ders. (Hrsg.), Contested Regime Collisions, 2016, S. 21 ff.

Oetker, Hartmut (Hrsg.), Handelsgesetzbuch, Kommentar, 7. Aufl. 2021

Øhlenschlæger, Jens Peter/Newman, Stephanie/Farmer, Andrew, Reducing Ship Generated Marine Litter, 2013

Ohler, Christoph, Die Kollisionsordnung des Allgemeinen Verwaltungsrechts, 2005

ders., Die Rolle nicht-staatlicher Akteure bei der Entwicklung und Implementierung des Völker- und Europarechts, VVDStRL 79 (2020), S. 347 ff.

ders./Kruis, Tobias, Die Bekanntgabe inländischer Verwaltungsakte im Ausland, DÖV 2009, S. 93 ff.

Ohlhoff, Stefan, Methoden der Konfliktbewältigung bei grenzüberschreitenden Umweltproblemen im Wandel, 2003

Ohling, Heiko, Handbuch Export, Import, Spedition, 1982

Okere, B. Obinna, The Technique of International Maritime Legislation, The International and Comparative Law Quarterly 30 (1981), S. 513 ff.

Oleschak-Pillai, Rekah, Accountability of International Organisations: An Analysis of the World Bank's Inspection Panel, in: Wouters, Jan/Brems, Eva/Smis, Stefaan/Schmitt, Pierre (Hrsg.), Accountability for Human Rights Violations by International Organizations, 2010, S. 401 ff.

Olson, Mancur, Die Logik des kollektiven Handelns: Kollektivgüter und die Theorie der Gruppen, 5. Aufl. 2004

Ooms, Gorik/Jahns, Albrecht, Aiming for Synergies between Global Health Security and Global Health Justice, with Help from a Framework Convention on Global Health, in: Parker, Richard/Gracía, Jonathan (Hrsg.), Routledge Handbook on the Politics of Global Health, 2019, S. 181 ff.

Orakhelashvili, Alexander, The World Bank Inspection Panel in Context: Institutional Aspects of the Accountability of International Organizations, International Organizations Law Review 2 (2005), S. 57 ff.

OSCE (Organization for Security and Co-operation in Europe), Office for Democratic Institutions and Human Rights, Legal Digest of International Fair Trial Rights, 26.9.2012

Osieke, Ebere, American Journal of International Law 73 (1979), S. 604 ff.

Ossenbühl, Fritz, Maßhalten mit dem Übermaßverbot, in: Badura, Peter/Scholz, Rupert (Hrsg.), Wege und Verfahren des Verfassungslebens: Festschrift für Peter Lerche zum 65. Geburtstag, 1993, S. 151 ff.

ders., Allgemeine Rechts- und Verwaltungsgrundsätze – eine verschüttete Rechtsfigur?, in: Schmidt-Aßmann, Eberhard/Seilner, Dieter/Hirsch, Günter/Kemper, Gerd-Heinrich (Hrsg.), Festgabe 50 Jahre Bundesverwaltungsgericht, 2003, S. 289 ff.

Ost, Nina, Flexibilität des Gemeinschaftsrechts – Vom Notantrieb zum Vertragsprinzip?, DÖV 1997, S. 495 ff.

Ostendorf, Heribert, Bekämpfung der Korruption als rechtliches Problem oder zunächst moralisches Problem?, NJW 1999, S. 615 ff.

Østreng, Dorte, Does Togetherness Make Friends? Stereotypes and Intergroup Contact on Multiethnic-Crewed Ships, 2001

Ott, Hermann E., Umweltregime im Völkerrecht: Eine Untersuchung zu neuen Formen internationaler institutionalisierter Kooperation am Beispiel der Verträge zum Schutz der Ozonschicht und zur Kontrolle grenzüberschreitender Abfallverbringungen, 1998

Oxman, Bernard H., Observations on Vessel Release under the United Nations Convention on the Law of the Sea, International Journal of Marine and Coastal Law 10 (1995), S. 208 ff.

Özçayır, Oya, Port State Control, 2001

dies., The Use of Port State Control in Maritime Industry and the Application of the Paris MOU, Ocean and Coastal Law Journal 14 (2008), S. 201 ff.

Pache, Eckhard, Verantwortung und Effizienz in der Mehrebenenverwaltung, VVDStRL 66 (2007), S. 106 ff.

Pagani, Fabricio, Peer Review as an Instrument of Co-operation and Change, African Security Review 11 (2002), S. 15 ff.

Palan, Ronen, The Offshore World. Sovereign Markets, Virtual Places, and Nomad Millionaires, 2003

Palma, Mary/Tsamenyi, Martin/Edeson, William, Promoting Sustainable Fisheries, The International Legal and Policy Framework to Combat Illegal, Unreported and Unregulated Fishing, 2010

Palmer, Geoffrey, New Ways to Make Environmental Law, American Journal of International Law 86 (1992), S. 259 ff.

Pamboridis, G.P., International Shipping Law, 1999

Papp, Andreas, Extraterritoriale Schutzpflichten, Völkerrechtlicher Menschenrechtsschutz und die deutsche Außenwirtschaftsförderung, 2013

Park, Jeong Hoon, Rechtsfindung im Verwaltungsrecht. Grundlegung einer Prinzipientheorie des Verwaltungsrechts als Methode der Verwaltungsrechtsdogmatik, 1999

Paschke, Marian/Jessen, Henning, Effektivere Rechtsdurchsetzung im schiffsbezogenen Umweltrecht durch Whistleblower?, RdTW 2015, S. 1 ff.

Pattberg, Philipp, Private Institutions and Global Governance. The New Politics of Environmental Sustainability, 2007

ders./Zelli, Fariborz, Environmental Politics and Governance in the Anthropocene, 2016

Pauli, Marina, Die Ausweisung bestimmter sensibler Seegebiete und Küstenregionen, in: Tomuschat, Christian (Hrsg.), Schutz der Weltmeere, 2005, S. 115 ff.

Paulus, Andreas, The International Legal System as a Constitution, in: Dunoff, Jeffrey L./Trachtman, Joel P. (Hrsg.), Ruling the World?, 2009, S. 69 ff.

ders., Fragmentierung und Segmentierung der internationalen Ordnung als Herausforderung prozeduraler Gemeinwohlsicherung, in: Heinig, Hans Michael/Terhechte, Jörg (Hrsg.), Postnationale Demokratie, Postdemokratie, Neoetatismus, 2013, S. 139 ff.

ders., Zusammenspiel der Rechtsquellen aus völkerrechtlicher Perspektive, BDGVR 46 (2014), S. 7 ff.

ders., Die internationale Gemeinschaft im Völkerrec. Eine Untersuchung zur Entwicklung des Völkerrechts im Zeitalter der Globalisierunght, 2001

Pawlik, Thomas, Seeverkehrswirtschaft, 1999

Payandeh, Mehrdad, Internationales Gemeinschaftsrecht. Zur Herausbildung gemeinschaftsrechtlicher Strukturen im Völkerrecht der Globalisierung, 2010

Payoyo, Peter, Implementation of International Conventions through Port State Control: an Assessment, Marine Policy 18 (1994), S. 379 ff.

ders., The Contribution of the 2006 ILO Maritime Labour Convention to Global Governance, in: Chircop, Aldo/McDorman, Theodore/Rolston, Susan (Hrsg.), The Future of Ocean Regime-Building, 2009, S. 385 ff.

Peet, Gerard, Particularly Sensitive Sea Areas, International Journal of Marine and Coastal Law 9 (1994), S. 469 ff.

Peetz, Robert Cornelius, Die Übereinstimmung des deutschen Rechts mit der Maritime Labour Convention 2006, 2019

Peine, Franz-Joseph/Siegel, Thorsten, Allgemeines Verwaltungsrecht, 14. Aufl. 2022

Penski, Ulrich, Rechtsgrundsätze und Rechtsregeln, JZ 1989, S. 105 ff.

di Pepe, Lorenzo Schiano, Port State Control as an Instrument to Ensure Compliance with International Marine Environmental Obligations, in: Kirchner, Andree (Hrsg.), International Marine Environmental Law, 2003, S. 137 ff.

Perels, Ferdinand, Das internationale öffentliche Seerecht der Gegenwart, 1882

Perepelkin, M./Knapp, S./Perepelkin, G./de Pooter, M.D., A Method to Measure Flag Performance for the Shipping Industry, Economic Institute Report 2009–04

Pernice, Ingolf, Europäisches und nationales Verfassungsrecht, VVDStRL 60 (2001), S. 148 ff.

ders., Theorie und Praxis des Europäischen Verfassungsverbunds, ZaöRV 70 (2010), S. 51 ff.

Perrow, Charles, Normale Katastrophen. Die unvermeidbaren Risiken der Großtechnik, 1987

Persson, Anna/Rothstein, Bo/Teorell, Jan, Why Anticorruption Reforms Fail. Systemic Corruption as a Collective Action Problem, Governance 26 (2013), S. 449 ff.

Peters, Anne (Hrsg.), Max Planck Encyclopedia of Public International Law (MPEPIL)

dies., Die Anwendbarkeit der EMRK in Zeiten komplexer Hoheitsgewalt und das Prinzip der Grundrechtstoleranz, AVR 48 (2010), S. 1 ff.

dies., Wettbewerb der Rechtsordnungen, VVDStRL 69 (2010), S. 9 ff.
dies., Rechtsordnungen und Konstitutionalisierung: Zur Neubestimmung der Verhältnisse, ZÖR 2011, S. 411 ff.
dies., Jenseits der Menschenrechte. Die Rechtsstellung des Individuums im Völkerrecht, 2014
dies., Konstitutionalismus als globale Errungenschaft, in: Heinz, Ursula (Hrsg.), Von Kiel in die Welt: Kiel's Contribution to International Law, Festschrift zum 100-jährigen Bestehen des Walther-Schücking-Instituts für Internationales Recht, 2014, S. 127 ff.
dies., Verhältnismäßigkeit als globales Verfassungsprinzip, in: Baade, Björnstjern/Ehricht, Sebastian/Fink, Matthäus/Frau, Robert/Mölner, Mirka/Risini, Isabella/Stirner, Torsten (Hrsg.), Verhältnismäßigkeit im Völkerrecht, 2016, S. 1 ff.
dies., Menschenrechtsfunktionen jenseits des Staates, in: Grimm, Dieter/dies./Wielsch, Dan (Hrsg.), Grundrechtsfunktionen jenseits des Staates, 2021, S. 73 ff.
Peters, Hans, Lehrbuch der Verwaltung, 1949
Petersen, Sönke, Deutsches Küstenrecht, 1989
Petersson, Niels P., Schifffahrt und Globalisierung, Merkur 2013, S. 329 ff.
Pflug, Manuel, Pandemievorsorge – informationelle und kognitive Regelungsstrukturen, 2013
Picker, Christian, Niedriglohn und Mindestlohn, RdA 2014, S. 25 ff.
Pies, Ingo/Sardison, Markus, Ethik der Globalisierung, 2004
Pies, Ingo/Sass, Peter, Korruptionsprävention als Ordnungsproblem – Wirtschaftsethische Perspektiven für Corporate Citizenship als Integritätsmanagement, Ordo 57 (2006), S. 341 ff.
Pieth, Mark, Collective Action and Corruption, in: Manacorda, Stefano/Centanzo, Francesco/Forti, Grabrio (Hrsg.), Preventing Corporate Corruption, 2014, S. 93 ff.
ders., Introduction, in: ders. (Hrsg.), Collective Action, Innovative Strategies to Prevent Corruption, 2017, S. 3 ff.
Pilniok, Arne, Governance im europäischen Forschungsverbund. Eine rechtswissenschaftliche Analyse der Forschungspolitik und Forschungsförderung im Mehrebenensystem, 2011
Platzer, Hans-Wolfgang/Müller, Torsten, Die globalen und europäischen Gewerkschaftsverbände, 2009
Poggi, Laura/Gaggero, Tomaso/Gaiotto, Marco/Ravina, Enrico, International Journal of Naval Architecture and Ocean Engineering 12 (2020), Recent Developments in Remote Inspections of Ship Structures, S. 881 ff.
Pohler, Wiebke, SARS – Ein globales Risikoereignis, in: Holzinger, Markus/May, Stefan/dies. (Hrsg.), Weltrisikogesellschaft als Ausnahmezustand, 2010, S. 121 ff.
Pohlmann, Jens Philip, Krisenmanagement des Hafen- und Flughafenärztlichen Dienstes für gesundheitliche Notlagen an Bord von Kreuzfahrtschiffen im Hamburger Hafen, 2016
Posner, Eric A./Yoo, John C., Judicial Independence in International Tribunals, California Law Journal 93 (2005), S. 1 ff.
Poulsen, René Taudal/Ponte, Stefano/Lister, Jane, Buyer-driven Greening? Cargo-owners and Environmental Upgrading in Maritime Shipping, Geoforum 68 (2016), S. 57 ff.
Prah Ruger, Jennifer, Normative Foundations of Global Health Law, The Georgetown Law Journal 96 (2008), S. 423 ff.
Pratt, Mary Louise, Imperial Eyes. Travel Writing and Transculturation, 1992
de Pretis, Daria, Denationalisierung der öffentlichen Verwaltung: Europäisierung und Internationalisierung der öffentlichen Verwaltung im Vergleich, in: Fraenkel-Haeberle, Cristina/Galetta, Diana-Urania/Sommermann, Karl-Peter (Hrsg.), Europäisierung und Internationalisierung der nationalen Verwaltungen im Vergleich, 2017, S. 1 ff.

Prieß, Hans-Joachim, Internationale Verwaltungsgerichte und Beschwerdeausschüsse, Eine Studie zum gerichtlichen Rechtsschutz für Beamte internationaler Organisationen, 1989

Proelß, Alexander, Meeresschutz im Völker- und Europarecht. Das Beispiel des Nordostatlantiks, 2004

ders., UNCLOS, Commentary, 2014

ders., § 57: Zukunftsperspektiven für ein iunternationales Verwaltungsrechts, in: Kahl, Wolfgang/Ludwigs, Markus (Hrsg.), Handbuch des Verwaltungsrechts Band II, 2021

ders., Internationales Umweltrecht, 2. Aufl. 2022

Progoulaki, Maria/Roe, Michael, Dealing with Multicultural Human Resources in a Socially Responsible Manner: a Focus on the Maritime Industry, WMU Journal of Maritime Affairs 10 (2011), S. 7 ff.

Prütting, Hanns, JZ 1985, Schlichten statt Richten?, S. 261 ff.

Pünder, Hermann, Zertifizierung und Akkreditierung – private Qualitätskontrolle unter staatlicher Gewährleistungsverantwortung, ZHR 170 (2006), S. 567 ff.

Puttfarken, Hans-Jürgen, Seehandelsrecht, 1997

Püttner, Günther, Verwaltungslehre, 4. Aufl. 2007

Quack, Sigrid, Law, Expertise and Legitimacy in Transnational Economic Governance: an Introduction, Social-Economic Review 8 (2010), S. 3 ff.

Rabe, Dieter/Bahnsen, Kay Uwe, Seehandelsrecht, 5. Aufl. 2018

Rabe, Dominik, Der „Verwaltungsakt" nach deutschem und spanischem Recht, 2012

Radaelli, Claudio, The Puzzle of Regulatory Competition, Journal of Public Policy 24 (2004), S. 1 ff.

Rademacher, Timo, Artficial Intelligence and Law Enforcement, in: Wischmeyer, Thomas/ders. (Hrsg.), Regulating Artificial Intelligence, 2019, S. 225 ff.

Rädler, Peter, Independence and Impartiality of Judges, in: Weissbrodt, David/Wolfrum, Rüdiger (Hrsg.), The Right to a Fair Trial, 1997, S. 727 ff.

Raja, Siddartha/Melhem, Samia/Cruse, Mathew/Goldstein, Joshua/Maher, Katherine/Minges, Michael/Surya, Priya, Making Government Mobile, in: Weltbank (Hrsg.), Maximizing Mobile, 2012, S. 87 ff.

Ramming, Klaus, Das Wrackbeseitigungsübereinkommen, 2008

ders., Seehandelsrecht, Band 1: Einleitung, §§ 476–480, 2017

Rasch, S./Mank, K./Tomson, S., Die finale Fassung des neuen OECD-Kapitels zur Dokumentation und zum „Country-by-Country-Reporting" – Neue Herausforderungen für Unternehmen IStR 2015, S. 424 ff.

Rattanasakalwong, Kamolchai, Die Entstehung der allgemeinen Grundsätze des deutschen Verwaltungsverfahrensrechts, 1985

Rauber, Jochen, Strukturwandel als Prinzipienwandel. Theoretische, dogmatische und methodische Bausteine eines Prinzipienmodells des Völkerrechts und seiner Dynamik, 2017

Rauschning, Dietrich, Klagebefugnis von Auslandsbewohnern gegen eine inländische Atomanlagengenehmigung, AVR 25 (1987), S. 312 ff.

Rauser, Karl, Die Übertragung von Hoheitsrechten auf ausländische Staaten, 1991

Raustiala, Kal/Slaughter, Anne-Marie, International Law, International Relations and Compliance, in: Carlsnaes, Walter/Risse, Thomas/Simmons, Beth (Hrsg.), Handbook of International Relations, 2002, S. 538 ff.

Rayfuse, Rosemary, Non-Flag State Enforcement in High Seas Fisheries, 2004

Rebler, Adolf, Die Untersuchung der Kraftfahrzeuge und Anhänger nach der StVZO (Teil 2), SVR 2006, S. 171 ff.

Rehbinder, Eckard, Das Vollzugsdefizit im Umweltrecht und das Umwelthaftungsrecht, 1996

Rehmann, Wolfgang/Wagner, Susanne (Hrsg.), Medizinproduktegesetz, Verordnung (EU) 2017/745 über Medizinprodukte, Kommentar, 3. Aufl. 2018

Reich, Ursel, Internationale Verwaltung im Kosovo. Rechtsgrundsätze internationaler Administration am Beispiel der UNMIK, 2012

Reif, Linda C., The Ombudsman, Good Governance and the International Human Rights System, 2004

Reiling, Katharina, Der Hybride: administrative Wissensorganisation im privaten Bereich, 2016

dies., Transnationale Ordnung der Digitalwirtschaft durch die Datenschutzgrundverordnung, in: Krönke, Christoph (Hrsg.), Regulierung in Zeiten der Digitalwirtschaft, 2019, S. 29 ff.

Reiling, Michael, Zu individuellen Rechten im deutschen und im Gemeinschaftsrecht, 2005

Reimer, Ekkehart, Transnationales Steuerrecht, in: Möllers, Christoph/Voßkuhle, Andreas/Walter, Christian (Hrsg.), Internationales Verwaltungsrecht, 2007, S. 181 ff.

Reimer, Franz, Verfassungsprinzipien. Ein Normtyp im Grundgesetz, 2001

Reinalda, Bob/Arts, Bas/Noortmann, Math, Non-State Actors in International Relations, 2001

Reinermann, Heinrich/Franz, Arne, Mobile Kommunikation in öffentlichen Verwaltungen, 2014

Reinisch, August, Waite and Kennedy v. Germany, Application No. 26083/94; Beer and Regan v. Germany, Application No. 28934/95, American Journal of International Law 95 (1999), S. 933 ff.

ders., Verfahrensrechtliche Aspekte der Rechtskontrolle von Organen der Staatengemeinschaft, BDGV 42 (2007), S. 43 ff.

ders., The Immunity of International Organizations and the Jurisdiction of their Administrative Tribunal, Chinese Journal of International Law 7 (2008), S. 285 ff.

ders., Privileges and Immunities of International Organizations in Domestic Courts, 2013

ders./Weber, Ulf Andreas, In the Shadow of Waite and Kennedy, International Organizations Law Review 1 (2004), S. 59 ff.

Renckens, Stefan, Private Governance and Public Authority. Regulating Sustainability in a Global Economy, 2020

Rengeling, Hans-Werner, Rechtsgrundsätze beim Verwaltungsvollzug des europäischen Gemeinschaftsrechts: zu den Grundlangen des Verwaltungsvollzuges sowie zur Theorie und Konkretisierung der Rechtsgrundsätze unter besonderer Berücksichtigung der Rechtsvergleichung, 1977

Renner, Moritz, Zwingendes transnationales Recht. Zur Struktur der Wirtschaftsverfassung jenseits des Staates, 2011

Rennert, Klaus, Funktionswandel der Verwaltungsgerichtsbarkeit?, DVBl. 2015, S. 793 ff.

Reuß, Matthias/Pichon, Jakob, The European Union's Exercise of Jurisdiction Over Classification Societies – An International Law Perspective on the Amendment of the EC Directive on Common Rules and Standards for Ship Inspection and Survey Organisations and for the Relevant Activities of Maritime Administrations, ZaöRV 67 (2007), S. 119 ff.

Reuter, Peter, Lexikon Medizin, 2004

Richardi, Reinhard, Der Arbeitsvertrag im Zivilrechtssystem, ZfA 1988, S. 221 ff.

Richmann, Barak D., Firms, Law, and Reputation Mechanisms: Towards a Positive Theory of Private Ordering, Columbia Law Review 104 (2004), S. 2328 ff.

Richter, Bodo, Völkerrecht, Außenpolitik und internationale Verwaltung bei Lorenz von Stein, 1973

von Richthofen, Rose, Privater Vollzug des Unionsrecht. Eine Untersuchung am Beispiel der Zertifizierungen durch akkreditierte Benannte Stellen im europäischen Produktzulassungsrecht, 2015

Riedel, Joachim, Das Postulat der Unparteilichkeit des Richters – Befangenheit und Parteilichkeit – im deutschen Verfassungs- und Verfahrensrecht, 1980

Riegner, Michael, Informationsverwaltungsrecht internationaler Institutionen. Dargestellt am Entwicklungsverwaltungsrecht der Weltbank und Vereinten Nationen, 2018

Riemer, Carsten Ludwig, Staatengemeinschaftliche Solidarität in der Völkerrechtsordnung: eine normative Analyse staatengemeinschaftlicher Solidarkonzepte in Bezug auf die internationale Staatenpraxis aus den Bereichen Friedenswahrung, Entwicklungshilfe, Wirtschaft und Umweltschutz, 2003

Ringbom, Henrik, Competing Norms in the Law of Marine Environmental Protection, 1997

ders., The EU Maritime Safety Policy and International Law, 2008

ders., Vessel-source Pollution, in: Rayfuse, Rosemary (Hrsg.), Research Handbook on International Marine Environmental Law, 2017, S. 105 ff.

Risse, Jörg, Wirtschaftsmediation, 2003

Ritzer, George, The McDonaldization Thesis: Is Expansion Inevitable?, Journal of American Culture 6 (1983), S. 100 ff.

Riveiro, Maria/Pallotta, Giuliana/Vespe, Michele, Maritime Anomaly Detection: A Review, Wiley Interdisciplinay Reviews 8 (2018), S. 1 ff.

Riviera Newsletters, Tanker Industry Still Seeks Clarity on Vetting, 26.10.2017 (https://www.rivieramm.com/opinion/tanker-industry-still-seeks-clarity-on-vetting-26739) (zuletzt abgerufen am 10.10.2023)

RKI (Robert-Koch-Institut), Neugefasste Internationale Gesundheitsvorschriften, Epidemiologisches Bulletin Nr. 22 (2007), S. 183 ff.

Roach, J. Ashley, Alternatives for Achieving Flag State Implementation and Quality Shipping, in: Moore, Myron H./Nordquist, John Norton (Hrsg.), Current Maritime Issues, 1999, S. 151 ff.

Röben, Volker, Institutions of International Environmental Law, 2000

ders., Außenverfassungsrecht: Eine Untersuchung zur auswärtigen Gewalt des offenen Staates, 2007

Roberts, Julian/Chircop, Aldo/Prior, Sian, Restricted Access, Area-based Management on the High Seas: Possible Application of the IMO's Particularly Sensitive Sea Area Concept, International Journal of Marine and Coastal Law 25 (2010), S. 483 ff.

Roche, Philip/Humphries, Emma, UK Bribery Act 2010 – Where are we now?, Juli 2017 (https://www.nortonrosefulbright.com/en/knowledge/publications/be2f3f74/uk-bribery-act-2010---where-are-we-now) (zuletzt abgerufen am 10.10.2023)

Roe, Michael, Multi-level and Polycentric Governance: Effective Policymaking for Shipping, Maritime Policy & Management 36 (2009), S. 39 ff.

Roer, Haribert, Modelle einer grenzüberschreitenden Bauleitplanung vor dem Hintergrund des Bauleitplanungsrechts der Bundesrepublik Deutschland und dem der Nachbarstaaten, 2000

Rogall, Holger, Ökologische Ökonomie, 2008

Rogowski, Ralf, Reflexive Labour Law in the World Society, 2013

Röhl, Hans Christian, Akkreditierung und Zertifizierung im Produktsicherheitsrecht: Zur Entwicklung einer neuen Europäischen Verwaltungsstruktur, 2000

ders., Internationale Standardsetzung, in: Möllers, Christoph/Voßkuhle, Andreas/Walter, Christian (Hrsg.), Internationales Verwaltungsrecht, 2007, S. 319 ff.

ders., Allgemeine Rechtslehre, 3. Aufl. 2008

ders., Wissen – Zur kognitiven Dimension des Rechts, DV Beiheft 9 (2010)
van Rompaey, Karen, Will the Amendment to the TRIPS Agreement Enhance Access to Medicines?, in: Parker, Richard/Gracia, Jonathan (Hrsg.), Routledge Handbook on the Politics of Global Health, 2019, S. 312ff.
Roscam Abbing, Henriette, International Organizations in Europe and the Right of Health Care, 1979
Rose, Nikolas/Miller, Peter, Political Power beyond the State: Problematics of Government, British Journal of Sociology 43 (1992), S. 173ff.
Rose-Ackerman, Susan, Grand Corruption and the Ethics of Global Business, Journal of Banking & Finance 26 (2002), S. 1889ff.
dies., Corruption and Government, Causes, Consequences, and Reform, 2012
Rosenau, James N., The Relocation of Authority in a Shrinking World, Comparative Politics 24 (1992), S. 253ff.
ders., NGOs and Fragmented Authority in Globalizing Space, in: Ferguson, Yale H./Jones, R.J. Barry (Hrsg.), Political Space: Frontiers of Change and Governance in a Globalizing World, 2002, S. 261ff.
ders., Governance, Order, and Change in World Politics, in: ders./Czempiel, Ernst-Otto (Hrsg.), Governance without Government, 2008, S. 1ff.
Rosken, Anne, Diversity and Profession, Eine biographisch narrative Untersuchung im Kontext der Bildungssoziologie, 2009
Rossi, Matthias, Europäisiertes internationales Umweltverwaltungsrecht, in: Möllers, Christoph/Voßkuhle, Andreas/Walter, Christian (Hrsg.), Internationales Verwaltungsrecht, 2007, S. 165ff.
Rössner, Anja, Das Informationsfreiheitsgesetz als Instrument der Korruptionsprävention, 2007
Roßnagel, Alexander/Knopp, Michael, Mobilisierte Verwaltung: Perspektiven und rechtlicher Gestaltungsbedarf, DÖV 2006, S. 982ff.
Rost, Birgit, Die Herausbildung transnationalen Wirtschaftsrechts auf dem Gebiet der internationalen Finanz- und Kapitalmärkte: Konsequenzen für die normative Struktur der internationalen Rechtsordnung, 2007
Rothstein, Bo/Varraich, Aiysha, Corruption and the Opposite to Corruption: A Map of the Conceptual Landscape, in: Rothstein, Bo (Hrsg.), Anti-Corruption Policies Revisited, 2014, S. 15ff.
Rouch, David, The Social Licence for Financial Markets, 2020
de la Rue, Colin/Anderson, Charles, Shipping and the Environment. Law and Practice, 1998
Ruffert, Matthias, Dogmatik und Praxis des subjektiv-öffentlichen Rechts unter dem Einfluß des Gemeinschaftsrechts, DVBl. 1998, S. 69ff.
ders., Zuständigkeitsgrenzen internationaler Organisationen im instiutionellen Rahmen der internationalen Gemeinschaft, AVR 38 (2000), S. 129ff.
ders., Europäisiertes Allgemeines Verwaltungsrecht im Verwaltungsverbund, DV 34 (2001), S. 543ff.
ders., Der transnationale Verwaltungsakt, DV 34 (2001), S. 453ff.
ders., Vorrang der Verfassung und Eigenständigkeit des Privatrechts: eine verfassungsrechtliche Untersuchung zur Privatrechtswirkung des Grundgesetzes, 2001
ders., Die Globalisierung als Herausforderung an das Öffentliche Recht, 2004
ders., Die Methodik der Verwaltungsrechtswissenschaft in anderen Ländern der Europäischen Union, in: Schmidt-Aßmann, Eberhard/Hoffmann-Riem, Wolfgang (Hrsg.), Methoden der Verwaltungsrechtswissenschaft, 2004, S. 165ff.

ders., Perspektiven des Internationalen Verwaltungsrechts, in: Möllers, Christoph/Voßkuhle, Andreas/Walter, Christian (Hrsg.), Internationales Verwaltungsrecht, 2007, S. 395 ff.
ders., The Public-Private Law Divide: Potential for Transformation?, 2009
ders., Kohärente Europäisierung, in: Hoffmann-Riem, Wolfgang (Hrsg.), Offene Rechtswissenschaft, 2010, S. 1397 ff.
ders., § 7: Rechtsquellen udn Rechtsschichten des Verwaltungsrechts, in: Voßkuhle, Andreas/Eifert, Martin/Möllers, Christoph (Hrsg.), Grundlagen des Verwaltungsrechts, Band I, 3. Aufl. 2022, S. 399 ff.
ders./Steinecke, Sebastian, The Global Administrative Law of Science, 2011
ders./Walter, Christian, Institutionelles Völkerrecht, 2. Aufl. 2015
Ruggie, John Gerard, Reconstituting the Global Public Domain – Issues, Actors, and Practices, European Journal of International Relations 10 (2004), S. 499 ff.
Rühmkorf, Andreas, Corporate Social Responsibility in der Lieferkette: Governance und Verantwortlichkeiten, ZGR 2018, S. 410 ff.
Rung, Christoph, Strukturen und Rechtsfragen europäischer Verbundplanungen, 2013
Rüppell, Philipp, Die Berücksichtigungsfähigkeit ausländischer Anlagengenehmigungen, 2012
Rüthers, Bernd/Fischer, Christian/Birk, Axel, Rechtstheorie, 12. Aufl. 2022
Ruthig, Josef, Globalisierung und Grundgesetz, in: Wolter, Jürgen/Riedel, Eibe/Taupitz, Jochen (Hrsg.), Einwirkungen der Grundrechte auf das Zivilrecht, Öffentliche Recht und Strafrecht, Mannheimer Fakultätstagung über 50 Jahre Grundgesetz, 1999, S. 271 ff.
Sachs, Michael, Die Einheit der Verwaltung als Rechtsproblem, NJW 1987, S. 2338 ff.
ders. (Hrsg.), Grundgesetz Kommentar, 9. Aufl. 2021
Sacksofsky, Ute, § 39: Anreize, in: Voßkuhle, Andreas/Eifert, Martin/Möllers, Christoph (Hrsg.), Grundlagen des Verwaltungsrechts, Band II, 3. Aufl. 2022, S. 967 ff.
Sadowski, Stan, Protection of the Marine Environment of the North Sea: The ‚Russian Doll' Effect, in: Ringbom, Henrik (Hrsg.), Competing Norms in the Law of Marine Environmental Protection, 1996, S. 109 ff.
Sampson, Helen/Zhao, Minghua, Multilingual Crews: Communication and the Operation of Ships, World Englishes, 22 (2003), S. 31 ff.
Sampson, Helen/Acejo, Iris/Ellis, Neil/Tang, Lijun/Turgo, Nelson, The Relationship between Seafarers and Shore-side Personnel: An Outline Report based on Research undertaken in the Period 2012–2016, 2016
Sand, Peter H., Institution-Building to Assist Compliance with International Environmental Law: Perspectives, ZaöRV 50 (1996), S. 774 ff.
ders., A Century of Green Lessons: The Contribution of Nature Conservation Regimes to Global Governance, International Environmental Agreements 1 (2001), S. 33 ff.
ders., The Right to Know: Environmental Information Disclosure by Government and Industry, in: Zaelke, Durwood/Kaniaru, Donald/Kruziková, Eva (Hrsg.), Making Law Work, Band I, 2005, S. 259 ff.
ders., Das Washingtoner Artenschutzabkommen, AVR 54 (2016) S. 561 ff.
Sander, Gerald G., Internationaler und europäischer Gesundheitsschutz. Gesundheitsrecht in WHO, FAO/CAK, WTO und EU, unter besonderer Berücksichtigung des Lebensmittelrechts, 2004
Sands, Philippe/Klein, Pierre, Bowett's Law of International Institutions, 6. Aufl. 2009
Sands, Philippe/Peel, Jacqueline, Principles of International Environmental Law, 4. Aufl. 2018
Sassi, Jukka/Siikanen, Sami/Höyhtya, Marko, Utilisation of RPAS in Oil and Chemicals Detection, 2018
Savino, Mario, Linkages between Global Regimes and Interactions with Civil Society, in: Cassese, Sabino (Hrsg.), Research Handbook on Global Administrative Law, 2017, S. 131 ff.

Scelle, George A.J., Le Phénoméne Juridique de Dedoublement Fonctionnel, in: Schätzl, Walter/Schlochauer, Hans Jürgen (Hrsg.), Rechtsfragen der internationalen Organisation. Festschrift für Hans Wehberg zu seinem 70. Geburtstag, 1956, S. 324 ff.
Schäfer, Henry/Lindenmayer, Philipp, Unternehmenszwecke, Informationsasymmetrien und neue Formen der Corporate Governance, in: Jürgens, Ulrich/Sadowski, Dieter/Schuppert, Gunnar Folke/Weiss, Manfred (Hrsg.), Perspektiven der Corporate Governance, 2017, S. 331 ff.
Schareika, Nikolaus/Bierschenk, Thomas, Lokales Wissen – sozialwissenschaftliche Perspektiven, 2004
Scharpf, Fritz W., Die Politikverflechtungsfalle, PVS 26 (1985), S. 323 ff.
ders., Positive und negative Koordination in Verhandlungssystemen, in: Héritier, Adrienne (Hrsg.), Policy Analyse. Kritik und Neuorientierung, 1993, S. 57 ff.
ders., Introduction: the Problem-Solving Capacity of Multi-Level Governance, Journal of European Public Policy 4 (1997), S. 520 ff.
Schaumburg, Harald, Internationales Steuerrecht, 5. Aufl. 2022
Scheel, Kurt-Christian, Benannte Stellen: Beliehene als Instrument für die Verwirklichung des Binnenmarktes, DVBl. 1999, S. 442 ff.
Scheffler, Jan, Die Europäische Union als rechtlich institutioneller Akteur im System der Vereinten Nationen, 2010
Schefold, Dian, Die Homogenität im Mehrebenensystem, JöR 60 (2012), S. 49 ff.
Schemmel, Jakob, Europäische Finanzmarktaufsicht, 2018
Scherer, Andreas/Blickle, Georg/Ditzfelbinger, Daniel/Hütter, Gerhard, Einleitung, in: dies. (Hrsg.), Globalisierung und Sozialstandards, 2004, S. 9 ff.
Schermers, Henry G./Blokker, Niels, International Institutional Law, 6. Aufl. 2018
Scherzberg, Arno, „Objektiver" Grundrechtsschutz und subjektives Grundrecht. Überlegungen zu Neukonzeption des grundrechtlichen Abwehrrechts, DVBl. 1989, S. 129 ff.
ders., Risiko als Rechtsproblem, VerwArch 84 (1993), S. 484 ff.
ders., Der private Gutachter im Umweltschutz, NVwZ 2006, S. 377 ff.
Schiano di Pepe, Lorenzo/Tribe, Christopher, Risks from Maritime Traffic to Biodiversity in the Mediterranean Sea, 2009
Schieber, Jörg, Die Aufsicht über Finanzkonglomerate, 1998
Schieck, Arno, Internationale Logistik, 2008
Schiederig, Katharina, Mythos Diversity: Personalpolitiken in transnationalen Unternehmen, 2013
Schiedermair, Hartmut/Dörr, Dieter, Der Schutz der deutschen Handelsflotte, 1984
Schilken, Eberhard, Die Sicherung der Unabhängigkeit der Dritten Gewalt, JZ 2006, S. 860 ff.
Schilling, Theodor, Bestand und allgemeine Lehren der bürgerschützenden allgemeinen Rechtsgrundsätze des Gemeinschaftsrechts, EuGRZ 2000, S. 3 ff.
ders., Internationaler Menschenrechtsschutz, 4. Aufl. 2022
Schlachter, Monika/Heuerschmidt, Johannes/Ulber, Daniel, Arbeitsvölkerrecht, 2019
Schlacke, Sabine, Verschränkungen öffentlich-rechtlicher und privatrechtlicher Regime im Verwaltungsrecht, VVDStRL 79 (2020), S. 169 ff.
Schlette, Volker, Der Anspruch auf gerichtliche Entscheidung in angemessener Zeit, 1999
Schlink, Bernhard, Die Amtshilfe, 1982
ders., Why Carl Schmitt?, Journal of History of Law 10 (1991), S. 160 ff.
Schlochauer, Hans-Jürgen, Die extraterritoriale Wirkung von Hoheitsakten nach dem öffentlichen Recht der Bundesrepublik Deutschland und nach internationalem Recht, 1962
Schmalenbach, Kirsten, Multinationale Unternehmen und Menschenrechte, AVR 39 (2001), S. 57 ff.

dies., Bedingt kooperationsbereit: Der Kontrollanspruch des EuGH bei gezielten Sanktionen der Vereinten Nationen, JZ 2009, S. 35 ff.

dies., Dispute Settlement, in: Klabbers, Jan/Wallendahl, Asa (Hrsg.), Research Handbook on the Law of International Organizations, 2011, S. 251 ff.

Schmid, J., Wachstumssegment Kreuzschifffahrt, Zeitschrift für Wirtschaftsgeographie 54 (2010), S. 194 ff.

Schmidt, Karsten (Hrsg.), Münchener Kommentar zum HGB, Band 7, Transportrecht, 4. Aufl. 2020

Schmidt, Reiner, Internationalisierung des Verwaltungsrechts, in: Kahl, Wolfgang/Ludwigs, Markus (Hrsg.), Handbuch des Verwaltungsrechts, Band I, 2021, § 9

Schmidt am Busch, Birgit, Gesundheitssicherung im Mehrebenensystem, 2007

Schmidt-Aßmann, Eberhard, Planung unter dem Grundgesetz, DÖV 1974, S. 541 ff.

ders., Verwaltungsverträge im Städtebaurecht, in: Lenz, Wolfgang (Hrsg.), Festschrift für Konrad Gelzer, 1991, S. 117 ff.

ders., Deutsches und Europäisches Verwaltungsrecht – Wechselseitige Einwirkungen, DVBl. 1993, S. 924 ff.

ders., Planung als administrative Handlungsform, in: Berkemann, Jörg (Hrsg.), Planung und Plankontrolle: Entwicklungen im Bau- und Fachplanungsrecht, Otto Schlichter zum 65. Geburtstag, 1995, S. 3 ff.

ders., Verwaltungskooperation und Verwaltungskooperationsrecht in der Europäischen Gemeinschaft, EuR 1996, S. 270 ff.

ders., Verwaltungskontrolle, in: ders./Hoffmann-Riem, Wolfgang (Hrsg.), Verwaltungskontrolle, 2001, S. 9 ff.

ders., Europäische Verwaltung zwischen Kooperation und Hierarchie, in: Cremer, Hans-Joachim (Hrsg.), Tradition und Weltoffenheit des Rechts, Festschrift für Helmut Steinberger, 2002, S. 1375 ff.

ders., Das allgemeine Verwaltungsrecht als Ordnungsidee, 2. Aufl. 2004

ders., Die Herausforderung der Verwaltungswissenschaft durch die Internationalisierung der Verwaltungsbeziehungen, DS 45 (2006), S. 315 ff.

ders., Aufgaben und Perspektiven verwaltungsrechtlicher Forschung, 2006

ders., Eberhard, Internationalisierung des Verwaltungsrechts, in: Bauer, Hartmut/Kahl, Wolfgang (Hrsg.), Festschrift für Reiner Schmidt, 2006, S. 149 ff.

ders., Die Integration von Reformimpulsen in die Systematik des Verwaltungsrechts, in: Hoffmann-Riem, Wolfgang (Hrsg.), Offene Rechtswissenschaft, 2010, S. 1011 ff.

ders., Der Kohärenzgedanke in den EU-Verträgen: Programmsatz oder Beschwörungsformel?, in: Appel, Ivo/Hermes, Georg/Schönberger, Christoph (Hrsg.), Öffentliches Recht im offenen Staat, Festschrift für Rainer Wahl zum 70. Geburtstag, 2011, S. 819 ff.

ders., Ansätze zur Internationalisierung des verwaltungsgerichtlichen Schutzes, in: Hestermeyer, Holger/König, Doris/Matz-Lück, Nele/Röben, Volker/Seibert-Fohr, Anja/Stoll, Peter-Tobias/Vöneky, Silja (Hrsg.), Liber Amicorum Rüdiger Wolfrum, Band II, 2012, S. 212 ff.

ders., Verwaltungsrechtliche Dogmatik: Eine Zwischenbilanz zu Entwicklung, Reform und künftigen Aufgaben, 2013

ders., Kohärenz und Konsistenz des Verwaltungsrechtsschutzes: Herausforderungen angesichts vernetzter Verwaltungen und Rechtsordnungen, 2015

ders., Einheit und Kohärenz der europäischen Mehrebenenrechtsordnung, EuGR 2016, S. 85 ff.

ders./Hoffmann-Riem, Wolfgang, Öffentliches Recht und Privatrecht als wechselseitige Auffangordnungen, 1996

ders./Rademacher, Timo, Rechtsschutzgarantien des internationalen Rechts, JöR 61 (2013), S. 61 ff.
ders./Schöndorf-Haubold, Bettina, Der Europäische Verwaltungsverbund, 2005
ders./Schöndorf-Haubold, Bettina, Verfassungsprinzipien für den Europäischen Verwaltungsverbund, § 5, in: Voßkuhle Andreas/Eifert, Martin, Möllers, Christoph (Hrsg.), Grundlagen des Verwaltungsrechts, Band I, 3. Aufl. 2022, S. 247 ff.
Schmidtchen, Marcus, Klimagerechte Energieversorgung im Raumordnungsrecht, 2014
Schmidt-Preuß, Matthias, Verwaltung und Verwaltungsrecht zwischen gesellschaftlicher Selbstregulierung und staatlicher Steuerung, VVDStRL 56 (1997), S. 161 ff.
ders., Duale Entsorgungs-Systeme als Spiegelbild dualer Verantwortung: Von der Verpackungsverordnung zum Kreislaufwirtschaftsgesetz, in: Schuppert, Gunnar Folke (Hrsg.), Jenseits von Privatisierung und „schlankem" Staat, 1999, S. 195 ff.
Schmitt, Carl, Land und Meer. Eine weltgeschichtliche Betrachtung, 1942
ders., Staatliche Souveränität und freies Meer. Über den Gegensatz von Land und See im Völkerrecht der Neuzeit., 1943
ders., Der Nomos der Erde im Völkerrecht des Jus Publicum Europaeum, 1950
Schmitt, Pierre, Manderlier v. Organisation des Nations Unies and Etat Belge (Ministre des Affaires Etrangères), Tribunal Civil de Bruxelles, 11 May 1966, Journal des Tribunaux, 10 December 1966, No. 4553, 121, in: Ryngaert, Cedric/Dekker, Ige/Wessel, Ramses A./Wouters, Jan (Hrsg.), Judicial Decisions on the Law of International Organizations, 2016, S. 424 ff.
ders., Access to Justice and International Organizations, 2017
Schmitz, Heribert, Der ReNEUAL-Musterentwurf aus nationaler Perspektive: Deutschland, in: Schneider, Jens-Peter/Rennert, Klaus/Marsch, Nikolaus (Hrsg.), ReNEUAL-Musterentwurf für ein EU-Verwaltungsverfahrensrecht – Tagungsband, 2016, S. 56 ff.
Schnapp, Jan, Das subjektive Recht im Prozess der Rechtsgewinnung, 1977
Schneider, Jens-Peter, Verwaltungskontrollen und Verwaltungsmaßstäbe in komplexen Verwaltungsstrukturen, in: Schmidt-Aßmann, Eberhard/Hofmann-Riem, Wolfgang (Hrsg.), Verwaltungskontrolle, 2001, S. 271 ff.
Schöbener, Burkhard/Herbst, Jochen/Perkams, Markus, Internationales Wirtschaftsrecht, 2017
ders,/Knauff, Matthias, Allgemeine Staatslehre, 5. Aufl. 2023
Schoch, Friedrich, Vorläufiger Rechtsschutz und Risikoverteilung im Verwaltungsrecht, 1988
ders., Besonderes Verwaltungsrecht, 2018
ders., Gerichtliche Verwaltungskontrollen, in: Hoffmann-Riem/Schmidt-Aßmann, Eberhard/Voßkuhle, Andreas (Hrsg.), Grundlagen des Verwaltungsrechts, Band III, 2. Aufl. 2018, S. 687 ff.
ders./Schneider, Jens-Peter (Hrsg.), Verwaltungsgerichtsordnung, Kommentar, 43. EL August 2022
Scholl, Patrick, Der private Sachverständige im Verwaltungsrecht, 2005
Scholz, Gert-Jürgen, Das neue Wrackbeseitigungsübereinkommen – Die Bedeutung des Übereinkommens aus Sicht der Bundesregierung, in: Ramming, Klaus (Hrsg.), Das Wrackbeseitigungsabkommen, 2001, S. 7 ff.
Scholz, Rüdiger, Internationaler Gesundheitsschutz und Welthandel, 2010
Scholz, Rupert, Verwaltungsverantwortung und Verwaltungsgerichtsbarkeit, VVDStRL 34 (1976), S. 145 ff.
ders./Pitschas, Rainer, Informationelle Selbstbestimmung und staatliche Informationsverantwortung, 1984

Scholz-Reiter, *Bernd*/*Dittmer*, *Patrick*, Zur „Intelligenz“ von Containern, in: Härtel, Insa/Knellessen, Olaf (Hrsg.), Das Motiv der Kästchenwahl, 2012, S. 101 ff.
Schönberger, *Christoph*, Staatlich und Politisch, in: Mehring, Reinhard (Hrsg.), Carl Schmitt, 2003, S. 21 ff.
Schönknecht, *Axel*, Maritime Containerlogistik, 2009
van Schoor, *Berta*, Fighting Corruption Collectively, How Successful are Sector-Specific Coordinated Governance Initiatives in Curbing Corruption?, 2017
Schorkopf, *Frank*, Grundgesetz und Überstaatlichkeit. Konflikt und Harmonie in den auswärtigen Beziehungen Deutschlands, 2007
Schreiber, *Rupert*, Die Geltung von Rechtsnormen, 1966
Schriewer, *Berenike*, Zur Theorie der internationalen Offenheit und Völkerrechtsfreundlichkeit einer Rechtsordnung, 2017
Schröder, *Jens-Uwe*, Datenerfassung bei Unfallursachen und begünstigende Faktoren für Unfälle in der Seeschifffahrt, 2004
Schroeder, *Marcus*, Die Koordinierung der internationalen Bemühungen zum Schutz der Umwelt, 2005
Schroeder, *Werner*, Nationale Maßnahmen zur Durchführung von EG-Recht und das Gebot der einheitlichen Wirkung: Existiert ein Prinzip der „nationalen Verfahrensautonomie“?, AöR 129 (2004), S. 3 ff.
Schröer, *Thomas*, Zulässigkeit von Auslandsvertretungen in Wohngebieten, NZBau 2011, S. 25 ff.
Schubert, *Dirk*, Transformation Processes on Waterfronts in Seaport Cities, in: Kokot, Waltraud/Gandelsman-Trier, Mijal/Wildner, Kathrin/Wonneberger, Astrid (Hrsg.), Port Cities as Areas of Transition, 2015, S. 25 ff.
Schubert, *Jens Michael*, Arbeitsvölkerrecht, 2017
Schubert, *Mathias*, Maritimes Infrastrukturrecht, 2015
Schugk, *Michael*, Interkulturelle Kommunikation in der Wirtschaft, 2014
Schult, *Henning*, Das völkerrechtliche Schiffssicherheitsregime. Eine Analyse der Kompetenzen von Küsten-, Hafenstaaten, regionalen Organisationen und Europäischer Gemeinschaft zum Schutz der Meere vor Verschmutzung durch Öltankerunfälle, 2015
Schulz, *Axel*/*Auer*, *Josef*, Kreuzfahrten und Schiffsverkehr im Tourismus, 2010
Schulz, *Michael*, Das Alien Torture Statute und transnationale Deliktsklagen im Kontext der Menschenrechtsverantwortung multinationaler Unternehmen, 2016
Schuppan, *Tino*, Die Territorialität der Verwaltung im E-Government-Zeitalter, in: Hatzelhoffer, Lena/Lobeck, Michael/Müller, Wolfgang/Wiegandt, Claus-Christian (Hrsg.), E-Government und Stadtentwicklung, 2004, S. 25 ff.
Schuppert, *Gunnar Folke*, Die Erfüllung öffentlicher Aufgaben durch verselbständigte Verwaltungseinheiten: eine verwaltungswissenschaftliche Untersuchung, 1981
ders., Die Einheit der Verwaltung als Rechtsproblem, DÖV 1987, S. 757 ff.
ders., § 17: Verwaltungsorganisation und Verwaltungsorganisationsrecht, in: Voßkuhle, Andreas/Eifert, Martin/Möllers, Christoph (Hrsg.), Grundlagen des Verwaltungsrechts, Band I, 3. Aufl. 2022, S. 1235 ff.
Schüßler, *Otto*, Passagier-Schifffahrt, 2015
Schuster, *Ulrike*, Das Kohärenzprinzip in der Europäischen Union, 2017
Schütze, *Robert*, Introduction, in: ders. (Hrsg.), Globalisation and Governance, 2018, S. 1 ff.
Schwabe, *Dieter*, Probleme der Grundrechtsdogmatik, 1977
Schwander, *Timo*, Extraterritoriale Wirkungen von Grundrechten im Mehrebenensystem, 2018

Schwarcz, Steven L., Private Ordering, Northwestern University Law Press 97 (2002), S. 319 ff.
Schwartz, Friedrich Wilhelm, Das Public Health Buch, 2. Aufl. 2003
Schwarz, Michael, Europa in der Horizontalen: zur Abgrenzung des Prinzips gegenseitiger Anerkennung, in: Franziska/Peters, Alexander/Schröder, Hanna/Seifert, Olivia/Sicko, Corinna/Stirn, Isabel (Hrsg.), 51. Assistententagung Öffentliches Recht, Verwaltungsrechtsraum Europa, 2011, S. 5 ff.
Schwarz, Stephan, Apps, in: Seckelmann, Margrit (Hrsg.), Digitalisierte Verwaltung. Vernetztes E-Government, 2. Aufl. 2019, S. 565 ff.
Schwarze, Jürgen, Der funktionale Zusammenhang von Verwaltungsverfahrensrecht und verwaltungsgerichtlichem Rechtsschutz, 1974
ders., Zwischen Tradition und Zukunft: Die Rolle allgemeiner Rechtsgrundsätze im Recht der Europäischen Union, DVBl. 2011, S. 721 ff.
Schwarzenegger, Christian, Transnationale Lebenswelten, Europa als Kommunikationsraum, 2016
Schweisfurth, Theodor, Völkerrecht, 2006
Schwetz, Florian, Grenzüberschreitende Verwaltungsakte: Transnationalität, gegenseitige Anerkennung und Verwaltungsentscheidungen im Mehrebenensystem, 2020
Schwind, Manuel Patrick, Netzwerke im Europäischen Verwaltungsrecht. Ein Beitrag zu Theorie und Dogmatik der Behördenkooperation in der EU, 2017
Scott, Colin/Cafaggi, Fabrizio/Senden, Linda, The Conceptual and Constitutional Challenge of Transnational Private Regulation, Journal of Law and Society 38 (2011), S. 1 ff.
Scott, Karen, Select International Regulation of Undersea Noise, International Regulation of Undersea Noise International and Comparative, Law Quarterly 53 (2004), S. 287 ff.
dies., International Environmental Governance: Managing Fragmentation through Institutional Connection, Melbourne Journal of International Law 12 (2011), S. 1 ff.
Seidel, Achim, Privater Sachverstand und staatliche Garantenstellung im Verwaltungsrecht, 2000
Seidl-Hohenveldern, Ignaz/Loibl, Gerhard, Das Recht der Internationalen Organisationen einschließlich der Supranationalen Gemeinschaften, 2000
Seifert, Achim, Die horizontale Wirkung von Grundrechten, EuZW 2011, S. 696 ff.
Seiter, Hugo, Arbeitskampfparität und Übermaßverbot, 1979
Seitz, R./Krause, G., Pandemien: Was haben wir aus der H1N1-Influenza gelernt?, Bundesgesundheitsblatt – Gesundheitsforschung – Gesundheitsschutz 2010, S. 1221 ff.
Senghaas-Knobloch, Eva, Aufgaben, Herausforderungen und Entwicklungen der Internationalen Arbeitsorganisation aus einer Perspektive politisch-organisatorischen Lernens, in: dies./Dirks, Jan/Liese, Andrea (Hrsg.), Internationale Arbeitsregulierung in Zeiten der Globalisierung, 2003, S. 1 ff.
Sepehri, Paivand, Diversity und Managing Diversity in internationalen Organisationen: Wahrnehmungen zum Verständnis und ökonomischer Relevanz, 2002
Sequeira, Sandra/Djankov, Simeon, Journal of International Economics 94 (2014), S. 277 ff.
Shanks, Cheryl/Jacobson, Harold/Kaplan, Jeffrey, Inertia and Change in the Constellation of International Governmental Organizations, 1981–1991, International Organization 50 (1996), S. 593 ff.
Shapiro, Martin M., Courts, a Comparative and Political Analysis, 1981
Sheffi, Yossi, Balancing Green. When to Embrace Sustainability in a Business (and When Not To, 2018
Shelton, Dinah, Remedies in International Human Rights Law, 1999

Shinohara, Masato, Quality Shipping and Incentive Schemes: From the Perspective of the Institutional Economics, Maritime Economics & Logistics 7 (2005), S. 281 ff.
Shue, Henry, Basic Rights: Subsistence, Affluence, and U.S. Foreign Policy, 1996
Sigrist, Christian, Regulierte Anarchie, Untersuchungen zum Fehlen und zur Entstehung politischer Herrschaft in segmentären Gesellschaften Afrikas, 2005
Silos, José Maria/Piniella, F./Monedero, J./Walliser, J., Trends in the Global Market for Crews: A Case Study, Marine Policy 36 (2012), S. 845 ff.
Simantiras, Nikolaos, Netzwerke im Europäischen Verwaltungsverbund. Legitimation durch Verantwortung polyzentrischer Governance-Strukturen, 2016
Simma, Bruno, Charta der Vereinten Nationen, 1991
Simmel, Georg, Exkurs über den Fremden, in: Merz-Benz, Peter Ulrich/Wagner, Gerhard (Hrsg.), Der Fremde als sozialer Typus, 2002, S. 47 ff.
Skourtos, Nicolaos, Die Billig-Flaggen-Praxis und staatliche Verleihungsfreiheit, 1990
Slaughter, Anne-Marie, Judicial Globalization, Virginia Journal of International Law 40 (2000), S. 1103 ff.
dies., A New World Order, 2004
Sletmo, Gunnar K., Shipping's Fourth Wave: Ship Management and Vernon's Trade Cycles, Maritime Policy and Management 16 (1989), S. 293 ff.
Smith, Jeffrey, On a Flood Tide, Classification Societies and Canada's Marine Industry in 2020. (http://www.dieselduck.info/library/01%20articles/2011-Class%20Society%20-%20JJ%20Smith.pdf) (zuletzt abgerufen am 10.10.2023)
Snellen, Ignace, „Der Staat losgelöst vom Draht" – Von E-Government zu M-Government, VM 2010, S. 106 ff.
ders./Thaens, Marcel, Constructive Phases of Theory since 1998, in: dies./van de Donk, Wilm (Hrsg.), Public Administration in the Information Age, 2012, S. 1 ff.
Snjka, Dominik J., Internationales Planungsrecht. Eine Untersuchung unter besonderer Berücksichtigung des Umwelt-, des Infrastruktur- und des Seerechts, 2022
Sobota, Katharina, Das Prinzip Rechtsstaat. Verfassungs- und verwaltungsrechtliche Aspekte, 1997
Sommermann, Karl-Peter, Brauchen wir eine neue Ethik des öffentlichen Dienstes?, VerwArch 89 (1998), S. 290 ff.
ders./Schaffarzik, Bert, Handbuch der Geschichte der Verwaltungsgerichtsbarkeit in Deutschland und Europa, 2016
Song, Dong-Ping, Container Logistics and Maritime Transport, 2021
Sornn-Friese, Henrik, Containerization in Globalization: A Case Study of How Maersk Line Became a Transnational Company, in: Petersson, Niels/Tenold, Stig/White (Hrsg.), Nicholas, Shipping and Globalization in the Post-War Era, 2019, S. 103 ff.
Soyer, Baris/Tettenborn, Andrew, Pollution at Sea, 2012
Sparwasser, Reinhard/Engel, Rüdiger/Voßkuhle, Andreas, Umweltrecht, 5. Aufl. 2003
Spiegel, Anna, Wissen zwischen Lokalisierung und Globalisierung, in: Schützeichel, Rainer (Hrsg.), Wissen zwischen Globalisierung und Lokalisierung, Handbuch Wissenssoziologie und Wissensforschung, S. 737 ff.
Spiegels, Thomas, Grenzüberschreitende Regionalplanung zwischen Nordrhein-Westfalen und den Niederlanden, 2000
Spiropoulos, Jean, Die allgemeinen Rechtsgrundsätze im Völkerrecht: eine Auslegung von Art. 38,3 des Status des ständigen Internationalen Gerichtshofs, 1928
Spruyt, John, Ship Management, 1990
SRU (Sachverständigenrat für Umweltfragen), Umweltgutachten 1987 und Sondergutachten Meeresumweltschutz in der Nord- und Ostsee, 2004

Stadler, Klaus, Integrität – der beste Schutz vor Korruption, DVBl. 2013, S. 1483 ff.
Staff, Ilse, Der Nomos Europas, in: Gaitanides, Charlotte/Kadelbach, Stefan/Rodriguez Iglesias, Gil Carlos (Hrsg.), Festschrift für Manfred Zuleeg, 2005, S. 35 ff.
Stahl, Sandra, Schutzpflichten im Völkerrecht – Ansatz einer Dogmatik: Ein Beitrag zu Grund, Inhalt und Grenzen der völkerrechtlichen Schutzpflichtendogmatik im Bereich konventionell geschützter Menschenrechte, 2012
Starck, Christian, Rechtsvergleichung im öffentlichen Recht, JZ 1997, S. 1021 ff.
Steffek, Felix, Prinzipiengeleitete Regelung der Konfliktlösung, ZKM 2013, S. 139 ff.
ders./Unberath, Hannes/Adrian, Lin/De Matteis, Aldo/De Palo, Giuseppe/Ferrand, Frédéric/Greger, Reinhard/Härtling, Jana/Janzen, Ulrike/Kakiuichi, Shusuke/Kirchhoff, Ferdinand/Mayr, Peter/Meyer, Isaak/Nemeth, Kristin/Pel, Machteld/Sperr, Anneken/Verougstraete, Ivan, Chapter 2: Guide for Regulating Dispute Resolution (GRDR): Principles and Comments, in: ders./Unberath, Hannes (Hrsg.), Regulating Dispute Resolution – ADR and Access to Justice at the Crossroad, 2013
Steffens, Karl-Heinz/Dreßler, Claudia, Praxishandbuch Schiffsfonds, 2014
Steger, Andreas, Überlange Verfahrensdauer bei öffentlich-rechtlichen Streitigkeiten vor deutschen und europäischen Gerichten, 2008
Steiger, Heinhard/Rybicki, Marian/v. Münch, Ingo/Gelberg, Ludwik/Delbrück, Jost/Braś, Władysław/Schweisfurth, Theodor, Parlament und Außenpolitik, Zusammenarbeit der Ostsee-Staaten, 1978
Steinbach, Armin/van Aaken, Anne, Ökonomische Analyse des Völker- und Europarechts, 2019
Steinberg, Rudolf, Komplexe Verwaltungsverfahren zwischen Verwaltungseffizienz und Rechtsschutzauftrag, DÖV 1982, S. 619 ff.
Stelkens, Paul/Bonk, Heinz Joachim/Sachs, Michael, Verwaltungsverfahrensgesetz, 10. Aufl. 2023
Stern, Klaus, Das Staatsrecht der Bundesrepublik Deutschland, Band III/2: Allgemeine Lehren der Grundrechte, 1994
Stewart, Richard B., The Global Regulatory Challenge to U.S. Administrative Law, NYU Journal of International Law & Politics 37 (2005), S. 695 ff.
ders., U.S. Administrative Law: A Model for Global Administrative Law?, Law and Contemporary Problems 68 (2005), S. 63 ff.
Stiller, Silvia/Wedemeier, Jan, Zukunft Ostseeraum: Potenziale und Herausforderungen, HWWI Policy Report 16, 2011
Stöfen-O'Brian, Aleke, The International and European Legal Regime Regulating Marine Litter in the EU, 2015
Stokke, Olav Schramm, Regime Interplay in Arctic Shipping Governance: Explaining Regional Niche Selection, International Environmental Agreements 13 (2013), S. 65 ff.
Stoll, Peter-Tobias, Sicherheit als Aufgabe von Staat und Gesellschaft, 2003
ders., Wissensarbeit als staatliche Aufgab, in: Spiecker gen. Döhmann, Indra/Collin, Peter (Hrsg.), Generierung und Transfer staatlichen Wissens, 2008, S. 34 ff.
Stolleis, Michael, Geschichte des öffentlichen Rechts in Deutschland, Band II: Staatsrechtslehre und Verwaltungswissenschaft 1800 bis 1914, 1992
Stopford, Martin, Maritime Economics, 3. Aufl. 2009
Strange, Susan, The Retreat of the State: The Diffusion of Power in the World Economy, 1996
Streinz, Rudolf (Hrsg.), EUV/AEUV, Kommentar, 3. Aufl. 2018
Streng, Annegret, Dienstrecht in Internationalen Organisationen, 2002

Streuer, Wibke, Die positiven Verpflichtungen des Staates. Eine Untersuchung der positiven Verpflichtungen des Staates aus den Grund- und Menschenrechten des Grundgesetzes und der Europäischen Menschenrechtskonvention, 2003
Stübig, Steffen, Flexibilität und Legitimität in der ILO: Ursachen der Akzeptanz von Kernarbeitsnormen, 2015
Stumpf, Christoph, Alternative Streitbeilegung im Verwaltungsrecht, 2006
Sturm, Bodo/Vogt, Carsten, Umweltökonomik, 2011
Sturm, Roland/Dautermann, Gabriele/Müller, Markus/Voláková, Jana, Regulierung und Deregulierung im wirtschaftlichen Transformationsprozess, 2000
Stürner, Michael, Wahrung oder Durchsetzung von Verbraucherrechten? Zur Rolle der Verbraucherstreitbeilegung im europäischen Justizraum, in: Hörnle, Tatjana/Möllers, Christoph/Wagner, Gerhard (Hrsg.), Gerichte und ihre Äquivalente, 2020, S. 73 ff.
Suerbaum, Joachim, Die Europäisierung des nationalen Verwaltungsverfahrensrechts am Beispiel der Rückabwicklung gemeinschaftswidriger staatlicher Beihilfen, VerwArch 91 (2000), S. 159 ff.
Sulzer, Melanie, Soziale Sicherungssysteme in der Seeschifffahrt von der berufsständischen Armenfürsorge zur See-Sozialversicherung, 2012
Suykens, F., Op weg naar een Europese havenpolitiek?, in: Blockx, J./Clinck I./Delwaide L./Vandeplas, A. (Hrsg.), Liber Amicorum Lionel Tricot, 1988, S. 493 ff.
Sydow, Gernot, Verwaltungskooperation in der Europäischen Union. Zur horizontalen und vertikalen Zusammenarbeit der europäischen Verwaltungen am Beispiel des Produktzulassungsrechts, 2004
ders., Vollzug des europäischen Unionsrechts im Wege der Kooperation nationaler und europäischer Behörden, DÖV 2006, S. 66 ff.
Szasz, Paul C., The Complexification of the United Nation System, Max Planck Yearbook of United Nations Law 3 (1999), S. 1 ff.
Tallberg, Jonas/Sommerer, Thomas/Squatrito, Theresa/Jönsson, Christer, The Opening Up of International Organizations, 2013
Tamm Hallström, Kristina, Organizing International Standardization, 2004
Tams, Christian, Seesicherheit im föderalen System der Bundesrepublik Deutschland, in: Zimmermann, Andreas/ders. (Hrsg.), Seesicherheit vor neuen Herausforderungen, 2007, S. 103 ff.
Tan, Alan Khee-Jin, Vessel-Source Marine Pollution. The Law and Politics of International Regulation, 2009
Tanaka, Yoshifumi, International Law of the Sea, 3. Aufl. 2019
Tang, Lijun/Zhang, Pengfein, Human Resource Management in Shipping, 2021
Tapaninen, Ulla, Maritime Transport: Shipping, Logistics and Operations, 2020
Taylor, Allyn, Controlling the Global Spread of Infectious Diseases: Toward a Reinforced Role for the International Health Regulations, Houston Law Review 33 (1997), S. 1327 ff.
Terhechte, Jörg Philipp, Das Internationale Kartell- und Fusionskontrollverfahrensrecht zwischen Kooperation und Konvergenz, ZaöRV 68 (2008), S. 689 ff.
ders., Internationale Dimension des europäischen Verwaltungsrechts, in: ders. (Hrsg.), Internationale Dimensionen des europäischen Verwaltungsrechts, EuR Beiheft 1/2016, S. 7 ff.
ders., Einführung: Das Verwaltungsrecht der Europäischen Union als Gegenstand rechtswissenschaftlicher Forschung – Entwicklungslinien, Prinzipien und Perspektiven, in: ders. (Hrsg.), Verwaltungsrecht der Europäischen Union, 2. Aufl. 2021, § 1
ders., Methodenfragen im internationalen Verwaltungsrecht, in: Kahl, Wolfgang/Ludwigs, Markus (Hrsg.), Handbuch des Verwaltungsrechts Band II, 2021, § 53

Tettinger, Peter, Fairneß und Waffengleichheit: rechtsstaatliche Direktiven für Prozess und Verwaltungsverfahren, 1984
Teubner, Gunther, The Invisible Cupola: From Causal To Collective Attribution in Ecological Liability, in: ders./Farmer, Lindsay/Murphy, Decian (Hrsg.), Environmental Law and Practice of Ecological Self-Organisation, 1994, S. 17 ff.
ders., Nach der Privatisierung? Diskurskonflikte im Privatrecht, ZfRSoz 19 (1998), S. 8 ff.
ders., Privatregimes: Neo-Spontanes Recht und duale Sozialverfassung in der Weltgesellschaft?, in: Simon, Dieter/Weiss, Manfred (Hrsg.), Zur Autonomie des Individuums: Liber Amicorum Spiros Simitis, 2000, S. 437 ff.
ders., Globale Zivilverfassungen, ZaöRV 63 (2003), S. 1 ff.
ders., Globalization and the Conversion of Democracy to Polycentric Networks: can Democracy Survive the end of the Nation State?, in: Ladeur, Karl-Heinz (Hrsg.), Public Governance in the Age of Globalization, 2004, S. 71 ff
ders., Die anonyme Matrix. Zu Menschenrechtsverletzungen durch „private" transnationale Akteure, DS 45 (2006), S. 161 ff.
ders., Verfassungsfragmente, Gesellschaftlicher Konstitutionalismus in der Globalisierung, 2012
ders./Beckers, Anna, Expanding Constitutionalism, Indiana Journal of Global Legal Studies 20 (2013), S. 523 ff.
ders./Korth, Peter, Zwei Arten des Rechtspluralismus, in: Kötter, Matthias/Schuppert, Gunnar Folke (Hrsg.), Normative Pluralität ordnen, 2009, S. 137 ff.
Thaler, Richard/Sunstein, Cass, Nudge, Improving Decisions About Health, Wealth and Happiness, 2009
Theotokas, Ionnis/Progoulaki, Maria, Cultural Diversity, Manning Strategies and Management Practices in Greek Shipping, Maritime Policy Management 34 (2007), S. 383 ff.
Thiele, Alexander, Divergierende Risikomodelle und der Gesetzgeber, ZG 2010, S. 127 ff.
Thiele, Carmen, Fragmentierung des Völkerrechts als Herausforderung für die Staatengemeinschaft, AVR 46 (2008), S. 1 ff.
Thomann, Lars, Steps to Compliance with International Labour Standards, 2011
Thomas, Michelle/Sampson, Helen/Zhao, Minghua, Finding a Balance: Companies, Seafarers and Family Life, Maritime Policy Management 30 (2003), S. 59 ff.
Thüsing, Gregor, Europäisches Arbeitsrecht, 3. Aufl. 2017
Thym, Daniel, Migrationsverwaltungsrecht, 2010
ders., Towards International Migration Governance? The European Contribution, in: van Vooren, Bart/Blockmans, Steven/Wouters, Jan (Hrsg.), The Legal Dimension of Global Governance: What Role for the EU?, 2013, S. 289 ff.
ders., Migrationsfolgenrecht, VVDStRL 76 (2016), S. 169 ff.
Tietje, Christian, The Changing Legal Structure of International Treaties as an Aspect of an Emerging Global Governance Architecture, German Yearbook of International Law 43 (2000), S. 26 ff.
dies., Internationalisiertes Verwaltungshandeln, 2001
dies., Transnationales Wirtschaftsrecht aus öffentlich-rechtlicher Perspektive, ZVglRWiss 101 (2002), S. 404 ff.
dies., Die Staatsrechtslehre und die Veränderung ihres Gegenstandes, DVBl. 2003, S. 1081 ff.
dies., Kommentar zum Beitrag von Ekkehart Reimer „Transnationales Steuerrecht", in: Möllers, Christoph/Voßkuhle, Andreas/Walter, Christian (Hrsg.), Internationales Verwaltungsrecht, 2007, S. 209 ff.
Timagenis, Gregorios, International Control of Marine Pollution, 1980
Tochtermann, Peter, Die Unabhängigkeit und Unparteilichkeit des Mediators, 2008

Toebes, Birgit, Global Health Law: Defining the Field, in: Burci, Gian Luca/dies. (Hrsg.), Research Handbook on Global Health Law, 2018, S. 2 ff

Tomlinson, John, History and Impact of the Intermodal Shipping Container, 2009

Tomuschat, Christian, Der Verfassungsstaat im Geflecht internationaler Beziehungen, VVDStRL 36 (1978), S. 7 ff.

ders., Völkerrechtliche Grundlagen der Verwaltungsgerichtsbarkeit, in: Bender, Bernd/Breuer, Rüdiger/Ossenbühl, Fritz/Sendler, Horst (Hrsg.), Rechtsstaat zwischen Sozialgestaltung und Rechtsschutz, Festschrift für Konrad Redeker, 1993, S. 473 ff.

ders., International Law as the Constitution of Mankind, in: UN, International Law on the Eve of the Twenty-first Century, 1997, S. 37 ff.

ders., International Law: Ensuring the Survival of Mankind on the Eve of a New Century, General Course on Public International Law, Recueil Des Cours 281 (1999), S. 13 ff.

ders., Individual Reparation Claims in Instances of Grave Human Rights Violations, in: Randelzhofer, Albrecht/ders. (Hrsg.), State Responsibilty and the Individual, 1999, S. 1 ff.

ders., Human Rights: Between Idealism and Realism, 2008

Towfigh, Emanuel, Das ökonomische Paradigma, in: ders./Petersen, Niels (Hrsg.), Ökonomische Methoden im Recht, 2. Aufl. 2017, S. 23 ff.

Transparency International, Defence Offsets, Addressing the Risks of Corruption & Raising Transparency, 10.3.2016

Trasviña-Moreno, Carlos/Blasco, Rubén/Marco, Álvaro/Casas, Roberto/Trasviña-Castro, Armando, Unmanned Aerial Vehicle Based Wireless Sensor Network for Marine-Coastal Environment Monitoring, Sensors 17 (2017), S. 460 ff.

Trenkner, Peter, The IMO Standard Marine Communication Phrases – a Communicative Survival Kit, Alert! 14 (2007), S. 3 ff.

ders./Cole, Clive, The STCW Manila Amendments and their Impact on Maritime English, Polish Maritime Research 17 (2012), S. 239 ff.

Treutner, Erhard, Internationale Umwelt- und Sozialstandards, in: ders. (Hrsg.), Globale Umwelt- und Sozialstandards, 2018, S. 15 ff.

Treves, Tullio, The Proceedings Concerning Prompt Release of Vessels and Crews before the International Tribunal for the Law of the Sea, International Journal of Marine and Coastal Law 11 (1996), S. 186 ff.

ders., Jurisdiction over Vessels in the Areas of Pollution and Fisheries: General Report in: Franckx, Erik/Gautier, Philip (Hrsg.), The Exercise of Jurisdiction over Vessels, 2010, S. 1 ff.

Trindade, Antônio Augusto Cançado, The Access of Individuals to International Justice, 2011

Truex, Rory/Søreide, Tina, Why Multi-Stakeholder Groups Succeed and Fail, in: Rose-Ackerman, Susan/Søreide, Tina (Hrsg.), International Handbook on the Economics of Corruption, Volume II, 2013, S. 478 ff.

Trute, Hans Heinrich, How to Deal with Pandemics, in: Eger, Thomas/Oeter, Stefan/Voigt, Stefan (Hrsg.), International Law and the Rule of Law under Extreme Conditions, 2014, S. 1 ff.

ders., Pandemien als potentiell globale Katastrophen, GSZ 2018, S. 125 ff.

ders., § 9: Die demokratische Legitimation der Verwaltung, in: Voßkuhle, Andreas/Eifert, Martin/Möllers, Christoph (Hrsg.), Grundlagen des Verwaltungsrechts, Band I, 3. Aufl. 2022, S. 551 ff.

Tünde Huber, Katalin/Rodiles, Alejandrom, An Ombudsperson in the United Nations Security Council: a Paradigm Shift?, Anuario Mexicano de Derecho Internacional 10 (2012), S. 107 ff.

Uerpmann, Robert, Internationales Verfassungsrecht, JZ 2001, S. 565 ff.

UK Defence Club, The Construction of an Oil Majors Approval Clause, December 2013 (https://www.ukdefence.com/fileadmin/uploads/uk-defence/Documents/Soundings/2013/DECEMBER_FALCON_CARRIER_V2.pdf) (zuletzt abgerufen am 10.10.2023)

UK Ministry of Justice, The Bribery Act 2010, Guidance, S. 23, 2011 (https://www.justice.gov.uk/downloads/legislation/bribery-act-2010-guidance.pdf) (zuletzt abgerufen am 10.10.2023)

Ulfbeck, Vibe/Møllmann, Anders, Public Function of Classification Societies, in: Rott, Peter (Hrsg.), Certification – Trust, Accountability, Liability, 2019, S. 213 ff.

Ulfstein, Geir/Werksman, Jacob, The Kyoto Compliance System, in: Hovi, Jon/Stoke, Olav Schram/Ulfstein, Geir (Hrsg.), Implementing the Climate Regime, 2005, S. 39 ff.

Ullrich, Gerhard, Die Immunität internationaler Organisationen von der einzelstaatlichen Gerichtsbarkeit, ZaöRV 71 (2011), S. 157 ff.

ders., The Law of the International Civil Service, 2018

Unabhängige Expertenkommission „Havarie Pallas", Bericht, 2000

UNCTAD (United Nations Conference on Trade and Development), Food Safety and Environmental Requirements in Export Markets, UNCTAD/DITC/TED/2006/8, 2007

United Nations Global Compact, A Practical Guide for Collective Action Against Corruption, 2015

Unger, Sebastian, Das Verfassungsprinzip Demokratie: Normstruktur und Norminhalt des grundgesetzlichen Demokratieprinzips, 2008

von Unruh, Georg Christoph, „Einheit der Verwaltung", DVBl. 1979, S. 761 ff.

U. S. Navy, Maritime Domain Awareness Concept, 2007

Valentin, Kirsten, Die gemeinschaftsrechtliche Haftung der Mitgliedstaaten der EG für grenzüberschreitende Umweltschädigungen, 1993

Valpiters, Roberts, The Oil Major Approval of Tanker Vessels and its' Effects on Charter-Parties in Relation to Claims Against Ship-Owners, 2018

Vasak, Karel, A Thirty Years Struggle: The Sustained Efforts to give Force of Law to the Universal Declaration of Human Rights, UNESCO Courier Heft 11 (1977), S. 29 ff.

Valta, Matthias, Das Internationale Steuerrecht zwischen Effizienz, Gerechtigkeit und Entwicklungshilfe, 2014

Valticos, Nicolas, International Labour Law, 1947

Vec, Miloš, Recht und Normierung in der Industriellen Revolution. Neue Strukturen der Normsetzung in Völkerrecht, staatlicher Gesetzgebung und gesellschaftlicher Selbstnormierung, 2006

Vedder, Anton, NGO Involvement in International Governance and Policy, 2007

ders./Heintschel von Heinegg, Wolff, Europäisches Unionsrecht, 2. Aufl. 2018

Verdross, Alfred, Die Einheit des rechtlichen Weltbildes auf Grundlage der Völkerrechtsverfassung, 1923

ders., Die bona fides als Grundlage des Völkerrechts, in: Constantopoulos, Dimitri S. (Hrsg.), Festschrift für Rudolf Laun zu seinem 70. Geburtstag, Gegenwartsprobleme des internationalen Rechtes und der Rechtsphilosophie, 1953, S. 29 ff.

ders., Quellen des universellen Völkerrechts, 1973

ders., Territoriale Souveränität und Gebietshoheit, 1980

ders./Simma, Bruno, Universelles Völkerrecht, 1976

Verhoeven, Patrick, A Review of Port Authority Functions: Towards a Renaissance?, Maritime Policy & Management 37 (2010), S. 247 ff.

Verzijl, Jan Hendrick Willem, International Law in Historical Perspective, Volume IV: Stateless Domain, 1971

Vesting, Thomas, Zum Begriff des Politischen, AöR 117 (1992), S. 4 ff.

ders., Die Staatsrechtslehre und die Veränderung ihres Gegenstandes: Konsequenzen von Europäisierung und Internationalisierung, VVDStRL 63 (2004), S. 41 ff.

Vetter, Franz, Landesverwaltung 21 – eine persönliche Innenansicht, VBlBW 2018, S. 312 ff.

Victor, David/Raustiala, Kal/Skolnikoff, Eugene, The Implementation and Effectiveness of International Environmental Commitments, 1998

Viellechner, Lars, Transnationalisierung des Rechts, 2013

ders., Die transnationale Dimension der Grundrechte, in: Vesting, Thomas/Korioth, Stefan/Augsberg, Ino (Hrsg.), Grundrechte als Phänomene kollektiver Ordnung, 2014, S. 295 ff.

ders., Responsive Legal Pluralism, in: Blome, Kerstin/Fischer-Lescano, Andreas/Franzki, Hannah/Markard, Nora/Oeter, Stefan (Hrsg.), Contested Regime Collisions, 2016, S. 109 ff.

ders., Das Öffentliche Recht vor der Herausforderung der Transnationalisierung, in: Bretthauer, Sebastian/Henrich, Christina/Völzmann, Berit/Wolckenhaar, Leonard/Zimmermann, Sören (Hrsg.), Wandlungen im Öffentlichen Recht, Festschrift zu 60 Jahren Assistententagung – Junge Tagung Öffentliches Recht, 2020, S. 175 ff.

Vierck, Leonie, The Case Law of International Public Health and Why its Scarcity is a Problem, in: dies./Villarreal, Pedro/Weilert, Katarina (Hrsg.), The Governance of Disease Outbreaks, S. 113 ff.

Vierheilig, Monika, Die rechtliche Einordnung der von der Weltgesundheitsorganisation beschlossenen regulations, 1984

Vieweg, Klaus, Normsetzung und -anwendung deutscher und internationaler Verbände. Eine rechtstatsächliche und rechtliche Untersuchung unter besonderer Berücksichtigung der Sportverbände, 1990

Villareal, Pedro, Reforms of the WHO in Light of the Ebola Crisis in West Africa, Völkerrechtsblog 2015 (https://voelkerrechtsblog.org/de/reforms-of-the-world-health-organization-in-light-of-the-ebola-crisis-in-west-africa-more-delegation-more-teeth/) (zuletzt abgerufen am 10.10.2023)

ders., Public International Law and Human Health, German Yearbook of International Law 61 (2018), S. 45 ff.

Vismann, Cornelia, Akten. Medientechnik und Recht, 2000

Voelcker, Franziska Marie, Schutzklauseln als Grenzpunkte internationaler Integration, 2020

Vogel, David, Trading Up: Consumer and Environmental Regulation in a Global Economy, 1995

Vogel, Klaus, Die Verfassungsentscheidung des Grundgesetzes für eine internationale Zusammenarbeit, 1964

ders., Der räumliche Anwendungsbereich der Verwaltungsrechtsnorm: Eine Untersuchung über die Grundfragen des sogenannten Internationalen Verwaltungs- und Steuerrechts, 1965

Vögele, Jörg/Fehleman, Silke/Lee, Robert, „Kontakträume", in: Borsò, Vittorio/Görling, Reinhold (Hrsg.), Kulturelle Topographien, 2004, S. 213 ff.

Völkel, Klaus/Stark, Carsten/Chwoyka, Reiner, Korruption im öffentlichen Dienst, 2. Aufl. 2011

van de Voorde, Eddy/Vanelslander, Thierry, Market Power and Vertical and Horizontal Integration in the Maritime Shipping and Port Industry, 2009

van Vooren, Bart/Wessel, Ramses A., EU External Relations Law, 2014

Wacht, Frank, Mariner Umweltschutz durch Meeresschutzgebiete im jurisdiktionsfreien Raum der Hohen See, 2018

Wagner, Bernd, Hub & Spoke-Netzwerke in der Logistik, 2006

Wagner von Papp, Florian, Internationales Wettbewerbsrecht, in: Tietje, Christian (Hrsg.), Internationales Wirtschaftsrecht, 2015, § 11
Wahl, Rainer, Die Aufgabenabhängigkeit von Verwaltung und Verwaltungsrecht, in: Hoffmann-Riem, Wolfgang/Schmidt-Aßmann, Eberhard/Schuppert, Gunnar Folke (Hrsg.), Reform des Allgemeinen Verwaltungsrechts, 1993, S. 177 ff.
ders., Prävention und Vorsorge. Von der Staatsaufgabe zu den verwaltungsrechtlichen Instrumenten, 1995
ders., Die doppelte Abhängigkeit des subjektiven öffentlichen Rechts, DVBl. 1996, S. 641 ff.
ders., Europäisches Planungsrecht, in: Grupp, Klaus/Ronellenfitsch, Michael (Hrsg.), Planung – Recht – Rechtsschutz, Festschrift für Willi Blümel zum 70. Geburtstag am 6. Januar 1999, 1999, S. 617 ff.
ders., Internationalisierung des Staates, in: Bohnert, Joachim/Gramm, Christof/Kindhäuser, Urs, Lege, Joachim/Rinken, Alfred/Robbers, Gerhard (Hrsg.), Verfassung – Philosophie – Kirche, Festschrift für Alexander Hollerbach, 2001, S. 193 ff.
ders., Der Wandel des Staates vor den Herausforderungen der Gegenwart in: Eberle, Carl-Eugen/Ibler, Martin/Lorenz, Dieter (Hrsg.), Festschrift für Winfried Brohm, 2002, S. 191 ff.
ders., Der offene Staat und seien Rechtsgrundlagen, JuS 2003, S. 1145 ff.
ders., Herausforderungen und Antworten: Das Öffentliche Recht der letzten fünf Jahrzehnte, 2006
ders., Die Rolle staatlicher Verfassungen angesichts der Europäisierung und Internationalisierung, in: Vesting, Thomas/Korioth, Stefan (Hrsg.), Der Eigenwert des Verfassungsrechts, 2011, S. 355 ff.
ders./Groß, Detlef, Die Europäisierung des Genehmigungsrechts am Beispiel der Novel Food-Verordnung, DVBl. 1998, S. 2 ff.
Wahlen, Dierck, Maritime Sicherheit im Bundesstaat. Kompetenzrechtliche Herausforderungen auf dem Weg zu einer Deutschen Küstenwache, 2012
Walker, Georg, Definitions for the Law of the Sea, 2012
Walker, Neil, Intimations of Global Law, 2014
Walter, Christian, Vereinte Nationen und Regionalorganisationen. Eine Untersuchung zu Kapitel VIII der Satzung der Vereinten Nationen, 1996
ders., Constitutionalizing (Inter)national Governance-Possibilities for and Limits to the Development of an International Constitutional Law, German Yearbook of International Law 44 (2001), S. 170 ff.
ders., Grundrechtsschutz gegen Hoheitsakte internationaler Organisationen: Überlegungen zur Präzisierung und Fortentwicklung der Dogmatik des Maastricht-Urteils des Bundesverfassungsgerichts, AöR 129 (2004), S. 39 ff.
ders., Vereinte Nationen und Weltgesellschaft, in: v. Schorlemer, Sabine (Hrsg.), Globale Probleme und Zukunftsaufgaben der Vereinten Nationen, 2006, S. 218 ff.
ders., International Law in a Process of Constitutionalization, in: Nijman, Janne E./Nollkaemper, Andre (Hrsg.), New Perspectives on the Divide of National and International Law, 2007, S. 190 ff.
Waltermann, Raimund, Arbeitsrecht, 20. Aufl. 2021
Warg, Gunther, Den Verfassungsschutz im Ausland einsetzen …!, NVwZ 2019, S. 127 ff.
Warner, Robin, Marine protected areas beyond national jurisdiction, in: Haward, Marcus (Hrsg.), Integrated Oceans Management: Issues in Implementing Australia's Oceans Policy, 2001, S. 55 ff.
ders., Protecting the Oceans beyond National Jurisdiction: Strengthening the International Law Framework, 2009

Warren, L. M./Wallace, M. W., The Donaldson Inquiry and its Relevance to Particularly Sensitive Sea Areas, International Journal of Marine and Coastal Law 9 (1994), S. 523 ff.

Watt, Edward/Coles, Richard, Ship Registration: Law and Practice, 2002

Watts, Arthur D., The Protection of Merchant Ships, Bristish Yearbook of International Law 3 (1957), S. 52 ff.

WBGU (Wissenschaftlicher Beirat der Bundesregierung Globale Umweltveränderungen), Hauptgutachten Meer: Welt im Wandel: Menschheitserbe Meer, 2013

ders., Sondergutachten: Entgelte für die Nutzung globaler Gemeinschaftsgüter, 2002

Weber, Albrecht, Schutznormen und Wirtschaftsintegration: zur völkerrechtlichen, europarechtlichen und innerstaatlichen Problematik von Schutzklauseln und ordre-public-Vorbehalten, 1982

Weber, Max, Wirtschaft und Gesellschaft. Grundriss der verstehenden Soziologie, 5. rev. Aufl. 2002

Weiler, J. H. H., The Geology of International Law, ZaöRV 64 (2004), S. 547 ff.

Weilert, Katharina, Transnationale Unternehmen im rechtsfreien Raum?, ZaöRV 69 (2009), S. 883 ff.

dies., The Right to Health in International Law, in: Vierck, Leonie/Villarreal, Pedro A./dies. (Hrsg.), The Governance of Disease Outbreaks, 2017, S. 145 ff.

Weissbrodt, David/Wolfrum, Rüdiger, The Right to a Fair Trial, 1998

Weiß, Wolfgang, Allgemeine Rechtsgrundsätze des Völkerrechts, AVR 39 (2001), S. 394 ff.

ders., Der Europäische Verwaltungsverbund. Grundfragen, Kennzeichen, Herausforderungen, 2010

von Weizäcker, Ernst Ulrich, Erdpolitik, Ökologische Realpolitik an der Schwelle zum Jahrhundert der Umwelt, 1989

Wellens, Karel, Remedies against International Organizations, 2002

Wenander, Henrik, Recognition of Foreign Administrative Decisions, ZaöRV 71 (2011), S. 755 ff.

Wendel, Philipp, State Responsibility for Interferences with the Freedom of Navigation in Public International Law 2007

Wendenburg, Felix, Der Schutz der schwächeren Partei in der Mediation, 2013

Werner, Fritz, Verwaltungsrecht als konkretisiertes Verfassungsrecht, DVBl. 1959, S. 527 ff.

Werzer, Julia, The UN Human Rights Obligations and Immunity: An Oxymoron Casting a Shadow on the Transitional Administrations in Kosovo and East Timor, Nordic Journal of International Law 2008, S. 105 ff.

Wessels, Wolfgang, Die Öffnung des Staates: Modelle und Wirklichkeit Grenzüberschreitender Verwaltungspraxis 1960–1995, 2000

de Wet, Erika, The Chapter VII Powers of the United Nations Security Council, 2004

dies., Holding International Institutions Accountable, German Yearbook of International Law 9 (2008), S. 1987 ff.

Wettner, Florian, Die Amtshilfe im Europäischen Verwaltungsrecht, 2005

Wexler, Dietmar, Die Ursprungsregeln im internationalen Wirtschaftsrecht, 1996

Weyer, Johannes, Soziale Netzwerke: Konzepte und Methoden der sozialwissenschaftlichen Netzwerkforschung, 2000

Weyreuther, Felix, Bemerkenswertes über Grundsätzliches, DÖV 1989, S. 321 ff.

Whitlow, Jon, Maritime Concerns of the International Transport Workers' Federation, in: Nordquist, Myron H./Moore, John Norton (Hrsg.), Current Maritime Issues and the International Maritime Organization, 1999, S. 177 ff.

WHO (Weltgesundheitsorganisation), The World Health Report 2007: A Safer Future. Global Public Heath Security in the 21st Century, 2007 *dies.*, Commission on the Social Determinants of Health, Closing the Gap in a Generation, Health Equity through Action on the Social Determinants of Health, 2008

dies., Handbook for Management of Public Health Events on Board Ship, 2016

dies., Joint External Evaluation Tool, 3. Aufl. 2022

dies., Roster of Experts Process & Overview, WHO/WHE/CPI/2017.63, 2017

Wiebringhaus, Hans, Das Gesetz der funktionellen Verdoppelung. Beitrag zu einer universalistischen Theorie des Internationalprivat- und Völkerrechts, 1955

Wiehen, Michael, Auftragsvergabe, in: Pieth, Mark/Eigen, Peter (Hrsg.), Korruption im internationalen Geschäftsverkehr, 1999, S. 492 ff.

Wilde, Reinhard, „Die letzte globale Linie": Carl Schmitt und der Kampf um das Völkerrecht, 2014

Wilke, Peter/Schmid, Katrin/Gröning, Stefanie, Branchenanalyse Luftverkehr, 2016

Wilkens, Joachim, Rechtsregeln zur Vermeidung von Tankerunfällen, zur Schadenseindämmung und zur Schadensregulierung, 1994

Wilkins, Mira, Multinational Corporations: An Historical Account, in: Kozul-Wright, Richard/Rowthorn, Robert (Hrsg.), Transnational Corporations and the Global Economy, 1998, S. 95 ff.

Wilmsmeier, Gordon, Infrastructure Charges: Creating Incentives to Improve Environmental Performance, FAL Bulletin 309 (2012)

Windbichler, Christine, Bindungswirkung von Standards, in: Möllers, Thomas M. (Hrsg.), Faktizität und Geltung von Standards, 2009, S. 19 ff.

Windmann, Jörg, Der Verifikateur und der Aufsichtsbeamte als zentrale Elemente des Sachverständigen-Vollzugsmodells im Technikrecht, DÖV 2010, S. 396 ff.

Winkel, Olaf, Mobile Government – Potenziale und Perspektiven, VM 2015, S. 145 ff.

Wirtz, Bernd W./Schmitt, Daniel, Mobile Government: Umsetzung und Entwicklungsperspektiven, VM 24 (2018), S. 33 ff.

Wißmann, Hinnerk, Die Anforderungen an ein zukunftsfähiges Infrastrukturrecht, VVDStRL 73 (2013), S. 360 ff.

Witt, Jörn-Ahrend, Obligations and Control of Flag States. Developments and Perspectives in International Law and EU Law, 2007

Witthöft, Hans Jürgen, Container: eine Kiste macht Revolution, 2000

Wittmütz, Kerstin, Internationale Arbeitsregulierung und die Mindeststandards der Internationalen Arbeitsorganisation (IAO), 2007

Wöckel, Holger, Schutz vor Fluglärm bei der Festlegung von Flugverfahren, NVwZ 2016, S. 347 ff.

Wolf, Klaus Dieter, Private Akteure als Normsetzer, in: Bumke, Christian/Röthel, Anne (Hrsg.), Privates Recht, 2012, S. 187 ff.

Wolf, Sarah, Neue Tendenzen zur Ausdehnung küstenstaatlicher Umweltkompetenzen auf See, ZaöRV 66 (2006), S. 73 ff.

dies., Unterseeische Rohrleitungen und Meeresumweltschutz. Eine völkerrechtliche Untersuchung am Beispiel der Ostsee, 2011

Wolf, Sebastian, Korruption, Antikorruptionspolitik und öffentliche Verwaltung, 2013

Wolff, Daniel, Der Einzelne in der offenen Staatlichkeit: Grundgesetzlicher Grundrechtsschutz in der zwischenstaatlichen Kooperation, 2020

Wolff, Hans Julius, Rechtsgrundsätze und verfassungsgestaltende Grundentscheidungen als Rechtsquellen, in: Bachof, Otto (Hrsg.), Forschungen und Berichte aus dem Öffentlichen Recht: Gedächtnisschrift für Walter Jellinek, 12. Juli 1885 – 9. Juni 1955, 1955, S. 33 ff.

ders./Bachof, Otto, Verwaltungsrecht I, 9. Aufl., 1974

ders./Bachof, Otto/Stober, Rolf/Kluth, Winfried, Verwaltungsrecht, Band I, 13 Aufl. 2017

Wolff, Johanna, Anreize im Recht: Ein Beitrag zur Systembildung und Dogmatik im Öffentlichen Recht und darüber hinaus, 2021
Wolfrum, Rüdiger, Die Internationalisierung staatsfreier Räume: Die Entwicklung einer internationalen Verwaltung für Antarktis, Weltraum, Hohe See und Meeresboden, 1984
ders., Recht der Flagge und „Billige Flagge". Neure Entwicklungen im Völkerrecht, BDGVR 31 (1990), S. 121 ff.
ders., Kontrolle der auswärtigen Gewalt, VVDStRL 56 (1997), S. 38 ff.
ders., Means of Ensuring Compliance with and Enforcement of International Environmental Law, Recueil Des Cours 272 (1998). S. 25 ff.
ders., Verfahren zur Freigabe von Schiffen vor dem Internationalen Seegerichtshof, in: Lagoni, Rainer (Hrsg.), Seehandelsrecht und Seerecht, Festschrift für Rolf Herber zum 70. Geburtstag, 1999, S. 567 ff.
ders., Der Internationale Seegerichtshof, WM 2000, S. 810 ff.
Wolprecht, Karola, Die Rolle der Europäischen Union als besonderer Handlungsträger, in: Tomuschat, Christian (Hrsg.), Schutz der Weltmeere gegen Öltankerunfälle, 2005, S. 21 ff.
Wood, Donald F./Barone, Anthony/Murphy, Paul/Wardlow, Daniel, International Logistics, 1995
World Bank Institute, Fighting Corruption through Collective Action, A Guide for Business, 2008
World Bank, Port Reform Toolkit, 2. Aufl. 2021
World Commission on the Social Dimension of Globalization, A Fair Globalization: Creating Opportunities for All, 2004
Wosnik, Hans Otto, Das Heuerverhältnis im seerechtlichen Arbeitsrecht und das Mitspracherecht der Schiffsbesatzung, 1972
Wouters, Jan/Odermatt, Jed/Ramopoulos, Thomas, The EU in the World of International Organizations: Diplomatic Aspirations, Legal Hurdles and Political Realities, in: Smith, Michael/Keukeleire, Stephan/Vanhoonacker, Sophie (Hrsg.), The Diplomatic System of the European Union, 2016, S. 94 ff.
Wouters, Jan/Ryngaert, Cedric, Good Governance: Lessons from International Organizations, in: Curtin, Deirdre M./Wessel, Ramses A. (Hrsg.), Good Governance and the European Union, 2005, S. 69 ff.
Wouters, Jan/Ryngaert, Cedric/Schmitt, Pierre, Western European Union v. Siedler; General Secretariat of the ACP Group v. Lutchmaya; General Secretariat of the ACP Group v. B. D., American Journal of International Law 105 (2011), S. 560 ff.
Wright, Glen/Rochette, Julien/Druel, Elisabeth, Marine Protected Areas in Areas Beyond National Jurisdiction, in: Rayfuse, Rosemary (Hrsg.), Research Handbook on International Marine Environmental Law, 2015, S. 272 ff.
WSV (Wasser- und Schiffahrtsverwaltung des Bundes), Maritimes Sicherheitskonzept, 2006
Wu, Ben/Sampson, Helen, Reconsidering the Seafarer Labor Market, Ocean Yearbook 19 (2005), S. 357 ff.
Wüst, Anja, Das völkerrechtliche Werk von Georges Scelle im Frankreich der Zwischenkriegszeit, 2007
Wüstendörfer, Hans, Neuzeitliches Seehandelsrecht mit besonderer Berücksichtigung des angloamerikanischen und internationalen Rechts, 2. Aufl. 1950
Voßkuhle, Andreas, Rechtsschutz gegen den Richter. Zur Integration der Dritten Gewalt in das verfassungsrechtliche Kontrollsystem vor dem Hintergrund des Art. 19 Abs. 4 GG, 1993
Youde, Jeremy, Global Health Governance, 2012

Zacher, Mark W., The Transformation in Global Health Collaboration since the 1990s, in: Cooper, Andrew/Kirton, John/Schrecker, Ted (Hrsg.), Governing Global Health, 2007, S. 15 ff.
ders./Sutton, Brent A., Governing Global Networks: International Regimes for Transportation and Communications, 1996
Zachert, Ulrich, Tarifverträge in globalisierter Wirtschaft, NZA 2000, S. 121 ff.
Zangl, Bernhard/Helmedach, Achim/Mondré, Aletta/Kocks, Alexander/Neubauer, Gerald/Blome, Kerstin, Between Law and Politics: Explaining International Dispute Settlement Behavior, European Journal of International Relations 18 (2005), S. 369 ff.
Zapata, Martin, Collective Action Theory applied to Anti-Corruption Practice: Bolivian Case Study, 2018
Zaring, David, International Law by Other Means: The Twilight Existence of International Financial Organizations, Texas Journal of International Law 33 (1998), S. 281 ff.
Zeh, Ricarda, Der Arbeitnehmer im liberalisierten Welthandel: Freizügigkeit, Entsendung und Freie Exportzonen, 2018
Zengerling, Cathrin/Verheyen, Roda, Seegerichtshof beschließt die Freilassung von Crew und Schiff im Fall „Arctic Sunrise“, ZUR 2014, S. 147 ff.
Zenk, Kati, Mediation im Rahmen des Rechts: Eine Herausforderung für die Justiz?, 2009
Zidar, Andraz, WHO International Health Regulations and Human Rights: from Allusions to Inclusion, International Journal of Human Rights 19 (2015), S. 502 ff.
Ziekow, Jan, Die Funktion des Allgemeinen Verwaltungsrechts bei der Modernisierung und Internationalisierung des Staates, in: Pitschas, Rainer/Kisa, Shiego (Hrsg.), Internationalisierung von Staat und Verfassung im Spiegel des deutschen und japanischen Staats- und Verwaltungsrecht, 2002, S. 187 ff.
Zimmer, Reingard, Soziale Mindeststandards und ihre Durchsetzungsmechanismen: Sicherung internationaler Mindeststandards durch Verhaltenskodizes?, 2008
ders., Unternehmensverantwortung im „Bangladesh-Accord“, 2016
Zimmer, Stefan, Jenseits von Arbeit und Kapital? Unternehmerverbände und Gewerkschaften im Zeitalter der Globalisierung, 2002
Zink, Andreas, Das Ballastwasser-Übereinkommen der internationalen Seeschifffahrts-Organisation von 2004: Anwendung in Nord- und Ostsee, 2016
Zippelius, Reinhold, Rechtsphilosophie, 6. Aufl. 2011
Zubiller, Carl-O., Lyrisches Konglomerat. Gedichte, 2017
Zuleeg, Manfred, Deutsches und europäisches Verwaltungsrecht, VVDStRL 53 (1994), S. 154 ff.
Zürn, Michael, Regieren jenseits des Nationalstaates: Globalisierung und Denationalisierung als Chance, 1998
Zwanziger, Bertram, Die ITF-Kampagne gegen Billigflaggenschiffe im System des deutschen Arbeitskollisionsrechtes unter Einschluss des Kollisionsrechts, 1994
Zweigert, Konrad, Der Einfluss des Europäischen Gemeinschaftsrechts auf die Rechtsordnungen der Mitgliedstaaten, RabelsZ 28 (1964), S. 601 ff.

Stichwortverzeichnis

Jus Publicum

Beiträge zum Öffentlichen Recht

Die Schriftenreihe *Jus Publicum. Beiträge zum öffentlichen Recht* (JusPubl) soll den öffentlichrechtlichen Habilitationsschriften, aber auch Monographien der Ordinarien, eine ansprechende Heimstatt geben. Die Reihe deckt die „klassischen" Felder des öffentlichen Rechts ab, insbesondere also das Verfassungsrecht (einschließlich Grundrechtstheorie, Methodenlehre und Allgemeiner Staatslehre) und das Verwaltungsrecht. Das schließt fächerübergreifende, aber auch fachgebietsübergreifende Themenstellungen nicht aus, solange der Schwerpunkt der Arbeit im Öffentlichen Recht zu finden ist. Kaum eine Arbeit beschränkt sich auf das deutsche Recht, denn die Fragestellungen sind oft vom Europarecht beeinflusst und auch der rechtsvergleichende Blick in fremde Rechtsordnungen gewinnt zunehmend an Bedeutung; dies gilt auch für das Völkerrecht. Die anspruchsvolle und auch äußerlich ansprechende Reihe bietet mehr als nur einen zufälligen Ausschnitt gegenwärtiger Forschung im öffentlichen Recht: Sie spiegelt auch den Standard dessen wider, was (öffentlichrechtliche) Rechtswissenschaft gegenwärtig in Deutschland bedeutet und ist deshalb schon in kurzer Zeit im In- und Ausland zu einem Begriff geworden.

ISSN: 0941-0503
Zitiervorschlag: JusPubl

Alle lieferbaren Bände finden Sie unter *www.mohrsiebeck.com/juspubl*

Mohr Siebeck
www.mohrsiebeck.com